光緒續纂句容縣誌校注

[清] 張紹棠 纂修

李洪文 校注

遼海出版社

图书在版编目（CIP）数据

光绪续纂句容县志校注 / 李洪文校注 . — 沈阳 : 辽海出版社, 2018.9
ISBN 978-7-5451-5022-3

Ⅰ.①光… Ⅱ.①李… Ⅲ.①句容—地方志—清代 Ⅳ.① K295.34

中国版本图书馆 CIP 数据核字（2018）第 289328 号

责任编辑：刘　波　海美丽
责任校对：王　野
封面设计：有　森

出 版 者：辽海出版社
　　　　　地址：沈阳市和平区十一纬路 25 号
　　　　　邮政编码：110003
　　　　　电话：024-23284469
　　　　　E-mail：haiml389@163.com
印 刷 者：天津顾彩印刷有限公司
发 行 者：辽海出版社

幅面尺寸：210mm×285mm
印　　张：48.5
字　　数：1500 千字

出版时间：2018 年 9 月第 1 版
印刷时间：2019 年 4 月第 1 次印刷
定　　价：200 元

版权所有　翻印必究

《光绪续纂句容县志校注》凡例

1. 古文字处理

1.1 《光绪续纂句容县志校注》（以下简称《县志校注》）中的繁体字作简化字处理，一律取正字。

1.2 《县志校注》中姓名、年号用字从古，如"濬"字，仿《辞海》"王濬"之用法，则"濬"字不简化为"浚"字。

1.3 《县志校注》中涉及地名的古汉字，仿地名"甪里"之用法，沿用古字，如地名"张墖"。

1.4 《县志校注》中有个别古汉字，《辞海》《辞源》《汉语大字典》等工具书未曾收录，因《县志校注》中的古汉字诞生于先，故作保留，如"㮏""毇""靤""㡢""琔""㤥""䍦""嘆""壐""䃺""岺""珗""湦"等字，径直录入。

1.5 《县志校注》中的繁体字，如果没有对应的简化字，仍保留原字。

1.6 《县志校注》中个别汉字，如卷二"岁支银玖伯柒拾贰两"中"伯"字，径改为"百"字。如卷五"《漂水县志》"中"漂"字，径改"溧"字。

2. 版式及标点之使用

2.1 本书原有框架结构未作变动。对篇章段落，按照现代人的阅读习惯来处理，对文字进行标点，便于阅读。

2.2 卷首《句容全境图》是研究句容的重要资料之一，径作抄录。二十卷载有"杨氏世盛藏有汉铜洗"，文物上有"篆文"，为中华古文字实证，径作抄录。

3. 校注和按语

3.1 对《县志校注》中生僻词汇和疑难之处进行注解，如"岺"等字，古今工具书未曾收录，根据上下文和汉字造字方式等进行注释。

3.2 对《县志校注》中"年号纪年"，读者可以查阅工具书而知晓，一般不予注解。有些相关句容重要事件，适当作注释。

3.3 句容历史上的重要人物，如李春芳、笪重光等人物，屡见于《县志》中，必要时均作针对性的注解，便于读者全面了解人物的生平。至于其他一般性人物，一般不注。如"和平知县句容人李信"，板荡忠臣，父子及眷属一门从容捐躯赴义，古今罕见，浩然之气自当彪炳中华史册，正史简约，故据《句容李氏（李春芳）家谱》详加注释。

3.4 《县志校注》中有些人物记载和其他书籍有出入，如《全宋诗》（北京大学古文献研究所）据《光绪续纂句容县志》录褚环中一首诗作《宗坛秋夕》，而《茅山志》（刘）（笪）收录褚环中三首诗作，判其为元人，则据此注释。

3.5 《县志校注》中所载内容若与史实严重不符，则在注解中加以考释校正，以还其本来面目。卷末据礼亲王昭梿《啸亭杂录》云："笪侍御重光，句容人，居官有直声，常劾明珠、余国柱二相国。"《清史稿》也记载其因"与明珠忤"而罢官，内容均为谬误，则通过注解还原历史本相。

3.6《县志校注》中的诗词赋部分，若有与其他书籍相出入，则适当注解。如卷末有王右丞诗"帆影丹阳郡，枫攒赤岸村"，据《王右丞集笺注》八卷王维《送封太守》注释："郡"为"郭"之讹误。

3.7《县志校注》十八卷中"艺文"中的内容湮没于历史长河为后世所淡漠，为便于今人阅读，对疑难之处适当作注解。

3.8《县志校注》中相关内容与其他史书抵牾，则加注释予以校正。如二十卷有"颜师伯，字长涞"，而《南史》作"字长深"，《建康实录》作"字长渊"，则据此注释。

3.9《县志校注》中内容有残缺者，若难查考，则付诸阙如，留待将来；《县志》载录尚有遗漏处，若可据其他方志补苴者，则加按语。所加按语一律冠以"李按"字样，以别于《县志》中原有按语。

3.10《县志校注》中所加按语，一般仅仅交待出处。如："李注：僧皎然相关句容之诗作，参阅《句容古诗词赋三千首（校点注释）》'皎然（6首）'。"个别人物和句容关系重大，而事迹埋没，则所加按语详细注明。如"李白《宝公赞》"之后所加按语。

3.11 句容知县徐九思，海内清官，名昭青史。《乾隆句容县志》误作"一名九经"，前已校注。今人传世作品误会颇多，故于卷二"徐九思"下，据《乾隆贵溪县志》《同治贵溪县志》《明史》再行注释，以昭信史。句容进士汤鼐，《明史》误作"寿州人"，前亦校注，又见《句容庠东张氏族谱》五卷《明故处士确庵张公墓志铭》有"赐进士第、文林郎、前广东道监察御史、致仕、邑人汤鼐撰文"，囿于篇幅，不再注释。

3.12 句容知县丛大为、葛翙宸是《顺治句容县志》的编纂人。《句容张氏族谱》六卷收录有二人诗作，凤毛麟角，又为句容文坛佳话。又句容知县白良瑢有《宝华山志序》，振铎宣化，奉教法门，故于"九卷一"末加按语。

3.13 句容知县刘光斗，句容县志失载。故于"卷七下"末，据《句容戴氏家谱》和《道光续修诸城县志》加按语。

3.14 句曲外史《茅山逢故人》，见《御定词谱》七卷（调见元人《叶儿乐府》，张雨《句曲道中送友》，自制词也）。词律婉转，惆怅千古，属句容高风，故于卷末"张雨"下加注释和按语。

3.15 句容状元李春芳《新建句容华阳书院碑记》有："臣原籍其地。"其曾祖李秀，又见《西游记》九十五回藏名诗中。《句容古诗词赋三千首（校点注释）》对"秀"字注释："一语双关。指'李秀'……句容状元首辅李春芳之曾祖。颈联两句对偶，上联指李春芳曾祖李秀以下三代得到朝廷追赠加封，下联即指李春芳自己受到朝廷进阶授勋……"为便于今人研究，将句容李氏、张氏、胡氏族谱中"邑人"李春芳所写文章加按语。句容人所写文章若有涉及李春芳，如李柟《宝华定翁大和尚六十寿序》："余祖居华阳，每过故里，谒先相国祠，登玉带楼……"若能考证，也出注释或按语。

3.16 茅山历代游记，以顺治辛丑状元溧阳马世俊《茅山记》为最佳。"宫凡九，庙凡三，观凡十有八……若茅山既枕金陵而兼以仙都见於国志，宜其秀甲江南也欤！"句容，"仙都"圣地，秀甲江南（江南名山：衡庐茅蒋）！故加按语，将其原文全部收录于十七卷末，或可资句容今日旅游景观开发与中华地方文明传承光大。其他茅山、华山等游记则仅仅点明来源出处，以资后人考证。

3.17 五代南唐画家周文矩为句容人，昇元中在宫廷作画，后主时任翰林待诏，今存世作品《重屏会棋图》《琉璃堂人物图》等均系摹本。卷末据《景定建康志》五十卷载有："周文规能画鬼神、冕服、车器、人物。昇元中命图《南庄》，最为精绝。""周文规""《南庄》"，今未见存世资料，故不作注释，留待将来考古发现。

3.18 句容，明太祖朱元璋祖乡。王世贞《弇山堂别集》有德祖（四世祖）和懿祖（三世祖）"家句容之朱家巷""葬於朱巷"之记载，故于卷二下后加按语。

序 言

江苏省句容市，依山傍水，西接六朝古都南京，境内茅山是中国道教名山，宝华山是佛教律宗第一山，长江在市北滔滔东去，是一座地理位置优越，历史积淀丰厚的文化古城。长山大水，钟灵毓秀，自古以来无数文人墨客在句容讴歌吟哦，给中华文化宝库留下众多诗词歌赋。无论是研究文学史、宗教史，还是政治、经济、历史诸多领域，都可从中获取不同时代的第一手资料。前人有见于此，多有个人诗文集的编撰，历代地方史志也建立专卷予以搜罗。但是由于历史原因，很多个人著作已散佚残缺，甚或无存；未结集的零圭碎璧有泯灭之虞。今当升平盛世，有条件凭借各级图书馆藏书楼的库藏，运用网络技术广泛搜寻结集。这是时代赋予的文化建设使命。

李洪文同志是一位热爱家乡的文教工作者。在从事中学教育之余，致力于句容历史文化研究。以坚忍不拔的精神，先后担纲整理《乾隆句容县志》《光绪续纂句容县志》，校点注释，繁简字转换，耗费了大量精力，对地方文化事业作出了重要贡献。

面对浩瀚的古籍，他又发奋搜集句容的历代诗词赋3600余首（篇），编纂成《句容古诗词赋三千首》。经过艰辛的逐字录入，繁简字转换，再做必要的校点注释，介绍版本出处，为读者阅读、研究提供了良好的条件。前人有"以注代述"之说，洪文的注释付出的心血，庶几近之。他为家乡文化事业做出的这一新的贡献，他的近乎执着的忘我投入，令人感佩。

搜集和筛选，校点与注释是不可能不留遗憾的，希望听取广大读者的反馈意见后，不断充实调整，以期完善。

江苏大学文学院原党委书记兼院长　笪远毅
2017年12月20日

《光绪续纂句容县志校注》序

余犹记2015年，屠呦呦女士因青蒿素的研发与应用而荣获了诺贝尔奖，为国人赢得了无上荣光。她在获奖后明言，是从我国东晋时人葛洪所著的《肘后备急方》一书相关论述中得到了启迪与灵感，历经艰辛最终方才获得成功的。该书有云："青蒿一握，以水二升渍，绞取汁，尽服之。"而葛洪，正是江苏句容人。他的这一著作，便著录于《乾隆句容县志》《光绪续纂句容县志》等方志中。仅此一端，即可见方志价值之大矣！

正因如此，近二十年来，李洪文同志在肩负繁重的中学教育、教学工作之余，呕心沥血，焚膏继晷，次第完成了《乾隆句容县志》（校注本）、《句容古诗词赋三千首》（校注本）和《光绪续纂句容县志校注》这三部卷帙浩繁的古籍整理工作。这一系列性的乡邦文献得以崭新的面貌联袂问世，可谓是弘扬中华优秀传统文化绽放的三朵新葩，真是老树新花，可喜可贺！

检读上述三书，获悉洪文同志在整理过程中，主要进行了汉字繁体简化、诗文校点和注释等工作。这些事似易实属不易，似简却颇繁难。然洪文同志一往情深，毅然前行，以一己之茹辛含苦为众人提供便捷高效，其功其益，甚大甚广矣！今择其大端，略抒管见如下，以供参阅。

一是发凡起例，严谨缜密。晋·杜预《春秋经传集解序》云："其发凡以言例，皆经国之常制。"可见制订好凡例，是整理一部古籍的奠基工作。基础不牢，地动山摇。有鉴于此，洪文同志依据一般古籍整理之常规，又借鉴前人整理方志之经验，并结合所校所注方志之实际，深思熟虑，择善而行。举凡有关体例、文字、标点、校雠、注释、按语诸方面，均逐一作出定则，依例循行，遂有章有法矣。书中随处可见，恕不赘述引证。

二是汉字繁简，转换审慎。对于古方志中的人名、地名如何处理，该校注本甚是精心，亦较妥当。古人同姓同名者本已甚多，往往带来麻烦与疑问。今若再将古代方志中的姓名、地名改用简化字，弄巧兴许成拙，或会给后人造成"系同一人还是二人"的疑问。有的简化字如"钟"，是简化的"锺"呢，还是"鐘"呢？便难以辨识了。我在该志地图中查到了"芦冈桥"，其实后白镇当地人已称其"芦江桥"了。"冈""江"，音近而讹，说明常有与时俱变。所以，此志中"用字从古"，审慎为妙，是可取的。

三是断句标点，反复酌定。"对于古文中语言过于简洁而很难进行标点处，则中间不予标点。"这种宁可漏断也不错断的做法，也反映了科学、严谨的态度。我曾看到李申、王本灵所著《〈汉语大词典〉研究》一书，就指出过《汉语大词典》中【铜表】一词的释义引文："宋沈括《梦溪笔谈·象数二》：'熙宁中，予更造浑仪，并创为玉壶、浮漏、铜表，皆置天文院。'"其实，"玉壶浮漏"本系一物，中间点断便将一物误分为二物，这就造成点断错误了。从此也可看出，古籍标点，并非雕虫小技，实乃是文字学、音韵学、训诂学、目录学、版本学、校勘学、乃至年代学、避讳学以及其他学科的综合运用。岂可不慎乎？

四是注释按语，颇见新意。洪文同志在注释或加用按语的过程中，注意重要人物与事件的"外引内联"，做了不少"商榷是非，补正缺漏"的工作。这就大大地提高了该志的质量与可信度。其中，有的纠正了原方志的错误。如徐九思，原志说一作"九经"，现在径直指出"实误"。而有出豫剧就叫《徐九经升官记》，实际是以徐九思为原型创作的，可谓以讹传讹。有的还补充了从其他著作中发现的更有价值的资料而弥补了本志的疏失。如《乾隆句容县志》中对"康海"的注释，就让读者对其人生平事迹有了更多的了解。当然，对他所编之《武功县志》，因体例严谨，而被誉为"乡国之史，莫良于此"。以及所编《中山狼》杂剧、秦腔鼻祖，作为明"前七子"之首，似乎可再稍稍多提一笔。还有将一些重要问题的多种说法并列，以供研讨之用。如关于《西游记》之作者，除说是吴承恩外，还有邱处机、陈元之和句容人、状元宰相李春芳（华阳洞天主人）之说。洪文同志已罗列了一些线索与证据，这便给后人进一步深入探索提供了方便。

由此可见，洪文同志推出的这一校注本，已将该方志从石室金匮的典藏中请了出来。它的重刻出版，广泛传播，必将有助于人们更方便地近距离地研读它，利用它的有益资料，为今日的新时代进一步扩大改革开放服务。

洪文同志正值大有可为的壮年，便已取得不菲的乡邦文献整理、研究成果，真可誉之为句容文献的"守护人"。愿以此为基础，不断更上层楼，是所望焉！

江南大学太湖学院原院长　祝诚
2018年10月8日

（江苏省镇江市句容茅山《苏南抗战胜利纪念碑》，中共镇江市委员会和镇江市人民政府一九九五年九月立。碑名由原国防部长张爱萍将军题写，碑文由镇江高等专科学校原校长、江南大学太湖学院原院长祝诚教授撰写。）

目 录

续纂句容县志凡例		一
续纂句容县志续纂衔名		三
光绪续纂句容县志序		一〇
续纂句容县志卷之首	邑人　张瀛　分纂	一二
续纂句容县志卷一	邑人　张瀛　恭纂	二八
续纂句容县志卷二上	邑人　张余堂　分纂	四七
续纂句容县志卷二中	邑人　张瀛　分纂	六九
续纂句容县志卷二下	修文　姜彬　分纂	七六
续纂句容县志卷三上	邑人　张余堂　分纂	九八
续纂句容县志卷三下	邑人　张余堂　分纂	一〇九
续纂句容县志卷四	邑人　张瀛　分纂	一二八
续纂句容县志卷五	邑人　张瀛　分纂	一四二
续纂句容县志卷六上	邑人　张余堂　分纂	一六三
续纂句容县志卷六下	邑人　张余堂　分纂	一七八
续纂句容县志卷七上	邑人　张瀛　分纂	一八一

续纂句容县志卷七中	邑人　张瀛　分纂	一九一
续纂句容县志卷七下	邑人　张瀛　分纂	一九九
续纂句容县志卷八上	邑人　张瀛　分纂	二〇五
续纂句容县志卷八中	邑人　张余堂　分纂	二一二
续纂句容县志卷八下	邑人　张余堂　分纂	二一五
续纂句容县志卷九上一	邑人　张余堂　分纂	二二三
续纂句容县志卷九上二	邑人　张余堂　分纂	二二九
续纂句容县志卷九中一	邑人　张余堂　分纂	二三二
续纂句容县志卷九中二	邑人　张瀛　分纂	二四一
续纂句容县志卷九下一	邑人　张瀛　分纂	二四五
续纂句容县志卷九下二	邑人　张余堂　分纂	二四八
续纂句容县志卷十	邑人　张余堂　分纂	二五〇
续纂句容县志卷十一上	邑人　张瀛　分纂	二七六
续纂句容县志卷十一下	邑人　张瀛　分纂	二八八
续纂句容县志卷十二上	邑人　张瀛　分纂	四〇四
续纂句容县志卷十二下	邑人　张瀛　分纂	四〇六
续纂句容县志卷十三上	邑人　陈安恭、张瀛　同纂	四〇九
续纂句容县志卷十三下	邑人　陈汝恭、张瀛　同纂	四四〇
续纂句容县志卷十四	邑人　陈汝恭、张瀛　同纂	四五六
续纂句容县志卷十五上	邑人　张瀛　分纂	四六九
续纂句容县志卷十五下	邑人　张瀛　分纂	四七六
续纂句容县志卷十六	邑人　杨世沅、张瀛　同纂	五〇九
续纂句容县志卷十七上	邑人　张瀛　分纂	五二〇

续纂句容县志卷十七下	邑人　张瀛　分纂	五六一
续纂句容县志卷十八上	邑人　张瀛　分纂	五七〇
续纂句容县志卷十八中	邑人　张瀛　分纂	五七九
续纂句容县志卷十八下	邑人　张瀛　分纂	六四六
续纂句容县志卷十九上	邑人　张瀛　分纂	六八九
续纂句容县志卷十九下	邑人　张瀛　分纂	六九二
续纂句容县志卷二十	邑人　张瀛　分纂	七〇八
续纂句容县志卷末	邑人　张瀛　分纂	七四二

跋 …… 七六一

后　记 …… 七六二

续纂句容县志凡例

　　修志宜循古法，昔人云：取前志之佳者摹印以传，并掇近代事实，依原目以续之，则善矣。吾容邑志，修於乾隆庚午①，距今光绪庚子已百五十余年。中更兵火，旧籍荡然无存②。借钞文澜阁藏本，梓刷全帙。新志仿《光绪续纂江宁府志》例。有昔无而今增设、昔佚而今补录者，总其大凡，分门二十而随类附目，厘为二十二卷。

　　列朝恩泽，愈久难忘，我圣祖仁皇帝、高宗纯皇帝皆六次南巡，翠华所驻龙潭、宝华而外，虽江村山墅均沐天子之光，睿藻频摛，恩纶叠沛，自是以后，深仁厚泽，有加无已，恭稽盛典，作"圣泽记"第一。

　　舆地山川，无可续也。粤寇跳梁，惨罹浩劫。公署、祠庙以及仓库、桥梁投诸一炬。兵燹后，稍稍规复，作续"建置"第二。

　　吾容为近畿大邑，汉元建藩，前明开府，往来冠盖，实繁有徒，网罗旧闻，聊资掌故，作"大事记"第三。

　　句曲洞天，古称名境，山房精舍，棋布星罗，旧乘所收，容有未备，作补"古迹"第四。

　　祀典所重，御灾捍患，保我黎庶，馨香特荐，以答神庥，非若梵宇琳宫仅资游览已也，作"祠祀"第五。

　　陶育英才，端赖庠序。乱定后，规模草创，俎豆既陈，笙镛宜备，而仪器缕载。不厌其详，作续"学校"第六。

　　前志云：振荒良法，优於他邑，惜无类附入，今胪举流风善政以志黍雨棠阴，作"实政"第七。

　　句容厥田中下，厥赋上中，报垦虽及六成，而赋皆上，则背山临江，岁无全稔，大宪轸念穷黎，奏免三成，以舒民力，今据府志及档册，仅志一时之迹，作续"田赋"第八。

　　句容居万山中，山多圩少，宜开塘坝，而赤山湖为四邑九乡③水柜，年久淤垫，左文襄④开浚湖河，修建桥闸，为百世利焉，作"水利"第九。

　　风俗物产，附载前志"舆地"，今仿《续府志》例，专列一门，以备轩輶⑤之采，作"风俗物产"第十。

　　秩官一表，第班姓氏而已，其有卓然可纪者弁诸人物，亦循府志例也，作续"秩官表"第十一。

　　前代科名之盛甲於他邑，乾嘉后稍衰落矣，今征郡志及家传所录，作续"科贡表"第十二。

　　汉晋以来，进身之途甚广，至明始偏重科第，要之人才，何途蔑有，同治间勘定发逆⑥，霞蔚云蒸，

---

① 乾隆庚午：乾隆十五年（1750年）。
② 旧籍荡然无存：《弘治句容县志》今有存世本。《顺治句容县志》今有孤本存句容市档案馆。《乾隆句容县志》今见善本存中国科学院南京地理与湖泊研究所，新中国建立后，中国近代气象学家、地理学家、教育家竺可桢同志曾花重资从商人处购得此书。
③ 九乡：临泉乡、通德乡、湖熟乡、崇德乡、丹阳乡、临淮乡、福祚乡、甘棠乡、上容乡。
④ 左文襄：左宗棠（1812—1885），字季高，谥文襄，湖南湘阴人。道光举人。清末洋务派和湘军首领。
⑤ 轩輶（yóu）：即"輶轩"，轻车，古代使臣所乘之车。
⑥ 发逆：指太平天国起义军。

不仅出科举中也，作续"选举"第十三。

茅华①钟灵，间生英特，官斯土者，既宦迹卓著，而耆旧寓贤以及缁黄②所萃非无佼佼者也，红羊③历劫，捐躯赴义者不下数万户，胪列於表十仅二三，作续"人物"第十四。

贞孝节烈，巾帼④完人，更生氏所为，作古列女传也。前志误入人物，今特设一门，以维阴教⑤，作"列女"第十五。

句容为汉封县，碑版最夥，自明初堙地煅灰，沦灭已尽，搜罗⑥故籍多至三百余种，聊存碑目而已，而颓垣破壁间往往横卧断碣，苦心抉剔尚数十种，如获遗珠，作"金石"第十六。

抱朴著书而外，唐许⑦笺经，殷樊⑧拈韵，搜采遗目尚三百种，可谓彬彬矣，至若长篇短什，风化攸关，流连名胜者，汇为一编，作续"艺文"第十七。

天官五行，史家所重，乾嘉⑨以来，凡旱干水溢，孛字⑩星流及草木之异，备书於简，以资警惕，作续"祥异"第十八。

句曲，自古为兵冲。溧江一带，屡遭蹂躏。咸丰庚申⑪，沦为贼窟。屠戮之惨，民无孑遗。然王师之雕剿与园丁之堵截，战地营垒，形胜扼塞，迄今思之，若聚米画地，仿佛可睹焉，作"兵事表"第十九。

秘籍莫肯上呈，古籍亦难骤得，致抱沧海长遗之憾，今搜采家乘於前志所疏漏者，作"拾补"第二十。

倒仓倾廪，尚有余粱，轹釜鬻羹，岂无遗炙，弃之可惜，过而存之，作"杂俎"以附卷末。

---

① 茅华：茅山，宝华山。
② 缁黄：僧人和道士。因僧人穿黑衣，道士戴黄冠，故称"缁黄"。
③ 红羊：洪秀全，杨秀清。
④ 巾帼：古代妇女的头巾和发饰。借指妇女。
⑤ 阴教：女教。
⑥ 搜罗：搜集、罗致。
⑦ 唐许：唐固，许叔牙。均为句容人。据《乾隆句容县志》卷九载：唐固，字子正。父翔，为丹阳太守，因家焉。固修谨，博通文史。吴主权甚重其贤，相见辄敛容。陆逊、张温、骆统皆拜之，其为名流宗尚如此。黄武间，位仆射。所著有《国语传注》《公羊传注》《谷梁传注》。时方习於攻伐谋勇，而固独以儒名於世。崇祀乡贤。子琼，别驾司马。许叔牙：据《乾隆句容县志》九卷载：许叔牙，字延基，邃於《诗》《礼》及《史记》《汉书》。贞观时，迁晋王府参军，拜弘文馆学士。献《（毛）诗纂义》十篇。长寿中，历天官侍郎、弘文馆学士，封颍川县男。
⑧ 殷樊：殷遥，樊光。殷遥：丹阳郡句容人（今江苏句容人）。生卒年均不详，约唐玄宗开元二十三年（735年）前后在世。遥工诗，词彩不群，而多警句，杜甫尝称许之。有诗集传於世。樊光：唐诗人。其名又作樊晃。句容人。玄宗开元时登进士第，历官硖石主簿，润州刺史，汀州刺史。《全唐诗》存其诗一首（见本志十八卷中），断句一联（"巧裁蝉鬓畏风吹，画作蛾眉恐人妒"）。
⑨ 乾嘉：乾隆，嘉庆。
⑩ 孛字：彗星。
⑪ 咸丰庚申：咸丰十年（1860年）。

续纂句容县志续纂衔名

督修
头品顶戴、兵部侍郎、江苏巡抚恩寿（艺棠，镶白旗，满洲人）

主修
四品衔、赏戴花翎、补用直隶知州、句容县知县张绍棠（星五，安徽桐城县人）

参阅
句容县教谕顾鸿闉（泽轩，通州人）
句容县训导张祥书（笏山，丹徒县人）

赞修
句容县巡检赵鉴三（可夫，山东人）
句容县典史吴棫（绍赓，河南固始县人）

总理兼监修
五品衔、候选直隶分州、恩贡生骆文凤（桐君）

总纂
孝廉方正、贡生萧穆（敬孚，安徽桐城县人）

分纂
兼收掌采访校对、五品衔、岁贡生张瀛（蓬仙）
兼采访、廪贡生张余堂（子升）
五品衔、前代理兴化县训导、岁贡生陈汝恭（子寿）
举人姜彬（鉴唐，贵州修文县人）

采访

廪生刘庆寿（绍彭）

增生胡景洛（修梅）

候选州同、监生曹方玮（琢斋）

附生张益顺（耳臣）

岁贡生田进道（循之）

附生骆崇光（近廷）

兼校对、增生张桂馨（一山）

附生张受福（介兹）

附生许传薪（丙昭）

增生田守经（子畬）

附生骆煊（象山）

附生笪元辉（星垣）

附生张长年（紫田）

附生杨声远

岁贡生刘渭（徵祥）

监生葛懋泰（小舒）

监生万坤三

附生张丽灿（旭初）

候选教谕、岁贡生施贞文（炳如）

采送

五品顶戴、候选州判、监生许鼐（调元）

兼校对、附生骆崇霁（南云）

附生周应达

附生高俊（凤鸣）

附生倪克邦（汝贤）

附生蒋献治（海平）

在任、候选知府、广东嘉应州知州、举人蒋鸣庆（近垣）

内阁中书、前沛县教谕、拔贡生杨世沅（子湘）

就职、训导、岁贡生陈汝权（惠卿）

举人朱逢咸（竹君，六合县人）

廪贡生黄渠（清臣，六合县人）

廪贡生朱廷桢（聘卿）

附生郑大康

附生章兰芳（亚梅，溧水县人）

附生王荣浩

附生骆登云（锦裳）

附生宋道一（贯之）

附生郑建辰

附生章焕章（尧文）

附生许洪才

附生朱学镛

附生王应湉（云章）
附生王言纶（敬敷）
监生韩瑶龄（宗姚）
附生裔渭元
童生章凤章（步墀）
附贡生王厚铭（功甫）
廪生俞济川（御卿）
廪生骆崇恩（继海）
五品衔、蓝翎、候选县丞、廪贡生许兆元（冠伯）
附生葛宝璋（子玉）
监生吴树勋
附生刘照青
增生郑大康
廪生陈继美（尊五）
廪生陈兆鳌（六峰）
廪生倪康寿（介眉）
附生朱士鸾（鸣和）
附贡生骆文华（玉堂）
增贡生王彬（蔚章）
附生华文焕（尧章）
附生樊道仁（静庵）
附生王长建（植甫）
附贡生黄辂（宾阶）
岁贡生高成隆（子兴）
廪生孔昭明（月秋）
廪生张长龄（少伯）
附生张长华（蓉楼）
附生刘本锐（蓄之）

校对
附生徐夔（韶甫）
附生张缉熙
附生王自修（简斋）
附生田守文（杏村）
附生张庚经（仙樵）
附生孔繁增（寿川）
附生王厚基（肇初）

经捐
就职、训导、岁贡生张澍（渭川）
候选教谕、恩贡生束锡桐（晋卿）
岁贡生杨瑞椿（逢年）
监生纪邦思（怀清）

监生赵燮堂
附生倪安澜（凤池）
廪生张恩福（锡之）

监刊

贡生李鸿志（仰超，旌德县人）

赏戴花翎、补用直隶州、前署句容县知县张绍棠捐廉洋贰千五百元
前任荆溪儒学杨世盛愿捐洋三百元
前沛县教谕、升用内阁中书杨世沅愿捐洋一百元
分缺先选用分县杨世森愿捐洋玖拾元
工部郎中杨世兴愿捐洋捌拾元
佾生杨世霖愿捐洋陆拾伍元
州同朱攸缙愿捐洋陆拾伍元
杨世顺愿捐洋伍拾元
王长本愿捐洋柒拾元
徐道熙愿捐洋伍拾元
州同包炳南愿捐洋肆拾伍元
王贞春愿捐洋肆拾元
候选府同知俞芳华愿捐洋叁拾元
监生杨瑞祥愿捐洋叁拾元
徐国安、朱攸松、顾长明、经传惠、杨启恂、林道兴、周贞安、曹顺鸿、杨世富、王贞恒共捐洋叁拾元
纪德愿捐洋贰拾肆元
文生李继仁愿捐洋贰拾元
四品衔、候选府同知杨履谦愿捐洋贰拾元
候选府同知杨金声愿捐洋贰拾元
布政司理问吴中立愿捐洋贰拾元
骆金门愿捐洋贰拾元
张如松愿捐洋贰拾元
张紫卿愿捐洋贰拾元
谭云峰愿捐洋贰拾元
国史馆誊录杨履恒愿捐洋拾伍元
俞毓川愿捐洋拾伍元
附生杨世久愿捐洋贰元
章徵清愿捐洋拾元
汪树森愿捐洋拾元
李国祥愿捐洋拾元
许鼒愿捐洋拾元
陈隆兴愿捐洋拾元
沈春泉愿捐洋拾元
纪怀清愿捐洋拾元
杨瀛洲愿捐洋拾元
沈斌臣愿捐洋拾元
杨逢年愿捐洋拾元
耿斗枢愿捐洋捌元

俞授亭愿捐洋捌元
复盛坊愿捐洋柒元
王隆昌愿捐洋柒元
陈汝桂堂愿捐洋伍元
正兴坊愿捐洋伍元
端辅臣愿捐洋伍元
戴春塘愿捐洋伍元
王念曾愿捐洋伍元
吴承彬愿捐洋伍元
在任、候选府、广东香山县知县蒋鸣庆愿捐洋贰佰元
朱居达愿捐洋壹佰元
王厚宗愿捐洋壹佰元
陈振和愿捐洋陆拾元
赏戴花翎、同知衔、监生濮德泰愿捐洋伍拾元
樊启文愿捐洋伍拾元
赵廷樽愿捐洋伍拾元
张廷龄愿捐洋肆拾元
赵燮堂愿捐连泗纸肆块
许珍汉愿捐洋叁拾元
徐家楼愿捐洋叁拾元
振源坊愿捐洋贰拾元
许立松愿捐洋贰拾元
沈承实愿捐洋贰拾元
章安泰愿捐洋贰拾元
俞天成愿捐洋贰拾元
孙明德愿捐洋拾玖元五角
许广燿愿捐洋拾玖元
顾有瓛愿捐洋拾伍元
陈济川愿捐洋拾元
刘师福愿捐洋拾元
章传椿愿捐洋拾元
章传家愿捐洋拾元
斐耀文愿捐洋拾元
戴友余愿捐洋拾元
徐义隆愿捐洋拾元
许先福愿捐洋拾元
许兆元愿捐洋拾元
王东生愿捐洋玖元伍角
王锦章愿捐洋玖元伍角
李志高愿捐洋陆元
施焕春愿捐洋陆元
赵端章愿捐洋伍元
汪伯壎愿捐洋伍元

王春甫愿捐洋伍元
曹樊川愿捐洋伍元
源茂隆愿捐洋伍元
朱宝芳斋愿捐洋伍元
俞颖清愿捐洋伍元
汪翰卿愿捐洋贰拾元
濮竹菁愿捐洋肆元
王怀奇愿捐洋肆元
栾维新愿捐洋贰元
笪奇愿捐洋贰元
张翼云愿捐洋贰元
端利滨愿捐洋贰元
王德森愿捐洋壹元
黄辂愿捐洋贰拾元

计开出入各项列后：
支总纂薪水洋捌百元
支采访薪水洋叁百元
支纂修薪水洋捌百元
支誊录、校对薪水洋贰百元
支笔墨、纸张搨碑洋叁拾元
支局用伙食洋肆百元
支各处劝捐川资洋叁百肆拾元
支刻资洋壹千叁百元
支三百部纸张洋捌百元
支刷印、装订洋贰百元
共捐洋肆千玖百零柒元伍角
共支洋伍千壹百柒拾元
骆文凤垫用洋贰百陆拾贰元伍角
署理天津总镇、直隶正定总镇徐邦杰助鹰洋陆拾元
俞西畴公会助洋贰百零贰元伍角
（骆文凤前垫之款，现有徐、俞二君补助归还，特此声明）

光绪续纂句容县志序

昔明顾文庄公①尝谓："地方文献，士大夫宜留心搜访。至前代图籍尤宜甄录，虽简编零缺，亦当以残圭碎璧视之。"公所记晋、六朝、唐、宋、元《金陵志》凡五十余种，今存者唐许嵩《建康实录》二十卷，宋周应合《景定建康志》五十卷，张敦颐《六朝事迹编类》二卷，元《至正金陵新志》十五卷。然公亦仅据《金陵新志》讹缺之本，其他均未之见也。己亥春，绍棠摄篆句容，与士大夫询及邑志，知始修於明宏治②，继万历及国朝顺治、乾隆皆曾更纂③。今百数十年未有计及者。宏治、万历、顺治志④已佚，曹公袭先乾隆志亦仅旧钞本，尚残缺不可校。邑杨芷香⑤学博闻杭州文澜阁有藏本，乃展转假钞重刊，将次竣工。绍棠遥想顾公所记五十余种，必多句容人物事迹可备甄录者；且《建康实录》许嵩即句容人也，然公尚均未见，今更何求而得之哉？又阅嘉庆、光绪《江宁府志》，於句容颇疏略，亦以句容志失修、文献无征，断非凭虚结构所能为力也。第不及今为之，后之君子虽慨然欲补前人之未逮之业，恐无从措手者矣。爰与骆君桐君、张君蓬仙、张君子升、暨主讲华阳书院修文姜君鉴堂肇议续修，适吾桐萧君敬孚至，又与之探讨、搜辑者旬余。芷香与其昆弟馔清，首捐巨资为之倡。庚子三月，绍棠移署东台，采纂尚未就绪，乃属桐君、蓬仙、子升务期精粗俱举，细大不捐，凡总理校勘刊板之事，绍棠仍自肩倚。嗣因诸类粗备，缮稿见诒，公暇复加拾遗补阙，而刊误删润又得敬孚之赞为多。窃念斯邑为明太祖高皇帝里闬，我朝圣祖仁皇帝、高宗纯皇帝皆六次南巡，由瓜洲渡大江，幸京口金焦两山，及銮回苏浙，登陆而幸金陵，翠华所驻，龙潭、宝华，行宫在焉。睿藻⑥频摘，宸翰⑦叠降，昭回云汉⑧，照耀湖山。两朝盛典，诸书班班可考也。圣祖仁皇帝南巡，先文端公曾四次扈从，先文和公亦两次扈从。先公均好山水，随上登宝华而眺三茅，诸山蜿蜒磅礴，峰峦奇丽，未尝不时悬心目之间。绍棠忝莅兹土，慨想前徽，倍兹郑重，而不敢与寻常下州小邑等量齐观者，盖非一端已也。夫山川能说可为大，夫文献有征方能言。礼士君子，

---

① 顾文庄公：顾起元（1565—1628），字太初，一作璘初、瞒初，号遁园居士，应天府江宁（今江苏南京）人，金石家、书法家。万历二十六年进士，官至吏部左侍郎，兼翰林院侍读学。乞退后，筑遁园，闭门潜心著述。朝廷曾七次诏命为相，均婉辞之，卒谥文庄。著有《金陵古金石考》《客座赘语》《说略》等。

② 知始修於明宏治：据《景定建康志》四十二卷记载，《句容县志》在南宋景定年之前已经出现。宏治：即"弘治"，避清"弘历"讳，"弘"改"宏"。

③ 继万历，及国朝顺治、乾隆皆曾更纂：据吕燕昭修、姚鼐纂《嘉庆重刊江宁府志》五十五卷·艺文载，句容县志有王僖《宏治句容县志》、丁宾《万历句容县志》、杜槃《句容县志》、周仕《句容县志》、葛翊宸《句容县志》、曹袭先《重修句容县志》。

④ 顺治志：今句容市档案馆有《顺治句容县志》孤本。

⑤ 杨芷香：杨世沅，字芷湘，又字芷香、子湘，句容人。光绪十一年乙酉拔贡。光绪二十六年重刊《乾隆句容县志》。著有《句容金石记》。

⑥ 睿藻：指皇帝所作的文章。

⑦ 宸翰：帝王的辞文作品。

⑧ 云汉：银河。

伏处荜门,回翔文囿而於桑梓①枌榆②,询其形势,无马援③指画之图,考其人文,谢朱育宴见之对。一朝发迹,间巷掘起云霄,又安能具知天下扼塞、户口多少、强弱之处、民所疾苦？俾各区画条理而为之所悉臻至治乎。今既嘉桐君、蓬仙、子升、馔清、芷香,於年湮代远之余,抽厥秘思,发摅才智,寻坠绪於既往,示遗型於将来,深有合於乡先达顾文庄公明训,更望邑之后进景仰前修,随时法守。前言往行,多识多闻,处则可以蓄德师表人伦,出则扩而充之可以辅佐皇猷,以永保我国家累代文明之盛。而绍棠亦藉此窃取知所先务之名,免诮於尸位素餐,遥遥勉继曹公④之业也！大清光绪二十七年岁在辛丑春三月,诰授朝议大夫、赏戴花翎、补用直隶知州、前署句容县知县、桐城张绍棠谨序。⑤

---

① 桑梓：故乡。
② 枌榆：乡里。
③ 马援：（前14—后49），字文渊,扶风茂陵（今陕西兴平东北）人。曾任新成大尹（汉中太守）、陇西太守、伏波将军,封新息侯。
④ 曹公：曹袭先。见本志卷八"人物志"。
⑤ 李按：句容知县张绍棠《光绪续纂句容县志序》前页有"续纂句容县志 维支甫署""光绪甲辰春三月刊"。据《句容张氏家谱》六卷："《张蓬仙先生传》：先生讳瀛,字蓬仙,又字壶山。少孤。勤於学,补博士弟子员,食饩於庠。秋闱,屡荐不售。以明经老。游其门者多名下士。今通俗教育馆长葛子玉,代用高小校长张荨楼,其高弟子也。先生湛深经术,旁及子史百家之言,豪於文。以诸兄弟排行,人称张七先生。与田七先生循之齐名。光、宣间,主讲县立高小经史国文,成就尤众。邑人修邑志,先生之力为多。晚年慕黄老学,与杨道士翠峰为方外交,唱和无虚夕。惜稿不存。又著《闻见录》八本,深明福善祸淫之理,真有功世道人心之文字也。并著有《壶山杂录》《书经讲义》《易经讲义》《赤山湖志》等书。生於□年□月□日,殁於□年□月□日。子桂森、桂榜、桂丹。赞曰：先生博学,有声邑庠。湛深经术,发为文章。门下多才,先生之光。屡荐不售,秋桂无香。纂修邑乘,大笔褒扬。潜心黄老,内典尤详。我思先生,山高水长。民国八年九月。门生张丽燦拜撰。"

续纂句容县志卷之首　　邑人　张瀛　分纂

舆　图

邑志之图，率皆点缀景物。吾容向无此陋，独所缵稍疏脱耳。乾隆舆图①较胜旧本，然未若近世之牛毛茧丝纤悉必备也。佗邑水皆东注，而容独西流。山势环抱，险而易守。绛湖南汇，大江北绕，形势之胜也。民足其食，士勤其业，重节义，和神人，百废具举焉。若夫修阿育之塔、倚贞白之楼，搜寻胜迹，岂徒流连光景已乎？爰就建复绘为十图，未复者不与焉。作续舆图志。

句容县图说

句容县距江宁七十里，自北门北至罗丝沟出江，迳直五十四里。东北至炭渚镇丹徒县界口，迳直四十九里。西北至张桥上元界口，迳直四十里。自西门西至土桥镇上元界口，迳直十六里。西南至猴山三县塘上元、溧水两界口，迳直四十四里。自南门南至分界山溧水、溧阳两界口，迳直七十二里。东南至茅山金坛界口，迳直四十里。自东门东至白兔镇丹徒界口，迳直三十八里。南北最长处一百三十二里。东西最广处六十里。统计积地四千八百七十六方里，合二万六千三百余顷。自三江口东至炭渚沟，计迂曲江边三十里，与仪征分界江心。自炭渚沟南历白兔至花山，计迂曲界边八十里，为丹徒界。自花山南历茅山、方山至丫髻山口，计迂曲界边五十里，为金坛界。自丫髻山口西南至分界山，计迂曲界边三十余里，为溧阳界。自分界山北东历巫山、夹山至三县塘口，计迂曲界边九十里，为溧水界。自三县塘北历土桥、汤水、龙潭诸镇至三江口，计迂曲界边一百八十余里，为上元界。四境峰峦环绕，惟中为平原。自白兔镇西历县治至土桥，为徒、阳达省之要路。北塘堰西来为金坛入境之要路。分界山北来为溧阳入境之要路。殷家荡东北来为溧水入境之要路。而天王寺镇距城南六十里为总控南、东、西三面来路之险要，绿营汛守所宜注意。北境江防以罗丝沟与泗源沟相对，为扼要之处境。内河渠为四山所阻，北境江水南不灌城中，境山水回流，境内惟西面自湖熟镇迂道由秦淮河出江者，为全境去委。而治西南有赤山湖，周边三十九里。山水会归，其干流俱由赤山湖分支。一、北经三岔镇北，东绕出县治，又北抵亭子村而止。一、东北历淤香镇抵胜石桥而止。一、南经天王寺，又南抵心桥而止。统计各河之长，不足一百二十里，未能无旱潦之患也。

---

① 李按：据姚东之《伯山文集》二卷"江宁考古录·疆域考"："（汉·丹杨郡）宛陵；於朁；江乘：盖得今句容县自龙潭至老鹳嘴地；春谷；秣陵；故鄣；句容：盖得今摄山以南至奔牛镇地；泾；丹阳；石城；胡孰；陵阳；歙；宣城；芜湖；黝；溧阳。""（后汉·丹阳郡）宛陵；溧阳；丹阳；故鄣；於潜；泾；歙；黝；陵阳；芜湖；湖熟侯国；句容；江乘；春谷；石城。""（三国·吴扬州丹阳尹）建邺；句容；江乘；堂邑。""（晋·丹阳郡）建邺；怀德；临沂：咸康中置，属南琅琊；江宁；丹阳：今赤山左右；于湖；芜湖；永世；溧阳；江乘：汉江乘县地，吴省县，为典农都尉治，太康初复置，咸康初属南琅琊郡；句容：汉县，吴晋因之；湖熟；秣陵。""（刘宋·丹阳尹）建康；秣陵；丹阳；江宁；永世；溧阳；湖熟；句容：汉旧县。""（齐）建康；秣陵；丹杨；江宁；溧阳；永世；湖熟；句容：宋旧县。""（梁·丹阳郡）秣陵；建康；同夏；临沂；南琅琊郡：本治金城，永明徙治下，入县五，临沂、江乘、兰陵、承、谯；湖熟；南丹阳郡。""（陈·丹阳郡）建宁；同夏；临沂：废；南琅琊郡；湖熟：废。""（隋·丹杨郡）江宁；当涂；溧水；蒋州。""（唐）上元；句容；江宁；当涂；溧水；金坛。""（南唐·江宁府）上元；江宁；句容；溧水；六合。""（赵宋·江宁府）上元；江宁；句容；溧水；溧阳。""（元·集庆路）上元；江宁；句容；溧水州；溧阳州。""（明）上元；江宁；句容；溧阳；江浦；六合；高淳。"

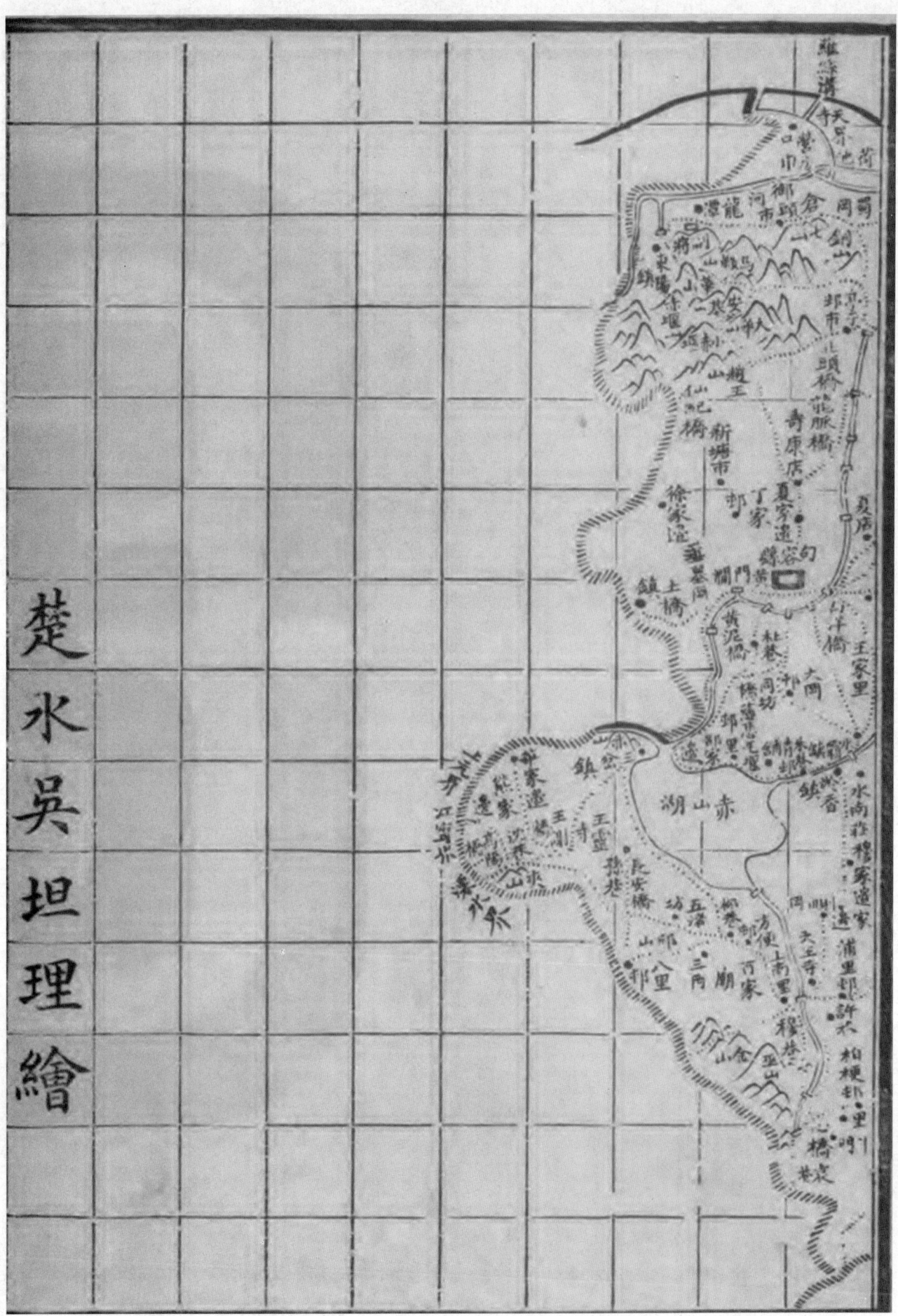

楚水吴坦理繪

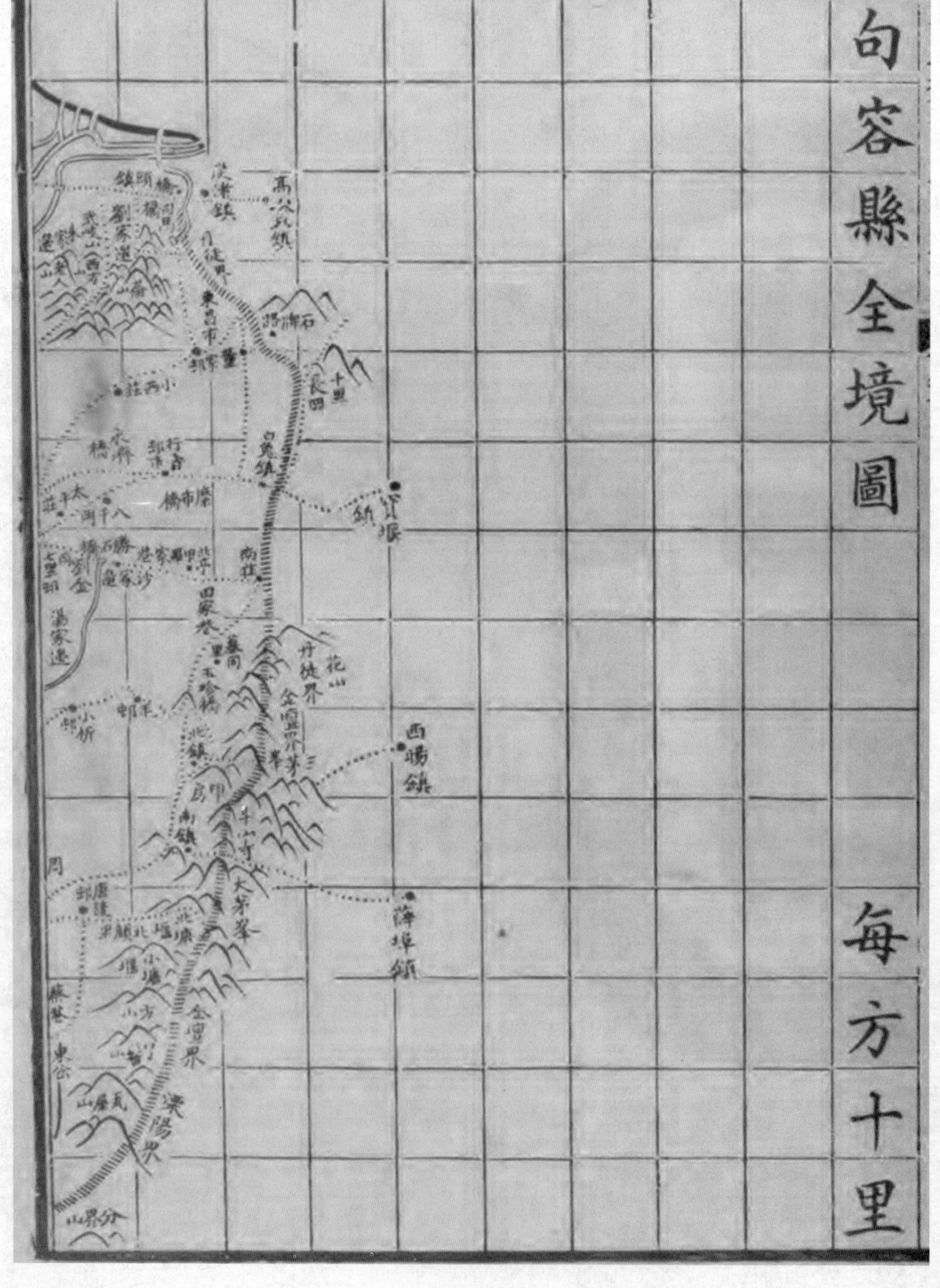

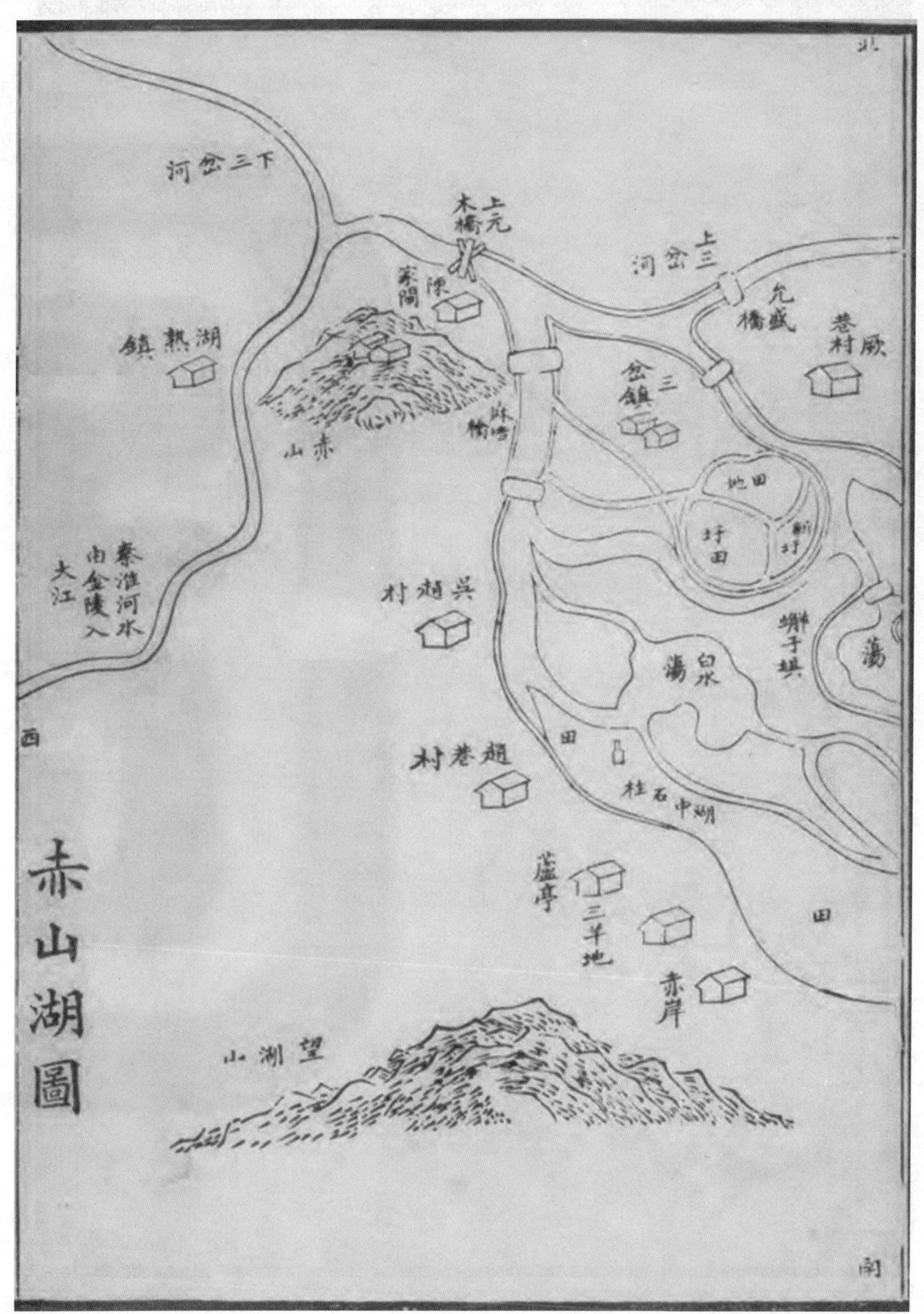

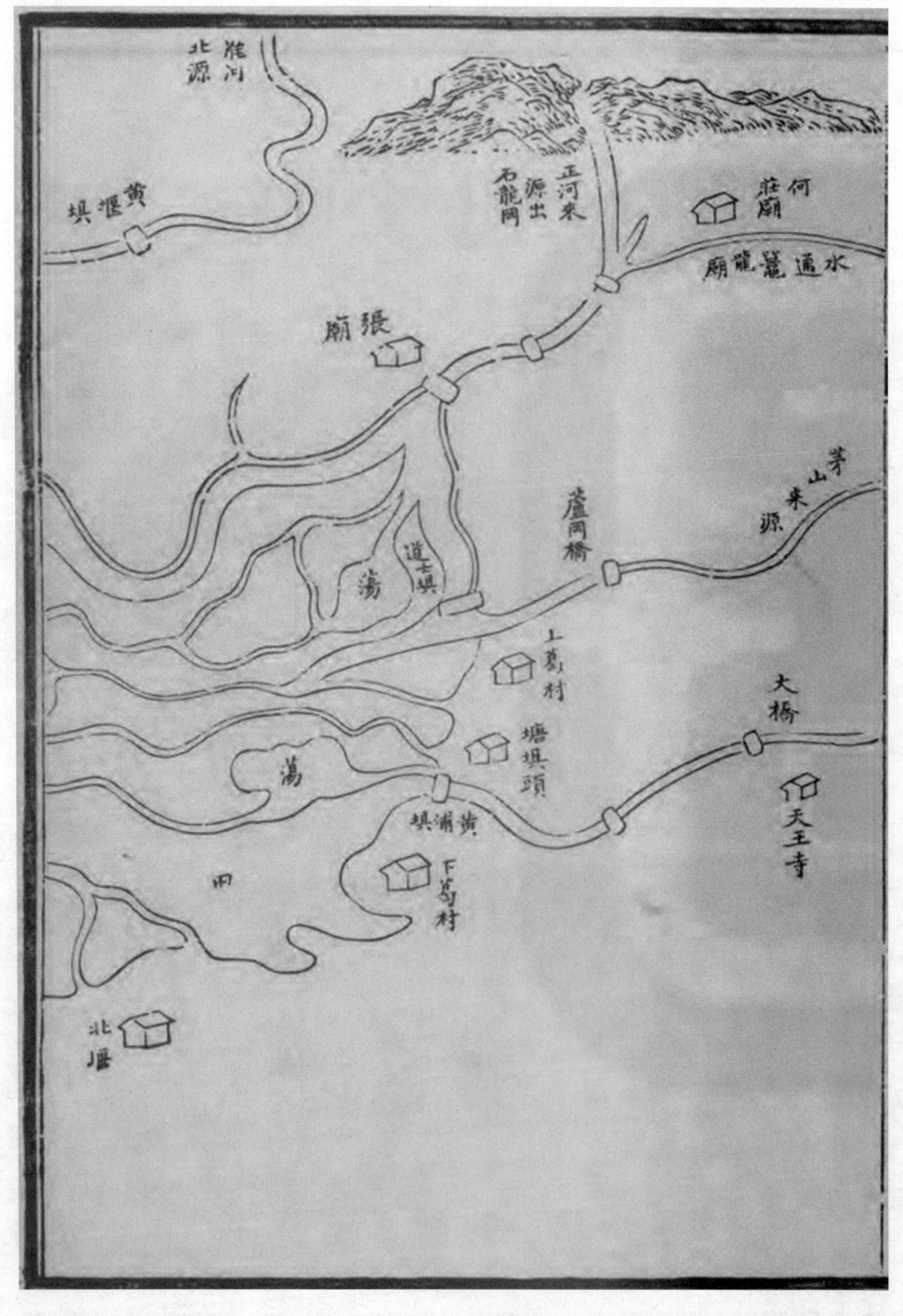

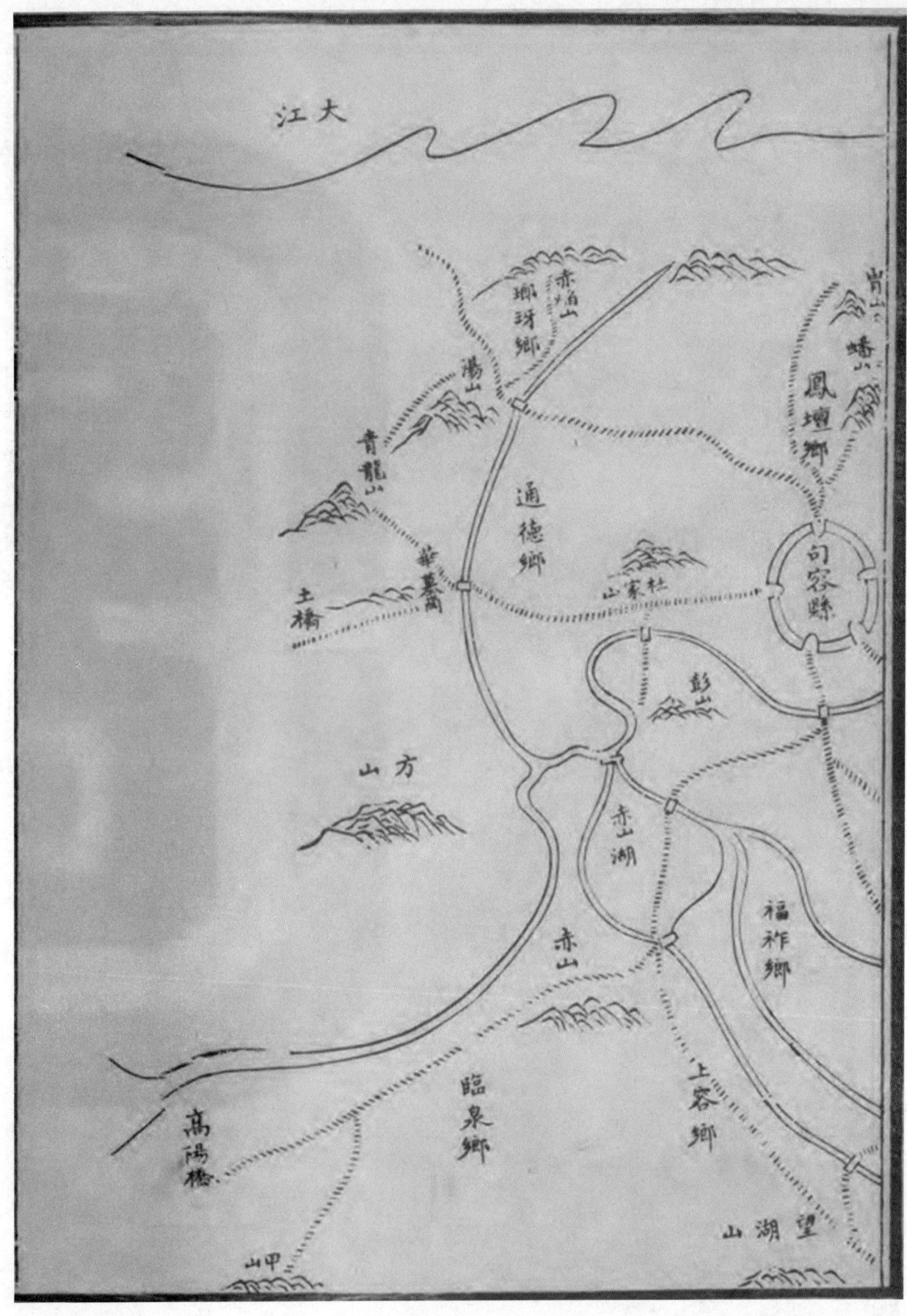

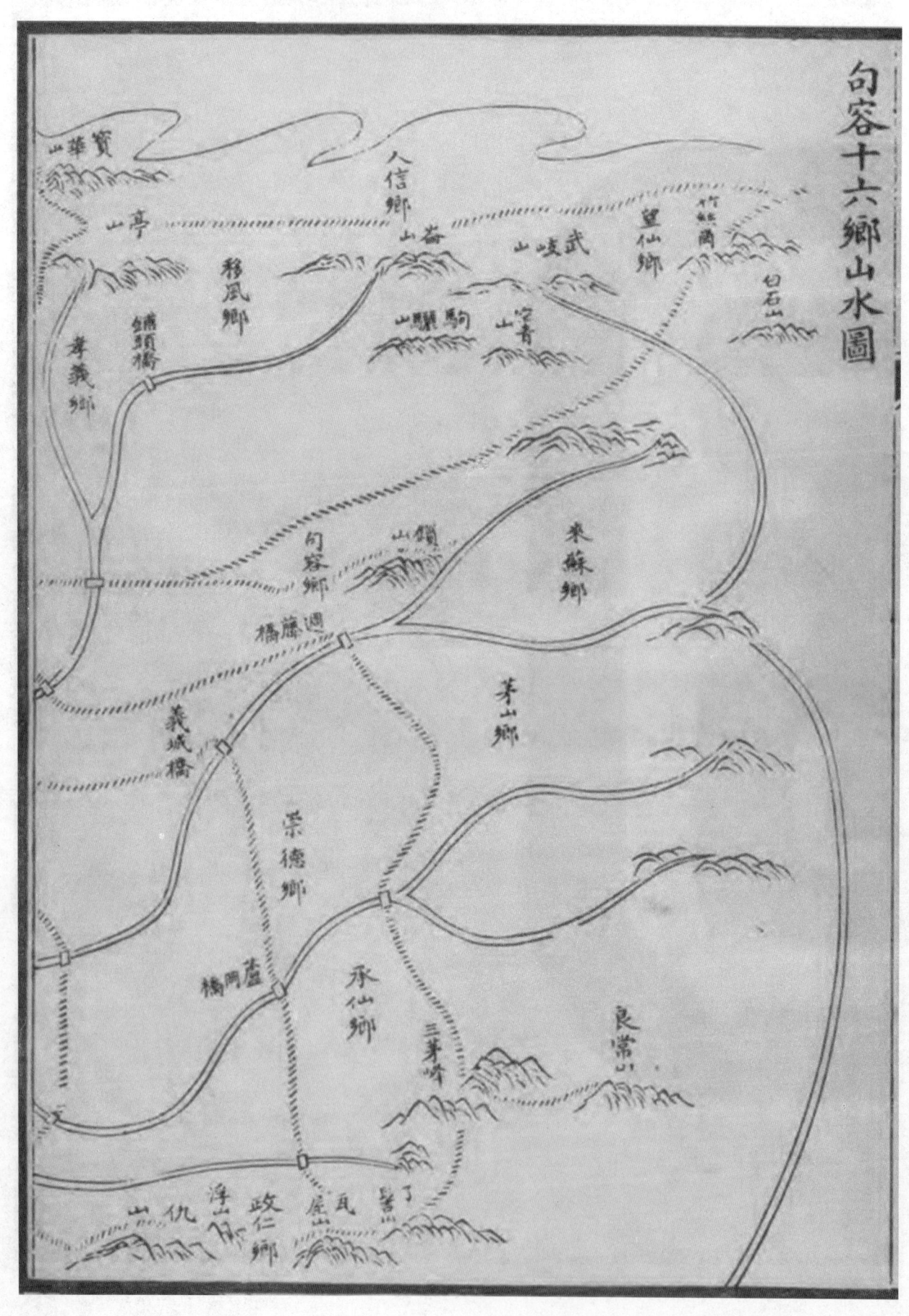

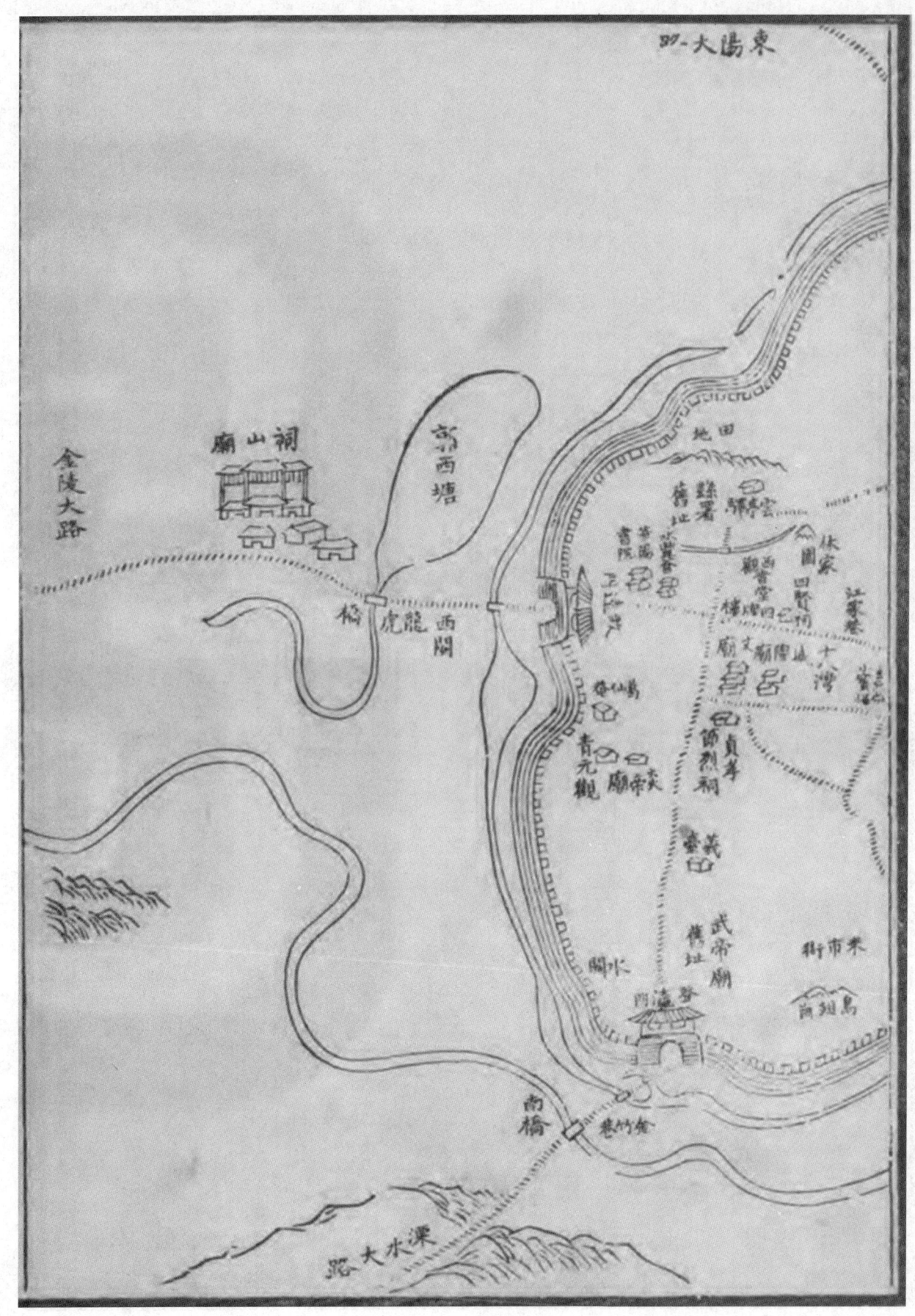

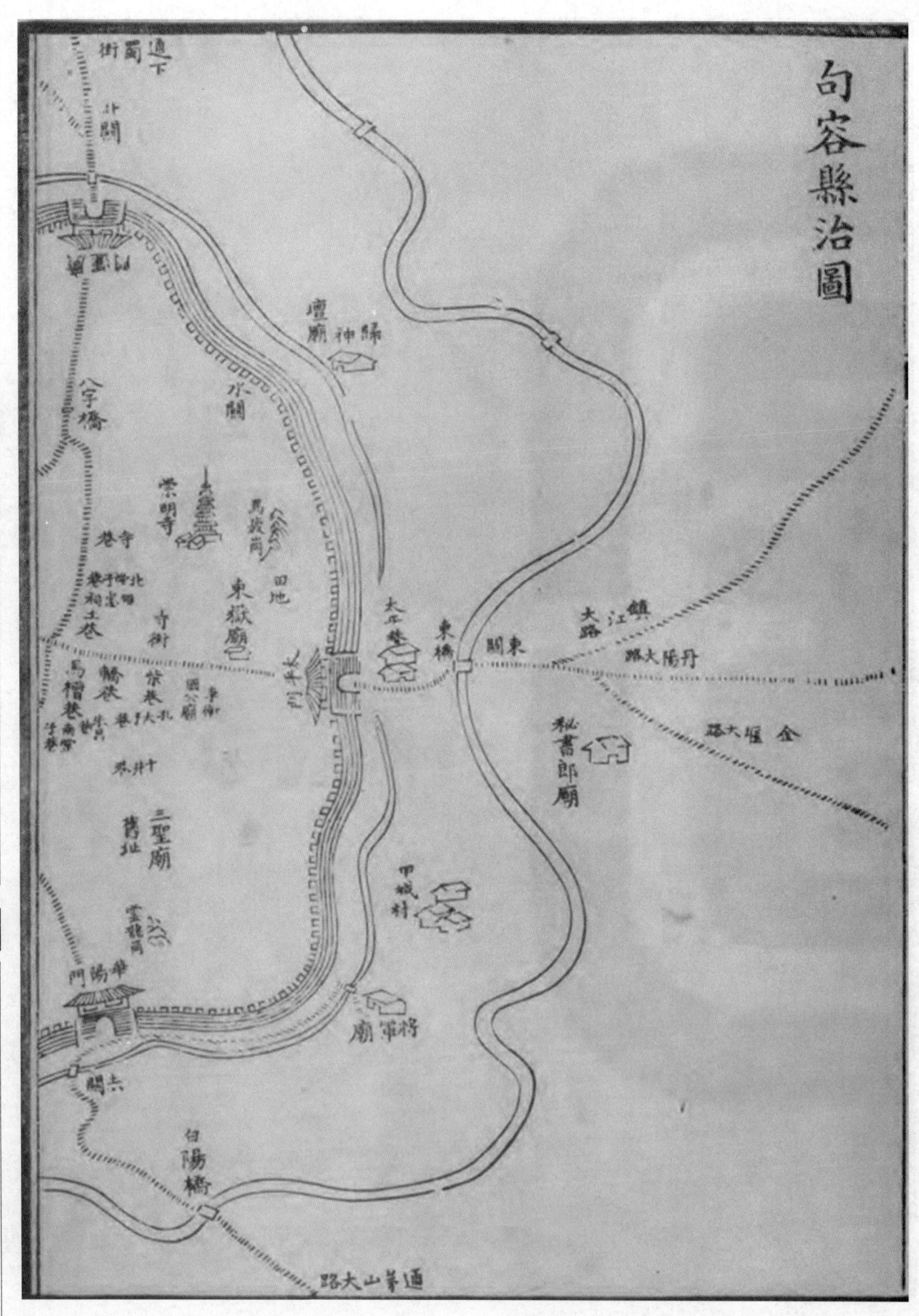

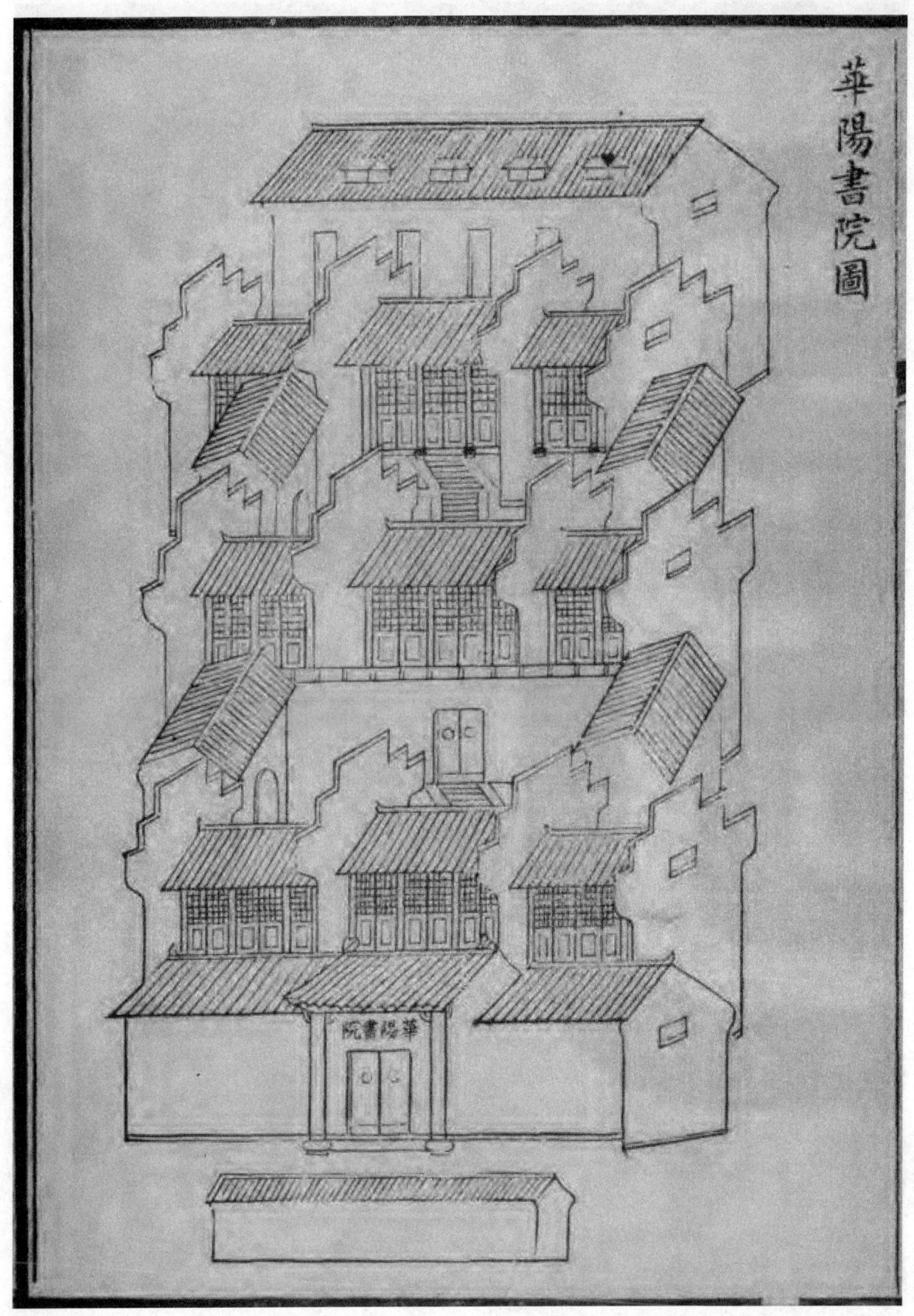

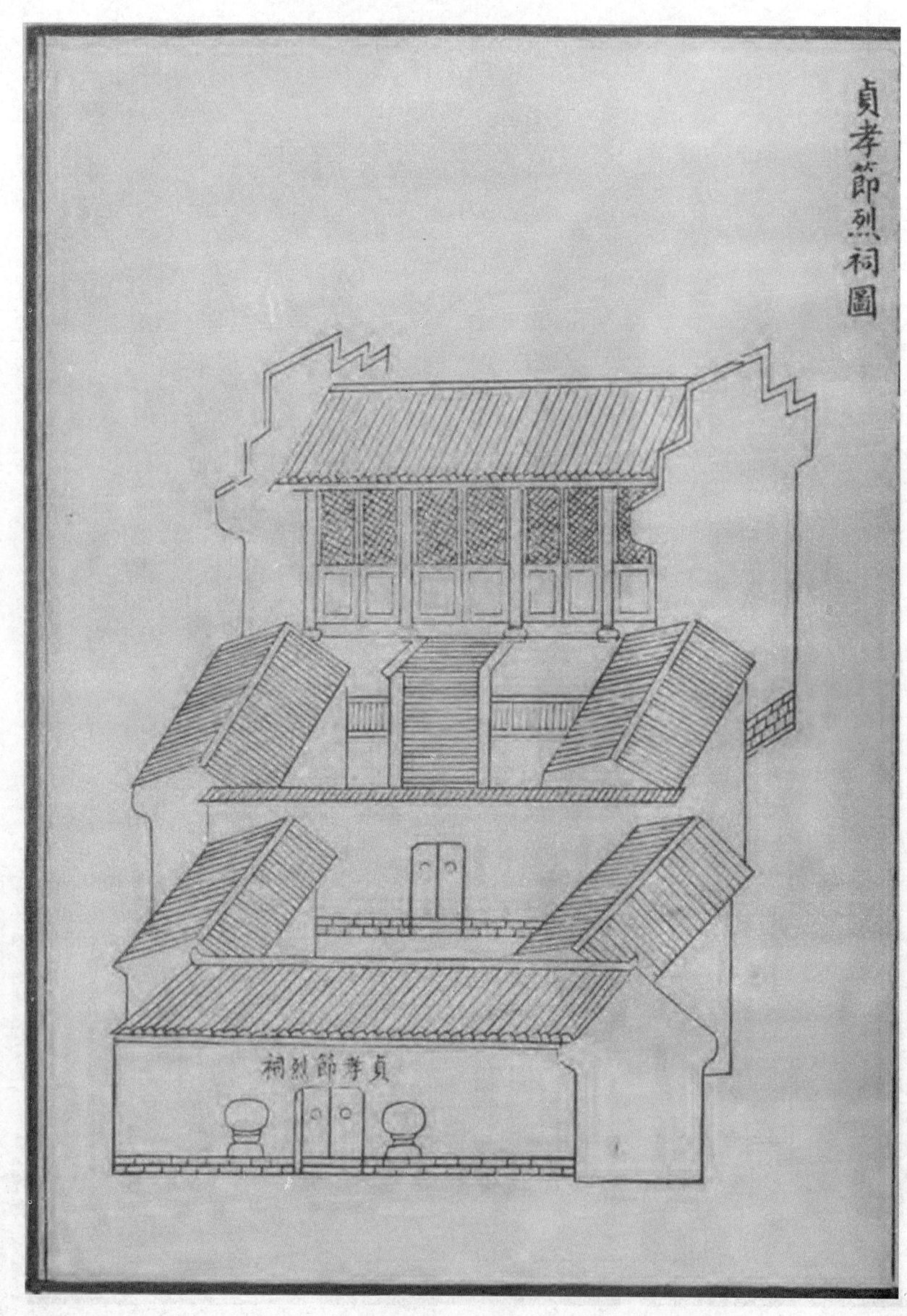

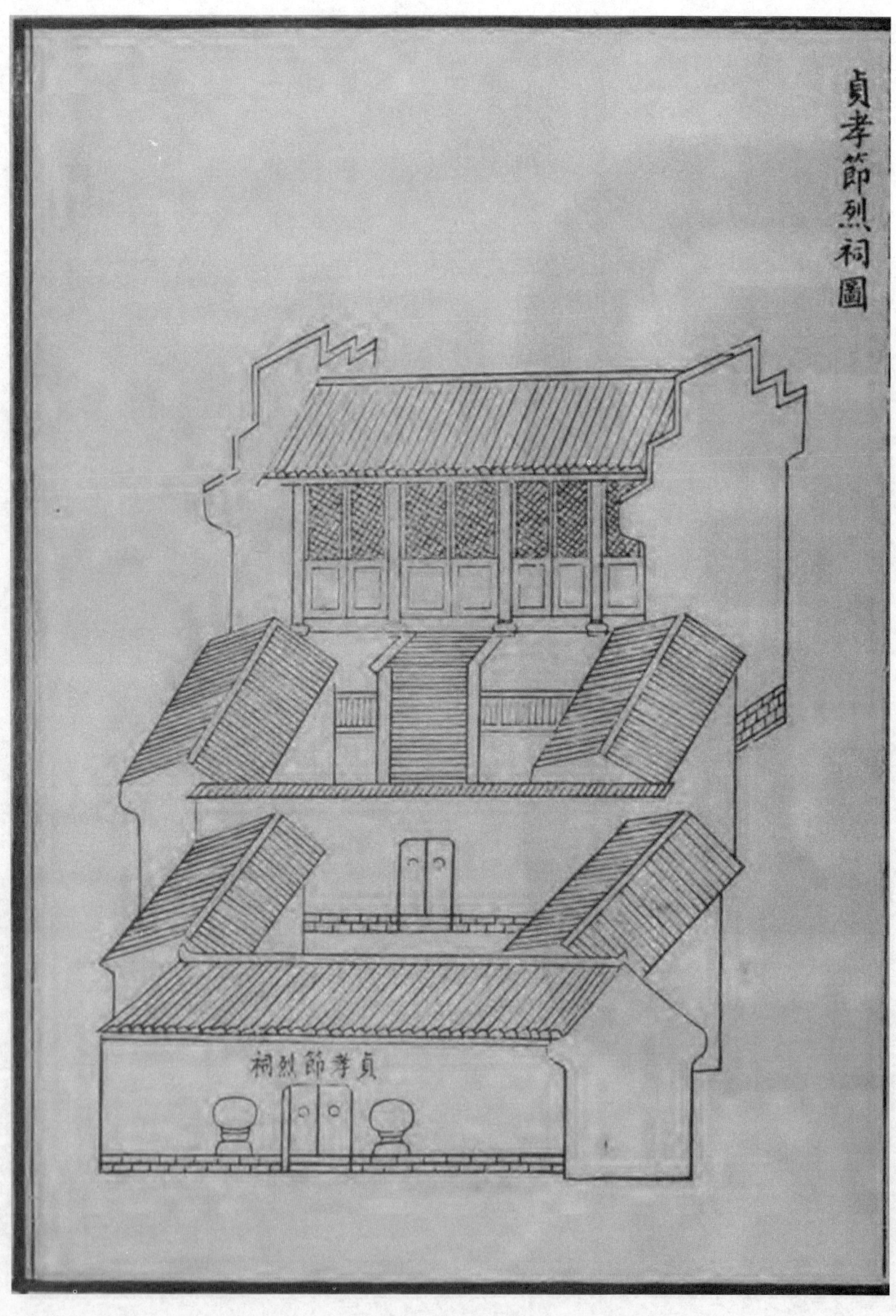

貞孝節烈祠圖

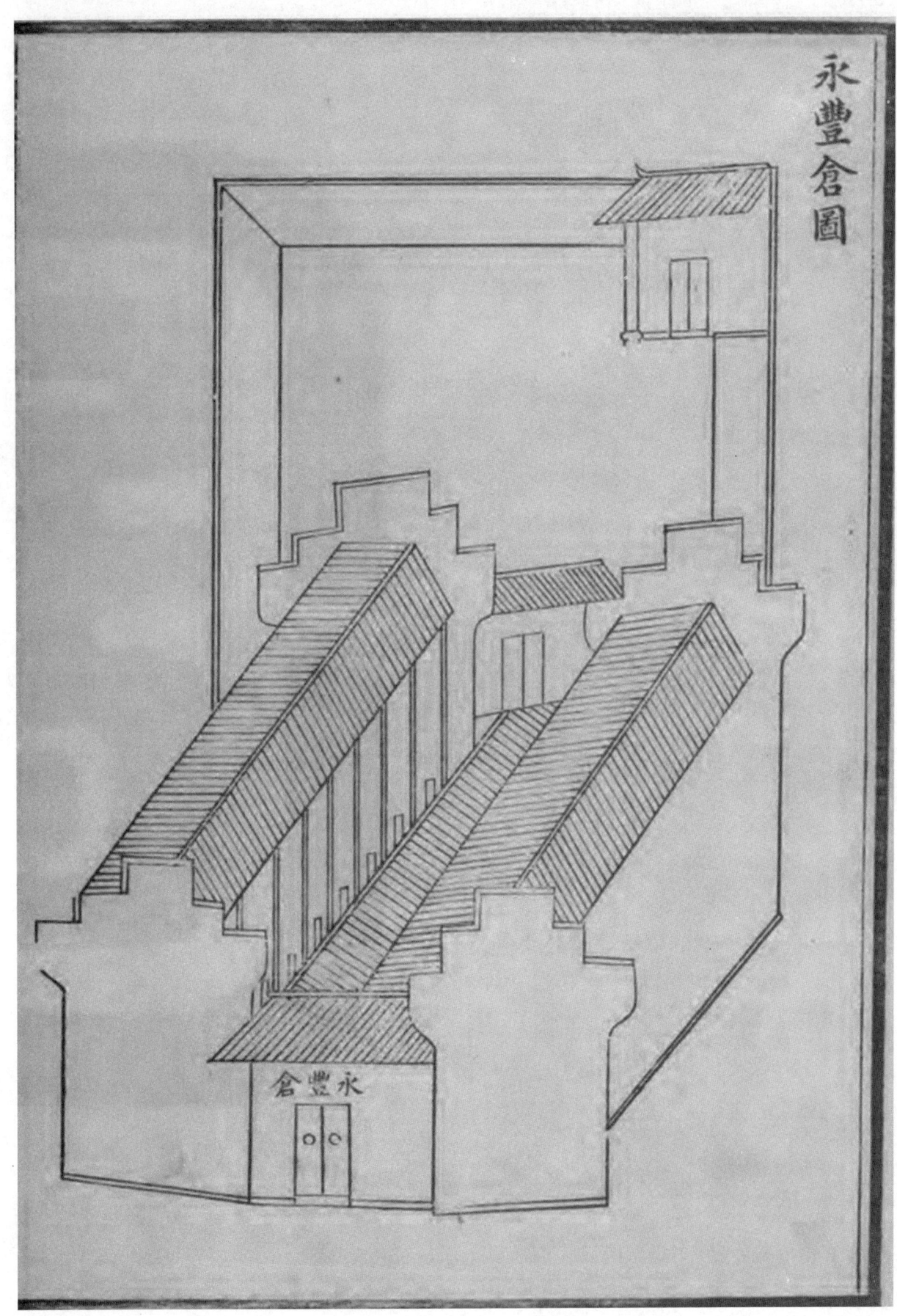

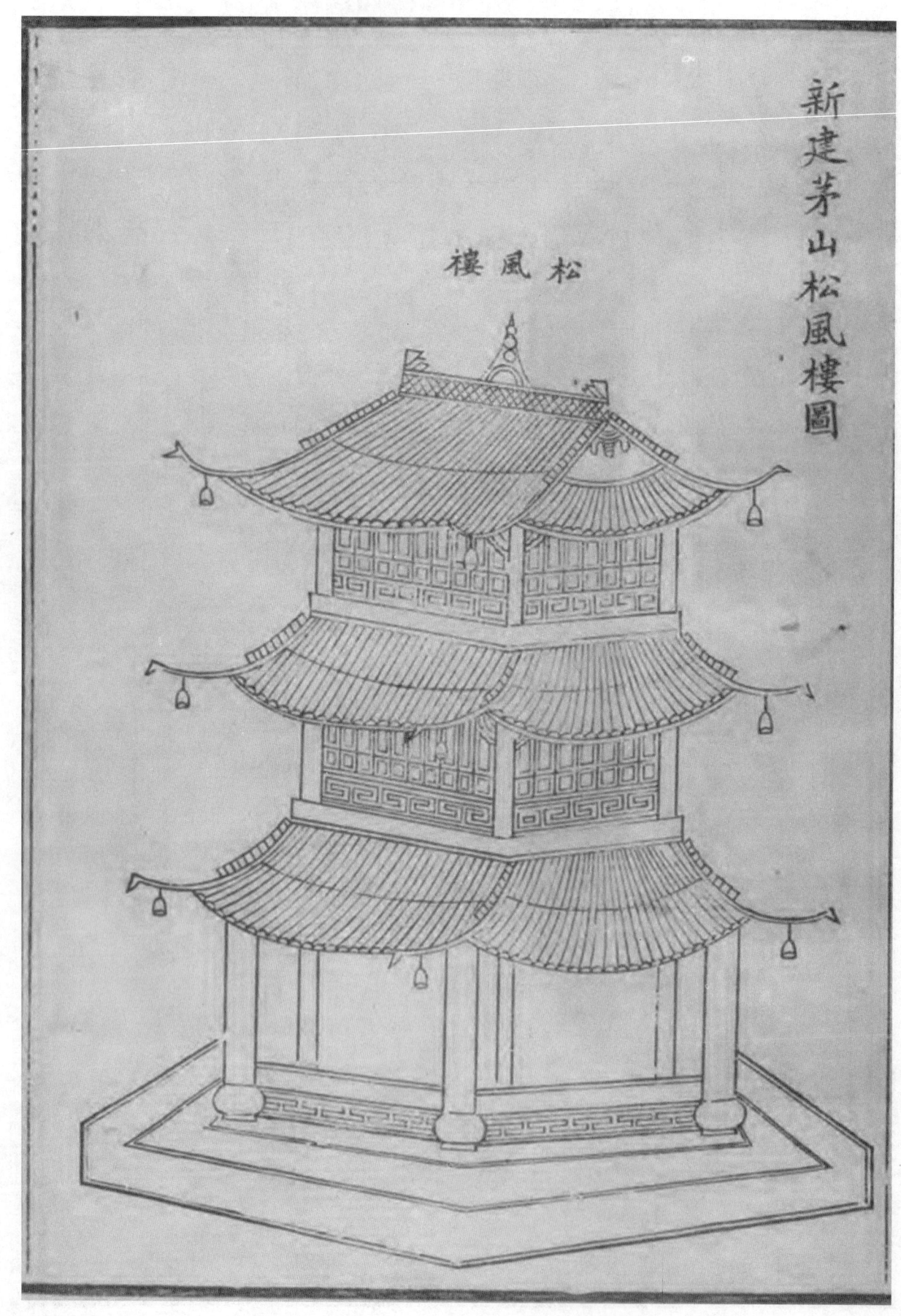

续纂句容县志卷一　　邑人　张瀛　恭纂

圣泽记

　　於穆①昊苍②，佑我大清。潜哲文明，圣圣相承。赫濯声灵，遐被八紘。政纪典章，焜燿裔皇。井凿田耕，腹鼓衢康。震叠怀柔，日月重光。河山列星，不显弥彰。群生感德，万祀③莫忘。粤稽我世祖章皇帝顺治元年定鼎燕都，二年五月初八日豫亲王奉命率大兵渡江，自丹阳趋句容④。十四日夜驻金陵之郊坛门。十五日明魏国公徐允爵、大学士王铎以南京降。改南京为江南省，应天府为江宁府，领县七，句容属焉。（据《明鉴·福王事》《江南通志》《康熙府志》《乾隆邑志》《小腆纪年》等书。恭按张穆《顾亭林年谱》作：初九日王师渡江，初十日夜宏光帝出走，十五日王师入南都）⑤

　　附载：特设苏州巡抚署，以抚江宁，而裁驻句容。明季之应天巡抚，其废署仍存句容如故。又盐巡道仍明制，驻句，见《乾隆句容邑志》，并督学署皆名察院署。

　　诏开科於句容，录取士子遗才。（《旧志》。时督学署在句容，以后凡《乾隆邑志》皆称曰《旧志》）

　　定岁贡二年一名，送部。（凡此等事，《旧志》及邻邑志引者则引，余则俱从略）

　　廷试优贡大学，三年二人。送监肄业。恩、拔、副贡等与岁贡制略同。（《钦定学政全书》）

　　附载：《学政全书》——顺治元年恩诏，以正贡作恩贡。二年，次贡作岁贡正贡。歇贡之学次年，举行外有才学出众孝弟著闻，听学臣不拘廪附荐用。又定名宦乡贤由提学官覆实，报部。

　　诏赦明季积欠粮税。（《旧志》《溧水志》）

　　恩免句容土贡苍术、鲥鱼。（《旧志》）又免本年税粮十之七。兵饷免十之四。（《上海》《山阳》两志）三年十月恩诏送贡。（《旧志》）诏除前代征漕积弊，著为令。（《满汉名臣·沈文奎列传》）四年，定邑学廪生额二十名，增广数同。又定是年优贡起送一名赴监。（《学政全书》。恭按乾隆四年议准，大省无过六名）六年，恩诏送贡。（《旧志》）八年，户部题为恭报查明赐拨官田请旨变价以充国用事。江南司案呈送本部送户科抄出，总督江南马题前事等因。（按《茅山志》载：巡视下江，按王题金坛民朱熙等因世变饱私。又二、三、四年，正赋逋欠，若查追敲扑，恐不易完，常镇道陈祥代求免追等语。六月二十八日。县报租米题七月初六日奉旨户部知道）奉圣旨户部知道，钦此。钦遵抄出到部，奉此相应议覆案呈到部，该臣等看得茅山崇禧宫地六千三百余亩，赐自唐朝，历来已久，地内钱粮七分，纳官三分，供奉香火。我清朝定鼎，於宫观赐田皆不入官。崇禧宫地仍应一例免，其变价追租仍令该宫道士

---

① 於穆：赞叹词。
② 昊苍：苍天。
③ 万祀：万年。
④ 自丹阳趋句容：据《金陵通记》十卷载："甲午，大清兵自丹阳趣句容。乙未夜至郊坛门。赵之龙及魏国公徐允爵、大学士王铎、礼部尚书钱谦益等迎降，皆冒雨跪道旁。"
⑤ 李按：据《国朝金陵通记》一卷载："（顺治二年）明中书舍人卢象观奉宗室朱盛沥起兵茅山，伪称瑞昌王。"

承种，每岁所地内应纳钱粮三分，以为焚修之资，奸徒不得妄起争端者也。既经该司案呈前来相应具覆，恭候命下臣部转行，遵奉施行。七月二十七日，题本日奉旨是。（笪重光《茅山志》）

附载：志虽载此事，而所言六千余亩，则未详何地。今以元刘大彬《茅山志》、明江永年《茅山志》、明《懿典》《录金石》等书考之，其田当即《懿典》崇禧宫下：金坛县田七十四顷八十九亩余也。其所云六千余亩者，兼句容、丹阳而言，不尽在金坛。又明《懿典》载：嘉靖十六年，巡抚欧阳书册内开元符、崇禧（皆茅山）、灵谷（钟山）三处民田，止征平米二升，即今遵守，此即焚修之赀也。

是年，恩诏送贡一名，又上谕选拔廪生考贡，其来京考试盘费官给。（《学政全书》）又诏立学校。（《上江志》①《旧志》：十三年修学宫）九年，令每乡设社学一区，免社师差役，给廪饩，提学案临造册申报。（康熙二十五年，令提学查革怠者）颁卧碑立於明伦堂左。十一年，奉题准直省儒学廪生内通行考试经书策论，拔取学行兼优者一人充贡送部，学政将各生原卷解部，仍令本生誊写朱卷贴连贡单，於布政使司起文取该府州县学各印结，赍投本部汇送内院，以候廷试。各学政仍将拔贡生员姓名、籍贯备造文册报部。又令提学将各学廪、增、附名数细查在学若干黜退若干，照数造册，出示府州县衙张挂，俾通知的确姓名，然后优免诸生丁粮。（《学政全书》）十四年，颁赋役全书。（《康熙江宁府志》其志亦曰：陈志又云《旧志》，有恤孤项，见后乾隆四十年下）十五年，定学额十五名。（《学政全书》）四月奉恩准部文，改免乡绅、举贡、生员本身壹丁银例。（《康熙府志》。按，志并吏承等共免银壹百叁拾柒两肆钱肆分捌厘。注：是月部文吏承等不免，故生员等共实免柒拾壹两捌钱玖分捌厘）圣祖仁皇帝康熙元年，诏裁江宁前卫左所、后卫右所屯田变作民田，归句容县变售征收。（《旧志》。《嘉庆江宁府志》作"康熙八年"）恩诏送贡。（《旧志》）定岁贡三年一名。八年，定仍二年一贡。九年，奉题准生员关系取士大典，若有司视同齐民挞责，殊非恤士之意，今后如果犯事情重，地方官先报学政，竢黜革后治以应得之罪，若词讼小事，发学责惩。十年，令拔贡入监肄业。十一年，恩诏送贡。（《旧志》）十四年，颁赐《御纂日讲四书解义》於学。（《学政全书》。按，《旧志》云：二部，二套。又《旧志》凡记钦颁书籍年月甚略，较以《上江志》《溧水志》，亦微有异同。今凡年月可考者，皆按年细载。外有《上江志》之《礼部则例》《科场条例》《四书全书》《大学衍义》等书，亦未载年月，附记於此，以俟考）二十二年，定给廪生贫士膏火。（《学政全书》）旌表节孝戴周氏等。（《旧志》）二十三年，邑东乡治石堤，宛延数十里，以为御道。（《南巡笔记》《旧志》）以龙潭在邑西北八十里，为京江、金陵适中之地，特建行殿，以备巡幸。（《南巡盛典》之龙潭行宫图记）九月二十八日，御驾东巡岱宗。十月初八日，遂南巡。二十六日，驾由苏州虎邱回銮。二十八日，幸无锡惠山。（华亭董阗石《尊乡赘笔》）二十九日，驾自丹阳陆行阅石堤。（《旧志》引《南巡笔记》。按，《旧志》引作"三月初一日"，今考《尊乡赘笔》：九月二十八日圣驾东巡，十月初八日至岱宗，下山遂南巡，十六日渡河，二十一日至高邮，二十二日至广陵，二十三日至金山，二十四日至竹林寺，二十六日至虎邱，二十八日上乘舆至惠山，二十九日至长巷，宿村舍，初一日至江宁，则《南巡笔记》之"三月"当作"十月"。《旧志》误刊）

《御制过句容道上诗》②：

渐入茅山境，来当农暇时。但看初日上，未觉晓风③吹。碧敛寒塘水，红垂野树枝。江南经几郡，民俗欲周知。（《旧志》）

驾至邑东门外长巷（《旧志》及《赘笔》）遇雨。驾宿长巷村民邹宗峤家，夜中，其村鸡犬无声，比旦，天颜甚喜，曰："可谓太平庄矣！"即御书"太平庄"三字勒碑道上。（《旧志》及吴兴张□□《纪恩记》《邹氏家乘》。按：《旧志》载前江西巡按御史笪重光《恭纪驾宿长巷》诗云：句曲城东紫气屯，回銮午夜宿农村。只今四海为家日，不遣儿童避至尊。《邹氏家乘》云：甲子冬，驾幸我二十世宗峤公

---

① 《上江志》：《上元江宁志》。
② 《御制过句容道上诗》：见《御制文集》四十卷。据《乾隆句容县志》一卷载："康熙二十三年，圣祖仁皇帝南巡。"
③ 晓风：《乾隆句容县志》一卷作"朔风"。

之宅，扈从文武俯伏嵩呼，民之欲瞻天颜者云集，终宵达旦，村中鸡犬不鸣，圣祖访问舆情，甚喜曰："朕宿此尔，邹姓其昌。"爰锡嘉名曰"太平庄"。）

驾幸邑之督学察院署。（《旧志》及邑令施廷瓒碑）

颁"万世师表"匾额於学。（《旧志》）十一月朔，驾驻江宁府。初五日，驾登舟由大江回銮。（《赘笔》）

《御制长江静浪歌》：

传来江势最凶险，万里长流湍潋滟。葱岭分派自岷山，江汉黑水界蜀陕。逶迤东注百川归，萦带如驶经诸矶。风波云雾全渺渺，群峰屹立暝烟微。铁锁横江原气怯，投鞭断流借盖威。未若自然顺天意，无怠无荒广川济。利涉须凭正刚柔，分理全赖作舟枻。仁者如斯称水德，治人御世先光霁。最喜长江能容物，更羡长江有宽厉。每度无险浪且平，登临慷慨古今情。未卜始终概难信，愿言永静勿纷更。（《张氏侍从记略》）

《御制操舟说》：

器之利用而致远者，陆行莫如车，水行莫如舟。舟之为用也，逸於车而险或过之。若享其逸而不入於险，则恃乎操舟者之有其道也，当夫水石击撞，波涛怒飞，回驶如鹜，骤合若离，此非其巧之为乎？至如浮沧溟①、驾虞渊②、历艨艟③如衽席，泛浩瀚以洄沿，此非其习之然乎？若或凌万顷之中流，惊飓风之四集，樯楫敧倾，徒侣失色，巧者不及施，习者不及试，斯时也，惴惴然有胥溺之忧，自非备之以至豫，而持之以至慎，殆鲜克济事焉。盖其所为巧与习者艺也，而其所以豫且备者，道也！《易》曰："濡有衣袽，终日戒。"《诗》曰："绋纚维之。"言其豫也，言其慎也！朕南巡江淮间，见操舟者苟备之豫而持之慎矣！虽大舟罔弗如其意之所欲为焉。苟备之不豫而持之不慎，舟虽小，亦不能胜任而愉快也！夫舟一器，操舟一艺耳，犹必有道，持之以不至於败，况居天下之大器者哉！扬子有言：乘国者，其如乘舟乎？舟安则民安矣！此物此志也。（《侍从记略》·《金山志》云：京口副都统臣张恩曾经勒石）

恩诏：经过地方应征丁银，概行蠲免。（《赘笔》及《上江志》、邑境龙潭碑）二十四年，钦颁上谕十六条。（《上江志》·《旧志》载：一部，二套。又二部二套，无年月。《溧水志》：乾隆八年六月者，一套，共十本。十五年二月者，一套。盖各邑之於省垣呈请时日不同，及装订微异也）令拔贡生员入监读书。二十五年七月初四日，户部尚书文华殿大学士臣张玉书④奉敕敬书《御制至圣先师孔子赞并序》立学。（杨希琛《常熟学碑录》）二十六年，令岁贡概免来京廷试，由部挨授训导。捐纳岁贡，亦听挨授，愿入监者，学臣送部。（《学政全书》·恭按，三十六年后，又经改章）恩蠲二十七年应征地丁各项钱粮及本年未完钱粮。（《旧志》《溧水》《上江》诸志略同）并十三年以后加征杂税。（《上海志》）二十七年，令以学田租赋给赡贫士，严核施行。（《学政全书》）二十八年正月初九日，南巡，蠲民赋。（《赘笔》）

（附载，《赘笔》言：蠲江南赋二百二十余万。《嘉庆府志》《同治上江志》作"允督臣傅腊塔奏免房税"，附此俟考）

定句容本大学额宜二十名。（《嘉庆府志》·《学政全书》作"三十八年"。又《嘉庆》亦曰《吕志》）

---

① 沧溟：大海。
② 虞渊：传说日落栖止之处。
③ 艨艟：古代的一种战舰。
④ 张玉书：（1642—1711），字素存，号润甫，清江南丹徒（今江苏镇江）人。顺治进士。官至文华殿大学士兼户部尚书。纂修《明史》任总裁官。著有《张文贞集》。

《御制句容雨望诗》：

山行逐高低，四望多松树。雨里万人家，遥看隔云雾。（《旧志》①）

凡所经御道，士女欢腾鹄立，恭迓翠华，结彩悬灯，焚香燃烛，自上元至二月尽乃止。（《赘笔》）二十九年三月十六日，户部尚书文华殿大学士臣张玉书奉勅敬书《御制四配赞》立学。（《学碑录》）

颁赐《钦定孝经衍义》二部於学。（《上江志》·按，《旧志》：每部四套。又《溧水志》十六套）三十年，恩蠲岁运漕米以次逐省各免一年。（《上江志》）三十三年，恩勉旧欠带征钱粮。（《武志》《溧水志》）三十六年，恩诏送贡，令拔贡宁缺无滥。（《学政全书》）七月，御书"怀冰雪"额，赐左都御史臣张鹏翮②，鹏翮於邑之察院恭建御书亭。（《旧志》）三十七年，恩广学额（金鳌《金陵待征录》），恩诏送贡。三十八年，南巡，上谕学额增广五名。又遵旨议准句容本大学，定额二十名。（《学政全书》）恩免旧欠带征粮及三十四、五、六等年一应带征地丁钱粮。杂税俱著豁免。（《嘉庆府志》《同治上江志》《溧水志》略同）

《御制自龙潭用战舰往金山诗》：

来往无涛如皎镜，江干极目远峰连。昔时血战金山侧，今日平成万里天。（《金山志》）

三十九年，议准钦颁上谕十六条，每朔望地方官宣讲，士子恭请御制条教宣读。（恭按，条教即卧碑）又令停选拔，以陪贡充。四十一年，颁赐《御制训饬士子文》於学。（《学政全书》·按《学碑录》作"四十二年"）四十二年，恭设行座在慧居寺内之东，以备南巡，并历奉钦颁法物。（《嘉庆府志》）

上舟至维扬，顾侍从曰：江南之黄山、茅山、钟山、华山，峰峦盘踞，各周数百里，前次南巡，叠经察问，荆榛荒翳，山不可耕，人无可食，久则必钟匪类，叠嘱近臣，妥议处置。今其地伊迩，尔等其慎筹之，并寄信与浙闽诸臣，沿海诸山岛，妥思善处。

明日清晨，扈从诸臣朝上於高旻寺行宫，初毕，上曰：朕夜间审思，凡事更张，十败三四，江南诸山及沿海诸岛，如有善法，该各督抚其即奏闻候旨，否则，仍旧，毋妄事更张也，寄各督抚知之。（《侍从记》）

《御制渡扬子江诗》：

晓雾风初豁，扬帆纵彩舟。危峰真屹立，漩水急洄流。碧转沿江柳，沙平远屿洲。十年巡再至，骋目睇神邱。（《纪恩记》）

召华山僧真义赴行在引见，赐金字心经一卷。二月，驾登宝华山。御书"慧居寺"额。（《盛典》《华山志》）

附载，《嘉庆府志》云：内有藏经楼，供奉敕赐《藏经》并御书墨宝。

前同安知县、题署郁林知州张效龄见驾於麒麟门，上问在任始末，并有子几人，效龄奏对详明，上慰劳甚殷，并奖以"好精神"等语。（《张氏家乘》·按《金陵诗征》及家乘：效龄，字子长，号长卿，句容人，辽阳籍，解任后归江宁，是年八十有一，卒年九十有七）升赏各官有差，赉贫民。（《上江志》）四十三年，恩豁卫军贰佰壹拾陆丁。（恭按，元、宁、浦、六③四县，久经恩豁，故其时无此事）

颁《御制平定朔漠告成太学碑文》於学。（《嘉庆府志》）

四十四年，扬州绅民以万寿圣诞延华山僧常松入京师，开祝圣道场，上临视，屡加叹赏，常松应对得体，自是日赐克什道场，圆满复赐紫衣、玉器。（《华山志》）

---

① 《旧志》：即《乾隆句容县志》（一卷载："康熙二十八年，圣祖仁皇帝南巡。"）。另见《御制文集》四十四卷。

② 张鹏翮：（1649—1725），字运青，四川遂宁人。康熙进士。康熙三十九年（1700年）任河道总督。后擢刑部尚书。雍正时累官武英殿大学士。有《遂宁张文端公全集》。

③ 元、宁、浦、六：上元、江宁、江浦、六合。

二月，南巡。御书"第八洞天"四字以赐茅山。（《旧志》《茅山志》）

《御制将游华山以欲雨未往诗》[1]：

欲向青山涧壑行，春云又变晓阴轻。勾陈不遣惊禅意，欲碍林间春草生。（《华山志》）

三月十八日，万寿，士民恭进御馔，命翰林学士撰叙於贡院试各士子，各赋诗二章。（《上江志》）

四十五年，恩免四十三年以前未完地丁银、米，其已完者，准本官留抵。（《东华录》及《上海志》）

四十六年，颁赐《御制古文渊鉴》（《学政全书》）《御批通鉴纲目、前编、正编》於学。（《上江志》·恭按，《旧志》载：《资治通鉴》二部，十六套，无年月。《溧水志》同作"乾隆十四年五月，共百六十本"）

三月，南巡。登宝华山，召山僧真义引见。御书飞白"莲界香云"额於铜殿。御书"精持戒梵"额於戒坛。（《华山志》）

《御制华山诗》：

警跸来初地，青山鸟道深。风生松涧合，云暗石苔侵。静昼闲飞蝶，余春噪晚晴。空留支遁迹，物外托尘襟。（《嘉庆府志》·恭按，志未载年月。《东巡盛典》，今未能得睹，谨附於此，以待考）

赍耆老帛肉有差。恩勉四十七年额征地丁钱粮。（《武志》·按，《嘉庆府志》作"蠲通省地丁钱粮"。无"四十七年额征"六字）

华山僧真义恭送銮舆至维扬，复蒙赐御书金扇一柄、《渊鉴斋发帖》一部。（《华山志》）

恩诏送贡。（《旧志》）

因旱，恩免本年地亩银粮。（《康熙府志》及《旧志》）

五十一年，恩免明年地亩，豁除历年积欠。（《同治上江志》·恭按，《嘉庆府志》卷五有："是年特旨：将天下地丁钱粮自五十年为始，三年之内全免。一周除将直隶、奉天、浙江、福建、广东、广西、四川、云南、贵州及山西、河南、陕甘、两湖、各直省，五十年、五十一年地丁钱粮一概蠲免。历年旧欠钱粮一并免征。所有江苏、安徽、山东、山西各抚属除漕项外，五十二年应征地亩银俱著察明蠲免等语。与《上江县志》相异，故谨录於此）

五十二年，命各县多立义学。恩诏送贡。（《学政全书》·按，《旧志》缺人名，而《待征录》亦遗，未知何故）

颁赐《御纂朱子全书》二部於学。（《学政全书》《上江志》·《旧志》：每部四套。《溧水志》：乾隆七年五月，四套，三十二本。《大学》《朱子全书》八本）

诏征收丁银，但据五十年丁册定为常额，续增人丁，永不加赋，名为圣世滋生户口。（《旧志》）

五十四年，颁赐《御纂周易》《折中》二部於学。（每部二套）

五十六年，颁赐《御纂性理精义》二部於学。（《上江志》。《旧志》：每部二套。《溧水志》：《折中》十二本；《精义》一部，五本）

恩免带征地丁屯卫银，其漕项虽例不准免，亦破格施恩，所带征漕项银及米、豆各蠲半。（《嘉庆府志》《上江志》）

六十年，颁赐《钦定春秋传说汇纂》二部於学。（《上江志》·《旧志》：每部二套。《溧水志》共二十四本）

恩广学额□名。（《待征录》）

六十一年，恩诏送贡。（《旧志》）

恩诏加取学额七名一次，又令照三十六年例选拔一次。

世宗宪皇帝雍正元年，颁发《钦定孝经衍义》於学。（《学政全书》）

诏开科增学额为二十五名。（《吕志》）又诏学额加取七名一次，特旨拔贡。恩诏送贡。

---

[1] 《御制将游华山以欲雨未往诗》：见《御制文集》四十四卷。

又令照顺治九年例。於大乡钜堡各置社学。其子弟有能文入泮者优奖。社师怠者，查革严议。（《学政全书》）

恩免康熙十一年至五十年未完地丁米豆芦课银。（《上江志》·恭按，《嘉庆府志》止蠲芦课银，无以上等事）

诏建忠义孝悌祠於学宫，建节孝祠於外。（是年，部议所在有司春秋致祭，修葺不累民间）

诏立墩汛。（《旧志》）

二年，遵旨题准江南之句容照府学额为二十五名。（《学政全书》）

恩广学额□名。（《待征录》）

命奖励社仓，旌表节妇周王氏等。（《旧志》）

三年，颁赐《御制万言广训》《朋党论》於学。（《学政全书》《上江志》·恭按，《学碑录》作"五月十七日颁赐"。御碑在戟门右，疑即此也）

《御制平定青海告成太学碑文》於学。（《嘉庆府志》）

特旨改启圣祠为崇圣祠。（《旧志》及《施霖碑记》）

给耆民冠带，旌表节妇吴骆氏等。

四年，颁"生民未有"额於学。是年，编审滋生人丁，前督院范於丁随田办以广皇仁等事案内，题请自雍正六年始将前项人丁银两随田办纳。（《旧志》）

五年三月十四日，礼部奏会试举人，叨荷特恩合词陈谢，奉上谕碑立学。（《学碑录》）

上谕拔贡旧例十二年一次，於雍正元年特行一次，嗣后，六年选拔一次候旨。（《学政全书》）

颁赐《钦定＜诗经＞传说汇纂》二部於学。（《上江志》《旧志》：每部二套。《溧水志》：二十本）

旌表节妇王潘氏等。（《旧志》）

颁《瑞谷图》於学。（《上江志》）

六年，令选拔分两场。（《学政全书》）

敕修订丁祭礼仪，选身家清白儒童为佾生，免其府县考试。（《旧志》：凡用一百余名，又备用者二十名）

旌表节妇夏陈氏等。（《旧志》）

八年，颁赐《钦定＜书经＞传说汇纂》二部。（《旧志》：每部二套。《溧水志》十六本。）

上谕内阁於学。（《上江志》）

十一年四月十九日，谕和硕庄亲王等曰："朕欲赐各省僧人一千五百众於愍忠寺受皇戒，尔等可寄信与江南总督，令其将大宝华山住持福聚送赴来京，其放戒所需执事之僧人即著福聚拣选一并前来，其来京之期於明春正月间起程，二三月间到来即可，再著福聚将放皇戒之意传布在彼所住之各省僧人知悉，如有愿受皇戒者，亦著於明春来京，俟僧众受戒圆满之日，仍送福聚等回山，钦此。（《华山志》）

是年，水灾。蒙恩诏缓征钱粮，振饥民。（《上江志》）

十二年二月十三日，华山僧众到京。十五日，庄亲王带领福聚引见。上谕将愍忠寺改为法源禅寺。又谕十九日巳时庄亲王及本寺办事大臣等送福聚进法源寺。二十日，命开三坛大戒。二十四日，谕庄亲王带领福聚於圆明园引见。颁赐御制诸经典及紫衣四领。又谕将宝华山执事僧一百二十众及新受皇戒僧一千八百一十九人，每班十人，次第引见。初五日，谕庄亲王等曰："尔等谕新受皇戒僧人等，夫持律讲经固为佛制要务，若不明此，本性纵然持律讲经，俱属空虚，必须了明本性，持律是为真持律，讲经是为真讲经，方为克尽持律讲经之道，如宗门更属紧要，彼又不持戒、又不讲经，若不了悟，实为佛门之罪人，较之持律讲经之人更属不可。尔等新受戒僧众，荷蒙朕恩，得受皇戒，朕期尔等人人上达，各各了悟，方为不负朕恩也。再著询问伊等，如有向上者，情愿入内闭关，操持以洞彻为期，朕以本分钳锤，令其透彻，如纵有一知半解，示莫出宫门，如在内居住而又不能了明此事者，实为深负朕恩之辈，必将原戒追回，仍从重惩治。尔等将情愿入内者以识字、不识字分为两起，在前领引见，其余随后次第引见，其福聚并执事等十人从优赏赐之处议奏。钦此。

僧福聚以其时适修《佛藏》，请将本山僧寂光之《梵纲直解》（四卷）、读体之《毘尼止持》（十六卷）

《毘尼作持》（十五卷）、《三坛正范》（四卷）、德基之《毘尼关要》（十六卷）入藏。五月初二日，奉旨将此书著令福聚带回南去删改明白，俟送到之日请旨入藏。钦此。钦遵十二月，华山大雄殿等处被灾，总督赵洪恩奏闻，奉旨照旧式重建。（《华山志》）寻遣官护送福聚还山。（《嘉庆府志》）是年，诏截留乙卯年起运粮二十万石於被水州县。开春平粜，缓征新旧条欠银及南漕米，动支仓谷，分别振济。（《上江志》）十三年九月，高宗纯皇帝登极，恩诏送贡。（《学政全书》）

谕各省民欠钱粮已於恩诏内概免，兹特再行降旨：於恩诏外，将雍正十二年以前钱粮实欠在民者，其有官侵吏蚀，著照民欠例宽免。（《嘉庆府志》《上海志》）

十月，诏免各年漕项、芦课及学租、杂税等积欠银。十一月，恩免雍正十二年以前耗羡银。十二月，恩免雍正十二年以前带征缓征漕项及本年折银米。又诏业户减佃户之租。

乾隆元年秋水，诏酌免被水乡村本年额赋，振恤安插。又诏凡遇蠲免均以奉旨之日为始，其奉旨之后，部文未到之先已输在官者，准作次年正赋，永著为令。（《上江志》）

奉令嗣后举贡生员绅衿等概免杂色差徭。（《学政全书》）

颁赐《圣祖仁皇帝律书渊源》於学。恩诏送贡。（《旧志》）

恩广学额□名。（《待征录》）

旌表节孝王张氏等。其时，福祚乡章凤台妻张氏寿一百岁，督抚题请建坊。上用缎一匹旌其间曰"贞寿之门"，并赐内府白金十两。外照例给建坊银三十两。（《旧志》）

（附记：是年，免赋，见前。但《陈志》小异）

二年，旌表节孝宣朱氏等。（《旧志》）

内大臣允禄弘昼（《华山志》言：福聚有请庄亲王、和亲王转奏启）奏华山僧请将《梵纲直解》《毘尼止持》《毘尼作持》《三坛正范》《毘尼关要》华山律部五种采录入藏，一并恭呈御览，伏候钦定。正月二十八日，奉旨照所奏入藏。钦此。（《华山志》）

三年，奉谕：嗣后，凡遇赈贷即於公项内拨银米交教官给极贫、次贫生。又谕：凡岁贡贡单已给尚未到部而物故者，准作贡生，以示矜恤。至本年之岁贡，将陪贡顶补所有旗匾银则给顶补之生。（《学政全书》）

旌表节孝杨高氏等。

诏江南全省发帑金八十万两振饥。

颁"与天地参"匾额於学。（《旧志》。又恭按《嘉庆府志》作"五年颁"。又御书"化成悠久"额，诸志皆未载年月）

四年四月，颁《十三经注疏》。（《旧志》载：一部，十六套）

五年三月，又颁《廿一史》（皆《溧水志》。《旧志》五十套）并《御制训饬士子文》於学。（《学碑录》）

旌表节孝朱吴氏等。（《旧志》）

六年，奉谕：嗣后拔贡十二年一举，永为例。（《学政全书》）

旌表节孝张杜氏等。（《旧志》。恭按，是年，皇太后五旬，万寿，诸书皆未录及《恩典》）

七年，令学宫两庑神牌依顺天学政钱陈群所奏，照太学位次。（《校事录》）

旌表节孝张许氏等。

八年，旌表节孝李陈氏等。

九年，旌表节孝吴陈氏等。（《旧志》）

十年，恩诏普免十一年地丁钱粮。（《上江志》）

颁文庙乐章祝文，革旧曲高调。（《旧志》）

颁赐《通鉴纲目》三编。（《上江志》）

又令学中向有学租一项，嗣后学政於案临日面给贫生。

颁《太学训饬士子文》。（《学政全书》）

旌表节孝曹许氏等。

十一年，旌表节孝王孔氏等。（《旧志》）

十二年，颁赐《御制诗初集》於学。（《上江志》《溧水志》作"三十二年十月，计二部，九十六本"）

十三年，旌表节孝孙杨氏等。（《旧志》）

颁赐《三礼义疏》於学。（《上江志》《溧水志》：一部，一百二十八本）

是年，东巡，加恩士类，增广入学名数。（《学政全书》）

十四年四月，颁赐《御制平定金川告成太学碑文》於学。（《学碑录》）

北路提督咨商龙潭、仓头、桥头三汛炮台、营房，令於县境御道旁每十里改建墩汛。

十五年，填筑龙潭御道。（《旧志》）

大吏以龙潭行殿槛前烟树仗外、岩峦苍翠、青葱昕夕、效灵献秀，重修行宫以备驻跸。（《盛典》及《旧志》）

附载，《盛典》卷九十四：乾隆十五年十二月，依工部议奏，查皇上巡幸各直属等处，省方问俗，行庆施惠，凡一切经由道路及营尖地，各该督抚均系委员敬谨办理，惟恐差竣报销承办之员任意浮冒开销，是以臣於乾隆八年奏准将营盘每座准修垫夫一百六十名，尖盘每座准修垫夫八十名，道路每里准修垫夫三十五名，如遇皇上巡幸一次后，修垫旧有营尖、道路、营盘，每座准夫八十名，尖盘每座准夫四十名，道路每里准夫二十五名，其应行搭盖桥座工料及应用器具、什物等项，价值均经酌定，章程俱行文直督，遵照各在案。今臣部屡查各报销册内平垫营尖、道路、搭盖桥座及制备器具等项，用工用料之处与例浮多，所报册内间有土沟应行培筑者，亦有高坡应行刨平者，恭遇驾临几次而报销夫工银两，与前次有增无减，屡经臣部驳查，饬令据实删减报销，伏思直属常经皇上行幸之区，差务历有年所，而差竣报销与例不符之处尚种种不一，查乾隆十二年，分东省办差报销之州县共十数处，内有合例者准报销。案其余州县屡经驳诘，尚未报销，则今秋皇上巡幸中州及明春巡幸江浙等省，该州县并未办差，无例可循，将来造册报销，更难保无舛错浮冒之处，即臣按册查核，逐款指驳，徒滋案牍纷繁，殊非办理尽善之道。相应请旨将臣部从前据定修垫营尖、道路准给夫工名数并应行搭盖桥座、工料数目做法及一切器具等项，查明刊刻颁给各该督抚一体遵行办理。至修垫营尖，各盘务择其宽展平坦地面饬交各属敬谨修垫，其间或遇地窄低洼、泥泞之处必须修垫者，务将修垫处所先期报部，至於道路遇有山嘴石冈必须开凿，或遇沙塍土坡，应加刨挖者，亦应先行据实估报，并将制备应用器具等项、工料价值各若干，分晰开载。如有营尖、道路已经修垫过一次者，亦即於估册内一并声明报部，统俟该省报销时，臣部逐一查对，除开用夫工等项与估册相符者，按照定例准销外，倘造报册内或有以少报多、以无作有等弊，即将承办之员指明题参，以为浮冒开销者戒，如是则事有成例。帑不虚縻，而於差务钱粮均有裨益，俟命下之日，臣部行文各该督抚一体遵照，是否有当，伏乞皇上训示遵行。谨奏请旨。乾隆十五年十二月十五日奉旨依议，钦此。又是月十九日，依礼部议奏云。查《会典·内开》：行幸经过地方。又查康熙四十二年行幸，奉旨应祭岳渎，预行议奏，经臣部查明具奏，奉旨：在三十里以内者奏闻，三十里以外者，不必具奏。钦此。又查：本年八月，圣驾巡幸，臣部分别酌议致祭在案。明春南巡，臣部敬查应行祀典，江渎礼应致祭，节经催督抚详查具报，俟覆齐日再行另议等因。於本年十月三十日奏，臣部随即行文该督抚，续具咨报部，臣等详加酌核，除册内所开江渎，经臣部议致祭遣祭。今圣驾正岁启行，臣部随堂官随时议奏请旨，预令太常寺酌办香帛带往，应用祭文，届时令咨从翰林院撰拟，祭品交地方官备办。

旌表贞孝张赵氏等。（《旧志》）太学生许光国妻赵氏寿百岁，奉旨给帑建坊。钦赐"贞孝之门"。（承仙乡《赵氏谱》云：氏生顺治己丑十月）

恩诏送贡十六年。（恭按，是年，皇太后六旬，万寿。诸书皆未言及）

恩诏送贡。（《学政全书》）

恩加学额五名一次。（《学政全书》及《待征录》）

上奉皇太后銮舆南巡，恩免元年至十三年江苏积欠地丁钱粮。（《上江志》）

大学士傅恒等奏遵旨议准江南省自入境以后，江苏各属进士、举人、生监人等陆续进呈诗文，业经

学政庄有恭遵旨详阅两次，开名奏闻，伊等已回原籍，应令学政调赴江宁迎銮候期考试。（《学政全书》）

邑廪生张道正进呈《南巡文蒙》，恩赐荷包一对，元宝两个。（《张氏家乘》）

三月，《御制句容道中作》①：

路舍舟而骑，俗觇漓与厐。红围山下墅，白间柳边江。寺僻僧常独，春深燕每双。明朝临建业，访古六朝邦。（《盛典》）

上至龙潭行宫。

附载，《盛典》卷九十四：乾隆十六年正月初四日，依大学士公傅恒议，驻金山，阅视水操，过江（按，其时，山在江中），至钱家巷，登旱路，至龙潭行宫驻跸。俟览阅名胜后，仍由原路至龙潭驻跸。由龙潭至宝华山，回銮龙潭，仍至钱家巷，登舟，进镇江口，直达无锡。又《盛典·路程图》云：圣驾幸江宁，自金山行宫登舟。三里，对渡钱家巷马头登岸。十三里，永丰桥。十一里，高资港尖营。八里，炭渚村，系江宁府句容县界。十六里，徐家庄尖营。七里，仓头镇。七里，七星观。八里，龙潭行宫。十一里，杨柳泉。六里，宝华山。十七里，东阳镇。十七里六分，栖霞山。按，自金山至栖霞百二十七里六分。

御书"福"字六福。又御书"胜揽龙蟠"额、"冈峦萦绕桑麻富，洲渚参差舠浆通"对联。又御书"江声潭影"额，"三茅天际青莲耸，二水云边白鹭分"对联。（《盛典》《嘉庆府志》作"御书匾联四副"）并颁《三希堂·淳化阁帖》一部於龙潭行宫。（《嘉庆府志》）

二十八日，《御制登宝华山慧居寺诗》：

松径霏花雨，香台霭法云。范铜辉杰阁，镂玉隐虿文。宝志名长在，梁皇忏尚闻。芳飚舞锦卉，仙籁韵琼簪。谁识隆昌旧，从来名象纷。澄观忘万虑，小坐亦堪欣。

御书"光明法界"额於大雄殿。

御书"宝纲常新"额於铜殿。

御书"精进正觉"额、"地控秣陵金殿香浮华鬘动，山蟠句曲石坛月朗戒珠圆"对联於戒坛。（《盛典》及《华山志》）

又赐墨刻观音像、《金刚经》《宝塔心经》、宝塔、白金五百於山寺。（《嘉庆府志》作"御制诗一轴，御题匾额共四副"）

十八年十二月初八日，颁赐《御制三希堂石渠法帖》（全部计四函三十二册）於华山。（《华山志》）

附载，《盛典》卷九十四：两江总督臣黄廷桂、江苏巡抚臣王师雨、两淮盐政臣吉庆谨为奏闻事，恭照圣驾回銮后，所有各行宫及名胜座落房间，自应责令专员经理，以垂永久。今臣等拟将自龙潭起至江宁一带各行宫及名胜座落交与江宁布政经管云云。均令不时查看，如有应行黏补之处，报明臣等动项黏补，以昭诚敬，仍行文提督按处酌派弁兵敬谨看守，理合奏祈皇上睿鉴。乾隆十六年四月初四日，奉旨"知道了，钦此"。

二十年五月，颁赐《御制平定准噶尔告成太学碑文》（《学碑录》）、《御纂〈周易〉述义》《御纂诗义折中》於学。（《上江志》。按，《溧水志》作"三十一年十月，《述义》二部，计八本。《折中》二部，十六本）

二十二年（《嘉庆府志》作"二十三年"），上奉皇太后銮舆南巡，恩免二十一年以前地丁银（《上江》《溧水》两志）及十年以前积欠漕项银米、地丁、耗羡。又诏省会驻跸之地、附郭州县本年应征地丁银悉与豁免。（《上江志》）

二月，驻龙潭行宫。

附载，《盛典》载：祭江渎事宜於二十一年，礼部请如十六年例，其年十二月初二日奉旨"知道了"。又太常寺奏闻：明春南巡，渡扬子江，点香，照十六年例办理。亦於十二月十一日奉旨"知道了，钦此"。

---

① 《御制句容道中作》：见《御制诗二集》二十六卷。

邑廪膳生张道正进呈《迎銮曲》三十章。学臣汇置二等。(《张氏家乘》)

召试士子於府治之钟山行宫(《上江志》)。夜半，奉特旨，二等之张道正一体召试。(《张氏家乘》)

颁赐《御制平定回部告成太学碑文》於学。(《嘉庆府志》)

恩加学额五名一次。(《学政全书》《待征录》)

上谕迎辇男妇七十以上者照从前恩诏例赏赉。(《盛典》)

附载，《盛典》：江苏巡抚臣陈宏谋谨题准行在户部咨，乾隆二十二年二月初二日，内阁奉上谕：朕奉皇太后銮舆载巡江浙，所至黎庶爱戴情殷，夹道焚香欢迎辇路，而鹤发皤然扶携恐后，尤堪轸念。所有江浙二省男妇年七十以上者俱著加恩，照从前恩诏例赏赉，以示优老引年之意。钦此。钦遵转行到司，奉经通行各属一体。钦遵去后，今据江南河运道暂留江宁府原任朱廷扬、苏州府宫登、常州府增福、镇江府苏陵阿、淮安府五诺玺、扬州府兆麟、徐州府郭永宁详据上元、江宁、句容、长洲、元和、吴县、吴江、震泽、武进、阳湖、无锡、金匮、丹徒、丹阳、山阳、清河、桃源、江都、甘泉、高邮、宝应、铜山、邳州、宿迁、睢宁等二十五州县会详，内称据经过各州县耆民及老妇夫男金旭阳、任永昌、沈朝圣、沈玉成、朱子臣、张秉仁、张天益、沈茂贞、王御珍、朱嘉宾、顾殿臣、徐方来、赵文岳、金益龙、徐吉士、徐介臣、朱允昇、万子□、管成章、张楚良等呈称：窃逢舜日尧天，咸歌击壤，禹功汤纲，共庆陶镕，身等叨天之庇，得以年跻耄耋，荷圣垂恩，不闻时戒征谣，历圣深仁罔报，今皇厚德何酬，恭逢两次南巡，采风问俗，民隐周知，施恩蠲赋，民力得舒，万言难述之奇逢，千古不邀之旷典，毋论致仕，复衔食俸，勤劳加级，褒荣即如老民给赏银牌，又加概锡绢米，身等叠次滥膺，抚心自愧，欲纾报效，惭愧无由。今恭闻銮辂回都，圣躬豫悦。正万万年亿兆，生民之福，乃千千世，统御之休。(此句疑有脱误)敢不鸣谢，叩赐据详，转详请题，俾下情上达，蚁悃少伸等情。恭按，以谢恩词，耆民次第考之，沈朝圣当为邑人。

三月十六日，上登宝华山。

《御制慧居寺八韵诗》：

宝华深秀处，问路记吾曾。是日观民暇，青春佳兴乘。梵宫迎马近，崎迳破云登。戒井谁当汲，莲池依旧澄。六檀身口意，三宝佛经僧。净业遵毘柰，禅机谢慧能。璇题千载焕(寺旧名"圣化隆昌"，皇祖南巡时，易今名)，怡慕一心增。小憩催行辔，耽斯理岂应。(《盛典》及《华山志》。《嘉庆府志》作"御制一幅")

颁赐御书"福"字於华山。

赐墨刻观音像一幅、朝珠一挂，荷包四枚，鼻烟一瓶。(《华山志》)

三十日，《御制高资港诗》：

孝陵未读柳州论，继世旋看祸乱纷。讵可长江恃天堑，早教高港覆舟军。金川守御终无济，瓜蔓诛夷不忍闻。一死齐黄难赎罪，独怜气节在斯文。

《御制长江夕照歌》：

借问长江源及委，盖与朱日为出入。浮玉峥嵘接东西，寅宾①寅饯②惟中立。是时万里无微风，鳞云映江江面红。鲸宫鲛室朗欲彻，楚山蜀塞渺何穷。布帆来往纷纷者，捩柁不较风上下。北人使马南人船，各有所长语非假。金波浮沈金弹子，将谓曦轮碾其底。璇玑九万且莫论，明朝试看扶桑始。

---

① 寅宾：恭迎。《书经·尧典》："寅宾出日，平秩东作。"
② 寅饯：恭送。

《御制渡江诗》：

吴越巡方两月周，长江回泛木兰舟。风恬北指瓜洲渡，天朗西穷巫峡流。花有繁红识津口，树成嘉荫出城头。金山背拥苍岩回，绿字曾题初度游。（《盛典》）

《御制三月晦日作》：

贪程忘日有常谈，忽报春葽落尽三。应趁清和归冀北，恰留九十在江南。（原注：是日渡江）未孤柳媚还花冶，虑误吴耕及越蚕。更有予心深惬处，皇州好雨应时甘。

恩振被灾州县截漕十万石备粜。

二十三年，颁赐《御纂〈春秋〉直解》。（《上江志》。按，《溧水志》作"三十一年四月，二部，计二本）

二十四年十二月，颁赐《御制平定回部告成太学碑文》。（《学碑录》）

二十五年，颁赐《御制诗》二集於学。

二十六年，恩诏送贡。（《学政全书》）

奉上谕，今岁皇太后七旬，万寿。因江南被灾，改明年。恭奉銮舆南巡，截留冬漕十万石，分厂平粜。（《嘉庆府志》）

二十七年二月，南巡。恩振去年被灾州县。（《上江志》）

恩加学额五名一次。（《学政全书》）

恩蠲二十二年至二十六年节年因灾缓征及未完地丁各欠。恩增江、浙、皖三省本年科试大学五名、中学①四名、小学三名、（《郡志》）

邑廪生尚昌庐进呈《万寿南巡万言颂》。（《侍从记略》。按，颂内□□氏，寿百岁，系六合县人，见《六合志》）

《御制句容道中诗》：

扬之登舟指秣陵，中途易马渡江乘。菜花引蝶麦藏雉，画里溪邨农事兴。
迤南峻岭北长江，天堑真称险莫双。底事古来恃险者，竖旛频见出城降。
小儿已长老年多，纵令随观不禁诃。五十帛需七十肉，孜孜为虑应（原注：去声）如何。

《御制壬午仲春望后一日即景题什》：

崇构观涛旧所称，石簰壮观试临凭（恭按，石簰为京口、句容孔道）。千寻翠巘天疑近，一道长江波不兴。来往布帆嫌力弱，空明玉镜与心澄。风恬浪静自佳事，何必枚皋赋语征。

《御制高资港诗》：

好学皇孙颖慧闻，惜无断耳用心勤。燕兵已渡高资港，犹自中朝议礼文。

《御制茅山诗》：

第八洞天称地肺，金坛崔嵬蠚高陵。三茅已跨茅龙去，祇剩残山列远棱。

《御制丹井诗》：

华阳上馆石桥东（原注：有二，一在陶村，一在此），一例陶村丹井同。拔宅不知何处去，风烟中

---

① 中学：清末到五四运动前后对我国传统学术的称呼。

觅旧基空。(《盛典》)

《御制壬午暮春诗》：

梭织往来众轴舻，风恬浪静蔽江铺。远帆楼上延遥目，太液池头了不殊。(《盛典》《金山志》)

二月二十三日，《御制三登宝华山诗》：

峰岭因何秀？秀因泉石遭。恰宜耆域扩，底较蒋山高。禽演无生偈，松翻万古涛。阇黎①惟守律，不习坐禅逃。(《嘉庆府志》作"诗一轴")

颁赐御书"南无阿弥陀佛"於华山。

二十四日，又颁赐《御书石刻法华经》一部、藏香二束、哈哒香一包、功德斋银五百两。(《华山志》)

《御制壬午季春诗》：

秣陵将问古，氏父暂浮江。雨不妨兼驿，风全静渡艭②。水天凭几席，花鸟列轩窗。祇合蠲诸虑，谁云声色摐。(《金山志》)

二十六日，华山僧谢恩。又赐荷包一枚。(《华山志》)

《御制壬午暮春之杪雨望作》：

细雨飞来箭发弦，江波接上势如连。须臾云敛千峰净，缀目晴光会一川。

《御制茅山正伪文》：

壬午春巡，将发金陵道句容，征三茅之胜，而邑志率摭《吴越春秋》"禹改茅山曰会稽"为兹山。数典所自，是援越入吴，疆域紊而世代淆。予不可以不辨。按《〈史记〉注》引《越传》：禹到大越，上苗山。"苗"与"茅"古字通而小异。其为属越。则均《水经注》"浙江"条云："会稽，古防山，亦谓之茅山。别称防者，盖以防风后至故而。"浙江即浙江，其山隶今绍兴境明甚。若句容之茅山，本名句曲，亦名已山，自后汉茅盈兄弟学仙於此，三茅之名始著，距吴越时既远，地与绍兴又绝不相蒙，缉志者无识，沿名窜附，牵连为一，谓"会稽，同出异名"。若良常、秦望、海江、仙韭之属，二十有六，实为一山，且注出《吴越春秋》，今核全书，初无是语，况自绍兴至句容，道逾千里，中隔一江。三茅即号地肺，安能呼吸一气，若此使其言，然则方内累累，宫霍蜀绎者，畴不当名之曰昆仑、岱宗乎。再考《江宁郡志》：良常、秦望、仙韭、诸山，并与句曲壤接，道里可数，更於绍兴无涉，即以所引"秦望"言，绍兴、句容皆有，要各自为一山，未可强而合之，独於茅山乎何疑。或曰：会稽为古扬州镇山，后汉移会稽郡治越，秦初置时，本治吴焉。知会稽始名之茅山，不可通於句曲，后著之茅山也，予得仍以《吴越春秋》正之，其书凡六卷，前《吴传》三，后《越传》三，茅山之改名会稽，入《越外传》，不入《吴内传》，当时方隅所限，讵不较然风马牛哉！用覶③缕析之，以俟后之订山经者。(《盛典》)

《御制壬午暮春之杪驻跸金山作》：

百里栖霞晓策骢，金山舟到日方中。又成回跸时临夏，每喜横江静戢风。气接鸿濛开远势，峰连杳霭入高空。精蓝宝带常留镇，那见苏公与印公。(《金山志》)

---

① 阇黎：佛教上指能教授弟子法式，纠正弟子行为，并为其模范的人。
② 艭(shuāng)：小船。
③ 覶(luó)缕：语言详尽而有条理。

二十八年，颁赐《御制文初集》。（《上江志》。按，《溧水志》作：三十二年十月，计二部，共十六本）

二十九年，诏明年驻跸地方照例截留冬漕平粜如上例。

三十年三月，上奉皇太后銮舆南巡，恩免二十五年以前节年因灾未完蠲腾河驿俸工等款，并二十六、七、八三年因灾未完地丁及二十八年以前因灾未完漕项（《嘉庆府志》）暨民借籽种、口粮、备筑堤堰等银及熟田地丁、杂税未完银两，又优免江宁附郭诸县本年地丁银（《上江志》）。

《御制高资港咏古》：

京口东辞舫，石头西问津。高资今有咏，庸主昔无忧。一旦燕兵过，千屯明甲收（原注谓：守将童贯迎降）。孝孺乏画策，割地是佳谋。（《盛典》）

召试士子於钟山书院。（《上江志》）

恩加学额五名一次。（《学政全书》及《待征录》）

又上谕江、安二省分设各县向来选拔统新旧两学中拔一人，本年加恩，各学各取一人，及加恩本年选拔贡生除录用外，如愿在四库全书馆效力，准充媵录扣定五年核办。（《学政全书》）

初三日，《御制四登宝华山诗》：

梵宅宝华阳，庄严殊胜常。石坛授五戒，铜殿厌诸方。庭有禽听呗，厨多鼠守粮（原注：香积厨中多鼠，呼之即至，而不耗粮，盖僧雒饲养者）。谢参黄檗佛，期结白莲场。轮演无生法，灯传不尽光。回舆度耨水，清磬尚悠扬。（《盛典》。《嘉庆府志》作"诗一轴"）

赐御书"福"字一幅（《嘉庆府志》）、石刻黄龙佛像一轴、藏香八束、哈哒香四封、斋银五百两。

五月二十二日，又赐《维摩所说大乘经》三卷（《华山志》）。於华山颁赐《御制平定青海告成太学碑》（《学碑录》）

三十三年，颁石刻梅花一幅於宝华山。改建龙潭御道。

三十四年，颁赐《御制文庙碑文》於学。（《嘉庆府志》）

令嗣后优贡照旧三年一举，加意核办。（《学政全书》）

三十五年，皇太后八旬，万寿，特恩普行蠲免钱粮。（《嘉庆府志》）

三十六年，恩诏送贡。（《学政全书》）

颁赐《南巡盛典》於学。（《上江志》。按，《溧水志》：八套，四十八本）

颁《翻译名义集正讹》一部於宝华山。（《嘉庆府志》）

三十七年，奉旨停止五年编审虚文，止逐年清查数目造册。又题定军丁仍行五年编审，以便办运，惟钦遵圣谕一体，永不加赋。《嘉庆府志》）

奉诏广额。（《待征录》）

三十八年，颁《石刻淳化阁法帖》一部於宝华山（《嘉庆府志》）

三十九年，颁赐《钦定同文韵统》八卷、《满、汉、蒙古、西番合璧大藏全咒》一部於宝华山。恩旨将句容、江浦等十八州县三十九年分被灾缓漕於四十二年带征。（《嘉庆府志》）

令学政给该贡生贡单，仍取地方官文结送监。（《学政全书》）

四十年，颁《赋役全书》。句容县存留杂支项下：孤贫布柴银捌拾壹两壹钱玖分贰厘。闰月加银壹两玖钱肆分。起运解给项下：本邑存留孤贫米贰百贰拾叁石贰斗（按，未言闰，恐有误）。卫赋粮项下：给恤孤口粮壹百柒拾柒石肆斗肆升肆合。闰月壹拾肆石柒斗捌升柒合。各标营兵粮余剩恤孤，新升充饷存仓候拨米壹百壹拾壹石玖斗陆升壹合捌勺。闰月米叁石柒斗肆升捌合玖勺。（《嘉庆府志》）

附载，《旧志》民赋起运项下：升科恤孤充饷米叁斗捌升壹合零。存留恤孤米贰百贰拾叁石贰斗（按，《旧志》又言：每名日给壹升，共陆拾贰石）。杂给项下：孤贫每名给柴米银壹两，共银陆拾贰两，於乾隆二年奏准，通省均，不敷拨补，另於俸工册内造报补给。藩署项下：旧裁扣优免等项银壹千叁百伍拾柒两有奇。恭按，以上诸项疑皆康熙十四年《赋役全书》所制，而《旧志》未详。所本并未载始於何时，故载於此，以俟参考。

四十一年，颁赐《御制平定两金川告成太学碑文》於学，《石刻罗汉》十六轴、《维摩所说佛教之大乘经》三卷於宝华山（《嘉庆府志》）。

四十二年，普免钱粮。（《上江志》。原注：江苏於戊午年轮免。《嘉庆府志》云：天下自戊午年为始，仍分三年轮免，江苏於戊戌年全行蠲免）

次年八月二十七日，赐宝华山《救护日食经》一卷。（《华山志》）

四十五年，七旬，万寿，恩加学额五名一次。（《学政全书》及《待征录》）

诏普免钱粮一次，自庚子年为始。（《上江志》）

三月，南巡。二十四日，驾幸宝华山，赐斋银一百两。（《华山志》）

召试士子於钟山书院。（《上江志》）

《御制五登宝华诗》：

精蓝据向阳，熟路到曾常。风静乃旛动，禅圆而戒方。寺原超下界，僧自富斋粮。试问出尘地，可真选佛场。爱他别室迥，却思纳山光。

赐额慧居，改千秋名永扬。（《华山志》）

《御制江宁旋跸驻龙潭行宫作》：

巡狩无非事者然，要於胜处戒流连。金陵诸务既云毕，容水一程适可旋。殊昔摄山驻以豫，图金浮玉到为便。怯行百里行廿里，自觉须眉已长年。（《嘉庆府志》）

便民河成，上旋跸由便民河复至栖霞。（《上江志》）

赐河名曰"便民港"。（《嘉庆府志》）

《御制由便民港舟至栖霞山行馆即事有咏》：

发以寅而到以申（原注：舟行由便民港至栖霞山行馆，水程百里，较每日稍远，因以寅刻起行，迨申刻即到），舟行百里未劳身。此言讶不当出我，执役犹应念众人。漫向青山论今昔，最欣绿水涤精神。迎銮老幼胥欢忭，自审如何称（原注：去声）便民。（《栖霞山志》。恭按，《嘉庆府志》载：七言金漆直条一幅，疑即此诗）

《御制登栖霞最高峰眺望作歌》：

我昨进舟来，栖霞高峰半天望。及至今日徐徐登，便民港水眼底漾。由港而江通潮汐，旧称险处黄天荡。避险就安诚便民，两府（原注谓：江宁镇江）行舟永无恙。不惟两府歌利济，通省士庶情俱畅（原注：便民港既成，不特镇江、江宁、两府舟行稳顺，即通省士民往来金陵者免涉黄天荡江涛之险及陆行跋履之难，无不称便也）。然而江中仍有舟，图利忘害怜。众状迩日作，炎其热难堪。比及造极爽拂风尖，身既适矣心亦恬。於是息江港安险之幻境，置魏吴机械之浮谈。歌留石碑傍花龛，万劫佑我黎与黔。古希诚老矣，南巡欲罢安福帆。（《栖霞山志》）

附载，是年，江南督抚奏：自上元摄山至句容龙潭，又东至於镇江、丹徒，下师古滩，开新河以入於江，以避黄天荡之险，其河实至四十八年始通行，名新开河。此《嘉庆府志》所言者也。圣祖当年行舟至栖霞者，乃上口十余里耳，其东所未开者，尚近百里。又此河俗名"刀枪河"，即宋元鏖战故址，淤久不通，至此乃复故迹。

颁赐御制七言金漆直条一幅、御题金漆对联一幅、墨刻兰亭一分於龙潭行宫。（《嘉庆府志》）

仍命截留冬漕十万石，照前例在驻跸地方平粜。（《上江志》）

八月十三日，赐华山佛前供五供三分。（《华山志》）

四十六年，恩诏送贡。（《学政全书》）

四十七年，颁赐《御批通鉴纲目续编》。（《上江志》）

四十九年，南巡至龙潭，驻跸行宫。（恭按，是年，具请启迎銮者，邑绅王周南、骆应隆、裴干宣、倪大经）

附《龙潭行宫记》：吾邑龙潭镇西有黄龙山焉。山南为青龙山。行宫在两山之间。西枕平畴，东挹仓廒，正殿凡三（后殿、中殿、前殿皆九间），殿前两廊为朝房，又前为宫门，正殿东为闲宇。正殿之西近北为便殿花园厅宇，宇南为宫女梳洗楼，又南为书楼，又南亦为便殿花厅，厅北与园西、楼西皆隙地，奇峰怪石，巉岩耸矗，奇花异卉，杂出丛植，其最异者，玉皮罗汉松，夭矫百尺，形状奇伟，松非邑所素产，不知由何处移植也！宫外缭垣四周，垣内隙地西广东狭，宫门前为影壁，门南壁北，廊房对列，为大臣憩息之所，廊之东西又有长廊，以处群臣，垣外四隅及东西共兵棚六所，以备守卫。影壁南为御道，道南有古树（俗名"风水树"），今仅存四株，即生於青龙山麓，麓西之南北为峻岭，两岭上架宇相接，为天后观（俗名"奶奶庙"）、观音阁，阁下即向金陵孔道也。影壁旁有房一间，守宫役一名居焉（每岁工食钱二十六千，合镇公备）。每岁秋，由龙潭巡检开门一次，率役芟草，过此仍鐍钥。每当春晨秋夕，清风时起，百鸟嘤鸣，异香芬扑（俗名石兰香），近年犹然，宫北为便民河，为深宫涧（产龙头鱼，似鳢而龙须，重斤许，长尺，不可食）、一勺泉（亦名温泉）、定水庵、揽江亭、涵碧楼，余若马鞍山（此并下皆在东南）、志公塔、读书台、擂鼓台，宝华山诸名胜皆咫尺间，便民河北为黄天荡，江自皖来，由南而北，至荡一折，由西而东，回澜曲抱，风帆上下，万千相续，行人估客经此必卸帆瞻眺，咸谓其地足以辖天险，而江山胜概亦无比伦云。

附记，琐事。钱泳《履园丛话》云：三十八年，圣祖仁皇帝奉慈圣太后南巡，凡在籍绅士、耆老接驾俱有黄绸幨，幨上标明都贯、姓名、恭迎圣驾字样，凡驻跸之所，皆建锦亭，连以画廊，架以灯彩，结以绮罗，备极壮丽，视甲子己巳逾十倍矣。三月十八日，万寿圣诞，凡百士庶献康衢谣、颂圣诗、万寿诗各若干帙，分天、地、人、和四帙以祝万年之觞。又於诸山及城、名刹广列祝圣道场，百姓欢呼途路。五十四年，五次南巡。圣诞日奉上谕：江南上下两江，举监生员人等有书法精熟愿赴内廷供奉抄写者，齐集江宁、苏州两处，俟朕回銮日亲加考试。

仪征李斗《扬州画舫录》引《南巡盛典》云：自钱家港至江宁府，御舟向例在清江浦，仓场侍郎及坐粮厅司之舟名安福舻、翔凤艇、湖船、扑拉船皆所谓大船也。其余，上用船只装载一切什用等物及随从官兵，船例给票监放。御舟前派御前侍卫、乾清门侍卫各二员，前引船只派两对出两边行走，船旁令一人骑马在河路行走，以备差遣拉船帮牵。侍卫四员，四副撒袋，令在拉帮牵侍卫后行走。牵手用河兵沙飞马溜，添牵用州县民壮、盐快。不敷，雇民夫。升跸御舟，凡御前大臣、侍卫内大臣、军机大臣、御前侍卫、乾清门侍卫船及载御马船，上驷院侍卫官员、批本奏事军机处、侍卫处、内阁、兵部官员船以有事承办，俱在前行走，两岸支港、汊河、桥头、村口各安卡兵，禁民舟出入牵道。每里安设围站，兵丁三名，令村镇民妇跪伏瞻仰，於应回避时，令男子退出村内，不禁妇女。马头大营例五十丈，皇太后大营例二十五丈居住。船上备带三丈四方帐房一架，二丈正房圆顶帐房一架，一丈五尺帐房帐房一架（此上帐字，原本恐误），耳房帐房一架，於马头支盖。清早折卸，兵部船例在豹尾枪后，与军机一处行走。驻营时将船在布城后角湾住，以便接递牛羊船系。京城备带茶房所用乳牛三十五头，膳房所用牛三百只，布棚外皆诸号沙飞马溜。传宣接递用小快船，名草上飞。迨上岸时，大船令其先行，恐不能赶到，马头另备如意船，先在马头伺候，其马头例铺棕毯。奉谕不准红黄等璮①。御道用文砖，亚次暂用石工。余照二十二年定例，用土铺垫。御道旁或搭彩棚或陈水嬉，共达呼嵩，诚悃所过皆然。空地屯随从官兵、执事人等。黄木栅为御马厂，四围栏绿旗。其随从驼只渡河来者，另立木栅，谓之骆驼营。随营官兵施帐房布罩，立风旄识别，掘地为土灶，夜悬晃灯於旗杆上，杆下拴马匹，割草打柴，设草场柴关，晚出帐巡逻，谓之唧喽喊。向例，侍卫拣派三班，兵丁拣派一千名，各处官员拜唐阿等酌派。旱路扎营，

---

① 璮：疑"璮"之讹字。璮：宝石。

则备大城蒙古包、帐房、椿橛。至江南，水路兵丁减半，章京四十员，虎枪侍卫兵丁一百零三十七员中拣派四十，皆谓之随营官兵，给船乘载，若城门、马头、园亭、寺观皆有隶人给事，著卒衣题识其上，为某营某兵。六司百官食次：第一分，头号五簋碗十件（燕窠鸡丝汤、海参汇猪筋、鲜蛏、萝蔔丝羹、海带猪肚丝羹、鲍鱼汇珍珠菜、淡菜虾子汤、鱼翅螃蟹羹、蘑菇汇鸡辘轳、鎚鱼肚煨火腿、鲥鱼皮鸡汁羹、血粉汤、一品级汤饭碗）；第二分，贰号五簋碗十件（鲫鱼舌汇熊掌、米糟猩唇、猪脑假豹胎、蒸驼峰梨片、蒸果子狸、蒸鹿尾、野鸡片汤、风猪片子、风羊片子、兔脯嬭房签、一品级汤饭碗）；第三分，细白羹碗十件（猪肚假江瑶、柱鸭舌羹、鸡笋粥、猪脑羹、芙蓉蛋、鹅肫掌羹、糟蒸鲥鱼、假班鱼肝、西施乳、文思豆腐羹、甲鱼肉片子汤、蟹儿羹、一品级汤饭碗）；第四分，毛血盘二十件，（貜①炙哈尔巴小猪子、油炸猪、羊肉、白煮猪、羊肉、挂炉走油鸡、鹅、鸭、鸽臆、猪杂什羊杂什、燎毛猪羊肉、白煮猪、羊肉、白蒸小猪子、小羊子、鸡、鸭、鹅、白麦饽饽卷子、十锦火烧梅花包子）；第五分，洋碟二十件（热吃劝酒二十味），小菜碟二十件（枯菓十彻卓，鲜菓十彻卓）。八旗随从官禁卫一门祇应人等（另置庖室）食次，第一等：嬭子茶，水母，脍鱼，生麦，红白猪肉，火烧小猪子，火烧鹅，硬麦饽饽；第二等：杏酪羹，炙肚胜，炒鸡炸，炊饼，红白猪肉，火烧羊肉；第三等：牛乳饼羹，红白猪羊肉，火烧牛肉，绣花火烧；第四等：血子羹，火烧牛羊肉，猪羊杂什，火烧饼；第五等：嬭子饼，酒醋烧毛大猪大羊肉，片子肉，饼儿等物。

丹徒县沈志云：二十七年春，内阁学士兼礼部侍郎双庆，自江宁行在奉赍香、帛、牲、酒告祭丹徒卞忠贞公祠。又云：乾隆四十五年南巡，三月乙丑驻跸江乘，特遣内阁学士兼礼部尚书侍郎嵩贵往祭卞忠贞公祠。（恭按，公於金陵、广陵、毘陵皆有专祠，此二次由句容往祭者，皆在镇江城西祠岳祠坊金盏桥口）

是年，恩加学额五名一次。（《学政全书》及《待征录》）

恩旨积欠地丁漕项未完银粮米豆等款全免。

恩免江宁附郭诸县地丁钱粮。

三月，召试士子於钟山书院。（《上江志》）

十三日，驾幸华山，赐娑罗树图一张、兰亭图一卷、无量寿经一函（原注：计三张）、如意二柄、元宝锞五十定。

《御制六幸宝华诗》：

轻舆趁晓阳，古寺径知常。是日弗多路，游山到上方。佛居无住处，僧食有缘粮。却守毘尼律，殊非棒喝场。以斯勤本分，亦可度流光。小憩还行馆，松阴鞭缓扬。（《华山志》。《嘉庆府志》作"诗一幅"）

赏老民老妇，仍命截留冬漕平粜如上例。（《上江志》）

恩旨上元、句容、丹徒三县加振两月。（《吕志》。因上年被灾）

四十九年，恩广学额□名。（《待征录》）

五十年，御制七言诗一轴、玉三镶、如意二枝、文竹如意二枝外，又并《平定金川回部图》二部於龙潭。

颁行宫（《嘉庆府志》）民人李昌佺"五世同堂"，旌额"升平人瑞"并钦赐银锻有差。（仁信乡人，《李氏家乘》）

恩诏送贡。（《学政全书》）

五十三年，颁《谐奇趣图》一分二十卷於龙潭行宫。

五十四年，颁玉兔朝元砚一方、月活内澄泥砚一方於龙潭行宫。（《嘉庆府志》）

是年，蒙谕加恩，钦赐邑举人骆存智以翰林院检讨衔。（恭补载，举人吴观，南乡张墭人，乾隆间，蒙钦赐翰林院检讨。其子祖新，邑廪生，有哭父万言文）

五十五年，恩诏送贡。（《学政全书》）

---

① 貜：疑"镬"之讹字。

五十六年，蒙恩缓征四十八年至五十四年因灾积欠银米分四年带征。

五十九年，颁《台湾战图》一分於龙潭行宫。（《嘉庆府志》）

恩诏普免来年银粮一次。（《上江志》）

六十年，授受礼成，太上皇帝恩诏送贡，恩加学额七名一次。（《学政全书》及《待征录》）

仁宗睿皇帝嘉庆元年，恩诏普免钱粮。（《上海志》）奉旨广额七名一次。（《待征录》）

赍老民绢绵米肉有差。

四年，高宗纯皇帝升配礼成，恩诏送贡学额加七名一次。（《学政全书》）恩免乾隆六十年以前积欠缓征地丁、耗羡及民欠籽种、漕粮银两。（户部则例）

六年，颁《安南廓尔喀等战图》於龙潭行宫。（《嘉庆府志》）

九年，颁"圣集大成"匾额於学。（《上江志》）

十一年，颁《湖南、贵州战图》各一分於龙潭行宫。（《嘉庆府志》）

十四年五月二十六日，奉上谕，各学刊奉旨严禁士子《闹漕碑记》於学。（《学碑录》）

十四年，五旬，万寿，恩诏送贡。（《学政全书》）

赍老民绢绵米肉有差。

十九年，旱，蒙恩振饥，免征银粮十之六。

二十三年，恩科。

《御题宋画诗》：

漫说神仙好出尘，不知佛法讲能仁。三茅真诰君看取，当日原皆惠爱人。（茅山）

几经富庶几离乱，庶富欢娱离乱愁。祇有秦淮一片月，溶溶无恙照千秋。（秦淮）（琉璃厂刻方幅本。恭按，后一诗，《嘉庆府志》所载与石本微异，然未注引何书，志以待正）。

《御题宝华山扇面诗》：

锦绣江南路，禅居自胜场。山灵知应喜，金粉助辉煌。（《琉璃厂榻本》）

二十四年，六旬，万寿，恩蠲十年至二十一年未完民欠钱粮银米。

恩诏送贡。

赍老民绢绵米肉有差。

宣宗成皇帝道光元年，恩诏送贡。（《上江志》）

赍年老军民绢绵米肉有差。

是年，山田旱，恩赏口粮。（《上江志》）

恩广学额七名一次。（《待征录》）

二年春，加赏旱田口粮。

三年，水，恩给水灾振银。

四年春，加振水灾春日振银。令设丰备仓。（《容山校事录》。按，《校事录》又云：句容岁比不登，迄未举行，至十六年，竭力议行而又不果，盖邑之田，山圩相间，不能皆丰，山熟圩荒，圩熟山荒，由来无丰岁，非他邑可比，故不果行也）

颁"圣协时中"匾额於学。监生许煌妻赵氏寿百岁，旌表建坊。

十一年，水，恩免征银米十之四。又乡试改期九月。武乡试改明年三月，恩诏送贡。

又十三年，恩诏送贡。

（附记，按，诸书互有异同）

《御制题金、焦、茅、华、竹林、蜀冈六方册诗》：

地占南朝胜，天章仰璇题。山峰分释道，江水界东西。骇浪扁舟远，春松老屋齐。所期惟缩地，勾曲问幽栖。（《琉璃厂榻本》）

十五年，皇太后六旬，万寿，恩诏送贡。上谕：恩蠲十年以前之正耗、民欠钱粮、因灾缓征带征银谷并给籽种口粮、牛具及漕项、芦课、学租、杂税。

十九年，旌表贞孝节烈妇女一千二百人，建总坊於致远门外。

二十年，恩诏送贡。是秋，水。诏乡试俱改如上例。

二十四年，恩诏送贡。

二十五年，皇太后七旬，万寿，恩蠲二十年以前之正耗及一切学租杂税，改如十五年例。

二十九年，水，诏乡试改如上例。（《上江志》）

三十年，奉恩广学额府县试（文童），加性理论一场。

文宗显皇帝登极，颁"德齐覆帱"匾额於学。

咸丰元年至二年，恩诏送贡。恩广学额七名（《新府志》）一次。

诏开科，恩免道光三十年以前民欠地丁银粮。（《上海志》）

三年，恩诏送贡。

五年，恩诏送贡。（自三年起，贼踞省垣，停考试，均於同治三年后补行。又自军兴来，邑於省垣为最近，又当孔道，故报效捐输亦为最钜。六年贼踞邑城，文册俱毁，邑遂无据以请永广额。）

七年，克复县城，奉旨奖叙官绅，功有差。

九年，长壕告成。恩免钱粮。（八年，省垣以贼，故筑长壕，邑民踊跃从公，九年，告成，以此故恩免钱粮）

是年，恩科。借浙闱举行乡试。（十年，贼又至，凡报效文册又毁，与前次同）

十一年，恩诏送贡。

穆宗毅皇帝同治元年，恩诏送贡，恩广学额七名一次。（三年后补行）

三年，邑垣克复。奉旨奖恤存亡将士有差。两江总督曾文正①公奏设招垦局及分经善后事宜等务。

十一月，以全省底定，特恩开科并补行戊午科。（以全省底定故也）

蠲从前租赋并免四、五、六等年新租。（《上江志》引按云：同治三年以前钱粮均於被兵，案内奏蒙蠲免自七年起，奉办抵征，仅有七、八、九、十、十一、十二等六年水旱蠲免等案云云。又三年起捐每亩六十五文，未免，自七年改抵征每亩二百五十文，自十三年改为应征上忙连闰每亩八十八文，下忙及漕米每亩二百廿余文，自光绪四年沈制帅奏：下忙及漕米蒙上恩准减，则改为七折，每亩征钱一百四十五、六文，现征米每石约四千五百文不等）

奉御书"圣神天纵"额於学。

七年，奉准仿皖章不分丁漕，权办抵征。

十一年，恩诏送贡。

今上皇帝光绪元年，恩诏送贡。恩广学额七名一次。蠲赍一切如咸丰元年例。恩准减则一年，第二年准减一半，第三年照旧全征。元年起科应征银米。

御书"斯文在兹"额於学。

三年七月十五日，奉旨永免额征漕粮十之三，以纾民力。

五年，恩诏送贡。

附载，《新府志》载：六年民赋项下恤孤米陆拾陆石肆斗玖升柒合伍勺。

七年正月，奉准颁《藏经》於宝华山。

附载，总管内务府谨奏，为请恩旨事据僧录司掌印僧人真瑞呈报，江南江宁府句容县宝华山慧居寺僧人圣性呈称，本寺系十方常住，缺少《藏经》，情愿请领《龙藏经》一分，永远供奉等因。前来查慧居寺系属古刹，请领《藏经》，崇隆佛法等因。加结具保，前来查光绪二年浙江仁和县慈孝禅院僧人慧

---

① 曾文正：曾国藩（1811—1872），原名子城，字伯涵，号涤生，湖南湘乡人。道光进士。清末洋务派和湘军首领。攻灭太平天国。官至两江总督、直隶总督、武英殿大学士，封一等毅勇侯，谥曰文正。

机请领《藏经》，因《龙藏经》无存，其《龙藏经》版系在栢林寺收存，经臣衙门奉请，令该僧人慧机自备工料赴栢林寺刷印，曾经办理在案，今慧居寺僧人圣性自备工料请赴栢林寺刷印《龙藏经》一分永远供奉，与成案相扶，如蒙恩俞，允臣等传知僧录司转饬僧人圣性自备工料赴栢林寺刷印《龙藏经》一分，永远供奉，以光佛法，为此谨奏请除奉旨等因。光绪七年正月二十六日具奏。奉圣旨依议。钦此。

又十五年，恩诏送贡。

十六年，恩诏送贡。

二十年，皇太后六旬，万寿，恩广学额七名一次，蠲赉一切如嘉庆十五年例。

二十二年，旌表孝子朱克峻（苏局饬知）。

二十三年，旌表孝子刘本韶（苏局饬知）。

附记，《武志》：康熙十年，诏除明季运快交混之弊，以总督马公国柱上船政疏也。《旧邑志》：十一年，题请解元朱朝干更名献醇。又云：海寇犯镇江时，邑人在籍免罪之笪重光与某某张晓湘城守，蒙勅赐重光"功宣屏翰"额。《金陵诗征》：三十八年，南巡，进士、工部侍郎、邑人李柟①侍从至宿迁，蒙赐御书、蟒袍（恭按，柟，以康熙壬子进士，三十五年奉命礼南岳）。《江都县志》：四十二年，《御制南巡下长江舟中》诗云：一鹭芦中起，双鸥沙上鸣。翠烟含碧嶂，瑞霭覆琼英。洲转牙樯乱，江流大块横。智山仁水德，动静也移情（恭按，是诗，《李志》载为"是年"，《武志》载为"三十八年"，未申孰是）。《金陵诗征》及《旧邑志》：进士、知县、邑人张廷超年六十六擢刑曹蒙恩赐（恭按，超为康熙癸未进士，蒙赐之年，志未详载）。《旧邑志》：雍正十一年，巡抚题每岁加祭笪重光、张晓湘一次。《容山校事录》：十三年，邑教谕沈虹赴召试博学鸿词。《雍正御制诗碑》：即心即佛是非是，非佛非心非是非。试把是非皆坐断，管他心佛作何依（恭按，碑在宝华山，未署旧作二字，不载年月。

谨据邑耆尚德明《迎恩记》补辑未备，遂成此卷，不敢掠美也。光绪庚子十月邑人张瀛恭纂并识。

续纂句容县志卷一终

---

① 邑人李柟：据《宝华山志》（释德基）八卷："《宝华定翁大和尚六十寿序》李柟（木庵）：余祖居华阳，每过故里，谒先相国祠，登玉带楼，望宝华山之胜，闻有所谓见月老人者……"

续纂句容县志卷二上　　邑人　张余堂　分纂

建　置

城垣　祠庙　公署　驿站　仓厫　书院　善堂　附桥梁　道路

往者粤寇之难，荆棘满地，城郭破残，凡祠庙、公署、桥梁之属无不毁夷殆尽。盗贼凶蘵至此极矣！同治甲子，东南奠定，秽腥既涤，匠作旋兴。三十余年来县境之废坠者，稍稍补葺，而其中待举者尚多。非不为也，财力之所限，有未可以急就耳。今条举其大者著於篇，俾知凋残之余，元气难复，废兴之故，令人感慨系之矣。续建置。

城　垣

前明嘉靖三十三年，知县樊垣始筑砖城，备倭患①也。（周七里，一千三百十一丈有奇，高二丈有六，雉堞二千有奇，警舍二十有四，敌楼四②，外浚池蓄水，设关六，门四，小南门一）

一修於国朝康熙十三年。（县令林寰）

再修於乾隆五年。（时县丞汤廷凤署县篆。以上见前志）

乾隆六十年，修葺一次，城砖犹有存者。（阳文"乾隆乙卯"）

自遭粤逆之乱，缺口处多。光绪五年，知县袁照③捐廉重建东门宜春楼、西门朝阙楼。其四围城垣於十八年经知县张沇清捐廉修补。今又多损坏，邑令黄公履任后已谕董兴修矣。④

---

① 倭患：《明史》卷二百五·列传第九十三载："明年（即嘉靖二十六年）七月，倭寇起。"
② 敌楼四：《乾隆句容县志》二卷作"敌楼一"。
③ 袁照：见卷八上·宦绩。
④ 李按：据《景定建康志》十六卷·乡社载："崇信乡，今废。"据《景定建康志》十六卷·镇市载："白土市：在句容县来苏乡。"《至大金陵新志》四卷上·镇市载："白土市，在句容县来苏乡，有税务。""句容有东阳市、下蜀市、长宁市、靖安市。"据《嘉庆重刊江宁府志》十二卷载："下蜀镇：县北六十里仁信乡。唐刘展袭下蜀，即此。"

祠 庙

文庙

同治十二年，因原址重建。光绪六年，落成大成殿、戟门、棂星门、泮池、宫墙、牌楼，俱还旧制已。名宦祠在学左，乡贤祠在学右，均同治十二年建。（知县袁照有碑，详学校）

文昌庙

光绪十六年，建屋一间於学宫。

龙神庙

在华山者，光绪六年，知县袁照建。

城隍庙

光绪十七年，建大殿、头门。二十二年，两廊、十殿始一律落成。

厉坛

同治间，建屋数间。社稷、神祇、先龙三坛均未建。

贞孝节烈祠

光绪二十六年新建。互详祠祀。

重建句容贞孝节烈祠记：

闲尝览郡邑图经，凡贞节建祠咸附胶序，所以维风教重祀典也。春秋上丁①，释菜②礼毕，展谒斯祠，冠缨峨峨，衿佩济济，以享以祀，猗欤盛矣。吾容旧祠，毁於兵火，三纪以来，未能建复，权藉昭忠别室，以荐馨香烈魄，贞魂得无踧踖③不宁乎，况殉节捐躯，众几盈万，灵祠既渺，月夜安归？颓垣荒草间不欲呜呜作泣耶！然非辟广厦葺长廊安能容千百版位，而物力奇窭，经费难筹。偶过旧址，搔首徒嗟矣！今年春，骆别驾④文凤建仓工毕，慨然以为己任，拓基购址，饬材庀工，经营伊始而衅起海波，虐遭旱魃⑤，风鹤频惊，几乎中辍，别驾乃苦心戮力，坚忍不摇，自夏徂秋，大工告蒇⑥，为堂为门，有廎有庑，规模闳壮，顿改旧观。从此春禴⑦秋尝，丰洁肥腯，冥漠有知，庶几含笑来飨乎！忆昔丙子秋夜，梁溪秦君复培忽见是处楮屋数楹，

---

① 春秋上丁：旧称阴历二月、八月上旬属丁的那天为"上丁"。后世每以此日祭祀孔子。
② 释菜：古代初入学时，用蘋藻之类的植物礼敬先师，称为"释菜"。
③ 踧踖：恭敬而不安的样子。
④ 别驾：官名。亦称"别驾从事""别驾从事史"。汉朝始设。魏、晋沿袭。隋初废郡存州，改别驾为长史。唐初改郡丞为别驾，高宗又改别驾为长史，另以皇族为别驾，后废置不常。宋各州的通判，职任似别驾，后世因以别驾为通判之习称。本志卷七："骆文凤（恩贡，候选直隶州州判）。"
⑤ 旱魃：传说中引起旱灾的怪物。比喻旱象。《诗经·大雅·云汉》："旱魃为虐，如惔如焚。"
⑥ 告蒇（chǎn）：告成。
⑦ 禴（yuè）：中国古代宗庙四时祭之一。《诗经·小雅·天保》："禴祠烝尝，於公先王。"毛传："春曰祠，夏曰禴，秋曰尝，冬曰烝。"

烛光辉映，人影幢幢。是工将成，圬者①夜闻众来，蹀躞②窸窣，有声拓地。时获一骆氏坊额，砌筑壁上。呜呼！别驾鼎力办此，宁无所感通也乎？既竣，别驾嘱余记其颠末，余忝节属，不敢以不文辞，谨识数语，俾勒贞珉③，以诏来者。捐资倡建者，邑令张公绍棠。相助劝募者，钱幕客崑业。监造督事者，上元王翁元瑞。襄监者，曹参军方玮。例得附书。光绪二十六年岁次庚子良月④，候选训导、邑人、岁贡生张瀛撰并书。

公　署

县署
在治北旧址，已圮。权藉鲜鱼巷口民房为公廨，别赁马槽巷口民房为监狱。

县丞署
旧址在白土镇⑤。道光十八年，改驻郭庄庙。已圮。权赁庙屋。

教谕署
在学宫。未建。

训导署
光绪中重建。

巡检署
旧在龙潭镇。已圮。权藉民房。

典史署
未建。

城守把总署
在县治东北隅。未建。

---

① 圬者：泥水匠。
② 蹀躞（xiè dié）：小步行走的样子。
③ 贞珉：石刻碑铭的美称。
④ 良月：指农历十月。
⑤ 旧志在白土镇：据《乾隆句容县志》七卷："乾隆元年，总督赵题请句容县私盐充斥，将县丞暂驻白免镇，给巡役十五名，查拿东南一路浙盐枭贩。俟屏迹后仍回县驻劄，摄理军粮、水利事。"

驿　站

云亭驿
在县治右。

水马驿
在龙潭镇。

查宁属各邑驿站，自同治三年克复后，驿站支销暂设三成由善后局支报，迨七年，办理抵征，加给句容驿马二成，嗣於光绪元年，开办丁漕，酌设句容驿马六成，光绪五年后，以六成报销。

云亭、龙潭二驿，额设各项：
原额应征银肆千柒百陆拾柒两玖钱叁分陆厘，遇闰加征银叁百玖拾贰两捌钱伍分陆厘，无闰之年，按照臬司衙门开来报销册列数目，计有不敷银十三两捌钱贰分肆厘，共该支银肆千柒百捌拾壹两柒钱陆分。
额设云亭驿马肆拾伍匹（每匹日支银陆分），岁支银玖百柒拾贰两（闰月加银捌拾壹两）。
额设马夫贰拾捌名（每名日支银肆分），岁支银肆百叁两贰钱（闰月加银叁拾叁两陆钱）。
额设修理棚厂银陆拾叁两玖钱。
额设买补肆成，马价银贰百伍拾壹两肆钱陆分。
额设旱夫陆拾名（每名日支银肆分），岁支银捌百陆拾肆两（闰月加银柒拾贰两）。
以上云亭驿，岁支银贰千伍百伍拾肆两伍钱陆分（闰月加银壹百捌拾陆两陆钱）。
额设龙潭驿马贰拾伍匹（每匹日支银陆分），岁支银伍百肆拾两（闰月加银肆拾五两）。
额设马夫拾伍名（每名日支银肆分），岁支银贰百拾陆两（闰月加银拾捌两）。
额设修理棚厂银叁拾伍两伍钱。
额设买补肆成马价银壹百叁拾玖两柒钱。
额设水旱夫玖拾名（每名日支银肆分），岁支银壹千贰百玖拾陆两（闰月加银壹百捌两）。
以上龙潭驿，岁支银贰千贰百贰拾柒两贰钱（闰月加银壹百柒拾壹两）。
酌给云、龙二驿马肆拾贰匹（每匹日支银陆分）。
酌给马夫叁拾伍名（每名日支银肆分）。
酌给修理棚厂银伍拾玖两陆钱肆分（遇闰不加）。
酌给买补肆成马价银贰百叁拾肆两陆钱玖分陆厘（遇闰不加）。
酌给水旱夫玖拾名（每名日支银肆分）。
以上无闰之年，共实支银叁千零壹两伍钱叁分陆厘。按照原额，计暂减银壹千柒百捌拾两贰钱贰分肆厘。

铺递附

原额铺递拾玖处。铺司兵伍拾捌名。额拨俸工银内岁支工食银伍百玖两玖钱贰分（闰月加银肆拾贰两肆钱玖分叁厘叁毫）。
现设（自光绪元年招募六成）铺司兵叁拾伍名，减设铺递拾壹处，岁支铺兵工食银叁百伍拾两玖钱伍分贰厘（遇闰加银贰拾肆两玖分陆厘）。
县前铺（专递东西南北四路文报。东至十里铺，十里。西至新铺，十里。南至新坊铺，十里。北至涧西铺，二十五里。现设铺司兵伍名）；一、十里铺（递东路文报。至谢培铺，十里。现设铺司兵叁名）；一、谢培铺（东至行香铺，十里。现设铺司兵叁名）；一、行香铺（东至上兰铺，十里。现设铺司兵叁名）；一、上兰铺（东至丹徒县界陶家铺，二十里。现设铺司兵叁名）；一、新铺（接递西路文报。西至土桥铺，十里。现设铺司兵叁名）；一、土桥铺（西至上元索墅铺，十五里。现设铺司兵叁名）；一、新坊铺（接递南路文报，南至时清铺，十里。现设铺司兵叁名）；一、时清铺（南至赵乡铺，十里。现设铺司兵叁名）；一、赵乡铺（南至溧水界望湖冈铺，二十里。现设铺司兵叁名）；一、涧西铺（递北路文报。北至丹徒县界炭渚铺，现设铺司兵叁名）。以上铺递拾壹处，铺司兵叁拾五名。

仓廒

积谷仓

光绪四年兴办，城内一所（借设华阳书院），四乡凡二十所，共建屋六十八间，储谷二万五千余石（四年起捐，至六年止）。

永丰仓

在华阳书院东，新建仓廒十六间，临街平房三间（地基、房价及工料钱三千八百九十六千三百五十七文），於光绪二十六年四月告成。仓后晒场一方（田南至北计长十一丈，宽四丈，地基及工料钱一百八十六千四百文），十一月告竣。监造：城董骆文凤。督工：上元王元瑞。

丰备义仓

在县治东北隅旧华阳书院。后进，道光间建。今圮。

书院

华阳书院

旧在县治察院东，已圮。今移西门大街。同治四年，购民房改建。光绪二十三年，知县邓炬重加修葺。有碑记，立讲堂中（附载金石下卷）。自撰楹联云：陶通明①旧隐处数当年息马投戈②六代云山留胜迹，宋开府③致良知愿诸生横经鼓箧④一编风雨继名儒。

募捐振兴句曲华阳书院启：
缅维乐游讲艺，访太傅於石渠⑤，元日谈经，坐侍中於重席。嗣后紫阳讲舍，白鹿精庐，教原於经，

---

① 陶通明：陶弘景，字通明。
② 投戈：休兵，放下武器。
③ 宋开府：即宋仪望，字望之，号阳山，更号华阳，吉安永丰人。嘉靖二十六年进士。《乾隆句容县志》二卷"都察院"载："万历二年，督抚宋公奏拓其基改建都察院。（按，往时中丞开府金陵，已移镇姑苏。姑苏濒海，去宁徽较远，江上之警非浃旬不达）宋公至乃始迁句容，其地于所部甚近，若臂之运指，且得专其精神，于号令声教自万历二年宋公始。（《旧志》）"
④ 鼓箧：击鼓召集学生，然后打开盒箱，取出书籍。《礼记·学记》："入学鼓箧，孙其业也。"
⑤ 石渠：西汉皇帝用来藏书的阁名。为萧何所造，位於长安未央宫殿北。

言本於古，莫不范为士则，学有师承。吾邑华阳书院者，明抚军、阳山宋公①之所建也。当中丞驻节於容山，薰蒸髦士；学使移棚於曲水，奖掖英流。於是李文定②孙曾继美；孔文忠兄弟③联芳。曹冢宰④三百年簪缨⑤勿替；王司徒⑥十二世阀阅⑦犹存。元宰则衣钵相传，科名则泥金屡报，皆竭研究之力，遂邀黼黻⑧之荣。降及嘉道⑨，文运浸衰⑩；递值咸同⑪，烽烟历劫。弦管之声阒寂⑫，讲会之地摧残。安得广厦千间？

---

① 宋公：即宋仪望，《明史》卷二百二十七·列传一百十五有传。

② 李文定：李春芳（1510—1584），初名果，字子实，号石麓（见李春芳《贻安堂集》十卷《墓志铭》。源于句容市石鹿山，石鹿山见《乾隆句容县志》三卷·山），又号华阳洞天主人。句曲人（见《贻安堂集》五卷《遥寿二溪杨公六十一序》，李春芳自称"李子，句曲人"）。世居勾曲之朱村（见李春芳《贻安堂集》十卷和附录）。"早岁常读书寺中"（见《乾隆句容县志》十卷李春芳《新建句容华阳书院碑记》）。嘉靖十年，以"句容籍"中举。嘉靖二十六年以"句容籍"中丁未科状元，在句容县治废巷口立"状元牌坊"（见《顺治句容县志》二卷《状元坊》和《乾隆句容县志》一卷附《牌坊》）。之后官籍京师（《贻安堂集》三卷和《乾隆句容县志》十卷《新建句容华阳书院碑记》有"臣原籍其地"）。隆庆二年，升任首辅。累加少师兼太子太师，进吏部尚书，改中极殿大学士。隆庆五年致仕。因"父祖商于兴"，退居兴化。父亲去世，葬父于句容龙潭，后即返归句容故里居住（见《贻安堂集》九卷）。后长期活动于句容茅山华阳洞附近，"余承国恩，许归田里，因得与方外之流论养生之术于三茅洞天。既就陶公弘景故趾建玉皇阁，为焚修之所。阁东北五里许，良常仙境在焉。时引故乡父老往来话旧其中，每至则胡公玉岩与其侄铜冈、碧溪辈款洽尽欢。万历己卯春，复步自华阳入良常，因登胡氏之堂。而胡之诸宗适修世系，余索阅之。"（见李春芳《（句容）良常胡氏重修谱序》）现存最早的《西游记》版本为《新刻出像官板大字西游记》（明万历二十年金陵世德堂梓行），该书所署"华阳洞天主人校"即指李春芳（《辞海》"吴承恩"条：明末《淮安府志·艺文志》、清初黄虞稷《千顷堂书目》卷八"地理类"皆著录其《西游记》，但也有学者表示怀疑，认为吴撰《西游记》可能是一部地理或游记类著作。另见《西游记》九十五回李春芳藏名诗"缤纷瑞霭满天香"）。万历十二年甲申卒于兴化。年七十五。赠太师，谥文定。与正室徐夫人合葬于句城"塘之阡"（见《贻安堂集》附录）。句容有文定公祠二，一在崇明寺大殿右，一在茅山上宫右（见《乾隆句容县志》四卷）。明万历二十三年状元朱之蕃《容山张君瑞鞠叙》"句曲高皇帝先汤沐，间气郁勃，当有畸人，元辅石麓公以相业特闻，其潜德未耀。"康熙六年，笪重光《重修家谱自序》载："皆姻娅不绝如容邑曹冢宰、李文定诸大族。"清张廷玉纂《明史》称李春芳为"兴化人"（见一百九十三卷《列传》第八十一），误。事迹见《乾隆句容县志》四卷"玉带楼"、八卷"正科表"和九卷《李春芳传》。[此注又见《乾隆句容县志（校点、注释）》和《句容古诗词赋三千首（校点、注释）》] 另参见《句容古诗词赋三千首（校点注释）》李春芳《藏名诗》（《西游记》九十五回）之"（李）秀"条注释，《句容历史文化研究》（第一期·总第三期）（主编：郭道贵）之《李春芳是句容人？兴化人？》。

③ 孔文忠兄弟：孔贞时和孔贞运。句容人。孔贞时，官翰林院检讨。孔贞运，柱国、光禄大夫、文渊阁大学士，谥文忠。

④ 曹冢宰：曹义。《弘治句容县志》卷六载，"曹义，字子宜，县之承仙乡人。永乐十三年，登陈循榜进士。授翰林院编修，转礼部仪制司主事，历升吏部文选司员外、郎中、侍郎。景泰初，升南京吏部尚书。天顺初，敕谕致仕。五年，以疾卒，讣闻，上遣官葬祭。"

⑤ 簪缨：古代达官贵人的冠饰。后遂借以指高官显宦。

⑥ 王司徒：王暐，字克明，句容人。正德丁丑进士。授吉安推官。从王守仁征宸濠，请禁兵毋妄杀，活数万人。晋大理寺副。嘉靖初，以争大礼下狱，廷杖后历江西巡抚，入为户部侍郎，总督漕运，尽除凤弊，纲运如期，免海州马课，裁扬州二闸，人尤以为便。晋尚书，仓储谷率杂泥沙，甃以砖石，为永利。有戚畹以赂请庄田，峻却之予告归。

⑦ 阀阅：古代贴在门上的功状，在左的称为"阀"，在右的称为"阅"。

⑧ 黼黻（fǔ fú）：衣裳绘绣的花纹。

⑨ 嘉道：嘉庆，道光。

⑩ 浸衰：衰落。

⑪ 咸同：咸丰，同治。

⑫ 阒（qù）寂：寂静无声。

借以下帷①三载。今邑侯邓公丹台悬镜，青睐为衡。视民如伤，过丁公②之廉惠；爱才若命，胜徐令③之慈祥。勤月旦④於品评，慨风流之歇绝。遂捐千金之款以为一邑之倡。讲堂颓废，亟饬众材，经席虚悬，特延名宿。由是十室之邑，一孔之生，莫不饫道，腴执醇听。刚日柔日⑤，枕葄⑥於前修；今人古人，居稽於成矩。譬繁弱钜黍，有赖榜檠；犹墨阳莫邪，咸资鼓铸。计社长之膳羞及馆生之膏火，经费未敷，借筹宜亟。伏愿硕德巨绅，多金良贾，或沛廉泉，或颁仁粟。体宰官教育之心，为子孙藏修之地。彼琳宫梵宇，犹乐布施，羽客⑦缁流⑧不难供养，况斋室经营，庇我寒士；圭璋追琢，蔚为通儒乎！合万镫之火，诸君子其解囊而来，集千腋之裘！贤父母犹持线而待。谨启。

光绪丙申九月，邑人张瀛敬撰。

茅山华阳书院

光绪六年，改茅山道士下宫为之。知县袁照⑨题今额。尚未设课。

竹里文社

在东阳镇。卢君观东同治五年公建。（事关文教，因附记之）

善　堂

育婴堂

旧在县治南。乾隆十三年，知县孙循徽重建。已圮。光绪间，就市房修葺设局，榜曰接婴，在西门大街。

养济院

旧在青元观西南。乾隆十三年，知县孙循徽改建於崇明寺侧。今圮。

施材局

在青元观东。光绪十一年，建屋二楹。

---

① 下帷：放下帷幕，开课授业。
② 丁公：丁宾。
③ 徐令：徐九思。
④ 月旦：每月初一。
⑤ 刚日柔日：整日。刚日：古以十干纪日，甲、丙、戊、庚、壬五日居奇位，属阳刚，故称为"刚日"。柔日：古代以干支纪日，天干中奇数为"刚日"，偶数为"柔日"，故乙、丁、己、辛、癸等日称为"柔日"。
⑥ 枕葄（zhěn zuò）：犹枕藉。引申谓沉迷。
⑦ 羽客：道士。
⑧ 缁流：僧徒。
⑨ 袁照：据《国朝金陵通记》四卷："（光绪六年）句容知县袁照逐茅山道士，封山，禁香客，神印贮库。秋不雨。句容文庙成。"据周恩煦《晚华居遗集》三卷《茅山玉印印帛书后》载："茅山玉印文曰九老仙都君印，相传宋徽宗以赐元符观道士刘混康。后入内库。明洪武十二年，道士秦真隐求雨有验，赐还。自是道士借符箓售钱，红泥万纸，遍於市衢。光绪初，乃经官禁，收存句容县库，非惟杜其疑众，亦以示秘惜也。"

桥梁（附）

东河桥
在东门外数武①。光绪八年，重修石栏。（按，名桥朝宗，见《千佛阁碑记》）

太平桥
距治东五里许，三瓮，乱后建。

凌云桥
在治东二里，光绪三年重修。

仙塘桥
在治东二十里。道光十八年重建。

洛阳桥
在治东二十五里洛阳观前，为通京口要冲，道光间圮，今未建。

西官桥
在治东北三十里。平桥，十一瓮。乾隆五十七年建。

凤凰桥
在芦塘村前，嘉庆八年重建。

官塘桥
在白土镇里许。嘉庆十六年，施允正捐建，光绪十二年重修。

金堰桥
在治东南四里许。三瓮。光绪十一年重建。

九亩桥
在治东南五里许。一瓮，宽八尺，长三丈余。

西桥
在治东南八里许刘亭冈村西。宽六尺，长二丈。

---

① 武：半步。古代六尺为步，半步为武。

斜桥
在治东南十里许。宽八尺，长三丈。（金堰桥以下为由宝堰通衢）

信桥
在治东五里许。宽一丈，长三丈。

泗塘桥
在治东八里许。光绪三年建。

永丰桥
在治东十五里。宽一丈，长三丈。

白鹤桥
在治东二十五里，道光三十年，王廷兰、张亭宗、武庆之等捐建。光绪十四年，知县张沇清捐廉，谕杨光昌等重修。

灵跸桥
在行香镇东。道光十八年，朱定周独建。光绪十四年，与白鹤桥同修。

糜墅桥
在治东三十五里，乾隆间，糜美乾捐建。（永丰桥以下系通丹阳通衢）

庵桥
在治东四十五里，宽六尺，长丈余。

丁家大桥
在治东满庄南首，嘉庆间建。

潘桥
在茅庄东，始为潘姓独建。光绪三年，笪广铘、广成、广盛等重修。

金丝桥
在治东三十一里。光绪十年，朱达兴等重修。

平阳桥
在治东东墡前，光绪己卯重修。

万家桥
在万家村东。已圮，待建。

太平桥
在朱相村西。一瓮。嘉庆十八年重建。

仙水桥
在白云观花溪闸侧。

仙人桥
在白云观西,通京口大道。

节妇桥
在句容乡常城村东。前明何用太妻朱氏夫故守节五十一年,公姑遗产甚丰,朱淡於自奉,专行善举,桥其所独建也。邑人、山东参政张绅①撰有碑记。(徽人唐皋过节妇桥诗:春风马上华阳道,绿柳桥边何处村。孀节歌传高士句,落成碑勒大参文。春余草意空苯色,泉带寒声激石吞。过客留题悲乏嗣,观风何日表乔门。)

何塘桥
在石头冈村北,旧为木桥。前明知县杜公②始易以石。

玉真桥
在潘庄北。道光七年重建。光绪三年,朱兆成等修。

平安桥
在潘庄南,道光十九年重修。

涧东桥
在涧滩村东。乾隆五十九年重建。嘉庆五年修。

苍龙桥
在墓东村东。一瓮。

光浦桥
在曹庄西。一瓮。

田沿桥
在袁相村西。道光十四年,袁相、吕坊二村公建。

---

① 张绅:《句容张氏族谱》一卷之《纂修张氏族谱序》有"华阳居士宗人绅撰(大参)"。
② 杜公:杜槃,山西太原举人,明弘治年间任句容知县。

西桥
在南塘村西。乾隆五十八年重建。光绪二十五年修。

永盛桥
在西村南。

东凌桥
在前陵村东。

洗马桥
在县东南二十三里。

甪里桥
在治东四十里，与丹徒交界处。

光里大桥
在光里大村西。通京口要衢。

双桥
在后本湖西北。

坳桥
在治东南赵巷村西。道光二十二年重建。

胜石桥
在锁山村西。道光间，赵盛德、戴万茂、高圣琇捐建。

利涉桥
在李村东。道光十八年重建。

中桥
在戴亭村北。道光十一年，尹德厚及族人名远、永林等捐建。

南桥
在登瀛门外二里许。嘉庆八年重修。

白阳桥
在华阳门外里许。光绪八年，知县张沇清捐廉重建。

三步两桥

在登瀛门外。光绪五年，贺兴仁、邰盛旺等募建。

太平桥、接善桥

均在归善庵前。道光间，邰明泰、张庆福等捐建。

钤塘桥

在治南五里许。光绪三年，陈宝仁倡首重建。

阙塘桥

在陈家庄东。为由溧水通衢。乱后建。

增福桥

在黄堰坝村前。金陵至茅山大路，曾忠襄公①建。

陈家大桥

在陈家边东北，上元交界处。光绪八，左文襄公重建。详赤山湖下。

允盛桥

在三岔镇东街口。毛树屏捐建。（地旧为华阳古渡）

上容桥

在允盛桥北。桥西属上元，东属句容，以桥为界，故名。

义成桥

在治南二十里。三瓮。嘉庆七年，杜元锡等修。圮於兵燹。光绪十二年，陈鸿春等重建。《重建义成桥碑记》：义成桥，当县境之巽隅。东通天王寺，西达土桥，南界三岔。行旅商贩，往来必经。起明代，至今二百余年，行人便之。光绪四年春，山水暴涨，隤东半址。越一年，倾圮殆尽。邑侯张沆清以莱阳名进士来宰兹土，过其处，见道路阻塞，不胜叹惋，毅然有志於兴修，先捐廉，权支木桥。未几，谢篆去，事遂寝，木桥旋沦於水。蹈险失足，恒有其人。跋涉艰难，罔不怵惕。丙戌春，张侯奉檄回任，前愿待酬。陈君鸿春者，自其先蓉山由青阳贸易容城，家仅中资，好善若渴，鸿春恪守庭训，一日偕其友某君诣余馆，言曰："义成桥急须兴建，仆念之久矣，但工程浩大，一木难支，奈何？"时葛太学懋泰在座，怂恿其间。翌日，集城绅骆文凤等合词请於张侯，侯慷慨捐廉为倡，由是乐输者众。适金军门防堵在容，并慨允助工，人心弥励，乃择吉伐石取材，各勤厥事，经始於丙戌三月，至次年九月告竣。夫有志者事竟成，张侯蓄志於前，陈君奋志於后，又得诸绅士从容助理，斯桥之成可谓会逢其适矣。是役也，督率为胡君令宣，勾稽为王君有才，虽不及鸿春之始终其事，亦有功斯桥者也，例得附书。光绪十三年孟春之吉，邑人孔昭升撰并书绅士公立。

---

① 曾忠襄公：曾国荃。

羊耳山桥
在堰北村北。道光中，吴广文、赵旭明捐修。

崇福桥
在道士埠南。光绪十年，王兆麟、周章坤等重建。

乐善桥
近杜家村、周戴村。嘉庆间创建。

道士桥
在崇福圩前，赤山湖之西。

麻培桥
在三岔镇西里许，赤山湖侧。五甏。宽一丈八尺，长八丈有奇。光绪中，毛昌连、王纲昌、王传畅等重修。

谢桥
一甏。长三丈，宽一丈二尺。光绪二十五年，陈文涛等捐建。

王家桥
在东冈头村南。光绪间，王礼瑜等重建。

东宁桥
在西释村东。乱后建。宽一丈，长二丈有奇。

大桥
在郭庄庙南。宽一丈，长三丈有奇。

神巷桥
在神巷村南。宽八尺，长二丈二尺。

南平桥
在郭庄庙镇前。乾隆二十一年，徐觐周等捐建。

西释桥
在西释村西，光绪十九年，王正林、正藩等捐建。

玉仙桥
在吴家村后。光绪二十五年，吴广成独修。

芦江桥

在治南二十里。通天王寺大路，待建。

厦庄桥

在芦江桥之西。

淤乡桥

在治南二十里，为茅山大路。

通京桥

在天王寺西北。

映月桥[①]

在天王寺。光绪中，赵燮堂等捐建。

玉带桥

在老裴家大路。待建。

普济桥

在周冈村。

东岳庙桥

在前柏墅。

吉庆桥

在朱巷。

大桥

在朱巷西南。

五行桥

在俞巷。

太平桥

在斡塘杆村东。

---

① 映月桥：今在句容市天王集镇老街内。桥为单拱石拱桥，宽5.4米，全长19米，南北向。2011年5月天王镇人民政府重新维修。

蒲西桥
在蒲西村西。

蛋蛋桥
在天王寺西。名未详。

新坝桥
在裴家前大路。

下虞桥
在天王寺东。

涧北桥
在天王寺东二里。

紫玉桥
在紫玉桥村。

杨家桥
在蔡巷西南。

大桥
在白阳里。

张母桥
在徐家边。

金坛桥
在李塔里，节妇李氏建。

三星桥
在李塔里。

贺桥
在贺窑。

土桥
在土桥村。

牛桥

在绿野村南。

丁家桥

在绿野村东。

太平桥

在中孔湾。新修。

北周桥

在北周南大路。

长塘桥

在谷城村①前。

长安桥

在白阳西。

蒲西桥

在天王寺东北。

孔家大桥

在孔家村后。

南齐公桥

在浮山之麓，孙家边西北。承仙、政仁二乡交界处。

高阳桥

在治西南四十五里。三甓。乾隆二十一年重建。《重建高阳桥碑记》：乾隆之十九年，高阳桥猝尔倾圮，盖因水道潆洄溃沙洗岸激射久之口口议者哗然，不知所主，稍葺既非永固之方，再建又虞功程之大，而深谋者喟然叹曰：是桥之宜修宜建，观其所系之轻重而可知矣！夫秦淮发源於庐口口十余里，至高阳桥而一汇，句南灵秀之气钟於绛岭，屏峦翠萼，雄峙一方，火南口口尽折而入於高阳，二水交潆，合成玉马金阶之局，全赖此桥以为西流之锁，矧地当孔道，北达金陵，南通溧水，熙熙攘攘，摩肩击毂，倘废而不修，修而不建，无论汪洋，人多病涉，而泽国之内缺一口，城又何以为一方之保障乎？余等深思利口口新，既乞钱神於合镇，复募乐助於该乡，早兴晏息，督匠鸠材，三易春秋乃落成。水不旁泻，而秀气聚人，不褰裳而舆，颂兴亿万斯年，休声曷既乎。嗟夫！寻丈之长石，钧之重积自锱铢，今者磊

---

① 谷城村：《句容地名录》（1983年）"谷城在县城南25公里，磨盘公社西部。相传在公元前129年置句容县时，建城於此（现常挖到旧砖）。公元239年迁至今县城址后，该处名为古城，因土地肥沃，五谷丰登，又名谷城。现为磨盘公社谷城大队队名和村名。"

磊飞虹悉由寸功之积累，磷磷白石无非众德之口口，爰命工人，详刻姓氏，彰功德之不昧，表乐善之无穷，后之览者，其亦有感於斯。乾隆二十三年岁次丙子孟冬吉日公立。

后白桥

在都包圩之南，距城四十里。邑人王祚远①有《重建后白桥碑记》。

西溪桥

在上葛村之西②。光绪六年，知县袁照修。

清潭桥

在芦亭东半里，近赤山湖南岸。

龙源桥

在龙源观前，嘉庆三年修。

乐稼桥

在五渚村旁。

古万安桥

在成庄村后。两甓。

南塘桥

在周家边村南。

文章桥

在后王庄村东。道光十四年重建。

大桥

在前陈庄南。光绪八年，王义春独建。

大桥

在杨巷村西。道光二十九年，戴建勋独建。

船桥

在戴家边村西。道光二十年，杨铭庸、耿集成捐建。

---

① 王祚远：据清朝陈作霖《明代金陵人物志》："王祚远，字夐明，句容人。万历癸卯举人。癸丑进士。官至吏部左侍郎兼翰林侍读学士。弟祚明，孝友才品并称二难。"
② 上葛村之西：据《国朝金陵通记》四卷："（光绪五年）句容修上葛村西桥。"

西桥
在致远门口。

龙虎桥
在西关外，乾隆中重建。

社公桥
在胄寨村社公庙前。乾隆四十八年重建。

隆昌大桥
在治西五里油榨村前。嘉庆七年重建。

悬纛桥
在治西十五里。《旧志》：周瑜尝驻军於此。

兆文桥
在兆文山北。道光二十四年，杜正功等重建；今圮。

周郎桥
在治西。为驿路通衢。同治十二年修。

元吉桥
在土桥镇东北隅。乾隆二十三年重修。光绪二十三年，朱文福、许盛全重建。

双庙桥
在治西，近土桥镇，以地有双庙，故名。

元镇桥
在土桥镇北。昔为南八乡运粮要道。

北门桥
在广运门口。一甃。

史马桥
在北关之北。乾隆间建。

东坂桥
在治北五里许。乾隆四十九年建。今圮。有碑记。

杨塘桥
在治北杨塘村东南。嘉庆十五年建。光绪戊戌年重修。

太平桥
在治北五里。道光二十七年，韩文茂、姚应方等建。

湾头桥
在治北姚家边村北。

华藏桥
在治北姚家边西南。光绪间，邑人韩瑶龄等募建。

道人桥
在治北姚家边西北里许。乱后建。

王门桥
在治北十五里。乾隆四十四年，孙、毛二县令重建，今圮。

孝义桥
在治北十八里大卓庙前。以属孝义乡，故名。

红丝桥
在治北二十五里，近陈巷村。

古江桥
在治北二十五里，近张家边。

九郎桥
在治北，近南社村。

带子桥
在治北十八里，为通龙潭要衢。

袁家桥
在治北新塘街西。一甓。长三丈有奇。

铺头桥
在治北三十里，为通江津要衢。道光间，经里人高姓捐建，甫成，而山水骤发，旋圮，今议建。

大石桥
在治北下蜀镇南五里许。

东门桥
在下蜀镇东数武[1]。

西桥
在下蜀镇北里许。

龙尾桥
在下蜀镇西北，戌山后。

坎桥
在桥头镇东。道光间，里人蔡永清捐建。今圮。

竹里桥
在下蜀镇西五里许。（地旧有竹里城，故名）

稻乡桥
在治北仓头镇东。待建。

万善桥
在仓头镇西。光绪二十一年建。（《重建万善桥碑记》：仓头镇之西有桥名万善，为金陵、京口之通衢。重建於康熙二十三年，有碑卧於道旁，风雨所剥蚀，其捐建姓氏已不可辨识。咸丰中，粤寇之乱，凡官道之桥皆毁，斯桥与焉。廓清后，草草以乱石驾成，盖一时之权宜，非可以持久远也，桥之右有支河一道，左即馀塘。宝华、铜峰诸山之水汇集於此，以达便民河。每逢夏雨暴至，山水冲突，久之，土松石隤，履斯地者，往往有失足之险，镇人罗君际明心窃忧之，以其为驿使所经，乃禀於邑尊汪公树堂请筹拨公款，与镇东之稻香桥一律兴修。汪颔之。会升任通州，而罗君又物故，其堂兄会祥不忍其事之遂废也，集同志四方捐募，不足，复合词请於张侯沆清，侯欣然捐廉以助，其事乃济。经始於光绪二十一年，越明年三月而告成。首事者属余为文以记之，并谓非张侯之力不及此。余维侯之四莅吾邑也，减仆从，严胥吏，勤抚字，缓催科，其待容民也如子，民之望侯也亦如慈父母，宦绩之卓著岂区区一桥而已哉？然桥梁、道路可以观政，侯可谓无惭厥职矣！是役也，祥之从兄会明实周旋其间，不辞劳瘁。信乎！斯桥之成，罗氏始终以之矣，故乐为之记。光绪二十二年季春之吉，里人刘本锐谨撰并书镇人公立。）

八字桥
在仓头镇西八里许。驿路通衢。待建。

---

[1] 武：古以六尺为步，半步为武。

圆门桥
在龙潭镇中。乱后，镇人重修。

彭桥
在治北东阳镇北里许。旧为李彭年造，故名。光绪初年，倪珩、周绍先、张余范等捐建。

永安桥
在彭桥下。道光十一年，倪金元捐建。光绪初年，李树芬、金利宾等重修。

大市桥
在东阳镇里许。光绪十年，夏肇生、周绍先、李树芬、金利宾等捐建。（按，宝华山北麓之水，由黄村、上下鲍亭、茅塘村、观塘头入此桥。至彭桥小龙潭渡分两支，一由三江口入江，一由下蜀石街头入江）

大小南桥
在治北琅琊乡。光绪二十三年重修。

张堰桥
在治北上鲍亭村前。

射乌桥
在射乌庙旁，道光二十三年重建。

张桥
距东阳镇七里，为上、句分界处。前经镇人夏肇生、刘秋浦等禀请知县张沇清兴修，因需款甚巨，未果。

道路附

县治街道
乾隆中，王以楠、王以枢、王周南、张祖善等募修。

龙潭一带运粮大路
乾隆间，邨民孙大农持畚往修。

华阳门外茅山大路
周宪舒等墁修，时嘉庆中年。

雍家编邨路
雍云旂墁。

殷桥头大路

由邺东上泥凹至傅家榨。道光三十年,王安湘承父志墁。

行香镇大路

由邺至灵跸桥。道光十八年,朱定周墁。

桥头镇街道

朱宾兴、王万高、苏秉兴、蔡清华同墁。

东阳至龙潭驿路

光绪初年,李树芬、金利宾等同修。

登瀛门外大路

光绪十三年,邰盛旺倡捐墁石,计长百丈。起造路桥。刻石。（见在眼香庙外面墙上）

乾隆二十五年立碑载：信士许双寿、洪寿起造路桥四十九条,以报父母深恩,东至茅山下宫,西至天王寺茶亭。

续纂句容县志卷二上终

续纂句容县志卷二中　　邑人　张瀛　分纂

大事记

　　句容为近畿古邑①，襟带江海，表里镇渎。汉元建藩，前明开府，遂称雄镇。冠盖所萃，事迹实繁。迨洪杨煽祸，莽为荒墟，风微人往，今昔悬殊，可胜慨哉！搜讨旧籍，择事实之要者，起自中古，迄於有明，为大事记，聊备掌故，若夫我朝南巡盛典，恭载卷首，有《圣泽记》，潢池跳梁，有兵事表，兹不复赘。

　　夏，禹王巡天下，登茅山以朝群臣，曰会稽②。
　　殷，周古公太子泰伯，采药於句曲山③，建国号曰"勾吴④"。
　　周，吴王夫差筑梧园宫⑤於句曲。⑥
　　越翳王卒，葬於句曲大横山⑦。

---

① 近畿古邑：句容建县始於汉朝前期。南京为六朝古都，句容位於南京城东。故称"近畿古邑"。据《金陵通记》一卷："武帝元光六年，析秣陵地封宗室党为句容侯。""元封二年，更鄣郡为丹阳郡。秣陵、胡孰、江乘、句容、溧阳、丹阳皆隶焉。"《景定建康志》卷十五载："句容：次畿县，汉置，属丹阳郡。有句曲山，其形如句字，因以名县。汉武帝封长沙定王子党为句容侯，国除，复为县。"

② 会稽：本指诸侯会集此地，稽首朝拜大禹，因此名茅山为"会稽山"。《吴越春秋》："禹巡天下，登茅山以朝诸侯，更名为会稽，亦曰苗山。"《茅山记》："秦始皇三十七年，游会稽还登句曲。今茅山北垂有良常、秦望诸山，以始皇名也。汉有三茅君，得道於此，因谓之三茅峰。梁陶弘景亦隐居此山。"据《太平御览》第四十七·地部十二·秦望山载："又有会稽之山，古防山也，亦谓之茅山也。又曰柨山。《越绝》云柨犹镇也。盖《周礼》所谓杨州之镇山矣。"《金陵通记》一卷："夏禹周行天下至江南，登茅山以朝四方群臣。"

③ 句曲山：据《嘉定镇江志》六卷·金坛县载："茅山一名句曲山。《寰宇记》：山在县西六十五里，延陵县西南三十里，句容县南五十里。山形曲折如句字三曲，故名句曲。""上古名此山为岗山。"

④ 勾吴：《史记·吴太伯世家第一》："吴太伯，太伯弟仲雍，皆周太王之子，而王季历之兄也。季历贤，而有圣子昌，太王欲立季历以及昌，於是太伯、仲雍二人乃奔荆蛮，文身断发，示不可用，以避季历。季历果立，是为王季，而昌为文王。太伯之奔荆蛮，自号勾吴。荆蛮义之，从而归之千余家，立为吴太伯。"《金陵通记》一卷："殷祖甲二十八祀，周泰伯以采药来居句曲山中。后入吴。"

⑤ 梧园宫：《金陵通记》一卷："二十四年吴子阖闾卒，夫差立承先世之霸业。因山铸冶，立冶城。后又筑梧宫於句曲山，与西子避暑居之。"

⑥ 李按：《金陵通记》一卷："时孔子设教於鲁，吴人言偃从游。学成告归，居句曲（今地名"言游里"）。"《六朝事迹编类》七卷："言偃里，《史记·孔子弟子列传》：言偃，字子游，吴人。今不知其里所在。或云在城东二十二里。"

⑦ 大横山：即郁冈山。《至大金陵新志》三卷上之上载："安王，名骄。元年庚辰，末年乙巳。翳立。翳薨，葬句容县大横山下。"

秦始皇三十七年①，东游会稽，刻石颂德而还，登句曲北垂山，埋白璧一双，乃改北垂山曰良常。

汉武帝封长沙定王子党②为句容侯。

元朔元年③，以句容隶丹阳郡。

哀帝元寿二年，天皇太帝授茅君九锡玉册。

光武帝建武七年，遣使吴伦赍玉帛、黄金献三茅君，瘗於绝顶，以石压之。

灵帝诏采句曲之金，以充武库。

吴大帝遣宿卫人采金，屯伏龙之地。

赤乌三年，诏诸郡县治城郭，以防盗贼。句容筑子城，周三百九十丈。

开赤山湖塘，以灌民田。

八年，陈勋凿破冈作邸阁。

东晋，元帝太兴三年，立怀德县以处琅琊国人。

成帝咸和三年戊子秋九月戊申，陶侃、温峤与苏峻久相持不决，峤军食尽，侃分米五万石以饷峤军，毛宝烧峻句容、湖熟积聚，峻军乏食。

咸和八年，始於覆舟山南北郊。

咸康六年，复琅琊，比汉丰沛。

简文帝命曲安远为句容令，吏部尚书王彪之执不从，曰："句容近畿三品佳邑，岂可任卜术之人，无才用者耶？"

孝武帝宁康元年，除丹阳竹格等四航税。

太元八年，谢元④破秦师於淮淝，卫将军谢安劳，还师於金城。

安帝隆庆二年，兖州刺史王恭反，加会稽王道子黄钺，以世子元显等讨之。王恭使前锋刘牢之次竹里，元显密以重利啗牢之，牢之归降，使子敬宣迎击恭，破之。

王恭将伐南谯王尚之，遣何澹之向句容，桓修与辅国将军陶无忌拒之，修至句容，而恭败。

元兴三年，帝在浔阳，刘裕起兵，帅二州之众千七百人军於竹里，破桓元⑤於江乘。

宋孝武帝孝建六年，置凌室於覆舟山。

齐高帝建元六年，幸琅琊城讲武。

九年，幸琅琊城讲武，观者倾都，普赐酒肉。

武帝永明十年，陶宏景挂冠归隐於茅山，自号华阳隐居。

东昏侯永元元年，淮水变赤如血，都下大水，死者甚众。

梁武帝天监元年壬午正月乙酉，甘露降於茅山，弥漫数里。

十五年，帝愍商旅渴乏，作井及亭十五口於句容通衢。

中大通元年，都下疫，帝於重云殿为百姓设救苦斋。

二年，都下地震，生白毛，长二尺。

孝元帝承圣二年，仁威将军周宏让城句容，命曰仁威垒。

---

① 秦始皇三十七年：公元前210年。《史记·秦始皇本纪第六》："三十七年十月癸丑，始皇出游。左丞相斯从，右丞相去疾守。少子胡亥爱慕请从，上许之。十一月，行至云梦，望祀虞舜於九疑山。浮江下，观籍柯，渡海渚。过丹阳，至钱唐。"严观《江宁金石待访目》："秦始皇二十七年，游会稽还于此山。埋白璧一双，深七尺。李斯篆刻文曰：始皇圣德，平章山河。巡狩苍川，勒铭素璧。文见周应合《景定建康志》引《茅山志》。"

② 党：《景定建康志》十五卷载："句容：次畿县，汉置，属丹阳郡。有句曲山，其形如句字，因以名县。汉武帝封长沙定王子党为句容侯，国除，复为县。"据《金陵通记》一卷："武帝元光六年，析秣陵地封宗室党为句容侯。"

③ 元朔元年：据《史记》二十一卷·表第九载："元年，哀侯党薨，无后，国除。"

④ 谢元：即谢玄。

⑤ 桓元：桓玄。

敬帝太平元年五月丁未，齐师至幕府山，陈霸先遣钱明将水军出江乘，邀击齐人粮运，尽获其船米，纵兵大战，齐师溃。

陈宣帝大建十年，立建兴郡，领建安、同夏、乌江、江乘、临沂、湖熟六县，隶扬州。

唐高祖武德三年，以句容、延陵二县置茅州。

五年，李靖讨辅公祐，兵先至丹阳，公祐大惧，李世勣追之公祐至句容，兵能属者才五百人，靖灭之，作井以惠市人。

六年，以延陵、句容复隶扬州。

九年，以延陵、句容隶润州。

元宗开元十一年，建儒学於县署东。

代宗大历十三年，县令王昕复浚赤山湖塘。周百里，立二斗门以节旱暵，开田万顷。

德宗建中四年，太守樊必举邑孝子张常洧，旌表门闾。

贞元二年，诏颜頵、颜硕护其父司徒文忠公颜真卿丧归葬句容后颜村①。

文宗太和六年，邑孝子张公斑庐墓被旌。

武宗会昌四年，升句容为望县。

僖宗光启三年，复以上元、句容、溧水、溧阳四县置昇州。

广明元年十二月，黄巢入长安，帝西狩，邑人、前同平章事左仆射刘邺不屈死之。

昭宗天祐六年，县令邵全迈移建县署於城正北。

八年，邵全迈修筑东、西、南、北、白羊、上羊六门。

南唐元宗，宋建隆元年，宋使诸军习战舰於迎銮，小臣杜著伪作商人来归，宋斩著於下蜀市。宋真宗大中祥符二年己酉，八内供奉官郑志诚自茅山使还，言昇州见黄雀飞蔽日，往往从空而坠。

是年五月二十八日，召辅臣於崇政殿北廊，观茅山池中所获龙，作《观龙歌》，复送於茅山池中。

天禧元年，置常宁镇於句容。

三年，以句容为次畿。

四年，改句容为常宁县。寻复旧。

仁宗天圣元年癸亥六月，处士侯遗於茅山营书院，教授生徒积十余年，自营粮食。江宁知府王随奏欲於茅山斋粮庄田内量给三顷充书院赡用，从之。

英宗治平元年，僧明庆募修街石。

神宗元丰二年，知县叶表以县南驿改建学宫。

哲宗元祐八年，创建崇明寺大圣塔。

绍圣四年丁丑九月朔日，江宁府奉诏遣茅山道士刘混康诣阙，诏转运司赐混康钱百缗为路费。

徽宗大观元年丁亥，有诏修句容茅山元符观句曲真人祠，加号大茅君盈太元妙道冲虚真君，中茅君固定籛至道冲静真君，小茅君衷三官保命微妙冲惠真君。元符万宁宫神祠封护圣侯庙，万宁宫二使者祠封灵佑、灵护侯庙。

高宗建炎四年十月三日，建康府都总官司言乞於东阳镇添置巡检一员，权於本府差拨禁军一百人前去捍御，却一面招填土军，从之。

是年五月，韩世忠与兀朮相持於黄天荡，兀朮穷蹙逃遁，世忠尾击，败之。

绍兴二年，诏韩世忠措置江南北岸屯田，沿江修守备。

八年三月己巳，车驾未入建康，次下蜀驿，有御座在焉。

二十四年，知县龚涛重修学宫，建大观圣作之碑。

三十年六月，赐句容县茅山天圣观龙祠额曰广济。

---

① 后颜村：据《弘治句容县志》六卷和《顺治句容县志》五卷"颜真卿"："诏子頵、硕护丧，还至句容，葬于来苏乡虎耳山。子孙迄今成族，有颜鲁公祠墓，其村曰后颜村。"

孝宗淳熙五年，知县赵善言重修学宫。

八年辛丑，端明殿学士、中大夫范成大开府金陵，适岁旱，招徕商贾，损阁夏税请於上，得军储二十万硕①振饥民，苗额十七万斛②。是年，蠲三之二，而五邑受粟总四万五千四百余户，无流徙者，句容与焉。

十五年正月，知县黄敏德重立《邑令题名碑》於厅壁。

宁宗嘉泰二年壬戌，句容增科和买久为民害，邑令赵时侃白於府，知府吴琚慨然动心，即日露章乞捐郡计以宽民力，诏从之。自是，府帑岁出万三千缗为之代输，凡免人户和买绢二千十九匹，绵一万一千六十两。

开禧三年，叶适创瓜步堡，屏蔽东阳、下蜀二镇。

嘉定八年，江东旱蝗，运使真德秀开东门外新河，因役以饱饥民。置广湾水军。

十一年，祠明道、伊川於句容学宫正礼堂。

十四年，并广湾、靖安水军为一军。

理宗绍定元年，知县张偁旌移风乡孝子张孝友，为题其基，是年，开放生池於青元观侧，秀芝、歧麦、苞竹、并蒂瓜莲五瑞并见。

五年，知县吴淇重修学宫。

淳祐二年壬寅，虏围仪真势甚岌岌，且於北山治攻具，陈公塘放濠水，真扬声援不通。几日，朝廷谕知建康府杜杲勿秦越为心，杲闻命启行，搜卒练兵於龙潭，伐木治炮於东阳。不三日，中外严办，鼓行西上，越宿至城下，即命子庶及总管聂斌提锐卒八千入城中。父老大喜。虏望见名旗，曰："此安丰芦州杜制置耶！"比晓悉遁去，杲遣将追之，虏大败。

五年，知县张絜筑城门、建楼。

知县张絜建颜鲁公祠於来苏乡后颜村。

六年，兴教寺僧觉先、师皎募砌街石二百四十二丈。

宝庆二年，知县王通重修学宫，易民地，添筑墙垣，左右疏池。

宝庆三年，建濂溪、明道、伊川三先生祠宇於句容学宫。

景定二年十一月，倚阁句容、溧水、溧阳三县苗税。

三年三月，倚阁句容、上元、溧水三县苗税。

度宗咸淳元年，留守马光祖代纳五县人户。景定五年，夏税为钱一万一千有奇。糯计三百六十五石有奇。布六十一匹有奇。折豆钱三百四十八贯有奇。钱关中半。秋苗粳计七千八百九石有奇。糯计三百六十五石有奇。布六十一匹有奇，折豆钱三千九百四十八贯有奇。钱关中半，句容有焉。

四年四月，留守马光祖代输五县下五等户夏税。钱关一十七万一千三百六十六贯有奇。计一十三万八千四十户。九月，代输下户秋苗，句容与焉。

端宗德祐元年二月，元兵入饶州，邑人、太傅、益国文忠公江万里③死之，阖门俱殉。

是年，元兵陷建康，招谕句容知县周秉。不屈，兵败系狱，死之。

元世祖至元二十九年，旌表邑孝廉樊渊之门。

武宗至大二年，封绰和尔为句容郡王。

三年，立加封大成至圣文宣王孔子碑於学宫。

泰定帝泰定二年，县尹程恭聘新安胡炳文主讲道一书院，育材最盛。

三年，县尹程恭建乡贤祠於学宫讲堂之西，祀唐孝子张常洧、忠臣刘邺。

---

① 硕：石。十斗为一石。
② 斛：十斗为一斛。
③ 江万里：（1198—1275），原籍句容，侨居豫章。名临，字子远，号古心，万里是其出仕后的用名。与弟江万载、江万顷因为先后科举高中，且又都登仕宋廷高官，最后又先后殉国，被时人和后世雅称为江氏"三古"或江氏"三昆玉"。

文宗至顺二年，立加封颜、曾、思、孟暨二程子碑，立加封启圣、王夫子及文宣王夫人碑。

顺帝至正八年，通德乡民杜伯谅墁郭西大路以石，长十里。

十五年，滁州将取太平，遂以兵收句容。

十六年，吴公至朱家庄，与同族序长幼之节。

是年，张士诚攻镇江。吴徐达与战於龙潭，败之。

十八年，吴公追赠祖考，立石句容，自题曰：朱氏世德之碑。

明太祖洪武元年，命邑人、儒臣孔克仁授太子、诸王经。

处州苗军作乱，邑人、总制孙炎被执。不屈，死之。

八年，知县柴恭建申明、旌善二亭於县治前。

九年，知县夏常建邑厉坛於治东北兴教寺东，并建乡厉坛一十六所於句容等各乡。

十二年，知县韩思孝修圣庙殿庑，置斋室。

十五年，知县韩宗器修明德堂，立卧碑。

惠帝建文四年六月乙卯，燕兵自瓜州渡江。庚申至龙潭，帝令清野，民多自焚其屋。

成祖永乐元年，既克京师，分命诸将守城，还驻龙江。

十五年，知县周庸节、教谕赵学拙重建学宫、戟门。

英宗正统二年，巡抚、工部侍郎周忱建句曲书院在县治西。

六年，望仙乡民笪均祥赈粟一千石，县请旌门。

八年，邑行人张谏①母殁，庐墓三载，群乌来集，芝生墓侧。

九年，句容乡民孙友忠、来苏乡民朱演各出谷二千五十石赈饥民。奏闻，同受冠带。

是年，来苏乡民朱隽出谷二千五十石以助赈济。当事闻於朝，特勅旌义民，劳以羊酒，仍免本户差役五年。

十三年，立进士题名碑於县学讲堂之内。

景泰帝景泰四年，府丞陈宜增置学西民地建立校官廨宇。

六年，临泉乡民戴谷安出粟二千石助赈，旌为义民。

七年，邑监察御史张谏丁父艰②，复庐墓三年。

宪宗成化二年，御史戴仁父睿七世同居，旌为义门。

十四年，知县徐广重建大成殿两庑戟门，规模宏大，视昔有加。

武宗正德十五年，受江西俘毕，旋跸发龙江，渔於江口。

世宗嘉靖五年，御制敬一箴并御注视听言动心五箴等碑，立於学宫。

十一年，邑人、都御史王暐上疏乞加崇封句容朱家巷祖陵，上命重臣勘其地，事不果行。

十七年，知县周仕创建三友书院，在察院西。

二十四年，应天府通判署县事移名宦乡贤祠於戟门左右。

二十五年，知县徐九思③於县前建石并画藜菜镌之，复题其上曰："为民父母不可不知此味，为吾赤

---

① 张谏（？—1471）：字孟弼，应天府句容县人，由进士授行人，擢监察御史，景泰中提督北直隶学校，天顺元年，调官於南京，寻升河南按察司副使，天顺八年召为顺天府尹，多次上疏请减征科以解民困。成化二年，因与人不和而被谪山东莱州府知府，因有治绩，成化四年复召为太仆寺卿。成化七年五月十六日卒於官。据《贵州通志》卷二十六载，其为"明正统己未科施盘（槃）榜"进士，"赤水人，官顺天府尹"。据《江南通志》卷一百二十一载，"己未科施槃榜，张谏，句容人。"

② 丁父艰：《弘治句容县志》六卷载，"张谏，字孟弼，坊郭人。正统四年，登施槃榜进士。授行人司行人。升福建道监察御史。景泰二年，勅进阶文林郎。四年，丁父忧。服阕，提督北直隶学校，历升河南按察司副使、顺天府府尹。成化二年，出守莱州。四年，进为太仆寺卿。七年，以疾卒於官。"

③ 徐九思：《乾隆贵溪县志》七卷·乡举载："（嘉靖四年乙酉科）徐九思，字子慎，在市东山岭人，历任工部郎中，

子不可令有此色。"榜曰："方丈石墙为户屏，一蓑画菜辅官箴。"

二十六年，赐邑人李春芳①一甲第一名及第②。

三十一年，倭寇侵邑南鄙，知县樊垣、邑绅陈诏等督勇御之，斩获甚众。

三十三年，知县樊垣因倭警筑城，周七里，一千三百一十丈有奇，高二丈有六，雉堞二千有奇，警舍二十有四，敌楼四，城外浚池蓄水，设关六，门四，小南门一。

神宗万历三年，都御史、应天巡抚宋仪望移镇开府句容，建察院署於治东北，立察院题名碑。

四年，巡抚宋仪望建华阳书院，聚诸生讲良知之学。

是年，巡抚宋仪望视南门形势不利，堪舆家言移之稍左，建飞楼於上，复於门内建厅三间，列御倭戎器。

是年，知县丁宾增修西关三友书院为官厅二所，共二十一间，又裁省管马主簿废宅垦园种蔬，匾曰"味长"。

知县丁宾建奉律亭於茅山，刻《大明律》，禁止妇女烧香。

五年，巡道驻劄句容，以句曲书院及云亭旧址改建察院署。

二十等年，巡抚、都御史朱鸿谟、陈□□、曹邦辅各捐买民田四百二十三亩助邑诸生膏火。

二十一年，巡抚朱鸿谟、知县陈于王重建儒学文昌阁。

二十二年，提学御史陈子贞移考棚於句容，立学院题名碑。

二十六年，都御史、巡抚曹邦辅建东新闸以资蓄洩，士民禽感，名曹公闸。

三十等年，巡按御史宋□□、陈□□各捐置民田二十四亩三分，赈士之贫乏者。

三十二年，李太后忽梦一山皆莲，因下部遍搜名山有莲花者，礼部以宝华山对，即敕建铜殿一座，奉大士高二十丈，纵横并十尺，极工丽光彩耀目。

三十四年，督学御史杨□□置田一百五十九亩二分充学田赈士。

四十七年，赐邑人孔贞运③一甲第二名及第。

庄烈帝崇祯十二年，督学金兰创建三台阁於邑西郊之鸣鹤山，又移置西关於龙虎桥。

十七年三月，京师陷，庄烈帝殉国，邑人、前东阁大学士文忠公孔贞运闻哀诏至，不食死。

补　录

吴大帝赤乌二年，为葛元④立洞元观於方山。

晋元帝太兴五年，王敦举兵反，以诛刘隗、刁协为名。帝使镇北将军刘隗匍於金城。四月，敦破石头，王导暨刁协、刘隗等三道出战，六师败绩。尚书令刁协、刘并出奔。协至江乘，为其下所杀。隗奔伪赵。

成帝咸和三年，太尉郗鉴筑大业垒於句容县北，以拒苏峻东人之兵。

升高州府知府，见列传。"《同治贵溪县志》八卷之二·人物·宦业载："徐九思，嘉靖乙酉乡荐，授句容知县。"《明史》卷二百八十一·列传第一百六十九："积九载，迁工部主事，历郎中，治张秋河道。"

① 邑人李春芳：《新建句容华阳书院碑记》（《贻安堂集》三卷和《乾隆句容县志》十卷）有"臣原籍其地"。

② 一甲第一名及第：《顺治句容县志》（知句容县事葛翮宸、丛大为同修）三卷："李春芳：第一甲第一名，累官少师、中极殿大学士。"

③ 孔贞运：据清朝陈作霖《明代金陵人物志》："孔贞运，字开仲，句容人。万历壬子举人。己未进士。一甲第二人。由编修历至文渊阁大学士。引归，居建德山中。七年，食不兼味，居无亭榭。甲申闻变，绝粒。卒年六十九。谥文忠。祀乡贤。有《制诰全书》《敬事草》《行余草》。子尚蒙，字圣初。天启甲子取冠乡房。五策忤时被黜。廕尚宝丞。未几，感愤卒。人皆谓忠孝世其家云。"

④ 葛元：即葛玄，避清康熙（玄烨）讳，作"葛元"。葛洪从祖。

咸康七年，琅琊内史①桓温出镇江乘之金城。

孝武帝太元八年，淝水之捷。冬十一月庚申，诏卫将军谢安劳，旋师於金城。

安帝大亨二年，桓元篡帝位，移太庙神主於琅琊国。

三年二月，建威将军刘裕等起义兵於丹徒，前锋檀凭之陷於罗落桥，刘裕闻之，急驰进，大破贼将吴甫之於江乘而过皇甫敷於罗落桥。凭之既死，裕独倚大树，敷纵兵围之，裕怒，叱敷人马皆仆，遂斩以徇。

宋文帝元嘉三十年冬十月，琅琊献白鹿。

孝武帝大明四年夏四月癸卯，以南琅琊郡隶南畿。五年春三月，幸江乘，使使祭太保华容公王弘、宁文侯王昙首於墓。

八月，幸琅琊郡。讯狱。

后废帝元徽五年，豫州刺史阮佃夫以帝猖狂无度，与申伯宗、朱幼等谋，因帝出江乘射雉执废之，事泄，伏诛。

梁敬帝绍泰二年，齐人内犯。都督陈霸先遣长明水军出江乘断齐粮道。齐人大饥，杀马以食。霸先军食尽，会陈蒨自东阳送米二千石、鸣千头以犒之。纵兵大战，齐师溃，追奔至江乘摄山，齐人死者不知几极，流尸至京口，翳水弥岸。

元顺帝至正七年八月，有巨盗由淮甸历朱方，登茅阜，涉土桥，问津龙潭，欲走江以逸。镇南王令司马会省台帅臣督十余路戎士围於东华山，抗万夫江宁监邑死之，弥月有半始克殄灭。

十二年，据贼实来劫据县邑，撤斋庐，坏坛壝。

明成祖永乐十六年，帝幸茅山。

神宗万历四十二年，颁《道藏经》於茅山。

续纂句容县志卷二中终

---

① 琅琊内史：《六朝事迹编类》卷之三·金城载："晋中宗於金城立琅琊郡。温尝为琅琊内史。至咸康七年出镇金城前云琅琊，盖指此也。今去府城三十五里。"《六朝事迹编类》卷之三·琅琊郡城载："《寰宇记》云：晋元帝过江，为琅琊国人立也。其城在江乘县界。王隐《晋书》及山谦之《南徐州记》云：江乘南岸蒲州岸有琅琊城，其地立琅琊内史以治之。《图经》云：在县东北六十三里，今句容县有琅琊乡，亦其地也。又按《寰宇记》：齐武帝永明六年移琅琊郡於白下，在县北十八里，《图经》直以蒲州津城为白下，非也。"

续纂句容县志卷二下　　修文　姜彬　分纂

古　迹

句容为县最古。自汉以来，名迹所留甚夥，前志详言之矣。兹乃旁拾旧闻聊补其所未备，其附会失实者概从缺如，至二氏之寺观，苟有关乎废兴，亦必详其原委，凡所以存其迹也，作补古迹志。

崇明寺

在县治东北。晋咸宁间名"义和"，其额梁昭明太子书。宋太平兴国五年，改今额。自宋以迄国朝，屡废屡兴。其中院宇甚夥（详前志）。咸丰中尽毁於贼。后殿圆照寺，同治初经寺僧净明募建。现大雄殿廊房客堂已渐次整齐矣。

寺右大圣塔，势甚崇峻，七级玲珑，为一邑巨观。（建始原委详前志《大圣塔记》）

国初顺治中，许合中大修之，邑人张明熙撰碑。至道光间，骆懋官、王相廷、张朝彬等复修之。粤匪之乱，塔几倾圮。光绪十七年，满慧竭蹷募修，至二十二年始告竣。共用白金二万两有奇。

德祐观

在三茅峰。光绪十三年建观。北有龙池。

白云观

光绪十六年，建玉皇殿、三茅殿、灵官殿各三间，又经堂楼五间，客堂三间，皆曾忠襄公（国荃）捐赀。又顶宫、后殿亦忠襄公捐建。

仁祐观

光绪十八年建。

玉晨观[①] 灵官殿

光绪二十三年建。

---

① 玉晨观：《景定建康志》四十五卷："玉晨观，世人称为'茅山，第一福地'。"

邑人张瀛募修玉宸观疏：句曲者，江左之灵区也。展上栖真肇自高辛①之代，巴陵修道适当胡亥②之时，茅君飞昇於西汉，杜尉遐举於东吴，山中宰相羡此而移家世外，神仙隐兹而屏迹，其所由来者远矣。况夫凤阿燕洞胜迹犹存，楂谷桐源遗踪未泯；九曲涧亦可流杯，八卦台原非布阵；泉名抚掌自有珠玑，池号洗心了无尘垢；松盘诘屈，桧纽嵚崎；峰头之韭不莘，崦里之桃难落；星气混茫，李生龙耳；云光掩映，芝挺燕胎；蕙圃灌花而娱岁，菌山采药以延年。则有玉宸观者，琳宫壮丽，玉宇清幽，东位紫坛，西排素塔，阁尊太上，直谓弥罗，房拟少微，不嫌曲密，檐牙高矗於层霄，铺首辉煌於朝日，而乃白鹄高飞，遗仙踪於千古，黄羊小劫，恨贼炬之一空。旷如广汉之墟，颓垣破瓦，郁矣元真之境，蔓草寒烟。地肺几焦，天心太惨，所幸雷平稍僻，云构犹留。真人之馆未倾，仙子之居无恙。银题金额纵剥落於风烟，玉刻瑶编尚绵延於岁月。然而鲁宫造久，宣榭灾余。蕊珠穿漏，空存高耸之灵光；金碧飘零，难睹庄严於瑞相。长史炼丹之井不见泉流，仙公瘗剑之坟徒嗟草履。殿前灯火不若星繁，龛上香烟岂如雾绕。太顺炼师煮石，有能点金乏术。悯四千年之灵秀渐就销沈，怅二十载之承平未经补葺。不得已而蹑芒屦，担布囊。告遍人间，自称募者。伏愿大宰官身，众善男女，怜其苦行，结此胜缘。造戴逵之宅尚费千缗，赎魏征之居犹需百万。刬兹名境，舍尔义财。汇八功之水，终为巨津；成九仞之山，始於一篑。庶几虚无宝榭，碧落重新，妙有琼楼，彤光再焕。有屋而鼪鼯不穴，无梁而燕雀何巢。梁唐之断碣不渍苔斑；张赵之流风再联莲社。

九霄宫大元宝殿

光绪十六年，胡裕堂、沈欻生等捐建。（按，茅山宫观极多，备载前志，此第举乱后兴复者）

慧居寺

在治北宝华山，前明万历间赐额圣化隆昌寺。圣祖仁皇帝巡幸，御书"慧居寺"额，赐改今名。高宗纯皇帝南巡，銮舆六幸此山，宸翰高挥，后先照耀，山林生色，地脉增荣。自是为东南选佛一佳境矣。（按，本寺殿宇及下院不下千间，粤匪之乱，毁拆殆尽。光绪四年，经住持僧圣性建戒坛五间。五年，知县袁照建拜经台、龙王殿各一间。八年，圣性建藏经楼三间。九年，建楞严堂三间。十四年，建西板堂三间。十五年，建库房五间。十六年，建韦驮殿五间。十七年，建大雄殿五间。二十年，住持浩净克继师志，建如意堂三间。二十一年，建拜经台正殿三间、上客堂三间。二十四年，建上祖堂五间。二十六年，重建戒坛五间。

青元观

在县治西南隅。康熙间，邑人宣颖成《南华经解》於此，地极幽静，今葛仙公丹井犹存。

葛仙庵

在县治西。光绪初年，道士施代铭募建。

延寿庵

在县治东南隅。光绪初建。

---

① 高辛：帝喾。初受封於"辛"，后即帝位，号"高辛氏"。据《金陵通记》一卷："高辛之世有展上公者，居句曲，尝於伏龙地植李。后相传成道去。今茅山玉晨观祀之。"
② 胡亥：秦二世嬴胡亥。《史记·秦始皇本纪第六》："三十七年十月癸丑，始皇出游。左丞相斯从，右丞相去疾守。少子胡亥爱慕请从，上许之。十一月，行至云梦，望祀虞舜于九疑山。浮江下，观籍柯，渡海渚。过丹阳，至钱唐。"

圆觉庵
在县治东北。光绪初建。

地藏庵
在邑庙照壁后。光绪二十一年建。

永新庵
在青元观右。

集庆庵
在小南门外鸟翅冈。

观音堂
城内凡四处。乱后均建复。

归善庵
在登瀛门外里许。乱后建屋五楹。庵前有涧,窥塔影甚明,故"归善斜阳"为八景之一。光绪二十五年,邰盛旺等重建。

龙化庵
在华阳门外半里许。

古地藏庵
在登瀛门外钤塘邨。同治六年,陈宝仁等募建。

翠微庵
距登瀛门外二十里。

东庵
在青城埠东。孔文忠贞运尝读书於此。

华严堂
在青城埠西北。明崇祯间孔贞运建。

广济禅林
距登瀛门外十八里放马冈北。明洪武时建。国朝乾隆中殿宇极盛。今圮。

接应庵
在陈家庄东。庵内有古磬一。正德时物也。

福缘庵
在道士埠东。

甘露庵
在土桥镇东。乱后建复。

古宏通庵
在谢桥村前。光绪十九年，僧松月募建。

仁寿庵
在上兰村南。光绪六年重建。

跨鹤庵
在后北墅。乱后建。

积善庵
在淤乡之北。乾隆五十一年建。后改为大王庙。

南庵
在闸头村东。相传道光初有龙斗於此，殿宇尽毁。庵遂废。

集贤庵
距治北十八里。竹木映带，地极幽静。

嘉荫庵
葆山方氏坟菴，邑人张瀛有诗云：方坟翁郁树千章，华表巍峨冷夕阳。愁绝葆山菴里过，荒园花石总凄凉。

福田庵
在治北琅琊乡。

万寿庵
在白马庄西。庵毁於兵燹。惟成化十八年所铸钟尚存。又吴墟村西亦有万寿庵。治北仁信乡万寿庵，则胡氏家庵也。

善庆庵
在孔家村后。刘昌达、孔广炳捐建。

敬德庵
在句容乡朱巷村。殷礼玉重修。

太平庵
在吴家村西,华藏庵在姚家边西南,均在治北。乱后建。

任坟庵
在孔村西南。光绪十一年建。

华严庵
在戴村南。光绪二年建。

圆通庵
在治东北二里许。总兵陶茂森独建。

水月庵
在芦塘村西。同治十二年建。

广惠庵
在治东丁家巷前。光绪二十四年建。

松月庵
在治东四十里江庄东南。光绪元年,姚世祥、张登斌建。

拨云庵
在茅庄东南拨云山。光绪初年重建。

诸乐庵
在行香镇东。道光十八年,朱定周建。

普济庵
在周冈。

积德庵
在治东谢培铺。道光二十七年建。今圮。

青莲庵
在治东三十五里下隍村南。光绪二十六年,周应达等捐建。

净土庵
在治北凤坛乡南社村南。国初,姜道三、陈道一创建。

法华庵
在东阳镇南里许。

延寿庵
在东阳镇里许。今圮。

广福庵
在治北江城湖畔。

石门庵
在龙潭镇东南八里许。一名秦家庵。

武圣庵
在龙潭镇南,地居两山之腰,为青龙、黄龙过峡。中多石刻,惟"环峰抱积,山城毓秀"八字笔势挺秀,相传为邑人笪重光书。

定水庵
在龙潭镇西。为宝华山下院。光绪中建复。

夫子庵
在龙潭镇东五里许。朱子后人迁於此者所建。

金姑庵
在东阳镇东二里许。清水漩畔。前明金太守孝女名金贞,父殁,孝女庐於墓侧,终身不嫁,后女卒,居人即其庐为庵以祀之,号其神为金姑。

邻华庵
在下蜀镇北。

石马庵
在下蜀镇之西六里许,庵前有石马,故名。

地藏庵
在下蜀镇西六里许。

永济庵
在仓头镇之东。

新庵
在仓头镇西里许。光绪二十三年，胡观察家桢开铜山矿於此处化铜，寻以无效而罢。

崇宁观
在治北琅琊乡。俗名道士观。

龙源观
在五渚坊之南。唐天宝间建。明宏治中重修。有邑人张绅碑记。

广真观
在东阳镇。乱后建。

娘娘观
在龙潭镇之东。

七星观
在治北七星山下。

天王寺
在县治正南五十里。

古圆教寺
在郭庄。庙建於唐贞观间，一修於宋景定，再修於元延祐，前明正统时又修之。国朝乾隆四十八年，知县张尚怀诣寺宣讲圣谕，捐廉重修。规模较前宏敞，乱后仅存下院一室。

古般若寺
在赤山东。光绪十四年，僧法忍重建。

古绛岩寺
今名天云寺。在赤山之巅。同治七年，僧松月募建，计四进二十余间，后进观音殿。光绪八年，武毅督标两军，以浚湖余力助成之。

古同泰寺
在绛岩寺南。光绪二十三年，寺僧云山募建。

奉圣寺
在白土镇东南。乱后建。

均庆寺
在白土镇东南。乱后建。

广惠寺
在芦江村南。光绪四年重修。

慈恩寺
在政仁乡金山凹西南。古树纷披，地极幽雅。光绪初，寺僧融通募建。

高庆寺
在驹骊山南。

黄冈寺
在治东北三十里赵庄西。同治中重建。

东林寺
在治东四十里。光绪二十三年重建大殿。

昭圣寺
在治东三十五里。光绪八年重建。

庆贺寺
在上容乡。一名虬山寺。中有宝志公像，乡人於中元日合社往祭，每逢大旱，昪其像出以祷雨，颇致灵验。寺名庆贺以此。

小金山寺
在上葛村之南三里许。有元碑。

东霞寺
在治东三十五里吕防村。前明鲁钺有碑记。

北寺
在下蜀镇西北。

戍山寺
在下蜀镇北。乱后建。

古南寺
在下蜀镇南里许。

玉泉寺
在下蜀镇北。

宋熙寺
在东阳镇。

宏福寺
在桥头镇北。一名白衣庵。

铜山寺
在治北铜山之阳。一名玉泉寺。乱后建。

华藏寺
在仓头镇。中有前明正统间《重修寺记》，文甚俚乱。前寺极宏敞，外则修竹环抱，颇堪游览。近已荒废。光绪四年，凤坛、琅琊各图借殿址建积谷仓四间。

后光寺
在钤塘。又有前光寺，皆附於张庙碑记。

甘露禅院
在王庄东。

天乐宫
在后潘村西。乱后建。

广惠宫
在孔村西。内有古柏一株，高三丈余，千年物也。

九华殿
二：一在胄山之阳，一在治东北四十里竹丝冈东南。

兴福祠
在治东五里许。

修福祠
在治东八里许。同治九年建。

玉皇庙
在治东十里。同治中重建大殿。

太阳宫
在天王寺东,僧观成重建。又徐墓村西太阳宫,光绪元年薛长栋、戴傚成建。

鼍龙庙
在成壋村二里许。乾隆四十五年建。光绪中重修。庙前有河影,上通淤乡,下达宝堰。左文襄公委员估勘,即其地也。

总管庙
在唐陵。今改为四十三村公所。

永福禅林
在徐家桥村北。已圮。

龙王庙
在平地里,其地产山桑,极盛。

普善禅院
在通德乡,近土桥镇。今名静堂,又名一德坛。光绪二十六年重建。内有关帝殿,规模宏壮,道人朱文福等募建。①

射乌庙
在东阳镇南射乌山下。光绪间,里人王元良、马建忠、倪荣寿等募建。

虎王庙
在东阳镇二里许。

灵土地庙
在龙潭镇之西。

---

① 李注:大仁院(据《永乐大典》一百三四册一三〇七四卷二页)"石屋洞,在直隶应天府句容县烟霞石坞南山大仁院。洞极高,状似屋。周回镌罗汉五百十六身,中间凿释迦佛、诸菩萨像。直下洞极底有泉。(《句容县志》)"

都土地庙
在龙潭镇之东。

大士阁
在龙潭镇东。

竹里庙
在下蜀镇之西五里。即古竹里城地也。

毘卢庙
在前北墅。

七万庙
距治南四十里。洪武初建。天顺五年重修。有碑记。

唐巷庙
在治北孝义乡。附有西大泉寺。今改名唐巷寺。

御碑亭
在龙潭镇之南武圣庵前。圣祖仁皇帝南巡时，豁免康熙四十二年以前地丁银粮，万民感戴，遂建亭以志不忘。又治东郭里许有迎恩亭，四角高丈余，中泐"皇恩浩荡"四字，碑现存。

揽江亭
在龙潭镇之西黄龙山巅，俯瞰大江，如列几案。道光十七年，知县钱兆麟刻石其上。今存。

多景亭
仑山高东泉所筑。其友某《题多景楼诗序》云：东泉先生宦游京邸，邀予寄题其故园之多景亭。东泉文雅出尘，宦况甚薄，时有归隐之意，固知斯亭之系心耳。予与亭相隔一江，他日愿寻盟亭上，指点诸山，相与高吟，故作诗以记之。今废。

松风楼
在郁冈山。陶贞白先生修真地也。筑三层楼，自处其上，弟子居其中，宾客在其下。特爱松风，庭院皆植松，每闻其响，欣然为乐。先生既仙去，后人建乾元观，附先生祠於侧，而建松风楼以伸景仰之意。粤匪之乱，寺观多毁於火，楼亦燬焉。光绪十六年，王观察定安游茅山，道士杨童孝募建斯楼，观察归，白於曾忠襄公，请修之，忠襄慨然捐白金二千两。二十年，王观察奉钦命备兵皖北，复捐千金以去，斯楼遂复旧制。

坐月楼
在义台侧。

文星楼
在学宫左首。今圮。

味书楼
旧在华阳书院后进。前明徐鉴建。今废。

涵碧楼
在龙潭镇。秦殿撰（大士）诗序云：香火书额并系以诗，陈麋公亦有继作，额为人窃去，诗亦加垩。里人魏某能诵之，乃重书勒石。今废。

登喜楼
在南门。邑人张芳筑。芳字鹿床，往还皆一时名流，诗酒宴集无虚日。

修竹楼
在小南门。邑人王周南延宾处。今楼废，园池尚存。

三台阁
在县西郊。前明金督学兰建，所以振一邑之文运。国朝雍正十二年，阁圮，改建石塔其上。嘉庆初年，邑人重建阁，壮丽巍焕，高耸云霄。咸丰中毁於贼。今未复。

文昌阁
在县治东马疲冈。今圮。

斗姥阁
在葛仙庵。

凝秀阁
在华阳门外。今废。

北极阁
在东阳镇。孙守勋建。

梧竹园①
在常城村。东吴唐固筑。今为何守一墓。

---

① 梧竹园：据《句容县地名录》"长城"："东汉末丹阳太守唐翔，句容人。其子唐固好学多才，吴主孙权拜为尚书。固住处筑有梧竹园，园南有读书泉，常有数十人听讲，俗称常城。明嘉靖25年（公元1546年）句容县令徐九思（又名九经）诗云'唐固读书处，人亡泉尚存，我来一吊古，梧竹尽寒云。'现为春城公社长城大队队名和村名。"李按：据《同治贵溪县志》卷八之二·人物·宦业载："徐九思，嘉靖乙酉乡荐，授句容知县。"据《乾隆贵溪县志》卷八·吏曹载："徐九经，仕政和县丞。"

倪家园
在东阳镇。旧为前明倪徵君花园。今废。

墨池
在洗马桥村。相传为王右军遗迹。又有笔冢在崇德乡水北村，今呼为王家园。

绛英桥
在何庄村西。跨秦淮旧流，河虽湮塞，山溜尚通。昔六朝河通时，三吴游客泛舟入山之处，两岸多载桃柳，故题曰绛英。

桃花馆
在何庄庙。相传唐孝子张常洧产於其村。

张榜读书处
在治南西张巷。乱前匾额犹存。

赤岸村
在赤山芦蕟亭右。王右丞诗[①]：帆映丹阳郡，枫攒赤岸村。

柴沟市
在仓头镇西五里。《景定志》有"柴沟驿"。程内翰珌《金陵驿》诗："铁瓮高资只半程，柴沟晓发夕金陵。"今山口村即其地。

桂枝庵
在西圩村。明总兵谢登云闻福王立，率兵入卫，道经龙潭，鞭一卒，卒逸去，谓村人曰：明日有总兵过，将肆掠。村人结众设伏。谢至，不及辨，支解於此。孙守勋云。

志公塔
在龙潭镇东马鞍山。

金牛坑
在治北梧桐山。

凤凰墩
在梧桐山麓。昔有凤凰翔集於此，故名。

---

① 王右丞诗：王维《送封太守》"忽解羊头削，聊驰熊首辖。扬舲发夏口，按节向吴门。帆映丹阳郭，枫攒赤岸村。百城多候吏，露冕一何尊。"

放马冈
在青城埠北。明洪武中，曾放战马於此。

行辕
在龙潭镇西北。旧为往来仕宦憩息之所。今废。

接官厅
在龙潭镇北渡河口，基址宏阔，旧有吹鼓亭、石门槛，今废。又桥头镇亦有接官厅，旧址犹存。

官仓基
在龙潭镇东南数武。旧为十六乡兑粮之所。

龙池
茅山、华山、虎耳山、铜山皆有。又胄山龙湫二，大如甕，小如臼。凡龙池蜥蜴四足五爪，黑背丹腹，龙头鳅尾，任人掬取，但不可携出，携出中途，风雷迅发遁去。岁旱，请雨辄应。

读书泉
在句容乡常城村梧竹园南。唐固尝著书於此，故名。泉南崖石峭立，泉自石罅流出。齐梁时，紫芝生於石中，又名紫芝泉。前明知县徐九思诗云：唐固读书处，人亡泉尚存。我来一吊古，梧竹尽寒云。

稻香泉
在句容乡何庄村东南半里许。每稻花开时，泉即涌出灌田。名则唐固所题也。又名清白泉。

石肺泉
在华姥山下。泉流甚长，足资灌溉。上有华姥洞。

松鹤泉
在天王寺前。松鹤潭之泉也，味甚甘。

泻冈泉
在治北二十五里观音庵东。

戛玉泉
在赤山顶，穿云触石，响出石腹，如戛玉然，味亦芳洌，有道光间邑人石泉题额，篆书甚工。

甲山泉
在县南，山有磐石，大小十六泉，味甚甘。石泉纪以诗，有"中冷第一毘陵二，忘却家山十六泉"之句。

张山泉

即杨柳泉。前志第载其灌溉之广,而不言其美。按金鳌《待征录》云:野泉一泓,旁植杨柳,而味甘且轻,胜宫氏泉远矣!予饮而拜之曰:泉乎泉乎,尔不能出珍珠媚客,遂沦弃於田间乎!

仙宕泉

在治北梧桐山,泉长流不竭,味亦佳。

白石泉

出治北亭山。

饮马泉

在龙潭镇西北二里许。高宗纯皇帝南巡时,饮马於此,故名。一名温泉。

天竺玛瑙石

在治东东岳庙内。赤色,见竹叶纹。

张一鹏妻徐氏节孝坊

在县治东马槽巷。

徐尚学聘妻赵氏贞女坊

在徐家村。

周宪钜妻王氏坊

在五渚坊。

李昌焕妻戴氏坊

在甲山。

张为律妻章氏坊

在张巷村。

王知㵢妻卫氏坊

在王家边。

张道启聘妻蒋氏贞女坊

在汤巷村。

王善驺妻曹氏坊
在王家边。

许尚悫妻尚氏贞节坊
在戴巷村。

赵明观妻丁氏坊
在赵巷。

赵国枚妻尚氏坊
在赵巷。

许尚恕妻傅氏坊
在戴巷村。

俞茂俊妻陈氏坊
在俞巷村。

张秀璋妻邹氏坊
在孝义乡。

樊一仁妻朱氏坊
在李墰村。

沈应祥妻王氏节孝坊
在县治北街。

刘朝翰妻黄氏坊
在县治南。

李英妻陈氏坊
在甲山。

高建常妻朱氏坊
在锁山巷。

严孔鏓妻何氏坊
在前陵村。

周岳峰妻余氏坊
在东阳镇。

王石登妻周氏坊
在上葛村。

郑孔嘉妻仇氏坊
在龙潭镇。

张洪明妻赵氏、熙彻妻许氏贞节坊
在西村村中。

宣球妻王氏坊
在逋逊村。

万学晓妻王氏坊
在万家村。

王纯掞妻裴氏坊
在后北墅。

王梅之妻赵氏坊
在后北墅。

周文极妻凌氏坊
在闸头村。

潘赵凤妻栾氏坊
在长岭村。

巫启悦妻解氏坊
在仇家边。

刘大兴妻鲁氏坊
在杨塘村。

尚昌道妻唐氏坊
在西地村。

尚祚奎妻王氏坊

在西地村。

尚节母周氏坊

在下山地。

王肇岐妻孔氏、肇岱妻赵氏一门双节坊

在夏家边。

汤子韬妻陈氏坊

在汤巷村。

戴世祊妻孙氏、九龄妻张氏双节坊

在县治南东巷。

朱枨继妻欧阳氏坊

在彩帛巷。

张祖留妻黄氏节孝坊

在学宫东首。

庠生王凤辉妻张氏坊

在治东南集仙里。

宋尚质妻金氏坊

在县治东北马疲冈侧。

王璟妻黄氏坊

在县治前四牌楼。

贞女谭桂英坊

在仁信乡土祥村。

尚徵远妻王氏坊

在西地村。

尚徵仕妻张氏坊

在西地村。

周恒立妻尚氏坊

在刘巷村。

吴荣博妻王氏坊

在张壒村。

戴臣善妻朱氏坊

在袖巷村。

赵懿模妻刘氏坊

在圩塘头村。

骆正絿妻王氏坊额（光绪二十六年，从节孝祠基掘出，现嵌祠壁）

望仙桥节孝坊、蔡巷贞节坊（以上二坊姓氏无考）

贞孝节烈总坊

在西门外二里许官道傍。共一千二百五十三名。（详列女志）

许煌妻赵氏百寿坊

在戴巷。

吴葛元墓

在治西南一里。光绪二十六年，邑人骆文凤、张瀛、曹方玮同立石。

唐兵部尚书王璧墓

在漳泗村东。

后周礼部尚书戴宏墓

在唐陵北二里。

宋兵部尚书周仲武墓

在后黄村左。（原籍山东，自公始迁句之五渚坊）

祭酒戴九城墓

在唐陵山。

凤翔府佥事戴昌墓

在大松园。

江宁府察推孔端隐墓

在青城埠西北。

右丞相高实墓

在高家边北。

大理寺评事戴常墓

在大松园。

元福王府记室戴衺然墓

在谷城村东五里。

建宁蒙古教授戴君实墓

在黄林冈。

忠显校尉戴玉墓

在黄林冈。

都指挥使戴应龙墓

在黄林冈。

同知戴一桂墓

在黄林冈。

明泗州州判戴釜墓

在陆庄村南。

周王府教授戴思顺墓

在阳巷村前。

仁和县县丞戴孟申墓

在唐陵。

东平州州判戴玼墓

在阳巷村前。

和州学正戴文锦墓
在藏真观。

丁都堂沂墓
在虬山寺旁。沂,溧水人。

广东参将陈南塘墓
在土桥镇北,有"一代人豪"石坊。

文学张充吾墓
在冈下邨。铭碣已断。

倪徵君思学墓
在治北严山。

汪文烈公伟墓
在治北张家冈。公寄籍上元。王安节诗:"清晓入华山,荒坟拜文烈。同伴慕禅规,余心重臣节。"

詹事府正詹夏少葵墓
在治北柰花山。

国朝太子少保刑部尚书王宏祚墓
在茅山乡朱巷村西。公,云南人。

封奉政大夫吏部郎中张君表墓
在良常山西。

湖广道巡按、江西监察御史吴赞元墓
在上兰村西。丹阳人。

袁州昭磨署新建县戴元科墓
在黄林冈。

骆中翰墓
在治东大山。

御史严宾甫墓
在治北戌山。

赠奉直大夫骆云坡墓
在集贤庵右。

太子太保直隶总督方观承墓
在治北葆山。桐城人。

太子少保浙闽总督方维甸墓
在治北年山。观承子。

护督粮道戴宏度墓
在阳巷村灵台冈。

按察使江寅墓
在墓东村。丹徒人。

江西赣州府知府马兆增墓
在西斛村。

广西桂林营守备李廷扬墓
在治西鹤鸣山。

云南曲靖府知府陈立墓
在孙塘村西南。

延绥镇总兵陶茂森墓[1]
在邹巷村西。

续纂句容县志卷二下终

---

[1] 李按：王世贞《弇山堂别集》三十一卷有："德祖者伯六公，高皇帝之四世祖也，家句容之朱家巷，为重八公第三子，葬於朱巷，是为德祖玄皇帝。""懿祖者四九公，德祖第二子也，葬於朱巷。"谈迁《国榷》一卷有："重八府君娶陈氏，生子三，长伯六，娶胡氏，后追尊德祖玄皇帝。"

续纂句容县志卷三上　　　邑人　张余堂　分纂

祠祀

古者先成民，而后致力於神，民瘼①未苏，罔敢轻用其力。溯自粤寇发难，中兴三十余年，民气熙洽②，繄神之贶，故庙祀以次鼎新，所以重典礼也。至若僧庐道观，缁黄所萃，仅有资於流览，固靡涉於典训，别缀古迹，兹不阑入。志祠祀。

凡邑皆有坛壝，以礼神示。故东曰先农坛（在治东东桥下），坛陛五级，缭以垣，树以木。有斋宫以持敬耕耤之所也。西曰社稷坛（在治西一里许。宋元丰间，令叶表以县多盗，改置社稷坛於青元观西南，而盗止。今养济院旧址即其地也。见前志）。南曰神祇坛（在治东南二里许，旧名山川风云雷雨坛。嘉庆十六年奉部文改今名）。北曰厉坛（在治东北兴教寺之右首）。除地周垣植木，斋宫皆同。先农祀以仲春亥日。社稷、神祇祀以二仲上戊（《会典》）。北郊则否，每岁清明、中元、十月朔祭，无祀鬼神以城隍神主之。（按，《江西南昌府志》厉坛记云：考祭法，天子为群姓立七祀五曰泰厉，诸侯为国立五祀五曰公厉，大夫立三祀一曰族厉。族也者，众也。为夫鬼无后而众多则将为民作祸，故时以祀之。凡以为吾民也胜。国初毁天下淫祀，又欲鬼之毁而无归者，皆得与享，於是国厉而外，又有府县之郡邑厉，有里社之乡厉。我朝因之，立坛北郊，有司岁二举焉。此厉坛之制所由昉也）

城隍庙

在城南文庙东首。咸丰间尽毁於贼。光绪十七年，知县汪树堂捐廉五百千，复筹集民捐贰千余千，庀材兴办，大殿头门共用钱三千余千，又装修墁垩用钱四百余千，嗣经知县张沇清谕绅富兴修两廊、十殿用钱一千数百余千，俱如旧制。惟行宫、寝室、戏楼尚未建复。（古城隍庙在临泉乡六七图交界处。乱后建殿宇二十四间，居民祀之，水旱必祷）

武庙

旧在大南门近城东首。乱后未建。同治三年，知县依勒通阿修理葛仙庵南偏祠宇两间寓祭。又西郭旧有武庙碑，残仅成半段（邑人陈诏撰文），旧为邑人华达创建。至嘉靖丙辰③，县令樊垣，县丞刘克己，主簿曹铠、余意，典史衷鋐，各捐廉再建。久圮。乾隆间，庙左孔氏重建。毁於兵燹。今道士符心诚与孔氏同募建头门。谨按，咸丰三年，升帝於中祀，乐用六成，舞用六佾，春秋诹日致祭。五月十三日神诞日告祭。并颁御书"万世人极"匾额於庙。六年，奉文改称"关圣帝君"。

武庙祝文（咸丰三年颁定）：惟神昱日英灵，乾坤正气。允文允武，绍圣学於千秋；至大至刚，显

---
① 民瘼：人民的疾苦。
② 熙洽：欢乐和洽。
③ 嘉靖丙辰：嘉靖三十五年（1556年）。

神威於六合。仰声灵之赫濯，崇典礼於馨香。兹当仲春（秋），用昭时飨。惟祈昭格，克鉴精虔。尚飨！

五月十三日告祭祝文：惟神九宇承麻，两仪合撰，崧生岳降，溯诞圣之灵辰；日午天中，届恢台之令序。聪明正直壹者也，千秋征肸蠁之隆；盛德大业至矣哉！六幕肃馨香之荐。爰循懋典，式展明禋。苾芬时陈，精诚鉴格。尚飨！

乐章（咸丰三年颁定）：

迎神奏格平之章曰：懿铄兮焜煌，神威灵兮赫八方。伟烈昭兮累禩，祀事明兮永光。达精诚兮黍稷，馨香俨如在兮洋洋。

初献奏翊平之章曰：英风飒兮神格思，纷绮盖兮龙旂。斞桂醑兮盈卮，香始升兮明粢。惟降鉴兮在兹，流景祚兮翊昌时。

亚献奏恢平之章曰：觞再酌兮告虔，舞干戚兮合宫悬。歆苾芬兮洁蠲扇，巍显翼兮神功宣。

终献奏靖平之章曰：郁邑兮三申，罗筵篚兮毕陈。仪卒度兮肃明禋，神降福兮宜民宜人。

彻馔奏彝平之章曰：物惟备兮咸有，明德惟馨兮神其受。告彻兮礼终罔咎，佑我家邦兮孔厚。

送神、望燎奏康平之章曰：幢葆威蕤兮神聿归，驭凤轸兮骖虹騑。降烟煴兮余芬菲，愿回灵眄兮德洽明威。（其一）焫蒿烈兮燎有辉，神光遥烛兮祥云霏。祭受福兮茂典无违，庶扬骏烈兮永奠疆畿。（其二）

武庙后殿，祀帝曾祖光昭王、祖裕昌王、父成忠王。咸丰五年，太常寺奏准帝已升入中祀，其先代应照文庙崇圣祠礼，加封三世王爵，并颁春秋及五月十三日祭文。

春秋祝文（咸丰五年颁定）：惟王世泽覃麻，令仪裕后，灵钟河岳，笃生神武之英；诚溯渊源，宜切尊崇之报。班爵超躬，桓而上升，香肃俎豆之陈。兹际仲春（秋），爰修祀事。尚祈昭鉴，式此苾芬。

五月十三日，告祭祝文：惟王迪德，承家累仁，昌后崧生岳降，识毓圣之有基；木本水源，宜推恩之及远。封爵特超於五等，馨香永荐於千秋。际仲夏之届时，命礼官而将事。惟祈昭格，鉴此精虔。

文昌阁

旧在马疲冈。道光间，教谕张履另建於学宫崇圣祠西偏。乱后圮。同治间，寓祭华阳书院。光绪十六年，知县赵受璋拨款仍建於学宫旧址（黄堰坝、雍家边两处皆有文昌阁，居民所建）。谨按，嘉庆六年，列帝於群祀，春祭二月初三日，秋祭仲月诹吉。咸丰六年，升入中祀，乐奏六成，文舞六佾，仪节悉如武庙之例，改二月初三神诞日为告祭，春祭亦用诹日。正殿及为文昌帝君先代殿，春秋二仲及告祭日一体致祭，亦如武庙后殿之例，并颁春秋及告祭祝文。

文昌帝君殿祝文（咸丰六年颁定）：惟神道阐苞符，性敦孝友，并行并育，德侔天地以同流；乃圣乃神，教炳日星而大显。仰鉴观之有赫，示明德之惟馨。兹当仲春（秋），用昭时享。惟祈歆格，克鉴精虔。尚飨！

二月初三日告祭祝文：惟神功参橐籥，撰合乾坤。溯诞降之灵辰，三台纪瑞；庆中和之令节，九宇承晖。若日月之有光明，阐大文於孝友；如天地无不覆载，感至治於馨香。爰举上仪，敬陈芳荐，精禋罔斁，神鉴式临。尚飨！

乐章（咸丰六年颁定）：

迎神奏丕平之章曰：秉气兮灵躔，翊文运兮赫中天。蜺旌兮戾止，雕俎兮告虔，迓神庥兮於万斯年。初献奏俶平之章曰：神之来兮筵篚式陈，神之格兮几筵式亲。极昭彰兮灵贶，致蠲洁兮明禋。升香兮伊始，居歆兮佑我人民。亚献奏焕平之章曰：再酌兮瑶觞，灿烂兮庭燎之光。申虔祷兮神座，俨陟降兮帝旁。粢醴洁兮齐邀，将绥景运兮灵长。终献奏煜平之章曰：礼成三献兮乐奏三终，覃敷元化兮絜神功。馨香达兮肸蠁通，歆明德兮昭察寅衷。彻馔奏懿平之章曰：备物兮惟时，告彻兮终礼仪。神悦怿兮鉴在兹，垂鸿佑兮累洽重熙。送神、望燎奏蔚平之章曰：云骈驾兮风旗招，神之归兮天路遥。瞻翠葆兮企丹霄，愿回灵眷兮福我朝。（其一）烟煴降兮元气和，神光烛兮梓潼之阿。化成耆定兮櫜弓戢戈，文治光兮受福则那。（其二）

文昌后殿春秋祝文（咸丰六年颁定）：

惟文昌帝君先代，祭引先河之义，礼崇反本之思。矧夫世德弥光，延赏斯及。祥钟累代，炯列宿之精灵；

化被千秋，为人文之主宰。是尊后殿，用答前庥。兹值仲春（秋），肃将祀事，用申告洁，神其格歆。

二月初三日告祭祝文：

惟文昌帝君先代，道备中和，神超亭毒。禀诒谋而克绍，钦毓圣之有基。云汉昭回，际岳降崧生之会；馨香感格，兴水源本木之思。式肇明禋，用光彝典，尚祈神鉴，享此清芬。（以上每岁均颁祭日）

仓圣庙

未建。寓祭葛仙庵。（谨按，同治中，升列群祀，春秋上丁官祭。句容旧无此庙，邑人士私祭者报始制文字之功也）

八蜡庙

旧在西门外。未建。（八蜡之有庙者，报本返始，一日之泽，其由来者远也）

刘猛将军庙

在西门外官路旁。光绪二十一年建复。（《上海县志》云：案礼部则例载，神刘姓，名承宗。元时官指挥，能驱蝗。元亡，自沈於河。世称刘猛将军。国朝雍正二年，诏各直省府州县均立庙致祭。《大清会典》《通礼》皆同。他志或作刘锐，或作刘錡者，皆误。）

火神庙

在县治南。粤匪之乱，诸祠皆毁。此庙独存。（《上、江两县志》曰：火神之有庙者，昭明光显，离德位南，报燧人之功也。民间别祀，荧惑火星，非祀典）

龙神庙

在城东玉兰巷内。乱后未建。光绪六年，知县袁照另於北门外宝华山捐廉建大殿三间。山旧有龙池，五年六月旱，祷雨有应，酬神贶也，於十八年春奉旨加封曰"灵异龙神"。茅山元符宫龙神，光绪十四年岁旱，祷雨有验，知县舒霖详请督抚奏闻，奉旨加封曰"广济龙神"。治东北虎耳山有龙神庙（旧有俞希鲁《重建虎耳山龙神庙碑记》，见金石），光绪十一年，知县陈玉斌往祷有应，立碑记之（邑人潘同撰文曰：句邑多奇山秀岭，大率能出云为风雨见怪物，而最著者惟治南之句曲、治北之宝华，上有龙潭庙数楹，供奉龙神，岁旱祈雨则往致祭请龙，龙大致似壁虎，先达云即蜥蜴。按蜥蜴，一名龙子，《汉书》礼志有咒蜥蜴法云：蜥蜴蜥蜴，兴云吐雾，雨令滂沱，令汝归去。近世请龙之说其遗意也。句曲、宝华山以外，间有潭若庙，祈禳者以非名山也未遑问。东北虎耳山为颜鲁公归骨处，正气式凭，山之钟其灵异也已久，藉非我陈侯之诚又乌乎知祈禳之应验奇也。侯於甲申夏摄篆吾邑，轸恤民艰，百废具举，始则苦霪雨，侯斋沐祈晴，翌日大雾，低窪之乡渐以补插者半，继复苦亢旱，自夏徂秋，不闻淅沥声几匝两月，侯急仿设坛请龙故事，朝夕率僚属跣步诣坛，逾旬不倦，都人士见侯勤劳，偶以虎耳山之龙神为侯言，适庙之住持僧悟全以有雨奔告於侯，奇矣！请谒神祷之。侯欣然戒，旦往旋得雨寸许，越数日再往，集僧顶礼，日未晡，大雨，明日又雨，由是涸者润，槁者兴，龟坼之壤忽庆有秋，人皆德侯之诚，而侯德神之灵，是役也，侯竭其职，山显其奇，又何需乎蜥蜴，而尤多侯之能采刍言以急为民请命，悟全之真能祀神，累得雨效，并足为诸山愧，过此以往，神当长此福吾邑用作霖雨，侯更当长此福天下。同不揣谫陋敬叙颠末，后之来官斯土者，尚知山不在高，毋徒问道於句曲，诸奇迹也。陈侯名玉斌，字云邨，楚南湘乡世家也。以二品荫出宰百里，刚中柔外，见义必为，下车伊始，即以积谷为备荒要政，百计清厘，一除累年积弊，今夏圩适被灾，得藉仓谷为赈，侯之实心为民，此大端也。夏秋旱，有事於龙子几废寝食，专驿京口，购虎头骨投於北乡之龙潭，得雨仅饱寸土，因再诣兹山祈神，乃得滂沱四沛。侯归检有前陈侯祷雨碑志以示同，因敬读之，始识此山之奇验非自今始，前亦陈侯，何神之灵独洽於有嬀之裔欤？诚足辉映后先矣！与斯役者，训导季公荣恩、署城守把总狄公怀庆、代理典史胡公荣昌）。又治北铜冶村亭子山亦有龙神庙（距县北七十里），庙前有龙池，中有蜥蜴，四围皆悬崖峭壁，水深不可测，虽大旱不涸，土人云与潮汐应。亦奇境也。

土谷祠
一在学宫，未建。一在孔夫子巷。光绪初年，邑人重建。

马王庙
今改建云亭驿中。

护圣庙
祀句曲山神，详前志。（按，大观元年，元符万宁宫神祠封护圣侯庙）

天妃宫
在治北桥头镇西北数武，祀礼详前志。（康熙间《重建天妃宫碑》：盖闻享祀丰盛，所以昭报德之意而招提巍焕，亦以表神圣之灵，若使珠缨宝络、风雨飘摇，绣闼雕甍，黼黻上下，牵牲荐币，周旋於荒烟蔓草之间，暮鼓晨钟，戞击於瓦砾榛荆之地，亦非妥神明而将忠信也。本郡西乡桥头，旧有天妃宫，不知缔造何时，亦无碑碣可考，而福庇江湖颇多灵应，舟人贾客，咸赖其休，南陌东阡，亦蒙呵护，惟是岁月深久，不无榱桷崩颓，因而台榭荒凉，以致旛幢闃寂。雕题金碧，荒迷於古木寒烟；画壁龙蛇，剥落於苍苔苦雨。灰烬香台之宝鼎，尘倾玉座之金容，此瞻仰心伤往来，神怆者也。己卯春，余奉命出镇京口，每当船泛之期，江干流览其宫，去官署十余里往谒之下，慨然肃然，矢心重建，恭逢皇上南巡，龙舟所至，浪息波平，而大小臣工往来迎送，舟楫咸安，未必非神灵默佑，况横海楼船云屯，切近防江坞壁，烟戍相望，端藉神功，歘睹灵旗之庇护，维扬我武，俨凭绛节之声灵，是又军容民命，两荷休嘉，保障祝厘，悉惟景贶矣！於是鸠工庀材，委员监造，思千金之裘非一狐之腋，须博资广集，始克有成。爰具疏文，力为广募，阅四寒暑而庙始成。殿陛辉煌，非复旧时之气象，檐楹璀璨，实出此日之规模，神灵有所凭依瞻拜，不忧茂草，百年香火一旦鼎新，虽余之愿克酬抑众襄之力，所致不可不志贞珉以垂久远，更思天下之物不能有盛而无衰、有成而无败。昔日之朱施粉饰，岂不如今？今日之画栋雕梁焉保於后，若后之人嗣而葺之，不特巍巍庙宇，千日常新，抑且余与诸君子之愿，亦将藉以不朽矣。谨志数言，以望后之同志者。康熙四十六年岁次丁亥孟冬月吉立。镇守江南驻防京口沿江沿海等处地方副都统、军功加二级、北平蔡毓茂撰并书。）

名宦乡贤祠
皆建复。

刘府君祠
祀东晋刘超。明天顺间附祀贤令刘义在盐巷（今名府君巷）。乾隆间，邑人骆寿山重建。今未复。

樊公祠
祀明县令樊垣。在邑庙东偏。有碑。今圮。

四贤①祠

在三思桥。道光十八年，教谕张履重修。旧屋未毁。咸丰七年，重加修葺。祀明督学金兰、过庭训、知县丁宾、陈于王。后又附祀国朝宋楚望、林光照、范廷恋。（张履《修四贤祠记》：四贤祠，当邑之中，祀明工部尚书、谥清惠、前邑令、嘉善丁公，四川布政司使、前邑令、嘉善陈公，学使成山过公，会稽金公。惟四公治民教士，卓有可纪，民各为祠以祀。日久隤废，独丁公祠存。於是邑令宋侯楚望，学博徐君堂等始则合陈於丁。继又合过、金於丁、陈。遂榜以四贤祠焉。丁、陈二公，故有祀田，为顽民侵占。宋侯清出之归学。征租为岁修费。每春秋丁祭毕，学博率诸生诣祠，荐以为常。盖四公祀之分合及斯祠附学之由，详邑人高作梅所为碑记者如此。迄今祀田无可考，又不知何时始为县中农书辈所据，遂变为茶肆，甚至神像之侧，妇女杂处栖宿。邑之人恶其亵而无如之何。道光十四年秋，余司铎於兹，斥逐而扃钥之，咸以为快。至十八年夏，修学宫将竣，特重葺斯祠，拟於其中创设义学，力犹未逮，适有刘生者请假以授徒，许之以喧呶秽杂之地，忽闻弦诵声，四公有灵，其亦顾而乐之也耶！四公神像之前有宋侯及林侯光照、范侯廷恋长生禄位，又某之位亦在焉。余考诸志乘，验之舆论，如宋、林、范三侯并有遗惠在民。於祠中别为室置之，以劝善也。至某者独为胥吏所私事，非众志所孚，迳黜而去之以治滥也，乌呼！德之不建，民之莫怀。微特崇祀如四公者，不可幸得，即仅仅一木主之附於此且靡所容焉！然则官斯上者，何去何从，亦可以知所自决矣，爰并记之，以为之鉴）

又茅山有徐（九思）、丁两公遗爱祠，今未复。（南乡谢桥村有丁公祠，后念保圩之功，附祀宋公楚望，今存）

三贤祠

旧为姜公祠。后附祀张、耿两公，改今名。在县治西街。光绪二十六年重修。邑人、李少司马乔《姜公祠碑记》：句容在先朝为畿辅第一邑，在兴朝为南省第一邑，为畿辅邑，则地重而令与之俱重，为南省则地不必重而令固当自以其人重，人果能自重，而地亦与之俱重矣。为畿辅邑，则所临制者，自京兆尹而外，有监司、有操台、有抚军、有两台使者，临制者寡而承事者亦简而易为力。为南省邑，则所临制者有藩司、有臬司、有督台，而其为监司、操台、抚军、两台使者仍焉。临制者名位繁、权势分，耳目重而承事者亦力，分而难以周，又在昔平定之日，句容当七省孔道，即今鼎革之余，且兼为兵马孔道。为七省孔道，则驿骚仅在驿传，稍有才力者，可指顾而驱遣之。为兵马孔道，则驿骚不止，在驿传甚且波及间阎，非才德俱优、文武兼备者莫或排难而释患也。余邑侯桂峰姜公，渭水裔也。以经文纬武之才，运理繁治剧之略，持躬以俭，抚众以宽，宜爱克威者爱之，宜威克爱者威之，其为治也，大约拊小民、崇士类、礼缙绅、和僚友、省里甲、缓征输、清邮传、严胥吏、敦风教、简刑罚、勤敏慎重。一切举动罔不使千百世垂永利焉，乃其中犹耿耿而未敢即安也。迩者，侯三年报政，邑民史学义、孙谦辈踵余授简而请曰：侯奏最有期，圣天子将嘉乃丕绩，廷召而尊显之，吾侪②小民，即欲攀辕卧辙③，请借寇焉而未必惬众志也。思复朝夕，依依侯之宇下，岂可得哉！兹业卜地建祠当邑之中，肖公像而尸祝④之。翁於侯亦谊在子民之例，幸善为我辞焉。余曰：唯余天性椎鲁，愧弗能文，然以子弟而称述父母，责固无容谢也。夫祠必有记，记者，识其人也，识其政也。公美政多端，悉数之不终其物，今请识其大者。公之初莅吾容也，适有上台某者於除夕统重兵取道城市、民间，中外汹汹声交闹也。公从容谈笑，力请於主者，悉收闭。察院中有一兵丁，取民间一窝肉，公请立置之法，民乃得欢然，为屠苏饮。至元旦，市肆不易，邑若不知有兵者。运弁之横也，自昔不训，而清朝法制未定之初，甚至仓米每石议加贴一钱二分，公初莅兑所，力主三分，毫不准增益。乃狡弁又复钻取上台，悬示定为八分，公复力偕观察何公，严督以法，

---

① 四贤：丁宾，陈於王，过成山，金兰。
② 吾侪：吾辈，我们。
③ 攀辕卧辙：拉住车辕，横卧车道，予以挽留。
④ 尸祝：祭祀时主读祝文的人。

究之仅许五分，而粮里已受数千金之惠矣。公每莅兑所，则运弁肃然，旗甲懔然，淋尖踢斛之弊一洗，较他邑所省者实多。诸生月试，公捐俸自为办馔，鼓舞作兴，一出真悃，以故多士登贤书者，科名日益盛。朔望摄衣冠，谒文庙，立圣门，或诸生有讼事者，务明晰指陈，详勉慰谕，亹亹不倦①，偕两学博公公议而情处焉。以故士民咸服，退无后言。即所云"载色载笑，匪怒伊教"者何以加焉。两造质成，公实片言可折，乃公不欲居善听之名，必悉事悉情周详剖别，令两造心服，而神明之舆隆隆起矣。古所谓"小大之狱，必以情②"者，此乎！列城垣者二十四铺，旧有守宿壮丁，近奉裁革，列铺遂虚无人，而雉堞铺房亦渐次颓废，公为设处召募，俾柝声四合，而邑几无夜吠之犬，铺房驿站等，取次修葺改观，未尝派及民间也。而城市居民得安枕矣！语曰："禁罚严威，则简慢之人整齐。"公之治，实有得焉。妖道张姓者，以术煽众居邑南乡，男女溷聚几致千余人，此关风化匪细，公借田猎一行，不动声色而缚之立详，道枭示而民俗一正。又屡擒贼首郭四、万天榜等一十六人，先后置之法，而南乡之民无意外之虞矣！催科止用纸旱，以是闾里不惊而朝夕纳输者如鹜。编审丁口，一按田亩多寡。公派无私，而从来葛藤一朝斩焉。旱魃为虐，公每勤步祷，祷必立应，益见公精诚昭格，良有素尔。时际鼎革，一切公廨俱颓圮弗堪，而黉宫为甚，公於棂星门、启圣祠、尊经阁次第修饰，乃得渐尔复旧。迩日文星楼、三台阁所关容邑风气尤急，公毅然出疏募写而力以董成自任。即如邑治后堂，实治所必需者，前更数令，俱成画饼，而公独捐俸，期必建退思有所，民成之也不日矣。夏作淫雨，害於田禾，饥民络绎，扶将老弱，多蒙袂辑屦者。公捐俸煮粥食之，而老弱无复僵仆，且经营籴粜，令米价无踊，即壮而贫者兼赖以济，而岁不能为菑焉。仓夫之为粮役害也，实甚钧同旗甲，科外诈索而且私折漕粮。近奉宪革其事，虽出於直指，而奉行惟谨，则公有力云。至若赢羡裁、安辑谨、保甲行、仓库清、狐鼠屏。百凡有神邑治者，纤悉罔遗，亦惟力是视。总之以经文纬武之才，运理繁治剧之略，经权常变，惟意所适，竞缘宽猛一准之平，譬之龙泉、太阿，水断蛟鼍，陆裁犀象，应机立断，恢恢乎其游刃有余地矣！兹者公三年报政。尸祝之举，余实先容民愿焉，因思先是邑侯之有祠也，昉於东山徐公，改亭丁公，公实堪为继轨，乃二公之治容也，值先朝康定之日，公之治容也，际今兹改革之秋，其纲纪张弛，以二公当其易，而公独当其难，此容民之所以祀公也，诚见容之不可一日无公，不可一世无公，尤不可世世无公也。祠成而与徐公、丁公之祠鼎峙而为三，世世瞻礼，不啻三辰之丽藻焉！信江南第一邑得海内第一令矣。因援笔而记之石。原任兵部右侍郎、前巡抚陕西等处地方、都察院右副都御史、陕西布政使司左布政、河南布政使司右布政、河南按察使司按察使、山东布政使司左参政、提督山东学政、通家治生李乔③顿首拜撰。顺治九年岁次壬辰仲春吉旦。乡绅：张明熙、孔尚萃、王自新、胡允、杨元勋、朱家桢、杨一栋；通学生员：胡岳、张大猷、黄河深、徐迪、张明际、李淇、周子垣等；耆民：史学义、周子贞、高士进、凌国器、孙谦、俞元美、程隆等；铺户：吴程、姚吴华、张茂、汪麟时、贾应论等；通县知识孙恭等同立。奉祀道人王恒、上元王鸣凤镌。

清惠祠

祀前令陆钧。在治北龙潭镇。今圮。《清惠祠碑记》：天下有死而死者，有未死而死者，有死而不死者。人生类然。居官者较著，彼死而死者勿论。若夫秉符握篆、暴戾恣睢、不畏王章、罔恤民命，是其心先死，虽靦然视息，不得为生。惟死而不死者，生为良吏，殁为明神，歌哭在民口，俎豆在民心，其得正命为可思，其非正命尤可痛。若吾容县尹陆公，诚不可泯灭者矣。公以武林名宿、艺苑仙班出宰吾邑，养耆老、兴孝弟、劝农桑、息争讼、省刑罚，刻刻以爱民为心、利民为事。恺悌之意浃人癙瘵，有古循吏④风。噫嘻！前公之至，有宰吾邑者矣，不为父母，而为屠伯，视学校如仇雠，视赤子为草芥，一纸飞则虺蜥满途，一差发则虎狼入室，道路侧目，人人自危。及公下车，首重学校，惩抑胥吏，莅任一载余，未尝遣一役

---

① 亹亹不倦：连续而不倦怠。
② 小大之狱，必以情：大大小小的案件，一定根据实情来处理。语出《曹刿论战》。
③ 李乔：据清朝陈作霖《明代金陵人物志》："李乔，字子高，一字松轩，句容人。崇祯戊午举人。己未进士。礼部尚书。"
④ 循吏：善良守法的官吏。

入民家。士庶蒸蒸若栗烈①之后欣遇阳和②，而不谓公之为民捐生至速且至惨也。初，公之将莅容也，贫无资，尽鬻其居室，室有未克葬者六棺，号泣而厝诸野以行。既至，则差使旁午③，多意外，遭拮据，奔走昼夜，靡有宁晷④，又不忍以毫厘累民，愁苦无聊，遂以身殉。检其橐如悬磬⑤，然检其身则布衣尚多补缀，一时惊闻，百姓如中路失慈母，匍匐哀号，填衢溢巷，而回视向之寻端肆毒者，且靦然食息如故，此民之所以不能不痛且愤也。虽然，公之心如揭，公之德不泯，吾容鉴公之心，哀公之遇，知公有官之劳，无官之乐，而食公之福，不能襄公之事、分公之忧、代公之死。凡为悲公，皆以自悲，愈自悲，愈悲公已。公之父母吾者未久，其设施未究，古君子不忘君国死生一节，公当必为明神佑我妇子以尽其心，所欲为而未得也，乃亟捐金建祠，以时享祀，而捐石刻碑者，上元、江宁、句容、溧水、高淳、六合青阳⑥石工等五百九十人也。然则公固死而不死者，而以视彼之心先死亡而形存幸者，则真死矣。呜乎！冤哉。呜乎！痛哉。公讳钧，字古修，号秉斋，浙之仁和人。乾隆戊辰⑦进士，十七年冬由翰林院编修出知句容县。十九年正月八日缢於仓社，享年四十。乾隆十九年岁次甲戌季春，阖治人民敬立。诸嘏镌。

遗爱祠

祀明知县纪资。

廉惠祠

祀明知县鲁应华。

周公祠

祀明知县周美。

（以上三祠见《乾隆志·名宦传》，今均失考）

唐张孝子祠

在南门大街。（旧例，春秋二仲，官诣祠致祭。后建忠臣孝子祠於学宫，此礼遂废）

颜鲁公祠

在虎耳山。今未建。

江公祠

祀南宋江万里（万里，邑人）。在仓山下。咸丰间毁，遗像尚存，土人移祀於高实祠。（实，宋庆元中官右丞相。祠，其子姓所立也）

---

① 栗烈：寒冷。
② 阳和：温暖和畅的春气。
③ 旁午：繁杂。
④ 宁晷：片刻安宁。
⑤ 悬磬：形容空无所有。
⑥ 青阳：青壮。
⑦ 乾隆戊辰：乾隆十三年（1748年）。

昭忠祠

在土巷内。孀妇曹朱氏（秉衡妻）舍宅为祠。版位详人物表。

贞孝节烈祠（旧名节孝祠）

知县张绍棠倡首捐廉新建。两进四厢，共用钱一千一百千有奇。监造经董骆文凤。二十六年九月告成。

诸庙（附）

夏禹王庙

在临泉乡麻培桥畔。乱后，建屋三楹。光绪九年，乡民於东一室肖左文襄像祀之，报浚赤山湖之功也。（按，秋千村亦有禹王庙，今圮）

文孝庙

在县东门内，祀梁昭明太子。今圮。

沈襄王庙

祀刘宋沈庆之①。在下蜀镇北戍山（世传庆之屯戍於此②）之巅。光绪二十四年，道士经明慧募建。（镇人钟启佑：是年，募建高山庙。启金陵之东、铁瓮之西有戍山焉。远揖江汉，俯视淮阳，接茅峰之奇秀，壮下蜀之观瞻。上有忠武沈公之祠，为南朝四百八寺之冠。溯夫功标铜柱，汉建新息之祠，缺补金瓯，燕立栾公之社。或留荫於棠舍，或报禋於桐乡。维祀必修，有举莫废，况当金铓耀野、玉弩惊天，卒能奋忠虔、仗义胆。撑拄偏安之局，恢张薄伐之勋。岂可使风马霓旌魂魄不知所息、黄神紫狱英灵长此终湮者乎！公讳庆之，字宏光，吴兴武康人，家传忠节之风，少负俶傥之气，为都督而迈仲达，随乡族而击孙恩。江上投鞭，目无建业；梦中伸脚，踏破长安。黑衣相议论沸腾，不如下官耳学，仓头公威严震慑，足令群胆惊，固已先声夺人，奇略盖世矣！当是时也，江左之运厄，元嘉之政衰。伦荒则南渡交哗，锁钥则北门不启。雷池一步，阻诸方镇之援；白门三重，撤小丹阳之戍。而公统辖军务，标举义旗。爰屯茅州之兵，遥拒瓜步之寇。何虞春燕巢木江南，致退夫白丁能禁虏马饮江。京口不摇，夫铁瓮况乎！劲书密奉，魏众横行，六军张皇，四方叛涣，书生白面何济北伐之谋，小儿黄头竟缓东移之檄。而公身居要害，志奉屠王，内外勒兵。旬日整办檀道济，声威共惮，倚作万里长城。王镇恶号令素严，能令百姓安堵，论其绩，固以其经营乎西北，隆其报正，因其保障乎东南也。洪维我朝，褒嘉忠荩致司金陵、铁瓮一带江口水务并令建祠於戍山。每年三月朔日，驾一出行，收灾降福，源源可溯，隆隆未央。昔则神威莫测，今则尸祝不忘。迨至咸丰四年，粤匪披猖，高山盘踞，火其宫殿，墟其庙堂。峻宇雕甍，猿鹤虫沙之土；孤谯废垒，鬼燐萤火之场。时则统宪忠武张公讳国樑督师至此，突於二月二十五日夜梦见公示：以神驾出行之日，即为官军大捷之期。於是传檄戒严，届时整队。张灯元夜，狄青夺昆仑之关；鸣鼓黎明，韩信出井陉之口。仗威灵之显赫，靖妖氛之猖狂。星扫欃枪，风驰瓯脱。方且集绅衿而面谕，行将驰章疏而请封。岂料殉难於尹公桥，素愿未陈，奏草徒想，屯营於下戍镇，遗爱不伐甘棠，是岂王神之无灵要，亦公遭时之不偶也。今者地拓三弓，厦支一木，欲致奂轮之美，因为将伯之呼。纠善信而广募捐，

---

① 沈庆之：（386—465），字弘先，吴兴武康人，南朝宋名将。官至太尉。后以谏诤为前废帝所杀。许嵩《建康实录》卷十四有"沈庆之传"。

② 世传庆之屯戍於此：见《景定建康志》十七卷"戍山"。

殚先劳而勤造作。倘蒙不惜重赀襄成善举，则墙加登筑殿脚斋劳，础定方中石头亦点。绘赤面苍须之像，阁等凌烟；探枯树活水之源，泉同饮醴。神旗高树，襟带北固之山；灵爽常来，仿佛南冈之里。

达奚将军庙[1]

在南郭，里许。同治四年，邑人重建。后毁於火。今未复。事迹详前志。又胄山下亦有达奚庙，相传将军战殁於此。土人讹为妲己以此。

李卫国公庙

在县治东南隅孔夫子巷东首。今圮。事迹详前志。

曹武惠[2]庙

在福祚乡。勾当江南，神武不杀，故邑人立庙祀之。光绪初重建。庙前有古柏二，势极蓬勃，前代物也。

卢大王庙

在治北东阳镇下街。祀南唐卢绛。乱后，重建。

武烈庙

在县东门。祀陈杲仁。今圮。

东岳庙

在县治东门大街。毁於兵燹。同治十三年，集民捐修建头门，权祀焉。其大殿、廊房尚未建复。（南乡东岳庙有二：一在幹塘头北，建於明万历时，修於道光八年；一在前柏墅东南承仙、政仁两乡，公建）

真武庙

在县治东北隅。后改阴阳学馆。今圮。（上、江两县志云：吴於后湖立元武观，疑非庙祀。至宋始有真武庙。真武即元武）

都天庙

在县治南城隍庙前。光绪十八年，邑人兴工修建，因款绌，尚未告竣。

张王庙

在福祚乡铃塘之南。相传神发迹於此。庙后张姓皆其苗裔，至今繁衍（见前志）。明万历间工部尚书、前知县丁宾为作《迎神曲》曰：灵英英兮乘紫云，望渺渺兮庙貌新。大帝显赫兮万载存，写愚衷兮崇正神。《降神曲》曰：羞芳洁兮陈禋荐，神之格兮铃南甸。洋洋憪憪兮如有见，将肃雍兮登祼献。《送神曲》曰：露湛湛兮洒张陵，享成礼兮之玉京。祠庙依依兮神永凭，福苍生兮监悃情。案，境内王庙最盛：

---

[1] 达奚将军庙：《乾隆句容县志》十卷《重建达奚将军庙记》载："按，达奚，本蕃族，盖因达山奚水得姓，魏隋间，著姓西北，今将军独以姓显，而名号世载蔑有记之者。世传南宋时，与沈襄王战死於县西之华墓冈，又俗称环庙之地，即将军甲城。虽其说未可遽信，然予意将军雄武英杰，生必能御灾捍患、为国捐躯，故民怀思而庙祀之。"

[2] 曹武惠：即曹彬，北宋开国名将。谥武惠。

曰西庙（在西郭，光绪间新建），曰祠山庙，曰张大帝庙（在崇德、承仙两乡，皆乱后建），曰南宫殿（在临泉乡，唐贞观时建，相传有千佛楼，今仅存响水庵下院一室），曰岐山庙（在琅琊乡，同治八年，里人建复如旧），曰南宫庙（在治北仓头镇东南里许，光绪五年重建。旧有顺治间《重修祠山庙记》：世人视身如金玉，不旋踵为土壤，因以知一切法唯爱故坏，唯舍故常在，讵不然欤？众生种种福业，亦由此一念之判，遂云泥若情缠六趣，则造业多端，思脱轮回，即作福无尽。况夫赫赫神灵，其向卜又如桴鼓，为众生资福消业，永永咸赖者乎，宜世之善男女灭爱喜舍，争圆宏誓愿恐后也。祠山大帝庙曰：南宫，乃句曲治北之胜地，邑人岁享祀焉。祈丰祝告，无叩不通，祷疫禳灾，有感必应。每岁二月八日，男女数万辈扶老携幼，或酬愿随喜，欢聚於斯，竟日忘返，诚盛事也。其血食香火绵延弗绝，所从来旧矣。盖始建於唐，继隆於宋，复兴於元。盛而衰，衰而盛，改创补葺者不知凡几。迨至明季崇祯间，殿宇倾颓，廊庑圮弊，振扬姚君等惕然念之，协为修举，易朽增华，大完其所未备，而古迹亦既巍焕改观已迄於兹。国运鼎新十有三载，岁次丙申，巍焕者又渐非，故上人本悟忾然更议，所以光大之一旦，肃容谓姚君曰：" 居士雅报乐施，广结福果，目击斯庙：风翻螭瓦，宝幢粘户纲之尘；雨滴香龛，瓶花驳苍苔之色。能无发菩提心，重为修举乎？"姚君曰："甚善，但功德无量无边，须破除人相、我相，爰合众募首，择日鸠工选材，各舍厥资，各殚厥力，亟相营治。"而上人亦复望门持钵，满仗十方檀那共助，成夫盛事也。越明年午月中，功德遂已告竣。其殿堂、门庑黝垩丹漆，悉举以法。若夫雕绘壮丽，装塑森严，莫不璀璨一新矣。嗟嗟！人心萃说，庙貌重辉。星檐飞翠，乍清钟磬之音；斗拱留霞，常护云山之气。嗣此莫爽昭格，人物和宁。灭爱者，因敬以起悟；喜舍者，缘明以还诚。行将信义互敦，忠孝勃发。孰非神灵之所祐启也哉？予固多本师之弗惮虑始，而更多姚君之恪与图终。敬为走笔记其事，俾传不朽云。顺治十五年岁次戊戌孟春月吉旦，翰林院宏文大学士何采撰。邑人朱献醑书丹。缘首姚廷盛、苏梦鲤、韩炳阳、陈鸿逵仝立石），曰云塘庙（在柳稭西北，前志有碑，见艺文），曰大庙（一名积善庵，在仁信乡，同治间蔡庆华等捐建），曰急流庙（在孝义乡，同治间重建大殿，顺治十八年，邑人江五岳《急流庙碑记》：夫天地之大德曰生，其发育庶类也，有日月以照临之，雨露以润泽之，寒暑以节宣之，又必藉阴阳不测之神以呵护之，斯雨旸时，若百谷用登，是以国家常享乐利昇平之福，而下民皆致报赛享祀之诚，莫非赖神之灵赫濯罔间也！句邑东南五里许，高原膴膴，野色苍苍，急流村之前，庙貌巍然，中奉祠山大帝，固与绛岩之秀、淮流之曲、城郭人民之雄丽纷披掩映焉！考帝之勅祠，著丕功於水土、昭稼穑於斯民久已！相传创於唐贞观，历年已远，屡修屡圮，滫岁己亥二月八日，各社居民过庙享祀，见而叹曰：帝，泽普生民，威藉喧嗖，忍令其风雨漂摇若此乎？於是鸠工庀材，撤而新之，廊庑庖湢，翼翼屹屹，爰有峻宇，以祀以享，工竣而问记於余，余谓：神道设教要必养育斯民，然后隆其美报，且《诗》不云乎"洁牛羊以肆，将卜百福"，以几式幽明感通，介在呼吸，今也纲罟之所布，耒耜之所收，男服於耕，女安於织，章缝佩书，童穉嬉野，山川出云，时和年丰，何一而非神功变化而默相之者哉？余亦素沐膏麻，敢举帝之生育吾民者以告吾乡之善士。苟无忘帝之明赐，亦无忘倡者之勤劳，可矣），曰大卓庙（距治北十八里官道旁，乱后建复前进）。

社公庙

在通德乡胄寨村。（明万历间重修）

三圣庙

在县治东南隅。明天顺五年，县令刘义建。有碑，见金石。今圮。（案，《景定志》：三圣，谓仓史王也。此碑，邑人相传谓：神为兄弟三人。惜碑文剥蚀不可考。又宋时有羊头三圣庙，非正祀）

插花庙

在治东王玕村东首。光绪初年，重建。内祀土神。

五显庙[1]

在县治东巷。光绪间建复。（据明宋讷《祠记》，五显在宋已著，明则庙貌更盛耳）

秘书郎庙

在县治东里许。同治间，里人重建。（神事迹无考，然其庙已古）

续纂句容县志卷三上终

---

[1] 五显庙：（明）张宁《方洲集》十八卷有《句容县五显灵官庙碑》。

续纂句容县志卷三下　　　　邑人　张余堂　分纂

学　校

学宫　祀位　祀仪　祭器　乐器　乐悬　书籍　学额　学田　书院　宾兴

　　学校者，所以尊孔氏之正教为范，围人才之地也。自粤寇煽乱，泽宫①为墟。承平以来，邑人士他务未遑②，首於此眷眷③焉。不数年，焕然炳然，悉复旧制，亦云勤矣！世传吾邑为真仙栖隐之宅，染其俗者多崇奉神仙浮屠之学，岂其然欤？志学校。

学　宫

　　学宫，考旧志，建於唐开元十一年。在县治东。宋开宝中重建。皇祐二年，太常博士、知县事方峻（陈开虞《府志》作"俊"）再建。元丰二年，令叶表以县南驿改造，即今地。绍兴二十三年，令龚涛修葺之。元至大二年，尹赵靖重建。至顺四年，达鲁花赤那怀修建明德堂，县尹张士贵重建。明洪武十二年，知县韩思孝④（陈志"思孝"作"继"）修殿庑、置斋室。十五年，知县韩宗器修明德堂。永乐十年，知县徐大安增修。十五年，知县周庸、教谕赵学拙建戟门。正统八年，知县韩鼎建会馔堂，立俸廪仓，改文昌楼於学之东南。景泰间，知县浦洪、刘义相继重修，东庑、斋房毁於火，遂重新之。成化十四年，知县徐广重建大成殿两庑、戟门。嘉靖十六年，知县周仕重建。三十二年，应天府通判汪宗之署县事，移名宦、乡贤祠於戟门左右。四十年，应天府通判闵宜邵署县事，重修。四十五年，应天府推官署县事张梦斗、知县胡师移建前数十步。隆庆三年，知县周美建文星楼，后改名文昌阁。万历元年，知县张道充复於学前开左右掖门，引水注泮池。四十年，提学御史熊廷弼议加高文星楼顶第三层。国朝顺治十年，提学侍读蓝润捐修正殿、两庑、戟门、文星楼。康熙十四年，知县林最⑤重修学宫，创建棂星门石坊。四十九年，邑人重修文星楼。雍正二年，邑人重建明伦堂暨存诚、主敬二斋。三年，重修大成殿。四年，重建崇圣祠。（以上均详前志）乾隆六十年，知县任可举，训导冯金伯、成文燦，暨邑人王周南、裴于东、骆长庚、王本澄等，

---

① 泽宫：学宫，校舍。
② 未遑：未及，无暇。
③ 眷眷：眷念，不舍。
④ 韩思孝：《弘治句容县志》三卷·国朝·知县："韩继，洪武己未（洪武十二年）"。《乾隆句容县志》七卷："明韩继，字思孝，河间人。洪武十年为句容令，居官廉明，不事苛察，民多德之。"《乾隆句容县志》十卷："《重修学校记》，令韩思孝、韩宗器修，邑人朱纯记（洪武十二年，凭《旧志》采入《学校志》内）。"
⑤ 林最：《乾隆句容县志》卷七作"林寰（潮州人，副榜，教习）"。

重修并建尊经阁，有《重建尊经阁记》，知县任可举撰文，详艺文。

道光十六年，教谕张履暨邑人裴鉴、裴泰、王德焕、王以枢、朱淮、骆正庆、骆懋官、葛继骅、徐俊、田志莲、朱镛、王炳、王应鏐、骆重莲、王成琮等重修学宫，有《重修句容县学记》，萧山汤文端公金钊、嘉兴钱给谏仪吉撰文。详艺文。

附录教谕张履募修学宫文：

昔汉文翁治蜀，修起学官於成都市中（原注，师古注："学官，学之官舍也。"贾谊传："学者所学之官也。"）。宋胡安定在湖州为经义、治事二斋，以造诸士，诚以型民善俗教化为先，而学校为教化所从出，故贤达之徒必於此尽心焉。句容之有儒学昉於唐开元，至宋元丰二年而改建於斯，嗣后，屡坏屡修，具载志乘。乾隆末，曾加缮葺，而历年已久，日就陊隳，每大雨之后，礼殿皆水。其余崇圣、忠孝、乡贤、名宦诸祠并屋瓦残缺，而明伦堂尤甚。其东西斋舍，椽露墙圮，不蔽风日。及今不修，后必大坏，此不独校官之咎，亦尔邑人士之忧也。今愿诸绅士勉力出赀，亟图集事。即有业不习乎《诗》《书》，名未列於横舍，要皆伦常中人而默被我夫子之教泽者於斯举也，宜有以助其成焉。呜乎！今浮屠、老子之宫巍峨闳丽，士庶崇奉奔走恐后，而圣贤妥灵之宅、师生讲道之区，乃独荒废如此，此亦异端炽而正术微之验也！然则谋鼎新之功，免子衿之刺，於以扶翊世教，兴起人心，能无於尔邑人士有厚望乎！

咸丰间，学宫悉遭贼①毁无存。同治七年，邑绅集民款倡议建复。凡大成殿、大成门、月台东西庑（仅成四间）、名宦乡贤祠（仅成六间）、训导署（七间）以次告成，共用钱壹万壹千有奇②。同治十二年，继修两庑十二间，用钱贰千贰百余千。光绪五年，知县袁照筹垫经费，谕董择要修建於七月初十日禀报开工，至六年四月杪一律落成。撰有碑记。

句邑自宋元丰年间徙建学宫於城南，得藉山势之爽朗，一吐文人英锐之气，而儒风由是始振，沿及元、明以逮国朝，修建不一。每值庙貌重新，而邑中之士习必淳朴，人才必汇兴，民物亦必繁庶，而丰殖山川灵秀所钟，常与士习民俗默相感应，古称"人杰地灵"，良非虚语。予於光绪四年十月捧檄权摄斯邑，询知邑中自克复以来，文风不振，实由於士习不醇。每逢朔望，恭谒先师，仰见大成殿规模粗具，而四隅翘角已颓，月台三面石栏杆未装，东西两庑造成房屋十六间，门格、神龛未修，砖地未墁，先贤、先儒神牌未设，北首仍少房屋六间未造，戟门内外砖地未墁，名宦、乡贤两祠神龛未装，其新修门格与新墁砖地均未全，棂星门仅存西首石柱二根，新修之柱未竖，泮池砖岸未砌，石栏杆未装，自棂星门以下东西围墙暨前首照壁均未砌，内外牌坊均未建，碎砖断石堆积四处，颓废之形不堪环睹。推原其故，由於董等前后经修，迁延十二年，共用钱一万三千二百三十余千，縻费过多，且历年工程专归城董经理，其支用帐目非乡董所能共见，人心迟疑，罔恳捐助，以致工竣无期。窃念学宫为甄育人材之地，若不早将未竣各工力筹修竣，上无以妥先师之灵，下无以伸士林之气，爰谕城董核估经费，并谕乡董会议章程，旋据诸董约估工费大数，禀请按乡摊派，共筹捐钱四千千文，并恳转请金陵工程总局委员下县估修，以期刻日竣工，接经委员至县亲履学宫勘估已修工程，尚不及三分之一，其未修各工约需经费钱一万二千三百余千方能蒇事，时值民力拮据，万难筹此钜款，爰遵宪饬，复为亲加核估，禀请由县督董，择要修建，即谕派城乡董事八人住局输管收支、督催各务，由予先行筹垫经费，於光绪五年七月初十日禀报开工，至本年四月杪，业将原估大成殿四隅应修整翘角并前后应添盖脊瓦，月台三面应装石栏杆并东西应改砌石阶，沿两庑北首应添造房屋六间并旧房十六间应装门格、门楣，及两庑应修砌神龛神座、应墁砖地并应设先贤、先儒神牌，戟门内外应墁砖地、应添门格暨各处门枋应擦桐油，墙壁应粉石灰，均一律修理完竣，焕然并新。由戟门而南至棂星门，所有应竖石柱、石坊，应装木栅槛并东西应砌八字墙，泮池周围应砌砖（案，泮池北一面）、应装石栏杆，自棂星门以下东西两面应砌围墙并前面应砌照壁，照壁西首应砌花墙，东首应建大牌坊，坊前应砌照壁并照壁外东西两面应建牌坊，以及续估棂星门东首应砌儒学八字墙，泮池之南应砌状元桥、纱帽沟暨各路应墁甬道、应疏阴沟、应平地面并各处门楣应擦桐油、

---

① 贼：太平天国军。
② 有奇：有零。

墙壁应粉石灰均一律修理完竣。悉复旧制，统共用钱四千八百九十余千，计比前董某某等所用经费实省钱八千三百四十余千，较工程局委员所估经费亦省钱七千四百余千，良由诸董联合城乡而为一体，本实心而行实事，方能以此至少至细之经费完此至繁至难之要工，其力任艰难、不辞劳瘁，惟城董□□□、乡董□□□等六人为最，□□□二人因道远多病住局日少，不无旷工，然卒能不执已见相与有成，亦堪嘉赖，合并志於石，竖诸两庑之南偏，俾后学来观者咸知所取法，且令继此而有联掇巍科、首捷南宫如江太史、李相国其人者！踵游斯地，皆无忘诸董振作之力，余实有厚望焉。

即补清军府署理句容县袁照撰文。邑人笪甄尧书丹。光绪六年岁次庚辰季夏谷旦，教谕许桐、训导秦焕同立。

崇圣祠，在大成殿后。光绪七年，知县张沆清兴修。凡牌位、神龛及窗格等件共用钱二百五十余千。十六年，知县赵受璋拨款重建。"道冠古今"牌楼以外，如明伦堂、尊经阁、忠义孝弟祠及教谕署尚未建复。

孔夫子庙，有二（旧有圣像）：一在许巷，尚存；一在城内孔夫子巷，道光间，教谕张履移供圣像於尊经阁，今毁。

附录张履移孔子像议：

孔子庙之"去像设主"也，议创於明之宋濂，而行於世宗之朝。惟时，句容孔子庙像宜从毁，而圣裔某者意怀不忍，乃别营屋城东，移像藏之，而四配附焉。历年数百，孔氏子姓日微，藏像之室至为匪类所窃居。邑人士既白有司逐之，加以扃鐍①矣。顾室宇卑隘，春秋祀事所不及，以先圣肖貌之尊严，乃几等於无乡之社，风雨之与迫，狐鼠之与居。揆诸人心，实蹙然有大不安者。於是，邑人士以履之司教於兹也，复举是以告履，乃为之议曰：古者祭必有尸，尸礼废而像事兴焉。《吴越春秋》言：勾践命良工铸金象范蠡之形。而宋玉《招魂》亦云：像设君室。盖其事已见於周之季世。非由西方象教始也。孔子之像既毁於明世宗，今太学因之，而以履所闻见天下郡县之学犹自有像事者。夫郡县之学宜太学是遵，太学无孔子像，而郡县学独有，是为违制。然则今欲移像以归庙，固不可矣！且自明世宗除先圣、先贤封爵迄今未改，而孔子及四配像并冕而衮，亦不与主之称号合。履愚，窃以为古者有庙以藏主，有寝以藏衣冠，今学中尊经阁去阁之榜，而供文昌、关帝之像，非令典也。诚能移二像他所，而改阁为寝，以妥圣像，以当古者衣冠之藏，而於阁东隙地别建为阁，复尊经之名，如此则於古有所依，於今无所戾，而诸生游於学者时得於先圣之侧徘徊瞻仰，乡道之心必油然而生。虽谓像事之为益愈於主尸可也。昔人曰：议礼之家纷如聚讼，兹者事理重大，履之识不足以与此，姑著是议，以俟邑人士之斟酌焉。

又曰，《日知录》：春秋以后，不闻有尸之事。宋玉《招魂》始有像设君室之文。尸礼废而像事兴，盖在战国之时矣。

又云，嘉靖九年，诏革先师孔子封爵、塑像。有司依违，多於殿内添砌一墙置像於中，以塞明诏。甚矣！愚俗之难晓也。

又云，宋文恪（讷）《国子监碑》言：夫子而下，像不土绘，祀以神主，数百年陋习乃革，是则太祖已先定制，独未通行天下耳。

又董文友有《即墨县孔子庙塑像记》，以为当毁。案礼缘情制，尸废而像兴，出於人情之不能已者。若必谓非古，则古时所无、后世所有者多矣。未可概非也。况象人而用之，圣人恶其不仁，今以俨然象圣贤之貌，而一旦毁之，於心安乎？世儒訾像事乃泥古之失，甚至江慎修并以周之有尸为俗，沿太古近於夷而不能革其谬，又不待辨矣！（又案，杜君卿已有此谬说，见《困学纪闻》卷五）

谨按乾隆三年以后学校钜典纪要（顺治三年以后均见前志）：

高宗纯皇帝乾隆十年，颁发礼器、乐器存学。

二十三年，颁《平定准噶尔碑文》一道。

二十五年，颁《平定回部碑文》一道。

四十四年，颁《平定金川告成太学碑文》一道。勒石学宫。又颁《厘正文体》上谕一道，悬明伦堂。

---

① 扃鐍（jiōng jué）："箱箧、门窗前的上锁处。"

仁宗睿皇帝嘉庆四年，颁御书"圣集大成"匾额。
宣宗成皇帝道光二年，颁御书"圣协时中"匾额。
文宗显皇帝咸丰二年，颁御书"德齐帱载"匾额。
穆宗毅皇帝同治二年，颁御书"圣神天纵"匾额。
今上光绪七年，颁御书"斯文在兹"匾额。

祀 位

大成殿正位：至圣先师孔子。

东配（以北为上）：复圣颜子①，述圣子思子②。

西配（以北为上）：宗圣曾子③，亚圣孟子④。

东哲（凡六位均以北为上）：先贤闵子、冉子、端木子、仲子、卜子、有子⑤。

西哲（凡六位均以北为上）：先贤冉子、宰子、冉子、言子、颛孙子、朱子⑥。（谨案：朱子向列东庑，国朝康熙五十一年，升次东哲。乾隆三年，有子升列东哲，乃移朱子於西哲）

坿录道光十四年教谕张履《正十哲位次告神文》：

时维道光年月日，句容县学教谕张履谨告於先贤某子某子之神，伏以神之为位制有定序，序之或易，非所以明敬也，兹特遵太学位次虔为安设，惟尔有神鉴之敢告。

东庑（四十位，以北为上）：先贤公孙侨⑦（国朝咸丰七年，从祀位列西庑之首，同治二年移）、林放⑧（唐开元二十七年从祀，明嘉靖九年改祀於乡，国朝雍正二年复祀）、原宪⑨、南宫适⑩、商瞿⑪、漆

---

① 颜子：颜回，字子渊，鲁人，少孔子三十岁。
② 子思子：原宪，字子思。
③ 曾子：曾参，字子舆，南武城人，少孔子四十六年。
④ 孟子：名轲，字子舆，鲁国人，是孔子之孙孔伋的再传弟子。
⑤ 闵子，冉子，端木子，仲子，卜子，有子：闵子损（字子骞，少孔子十五岁）、冉子雍（字仲弓，孔子以为有德行）、端木子赐（字子贡，卫人，少孔子三十一岁）、仲子由（字子路，卞人，少孔子九岁）、卜子商（字子夏，少孔子四十四岁）、有子若。
⑥ 冉子，宰子，冉子，言子，颛孙子，朱子：冉子耕（字伯牛，孔子以为有德行）、宰子予（字子我，利口辩词）、冉子求（字子有，少孔子二十九岁，为季氏宰）、言子偃（字子游，吴人，少孔子四十五岁）、颛孙子师（字子张，陈人，少孔子四十八岁）、宋儒朱熹。
⑦ 公孙侨：（前？—前552），字子产，又字子美，春秋郑国人。自郑简公时始执国政，历定、献、声公三朝。时晋楚争霸，郑国弱小，处於两强之间，子产周旋其间，卑抗得宜，保持无事。子产死，孔子称为古之遗爱。
⑧ 林放：字子邱，以知礼著称。孔子弟子。
⑨ 原宪：字子思。孔子弟子。
⑩ 南宫适：《史记·仲尼弟子列传第七》作南宫括，字子容。孔子弟子。
⑪ 商瞿：字子木，鲁人，少孔子二十九岁。孔子弟子。

雕开①、司马耕②、梁鳣③、冉孺④、伯虔⑤、冉季⑥、漆雕徒父⑦、漆雕哆⑧、公西赤⑨、任不齐⑩、公良孺⑪、公肩定⑫、鄡单⑬、罕父黑⑭、荣旂⑮、左人郢⑯、郑国⑰、原亢⑱、廉潔⑲、叔仲会⑳、公西舆如㉑、邦巽㉒、陈亢㉓、琴张㉔、步叔乘㉕、秦非㉖、颜哙㉗（以上唐开元二十七年从祀）、颜何㉘（唐开元二十七年从祀，明嘉靖九年罢，国朝雍正二年复祀）、县亶㉙、牧皮㉚、乐正克㉛、万章㉜（以上，国朝雍正二年从祀）、周敦颐㉝、程颢㉞（以上，宋淳祐元年从祀）㉟、邵雍（宋咸淳三年从祀）。

西庑（三十九位，以北为上）：先贤蘧瑗㊱（唐开元二十七年从祀，明嘉靖九年改祀於乡，国朝雍正

---

① 漆雕开：字子开。孔子弟子。
② 司马耕：字子牛。孔子弟子。
③ 梁鳣：字叔鱼，少孔子二十九岁。孔子弟子。
④ 冉孺：字子鲁，少孔子五十岁。孔子弟子。
⑤ 伯虔：字析，少孔子五十岁。孔子弟子。
⑥ 冉季：字子产。孔子弟子。
⑦ 漆雕徒父：见於《史记·仲尼弟子列传第七》。孔子弟子。
⑧ 漆雕哆：字子敛。孔子弟子。
⑨ 公西赤：字子华，少孔子四十二岁。孔子弟子。
⑩ 任不齐：字选。孔子弟子。
⑪ 公良孺：字子正。孔子弟子。
⑫ 公肩定：字子中。孔子弟子。
⑬ 鄡单：字子家。孔子弟子。
⑭ 罕父黑：字子索。孔子弟子。
⑮ 荣旂：字子祈。孔子弟子。
⑯ 左人郢：字行。孔子弟子。
⑰ 郑国：字子徒。孔子弟子。
⑱ 原亢：《史记·仲尼弟子列传第七》作原亢籍。孔子弟子。
⑲ 廉潔：《史记·仲尼弟子列传第七》作"廉絜"，字庸。孔子弟子。
⑳ 叔仲会：字子期。孔子弟子。
㉑ 公西舆如：字子上。孔子弟子。
㉒ 邦巽：《史记·仲尼弟子列传第七》作"邦巽"，字子敛。孔子弟子。
㉓ 陈亢：字子元，一字子禽，又名原亢，少孔子40岁。
㉔ 琴张：琴牢，字子开，一字子张，又称琴张，卫国人。
㉕ 步叔乘：字子车。孔子弟子。
㉖ 秦非：字子之。孔子弟子。
㉗ 颜哙：字子声。孔子弟子。
㉘ 颜何：字冉。孔子弟子。
㉙ 县亶：字子象。孔子弟子。
㉚ 牧皮：身世不详，有人说是孔子弟子。
㉛ 乐正克：姓乐正，名克，战国时鲁国人。孟轲的弟子。
㉜ 万章：孟轲的弟子。
㉝ 周敦颐：（1017—1073），原名敦实，字茂叔，号濂溪。
㉞ 程颢：（1032—1085），字伯淳，北宋理学的奠基者。学者称明道先生。
㉟ 邵雍：（1011—1077），字尧夫，北宋理学的奠基者。
㊱ 蘧瑗：字伯玉，卫国大夫。孔子之所严事。

二年复祀）、澹台灭明①、宓不齐②、公冶长③、公皙哀④、高柴⑤、樊须⑥、商泽⑦、巫马施⑧、颜辛⑨、曹䘏⑩、公孙龙⑪、秦商⑫、颜高⑬、壤驷赤⑭、石作蜀⑮、公夏首⑯、后处⑰、奚容葴⑱、颜祖⑲、句井疆⑳、秦祖㉑、县成㉒、公祖句兹㉓、燕伋㉔、乐欬㉕、狄黑㉖、孔忠㉗、公西葴㉘、颜之仆㉙、施之常㉚、申枨㉛（以上，唐开元二十七年从祀）、左邱明㉜（唐贞观二十一年，以经师从祀）、秦冉㉝（唐开元二十七年从祀，明嘉靖九年罢，

---

① 澹台灭明：字子羽，武城人，少孔子三十九岁。孔子弟子。
② 宓不齐：字子贱，少孔子三十岁。孔子弟子。
③ 公冶长：字子长，齐人。孔子弟子。
④ 公皙哀：字季次。孔子弟子。
⑤ 高柴：字子羔，少孔子三十岁。孔子弟子。
⑥ 樊须：字子迟，少孔子三十六岁。孔子弟子。
⑦ 商泽：孔子弟子。见於《史记·仲尼弟子列传第七》。孔子弟子。
⑧ 巫马施：字子旗，少孔子三十岁。孔子弟子。
⑨ 颜辛：《史记·仲尼弟子列传第七》作颜幸，字子柳，少孔子四十六岁。孔子弟子。
⑩ 曹䘏：又作"曹卹"，字子循，少孔子五十岁。孔子弟子。
⑪ 公孙龙：字子石，少孔子五十三岁。孔子弟子。
⑫ 秦商：字子丕。孔子弟子。
⑬ 颜高：字子骄。孔子弟子。
⑭ 壤驷赤：字子徒。孔子弟子。
⑮ 石作蜀：字子明。孔子弟子。
⑯ 公夏首：字乘。孔子弟子。
⑰ 后处：字子里。孔子弟子。
⑱ 奚容葴：《史记·仲尼弟子列传第七》作奚容箴，字子晳。孔子弟子。
⑲ 颜祖：字襄。孔子弟子。
⑳ 句井疆：见《史记·仲尼弟子列传第七》。孔子弟子。
㉑ 秦祖：字子南。孔子弟子。
㉒ 县成：字子祺。孔子弟子。
㉓ 公祖句兹：见《史记·仲尼弟子列传第七》。字子之。孔子弟子。
㉔ 燕伋：字思。孔子弟子。
㉕ 乐欬：《史记·仲尼弟子列传第七》作乐咳，字子声。孔子弟子。
㉖ 狄黑：字晳。孔子弟子。
㉗ 孔忠：孔子弟子。见於《史记·仲尼弟子列传第七》。
㉘ 公西葴：字子上。孔子弟子。
㉙ 颜之仆：字叔。孔子弟子。
㉚ 施之常：字子恒。孔子弟子。
㉛ 申枨：字周。孔子弟子。
㉜ 左邱明：（前556—前451），史学家、文学家、思想家。著有《左氏春秋》和《国语》。
㉝ 秦冉：字开。孔子弟子。

国朝雍正二年复祀)、公明仪①、公都子②、公孙丑③(以上,国朝雍正二年从祀)、张载④、程颐⑤(以上,宋淳祐元年从祀)。

东庑(三十五位,以北为上):先儒公羊高⑥(唐贞观二十一年从祀)、伏胜⑦(同上)、毛亨⑧(国朝同治二年从祀)、孔安国⑨(唐贞观二十一年从祀)、后苍⑩(明嘉靖九年从祀)、许慎⑪(国朝光绪二年从祀)、郑康成⑫(唐贞观二十一年从祀,明嘉靖九年改祀於乡,国朝雍正二年复祀)、范宁⑬(同上)、陆贽⑭(国朝道光六年从祀)、范仲淹⑮(国朝康熙五十四年从祀)、欧阳修⑯(明嘉靖九年从祀)、司马光⑰(宋咸淳三年从祀)、谢良佐⑱(国朝道光二十八年从祀)、吕大临⑲(国朝光绪二十年从祀)、罗从彦⑳(明万历四十二年从祀)、李纲㉑(国朝咸丰元年从祀)、张栻㉒(宋景定二年从祀)、陆九渊㉓(明嘉靖九年从祀)、陈淳㉔(国朝雍正二年从祀)、真德秀㉕(明正统二年从祀)、何基㉖(国朝雍正二年从祀)、

---

① 公明仪:战国音乐家。

② 公都子:孟子弟子。

③ 公孙丑:孟子弟子,齐国人。

④ 张载:(1020—1077),字子厚,北宋哲学家,理学创始人之一。

⑤ 程颐:(1033—1107),字正叔,世称伊川先生,北宋理学家和教育家。

⑥ 公羊高:子夏(卜商)的弟子,战国时齐国人。著有《春秋公羊传》。

⑦ 伏胜:(前260—前161),字子贱。经学大家。

⑧ 毛亨:相传为古文诗学"毛诗学"的开创者。西汉鲁人,一说河间人。世称"大毛公"。

⑨ 孔安国:字子国,孔子十代孙。西汉经学家。

⑩ 后苍:字近君。西汉经学家。

⑪ 许慎:(约58—约147),字叔重,汝南召陵(今属河南漯河市)人。东汉经学家、文字学家。著有《说文解字》。

⑫ 郑康成:郑玄(127—200),字康成,东汉末年的经学大师。

⑬ 范宁:(约339—约401),经学家。

⑭ 陆贽:(754—805),字敬舆。大历进士。官至宰相。

⑮ 范仲淹:(989—1052),字希文,北宋著名的思想家、政治家、文学家。

⑯ 欧阳修:(1007—1072),字永叔,号醉翁、六一居士,北宋政治家、文学家。

⑰ 司马光:(1019—1086),字君实,号迂叟,世称涑水先生,北宋政治家、史学家、文学家。

⑱ 谢良佐:(1050—1103),字显道,上蔡(今属河南)人。与游酢、杨时、吕大临并称程(颢、颐)门四大弟子。元丰进士。著有《论语说》《上蔡语录》。

⑲ 吕大临:(1040—1092),字与叔,京兆蓝田(今属蓝田)人。以荫入仕,后登进士第。历官太学博士,秘书省正字。初学於张载,后从二程游。通六经,尤精於《礼》。著有《考古图》《礼记传》。

⑳ 罗从彦:(1072—1135),字仲素,号豫章先生,宋朝经学家、诗人,豫章学派创始人。

㉑ 李纲:(1083—1140),字伯纪,常州毛锡人,籍福建邵武。政和进士。北宋末任太常少卿。靖康元年(1126年)金兵败盟南下,他上疏徽宗禅位太子以号召天下。钦宗即位,他反对迁都,积极备战,不久以"专主战议"被谪。次年高宗即位,拜相。主张用两河义军收复失地,在职七十五天。后历任湖广宣抚使等职。多次上疏抗金,未被采纳。

㉒ 张栻:(1133—1180),字敬夫,后避讳改字钦夫,又字乐斋,号南轩。为一代学宗。与朱熹、吕祖谦齐名。

㉓ 陆九渊:(1139—1193),字子静,南宋著名的理学家、思想家和教育家,宋明两代"心学"的开山之祖。

㉔ 陈淳:(1159—1223),是中国南宋理学家。字安卿,亦称北溪先生。理学思想的重要继承者和阐发者。著作有《北溪全集》。

㉕ 真德秀:(1178—1235),始字实夫,后更字景元,是南宋后期与魏了翁齐名的一位著名理学家,也是继朱熹之后的理学正宗传人。

㉖ 何基:(1188—1268),字子恭,号北山。理学传播者。

文天祥①（国朝道光二十三年从祀）、赵复②（国朝雍正二年从祀）、金履祥③（同上）、陈澔④（同上）、方孝孺⑤（国朝同治二年从祀）、薛瑄⑥（明隆庆五年从祀）、胡居仁⑦（明万历十二年从祀）、罗钦顺⑧（国朝雍正二年从祀）、吕柟⑨（国朝同治二年从祀）、刘宗周⑩（国朝道光二年从祀）、孙奇逢⑪（国朝道光八年从祀）、张履祥⑫（国朝同治十一年从祀）、陆陇其⑬（国朝雍正二年从祀）、张伯行⑭（国朝光绪四年从祀）。

西庑（三十五位，以北为上）：先儒谷梁赤⑮（唐贞观二十一年从祀）、高堂生⑯（同上）、董仲舒⑰（元至顺元年从祀）、刘德⑱（国朝光绪三年从祀）、毛苌⑲（唐贞观二十一年从祀）、杜子春⑳（同上）、诸葛亮㉑（国朝雍正二年从祀）、王通㉒（明嘉靖九年从祀）、韩愈㉓（宋元丰七年从祀）、胡瑗㉔（明嘉

---

① 文天祥：（1236—1283）初名云孙，字履善，一字宋瑞，号浮休道人、文山，吉州庐陵（今江西吉安）人。理宗宝祐四年（1256年）进士第一。官至右丞相。坚持抗元，被俘不屈就义。

② 赵复：字仁甫，学者称江汉先生。宋末元初理学传播者。

③ 金履祥：（1232—1303），字吉父，号次农，自号桐阳叔子。宋、元之际的学者。为浙东学派、金华学派的中坚。

④ 陈澔：（1260—1341），字可大，号云住又号北山叟，宋末元初著名理学家、教育家。

⑤ 方孝孺：（1357—1402），字希直，又字希古，人称正学先生。宋濂弟子。明惠帝时任侍讲学士、《太祖实录》总裁。燕王朱棣兵入京师（今江苏南京）后，他不肯为朱棣起草登基诏书，慷慨就义，被灭十族（宗亲九族及方的学生），死者达八百七十余人。著有《逊志斋集》。

⑥ 薛瑄：（1389年—1464），字德温，号敬轩。明代著名思想家、理学家、文学家，河东学派的创始人，世称"薛河东"。

⑦ 胡居仁：（1434—1484），字叔心，号敬斋，明朝理学家。

⑧ 罗钦顺：（1465—1547），字允升，号整庵。明代著名哲学家，"气学"的代表人物之一。

⑨ 吕柟：即吕楠（1479—1542），原字大栋后改字仲木，陕西高陵人。正德进士。官至南京礼部右侍郎，与湛若水等共主讲席。时王阳明、湛若水学说盛行於世，他独守程朱不变。学者称为泾野先生。著有《四书因问》《泾野诗文集》。

⑩ 刘宗周：（1578—1645），字起东，号念台。山阴（今浙江绍兴）人。明末哲学家。万历进士。官至南京左都御史。南明政权覆灭，绝食而卒。倡"慎独"之说，强调"诚敬"。著作有《刘子全书》《刘子全书遗编》。

⑪ 孙奇逢：（1584—1675），字启泰，号钟元，世称夏峰先生。万历间举人。明亡隐居不仕。与黄宗羲、李颙并称三大儒。

⑫ 张履祥：（1611—1674），字考夫又字渊甫，号念芝，世居杨园村，学者称杨园先生。明末诸生，受业於刘宗周。明亡，授徒乡里，躬耕田亩，终身不仕清。学宗程朱，力排陆王。后人辑有《杨园先生全集》。

⑬ 陆陇其：（1630—1692），原名龙其，因避讳改名陇其，谱名世穗，字稼书，清代理学家。

⑭ 张伯行：（1651—1725），字孝先，号敬庵，一号恕斋。康熙进士。官至礼部尚书。圣祖称其操守为天下第一清官。江南口碑则有"勤上本，懒结案，准谎词，冤到底"之语。治程朱理学，编辑整理学派著作。

⑮ 谷梁赤：：相传为子夏弟子。战国经学家。

⑯ 高堂生：名伯，西汉鲁人。专治古代礼制。为当时今文礼学最早传授者。

⑰ 董仲舒：（前179—前104），汉代思想家、哲学家、政治家、教育家。

⑱ 刘德：（前171—前130），汉景帝刘启第二子，废太子刘荣同母弟，母栗姬，西汉宗室、藏书家。

⑲ 毛苌：西汉赵人，古文诗学"毛诗学"的传授者，世称"小毛公"。

⑳ 杜子春：（约前30—约58），经学家。

㉑ 诸葛亮：（181—234），字孔明，号卧龙，三国时期蜀汉丞相，杰出的政治家、军事家、发明家。

㉒ 王通：（584—617），字仲淹，号文中子，隋朝著名教育家、思想家。

㉓ 韩愈：（768—824），字退之。唐德宗贞元八年进士。世称"韩昌黎"。杰出的文学家、哲学家、思想家。

㉔ 胡瑗：（993—1059）字翼之。北宋理学先驱、思想家和教育家。

靖九年从祀）、韩琦①（国朝咸丰二年从祀）、杨时②（明宏志八年从祀）、游酢③（国朝光绪十七年从祀）、尹焞④（国朝雍正二年从祀）、胡安国⑤（明正统二年从祀）、李侗⑥（明万历四十二年从祀）、吕祖谦⑦（宋景定二年从祀）、袁燮⑧（国朝同治七年从祀）、黄幹⑨（国朝雍正二年从祀）、辅广⑩（国朝光绪六年从祀）、蔡沈⑪（明正统二年从祀）、魏了翁⑫（国朝雍正二年从祀）、王柏⑬（同上）、陆秀夫⑭（国朝咸丰九年从祀）、许衡⑮（元皇庆二年从祀）、吴澄⑯（明正统八年从祀，嘉靖九年罢。国朝乾隆二年复祀）、许谦⑰（国朝雍正二年从祀）、曹端⑱（国朝咸丰十年从祀）、陈献章⑲（明万历十二年从祀）、蔡清⑳（国朝雍正二年从祀）、王守仁㉑（明万历十二年从祀）、吕坤㉒（国朝道光六年从祀）、黄道周㉓（国朝道光五年从祀）、陆世仪㉔（国朝光绪元年从祀）、汤斌㉕（国朝道光三年从祀）。

---

① 韩琦：（1008—1075），字稚圭，相州安阳（今属河南）人。天圣进士。官至枢密使、宰相。著有《安阳集》。
② 杨时：（1053—1135），字中立，号龟山。北宋哲学家。
③ 游酢：（1053—1123），字定夫，一字子通。建州建阳（今属福建）人。元丰进士官至知州。程门四弟子之一。著有《易说》《中庸义》《论语孟子杂解》等。
④ 尹焞：（1071—1142）字彦明，一字德充，著有《和靖先生集》及《论语解》。
⑤ 胡安国：（1074—1138），又名胡迪，字康候，号青山，谥号文定，学者称武夷先生，后世称胡文定公，北宋学者。
⑥ 李侗：（1093—1163），字愿中，世号延平先生。理学家。
⑦ 吕祖谦：（1137—1181），字伯恭，是南宋时期最著名的理学大家。他所创立的"婺学"，也是当时最具影响的学派。
⑧ 袁燮：（1144—1224），字叔和。宋鄞县人。淳熙八年进士。官至宝文阁直学士。师事陆九渊，传其学。《宋史》四〇〇有传。
⑨ 黄幹：（1152—1221），字直卿，号勉斋，是传播和推广朱子学的第一人。经过他的提倡和阐发，朱子学成为统治阶级的正统思想。
⑩ 辅广：字汉卿，号潜庵。南宋崇德（今浙江桐乡）人。曾师事吕祖谦，又问学於朱熹。伪学禁严时，学徒多避散，他坚而不动。建传贻书院教授生徒。他坚字师说，弘扬理义之学。著有《诗童子问》《晦庵先生语录》《朱子读书法》等。
⑪ 蔡沈：（1167—1230），一名蔡沉，南宋学者。字仲默，号九峰，少从朱熹游，后隐居九峰山下，注《尚书》，撰《书集传》。
⑫ 魏了翁：（1178—1237），南宋学者。字华父，号鹤山，蜀学集大成者。
⑬ 王柏：（1197—1274），字会之，理学家。
⑭ 陆秀夫：（1236—1279），字君实，一字宴翁，楚州盐城（今属江苏）人。宝祐四年进士。南宋大臣，官任左丞相。厓山被攻破时，背负赵昺投海死。有《陆忠烈集》。
⑮ 许衡：（1209—1281）字仲平，号鲁斋，元代百科全书式的通儒和学术大师。
⑯ 吴澄：（1249—1333），字幼清，晚字伯清。元代杰出理学家、经学家、教育家。
⑰ 许谦：（1269—1337），字益之，号白云山人，元朝著名学者。
⑱ 曹端：（1376—1434），字正夫，学者称月川先生，渑池（今属河南）人。曾为霍州、蒲州学正。学宗朱熹。著有《四书详说》《儒宗统谱》等。
⑲ 陈献章：（1428—1500），明代思想家、教育家、诗人。
⑳ 蔡清：（1453—1508），字介夫，别号虚斋，著名的理学家。
㉑ 王守仁：（1472—1529），幼名云，字伯安，别号阳明。明代著名的思想家、文学家、哲学家和军事家，陆王心学之集大成者。
㉒ 吕坤：（1536—1618），字叔简，一字心吾或新吾，宁陵（今属河南）人。万历进士。曾任户部郎中，官至刑部左、右侍郎。哲学上坚持气一元论。著有《呻吟语》《去伪斋文集》等。
㉓ 黄道周：（1585—1646），字幼平（一作玄），漳浦（今属福建）人。天启进士。崇祯时任右正允。南明弘光帝时任礼部尚书。后往江西征兵为清兵所俘，被杀於南京。善书画。著有《易象正义》《孝经集传》《石斋集》等。
㉔ 陆世仪：（1611—1672），字道威，号刚斋，又号桴亭，太仓（今属江苏）人。明亡，隐居讲学。其学恪守程朱，以"居敬穷理"为主，着重内心得修养。著有《思辨录》《复社纪略》等。
㉕ 汤斌：（1627—1687），字孔伯，号荆岘，晚号潜庵，河南睢州（今睢县）人。顺治进士。官至礼部尚书，后改工部。

坿录教谕张履正两庑位次告神文：

时维道光年月日，句容县学教谕张履谨告於诸先贤、先儒之神，伏以神必有位，位必有次，所以昭定序妥众灵也，见两庑神主东西互易，先后凌乱，是奉职者之不谨，神心何安焉！今特遵太学位次，虔为安设，惟尔有神鉴之敢告！

谨案，文庙祀位，前志悉遵乾隆间部颁成式，同治二年，以给事中王宪成奏两庑先贤、先儒位次每多陵跋，特颁礼部议定祀位图说，谨遵移奉及续增从祀位次详注於下，俾有所征考云。

崇圣殿祀位（明嘉靖九年於大成殿后立启圣祠，祀叔梁公。国朝雍正二年，诏封孔子先世王爵，合祀五代，更启圣祠为崇圣祠）：

肇圣王（木金父公，中一位）。

裕圣王（祈父公，东一位）。

诒圣王（防叔公，西一位）。

昌圣王（伯夏公，又东一位）。

启圣王（叔梁公，又西一位。皆南向）。

东配（三位，以北为上）：

先贤孔氏（孟皮，国朝咸丰七年，配位在东上）、颜氏（无繇）、孔氏（鲤）。

西配（二位，以北为上）：

先贤曾氏（点）、孟孙氏（瀫）。

东庑（三位，均以北为上）：

先儒周辅成、程珦、蔡元定。

西庑（二位，均以北为上）：

先儒张迪（国朝雍正元年增祀）、朱松。

名宦祠（在戟门东左一间），版位详前志。

乡贤祠（在戟门西右一间），版位详前志。道光间增祀增广生刘长森，事迹详人物志。

忠义孝弟祠，版位详前志。旧在尊经阁西。今未建。

节孝祠（互详祠祀建置）。

文昌阁（在崇圣祠西偏，详祠祀）。

祀 仪

岁春秋仲月上丁行释典礼。正位及配位：知县，正献；两序及两庑：学官，分献。视牲、省蠲，以佐贰官。司祝及香帛爵馔、引赞、通赞、引班，以弟子员娴礼仪者。在城各官咸与祭，致齐二日。祭前一日，宰人豫凿坎於宰牲亭。西设香案於亭外。视割牲官诣香案前上香，视牲，宰人割牲以豆，取毛血瘗於坎。正献官率执事人入学习仪。教官率乐舞生入学习舞习吹。祭之日丑前五刻（四字据乾隆四年颁行仪，注增）陈设省蠲官偕执事人咸入，陈设如仪。赞引、承祭官（即正献官）、分献官入门至东阶，盥手毕，诣拜位前，引陪祀官咸诣拜位。赞乐舞生登歌。执事官各供乃职。文舞六佾进，赞就位。引承祭官、分献官就位，赞迎神，乐奏昭平之章（凡乐，以举麾鼓柷作，以偃麾戛敔止。后同）。赞就上香位，引承祭官升东阶入殿左门，诣先师香案前。赞跪，承祭官跪。赞上香，司香跪奉香，承祭官三上香，兴，以次诣配位上香，仪同。赞复位，引承祭官降阶复位，初引神时，分引分献官各一人升东西阶入殿左右门，诣哲位，上香，

治程朱理学，也不废王守仁之说，提倡"身体力行"。有《洛学篇》《睢州志》等。

降阶，复位。分引分献官东西各一人，分诣两庑先贤、先儒位前上香，退，复位。均如前仪。赞跪叩兴，各官均行三跪九叩礼，乐止，赞奠帛爵，行初献礼，奏宣平之章，舞宣平之舞，乐作引承祭官诣先师位前，赞跪，承祭官跪，司帛跪奉篚，承祭官受篚拱举授，司帛兴奠於案，司爵跪奉爵，承祭官受爵拱举授，司爵兴献於正中，承祭官兴，赞就读祝位，引承祭官至殿中拜位，乐暂止，赞跪，承祭官、分献陪祀官皆跪，赞读祝，司祝跪读祝（司祝至祝案前跪，三叩，奉祝版跪，读毕兴，奉祝跪安。先师位篚内三叩，兴退）。乐作，各官均行三叩礼，兴，引承祭官以次诣配位奠帛献爵，仪同。退降阶，复位，分引分献官升阶入门诣哲位，奠帛献爵，降阶复位，分引分献官分诣两庑先贤、先儒位，奠帛献爵，复位，均如前仪。乐止，亚献奏秩平之章，舞秩平之舞，引承祭官升阶诣先师暨四配位前，献爵於左，如初献仪。两序、两庑随分献毕，均复位，乐止。终献奏叙平之章，舞叙平之舞。乐作，赞引承祭官升阶献爵於右，如亚献仪，两序、两庑随分献毕。均复位。乐止，文舞退，赞饮福受胙，引承祭官至殿中拜位，赞跪，承祭官跪，赞饮福酒，右一人跪，递福酒，承祭官受爵拱举，授於左次，受胙如饮福仪。赞叩，兴，承祭官三叩，兴，赞复位，引承祭官降阶复位，赞跪叩，兴，各官均行三跪九叩礼，兴，赞彻馔。奏懿平之章，乐作彻，毕，乐止。赞送神，奏德平之章，乐作，赞跪叩，兴，各官均行三跪九叩礼，兴，乐暂止。赞奉祝帛馔送燎，有司各奉祝帛香馔恭送燎所。承祭官避立拜位西旁，竢过复位。乐作，引承祭官诣燎所，视燎毕，仍引出门。乐止，各官皆退。（据《会典》《通礼》《礼部则例》新增）

先师祝文（乾隆九年颁定）：维某年月日，某官某致祭於至圣先师孔子曰：维先师德隆千圣，道冠百王；揭日月以常行，自生民所未有。属文教昌明之会，正礼和乐节之时。辟雍钟鼓，咸恪荐以馨香；泮水胶庠，益致严於笾豆。兹当（春、秋）仲，祗率彝章，肃展微忱；聿将祀典，以复圣颜子、宗圣曾子、述圣子思子、亚圣孟子配。尚飨！（据《通礼》增）

乐六章，宫调，分春秋祭。春祭，夹钟为宫，倍应钟起调。秋祭，南吕为宫，倍仲吕起调（乾隆八年颁定直省府州县学文庙乐章）。

迎神奏昭平之章曰：大哉孔子！先觉先知。与天地参，万世之师。祥征麟绂，韵答金丝。日月既揭，乾坤清夷。

初献宣平之章曰：予怀明德，玉振金声。生民未有，展也大成。俎豆千古，春秋上丁。清酒既载，其香始升。

亚献秩平之章曰：式礼莫愆，升堂再献。响协鼖镛，诚孚罍甗。肃肃雍雍，誉髦斯彦。礼陶乐淑，相观而善。

终献叙平之章曰：自古在昔，先民有作。皮弁祭菜，於论思乐。惟天牖民，惟圣时若。彝伦攸叙，至今木铎。

彻馔懿平之章曰：先师有言，祭则受福。四海黉宫，畴敢不肃？礼成告彻，毋疏毋渎！乐所自生，中原有菽。

送神德平之章曰：凫绎峨峨，洙泗洋洋。景行行止，流泽无疆。聿昭祀事，祀事孔明。化我烝民，育我胶庠。（据《通礼》增）

崇圣祠同时致祭，正献官知县主之。分献以教谕、训导。执事以弟子员。祭时，赞引承祭官、分献官入祠垣左门，承祭官诣阶下，盥手，赞执事官各司其事，赞引承祭官、分献官就位，赞迎神升阶，引承祭官升东阶入殿，左诣肇圣王位前，赞跪，承祭官跪，赞上香，司香跪奉香，承祭官三上香，兴。次诣裕圣王、诒圣王、昌圣王、启圣王位前，跪，上香，仪同。降阶复位，引分献官升东西阶入殿左右门，分诣配位，跪，上香，如仪。降阶复位，引两庑分献官分诣从位前，跪，上香，复位，如前仪。赞跪叩，兴，均行三跪九叩礼，兴，赞奠帛爵，行初献礼，引承祭官升阶，诣中案前，赞跪，承祭官跪，司帛跪，奉篚，承祭官受篚，拱举，授司帛，兴奠於案，司爵跪奉爵，承祭官受爵，拱举，授司爵，兴奠於正中神位案前之中，以此诣左右正案前，奠帛献爵，仪同。赞就读祝位，引承祭官诣拜位，司祝至祝案前，三叩，奉祝版跪案左，赞跪，各官皆跪，赞读祝，司祝读祝，毕，兴，奉祝版跪安正中位前篚内三叩，兴，各官均行三叩礼，兴，赞复位，引承祭官降阶，复位，引分献官升阶入门，诣配位前，引分献官分诣两庑从位前，奠帛献爵，复位，均如正献仪。亚献，各献爵於左，终献，各献爵於右，均如初献仪。赞彻馔，有司彻馔毕，赞送神，跪叩，兴。各官均行三跪九叩礼，兴，赞奉祝帛馔送燎，有司各奉祝帛香馔恭送燎位，承祭官避立西旁，竢过，复位，引诣燎所，视燎。赞礼毕，由祠垣左门出。（据《通礼》《会典》增）

崇圣祠祝文（乾隆九年颁定）曰：

惟王奕叶钟祥，光开圣绪。盛德之后，积久弥昌。凡声教所覃敷，率循源而溯本。宜肃明禋之典，用申守土之忱。兹届仲（春秋），聿修祀事，配以孔氏、颜氏、曾氏、孔氏、孟孙氏。尚飨！（据《通礼》增）

忠义、节孝、名宦、乡贤四祠。岁春秋释奠礼毕，清晨启祠，执事人入，教官一人，公服入祠，引赞二人，引诣案前，三上香，跪，行三叩礼，兴，奠帛献爵於正中，读祝者取祝文，跪，主祭官跪，读祝毕，退。主祭官兴，酌酒献於左，又酌酒献於右，跪行三叩礼，兴，执事者以祝帛送燎，引主祭官出，执事者彻，皆退。（据《通礼》增）

忠义孝弟祠祝文（乾隆九年颁定）曰：

惟灵禀赋贞纯，躬行笃实。忠诚奋发，贯金石而不渝；义问宣昭，表乡闾而共式。祇事懋彝伦之大，性挚莪蒿；克恭念天显之亲，情殷棣萼。模楷咸推夫懿德，纶恩特阐其幽光。祠宇维隆，岁时式祀。用陈尊簋，来格几筵。尚飨！

节孝祠祭文（乾隆九年颁定）曰：

惟灵纯心皎洁，令德柔嘉。矢志完贞，全闺中之亮节；竭诚致敬，彰阃内之芳型。茹冰蘖而弥坚，清操自励；奉盘匜而匪懈，笃孝传徽。丝纶特沛乎殊恩，祠宇昭垂於令典。祇循岁祀，式荐尊醪。尚飨！（据《通礼》增）

祭　器（谨仿定式，今尚未备）

爵（五十四），登（一），铏（二十二），簠（五十一），簋（五十一），笾（二百四十六），豆（二百四十六），俎（二），牲盘（十八），牺尊（一），疏鬲（一），象尊（一），著尊（一），壶尊（八），太尊（一），山尊（一），雷尊（一），龙勺（八），彝（一），舁（一），龙幂（二），罍（八），洗（八），帛篚（十八），祝版（二），供案（十四），尊案（十四），香案（十八），香鼎（十八），香炉（十八），烛镫（五十四），香盒（十八），毛血盘（十八），馔盘（十八），茅沙池（二），香盘（一），花瓶（四），福爵（二），胙盘（二），燔炉（二），庭燎炉（八，燎义八），高照镫（四十六），盥洗盆（二），香帛案（二），祝案（二），龙幄（二），卓帷（十八。以上祭器），春冠，秋冠，襕衫，钩带，披领，朝靴，拂尘，礼节版（以上皆执事礼生用）。

祭　品（雍正三年定制，乾隆间颁发陈设图）

大成殿正位：笾豆案上爵垫一（爵三，先设尊案，上三献，奠於爵垫）；次登一，实以太羹（薄牛肉汁）；次铏二，实以和羹（用猪脊膂肉薄切片，沸汤沦过，漉起，酱醋等调匀，置碗底，用腰子切荔枝形，盖面，临祭，用薄沸汁浇之）；簠二，在左铏南，实以黍稷；簋二，在右铏南，实以稻粱；笾十，在簠东，实以形盐（净盐印以物象）；蔍鱼（大鱼盐醃过，临祭洗净，酒浸片时）；鹿脯（肉一块，酒醃炙。无鹿处以獐、麂、羊代）；枣（或胶或干或鲜，取圆净者）；栗（用大栗，如无以荔枝、龙眼代）；榛（拣肥实者，如无以核桃、荔枝代）；菱（或菱米或鲜菱）；芡（即鸡头实，如无以莲肉代）；右八笾作两行；黑饼（荞麦面造，内作沙糖为馅，印作团龙饼子）；白饼（小麦面造，同黑饼法）；右二笾在前八笾之东一行；豆十在簋西，实以韭菹（拣过生韭切去本末，取中三寸，淡用，如未发芽，取根用）；芹菹（拣净生芹长切淡用，如未发芽，亦取根用）；菁菹（拣过蔓菁菜切长片，略经沸汤加料调和）；笋菹（净干笋煮过洗净，切长片，加料调和）；醓醢（猪脊膂肉细切小方块，用盐、酒、葱、椒、莳萝、茴香和匀作鲊）；鹿醢（鹿肉切片小块，造法同上）；兔醢（兔肉切小块，造法同上）；鱼醢（鲜鱼肉切小方块，造法同上）；右八豆作两行；脾析（用羊脾切细条，沸汤沦过，盐酒等和均用）；豚拍（猪脊膊上肉若坛数多，近膊者亦可切方大块，油酱等蒸熟用）；右二豆在前八豆之西一行；案前俎一，中区为三实，牛一，羊一，豕一；又前香案一；设鑪一；镫二；制帛一（用绫，长一丈八尺）；实诸筐，先设接卓上奠於笾豆案正中。

配位四案：每案爵三；铏三；簠二；簋二实同正位；笾八，豆八，视正位笾减白饼、黑饼，豆减脾析、豚拍；羊一；豕一；筐二，东西各一，实二，帛用绢；香案四；各鑪一；镫二。

哲位东西各六案：每案爵各一（谨案《会典》，爵各三）；铏各一；簠各一；簋各一，分实黍稷，减稻粱；笾各四；豆各四，视配位，笾减蔆鱼、榛、菱、芡，豆减韭菹、醓醢、笋菹、鱼醢；东西各羊一；豕一；尊一；筐二，东西各一，各实六帛；总香案一；鑪一；镫二。

两庑先贤、先儒二位共一案：每位爵一；每案簠一；簋一；笾四；豆四，实，俱同哲位；先贤案前东西各羊二；豕二香案一；鑪一；镫二；先儒案前东西各羊一；豕一；香案一；鑪一；镫二；筐二，东西各一，制帛各一；酒尊三。

崇圣殿正位与大成殿配位同。

四配同哲位。酒尊一。

两庑先儒同哲位。酒尊一。（以上据《会典》及《圣门礼志》新增）

忠义、节孝、名宦、乡贤四祠：每祠案一；爵三；羊一；豕一；笾四；豆四；鑪一；镫二。（据《通礼》增）

乐　器（谨按定式，今尚阙）

麾幡（二），晋鼓（即大成门左鼖鼓），镛（一），楹鼓（一，缋盖一），镈钟（一），编钟（十六，同虡），特磬（一），编磬（十六，同虡），应鼓（一），足鼓（一），埙（二），篪（四），凤箫（二），龙笛（六），箫（六），朱弦瑟（四），朱弦琴（六），匏笙（六），鼗鼓（二），搏拊（二），柷（一），敔（一），象简（歌工所执，六），歌案（二），乐案（十六），凤镫（以上乐器），旌节（二），龠（三十六），翟（三十六），舞甄（三十六），舞棚（以上舞器），春冠，秋冠，襕衫（乐生用），舞袍（舞生用），钩带，缎靴，遮尘，乐章版（乐生用，以上乐舞生用）。

乐　悬（乾隆十二年定制，陈於露台上）

左镈钟；右特磬；编钟十六，同虡，设镈钟右；编磬十六，同虡，设特磬左；应鼓一，设镈钟左；其内左右并列埙各一，篪各二，排箫各一，为一行；又内笛各三，为一行；又内箫各三，为一行；又内瑟各二，为一行；又内琴各三，为一行；司器乐生器一人，皆内向立；左右笙各三，竖列，为一行；左柷一；右敔一；各搏拊一；乐生器各一人，相向立；笏各三，司章者执之立笙前，左右向；左麾一、掌麾一人，向右立；左右乐舞生各十八人，分列乐悬前；左右执节者各一人，分立舞前引舞。（据《会典》增）

按，句容学宫，前志所载祭器多唐天宝间古制，世所称天宝大凤环，其极品也。自遭兵燹，非特古物尽失，即新制之器亦荡焉无存。每逢大典，节奏犹虚，谨详列定制如右，讲求而娴习之，不能无望於后之复古者矣。

光绪二十三年，本邑绅富捐银二百两，经督学龙批准拨入句容学宫添办乐器，此银现存两学。

书　籍（奉颁县学书籍，今已被毁无存。书目详前志）

坿录道光间教谕张履《征句容遗书启》：

夫立言贵能不朽，箸书各具苦心，方其仰屋拘思、怀椠记事，莫不冀登诸天禄、藏之名山，而年远世湮风徽日沫，或罹水火，或遭兵戎，或弃掷於妇孺，或啮蚀於虫鼠，遂致书凿楹而莫守，元覆瓿以徒闻。泯没沈沦，何可胜道。盖不独子山之集曾经屡亡，韩氏之文亦嗟久没而已。至如王隐撰史见盗於虞，郭元注庄实本於向，王士元之说托亢桑之名，史孝山之文载子孝之集，则掩袭伪乱之弊，又复有焉。是以自昔令主有见於斯，为之下诏征求，就家写取，贮以秘府，校以名儒，亦粤我朝右文重道，超越前王，内则有《词垣》《四库》之藏，外则有文宗、文澜之阁，焕乎炳乎，与三代同风已，然聚於上者不虞其逸，而散在下者，莫必其存。况有使不值乎陈农，书未校於子政，倘或失之三箧，即难购以千金。夫统海内之群册，固已总置於兰台，而即一方之遗文，亦当分庋於横舍，博士守之，弟子观之，新故之交，按籍受代，庶几依孔壁之崇，逾曹仓之固。凡乐天藏寺之本，刘蜕埋冢之文，所南井底之编，梅礀窖中之稿，并可承以缃帙，表以牙签，无庸自惧销亡，故为缄密者矣。蒙猥以菲材司铎句曲，见此地为南都辅邑，西汉旧封茅峰毓其英华，山发其秀，不特真仙栖隐之宅，实乃贤才著迹之区，由吴、晋及唐，唐许则稽经嗜古，殷樊则染翰飞文，自是以来代有述作，凡鸿篇钜制，小集短章，或已版行，或惟手稿，苟其有裨理道，不陟陂淫，当华实兼收，异同并录。呜乎！长卿遗札得之其妻，中郎亡书写於其女，况贤子名孙，良朋谊友，可不亟加编辑、勉付胥钞，真本自存，不虑河间之留取，副墨是进，何殊柱下之珍藏，而蒙复将於养花之余，勤落叶之扫，择其精粹，刊布於时，既可为先哲表彰，亦以令后来兴起，惟我同志，共鉴斯衷，此启。

学　额

儒学教谕、训导俸银八十两，各四十两。斋夫银三十六两，各十八两。膳夫银四十两，每名二两。廪膳生额设二十名，应领廪粮银八十两（句容，《大学》廪生以二年贡一人，曰岁贡。又恭逢庆典，曰恩贡。皆廪生以次出贡者，此外十二年一选，每县一名，曰拔贡。三年一选，通省六名，曰优贡，副榜曰副贡）。增广生额设二十名。附学生每逢科岁两试，每案额进二十五名（恭遇覃恩，广额七名），武生每逢岁试，额进十五名。

学　田

南门外杜巷村、西城、彭山头、花冈等村，田地共八十一亩。

小南门外汤家边，田地共十八亩五分。

北门内马疲冈，北门外北关小杆、前中后村、任家、菜塘、樊家、刘家、汤家、蔡家、西冈、梅花庄等村，田地共一百五十六亩六分二厘。

东门外上阳、算命冈、太平庄、土墙殿、脚下、上溪、东山、光里庙、李巷口、平望、罗家、冈下等村，田地共一百零三亩一分。

西门外华家边、杜家山、黄堰坝等村，田地共四十二亩四分。

南门外新坊、笪家边、槐道、西冈、张庙、杜巷、马场山等村，田地共二百二十五亩九分。

本学原额学租田地：八顷七十亩零二厘。

现查垦成熟田地：六百二十七亩五分一厘。

附从祀两庑仪注并入祀（名宦、乡贤）例则：

名宦、乡贤，向以八月前咨部，部中年终汇奏，其人不得以乐善好施、随同督练守御为词，在官必有实政可指，在家必有经济文章方准。光绪五年正月，礼部仪制司奏准必待其人身故后三十年方准胪列其事实呈报，必其人子孙不官三品以上者，足见俎豆之难。

崇祀两庑，向无仪注，今为酌增之，查仿各地（规式高卑）作栗主供明伦堂，地方诹吉与校官率诸生（先示於学）黎明以笾豆告先圣及入祀之主（其文曰：年月日某官等遵旨以某人从祀庙庭，今肃奉栗版入庑敢告木主前，即其人事迹，撰数言於首，余略同），鼓乐彩亭昇主，自□□门入，升东阶（冠带，九顿首），自西街降，诣其位次，然后於配哲、先贤、先儒总位前三叩首而退。（以上二条，见《续府志》）

书　院

华阳书院，旧在县治东北隅，督学试院之西。兵燹后，圮废无存。同治四年，知县周光斗、捐绅富购治西民房一所，前后五进，计三十余间，改为书院，仍沿华阳旧名。时虽有书院，未设课也。八年，知县龙寅绶履任始行开课。九年，李公宝始定每月一课，超、特、上、中各四名，裴公辅又加超、特、上、中各一名，皆自捐廉给奖。光绪六年，知县袁照稍稍清厘旧时院田（并有积款，乱后已无从查考矣）。谕院董黄铬等撙节办理，继莱阳张公沛清至，捐廉加奖，又增设小课。赵公受璋至，加奖倍之，迨武冈邓公炬来权邑篆，力为整顿，首捐俸银壹千两为之倡复，谕董骆文凤、张澍、田进道、张恩福等筹捐绅富集成钜款，除修治讲堂、购买书籍存院外，余款存典生息（旧存款洋壹百圆，钱七百四十千，黄铬、田进道经手，新捐款洋壹千伍百圆，存源裕典生息，骆文凤经手），作津贴诸生膏火之资，并添设师课，聘请山长（其山长束修及官课、膏奖、师课、加奖均系捐廉）。又举在院之优於品学者为斋长兼掌书籍（一切章程详后）。二十五年，皖桐张公绍棠来宰斯邑，甫下车即留心文教，除奖赏正课、师课外，复择尤加奖，其嘉惠士林至矣！今黄侯傅祁踵行之。

（附录各捐户：杨世盛捐洋壹百二十圆，杨世沅捐洋壹百圆，杨宝书捐洋七十圆，杨雨霖捐洋五十圆，杨成斋捐洋四十圆，杨让臣捐洋六十圆，朱佩绅捐洋五十圆，杨履谦捐洋二十六圆，俞秋浦捐洋二十圆，杨懋官捐洋二十圆，包炳南捐洋三十五圆，笪乐山捐洋二十五圆，吴中立捐洋二十圆，张信成捐洋二百圆，徐秋池捐洋一百圆，黄铬捐洋四十圆，孔昭炘捐洋二百圆，张浚泉捐洋二十圆，外龙潭官基，杨国华两间每年租洋六圆，高炳泉一间每年租钱四千，戴凤池四间，每年租钱二千，陈志贵四间，每年租钱四千。以上四户系李前县断归书院拨用，其余罚款不在此数）

（附）书院章程（并后储书规条，皆光绪二十三年知县邓炬拟定）

书院自兵燹①后，坛坫②久虚，清风辍响。官斯土者，时亦捐廉开课，而一日之间发题呈卷，四境人士鲜克与课，是以文风历年未振，声教莫讫，有司过也。兹即旧址捐廉修葺，币聘院长，为学者津寄，欲令诸生咸集横舍，质疑问难，有所依据，爰订章程若干条列於左。

经师、人师，古称难得，苟得其人，乃足振士风而传朴学③。书院、山长应由邑绅禀举品学兼优者，请县订关。近日，书院讲席县官多持作情面，至公举景仰之人，庶无斯弊。

一、院长必请到馆，诸生得以亲炙面命耳提，乃又裨益。鲁通父云：绝遥领旨哉言乎。

一、为人必先立品，为学必先辨志。儒先教条、学规言之凿凿，凡在院肄业诸生，务宜砥砺廉隅④，

---

① 兵燹（xiǎn）：指太平天国战乱。
② 坛坫（diàn）：指文人集会的场所。
③ 朴学：古代质朴之学，后泛指儒学经学。
④ 廉隅：有节操、端正的品行。

敦崇学业，如逾闲荡检自暴弃者，院董禀知院长，即行逐退，以谨院规而端士习。

一、每年除正腊两月不课外，每月酌定三课：初三，官课四书文一、试贴诗一，限当日缴卷；十三日，师课四书文一、试贴一、律赋一，限此日缴卷；二十三日，师课经解一、史论一、时务一，乡试之年，或以经艺代经解，亦限次日缴卷。院长评定甲乙，仍缄送县再行榜示，以昭慎重。

一、此邑文苑代有闻人，近日科目罕有作者，得毋应试之学有未至乎？书院向有官课，试时文、试贴，兹复仍之，增师课於时艺之外，添一律赋，愿诸生弋取科名，为他日蜚声艺院张本。惟作时文不根据经史，不知古今世变，乌能代圣贤立言，以羽翼经传，即诗赋所以润色鸿业，汉志、六略别立一家，固非典瞻渊微不为能事，而从容讽议、陈古砭今，尤宜博通经史，故再增师课，课经解史论，以视诸生平日枕葄之功。

一、课士之法，宜有序、有物，各就其性之所近，使为孤诣，不可以浩博无涯之事求备一人，故胡安定分经义治事，因质教授，后世宗其成法。然礼乐者，道之体也；兵刑者，道之用也；经传者，礼乐兵刑之籍也。故汉儒以《春秋》决疑狱，以《礼》定郊禘大典。董仲舒、公孙宏、倪宽咸以经术润饰吏事，自经生徒守空文，为管商申韩之学者，出持政柄，而经与事遂分，兹愿诸生考证圣经，端其根柢，坐论起行，乃为有用之学，故课以经解兼策时务。

一、经学、史学各有专家，欲取兼通，谈何容易，然治经者必读史，治史者必通经，观其会通，不可偏废，历代因时为治，积事成史，礼教虽有不同，要皆直接圣经贤传，为事准鉴。古今事变之赜，天人相与之微，因革利病之端，见之深者，可以发摅义理，有功载籍，至《史记》《两汉》，儒先师说多出其中，班书尤无俗字，古人之假借、通用可以考见，崖略为治经者识字之助，兹愿诸生刚日柔日蕴为通儒，故兼治经史。

一、学古所以通今也，以古之道絜今之时，得所折衷，自不流於杂霸，然荆公执拗，亦有泥古之失，故士人读书当於古今事变之赜，推究因革损益得失之由，以为康世之具。近日洋务，此非所谓古今之变耶？史公曰：世异变，成功大。又曰：好学深思，心知其义。又称"因时为业，据为资"。可知通变趋时，存乎后杰，故时务之课，尤亟亟焉。

一、时务之学，所包者广，统中学、西学，而言之曰掌故学，三通政典之学，以及天文、地舆、兵家、边务、律令、测算、考工、方言、格致、农桑、矿务，为学不一，浩如烟海，尤非凭空可以臆说，必先购置各书，殚力研求，乃能得之於心，宣之於口。书院规模草创，经费太绌，未能多藏书籍，甚望后任同志者，俟筹款稍充，陆续购弆，以书籍益人神智，以人材为国羽翼，匪徒匡其陋劣，未逮已也。

一、近日鄂督南皮尚书视蜀学，日述輶轩语分行学文三科，乃用保氏乡三物教人之义。又为书目答问，部居系分，示人门径。袁观察《申江讲院章程》谓：宜人置一本。今师其意，庶茫茫学海得其津梁。

一、每课名次，本因文抑扬，则每月膏奖亦随课升降。官课则由县捐廉，师课则以存款之息、院田之租按时支用。俟续有捐款，再随时酌加。

一、应课生童名数，以每年二月初三甄别，有名为定，如因事未与甄别者，准次月随课补考，为案送录。惟钞录陈文者，除不取外，并扣除其名，不准续考，以示愧励。

一、凡书院正附课名数皆有定额，兹特不著为例，盖恐佳卷太多，因额降屈，或一课佳卷偶少，因额敷数反失激扬敦劝之意，至膏奖多寡，仍以每月所入之款为度，不以一次，取数偶少，致留有余。

一、院长每岁修金洋一百六十元，火食洋八十元。斋长每岁薪资洋三十六元。一并由县按季捐廉致送，其间如前后任交接，按日分摊，以昭公允。

一、捐有成数，分存本邑源裕、源记两典生息，按月由县取给诸生膏奖。又旧存洋一百元、钱七百四十千文，由董暂存各铺，按月取息，并给膏奖。

一、院田清查垦熟田一百一十三亩一分、地十九亩伍分，已县署存案，书院泐碑，冀垂久远。每年院董收租，除完课外，并同存款之息取给诸生膏奖，酌提三成存作岁修书院之用。如一岁无修葺工程，即以此款为增购书籍。每年用数，院董造册报销，以昭核实。

一、官课点名、给卷，诸生先期报名，礼房备卷，由本官给发卷资，至报名造册，书办本应从公，不得藉为索费，师课则由院董备卷，卷资取诸公注，以免赔累。

储院书目

《十三经注疏》（壹百陆拾本）
《石印正续皇清经解》（陆拾肆本）
《石印资治通鉴正续编明纪附》（肆拾捌本）
《二十四史》（贰百本）
《石印汉魏丛书》（拾陆本）
《正续皇朝经世文编》（叁拾贰本）
《古文渊鉴》（叁拾贰本）
《五子近思录》（肆本）
《石印文献通考》（贰拾本）
《郡国利病方舆纪要二种》（壹百贰拾本）
《困学纪闻》（陆本）
《日知录》（陆本）
《石印康熙字典》（陆本）
《石印佩文韵府》（贰拾肆本）
《石印段氏说文》（捌本）
《正续古文辞类纂》（贰拾肆本）
《古文雅正》（捌本）
《昭明文选》（拾本）
《楚辞》（肆本）
《唐宋诗醇》（伍本）
《赋钞笺略》（捌本）
《五诗别裁》（肆拾本）
《石印四书文》（捌本）
《小题传薪》（拾本）
《策学纂要》（贰本）
《石印瀛环志略》（肆本）
《各国时事统编》（肆本）
《钦定数理精蕴》（肆拾本）
《则古昔斋重学几何算学三种》（贰拾本）
《石印九章算术》（肆本）

以上各书最为切要，其余应涉猎旁览者，无虑数百种，兹因一、诸事草创，域於经费，未能多储，以期陆续添补焉。所有规条开列於后。

一、诸生看书不准径将全部携出，祇准先取一二本，俟看完再向邺架调取。若此则一部书可备数人看矣。

一、院内之书，祇准诸生在院翻阅，不准借给他人，并不许自行带出，以防遗失，斋长有管理之责，应认真稽查，毋徇情面。

一、诸生翻阅书籍要格外爱惜，固不可有沾污秽，即书角、板口，阅时留心，以备藏之久远。

一、各种书籍，每年於盛夏伏中晒三天。届时，管书应督率谨慎将事，毋许稍有损伤，阵雨亦宜预防之。

书院田亩

田十六亩五分,地六亩二分,又地六亩。以上坐落夹城村。

田四亩,坐落城内龙王庙。

田四亩,坐落油榨村。

田二十五亩八分,地五分,坐落西社村。

田十一亩五分,地九亩七分,坐落西俹墅村。

田二十一亩三分,地七分,又田二十四亩三分,坐落句溧交界处。

附旧书院

句曲、三友、江左三书院,皆久废。道光中,惟天王寺之道一书院甚盛。兵火后,茅山下之华阳书院,知县袁照一修之,未设课也。(互详建置)

南轩书院,在县治北。知县周仕(嘉靖间任)改接待寺为之。正心书院,在崇明寺东,万历三年建,并见陈开虞《府志》。(按,此二书院,前志所无,考旧址,疑南轩即三友,正心即华阳,名又互异,因并记之)

文舍(附)

古有社学(五城四乡皆有,见前志,陈开虞《府志》述洪武时社学制云:每坊厢建社学一区,以学行耆旧为之师,教一坊子弟,悉令通《孝经》《小学》诸书,其俊秀者,选入郡学。乡饮酒礼既举於学,每坊即社学为会饮之区,以礼一坊高年,行礼读法如仪),自社学废而文舍兴,盖以其地离城较远,不及与试书院,有志者创立文舍,互相氏砺,亦振兴文教之一助也。东乡白土镇则有同文书舍(咸丰中举办),南乡天王寺则有鹅塘书舍(孙恩胧等立),又有华阳书舍(道光中王锡蕃等倡办,捐款甚钜,置书舍,田四百余亩),北乡东阳镇则有竹里文舍(乱前,附法华庵。同治五年,倪金元、周镐、周之幹、张余范等力为整顿,建文舍三间於卢君观东),南北厂则有靖安文舍(光绪二年,王模、石蓝田、李唐、王爱堂、王荣浩等醵资倡兴,旋以同学捐款於上元之姚庄置买田三十二亩二分五厘,本庄基地通前彻后四进,草佃房八间,又续置蒋姓田八亩五分,又续置王姓田四亩,又续置宦姓田十四亩,基地姚庄西一方沟边为界,通前彻后又草佃房三间,先后共杜置课田五十八亩七分四厘。坿靖安文舍章程:一、文舍初兴,按月四课,延品学俱优者校定甲乙,其列优等者奖以笔墨,公款稍足再议重奖;一、舍中立司事一人,司帐一人,凡印契及一切票据、账目均归司事收管,出入登记账目则责成司帐;一、逢春秋两季收租时,归司事先期约同人到庄,所收租谷不得擅行变卖,以杜侵渔,而昭公允;一、文舍余款,凡在事诸人概不准挪借,留存殷实铺户生息,以贴优奖之用;一、每年秋季举行丁祭一次,同人各具衣冠诣舍,兼於是日会讲经史,不得杂以诙谐,亦不得闲谈官长得失;一、同人各给汤文正《志学会约》一本,平时填注功过,逢内课时出以互证,庶不至偏重文艺;一、除丁祭外,会食以两簋为度。不得任意奢侈,庶公款不至支绌;一、寒士苦无书可读,前司事王模曾购有《四书汇参》一部,宋版《胡注通鉴》拾本,《朱子语类》六本,以上二书不全,系购於旧书堆中,《尊经课艺》二十本。嗣后公款若足,当陆续添补,存司事处,有借读者,旋将卷数登簿,残毁者议赔;一、每年正月初,司事订期约同人算揭帐目一次,如有不公允处,即著将印契及一切帐目等件交出,另换公正者接管;一、文舍为会课而设,若非荒歉之年,小友会课不得藉故停止;一、舍中如有食饩①及中乡榜者,酌量津贴,以示鼓励)。

---

① 食饩(xì):指明清时经考试取得廪生资格的生员享受廪膳补贴。亦即成为廪生。

宾 兴

句容宾兴,自道光二十九年骆重莲、王锡蕃等捐办后(设卷费局,城乡分立),无议及之者。光绪二十六年,知县张绍棠创办,由县每月捐钱拾千,谕邑绅张瀛到月赴署领取,旋存本城源裕典,并通详大宪立案。后任仿章踵行。(坿章程:一、地方官捐廉,给发宾兴经费,系为体恤寒士起见,积至三年之久,连闰计有大钱三百七十千文正,凡遇本邑一切要公官绅,均不得擅为移挪;一、此项经费须谕公正绅董按月支取交典,当月清月款,免致前后任互相推诿,至按月按日亦须摊派分明,以昭公允;一、自本年正月起,由该管绅董送摺至县署帐房支领,随存储本城之源裕典,不得私相挪借;一、经费存典因其殷实,较寄放钱铺更为妥慎,毋须起利,倘遇恩科年分或存储尚不及一年,不敷开销,应请该典暂挪百数十千,俟下月由县发出,陆续扣还;一、遇有恩科年分,即将该款给发一半,其余一半归入正科给发,该士子等不得争多较少;一、宾兴有费则正案与遗才人数必多,其有志观光者自应照人摊派,其中或有备卷不到之人,且有借试来游者并不入闱,若凭册给发,虚縻实多,经管者易滋弊窦,兹定於二场点名时凭卷给发,其考过头场,虽有犯贴染恙不到者,一并分派,以昭体恤;一、支领、存储、发给,均归一律通足制钱,并不折成洋银,以免出入低昂之弊,届期先饬源裕典汇寄省典协隆兑付钱票,以免给散,且省解运劳费;一、每次给散后,开列清单,粘贴本邑学宫墙外,并缮清册到署归案报销;一、宾兴为至重善举,特仿本郡公车费例,勒石儒学,以垂久远)

句容创立宾兴费记:

句曲科名之盛,肇於宋,而极於明,雍乾①后亦稍稍衰落矣,然犹踬而能起也,至咸丰丙庚②间,老师、宿儒摧残殆尽,书林艺圃扫荡一空,虽幸复我邦家,而径没蓬蒿,户无弦诵,良可慨已。第念前朝开府,有造於斯,先哲怜才,无微不至,大比有资,计偕有费,绳枢瓮牖之士,莫不一鼓作气、一鸣惊人,非若今之腼脾无声、璱瞳③不舞也。然而山枢虽贱於梓楠,使倕般度之,皆中绳墨。赵士虽弱於秦楚,使颇牧驱之,即胜疆场,不又在提唱而鼓厉之乎?己亥春,皖桐星五张公来宰吾邑,众善毕举,而尤兢兢於养士作人之要,厚加膏奖而外创立宾兴,助寒微橐笔之资,壮英俊上书之瞻,借此扶摇,定须奋振,他时仙桂能攀,敢忘遗惠?今日甘棠载咏,谨志去思云尔。光绪二十六年岁次庚子三月吉日,合邑绅士公立。邑岁贡张瀛敬撰并书。

续纂句容县志卷三下终

---

① 雍乾:雍正,乾隆。
② 咸丰丙庚:即咸丰丙辰(1856年)至咸丰庚申(1860年)。
③ 璱瞳:疑即"蒙童"。知识未开的儿童。

续纂句容县志卷四　　　邑人　张瀛　分纂

实政

下邑弦歌，尼父闻而色喜。吾邑为汉封县，鳞萃十万户，待奏牛刀。丙庚遭难，沦为贼窟。勘定而后，招集流亡，十无二三。湘乡贤相，抚绥噢咻，泽流下邑。一二良吏，奉令布化，疮痍之众，稍稍纾矣！康乂小民，岁历三纪，棠阴黍雨，何可忘也。爰举规画，以志实政。

善后局

同治三年立。总督曾文正公筹款饬县谕董遵办。凡事涉抚绥安集者皆隶焉。逾年裁撤。

官粥厂

同治三年立。知县依勒通阿捐廉并谕董募款，以振饥民。四年春截止。（兵后，饥民人相食，因立粥厂以振之）

幼幼局

同治三年立。知县依勒通阿谕董筹款经理。城复后，幼童甚众，年十五以上籍隶外郡者资遣之，土著及稚齿留养局中，待族属领养。后裁撤。

振荒

乾隆三年旱，知县周应宿谕绅筹款，设官厂二（虎耳山、何庄庙），私厂七（城东、祝庙、唐陵、王庄、赵巷、淤乡、葛村）。分上中下贫户。凡振九万余口（详前志艺文）。

十二年又旱，知县孙循徽发仓平粜，劝绅富捐资购谷、设厂佐之（东阳、汤巷、甲山、唐陵，均立厂），并以余资建养济院、育婴堂（见前志艺文，今废）。

嘉庆十九年大旱，知县于稽山粜官米平价，详上宪蠲振逐户验名，以银易钱，吏不敢欺，民沾实惠。

光绪十四年旱，知县赵受璋禀请抚恤。至十八年又大旱，署县事舒霖将贫民异常困苦情形一再禀请，上宪拨款抚恤，沐奉布政使瑞璋批饬，将某乡某庄待恤极贫户口若干，遴选公正绅董分段清查造册，议章禀办，又经援照光绪十四年分办过抚恤成案，就田问户，就户计田，由各乡董造册汇详，复查相符，随即刊印，照票填给，俟拨款到日验票散放如十四年。被旱山乡极贫户口十六乡共计一万五千四百八十四户，男女大口三万六千五百七十口，小口一万六千五百二十口，每大口发给足制钱三百文，每小口发给足制钱一百五十文，计口授食，实共放足制钱一万三千四百四十九文，该年奉发抚恤银一万两，除放计仍余剩钱合银九百五十两四钱一分八厘，随交委员解缴，本年较十四年歉分尤重，请发抚恤银二万五千两，以资散放，开册禀奉藩司行知委员候补知府罗守章会办江宁抚恤事宜，嗣准上、江二县钞摺移知。

附光十八年督抚奏稿：

两江总督臣刘坤一、江苏巡抚臣奎俊会奏：为江宁、扬州各属被歉甌重，筹办赈抚以全民命，谨将大概情形恭摺驰陈伏乞圣鉴事，窃照江宁各属，自兵燹后民间元气未复，全赖米谷丰登藉资生计，迩来适遭歉岁，小民绝少蓋藏，本年入夏后，雨泽愆期，禾稻未能及时栽插，补植杂粮，又以交秋后日久亢晴，长发不茂，其濒临江河湖荡处所，农民昼夜车戽，竭力灌溉，虽倍费人功，尚须设法补救，藉获收成。惟徐州、萧县、宿迁等处，间有因夏间骤雨，河南、山东诸水下注，一时宣洩不及，不无被淹之处，此外各属高阜田禾，人力难施，率皆因旱受伤，秋成减色，甚至有黄萎枯槁颗粒无收。现就各该州县，禀报情形详加查核，以扬州府属之甘泉县被灾为最重，其余如句容、仪征、六合、江浦等县，山田居多，收成亦歉，迭据各该地方绅耆以民情困苦待哺孔殷纷纷呈请赈抚，业经江宁藩司饬府亲诣履勘荒歉轻重，分别应蠲、应缓另行汇案办理，一面请拨款项，俾得早日筹办赈抚，以免流亡等情，据江宁布政使瑞璋详请具奏，前来臣等查本年镇江府属丹徒、丹阳二县，被灾较重，业经会奏，仰蒙恩旨，截留江淮河运漕米五万石并水脚运费等款，为镇江各灾区赈济之用。皇恩浩荡，薄海同钦，今宁、扬二府所属甘泉等县灾歉情形与丹徒、丹阳大略相同，而地方较广，赈济抚恤需款不赀，仰维我皇上如天之仁，凡水旱偏灾一经臣下奏陈无不恩施立沛，臣等奉职无状，未能感召休和，清夜自思，难安寝馈，惟有督率藩司实心实力设法筹款，分别灾区轻重，酌量拨济，俾贫民不致失所，藉以上副圣主子惠元元之至意，惟察看目前被灾之处，小民困苦颠连，已有岌岌不可终日之势，转瞬青黄不接，更属不堪设想，约计冬赈、春赈为日甚长，需用浩繁，款无所出，当此司局各库异常支绌，苦无钜款可筹，拟於镇江各属一体劝办赈捐，俾资补直而全民命，除将筹办赈捐事宜另行附片具奏外，所有江宁、扬州各属被旱较重，亟待赈抚，缘由谨合词恭摺驰陈，伏乞皇上圣鉴训示。谨奏。

是年十月十六日，奉府宪李札饬恭录上谕一道：光绪十八年九月初五日，内阁奉上谕，本年江苏镇江府属，因亢晴日久，田禾未能及时栽插，丹徒、丹阳二县被灾尤重，荒歉情形殊堪悯恻。瞬交冬令，小民衣食无资，亟应预筹赈济，加恩赏给江北河运漕米五万石，所有水脚运费等款一并截留，为镇属各灾区赈济之用，即著刘坤一、奎俊督同司道勘明被灾处所，严饬印委各员确查户口，核实散放，并将赈抚事宜查照成案妥筹办理，总期实惠及民，毋得稍有弊混，用副朝廷轸念灾黎至意。该部知道。钦此。又奉委候补知县朱公纯到句会办抚恤，蒙督宪刘批准，句容县①共拨银二万五千两，饬将开塘坝、挖螭子二事兼筹并雇，由府给领，於十二月十一日起，至十九日止，按乡按图散放，核定每大口给钱四百文，每小口给钱二百文，以二万两尽数易钱发给，其余五千两留备收买螭子及挖挑河工之用，共放出二万二千五百四十一户，男女大五万八千一百五十四口，小二万四千九百四十七口，统共合放足制钱二万八千四百千七百六十八文，又续放零星散户连同委员薪水、刷印照票纸张、辛工正杂各项，共用钱一千五百四十千七百六十文，以及收买螭子并杂支等项，总共动用钱三万三千七百七十六千三百六十八文，计余剩钱四千一百四十二千一百三十二文，归入挑河建闸等项工程之用，另案报销办理。

按，旧志云：句容荒政较他邑为最善。国朝以来，意美法良，层见叠出，惜无门类可载，第於艺文中甄录《平粜碑》《救荒记》数篇而已。今援续府志例，增实政一门，断自同治初年始，间有追溯从前者，聊志缘起云尔。

保甲局，光绪十八年立。二十三年至二十六年，城乡分设四十二处城局，练勇四十名，以兵弁领之，夜出巡警，扞撒县署，招募小队数十名（历任三四十名不等），分屯四乡险隘。初年未设保甲，以前禀请派拨督标一营驻扎县城及四乡防堵。

光绪二十三年，保甲章程四条：

户口宜编查也。府属除金陵城内外有保甲委员巡防地方外，余拟通饬各县慎选老成谙练廉洁自持之人谕充董事，酌分地段，责成督率甲长挨户清查，凡男丁姓名、籍贯、年岁、生业逐一查填牌册，妇女及年未十岁幼孩免予查填，客民较多之处，酌充客董帮办。除衙门公局外，余概编查户贴门牌。候补官公寓等类酌用某公寓查讫字样，不查人丁，不用门牌，以防阻滞。查竣之后，千户或千余户合为一甲，村小者附入大村，无大村者，则合数村为一甲，每甲择适中地觅房设立公所，在於公所门首以五六百户

---

① 句容县：据《国朝金陵通记》四卷："（光绪）十八年夏旱。秋，飞蝗蔽天。江宁府属皆荒。句容尤甚。"

列一牌，分为两牌。终朝悬挂。牌内但填户长之名。各立底册三分，册内每张六户，每五六百户装订一本。每甲分立两本。一分送府，一分送县，一分存於公所。遇有迁移，甲长於牌册随时登记，仍於月终，由董事开单呈县，由县报府。各於底册涂改，俾免歧义，各县令俟底册送到，不时亲诣抽查，如有不符，将甲长革究，倘各县令虚应故事，卑府查出，亦酌请示惩，以儆懈玩。

一、巡夜宜定章也。每甲立一甲长，立两地保，雇巡丁十八名，均择士民素无嗜好、年在二十岁以上四十岁以下者充之，年至五十者革换。甲长尤宜诚实。原有地甲、社长、董长等类名目，均行裁革。少一官役，即少一民蠹。现充甲长、地保不堪用者革换。地保、巡丁分为两班，轮流值夜，俾得间夜睡歇，白昼仍可谋生。每夜以一地保督率巡丁九名，自二更起至日出止。以两人在公所坐守管理更鼓、茶水、油烛等事，余以四人为一班，在於甲内分投梭巡，责成董事督率甲长认真稽查，惰者革换。该巡丁等无事击柝，有警鸣锣，合甲之人闻有锣声齐出帮捕。拿获贼犯送营送县，听民自便，如有盗匪持械拒捕，准其格杀，照例勿论，仍於街巷设立栅栏，湖河要隘之处横设木档，均晨启夜闭，派妥人看管，非盘询实有急事夜晚不准放行。甲长、地甲人等、各衙门因公传唤务於随时释回，倘因有犯不释，亦必立时谕知董事，选人禀验接充，以免旷误。

一、经费宜劝捐也。历办保甲不成，良由经费无出。自来甲长、地保不办，保甲未曾不藉抽丰节费等名目需索民钱，拟责成董事亲督甲长挨户妥为劝捐，典当月捐钱一千文，余则上户月捐钱一百文，中户月捐钱六十文，下户月捐钱三十文。先尽大户、中户，不足再捐及下户，极贫者免捐，每甲合捐钱六十千，以八千为公所房租及油烛、茶水等用，以八千为甲长薪水，以八千分为两地保工食，余钱三十六千分给巡丁，每巡丁一名月给工食钱二千，但居民有贫富不同，如捐数不足，即捐至四十八千为止，一切开支照前八折。设捐数仍不足，即多至一千二三百户为一甲，亦可所捐钱数随於牌册注明捐户，各立经摺一扣。月初由甲长、地保凭摺分投收取，俟捐数定后，先捐一月钱以为置备柝锣器具等用，仍於开支后将出入钱文逐一用端楷开明榜示公所门首，终朝悬挂，勿任风雨摧残，按月倒换，既使甲民共见，且便官为稽查。再於下月初五日以前，由甲长开具收支清摺交由董事，於初十日以前汇报该县查考，似此捐有限之钱，享安枕之乐，谅民皆乐从，各甲长人等再藉抽丰节费等名目，额外需索，或有侵吞情弊，一经发觉，除革惩外，照所得钱数酌加五倍或十倍重罚，以昭儆戒。

一、赏罚宜分明也。窝藏盗贼之家，难瞒左右贴邻耳目，向章十家一牌九家连坐，未免株连太广，今责成左右两贴邻稽查，如有匪徒，随时密报董事、甲长送官究办，倘敢知情隐匿，别经获觉，左右两贴邻连坐，如有行迹可疑，不能确指为匪之户，暂於牌册内加"待查"二字红戳，俟贴邻情愿出结具保，则将"待查"字样销除，以昭劝化。候补各官及现官幕友与曾经出仕之乡绅本少与邻舍居民往来，应查照昔奉前护抚宪谭定章令，将本宅自行稽查，邻人有犯不与相干，其捐办团防仍同齐民办理。至客店、烟馆、茶寮、酒肆以及窑厂、铁厂、木厂与各项作坊、庙宇等类，人数既杂，聚散无定，应责成店主等不准容留匪人，如有犯者，即惟该店主是问，至搭盖草棚尤为宵小藏身之所，更应责成甲长人等不时查察，如有形迹可疑客民，即认真盘诘，果属来历不明，务必勒令出境，倘系盗贼，连同窝家随时禀办，俟办三年，著有成效，该董事由县禀请酌予奖励，甲长请给功牌，地保则由县选给花红银牌，俾资鼓励。

按，以上四条，系江宁府拟饬县遵办，规画详尽，意美法良，所难得人而已。董、保得人，认真抽查，不辞劳瘁，奸究何由生乎？

二十六年，知县黄传祁保甲章程六条：

办团须按户抽丁也。除五十以上、十六以下及鳏寡孤独外，每户应出一壮丁，由董事管领，每月齐集二次，认真操练。

一、团练宜选派教习也。乡民不知武事，必有熟谙操练者，训教指挥，方不至有名无实。

一、器械、号衣宜备也。团练以防盗贼，非军械不为功，除洋枪子药无从购买，应俟禀请发给外，其刀矛旗鼓等物应由各乡自备，其号衣可作背心，注明某乡练勇，庶可一览了然。

一、巡查宜轮派驻局也。各乡无论正副图，每团每月派壮丁一人轮班驻局，或一月一换，或半月一换，由各董酌量办理。

一、各家宜备置梆锣也。无论村镇，每家置锣一面，或制梆一具，盖团练原期守望相助，遇有盗警，一家鸣锣，各家除各鸣锣梆外，其壮丁均须持械齐集共相堵御追捕。

一、练丁追捕盗贼，赏罚宜分明也。如有被匪窃劫之家，随时鸣锣，邻人应即一闻锣声众往追捕，果能上紧捕获赃匪送案究明，本县定当从优给赏，倘竟赃匪无获，则是追捕不力，轻则训斥，重则提案，照律从严治罪。

招垦局，同治三年立。以绅士治其事，乡别以图，图别以甲（句容县十六乡，共二百一十一里图）。勘田之荒熟图之籍之，严隐冒之罚。勘实以联照授之。垦熟田地五千五百余顷。官借牛本籽种银五千两，以恤贫户，蠲其息，以时敛之。（牛本籽种，民间缴还后，即留为地方公款）后改为劝农局。五年，李公鸿章加给牛本银三千两。光绪二十年，原、续垦田地共六千三百余顷。

积谷局，光绪四年奉饬劝办，共购谷二万五千四百余石，分储二十一仓，以备荒政。十八年，散放。二十四、五两年，奉饬再积，援四年例，每亩捐钱二十文，分别建廒采谷之用。（详见义举）

典牛局，光绪十八年，藩宪许公振祎俯念农困，筹款委员设局收当耕牛，札发章程，并委即补州汪在三岔地方示谕，於九月二十一日开局收当，分立四等价值，每壮牛十千文，次牛八千文，又次牛六千文，老牛四千文，牝牛带有子牛者，子牛加钱二千文，以次年二月为止。按月加息一分，原主备价取赎，每牛一头定章，另给喂养钱三千文，与溧邑同时开办，本境计收当贴养耕牛三千九百余头，牛资计有一万二千余串，统计抚恤、当牛两事，实惠及民者约共三万串。

附章程：

总局收牛至十头，由中营牧养，续收者归左营城守各营牧养，周而复始，其票填注"中左"等字。

一、所典牛只，由总局先於票内填写毛色、齿数，再於牛角漆书当户姓名及号数。

一、本日给票，次日发钱，以防盗牛质当来路不明之弊。

一、典价分三等，壮牛十千文，次牛八千文，又次牛六千文，老牛四千文，牝牛带有子牛者，加给二千文。在局孳生之牛，取赎时仍归牛主收领。

一、每牛一只，日给稻草三十斤，由总局购买动放。

一、於票上注明牛只有病无病，如病牛倒毙，即传牛主验明，调销原票，免其取赎。其牛只到局后倒毙者，亦照此办理。牛主贫者，给当本之半，倒毙之牛不准剥卖，择净土掩埋。

一、赎牛在两月以内暂不取息，两月以外，加息一分，典期以来年二月底为限。逾县不赎，由官变卖，其价照当本月息科计，如有赢余，仍传牛主给领。

捕蝗局，道光十七年，知县刘佳设城中一，东、北乡各一，教谕张履分任其事，有记载艺文中。光绪三年冬，天气亢旱，江北蝗生，飞渡向南，撒子遍地。布政使孙衣言檄县捕之，知县涂嘉骥分局设四乡，恐民搜捕不力，更使防堵营兵助捕。十八年大旱，蝗飞蔽天，知县舒霖奉檄城乡设局，谕董分捕，事竣请叙，给奖有差。

附禀稿：

光绪二十年，知县孙廷骥禀敬禀者：句邑於光绪十八九年外来飞蝗经过停落，蝻孽萌生，经前署县舒霖督饬各图董、保，并移行县丞、巡典暨武营汛，并多派兵役，厚集人夫，不分畛域，实力兜捕，计有验埋大小蝗蝻五十七万斛之多，迨奉饬挖除蝻子，定价收买，每斛五十文，遵即在城设局宝塔寺，并分局郭庄庙、三岔等处，分乡谕催，共先后收缴蝻子七万五千斛有奇，均已随时解验，总共收买蝻子正价连杂支等项钱三千八百余千文，业经舒前县开册报销，禀明各宪。当开局之际，乡民杂集，不免滋扰，稽察巡防，固关紧要，其监秤记籍又恐丁役弊混，不得不专委驻守。事务纷繁，阅两月方克就绪，则典史丁寿祺与城董骆文凤等最为出力。伏思捕蝗功令森严，乃有司分所应为，惟蝗孽初起，国计民生两相维系，若不从速扑灭，岂堪设想，各该员董冲寒冒暑，奔驰於山巅水涯之间，为民除害，洵属艰苦，经前舒故县本拟存记请奖，或虑搜查不遍，重贻后患，未及禀请核办，因病出缺（卑职）抵任后，饬查各乡董保委无蝻孽复发情事，仰叨福庇，欣感殊深，而追溯前劳，奚忍没其苶绩不为上陈！查甘泉县因捕蝗出力，禀请奖励员董奉准有案，句邑捕蝗情事相同，似可援照禀办，兹将尤为出力之员董查明请奖，开摺禀恳，合无吁乞，宪恩逾格成全，准照所请，给奖以资鼓励，督宪刘批：据禀已悉，摺开各员董既系十八九年捕蝗尤为出力之人，应准照案给奖，仰即将发去五品功牌两张，七品功牌各三张，分给收领。（是年，城守汛把总李明洲协力捕蝗，奖调优缺，见档册）

飞蝗以尾锥土，撒子入土仅三五寸，土面有小孔。俗呼为"蝻子"，掘而出之，渐长如蝇如蚁，五更露湿多潜於草底，俗呼为"蝗蝻"。扫而聚之，翅成能飞，俗呼为飞蝗，则须扑打矣。故治蝗以早捕蝻子为上。各营掘送蝻子，每斛给钱四十文，乡民掘送蝻子每斛给钱六十文。蝗蝻、飞蝗以此递减。治蝻以沸汤治，蝗蝻、飞蝗以石灰，均下土掩埋。

南北两圩，滨河临江，夏水暴涨，圩埂冲决，秋成失望。同治八年，光绪初年，被灾尤重。至十二年，知县陈玉斌据绅董禀请给发椿木。藩宪梁肇煌拨给银二千九百五十三两五钱三分，以备修堤之用。

附禀稿：

署句容县陈玉斌禀敬禀者：窃据卑县南乡董事文生王兆麟、北乡董事监生周敦五等禀称，窃句邑南北两乡圩堤被水冲缺处所，前经职等诣勘，估计共需修费银五千九百四十两四钱二分五厘。灾后，穷民无力修筑，当即绘图造册，或拨或借，禀蒙亲诣勘估转禀各宪筹款在案，惟日久未奉宪批，民心实深翘盼，兼以邻邑之上元、高、溧等县接壤相连圩堤纷纷兴工，因办理急须乘时，不得已赴省禀求探悉，此案已奉宪檄行府委员会员督择要筹修，令於存府备发各县修圩公款银一万两内酌借，断难分县筹给等因。职等闻命之余，金谓府署存银倘各邻邑分拨无几，得能如数以偿，庶不负大宪轸念民生之至意！奈闻奉拨之万两已经各邻邑领用过半，现余不过三千两之数，伏念句邑本年惨遭水患，嗷鸿遍野，籽种无出之家，刻正拟请拨款筹济，其困苦流离初非各邻邑可比，此等圩工职等当勘之初，稔知库款艰难，即已择要请修，一切计工科料诸从撙节。今存府祗有此数，无论未奉准拨，即蒙尽数议给，亦属无济於事，但经费纵有不敷，而工程实有不容缓之势，倘不及时赶办，一旦过此冬令农隙，春水陡发，虽蒙给项，无可施工，行见垦熟田地复荒，耕耘坐误，其何以全国课而恤民生，职等忝居圩董，一再筹思，邻邑高、溧等县均蒙照估全数给款领办，句容同属帡幪①，同此工作，在大宪一视同仁，原不致令抱向隅之憾，第悯此无告穷黎不得不急为请命用特沥情公呈，伏乞转详赏准如数拨款，俾得早日兴工，以免坐误等情，据此伏查此案，前因卑县圩乡被水冲缺堤埂，贫民无力修筑，当经卑职禀奉本府转奉宪台批饬，即经谕饬各董将稍有坍塌之埂仍照向章剔归民捐民办外，其实在民力难修之缺口、坍埂，查明共计大小缺口七十七处，坍埂一百六十余段，共核实估计需银五千九百四十两四钱二分五厘，开具清摺，禀请宪台俯赐，或拨或借，给领转发，以便乘时修筑，在案迄今未奉批示，据禀前情，卑职复查此项缺口所请椿木经费委系民力难筹，若不乘时修筑，转瞬耕作方兴，不免有误农功，难保田畴，惟称有存储备拨之款，究竟未见公牍，或该董等传闻讹误，第工程紧要，情形实难再缓，查合据禀，具陈伏乞大人逾格鸿慈，俯赐查照前禀，或拨或借，批示给领，俾得早日兴工，以卫田畴，深为公便，前藩宪梁於光绪十二年正月十一日据前禀行府核议，二月二十九日，据前江宁府孙守申复，借给句容县圩工、椿木银二千九百五十三两五钱三分，此款系由司发银一万两，饬府分拨上元、溧水、高淳、句容等县修圩之用。

蚕桑之利，吾容未溥。道光间，知县刘佳与教谕张履议行未果。同治十年，省城大吏设局劝民，愿植桑者，户给三十五株，分别自种、佃种，书於册。佃种者，蚕时官收其息（自种谓民地，佃种谓官地）。令虽下，吾民犹观望。至光绪八年，左文襄公移节两江，饬委胡道光镛购办桑秧六十五万株，内派吾邑领种八万株，分散各乡栽种，而免其息，至今闲闲泄泄，其利无穷矣。九年，知县张沇清缮册呈报各乡所领数目如左。

句容乡领八千七百株。

移风乡领五千八百株。

孝义乡领一万四千株。

凤坛乡领八千二百株。

仁信乡领二千九百株。

---

① 帡幪（píng méng）：帐幕。引申为覆盖，荫护。

来苏乡领八百株。

崇德乡领一千四百株。

茅山乡领七百株。

承仙乡领一千三百株。

福祚乡领一千六百株。

上容乡领五千一百株。

临泉乡领一千一百株。

通德乡领一万二千五百株。

琅琊乡领一万三千株。

靖安厂领二千九百株。

光绪六年，修浚水利、湖塘。知县张沇清奉抚宪吴札照，得田土之肥硗，视乎水利之兴废，苏省低区较多，农田灌溉较易。若江宁府属之句容、溧水，镇江府属之丹徒、丹阳等县，地势既居高阜，境内绝少河渠潴蓄之所，偶遇缺雨之时，不特田畴龟坼、车戽无由，即民间汲饮所需有取之数十里之外者。地方官苟念民瘼，可不於此加之意乎？北省言水利者，都以开沟凿井为亟务，南北风土虽有不同，而利益所存，仿行何害，札司转饬该县确查，所属境内共有湖塘若干处，何图可滋灌溉，何乡何图取水较远，先行履勘绘图，条议通送查察，一面就地筹设公款，并劝谕有力之家，或趁农隙计里穿井，或仿照古法开挖沟渠，分别相度地势，体察情形，绘图条议，通详察办，毋稍违延，切切。

光绪九年，挑浚大套口等口岸水道，知县张沇清奉督宪左公批据职员龚乃钧等禀请，挑浚大套口等口岸水道一案，奉批仰金陵水利局核饬遵照此批禀钞发等因。并钞发原禀到局奉此。查此案前准江藩司巡道衙门咨据上元县郝令炳纶详请、委勘青龙山凹堰塘工程、并另文申请勘办大套口等处淤塞处所情形移局委勘等因。当经本总局饬委朱令之幹勘估青龙山凹堰塘工程，并饬顺道前往大套口等处口岸淤塞处所周历履勘禀复察办在案，迄今尚未据复该职龚乃钧等所请挑浚各口岸，核与上元县郝令申请勘办大套口之案相同，除再饬该委员并案履勘并会同所辖各县妥议禀复到局，另饬遵照外合行札饬札到该县立即遵照办理毋违。

按，是年，左文襄公特委候补府许公总其事，设局龙潭镇，分派委员督办挑浚大套等口水道、修筑青龙山凹堰塘工程，民夫、营勇各半用之。

光绪九年，挑浚城内沟渠。知县廖佐卿据董事潘同等禀为遵谕禀复事，窃治城源裕典，每月应照城典章程捐钱二十千文，现蒙大宪体恤商情，姑於三年恩准减半。职等查此项钱文向拨恤厘支销，旋因中和典闭，蒙袁前县捐廉筹款生息，经费尚属可敷，职等本拟该典捐集有成数，择善后要举禀请拨用，现查街道拥塞，沟渠不通，流毒入井，时行疫疠，尤为善后之急务。前日曾经职等会同教职王嘉贞、附贡黄铬、监生张灏等竭力筹捐，并查照上年水龙局章程酌办房捐，一有头绪，自当绘图估工禀请核办，惜经费仍旧不敷，惟该典之捐已集有百千成数，计自上年十月二十六日起，扣至来年六月二十六日止，计二十个月，该捐钱二百千文，拟请拨入通沟经费，以后按月核计。一俟集有二百千文之数，或添作恤厘经费存本，或存留另作善举。职等随时再为禀请，似此零捐可作亟用要款，不致虚糜。是否，伏乞电核施行。

赤山湖，光绪八年，上、江、句、溧①四邑绅士禀请挑浚。左文襄公委员②勘估奏准，派拨标兵五千人开河③筑堤、建闸修坝，自道士坝至陈家边，计长三千九百余丈，挑土十七万五千八百余方，用银二万八千四百余两，旱潦有备，年谷顺成，至今赖之。详水利。

光绪十二年，总督曾忠襄公饬统领叶少林监筑北乡圩堤缺口，又饬水利局委员罗树勋修王家闸石硐。

---

① 上、江、句、溧：上元，江宁，句容，溧水。

② 委员：委派官员。

③ 开河：据《国朝金陵通记》四卷："（光绪）八年春，设水利局。开句容赤山湖河。"

因邑人王德怀禀县详请也。

光绪十三年，修筑圩堤。知县张沆清奉督办宁属圩堤之补用直隶州唐奉江宁府孙为通饬事，照得宁属各县上年被水冲缺各圩堤埂，当经本府详奉各宪借拨修圩银两，饬委会县督董妥为修筑，并示谕永禁各圩董，将积土栽柳事宜妥办在案，现交春令，江潮渐涨，其已修、未修各圩应如何加筑，均宜预为绸缪，有备无患。合亟飞饬札到该县，立即遵照，速即谕督董保农佃人等，将境内大小各圩堤埂低者加高，窄者培阔，缺者补筑完固，圩埂之上多集土牛，以备急需。以上指示，各节务令按田出夫，从速集事，不准藉端收费转至扰民，一面各因土所宜，或植柳或种苇以固堤根，庶几圩堤坚整，永无冲缺之虞，此事所关国课民生甚大，而民间往往事前漠视，懒於工作，及至水涨圩冲，悔已无及。故本府不惮烦言，先为告诫，该县奉文后，务即赶为督修，事先能尽一分心，日后即获无穷之益，统限二月底一律办竣，据实禀复毋违。

养济孤贫，由县署每名月给钱七百数十文，以六十二人为定额，皆年老鳏孀之无告者，每人给发印牌，当堂请领。年终，县署制衣给钱，振恤贫民，捐无定数。

恤嫠局，光绪元年，定额四十名。十一年，增额二十名，每名月给三百文，而士族妇女之嫠者尤可哀矜。同治十二年，教谕彭福保、训导秦焕捐俸，月给六百文。光绪间，训导晏振祜犹遵行之。

徐海振捐局，光绪二十五年，淮扬道谢元福劝办。知县张绍棠谕董捐助，亦救灾恤邻之美意也。（余详义举）

采访忠义局，同治三年立，绅士主之。甄录咸丰间死事之人（人数详载《续纂府志》），汇案上制府分别奏请旌恤。其目有六，曰全家殉难，曰请恤官绅，曰请恤团丁，曰请旌官绅，曰请旌士民，曰请旌妇女。有事实可书者，则立传。后奉裁撤。（光绪间，由苏省请旌忠孝节烈六百余户，蒙采办）

接婴局，设姜公祠南。光绪间，奉谕劝办。详义举。

牛痘局，光绪五年，知县袁照设在葛仙庵。

施医局，设四贤祠。光绪间，谕董筹办。

义塾，同治间，知县李宝设於华阳书院。光绪间，增设於学宫，每塾月支修金三千文，由县捐廉。

讲约，朔望於邑庙宣讲圣谕，讲生月给三千文，乡讲月给千文。

惜字局，县署捐廉，月给薪工民。捐详义举。

书院，同治五年，知县周光斗筹款改建。光绪二十三年，知县邓炬捐廉重修，延院长，购书籍，立规条，增经史、时务二课。并详学校。

小说九百本，自虞初支裔所流，衷淫是尚，坊贾射利传刻，风俗之忧也。同治七年，江苏巡抚丁公日昌示谕永禁。

同治七年三月初十日奉上谕，丁日昌奏设局刊刻牧令各书一摺，州县为亲民之官，地方之安危系之，丁日昌现拟编刊牧令各书颁发所属，即著实力举行，俾各州县得所效法，其小学、经史等编有裨学校者，并著陆续刊刻，广为流布，至邪说传奇为风俗人心之害，自应严行禁止，著各省督抚饬属一体查禁焚毁，不准坊肆售卖，以端士习而正民心。钦此。

光绪十六年，教谕张履谕止演淫盗诸戏。

为谕止演淫盗诸戏，以正人心，以消乱萌事，盖闻圣王治人性情，必以礼乐。礼起教於微妙而乐之，感人尤深，优戏亦乐类也，演忠孝节义之事，则愚夫愚妇亦感激奋兴，或叹息涕下，是有司教化之所不及施者，优戏能动之也。虽谓胜於古乐可也，演夭冶褒姒之状，则静女良士亦荡魂摇魄、不能自主，私奔苟合之丑往往縁此而成，是有司刑禁之所力为防者，优戏能败之也！是甚於郑声之乱雅也，且演戏以乐神也，神聪明正直，岂视邪色、听淫声也哉！非直不视不听而已，必致反干神怒。凡水旱疫疠之不时，祈祷之无应，安知非淫戏渎神之所致哉？或者谓有元黄之正色不废红紫，有松柏之贞姿不废桃柳。凡忠孝节义与夫男女之悲欢离合须相杂而成文，岂其事涉风流在所必绝，然如《折柳》一曲，夫妇依依恋别，能增人优俪之重，仆婢相窥不及於乱，此所谓发乎情止乎礼义者也！何不可娱心意悦耳目？而乃必跳墙、庙会、卖胭脂，备诸秽态乎？古者，淫声、凶声有禁，而当今功令《水浒》一书亦在禁限，盖观《水浒》者，至戕官篡囚辄以为快,不知上下有定分乃天经地义,父虽不慈,子不可忤,官虽失德,民不可犯。宋江等三十六人,横行天下,一夕尽为张叔夜所杀,载在正史。凡为不轨者,可以鉴戒,今登场演《水浒》,但见盗贼之纵横得志,而不见盗贼之骈首受戮。岂不长凶悍之气而开贼杀之机乎?案优伶为本学所统管,凡有点淫盗诸戏者,仰班头即请更换,尔士民亦宜慎择之,以助本学正人心、消乱萌,而迓神贶是所厚望。(乙未谕止妇女观优。又谕观优妇女详明剀切,屡告谆谆。见《容山教事录》)

坤舆博厚,所以载物。凡煤井上只方丈,其内曲直委折,有一线交通至百余里外者,地面殊不觉也。开凿既久,空处下陷,其上城郭、宫室以及田园、坟墓无不倾圮,以故诸矿多在边徼大山、人迹不到之区。江宁素不产五金。同治七年,奸商何致华在丹徒地方假托葬地,议开挖山穴,乡人逐之而止。八年,上海奸民魏镛等诱串洋人,指言上元、句容有煤,复经常镇道沈公严驳而止。后有江宁奸民王浩生煽议上欺使相李公,欲在两县祠山、土山、英山等处开井,郡人大骇,吁於总督李公,并上书使相,二公心念遗黎穷困,不忍再伤其意,亟谕罢其役。此同治十三年事也。光绪五年,又有人以利贿镇江李殿撰承霖使不言者,李公严斥之,遂禀请总督沈公禁止。明年,复请总督刘公立碑永禁。郡人闻之,援案以请,亦蒙准立碑永禁。

光绪六年八月,江宁绅士温葆深等禀请禁止开矿一案,奉总督刘批查禁开挖煤矿一事,昨据镇江李绅士承霖等具禀,窃以采煤以给民用,开矿以兴利源,祇可於幽深荒僻之处为之,若人烟辐辏之区,且为坟墓所在,岂可伤地脉拂舆情,启乱召侮,顾小失大,批饬镇江府遵照勒石,永禁在案。兹阅该绅等禀呈各情,核与镇绅所言大略相同,自应照案准其勒石永禁,并饬立府县学门外,俾众咸知,仰江宁府遵照办理,仍移该绅等知照。

煤矿,利源之巨者也。然东南之山向不产煤,与西北异。请以近事言之。光绪三年,有请以官本制钱三十万在湖北广济、兴国等州县勘定煤山,招工开挖,获煤甚劣,贾用不售,縻费已过半矣。嗣由洋矿师勘得荆门州属煤山产煤甚旺,因请招商承办,未闻报得煤也。(光绪间,署布政使某公筹资开采句容铜山铜矿,旋以炼铜无多,赀本耗竭而止)

勒石永禁事。光绪八年十二月十二日,奉爵阁督宪左批本府详复察句容县青龙山未便遽行开挖煤矿,由奉批查前据商人魏振元等以句容县旧有煤迹不在禁内,一再禀请集股试办,当经总督批府查明禀复察夺去后,兹据该府以温绅等呈词节略录详,并据句容县查详前来察该县习闻节略甚为详明,江宁自钟山起,历句容与镇江诸山接壤,前因累有妄请开挖,经江宁、镇江两处绅士联名禀准,各於府学门前勒碑永禁,不特青龙一带先代坟墓甚多,久在例禁,且据称咸丰年间向营曾经开挖,所才之煤不能熔铸锻炼,即以吹爨代薪亦不合用,岂容奸商藉开矿为骗局,妄图渔利扰害地方,自应不准开挖,仰即督同句容县先行出示谕禁,仍移会镇江府,再将此次申禁各节一体於府县学门勒碑,永禁觊觎,将碑摹通送立案,此缴摺存句容县详一件粘发等因。到府奉此查此案前奉督宪批发商人魏振元等请在句容青龙山试办挖煤等情具禀饬府行县查明禀复等因。奉经饬句邑查明商人所禀之青龙山,现据龙潭、东阳绅董王汝南等禀复查坟墓树木未便遽行开挖致多窒碍等情具详,并先准金陵众绅士开具节略呈请,永禁当经本府核议汇详在案,奉批前由除行县示禁并移会镇江府再行碑禁外,亟及出示严禁为此示,仰军民商贾人等知悉,尔等须知江宁自钟山起历句容壤诸山均在永禁之列,不准开挖煤铁等矿,倘再有图利开挖,或私行挖取,一经访闻,或被告发,定即提案究办,该山主容隐不报,并究不贷,各宜凛遵毋违,特示。光绪九年二月日告示立石。

按,旧志谓:尖桃山等处乃县治来龙,切近要区。前明暨国初民物殷阜,科名繁盛,自康熙四十年遭射利奸民烧造缸坛,筑窑取土赤类丹砂,粘同膏血,盖窑器非此不能成胚胎,而来龙遂由是为坑堑,日掘日深,不绝如线,以致民物凋敝,科名沦落。康熙六十一年勒石永禁(碑载前志"公署"),后培护二十余年,元气渐复,地方日有起色,科目馆选一人云云。今桥头镇南缸窑林立,而龙脉蜿蜒连接五棋、天王、覆舟诸山,实为句曲之要害,弗禁则凋敝沦落至於此极,禁止则窑户数百无以为生,是在贤有司别筹良法,俾两利焉。斯造一邑之福矣!

补录禁革各项人夫把持碑记：

禁革新河口税务碑：

江宁府句容县正堂加五级孟为恩垂久远等事。乾隆五十一年八月十二日，奉江宁藩宪袁批据句邑生监丁楷、陈德和等呈称切照新开河道原属便民，龙、东两镇乡铺贩买货物向在镇江置办，由大江直达龙潭起卸，例无税课，不料新河一设而关差私立口岸，盘阻需索，以致前赴（督、抚）二宪衙门控告，奉县议详不准设立口岸稽查，批准永行禁止，第县示难垂久远，诚恐日久废弛，伏乞饬县勒石等情由奉批，既经前司查明，该地毋庸设立口岸，详奉院宪咨明关部禁止，仰句容县即查照原案准其勒石永禁等因。下县奉此合准勒石永禁。为此示仰该地店铺人等知悉，遵照宪批照旧行旅免立口岸，倘再有地混人等藉端需索滋扰，许即禀县以凭拿究，各宜凛遵毋违，特示须至碑者。乾隆五十一年十一月日，句容县知县孟芮、龙东两镇士民丁楷、陈德和公立。

禁革乡民畜养驴骡当差碑记：

江宁府句容县正堂加十级、纪录十次方为藉差诈扰等事。嘉庆四年四月二十一日，案奉江宁府正堂许批发本县民人尹东升、陈从善、石加厚词控前事内称，句邑山乡各有山柴靠养驴只驼运龙、东二镇变卖，向遭驴头藉差强拉民驴，奉前梁县主示禁。岂至去年，驴头谭加荣等勒去钱文，本年更换驴头杨欲又行勒钱，谎称应差，硬牵驴只驼客货物，是以禀县奉饬差保查覆，痛思驴头、差保皆属一局，闻身禀县，反触凶怒，加倍横拉，至今驴藏，不敢出去，切思民柴一日不卖，一日无炊，刻难缓待。况勒诈於前，今又扰害於后，为此追叩电鉴，乡民受害赏究追息安民生。上禀等情奉府宪批，开查乡民畜养驴骡驼运柴薪以资生理，应听自便，不许勒差强拉，曾经前县梁令出示禁约在案，驴头谭加荣等何得复蹈前辙，叠次赴乡勒诈钱文，甚至在路藉称应差，将乡驴只强行牵去，自行驼运客货，经旬不还，滋扰闾阎，实属可恶，仰句容县严查究追具报，仍候出示，严行申禁等因。并奉发词，又奉札发告示严禁藉差强拉驴只在案，兹本县莅任饬差传齐原、被人等，庭训之下，驴头谭加荣并杨欲等先后婪索陈从喜钱文、复拉驴只属实，既经议拟枷杖发落，追缴钱文给还众驴户收领，具文详覆。续有徐廷超等禀称乡民养驴自驼酒米柴薪等物，公叩勒石，严禁强拉乡驴等情到县，据经批示外合亟出示晓谕为此示，仰县属居民并驴头人等知悉。嗣后，乡民畜养驴只如系并不驼载客商货物者，仅自己驼运柴薪酒米变卖及买用什物者，应听民便，毋许强拉应差。其充当驴头代客驼运人货之驴，遇有差使，仍即给价雇用。自示之后，各安生业。倘敢混拉乡驴，复蹈前辙，定行严拿究处，绝不宽恕，均各凛遵毋违，特示。

江宁府正堂许谕句容县乡民尹东升、陈从喜、石加厚知悉：据句邑拟送毋许强拉乡驴应差示稿到府，兹已核正，合行抄粘谕给该乡民自行勒石，揭摹同此谕禀呈核销，毋得藉端扰延，致干察究，切切特谕。嘉庆四年岁次己未十一月初十日示。东阳镇士民、行铺人等公立。

革除民夫应差扛送碑：

各大宪经过，扛夫不派民夫，应差著夫头雇民夫。每伺候一天给饭食钱四十文，龙潭送京口发力钱壹百文，送省城发力钱八十文，句邑送丹阳及送省城俱发力钱壹百，守候一天，给饭钱四十文。

特调江宁府句容县正堂加五级纪录五次方为公叩宪恩等事，奉特调江南江宁府正堂加四级随带一级记录四次许牌开嘉庆四年十一月十七日奉兵部尚书兼都察院右都御史总督江南江西部堂费批本府具详，该县民张明亮等上控县境每遇差临勒派民夫，即饬该县查议详复。嗣后，遇差经过，先令长养额夫承应，即用夫稍多，亦宜雇抬扛人夫，如有不敷，再行觅雇乡夫，毋许兵房、路快藉端勒索，详请核示缘由奉批如详饬遵缴等因。到府奉此合就钞详饬遵为此，仰该县官吏文到即便遵照。嗣后，该县境内如遇差临，先令长养额夫六十名常川承应，倘用夫稍多，亦即著令夫头就近雇募挑抬人夫，如有不敷，再行觅雇乡夫，责令亲信、家人给发夫价，不得任听兵房、路快出票差扰等弊，许被害之乡保、农民指名赴道具禀，官则详参，役则按律问，拟决不稍为宽贷，特示。须至勒石者。嘉庆七年玖月日，知县方菁、阖邑士民公立。

革除科场中滕录批首大差俱不派民办碑：

特调江宁府句容县正堂加五级纪录五次方钞奉钦命江南通省盐法分巡江宁兼管水利道加四级纪录五次王为应否派民等事，嘉庆七年六月二十一日，奉苏抚部院岳批本道详覆，句容县民人周日三控县差赵全勒贴滕录批首费钱一案，批道通饬两江各州县查覆乡试之年应解、滕录、对读以及批首等项均於书役佥选，惟溧水、溧阳二县相沿陋习，亦系派民承办所有。句容、溧水、溧阳三县，凡值乡试，应解、滕录、对读并批首等项请饬令於嘉庆九年甲子科为始，遵照部文详案在於书役中佥选承办，不许再派乡民致滋扰累，并请勒石该县署前，以垂永久。相应详候核示等缘由奉批如详，即饬句容、溧水、溧阳三县一体勒石永遵。刷取碑摹送核毋违，缴摺存等因。到道奉此合行示禁，为此示，仰官吏人等知悉。嗣后，乡试以嘉庆九年甲子科为始，所应解、滕录、对读并批首等项遵照部文详案，均於该县书役中分别佥选承充，不许再派乡保、农民认充，致滋扰累。倘敢阳奉阴违，仍有需索滋扰等启讼端，仍随时留心稽查，并将遵办缘由具文申详毋违等因。行县，又於嘉庆五年四月初八日，张明亮等复赴督辕具呈奉批，已据钞呈府行县牌便是案据毋庸再行饬县立案也等因。　奉批特此勒石各图，永远遵守。嘉庆五年闰四月念六日，阖邑士民公立。

禁路毙牵连地主碑：

江宁府正堂清为公吁普施等事，蒙总督部堂陈批据上元、句容二县士民巫载扬等禀称窃前臬宪并镇江府通行各属水陆毙尸或因饥寒疾病、沈醉癫狂、昏夜失足、穷途无告投缳、赴水自戕等项，於山林、祠墓、沟池、田地、街坊、井厕，与各地主无干，而差胥务在牵连地主，遂其诈欲以致无辜受害无穷。嗣后，只许地保具报，一切尸场使费永行禁革，如敢再藉尸需索、票传地主，指禀拿究在案。惟生等句邑每图画为十甲，一甲轮流为乡保，管催九甲递送钱粮，是乡保实粮户，非比外府充役。陋习相沿，人命盗案责成乡保具报，生等住居上句交界处所，上元之坊快、小甲，句容之路捕、罡头，原属专司稽查命盗之役。迨弊诈日深，牵累轮催粮户，乡保与各地主一切尸场使费受累无穷，叩请饬禁等情蒙批，上元之坊快小甲、句容之路捕罡头据呈即系地保，凡有命盗等案，自应专司查报，何得牵累乡保、地主，仰江宁府分晰出示饬遵具报钞粘碑摹并发等因到府。并据巫载扬复赴督宪禀求，自愿捐资勒碑永禁等情到府，即经本府查明禀复等批据禀已悉，仰即转饬勒石禁革，仍取碑摹申送查核，缴原词存案各等因。到府查该县粮户、乡保既系轮流办丁漕，遇有命盗案件自应责令原设坊快、小甲、路捕、罡头具报，以专责成，至一切登场使费久奉禁革在案，兹蒙前因除行上元、句容二县遵照勒石永禁，并取碑摹申送督宪查核外，并照出示晓谕为此示，仰府属居民、粮户、乡保、坊快、小甲、路捕、罡头人等知悉。嗣后，遇有前项一切水陆毙尸命盗案件，无论有无伤痕，俱责成该处坊快、小甲、路捕、罡头、禀县相验，不许推诿乡保，藉累地主，倘敢阳奉阴违，仍牵累各粮户、乡保，及票传地主藉尸索诈，许被累之人指名赴府具禀，以凭究办，绝不宽贷。毋违特示。嘉庆八年十一月二十三日给上元、句容两邑士民勒石。

革除粮户免报一切命盗等案，永禁尸场糜费，不许牵连地主碑记：

嘉庆九年三月初七日，给示勒石。署理江南江宁府正堂、松江川沙分府、加十级、纪录十次卓异、加一级张为除累仍累等事案，蒙总督部堂陈批据句容县士民王步苍等呈，称句容有田产者，轮为粮户乡保，催办丁漕。日久弊生，命盗案件责成具报。尸场用费，路捕吓诈，荡产倾家，受害者不可胜纪。历经张鸣皋、李荆山、王遂亭、巫载扬等控禀各大宪准示勒碑禁革，奈句邑刑书、路捕耸县，藉称路捕八名，耳目难周，务在选举地保齐全方免粮户具报，希图架宕等情，蒙批前据该县禀请应设地保已批另募在案，自应官为召募，何得扰累乡民，其未募以前，应仍照刘凌氏命案办理，仰江宁府即饬遵照等因。当经转行遵照在案。兹据王步苍等以今蒙督宪批示，未募地保以前照刘凌氏命案办理，但刘凌氏之案，乡愚难以周知，叩赏给示等情前来，合亟出示晓谕为此示，仰阖邑居民、乡保人等知悉。嗣后，遇有一切命盗等案，未募地保以前，著令各路捕禀报相验，毋许再行扰累乡保、牵连地主。倘敢阳奉阴违、藉词牵累，准许被害之人指名禀府，以凭严拿究办，绝不姑贷，切切特示。

禁自尽图赖碑：

署理句容县正堂龙钞奉两江总督部堂曾、江苏巡抚部院丁为严禁自尽图赖以重民命事，照得自尽人命，律无偿法，而小民无知，每因细故动辄轻生，其亲属听人主唆，无不砌词混控，牵涉多人，意在求财，兼图洩忿。经年累月，蔓延株连，被告深受其害。夫父子、兄弟、夫妇皆人道之大经，乃死而因以为利，是虽覥然人面，实则禽兽不如，尤人心风俗之忧也。本部堂、部院现已通饬各属随时整顿，力除颓波，凡自尽命案，均限一个月内审结，倘有自尽诬告诈赖等情，则严究主使、棍徒，一并从重治罪。此后，尔等即或自拼一死，总不能贻害於人，其亲属虽欲逞刁，一经审出实情，不过自取罪戾，亦无人肯与贿和，是不但死者枉送性命，不值一钱，即生者因此又犯刑章，更属无益有损，本欲害人，适以害己，徒为仇人所快，复何利之可图，何忿之可洩哉？合行剀切示禁，为此示，仰阖属军民、耆老、妇女人等知悉，尔等须知身命为重既死不可复生，公论难诬，千虚焉逃一实，讼师罗织伎俩，今日不能复行。嗣后，务各自爱其身，毋得逞忿轻生希图诈害其亲属，亦不许唆诬主告枉费謇张，所有律例罪名逐条开示於后。

子孙将祖父、祖母尸身图赖人者，杖一百，徒一年期，亲尊长杖八十，徒二年（妻将夫尸图赖人者，罪同），功缌麻减一等告官者，以诬告反坐，杖一百，流三千里，加徒役三年，因而诈取财物者，计赃窃盗论，抢去财物者，准劫夺论。

词状止许实告、实证，若陆续投词，牵连妇女，原状内无名之人一概不准，仍从重治罪。

一、赴各衙门投状，首告一经批准，原告若至两月不到案，即将被告、证佐俱行释放，所告之事不与审理，专拿原告治以诬告之罪。

一、控告人命，如有诬告情弊，照律治罪，不得听其拦息，或有误听人言情急妄告於未经验尸之先，尽吐实情，自愿认罪，递词求息者，果无贿和等情不照应重律，杖八十，如有主唆，仍将教唆之人照律治罪。以上均系律例明文，何等严切，本部堂、院力除积弊，务挽浇风，惟有执法从事，尔等各宜猛醒，慎毋自贻伊戚，徒悔噬脐。凛遵特示。同治七年六月十九日告示勒石。

禁传词勒索碑：

署句容县正堂周抄奉两江总督部堂兼江苏巡抚部院李为通饬严禁事，照得州县为亲民之官，凡遇民间词讼除三八告期外，原准随时投递呈词，以便究讯。乃闻各州县衙门每有传词由积惯讼棍写呈，勾串不肖书差传进，每词一张，必勒索规费若干，此项名目各处不同，无非书差朋比瓜分，实为恶习，亟应勒石严禁，永远革除，合行出示晓谕，为此示。仰在官人等知悉。凡民间词讼除三八放告外，果有冤枉，即准随时控告，所有传词规费名目一概永远禁革，倘有不肖书差仍敢复蹈故辙，变易名目，藉端索诈钱文，一经觉察或被告发，定即提辕惩办，其各凛遵毋违特示。同治五年六月日立石告示。

永禁待质需索碑：

署句容县正堂袁抄奉江苏巡抚部院谭为出示晓谕勒石永禁事，照得苏省京控上控各案，其中紧要人证被各州县均经金差解省，发省首县管押，此外寻常人证多有在籍取具的保结文自行投案，所以示体恤也。乃本护院访闻省城有等奸书蠹役，凡遇抱文投到之人，若辈即冒充上司衙门书役，藉办理取保为名，问供到寓，议明花费百余元不等，名曰取保钱，稍不遂欲，百般恐吓，任意勒索，甚有潜赴该役到人寓所，包揽一切，妄称承审委员非亲即友，藉端诓骗，无所不为。或有情虚畏罪乡愚、无知之徒往往堕其术中，不惜重货嘱托布置，迨至堂讯，见问官执法森严，并无私曲，始知贿不通情，追悔莫及，欲待供诉，又恐自累与受同科，有值案未询结而资斧罄净饿毙省垣者，有案经讯结而告贷无门乞食还乡者，种种苦情，实堪悯恻，若不设法整顿，何以肃法纪而杜奸谋。查苏省建立待质公所，房屋洁净，茶饭无缺，本为恤民省累而设，今令委员置备木柜一具，大书"投到收文"四字悬挂头门，每日午刻委员启柜收文一次。凡遇前项人证，一经到省，无论有无功名，著於午前赴所投文入柜，静候委员查明，按名暂行发入公所居住，该委员将来文呈缴臬署，听候示期审讯，并不花费分文。其有应行取保不愿住所者，候三日内发审局员提讯，仍准当堂取保住店候传。如此明定章程，庶奸弊无从滋生，平民可以免累。除通行遵办并饬府州厅县将前项奸书蠹吏密访查拿外，合行出示勒石晓谕，为此示。仰阖属军民人等知悉，自示之后，尔等如赴省自行投到，务当遵照新章程赴待质公所投文，不得妄听该奸书等取保浮言，自贻后悔，倘公所书役人等敢有阻拦情事，许即赴辕禀诉，本护院立即严办，决不姑宽，凛遵毋违，特示。光绪六年四月日立石告示。

禁夫头把持碑：

特授句容县正堂张为出示谕禁事，据绅士王嘉贞、黄铬、孔广生、孔昭昇、骆家驹、田进道、骆敏、郭云衢、葛家良、张灏等禀称，窃职等恭读示谕，并钞奉爵阁督部堂左札饬举办义阡并禁夫头把持一案，查句邑城内荒地最多，每有赤贫之户或幼孩夭殇及外来流民希图便易就地内掩埋，请示严禁，庶无知顽民不致再蹈前辙，再职等公议抬夫定价，凡受雇之人，自一里至五里，每名给钱一百文，夫头照抬夫，一律外给夫头绳杠钱一百四十文，至五里以外，每里每名给钱一十六文，计里核算，由此递加至棺柩一项，上等用夫十二名，中等用夫八名，下等用夫四名，倘有夫头需索把持，并恶丐拥挤滋事，许即指名禀究等情到县据此，除批外，合行出示谕禁，为此示，仰阖邑军民人等知悉，尔等须知句城①兵燹以后，荒地虽多，二十年来生聚，行见次第兴复，自不庸以市廛为幽谷便图掩埋。自示之后，凡有丧之家，有力者於城外择地安葬，不得迁延久停，无力者一体抬埋义阡，不准在城内图便掩埋，有干查究，至抬夫私分地段把持最为恶习，该绅士等所议计里给价，尚属公平，该夫头等务合遵照，倘敢阳奉阴违需索，及恶丐拥挤滋事，许丧家指名禀县以凭提案，重究不贷，其各凛遵毋违，特示。光绪八年六月日，立石告示。

严禁芦洲丈费碑：

署句容县正堂龙抄奉江苏巡抚丁为奏定芦洲田地变通丈期、严禁丈费、出示勒石、永远遵守事，照得江苏沿江沿海沙洲林立，坍涨靡常，定例五年一丈，坍则报豁，涨则报升，法至善也。无如日久弊生，或望水以升科，或留粮以待补，沙棍因之把持，豪强於以兼并，而书差、洲保人等明知此弊，故每届大丈之期，倡为丈费，名目随丈征解，得规则照旧造报，无钱则立即比追内外，上下各书吏按股均分，地方官亦从而染指，往往前丈之费未已，后丈之费又来，以百姓有限之脂膏，何堪此无穷之朘削？本部院民依念切，是用恻然，即经会同爵阁督部堂曾附片奏明准部议覆，改为十年一丈，庶为期较宽，闾阎永免。夫骚扰而因时复勘，坍涨仍有所稽查，第恐吾乡民四郊散处未能周知，合行出示勒石晓谕，为此示。仰各厅州县沙洲业田人等知悉。自此次造报后，续届十年大丈之期，凡举报坍涨，照例勘丈，造具图册，详咨升除。其无坍涨者，不必重行丈量，并不必另造图册，以免骚扰，至丈费名目，永远革除，如地方官吏、差保、董事人等仍藉稽查欺隐为名，将并无坍涨之地通行丈量及需索丈费者，许即据实禀办。嗣后，如坍涨，尔等亦须随时呈报，毋得隐匿影射、自贻伊戚。总期共沾乐利，永绝弊端，毋负本部院与民体恤之意，凛遵特示。同治八年十一月日立石告示。

禁尸场使费碑：

署理句容县正堂龙抄奉江苏巡抚部院丁为通饬事，照得地方官相验命案例，止随件作一名，刑书一

---

① 句城：句容县城。本志中"句城"出现十余次，后面复出者不再注释。

名,皁隶二名,一切夫马、饭食自行备用,不许书吏人等需索分文,乃访闻苏省遇有命案相验,随带书差、跟从人夫往往多至二三十人,辄向尸亲、犯属、地邻索取尸场使费,甚至有住邻、飞邻名目,株连蔓衍,比户惊惶,殊堪痛恨。夫以尸亲含冤、凶犯议抵,为小民至哀惨之事,乃书差等反因以为利,竟欲雪上加霜,以居近里邻、谊关族戚,实案外并无干涉之人,而若辈偏藉诛求大,煽城门之火。在受者,既吞声而饮恨,在闻者,亦扼腕而咨嗟,为民父母之谓何?本部院参稽群议,搜剔弊源,佥以为欲禁书差之需索,必先优给书差之公用,尤应减省书差之人数,爰将下乡相验各项逐条逐款参酌定章,通饬各厅州县一律办理,合行札饬。札到该县即便遵照后开章程,一应命案,下乡相验,务须轻车减从,一切费用,照例自行发给,由县详明立案,如有书差人等藉端滋扰,索取尸场规费分文者,严行惩治,以苏民累。地方官如不严行禁止,准受害之家赴经管上司喊控以凭分别参办,仍一面全拟札文并后开各条出示晓谕,立碑城隍庙前,以期永杜弊端,限本年内摹揭示式呈送,此系各州县造福无疆之事,减一时之官样,便省书差数十人之骚扰;分一勺之廉泉,便除小民数十家之拖累。各宜实心遵办,以副厚望。切切特札等因。并蒙钞粘章程下县奉此,合行勒石晓谕,为此示。仰阖邑军民人等知悉。嗣后,遇有相验命案,尸场应需一切费用,均照例由县捐给,倘有书差藉端滋扰、索取尸场费者,许该军民人等指名禀县,以凭提究,其各凛遵毋违,特示。同治八年三月日立石告示。

永禁流丐移尸害人无恶不作勒石告示:

特授江宁府句容县正堂黄为剀切晓谕勒石永禁事,据北门外孝义乡民人钱良生、陈茂桂等禀,以村方突来流匪十数人,身带刀炮,任意扰害,公叩驱逐等情到县,正在核办间,据文生朱学铺、许洪才、张长年,监生周修庚、韩瑶龄,图长钱良生、王良聚等联名禀称"生等耕读为业,素不干外,惟目击地方祸患,不得不为缕陈,盖游民入邨,托名求乞,日间沿门硬讨,夜则鼠窃狗偷,无论牲畜、五谷、树竹、鱼腥,毫无忌惮,更常带小刀、火炮,稍与计较,非拼命图骗,即纵火烧屋,倘遇倒毙之丐,若辈以为奇货,背移有主地内,诡称尸亲,藉端多方勒诈,更盘踞孤庙、空碾,栖息无定,或有专以挖取榆根为营者,无论坟墓、墙角,肆行倒伐无忌,人或阻止,竟遭凶殴,或有藉名佣工者,始而阳奉阴违,继则拐骗钱物,倘或病故,雇主受累无穷,甚或奸拐妇女,强抢孀妇,无恶不作,种种为害,指不胜屈,略举数端,禀乞赏示勒石永禁,以垂久远"等情前来,除分别批示,并饬差驱逐外,合行出示晓谕,为此示,仰诸色人等一体知悉,自示之后,尔等外来游民,务须涤面洗心,倘敢成群结党,身带军械,或强讨硬索,移尸索诈,并乱挖榆根,损动坟山、墙角,有犯以上各情者,许即捆送来县以凭,从严惩办,决不姑宽,所有孤庙、空碾,向无人管,僧住者,著即逐一查明、封闭。遇有报赛,公同启闭。事毕,仍加封闭。墙壁缺处,加高堵塞,以免丐匪藏身于内,倘遇倒毙之尸,投保报验、瘗埋,以杜藉诈,其各凛遵毋违特示。光绪二十七年四月十八日给。

右碑竖立北门外,距城五里孝义乡华藏庵门首晓谕。

江苏即补知县张士祈,字廉泉,於光绪十五年在仓头镇五圩给椿木银并加筑圩堤,以工代赈,共用银三千余两。罗春发经手。

常熟徐鼎华,於光绪十五年水灾在五圩量贫户给钱抚恤,约用二百余千。

附"同治八年,南圩被灾,邑人章安福代灾民求赈禀稿":

禀为圩破家倾叩勘赈恤事,窃身等住居白米圩,业於本月某日将圩破被灾情形沥呈电察沐批,饬令将被冲缺口赶紧设法堵御等因。理应祇遵,何敢晓渎,矧身等身家性命全在圩中,岂不思赶紧将冲口堵御,虽不能补插禾苗,尚冀水势涸退,早获安居,惟目下情形有万难堵御者,查被冲缺口,宽计十五六丈,深约四五丈,水势由外而入,势等建瓴,激湍崩腾,迅流冲荡,虽有神工不能为力,此其一难也。圩内周围四十余里,茫茫一片,并无寸土尺地不在巨浸之中,兴工堵御,何从取土,此其二难也。圩内男丁见水势太大,非至秋深不能全行涸退,插秧既已绝望,种麦且难预期,现已分赴山乡佣工糊口,其在家者,不过老弱男妇,纵欲兴工,并无人力,此其三难也。身等前遭兵燹,祖遗房屋均被贼毁,数年以来,不过缘墙倚壁,覆茅皮木而居,前当水势汹涌之时,拼力救护,圩堤不能兼顾,庐舍以致茅檐土室经狂风巨浪一卷而空，屋内所存稻粒亦多半随流漂散，自合圩男妇露居圩堤之上，或以席片自障，昼则烈日暴晒、水气薰蒸，夜则风吹露浥、遍体沾濡，加以三餐不具，女哭儿号，彻於宵旦，且饥饿之余，日夜暴露，暑湿交攻，势必酿成疫疠，兴言及此，惨不可言，伏乞仁宪俯念灾黎早赐勘验，并恳详请上宪施恩赈恤，以符钧批为民请命之语，则再造之恩合圩同戴，再伏思仁宪自莅任以来惠我黎民，无微不至，分则官民，情犹父子，未有父见子之饥溺将毙而不一为之援手者也！呼泣待命，叩恩上禀。

续纂句容县志卷四终

续纂句容县志卷五 邑人 张瀛 分纂

田赋

句容农户，向设义图，订期纳课，逾期倍罚（乡民自立义图，俗名排年，上下芒及冬漕订期，完纳三日后验票，无票者倍罚）。法至善也，然征解之权尽归书吏，积弊所丛，官民交困。咸同以来，疮痍未愈，休养生息，免赋三年，归垦屡稔，祇办抵征（每亩两季，共纳二百五十文），国家轸念民艰，有加无已。至光绪初元，大征始启历任制府吁请减赋。沈公葆桢奏定永减三成，下邑穷黎额手称庆，虽三纪以来，旧额未复，而吏民莫不踊跃奉公，扫除陋弊（自折漕后，征解皆官主之，吏不舞弊，民不抗延，虽鳏寡皆完纳焉），义图良法，历久弥新矣。同治前，鳞册无存，今采《续纂府志》及近时房稿，以备崖略，作"续田赋志"，而以"盐政""积谷"附焉。（奏疏、谕旨、碑文均附於后）

粤逆之乱，档案尽毁。同治七年，奉文查办田赋，量弓计亩，按亩科粮，不分民卫，并征分解，科则成数，均照部颁。道光二十七年，奏销册载顷亩钱粮，科定详蒙核明，钞册发县复核详送。兹将现办分款、原额顷亩、钱粮科则、及光绪二十五年启征原续垦民卫、分征普减、成案开载、其芦洲田地、省卫加津杂税、钱粮科则、并盐政、积谷均附於后。

兵燹后，句容遗黎几尽，故先前逋赋并同治四五六年新租、奉旨加恩蠲免，钦此。

曾文正公立劝农局，召农归业，借给牛种，两共银伍千两。七年，奏仿皖章，不分丁漕，权办抵征，民卫熟田全年每亩征民二百五十文，民卫荒白沙压等熟地，全年每亩征钱壹百叁拾文，尽收尽解，公私费用取给善后局。十三年，部催开征，被兵既深，元气未复，百亩之人完赋外，不得一饱。有田已熟而复荒者。布政使梅公启照详请奏减，科则援苏属免漕启征年年酌减之例。总督李公宗义、巡抚张公树声、漕督恩公锡合词入告，部臣严驳。是年十一月，吴抚军、恩漕督合疏再上。十二月，奉旨议奏复驳。光绪元年，总督刘公坤一、巡抚吴公元炳合词入奏，情词恳切，始准照前奏减则一年，第二年准减一半，第三年照旧全征。是年，科征银米援照同治七年。裁革浮收积弊成案。按江北钱粮收价：完银壹两，收钱贰千贰百文，加耗壹钱，折收钱贰百贰拾文；完米壹石，收钱五千文。二年，仅减成一半，民力仍不支，又酌减漕价五百文，不拘科则，每石收钱肆千五百文。光绪三年，江藩孙公深恤民困，恳请沈公葆桢、巡抚吴公、漕督文公彬沥陈凋敝情形，请减漕粮等米，奉上谕额征漕粮等米均著一律减免十分之三，以纾民力，钦此。今上御极，特旨加恩豁免同治六年以后、光绪十四年以前民欠钱粮，钦此。

民田

县志止载乾隆十五年。今遵新旧《府志》及嘉庆十四年赋役全书。道光二十七年，奏销册内开载民赋项下除坍江各则不等，原额田地壹万肆千肆百肆拾贰顷玖拾壹亩，共应科征丁田杂办银陆万贰千贰百壹两肆钱玖分肆厘，又不在丁田杂办银捌百肆拾肆两捌钱玖分叁厘，共银陆万叁千肆拾陆两叁钱捌分柒厘，米叁万玖千捌百肆拾叁石叁斗贰升贰合伍勺内，奉减三成，米壹万壹千玖百伍拾贰石玖斗玖升陆合捌勺，又闰月银壹千叁百拾肆两伍分贰厘，闰月米拾肆石玖斗陆升肆合伍勺内，奉减三成，米肆石肆斗捌升玖合叁勺，豆伍百柒拾壹石陆斗伍升柒合伍勺（豆系原额续垦，详后）。

民赋田柒千叁百陆拾叁顷伍拾捌亩壹分。光绪二十五年，原续垦熟田伍千肆百捌拾顷叁拾柒亩贰分叁厘肆毫。

民赋地贰千伍百柒拾贰顷贰拾叁亩贰分。光绪二十五年，原续垦熟地捌百贰拾伍顷柒亩伍分玖厘柒毫。

荒白田陆拾捌顷拾柒亩捌厘。光绪二十五年，原续垦熟荒白田贰顷叁拾壹亩叁分叁厘。

荒白地贰拾捌顷伍拾肆亩叁分柒厘。

塘芦荡、草塌：陆百陆拾顷肆拾伍亩叁分捌厘。光绪二十五年，原续垦熟荡柒顷拾叁亩玖分陆厘。

山叁千柒百肆拾玖顷玖拾贰亩捌分柒厘。光绪二十五年，原垦熟山叁拾柒顷伍拾陆亩玖分叁厘伍毫。

一则：民田每亩科征银柒分伍厘肆丝陆忽叁纤陆沙叁尘壹渺，共银伍万壹千玖百肆拾柒两壹钱肆分伍厘。光绪二十五年，垦熟民田银叁万捌千陆百陆拾壹两捌钱伍分伍厘。

每亩科征闰月银壹厘叁毫陆丝，共银壹千壹两肆钱肆分柒厘。

每亩除减科征米叁升壹合陆勺叁抄叁撮玖珪陆粟，共米贰万叁千贰百玖拾肆石陆斗伍升玖合。光绪二十五年，垦熟民田米壹万柒千叁百叁拾柒石壹斗叁升陆合。

每亩科征闰月米壹抄壹撮捌圭捌粟壹颗伍粒玖黍，共米捌石柒斗肆升玖合壹勺。

每亩科征豆柒勺柒抄陆撮圭叁粟玖粒，共豆伍百柒拾壹石陆斗伍升柒合伍勺。光绪二十五年，垦熟民田豆肆百贰拾伍石肆斗伍升捌合叁勺。

一则：民地每亩科征银叁分柒毫陆丝伍忽，共银柒千玖百拾叁两肆钱柒分贰厘。光绪二十五年，垦熟民地银贰千伍百叁拾捌两叁钱肆分陆厘。

每亩除减科征米壹升叁合陆勺叁抄玖圭肆粟陆颗，共米叁千伍百陆石壹斗玖升伍合伍勺。光绪二十五年，垦熟民地米壹千壹百贰拾肆石陆斗伍升陆合陆勺。

每亩科征闰月米伍撮壹圭壹粟玖颗伍粒玖黍，共米壹石叁斗肆合叁勺。

一则：荒白田每亩科征银肆分壹厘贰毫伍丝，共银贰百捌拾壹两贰钱肆厘。光绪二十五年，垦熟荒白田银玖两伍钱肆分贰厘。

一则：荒白地每亩科征银贰分捌厘柒毫伍丝，共银捌拾贰两陆分叁厘。（查此项荒白地，迄今未据报有成熟）

一则：塘芦荡、草塌每亩科征银捌厘陆毫肆丝肆忽陆微叁纤玖沙捌尘，共银伍百柒拾两玖钱叁分捌厘。光绪二十五年，垦熟荡银陆两壹钱柒分贰厘。

又每亩科征闰月银伍毫捌丝陆忽，共银叁拾捌两柒钱贰厘。

又每亩除减科征米肆合伍勺伍抄陆撮陆颗伍粒陆黍，共征米叁百石玖斗叁合贰勺。光绪二十五年，启征荡米叁石贰斗伍升贰合捌勺。

又每亩除减科征闰月米壹撮柒圭壹粟壹颗壹粒伍黍，共征米壹斗壹升叁合。

一则：山每亩科征银叁厘柒毫伍丝壹忽壹微玖纤陆沙柒尘，共征银壹千肆百陆两陆钱柒分贰厘。光绪二十五年，垦熟山银拾肆两玖分叁厘。

又每亩科征闰月银叁毫贰丝捌忽肆微陆纤，共征银壹百贰拾叁两壹钱柒分。

又每亩除减科征米贰合壹勺贰撮捌圭捌粟柒颗玖粒玖黍，共米柒百捌拾捌石伍斗陆升捌合。

又每亩除减科征闰月米柒圭玖粟贰黍，共米贰斗玖升陆合贰勺。

学田

原额学田捌顷柒拾亩贰厘，共学租银贰百贰两捌钱伍分捌厘。光绪二十五年，垦熟学田陆顷贰拾柒亩伍分壹厘，共征学租银玖拾肆两伍钱伍分柒厘。

草场项下

原额草场田地叁百玖拾贰顷伍拾叁亩伍分叁厘，共征银陆百肆拾贰两叁分伍厘。

一则：

田每亩科征银陆分。光绪二十五年，原续垦熟草场田壹千叁百捌拾壹亩肆分伍厘，共征银捌拾贰两捌钱捌分柒厘。

一则：

地每亩科征银贰分。光绪二十五年，原续垦熟草场地陆百捌拾亩贰分叁厘伍毫，共征银拾贰两壹钱陆分伍厘。

以上，光绪二十五年无闰，共应征：地漕、杂办等银肆万壹千肆百拾玖两陆钱壹分柒厘，米壹万捌千肆百柒拾贰石玖斗肆升伍合捌勺，折色豆肆百贰拾伍石肆斗伍升捌合叁勺。

一折色：

布政司衙门地丁银伍万玖百叁拾叁两捌钱肆分肆厘。

闰月银柒百贰拾柒两伍钱伍分贰厘。

扛脚银叁百叁拾贰两壹钱贰分壹厘。

南豆伍百柒拾壹石陆斗伍升柒合伍勺。

江安粮道衙门漕项银叁千伍百贰拾肆两玖钱柒分。

存留驲站夫马等银肆千柒百陆拾柒两玖钱叁分陆厘。

闰月银叁百玖拾贰两捌钱伍分陆厘。

各衙门官役俸工等项银叁千肆百捌拾柒两伍钱壹分陆厘。

闰月银壹百玖拾叁两陆钱肆分肆厘。

一本色：

江安粮道衙门漕粮正耗米叁万叁千叁百叁拾贰石叁斗捌合叁勺内，奉减叁成，米玖千玖百玖拾玖石陆斗玖升贰合伍勺。

赠伍米壹千陆百陆拾陆石陆斗壹升伍合肆勺内，奉减叁成，米肆百玖拾玖石玖斗捌升肆合陆勺。

以南抵还徐属漕粮米壹百陆石叁斗捌合内，奉减叁成，米叁拾壹石捌斗玖升贰合肆勺，拨抵徐属赠伍粳米伍石叁斗壹升伍合肆勺内，奉减叁成，米壹石伍斗玖升肆合陆勺。

又闰月米壹斗柒升柒合伍勺内，奉减叁成，米伍斗叁合叁勺。

又行月米肆千伍百伍拾伍石叁斗叁升壹合肆勺内，奉减叁成，米壹千叁百陆拾陆石伍斗玖升玖合肆勺。

恤孤米，壹百柒拾柒石肆斗肆升肆合内，奉减叁成，米伍拾叁石贰斗叁升叁合贰勺。

又闰月米拾叁石柒斗捌升柒合内，奉减叁成，米肆石肆斗叁升陆合壹勺。

省卫项下：

原额田地贰拾捌顷叁拾肆亩伍分，共科征：银肆拾陆两捌钱贰分捌厘，米壹百玖石壹升贰合贰勺内，奉减叁成，米叁拾贰石柒斗叁合柒勺。

又不在丁田项下科征无耗加津银：拾五两伍钱捌分肆厘，系照每银壹两米壹石，各随征加津银壹钱。

一则：

屯地每亩科征银壹分伍厘壹毫柒丝叁忽贰微陆纤叁尘壹渺陆漠壹埃。光绪二十五年，原续共垦熟屯田拾壹顷捌亩伍分叁厘，共征银拾陆两捌钱贰分。

每亩科征米肆升陆合叁勺壹抄肆圭陆粟，光绪二十五年，熟田米伍拾壹石叁斗叁升陆合伍勺。

一则：

屯田每亩科征银柒厘陆毫壹丝壹忽柒微贰纤陆沙伍尘捌渺伍埃。光绪二十五年，原续垦熟屯地壹百贰拾玖亩肆分柒厘，共征银玖钱捌分陆厘。

每亩科征米贰升陆勺叁抄玖圭肆粟陆颗。光绪二十五年，熟地米贰石陆斗柒升壹合壹勺。

一则：

沙压田，每亩科征银：贰分叁厘玖丝陆忽柒纤叁沙伍尘陆渺叁漠柒埃。光绪二十五年，原续垦熟沙压田：玖百贰拾伍亩捌分，共银：贰拾壹两叁钱捌分贰厘。

一则：

沙压地每亩科征银一分一厘伍毫肆丝柒忽壹微叁纤伍尘伍渺陆漠叁埃。光绪二十五年，垦熟地肆拾玖亩陆分，共银伍钱柒分叁厘。

以上共征光绪二十五年卫赋屯折等银叁拾玖两柒钱陆分，米伍拾肆石柒合陆勺。又不在丁田项下科征加津银玖两叁钱柒分柒厘。

起存解款项下：

江宁布政司衙门起解地丁杂办等银：伍万玖百叁拾叁两捌钱肆分肆厘。光绪二十五年，原续垦熟地丁杂办等：叁万贰千贰百叁拾两叁钱叁分捌厘。

闰月银柒百贰拾柒两伍钱伍分贰厘。

扛脚银：叁百叁拾贰两壹钱贰分壹厘。光绪二十五年，熟田地扛脚银：贰百贰拾两壹钱肆分伍厘。

卫赋屯折银：贰拾两伍钱伍分捌厘。光绪二十五年，垦熟启征田地银：拾柒两肆钱伍分陆厘。

江安粮道衙门起解额拨民卫漕项银：叁千伍百伍拾壹两贰钱肆分。光绪二十五年，垦熟启征漕项银贰千叁百伍拾捌两捌钱壹分柒厘内。

额拨轻赍易蓆银：伍百柒拾玖两壹钱捌分捌厘。光绪二十五年，启征银：叁百捌拾肆两壹分肆厘。

五厘蓆折银：陆两陆分玖厘。光绪二十五年，启征银肆两贰钱叁厘。

捌厘蓆折银：玖两柒钱壹分。光绪二十五年，启征银陆两肆钱叁分陆厘。

木板银：肆拾叁两肆钱陆分肆厘。光绪二十五年，启征银：贰拾捌两捌钱壹分柒厘。蓆折银：贰拾两伍钱柒分捌厘。光绪二十五年，启征银：拾叁两陆钱肆分。

漕赠伍银：壹千陆百陆拾玖两贰钱捌分陆厘。光绪二十五年，启征银：壹千壹百陆两肆钱柒分玖厘。

裁卯书办工食银：贰百陆拾捌两贰钱玖分陆厘。光绪二十五年，启征银：壹百柒拾柒两捌钱叁分玖厘。

过江陆升米折银：捌百伍拾捌两柒钱捌分贰厘。光绪二十五年，启征银：伍百陆拾玖两贰钱肆分。

协济安庆卫半折行月米银：陆拾玖两伍钱玖分柒厘。光绪二十五年，启征银：肆拾陆两壹钱叁分贰厘。

新增银：贰拾两柒钱贰分捌厘。光绪二十五年，启征银：拾柒两陆钱。

黄快三则银：伍两伍钱肆分贰厘。光绪二十五年，启征银：肆两柒钱伍分。

存留支给项下：

驲站夫马工料等银：叁千壹两伍钱叁分陆厘。闰月银：贰百贰拾伍两陆钱内。裁存驲马四十二匹，每匹每日支草料银陆分，共银九百柒两贰钱。闰月银：柒拾伍两陆钱。马夫三十五名，每名每日工食银肆分，共支银伍百肆两。闰月银：肆拾贰两。水旱夫九十名，每名每日工食银肆分，共银壹千贰百玖拾陆两。闰月银：壹百捌拾两。买补肆成马，岁额支银贰百叁拾肆两陆钱玖分陆厘。修理棚厂，岁额支银伍拾玖两陆钱肆分。

一、各衙门官役俸工支银：叁千贰百捌拾肆两陆钱伍分捌厘。遇闰加增银：壹百玖拾叁两陆钱肆分肆厘。

府属额支俸工项下：

本府衙门门子工食银陆两，闰月银伍钱。

马快工食银：壹百陆拾捌两，闰月银拾肆两。

步快工食银玖拾陆两，闰月银捌两。

皂隶工食银伍拾肆两，闰月银肆两伍钱。

禁卒工食银拾贰两，闰月银壹两。

库子工食银拾贰两，闰月银壹两。

斗级工食银叁拾陆两，闰月银叁两。

铺兵工食银拾肆两肆钱，闰月银壹两贰钱（由县批解）。

本府同知俸银壹百拾贰两叁钱叁分贰厘。

江防同知快手工食银拾贰两，闰月银壹两。

皂隶工食银柒拾贰两，闰月银陆两。

管粮同知皂隶工食银贰拾肆两，闰月银贰两。

理事同知皂隶工食银柒拾贰两，闰月银陆两。

轿伞夫工食银四十二两，闰月银叁两伍钱。

南捕通判门子工食银拾贰两，闰月银壹两。

北捕通判门子工食银拾贰两，闰月银壹两（以上由县批解）

经历司马夫工食银陆两，闰月银伍钱。

聚宝司皂隶工食银拾贰两，闰月银壹两。

龙江司皂隶工食银拾贰两，闰月银壹两。

茶引大使皂隶工食银拾贰两，闰月银壹两。

江东司皂隶工食银拾贰两，闰月银壹两。

又弓兵工食银拾肆两肆钱，闰月银壹两贰钱。

秣陵司皂隶工食银拾贰两，闰月银壹两。

又弓兵工食银拾肆两肆钱，闰月银壹两贰钱。

江淮司皂隶工食银拾贰两，闰月银壹两。

淳化司弓兵工食银贰拾伍两贰钱，闰月银贰两壹钱（俸银解司核发，役食赴县径支）。

本府儒学斋夫工食银拾贰两，闰月银壹两。

又门子工食银贰拾壹两陆钱，闰月银壹两捌钱。

又府儒学廪生、膳夫工食银贰拾两，闰月银壹两陆钱陆分柒厘（由县批解）。

本县知县俸银肆拾伍两。门子工食银拾贰两，闰月银壹两。皂隶工食银玖拾陆两，马快草料等项工食银壹百叁拾肆两肆钱，闰月银拾壹两贰钱。民壮器械工食银叁百贰拾两。禁卒工食银肆拾捌两，闰月银肆两。库子工食银贰拾肆两，闰月银贰两。斗级工食银贰拾肆两，闰月银贰两。轿伞扇夫工食银肆拾贰两，闰月银叁两伍钱。铺兵工食银伍百玖两玖钱贰分，闰月银肆拾贰两肆钱玖分叁厘。修理仓监银伍两（由县给发）。

本县县丞俸银肆拾两。门子工食银陆两，闰月银伍钱。皂隶工食银贰拾肆两，闰月银贰两。马夫工食银陆两，闰月银伍钱（俸银解司核发，役食由县径支）。

本县典史俸银叁拾壹两伍钱贰分。门子工食银陆两，闰月银伍钱。皂隶工食银贰拾肆两，闰月银贰两。马夫工食银陆两，闰月银伍钱（俸银解司核发，役食赴县径支）。

本县龙潭司巡检俸银叁拾壹两伍钱贰分。门子工食银陆两，皂隶工食银拾贰两，弓兵工食银叁拾陆两（闰月加给，发支同上）。

本县儒学教谕、训导俸银捌拾两。廪生廪粮银捌拾两，闰月银陆两陆钱陆分柒厘。斋夫工介银叁拾陆两，闰月银叁两。门子工食银贰拾壹两陆钱，闰月银壹两捌钱。膳夫工食银肆拾两，闰月银叁两叁钱叁分叁厘（以上均赴县径支）。

文庙春秋祭祀银肆拾捌两壹钱贰厘。社稷、神祇二坛春秋祭祀银肆两叁钱捌分。山川、风雨星辰二坛春秋祭祀银肆两叁钱柒分捌厘。天后宫春秋祭祀银贰两壹钱捌分玖厘。龙神祠春秋祭祀银贰两壹钱捌分玖厘。常零礼火神庙祭祀银贰两壹钱捌分玖厘。八蜡庙春秋祭祀银贰两壹钱玖分。邑厉坛上中下三元祭祀银叁两贰钱捌分肆厘。

文庙香烛银贰两伍钱柒分肆厘（以上均由县径支）。

旧举人会试盘川银柒拾贰两贰钱叁厘（每名给银捌两柒钱玖分，余归节省解藩库）。科场额支银贰拾贰两陆钱玖分陆厘（解司核发）。武场供应额支银贰两伍钱（解司核发）。科场誊录弥封书手对读生员额支银捌两伍钱（由县径支）。乡饮酒礼银捌两（节省解藩库），本县走递皂隶工食银贰百捌拾捌两（节省解藩库）。本县察院并府馆门子等工食银陆两，闰月银伍钱。淳化镇公馆门子工食银肆两，闰月银叁钱叁分肆厘。白兔镇公馆门子工食银叁两，闰月银贰钱伍分。程明道书院改给督学察院门子工食银柒两贰钱，闰月银陆钱。看守巡抚察院门子工食银柒两贰钱，闰月银陆钱。龙潭墩夫工食银拾肆两肆钱，闰月银壹两贰钱（以上各款均归节省归藩库）。本县孤贫柴布岁额支银捌拾两壹钱玖分贰厘，闰月银壹两玖钱肆分（由县径支）。

按嘉庆十四年《赋役全书》所载，以上俸工银两，先於乾隆五十一年奉汇解司库核给，嗣奉文於嘉庆五年起归县径支，仍於地丁项下汇计考成造报，又随正征收加壹耗羡银两。於乾隆五十三年，奉文随同正银完欠归入地丁合计，分数疏并题报。光绪间，现行款目均分注於各条之下。

漕赠南恤兵屯米豆项下：

江安粮道衙门漕粮正耗米叁万叁千叁百叁拾贰石叁斗捌合叁勺内。光绪二十五年，原续垦熟田地奉减米陆千陆百贰拾叁石贰斗贰升伍勺，应征实米壹万伍千肆百伍拾肆石壹斗捌升壹合贰勺内。

漕粮米壹万捌千捌百肆拾柒石壹斗壹合肆勺内。光绪二十五年，奉减米叁千柒百肆拾肆石玖斗柒升肆勺，应征实米捌千柒百肆拾捌石贰斗陆升肆合叁勺。

加肆耗米柒千伍百叁拾捌石捌斗肆升伍勺内。光绪二十五年，奉减米壹千肆百玖拾柒石玖斗捌升捌合贰勺。应征实米叁千肆百玖拾伍石叁斗伍合柒勺。

改兑正米伍千叁百肆拾叁石叁斗伍升捌合柒勺内。光绪二十五年，奉减米壹千陆拾壹石柒斗叁升玖合玖勺。应征实米贰千肆百柒拾柒石叁斗玖升叁合贰勺。

加叁耗米壹千陆百叁石柒合柒勺内。光绪二十五年，奉减米叁百拾捌石伍斗贰升贰合，应征实米柒百肆拾叁石叁斗壹升捌合。

又以南抵还徐属漕粮正耗米壹百陆拾石叁斗捌合内。光绪二十五年，奉减米贰拾壹石壹斗贰升叁合柒勺。应征实米肆拾玖石贰斗捌升捌合陆勺内。

漕粮米陆拾石壹斗玖合捌勺内。光绪二十五年，奉减米拾壹石玖斗肆升肆合。应征实米贰拾柒石捌斗陆升玖合叁勺。

加肆耗米贰拾肆石肆升叁合玖勺内。光绪二十五年，奉减米肆石柒斗柒升柒合陆勺，应征实米拾壹石壹斗肆升柒合柒勺。

改兑正米拾柒石肆升壹合捌勺内。光绪二十五年，奉减米叁石叁斗捌升陆合贰勺，应征实米柒石玖斗壹合叁勺。

加叁耗米伍石壹斗壹升贰合伍勺内。光绪二十五年，奉减米壹石壹升伍合玖勺。应征实米贰石叁斗柒升叁勺。

漕赠伍米壹千陆百陆拾陆石陆斗壹升伍合肆勺内。光绪二十五年，奉减米叁百叁拾壹石壹斗陆升壹合。应征实米柒百柒拾贰石柒斗玖合壹勺。

拨抵徐属赠伍米伍石叁斗壹升伍合肆勺内。光绪二十五年，奉减米壹石伍升陆合贰勺。应征实米贰石肆斗陆升肆合肆勺。又遇闰增征闰月米壹升柒合伍勺内。奉减叁成，米伍升叁合叁勺。

行月米肆千伍百伍拾伍石叁斗叁升壹合肆勺内。光绪二十五年，奉减米玖百伍石壹斗伍升陆合捌勺。应征实米贰千壹百拾贰石叁升贰合肆勺。

卫赋屯抚漕项米拾柒石陆斗五升肆合柒勺内。光绪二十五年，奉减米叁石柒斗肆升捌合伍勺。应征实米捌石柒斗肆升陆合陆勺。

江宁布政司衙门卫赋兵粮米捌拾捌石肆斗柒升伍合贰勺内。光绪二十五年，奉减米拾捌石柒斗捌升伍合陆勺。应征实米肆拾叁石捌斗叁升叁合。

卫赋留备查出抵补漕项米贰拾捌斗捌升贰合叁勺内。光绪二十五年，奉减米陆升贰合。应征实米壹石肆斗贰升捌合。

民赋折色南豆伍百柒拾壹石陆斗伍升柒合伍勺内。光绪二十五年，原续垦熟启征民赋南豆肆百贰拾伍石肆斗伍升捌合叁勺。

存县支给恤孤米壹百柒拾柒石肆斗肆升合内。光绪二十五年，奉减米叁拾伍石贰斗伍升捌合陆勺。应征实米捌拾贰石贰斗柒升壹勺。

又遇闰增给闰月米拾肆石柒斗捌升柒合内。奉减米肆石肆斗叁升陆合壹勺。

恤孤米石，现征米数不敷支给，奉在行月米石项下拨补放给。芦课、田地、洲滩，本邑自兵燹后，於同治年间先后清查勘丈。截至光绪二十五年分止，原续开报启征共腹里滨江芦洲、田地、泥滩贰百叁顷壹亩贰厘伍毫内。

靖安厂原续垦熟芦田壹百贰拾叁顷伍拾玖亩陆分捌厘内。

壹钱壹分陆厘科则田：壹顷陆拾肆亩柒分伍厘。

壹钱壹分伍厘科则田：拾陆顷贰拾柒亩壹分肆厘陆毫。

壹钱壹分叁厘科则地：陆顷陆拾壹亩柒分贰厘伍毫。

壹钱伍厘科则田：壹顷贰拾叁亩肆分。

壹千叁厘科则田：捌拾捌亩贰分。

壹钱科则田：贰顷贰拾亩壹分玖厘壹毫。

玖分叁厘科则田：贰拾肆顷伍拾柒亩肆分玖厘叁毫。

捌分捌厘科则田：伍拾伍顷伍拾柒亩壹分叁厘伍毫。

捌分科则田：柒顷柒拾伍亩贰分肆厘。

柒分伍厘捌毫科则田：陆顷捌拾肆亩肆分。

裕课洲原续启征芦洲滩地：柒拾玖顷肆拾壹亩叁分肆厘陆毫内。

陆分叁厘科则田：贰拾壹亩柒分。

肆分科则密芦：拾叁顷拾亩捌分捌厘玖毫。

叁分科则芦洲：贰顷伍拾肆亩贰分肆厘捌毫。

叁分科则稀芦：贰拾柒顷陆拾壹亩陆分陆厘柒毫。

壹分科则草地：拾叁顷玖拾肆亩贰分贰厘。

叁厘科则次泥滩：拾顷肆拾壹亩柒分贰厘柒毫。

壹厘科则下光泥滩：拾壹顷伍拾陆亩捌分玖厘伍毫。

以上芦课田地、洲滩各则不等，共科征银壹千叁百拾玖两肆分叁厘（随征加壹耗羡）。

户口人丁

明制在城曰坊，近城曰厢，远城曰里，皆有役。其鳏寡孤独僧道不任役者，曰畸零，附於一里十甲之后。明时十年更审，曰黄册。以丁粮增减而升降之。皆有丁钱，此差银也。力差名曰役法，以户计者曰里甲，以丁口计者曰徭役。上命非时曰杂泛役。皆有力役雇役。雇役者以银输官，官为金募应差。否则以农隙赴役。三十日曰力差，以其杂役，所谓庸也。见《明史》。其后有条鞭法，凡编里甲差银、编均徭差银、编水夫差银、编民壮差银，俱在人丁项下分派征拨。见《重修山阳县志》。又按上、江两《县志》曰：自海忠介公[①]行一条鞭法，乃使银、力两差，额办、派办京库岁需，各役法民间不问，然户役除而丁银尚在也。民生十六曰成丁。六十而免。旧有丁银，汉曰算钱，向皆五年编审增易。丁银内有归并军卫、黄丁、快丁、窜丁不等，课银自数分至五钱不同，吏缘为奸利，闾阎深苦其累。康熙五十二年，奉旨以康熙五十年编审为定额，以后日滋生人丁永不加赋。雍正六年，总督范时绎奏准丁随田纳，於是地丁银粮以田为额，而粟米布缕力役合为一科，繇是户丁役一切俱所不计，见前志及《溧水县志》。

按旧志载：康熙五十年，审增并原额共人丁四万九千二百五十丁，定为常额。至嘉庆十四年，《吕府志》载：句容县详报丁册，共民丁男叁拾万陆千玖百陆拾捌丁，除原额计，节年滋生人丁贰拾伍万柒千柒百拾捌丁，而随田摊征纳赋者犹止征银陆千柒百玖拾陆两伍钱之旧额也。咸丰丙辰、庚申，两遭兵火。乱后，

---

① 海忠介公：海瑞（1514—1587），字汝贤，号刚峰。嘉靖举人。由南平教谕历任淳安、兴国知县。嘉靖四十五年（1566年）任户部主事，上疏批评世宗迷信道教、不理朝政等事，被逮入狱。世宗死后获释。隆庆三年（1569年）任应天巡抚，推行一条鞭法。后被排挤，革职闲居十六年。万历十六年（1585年）再起，先后任南京吏部右侍郎和南京右都御史。力主严惩贪污，病逝於任上。谥忠介。有《海瑞集》。

遗黎不及十之二。四十年来休养生息，然较嘉道间人丁不过十之三。光绪二十六年，清查烟户共计叁万捌千玖百叁拾陆，男丁柒万玖千伍拾叁，妇女叁万玖千柒百贰拾壹，合计拾壹万捌千柒百柒拾肆口。（康熙六年，《府志》载：句容户贰万玖千捌百捌拾贰，口壹拾贰万壹千贰佰伍拾叁，丁与旧县志所载不同，未详孰是。）

杂税

牙行[1]原额贰百叁拾壹户，共征牙税正银壹百伍两陆钱，耗银壹两伍钱陆分。自同治间截至光绪二十五年，分原续招充牙行壹百拾肆户，内三等则完银壹两，肆等则完银五钱，共完牙税正银六拾柒两，耗银陆两柒钱。

牛驴税原额正银贰拾贰两叁钱，耗银贰两贰钱贰分，盈余正银贰钱贰分贰厘，耗银贰分贰厘。自同治间截至光绪二十五年，分原续招充，共完牛驴税正银叁两捌钱伍厘，耗银贰钱捌分。

田房税，前志云：每年约收税捌玖百两。兵燹后至光绪二十年分，每年征完税银数十两，壹百数拾两不等。於二十一二年始稍起色。光绪二十五年分，征解田房税银壹千陆百伍拾肆两贰分玖厘，耗银银壹百伍拾陆两肆钱叁厘。光绪二十六年分，奉钦差大臣刚毅整顿税务，奏奉新章，免解耗银以示体恤。

典税，《吕府志》云：句容贰拾壹典，征银壹百伍两，每典按年完税正银伍两，耗银伍钱。至光绪二十三年，奉户部具奏"当典商额税太轻，请饬各省一律加收典税"一摺，饬从。光绪二十三年分起，每典按年纳正税银伍拾两，耗银伍两。光绪二十五年，分本邑、城乡两典，其完典税正银壹百两，耗银壹拾两。

按，牙行税只及旧额六分。牛驴税不足二分，典税虽加，亦止足额。惟田房税骤逾倍蓰[2]，实缘调察之力。民畏其扰，不敢隐漏。又於乡图设立土牙，遵用契格，法愈密矣。在贤有司神明用之可耳。

盐引

《盐法志》载：江宁府属句容额行纲引玖千柒拾陆引，溧水捌千壹百引，高淳陆千捌百贰拾引（雍正间定额每引叁百肆拾斤）。嗣因蒲草歉产，包索减轻，盐斤易致亏折。於乾隆十三年二月二十日，奉旨著加恩於引额之外，每引增给拾斤，俾商本不致亏折，民食永资利益，钦此。每引计运盐叁百伍拾肆斤。乾隆十六年二月十六日，钦奉上谕，著将两淮纲食引盐於定额外，每引赏加拾斤，不在原定成本之内，俾得永远沾受实惠，钦此。每引应运盐叁百陆拾肆斤，历系商人按照成本随时销售。道光中，改行票盐，前政遂弛。自兵燹后，改销税盐。於是有专商分岸认引包销之法，每引正盐陆百斤，外加卤耗陆拾斤，包索叁斤半，分装八包为壹引，每包连包索计重捌拾陆斤，按《淮南盐法纪略》每引完课银柒钱贰分，经费壹钱捌分，出江厘金壹两伍钱陆分，大胜关厘金贰两贰钱内，河捐钱壹千壹百叁拾叁文，计每引运本约银伍两伍钱有奇。同治五年，商人合大和认办，运销句容、溧水、高淳三岸，每年其额销肆千引，溢销按引加厘，阙销照包计，每引完厘金银贰两贰钱，共应缴库平银捌千捌百两，按四季分纳於江宁盐巡道署，转解金陵军饷局充饷，详定销售价值，每盐百斤价银贰两陆钱，民间市用，银钱并收，以银合钱，按照市价长落。如销市畅达，随时禀明提价，至多不得加至叁钱。至滞或请核减壹钱，庶使长落有权，民商均便。

按，康熙间有计口食盐之弊，邑士民呼吁终岁，而其患始除。近时，私枭[3]充斥，伏莽潜滋，而闾阎之隐患深矣！

---

[1] 牙行：为买卖双方说合交易并从中收取佣金的居间商行。明清两朝规定设立牙行须经官府批准，所领凭证名牙贴。领帖缴纳帖费，每年缴纳税银，称牙税。

[2] 倍蓰：数倍。倍，一倍。蓰，五倍。

[3] 私枭：非法贩售公家专卖货品或从事走私的人。

积谷

句邑积谷，自光绪四年奉饬劝办。始则按田壹亩捐谷叁斤，继则每亩捐钱贰拾文。至光绪六年，停办止。共买谷贰万伍千肆百余石，分储贰拾壹仓，各仓共提存息本钱壹千陆百陆拾肆千陆拾陆文，常年生息以抵岁修经费之用，谕董经理，春借秋还。光绪十一年，圩乡被水，禀准赈放圩乡仓谷，并借拨山乡仓谷，共柒千贰拾捌石零，又历年照章借放谷石及折耗各谷外，截至光绪十六年，实存各仓现谷壹万壹千叁百肆石零。又民欠谷肆千陆百柒拾捌石零，又各年民欠谷肆百伍拾玖石零。均经分年造册详报有案。至光绪十九年，经前县舒霖以"上年旱灾颇重，民情困苦"禀准借放谷壹万贰百拾捌石有奇。此外则尽欠在民，积年累计，有加无减，共欠谷伍仟肆百玖拾捌石零，实储城仓现谷贰百玖拾柒石零，所有民欠及借放谷石迭次饬令追缴，迄无一户遵还。光绪二十四年，秋收尚称中稔，奉文"整顿积谷，以实仓储等因"，李令孟康有鉴于斯，以为民捐民食，追缴维艰，是以援案於征收下忙案内，每田壹亩捐钱贰拾文。光绪二十五年，张令绍棠相继征收，两年共捐积谷钱贰万壹千捌百肆拾伍千叁百贰拾叁文内，除李令动拨买谷叁千玖百贰拾壹石外，二十五年，张令放给董事张澍修理旧仓工木钱玖拾叁千玖百叁拾陆文，又谕城董骆文凤等建造城内仓廒十六间，共支销钱叁千捌百玖拾陆千叁百伍拾柒文，其余支剩钱文分别采买谷石及提存发典生息之用。

按，道光十二年，总督陶文毅公创建丰备仓。教谕张履《劝捐册序》，光绪四年巡抚吴元炳奏稿暨嘉庆十九年郡绅秦文悫公《救荒章程》，均采入"义举"中，兹不复赘。

附录：奏疏、谕旨、碑文

同治十三年三月，总督李宗羲、巡抚张树声、署漕督恩锡奏请减征第一疏：

窃查江宁府属七县田，自兵燹后，科则无考。於同治七年，经前督臣曾国藩仿照《皖省章程》，无论民卫丁漕，酌中定数，仍分上下忙折征，钱文以一半提归司库，以一半买米起运，奏蒙允准。历年以来，均经奏明，循办在案，迭准部文催办开征，节经檄司严饬府县先将熟田分造区图册籍开办丁漕体察情形议详。去后，兹据江宁布政使梅启照、署江安督粮道薛书常会详，称江宁府属各县《赋役全书》均已毁。夫前经详请户部颁发，亦已霉烂无存，祇有嘉庆年间重定《江宁府志》赋役一门载明七属田地、山荡、科征银米各额数，尚可依傍验派。地漕银米各款，则有部颁道光二十七年奏销册可以为凭。查《江宁府志》内载："民田：上元县十二则，江宁县十则，句容县十则，江浦县十四则，六合县四则，溧水县八则，高淳县六则；卫田：上元县三十二则，江宁县三十七则，句容县七则，江浦县四十七则，六合县三十四则。"究竟某则田地若干、科征银米若干并未详载，各县追溯旧志，询访耆民、老吏，百计根求，惟句容县田地、山荡各自一则，犹易分析。此外，各县民田大小、科则不等，一区一图之中，亦分几则，某田某地，系何等则，无从周悉，即访诸原业主亦属未能尽知。又上元、江宁、句容、江浦、六合五县，均有屯田夹杂民田之内，科则与民田各别，大率米多银少。除屯田最多之六合县并最少之句容县，民、屯尚能区分，堪以各归各则征收，其余上元、江宁等县，实皆民、屯错杂，莫可辨认。屯田为津贴运丁世产，例禁典卖，然私相授受，随处皆有，自知违例，每多隐讳。乾隆、嘉庆年间，历次清理，卒未得实。兵燹后，物是人非，更难根究，按其科则，银、米并计，与民田相埒。何田为民，何田为屯，既难确指，自宜仿照民田、民地银米一则，科征以归划一而杜趋避，惟据该府县转据耆老绅民禀称"开垦荒田，完缴抵征，实以勉力，今闻开办丁漕，银米并纳，不胜惶恐，实缘今日情形大非昔比，从前人物富庶，务农之家，父子相承，无不尽力於南亩，赋额虽重，无敢异议。今则本地农民无多，招人代种，工本倍费而荒芜已久，失於培壅，收获不及从前一半，若仍照旧则完粮，恐未垦之田无人敢领，已垦之田又将复荒。闻苏属平定后，即经奏请减免漕额，宁属被兵最久，凋敝情形较重於苏，吁恳一视同仁，或酌减科则，或普减赋额"等情一再具禀。伏查上元、江宁、句容、高淳等县垦熟田地，按照原额，才过五成；溧水一县则不足五成；六合县熟田最多，亦仅得六成半之数。其故由於田多人少，赋重息微，即遇全熟之年，每亩所收租籽除完纳正赋之外，仅余数斗，倘遇水旱偏灾，竟无颗粒余剩，若不酌减科则，不独催科为难，诚恐业户无利可图，弃之如遗。荒田无人愿垦，而熟田转将复荒。国家赋额有常，原不敢轻议改减，然与其照旧科征，而民力未逮，徒事追呼，何如酌予减轻！俾易输将，转收实效。兹与该府县再四商酌，所有垦熟田地，分别腴瘠，定为上中下三等，拟请将上元、江宁、六合、溧水四县最深之上等科则减去一二成，句容县赋额最多，科则尤重，地方瘠苦，拟请将上则酌减二成半，江浦县地瘠民贫，被兵又久，拟请将上则酌减二成半，中则减去二成，下则减去一成，其余草场，地同各县下则田地，完数较轻者，悉仍其旧，无庸核减。又高淳县，向征折色银两，核其科则，较他县为轻，毋庸改减，惟该县大粮田地，本系陆升陆合一则起科，前明应固城沈没，田粮加派於高淳，故有捌升陆合起科者，有捌升起科者，有陆升陆合壹勺零起科者，载明县志可考。该县农民赔纳至今，不堪其累。查浮粮例准请豁，自应将此加摊贰升、壹升肆合及一勺零之浮粮准予豁除。通境田地一律按陆升陆合起科，仍征折色以广皇仁而苏民困。嗣后，七县续垦成熟田地悉照此次减定科则，分别征收，似与普减额赋较为核实等情详请具奏前来，臣等查江宁府属被兵十有三年，受灾最深，同治三年克复后，豁免钱粮三年，渥被皇仁，亦较他处为尤渥，小民完纳正赋，具有天良，苟非万不获已，何敢率请议减，臣等权衡收放各款，下顾民生，尤应上筹，国课亦断不敢轻议更张，惟参酌时势，博访舆情，仰体圣朝爱民之意，细核从前原收之数，查江宁各属原额田地，共陆万叁千玖百贰拾贰顷捌拾亩有奇，科征银贰拾玖万叁千伍百叁拾柒两有奇，米豆壹拾陆万贰千柒百捌拾柒石有奇，各县现在垦熟田地共贰万玖千贰百贰拾叁顷肆拾壹亩有奇，照原则应科征银壹拾柒万贰千柒百玖拾柒两有奇，米豆玖万叁千伍百壹拾叁石有奇。今就该司等所拟酌减科则，计之应征熟田银壹拾肆万贰千柒百玖拾陆两有奇，米豆柒万陆千捌百捌拾贰石有奇，通盘核计垦熟田地居原额仅及十成之五，而减收成数则较原额尚有五成，祗因所科熟田上则居多，其无避重就轻可知，至所减科则，少征银米仅居原额十分中之壹分伍厘有奇，於正赋无大亏损，而小民受益无穷，非但目今催科不致棘手，此后，农民闻风归耕，或者荒田渐垦，赋额日增，实於国计民生两有裨益。是年四月十四日，奉朱批户部议奏。钦此。

  是年十一月，覆请减征第二疏：

  窃准部咨议复臣等奏江宁府属酌减科则、开办丁漕碍难准行，仍令照原额一律起征一摺，同治十三年六月十四日，奉旨依议，钦此。当经恭录转行遵照。去后，兹据江宁布政使梅启照、江安督粮道薛书常会详，称江宁府属田本非饶沃，而被兵既惨，且久与苏皖情形实有不同。省城克服后，地方困苦异常，仰蒙我皇上轸念残黎，钱漕蠲免三年，流亡渐归复业，又经多方招徕，借给牛种资本，故现在垦熟田地在此三年之中者十居八九。同治七年，已届起征，经前督臣曾国藩奏准，仿照安徽章程，权办抵征，虽比丁漕轻减，无如田地荒芜已久，垦种无异开荒，兼之地广人稀，土著农民自顾不暇，凡有业田之家，无不远处招人，必须重给资本，而租息又极微薄，岁丰则除完纳抵征之外，所余无多，岁歉则租息益少，业主不敷工本，是以办理抵征六七年来，续垦熟田仍属寥寥。其中因利息太微，工本不足，欲垦而未敢造次者有之；或恐开垦，丁漕银米并纳，较之抵征加重，畏累而迟疑观望者有之。若开办丁漕，必照旧则科征，无论此几微之利无可指望，且恐租不敷赋，小民兵燹余生，无可赔累，纵使日事追呼，亦属於事无补。在部臣统筹全局，参考原不厌其详慎，而地方瘠苦，疮痍未复，诚有不能不变通之势。上筹国计，必先下顾民生，与其勉照原额徒有多征之虚名，莫若量予减轻，期收输将之实效，且使力田小民除完纳丁漕之外，稍有余利，既免赔粮之虞，兼释畏累之念，已垦者安心力作，未垦者亦观感而兴，熟田不致复荒，荒田开垦日多，日后民物富庶，无难复还原额等情请具奏前来，臣等查钱漕乃维正之供，非出於万不得已，亦何敢轻议改减，部臣所虑者：目前如果准减，恐将来田地复额亏短更不止此。诚为通盘核算、筹及久远之计，惟查垦熟田地未及十成之五，而查照原额起征，则所收之数几及十分之六，欲就减额起征，尚有十分之五，其故由於垦熟田地定为上则居多，名虽减而实仍未减，盖当分查之时，严定等差，所以杜花户避重就轻之弊，及至汇总之后，量加减核，所以广朝廷损上益下之仁，当此仓储支绌①，需款甚殷，臣等岂敢曲徇民情、有违成例，惟时势既有变迁，办事必求有济，又不得不将实在情形缕晰渎陈②，合无仰恳特恩俯准仍照原奏，分别将上元、江宁、句容、六合、溧水、江浦六县丁漕减则征收，以舒民困而广皇仁出自逾格③鸿施。是年十二月初五日，奉朱批"著照所请，户部知道。钦此。"

光绪元年九月，总督刘坤一、巡抚吴元炳、漕督文彬覆请减征第三疏：

窃前督臣李宗羲等请将江宁府属垦塾田地仍照减则征收一摺，同治十三年十一月二十四日会奏钦奉朱批："著照所请，户部知道，钦此。"当经恭录转行钦遵办理，一面由司查照减定数目，出示晓谕，於本年二月初九日接准部咨，尚有核办之处，另行知照等因。查核准咨之时，业已遵照前议造串开征，续於四月初三日，接准部咨江宁府属垦熟田地减则征收碍难覆准一摺，光绪元年四月初七日，奉旨依议，钦此。知照前来，维时开征，土忙已逾两月，臣等深虑重议更张，势多窒碍，然寻绎部文，所驳各节均为慎重赋额起见，又不得不恪遵部议，严饬所属认真设法，以冀仍照旧额征收，当经转饬遵办，去后兹据江宁布政使梅启照、江安督粮道衙荣光会详，称钱粮乃维正之供，苟可照旧办理，亦何敢再三渎陈，祇因江宁府属各县地势大半滨江枕山，低则患水，高则患旱，田土本非饶沃，与苏、松情形迥不相同，自粤逆窜陷十有余年，蹂躏殆遍，被害之惨无逾於此，现虽克复已久，而土著农民十无四五，力田之家添雇客民，工本既大，花息尤微，从前每亩收米壹石者，今祇收谷壹石，谷价每石不过伍陆百文，即使减收起征，已属勉力输将，若照从前原额银米并纳，民力实有未逮，如果迫於催科，敲扑从事，小民无可赔累，惧受追比，因而弃本就末，致将已熟者仍复抛荒，未垦者尽成废弃，窃恐於国计民生两有关碍，思维至再，势难拘守旧章，细核所减之数，每年照全额而计，亦不过减去一成有奇，归之国家，则所增无几，散之民间，则实惠无穷。权衡缓急，不得不将实在情形缕晰渎陈，如不能永远减则或就减成数目试办三年等情详请具奏前来。臣等伏查钱粮科则，赋额攸关，诚如部臣所议，岂可率行请减，况当此整顿钱漕之际，尤不准托催科政拙之名为该州县办事因循之地，然民隐必宜兼顾，办法尤贵变通，江宁府属田土之瘠、兵燹之深甲於通省。目前所议减成征收，较之原额应征数目虽觉短少，较之历年办理抵征已有赢余，仰体朝廷爱民之意，自宜逐渐进步，未敢骤竭民膏，臣等再三体察，如将定额永远减去二成，业经部臣议驳，又何敢援以为请，惟有仰恳特恩俯准将江宁府属之上元、江宁、句容、溧水、六合、江浦等六县田地仍照原请减成征收，暂定三年为度，以舒民困而广皇仁出自逾格鸿施。是月二十九日，军机大臣奉旨户部议奏片并发，钦此。

光绪三年，江宁布政使孙衣言详文略：

伏思户部职任度支，不敢轻言减赋，其意诚在裕国，而欲求裕国先求裕民，必欲使兵火之遗尽纳承平之赋，非但法不能行，亦且情何以忍，万一别滋变故，窃恐所失更多。况牧令责在催科不能不图免咎，向来瘠苦州县每於查办秋灾之时多报分数，规免处分，是则名为复额，实吃暗亏，且藉灾亏赋，虽曰病国，利犹在民，万一敲筋吸髓，务欲取盈，则有田者群谋弃去，无田者不复归耕，挈家四散，既无所施，其诛求满目荒芜，更无所望於开垦，使江南数十万亩之田畴更历十余年而不种，则国家所失赋税岂复可以数计而徒於眉睫之间争此锱铢之利，为国深谋，岂宜出此！本司莅任之初，接见江宁士民，无不以本年复额为忧，太息咨嗟，至於堕泪，实以江宁一府被寇尤深，非淮、扬、徐三郡大半完善可比，而沿江硗瘠，又与苏、松各属之一耕十获者不同，其困苦既为特殊，则扶绥自宜加意，梅升司久任江苏，民情最为熟悉，前督宪李爱国爱民，尤为上下共信，使民力尚可支，吾亦何敢痛哭流涕呼吁再三，乃请之愈殷，驳之愈峻，暂减之议，已满三年，今年上忙钱粮，业已勉遵部议，照旧启征，现届六月，各州县尚少报解，而亢旱兼旬，蝗蝻蔽野，近虽幸沾雨泽，插秧已迟，难期上稔，所宜及早为之熟筹，窃念地丁关系度支，不敢再请减征致亏国用，而民情惶惧，尤恐完漕之数倍於完银，我朝圣圣相承，以爱民为本，恭逢皇太后、皇上励

---

① 支绌：顾此失彼，不够支配。

② 渎陈：下级向上级汇报时用的谦称。

③ 逾格：破格，超越成规。

精图治，叠沛温纶，勤求民隐，本司目击民艰，若以前奉部驳不敢复言，岂但上负国恩，亦且下愧百姓，万不得已，惟有据实详请，援照同治二年恩免苏、松、太三属虚粮之案，将江宁府一属除高淳、溧水二县向完折色不计外，其余上元、江宁、句容、六合、江浦五县额征漕粮等米一律减免十分之三，查该五县田地荒熟并计应征原额漕屯、兵恤等米共拾伍万肆千捌百捌拾玖石零，以十分之三核计，该减米肆万陆千肆百陆拾陆石零，就现在启征熟田而计，共应征原额漕粮等米玖万贰千玖百玖拾伍石零，共请减三成米贰万柒千捌百玖拾捌石零，尚应征熟田米陆万伍千玖百柒拾零，所减米石分摊於各县科则之最重者，著为定额，续有垦熟，亦即照此科征，不再加重，斯民具有天良，幸沐皇仁，优渥如此，断无不踊跃乐输，而利之所在，趋之如鹜。有田之家，既得田之赢余，岂肯轻弃其业，无田之民不畏田之赔累，更当竞趋於耕。十余年后，民间增数十万之良田，国家即多数十万之正赋，州县无瞻顾考成之虑，漕粮无临时支绌之虞，为国深谋，何以易此，溯查同治二年，前抚宪李奏免苏、松、太三属虚粮，有"以与为取，以损为益"之语，洵为切中事情，本司愚昧之见，实亦窃取斯义，合无仰恳宪恩俯准陈奏倘蒙特旨俞允，再将该五县重则田地按三成米石均匀摊派，某则某田减免若干作为定则，另行造具，减定科则亩分，详咨户部备查，总使民间完纳银米两项牵算与抵征不甚悬殊，每届上下忙冬漕开征，责令各县将银米收价刊刻告示，通颁晓谕，定价之外，不准多取丝毫，并於散给易知。由单内将原额每亩科征米若干、应完米若干、今每亩减免米若干、实征米若干、每石定价若干逐一载明，是杜浮勒，务在权一时之宜，为万世之计。

　　光绪三年六月，总督沈葆桢、巡抚吴元炳、漕督文彬奏请酌减漕粮疏：

　　窃照江宁府属垦熟田地恳请减则征收一案，叠经前督臣李宗义等奏陈，均经部臣议驳，嗣署督臣刘坤一会同臣元炳吁请，暂减三年，部议光绪元年丁漕准予减征，二年按元年所减数目酌减一半，三年查照原定科则征收等因。当经转行，饬遵在案，臣葆桢莅任后，因各属荒田严催未垦，而江宁府属转多垦而复荒者，骤闻之不胜其疑，再四访求，佥称江宁赋重亚於苏松，而地硗等於徐海，以十余年废耕之土，责诸数百里孑遗之民，倘钱漕照额征收，窃恐年复一年，流亡多而污莱更甚，旋据前两广督臣邓廷桢之孙、优贡生邓嘉缉禀称"祖遗田地贰百肆拾余亩，无从招佃，情愿充公"，言之甚痛，臣派员履勘，有佃承种者尚壹百柒拾余亩，抛荒者仅柒拾余亩，缘恐岁非上稔，佃复续逃，垫完既苦乏资，积逋可胜负疚，夫以累世簪缨之族，尚因无力赔赋，弃之如遗，则穷檐小民困於追呼何堪设想！国家大利在农，若不培其根本，恐抚字催科二者均无从下手，幡司孙衣言到任正值上忙奏销之际，叠经通盘筹画，以为非利农无以劝垦、非减则无以利农。兹据详称"从前江宁府属权办抵征，上则田每亩征钱贰百伍拾文，下则田每亩征钱壹百叁拾文，为数甚廉，似应争先开垦，趋之如鹜，乃求之汲汲，而应者寥寥，实由兵燹之余，乡民自种自食，每户不过十余亩而止，余地招募客民，给以资本，应募者来自江北，土性异宜，加以强悍难驯，费资多而交租少，大约从前每亩收米壹石者，今止收稻百斤，或柒捌拾斤，碾米不能肆斗，稍加催索，则席卷潜逃，牛具田租均归乌有，而田已报熟，赋无可蠲办抵征，时弊已如此，今复丁漕原额，综计上则田每亩须完钱肆伍百文，较之抵征数几倍之，农服先畴，弃之则无以为生，守之又不敷偿课。良懦失耒，狡黠揭竿。上年六合闹漕，虽借屯米为词，实则希图普减。户部职在裕国，原难轻议更张，第裕国必先裕民，必欲使兵火之余生尽纳承平之井税，情既不忍，法亦难行。万一别滋事端，窃恐所失更甚，目前虽遵部议，上忙勉强启征。现届六月，各州县报解不前，加以亢旱兼旬，蝗蝻蔽野，近幸渥沾雨泽，插秧已迟，所宜亟早熟筹，预杜后患。因思地丁一项，不敢再请减征，惟有援照同治二年恩免苏、松、太三属虚粮之案，将江宁府一属除高淳、溧水二县向完折色不计外，其上元、江宁、句容、六合、江浦五县额征漕粮等米一律减免十分之三，查五县田地荒熟并计应征原额漕屯、兵恤等米，共拾伍万肆千捌百捌拾玖石有奇，以十分之三核计，该减米肆万陆千肆百陆拾陆石有奇，就现在启征熟田而计，应征原额漕粮等米玖万贰千玖百玖拾伍石有奇，共请减三成米贰万柒千捌百玖拾捌石有奇。尚应征熟田米陆万伍千玖百拾柒石有奇。将来继垦熟田亦照此科征，不再加重，斯民具有天良，幸沐皇仁，优渥如此，断无不踊跃乐输，有田之家既得田之赢余，岂肯轻弃其业，无田之民不畏田之赔累，更当竞趋於耕。十余年后，民间增数十万之熟田，国家即多数十万之正赋"等情详请具奏前来。臣等伏查漕粮关系正供，不容轻议增减，苏、松等属，同治二年蠲免十分之三，此破格之恩，岂寻常所当援例，然江宁府属沦陷之久，倍於苏、松，荼毒之酷，甚於苏、松。田土瘠而遗黎稀，更无从与苏松比较。同是朝廷赤子，何忍听其既登衽席者驯致流亡。苏、松、太减米五拾肆万余石之多，为万古未有之隆施，所有巩万世无疆之宝祚，今於江宁府属再减米贰万柒千余石，仅及苏、松、太二十之一，於国计似无大损，而圣主如伤之隐，周浃旁皇，其以人情，为田一树百获者何可数计，惟前次所请减者有二成半、二成、一成半之分，今则统减三成，似乎冀幸过甚。然前次银米一律请减，今所请者不减银而减米，相权不甚悬殊。我国家列圣相承，皆以爱民为本，幸奉皇太后、皇上勤求民隐，叠沛温纶。父老捧诵诏书莫不感激涕零、奔走相告，臣等不能奉宣德意，使地鲜遗利、家少余粮，绝无致富之谋，只有乞恩之疏，扪心清夜，何地自容，然实出於智尽能索之苦衷，非敢蹈钓誉沽名之陋习，惟有吁恳鸿慈、逾格特旨，准照苏、松、太成案，核减上元、江宁、句容、六合、江浦五县漕米三成，俾民不以纳课为畏途，而以垦荒为利薮。臣等不胜感激，屏营之至。

光绪三年七月十五日，内阁奉上谕："沈葆桢等奏沥陈江宁府属凋敝情形、恳请酌减漕粮一摺，江宁府属经兵燹之后，田亩抛荒尚多，今年被虫被旱，播种失时。据奏小民困苦情形，实堪悯恻加恩，着照所请，所有江宁府属之上元、江宁、句容、六合、江浦五县额征漕粮等米均着一律减免十分之三，以舒民力，余著照所议办理。该督等即刊刻誊黄，遍行晓谕，务使实惠均沾，毋任吏胥舞弊，用副朝廷轸恤闾阎至意。该部知道。钦此。"

户部疏略：

查苏属减赋案内，由该督抚饬属核缮原定额数并派减科则，列表造具应减应征细册，恭缮一分咨送军机处进呈御览，并将各册分送部科查核，应请饬下两江总督等查照苏属减赋成案，造册奏咨报部。再苏属减漕，不减伍升以下轻则。现据该督奏请，上元、江宁、句容、六合、江浦五县额征漕粮等米一律减免十分之三，与苏属稍有不同，其如何按则匀摊，应令详查确实。至卫田屯粮与民田有无区别，抑应一体减免。漕项银米，苏属不减，兵恤等米，向不起运，现均在请减之列。此次缮造表册，应将原额漕粮若干，派减漕粮若干，减剩漕粮若干，按原定科则核算，不得将科则归并，以滋弊混，并将正耗漕项、兵恤等米各归各款，分注细数，其有屯米者亦另款登载，仍俟臣部核复后，将订定实在科则修辑《赋役全书》，先纂一届，应自某年起，由该督等酌定奏明办理。以后，按限纂辑，俾昭信守其一。高淳、溧水二县，向完折色，现时漕粮既蒙核减，该二县征收折色及漕项南米，应如何办理之处，并令该督等另案奏报。原奏声称"继垦熟田，照此科征，不再加重，斯民断无不踊跃乐输。十余年后，民间增数十万之熟田"等情，查减免漕粮、招徕开垦，较易为力。该督自必确有把握，应再请旨饬下两江总督等，自光绪三年为始。嗣后，每届年终，将宁属各县该年垦熟田亩若干开具简明清单，咨部备查。

是年十月初六日，奉旨："依议，钦此。"

江苏巡抚部院丁日昌奏定芦洲田地变通丈期，其略谓：江苏省沿江沿海沙洲林立，坍涨靡常，定例五年一丈，坍则报豁，涨则报升。法至善也。无如日久弊生，或望水以升科，或留粮而待补。沙棍因之把持，豪强於以兼并，而书差洲保人等明知此弊，故每大丈之期倡为丈费，名目随丈征解，得规则照旧造报，无钱则立限比追。内外上下各书吏按股均分，地方官亦从而染指，往往前丈之费未已，后丈之费又来，自奏准改为十年一丈，庶为期较宽，间阎永免夫骚扰，而因时复勘，坍涨仍有所稽查，今勒石垂禁，如地方官差吏保董事人等仍藉稽查欺隐为名，将并无坍涨之地通行丈量及需索丈费者，许即据实禀办。嗣后，如有坍涨，亦须随时呈报，毋得隐匿影射，自贻伊戚。

附章程：

一、每届十年大丈之期，如有呈报坍涨者，照例勘丈，造具图册，详咨升除。

一、腹里洲地如无坍涨者，永免大丈。

一、丈费名目永远革除，如有仍前索取者，许即据实禀办。

一、望水升科，预埋争佔之根，最为恶习。嗣后，如有新涨，必须变成泥草，各滩方许缴价买受，若系水影光滩，不准报买，以杜讼源。

一、各洲遇有坍没，应随时呈报豁粮，不准再有留粮待补名目，以为影射地步。

一、报买新涨若干，务将价银照数呈缴，地方官以便钉交执业，不准报多缴少及赴司道府州衙门缴价，以杜罩报之弊。

光绪六年四月，署两江总督吴元炳会奏片略：再江苏各属滨江沿海沙滨田地坍涨靡常，定例五年一丈。兵燹后，经部议准改定十年一丈，今届限满续丈之期，当经臣等札饬候补道朱之榛会同署苏藩司许应鑅认真督办。去后，兹据该司道等参照上届成案，议定章程。今届举办大丈以清理坍涨为第一要义，涨者即令补缴价息准其承买给照执业，坍者予以详豁，俾免赔粮，并将控争各案一律勘讯断结，其旧额田地变成沃壤者，分别转则转漕，以祛取巧避就之弊，而又革除丈费，访拿蠹棍，以苏民累，详请出示晓谕遵办前来。臣等伏查沙洲本天地自然之利，该沙民等自应涨则报升、坍则报豁，乃时阅十年，涨坍升豁多有未定，以致控争之案。又复层见叠出，推原其故，非由豪强痞棍之把持，即因书差沙保之需索，现在该司道所拟章程洵足以除积弊而恤民隐，其此次所需经费，均由司道於洲价本款动支，不准稍有需索，并不设局，以节縻费。

恭录乾隆三十八年十二月初四日圣谕：

今年七月间，据陈辉祖所奏请，将该省民屯新垦丁粮随年摊征一摺，交该部议奏，旋经户部复准陈辉祖所奏，并请行查各督抚就本省情形酌筹妥议具奏，朕彼时驻跸热河，正值筹办军营，事多未及详加审核，且以部议通行各省，必其事属应行，故尔依议，嗣据直隶等省陆续议奏，大概请仍旧制者居多，则陈辉祖所奏及该部所议皆未为得当，国家承平修养百有余年，闾阎生齿日翻，岁有增益，向来编审人丁按丁科则。自康熙五十二年，我皇祖圣祖仁皇帝特颁恩诏——"盛世之民，永不加赋"，即以是年丁粮之数作为定额，仰见皇祖惠爱黎民，厚泽深仁，法良意美，实万世子孙臣庶所当遵守不易者，盖民为邦本，庶富相因，但令小民於正供之外，留一分盈余即多一分蓄积，所谓藏富於民，百姓足，君孰与不足者此也。朕临御以来，仰承天祐祖德，际此累洽重熙，无时不以爱养斯民为念，是以两次降旨，普蠲天下钱粮，并轮蠲各省漕米，为数不啻数千百万，而因灾蠲赈及随时恩免者尚不在内，所冀群黎益庆盈宁，共享昇平之福，岂肯於丁粮区区毫末之赋稍存计较乎！现今海宇，户口繁滋，难以数计，如各省钱粮有增无减，即为滋生繁庶之征，夫人数既多，自地无遗利，安得有未辟之旷土留为垦种升科，若求可垦之地，则新疆乌鲁木齐等处地土沃衍，尚可垦为屯田，至於内地开垦一说，则断无其事，各省督抚亦断不得以此为言，即或滨河沿海之区间有东坍西涨，其数甚微，祇须地方官查明，照例妥办，若以新垦民屯地亩复将丁银随年摊纳，是与小民较及锱铢，尤非惠下恤民之道，陈辉祖所奏，固属琐碎，而户部议覆亦复未识大体，所有各省办理丁粮事，无论已未覆奏，俱着悉心，仍其旧，毋庸另议更张。其湖北、长芦二处，已经该部覆准者，亦不必行，仍令照旧办理，并将此通谕中外知之。钦此。

恭录嘉庆四年三月初九日仁宗睿皇帝圣谕：

有人奏"民间供输漕粮之弊，向来漕粮按亩征收，功令有淋尖踢斛之禁，而州县因以为利，多有每石加至数斗及倍收者，所收未及三分之一，本色已足则变而收折色，小民不肯遽交折色，则羁留以花消其食用，呈验以狼藉其颗粒，使之不得不委曲听从，虑上司之参劾也，则馈送之，虑地方讼棍之控告也，则分饱之"等语，此等积弊，实所不免，著传谕有漕、各督抚务督饬所属，留心查察，毋使州县藉端勒掯脧削累民，倘有前项情弊，即行据实严参办理。钦此。

恭录嘉庆四年十二月十一日仁宗睿皇帝圣谕：

本年办理清漕，即经降旨，令蒋兆奎悉心筹画，剔除积弊，以期漕务肃清，乃蒋兆奎谬执己见，意在加赋，兹又奏称生齿日繁，诸物昂贵，经费不敷，不能减去等语，是蒋兆奎始终以加赋为是，独不思漕弊既经革除，则旗丁之浮费可省，又何有不足，岂有将浮收之事竟著为令甲乎？且州县若果收清漕，旗丁、运弁无暇可指，势必不复争闹，况现在清理漕务，亦并非於剔除积弊禁革浮收之外一无调剂，已节次饬部酌议加增米担，并降旨令各帮漕船多带土宜廿四担，免其上税，又饬禁沿途一切陋规，该旗丁等自可足用，即尚须调剂，亦何至除加赋外而别无良策乎？钦此。

恭录嘉庆十四年十二月二十三日圣谕：

前据阿霖保面奏，於收漕时通融办理，以概收八折，拟即出示晓谕一节，系在未经降旨清理积弊以前。现在将漕务各衙门书吏以及委员、经纪人等各项陋规一概裁革，弊源既清，则旗丁费用大减。津贴亦属有限，如敢仍前多索，必当严办示惩，若州县等任意浮收，自应一体严行究办，该督等惟当实力查察，妥为经理，倘竟出示明收八折，而州县等藉此多征，侵肥入己，或又不止於八折之数，将来该省人民有将该督折收告示揭粘呈控者，朕当执法惩治，断不因该督等呈奏在先，少从宽贷也。钦此。

谨录道光元年六月十八日上谕：

昨据御史王家相奏八折收漕之议，可不可当经降旨交孙等会同妥议具奏，本日复据侍郎汤金钊奏称收漕之弊非定八折所能有济，且伊曾任江苏学政，从前所定旗丁帮费，於定额之外，州县仍不免私自增给，恐八折收漕虽有限制之名，无限制之实，朝廷只被加征之名，於事毫无实际等情，着将汤原摺发交孙等阅看，直省漕粮以江浙最重，孙等四人系本省督抚，所属州县收漕其情形利弊皆可洞悉，究竟所为如何办理方能有益无弊，该侍郎汤及御史王所言可不可之处，均一一详悉查复熟筹审计会同妥议具奏，将此谕令知之。钦此。

恭录道光元年六月二十七日上谕：

漕粮本维正，供岁有定额。百姓任田纳赋，断无不踊跃输完者，如果地方官办理得宜，何必更科则。务防滥收，惟定法久而流弊，而弊又相因而生，则欲杜其弊必先察其致弊之由，而严为之禁，着通谕有漕省分各督抚破除情面，力矢公忠，州县如有浮收勒折，立即严参重惩，其旗丁勒索州县，绅衿包纳漕粮，亦各执法严办，勿稍徇纵，均不得借言调剂轻改旧章，至於沿途攒运，总督及仓场侍郎，凡沿途抵通官役人等需索使费者，有犯必惩，群知警惕，以塞漏洩。朕清理漕务，其意本为恤民，天庾并无升斗之益，谅天下臣民所共悉，不可使上被加赋之名，而下无利民之实。特此通谕中外知之。钦此。

顺治十四年九月□日禁革漕弊沿习水次耗费碑：

江宁府句容县为漕弊沿习已久、水次耗费宜除事。抄奉本府理刑推官李信牌开，蒙巡按江宁等处兼管屯田、监察御史刘宪牌内开，照得漕粮为三军命脉，取给东南，民有胼胝之劳，军有挽输之苦，交仓起运，期不失额数而已。年来耗费多端，军民称困，如弁丁，在次有差人需索之扰，有宴会优筵之费，一酒一饭无非销镕，此盗贼所由起也。又如乡民负米交仓，有贴办运官供应，有粮官总书常规，先将杂费取盈，不顾正粮亏缩，每致无辜敲比，民疾之未瘳也。本院巡历兹土，凡关国计民生之事，靡不加意咨询。於凡弊窦陋例，譬犹切近疮痍，必去之而后快，除定帮金甲与夫派支行月等事，已屡檄司道严剔外，所有水次应行应革事宜务须整顿，所有未尽弊端不妨续续补足，总之不许牙役需索，官旗不许苛勒粮里，为此仰厅即将单开应行应革各项，是在监兑官务持风力整顿之，即便勒石各县水次，咸使恪遵。若有违犯者，该厅严拿处治，重则拿解，庶各知儆惕。乃於完仓速运之限有裨也。仍将镌过碑文报查等因。蒙此理合亟行，为此仰县官计开事款，即便勒石该县水次仓前晓谕，务使恪遵等因。奉此拟合遵照宪行事款，勒石务须恪遵，如敢故违，定即拿重重处，须至碑者。

计 开

禁革管年旧例。查各处开仓兑粮各官到次一切供应皆系管年备办，而管年又皆取之粮里，殊属病民，应永禁革，违者参究。

一、禁革酒区旧例。查宁太一带佥有酒区一役，原为有司运弁开仓交斛，动辄经日不可无食之需，近则运官之程仪折席，运丁之花红犒赏，咸皆取足於粮里，病民殊甚，应永禁革，违者参究。

一、禁戏筵旧例。开兑各县於仓廒中张筵唱戏，其一应备办铺设贻累地方，查厨子包席一筵价银八九两，唱戏一本价银六七两，其他之铺设器具又不知若干，殊为耗费，抑且病民，应永禁革，违者查究。

一、禁仓棍指诈。查得各次有仓蠹积歇，别无营业，专伺开兑之日，包揽打发，指称各衙门差役，如查粮验米，诸名色科派，使费分肥，民膏几何，堪此剥削。况不许差役下仓需索，立有严禁，小民何仍堕术中？应严行查察，一有犯者，重治不贷。

一、禁革运弁常规。往例，监兑等衙门运官详准头运初屯有礼、兑粮有礼、过淮出江有礼。多者费四五十金，少者亦不下二三十金，运官取诸各丁，各丁又倍取诸粮里，澄其本源，弁丁之物无非蠹漕派民所出也。虽各府县水次奉行不力，官之贤不肖不等，如此陋例，名色已不堪闻矣。应永禁革，违者参究。

一、禁革差扰。每年兑运，各衙门差人多借催兑催行催通关，名目动辄丛集十数起，一起则正副役数人，十数起则正副役百人。在於水次，不论公事之急速，先需车马之差费，则官丁粮里捐尽脂膏，抑且应酬之不暇，奚暇急完公事！是催粮反以误粮矣。今后粮不完足，责成县官；有米不兑，责成运官。迟误过限者，监兑推官开报，分别参处。总不许各处差役藉端需索，有犯者立拿究处，其征收交兑数目，县衙勤报上司，有所稽查，自不差催，假使县衙又因革除怠缓，即提经承责治，仍将本官纪过，注以下考。

一、禁各弁丁勒掯粮里。每年兑运有等，奸弁刁丁不肯受兑，勒要民解，过淮额外索骗，不满欲不已也。羁留乡民守候，使担未兑名色，致生百般使费，既经开兑，则有旗甲纲司与夫运官子侄入仓以取样米为由，每人每仓样米二三四斗，兑运官每仓要样米五升，识字门快等役有开仓常例喜钱等项，及至兑收，又有淋尖踢斛耗米，兑完又有出通关使费，百计刁难，种种苛勒。嗟乎！乡农尽力畎亩之后，岂堪若辈无厌之求，兹以后米色精粗在县官征收之日即先验明，在仓时即照部颁官斛，斛准收仓，给以完票，至开兑之日，官及军民总不许会面，将从前刁难掯索之弊永行禁革，有犯者许监兑官拿究追处。

一、严查交兑折乾。凡漕粮折乾之弊，皆由稽查不严，故奸旗顽里串同积歇仓书，每於粮米开仓而预支米价，一则图其就用，一则利於私折，又有米已受兑而私囤歇家，或以抵还饭钱，或以易买货物，是米未上船，而数已亏，种种弊混，何怪不足抵通挂欠耶！嗣后，水次开兑，交兑官令各县粮官坐守仓门，逐一查问，如某军兑某处米，每挑十石即记一点，挑至七十石为壹仓，记签一圈。本军应兑几仓照会兑毕，查与圈点相符即总注曰某军兑某廒米，俱出验点照收其米，皆系现米预折之弊，可除矣！仍於仓门外遣一的当人沿河瞭望，不许装入民船，如是则颗粒皆得运载，私囤之弊可除矣！此在监兑官力行饬禁，违者严拿重处。

一、预防沿途盗卖。凡漕米盗卖之弊皆由防闲不密，故苛弁穷丁串通头船弁丁，或借口起剥雇夫而粜米自润，或指称通帮公费而卖米分肥，又有指粮揭债而债主随船逼讨，即以米本利算还。是米虽上船而日缩，沿途何怪乎不足抵通挂欠耶！嗣后，每次开兑，交兑官遣一的当老成兼通书数者按日给以口粮，不许需索，各丁巡拦各船之上，装完一船即将米数问明，随用印记，上盖芦席封条，逐一检点，方令开行。如有差错，其巡查原差并本船弁丁重加责治，再沿河尾押，仍又不时查其封记。如是逐船逐舱防范严密矣。此监兑官力行饬禁，违者拿处。

一、禁革管粮官吏常规。查各州县收征之日，里中有粮官长夫茶果、粮书仓夫饭钱等项，区里之大小不同，银米之多寡不一，除已往不深究外，今后不许索派分毫，如有仍蹈故习者，访出官参吏处。

一、禁革弁丁交接。查各水次完粮官旗每有亲戚探望，馈土仪，打抽丰，或有债主随船取欠，日常治席演戏款留打发，糜费钱粮。多生奸盗，重为漕弊。以后水次运船，总不许前项人等往来，如有故违，交兑官差人拘提究处。

清漕碑记：

江宁府句容县正堂陈为漕政剔清，舆情欢戴，恳恩转详勒石，以广皇仁、以垂宪恩事。抄奉本府管粮监兑督运分府加一级朱信票开，据句容县"生员樊伯玉、吴兆昇、唐应白、孔兴圣、邹开来等""里民刘国忠、樊仲雍、徐正南、王景兰、吴伟、杨均、樊文奎、张先谷、王自明、汤之相、王维新等"禀称：天下漕粮奉旨官收官兑，惟有句容僻壤山陬，前任县主遵行不力，未免阳奉阴违。康熙二十一年，幸逢宪天福星摄理，为国为民，剔清弊窦，纤悉无余，专务漕政，谅切尤深，慨捐清俸，修理仓廒，未久转署府篆，方切瞻依，幸遇新任县主陈父母年少力强，克仰宪恩加详，本府总督太老爷余批到县，剪除派索任旗丁百般刁难，亲兑交船，痛兆姚迈状，颠连捐俸赔补通县粮里。较算往昔，即费三万四千余金。盖由上台恩膏溥为，下民利乐，实亦县主遵守化作穷乡歌舞。凡奉宪兴革之事，无不竭力遵行。即如仓夫区头火耗茶果，严行禁革。至於保甲农桑、驲马牙行，善为调剂，独漕粮一项，百弊丛生，害民特甚，今虽人存政举，窃恐日久废弛，宪天专司漕政，俯望全始全终，谨将各项省费条目单列上陈，伏乞俯电舆情，留恩千古，通详各宪批给碑文勒石永遵，注德政於镌镂之壁，垂芳徽於甘荫之棠，合邑焚顶等情到职，据此卑职查得漕粮积弊相沿，民困已极，卑职职忝监兑，仰体宪台恤民至意，敢不刻意兴除！是以前署句邑严查征兑，诸弊条悉禁革，即修仓、纸张诸费皆详明宪台，六县俱卑职捐俸给发，诚恐各县借派里下，为害实深。兹句容县陈协浚能，悉遵条示，锐意奉行，漕政一清，丁民感戴，诚以宪台之威灵，属吏莫不从风，今句邑士民樊伯玉、刘国忠、徐正南等以二十一年分派漕粮诸弊虽除，虑恐不能永久，开款粘呈请详宪台批允勒石永禁，缘由卑职查漕务所关深切民生，合无详请宪台俯电舆情批允勒石，永远遵守，使奸胥虎吏不致复蹈苛派私加之弊，俾宪台之威德永垂奕世，卑职亦叨沐鸿休无暨矣！随经备由具详各宪请示，今奉总督江南、江西等处地方文武事务兼理粮饷、操江、兵部尚书兼都察右都御史于宪票内开详前事到部，本部院据此为照句邑征收漕粮、革除诸弊。朱同知倡之於前，陈县令效之於后，共襄嘉绩，省费数万，洵一时之良吏也，深为可喜，仰江宁府大加奖励，速令勒石严禁以垂永久，仍通饬各属遵照缴等因。又奉总督淮扬等处地方、提督漕运海防军务兼理粮饷、兵部左侍郎兼督察院右副都御史、加四级邰批：该厅呈详句容县士民樊伯玉、吴兆昇、刘国忠、徐正南等禀禁漕弊各款，俱切实不诬，如详勒石禁革永远遵行缴等因。又蒙总理粮储、提督军务、巡抚江宁等处地方、督察院右副都御史余批：该厅详据句容县士民樊伯玉、刘国忠、徐正南禀请详禁革漕弊各款，如详勒石永遵缴。又蒙署江苏布政使司分守江、镇、常道孔批：如详勒石缴等因。又蒙分守江、镇、常道加二级孔批开：如详勒石永禁缴等因。又奉本府正堂于批开：漕弊多端，各款指陈，已着如详永禁，是句曲片石即贵厅代庇之功也，遵守勿失，惟邑长是望，此覆缴等因。到府奉此除原详抄发外，合即饬行，为此仰县官吏查照各宪批详事理，即便勒石永远遵守各等因。到县奉此，将禁革漕弊各款开列於后，一体仰遵在案，拟令镌石晓谕，为此仰通县军民知悉，遵照各宪批详内事理，凡征收漕粮，嗣后务宜官征官兑，咸服遵依，至於禁革漕弊各款，共襄鼓舞，一体奉行，永远禁绝，毋得违错，须至勒石者。

禁革仓夫工食。每里省银二十余两，通县二百二十一里，计省银四千四百余两。

一、禁革催粮差票。每里省银三两，共银六百六十余两。

一、禁革茶果。每里省银五两四钱，共省银一千一百九十三两零。

一、县丞下仓，花红、茶果每里省银三两，共省银六百六十余两。

一、禁革仓夫修仓工费。每里省银三两，共省银六百六十余两。

一、禁革兑伍例费。除伍银外，每石省银一钱伍分，计漕银共省银五千二百五十两。

一、禁革大样淋尖踢斛。每石省银一分，共省银三百五十余两。

一、禁革住户。每石省银一分，共省银三百五十余两。

一、禁各仓夫饭米。每里省米十六石，共省米三千三百五十石。

一、禁革会伍折席上下纲司。每里省银二两，共省银四百四十余两。

一、禁革区头。每石省派银二两,并领箩过篷,每石省银一分,计共省银七千三五十两。

一、禁比钱粮板子钱。每里省银三二十两不等,计共省银四千四百余两。

一、禁除正赠伍米外索加赠。每石省米八升,计共省米二千七百石。

一、禁革漕米兑完,取通关需索。每石省银二分,计共省银六百六十余两。

一、完地丁漕赠戥耗。较昔每两省火钱等耗六分,计共省银三千六百余两。

一、禁乡城典铺。永遵二分起利。

康熙二十二年,岁在癸亥,又六月日,文林郎知句容县事关中陈协濬、县丞刘质、典史刘化龙、通乡十甲一甲粮长公立。

严禁征收丁银积弊碑记:

江宁府句容县张为严禁征收钱粮积弊以纾民力、以裕国课事。康熙四十二年十月二十五日,奉本府正堂陈呈详前事内开案,奉江抚都院宋宪牌前事内开:照得州县征收钱粮,自有一定科则,额编正数之外,毋庸稍有苛求,历经本都院严行申饬在案,兹康熙四十二年起征之时,诚恐不肖官胥罔恤民艰,复萌故智,或私加耗赠,或溷捉轻封,或银色已定而故嫌青微,或不遵版串而罔稽完欠,或纵柜役执戥秤收,或纵银匠钻银估色,或违禁肆行差扰,或收书勒索票钱。凡诸陋弊,皆为民厉所当实力革除,以省劳费而裕国课,除文出示严禁外,合行申饬,仰府即便严饬各属征收。康熙四十二年,地丁正杂银两以及带征历来旧欠银两,务遵额定科则,实行版串之法,设柜常川收纳,听民照依部颁法码,足色自封投柜,不许私加火耗、捉轻苛勒及纵容银匠估色勒倾,收书只司登数,不得执戥秤收、索取票钱,粮户遵限完纳,即给印串归,农不许混托甲首、致滋拖累一切。若图催等项各色尽行革除,一有违犯,经本都察院访得实,或被粮户公同呈告,定行官参役处,决不姑贷,各宜凛遵,均毋玩视慎之,文到通取,遵依报查等因。奉此,卑府於七月初旬履任,仰体宪台除弊恤民之念,密访各属征收钱粮之法,尚有执戥秤收旧弊,卑府即严行饬禁,其中有不肖官吏阳奉阴违、私加重耗者卑府宣扬宪示,再三诫谕,命其改过自新,再为详参,但恐奸胥蠹役或有逢迎本官以遂其欲、日久又复不遵,查苏、松地方钱粮更重,并无设戥之例,何独省会有此陋习,合无详请宪台严饬各县,将原奉宪行严禁征收积弊缘由通取碑摹送查,庶民累永除、恩流奕祀矣,等因。具详本都院暨江苏藩宪随奉江抚都院宋批开:各属征收钱粮,本都院屡次申饬务遵截票之法,常川设柜,听民自封,投纳即给印串,不许私加耗赠,何江属各县尚有执戥秤收加耗等弊,仰布政司严饬勒石永禁,仍不时察访,如有阳奉阴违,即揭提参缴等因。批司行府,又蒙江苏布政司刘批开:仰照另檄备奉院批遵照通饬勒石取碑摹具呈缴各等因。到府蒙此合照抄详并录宪批饬行,为此仰县官吏遵照来文事理,即便遵照勒石县前永禁,以垂永久,须至碑者。句容县知县张联芳立。

禁革夫差碑:

江南江宁府句容县正堂加一级方为严禁夫差派累图里以恤民瘼事。於康熙五十二年九月十一日抄奉总督江南江西等处地方军务兼理粮饷操江、兵部左侍郎兼都察院左副都御史加四级赫宪牌内开:照得本部院公出经过句容县,访闻该县历来备用抬扛人夫俱系派於里民承应,殊属累民,随即细查,察查该县有云亭、龙潭二驿,从前原系额设站夫,供应差使,后於康熙二十四年间奉文全裁,至今并无额夫应差,所有过往钦差公务,勘合火牌,以及文武上司经过需用人夫、灯笼、火把,俱系该县十七乡里民均派,每乡十三图,每月轮流当差,周而复始,遇有需用人夫,皆系里民出银雇募应用,累民已甚,若不立法禁革派累,终无底止。今本部院法行,自近凡公出经过二驿,所用人夫俱系自发,现银雇用,自龙潭驿起,下至镇江、上至省城,以及句容县下至丹阳、上至省城,每站每夫一名,日给纹银壹钱贰分,雇夫应用,永不派累图里,以除积弊咨明。(江宁、京口)将军、(总漕、总河)部院、(江宁、安徽)抚院、两淮盐院、(江宁、苏州)织造、江南提督外,合行通饬晓谕,为此示仰句容县驿士民人等知悉。嗣后,二驿如遇钦差大人公务,勘合火牌,应用人夫,该县自捐雇价银两、雇夫承应,如遇院司道府厅县以及经临过衙官员并武职营弁经过二驿，所用人夫、灯笼、火把俱各自行雇备，不得仍前擅派十七乡里民承值，敢有阳奉阴违，明发雇价，暗仍缴还，虚应故事，并包封短价，借名官雇仍累里民者，或被告发，或经访闻，官即飞章题参，衙役、夫头立拿处死，断不轻贷。本部院为民除累，永行禁止，法在必行，各宜凛遵，除出示晓谕外，合并饬行为此碑，仰该县吏民即将发来告示一道查明示尾实贴晓谕，仍具遵依回报等因。又於五十三年四月初九日，奉本府正堂、加一级、纪录三次衙信牌开：奉苏、松、常、镇督粮道署理江苏等处提刑按察使司王宪牌内开准江苏等处承宣布政使司牟咨文开奉总督部院赫批：该两司会详，各衙门经过句容云龙二驿、需用人夫等项、不得派累里民一案缘由蒙批"如详勒石，永行禁止，取具诸碑摹遵依申报，该司仍不时察查，如有阳奉阴违私派等弊，即行揭报，以凭参究，等因。到县奉此勒石永禁，为民除害。嗣后，敢有奸胥阳奉阴违，私派里民等弊，即拿重究，各宜凛遵，毋得故违，须至勒石者。

康熙五十三年六月□日，句容县知县方矩、县丞王天祐、典史汪金声同刊，暨合邑士民公立。

乾隆十七年十一月二十二日，尹制府碑文：江宁府句容县为特饬议详事，奉署本府正堂张信票开奉署江（安、苏）等处督粮道托宪牌开，奉总督部堂尹批，本司道议详江省州县收办漕粮积弊多端，谨案各县示禁规条，奉酌胪列开呈详候鉴核示遵等缘由，奉批据详，规条均多与从前厘定章程相符，如详通饬州县勒石署前并漕仓处所，俾官吏军民咸知遵守。又南米一项，原系随漕一条鞭征收，在民完纳，并无区别，州县官以漕粮考成较严，先尽起运，余为南米，遂有别征之弊，非高浮横取，即重价折收，实为民累，久经本部堂屡檄严禁在案，该司等应摘叙简明条款，一并刊入永禁，取碑摹送查。再收漕章程，本部堂前任两江时，行据司道会议，详请勒石以垂永久，业经批准，通饬是否各属并不遵办，仍查明具覆，此番饬行之后，有无玩违不遵情事，该管道府一体查察通报等因。到司到道行府转行到县，奉此照勒石以垂永久，合将禁革条例开列於左。

计　开

上下两江征收漕粮，遵奉督宪尹於苏抚宪任内奏定章程，每担随正交纳费银六分，照今钱价八折，收钱四十八文，不许收银，以杜重戥秤收之弊，其所取费钱内酌留三分为津贴兑运诸费，存县二十四文，内酌留二分为修理仓廒、置备芦席器具及详定协贴捐项一切杂用，其余一分给发漕总、记书为纸张人工饭食之用。又每石收脚钱四文，水次离仓远者每十担递加钱二文，此外毋许多收分文。至钱价低昂无定，仍随时详报增减。

一、漕总记书务选殷实朴诚者，秉公签点，由府核实，加结报道，着办本官不许勒取朱价、贽礼、册费、随礼、门包等项，点定之后，漕总专司文移，记书止许在仓登记收数。印官不得稍受权柄，致使朋比作奸，仍严加查察，如有包揽浮收舞弊之事，定即按例究处，倘印官婪收规礼，纵容滋弊，定行严参治罪。

一、本斛遵照部颁，小口铁斛，制造送道饬准印烙，发用印官，随时稽察，每晚另存内宅封贮，倘有敲鬆撬薄、任意大小、暗中巧取等弊，定行官参役处。

一、漕仓遵例辰开酉闭。凡米到仓，插旗编号，挨次斛收，如果米多，即开廒口分斛，总在本日斛完，毋许后先攙越、耽搁守候，倘有挨至夜暮，米不收完，仍然斛收者，明系弊混，严拿漕记，从重究处。

一、粮户完米务须亲自到仓交纳，毋许行铺揽价买米包交，粮户运米到仓，自应平斛响攙，毋许漕记人等执攙动斛脚踢手捧，喧闹抑勒斛外余剩之米，悉令粮户扫回，不许在仓人役擅取颗粒，违者重究。

一、漕粮例禁折干，而行粮耗赠米担亦悉应本色。上船过淮，听候漕宪盘验。倘州县希图浮满，预先并廒，各帮违例折收不许上船者，县帮官吏弁丁一并参究。

一、州县任胥雇用积蠹、脚夫、斗级盘踞仓场，飞扒走斛，斛成虚角，凹面鸡窝等弊，有累军旅，历奉上宪严禁，尽行革除，如敢潜藏，察出重究。

一、各帮弁丁赴次兑粮，验明米色干洁，立时受兑，不许藉端延捱，每日将上船米若干石先给钤记，收票一纸移送州县，俟兑竣之日，即将通关米结经交州县查收，方许开行，如无故迟延不兑，或兑后不交通关米结，许州县通禀以凭拿究，至军旂除三分漕费之外，不得多索丝毫，一应兑费，心红程仪，铺设样袋，饭米通关，规条弁丁，纲司水手，贴银贴仓，鼠耗、尖米、合米、蓆板、稳挑、演戏、酒席、花红、投文等陋规，永行禁革，犯者弁参丁处。

一、监兑厅员遍历水次，亲验米色，稽查县帮弊窦，秉公查究，毋许徇庇，并不许索要兑例、心红、夫价、铺设、样米、通关、席筵、中伙、跟役、催兑、开兑等陋规，违者参处。

一、南米原系随漕一条鞭征收，并无区别，乃州县官以漕粮考成较严，将当年征完米石先尽起运，余为南米，续后另征，或浮高斛面，或暗折明加，甚至重价折干，实为民累。嗣后，征收南米，务照漕粮画一办理，该管府州严加查察，如有浮面加扣及折收等弊，立即严拿参处。

以上各条，系漕务紧要大端，胪列开陈。总之，除额定漕费、脚钱之外，浮索一文，照例大小轻重定罪，决不宽贷。

禁革丁漕加耗碑记：

候补州署句容县正堂加五级龙为吁恩请示勒石永禁事。奉本府正堂章牌开，奉前藩宪陶批，据句容县贡生王运昱，监生俞承祖，生员华德元、纪洪泽，民人徐虎臣、孙致中具呈前事内称，切以句邑丁漕原遵定例，每届征收之际，蒙各大宪俯恤民隐，剔弊綦严，禁谕谆谆，士民仰戴，但穷乡僻壤不能遍示，现有丁大鹏、倪九显等控案，为此公吁大宪大人赏给原定规条，颁示程式，即饬句邑承办书吏遵照，遍贴一十七乡晓谕勒石，俾粮户咸知定例，奸胥不敢譸张，则章程画一，永远恪遵。宪德宪恩，百世不朽矣！上呈等情，奉批禁革。漕弊规条，每年俱发各属晓谕，何以句容未经遍贴，本年条约已奉署督宪饬行，见在刊颁转发，仰江宁府饬，俟颁发到县即行照抄多张，遍发一十七乡分贴晓谕，该府仍一体访察，倘有弊端，立即严拿，毋稍徇纵，等因。批府转饬到县，奉此合行勒石永禁，为此示。仰合邑士民人等知悉，尔等交纳丁漕，遵照宪定章程，其完银价随时查明市值核详宪示，每届起征时，开数晓示征输，以免匪役浮收。倘敢稍有弊混，立即严拿详究，其各凛遵。须至碑者，前行详定，每库平纹银一两，应加耗羡一钱，火工解费二分，计每两连耗费共应收银一两一钱二分，县民武羽翔、徐珮璋等於乾隆四十三年十一月以请示禁革漕蠹事，奉储宪钱批查句邑征收漕米应听粮户自斛自攢，斛手人等攙混滋弊，久经永禁在案，仰江宁府即查明严行饬禁，毋任阳奉阴违，致干重究。乾隆四十八年月日合邑士民公立。

禁止散排零兑碑：

江南江宁府句容县正堂、加五级、纪录五次张，江南江宁府句容县正堂、加三级、纪录三次费，为吁恩勒石万民咸仰事。乾隆四十九年十一月，奉宫保、总督、部堂萨批，据本邑监生纪浩、俞承祖，里民王朝楩、朱鸣皋词禀前事内称，切句邑漕仓北去县城七十余里，中隔上元县界，不通舟楫，乡民纳漕往回二三百里，途经重岩叠巘，狭路崎岖，车载驴驼，动辄颠覆，妇幼提携，艰於步履，所以向例每里编成十甲，轮充粮长，九逸一劳，每届收漕，其本里粮米花户悉交现年粮长汇送漕仓，趸斛趸交，总给印票，年清年款，在县主摧科既易於责成，而粮长轮派，自不敢稍有贻误，官民两便，不同包揽。法经百数十年，载入县志，并有康熙、雍正、乾隆历年相承，总串切据，此句邑因地制宜之善政也。上年漕书办理不善，破趸为零，升量合捧，冀图饱欲，以致各乡亏折赔累挂欠较多，公私两无裨益，现蒙新县主仍循旧制，汇交趸斛，出示晓谕在案，诚恐官更复改，蠹弊丛生，似非均徭善政，欣逢大宪明察秋毫，万民感激，生等为敢粘呈各乡粮串环叩宪恩，剔除蠹弊，仍照汇交趸斛，志载旧规，勒石永遵，万民安堵，再开挑龙潭河道，幸遇圣朝旷典，恩赏便民，上届本无派累，而去年奸胥滋扰，藉此生端，虽蒙各宪谆谆严禁晓谕乡城，或恐日久废弛，有负宪德，并请刊石，一体永禁。普天感德，公侯万世。上告等情，奉批查该县漕仓设立龙潭水次，距县窎远，每乡轮值粮长，汇交趸兑，亦因地制宜之道，既经历久相沿，民素称便，自应仍循其旧，至挑河勒派，久于严禁，仰句容县查照向例办理，勒石遵守，毋许胥役混扰，取其碑摹，呈送粮串并发，等因。到县奉此合遵刊碑饬禁，为此仰县属一十七乡二百二十一里各士民乡保粮长人等知悉。嗣后，完纳漕粮，遵奉院宪批示，仰循旧例，各花户将米汇交现年粮长赴仓趸兑，毋许科敛侵吞，致滋拖欠。至龙潭河道捞浅，永禁勒派滋扰乡民。倘有胥吏抗违，一经察出，或被告发，定行严究，其各永遵，须至碑者。乾隆五十年四月日，句容县知县——"张尚怀，费元震"、一十七乡士民公刊。

永禁漕弊碑：

特调江宁府句容县正堂、加五级、纪录五次、又加军功二次陈为公吁勒石等事。据"粮户文生——丁先庚，汪焕""监生——袁敏，吴维周"等词称，粮户运米到仓，历被漕记人等勒索使费开款，叩求恩禁，永远革除探桶钱、铺廒钱、收筹钱、样盘钱、看斛钱、跟随钱、正副站廒钱、泥米出仓钱、清书红票钱、箩爬斛手钱，重斛轻攒，乘机偷窃，深口蒲鞋，藏米於内，交相更换，百般刁难，众心不服，致有京控叩赏永禁等情。据此除批示外，合行给示勒碑，为此示。仰诸色人等知悉。嗣后，凡有粮户运米到仓，所有前项一切使费概行革除，倘有复蹈前辙，一经察出，或被告发，定即严拿重究，其各凛遵，毋违特示。道光二年十一月二十六日示。合邑粮户王世理、成宗盛、袁公表、朱皋鸣、丁洪九、邹兆祯、高加春、章锦武、裔应表、张余成、解克勋、王兆祥、柳文明、胡贤佐、祝恒年、朱应昌、陈秀升、唐成功、丁崑山、谢思成、徐美章、巫万清、朱士美、步蟾、樊震初、高玉书、严邦鲜、陈正善、王端丰、周佩丰、张万书、许济美、张余三、周恒金、王南资、王玉山、柏玉芳、戴正治、陈时凤、郭大福、戴道音、王崑山、张继宗、宋宏远、唐广普、许荣升、王志寿、夏显祖、王佩芳、王秉周、赵金吾、周应芝、杨相平、戴锦山、石宏亮、潘朋远、桂云海、笪其昌、王茂书、华登书、夏义友、吴启琏、韩正聚、吕焕章、何理统、许履远、笪瑞廷、茅正英、史贤臣、樊永兰等同敬立。文生笪鸣谦书。

句容田赋自光绪三年深沐皇仁，永减三成后，历年报垦至数百顷，然较原额不过六成。今征档册，仅志一时之迹，非定制也。奏疏数则，甄录《续纂府志》，感督藩诸公之慈惠，永矢勿諠。列朝圣谕以及碑文，均见道光时所刊句邑乡规，虽时异势殊，旧章未复，而恭读列圣谆谆爱民之谕，草茅具有天良，能不感激涕零急公奉上乎？昔先正泽流下邑，镌缕之璧虽沈，甘荫之棠勿翦。藉此聊志德政，溯芳徽云尔。

续纂句容县志卷五终

续纂句容县志卷六上 邑人 张余堂 分纂

水利（湖 河 淮源 塘 坝 闸 圩岸）

东南为财赋之区，而财赋多出於农田。水利者，又农田之命脉也。昔明道程子为上元主簿时，力讲治堤之法，迄今白米圩等处犹慨然想见其遗泽。吾邑兴水利者：前明如丁宾、茅一桂，国朝如周应宿、宋楚望。诸公宦绩彪炳，罔不由此。乾嘉①以来，县境之水道如故也，然历年既远，湮塞者多，譬之人身形质犹是，而血脉不能周流，则元气之受病者大矣。官斯土者，宜何如调护转移乎！志水利，凡塘坝虽微，必书，以类相从，不敢略也。

湖

赤山湖，在治南三十余里，一名绛湖，周围旧百二十里之广，其源发於山，入於河，而渐达於江。湖之东南，远受句邑茅山、浮山、虬山、甲山、瓦屋山诸山之水，东北又受仑山、五棋山、亭山、华山、胄山诸山之水。两源会合於湖，出陈家闸口，入上元界，迳三岔赤山至湖熟，自湖熟而西，由龙都西柏村尾北至方山，而与秦淮之西源合（淮源详后）。湖中有正支河，河内有五荡、两湾，湖西旧有石闸（即陈家闸），时其启闭。淮河水涸，沿河各圩惧旱，则开闸以洩之；淮河水涨，沿河各圩惧淹，则闭闸以蓄之。法云美矣。然历年既久，湖河淤塞，石闸无存，蓄水既不能容，洩之亦不能畅。湘潭左文襄②督两江时，从郡人之请，委员估开，经始於光绪八年十月至十年二月而工竣。今湖中新河一道，通接东来之旧河者，即文襄所疏浚也。兹详叙其始末如左，俾后之留心水利者有所考证焉（刘著、程廷祚二论，详见前志艺文）。

署上元县知县绩溪程遵道上沈文肃禀稿（光绪五年闰三月初一日）：

敬禀者：窃於上年春间，据绅董端木锦等禀称"赤山湖、秦淮河久经淤垫，恳请挑浚，以利民田，并刊呈图说"等情。据此查农力获益，恃河渠为挹注之源，山泽利民，非宣导即漫溢为患，秦淮上游百十里之赤山湖，古绛湖也。上承三茅诸山之水，汇成巨浸，由秦淮而注之江，民田灌溉，乐利孔多，乃代远年湮，沧桑屡易，湖面既经淤垫，河身又间段浅塞。每遇山水暴涨，湖不能潴，河不能达，泛溢横流，圩田被淹，势所必至。上年三月初八日，卑职前往谢村勘案道路，所经数十里汪洋一片，心窃悯之，且湖河形若建瓴，一遇亢旱即成干涸，灌溉无资，该绅董等禀请挑浚，尚属因公起见，似宜查勘情形能否疏浚择要核实估计禀候宪台核夺。卑职当即札调宿迁泛熟悉河工，精於估计之效用，熊振清谕，令携带藤簋、旱平各器具，上自茅山绛湖一带，下至通济门外，挨次周历，将各处正河支河、河底之高下、河面之宽窄、

---

① 乾嘉：乾隆，嘉庆。
② 左文襄：左宗棠，谥文襄。

河水之浅深逐一测量明确，分款登记。赤山湖能否重开、有无把握、一并饬估、分别造具草册呈核，旋据该效用禀称："沿河周历查勘，自通济门迤南至西柏村，河身湾曲，计程七十里，一律深通，俱无庸挑，自西柏村向东至上三岔允盛桥止，共工长七千五百六十六丈五尺，计程四十二里有零，该段附近河边间断浅塞，面宽五六七丈、水深四五六尺不等，询之土人，佥称每值天旱即成干河，该处二面均系圩田陡立，碍难展宽，仅因地制宜，配平上下桥底，量为估算，择其至浅段落，共工长二千七百十五丈五尺，共估土四万四千二百七十六方，又下三岔支河一道，共长四千四百五十八丈，计程二十四里零，向受青龙山等处来源，年久失挑，河心高阜，山水骤涨，一昼夜即长至丈余，河道浅窄，宣泄不及，往往破圩决堤，禾苗被淹，共估土六万八千八百三十方，再查赤山湖，向为水柜，周围一百余里，湖面旧有石柱，计高一丈二尺，测水浅深以验旱涝，既经淤垫，湖面周围仅四十里，石柱仅出土一尺，是以不能潴蓄，若欲规复旧制，深恐工款太钜，力有不及，逐细履勘，该湖内河泓甚，多择其接受来源之深大者就势开挑，以石柱现高滩面一尺之下再挑深九尺为准，分为正河支河，以资容纳，其正河共工长一千七百零四丈七尺五寸，共估土八万七千八百二十五方，支河共工长九百零六丈，共估土五万八百十三方，以上统共估土二十五万一千七百四十四方，若雇民夫兴挑，工有险易，岸有高下，路有远近，方价多寡不齐，约计非六万金不办，薪饭局用器具杂款在外，合将查估缘由绘图贴说造册禀呈前来，卑职伏查该效用所禀赤山湖工钜，不能重开，仅就承接来源之河泓择要估挑，并拟挑秦淮河间段浅塞之处及下三岔支河一道，系属因势利导，俾水涨可资宣泄，亢旱不致干涸，附近民田少受一分之害即多获一分之益，所议尚可采择，惟库储支绌，何能筹此钜款，第既据绅士等禀恳，卑职忝膺民社，敢不悉心筹画据实上呈？倘蒙大人分年筹办，则工少而力易举，上、江、句、溧四县接壤民田数十万顷，咸有水利而无水患矣！是否有当，伏乞鉴核训示云云。

刘琨等上左文襄禀稿（光绪八年五月）：

具禀：上、江、句三邑职增生刘琨、孙雨辰、马泰瑜、张德信、陈道明、徐廷佐、王琢成等禀，为随委勘估湖河情形先择要略呈求电核事。窃职生等前曾禀请拨勇浚湖通淮兴利除害等情，荷蒙侯中堂钧批绛湖水利有关数邑农田，迭据各县禀请挑浚，均以工大费钜未能即办，既系地方要工自难漠视，本爵阁部堂查核前署上元县程牧原禀及绘呈图册，尚属明晰，惟现在去程牧勘估之时又阅数年，情形有无异同，所请派勇兴挑应否准行，仰江宁布政司即委妥员确勘筹议详覆察办，禀及程牧原呈图册四件并发仍缴等示遵照在案，旋蒙藩委试用同知陈丞会县勘估，职生等奉上元郝邑尊面谕随侍陈丞会勘，查绛湖内有支河三条，水荡五处，第此次河荡乃绛湖淤垫较深之区，每逢春水以及夏雨暴注，诸山之水如建瓴垫，高处水不能容，致往低处冲成水槽，年复一年，溃决河荡形势。春令绛湖河荡有水二三尺不等，此乃各圩民通力合作，筑坝蓄水，以资灌溉田禾之利，所蓄乃积成之底水，并非诸山泛涨之浮水，山水骤发，水漫坝行，势难阻遏。同治八年，诸山水发陡涨丈余，势甚汹涌，湖不能容，湖内虽有五荡三河，不足藉资停顿，犹之一杯之水安能救一车薪之火，兼之淮河浅狭，畅泄无从，势不得不奔腾砰湃，合湖一片汪洋，随在冲决。句邑上游之新老各圩，圩破堤决，百里皆成巨浸，不独田禾民居悉被淹没，且绛湖高较省城四十余丈，省城当下流之冲，城内沿河两岸及低洼之处，亦水深数尺，同治十二年，圩乡水患，又遭公私交困，伏思治水之要，因地制宜，因势利导，期於水旱可资宣蓄。况水利为农田命脉，今绛湖关系数邑水利，诚能今日湖河复还旧制，宣蓄两得其宜。上、江、句、溧乐利无穷，则侯中堂再造恩施，昭垂千古矣！第兴工首需筹款，似此工钜费繁，如何筹办，陈委员及张句县正在筹商之际，有上元之副贡生谭烺等称"兴挑全湖，非有百万银两不可，此次挑淮河外，再将绛湖水荡五处挑深五尺，藉资遏顿诸山暴涨之水不使急泄，下游免患"等语。旋据乡民佥称"沿河圩堤迭修坚固，易被水冲塌，湖内水涨土淤，今日挑深五尺，明日水集鬆浮之土随水冲下，日复一日，淤垫依然，况当诸山之水泛涨冲突，仅恃五荡三河，不但势难停顿，且冲决堪虞，似此所议，挑荡挑河，略为敷衍，无济於事，水利未见兴复，水患亦未消除，徒费经营，虚縻款项"等语。职生等三历绛湖，察看形势，博访舆情，周咨利弊，再登赤山而览全湖在抱，若藉资兵力，派委熟悉湖河土方之人导利兴挑，再将前开江北之朱家山机器移浚湖河，择其机器合用而用，如此办法，费少功倍，较易成功，断不至縻费银两百万之多，亦断不至如前开朱家山行乎不得不行、止乎不得不止，惟处时势艰难、库款支绌之际，固不能过费库项，然亦不能迁就蔵事，於国计民生两无裨益！若谓因时制宜、节省经费起见，亦必妥筹良策、交通尽善、长治久安，以收实效。想我侯中堂急於民事，有利必兴，与其议赈议恤救灾恤患於将来，莫若思溺思饥兴利除害於现在，职员等愚昧之见不敢自是，除将详细情形再禀外，合将随勘形势先择要略禀呈侯中堂电核察夺施行。

谭焜等禀司道稿（光绪八年五月初一日）：

具禀：侯选教谕谭焜、文生雍与三、云骑尉王业、恩贡生冯德见、廪生陈浩、廪生陶璞、文生陶兰馨、廪生陶斯咏为敷陈湖河地势悬隔，仰乞恩施俯赐详请挑浚湖荡、疏通淮河以备旱涝事。窃职生等前以绛湖湖身淤垫，急须挑浚以蓄山水而缓河流等情禀奉爵阁督宪左批示，前据刘琨等具禀已批司委员确勘筹议详覆，俟议复到日即行察办可也。旋奉宪恩遴委陈丞会同上、江、句、溧四县偕诣绛湖确勘湖河形势利便禀候筹议详察等因。奉此仰见仁宪轸念民瘼无微不至，职生聆悉之下欣忭实深，比即趋赴湖滨，随侍陈丞确勘湖河地势，始知前署上元县程牧所绘图册意主湖内开河，上接茅山来源，下达秦淮北河，使山水之暴涨者可以畅行，其於洩水之道固为尽善，而於湖河高低形势及利害所系则似犹有未尽焉。夫淮之上游赖有湖者为其能容纳山水而不至於冲突也。今之沿河百数十里叠被水灾者，为湖身淤垫不能容纳山水而冲突为患也。若浚湖内之河以通淮，则束山水使之直下而河身盘曲不能急洩，其冲突必较前益甚矣！盖湖之出口，其高於淮者已逾五六尺，淮之上游高於下游，其逐渐而下者又不知凡几。若不於上游筹停顿之处而欲下流之顺轨，此不可得之势也。今陈丞往复履勘湖河形势，测量高低，穷究利害，博采舆论，拟挑湖中旧有五荡，使水有所容，至淮河之紧承绛湖，其有淤垫者，复疏浚之，使水有所洩，虽经费较钜，而湖河分治，蓄洩得宜，非特沿河百数十里之圩堤不患冲决，即下游之省垣亦可免山水泛溢之虞矣！职生等利害切身，曷容隐默，故不揣冒昧，沥情上陈，谨具公禀，叩求仁宪恩施逾格，垂照蚁忱，俯赐详请爵阁督宪矜念民生困苦，并赏设法挑荡疏淮，俾下隰之区悉成乐土，四邑人民均仰沐鸿慈於无既矣！

司道详稿（光绪八年五月十三日）：

为会议详覆事，案奉宪台批"上、江、句三邑职增生刘琨等禀请派拨营勇挑浚绛湖并秦淮河各工由奉批绛湖水利有关数邑农田，迭据各县禀请挑浚，均以工大费钜未能即办，既系地方要工自难漠视，本爵阁部堂查核前署上元县程牧原禀及绘呈图册，尚属明晰，惟现去程牧堪估之时又阅数年，情形有无异同，所请派勇兴挑应否准行，仰江宁布政司即委妥员确勘筹议详复察办，禀及程牧原呈图册四件并发仍缴等因"。到司奉此查此禀前据上、江二县及溧水县先后禀奉前宪刘批司"会同善后局委勘详办，当以开挖此湖须将秦淮河一律挑浚、同时并举，工大费钜、可否暂缓、委员勘估禀办"。经司会同善后局详奉批准饬遵在案。兹奉前因，即经由司将奉发图册札委试用同知陈丞光烈会同上、江、句、溧四县诣勘，明确估需土方经费各若干，据实禀复，以凭筹议详办。去后，兹据委员试用同知陈丞会同上、江、句、溧四县禀称"遵经会同驰赴赤山湖，即古绛湖也。登山中以览全湖之形势，绕湖滨而访湖河之利弊，探原溯流，既得其详，乃照原估议开之河道，携带工丈手按段复量，勘得湖身虽淤为平陆，而湖内之河影现，值夏汛，均各水深三四尺不等，本月十七日，得一犁之雨，湖口允盛桥以上，开放蟹子坝，山水冲刷而下，陡高一丈，其湖身之高可验也。先量赤山湖内议开之正支河，次量三岔河及秦淮河，与原估仅隔三四年，且荒圩尚未垦齐，而山田更无人垦种，浮土渐无，淤垫亦缓，原勘湖河，至今复量，尚无甚新淤，间有参差，即於原册签明，惟山下岔河共四十九段，逐段复量，其长处各段均有错讹，想其初量时，由湖内量至该处，弓绳已弊，未即时更新，致滋流弊，与淤垫无涉，已於原估册内更正，及再细核原估土方及下三岔河新增土方，共计土二十五万五千二百九十二方，每方以一挑二运计之，每工得一百二十文为准，应需银五万六千三百八十二两，辛饭器具在外，此照原估复量复勘之确情，已详勘形势，博采舆论，金谓湖内开河束水过多，长趋直下，一洩无余，上游圩田失灌溉之利，下游圩田有冲击之患，惟能全浚绛湖则蓄洩两益，特经费浩繁，势有难行，不得已推浚湖之意，而小施其功，挑湖内之河，诚不若挑湖内之荡，荡者稍可容水而资亢旱之灌救，亦能杀水而缓盈涝之奔腾，再照原估，疏通秦淮及三岔河以畅去路，修复陈家闸以司启闭，似於上下游均有所利。五荡云何？一曰白水，一曰青草，一曰田鸡，一曰上荡，一曰下荡。现均有蓄水未涸，难於荡内丈量，仅能於荡外周围环估。白水荡约周广三里，其余各荡约广一里，以周三径一之方乘之，每荡挑深五尺，共得土方二十三万四千方，照前估工价核算，应需银五万一千六百八十一两，加以原估兴挑三岔河、秦淮河及新增三岔河土方，共土方十一万六千六百五十三方，应需银二万五千七百五十三两，修复陈家闸，经费约七百两，统共需银七万八千一百四十四两。土方加多，故经费亦增。辛饭器具在外。此就舆论及现勘形势拟议也。民生利害所关，卑职等既有所闻见，不敢隐不直陈。应否查照原估兴办，抑或酌采现勘情形，卑职未敢擅专，除奉发图册已由卑职光烈申缴外，绘图贴说联衔，据实禀复鉴核转详批示祗遵等情前来，本司道等伏查绛湖水利攸关数邑农田，诚为地方紧要之工，自宜及早挑浚，现经饬据委员陈丞会同各县确勘禀复，佥谓湖内五荡宜早挑挖，以资宣洩，加以原估兴挑三岔河、秦淮河各工约需土方银七万八千一百四十四两，较之程牧原估土方加多，经费亦钜，应如何筹款兴办，今将送到图说据情具文详送，并先将前发图册一并呈缴，伏候宪台鉴核批示遵办实为公便。

筹防局陈道鸣志禀稿：

敬禀者：窃职道奉宪台面谕饬赴句容履勘赤山湖兴办水利情形禀复核办等因，职道遵即会同新兵后营陈都司鹤龄於八月二十四日自省起程，由通济门水路前往，於二十五日抵三岔河，勘得一路河流均一律疏通，毋庸挑浚，是日适举人秦际唐遵奉宪札会同履勘，亦即赶到，二十六日早，职道邀同举人秦际唐、都司陈鹤龄、代理句容县知县黎令光旦等履勘句容县东旧河，由三岔河勘起，行二十里至淤乡，沿河宽四五丈，深约一二丈不等，循河向东北五里至小其村，又三里至何庄庙，河道均宽二三丈不等，又五里至毕墟村，河道亦宽丈余，过此以往，向东北五里至鼍龙庙，皆属土冈，河影淤成田地，过鼍龙庙土冈十里至吕坊寺，又有河影约宽丈余，每逢春夏水涨之时，宝堰船只亦可驶至，又八里入丹徒境之宝堰河，船只即能畅行，计由淤乡至毕墟村十三里，有鼍龙庙至吕坊寺十里，河身尚易挑浚，惟毕墟村至鼍龙庙五里，一片土冈，施工较钜，此二十六日履勘句容县东旧河影之情形也。二十七日，职道又与该举人等履勘赤山湖周围，计七千九百三十丈，以一里一百八十丈，约计四十余里。湖中旧有石柱，相传高一丈二尺，今祗出土尺许，淤塞太深，谨勘得湖中旧有五荡，日渐淤狭，惟白水荡较大，若浚五荡，则泥土仍积湖中，一遇大雨时行土泥入荡，依然淤塞，是浚荡之议似无把握，惟白水荡有正溜河一道，通麻培桥入秦淮，为湖水之西流，又蟹子坝近荡有溜一道，由张庙达义城桥至淤乡，为湖水之东流，一经浚深，则湖水可由东西两路分洩，泥土亦可培高堤岸，再於东西择地各建一闸，以时启闭，可期水旱无虞，较之浚河挑荡实属有利无弊，此二十七日履勘句容县赤山湖河道之情形也。职道伏思赤山湖受茅山、丫髻、瓦屋、斗门诸山之水，洩於秦淮，年久淤塞，民田均受水患，历经官绅筹议，设法挑浚，俱以工钜费绌而止，窃念地方非常之利必待非常之人而后兴，今职道履勘后，与举人秦际唐等互相商榷，以为江宁城外历经水患，一由於赤山湖水无分洩之路，一由於江洲淤高，江潮抵住，淮流不能宣洩，今相度水势，必须复开句容东之旧河，以资分洩，兹拟先将句容县东淤乡至吕坊寺旧河开通，再将赤山湖内两河深浚，以河中泥土加筑堤岸，遇水盛涨，东西可以分洩，东则洩入丹徒之宝堰河，西则洩入秦淮，仍於两处建闸，以资储洩，既免上、江、句、溧四邑之水患，又可使苏常船只由内河而至江宁，免长江风涛之险，洵属一举两益，可为百世之利，惟开河工程及建闸等项经费须俟测量地势高下方能分段核计，暂难酌定，所有遵谕履勘赤山湖、兴修江宁水利情形理合禀候批示祗遵云云。

江督左宗棠兴办水利摺（光绪八年十月初五日具奏）：

臣因两江要政首在水利，农田以其地倚长江，江水肥滑而宜稻，伊古以来为东南各省秔稻之乡，土沃泉甘民可使富也。计一岁之间，春苗秋稼，次第收成，民食所余，出粜数省，俯仰优游，民虽终岁勤动自忘其苦，世称江南地大物博，盖指其多稼宜桑而言，非有藉於货宝之饶也，特重农之政阙焉不讲，水利诸务废辍不修，农夫渐忘其本务，官司亦鲜劝相及之，故旱潦频仍，而民生日困，赈贷烦数而库款亦时有不给之虞。臣自新疆修治水利以来，积有阅历，洎奉恩命移督两江，莅事弥月，因出省阅伍之便，遍历大江南北各郡县，与署运司徐文达及地方各文武印委等详勘境内支干各流水性，并延询当地士夫老农，详究风土所宜树植，各务得其大略，察视沟洫通塞深浅，各建坝闸硱洞，俾其大小相承长短广狭咸如其分，验诸长年水势涨落，权其利害轻重，劝栽芦苇杨柳柔其悍激之性，值农忙则饬拨军营画段承工，各具畚锸就地兴作，而以谙习工程者导其先，故民不扰而事亦集，地方官绅购料集工，尚称敏速，统领章合才殚诚规画，并力营作，随员王诗正、柳葆光奔走先后，传宣指画商布一切动合机宜，以故官民胥劝气象一新。迄事返署，清理积牍，复出省治理江苏水利，一切亦如江北办法，亦克期竣事，维时省城修理市廛，集料鸠工，盖造铺屋，兼造寓舍，以待省试士子，留王诗正督臣亲军，并力修葺，柳葆光亦留署清理文案，帮同照料，比臣由苏沪治河事竣回署，则瓦屋鳞比，居然成市矣！王诗正遵饬履勘秦淮上游赤山湖及六合属之朱家山一带水利，居民到处聚观，焚香列案，苦求一律施治，正绅如薛时雨、鲍源深、陈鲁、潘敦俨、何士农等皆谓此两处为江南北水利最要钜工，迭经各前任大议兴修，或因经费不敷，或因事机阻阂，迄未就绪，乞以时力成此举，贻以美利，臣嘅然引为己任，适王诗正遵旨回籍，臣与江宁藩司梁肇煌、盐巡道德寿等筹商於省城设立水利总局，遴委谙悉工程道府丞倅数员入局，襄办接办朱家山、赤山湖两处要工，并调章合才总理楚军营务指挥亲军以节臣劳而速水务，窃此工若成，则滁州、全椒、来安、江浦、六合、句容、溧水、上元各县民田旱涝有备，年谷可冀顺成，岁收约多数百万斛，盖亦此方数十百世之利也。就今日下游已见之效言之，当夏秋盛涨时，江西、安徽沿江州县蛟水暴发，怒涛极天，圩岸多毁，而淮扬以下堤闸险工迭出，究之得守且守，俾下河得以及时收获，民气渐苏，粮价亦平，而福建、山东、直隶采米海舶满载而去，吴民一饱之外，仍欣欣然有余三之乐，虽由圣明在上，江神风伯效其灵，文武官绅殚心竭力设法护持所致，然非乘春水未生之先，亟修堤坝，宣泄攸宜恐无以臻此，现饬省外各道府按照已修堤坝一律增高加厚，两旁挑浚沟渠，去其淤垫，加以树植。各统领营官金拨兵勇助民夫营作，但盼天气畅暖，明春二三月可一律竣事。嗣后，但议岁修无须大举，而春苗秋稼均盼有成，郡县腹地民气固，各知以身家为重，海防更易措手矣。梁肇煌、德寿於地方农田水利研究已深，工程谙习。章合才又一时良将，於淮楚各军素称孚洽，率作兴事，当可收一劳永逸之功，则诚江南农民之幸，亦即微臣之幸也。

浚修赤山湖记：

赤山之东有巨浸焉，名曰绛湖，受三茅、瓦屋、丫髻、浮、虬诸山之水，外环百数十里，溉田万顷，潦则港汊交错，宣泄畅流，旱则闸坝纵横，潴淳屯泽，固一方百世之利也。吴人创之，梁人通之，唐宋以来，屡修屡废，沿及前明，湖身淤垫，辟为田亩，据为庐舍，迄乎今日，仅仅周四十里矣。春水暴涨，狂澜欲倒，秋阳燥烈，漏卮无余，历数百年，岂无一二贤豪锐意兴修，然非阁於浮议，即怵於巨工，借箸难筹，望洋徒叹，岁在壬午，湘潭侯相左公宗棠总督两江，关心民瘼，上、江、句、溧四邑绅佩合词吁请勘估兴工，公奏朝廷，慨然引为己任，乃遴道员，详审地势，择要修浚，即饬诸将所部淮楚各军率作兴事，肇於是年十月，迄於甲申三月，所浚东西流河道二十二里，并建陈家村闸、桥各一座，旋拟接开东河，达於宝堰，以分秦淮水势，适闽海不靖，公乘钺南征，湖工截止，然即此水各有归，不致泛滥横决，而筑堤修闸，蓄洩以时，足资灌溉，旱潦有备，年谷顺成，已造四邑十数万农民之福，湖滨旧有禹庙，居民肖公像於别室而祔祀焉，春田秋社，苾芬荐馨，世世祈报，民不能忘也。今年夏，临湖居民丐余作记，余不敢以不文辞，谨质言其颠末，而以派拨兵数、履勘委员及土方丈尺、支用银数、附识於后，俾后之享其利者有所观感焉。时在光绪二十六年上章困敦之岁，邑岁贡生、候选训导张瀛谨撰。

附记兴挑赤山湖工程派拨兵数：

派拨统领铭武军唐军门所部二千五百人，统领新兵营易军门所部二千人，粟镇军所部五百人，都五千人。

履勘委员办理筹防局：候补道陈鸣志、都司陈鹤龄、代理句容县知县黎光旦、正任句容县知县张沆清、试用同知陈光烈、上元举人秦际唐。

兴挑赤山湖土方丈尺、支用银数：

赤山湖自道士坝起至陈家边止，计工长三千九百七丈九尺五寸五分，共挑土十七万五千八百十一方二分四厘三毫七丝五忽，雇夫应给方价暨营勇米折等项，共支银一万七千九百六十八两七钱三分一厘三毫七丝七忽，又筑坝车水并犒赏营勇，共支银三千三百两，又置办器具等项，共用银一千一百七十九两四钱六厘，又修理陈家闸一座，长七丈六尺，宽一丈，高一丈二尺，重建陈家村石座木桥一座，长十二丈二尺，宽九尺，高二丈二尺，共支银三千九百八十七两九钱八分七厘，又在工各委员夫价等项，共支银一千三百八十六两五钱，又总分局用差官、司事、书役人等饭食，共支银九百九两七钱五分六厘。共支用银二万八千七百三十二两三钱八分三毫七丝七忽内，除收残缺器具变价银二百六十九两四钱三厘七毫六丝一忽八微抵支外，实支用湘平银二万八千四百六十二两九钱七分六厘六毫一丝五忽二微。

附赤山湖河道记略：

绛湖为山水汇聚之所，湖有五荡屯水，沿湖有九河进水，夏秋雨集，山水暴注，五荡屯焉，然后由麻培桥流至陈家闸下注秦淮，下圩免冲突之患，上圩有蓄洩之区。按，麻培桥之溢出湖水也，乃湖水坌集汹涌直下之路，当湖水不甚泛滥时，则由新圩东南角之蟹子坝从容流出，由三岔镇之永盛桥纡回而入秦淮永盛桥者，即北山山水入湖之道，其桥所跨之河，即九河进水河道之一，由麻培桥东走，则有赵埠上村，过赵埠上村，则为湖崓村，出湖崓村，循行约二三里，湖边有埂，埂上为南陌村，过南陌村约三四里，有将军庙，去庙不远，有平湖石。相传，承平以前，石之顶，老鹳巢其上，牧竖取卵，缘梯可造其顶，近者，石顶未没於土者仅尺计，牧童可坐而息焉。再行则有芦亭村，村前有万寿庵，庵侧有桥，名朱家桥，乃其村人导引湖水以资灌溉禾苗之处，过桥约半里，又有名清潭桥，桥之块有三官殿、神巷村，引水灌田之处亦此不远，又有名宝贝桥，桥所跨河亦山水进湖河道之一，又此路水多由印家边经筀村、望湖冈、唐家庄，一半流入鲤湖塘，一半从宝贝桥流入赤山湖，出宝贝桥则为山阳地村，又里许则为赤岸村，去此约数里，有崓名羊耳山，山之隈有名羊耳桥，桥所跨之河亦山水进湖河道之一，此路水源由甲山、虬山而来，过羊耳山桥，由堰北村、下葛村之间东走，有道埠桥，旁有小村，曰道埠里。今其村已无居人，由道埠村再前，有西溪桥，桥所跨河亦进湖山水河道之一，此路水之来源多出虬山，从山三坝过龙源桥而归此以入湖，桥旁有西来庵，再行为上葛村，向东逾刘巷村里许有后白桥，桥所跨河亦山水进湖河道之一，由后白桥溯流而上，则为堰里村，村前有堰桥，由桥而上，则为方溪村，村有土桥，此路水从天王寺来，当是浮山、瓦屋山两山山水下注之区，总归后白桥，流至塘坝头村，从新桥而入湖者，新桥现已倒坍待修，过新桥则非上容乡地矣！（邑人刘渭识）

附南乡水利说：

县之西南乡，近岁多歉，涝则圩淹，旱则山枯，十余年中，讫无并稔者，说者谓："山田高患旱，圩田低患涝，理无两得似也。"然何以前之不如此也。按，吾邑东南皆山，而西偏一隅，其势差卑，所谓圩乡也。山乡之利全在塘坝，塘坝淤浅，则水无停留之所，其病似在不知开浚塘坝圩乡之利全在绛岩湖（即赤山湖）以潴水，水由湖而入秦淮，下流通上流，自无泛滥之忧，旱则又藉其所潴之水以滋灌溉，今湖由渐壅，水不受潴，民又侵开湖地以植禾稼（见《吕志》），而湖亦渐见浅狭，当山水大发之时，急流奔突无所止蓄，不至溃防决堤不止，其病似在不知浚湖诚以"山则利在水能留，圩则利在水能留与能去"也！今留者既不能留，去者复不易去，山圩两受其病，考南乡诸山、北境之水，总归於湖，山水下，先灌近山之塘坝，徐徐而入湖，又徐而入秦淮，纡回停顿，极其自然，诚以上流之塘坝不塞，而湖能潴水也。自兵燹之后，塘坝日淤，湖亦就浅，然核其受病之原，反不在民之不能开浚也。向者，东南诸山林木郁茂，庶草秽芜山，水发作而沙不下流，塘坝者皆清水也，由塘坝而入湖者亦清水也，所以不致壅淤，即少有所积，开浚亦易，非若今之无可用力者。自同治初，温州、台州、安庆等处棚民寄居於此，即以垦山为事。至光绪十四年，荆、豫客民又来开垦耕种，兼开诸山，如浮山、历山、方山、丫髻山、瓦屋山一带，既经开遍，且山未办粮，而种植麻麦利获数倍，由是山之荒者尽转为熟，则草木全无，无以阻涩淤沙，水稍发，沙即随水而下，如黄河之水，大半是泥，先淤近山之塘坝，水大发则沙土亦随水而下，并淤下流之湖。上流之塘坝受淤，则水下愈急，湖不潴水，则下流愈塞，而水下益急，则山田失灌溉之利而受其冲淹之患，圩田一时不能受此急流，率多浸淫之害，湖不潴水，则水已悉入於江，稍逢干旱，亦与山田同为枯槁而已。向之水发，不厌其多，水去，不虞其竭者。今水甫至则见为淹，水稍退即见其涸，则山乡之不患涝者，今患之矣！圩乡之不患旱者，今患之矣！此无他，皆开山者为之也。此吾乡水利受病之本末也！（邑人胡景洛识）

江城湖，详前志。（按，此湖为东阳湖隄村一带最要水利，似不过稍形淤浅耳。《吕志》云"今废为圩"，误。

周家湖，详前志。

泗庄湖，在泗庄村前，距治南十八里，即斗门圩东之小湖也。为斗门圩潴水处。

马塘湖，在周戴村北，距治西南十里，水源发於笔架山等处，湖长二里，宽一里许。

河

便民河，在治北七十里，旧名运河。乾隆四十五年，江南督抚奏开以避黄天荡之险，至四十八年始通行。御赐今名。起上元摄山，至句容龙潭。又东至镇江丹徒，下师古滩以入於江。（按，便民河南岸汊河约十余处，名山水河，河各有闸，量水之大小以启闭，山圩田均受其益，历年既远，汊河淤塞，旱年潮水不能远达，山田坐失栽插之时，涝年山水暴注，宣泄不及，横流旁溢，近河圩田多受其害，度地势而深浚之，是有待於勤民者。又红旗等港本浅狭，近则淤垫更甚，至九、十月间即枯涸，船只不能畅行。同治十一年，候补府孙云锦奉督部之命浚石埠桥一带之河，然未竟其功。识者惜之。

官塘河、新河、黄堰河、凤凰河。（以上并详前志）

东桥河，河源有二。一、自治东北驹骊、仑山发源，至孔家村东首、戴村西首、柏庄东首，由白衣桥至神头坝、上溪村西首、房加村前之凌云桥下半里许，归此河。一、自治北宝华亭胄诸山发源，至铺头桥汇总，由鸽子桥、竹庙桥、杨塘桥、蔡家桥、小圩桥下半里许，归此河。自是随城环流，至小南门之白阳桥，大南门之南桥、兆文桥，西门五里杜家山之平桥，由黄泥坝、三岔镇汇於绛湖，是谓淮源。

掘河，在治东十三里。西通秦淮。昔吴运粮之处，今已淤塞，而河影尚在。

崇福河、淤乡河。（昔在崇德乡。河源一自茅山诸峰而来，由崇福桥入赤山湖。一自锁山鼋龙庙而来，由义成桥、青城埠入赤山湖。两河之水灌溉民圩十数处。

新河，在赤山湖麻培桥侧。光绪九年，左文襄新浚，深一丈，阔一丈有奇。

大河，在高阳桥后，水发源於甲山。

东山河，在治北东阳镇之东。（河为本镇襟带，华山、啸天龙、射乌山诸山之水汇出於此，北入於江，沃田最广，近已淤塞。）光绪十七年，镇人周绍先、倪珩禀请邑侯汪树堂详拨营兵挑浚，已蒙上宪准拨在案，寻汪侯升任通州，不果。乡民至今惜之。

附秦淮源

淮源有二。其西源出溧水东庐山，东源出句邑茅山。（《元和郡县志》：秦淮水源出上元县南华山，在丹阳、湖熟两县界，西北流经秣陵、建康二县之间。按，自来志书皆以淮水有两源，一出溧水东庐山，一出句容华山，华山即今宝华山，其山南麓有水固亦入淮，然其流甚短，不可以为为淮之正源也。盖《元和志》所谓华山者，乃指今江宁之横山；丹阳者，今小丹阳也；湖熟者，古湖熟县也。淮水经此乃西北流入江宁。所指者仍东庐山所发之水耳。如谓华山即今宝华山，其山岂在丹阳之界？且其水乃南流，非西北流也。为志书者皆不知华山之为横山，故其言多不确耳，惟茅山之流为巨，古以通运，此当为淮之一源）古引入破冈渎，居山脊而东西分流，今惟有西流之水。（《吴志》：赤乌八年，遣校尉陈勋将屯田及作士三万人凿句容中道，自小其至云阳西城，通会市，作邸阁。自是以后，六朝都於建康，东南漕运、士商舻舳，由曲阿泝流入句容，复沿下至秦淮，皆赖此陈勋所凿道也。句容溪谷事由人凿水，小舟不并行，故萧子良言台使於破冈逼商旅到下先过已船，又由高而下，其流易洩，非埭无以蓄水，古所云埭，今闸坝也。宋元凶劭破柏冈方山埭以绝东军。齐明帝时，王敬则反曲阿，令邱仲孚凿长冈埭，洩渎水，敬则军至，渎涸，不得过。渎固易洩难盈，当时，岁有修筑，功力必烦。隋灭陈，而故都同於下邑，埭功既省，深谷为陵，固其宜也。颜鲁公《送刘太冲序》云：江月弦魄，秦淮顶潮。君行句溪，正及春水，似唐肃代时，此水尚通，而其后遂绝，今句容茅山冈或云即古渎所经之地，想宜然也。《建康实录》云：陈勋凿句容中道，至云阳，名破冈渎，上下分为十四埭，上七埭入延陵界，下七埭入江宁界，於是东郡舟行不复经京江。《实录》此言误。京江通常州水道，唐人始开，六朝未有也。谢安镇兖，设航海之备，欲经略，事了，由海道东归，盖谢公意，不欲再诣都门，不欲行句容之渎，苟非航海不能舟归矣！况吴时安得有京江路乎？《实录》又云：梁以太子名纲，乃废破冈渎，开上容渎，在句容东南五里，顶上分流，一东南三十里，十六埭，入延陵；一西南二十五里，五埭，注句容上容渎，西流入江宁。至陈霸先，又湮上容渎，修破冈渎。隋平陈，诏并废之）其水西南过县南，受华山溪水，华山水出华山北岭，南流，绕县东，又南合茅山水，茅山水又西北入上元界，又西迳古湖熟县北，又名长溪水。（《建康志》引《丹阳记》，湖熟前有长溪，东受句容县赤山湖水，入於秦淮）长溪北受秦淮水，又受石溪及上元东山诸溪水。（《旧志》：石溪在句容北五十里，源出胄山）淮水又西流，折而北至方山西，与西源合流。（按，西源出东庐山，西北流过溧水城，东北过乌刹桥，与明胭脂河合，胭脂河首引高淳石臼湖水西入溧水界，又东至洪蓝埠入山，又东北流过天生桥，出山受溧水城西南山溪又上流，过沙河桥，东出通城濠，西北出入於淮水，淮水又北过石湫桥入上元界，迳古秣陵县之东，又北至方山下，至是两源合焉）淮水又北过淳化镇关，又西北过上方门至府城通济门，西流入城，入江宁界，其在城外者，为城濠水，城濠水南流，折而西，过聚宝门，与落马涧合，又西分支流，由赛工桥、三山桥西由北河口入江。城濠水北流，至西水关，复余城内之淮合，淮水自通济门入东水关，与杨、吴旧城东濠合，又西至淮清桥，与青溪合，淮水又西南过武定桥，经镇淮西北过新桥，又西北至斗门桥，与运渎合，又西北出西水关，复与城外濠水合，遂沿石头城以达於江。（约《吕志》云：水之源发於山，句邑地脉以茅山为主山，茅山北行至东北，起仑山，仑山西起五棋山，五棋山西起华山，华山之水南入秦淮，北入大江，华山之硬脊西走岩山，西南落平起胄山，左落一支南结县治西南，正行一支起孔山，志称为雁门山，雁门右落一支西北经上元长宁、慈仁二乡之地，起栖霞山、雁门，复折而东南，为上元神泉乡之地，起汤山汤泉，出於山之左，其水东南经上元泉水乡而入秦淮，民多截之以资灌溉，汤山山右之水南流，由孔山西经上元长宁、慈仁二乡之地，由栖霞而入大江。汤山东南起大城山，大城山南为青龙山，青龙东南行一支至上元之凤城乡为淳化镇，又西而南行者为彭城、祈泽诸山，其居中最长，而南行直收秦淮者为方山，左右为上元泉水、惟政二乡之地，其水皆南入秦淮，青龙复折而西为武冈山，武冈破脊北走，亦与青龙山接，又与孔山相接，而煤井、灰窑多在焉。约刘湘煃《上元水利论》）。按，湘煃，江夏人，著有《江汉丛书》，论金陵水利甚详。

塘

郭西塘（在西郭，光绪十一年，知县张沆清重浚，绅民为立碑於塘侧。）
铃塘（在治南五里铃塘村，大可数十亩，土人呼为剑塘，谓黄巢置剑於此，其说甚谬。）
沸塘（在治东二十一里虎耳山西南里许，其水常沸，故名。）
大培塘（在治东十五里，灌田二百余亩。）
大培塘（在治东赵家村西，灌田百亩。）
上培塘（在治东后塘村西南，灌田百余亩。）
滁溜塘（在柏庄村南。）
许家大塘（在治东小太平庄西，灌田七十余亩。）
亲家塘（在治东二十里。）
朱塘（在治东北七里，灌田三百余亩。）
孔家塘（在治东蒋庄东北，灌田百五十余亩。）
白马塘（在治东下隍村北，灌田七十余亩。）
西塘（在治东徐家边村东首，灌田百余亩。）
梁塘（在治东三十里。）
孙塘（在治东十里许，灌田百余亩。）
洋塘（在闸头村西南，为都包圩上水之一汇归。）
荷塘（在后北墅村，阔二十余亩。）
花塘（在花塘头村。）
孔家塘（在孔冈头村。）
西斛塘（在斛村西。）
黄塘（在琅琊乡，灌田二百余亩。）
全塘（在孝义乡，灌田四百余亩。）
东灌塘（在孝义乡下坊边村，灌田百余亩。）
朱家塘（在西冈村北，灌田百余亩。）
白水塘（在宋家庄西北。）
大塘（在纪庄村东。）
上河塘、下荷塘（在南城上村东。）
杨家大塘（在杨家村西。）
菖蒲塘（在尹家庄北。）
碾塘（在窑头村，周围二里，灌田二百余亩。）
沙塘（在樊家边，灌田百余亩，大旱不竭。）
何塘（在石头冈村北，为何守一所浚，故名。）
毘塘（在治北范巷村东。）
石狮塘（在治西通德乡，石狮埠村东，灌田九十余亩。）
上司塘、下司塘（在治西善司庙后半里，二塘毘连，灌田一百余亩。）
渗塘（灌田二百余亩，虽大旱不涸。）
大塘（在治北东储冈村南。）
葛塘（治北葛塘头村东南，灌田七十余亩。）
围子塘（在治北水涨村南，灌田七十亩。）
陈塘（在治西十二里，灌田二百余亩。）

周家塘（在曹家村后，灌田百余亩。）
鱼阡塘（在孔家村前。）
荷花塘（在西冈上。）
官塘（在墓东村北。）
曹家塘（在万家村。）
韩家塘（在扬甸村东。）
新塘（在扬甸村西。）
东塘（在杜家村东。）
庙塘（在马闸里南。）
汪家塘（在地坛村。）
沈塘（在东宋家庄东北。）
长塘（在丁家巷村头。）
大塘（在朱家下头村东。）
上山塘，中山塘，陆塘，大陵塘，时堰塘，焦家大塘，荷花塘，船塘（以上八塘，俱在通德乡。）
荷塘（在南陵庄，为一村之沃。）
豸塘（在科屋村中，灌田百余亩。）
大塘（在店冈村西。）
竞渡塘（在宁巷村西北。）
李塘（在西村西南。）
大藕塘（在丁庄村西。）
荷塘（在史村北。）
中塘（在史村西南。）
活地塘（在西小溪村南。）
前塘（在朱巷村南。）
社塘（在南唐庄村南。）
白耳塘（一名便塘，在张壒村西。）
庙塘（在百子庙下，灌田百余亩。）
冬瓜塘（在神符村东北，灌田百余亩。）
泥塘（在后王庄村东。）
蚂蚁塘（在石头冈之胡家边。）
乌雀塘（在湖家边村西。）
将军塘（在王庄村北，塘之东有将军培，培下有泉。）
板塘（在王庄村西。）
大塘（在王庄村前。）
上塘，下塘（在西冯村北。）
荷塘（在成村西。）
十亩塘（在成村东。）
墩塘（在杨巷村东，周围里许，大旱不涸。）
花塘（在花茂村西。）
芦草塘（在花茂村，长里许。）
三县塘（在临泉乡，江宁、溧水、句容三县以此分界，故名。）
上红塘（在治北上圩村南，灌田百二十亩。）
下红塘（在治北小圩村西北，灌田三百六十亩。）

上观塘，下观塘（在玉晨观前，塘面约三十亩。）
双塘（在治北双塘村东，灌田八十余亩。）
大塘（在治北戴家村西。）
新塘（在小戴家村西。）
下圩塘（在扬塘冈西北。）
上明塘，下明塘（在治北滕家村后。）
后黄塘（在治北章家边村东。）
窑塘（在治北章家边村东南。）
漕塘（在治西土桥镇长基冈前，明正德元年，绅士王芳重浚。）
过湖塘（在伍城圩乐家村。）
马塘（在东阳镇西数武。）
灵塘（在东阳镇西数武。）
破塘（在东阳镇西半里许。）
潮水塘（在东阳卢君观后。）
官塘（在东阳镇丁家园前。）
周婆塘（在东阳镇上街外数武。）
石人塘（在东阳镇南半里许。）
倪家塘（在东阳镇倪家园前。）
贵塘（在东阳镇左首数武。）
寺塘（在东阳镇宋熙寺后。）
沈公塘（在东阳镇南半里许。）
养心塘（在龙潭镇中，诸山之水汇於此而后北达运河，今已淤塞。）
余家塘（在仓头镇西，山水汇集於此，由万善桥以达於河。）
双塘（在仓头镇东北，以两塘连属，故名。）
芦堰塘（在下蜀镇之西里许，广可六十亩，沃田顷余。）
三连塘（在治北顾家坝北首，塘心有井一口，大旱不竭。）
锅底塘（在下蜀镇之西。）
山化塘（在下蜀镇之西南。）
清水塘（在下蜀镇之东南。）
双塘（在下蜀镇东桥外。）
龙泉塘（在下蜀镇东桥外。）
新塘（在下蜀镇东北钟家圩。）
花园塘（在下蜀镇南寺之前。）
锺家塘（在下蜀镇南寺后。）
黄泥塘（在下蜀镇西。）
清水塘（在仁信乡纪家窑左首，相传下有七泉，虽大旱不涸。）
岐塘（在曹家边村北，现水源湮塞待浚。）
雁塘，蛇塘（俱在治北城上村。）
东塘（在治北居家边村北。）
以上诸塘淤浅待浚者多矣。所以不能为旱备也。

坝

城头坝（在治东光里庙前，自仑山发源，下达东桥河。）

千层坝（在治东北徐家边村北首，自骊山发源。）

新坝（在治东邹巷村西，自大培塘来源，下达淤乡河。）

斜桥坝（在治东张巷村南，即新坝来源。）

路下坝（在治东茅庄村东，自骊山发源，下达宝堰镇。）

木桥坝（在茅庄村东。）

下塘坝（在治东糜墅村西北，自骊山发源，至山培村西格桥下半里许，二水合流，由糜墅桥达宝堰。）

大坝（在治东上溪村前，自掘河发源，归东桥河。）

青龙坝（在治下隍村北，自掘河发源，东达苏浙。）

西沿坝（在治东梁塘村西，长二里许。）

北堰坝（在治东相庄村后，下即北堰桥。）

石坝（在治东本湖邨西南大悲庵前，旧系石坝，康熙时，居民始易以土。）

土桥坝，上坝、下坝，东坝（均在治东。）

江北坝（在治东木瓜园东，上流发源於仇家边村南大山嘴，下流由朱家坝入戴亭中桥坝，西南经上戴村注於大河。）

流水坝（在袁巷里村西。）

大坝（在南塘村西南。）

涧底坝（在常城村西。）

西桥坝（在牌楼下村西南。）

码头坝（在扬甸村北。）

漏底坝（在扬甸村北。）

鞠坝（在东小溪村西南。）

大坝（在朱巷村西。）

土坝（在西冈村东。）

七亩坝（在王家边村前。）

蒲塘坝（在治东二十五里西俤墅村南。）

仙塘坝，黄家坝，总坝，三亩坝，节节坝，白虎坝（以上均在治东。）

椿坝（在治东南二十五里。）

黄堰坝（在治西南十余里周戴村西，相传宋庆元间所建。句境东桥河水必西流至坝前，以通秦淮，其北自笔架山一带来水汇聚此坝之河以达秦淮。通德、福祚两乡田亩五千余顷，皆资其灌溉。坝以黄泥筑成，土人又呼为黄泥坝云。）

蟹子坝（在三岔南赤山湖边，此坝管七十二埠，三十六圩，自茅山进水至赤山以达坝口，居民赖之。）

庙头坝（在三岔西赤山湖边。）

道士坝（在赤山湖外河东南。）

上坝（在泗庄湖东。）

横坝（一名横堤，在斗门圩南。）

塘泥坝（在道士埠。由茅山来水，必自此坝转西北而归大河入秦淮。）

岔河坝（在杜家村周戴村等处，为马塘湖阻水之坝，在黄堰坝下。）

西头坝（在东孔社西。）

清水坝（在阴桥头西，其水为茅山支流，东汇入於乡河，下通赤山湖，为崇德乡东半水利最要之区。）

石坝（在西孔社东。）

王家坝（在上容乡八图，下葛村赤山湖南，高丈余，长十丈外，每岁一修，坝上有河一道，上通承仙乡之南，水源由瓦屋山、巫山及诸小山来，一经山水泛涨，由东至西汇归是河，坝上数十村之圩田不至淹没者，皆此坝之力也。）

大桥坝（在周冈普济庵后桥下，丈余，原有坝，兵燹后，未筑，凡桥上之田百余亩，时逢天旱必倒吸此坝水以救之。按，此坝乃浮山北境水之所经过。）

刘王坝（在丫髻山麓。）

长塘坝（在谷城。）

张巷村坝（在张村前，坝即句溧之分界。）

乌龙坝（在上容乡，水由溧水诸山来。）

黄老鼠坝（水由虬山来，由岩子里、大小蒋家边、西冈头、下村堰北入於赤山湖，为诸村水利之要区。）

龙腰坝（在圩塘头村西。）

大坝（在成村西。）

石坝（在杨巷村后。光绪六年，村人戴荨重建。）

祠堂坝（在方山麓。）

南塘坝（为周家边寺前村、扬甸村后倪村蓄水处。）

黄金坝（在治西琅琊六图，灌溉田百数十亩。）

高家坝（在黄金坝下。）

曹塘坝，新塘坝，蝉塘坝（以上均在高家坝下。）

上坝、下坝，畲柯坝，小河坝（以上均在通德乡。）

长生坝（在通德乡。光绪十六年，运石改建，约费七百金。）

杨家坝，木龙坝，时庄坝，严家坝，海家坝，乌塘坝（以上均在治西土桥镇左右。）

山河坝（在治北琅琊十图。）

长杨坝（在治北十三里。）

乌龙坝，杨圩坝，新坝，章子坝（以上均在孝义乡。）

大坝（在治北杨埠村东。）

孙家坝（在治北琅琊乡。）

顾家坝（附邑人王荣浩《顾家坝水利说》，天下事有顾眉睫之利而贻无穷之患者，其开山种谷乎！夫种树於山，艺谷於田，此自然之利也，必欲尽地之利，而易山为田，於古未有也。有之自道光间安庆人始，其初入境也，结棚而居，不佃田而佃山。山不征粮，利一；新垦之土，必壮，收获较多，利二；雨后有浮土可以代壅，利三；山不论亩，可以纵意所如，利四。有此数利开种旱谷者，所由蜂聚而至，而近山居民初亦因其浮土之自上而下可以肥禾，而坐收近利也。遂不之禁，又乌知后患之不可收拾乎！盖北境之山，华山为最，其流南入秦淮，北入大江，而入江之水，实巨於入淮，於是由大涧湾而下，山民筑涧以潴水，自红门楼、苏家边、连巷、顾家坝一带蜿蜒二十余里，涧宽三四丈，至窄亦二丈有奇，深二丈，浅亦有丈余，春夏则约水上田，秋冬则放之於河，旱潦无虞，法至善也。迨邻近之山既开，土松易溃，濩濩者无所阻滞，一逢夏雨连降，山水汹涌，沙石随之而下，年复一年，涧渐淤塞，水不能容，旁流横溢，田禾有淹没之虞，庐舍遭冲突之害，至此始悟开山之患。有力者出而阻之，阻之不能，且讼之官长，为调停之说，已开者听，未开者止，然山民受病已深，自此遂有歉年而无乐岁矣！现则愈淤愈浅，涧与田平，欲为此方兴利，非浚深其涧不可，而工程浩大，补救良难，余故著其始末如此，以待后之念民瘼而施实泽者。）

石坝（在治北城上村东。）

闸

陈家闸（详赤山湖下）

蔡家桥闸，白羊桥闸（二闸於光绪二十年重建。）

木桥闸（在治东解塘村东，未建。）

漏堰闸（在治东漏堰村东，光绪初年重建。）

石闸（在治东仙塘坝东。）

太平闸（在袁相里东，未建。）

塘坝闸（在都包圩。）

花溪闸（在白云观不昧桥下。光绪十二年，苏州陈柳桥捐建。）

王家闸，薛圩闸，涂圩闸，河口石闸，朱家闸，苏家闸，阙家闸，解家闸，镇山圩闸，季家闸，官闸，刁家闸，潘家闸，朱庄闸（以上诸闸皆在便民河南岸。）

柏家闸（在靖安厂，为西大圩三千余亩课田之水利，四面附以窑场三，截场之上圹圩。道光初年，因陋就简，造有松木板闸，七十余年来迭次修理，已朽烂，岌岌可危。光绪二十五年，圩董等集众计议，采石青龙山，於水涸时改建，仍旧制，长五丈五尺，宽二尺七寸，高二尺九寸，石厚五寸有奇，司其事者为王爱堂、徐良臣。）

圩岸

沙州圩（在三岔镇东首，水由赤山湖岔河进。）

沙新圩（在沙州圩前，左文襄开新河之土加筑者。）

陈家圩（在陈家圩村东，由黄堰坝、马塘湖一带来水。）

汉堰圩（在阙巷村西。）

周戴圩（在周戴村西南。）

斗门圩（一名新志圩，在三岔镇北里许。）

义成圩（即义成桥之圩，东接崇德乡界，西接焦公圩。）

焦公圩（在青城埠东南。）

崇福圩（在道士埠，距青城埠二里许。）

老圩（在冈子山等村。）

都包圩（在崇德乡西南。）

东湖圩（在赤山湖东南。）

家西圩（在闸头村东北。）

黄毛圩（在厦庄桥东北。）

大埠圩（在芦江桥北。）

厦庄圩（在厦庄桥北。）

新州圩（在芦江桥河北岸之东。）

龙埠圩（在下葛村西。）

三包圩

东厂圩

西冈圩

东道圩

蒲长圩（以上皆在上容、崇德两乡。）
玉带圩（在堰北村北，一名全家埤。）
尖滩圩
章家圩
王家圩
大军圩
戴家圩（以上五圩皆在龙潭镇东。）
头圩（在仓头镇西六里许。）
二圩（与头圩毗连。）
三圩（与二圩毗连。）
小四圩（与三圩毗连，最低洼。）
大四圩（在凤坛乡九图。）
五圩（在仓头镇东五里许。以上诸圩，皆在便民河南岸，以汊河分界，现河身均已淤浅，山水下注，最易淹没。）
亭子圩（在铜冶村北。）
马厂圩（在铜冶村北。）
尖圩（在仓头镇西半里许。）
邵家圩（在仓头镇西。）
镇山圩（在仓头镇北镇山下。）
上中圩（在仓头镇北。）
韩大圩（在仓头镇北。）
杨家圩（在王府庄村前。）
青山圩（在仓头镇东北三里许。）
八十亩圩（在便民河南岸，陈家庄前。）
马厂圩（在下蜀镇西，此圩以草场征赋。）
西大圩（在靖安厂地，系上、句交杂，此圩独隶句容。）

《金陵志》载：句容圩岸九十六处，后惟存六十三处，今则并其所存者，而名有互异矣。考县境山多而圩少，诸圩水利，南则依赖於赤山湖，北则依赖於便民河，而皆病在淤浅。盖圩田最惧山水，湖河不能容洩，圩即弥漫。至保圩重在修堤，不待智者而辨之矣！（《戚氏志》云：农民生计、居处多在圩中，每遇水至，则举村阖社日夜并力守圩，辛苦狼狈於淤泥之中，如御大寇，幸而雨不连降，风不涌浪，可以苟全一岁之计，其为壤觉则水注圩中，平陆良田顷刻变为江湖，哭声遍野，拏舟结筏，走避他处，国赋民食两皆失之，是皆水不安流之故耳！其言最为痛切。

续纂句容县志卷六上

续纂句容县志卷六下　　邑人　张余堂　分纂

风俗物产

吾邑在万山中，土风朴厚。前志所谓秉性愿悫①、习尚礼义，非虚语也。自粤西匪乱后，风俗稍稍异矣。然士以慕势为耻，民以畏法为心，先民矩矱②犹有存者，至物产之盛衰，恒与俗尚之侈俭相因，附载於后，亦以见物土之宜云尔！志风俗物产。

聘礼、纳聘礼：其笄盒中用柏枝及丝线络果作长串，或翦彩作鸳鸯，又或以糖浇成之，又用胶漆、丁香粘合彩绒结束，或用万年青草、吉祥草，相诩为吉庆之兆。考《通志》婚礼，后汉之俗，聘礼三十物。以元纁、羊、雁、清白酒、粳米、稷③米、蒲苇、卷柏、嘉禾、长命缕、胶漆、五色丝、合欢铃、九子墨、金钱禄、得香、草凤凰、舍利兽、鸳鸯、受福兽、鱼、鹿、乌、九子、妇阳、燧钻，凡二十八物，又有丹为五色之荣，青为东方之始。共三十物。皆有俗仪，不足书。按，此则今俗相沿之仪，有自来矣！

近代丧礼中有二事，循俗而与古反者，沿流既久，遽难变之，其一曰服，古人遇死丧，凡应服某服者，或内亲或外亲，人自制其所应服之服哭之，交友亦不可以元冠色衣弔，盖哀戚在心，故必变服以临之耳。乃今，自同宗外，凡应服者，必丧家送布始制而服之，不送，即应服而元其冠、色其衣者有矣，甚且丧家力不能送，共以诟厉加之，而大家复有破孝、送帛之事。破孝，毋论何人。但入弔者，即赠以布或绢，有生平不一识面、闻名为布而弔者矣！不知变服志哀乃哀之旗，心既不哀，服於何有，且送而不服，尤属无谓，至送帛则本不为服，直以币帛将孝子之敬为酬酢而已。其一曰奠，始死而有奠，记所谓余阁者也。成服④后，诸祭皆主人自为之，其在姻友有赗襚赠已耳，赗以钱帛，襚以衣服，赠以车马，皆以助殓与殡之事，今则赗襚之礼间有行焉。赗则江南绝未闻者，乃代为丧家致祭，屠割羊豕，崇饰果蓏⑤、粔籹⑥、餦餭⑦、寓钱⑧、楮币⑨之类，阗塞於庭，客乃为酹酒致敬，夫酹乃主人之事，宾客乃代而行之，知礼者谓宜於送孝上祭一切止之，惟有服者人自制而服以示哀戚变常之意，其在宾客，第行赗襚以助之，或贫者出力，以佐其事，祭悉辍而不举，庶使丧主人不苦於送帛之纷纷，而宾客亦不为此无益之糜费，是亦从礼从俭之一端也。

---

① 愿悫（què）：谨慎诚笃。
② 矩矱（yuē）：规矩，法度。
③ 稷：疑"糉（粽）"之讹字。
④ 成服：死者入殓后，亲属各依服制穿着丧服，称为"成服"。
⑤ 果蓏（luǒ）：木实为果，草实为蓏。后用为瓜果的总称。
⑥ 粔籹：古代食物名，类似今天的麻花、馓子之类。
⑦ 餦餭：干的饴糖。
⑧ 寓钱：纸冥钱。
⑨ 楮币：宋代发行的纸币。因多用楮皮制造的纸印成，故名。

丧礼之不讲，甚矣！前辈士大夫如张宪副详有期之丧，犹著齐衰①见客，其后或有期功服者，鲜衣盛饰，无异平时，世俗安之，毫不为怪，间有守礼者，恐矫俗招尤，不敢行也。昔晋人放旷礼法之外，为儒者所诉，乃其时，陈寿居丧，使婢丸药坐废不仕，谢安、石期功不废丝竹，人犹非之，视今日，当何如哉？余谓士大夫在官有公制，固所不论，至里居遭丧，即期功亦宜，示稍与常异，如非公务，谒有司不变服不赴筵会，即赴，亦不听声乐、不躬行贺庆，礼不先谒，宾客庶古礼犹几存什一於千百也。（以上顾起元《客坐赘语》）

　　昔年，文人墨士虽不逮先辈，亦稍涉猎聚会之间，言辞彬彬可听，今或衣巾辈，言谈之际多杂乱不雅，又嘉靖中年以前，犹循礼法，见尊长多执年幼礼。近来荡然或与先辈抗衡，甚至有遇尊长乘骑不下者，又昔年市井僻陋处多有丰厚俊伟老者，不惟忠厚朴实且礼貌言动可观，三四十年，虽通衢亦少见矣。又昔年士大夫有号者十有四五，虽有号，然多呼字，后来束发时即有号，未年奴仆舆隶俳优无不有之，又古昔富厚之家多谨礼法，屋室不敢淫饮，食不敢过，后遂肆然无忌，服饰器用、宫室车马僭拟不可言。（王丹邱《建业风俗记》）

　　父母死，人子宜谨事饭含，庀丧具，盖棺在即，色笑②永违，顷刻不应离左右矣。金陵陋俗，族姻尊长必躬往告，否则诟责甚厉，惟陈恪勤公为太守能引士丧礼禁止之。

　　吴越彦《上高淳张明府书》云：条风乍拂，正宜有事西畴③，乃神旅高树，社贴纷传，搆花台，演传奇，所费不赀，诚不牵於祸福之说，严行禁止。救荒，裕课，弭盗，莫善於此。

　　茶坊之盛，亦在近年。旧家厅屋改而开设入其中，座上客常满也。何处得许多闲汉。（以上《金鳌待征录》）按，乡村之有茶肆，自近年始。

　　按，以上诸论，虽不为本邑而言，然皆切中今日之流弊，故采而录之，以为转移风俗者劝。

　　嘉庆间，句容俗尚敦庞④，雨旸时若，虽素封⑤之家，冠裳袜履，不逢庆贺，无衣帛者。客至，则家酿园蔬。取之宫中而自足，亲朋戚友无告贷者，见丐者为希罕物。入其家，仓箱丰厚，行其庭，妇子恬熙，越十数年，家稍赢余，冠裳袜履，无衣布者。有衣布者，则曰丧服，妇女服饰华靡，虽后妃莫能过，客至，四簋则曰便馔，宴会宾客则倡优萃至，连宵达旦，费数十百金以为常。乞儿充塞道路，入其家，仓箱空虚，行其庭，妇子诟谇，穷奢极欲，伊於胡底，上帝震怒，以致水火刀兵、旱潦瘟疫勃然骤致，惨杀屠戮，几无孑遗。同治初年，家邦既复，沟壑余生，俗尚勤俭，士大夫布衣帛冠，吉凶庆弔，无乘舆者，乡民力田之余，肩负薪米，售诸坊郭，不入茶寮⑥酒肆⑦，妇女椎髻⑧操作，荆布自适，疠疫不作，年谷顺成，百物价廉，比户赡足，民风浑噩，讼狱清简。十数年后，俗渐奢侈，婚嫁丧葬之费百余缗，乡人至邑，啜茶饮酒者座常满。闺梱⑨宴集，绮罗珠翠，光耀夺目。服饰头面竞尚新奇。水旱间作，谷亦稍稍贵矣。近年风趋愈下。百物价昂，牙角之争，赀产立罄，虽中稔之年，民有菜色，良可慨矣。（以上采张瀛说）

　　自咸丰十年兵燹以后，县之南乡户口凋零，不及承平时十之二三，田地山场大半荒弃。光绪十四年，荆豫客民来，开辟殆尽，其器用与耕耨之法与吾乡大异。今土民类多效之，土客杂处，其於水利多寡之间，塘硐启闭之法，土民往往受其滋扰，往时插苗，土民必待夏至，客民则在小满时已遍插矣。

---

① 齐衰：一种丧服，次于最重的斩衰。以粗麻布制成，因其缝齐，故称为"齐衰"。分为一年、五月、三月三种。祖父母丧、妻丧、已嫁女的父母丧，服期为一年；曾祖父母丧，服期为五月；高祖父母丧等，服期为三月。

② 色笑：和悦亲切的容貌。

③ 西畴（chóu）：西边的田园。

④ 敦庞：敦厚笃实。

⑤ 素封：指无官爵封邑，而资财丰厚的富人。

⑥ 茶寮：品茗之所，茶室。

⑦ 酒肆：酒店。

⑧ 椎髻：一撮之髻，形状如椎。

⑨ 闺梱：妇女的居室。

吾乡妇女，旧皆著腰裙，有不著者，即被人指谪。自光绪十四年以来，著腰裙者十之二三，亦化客民之俗也。客妇即行礼，着腰裙者绝少。

同治初，虽承平未久，民气未复，而居乡者多土著，即所招佃户大半江以北人。与吾乡习俗不甚相远，所以民皆安堵，讼狱不生。自客民入境，多强暴不循土风，於是盗贼丛起，讼狱繁兴，敦庞之风亦为之顿减矣。

句容民好贾，而南乡为尤甚。乾嘉①时，富民林立，甲於一邑，皆贾为之也。其读书好古者虽较少，然巍科高第未绝也。骚人墨客不为无人。自遭兵燹，服贾之家已不得承平时十分之一，若咨经诹史，尤所罕闻，固有心世道者之深忧也。（以上采胡景洛说）

服之不衷，身之灾也。自海禁既开，凡衣服、器用多染西人，独吾邑仍循常制，不竞时趋，短衣窄襟，边领小袖，诸异服至今犹罕见之，此固风气之习於朴质，亦由良有司之善於维持也。（采骆崇光说）

厉坛之祭以城隍，神临之礼也。好事者设立随会名目，赭衣满路，铁锁琅珰，男女杂遝，良贱不分。闻道光中知县王检心曾禁止之。

北五镇，居民稠密，闠闤②鳞列。其中市面，东阳为最，下蜀次之，龙潭、桥头又次之，仓头为下。然乱前殷实甲於他镇，为士为贾者必兼业农，故其风甚朴，其人不文，今列肆较多於前，而风俗远不逮古矣！（以上采访）

物　产

句容农田皆稻麦二种，而稻为多，洋籼稻则楚豫客民携至者，性耐旱潦，米色晶白，尤嘉种也。浮山芝麻，肥美甲於他处，土名"浮山麻"。木之异者，若山桃、南烛、侧柏，出茅山。李文饶《平泉草木记》所珍视。前志已言之。茅山又有汉柏、唐桂。其草药则茅山苍术为冠。陶贞白所谓"味重金浆，芳逾玉液"者也。铜山则产黄精、太子参。茅山、华山俱出葛。产华山者佳，其果实则有松鹤山之银杏（山在天王寺南），肥美而圆仁，内无心，林禽则治北小窑村最良。菜则周彦伦所谓春韭、晚菘者皆备。鳞介之属，最珍者尺八蟹，出赤山湖，其壳青色。丝则近来南北乡出，数甚多，实物产之大宗（东阳华山口最著名）。茶则有空青、云雾，王门桥所产亦高品（俱在治北）。花之异者，乾元观之白玉兰（相传为陶贞白所手植）、黄墅之白牡丹（其花色白如玉，瓣边微黄，根有青莲色，花须深黄，心红如猩血，绿叶青茎，扶疏一本，繁枝蔓延数围，备呈五色。相传，其种为鹿衔来，洪逆踞金陵时，使人移其根去，久之未活，而所掘之根旋发），皆灵物也。此外，有非邑所专产者不书，书其异者。

续纂句容县志卷六下

---

① 乾嘉：乾隆、嘉庆。
② 闠闤：闤，市垣。闠，市之外门。古代市道即在垣与门之间。故称市肆为闠闤。

续纂句容县志卷七上　　　邑人　张瀛　分纂

秩官表

亲民之官，自昔所重。盖以生聚噢咻胥惟令乎是赖。咸丰间，吾邑沦为豺虎窟，十万生灵，搏噬①几尽。勘定以来，创痍满目，而又土客杂处，水旱洊饥。俾吾民出水火而登衽席者，皆贤有司力也。迹其政治，卓然著於宦迹，此特班其姓氏而已。学官、丞尉胪列于下，沿旧例也。同治以前，仅记大略。作续秩官表。

	知县	县丞（驻郭庄庙）	教谕	训导	典史
乾隆	陆钧（古修，浙江仁和人，进士，有传）	谢昂（广东澄海人，贡生）	张未（常熟人，举人）	陆载锡（吴县人，廪贡生）	牟荣宗（山东福山人，吏目）
	谢昂（广东澄海人，贡生）	王祖肃（山东新城人，贡生）	李珩（海门人，举人）	朱沛（安徽全椒人，岁贡）	邵永和（顺天大兴人，吏目）
	李棠（直隶河间人，进士）	吴瀚（浙江海盐人，贡生）	沙应桐（安徽无为州举人）	余献（安徽歙县人，拔贡，有传）	李大楷（顺天永清人，捐未入流）
	朱绣（浙江归安人，进士）甘肃镇源人，贡生	张竣（甘肃镇源人，贡生）	孙勋（武进人，举人，有传）		
					杨元晖（安徽当涂人，寄籍奉天，吏目）
	金启镛（浙江山阴人，监生）	汪苍霖（浙江钱塘人，监生）	施诏（仪征人，举人）		

---

① 搏噬：搏杀而吞噬。

	苏呈机（福建会安人，举人）	郭岩（山西洪洞人，监生）			曾曰唯（广东嘉应人，监生）
	卜义明（浙江桐乡人，举人）	费元震（浙江归安人，监生）			赏镐淳（浙江山阴人，供事）
	林光照（福建霞浦人，进士，有传）	郑文徽（浙江仁和人，寄籍宛平，附生）			丁哲（河南永城人，监生）
					周舒泮（湖南麻城人，监生）
	陈贤书（浙江海宁人，监生）	唐作梅（浙江秀水人，监生）			
					胡咸攀（福建永宁人，监生）
	范廷恋（云南通海人，举人，有传）				
	赵湛①（山西高平人，举人）				
	张尚怀（湖南长沙人，进士，有传）				
	费元震（五十年署）				
	孟芮（直隶东明人，拔贡）				
	吴汾（山东东平人，附贡）				
	王光陞（顺天永清人，吏目）				
	梁兰生（直隶正定人，吏目）				

---

① 赵湛：《句容李氏家谱（李正谨等纂修）》四卷有"《天锡公暨淑配朱太孺人启赞》……句容县知县赵湛、儒学教谕孙勋、训导俞献同顿首拜"。《句容魏氏宗谱（魏一桐等主修）》卷首有："《魏氏重修族谱序》：容城，古称福地也。余少研经玩史之暇，一怀想茅峰之秀美，秦淮之回还，人民之古处，深为企慕之。及莅任兹土，目睹山清水秀、俗美风淳，无惑乎其代不乏人也，其邑中文人济济，风俗雍雍，南乡为最……大清乾隆四十八年冬月之吉，知句容县、年家、弟赵湛拜撰。"

	任可举（河南信阳人，举人）	鲁宗泰		成文燦	邱南林
嘉庆	方菁（广东惠来人，廪贡，有传）	李联第（湖北监利人，拔贡）	徐彬（丹徒举人）	冯金伯（南汇人，廪贡）	孙起观（安徽桐城人，供事）
	郑志濂（直隶南宫人，供事）	陆珍（浙江钱塘人，监生）	王明晋（安徽太平人，举人）	何坚光（丹徒人，举人）	冯守岳（浙江山阴人，监生）
	于稽山（山东东平人，有传）	秦熙龄（山西凤台人，贡生）	方偲（安徽桐城人，举人）		
		王洵（顺天大兴人，廪贡）	潘庆龄（泰州人，二十二任，有传）		
	杨宗志				
			魏嘉谋		
	张先甲（二十一年任）				
			何（失名）		
	韩慧均（二十三年任）				
			吴文焕	何坚光（再任）	
	刘鎓（安徽人，二十四年任）				
			赵（失名，上海举人）		
道光	潘镕（元年任）				
	秦颐龄（拔贡，四年署）		茅枝（四年任）	何坚光（四年，三任）	
	陈（失名，字陶甫，五年任）				
	毛正垣（湖北麻城人，举人，七年任，有传）		赵楷（宝应人）		沈炳（湖州人）
	王清渠		华廷弼（举人）		冯（失名）
	陈廉				
	林用光				

	唐敦				
	王经				
	杨得时（山西举人）				
	钱兆麐（浙江人，有传）		张履（渊甫，震泽举人，十四年任，有传）		姚（失名，桐城人）
	刘佳（浙江江山县举人，十七年任，有传）				
	钱燕桂（小山，浙江嘉兴人，十八年任，有传）				
	张肇（静轩，浙江山阴人，有传）				
	梁园棣				
	龚照琪（十八年任）			陈广鈗（芜湖举人，十八年任）	
	姚文（邘生，浙江人，十九年署）				沈炳（再任，有传）
	王会图（安徽庐州举人，二十年署）		张履（二十年，再任）		
				成祉（趾本，宝应举人，二十年任）	
	张宽培（三任，句容，有传）				
	王检心（子涵，河南内乡举人，二十三年任，有传）			徐逢幹（宝应附贡）	

	徐（失名，二十六年署）		张履（二十六年，三任）		
	许道身（浙江仁和附贡，二十七年任，有传）				
	杨凤翻（二十八年任）				
	白上采（永和拔贡，二十九年）				
咸丰	郭（失名，元年）	杜代侃（湖南宜章县监生）	马元德（健斋，上海拔贡）	李夔（拊石，通州人）	徐廷芳（再任）
	姚文（元年再署）				
	曾锡三（二年署）				
	赵廷铭（伯庸，贵州遵义进士，二年任）		唐沂（楚城甘泉举人）		徐钧
			徐铸金（镕甫，宝应附贡生，兼理训导，有传）		
	赵廷铭（七年，再任）			董桢（扬州人，九年任）	
同治二年	杜代侃（代理）				陈文治（湖北人）
三年	依勒通阿（健庵，湖北荆州驻防，正红旗，满洲笔帖式署，有传）	杜代侃（再任）	朱元烺（如皋附贡署，兼理训导）	李蓉镜（宝应附贡署）	
四年	周光斗（山东东阿县监生署）	张铸（浙江钱塘附贡署）	冯元榮（金坛增贡，兼理训导）	朱启华（青浦，岁贡署）	
				邵承志（山阳附贡署）	

五年	龙寅绶（右邨，广西临桂人，举人署，有传）	陈敦福（浙江绍兴监生代）	蔡光熙（泰兴附贡署）	何荣锦（丹徒附贡代）	
		邓维濬（广东镇平监生署）		张振奎（丹徒廪贡署）	
六年		部仲龄（河南光州俊秀署）	薛廷栋（江都增贡代）	钱宝昌（江都优贡署）	应常玉（浙江宁波监生代）
			柳兴恩（权宾，丹徒举人授，有传）		
		章承寅（浙江会稽，从九品署）	王治和（仪征举人署，兼理训导）	周殿乔（木天，山阳附贡署）	邓汝章（广西临桂监生署）
七年		岳绳祖（归安附贡授，有传）		秦焕（笠亭，无锡廪贡授，有传）	
八年			钱青选（丹徒举人授）		洪淦（浙江临海监生署）
九年					任庆芳（河南光州监生署）
十年	李宝（云亭，顺天昌平人，供事署，有传）		徐燦英（赣榆恩贡署）		
十一年	裘辅（宝斋，江西新建人，监生授，有传）		徐倬（江都副贡署）		
十二年			彭福保（复斋，吴县举人授，有传）		张淦（浙江山阴监生授）
			杨保贞（恂甫，丹徒举人署）		
十三年		岳绳祖（再任）	杜效曾（东台举人署）	秦焕（再任）	
光绪元年		祝永清（湖北罗田监生代）	胡壬源（佐卿，宝应举人署）		王其昱（浙江嘉兴附贡署，有传）

二年	樊燮（兰台，浙江会稽人，监生署）	夏云集（河南息县廪贡代）			
三年	涂嘉骥（云飔，贵州松桃厅人，附贡署）		贾受璋（如皋，附贡署）		沈埔（浙江归安人，俊秀署）
			杨青选（研晨，溧阳举人授）		
四年	朱声先（平州，浙江归安人，监生授）		许桐（茂生，海州岁贡署）		
	袁照（万皆，湖北公安人，附贡署，有传）				
五年		孙德深（浙江归安监生代）			郁曜宗（浙江嘉兴附贡署）
六年	张沇清（东荣，山东莱阳人，进士授，有传）	岳绳祖（三任）	陈鼎（霄卓，长洲举人授）	秦焕（三任）	黄启仁（浙江会稽监生授）
			郑时懋（山阳岁贡署）		
七年			成懋勋（大兴举人署）		王澍田（山东诸城附贡代）
			黄积庆（衍卿，仪征举人授，有传）		武凤孙（浙江钱塘监生署）
八年	黎光旦（湖南湘潭人，监生代理）	鄢金阶（江西南城人代）		李蓉庆（宝应附贡署）	楼广纯（浙江浦江监生代）
				陶桂金（江都增贡授）	
九年	廖佐卿（莱峰，湖南举人署）	洪淦（见前授）		沈漕元（盐城增贡署）	仇煦（浙江钱塘监生署）
十年	陈玉斌（云邨，湖南荫生署）			季荣恩（炳文，江阴拔贡授）	丁寿祺（介人，浙江山阴监生授）

十一年		吴廷榜（安徽霍山附贡署）			胡荣昌（福建候官人代）
		张渠（山东莱州人，监生授）			
十二年	张沆清（回任）	孙德保（浙江归安监生代）		徐嘉（山阳举人署）	
				晏振祜（淡如，仪征廪贡授，有传）	
十三年		陶学乾（湖北汉阳监生署）	黄积庆（再任）		
十四年	吴大镛（代理）	季逢辛（山东福山附贡授）			丁寿祺（再任）
	赵受璋（筱帆，直隶祁州人，进士署，有传）				
十五年	龚长恩（少愚，代理）				
	张沆清（回任）	刘孔恭（山东安邱监生代）			
十七年	汪树堂（剑星，浙江余姚人，由候补直隶知州代理，有传）				
十八年	舒霖（小岩，安徽怀宁人，监生署）	王培瑞（湖北黄冈监生代）		晏振祜（再任）	
十九年	孙廷骥（念农，安徽望江人，监生署）	郭希振（湖南长沙监生代）			
		杨保甲（浙江山阴监生署）			
二十年		周铭（直隶宛平监生署）	高辉祖（如皋附贡代）	张祥书（笏山，丹徒优贡授）	
			黄积庆（三任）		
二十一年	张沆清（回任）				丁寿康（顺天大兴监生代）

二十二年	邓炬（澧如，湖南武冈州人，监生署，有传）	王泽存（河南光山附贡署）			余则李（安徽怀宁监生署）
		刘鼎元（湖南永兴人，文童署）			吴棻（少耕，河南固始人，监生授）
二十三年	王友桂（镇斋，浙江绍兴人，监生授）				
二十四年	李孟康（竹人，河南光州廪贡，代理）	张瀛（浙江平湖监生署）			
二十五年	张绍棠（星五，安徽桐城附贡署）		邓鏒（次黄，如皋恩贡署）		
二十六年	黄傅祁（仲苏，湖南长沙人，进士授）	朱元羹（调卿，安徽旌德人，监生署）	殷殿扬（山阳举人署）	张祥书（再任）	
二十七年					顾国琛（继常，浙江附贡授）
二十八年	左杕周（松轩，湖南附贡代理）	陈燿（山西附贡署）	顾鸿闿（泽轩，通州人，举人，二十六年授）		

龙潭司巡检

孙承宗（浙江会稽人，监生署）

沈福厚（浙江山阴人，监生署）

沈志高（直隶清苑人，监生代）

石汝松（山西介休人，监生代）

郑庆恩（浙江嘉兴人，监生署）

许吉云（安徽全椒人，供事代）

冯恒（浙江山阴人，俊秀署）

潘荣（浙江慈溪人，监生授）（以上同治间任）

陈金寿（浙江萧山人，监生署）

余丙曦（安徽怀宁人，监生署）

孔宪钰（顺天大兴人，监生代）

傅麟书（浙江山阴人，监生署）

黄燮元（广东嘉应人，监生代）

胡子成（江西泰和人，俊秀署）
潘泰宽（安徽当涂人，监生代）
姚栋材（安徽贵池人，监生署）
高昂千（浙江仁和人，俊秀署）
郝耀奎（安徽怀宁人，附监生）
何式金（浙江钱塘人，监生授）
许仁（安徽桐城人，监生代）
熊隽江（湖北汉阳人，文童署）
刘孔恭（山东安邱人，监生授）
沙淇（安徽合肥人，俊秀署）
蓝杰森（湖南新化人，俊秀代）
周光藻（顺天宛平人，监生代）
赵鉴三（顺天宛平人，附监生授）（以上光绪间任）

城守汛把总

蔡锦元（上元人，咸丰六年殉难）
杜天顺（仪征人）
周玉钦（四川郫县人）
俞学海（上元籍邑人）
刘兴邦（合肥人）
狄怀庆（上元人）
李明洲（仪征人）

按，《旧志》：顺治间裁龙潭巡检一员，以驿丞兼摄，今裁龙潭、云亭两驿丞，而复巡检。咸丰以前，档册无存，故断自同治后，而以汛弁附录于下，秩官、科贡诸表同治以上，均据《续府志》及采访，容有舛误，无从考证，识者谅之。

	知县	县丞	教谕	训导	典史
光绪二十八年	李隽（湖南举人代）				
	王树鼎（彝臣，山西，进士署）				
三十年	龙曜枢（自修，安岳寿州举人授）				

续纂句容县志卷七上终

续纂句容县志卷七中　　　邑人　张瀛　分纂

选举（科贡）

人材随气运为兴衰。汉初，通儒多出丰沛，吾邑为明漆沮地，故科名之盛甲於南都，国朝乾嘉后，渐次衰微，然犹踬而能起，洎乎烽火摧残，风流歇绝，竟与曹邻同讥。顾茅峰东峙，淮水西流，灵气所钟，岂今不若古乎？是又在一鸣惊人不为气运所囿矣！作续科贡表。

乾隆	进士	举人	贡生	武科
十六年辛未			许从龙（岁贡）	
			笪自纯（恩贡）	
十七年壬申	李廷试（官海阳知县，兴化籍，庚午科举人）		吴淑宗（副贡）	
			王凤翱（恩贡，候选训导）	
			魏方泰（岁贡，金山训导，附传）	
十八年癸酉		李景堂（官安徽巢县教谕，附传）	沈贻孙（拔贡）	
		孔毓文	骆琚（优贡，廷试一等，授内阁中书，充会试同考官，有传）	
		沈之宗（附传）		
十九年甲戌	孔毓文（官太仆寺少卿，有传）		李培源（岁贡，霍山训导）	
			沈邦直（岁贡）	王光斗（官都司）
二十一年丙子		沈贻孙	张天鸿（府学,岁贡）	

		骆存翥（有传）	樊明征（岁贡,有传）	
		李廷谔（兴化籍）		
二十三年戊寅			陈苍石（岁贡）	
二十四年己卯		钱士澄	李元芳（优贡）	
二十五年庚辰			周凤鸣（岁贡）	
二十七年壬午		李元芳（官安徽芜湖教谕）	李驭坤（副贡,兴化籍）	
			孔毓琮（恩贡,正白旗教习,附传）	
			孔毓桂（岁贡,奉贤训导,附传）	
二十八年癸未			王牧谦（岁贡）	
二十九年甲申			吴观（岁贡）	
三十年乙酉		王驹（候补知县,有传）	俞怀祖（拔贡）	
三十一丙戌	沈贻孙（官山东馆陶县知县,附传）		骆存智（岁贡）	
			魏湘（副贡）	
三十三年戊子		俞怀祖（兴化教谕,有传）	张道正（岁贡,有传）	
		栾培（桃源教谕,有传）		
三十五年庚寅		吴观（官翰林院检讨,附传）	王兆仑（岁贡）	
		骆彝（有传）		
三十六年辛卯			魏瀛（恩贡）	
三十七年壬辰			张嵩（岁贡）	
三十九年甲午			汤豸之（岁贡）	
四十一年丙申			孔毓栋（岁贡）	周继濂（卫千总）
四十二年丁酉			施文（拔贡）	
四十三年戊戌			丁一澜（岁贡）	
四十四年己亥		李问礼（兴化籍,桐城教谕）	宋熠（恩贡）	
四十五年庚子			裴于宣（岁贡,有传）	

四十六年辛丑			戴璠（恩贡）	
四十七年壬寅			葛珠山（岁贡）	
四十八年癸卯				凌余双（浦口营守备，有传）
四十九年甲辰			王以朴（岁贡，有传）	
五十年乙巳			纪宏泽（恩贡）	
五十一年丙午			高烈（岁贡）	朱俊
			裴于东（岁贡，有传）	
五十三年戊申		魏绍濂（顺天榜）	刘黻（岁贡）	
五十四年己酉		骆存智（钦赐翰林院检讨衔，有传）	孔传薪（拔贡，官直隶行唐县知县，有传）	周宗濂
				邰云彪
				李春元
五十五年庚戌	魏绍濂（官山东兖州府知府，有传）		高汉中（恩贡）	
			陈杪（岁贡）	
五十七年壬子		笪立枢（觉罗教习，以知县用，有传）	张祖善（副贡，有传）	
		王从懋（新阳训导，附传）	骆遐龄（岁贡）	
五十九年甲寅			潘禄（岁贡）	朱健
六十年乙卯		孔传勋（官陕西同官县知县，附传）	潘燮元（恩贡）	邰云龙
			俞宗淇（岁贡，候选训导）	
嘉庆元年丙辰			李介福（副贡，兴化籍）	
			邹近鲁（岁贡，有传）	
三年戊午			俞宗涑（恩贡，候选教谕）	
五年庚申			李峦（岁贡，有传）	
			胡敬敷（拔贡，有传）	
六年辛酉			曹衣振（副贡）	

			刘翀（岁贡）	
			王以楠（岁贡）	
七年壬戌			夏洛书（岁贡）	
八年癸亥			章芝（岁贡）	张天钱
九年甲子			王汝湑（岁贡）	
十一年丙寅				邰云会
十二年丁卯			孔传庆（元年，诏举孝廉方正，钦赐六品顶戴，任定远教谕，升淮安教授）	
十三年戊辰		裴鉴	王调元（岁贡）	
		赵模（候补知县）		
十五年庚午			戴日荫（岁贡）	凌庆元（解元，金山游击）
				凌庆华（靖江守备）
十七年壬申			葛芳林（恩贡）	
			王凤翔（岁贡）	
十八年癸酉			姚鋐（拔贡，候选教谕）	邰肇周
十九年甲戌			王以枢（岁贡）	
二十一年丙子			戴臣锦（岁贡）	凌庆鳌（福山都司）
二十三年戊寅			经朝俅（岁贡）	郑长青（江阴游击）
二十四年己卯	裴鉴（翰林，官宗人府主事，有碑）	马兆增①	尚徵进（岁贡，有传）	
二十五年庚辰			周鸣冈（岁贡）	
道光元年辛巳			孔传隽（恩贡，罗泉州判）	凌庆桂（潜山游击，霍山阵亡，有传）
			张庆阐（附贡，有传）	

---

① 马兆增：据《国朝金陵通记》三卷，句容马兆增为道光八年举人。

二年壬午			朱焕（岁贡）	仇显经（京口守备）
四年甲申			朱步云（岁贡，元年孝廉方正）	
五年乙酉		唐治（安徽祁门县知县，咸丰四年殉节，赠知府，有传）	裴霱（拔贡，怀远教谕，升浙江汤溪知县，附传）	
		王良雯（南陵教谕，有传）		
		王云锦（顺天榜）		
七年丙戌			潘旭（岁贡）	
八年戊子			李元祺（岁贡）	
十年庚寅			朱淮（岁贡）	
十一年辛卯		王振修（顺天榜，寄籍大兴，有传）		邰定邦
十二年壬辰	马兆增（刑部郎中，京察一等，简放江西赣州府知府，有传）		唐澍（岁贡）	李廷扬（戊戌武进士，桂林守备，阵亡，有传）
			骆化麟（岁贡）	
十三年癸巳			高星显（恩贡，有传）	
十四年甲午		陈立	骆重恒（岁贡，有传）	邰宗凯（团练殉节，有传）
十五年乙未			裴宗锐（恩贡）	
十六年丙申			蒋兆寅（岁贡，殉难）	
十七年丁酉			陈范（拔贡）	
十八年戊戌			裴宗铠（岁贡）	
二十年庚子			李廷锡（恩贡）	
			吴鸿举（岁贡）	
二十一年辛丑	陈立（翰林，官刑部郎中，简放曲靖知府，有传）			
二十二年壬寅			张隽堂（岁贡）	
二十三年癸卯				苏廷杰（采石千总）
二十四年甲辰		张长鉴（候选教谕）	骆懋修（岁贡，咸丰元年孝廉方正，殉难，有传）	

		戴臣法（广西榜，寄籍临桂县）	李川（恩贡）	
二十五年乙卯	戴臣法（官直隶宝坻县知县）		骆仲林（岁贡）	
			李兆诜（岁贡）	
二十六年丙午			束春瑞（拔贡，安徽泗州州判，有传）	
二十八年戊申				
二十九年己酉			凌长埏（附贡）	
三十年庚戌			李兴仁（岁贡）	
咸丰元年辛亥		笪佐尧（官贵州平远州知州）	朱振鹭（恩贡）	
			张澍堂（岁贡）	
二年壬子		许贞元（河南榜解元，寄籍祥符县）	朱骧（恩贡）	
			王承曾（岁贡）	
三年癸丑	许贞元（官山西大同县知县）		施贞文（恩贡，候选教谕）	
四年甲寅			潘同（恩贡，试用教谕）	
五年乙卯			周肯堂（岁贡，试用训导）	
六年丙辰				
八年戊午				
九年己未				
十年庚申			严名荣（岁贡）	
同治元年壬戌		朱荣清（顺天榜，官国子监助教，寄籍大兴县）		
五年丙寅			朱汝舟（岁贡）	
六年丁卯		蒋鸣庆（现任广东香山知县，候升知府）	章安福（补行辛酉拔贡教习，署广东安定县知县,有传）	
		陈文锐（陕西榜，寄籍汉阴厅）	王嘉贞（恩贡，试用教谕）	

九年庚午			陈汝权（岁贡，试用训导）	
十一年壬申			裴忠（拔贡）	
十二年癸酉			王有赞（拔贡，金匮训导，寄籍吴县）	
十三年甲戌			朱昌祈（岁贡，壬辰重游泮水）	
光绪元年乙亥			束锡桐（恩贡，候选教谕）	
二年丙子			刘渭（岁贡，就职训导）	
四年戊寅			杨瑞椿（岁贡）	
五年己卯			朱英（恩贡）	闻人鹏翀
			杨瑞华（恩贡）	
六年庚辰	陈文锐（现官户部郎中）		张澍（岁贡，就职训导）	
八年壬午			张源（岁贡）	闻人东亮
十年甲申			杨履坤（岁贡，就职训导）	
十一年乙酉			杨世沅（拔贡，沛县教谕）	
十二年丙戌			杨履丰（岁贡）	
十四年戊子			杨铭恩（岁贡）	
十五年己丑			周梓堂（恩贡）	朱体仁
十六年庚寅			骆文凤（恩贡，候选直隶州州判）	
			陈汝恭（岁贡，代理兴化训导、甘泉训导）	
十八年壬辰			田进道（岁贡，就职训导）	
二十年甲午			张瀛（岁贡，就职训导）	
二十二年丙申			高成隆（岁贡）	

二十三年丁酉		王有德（顺天榜，吴县籍）	王履康（拔贡，七品小京官，礼部祠祭司行走）	
		许守钧（河南榜，祥符县籍）	陈礼耕（拔贡，贵州思州府籍）	
二十四年戊午			杨庆恩（岁贡）	
二十六年庚子		陈培寿（壬寅恩科并补庚子，丹徒籍）	杨启熊（恩贡）	
			俞济川（岁贡，就职训导）	

按，五贡，咸、同以前档册无存，甄录《吕府志》《续府志》及各家乘，先后班次无从考证，并有采访，佚科分者，载入拾补，识者谅之。

孝廉方正

嘉庆元年举：孔传庆（增广生，十三年举人）。

道光元年举：朱步云（廪膳生，四年岁贡），孔式之（生员）。

咸丰元年举：骆懋修（岁贡生），田志莲（优廪生）。

光绪元年举：骆道溥（增贡生）。①

续纂句容县志卷七中终

---

① 李按：据《金陵通记》三卷："（明帝泰始）五年，句容令孙谦，清慎强记，县人号为神明。"

据《同治奉新县志》七卷："笪与龄：江南句容人，顺治乙酉署邑篆。"

据《顺治句容县志》三卷："顺治二年：居於朝，本年特恩榜示招贤，贡生。"据《同治万年县志》四卷："笪共济，原讳昌龄，字蒙衍。江南句容籍。丹徒人。明经。顺治四年任（知县）。有传。"

据《国朝金陵通记》一卷，句容人张廷超、王世兴为康熙三十二年举人。句容人王兆麟为康熙五十年举人。句容人胡永健为康熙五十六年举人。句容人葛廷坚为乾隆十五年举人。据《江南通志》一百三十七卷：王琬：句容人，郎中。

据《句容张氏族谱（张眕楼等纂修）》五卷有："句容县知县胡广……成化十七年九月二十九日。礼生赵钦、居趁敦请。"（《乾隆句容志》七卷有："徐广，字居仁，山东曹州人，由进士为句容令……成化十七年，行取赴部，未及擢用而卒。"）"句容县知县杜槩……宏治十年正月十二日，礼生樊广、华忠敦请。""句容县知县王绅……嘉靖九年九月二十八日，遣礼生赵科敦请。""句容县知县陈嗣清……崇祯元年正月十二日，礼生徐迪、张明际敦请。"

据《许氏（句容青山）宗谱（民国十二年重修）（二十六世裔孙兆元）》二卷《裴宜人传》："祖锡与冠伯总角交也。冠伯守正不阿，嫉恶如仇，久为祖锡所钦佩，历任数县，深资倚畀，乙卯冬来宰句邑，携眷於此，得以朝夕从，故深知宜人之贤淑有不可以不传者……民国十有一年岁次壬戌季秋，四等嘉禾章、前句容县知事、永康应祖锡顿首拜撰。"二卷又见"民国十一年六月前句容知事肃宁刘春堂""民国十年二月□日试署句容县知事杨南珊"。

续纂句容县志卷七下　　邑人　张瀛　分纂

选举（荐辟　封典　恩荫　应例　别进）

汉重征辟，晋重门荫，有明既定科举，而荐辟荫例未尝偏废。故取材不限一途，而奇材愈奋。我朝因之，野无遗士矣。中兴以来，威凤祥麟不尽出於科目，邑人士捧檄驰驱，执戈捍卫者亦实繁有徒，虽微僚偏裨，其迹有不容没者，类而列之，庶足动后来之兴起乎，作续荐辟、封、荫、例、进表。

荐　辟

倪铨（以保举任山西兴县知县，擢岢岚州知州）
王应洽（从安亲王剿寇积功，保至淮安都司）
罗国安（以南巡应役功，保举五品顶戴）
郑田彪（由武生投效积功，保至瓜洲守备）
李佳言（以工楷荐缮御制诗文，授浦城县丞）
陶茂森（由行伍积功，保至提督衔，授陕西延安镇总兵）
朱槿（以捐布政司经历，荐署广州粮捕通判）
戴耀龙（由武童积功，保至提督衔，遇缺补授总兵）
孔继廉（由县丞以军功保举知县，擢通判）
董永胜（由行伍积功，保至副将衔，尽先补用参将）
戴宏度（由保举历署江西督粮道）
王来鹏（由行伍积功，保至总兵衔，以副将留两江补用）
姚行浩（由从九品办振济劳绩，保选县丞）
徐邦杰（由行伍积功，保至副将衔，尽先补用参将）
刘长恒（由廪生办团练功，保同知衔）
王有才（由行伍积功，保至游击管带新军后营）
王锡蕃（由候选训导倡办团练功，即选复设教谕）
戎恒高（由行伍积功，保至都司）
赵晋（由生员办团练功，即选训导）
王世桢（由行伍积功，保至都司）
张余伸（由生员办团练功，即选训导）
王安宏（由行伍积功，保至游击）
笪熙（由八品衔督带团练功，历保至运同衔、候补同知）

朱全胜（由军功保至花翎都司）
笪名城（由俊秀带团练功，历保至候选县丞）
笪教慎（由军功保至蓝翎守备）
赵映斗（由监生办团练功，即选从九品）
严进海（由军功保至千总）
孙丙（由从九品衔办团练功，即选从九品）
俞学勤（由军功保至六品蓝翎督标，补用把总）
蒋培中（由生员办捐厘助饷以劳积保训导）
俞学海（由军功保至花翎游击管带督标新兵后营）
朱桂馨（由生员办营务功，保运同衔署湖北竹溪知县）
王履信（由行伍积功，保至游击。割股疗母）
戴鼎和（由童生办营务，历保同知衔、浙江候补知县）
杜世恩（由武生投标，保至把总、署句容、高淳等处把总）
孔广业（由生员历保授四川夔州通判，代理夔州知府）
朱立斌（由武生投营，保至花翎都司）
王元阶（以功保至县丞）
张纯如（由行伍历任溧阳守备）
戴儒珍（由山西荣和知县办防出力，保升知府）
王乾仁（由武童投左营，保至总兵衔，以副将尽先补用）
张桐（由营幕保至五品衔、浙江候补知县）
戴友升（投左恪靖营，历保至蓝翎把总）
傅宝如（由童生在霆军办文案，历保五品衔、候选县丞）
骆崇朴（附生由营募保至县丞。告归孝母，淡於荣利）
孙筠竹（由诸生佐戎幕，保至候补知县加四品衔）
孔昭熺（由吏员保举六品顶戴）
袁镛（由俊秀入鼎军募保职候选从九）
傅炳章（由候补县丞历保五品蓝翎补缺，后以知县用）

封　典

王超宗（贡生，以孙康佐貤赠征仕郎、翰林院检讨）
王鲲（以子康佐赠征仕郎、翰林院检讨）
倪启盛（以子锦封文林郎、陕西省甘泉县知县）
倪启泰（以子铨封文林郎、山西兴县知县）
栾长礼（以孙培貤赠文林郎、候选知县）
栾正球（以子培赠文林郎、候选知县）
笪晋衔（以孙立枢貤赠文林郎、候选知县）
笪自澄（以子立枢赠文林郎、候选知县）
王新仕（以孙驹貤赠文林郎、候选知县）
俞茂鲲（以子怀祖赠修职郎、太平教谕）
魏应昇（以孙绍濂貤赠朝议大夫、兖州知府）
魏子峤（以子绍濂赠朝议大夫、兖州知府）

戴一烈（以孙宏度貤赠朝议大夫、袁州知府）
戴日宁（以子宏度赠朝议大夫、袁州知府）
王本涵（庠生，以子从懋貤封修职郎、新阳训导）
裴于宣（贡生，以孙鉴貤赠承德郎、宗人府主事）
裴球（以子鉴赠承德郎、宗人府主事）
裴于东（贡生，以子畅候补同知，赠奉政大夫）
赵国玳（监生，以孙模拣选知县，貤赠文林郎）
赵翔（以子模拣选知县，赠文林郎）
孔毓璋（生员，以子传薪赠文林郎、行唐知县）
孔毓昌（以子传勋赠文林郎、同官知县）
孔继廉（以子广业运同衔、夔州通判，封朝议大夫）
骆嘉言（贡生，以子缵先赠承德郎、兵部主事）
唐兆惠（生员，以子治赠文林郎、祁门知县）
陈启瑞（监生，以嗣子立赠中宪大夫，候选道、曲靖知府）
陈辅（生员，以子立封刑部主事，赠候选道、曲靖知府）
许世敦（以子贞元封奉政大夫、大同知县）
笪修点（候选从九品，以子佐尧赠奉直大夫、平远知州）
杨朝举（以孙彦柏捐职州同、例赠儒林郎）
杨际任（以子彦柏捐职州同、例赠儒林郎）
杨彦松（以侄步蟾貤赠登仕佐郎，随州吏目）
杨元祐（以孙世兴道衔二品封典，赠通奉大夫）
杨启葆（以子世兴道衔二品封典，封通奉大夫）
杨兆桢（生员，以子履谦四品封典，赠朝议大夫）
王昌富（以子礼瑾同知职衔，例赠奉直大夫）
经茂斋（以孙荣坤捐职州同，貤赠儒林郎）
经慎庵（以子荣坤捐职州同，例赠儒林郎）
朱澍（贡生，以孙桂馨运同衔、竹溪知县，赠朝议大夫）
朱汝棻（附生，以子桂馨运同衔、竹溪知县，封朝议大夫）
姚可湘（以子鋐拔贡生候选教谕，貤赠修职郎）
赵璜（以子暹捐职布政司理问，例赠儒林郎）
骆崇禧（增生，以子文凤五品衔、候选州判，赠奉直大夫）
张信成（以子曾福捐职州同衔，例封儒林郎）
王复初（以子智同知衔，候选布经历，例赠奉政大夫）
王永年（以子贞春捐职同知衔，例赠奉政大夫）
王贞春（以子履康例封文林郎，七品小京官）
王焕奎（廪生，以子嘉贞候选教谕，貤赠修职郎）
潘金恩（廪生，以子同候选教谕，貤赠修职郎）
赵文彤（以子凌云捐职同知，例封奉政大夫）
赵凌云（捐职同知，以孙淦道衔、兵部郎中，封中宪大夫）
赵熙（即选通判，以子淦道衔、兵部郎中，封中宪大夫）
赵宗文（以孙培元候选州同，貤封儒林郎）
赵重远（以子培元候选州同，例封儒林郎）
俞辅廷（以子芳华候选同知，例赠奉政大夫）

李殿鳌（以子福恒候选同知，例赠奉政大夫）
蒋韩章（监生，以孙鸣庆晋赠中议大夫、候选知府）
蒋坤（附生，以子鸣庆覃恩赠中议大夫、候选知府）

恩荫

骆崇锦（孝廉方正懋修孙，入监读书期满，以县丞选用）
李福厚（桂林守备廷扬子，兵部郎中兼袭云骑尉）
唐之植（祁门知县治子，袭职云骑尉）
凌长淦（潜山守备庆桂子，武生，袭职云骑尉）
凌鉴堂（潜山守备庆桂孙，袭职恩骑尉）
李宗泌（附贡生受祺孙，沧州盐大使兼袭云骑尉）
杨德福（从九品有仁子，袭职云骑尉）
王琢成（文生王矜式子，附生兼袭云骑尉）
赵裕良（六品顶戴从九品永儒子，袭职云骑尉）
徐廷佐（从九品日昶子，增贡生兼袭云骑尉）
杨义源（文生振声子，袭职云骑尉）
束潮（都司原任临元镇把总溶子，袭职云骑尉）
俞殿佐（议叙府经历士根孙，袭职云骑尉）
李序东（从九品庆连子，袭职云骑尉）
戴尧臣（记名总兵耀龙子，荫五品以通判用，署正指挥）

应例

胡惟新（考取内阁供事，历任永宁州知州）
王新组（考授州同）
王阶组（候选州同）
赵应佐（历任广东香山县知县）
赵国钧（詹事府考取供事）
倪锦（由监生历任陕西甘泉、华亭等县知县）
倪镶（由监生任河南郏县知县）
王吉士（由廪贡历任宝应训导、江都教谕、海州学正）
王周南（由例贡候选同知）
朱兆镒（候选县丞）
朱显杞（候补州判）
许茂昇（考授同知）
俞遴（候选州同）
赵士荃（候选布政司理问）
赵培元（候选州同）
骆允观（由附贡任詹事府主簿）
骆家庆（由监生候选直隶厅同知）

骆永泰（由监生任大理寺寺丞）
朱继垲（五品衔候选州同）
孔继轸（由贡生任宝山训导）
孔继赓（任江西弋阳县丞、代理知县）
孔继志（历任贵州大塘州州判）
马兆科（由监生任山西平遥县知县）
王宁长（由监生任贵州镇远县知县）
裴泰（由廪贡任怀远训导）
骆懋官（由监生捐布政司理问）
骆道同（由附生捐布政司理问）
赵熙（由贡生即选通判）
赵淦（道衔升用郎中、兵部员外郎车驾司兼武选司行走）
倪德兆（捐授湖南县丞）
杨履升（由附贡考取誊录籖分国史馆以训导用）
杨履恒（由附生考取誊录籖分国史馆以训导用）
戴鸿钧（由监生捐尽先补用同知分发吉林）
戴琳（由监生报捐候选县丞）
杨世盛（由廪贡任荆溪训导）
杨锡恩（由廪贡任金山训导）
应钟湘（由附贡任浙江东阳县丞）
杨世橙（由附贡捐候选训导）
雍菜（由附贡捐县丞分发浙江候补）
汪绍基（由廪贡捐试用训导、代理清河训导）
经家龄（由附贡报捐县丞不论双单月指发浙江试用）
许兆元（由廪贡捐试用府经历）
高翰卿（由附监生捐县丞分发浙江试用）
华思明（由监生捐候选知县加五品衔）
华斌（由附贡生捐候选训导）

别　进

胡惟孝（福建大宁县主簿）
俞赞（浙江候补府司狱署海宁州州判）
骆焕（云南大姚县巡检）
周清培（字希仲，林泉乡人，历任广东省巡检。有政声）
凌云从（候选巡检）
孔毓昌（任河南灵宝县典史）
孔毓荃（考取内阁供事，历任山东清平县典史）
王正宗（由监生任河南西华县典史）
孔广植（四川华阳县典史）
孔广楷（湖北江宁县典史）
俞正邦（六品衔补用典史）

俞学礼（六品衔补用经历）

孔昭熊（四川补用典史）

骆道源（四川补用典史）

祖文炳（由附生报捐典史，分发山东）

祖文焕（由附贡任湖北罗田县典史）

祖文尧（安徽补用吏目）

蒋裕廷（由监生任安徽涡阳县典史）

张浚泉（由监生六品衔报捐两班分发浙江试用巡检）

李耀廷（由俊秀分发试用巡检）

骆煊（由附贡报捐分发安徽试用典史）①

续纂句容县志卷七下终

---

① 李按：《句容戴氏家谱》之《重修戴氏宗谱序》有："赐进士出身、知江南句容县事、即用直隶州知州、错山刘光斗撰并书。"《道光续修诸城县志（清·刘光斗修）》有："《续修诸城县志序》：诸城志自泰州宫君杜洲考订……道光十四年十月，海城刘光斗撰。""《续修诸城县志序》：刘错山大令修诸珠志未成而以忧去……道光十四年七月，普安邓亮功撰。""《续修诸城县志序》：余历官山左十余年矣。所谓道扬风化抚字黎氓者，何事足以惬凤心而垂永久哉！诸城前令刘君错山续修邑志未成而有母忧，守纂者为邓君……错山大令宰是邑者六年……道光十四年，岁在甲午嘉平月既望，黄冈汪封渭撰。"

续纂句容县志卷八上　　　　邑人　张瀛　分纂

人物（宦迹）

　　山川磅礴之气，或数十百千而一泄，生於斯者既众，莫不流转于气化之中，以各蕲其所至，而官于斯者，又为之涵濡呴奥，玉汝於成。猗欤，甚矣！吾句容自汉讫元、间钟英特，至有明为漆沮，而其泄愈奇。乾嘉以来，亦稍稍衰矣！然地肺灵气，岂终歇绝，乃就此百数十年间，攟拾遗迹，网罗旧闻，分为数类。曰宦迹，志官於斯者，尊有位也；曰仕绩、先正、孝友、儒行、文学、武功、义行、才技、耆年，志生於斯者，念耆旧也。至若忠义附以贞烈，则国殇可悯焉；节孝附以才淑，则闺范宜存焉。类而列之，具见山川之气，尚非一泄无余也。外此流寓诸贤，亦气类所感而不可略焉。作续人物志。

宦　迹

　　有明最重令长，循声卓著者，加以不次之擢。丁宾、徐九思浡升卿贰，实发轫於吾邑。洎厥后来，难继前轨，顾数世遥遥，独无约己爱民者乎？乃摧残兵火，遗泽就湮，爰举乾道之间政在民心者，勤加搜讨，讫乎乱定，见闻所及，去思未泯，略陈梗概而已。黉舍雅化，陪贰长材，例得附载。若夫死绥蹈义，捍我藩篱，亦应著录。虽忠武忠壮，东南保障，非一邑所得私，然实有造於斯，劳苦功高，民不能忘也。谨撮大凡，附纪於后。志宦迹。

　　曹袭先，江西新建举人，由教习选授高淳县，调署句容。知本邑漕粮额重，加意宽恤，民用日舒。兄秀先曾督学江南，士林感德。袭先奖厉风化，修书院，给膏火，重辑县志①。金谓有儒吏风。再任、高淳均有政声。

　　陆钧，字古修，号秉斋，浙江仁和人。乾隆戊辰翰林。壬申由编修改官句容县，将莅任，贫无资，尽鬻其居室，室有未克葬者六柩，号泣而厝诸野以行。既下车，即养耆老、兴孝弟、劝农桑、息争讼、省刑法。时以爱民为心、利民为事。邑有猾吏某习诈舞文，蒙蔽官长，党羽盘固，莫可究诘。钧至，尽剔弊窦，民困大苏。上宪颁式于近县，著为令。胥吏因是丛怨，兑漕时勾结弁丁，百计刁难，逾限不兑。钧拮据奔走，昼夜靡宁，又不忍以毫厘累民，遂愤极自缢於仓。时甲戌正月八日也。远近百姓惊闻如中路失慈母。匍匐哀号，填衢溢巷，本邑暨邻县绅民咸感其德，立清惠祠以祀之，并刊石为记。钧莅任未满二稔，宦橐如洗，布衣尚多补缀。年四十。无嗣。寡妻弱弟留滞不能归。尤足悲云。

---

① 重辑县志：本志卷九：“樊明徵，字圣模，一字轸亭，岁贡生……乾隆己巳，知县曹袭先聘修本邑县志，乡邦文献实依赖之。”樊明徵书吴敬梓《金陵景物图诗（23首）》见有"明徵""柽模""轸亭"印章，参见范宁《吴敬梓集外诗》和张丽生《樊明征：吴敬梓、袁枚的挚友》（《句容文史资料》第十二辑，1994年12月）。

林光照，字珠浦，福建霞浦人。乾隆三十三年，由进士出知句容，甫下车，即敬礼贤士大夫，诣司马王周南宅，从访政事，询邑风俗，俾指陈利病、通达民隐，又慕中翰骆琚之为人，馆其弟孝廉彝於署。逾年，岁洊饥，发廪以振，谕诸生裴干东等散给穷檐，全活甚众，邑中育婴久弛，特筹经费，谕耆正曹宜惕家璨兴办，常亲验肥瘠，抚恤必周，而於贫苦嫠妇尤加之意。阖邑称为慈父母，报最升高邮州。以去，绅民思之，附祀於四贤祠中。①

范廷恋，云南通海人，以举人官句容县。流风善政，悉效法於前令林光照，慈惠勤慎，家丁胥吏，防范綦严，从未飞一纸遣一役入民家骚扰者，听讼如神，而於骨肉相争，婉委开导，必令感泣以去。盖恻怛至诚，人人寤寐。绰有古循吏风，邑人祀之於四贤祠，馨香以报，竟与林令并美云。

张尚怀，湖南长沙进士，乾隆四十八年，莅任句容，亲诣东阳、郭庄庙等镇宣讲圣谕，问民疾苦，永革照粮食盐陋规，祠庙之在祀典及系属古迹者，必捐廉倡修。四十九年，奉旨开龙潭河，并不科派，严惩胥吏舞弊，勒石永禁。邑中父老犹啧啧称道弗衰。

方菁，字蕴斋，广东惠州廪贡生。嘉庆四年，由萧县调任句容，肩试童子，首拔朱元英於孤寒中，馆诸署斋，亲课之，一时士论翕然，尝引程子语云：士苟存心爱物於人，必有所济，故兢兢以教养为先，而刑罚税敛诸政唯恐稍有害民。旦夕勤劳，不遑安处。未几以忧去官，留句容读礼三载，始赴部谒选。邑人士过从者谓其嘉言懿行盖不胜缕述云。

于稽山，山东东平人。嘉庆十九年宰句容，时值大旱，赤地千里，民生无聊，瘟疫且作，稽山捐廉延医疗疾，炊糜振饥，拮据愁苦，昕夕靡宁，四乡饥民待哺甚众，乃榷官米平价，禁暴安良，详请蠲赈，逐户清查，杜胥吏侵渔之弊。是岁，灾重于邻邑，而民沾实惠，道殣无忧，时人目为众母。道光四年，秦颐龄由高淳来权句容篆，旌节孝、恤孤独，亦著贤声。

毛正坦，湖北麻城人。道光乙酉戊子间任句容县，兴废举坠，昕夕弗遑。邑多山苦旱，修水利，开河道，至琐山止。自书仪门楹联云：士农工商，尔等各安本分；是非曲直，我终不昧良心。木刻至今犹存。

钱兆麐②，浙江人，道光间任句容县。邑旧苦粮重，岁歉乡民报灾入衙喊诉。兆麐为人和易，婉转劝导，众屡解散。去任，代者某至，政尚严厉，收漕时募民壮数百名驻龙潭仓侧，慭以声威，刁民某鼓惑愚顽阻遏柴米入城，城内大恐，上宪委兆麐往谕，至则先赴乡讲乡约，民闻钱公来，争往听讲，兆麐先慰劳民，叙契阔③事，民皆欢乐。某势孤，自请服罪，余无波累。

王会图，安徽庐州举人。道光十五年，权句容篆。居心仁恕，听讼时如家人父子，推诚开导，民不忍欺。请旌贞孝节烈妇女一千二百五十三人，建总坊於致远门外，以振风教。兵后，江宁续纂府志，藉以采辑句容事迹，不致沈泯④，皆其力也。光绪壬午，其子某赴秋试，邑贡生张源遷诸场屋，言其父尚存，年八十余，精神矍铄，课幼子童孙之暇，犹追述句容事，辄惓惓不置云。

张宽培，道光十六年初莅句容，勤慎爱民，案无留牍，有疑狱必推鞫再三而后定谳，山田易涸，比岁不登，议建义仓，名以丰备，改筑于城东督学署之故址。工未竣，即去任，再至，则察断严明，以家丁、幕友皆旧人，防闲最密。终日坐堂皇，与百姓相见，不许胥吏壅遏，家丁、幕友无所施其伎俩。三至，则劝农桑、浚塘坝，为乡里兴利无穷，人咸称贤。有司云：又有白上采永和拔贡，亦以严惩猾吏、力除积弊称。父老至今能道之。

刘佳，字眉士。浙江江山县举人。道光十七年冬，权句容篆，锐意更化，谓民生匮乏非有以裕之则教无所施，特手辑《蚕桑要法》，劝民种桑育蚕，教民织布。先是秋蝗遗子，佳捐廉俸七百缗，于龙潭

---

① 李按：《句容经氏宗谱》一卷有："《邑侯升任海州知州林公赠序》：余奉简命涖治江乘，地居冲要，密迩金陵，旧为王畿近地，故家巨族居多焉。甫下车，即用访求而得经子禹方，公品望冠一郡。乙未春例乡饮大典，特举公。阖邑绅士咸庆得人。嗣后，得见公。历询其家世，公言之甚悉。居数载，余升迁海州……大清乾隆四十八年，岁次癸卯仲春月榖旦，赐进士第、奉直大夫、知海州事、年家眷弟林光照拜撰。"
② 麐：疑即"麐（麟）"。
③ 契阔：离别的情怀。
④ 沈泯：沉沦，消失。

司及儒学署设局收买，至一百余石。逾年，夏蝻生犹繁，佳赴乡勘视，令村民扑之。不尽，乃捐廉以倡，并集绅商助钱数百缗，至东北二乡购获十余万斤，而蝗种始绝，秋大熟。筹丰备仓以防歉岁，刊总督陶澍所颁章程，告谕以劝乡民。与教谕张履志同道合，讲求治理，未几调任去，士论惜之。

钱燕桂，字小山，浙江嘉兴人。道光十八年，任句容。关心民瘼，重筹积贮，酌路之远近，乡之大小，户之稠稀，或分或合，各自为仓，就近振贷，以继刘佳未竟之志，捐俸刊教谕张履《容山教事录》，俾广其教，一时贤声卓著。

张肇，字静轩，浙江山阴县人。道光间任句容。甫下车，即为民兴利除弊，百废俱举，尤以严办讼棍为务，日坐堂皇，亲决民词，是非曲直，明如指掌。维时有豪家争田，捏造伪契，肇不避权贵，秉公断结，田归原主，人皆悦服。句容为南北往来孔道，驿递差使，络绎不绝，加之兵差过境，夫马草料，用款浩繁，格於部议，不准开支，而亲友暨家丁眷属赖以举火者百数十家，凡有一面之识，告贷无不立应。地方善举，捐廉倡助不可数计，卒以亏空正杂钱粮三万数千金，致罣吏议。人皆惜之。去官之日，万民遮道，焚香远送，颂口成碑，后得堂弟河督文翰之力缴清钱粮，开复原官，另补铜山县知县，亦有政声。至今，句容人民尚感戴其德弗衰也。

王检心，字子涵，一字悭斋，河南内乡人，初名立人。道光五年乡荐。出桐城姚东之之门，继与倭文端、李文清、吴司寇竹如、陈心一、丁彦俦诸君子切劘风义，益洞澈於天人内外体用之本在於一心，因改名检心。乙未大挑，一等，发江苏以知县用。庚子到省试用，其冬委放粥差，检心丑正诣厂，概米视糜，班男女，惩吏役，邦用不增，民惠以溥。尝曰：'弊窦安能净，惟勤查细访，庶有觉察耳！夫冒滥之在灾民可也，胥吏中饱不可也。至我漫不省录，则大不可。'二十三年，署句容县，下车观风，扃生童于院面课之，月煆季炼，劝勉谆谆，所拔何鸿仪、骆崇禧皆知名士，箸《传心要语》，以训士子。乡曲溺女风甚炽，出示严禁。复捐廉设局以收之，全活婴孩甚众。廉得鼻苗为害至烈，逐种者於境外。刊印《牛痘新书》，延医传种。二十四年，署高淳。二十七年，调任仪征。洊升直隶州候补道，以徐州守城功予花翎。积劳乞假归皖，匪扰内乡，集练却之，加按察使衔。生平究心理学，而不为迂阔难行之事。同治八年卒。著有《易经说约》《春秋本义》《孝经本义》《四书存真》《礼传合钞》等二十余种。又刊《姚伯山全集》《香峰文钞》行世。

许道生，浙江仁和附贡生。以世家子来宰句容。居官仁恕，不以秕政病民。洊升至常镇通海道。

杨凤翮，怜才爱士，整顿书院，以振文教，听讼严明，胥吏不敢舞弊，皆道光季年任。

依勒通阿，字健庵，满洲正红旗人。荆州驻防，以笔帖式署通州直隶州。同治三年，调署句容。时粤逆初平，设善后、招垦、抚恤、幼幼各局。乡民渐次归来，饥不得食，开粥厂以振之，请给籽种，招民垦荒，贼去，遗幼孩甚众，设法收养，有籍者递归。迎养其父於署，有乡人入为薙工者，告之曰：民间传言县官收亩费百钱，民多愁苦，其父诃令曰："吾捐赀俾尔振民，尔犹敛费，民困未苏，竟忍为此乎？"令对以"实无此事"。廉得私敛者，重绳以法。父老至今犹感诵之。

龙寅绶，字右邮，广西临桂举人。同治五年，署句容。寮友仆从只数人。政刑清简，民间情伪洞若观火，故听断最明，吏不敢蒙，民多畏服。

李宝，字云亭，顺天昌平人。同治九年，署句容。宽惠爱民。兵后，书院无专款，课多间断。宝至，捐廉定额，月一举行，岁暮厚奖，同沾其惠。创立义塾，教育孤寒，未几，没于署。橐如县磬，民多哀之。

裘辅，字宝斋，江西新建人。文达公曰修孙，精明严毅，人不敢干以私。同治四年，任江浦时，大水，请发公款修堤，以工代赈，不允，即谢病去。为句、溧、高三岸督销委员驻句容，久留心风俗利弊。十一年，请补句容，年几七十，高眶大颡，白须彪然，日坐堂皇，洞烛民隐，适办大征，知旧额甚重，兵后元气未复，民不能堪，力请总督沈文肃公奏准永远减免三成，民沾实惠，其听讼如神，不胜殚述。莅任三年，翩然告归，邑民均怀其德。

袁照，字万皆，湖北公安附贡生，宏道六世孙。同治七年，署江宁南捕通判。光绪四年，权句容篆。捐廉兴办恤嫠，筹增书院膏火，修建东南堞楼，创设牛痘官局，祷雨辄应，创建宝华龙神祠，复茅山下泊宫华阳书院，筹捐四千缗续建文庙，亲督工程，始竣其事，勒石以纪。听断精明，民少冤抑。政暇手辑《小学》，以《论语》弟子章为纲，而以孝悌、谨信、亲爱、力行、学文为目，援引诸经以释之，脉络分明，条例贯注，刊送数百部，人皆称为儒吏焉。①

张沇清，字东荣，山东莱阳人。同治乙丑②进士。自光绪庚辰至丙申③，四莅句容。勤抚字，缓催科。敝衣羸马，三五仆从。循行邨舍，问民间疾苦，则加意体恤。虽穷檐妇孺，莫不曰："我公真仁慈父母也！"六年，初任，肩门课士，一题发必教以义法，阅卷细加批削，多所成就，捐修城垣、桥梁、道路并浚郭西大塘，事载碑记。十二年，再任，捐助书院经费，增设小课。十六年，三任，倡建义成石桥。二十一年，四任，欽助恤嫠育婴各义举。沇清清癯骨立，弱不胜衣，一闻盗警则驰骑夜出，从者执炬随之，忽遇乡人逐贼，鸣钲燃铳，沇清戒之曰："汝曹勿尔，倘贼还击，奈何？只宜潜伏陇旁，俟其至击之。"一日，沇清追贼至河滨下，骑腾踔而过，护卒不敢越。每阅文时，收视返听，家人至其前，辄不觉，其专如此。解任后，殁於省垣，阖邑至今称之。

赵受璋，字筱帆，直隶祁州人。光绪庚辰进士。十四年，由清河调任句容，精明廉干，吏不敢欺，讼无所滞。甫下车，即培泽书院士子，厚其膏奖。是秋大旱，请蠲请振，并设局典牛饲养，明年大水，圩田被淹，请给庄木修埂，邑民均沾实惠。

汪树堂，字剑星，浙江余杭人。尚书文端公子，以部郎改官直隶州。十七年，代理句容。仁惠勤敏，宽严并济，句容土、客杂处，宵壑深林，易於窃发，树堂莅任，购线严缉，期月之间，风靖萑苻，闾阎安堵。捐廉倡建邑庙。未几，升任通州，民咸思之。

邓炬，字澐如，湖南武冈州人。二十二年，摄句容县事，为治严励风发，一振泄沓之习，感科名衰落，慨然捐千金，葺院舍、讲堂，延山长、教士，谕董募赀购书籍，增课经史、时务，俾士子讲习其中。邑北沿河一带，匪徒出没洲堵间，横行乡镇，跳刀拍张，莫敢谁何。炬出不意，擒获匪首，置诸狴犴④，解散胁从，一方安谧，士民咸怀其德。（以上知县）

孙勋，字书屏，常州武进举人。乾隆间，任句容教谕，每月课士，精于品骘而奖掖之，新进孤寒则免其贽。遇邑之义举，辄喜擘画，以赞其成。诞渊如观察于署，后於丁未及第，乃榜其堂曰鼎元先路、命俦啸侣，一时称盛事焉。

俞献，安徽歙县拔贡生。乾嘉间任句容训导，乐亲贤士，如骆正组、朱兆铭辈，献与之切劘道义，历久不倦。兆铭殁，挽之以诗，有云：一生厚德遗孙子，奕世书香绍祖宗。可以见其志矣。献子正燮，亦育于署中，后为名孝廉云。

潘庆龄，字余庆，泰州人。嘉庆六年举人。二十二年，任句容县教谕，嗜学敦品，著有《汲绠书屋稿》，生平留心水利，曾献《淮黄济运五议》，总督松文清公亟赏之，至句容，议开赤山湖，修埠头、桥至黄堰坝，沿河各闸以备旱潦，后因经费难筹，遂寝其议。

张履，字渊甫，震泽举人，邃三礼之学，纂《宗法通考》。道光十四年，任句容教谕。募修宣圣礼殿，崇圣、忠孝、乡贤、名宦诸祠及明伦堂，次第完竣，以其余葺四贤祠，而黜从祀一人。履记云：宋、林、范三侯，并有遗惠，祀之别室，以劝善也。至某者非众志所孚，黜而去之，以治滥也。乌乎！德之不建，民之莫怀，虽仅附一木主，且靡所容焉。然则官斯土者，何去何从，亦可以知所决矣。启华阳学舍，与诸生五日一会，讲求经训，作抗志植心砥行，稽经练务，属文六箴，以励学者，知县钱燕桂为刊《〈容

---

① 李按：据《国朝金陵通记》四卷："（光绪）四年夏，句容旱蝗。建八蜡庙於西门外。"
② 同治乙丑：同治四年（1865年）。
③ 光绪庚辰至丙申：光绪六年（1880年）至光绪二十二年（1896年）。
④ 狴犴（bì àn）：牢狱。

山教事录〉序》，其大旨略谓：谕止争讼以修身；禁演淫剧以正心；戒妇女游观以齐家。杂说首重廉耻，即慎独之功；利民讲及蚕桑，即生财之道。他如捕蝗记、义仓议，推之治平不难矣！履性严毅，虽盛暑不袒裼，盖示人以身教者也。咸丰纪元，没于任，后贼至，全家殉难。①

徐铸金，字镕甫，宝应人。咸丰八年，官句容训导。邑中凋敝，诸生执贽者寥寥，铸金恒以俸赡诸生。己未，江南乡试，借浙闱举行，择能文而贫者厚贶之。十一月，乞假归里，囊橐萧然。十年，句容复陷，士人避乱往谒，或赠金，或假馆，皆酌宜以施。

柳兴恩，丹徒人，道光壬辰举人，游阮文达公门，邃於经学。文达纂《皇清经解》，兴恩与参校分修，脯赀振恤孤贫。已甘淡泊，布衣蔬食晏如也。平生以礼法自持，乌靴缨帽，无斯须去诸身。同治初年，选授句容教谕，单车就道，甫抵任，署事者告曰："吾家贫，亲老冀博升斗以养，故摒当衣物，就此寒氊，而君又至，奈何？"兴恩俯而思，仰而微笑，久之曰："君舍此，何以慰高年？吾去矣。"逾日即驱车返，士论高之。

彭福保，字复斋，吴县人。举同治甲子乡试。十二年，任句容教谕。月课士子，厚奖以诱，择少年英俊授业门下，不受贽。见文庙工程中辍，吁请大府修之，遍视童塾，察功课，勤苦者给资奖励。邑中儒嫠遗孤，按月每户给千文，亲送诸室而勉慰之。节孝合例者，赠额旌其门。暇约二三老宿，樽酒篆贰饮于东斋，切磨道谊。凡以楹帖及便面求书者，悉录先正格言以应之。未几，抚宪檄，回苏办其郡善举，去任。

秦焕，字笠亭，无锡廪贡生。大宗伯文恭公裔也。同治间任句容训导，持身俭约，教士循谨，门庭严肃，妇孺终年不出户限，督仆灌园种蔬，杂莳花木，春秋佳日独步郊外，流连光景，值花开豆熟时，招门下士於署斋论道讲艺，致足乐也。再任期满，谢病归。同寅宝应举人胡壬源、东台举人杜效曾、海州岁贡许桐均署教谕，以善教称。

杨青选，字研农，溧阳举人。光绪三年，授句容教谕。奖掖士类，出於至诚，外和内介，不阿附某令，旋以事去任。捐升知县，分发江西。

晏振祐，字淡如，仪征副宪端书孙。光绪间任句容训导，捐俸加奖月课，抚恤儒嫠。每届岁科两试，不校贽仪厚薄，寻丁外艰。服阕，以卓异改授奉贤司训。

黄积庆，字衍卿，仪征人。咸丰己未举於乡。庚申礼闱报罢，偕江都孝廉徐兆英南返，行抵山东沂州，忽遇捻逆遮道，遂并骑驰至贼营，从容说其酋，酋感悟，款以礼，越宿遣逻送出贼境。光绪庚辰大挑，选授句容教谕，最恤寒士，三任之久，贽券盈箧，未尝追索。辛卯秋试，督学杨颐续录遗才，至八月三日截止。点名时，有自远方来者六十余人。环求补录。学使大怒，令驱逐之。诸生跪堂下，渎求不已，益怒弗许。积庆下堂让曰："尔曹后止，实自误也。将谁怼？"宪颜稍霁，徐进曰："诸生虽自误，率皆寒畯，不然早抵试寓矣。不远千里，卒不与试，何面目归？公其念之。"遂收录，其阴行方便，类如此。丁酉募县令王有桂捐金修理学宫。己亥卒於任。（以上教职）

沈炳，湖州人。道光二十一年，任句容典史。后洊升云南阿迷州知州。缄金赠故旧，并嘱掩埋无主荒墓，以补任内未毕之愿。其费皆由炳远寄。今龙潭义冢，实其经始也。（《续府志》误作沈埔）

岳绳祖②，浙江山阴附贡生，以军功历保知县。同治七年，补授句容县丞，驻郭庄庙，署毁于寇，僦

---
① 李按：张履《积石文稿》六卷有《句容巫氏重修族谱序》《古隍樊氏重修族谱序》《句曲朱氏分修谱序》。
② 岳绳祖：《句容魏氏族谱·序》有："《魏氏续修宗谱叙》：临泉魏氏为句邑南乡之望族也。同治甲子三月邑城既复后，余始莅任於兹。经时满境疮痍，流亡未集……大清光绪五年岁次己卯暮春之吉，同知衔、江苏补用知县、句容县分县、归安岳绳祖拜撰。"

居僧舍，破屋数椽，弊裘一袭，不屑不洁，泊如也。性仁慈，终岁不闻敲扑声，间有讯断，则恂恂粥粥。如书生讼者，感其至诚，辄相悦以解。历三任，谢病去。

王其昱，浙江嘉兴附贡生。同治间，任句容典史。兵后，署纪。寓书院中，携一仆炊爨，冷淡如僧舍。公余，终日闭关静坐，翻阅图史。工写梅。索之者，不靳惜。谒令不磬折，第拱揖而已。令呵之，亦无愠色。无故，不履公庭，不入廛肆，故禄奉外，不名一钱，其廉洁如此。（以上佐贰）

张国梁，字殿臣，广东高要人，原名嘉祥。少时，豁然有大志，任侠仗义，长身蘁立，材武绝伦，其气节足以折服群豪，群豪咸兄事之。时广西洊饥，群盗蜂起，国梁结义兵剿之，附之者有万余众，不妄杀略。时人语曰："拯弱锄强，张家祥！"广西巡抚劳崇光抚之於左江镇，乃改今名。道光三十年，洪杨倡乱，檄国梁剿贼。于新宁以二百人破贼数万，广西提督向荣调至营，隶为偏裨，倚之如左右手。每战，身先陷阵，所向必捷。克服郡县甚多，贼闻风辄遁去。往往索一战不可得，则举军中旗鼓悉易焉，而建他将之纛，贼误，攫之，乃大惊溃。咸丰三年，贼自湖北东下，陷江宁，国梁随钦差大臣向荣进剿钟山贼营，以其部扎七瓮桥。五年十一月，国梁驰剿东阳窜贼。六年正月，驻军於城门冈，屡破桥头、下戍贼垒。旋破皖贼于仓头。二月，攻毁仓头贼营数座，追贼于龙潭，败之。三月，贼潜窜下戍，国梁与提督余万清设伏兵破之。五月，驰救京岘山大营，焚贼巢，追击于治北小茅山。乙亥，向营溃，移守丹阳。六月，向公疏荐国梁总统江南大营，叠破丹阳城外贼垒。八月乙巳，总统整兵大举，由宝堰进攻句容，驻军太平庄。丙辰，会诸军直捣枝尧里，移营逼近县城。九月乙卯，分兵进攻，败贼于急流埠，追至东门桥。十月，率马步前进驻营野鸡山。七年正月，大败贼于城南五里冈。三月，赴剿于郭庄庙，杀贼数万。四月，击贼于西关，痛歼之。五月，贼扑我东门大营，国梁奋击，贼溃遁。闰五月，收复县城。赏穿黄马褂，追败贼于汤水，歼其众。移驻高资。九月，堵截窜贼于运河北，贼势大蹙。十月，督总兵虎坤元剿贼下戍，斩安贼洪仁。十一月，率总兵张玉良击援贼于竹里庙，平贼营数十。是时，扬镇既复，遂筑长围於孝陵卫。十年闰三月，长濠溃，国梁殉节于丹阳。积功至江南提督、钦差帮办军务，赏戴双眼花翎，晋赠太子太保、一等男爵，予谥忠武，建立专祠。子荫清袭世爵。国梁威名震天下，虽洪、杨诸酋，无不畏之。在句容大小数十战，无不出奇制胜。暇时轻裘缓带，白皙如书生，辞气温雅，好从士大夫游，善作檗窠书，见者不知其为大将也。及战，麻屦行縢袜首，横刀驰去，部卒数十随之。从枪炮浓烟中攒入，白刃齐发，疾若风雨，虽悍贼当之辄靡。凯旋载馘数车，观者如堵，莫不咋舌，暂憩邮店围食，环顾所部不失一人。驻军邑中，先后数年，拔识奇士健儿以百数，或集义团，或勒部伍，有功则赏，既亡则恤，句容民至今感怀不已。

虎坤元，字子厚，四川人。总兵嵩林子。骁勇绝伦，营中号为小虎将军。嵩林以事当法，坤元泥首向帅前乞以身代，拔刀自拟，张国梁大呼入营驰救，自愿立功代赎，且曰："毋伤此小将！"帅徇其请。坤元由是激昂奋发，战必先登。其收复句容也，由溧水驰至，甫抵郭庄庙，有乡人进计，先破湖熟以断贼援，坤元攻克之，杀贼万人，淮水尽赤，而声威益壮，返旆直指城下，营于兆文山巅，置炮轰击，贼胆尽落，拔关宵遁，遂克县城，此七年闰五月事也。七月，移驻亭山，邑北诸隘结团堵御，时国梁围攻镇江，金陵出大股贼，勾结捻逆合数万众，沿河一带连营数十里，图援京口，坤元率师奋击于仓头、下戍间，先后鏖战三月，堵截援贼四次，毁贼垒百余，杀贼数万，俾国梁喋血苦战攻克坚城，坤元之力也。坤元每战，督部下少年百人，装束如一，跨健骑，背旐手枪，飘扬若红霞一片，入阵驰突，弹子雨下，虽坚比堵墙，当之砰訇崩塌，血肉横飞，其雄杰英武如此，壁亭山数月，与民杂处，纪律甚严，间阎①安堵，常梭巡各要隘，贼不敢南越一步。暇与练首相慰劳，民夫应役者重犒之，未尝一挞以箠，其慈惠又如此。未几，

---

① 间阎：乡里。李按：另见孙文川《读雪斋诗集》五卷《虎将军死事歌十章》《輓张殿臣副帅》。

战死於秣陵关，句容人设位而哭之。事闻，照总兵赐恤，谥曰忠壮。

李鸿勋，广东高要人。投广西提督向荣营。咸丰三年，蹑贼东下，积功至游击。六年，贼犯仙鹤门营垒，副将王浚等迎剿失利，贼围我军甚急，向公令鸿勋往援，力战却之。五月，金陵大营溃，贼以大队号百万来压，张国梁屯丹阳，誓师复战，屡挫贼锋。贼旁窜攻金坛，鸿勋竭力守御，贼不能破。国梁往援，围乃解。以功擢总兵。九月，进剿句容，遇贼于百培山，奋厉迎击，贼溃遁。未几，南乡民团溃，鸿勋力救，贼四面兜扑，鸿勋奋勇突围，出至百培山下，中炮死。事闻，赠恤如例，加恩予谥壮愍。

李窗，向营弁勇，积功为偏裨，升都司，花翎。六年，孝陵营陷，退屯丹阳。贼攻金坛，窗与李鸿勋登陴死守，张国梁驰救，解围。拔窗为前锋，进向句容。八月，助克宝堰，攻茅庄，又攻白兔，身先士卒，每战必胜。十一月，攻小干桥，又胜。遂驻营，率兵冲至东门城根，几破贼，贼困斗益急，分股由南北二门夹攻窗，窗收兵，回身殿后拒贼，贼矛刺窗，桥高而窄，受伤坠水死。

李桂芳，游击衔。江宁将军和春部将也。咸丰六年，和军进攻句容，令桂芳巡檄崇德乡各民卡，遇贼辄击杀之，贼不敢犯。九月，贼勾结金陵、溧水溃贼，并力齐攻，各卡同日尽陷，桂芳率部卒奋力痛剿，转战至淤乡太平桥，时杠梁已断，贼蜂拥猬集，围裹数重，所部三百人尽覆焉。桂芳奋呼驰突，手刃数贼，力竭坠马，贼脔割之，焚其尸。

蔡锦元，字伯荣，上元人，道光间任句容把总，廉干有声。咸丰三年，赭寇①[1]陷金陵，锦元义愤填膺，训练团丁，巡檄防堵。六年，大营溃，贼众攻城，锦元与外委曹国洪督团抵御，贼如潮涌，且战且退至锁山下，被围数重，顾所部歼尽，二人冲突，刀左右挥，贼头随落。未几，矛集于胸，同被刺死，锦元与国洪家属数十口均在逋逊邨投水殉。龙团汛外委王达，溧阳人，是年在汛，剿贼阵亡。（以上武职）

续纂句容县志卷八上终

---

① 赭寇：红寇。指太平天国军。

续纂句容县志卷八中　　　邑人　张余堂　分纂

人物（先正）

　　士君子之树立，一方之风俗系焉。其效或至数十年而不衰。吾乡当乾嘉①之际，世积隆平②，诗礼之家、日以伦常道义相切劘③，教化行於上而风俗厚於下，有自来矣。魏氏以下，皆旧族，虽出处不同，设施亦异，而其德之皭然不磨，超然於富贵贫贱之外，则一也。志先正，以续前志之乡贤。

　　魏子嵩，字雪亭，号健庵。父应昇，一名时昕，字昇初，诸生。世居东阳，性至孝。侍父疾，昼夜不离者，六十余日。及卒，执丧尽礼。教诸子有法，家虽贫，所行多隐德。著有《东阳闲笔》及《诗稿》。子嵩，少失怙，祖母戴抚之，每夕述古先贤哲事以为训，即立志愿学焉。年二十四，举雍正壬子④乡试，礼部罢归，而父已谢世浃旬⑤矣。一恸几绝。乾隆乙丑⑥，登明通榜进士，选授太平教谕。诸生会文改试，为课不月，使之争补。制圣庙祭器，合乐习舞，均依古式。上官委查泾县积欠，不事敲扑⑦而民课自完，并详陈水灾情形，乞赈，从之。既而连值旱饥，置厂赈粥。又倡捐分赈，贫鳏遣役赍送以全。自好之士，纂修《太平县志》，搜采节烈，都为一册，请旌表於朝。迎养继母施於署，先意承志，事兄方泰如师，老而弥笃。有故人子二，无以为生，携归教之，后皆补诸生。历官九年，寄家不过百金俸。满引，见卒於道，入祀太平名宦。著有《虚车集》《诗文稿》。

　　朱垣，字泗山，号闇斋，献澐少子，以廪生举乾隆元年孝廉方正。幼体弱多病，年十一始就家塾读，与讲解古圣贤行事，即能通晓大义，献澐深器之。年十九，丁父忧，哀毁逾礼，於诸兄极孔怀之爱。长兄埱患发背⑧，垣百方图救，参药日费十数金不顾。素不信祷祝，至此茹素礼斗，愿以身代。及卒，一恸几绝。既治丧，犹每夜披衣哀号，作《秋浦泣雁图》以志悼，名流题咏殆遍。甫逾年，罹四兄堉之变，亦如之。诸兄之相继逝也，遗侄幼，垣教养备至，有不率教者，即垂涕而泣曰："吾他日得见先人及汝父於地下者，总视汝辈之成败也。可但已乎？"其恳恻如此，故诸孤皆无父而有父，会新例举优行，邑令重其品，将具文申送矣，垣以孀孤在室，不忍北上，力辞，时论益服其高。生平见义勇为，兴理本邑

---

① 乾嘉：乾隆，嘉庆。
② 隆平：兴隆太平。
③ 切劘：切磋。
④ 雍正壬子：雍正十年（1732年）。
⑤ 浃旬：十天。
⑥ 乾隆乙丑：乾隆十年（1745年）。
⑦ 敲扑：鞭打。
⑧ 发背：背上生的疮。

明伦堂。辛丑、壬寅①岁祲②，出谷分给族党。为本族高节妇、吴节妇及王门潘节妇请旌建坊，皆能独举。其大而其备极苦心者，则在纂修家谱一事，其言曰："夫纂谱之事不易易也，以一人之心神而绾千万指之会合，以晚近之闻见而综数十世之源流，乱一则头足不能复理，漏一则零丁馁鬼百世不收，纵极编摹，动与愆会，欲以径寸笔墨成盈尺缥囊，俾前徽炳列、后裔光昭，以垂不刊，讵不难哉？"故垣所纂《朱氏家谱》二卷，详慎精密，其义法为独美云。

笪立枢，字绳斋，号慎之，重光之族孙（重光事见前志），幼颖敏，读书过目辄能阐解，工诗善画，素负奇气，好植名节，家贫，田薄不足供饘粥，既补诸生，即以课读谋色养资，让其田於诸兄。乾隆五十七年，举於乡，考取觉罗教习，议叙知县，座主③铁保总督两江，延入幕中掌书记，会铁保以事获谴，戍乌鲁木齐，年已衰迈，欲乞亲故一人偕往，无有应者，立枢毅然请行，铁保虑误立枢铨期转，坚辞之，立枢竟决意偕去。抵戍后，复至哈叶噶尔叶尔羌，历一万八千余里，六年乃归，须发尽白，途病，未抵里而卒。从弟立行，字厚风，贡生。同族铮，字洛中，乾隆庚午④附贡；自修，字德新，与铮同榜举人；自纯，字修儒，恩贡生；自寿，字近山；自淑，字心仪，晚号秀野居士。皆诸生。

骆缵先，字晴岚，一字绍庭。质性纯厚，事其父赓庵以孝闻，与昆季处友爱无间言。少负经济才，读书观大意，不屑屑於章句之末，尝言："儒者以民物为怀，宜出此身为世用，奈何效佝毕小儒於故纸中求生活哉！"遂援例贡成均，就职兵部司主事，卒於官。宗人传，字绵庄，增广生，廉洁自持，耄而好学，卒年七十三。子中良，字纯如，庠生，读书励品。

裴于宣，字郁雨，一字晴宇，邑诸生。父谔，士性严重，于宣能得其欢心，居乡遇事退让，於捐赈捐修事皆赞成之而不居功。晚年日手《通鉴》一编，中夜不勒，退处内寝，子孙入侍，怡怡如也。尝谓：家庭和则元气固，防微杜渐必慎其端。遇佳节，则家人治具，稚子称觞，训饬累千万言，列坐拱听，以此为娱，年六十三卒。弟于东，见义行。孙鉴。

裴鉴，字静涵，一字印川。父球，早殁。叔珏抚之成立。天资英敏。嘉庆十三年，举於乡。以大挑为如皋教谕。诸生课文，手自校勘，如塾师之绳子弟。二十四年，成进士。以庶吉士改官内阁中书，主湖南壬午科乡试，擢协办侍读，转宗人府主事。未几，告归。鉴自念少孤，既贵，为母陈请旌表，复推及县之苦节，筹建总坊於西门外。又以裴氏子姓实繁於宗祠中，积谷备荒，凡族戚之贫者，出私财周恤之。家居，足迹罕入城市，或以事干必婉谢之。年六十有三卒。弟鑛，字竹臞，自称泼泼子。著有《活泼泼地稿》。鉴子澍，字孟生，后改名霈，字黍谷，充道光乙酉科拔贡生，考授安徽怀远县教谕。会怀远大水，霈经理赈务，不辞劳瘁。明岁，境有飞蝗，复督役扑治之。俸满，以知县用。母老，例得告近，除浙江汤溪知县。假归，迎母，而母卒匝月。霈亦卒，年仅五十，人称为孝。霈弟泰，字季安，贡生。官宿迁、沭阳训导，工医。泰孙忠，字省吾，同治癸酉科拔贡生。

孔传庆，字柳堂，号拙菴。父毓桂，官奉贤训导。文学有传。传庆生而颖异，经史过目成诵。比长，赅博能文而性最刚介，於流俗少许可。朋友有过，恒面诤之，以诸生举嘉庆元年孝廉方正。总督某公（《府志》作陶文毅公，误）延教其子，一言不合，即拂衣去，旋举丁卯科乡试，挑选定远县教谕，后升淮安府教授。所至，讲学明伦，振兴文教，士林颂之，在籍与同县王应祺捐造三台阁，以转阖邑文运。应祺，字泰芝，庠生。又朱步云，字敬熙，岁贡生，嗜学敦品。道光元年，举孝廉方正。

刘长森，字卓堂。父祚润，字雨亭，恂谨自守。长森补县学生，田产多膏腴，佃者辄负租，长森不与校。素善饮，客至，必坚留。客或辞，问："家有事否？"曰："无他，苦逋赋急耳！"即代之偿。后他客亦效之，而长森不疑也。嘉庆十九年，江南北奇荒。五十二州县禾麦绝种。有司劝邑人劝赈，相顾无敢先者，长森即署曰：助钱五十万贯。众愕然曰："君寒士，乌得此，得毋戏乎？"长森曰："谁以人命为戏？"

---

① 辛丑、壬寅：乾隆四十六年、乾隆四十七年。
② 岁祲：荒年。
③ 座主：科举时代，中式者称主考官为"座主"。
④ 乾隆庚午：乾隆十五年（1750年）。

众大感动，遂集成巨款。翌日，长森贱鬻其产，而以其直入官，如所署之数，议叙得从九品，晚年贫甚，为童子师自给。江宁藩司贺长龄请於督抚学，三宪汇同奏闻，称长森好善乐施、仁义兼全，奉旨谕国史馆纂修采入《一统志》，以章其义，卒祀乡贤祠。弟长裕，字德宽，以孝行闻。

葛芳林，字杏江，廷坚之次孙，恩贡生，为人品学纯粹，邑令毛正坦深器之，其训子孙辈尝曰："士人自入学后，无不以食饩为荣，然一经与保，即有利心，吾见今之索赀者，卑污万状，一日之间颜面数更，有市井所不肯为者，坏品行而损阴骘，莫此为甚。又子孙苟愚鲁不能读书，尽可贸易，万勿充当农里书，以染公门气息，且子弟佚则生淫，为农里书者，终年游惰，所费不赀，即至奉文催漕，时已得不偿失，势必至别生机巧，夫读书而为廪保，是士而贾矣！读书之家而充农里书，又士而役矣！"其言可为药石。

王庄，字康田。王氏自前明成化迄国朝嘉道间，科名踵接，为邑世族。庄少孤，励学。自为诸生，即砥行立名，为人伦师表，性严肃，虽燕居无戏语惰容，雅好酒，不常饮，饮辄微醺，挹其和煦，如坐春风中，爱植花卉，不购异种，而满庭绿绣，生趣盎然，平生节省自爱，非其义，一介不取，岁入馆谷，止五六十金，而度支不匮，授徒精心，课讲始终如一，卒年七十有六。同时朱昌祈，字雨亭，岁贡生，品行端粹。光绪癸巳，重游泮水。学使给额曰"思乐重赓"。

蒋坤，字立诚，一字笠臣。祖鸿儒，太学生，以贾①起家，慷慨好义。乾嘉②时，凡田畔偶有浮尸，差保辄藉端敲诈，当之者恒破家，鸿儒嫉之，乃纠合同志捐资设宝善堂於郭庄庙，施棺赠药，而尤以收殓浮尸、禀官验埋为首务，一切杂费皆取给於堂。刊有定章，蠹猾无所用其诈，乡人由是受福者数十年。父韩章笃厚好施，亦国学生。坤天资过人，读书一目五行，十岁能属文，十四岁应童子试③。邑人号为神童，父以独子颇钟爱，母万训之恒严，自塾归，每督课至夜分，暇则训以古人嘉言懿行，一时有慈父严母之称。甫冠，受知於滇南李梅堂侍郎，补博士弟子。咸丰间，洪逆④陷金陵，向军门荣驻师钟山，怀材者多挟策干进，坤以家有慈亲不愿置身危地。同人邀之，谢不往，然於家国之安危、疆场之胜负未尝不耿耿於中，忠爱之忱一形诸歌咏。善料事，尝谓欲克金陵须从上游着手，江南北军务须统归一人，庶免推诿牵制之虞，后皆如其言。庚申春，大营溃，张国梁战殁丹阳，江南无一寸净土以避地，稍迟几及於难，贼酋鲁欲聘为记室，力却之，星夜渡江，家属暨戚友相依者逾百口，旧有油肆在宿迁县之白洋河，於是昕夕筹画，内外抚辑，百口得无恙，而精力亦从此瘁矣！卒年才三十有九，坤敬节恤贫，出於天性，叔母汤贫苦守志，迎养於家终身。先世慕义轻财，箧多借券，尽付诸火，谓借贷皆亲友，非负人者久而不偿，必力不能偿者也，留之徒贻子孙口实。又慎於择交，求全君子而不苛待小人，人皆乐为之用，虽乡曲桀骜者悉能驯受范围。庚子之变⑤，卒赖其力以脱於险，人皆谓其有先见之明云。⑥

续纂句容县志卷八中终

---

① 贾：经商。

② 乾嘉：乾隆、嘉庆。

③ 童子试：科举时代，童生参加的进学考试。考取即成为秀才。

④ 洪逆：洪秀全领导的太平天国军队。

⑤ 庚子之变：光绪二十六年（1900年），八国联军攻占北京。

⑥ 李按：据《顺治句容县志》二卷："大宗伯坊：在县治南，为太常卿王暐立。大中丞坊：在县治南，为都御史王暐立。总宪坊：在县治东南，为廉使杨洏立。状元坊：在县治废巷口，为大学士李春芳立。进士坊：在县治寺街口，为参议许彦忠立。都宪坊：在县治西门内，为都御史王敬民立。"四卷："李秀：以曾孙春芳赠少师、吏部尚书、中极殿大学士。李旭：以孙春芳赠少师、礼部尚书、中极殿大学士。李镗：以子春芳封少师、吏部尚书、中极殿大学士。"

据《乾隆句容县志》一卷："状元坊：在县治废巷口，为大学士李春芳立。同胞大魁坊：为翰林院检讨孔贞时、文渊阁大学士孔贞运建。昼锦坊：在县治东南隅，为吏部尚书曹义立。大宗伯坊：在县治南，为太常卿王暐立。大中丞坊：在县治南，为都御史王暐立。总宪坊：在县治东南，为廉使杨洏立。氏都宪坊：在县治西门内，为都御史王敬民立。夫子恩荣坊：为提督四省、都御史王敬民立。绣衣坊：在县治东南承仙乡，为御史曹锋立。绣衣坊：在县前大街口，为成化十一年进士、御史汤鼐立。绣衣坊：在县治寺街口，为参议许彦忠立。"

续纂句容县志卷八下　　邑人　张余堂　分纂

人物（孝友）

昔巨川公庐墓三十六年，馨香之报，自唐迄今弗衰，芳躅①所留，俗亦化之，故以伦常相砥砺者，往往各极其至，虽庸行不求表襮，而罔罗轶事，阐发幽光，载笔之责也。乾嘉②之世，断自宗谱及诸家文集；咸同③以来，则得诸见闻为多，类而叙之，可以昭激劝已。续孝友。

赵蔺，字廉友，由岁贡生考取教职，历任泗州盱眙县训导。父应惠，以叠次输粟赈灾恩赐迪功郎，举乡饮大宾，蔺入都，死未视含殓，抱恨终天。侍母王槃匜滫瀡必躬亲之，不假手於奴婢。初至盱眙，士子务揣摩举子业，置经史不问，自蔺秉铎，教之穷经，诸生得其口授指画，转相效法，风气为之一变，莅任后，迎母就养，母惧渡江，蔺泣曰："吾何忍恋此微官致亏定省！"即乞归。宗人彦序，字松培，侍孀母沈，善承意旨，每出必诫其妻曰："他日归，吾母无恙，即拜汝赐！"又张纯如，字永诚，以行伍官龙潭外委，得卓荐当入都，纯如不往，曰："吾所以希图薄俸为养亲计，乃复奔走宦途致父母离别之感，可乎？"后升至溧阳城守守备。从弟灼如，字文英，尝还人遗金，性亦孝友。

魏方泰，字鲁岩，一字蓼园，母吴卒，甫八岁，哀泣如成人。遇时物必亲荐之。父应昇病噎，见之心痛，誓不御酒肉，事继母施如所生，有馈食物於其母者，感谢不去口。数十年来，人不知其非施所出也。喜宾客，好施与。乾隆十六年，岁饥，倡捐粟米。二十一年，复大饥，强者沿门索食，方泰惩其首者，余不敢哗，乃劝富者出谷赈之，一方以安。晚以岁贡生选金山训导，未赴卒。弟子嵩先正有传。其季曰子恒、子峤，皆诸生。子恒，字冀襄，父病时，方泰侍疾，子嵩应礼部试，乃偕弟子峤外谋修脯，以供家计。一钱尺帛不入私室，及方泰年迈，子嵩先殁，子恒、子峤经理家务，拮据支持，有不使方泰知者，以是方泰得与老友从容觞咏以为常。子峤，一名子岱，字平山，幼慧能文，待诸兄友爱逾常。母施病於子嵩任所，子峤日夜祷天，愿减己算益母，及讣音至，方稽首案前，一时匍匐哀号至不能起，水浆不入口者数日。子绍濂，乾隆庚戌进士，官知府，另有传。从孙嘉梁，字寿辀，诸生，教授里门以养父母，曰："吾若远谋修脯，其如定省之旷何？"嘉梁从子元白，字临仙，亦诸生。

戴尚煊，字尔仪，父元甲，孝友好施，尝营公祠，教族人子弟，时目为熙朝人瑞，年八十四举乡饮宾。尚煊善继父志，少嗜学，比长，为怡养计，遂慨然投笔，经营四方，每逆旅，思亲泪涔涔下。会母病，尚煊在河南，忽心痛，大骇，即驰归，而母已病笃，扶养月余而卒，自是以父老不复出，父病胃气，夜半即饥，少进馔始安。尚煊与父偕卧起，以便进食，历十数年，无彻夜之眠。及殁，哀毁几灭性，县令欲以孝子请旌，尚煊固辞，事乃寝。

---

① 芳躅（zhú）：前贤名流的遗迹。

② 乾嘉：乾隆，嘉庆。

③ 咸同：咸丰，同治。

戴元解，字鹿鸣，邑庠生，事母抚弟，各极其至。父在，与豪家结讼，不得直，忧愤以死，元解率诸弟伸理数年，卒雪父怨，人称其孝。治家有条理，五世同居无间言。年八十有五卒。族弟元荐，字明受，少读书，笃於实行，家人六十余口，元荐处之裕如，四十年无诟谇声。病革时，嘱诸子环侍，训以孝弟之道，语毕而瞑。又一俊，字进之，性豪侠，父遭仇诬未伸，一俊讼三年，冤得雪。仲弟早死，弟妇周抚孤守节，其子又误扑人，人讼之官，一俊挺然代侄分理，始无恙，后侄积赀累万，一俊戒己子曰："侄致丰厚，乃伊母苦节之报也，毋起争心。"宜元与弟宜玉俱天性友爱，衣同筥，食同味，寝同席，相依白首，怡怡如也。日治，字尔恭，父宁之，严於教，儿辈小有过辄恚焉不安，日治善於承顺，惟恐偶触父怒，弟死，矢抚诸侄成名，居乡恂恂有大度，三举乡饮宾。戴大徜、戴亨瑞、戴一英、戴宪章并以孝母称。

曹於义，字幹臣，母孔家范严肃，於义壹意承欢，不敢稍忤颜色。兄於礼无嗣，为立后，以全嫂节。性伉爽，人有过恒面斥之。侄政通，一名湘，字秀文，太学生，天资英敏，七岁出就外傅，晨起入塾必诣母前问安，及日中、日晡亦如之，时有奇童之目。比长，重然诺，慎笑言，为里中剖决争竞，无不平允。又周克全，字尔功，博通书史，为文章根柢深厚，不肯应试，有劝之者，则曰："人衹此身，志功名而疏定省，吾不愿也。"以布衣终。

尚祜，字宾臣，先世有华玉者，工医以孝义著，祜事亲亦谨，父病，祷天乞代，其药饵日费多金，赀尽不悔。父殁，哀毁尽礼。子永瑄，字绣书，诸生，性至孝，虽燕见必正衣冠。父於别业设一榻，永瑄肆业其中。数十年未尝偶坐，每应省试，父必多予资斧。永瑄节省，所余尽以济贫乏，父闻而益喜。文敏而工，尝聘修郡县志，考授太常博士。族孙徵倩，字溯方，貌魁伟，性孝友。徵珮，字江如，诸生，性耿介，母王病，衣不解带者数月。又世贤，字子扬，父瑞玉，徵珮弟也。世贤好施予，事母唐孝，与兄弟析产，居瘠让肥，后更以所分田产给寡嫂。居平敬礼儒生，见人有过必直言规劝，性复耿介，家苦贫，未尝告贷於戚友。卒年六十八。

王宏德，字维馨，生长山东十七年始归，事嫡母戴极孝，尝言："父殁，不及养，今养母不能先意承志，使吾母谓子非所出而隐然自伤，纵怜而贳我，我其何以为人？"故无一事不求适戴意。晚年手足偏痿。宏德抚摩抑搔，出入则躬负之，依依如婴儿，如是者三年。岁一往山东省生母窦，留连匝月即趣之归，临别必涕泣，诫同母弟曰："吾之释然於山东者，大人幸强健且恃有汝也！"及戴殁，宏德以哀泣致毁，逾年而卒。子开瑅①，字炳文，亦孝事嫡母，饮食居处，惟恐稍拂其意，虽有诸子，母恒乐居其室。时里人以孝母闻者，有曹承襄、张养吾、张尔瞻、倪秉桢及族弟秉桥。尔瞻，廪膳生，工文章。

王运桂，字树宫，母张爱怜少子，一不当意，诟詈随之，并及其媳，运桂长跪於前，不敢置辨，俟其怒解，命之起而后起，其色笑如故也。性廉正，非其义，一介不取。王氏以孝友著者宏毅，字重远，事母曲尽孝道，母有忧色怒容，辄依依膝下，不敢稍离，俟母颜既解，始出门去。运敬，字尔明，九岁丧父，家贫，行佣将母。运祥，少孤贫，抚幼弟，友爱备至，弟运秀，亦恭事伯兄，同居六十余年。泰延，字嵩年，诸生，十岁善属文，事嫡母孝。开经，字心益，习染业，江右所得直辄寄归奉亲，毫不自私，或与宴会，念亲未得食，即恻然不忍下箸。嫂胡氏矢志抚孤，开经时其匮乏而厚给之。

王宏崑，字荫三，邑诸生，资性过人，亲疾，躬侍汤药，夜则对天焚香，求以身代，复刲股和糜以进，疾立愈。弟宏仑，字旭初，能文工诗，友爱逾常，亦诸生。又驹，字宇高，恩贡生，弱龄执父丧，哀戚如成人，既长，端严简重，动止有法，虽仓猝未尝急言遽色，里人咸服其德量。运晟，字叔明，年十二，丧父，勺饮不入口者数日。道明，字晖吉，庠生，母病风痹，转侧需人，道明扶持抑搔十余年，无勦容。厚森，字茂干，嗣父卒，嗣母许以哭夫伤明，厚森迎与同居，侍养能极其欢。

徐在位，字尔谋，与兄相友爱，兄死，泣曰："生不得事父母，兄又不禄，奈何？"一恸几绝。事嫡嫂，饮食衣服惟其所适。子知元，字虞臣，博学能文，笃於内行。宗人君求，字惺庵，父病瞽，君求愉色婉容，曲为承顺，每定省恃立於前，不命之退不敢退。子明，字永昭，躬耕养亲，事嫡母温温如也。璋，字耐庵，沈静有智略，孝事所生，岁饥甘旨不给，以家事属诸妇，出贾以赡二亲之养。三年中，迭更斩衰期功之丧五，

---

① 瑅：疑即"瑅"。"瑅"是"瑂"的讹字。"瑂"（wàn）：似玉的美石，见《说文解字》，《康熙字典》误作"瑅"。

璋以一身，送死养生，曲折尽礼。克聪，字达夫，父死，甫弱冠，呼号欲绝，事母益加谨笃。卫英，字化之，家贫能孝，值六十诞辰，戚友欲举觞，辞曰："上有慈闱，何寿之有？"后举乡饮宾。时又有卫国彩，字君文，生八月而失怙，母王抚孤成立，国彩善承母志，奉命惟谨。母殁，哭泣之哀，感动乡里，臬宪王公手书"硕德维馨"额赠之。赵成龙，字云亭，善贾，有约之贾於闽者，成龙曰："亲在，远出二千里外，吾不忍也！"乃就近谋供甘旨，及卒，哀毁逾礼。一垣，字冲虚，传父医学，兼精易术。弟三人，继母出。一垣善事继母，母欲有所厚於弟，必曲为成就，以安其心。

俞延祖，字绍先，茂鲲少子（鲲，见前志）。鲲多男，秀而文者命之读，愿而悫者命之耕。延祖幼习农事，天性竺厚，族人共举为宗子，兄怀祖贵（怀祖，见文学），诸母皆得貤赠，独延祖庶出，例不得与，每言及之，潸然泪下，其孝思可想也。弟铨祖，字宸选，八岁而孤，哀戚逾成人，比葬，攀柏悲号，酸动行路，事母汤朝夕不离，疾痛则抑搔扶持，亲调汤药，及卒，殡殓悉准古礼，尤以营兆为藏体魄之所，不惜重赀，三迁其地，求得吉壤而后即安。宗人应礼，字圣常，父清宇，早卒，与季弟应浩依孀母吴，家贫备尝茶苦，应礼至性过人，痛不逮养，其父每忌日，设祭辄痛哭失声，季弟有过，应礼即跪母前流涕自责，后弟以从浮屠游，殁於外，应礼跋涉千里，觅柩归葬，为抚恤其孤。

俞宜本，字尔植。父殁，弟尔志尚幼，长为娶妇，妇至，遽欲析箸①，不许，益诟谇②，先世启肆江西，值千金至，是尽畀弟而独力居，积不数年，渐充裕。顾无子，弟妇私倖之，或告宜本，曰："无是也。"已而弟之子游侠无度，弟郁郁以死，宜本闻讣悲泣，即趋江西，扶柩归。后弟之子亦死，宜本竟连举二子，且抱孙，遂以孙为弟立后。乾隆己未，里人上其事，举乡饮宾，是年八十二。同时笃友于之爱者王纲，字敦三。同怀四人，纲居次，其析箸也，田产愿取瘠者，顾二弟尚幼，不忍其独居，教读教耕，如是者八年，所增产已倍蓰於前，为弟授室，举产三分之，曰："弟年方壮，能自奋。"又与弱弟合居十三年，家益裕，以半归之弟，曰："余老矣，食指渐繁，如不分，累及弟矣。"纲前后处兄弟间三致千金而三让之，人称其贤。又俞宗洙，字鲁润，国学生，兄弟同爨三十年无间言，迨析居，以季弟有志进取，将先世遗产悉让之，恐其以家累妨读也。许家哲，年十五即能以田产让诸兄，谓父曰："兄累多产寡，我得其半，兄将若之何？"

俞宜大，字尔硕，事母孝，境虽贫，见母则佯为欢笑，若非不足者，母有不悦，卧不起，宜大必长跪哀请，或歌唱以博其欢，母起，则色喜，谨进膳，然后退。尝於元旦恭谒茅君，为母祈寿，虽风雨不能阻，后母殁，仍以期往，曰："吾心未忍忘也！"妻强氏亦善事姑。族人士佩，字子服，幼时举动即异群儿，及长，善鼓琴，又精形家言。父殁，卜地不避寒暑，尝昏夜见虎茅峰下，无惧色。母王晚年病瞽，奉养唯谨，晨起必以水噀口而舐之，盖冀其复明也。与兄弟析居，自择其卑隘者，更以逼近兄宅别谋住所，其退让如此。子二，钧、钟。钧，字撰望，有孝行；钟，义行有传。又宜魁，字颖文。父公选，手足偏痿。宜魁，侍床褥不离左右，事继母以孝闻。

许邦宪，字接三，生而颖异。父殁时，甫八岁，哀毁如成人。母六旬外，忽染重疾，急切不得痊，因尝粪而知无碍。已而果然。又阅二十年始卒，人咸谓邦宪之孝感云。宗人际和，母有疾，医药调护，昼夜不寐。启龙，字云伯，妻张二十年不育，会继母生子甫三日而母故，所生弟苦无乳，启龙焚香默祷，令其妻服开乳药，果得乳，於是育三日之弟，嫂代母职，父大悦，曰："儿诚孝，媳诚贤，吾无忧矣！"后弟竟成立，生四子，衍嗣续焉，许氏以孝称者。又有许元、许广。元，字汉候，侍父疾，目不交睫者数月；广，字居仁，家贫灌园养亲，久而不勚。

王知坤，字广生，为人朴钝，家贫藿食自充，而养亲必厚。母病，寝室不安。时大雪严寒，跪雪中祷天，愿减己算以延母寿。复刲股和药以进，卒愈。母病，妻许亦善成夫志。王增，字天成，奉母色养二十余年，敬诸兄，恂恂如也，田庐之大推让一如梨枣，平生轻财乐善，有侠士风。王灏，字宗程，增广生，性至孝。少长，即课读以佐甘旨，会赴省试，遇术者谓曰："君内行甚善，然逢两壬当死。"壬申秋，果得重疾，

---

① 析箸：分家。
② 诟谇：责骂。

戚党来问者，辄戚戚以亲老为念，於妻子淡如也。有契友自外归，急趋视之，时已昏愦，忽张目招坐榻下，呜咽不能吐一字，意盖以二亲为托也。友心诺之，少顷而瞑。王明晟，字允昇，父死，遗逋千金，门户赤立，明晟奋然贸迁湖广，数年，悉偿其父宿负而将母，有资即不复出，以孝养终其身。

王允文，字性淑，邑廪生，大母病笃，愿以身代。事兄如临师保。初诏州县募民输谷积储，里人惧以为累，允文独任之。自束发穷经，至老不厌，尝谓弟子曰："读书以静为主，勿著一毫浮气。诸生谒见，虽盛暑必正衣冠，年八十四卒。时孝事祖母者又有王新夏，王楷新。夏，字我求，父二及游於外，祖母年八十余，衰病侵寻，新夏衣不解带者三月，虽盛暑扶持拊摩，昼夜无间。二及喜宾客，好施予，供具务得其欢，恸生母蚤卒，忌辰必致斋设祭，悲哀不能自已。楷字圣林，早失怙恃，见父遗书及母佩帨①之属辄悲咽至废寝食，顾不令祖母知，恐其闻而增恸也，侍祖母病不离床褥者数月。

胡惟圣，字子詹，家居谢外事，专以养母自娱，性浑朴，虽犯不校。子其勤，年十八失怙恃，抚诸弟有恩。弟其富，字德裕，国学生，兄殁，敬寡嫂，抚诸侄，一如兄之待己也。性好施与，乡里德之。宗人其相，字功甫，事继母如己母。世溥，字天叙，国学生，服贾养母，兄卒，嫂倪守志，世溥委屈善待，俾完其节，吴检讨观亟称之。世基，字念修，父夏彝目失明，基怡颜顺志，无几微遗憾。文著，字锦文，诸生，幼失怙恃，事后母孝，与诸弟早析箸，以季弟多病，复与合居十五年，后弟夫妇继亡，为抚其遗孤，恩勤备至。

骆臻，字莲伍，邑诸生，貌魁梧，意气雄杰，至性过人，事父图呈（见前志"义行"）能先意承志。家故贫，图呈喜交游，座宾常满，臻供具无少缺，不足则典衣佐之，时与其父游者多不知其贫，弟天申早亡，遗孤一，爱育如己子，每食必令侍父侧，冀顾之稍纾其忧。妹适朱氏，遇喜庆，必归宁②，会父九十诞辰，先期大雨雪，逡巡未至，父有愠色，臻即自咎，曰："奈何今日失亲欢？"长跪风雪中谢罪，时须鬓并皓然矣！见者无不欷歔感叹，父亦为解颜③。臻有著述才而耻於自炫，乾隆乙卯④，族人纂修宗谱，润色志传，则臻与堂兄敦素手笔居多云。宗人鹤年，字翔千，廪贡生，家居授徒养亲，人称其孝。

骆中吉，字埜田，幼丧母，哀慕终身，事父书巢与继母戴怡怡色养，同怀弟四人，一人出嗣，友爱无间，性静逸，读书乾元观凡十年。妻死不再娶，貌类深山老衲，著述等身，以诸生终。从孙正庆，字春谷，太学生。父母早殁，事其祖临古以孝称，少应童子试，名前列，闻其祖思之，不待试毕而归，娶妻黄，新婚时仍侍祖寝，家有憺绮楼，日与其祖品诗读画其中，邑人传为佳话。

经章绅，字巽甫。天性笃孝，父振麓，远出经商，历久不归，章绅甫弱冠，泣谓母曰："儿不见父，何以生为？"即以寻父自矢，母以幼年不谙江湖之险止之，章绅日夜哀思，寝食俱废，母知其意决，许之。於是，拜母就道，渡江淮，逾汴冀，冒越险阻，历二十年，足迹几遍天下，而父卒无耗。后母卒，擗踊仆地，气绝复苏，水浆不入，以亲友力劝乃一进饘粥，遂茹素终身云。同里杨朝举，字永俟，父客楚，朝举时幼，及长，请於母，欲作寻父计，母初不允，固请，许之，使戚属某偕往，行次湖南，见一客操乡音，戚某曰："即尔父也！"遂抱膝长跪，泪潜然下，观者动容，嗟叹良久，盖朝举在襁褓、父即远贾也！时以朱孝子寻亲比之。刘长醇，字法乾，父贾数千里外无音问，徒步寻之归，朝夕侍奉，乡里称为刘孝子。又章绅族孙荣培，字天益，嗣父淑龄客死湖北，丧难遽归，荣培泣言曰："事不避难，子弟职也。焉有父丧在外而子弟能安寝食者？"即束装星夜趋汉阳，越两月，果护柩归，时年甫十七。

杨学仁，字圣先，性至孝，母婴疾在床褥者经年，学仁侍汤药未尝偶离，妻稍忤颜色，重笞之。妻没不娶，以堂弟治之子承祧。王世簪，事母孝，家素贫，奉母必甘旨，母年八十，艰於行世，簪负之出观田畴插秧以为乐，其善悦母意类如此。素行恭俭，非礼不为，弟世书亦孝友，时人比之祥览。杨明盛，性竺厚，母四体病不仁，饮食举动须人。盛失妻，早无力复娶，以子而妇数十年如一日，后母至七十八而卒，

---

① 佩帨：即"佩帨"。
② 归宁：指女儿回娘家省亲。
③ 解颜：开颜。开口而笑。
④ 乾隆乙卯：乾隆六十年（1795年）。

明盛亦相继而殁。梅述俨，字明瞻，六岁而孤，有至性，见母亲操井臼则呱呱而泣，母问："儿饥欲食耶？"曰："否。""然则寒耶？"曰："否。""哭何为者？"则曰："儿不忍母之劳苦。"於是泣益甚。母再三喻之。及长，境稍裕，事母益恭谨，每念无所报劬劳辄泫然流涕云。朱和桥，字君正，父仲华，早逝，舅夺母志，和桥既失怙恃，年甫舞象，三弟皆稚幼，勤俭经营，既诸弟皆完娶，粗给饘粥，以母之故，日夜饮泣，即迎归奉养，意之所需靡不置备，妻徐亦事姑孝。

杨有裕，字子容，家小康，秉性慈惠，邻里贫乏者辄阴给钱米，尝於雪天以竹箪铺粟饲飞禽，人咸以迂目之。居家孝友，子弟循循守法度，年七十余卒，子正端，字方林，幼习礼仪，以孝友自矢，侍父疾，刲股三次。端子兴鳌，字魁元，立身行己，无时不以辱亲为惧，杨氏三世孝友，乡里目为义门。时刲股愈亲疾者有杨茂福、胡侃、经成云、张懋钊。茂福，字臻山，母疾，医云须人血作饮，茂福即刲股取之，母果愈。侃，字廷和，年十六，母病将不起，侃刲股为羹以进，母愈。越二年，父疾亦如之，后父复遘疾，侃又刲股，其纯孝如此。成云，字荣山，侍亲疾，默拜北斗，愿以身代，每进汤药必亲尝，久之罔效，乃割臂和羹，虽妻孥不使之知。懋钊，字春和，父病，刲左臂和药，迨后母病，则割右臂疗之。再病，又刲股，卒不愈，懋钊庐墓终制。又杨聚文、孔继发并以刲股起母疾，咸同时人。

吴祖新，字西翘，诸生。父观官翰林院检讨，旅殁山东。祖新哭之恸。知县林光照索其遗文，缮写付之王民表，称祖新为真孝子。

张博远，字禹成，与弟厚远俱英妙，人目之为双璧。未几，弟卒，父永年终岁经营，博远遂弃儒而贾，母宋多疾，侍之至忘寝食，后事继母王亦如之，恤困乏，排争竞，皆为里中所重，卒年六十六。又孔兴杰，字汉英，以力田养亲，抚诸弟曲尽友爱。母病瞀，兴杰左右承顺，母几忘其苦。为人质直厚重，不妄交游，不苟言笑，宗人无不推服，年八十三，无疾而终，妻倪亦以孝称。

朱潞，字君彦。祖垣孝廉方正，先正有传。父锡，国学生。潞生而岐嶷，时有神童之目。比长，美风仪，多通经传百家之言。年十七，补诸生。朱氏，故素丰，潞生犹及其盛，暨祖父以好施破其家，布衣蔬食，不改其乐。至性过人。娶妻王，遣嫁甚厚，潞谓曰："吾闻人子不有私财，於是以给家食，妻亦化之，后至斥服饰、质钗珥不以为怨。兄弟四人，易衣而出，里党称之，性矜严，所交多一时俊异，如孙星衍、洪亮吉、赵怀玉辈，皆密友也。会父遘重疾，求交阯桂不得，遽遽割胫肉和肉以进，已而，父竟不起。方割时，创甚伤筋，数月不能行，因讳言重腿疾。后母觉之，穷其情，泣曰："儿不知医父所病咯血也，冀以血肉愈之，不幸无益。"因恸绝执丧，哀毁逾礼，遂以劳疾呕血卒，年甫二十九，时父服尚未禫。先是，潞居丧时，亮吉方北山，惜其羸，以诗赠之曰："一心愿汝作顽石，我归来兮石不泐。"及讣至，洪为位哭於京师，与白门严长明皆有赠朱孝子诗。族孙茂祎，字华辅，事后母极承顺，父西安有腹疾，日夜抚摸，不解衣带者数月，濒危，议析产，茂祎泣曰："母老矣，弟幼，何遽出此？"后与季弟同居廿余载无间言。华之𬘓，字恒昭，幼时随父贾於秦邮，邮有高宝湖在州治西北，开广一百五十余里，之𬘓偕父吉臣置货广陵，买舟渡湖，会有米商售货，归载重赀，群盗谋夜劫之，而误及吉臣船，吉臣年方壮，饶膂力，见盗至，挺立船头与格斗，被搏落水者数人，有盗魁持巨梃击中吉臣脑，乃昏绝，盗逸去，榜人仓皇失措，扬帆疾行，比抵岸，吉臣已气绝之，𬘓年甫十四，闻父死，擗踊哀号，几不愿生，既殓，赴州署具报州牧，傅公有政声，每出之，𬘓拦舆呼号，簿卤交格之，之𬘓以头抢地，且泣且诉，血泪俱下，傅公为之动容，然盗无踪，未就获。之𬘓又呼号如前状，州牧患之，乃斋宿城隍庙祈梦，梦殿上有水一盂，旁立喜鹊二，傅恍然曰："盂，湖像也，得非劫盗中有名双喜者乎？"授意於役，果获双喜，父子於湖中一讯即服，枭示湖畔，往来行人靡不颂州牧之神明，而尤叹之𬘓之孝为不可及云。

胡有茂，字盛生，兄有万殁（万见义行），遗产甚厚，会其子病危，万妻已为子视木，有茂厉声曰："嫂忍尔夫无后，吾不忍兄无后！"延名医许树森诊视，以不治辞，有茂叩头涕泗不肯起，许不得已书方去，服之霍然。性严毅，妇人不著腰裙不敢过其门，卒年八十九，子本祉事父亦婉顺。同里以友名者，赵东运，字太楼，家素丰，昆弟五人，已立券分析，仍同居，肩任其家事，一兄客湖广，东运为置田庐，请之归，不许，泣曰："一父之子，兄南弟北，垂老不能聚首，可若何？"其友爱发於至诚如此。

石世嘉，字从先，甫六龄，父母先后丧，赖寡嫂抚之成立，及长，貌质而言戆，顾独事嫂如母，家事皆禀命而行，嫂怒即侍立听责，俟色霁始敢退，与姻族讌①，有异味必怀以奉之，终其身不改。族孙泉为作《石孝子传》，其略曰："孝子孝於嫂也，曷以子称？以嫂抚之如子，故以子自居也。"又曰："孝子之嫂，节妇也。节妇为孝子也，孝子无节妇则死，死则孝子之父母血食斩也。"又曰："嫂奉佛而因已放生也，嫂多病，而因以精医也。嫂乐善而因以医活人也。嫂爱其子而已不敢责也，事嫂若此，不谓之孝，不得也。"云云。

刘振源，字秋岩，邑诸生，与弟振淮皆望重一乡（振淮，见"义行"），已析㸑②有年矣，既复合居，终其身无间言。知江宁府刘甫霖赠以"既翕堂"匾额，里人荣之，殁之日，刘公复表其墓。时以孝友名者有郭世仁、田克勤、张金和、王继钥。世仁，字端四，继从父为嗣，已而所后父卒，庶母有遗腹未生，欲以身殉，世仁泣请曰："母孕，若男儿，偕奉母，若女儿，独事母，不使母饥寒也。"未几，果生男，世仁抚之以恩，既长，良田美宅，悉以归之，而已取恶者，卒年六十六。"克勤，字翰臣，诸生，笃於义，妻张富家女，知大体，克勤兄某以奢侈荡其产，克勤夫妇无怨言，张并贷於母家，助夫经营，业以复赈，兄某衣食皆资之，死复为抚其孤。金和，字介夫，亦诸生，父春堂，字梦柳，善画，"方技"有传。金和，事父甚谨，会天寒，父欲御裘，则为其兄某窃典，乃早以赎归，转置他笼以献父，后微闻之欲为其兄弟析产，金和曰："儿不愿弟有余而兄不足也！"乃止。继钥，字品南，继母不慈，事之愈笃，爱异母弟如同出，咸丰中避乱於外，虽远游负贩，风雨必归，恐亲失所也。其婉顺尤非人所能及。又居雍陞事母孝，母病瘫痪，卧起扶持，十五年不懈。

李鹏年，邑之细民也。居扬州，与弟鹏高、鹏万皆事母孝，母每当夏秋间辄患痢七八十日，鹏年昼夜抱负上下，侍沐浴梳洗，涤垢秽，积年无厌倦。鹏高在城中为需次者厨役，日必再归，以新美食遗母。鹏万为倚虹园园丁，洒扫亭阁，分游观酬，值市甘旨必厌母意。兄弟三人皆未娶，有嫠挟重赀欲以嫁鹏万，鹏万曰："彼来能为我善事母乎？若不能，是得妻而失母也！不可。"有姊适殷姓而寡，鹏年迎与同㸑。未及，鹏年、鹏高相继殁。鹏万以照料园事侍奉或不时，遂上铺舁轿用力为养，然瞻给未减伯仲在日也。鹏万嗜酒，醉则与人诟谇，唯事母至谨，及疾笃，乃告其姊："有钱三十千，以半治发送，留半备老母身后事。"语毕而瞑。母是时年八十有七矣。

孔昭楒，字国桢，少孤，事节母王至孝，母好叶子戏，日邀二三邻妪与母博，先厚给邻妪金，使故负以博母欢，夜则为母请小说家言至漏，永弗倦。昭楒为人操盐筴於淮，时与往来者皆两淮巨商，或有事造访，昭楒侍母左右不暂离，必仆者耳语，尚未敢遽白母，迨母微觉之，始遣去，时年六十余矣。及母卒，哀毁骨立，逢忌日必涕泗交颐。性复喜施予。咸丰间，邑遭大乱，亲知往依者，昭楒悉量才而授之事，不能者，贷以钱米，全活甚夥，援例捐授问衔，卒年七十有九。子宪焜，字松亭，诸生，能率父教。

杨际校，字训昌，幼失怙，孝事母，溺器必亲涤之，已而娶妻李亦贤明，母色愠，夫妇辄长跪请罪，虽祁寒③，深夜必俟母色解而后起，会际校奉母命粜米姑苏，舟覆被溺，援起，绝而复苏，惟呼"母，母……"而已。俄卒。时年二十九，柩归，其母每夜闻床头泣声，如是者二年，闻者悲之。子鳌，诸生。张延理，唐孝子常洧之后，光绪间，与父德新出贩茶，至镇江舟覆，同被溺，旁舟初救延理，甫仰面大呼曰："盍舍我而救父！"舟子驰救之，父获免，回救延理，已无及矣。后父谈及之，泪未尝不浤浤下也。

杨明修，母成氏，名门女，治家严而有法，子六人，咸以孝闻，而明修居其长，孝亦最著。咸丰丙辰六月，母病，更医者累矣。皆无效，明修乃沐浴更衣，於夜阑人静时，刲股和药以进，虽其妻不知也！当是时，江南大乱，阖境骚动，各谋迁徙，母促之行，曰："汝弟细弱，汝不能以有用之身与我并命也！"明修闻命，呜呜而泣，会病稍瘥，以篮舆载母行。十月，增剧，卒於途。既葬，欲庐墓终制，父阻之不果。次年，明修亦卒，年仅三十。杨仁发，字敬修，父志义，病剧，仁发祷於神，断一指以和药，病立痊。仁发同里以孝著者又有韩昌华、韩尚惠、罗光垣。光垣，字德新，邑庠生，居母丧，恸哭弗止，未匝月，

---

① 讌：宴。

② 析㸑：分家。

③ 祁寒：严寒。

遂以毁卒。

笪贞信，父广锦，有子三，贞信，其次也。性孝友诚悫，服田外，兼习贾，恂恂粥粥，犯而不校。甫成童，父即亡。贞信，事母张加挚。咸丰间，贼蹂躏句容，张遇贼不屈，备受炮烙，几无完肤，奄息垂毙。贼去，贞信寻至，哀号负母以趋，饥躯尪羸负逃万山中，日伏夜行，渡江侨居，返哺按摩，顷刻不离侧者几周岁，母伤始痊，复得妻孥兄弟於离乱中，骨肉团聚。同治甲子，贼平，返里，以色养终其天年。贞信，乃随叔广钜负贩至淮阳，叔病，贞信侍汤药於逆旅，至数十日始愈，人咸称贞信"奉母不委诸弟，事叔不委其子，处流离颠沛中不改常度，纯孝尤不可及"云。

杨启葆，字春华，少孤，弃举子业，服贾扬州之兴化县，岁时必归，携钱帛甘旨奉节母，母性严，事之谨，以孝闻。咸丰六年，避乱徙家兴化，业渐裕。凡里党之脱难来就者，必经纪而资遣之。寇平，邑中贷牛种、立书院、修文庙暨恤嫠育婴、义田义塾、给衣施椁，诸义举咸竭力佽助。宗祠毁，庀材重建，不誊诿族人。家乘续修又赞成之。又邮金缮构京师、江宁郡馆，以待公车之士，创江宁公所於沪上，以厝客死旅榇，其积而能施如此，居恒课子弟，严有法，延师必以厚币，购书不吝重直，尤好岐黄家言，先后校刊《普济良方》《达生篇》《福幼篇》《秘本喉科紫珍集》《伤寒论集注》行世。光绪纪元，辞举孝廉方正制科不应，事迹载《兴化县志》"流寓"中。

张长康，字永嘉。父锦堂，早卒。家贫甚。时仲弟长福年九岁，季弟甫六龄，母黄抗志抚孤，昕夕以绞棉为生，苦节垂二十年，语在节孝传。康年十一，姑丈某携之如皋习贾，以勤慎见悦，居停无何，挈两弟习业於如之丰利场，又挈从弟长清於外，手足辛苦努力，友爱纯挚。道光戊戌，遂启肆雉皋坊郭间，家道日以充裕，康与二弟轮归侍养，饮食、服御，先意承志，凡金钱什物赍归藏之母室，不奉命诸妇不敢取一介，温清定省，一遵家礼。暇则集诸外母，偕母为叶子戏，有可以博母欢者无微不至。会七十诞辰，开筵宴，会铺设华丽珍错，杂陈珮环珠翠，拥侍左右，康率家人舞蹈上寿，乡党啧啧称羡。寻以病卒於苏州。长福，字履成，候选从九品，生有至性，儿时至亲故家得一钱必购菽归笑而纳诸母怀，母或不豫，即长跪引罪，不命之起不敢起，伯季之相继殁也，诸孤尚有在襁褓者，抚如己出，自恨少孤不能卒读，延名宿课诸子侄，俾得成名。咸丰丙辰句城陷，携眷寓如。当是时，兵凶岁歉，谷价翔贵，而世友姻族避乱相依者以数十百计，咸赖举火，乡间借贷趾错於门福，内外抚辑，心力交瘁。未几，得咯血疾，逾年卒。初，福独立撑柱家政已十稔，交游觇其忧勤，微讽曰："君齿衰，诸郎幼弱，独不稍加意乎？"福正色曰："吾苟营私，何面目见兄弟於九泉，吾不负死者，岂虞生者失所乎？"终其身，无私积，同怀之情，死生一致，呜呼，难矣！长春，字熙如，慷慨尚义，每届岁暮，散给米券，修文庙、葺宗祠、恤嫠育婴、治桥平道、惜字放生，诸善举勤勤恳恳为之至，天性孝友，亦视二兄无愧色云。

陈朝柱，性戆直。粤匪之乱，贼获其兄朝宗，将杀之，朝柱曰："愿舍兄，杀吾！"贼叱曰："汝不畏死耶？"遂置其兄而缚朝柱於柱，以锅铁实火枪当胸扑之，晕绝复苏，贼舍去，后锅铁陷於胸，血时涔涔流，久之，铁亦随之出，因愈。年五十余始生一子，曰国宝。宗人天明识大体，见义勇为，屡被贼劫，去不三日，辄逸出，曰："吾大清民，愿归命於清，决不死贼手，奉母抚弟，能孝能让，建祖祠，修家谱，族有争产者将涉讼，天明出己产分润之，讼立罢。生平完人夫妇者四，晚年遇逼节事，犹力疾为人伸理，感德者酬以金，坚拒不受。

钟启宇，字辅之，邑诸生。父年三，为人光明磊落，善解纷，拯人之危，耗己财弗恤。光绪间，索逋镇江，负者某仓猝无以偿，其党之狡黠者计图年三资，先使其父饮酖，而故与年三口角，遂诬以推跌致命，下狱，启宇闻耗愤极，即奔镇江鸣冤，镇江知府福通心知其屈，然以某党强梗，置不为理，启宇匍匐堂下，随诉随泣，辞不少屈，观者皆为动容，福通心重之，卒无可如何，既而请以身代，亦不许，启宇遂不离左右，体貌素丰，至是形骸骨立。年三素强直，虽身被桎梏而意气自若，促启宇归，启宇不忍，后复上控，裹粮奔驰，备尝艰苦，上司稔知其状，时福通卒於任，接篆某公廉明有干，事遂得白，启宇平居恂恂一书生，及理父冤，奋不顾身，乡里称孝，兄弟间极友爱，终启宇之身未尝析爨，殁年三十八，士林惜之。

戴礼有、礼元，同怀兄弟，早丧父，母邰双瞽，礼有、礼元承欢罔懈，母无聊则输负之出，共邻妪闲话以为乐，家贫无力聘娶，邻村某慕礼有懿行，欲赘为婿，礼曰："得妻而失母，不祥，且以定省事委弟一人，恐无以厌母意也。"婉却之。而礼元尝为母亲涤溺器，略无勒色。咸丰间，遭粤逆乱，兄弟仓促间置什物不顾，惟以小车扶载母辇之出避，忍饥者数矣，终不令母失所，后母七十余以天年终。同治五年冬，邻人不戒於火，蔓延十余户，惟礼有、礼元所居茅屋三间独存。

韩文仪，同弟文礼幼皆操贱役。弱冠，丧父，哀痛迫切，观者莫不感伤。比壮，母血微气衰，起居须人，文仪、文礼遂各弃所业，归务农以便定省，平居佣工将母，凡母所饮食者皆先意承志，备陈於前，有疾跪父神主前默祷，日则轮侍，夜则两人，衣不解带，问所需而谨进之，必疾瘳而后即安。年冬忧母畏寒，兄弟同寝，夹母卧於中间，资以暖气，至春温乃否，如是者二十余年，母年九十余乃卒。

王淮之，佚其名，以字行。嗣母、生母皆早寡，同怀弟一、妹一，粤逆之乱，挈家属避居如皋，以贩布供两亲之养，及弟妹长，为之经营婚嫁，淮之则鳏处，未几，妹寡，弟又死，遗子一，淮之恐益母痛，迎妹合居，不使失所。数年间，心力交瘁。返里后，两母得终天年，营葬毕，淮之旋殁，时弟之子已壮，授室矣。王有聚勤於力田，与兄有余早分析，有余不事生产，衣食皆坐资，有聚无德色。有余有子已长，复代为完娶，人谓有聚："尔兄逸甚，尔何太自苦？"有聚曰："兄年长，不堪作劳，吾代其劳，宜也。"无何，有聚之子又觞，有劝之纳妾者，有聚不肯，曰："侄，犹子也！"至是复与合居，终其身。

朱克峻，母早殁，父太学生步瀛。咸丰间，两遭兵火，居民十室九空，道殣相望，步瀛破产以卫桑梓，贼恶之，遍体被敲扑。乱定，创作瘫卧床榻十余载，家屡空，克峻仰事抚育，能博亲欢，为里中童子师，虽风雪必归定省，夜则一灯荧荧，不离左右，至漏下三鼓始退。凡父所需，罗致无少缺，衣物之质殆尽，冬无棉，夏无帷，无几微怨色，十数年如一日，尝以筐贷米於外舅，外舅曰："汝父坐食欲无厌，致汝一贫至此，愚哉？孝也？"克峻闻之，遽挟筐反走，终身不复诣其门，貌寝而癯，粥粥若无所能，然每入市卖屦，见者必肃然起敬。其屦，人争买之。有子三，勤俭长厚，能色养，克峻化之也。光绪二十二年准旌。

续纂句容县志卷八下终

续纂句容县志卷九上一　　邑人　张余堂　分纂

人物（仕绩）

吾句容茅峰耸峙，淮水长流，地肺钟灵，实生贤哲。故前明之世，巍科连掇，珂里喧闻，通衢之间，四坊屹立（曹义，天官冢宰；王暐，地官司徒；汤鼐，殿中执法；李春芳，状元宰相①）。犹钦盛已，昭代隆兴，名贤蔚起，王仍斋之名在湖湘（王自新，督学湖广时，弊绝风清），笪江上之功宣屏翰（郑成功内窜，笪重光扼守镇江城，赐今额），文章风节，冠冕东南，非仅闾里之荣，亦邦家之光也。乾嘉以来，科目稍稍衰矣，然赤山重台谏之寄（王原圻），益其擅比部之才（马兆增），即降而出身异途为县令佐贰者，犹知廉洁自爱，效力偏隅，可谓无惭厥职矣。咸丰中，寇势鸱张，一二有守土之责者，方且力筹胜算，抗守孤城（束春瑞之守半城），至若事不可为，从容就义，祁门之节，何减睢阳（唐治），呜呼，烈哉！类而叙之，重官方而昭来许，胥於是乎在。志仕绩。

王畹，字滋田，号复斋。曾祖自新，湖广学政。祖輅，沔阳县知县。父缃，青浦训导（均见前志"乡贤"）。初畹生，輅梦虎拂其袖，知为伟器，由贡生铨授云南府同知，司水利蹉务，前政多废弛，灶丁逋盐数万石，畹为筹画，羡余积逋一清。黑龙潭岁久积淤，滥溢为患，畹亲勘督浚，复河故道，开田数百亩，民建生祠祀之。署广南府知府，苗匪陆顺达等率众抢掠，负固碉楼，将议剿灭。畹曰："此怀中赤子也，何遽为此！"乃单骑入山寨，告谕如家人，顺达感泣乞抚。寻以勘定川粤滇黔等省疆界事竣擢刑部广东司员外郎，平反疑狱，得情矜恤。京师咸称善人。甘陕用兵，奉命查办军需，升刑部安徽司郎中。高宗御极，由京察一等特授福建兴化府知府，请训日赏缎绫等物，因乞便道省亲，抵任后，以治民莫先教士，兴正音书院，捐膏火，督诸生课，阖郡称治。旋丁艰回籍。服阕，补直隶宣化府知府，复蒙温谕，赐貂皮、

---

① 状元宰相：《明穆宗实录》五十七卷有："（隆庆五年五月壬戌朔）戊寅。少师兼太子太师吏部尚书中极殿大学士李春芳致仕。春芳乞休疏凡五上，上察其诚恳，乃许之。优诏褒美，特赐驰驿，遣行人曹铣护行。命有司月给米六石，岁给人夫八名。仍赐敕奖谕，曰：卿以诚心笃行，渊学宏才，蚤擢廷魁，致身侍从，雅望久孚于士论，芳声丕振于词林，遂授简先皇，荐登纶阁，凤夜秉在，公之节谟猷阐，入告之勤，追朕嗣服之初尤切倚毗之重眷，惟耆德晋首台垣，卿乃志切协，恭诚存体国不动声色，量休休而有容，矢竭股肱，心翼翼而匪懈，启沃之忱弥笃，忠实之念弗愈，朕方赖平章共图治理，顷以亲老微疾累疏乞闲，慰谕虽频，情词益恳，特从所请，用遂雅怀，兹赐卿驰传，遣官护行，有司岁给舆隶八人，月馈官廪六石，以副朕优眷辅臣之意。於戏！由状元为执政，冯京不愧乎科名；以宰相而养亲，王溥见荣于当世。古称盛事，今乃兼之。卿其勉加餐食，调护精神，展至乐于家庭，发英华于著述，俾国人皆有所矜式，而天下系以为重轻，岂惟卿垂无疆之闻而国家亦永有光哉！"《西游记》九十五回有李春芳藏名诗："缤纷瑞霭满天香，一座荒山倏被祥。虹流千载清河海，电绕长春赛禹汤。草木沾恩添秀色，野花得润有余芳。古来长者留遗迹，今喜明君降宝堂。"颈联两句对偶，上联指李春芳曾祖李秀以下三代得到朝廷追赠加封，下联即指李春芳自己受到朝廷进阶授勋。（参见《句容古诗词赋三千首（校点注释）》李春芳《藏名诗》"秀"之注释）

香珠、彩锭以宠其行。口外扎萨尔地方产材木为宣府美利，旧无部照纳税进关，奸者夤缘给照，商民苦之，睕剀切申详，仍旧例，商集如归，郡秋粮二十余万石，他郡改铸铁斛，石溢米二升，睕曰："民不堪也，其仍之便。"随调顺德府知府，复内调刑部河南司员外郎，升安徽司郎中。未几，告归，囊橐萧然，一夕，有红球自顶落，阅数日，遂卒。

骆殿邦，字宜万，号梅村。父曰俞，字容斋，以孝友闻（曰俞，事见前志）。殿邦由恩贡补江西抚州府粮捕通判，抵任后，冤狱多平反。会临川令某以漕粮为运丁所持，势张甚，殿邦即时诣宪辕白其状，治如法，督粮道蒋公日光亟赏之，曰："使办公如骆通判者，运丁安敢哗乎？"同县陈某隶抚州运船籍，往来应役，几破其家，立脱之。是时，泸溪石斛岭有杀人而逸者，邑令沈元炼镌阶去，一时难其人，督抚咸谓非骆君不能了此事，因兼摄泸溪县篆，至则斋宿城隍庙，恍惚中见一人面黄微髭跪神前，心窃疑之。一夕闻空中似有言石斛岭逸犯今匿某所者，即命役踪迹之。其人果若暗中所见者，一讯而服，群惊为神。殿邦持己清白，才调裕如，部下事皆整饬井井，而尤以教化为急，厘书院，严课校，刊《昭武试卷》以厉诸生，未几，傅涵、傅大成、杨彦州等均相继登甲科。会丁母忧归，江西人为立去思碑，服将阕，又遭父丧，遂不复出，家居慷慨好施，体先人志，彻腴田百亩归诸祠，以永祭祀。立义学，以训子侄。其他，兴作救荒诸善举，靡不踊跃为倡，乡邦赖之。都统、官保与有旧好，乾隆十一年奉命旋部迁道诣殿邦，晤於味书楼，劝之出山，谢之曰："殿邦夙抱微志，凡有益民事者，知无不为上报朝廷，今老矣！愧报称无期，惟愿公坦步天衢以黼黻休明，苍生之福也！"官公叹息而去。

倪鑛，字武定，由鸿胪寺序班出为四川郫县知县，转补河南陕县知县，均有治绩。民立生词以祀，并歌之曰："倪青天，听讼不取暮夜钱。"又曰："倪青天，赋税不迫常矜怜。"凡十六章，文俚不悉录。后三任直隶南皮县知县，卒於官。

倪铨，字天一，少负奇气，以保举出官太原府兴县知县，前任宄留积滞，一月内悉行豁理，判决如流，在任月余，清廉刚正，擢任岢岚州知州，未赴卒。

倪锦，字汉倬。父启盛，贡生，端厚识大体。锦由国学生历任陕西甘泉、华亭等县知县。所至，绝干谒，杜苞苴，政清人和，德化翔洽。署中之费，惟薪水取诸境内，度支不足，则遣使至家告乏，启盛无吝色，并勉之曰："好为之，勿忧不给汝用也。"语诸季曰："彼非往赢宦囊者！彼清苦，而我不给，势必贪，贪以败名，奚取焉？"锦在署，喜吟咏，校其尤者，得数百篇，命曰《娄东寓草》，诸门人为之付梓。还里，时远近窥其捆载，疑有宦资，及解装，则所镌诗版也。因笑语人曰："宦归无长物，赢得一囊诗。"

王原圻，字赤山，由《一统志》馆校修议叙授四川建始县知县。甫莅任，兴利除弊，不畏强御，岳宫保钟琪亟赏之，会大将军年羹尧经略七省，气焰张甚，原圻以书勉之，人窃为之危，原圻泊如也。后年败，籍其家，得原圻书，宪皇帝谕廷臣曰："使某听此人言，亦可保君臣交泰之雅矣！"以此名誉腾起，时已由建始内升员外郎，任户部广西司郎中，未一载，青海用兵，晋监察御史，查办军需，与堂兄睕同日拜命，都人荣之。寻因事被逮。大学士尹继善力救，得落职归。乾隆十六年，高宗南巡，给还监察御史原职，异数也。家居二十年，孜孜好善。原圻善诗、古文词，工书法兼画兰。然不轻为人作。弟原泗，字京涵，由方略馆议叙历任直隶三河、定兴、清苑等县知县，以地方被灾，不待命，擅发仓谷，格於例，罢归。李宫保，又介赏其胆识，保复原职，司州牧县尹。又十数年，殁於任。

王原洙，字阜滨。由国学生考授湖南武陵县县丞，寻委署武陵县知县。邑有索郎堰者，地处洞庭西南隅，北澧州，南龙阳，三属毗连，屡遭淹没，岁赋杂艰。原洙详请改为渔赋，三县之累顿释定例。县境堤归丞佐勘办，按亩岁修折价。原洙曰："此大事，敢蒙弊塞责乎？"躬亲督办，力求坚固。雍正乙卯大水，惟所筑堤无恙，时号为"王铁堤"，民立生祠祀之。柁杆洲为洞庭避险处，筑者议取石於桃源，原洙独曰："辰、沅二郡，鱼梁等岩，舟行被害，水涸石可取，凿石则舟无虞，运石则工易办，是一举而两利也。"上宪从之，民受其赐。未几，丁艰归。服阕，复补武陵县丞，历署桃源、永宣、安福、安化、益阳等县知县，卓有循声。后题补华容县知县，署岳州知州。属县巴陵有湖港，与湘阴争界，原洙至，委曲劝谕，讼端永息。乾隆十六年，由华容告归，服官廿有四载，未营一产，家居俭约，暇日为子弟讲礼让，勖诗书。卒年八十四。

孔毓文，字肩吾，乾隆癸酉①举於乡，甲戌②成进士，累官吏部郎中，主湖南庚辰科乡试，所拔皆一时名宿，得人称盛。洊升浙江按察使，狱多平反，内迁太仆寺少卿。子传隽，恩贡生，捐授兵马司指挥，改州判，分发四川，补罗泉州判。传隽子继鈜，官宝山训导，殉难。忠义有传。毓文弟毓昌，任河南灵宝典史，清廉自矢。毓昌子传勋，乾隆乙卯举人，官陕西同官县知县，有吏才，案无留牍，家人吏胥不敢夤缘为奸，在任数年，不名一钱，大吏将以卓异补升，寻卒。

李晋埩，字西林，长倩③四世孙，乾隆甲午④举人，充四库全书馆缮籖，得八品京职，改授亳州学正，与诸生谈经艺外，诲以德行，多方引掖，勤恳不倦，在亳二十六年，迁徐州府教授，洁己爱士，与在亳同，寻致仕。晋埩性孝友，以田宅让诸昆，在官得薄俸，悉散给族戚，入祀亳州名宦祠。子佳言，字谨之，能诗，工楷书。弱冠游京师，董文恭公招入第，奏书尺牍半出其手。乾隆壬子⑤，补缮御制诗，凡二十七册，数日而毕，赐屯绢、油扇、香囊等物。嘉庆元年，从至热河，恭缮太上皇帝圣制古文，计字六千有奇，时方炎暑，晨受命，日未昃进呈，睿庙异之，赐大纱二端。五年，考充方略馆誊录，授福建浦城丞，会逆匪朱毛俚滋事，闽浙总督汪志伊耳其名，檄令巡缉，佳言昼夜於役，不辞劳瘁，境赖以安，大吏方欲荐擢，俄丁艰归，著有《真想斋诗稿》。

栾培，字书田，号艺林，乾隆戊子举人，丁未大挑知县，以母老请改教职，选授桃源县教谕，历署阜宁、沭阳、赣榆等县教谕，所至勤於教士，赴任桃源时，值邑被水灾，上台檄办赈务，培悉心竭力，民被其泽。制军某深器之，谓留心民社，方欲荐擢，以终养乞归，培著述甚夥，兵燹后，仅存《四书大全》若干卷。子在镕、在镶，孙予霖，皆诸生，能世其学。

魏绍濂，字季泉，父子崤，孝友，有传。绍濂举乾隆丙午⑥顺天乡试，庚戌⑦成进士，累官山东黄县、兰山知县，升兖州府知府，加道衔，有政声，卒於官。

戴宏度，字象谦，生而颖异，髫龄⑧失恃，事继母以孝闻，由保举官赣州通判，署袁州府知府，劝耕织，兴学校，均水利，建桥梁，剔弊除奸，政声卓著。后摄督粮道篆，位望益隆，江西之民刻石颂德，去官之日，焚香执酒，泣送之。

孔传薪，字伯曼，一字雪樵，乾隆己酉⑨选拔贡生，充正白旗教习，授安徽太平县教谕，升任湖北武昌县知县，历官直隶行唐、任邱等县知县。任行唐五年，听讼如神，案无积滞，民怀其德，调任邱时，

---

① 乾隆癸酉：乾隆十八年（1753年）。
② 甲戌：乾隆十九年（1754年）。
③ 长倩：李长倩。《兴化县志》（康熙二十四年钞本）八卷·列传载："李长倩，字惟曼，一字瞻麓。春芳曾孙。崇祯七年进士，性优爽，以忠义自许。喜周人急，亲知间求无不应，初知归安县。中书王某毒害民至私刑臧耳，恃姻党援结有司横里中，乡人莫敢谁何。长倩廉得其实，立捕之。权贵请全书盈案，不启视。巡按、御史欲释不得，卒抵法。在任五年多善政，举卓异第一，行取至京。当权者以前事积憾，乃迁礼部主事，教习驸马都尉巩永固，后永固合门殉节，人以为禀长倩之教。转员外郎，擢江西按察使佥事、提督学政，以母病未抵任。归丁内艰。国变，不与福王南渡。服阕，赴觐授福建提学副使。南都不守，黄道周拥唐王入闽，将僭号。长倩曰：'殿下监国则可，神京未复而改元则甚不可。'时群情苟安，谓海滨可恃。长倩独苦谏王。王嘉纳其策，而不果行。诸臣诣附郑芝龙，阴阻大计，惟道周、长倩不阿郑氏。道周请自往江西募兵。长倩首倡捐俸赠行，大僚乃各欣助，军饷赖以给。唐王昧大义，不救鲁藩宗室，有才望者悉羁縻翦灭，长倩伏地痛陈，以纵斧然其为戒，皆闽臣所不能知、不敢言者，后奉命督饷，抵建宁，已逾仙霞岭，知事不可为，仰药卒。累官至都察院右都御史、户部尚书。"
④ 乾隆甲午：乾隆三十九年（1774年）。
⑤ 乾隆壬子：乾隆五十七年（1792年）。
⑥ 乾隆丙午：乾隆五十一年（1786年）。
⑦ 庚戌：乾隆五十五年（1790年）。
⑧ 髫龄：幼时。
⑨ 乾隆己酉：乾隆五十四年（1789年）。

士民罗拜道左，有泣下者，寻为忌者中伤，解组①归。传薪学问淹博，精楷法，善绘事，尤工兰竹，名重都门，性嗜金石，遇佳者，虽典衣必购，所居斑驳陆离，皆古物也。后卒於其子江陵任所，著有《行唐纪政》《梦松居士诗稿》。弟传荃，子继廉、继赓。传荃，字振谷，精汉隶。年十六补诸生。嘉庆壬申②，随兄入都，考取内阁供事，选授湖北崇阳县丞，改授山东清平县丞，居官廉洁自持，尽革陋规，年五十二卒於任。继廉，字简卿，性宽厚寡言，精六壬③算数，由国学生逢临雍④大典，以圣裔⑤恩赏州吏目，援例为县丞，分发湖北，历署公安、监利等县县丞，调江陵武穴主簿，时值夏涨，潭子湖堤将决，继廉露立风雨中，力集民夫，抢筑完固。咸丰三年，武昌戒严，襄理军需局，筹措有方，会钟祥县属狮子口溢，修费引钜，大吏以继廉善勾稽，檄往勘估。贼至，城陷，竟以是免难，保升知县，加知州衔，署通山县知县，以兵后请缓征、免茶贡，均允行。寻以事降级，调办荆州河防，擢通判，因疾乞归。卒年七十有二。继赓，字香谷，以圣裔逢道光元年临雍大典，恩赏州吏目，分发江西，历任凤冈、姑堂等处巡检，升补弋阳县丞，代理县篆，所至勤於吏事，以廉能称。传荃子继志，字心荼，以未入流分发贵州，历任独山、广顺、镇宁各州吏目，松桃厅经历，四十八溪主簿，迁大塘州判，均廉洁有政声。咸丰四年，权大塘州篆，履任后，即以息讼爱民为务，会仁怀县杨隆喜窜扰州城，急请兵防御，而贼以逼近内关，城中兵仅十人，人民不满百，致不能守，时长子广幹已遇害，继志欲以身殉，次子广植泣谏曰："大人徒死无益！"旋逸出，纠集乡团五百人夜袭贼，贼溃去，城遂收复。寻乞休。广植擢成都府司狱，仕至华阳典史。继廉子广业，字勋丞，由诸生投效湖北军营，於鹅公颈奏捷，案内赏给六品顶戴，援例捐通判，分发四川，代理绥定府知府，重庆府江北厅同知，署石砫直隶同知，以先后克服都匀、兴义等城出力，赏戴花翎，以本班即补并加运同衔。光绪六年，补授夔州府通判。广业外和内刚，所至谢绝苞苴⑥，人不敢干以私，寻代理夔州府知府。卒之日，囊无余财，士民醵金⑦为归其丧。广楷，字绶丞，官至湖北江陵县典史。

朱椿，字士櫃，号星堂，少负才略，客游京师，一时当道如柏玉亭相国、韩桂舲大司寇、张兰渚中丞、赵充泉观察深相契合。嘉庆十四年，援例捐布政司经历，分发粤东。莅省时，为制府百菊溪宫保招致幕下，声誉日隆。寻属办平海善后事宜，椿昼夜辛勤，建安抚之策，设防御之谋，悉合机宜。以制府疏荐，历署广州粮捕、永宁通判、阳江县事，所至有声，后借补按察司经历，卒於官。

马兆增，字益其，父某为刑书，多阴骘⑧。兆增沈静寡言，制举文，春容大雅，举嘉庆己卯⑨乡试。道光壬辰⑩成进士，擢刑部员外郎，洊升郎中，考取军机章京。国朝自设军机章京一职，綦重为皇帝近臣，纶綍⑪多出其手，兆增熟於掌故，好谋能断，刑部会议时，遇难决事，皆曰："俟马益其来。"其为堂官推重如此。旋京察一等，记名以府道用，已简放赣州府知府，未赴卒。朝士无不惋惜。从弟兆科寄籍大兴，由监生出任山西平遥县知县，颇著政绩，在官余俸悉分给族党之贫者，后卒於任。

唐治，字鲁泉。其先五世皆诸生。父兆蕙，名下士，四十无子，买妾至见泪痕，询得其情，亟送还，不索值，遂泯置妾念。越二年，生治，治读书过目成诵，年十二补诸生，旋食饩，中道光乙酉⑫举人。性严正，

---

① 解组：卸任。
② 嘉庆壬申：嘉庆十七年（1812年）。
③ 六壬：中国古代术数的一种。
④ 临雍：古称天子亲临视学。
⑤ 圣裔：圣人孔子的后代。
⑥ 苞苴：馈赠，贿赂。
⑦ 醵金：凑集众人的钱财。
⑧ 阴骘：暗中行善的德行；阴德。
⑨ 嘉庆己卯：嘉庆二十四年（1819年）。
⑩ 道光壬辰：道光十二年（1832年）。
⑪ 纶綍：皇帝的诏书。
⑫ 道光乙酉：道光五年（1825年）。

力整乡俗，虽妇孺见之辄畏敬，读史至忠义大节，则变色竦立。甲辰①大挑知县，金分安徽。尝署桐城知县，值岁大水，治先期请帑劝捐，誓於神，不沾一钱，亦不假手胥吏。延县中公正士主之，按日赈施，民得实惠，而须发一月尽白。明年，复大水，治益拮据赈济，当是时，江南北被水州县以百计，惟桐城鲜流殍②之民。方东树，桐城名儒也，穷老家居，前知县史丙荣疾其直，以事诬之，欲致之狱，不得，则多方毁於大吏以窘之，治下车即白其冤，以师礼事焉。庚戌③补授祁门，甫莅任即创义仓，积谷数千石以被水旱，修故东山书院，延东树为诸生师。严缉盗贼，狱讼稀少。咸丰三年，贼④踞江宁，大吏置安庆不顾，改省置庐州，治上书力陈利害，且请寓书浙抚，欲保浙先卫徽宁，当屯兵於池州之贵池、石埭二县。不报。徽州素以富名，贼久觊觎⑤之，而祁门无兵，依山为城，甚卑陋，所募乡勇不过百，且无以给其食，安庆陷，祁门危如累卵，署中幕友星散，治朝粥暮饭，公私蝟集⑥，只身经理，集练乡勇百人，防堵大洪岭，刊诗十二章谕民，读者感泣。四年正月，贼自桦根岭犯祁门，治率乡兵守半日，城陷被执，劝之降，不可，凌虐之，亦不屈，乃复以礼遇之，终不食，贼告以黟县知县率民进金事，治发怒，戟手⑦大骂，遂被害，投尸於河。逾旬，城复，网得其尸，面如生，祁民争献棺以殓，事闻，赠知府衔，建专祠。子之植，予云骑尉世职，祁门将陷之夕，治燃烛作书，寄伯母，大略言：祁门失守，一心效死，将来葬於先父母墓下，碑书名，削官削先考，以证厥罪。子孙仍世读书、讲孝弟、崇节俭、睦族恤邻、国课早完，祖坟常到，并召其侄之桓，谓之曰："吾有官帑千金寄乡民某家，汝速去，寇平后，献之太守，后之桓谨如治命。

束春瑞，字阆仙，道光己酉⑧选拔贡生，就职州判，分发山东，历署宁海、济宁州州同，主讲牟平书院，嗣以亲老请改近省，署颍州府经历，实授泗州州判，驻半城，任事十年，大吏嘉其勤慎廉明，举卓异，以格於例，不果。咸丰八年，捻氛⑨急，春瑞日夜巡访，以守隘必资火器，乃令其子请於某都司营，假炮六尊，相地布置，贼不敢犯。光绪五年，乞归，卒於溧水。著有《桐荫轩诗草》。

笪佐尧，字衢臣，咸丰元年恩科举人。三年，与族人笪熙倡办团练。七年，以收复句容功保举知县，拣发贵州，历署平远知州、清镇知县，在任洁己爱民，百废具举，时称循吏⑩。

章安福，字稚仙，天资奇慧，为文工敏，兼通刑名⑪之学，少从江宁蔡琳游，琳深器之，尝曰："传我衣钵者，其稚仙乎？"咸丰间，幕游於外，乱定⑫返里。补诸生，旋食饩，充辛酉⑬科拔贡生，学使鲍源深激赏之，朝考不遇，留滞京师。鲍督学直隶，延校试卷，寻考取教习知县，签分广东。光绪四年，到省。己卯⑭，调簾，差署定安县知县，视事浃旬⑮，前任积案一清，民大惊服。安福为江南名士，大吏皆优礼相待，莅任两阅月卒，同官惜之，醵金为归其丧。

---

① 甲辰：道光二十四年（1844年）。

② 流殍：流亡饿死之人。

③ 庚戌：道光三十年（1850年）。

④ 贼：指太平天国军。

⑤ 觊觎：非分的希望和企图。

⑥ 蝟集：像刺猬的硬刺那样多，比喻事情多且集中。

⑦ 戟手：伸出手指指著对方骂。

⑧ 道光己酉：道光二十九年（1849年）。

⑨ 捻氛：捻军造反。

⑩ 循吏：善良守法的官吏。

⑪ 刑名：刑律。

⑫ 乱定：太平天国战乱被平定。

⑬ 辛酉：咸丰十一年（1861年）。

⑭ 己卯：光绪五年（1879年）。

⑮ 浃旬：十天。

张桐，字彬文，性豪迈，粤逆之乱，会左文襄①督师东下，桐赞其副将某幕，由保举分发浙江，以府照磨用，抵省后，任劳尽职，尤精律学，同僚屡以疑难大狱咨访，桐辄片言立决，当轴皆刮目相待。光绪初，法人肇衅②定海，浙江戒严，宁波当浙之门户，定海距宁一水，朝发夕至，桐奉檄总办团练，城中官绅半挈眷他迁，桐整军经武③不为动，旋幸中法订盟，各休兵革，上宪以桐善治，守备不负委任，保五品衔候补知县。十七年，奉道委弹压衢州乱，民戮力从，公不辞况瘁，以积劳成疾，卒於差次。

戴儒珍，字幼安，同治间，以赀为山西定襄县知县，调夏县知县，再调荣河，有政声，旋以办防出力，保运同衔，并以知府在任补用，后调署陵川县知县，寻卒。

李宗泌，字方邺，以祖受祺殉难，袭云骑尉世职，弱冠，游京师，考取供事签分实录馆，安贫持正，不趋公门，居京三十年，始需次补长芦盐知事，旋调沧州盐大使，复任后，卒於官，宗泌居官廉介，子幼，贫无归资。

续纂句容县志卷九上一终

---

① 左文襄：左宗棠，谥文襄。
② 肇衅：挑起战端。
③ 经武：经营武事。

续纂句容县志卷九上二　　　　邑人　张余堂　分纂

人物（儒行）

　　昆山顾氏炎武提倡经学，《国朝儒林传》以之弁首①。自是东南大儒继起者不下数十家，美矣备矣，句容僻处一隅，不乏朴学②之士，载稽前志，甄录已详。乾嘉③之际，流风未沫④。道光中叶，卓人奋起，经生择精语博，卒能增光国史，配享治城（金陵治城有顾亭林祠）。稽古之报，可谓荣已。此外复得四家，安亭名儒，位望通显，其三人则隐经修业，声影阒然。兵火之余，遗书且尽，类而次之，亦阐幽之意也。续儒行。

　　王康佐，字安亭，一字厚斋。曾祖怿，官洱海兵备道，有政声。祖超宗，父鲲，皆诸生。康佐生有异禀，幼沈静简默，读书日记千百言，十岁能文，长益肆力於学，晨夕无间六经语孟，以闽洛为梯航，为文去肤存液，挈净精微。雍正壬子⑤，领乡荐，试南宫不遇。乾隆初，中明通榜，或劝稍通融，可博微禄养亲，不应。壬戌⑥成进士，选庶常。鄂西林相国激赏之。甲子⑦，高宗亲幸翰林院，蒙恩赐宫䌷、宫纱、锦笺、普茶。是年，充北闱同考官，得人称盛。乙丑⑧散馆授检讨，请假省亲。丙寅⑨，丁父艰。服阕，起复充三礼馆纂修官，甫一岁，复请假南旋，当事延掌雉水书院，初至，诸生视若无奇，久之，乃觉渊微灏博，莫能涯量，寻复荐主讲晋阳书院，课诸生，先德行，而后文艺，三晋之士佥谓明道再来，及归里，诸生追送百里外，有泣下者。戊寅⑩北上，补原官，充三通馆纂修官，已卯⑪以病乞归，自此优游林下，以著书自娱，壬午⑫疾作，犹手不释卷，为两子讲析经义，故人子弟及诸门人问疾者，析疑辨难，谆复不倦。明年卒。年六十四。康佐端谨纯笃，风度凝远，处暗室不忘恭敬，事无大小，一以至诚，朋友至，讲学外，无戏言，婚丧祭祀，一准家礼，读书一字不肯放宽，深恶时下讲章，徒事枝叶，惟於程朱之书湛精玩索，

---

① 弁首：弁言。以其冠於篇卷之首，故名。
② 朴学：清代的汉学家以考据训诂的方法来研究经文，称为"朴学"。
③ 乾嘉：乾隆，嘉庆。
④ 未沫：未止。沫：通"末"，竭，终止。
⑤ 雍正壬子：雍正十年（1732年）。
⑥ 壬戌：乾隆七年（1742年）。
⑦ 甲子：乾隆九年（1744年）。
⑧ 乙丑：乾隆十年（1745年）。
⑨ 丙寅：乾隆十一年（1746年）。
⑩ 戊寅：乾隆二十三年（1758年）。
⑪ 巳卯：乾隆二十四年（1759年）。
⑫ 壬午：乾隆二十七年（1762年）。

直探圣贤奥窔①，尝训二子曰："吾生平无他长，惟读书不敢粗心耳！"经史诠注，语皆精审，著有《求是斋文集》。

张晨，字右明，号远复，少业农，兼经商。一日，过大成门，曰："我身不可入此门耶？"遂弃贾嗜学，为名诸生，尚气节，广交游，初居百丈下圩，因水患岁警，乃连络乡民讲修筑法，至今下圩独坚者，晨之力居多，尝欲兴修水利，谓："秦淮不疏，句容之水患必不能除，於是揣摩山川形势，条陈利弊，力请於大府，而说不行，退而叹曰："此河不疏，他年必被水患，如国课民命何？"遂迁居山阳村。晚年研究理学，尝曰："理者，数与命之纲也。人循天理，是握二者之纲矣，纲举而目随之，是以圣学在致知。"又曰："由致知造圣域，是一条大快活路。"又曰："致良知自有个现成规矩。"又曰："致良知则天理见，人欲退有克治工夫在。"又曰："《易》云：君子以作事谋始，能谋始则讼端绝矣！水在火上，既济君子，以思患而预防之，豮豕之牙不若童牛之牿也。"又曰："尊德性五句，当日谓是平列，看中间而字如挑担一般，今看来不是平列，要重上三字，是尊德性，方能道问学，致广大方能尽精微，极高明方能道中庸，若平列看便说不去，即下二句'知新即在温故中，崇礼即在敦厚中'，非温故自为温故，而知新别有工夫也，非敦厚自为敦厚，而崇礼别有路径也。"又曰："大学如保赤子，心诚求之，虽不中，不远矣！即此可见格物致知是一事，未有学养子而后嫁者也，又见知行合一，无先后不可以分矣。"又曰："理学即心学也，今之儒者，外心而求理释者，舍理而求心。"又曰："求己勿他求，乃自强之本。"又曰："从朱子门户走过，走阳明路头。不觉豁然。"又曰："独中有觉，觉从何来？指觉为知，知又何来？名曰良知，是为真性。圣凡无二，是必致知，致知曰学、非学乎圣？乃学吾心。"又曰："心者，气之灵性者。理之实：气能载理，心能妙性。知理气之分而不分则如心与气，是二是一，是一是二。"又曰："衰飒景象即在盛满中，发育生机，即在零落内，故智者之虑必杂於利害，天下事不可料，塞翁失马，固有意外之变也。"君子则常提，得此心惺惺，不堕入盛满坎里去，不堕入零落坎里去。"又曰："知几工夫在致良知。"云云。识者以为名言。著有《壬戌杂著》一卷。

陈立，字卓人，号默斋。父辅，县学生，绩学乐善。立五岁入家塾读书，过目成诵，由附生中道光甲午②科举人，辛丑③成进士，改庶吉士。散馆，授刑部主事，洊升江西司郎中，记名御史，寻简放云南曲靖府知府，时咸丰十年七月也。请训时，显皇帝有"为人清慎"之褒，且勉以"好好做去"，因道途阻梗，不克之任，流转东归。至河南又值捻氛甚炽，乃迁道山西。布政使郑敦谨延主讲介休绵山书院，指授诸生文法，孜孜不倦，并於每课添试经解诗赋各题，细加评骘，诸生奉手受教，获益者多，立顾而乐之，惟以宦途偃蹇④漂泊旅食，每有乡关之志，自题楹柱曰："是出非出，是处非处；有官无官，有家无家。"殆慨乎其言之矣！迄同治三年，东南奠定⑤，乃议挈眷南旋。诸生醵金为赆⑥，力却之。临行之日，设筵祖道⑦，衣冠而跽拜⑧者百余人，既两江总督曾公国藩筹办江宁府，属善后事宜，以立乡望素孚，谕办劝农局务。七年，浙江巡抚李瀚章延司刑案。八年十月，以疾由浙回里，至半途，增剧，卒於镇江舟次，时年六十有一，后学使黄公体芳以立学行、著述奏入《国史·儒林传》，并请从祀江宁府学顾炎武祠。立先后受事皆刑名，以人命至重，处以详慎。於丧服变除、宗法淆异，多能折衷，协於礼律。少随父客扬州，从江都梅植之受诗、古文辞，得其义法。江都凌曙、仪征刘文淇授《公羊春秋》《许氏说文》《郑氏礼》，立兼通之，而於《公羊》用力尤深。成《公羊义疏》七十六卷，其书上溯何郑，博采唐以前公

---

① 奥窔：古代称屋室的西南隅为"奥"，东南隅为"窔"。奥窔泛指堂室之内。
② 道光甲午：道光十四年（1834年）。
③ 辛丑：道光二十一年（1841年）。
④ 偃蹇：困顿，失志。
⑤ 奠定：解放，稳定。
⑥ 赆：临别时赠送给远行人的路费、礼物。
⑦ 祖道：古代为出行者祭祀路神，并设宴送行。
⑧ 跽拜：跪拜。

羊古谊及国朝诸儒之说，择精语详，因采何郑之义，旁及汉儒说经，师法谓莫备於《白虎通义》，先为疏证，以条举旧闻畅隐扶微为主，而不事辨驳。成《〈白虎通义〉疏证》十二卷，别著《〈尔雅〉旧注》二卷，《〈说文〉谐声孳生述》三卷，《句溪杂箸》①五卷，《续编》一卷，其论古韵分十九部，本顾、江、段、孔四家，析其分，溯其合，研究於声之通，转以释《说文》谐声之字，论者谓视姚氏文田声系尤密。宝应刘恭冕志立墓，云："君学为通人，位为大夫，而起居节俭同於寒素，语言谦朴，疑於不文，忘贤与势，於君今见之，论者以为知言。

田志莲，字少敦，号沁香，晚号隐香。本生父立信，志莲其第五子，嗣堂叔立元，字幹廷，事父母尽礼，兄殁，善抚其女。既寡，又赡之。其姊夫刘某贾数千里外，不能归抚甥刘法乾成立，俾寻其父，由是刘得称为孝子。志莲幼聪慧，弱冠为学使姚文田所识拔，补博士弟子员，旋食饩，岁科试，辄冠其曹。道光十一年辛卯秋闱，侥得复失。十七年丁酉选拔，见夺於有力者。志莲学识淹通，尤笃风义。与友人骆道南为指腹婚，友死不食言，教其子崇禧、崇祺，俾有成立。性至孝，孩提时触母怒，令跪床下，母假寐，跪如前，母曰："何不起？"曰："未有命。"母掖之怀，曰："儿何驯至是耶？"洎后父立元年逾九十，母杨氏年八十有五，朝夕侍寝膳，虽盥漱溲溺躬侍之，时志莲年五十余矣。咸丰元年，举孝廉方正，三年，避乱江北。同治三年，县城克服，归办善后，悉心筹画。明年秋，积劳病殁，时年六十有四。妻郭氏殉咸丰十年之难。贞烈有传。志莲著《读书条辨》被毁，其余烬存。自箸年谱中云："礼丧服，为人后者、为其父母降，予谓所后之父母在或不在，子已服过三年者，则降，自无容异，若所后之父母不在已久，而为之子者未及服，则仍当为其父母服齐衰三年。"此义前人未及。又四子书，自当以新安注为宗，然亦有可商者，如子游问孝，注云："与养犬马何异？"予案礼云："父母之所爱，亦爱之；父母之所敬，亦敬之。至於犬马，皆然。"自是此章注脚，子曰，今之孝者，言外明有一古之孝者，在古之孝者，何敬而已矣。予谓是谓能养至皆能有养句，当作一气读，言人子能养，即至父母之犬马，亦养之如此，可谓极养之事矣。然祇是今之孝，非古之孝也。知养不知敬，何别於今之孝者乎？又子欲无言，章注云："开示子贡之切，惜乎其终不喻也。"予案，此章神理正是子贡闻性道后默喻圣心处。子曰无言，子贡不曰子如无言，而曰子如不言，明示诸弟子，子之无言，非不言也。如是不言，则小子诚何述焉？子曰："天何言哉？而无言之义昭然，虽诸弟子亦会而通之矣，庄子而奚来为轵，注皆不明。案，车辐之专贯毂者为轵，毂末之小穿容轊者为轵，据此则轵字亦凑合之义也。盖许由言而子奉尧之教，被服仁义，明言是非，正与我之道相枘凿矣。奚为折轴来求轵於我乎？左思《蜀都赋》：百果甲宅，异色同荣。注"宅"即"拆"也。《易》曰："百果草木皆甲拆。"愚谓太冲此语虽或本之於《易》，亦未可知，然改拆为宅，字新而意亦别，认宅为拆，失太冲之意矣。《毛诗·大田》云："既方且皁。"郑笺曰："方，房也。"谓孚甲始生而未合时也。疏曰："谓米外之房，米生之中，若人之房舍也。孚者，米外之粟皮；甲者，以在米外，若铠甲也。"特以解此赋，则甲者，孚郭在外，其铠甲之意乎？宅者，含胎其中，其房舍之意乎？《史记·孟子列传》不书其生卒岁月，予尝观《孟氏谱》云：孟子，周定王三十七年四月二日生，即今二月二日。赧王二十六年正月十五日卒，即今之十一月十五日。寿八十四。又按谱云，孟仲子，名睪，孟子之子也。四十五代孙宁尝见一书於峄山道人，曰《公孙子》内有《仲子问》一篇，乃知仲子实孟子之子，尝从学於公孙丑者。朱子注：从赵氏以仲子，为孟子从昆弟，与谱不同。又尝仿渊明体作巳矣。道人茶痴子两传自述生平，并所著《缘满窗诗钞》，皆洒落有致云。

杨骧，字龙友，邑诸生，早年即有意著述。品端学粹，动止有常，研究经学尤长於春秋，兼通天文、算法，工诗、古文词，著述十余种，详艺文志。

续纂句容县志卷九上二终

---

① 《句溪杂箸》：该书共六卷。第六卷有《陈氏宗谱自序》："吾陈氏自宋乾道世弋阳文琥公为句容令，遂家於陈巷，是为句容陈氏鼻祖。数传至应琪公，东迁於陈武庄，又为句容东乡陈氏支祖，今王村、坝头、上店皆陈武庄所分也……"

续纂句容县志卷九中一　　邑人　张余堂　分纂

人物（文学）

　　三吴为文物之邦，句容金陵附庸，其风气为较近。前明之世，科第蝉联。洎乎国朝，亮工发解於南国（朱献醇，顺治甲午解元），菊人联句於燕台（张芳有《燕台联句集》），懋功著书於古观（宣颖成《南华经解》於青元观），他若乘菴邀国士之知（张廷超与高醇张自超号"江南二超"，公卿交章荐之），芷林①有通人之誉（李东榐博通经史，文名籍甚），皆其佼佼者也。乾嘉以来，亦稍稍衰矣。然王骆裴俞之族，家门鼎盛，累叶缥缃，靡不餍饫诗书，沈酣典籍。咸丰中，军事方殷，戎马在郊，弦诵不辍，二三名流，犹复角逐文坛，流连诗社（骆崇禧、曹政修辈），诚所谓造次於是，颠沛於是，惟一故精，岂不然欤？夫鄙弄月吟风之习，小儒每歉高文；腾熏香摘艳之才，经生不嫌博物。流风未艾，著录宜详。作续文学志。

　　李鱓，字宗杨，号复堂，文定六世孙。康熙辛卯举人。壬辰，圣祖仁皇帝南巡，鱓献诗行在，钦取入南书房行走，年少才长，兼工绘事，特旨交常熟蒋相国廷锡教习供奉内廷。数载，恩赏稠叠，寻选山东临淄县知县，调滕县，政尚清简，士民怀之，以岁荒请赈忤大吏，罢归，筑浮沤馆，啸咏以终。鱓博学能文，诗尤超逸，书具颜筋柳骨，世仅传其善画云。从侄培源，字道园，号惠亩，乾隆甲戌岁贡生，任霍山县训导，工书，力追颜平原，尝言作字须读书数日，落笔方无俗气，侨居兴化，与郑进士燮齐名，燮推为三百年来楷书第一，铁笔亦精妙，曾应当事聘纂修《江南通志》，生平学赡才优，能任艰钜，仕终广文，人以未竟其用为惜。文辞书翰，至今宝藏之。

　　胡永建，字秀衍，与兄承组、刚先皆有文名，人称胡氏三凤。康熙庚子领乡荐，试礼部不利，截取知县，时两兄继亡，诸侄幼弱，永建不忍远出，抚育而教诲之，性冲淡，布衣疏食，左右图书，日与二三族老讲明敦睦之义，时论高之。族叔其韬，字子六，一字迈干，能文章，议论宏博，出入经史百家，时与往还者多以科第通显，惟其韬久困诸生，人无不代为扼腕，而其韬处之泊如也。居家讲推让，一族化之，著有《迈干诗集》，今佚。与永建同时负文名者，有赵文洲、汪朝勋。文洲，乾隆丙辰恩科举人。朝勋，耆古力学，制举文雄浑，匹敌熊刘。弟子著录者甚众，举乾隆辛酉乡试。

　　周维城，字孟高，邑廪生。父桢，康熙壬辰进士，由内阁中书改授湖南通德县知县，再迁绥宁（见前志）。绥宁，汉苗杂处，任最繁剧，案如山叠，维城随侍，代襄幕事，内外清肃，莫敢干以私。桢尝曰："成

---

① 芷林：据《句容李氏（李春芳）家谱》十三卷："李东榐，字芷林，句容人，秉性醇厚，博通经史，工诗古文。尝自言生平得力於精义二字。大江南北知名士皆敬礼之。雍正癸卯乡魁，任宁化知县。卒於官。（《江南通志》）""李东榐，字兆三，一字芷林，寄籍句容。性醇厚，为人粥粥若无能，而制艺成名家。久困诸生中，至雍正元年，垂老始膺乡荐。三上公车不遇。授福建宁化知县。卒於官。素廉洁，殁后不名一钱。羁柩萧寺数年乃归葬。诗古文亦工，闲写花卉，皆有致。（《兴化县志》）"乾隆十九年陈祖范《重修句容李氏谱序》："余凤闻兴化李为淮南世家第一，及余与芷林同年游，知句容、兴化皆出前明相国文定公后。"

我志者，维城也。"平居呐呐如不能言，及论事无不切中，文章典雅，诗擅六朝人之长，处族党间恭而有礼，如寒素然，人以是益贤之。同时以诗文名者，葛廷坚，字确斋，天才敏捷，名流竞推许之。乾隆庚午举於乡，挑取知县，以不耐繁剧，改归教职，寻卒。又戎尚谦，字去盈，庚午岁贡生，文不徒作，尝为李义尚母耿氏撰节孝行。义尚，字质菴，诸生，少孤，世父元士教之，元士卒，义尚一恸几绝，如丧所生，盖亦笃行士云。

李元芳，字瑶圃，嗜学工文，兼通医术，以优贡生举乾隆壬午乡试，选授芜湖县训导，常以培植士类为务，所得廉俸悉赡诸生之贫者，芜湖士人皆恨得李先生晚，后以不肯媚上官告归。时先后以教职著名者，李景堂，癸酉领乡荐，工诗古文词，官巢县教谕，寻需补知县，未赴任卒。孔毓桂，字馨山，大学士贞运之后，由岁贡选奉贤县训导，课士有法。子传庆（另有传）。又毓桂从弟毓琮，壬子恩贡生，学问赅博，官正白旗教习。景堂同榜举人沈之宗，早负文誉，性高洁，赴礼闱不遇，即杜门著述以终。

樊明征，字圣模，一字轸亭，岁贡生。父长楗，长楗有兄，早岁为普德寺僧，通文翰，著《经颂随笔》，世所称怀远大师者也。明征以是侨居金陵，得与诸名士相唱酬，时钱塘袁枚罢官，隐小仓山，主持风雅，得明征诗，深加赏异，其为学博而能精，耻为空言炫世，於古人礼乐车服皆考核而制其器。有受教者则举器以示之，故闻者易明，乾隆己巳，知县曹袭先聘修本邑县志，乡邦文献实倚赖之，所著书四十余种，其知名者均详艺文志。

张嗣翰，字为宪，总角失怙恃，叔天培抚之成立。天培弟天程，试用通判，选授广西双威寨巡检，殁任所，嗣翰时年十七，数千里扶榇回籍。少嗜学，刻意经史，尤长吟咏。同邑沈丹怀、汤豸之、骆临吉，皆嗣翰诗友也。尝赋《菊分韵得佛手黄》，有"天花散后归来晚，扶起东篱醉倒人"之句。一时传诵殆遍。生平淡於荣利，而力行善举，邑之育婴堂久废，乾隆十三年与王道复捐复之（道复见前志），董其事数十年，全活婴孩无算。年八十余以诸生终於家，著有《就正稿》四卷。丹怀、豸之俱岁贡生，有文名。临吉，字石云，诸生，工诗词，研心金石之学，篆隶俱苍老，间作小画自娱，年九十犹能铁笔作图章，著《金石辨是编》六卷。弟鼎吉，字凝五，亦工书善画。临吉子钦昭，诸生。昭子正庆，孝友，有传。嗣翰族孙勋，字书亭，邑廪生，幼颖悟，博览群籍，游裴印川之门，既壮，肄业钟山书院，为泾川朱宫赞珩所激赏，困棘闱不售，即薄游徐海间，卖文为生。咸丰季年，客死沭阳。长廉，字希宪，为田志莲高足（志莲见儒行），戮力劬学，县试五冠童子军，年二十一补诸生。逾年，丁父艰，以毁卒。

骆存智，字缜斋，号介亭。弱冠，博涉经史，制举文，溯源归胡，下迄方储诸名手，得其髓而不袭其貌，别出之以安和渊雅之音，与堂弟存矗肄业钟山书院，见器於知府尹继善及杨文叔、周石帆两院长，一时二骆之名振白下。返里后，授经於红薇阁，弟子著录者甚众。存智十困乡闱，既以明经授潜山县训导。乾隆己酉①年八十，乃领乡魁。庚戌②赴礼部试，钦赐翰林院检讨衔，时论荣之。

骆存矗，字文山，制艺华赡有风骨，诗、古文亦吐弃一切，独标名隽。乾隆丙子举於乡，一赴礼闱未售，即杜门侍养。存矗幼孤，不愿以功名之事违母远出，其天性纯笃如此。与存矗同科者沈贻孙，字二酉，早负文名。丙戌成进士，授山东馆陶县知县，有政声。贻孙高足骆荣曾，字锦涵，廪生，嗜学工文，贻孙尝语人曰："焉有能文如骆生而不显名当世乎？"寻以攻苦致疾卒。

王驹，字民表，号初斋，自言幼苦质鲁，读书人一己百，人十己千，一旦豁然，尽通诸经。与同里吴太史观最友善。乾隆乙酉③，举於乡。闻金坛王氏文律深细，徒步往游，出入於墙东己山之门，由是学愈精粹。七试礼闱不遇，遂屏迹家居，沈酣群籍，一时大吏争相钦仰，走书币，延主讲，席无虚日，四方执经问字者不远数百里而至。辛亥④入都谒选，以知县用。逾年卒。吴观，博学好古，能为古文词，为

---

① 乾隆己酉：乾隆五十四年（1789年）。

② 庚戌：乾隆五十五年（1790年）。

③ 乾隆乙酉：乾隆三十年（1765年）。

④ 辛亥：乾隆五十六年（1791年）。

诸生即名闻辇毂①。庚寅②领乡荐，后官翰林院检讨，旅卒山东。子祖新，见孝友。

王运昂，字晴洲，邑诸生，为人外简旷而内行修，饬嫉流俗儇薄之习，遇机巧人辄走避之，有洁癖，室无纤尘，几榻位置一一精雅，性嗜茗，尝曰："酒助人昏不若茗，荡涤肠胃，能消症结也。庭前艺兰种竹，徘徊其间，倏然作尘外想，闻佳山水辄往游，穷幽揽胜，别有会心，诗秀逸可传，著有《舒啸轩诗草》，同乡俞怀祖序行之。时以雅洁自好者钱士澄，字秋潭，乾隆己卯举人，所居擅林泉之胜，与名流结诗社，唱酬其中以为乐，诗得中唐人神味，尤工骈体文。

石週，名鋼，字宣宽，号梁村，太学生。三岁丧父，赖节母朱针指抚养，母通四子书，一灯课读，手绩而口授之，週之学得於母教为多，年十一始就乡塾，过目成诵，以家贫，故率以半日读，午后采薪一肩，供一日爨。晡时，仍往塾中读，师以为逃塾，恒加扑责，週不自言，恐伤母心也。后师窃瞰得其状，大异之。週书法酷肖米南宫，所书有"城隍庙"及"涉坝亭"二额，笔力冠绝一时，工诗文，著有《莲心堂文集》一卷，《系心堂诗集》一卷，晚号伴庐老人，其《重阳晚步诗》有"鳌爪才醵篱畔酒，雁声催赎典中裘"之句，为随园先生称赏。稍后，以书名者尚世绩，字古畦，天分高妙，於古人法帖一临摹便神似，乞书者踵门无虚日，同里周懋坤见所书匾额，骇曰："可畏可畏，后来者居上矣！"其推服如此。懋鲲，字佩丰，号西桥，早岁补诸生，誉重一时，书法妙兼众体，人得其片纸争宝之。张道正，邑诸生，父效龄以选贡授同安县知县，有惠政，工诗赋，有《雁字梅花》《近月吟》诸集。圣祖仁皇帝南巡，时年八十一，接驾於麒麟门，优旨慰劳，称以"好精神"，年九十七卒（见前志）。道正，幼承家学，於流俗所务泊如也。比长，诗文翰墨卓然名家。乾隆十六年，高宗纯皇帝南巡，道正进呈《圣驾南巡颂》，蒙恩钦赐荷包一对，元宝两个。二十二年，圣驾再巡江浙，进呈《迎銮曲》三十章，学臣汇置二等，诏试士子於钟山行宫，夜半奉特旨"二等之张道正一体召试，并与天厨之宴，圣恩优渥，前试未有，士类荣之，以贡生终。同时尚昌庐，廪生，二十二年，上《南巡万言颂》。

俞穆祖，字梦兰，优行增生，性孝友。弟早死，完全弟妇许氏节。幼读书颖悟，长益肆力於六经，而最深《毛诗》，注疏一一成诵，更参诸家之说，著《经解》二卷，纤悉详备，他如《公谷》《史》《汉》，无不研究，以故为文雄浑精悍，时辈惮之，家世讲求礼法穆祖，守父兄遗训，谨饬自持，子弟不率教者重惩之。曰："先人家法，稍贷则弛，杜渐防微，不可苟也！"岁饥出谷平粜，冬给贫民衣棉，族党告急无弗应。邻魏姓夫妇继亡，给棺为殓，并育其遗孤成立。生平片纸不入公门，足迹不履城市者数十年，其操守如此，时长於经学者谭孔训，字心得，号味吾，诸生，乡闱不售，课徒自给，为文主阐发名理，著有《易经解》，又王侃，字实涵，府学生，少师何义门，得经义正传，诗歌古文亦工，敏宿学者不能逮也。

俞怀祖，字月嵋，嗜古力学。弱冠，补诸生，旋食饩。乾隆乙酉贡成均，戊子领乡荐，两上公车，报罢。幡然谢归，生平以天爵自尊，不屑干进，当世益以此重之。安徽巡抚曹公延之西宾，后节制两江，复遣其子造门请谒，请假茅山道院，从之，受业试礼部，复以次截取知县，怀祖雅不愿近簿书钱谷，改教职，历任兴化、萧县、太平教谕，以实学课士，所至有声，著有《膑余稿》行世。文不名一格，要皆菑畬。经训柳子厚所云："不苟为炳炳烺烺者，怀祖有焉！"兄辉祖，字坦由，诸生，性刚介不阿，时好刻苦为文章，精制艺，金坛王汝骧称其文在章、陈之间，手定《金正希三集稿》。晚年沈酣《左》《国》《史》《汉》，骎骎入古。乾隆甲子乡试，同考官袁枚力荐其卷，与主司争之过急，因见摈，士林惜之。

俞宗洛，字步伊，六岁就傅，即颖悟绝人，自塾归。王母夜篝灯纺绩，则偎其侧，诵声琅琅，书声

---

① 辇毂（gǔ）：京师。
② 庚寅：乾隆三十五年（1770年）。

与机声相间也。闻者惊异之，年十八补诸生，名誉腾起。当时哲匠①如蔡寅斗②、沈德潜③皆折行辈与交。两君操选政襄校事，悉以委之，五十后，绝意进取，筑别墅於西湖，日奉父游宴其中，或与诸名流为文酒之会，著有《经济待问录》若干卷。又辑《古文蔚》《今文蔚》两种。子秉枢，字掌衡，诸生，局度静雅，屏居一室，左图右史，衣冠言动，望而知为真读书人，年八旬，同堂四世，雍雍如也，时有以乡饮宾举者，笑谢之曰："无硕望而盗虚声，吾不敢也。"人服其高尚。

赵一韩，字西翰，积学砥行，不为境累，饘粥不继，吟哦之声自若也。补诸生后益奋志，经济不务，为悦世之文，尝语生徒曰："读书将以致用也。时文雕虫小技耳，何裨实用哉！"守其道不变，坐是穷困以终。同时胡新法，字蕉园，岁贡生，博极群书，为文不落恒径，秋闱不遇，遂隐居蕉园，一意著述。成《蕉园宝》若干卷。子大幹，庠生，张存拙，字心濂，附贡生，淡於进取，设塾家庙，讲先儒孝弟之说以励族。所著曰《无之集》，今佚。又孙鹦，字炳章，诸生，品行高洁，弟子赵模举於乡，来谒时，勉之曰："水满则溢，月盈则昃，愿君毋意气自雄！"其为教谨严如此。

骆彝，字则庵，性冲淡，以奔竞名利为耻，少有嗜书癖，尝授经於京江左氏，主人藏书甚富，有楼五楹咸充积，彝课余辄披览，恒竟夕不寐，或假寐，及寤时，卷犹在手，其学业勤瘁如此，为文贯穿经史，浅识者莫能窥其樊也。乾隆庚辰恩科，入闱始为瑰丽之作，及观同号，皆钜篇，乃以三草投诸火，别为高古简淡之文，是科遂获隽，一赴礼闱不复北上，邑令林延为西宾，簿书钱谷，彝视之殊厌薄，遽归而陶情於诗酒，著作甚富，不留遗稿，盖视天地间无一物为我有者。宗人松崖，邑庠生，亦洒洒有出世姿，能琴工书，诗境萧疏淡远，入韦、柳一派。又骆堡，字璞岩，县令周应宿称其书法有绝人之姿，善饮酒，襟怀潇洒，自奉甚约，而施与不少吝。

王本涵，字伯渊，邑诸生，丰骨棱棱，见者敬惮，幼侍父读，即喜探古文家门径，七赴棘闱不售，遂屏弃贴括文，徜徉山水间以自娱。年近五十，日书功过格已十载，谓行此则胜气渐平，欲念渐释，与其弟本澄言之，他人不及知也。子三，季从愬，字圣功，幼聪慧，本函最重爱之，曰："此王氏佳子弟也！"乾隆壬子，举於乡。本澄，字景清，能文尚义。乙卯与修文庙、尊经阁。以诸生终。

骆琚，字征怀，号蓝谷，博览能文，年十五，见赏於督学郑鱼门，试辄高等，屡踬乡闱，已拟捐行人司司正，会郑公复视学江左，乃以琚文行荐於朝，廷试一等，授内阁中书，一充会试同考官，丰骨严峻，在京邸绝不投刺干人。公余，惟闭户赋诗而已。越数年，解组归，在官积禄悉以分润宗党，莳花种竹，萧然世外，县令林光照造访，初不纳，后知非俗吏，遂以诗交。琚诗境不求艰深，专以香山、剑南为宗，情致缠绵，尤笃风义，善视其师刘某，至老弗衰。刘卒，复为之营葬，厚恤其子。著述详艺文志。同族骆元芳，字芸坡；光曾，字雨帆；正明，字奉书。皆诸生。并以文章孝友称。

尚征进，字竹如，恩贡生，文行兼美，学使某赠以"桥门沐泽"额。芜湖县宰耳其名，延校试卷，所甲乙锱铢不爽，列前茅者无不获售，年五十铨选教职，未赴任卒。从弟征造，字启英，诸生，文名远著，以经术引掖后进，本邑暨他郡一时纳贽门下者甚夥。金坛许经畲，丹徒邓嘉缉，皆知名士，征造之高弟子也。师范至今，犹乐道之，更以文艺余间，精岐黄术。里中延者无不至，至亦无不应手效。

朱镛，字云鹄，一字筠谷，父垣，孝廉方正，自有传。垣兄塨，康熙丁酉举人，官行人。埱、堳、垍，皆诸生（并见前志）。朱氏自献醇起家科第，诸子束身古训，以经史道义相切劘，彬彬称盛。镛，濡染家学，弱冠负文望，补邑弟子员，善诗，工镌刻，精篆籀八法，手录书等身，屏居一室，旁罗古器物，盘盂刀剑，金石彝鼎，皆斑驳陆离。镛顾而乐之，为人嘻笑不苟有古谊，与人交，终始如一。阳湖洪亮吉，孙星衍，其契友也。时与亮吉友善者，又有王吉士、王廷俞、沈衣言、骆三奇、杨凤翔及镛侄潞，皆名诸生。潞，

---

① 哲匠：文坛名家。
② 蔡寅斗：（1694—1762），字芳三，一字建勺，号九宾，江南江阴人（今江苏江阴）人。乾隆丁卯举人。仕至国子监助教。能诗文。著有《九贤堂稿》。
③ 沈德潜：(1673~1769)，字碏(què)士，号归愚，长洲（今江苏苏州）人。乾隆四年(1739)进士，曾任内阁学士兼礼部侍郎。著有《沈归愚诗文全集》。又选有《古诗源》《唐诗别裁》《明诗别裁》《清诗别裁》等，流传颇广。

孝友，有传。

俞宗淇，字蓤园。十岁能文，游邑庠，旋食饩。嘉庆丙辰①贡成均②，居恒无书不读，名物之纤悉，义理之精微，老师宿儒所不解者，质之宗淇，无不原原本本得其指归而去。由是名益著，执贽门墙者常济济也。性至孝。年六十，事母许依依作孺子慕。许患溃痈，宗淇为之吮脓洗涤，皆亲任之，其接物不严，而肃寓规讽於谈笑中，使人味其言而绎其义，侪辈③中为所潜移默化者尤多。宗淇著作多不传，惟散见於诸家族谱中，多表彰人伦之言，读之犹令人气厚。

邹近鲁，字凫阳，岁贡生。目短视，幼裹书几案，读之，鼻摩纸一过而书熟，遂博通载籍，尤工制举文。初客扬州，肄业梅花书院，院长得其文，奇之，置前列，一郡大哗。既传颂其文，则又大服。近鲁貌古朴，青鞋布袜，於傋人广坐中，不知其为文士也。晚年授经里门，无志进取，手订宗谱，有义法。同时以文知名者，胡敬敷，字赞宸，家贫劬学，举嘉庆辛酉拔萃科，学使钱黼堂深器之。明年，廷试不遇，隐於廛市以终。近鲁族孙履祥，廪生，亦工制举文，砥廉砺隅，为后学楷模。家藏书甚富。咸丰六年，尽为营弁某焚毁，履祥不胜悼惜，遂抑郁以终。又邹谟、邹锡尧，皆诸生，有学行。

华之荣，字蕙山。以贡生选署如皋县训导。诸生来谒者，谆谆以敦行力学相懋勉。邑有兄弟不相洽，互讼学署。之荣委屈开导，动以至情至性，其人感悟泣下，讼立罢，暇则偕名流寻冒征君襄④水绘园故址，游徐司马霁峰园林，览胜赋诗，洒然自得，有终焉之志。如皋士人亦爱之敬之，惟恐瓜代遽及也。著有《漱芳楼诗集》，其诗专主性灵，而《军戍》《悯荒》诸作尤淋漓感慨，蔼然仁者之言，读者至比之少陵⑤《石壕吏》诸篇云。

李峦，原名谔言，字尊岳。嘉庆四年岁贡生，家世簪缨⑥，多藏书。峦少好学，虽严寒盛暑手不释卷，为文耻务时趋，屡踬场屋，遂绝意进取，益肆力於古。书法遒劲，诗亦清越，著有《淮南金石考》。弟德言，字绍闻，为诸生有名，早卒，妻陈氏守志抚孤。子元祺，字奉周，一字凤洲，甫十龄，能体亲心，绩学工诗，读书有异义，必博证群籍，晰疑乃已。咸丰初避兵兴化，年已七旬，犹与诸名人日事雠校⑦。寇靖⑧旋里，闭户著书，赖二子馆谷自给，故旧馈遗却不受，著有《佩文广韵汇编》，以岁贡生终。子依仁，字伯士。兴仁，字仲民。峦子本祺、中祺。本祺子纯仁，中祺子怀仁，皆诸生。

李川，字禹甸，母赵氏为邑孝廉赵模女，知书。川幼承母训，攻苦不辍，而天资英敏，年十三补诸生，未冠即食饩，文名藉甚，试棘闱辄不售。川慨然曰："此固命也！"遂研心医术，村居授徒，修脯所入则储为赠药之资。同里宣茂林，字树斋，家世业农。茂林，幼奇慧，力请於父曰："儿不愿耕，愿读。"父曲从之。由是锐志於学，甫弱冠，游邑庠，制举文，如天马行空，不受羁络。屡困名场，以教授乡里终。川同族元鼎，字占鳌。国栋，字樑臣。皆名诸生。元鼎工诗，得西昆体。

骆重恒，字子占，号芷余。父燕诒，兄重晋、重鼎，皆名诸生。重恒，幼颖悟，弱冠补县学生，为文敏速，科岁十五试九冠其曹，学使辛从益尤赏异之，尝面语之曰："吾久耳生名，顾何犹郁郁居此。"既又曰："真好秀才！剑气珠光，不终没也。生勉之！"名既重，从游者日广，修脯未尝计厚薄，贫者反攸助之，尝慨慕古人讲论之风，谓足以恢宏道德，蓄养经纶，然独不喜魏晋间人及明东林诸君子，每知县至必造访之，一报谒即退，无私语也。与同邑王瀚为道义交，谈笑竟日。虽极欢，无戏谑语，亦不及他人长短，貌端严，衣冠朴素，不轻出户庭，每日定省外，即趋书塾，与诸生讲习。父兄偶至，起立垂手，俟去数十步始就坐。

---

① 嘉庆丙辰：嘉庆元年（1796年）。
② 成均：古代的大学。
③ 侪（chái）辈：同辈。
④ 冒征君襄：冒襄（1611—1693），字辟疆，号巢民，一号朴庵，又号朴巢，江苏如皋人。明末清初的文学家。
⑤ 少陵：杜甫。
⑥ 簪缨：古代达官贵人的冠饰。后遂借以指高官显宦。
⑦ 雠校：校雠，校对文字。
⑧ 寇靖：贼寇肃清。寇：指太平天国军。

著有《爱吾庐诗集》。瀚字隽江，亦诸生。重恒子道腴，才质亮特，命从其高弟田志莲学，寻补县学生。族子懋修（见忠义传）、懋功及同邑王澄皆从重恒学，为名诸生。澄字秋潭，不苟取，与训徒严肃，有古人风。

骆岐，字是西，天资朴诚。甫弱冠，补诸生，博览群籍，文得先正法，性廉介，耄而好学，年七十九犹能於灯下作蝇头小楷，著有《读史管见录》。子抡元，字体仁，年十二即见赏於学使汤文端公金钊，擢以冠军，乡闱六荐不售，意豁如也。性至孝，临财尤慎，乡人某与弟争万金产，闻抡元与杨令凤翩最善，奉百金为寿，托为关说，拒不纳。翌晨固请，已托故远避矣！杨以是益重之。抡元子四，惟仲氏家驹为最著。家驹，字子和，廪生，幼事父母以孝闻。粤逆之乱，家产荡尽，独能处之怡然，弦诵不辍，弟天驹殁，遗子二，俱幼，抚育怜爱过於所生，一旦炊烟不继，泣然曰："吾妻子可馁，奈何使侄辈受饥乎？"贷於邻以食之，性廉正，董地方公事二十年，人无间言。

杨一苍，字明周，太学生，幼聪悟，读书昕夕不倦，祖母死，一苍年甫十一，哀号之余，更多方慰解其父，时人有江夏黄香之誉，以祖父多疾，研究岐黄之学，遂工医。里人有延者，虽昏夜无弗应，给人资不受券，约性淡泊，不乐仕进，慕曾南丰①之文，心摹而手追之，以其醇厚近道也。爱藏书，所著有《读书鉴》四卷、《遗厚录》二卷，《书传古文》百七十一篇，尝谓其子曰："《大学》以修身为本，《书》云'慎厥身，修思永'，汝其勉之！"子二，长骧，"儒行"有传。次骥，诸生，能诗工医，有《金陵咏古诗》三十首，脍炙人口。

王良雯，字瘦山。幼读书，过目成诵，年未冠，五经、四子书瞭如指掌，於《漆园》《南华》尤有心悟，居常呻唔不绝口，时方尚六朝艳体，雯独镕经铸史，捃撷②《史》《汉》，以控驾齐梁上。道光乙酉③科，领乡荐。明年，赴春官不售。旋丁外艰，客维扬，借授徒自给。辛卯④欲北上，亲友以窘於资斧尼⑤之，雯奋然曰："试固贫，不试岂遂富耶？"裹粮走京师，五载不归。馆侍读某公家，乙未⑥廷试二等，授南陵教职，未赴任卒。年才三十有二。

王颐，字芝轩，邑诸生。父煁，工文章，有时誉。颐为人豪放，善饮酒，不事生人产。先世藏书甚富，枕藉其中，昕夕⑦披览，诗兼众体，上自汉魏六朝，下逮李杜高岑元白⑧，旁及宋元有明，靡不⑨得其流派，性之所近，无日不饮，饮辄醉，醉后诗兴益勃发，不可遏，手舞足蹈，几不知天地间复有何事可乐，遇戚里里中有庆事，宾朋满座，颐至，绝不作寒暄语，惟强之谈，诗人无不掩口笑，而颐若弗知也者，其风趣如此。然以不善治生，故家日落，遂为童子句读师，晚年两遭乱离，境益困，其侘傺⑩无聊之慨，一发之於诗，所著有《芝轩集》。

王嗣焜，字恋南，邑廪生，博涉经史，天性纯厚，尝馆於苏，夜课读，父母唯其疾之忧，题文弟子某诵声不中节，教之循声，而读时花影垂地，明月在天，一庭无哗，万籁俱寂。嗣焜孝思激发，顿挫抑扬，音节酸楚，不觉声泪俱下。於是先生泣，弟子亦泣。诘旦，遽买舟归省，与昆季友爱无间言。堂上膳羞药饵之资，皆身任之，不以累诸弟也。以是为经师垂二十年，略无私财，年四十八卒，子家麟，字玉书，

---

① 曾南丰：曾巩（1019—1083）字子固，宋南丰人。宋仁宗嘉祐二年进士。官至中书舍人。为唐宋八大家之一。著有《元丰类稿》。

② 捃撷：摘取，采集。

③ 道光乙酉：道光五年（1825年）。

④ 辛卯：道光十一年（1831年）。

⑤ 尼：阻拦。

⑥ 乙未：道光十五年（1835年）。

⑦ 昕夕：早晚。

⑧ 李杜高岑元白：李白，杜甫，高适，岑参，元稹，白居易。

⑨ 靡不：无不。

⑩ 侘傺：失志。

诸生，能以文学世其家。

宋基堂，字厚庵，邑诸生，性高简，廉隅自持，家无儋石储，而书声琅琅，甚自得也。为文工敏，尝以竹筒置诗文，题於中，每晨拈其一而出购薪米，比返即成，与邑人陈善同见赏於周系英学使。陈善，字继之，廪生，能文工诗，品极严重，后进仰如山斗。子煊，幼嗜学。甫冠，食上舍。惜年未三十殁。时学行端粹者潘旭，字寅初，纯谨不逾绳墨，尤慎临财。朱孝磬，性矜慎，不苟取与。事亲以孝闻。黄毓，清洁自守，子森好学能文。朱焕，品行端方，为士林师表。沈宝善，持躬谨饬，文有经术气，士林推重。旭子金恩，廪生。金恩子同，制义雄视一时，屡荐不售，以恩贡生终。著有《芸香馆集》。

王振修，字梅生。道光辛卯科顺天举人，善属文，不为流俗所可，屡试不售，性孤介，不理於目，故遇益啬，而不屑不洁，泊如也。戊戌居京师，谓人曰："若薄一飦粥以养亲赡家，人获免冻馁足矣！进取非所计也。"榜发复黜，归里门而其父先逝，振修抚棺擗踊，痛不欲生。妻龚氏凤贤且孝，家屡空，振修未归，私贷邻妪以供薪水，冀其归而偿，如是者三年。比振修返，蓬梗之余，身无长物，龚既不欲以俗累，重其忧而又赧於责者，即自缢，振修廉知之，痛悔欲绝。无何，母又逝，遂以抑郁终。邑人陈立有哀辞曰："翳兮王君，淑厥躬觐兹百罹胡不庸。君之先叶累厥德，洵后必昌。惟君特有集，惟鹏乃身丁。桐軿逆旅，蒿宫营殃。庆余兮曰弗爽信欤否？欤天胡罔。"

张庆闱，字秀升，号公轩。道光辛巳科副贡生，性沈潜，博极群书，有手辑《易知文范》《经义纂要》《诗林集腋》十数卷。子二，长钧，字运衡，增广生，事亲孝，继母赵病，侍汤药，污秽之具皆自涤之，制艺与张晓楼为近，家居训子课徒，不求进取，弟子知名者甚夥。会岁试，同学某冀得首选，求其文，许白金五十两，长钧曰："日有食，夜得寝，焉用此为？"却之。其方正如此。长鉴，字涵江，道光甲辰恩科举人，精熟《左》《国》，行文有浑灏流转之气，书法挺秀，得褚河南遗意，自谓用力三十年。子彭，字小涵，附贡生，亦以善书名。

石泉，字紫岩，一字子厓，邑廪生，学识渊雅，留心风教，曾偕邑人采访节孝，得汇旌甚夥，又以道光间叠经水灾。赤山湖为水利大宗，积久淤塞，非疏浚不能纾民患，辑《赤山湖志》四卷。泉於艺无不工，诗法唐人，山水得云林大意，善篆隶，赤山"戞玉泉"三字其手书也。家甚贫，而骨秀神清，萧然不为境累，所居近甲山，山之巅有如椀如盏如盘如瓮者，大小十六泉，水味极美，暇时招名流觞咏其中，尝有句云："中泠第一毗陵二，忘却家山十六泉。"其逸趣可想矣！江宁端木侍读埰狷介①，慎许可，独与泉为神交。咸丰三年间，省垣失陷，谓家人曰："桑梓之祸从此始矣！"自是忧愤成疾，三月卒於家。同时以风雅名者周源，字达九，工诗词，善奕，尤长於书。朱璞，隐廛市而好读史，其坐卧处四围皆书籍也。阮文达亟赏之。倪良珍，字席儒，廉静寡欲，年二十余，妻亡不取，治家有法，精诗善奕，著有《奕余集》。

朱纮，字儒范，邑诸生，博极群书，务讲根柢之学，於天文易说尤有心悟，制艺不落时蹊，遇后进必详询所治何经，并笺注家姓氏，空疏者恒走避之。家近空青、武岐，极泉石之胜，暇日登山临水，或周视田野以自娱，而形貌古朴，绝类村氓，见者不知其学问渊邃也。丹徒曹某有时誉，馆朱氏之祠，耳纮名欲见之，不可得。一日，避雨檐下，破笠敝衣，仆以告曹，即肃衣冠延至馆，纵谈竟夕，曹大惊服，自以为弗及。家饶於资，藏书颇富，皆毁於兵燹。子孙亦无有世其学者。

孙守勋，字铭常，诸生，父世泰，博雅人也。著有《霞山集》。守勋於书无所不读，尤留心本邑掌故，遇忠孝节烈可泣可歌事，随笔记之，久之成帙。诗工古近体，然不轻作。堪舆、医学皆精，四方以书币相延者无虚日，意所不乐，虽千金不一顾。建北极阁於卢君观，以振东阳文气，时人为之语曰："地理真东阳！"孙其声望可想矣。著有《映雪堂集》。《金陵待征录》多采之。

凌庆纶，字佩言，工文章。躯干奇伟，学使祁隽藻极赏之，曰："凌某诗文内秀，不类其人。"性戆直，以中酒忤学师张履，脱诸生籍。张长鉴之北上也，谒祁公於京师。甫坐定，即询庆纶近状，长鉴以实告。祁公大惊异，曰："为我寄语张君，勿践踏名下士！"庆纶既郁郁不得志，用课徒自给。张孝友、王大猷，其高弟子也。孝友以诸生殉难，另有传。大猷，字升之，廪生，工制艺。庆纶子长珽，字范之，道光己

---

① 狷介：正直孤傲，洁身自好。

酉科副举人，诗赋华赡，长於讲解。时以制举文称於世者，袁广治，贡生，年貌不逾中人，而文章豪纵，凌轹一切，以屡困名场抑郁以卒。

王焕奎，字紫侯，少失父母，依从兄成立，奋志读书，补诸生，为文朴实，说理不貌，为彪炳之观。其课徒必本已所致力曲折层累之数以昭示，故出其门下者尚存先民矩矱，植品端方，有以色诱者，奎正色拒之。平生无过举，年七十犹好善不倦云。子嘉贞，字景张，恩贡生，性浑朴，喜排难解纷。襄办地方公举，勤慎小心，会选用教谕，未及履任而卒。

骆崇禧，字鸿祉，号雨香。父道南，字希言，为诸生有名。崇禧生而颖异，腹笥便便，弱冠补县学生，旋迁中舍，嗣以蹭蹬棘闱，遂屏弃贴括，专肆力於有韵之言，下笔排奡纵横，苦心烹炼，卓然名家，邑侯王检心激赏之。咸丰三年，发逆南窜，以办团练功保加同知衔，既贼氛甚炽，中间走苏常，客豫章，扰攘烽烟，道路梗塞，乡关之念，一发之於诗，至是境愈穷，诗亦愈工。同治甲子省城克服，曾文正驻节安庆，崇禧由江右归，道过皖江，上通筹六策，文正深加赏异，拟留参机务，崇禧以桑梓新复眷属无耗辞归，归则室人无恙，会犹子文龙又自贼中逸出，骨肉重聚，殆天幸也。明年，计复谒文正於金陵，适旧友杨廉访子穆延为西宾，不果。初，省垣之失陷也，白下诸名流云集句容，如姚兆颐、魏赓元、傅遇昌及邗江唐锡科、池阳徐士怡、同邑曹政修辈，文坛争胜，旗鼓相当，而群推崇禧为盟长，虽军书旁午，一时文酒之会称极盛焉。卒年五十九，著有《雨香馆诗草》七卷，删存四卷。弟崇祺，字永之，亦诸生。

曹政修，字敬可，一字梅生，幼聪颖，博览群籍，年十四补诸生，家丰而处约，尝自嘲云："破我悭囊只有书！"稍长，喜攻诗。咸丰癸丑，发逆陷省垣，白下诸名宿流寓於句容者，政修与之把盏联吟，殆无虚日。丙辰城陷，挈眷与骆崇禧同寓吴门。薄暮，二人醉倚虎邱石上，论诗洽意，则鼓掌狂笑，见者以为癫。逾年返里，庚申城又陷，政修避贼居茅峰下，贼游骑猝至，配徐氏骂贼不屈死最烈，另有传。政修既免，旋渡江寓盐城之丰湖，凡所历之艰难悲愤悉洩诸诗，而诗益工。同治纪元，政修殁，年才二十七，身后仅遗弱女，著有《梅生诗稿》一卷。

纪丛筠，字竹伍，邑诸生，举止娴雅，能诗工医，性笃孝，侍母疾，目不交睫者数月，与兄丛柱，极友爱。咸丰癸丑二月，粤逆踞金陵，连陷镇江，邑人笪熙倡办团练於茅庄，时丛筠在座，义气激发，援笔为启，其略曰："国有常刑王法，无不伸之理，人思自奋，匹夫有必报之雠。"又曰："方今钦承巽命，占协师贞，释北阙宵旰之忧，用殄蠢类，解南国倒悬之困，无犯秋毫，定能灭此朝食，迅奏肤功。"云云。著有《蔬香斋诗稿》一卷、《瘟病辨》四卷。丛桂，字小山，庠生，亦工诗。时擅诗名者又有袁隽华，字峻山，诸生，著有《绿荫山房稿》。里人赵清浦拟梓之，未果而卒。清浦，亦诸生。

王洪嘉，字金章，美风仪，议论英伟，天资敏捷，经史一过辄了了，尤精《小学》《说文》《尔雅》等书，莫不挟拾靡遗，文章华赡，每一艺出争传诵之。洪嘉既数困名场，又值粤逆之变，迁徙飘泊，其抑郁无聊之思多见於诗歌，有询及时事者，即瞠目不语，未及以诸生终於家。同时精《小学》者杨乃霖，字雨田，廪贡生，侨居如皋，品行端粹，学问渊雅，所著《尔雅余义》，足补郝懿行所未备，其他著述甚夥，皆未成书而卒。

尚兆山，字仰止，邑廪生。父德明，诸生，能文工医，著有《迎恩记》。兆山家贫而学邃，授句读江宁，肄业惜阴书院，汪助教士铎深赏之，尤嗜金石，力无以致则数数裹粮走乱山中，扪葛剔藓，求之荒崖断壁，若墟墓间泐蚀所余有字画可辨识者，辄手搨焉。於茅山得颜顬"叠玉"二大字，於摄山得江总明征君残碑，字皆出以饷，所好同辈诧以为奇，以是恒衣敝履穿，面目黧黑，望之癯如也。能绘事，所撰箸称之。

姚琳，字子珍，增贡生。父景扬，绩学士也。琳幼口吃，刻苦为学，遂通诸经，尤长於《左传》，善属文，家固贫，会发逆之乱，境益困，断炊者数矣，伪官某稔其才，欲浼作书记，力辞不就，语人曰："宁饿死，肯从贼取富贵耶！"肃清后，授徒里门，稍能自给，顾壹意奖借，孤寒修脯无所计，以是为经师垂三十年，自奉甚约，而家无余财。江宁府知府李廷箫耳其名，撰联句赠之，推为士林师表。琳之为人性情平易，而风格端凝，胸境坦夷，而言语迟钝，晚年多病，犹复资帖括，糊饘粥，自署斋联云："多藏药物难医老，贱卖文章莫补贫。"纪实也。卒年五十七。

田上庠，字书楼，邑廪生。志莲子。性孝友，能文章，笔气清刚隽上，为流辈推重。咸丰间，被贼掳，不污伪职。流离琐尾中，赋七律三十章，音节悲壮，入杜陵野老之室，乱定，上书荐而弗售，未几，丁外艰，以毁卒。弟上士，亦劬学敦品，与上庠相继殁。

张源，字竹亭，号涤川，岁贡生，性聪颖，善记诵，数千言走笔立就，皆晓畅可观。家贫，饘粥不继，高诵秦汉人文学，琅琅达於户外，为人诚悫无城府，衣履阘敝，边幅不修，虽市井负贩引共晨夕，视富贵人亦了不异，尤喜任事，成败毁誉置度外，其言与行与文皆坦率胸臆，动辄见嫌於人，退无几微怨悔。晚年偃蹇家居，竟以贫死。从弟鸿，字兆周，优廪生，幼读《后汉书》，慕陈实、黄宪之为人，以激励薄俗为已任。遇故旧之急，缩衣食周之，无吝色。又研心宋儒性理之学，课徒外，惟闭户危坐而已。

秦雨霖，字时若，幼孤家贫，六龄入泰州某寺为僧，师甚爱之，使就外傅，读资极慧，不数年徧诵诸经，兼习贴括之学。居无何，师卒，走归里门，遂返儒，服应童子试，学使黄体芳激赏之，目为句容翘楚，雨霖既补诸生，贫益甚，为句读师自给，性冷峭，非其义一介不取，诗工近体，中多幽怨之音，读之如嫠妇夜啼，其友某得其诗，叹曰："雨霖其不久乎！"未几卒，年四十二。①

续纂句容县志卷九中一终

---

① 李按：句容知县丛大为、葛翊宸是《顺治句容县志》的编纂人。《句容张氏族谱（张眃楼等纂修）》一卷有：《张氏纂修族谱序》（文登丛大为撰，句容令）："余以事去华阳之次年，再憩崇明旧寓。诸荐绅衿佩过从者咸殷殷道故。张子履吉因出其所纂族谱属余序。余羁旅之人也，焉能文。不数日而病，偃卧榻间，乃命小奚取而展阅之。既卒业而叹曰：谱之作，盖可忽乎哉……大清顺治戊戌秋八月上澣之吉。"六卷有：《思冶张先生瑞菊一律》（文登丛大为）：金芝常五色，玉树亦多姿。不谓篱边种，别开物外奇。连枝交滟艳，疏采动藏蕤。隐德征人瑞，遗芳应在兹。《张思冶先生瑞菊诗十韵》（古虞葛翊宸）：秋风欲破一枝寒，竟吐香姿篱下看。鹍莺乱飞疑碧落，玉环双坠倚阑干。但供靖节歌吟老，就剪唐塘点缀难。天上绣成云彩错，树头谱出画图般。露垂湘水啼红竹，月映长门试素纨。直笑桃花无媚力，才同松子见清欢。色评高士迷诗眼，景入幽怀对酒宽。几干奇葩征国瑞，十年妙笔尚泥蟠。蒸菌异采芳犹在，博物英声志不刊。花意发挥原有种，方知草木是琅玕。据《宝华山志》（释德基）有："《宝华山志序》：地有以一人兴、以数人而尤兴者，崛起之贤创业於披荆斩棘不敢自谓可久，而继美者率皆神明相与兢兢恐坠厥业，故能永迓天庥、保世滋大，历弈祀而可以常新，惟山其最著矣……康熙岁次庚午九月朔日，文林郎知句容县事、三秦、法弟白良珰义章氏熏沐拜撰。"

据《宝华山志》（释德基）七卷有："《宝华山隆昌寺蠲免杂差碑记》：江宁府管粮监兑督造省卫漕船同知、加一级、摄理句容县事姜为恳恩勒石以垂久远事……摄理县事姜承基，县丞高自谦，典史曹戡定。"据《乾隆句容县志》七卷："（康熙十七年）句容知县：温而厉（清原人，拔贡）；教谕：林翘（宁国太平人，举人升知县）。"

续纂句容县志卷九中二　　　　邑人　张瀛　分纂

人物（武功）

　　吾句容群山环绕，雄奇挺特，间出将才，有明巫征虏之镇辽东，纪僖顺之守宣府（巫凯，宣德时以总兵佩征虏将军印，纪广，景泰时守宣府，有功，卒封溧阳伯，谥僖顺，均见前志），羌寇寒心，边民安堵。尚矣！国朝承平，起家率举，偏裨奉檄，犹奏奇功（如凌余双、王应洽辈）。迨咸丰间，兵弄潢池，一二乡邦英杰，结团起义，戮力从戎。锐攻坚迭膺懋赏，罔罗战绩，用续武勋，若夫蹈义死绥，一瞑弗视，另载忠义，兹不复赘。

　　凌余双，字翼鹏，乾隆癸卯科武举。历任瓜、滁、江、六等营千总，升江宁城守右营守备。初任浦口营时，宿州有贼匪滋扰，余双奉提，率众往剿，咸就擒焉。凯旋行赏，盛蒙奖励，而余双顾处之若素也。嘉庆十二年，六合大荒，知县杜念典禁粜，有商米数十艘泊河下，饥民登舟击之，舟倾米覆，几断河流，商诉诸邑令，令随往视，饥民相聚，殊无忌惮，城内外喧声震沸，余双急赴河下晓谕拊循，其众始定。翌日，择其尤桀骜者责惩示众，随劝商减价赈恤，民赖以安，至今犹歌诵，其德不衰。御下宽而有礼。惟教子独严，四子相继登科。渭滨，其兄也。友于弥笃，以己官为兄请封。寿七十有六，精神犹矍铄，论者以武备而兼文德云。子庆元、庆华、庆鳌、庆桂。庆桂见忠义传。庆元，字体乾，嘉庆庚午科武解元，初任江宁督标左营千总，洊升守备，历任金山营守备，以督修海塘功保加都司衔，擢署本营游击。庆元，射艺绝精，植刀於百步外，失五发叠穿刀環而止。庆华，字祝三，与庆元同科武举，历仕至靖江营守备。庆鳌，字冠山，中嘉庆丙子武举，初署江苏全省塘务，洊署靖江、平望、福山千总，升署本营都司，历任金山守备。罢官归里，优游泉石，值咸丰间寇乱，十年城陷，被戕於神符邮。见忠义表。

　　王应合，性孝，尝割股疗亲疾。奇伟有勇略，从和硕安亲王征虏，积功至岳州守备，屡奉檄剿贼，亲冒矢石，所在削平，疏请叙功，擢淮安都阃。

　　郑长青，嘉庆丙子武举，初授高资把总，胆略过人，在任捕盗，屡立奇功，历任靖江、瓜洲、江阴守备，擢高资都司。道光丁酉，殁於营署。子天彪，以武生投效，任高资额外牌湾外委，升高资把总，以捕盐枭功迁上海千总，署太湖守备，补瓜洲守备。

　　陶茂森，字威雄，广西宾州人，以祖籍江苏，后改归句容籍。咸丰元年，投效隶广西提督向荣部，领提标仁勇，剿捕洪逆。次年，贼窜湖南等处，跟踪追剿至湖北，转战江南，拔补云南顺云协右营外委，历年克服诸城，叠经钦差大臣向荣、江宁将军巴栋阿、两江总督怡良、广西提督冯子材、京口副都统魁玉，均以谋勇兼优、勤劳卓著洊由守备奏保拔补至广东罗定协副将，续於十一年四月奉旨补授陕西延绥镇总兵。同治四年莅任。八年丁艰，回籍。光绪五年，闽浙总督何、福建巡抚李、奏调改归福建补用。咸丰三年之剿贼江宁也。茂森偕参将张国樑进营七瓮桥。四年七月，贼由洪武门突出数千，我军纵击斩馘数百，贼窜回，旋於朝阳、太平二门分左右来扑，茂森奋勇，首先陷政，诸军乘之，贼大乱，俘戮三千余，获伪丞相谭应桂。九月随副将张国樑进逼雨花台迤东贼营，贼抵死坚守，屡攻不克，茂森阵伤左足，犹裹创力战，直捣雨花台，连破贼卡六重，焚毁木栅，铲贼垒二，毁炮台一。七年五月，收复句容，总统张国樑率茂森追贼於汤水，与总统前后夹击，杀黄衣贼酋一名，红巾悍贼数名，斩级千余。六月，茂森驻军汤水，助民团设卡於大小赤堰（即古翻车岘）及拖石冈诸隘，难民依之者，众贼不敢犯。九月，捻逆赖汶洸拥贼数万，由河北图援镇江，茂森击走之。十一月，镇江败贼回窜，茂森急出拦截，民团继之，擒斩无算。十年正月初九日，张总统督茂森等进薄浦口，沿堤贼垒九洑洲出悍贼来援，诸军分头痛击，贼首尾不相顾，茂森鼓勇先登，共平贼垒八，卡十余，斩首千余。初十日，遂合兵攻九洑洲老巢，纵火焚其穴，死者数千计。其在延绥镇也，同治六年四月，绥德州回匪吃紧，仅带标兵数百前往防剿，大小数十战，亲冒矢石，受伤多处，回逆卒平。其调福建也，以茂森常历烟瘴之乡，水土能服，檄委统领台湾各营，安抚民番，茂森给番农器牛种教以耕耘，书籍笔札教以诵习，其不率教者，绳之以法。渡台数载，开诚布公，恩威并济，卒之日，番民数百哭於营次，至今犹设位祀之。弟茂鸾、茂凤，均广西提标千总。咸丰间，贼酋陈永秀、黄金亮纠众围攻桂林，茂鸾奉檄赴甘棠渡，堵剿贼众，兵单失利，阵亡。茂凤被围，奋力杀出，带伤病殁。

笪熙，字庶咸，御史笪重光裔。少读书未遇，以监生捐布政司理问衔，性廉直，秣陵镇质库延主管钥。咸丰三年，粤逆陷金陵，伪谕商民纳税，熙独抗议结团以拒，俄贼目十数骑至某典，索洋银（贼呼花边），司事以首饰进，贼大怒，叫呶拍刀以胁，熙领数十人挞其门，门者曰："贼逼辱，我执事，公勿入！"熙诡曰："吾谙贼，特来援颊。"门遂阖。熙自忖贼恃洋械，若入必受创，俟其门而歼之，令门者报"外有人"。贼出，连刃其三，余仓皇匿，熙入尽搜杀之。有壮士横刀至，叹曰："惜吾独后，不获快吾意！"由是熙杀贼之名播传远近。金陵贼闻之，欲屠秣陵，熙募赀制器械，筹守备，适向公荣统师至，驻军淳化镇，熙投营献策，输军械三千，向公赏异，委办秣陵关、天印山（即方山）两处团练，带丁助剿，未几，贼窜高资，距熙里一舍，熙辞返，与族举人笪佐尧、同里诸生张孝友、施廷瓒辈，练丁捍卫。六年，贼氛甚炽，江宁知府郑济美稔熙有勇略，饬知县赵廷铭谕熙总办九十六邨团练，入城防堵，五月，向营溃，大军退守丹阳，贼众猛扑，熙奋力抵御，不克，城遂陷。贼蹂躏东乡，熙截击十数次，阵亡勇丁三百余名，势不敌，遂於七月诣丹阳大营乞师，总统张国樑令营官王义章为前锋，率师三千助剿，总统亲督大军继至。八月十九日，甫抵唐冈铺，熙连日在虎耳山剿贼，贼稍挫。至是英逆挟伪丞相三，贼十余万蜂拥东下，熙军於虎耳山侧被围数重，正危急时，王义章驰至，张两翼以蹙之，势如风雨，熙与夹击，遂溃围出，贼死咋不退。总统督诸将张玉良、戴文英、冯子材、马金达等三十余营分投痛剿，贼始败遁，追至太平庄。自是熙每战必与，凡大营筑垒、挖濠皆熙集团丁以应，俾总统全力专注，而大营始能再立。两江总督怡良特奏嘉奖。七年，收复县城，以功叙补从九品，赏戴蓝翎。十年，城陷，民团尽溃，熙诣扬州，谒常镇通海道乔松年，委带长江水师小龙炮船巡防泰州一带。同治二年，镇江知府师荣光委熙募勇五百名，以资防御。熙散六百金，济焦山难民。三年，江宁肃清，熙禀制府曾公国藩给银三千，赈本邑难民，历保至四品花翎，候选同知。熙团练时，延湖北朱飞熊、金陵汪汝桂、族人笪于贵教团丁技勇，坐作进退之法。捐项支绌，则出家财以济，倾箧倒困，无吝色。能诗善奕，尤精青乌之术，所至争迎，不以富贵介念，及卒，不名一钱。笪广钷，字坚远，监生，教谕张履尝称其悫直，襄熙办团有功，议叙八品。笪名城，亦以襄团劳候选县丞。

蔡永清，字兆元，武生，为人强直。遇事能断，乡里赖之。二十里内无讼事。道光季年，水灾办赈，民得其实。咸丰三年，粤逆由武昌陷金陵，县境戒严，而永清父子遂殚心军务，邑北为宁镇往来孔道，提督余万清驻军下戍之城门冈，以遏贼锋，兼保治北门户，永清所居近营，又素有义声，以故军装粮台均置其家，军中增垒浚濠诸役，咸赖永清派丁以应。子庆华，亦武生。长躯伟貌，举止端厚。随永清诣营，年甫弱冠。余万清一见即器之，目为好后生。既而江南军平高山庙贼，余军移驻京岘山。庆华随佐戎募，且有胆识。七年，克服瓜镇，保永清父子六品军功，后叙修长濠，绩加五品职衔。先是向公荣筑长围於孝陵卫以困贼，和春继修之，至十年，大营溃，句容遍地皆贼，奸民王应龙为伪监军，肆行无忌，眦睚必报，复尤切齿於蔡氏父子。一日，庆华由京岘山归，饮友人曹峻宅，忽有自门隙窥者，庆华心动，急推杯逾垣走，俄顷人声喧沸，应龙已率众围曹氏宅矣。庆华夜逃山中，获免。贼平后，官军钉应龙於县城门，死寸磔其尸，时人快之。同治五年，两江总督李鸿章檄"查无主之田归官"。永清父子禀於大宪曰：

"从逆王应龙恃贼伪符，荼毒桑梓，虽天网不漏，小丑伏诛，而戴公山下有田一区，允宜籍没，用垂世戒。"大宪许之，将其田没入江宁昭忠祠。复清后丈量田亩为当务之急，庆华督理其事，而民不扰。江宁布政使李宗义嘉其能，赠以"好义急公"额。初，永清之办公也，赵廷铭奖以"德隆望重"额，论者谓可与其父媲美云。

董永胜，同治元年在上海投军，当江南提标营炮勇，打仗奋勇。四月，曾提督给赏六品军功。二年二月，随上海军解常昭之围。三月，克太仓。四月，克昆山新阳杨舍汛。五月，剿江阴、无锡界。先后七案有功。江苏巡抚李鸿章拔补把总。七月，复随上海军毁太湖贼营，逼苏城并攻江阴，复枫泾镇及嘉善之西塘镇。十月，克苏州城外贼垒及浒墅、虎邱，遂克苏州省城。十一月，克浙江平湖、乍浦、海盐、嘉善、平望、张泾汇各城镇，历次血战，解围出力。李公鸿章奏准，奉上谕"着免补千总，以守备尽先补用，并赏戴蓝翎，钦此"。三年正月，随统领鼎字全军、山东按察使潘鼎新，克复宜兴、荆溪。二月，克复溧阳，解江阴、常熟围。三月，剿杨舍等沿江贼垒并剿金坛窜贼。四月，攻克常州。五月，收复浙江长兴。叠次血战有功，署两江总督李公鸿章奏准，奉上谕"着免补都司，以游击尽先补用，赏换花翎，钦此"。七月，由苏军分带炮船，援浙江，克服湖州并克晟舍及泗安贼垒。遂抵皖，克广德州。四年三月，赴闽助剿，力攻漳州、漳浦等城，克之。李公鸿章奏准，奉上谕"以参将尽先补用，并赏加副将衔，钦此"。永胜忠义奋发，精悍绝伦，大小百余战，辄肉薄先登，不避炮弹，故能破坚披锐，所向有功。

王有才，同治初元，投镇江军，隶提督冯子材部，以守镇江及克丹阳等城功洊保至游击，复隶督标新军统领提督易致中部。光绪中，管带新军后营，驻防县城，缉枭补盗，颇著能声。

施贞文，字炳如，白兔镇人。咸丰三年，由廪生襄办团练。七年，克复县城。两江总督何桂清、江苏巡抚赵德辙奏准以县丞选用。同治九年考充咸丰乙卯恩贡，改捐教谕，未选授卒。贞文当练丁时，年少气盛，指挥民夫浚濠筑垒，未尝稍误。为向、张二公所赏识。同治四年，因事蹉跌，开复后，遂就平实，年七十，追论投笔从军，倥偬戎马间，尚觉英气勃勃。

朱立斌，仁信乡人。咸丰十年，由武生投楚军右营，充当哨长，转战有功，统领秦镇军，历保至尽先守备。同治五年，署永绥营都司。未几告归。居乡二十余年卒。立斌性忼爽，通文翰，博览群籍，兼谙星相医卜之学，而堪舆尤精。晚年授童子句读，呻唔於竹窗茅舍中，恂恂粥粥，见者疑其为村学究云。

王乾仁，琅琊乡人。咸丰十一年，由武童投效楚军。同治元年，随攻浙江发逆，由开化转战而前，叠获胜仗，先后克服遂安。援剿江山、肃清衢郡、督办军务、浙江巡抚左公宗棠赏给六品军功。二年，克服金华、汤溪、龙游、兰溪，及肃清浙东各郡县，大小数十战，均异常出力。闽浙总督左公宗棠汇保"免升把总，外委以千总尽先补用"。三年，克服武康、德清、石门、孝丰、安吉、湖州各城，首先登城，杀毙悍贼多名，生捡一名，夺旗数手。左公汇案保奏，奉上谕"著以守备尽先补用，并赏戴蓝翎"。四年，克复漳州、龙岩、永定、南靖、平和、漳浦、云霄、诏安各府厅州县城池，并攻拔贼垒。击退悍贼，截剿窜贼，肃清全闽，每战必先，手刃悍贼甚夥，共夺获战马三匹、伪印一颗。钦差大臣调补陕甘爵督左公宗棠汇保，奉上谕以都司尽先补用。五年，克复广东镇平县及嘉应塔子輋大捷，歼除首逆，收复州城，截剿发逆，全股荡平，尤为出力，首先冲锋，先后共刃悍贼数十名，生擒贼目一名，夺获黄旗四手、马一匹，汇保奉上谕以游击尽先补用。六年，随同攻剿陕甘回逆。七年，克复绥德州鄜州马栏镇、云岩镇城池，攻克桥扶峪三不通各处贼巢，收复宝鸡县城，击退悍贼，截剿窜匪，肃清腹地，尤为出力，擒斩悍狪甚多，夺战马二匹。西安将军库公、陕西抚院刘公汇保以参将尽先补用。八年，攻克老崖窑发逆巢穴，擒斩首逆袁大魁，截剿将台普罗窜狪，攻拔董志塬狪逆老巢，战功尤著，夺获战马、军械无数。左、刘、库三公保奏，奉上谕以副将留陕西尽先补用，并赏换花翎，拔补恪靖马队哨官。在甘肃庆阳府一带攻剿狪逆九年，因历年身受鳞伤时发时愈，请假回籍休养。光绪元年，仍赴甘肃大营当差。五年，因旧伤遍发乞假，在肃州医治，遽以伤痕溃裂，溘然而逝。藁葬肃州城外江南义冢。是年，左文襄公节制两江，准乾仁嗣子禀报，恩恤如例。乾仁之告病还里也，欲归标休养，降补微官，长依先人庐墓，而囊橐垂罄，无力夤缘，竟以违例见屏。乾仁奋袂而去，郁郁不得志，旧创迸裂，卒於营次，半生勋业，沈泯无闻，悲夫！

戴耀龙，字见田，句容县戴庄人，幼育於陈氏，籍隶上元，遂冒陈姓，原名明龙。咸丰七年，投效江南大营，隶甘肃巴里坤总兵张镇军麾下，充长胜炮营队目。十年正月，攻克九洑洲贼垒。和大臣赏给六品军功。是年二月，调援浙江。三月，攻克浙省。巡抚王公保奏赏戴蓝翎。八月，调攻严州，首先破卡。广西提督张帮办赏给五品顶戴。十月，攻克严州府城。浙抚王公拔补外委，旋因就医沪上，投上海军。同治元年正月，苏抚薛公委带炮艇。三月，署抚李公於克复柘林、奉贤、青浦等处案内咨保把总尽先补用。十二月，常镇道潘公调赴铭军，於克复苏州及江阴、无锡并浙江之平湖、乍浦等城案内出力，苏爵抚李公奏准以守备拔补。四年五月，航海抵直，调赴山东济宁，截剿捻逆获胜，并李爵督查明克复宜、荆、溧阳、嘉、常等城出力，保奏以游击留两江尽先补用，赏换花翎。五年四月，山东按察使潘公委带鼎军亲兵随营剿贼，李爵督查明苏军分援浙皖闽三省，叠克湖州、长兴等城出力，保以参将尽先补用。六年，荡平任逆股匪，湖广爵督李公保以副将尽先补用。山东布政使潘公委带左翼右营，歼毙张总遇逆首。李爵相保奏赏给"捍勇巴图鲁"名号，又查历在皖、鄂、豫、东、苏五省转战出力，以总兵记名简放，并赏给正二品封典。又查剿平西捻水陆马步各军及后路异常出力者，赏给正一品封典，加提督衔。十一年，李公督直隶，复调津差遣，委令帮带乐字营亲兵马小队。光绪十一年，又扎委管带乐字马队左营。又奏请复归戴姓，改名耀龙。十七年，在直隶河间府防营，积劳病故。荫一子，以通判选用。余恩恤如例。

续纂句容县志卷九中二终

续纂句容县志卷九下一　　邑人　张瀛　分纂

人物（耆年附寿妇）

　　昔有为保章氏之言者，谓苴弧老人见於牛女，故江左多寿考。又有道家者流谓句曲山产芝犹，服食导引，能益人寿。斯二说，皆不足信。吾邑山高水深，民生其间，俭约敦素，往往得寿。若夫裘马歌钟、民物富丽，尚侈悦华，其质柔脆，求其凝厚祉而垂永龄者，百不一遘焉！乾嘉全盛之时，庞眉皓首，娱笑於光天化日中者，所在多有。红羊劫后，二三遗老，策杖归来，衣冠古朴，仰为灵光。古人尚齿引年，明其不易得耳。彼祈斗炼汞以致之者，固不足称也。谨远征家乘，近采舆论，得高年足述者若而人，以寿妇附之。作续耆年志。

　　周天驭，崇德乡人，孝友性成。父没，事母尽道，友于最笃，成立诸弟，各为完娶。季弟早逝，抚侄如己出。乾隆戊寅，年八十，孙曾秀出，四世同堂。邑令赉顶带粟帛以赏，王观察嘉会为序以寿焉。

　　周在邦，崇德乡人，生质纯美，凡所作为，勤与道合。事亲孝，下气怡颜，甘旨不计。值起居，不惮劳。生尽其养，没尽其礼。有伯兄原珮，推诚事之。及原珮卒，教育兄子一如己子，以逮成立而心始慰。见义尤勇，为乡族中有不率教者，常劝勉之。有窘不能自给者，常赒济之。有茕独无以自全者，愈恻然心痛，如病切於身，刻思调剂之而后快。其行宜足称类如此。孙曾林立，四世同堂，寿逾八旬，屡膺粟帛。

　　朱兆荄，字赤中，年八十有六，与兄兆葵友爱怡怡。邑令陆钧赠额曰"介尔景福"。

　　李昌佺，仁信乡人。乾隆乙巳年八十六。五世同堂。布政使王详请旌额"昇平人瑞"并准给银缎有差。长子，府学增生。溶，长孙，附生。夑鼎，长曾孙。世桢，长元孙，守成。

　　周履卿，字子容，五渚坊人，家富而好施舍。乾隆戊午，本邑大饥，履卿不待劝谕，输米百石，后设粥厂於里左，就食者谓"有翁可不虞凶歉"。又二十三年间，修建道路、庙宇，凡诸善行，几无不与。邑侯赵公重其贤，申闻各宪，举乡饮宾，赐冠带以荣之。卒年九十一。

　　周宪珀，字锦舒，性耿直，无少依回，好施与，见有投水者，倾囊相赠，未尝轻以告人。素善辨谷，尝入市见堆谷者，一一辨之，言某谷出於某处，丝毫不爽。卒年九十有七。

　　刘士成，字子兰，堰北村人。为人勤谨乐善，雅好诗书，亦能货殖。治家有道。子孙五世同堂。享寿八十有九。里人裴鉴作赞美之。

　　黄其顺，孝子子让（见前志孝友）裔，与子中道均以端厚称，俱享大年。

　　徐来时，字名臣。居家时，里族有相争者，趋就质来，时为条陈曲直，莫不首俯心折，里无争讼者数十年。邑令暨学博举乡饮。赠"媲美南州"之额。时年七十有六。

　　胡尚敬，字敬宇。立法教家，令范严肃。年七十有五。屡举乡饮。始就席曰："吾德不称，恐贻樽俎羞！"其谦让恒类於斯。

　　包启荣，字桂发，年八十有五。解释纷争，周恤穷阨，里鄢称之。

　　时闻仁，嗜学博古，精於岐黄，以术济人，咸感其惠。卒年八十。

朱显瑑，字光裕，寿九十。精神矍铄，操履端方。

姚国闻，字朝珍，通德乡人。砥行立名，享年八十。孙观察星衍题赠"杖悦齐辉"额。孙鋐，拔贡生。（按，国闻与妻某氏八十双寿）

朱淮，字映清，岁贡生。品端学粹，善诱循循。教谕张履称为老友。年八十有六。道光十六年，与斐太史鉴董修学宫。

胡文茂，字奉桥，性孝友，出作入息，浑噩天真，舍哺鼓腹，知识俱泯。隐居浮山之麓。年九十余，犹强健如故。后以无疾终。

许继洪，年九十有六卒。

胡錞，善内养。年八十有八，素性刚直，举止端重，里党敬畏。凡有非义，不敢令錞知之。子治生，事亲孝，友于兄弟，终生无间。年八十余。足迹未尝入城市，逍遥林麓间，有汉阴丈人抱瓮遗风。

高丽川，坊郭人，诚实无妄，年八十余卒。

陈道璆，琅琊乡人，刚直尚义。年八十有六卒。

薛复义，字宜之，凤坛乡人，少习拳勇。粤匪之乱，尝以徒手连毙四贼，贼无敢近。有与复义同师受伪职者父子，裹黄巾，骑骏马，蹂躏乡里，见者皆胆慑，复义辄谩骂，谓："恃贼符以虐众，必无后！"其人果绝嗣。晚年心气和平，尤廉於财。承平以来，为族中建祠宇，置义田，修宗谱，皆井井有条，毫无侵染。喜与士人游，有叩其技者，笑不答。年七十犹步履如飞，妻谢氏与之齐眉至八十三而殁。时元孙已十余岁矣！

张士驰，坊郭人，长躯伟貌，亢直不阿。习褚业於汴。乱定归来，年已八十余矣！子祚寿，性朴而孝，驰驱千百里，扶掖衰年，竟无恙。两髯皤然，作孺子慕。士驰顾而乐之。年近九旬卒。

陈在舆，镇静寡言笑，喜读书，不求躁进，设馆於本村，一时慕名求学者踵趾相接。在舆谆谆训诲，终其身无倦意。殁之日，唁者纷至，既葬，輓歌载道。卒年九十有三。

高长松，字鹤年，谨严慎行，年八十有六卒。

王闻仕，琅琊乡人。勤慎端恪。咸丰六年，兵乱年饥，闻仕振谷散财，一方咸沾其惠。卒年八十有七。子孙绳绳且贤孝焉。

文彬如，孝义乡人。诸生。居身廉洁，不事阿谀，年八十二卒。

丁以聚，通德乡人。三赴童军，两举乡饮，急公好义，至老不倦。年九十。同里监生万继英，刚直不阿，人所敬惮，卒年八十有七。

王恒元，东阳人。性鲠直，貌奇古人。有过辄面斥之。贫至悬釜，不妄取人一钱。光绪戊子壬辰岁饥，恒元诣县求抚，所领赈款，必逐户散给，无丝毫侵滥。乡间事无钜细，必推恒元能任。虽数十里，不辞劳行，冰天雪窖中如坦途。年八十卒。无后。乡人思之，犹唏嘘不置云。

杨宜禄，孝义乡人，朴厚温和，年八十一卒。

糜宏猷，来苏乡人。一生古直，不染时趋，年八十三卒。

谭世沅，仁信乡人。好义急公，重建家庙，卒年八十。

陈同瑞，秉性忠直。勤俭务农。粤寇敉平，重建宗祠，整顿规模，悉以辑睦安业，冀同族尽为良民。光绪间，寿八十。知县张沇清题额"清端式化"以奖。

笪立厚，忠诚简朴，年八十二卒。

房思和、思德，均孝义乡人。排难解纷，忮求俱泯。年俱八十卒。

卢恒德，字正兴，凤坛乡人。乐善好施，殁年八十四。

田上国，坊郭人。循谨无过。年八十卒。

寿妇（附）

太学生许光国赵妻氏，承仙乡人。生顺治己丑年十月，至乾隆庚午年，寿百有二岁。奉旨给帑、建坊，钦赐"贞寿之门"。

　　杨行远妻戴氏，年二十守节，享年一百有二岁。

　　监生许煌妻赵氏，道光四年寿百岁。知县秦颐龄为之建坊。

　　监生孙瀛妻尚氏，贤德夙著，年九十余卒。

　　杨秉衡母某氏，年九十三卒。

　　李廷均母张氏，年九十二卒。

　　许厚臻母某氏，年九十一卒。

　　谭世沅妻戴氏，谨守妇道，人无闲言。年九十三卒。

续纂句容县志卷九下一终

续纂句容县志卷九下二　　邑人　张余堂　分纂

人物（技艺）

技艺虽小道，其大者，游心於万物之表叶、阴阳之微通。造化之机，非区区炫世俗、牟财利已也。今之所录艺，或不逮古人，然皆忠允明慎，不为诬枉，梦柳以下，则性躭风雅，誉擅丹青，寥寥数子，足备一格矣。志技艺。

戴钦荣，字贞白，诸生。志趣超迈，好山水游，慕赖布衣之为人，以青乌术名於世。

戴一辅，字相之。少业儒，应试不利，喟然叹曰："琐琐事章句，非丈夫所为！"改习医，遂通《素问》《难经》诸书。一人酷暑得寒症，已死一日，惟胸前微热，一辅至，曰："是可治也！"以姜敷其腹，然后进药，竟愈。其他奇验多类此。

尚德生，幼习医术。比长，博极群书，於六经之传变、六脉之根源，辨之最精。性狷介自好，不逐逐於为利，虽严寒盛暑，有延者无不徒步从之，所诊视鲜有败误，其先世有慕塘、建之、华玉者，皆以医鸣。德生，世其家学也。

尚永燦，字丽中，少习经史。尝挟赀游苏杭间，得异人传，遂精於疡医，借以利人，将制刀圭，斋戒沐浴。去村七里许，有虬山。晨兴，率仆人荷药铛跻其巅，至午夜时，披月露，走云烟，至晓丹成而归。投之辄效，家素饶裕，凡贵重之品不惜重价笼置案头。有贫病者，潜与之，不使知，以致家日落，弗悔也。见解超拔，不泥方书，或劝其著书传世，永燦笑曰："医者，意也，思虑精则得之，吾意所解，口不能宣也。古之上医病与药值，惟用一二药攻之。今人以情度病，多其物，以幸有功，术亦疏矣！脉之妙处不可传虚，著方剂何益？"以故燦殁而其术不传焉！

周子谦，幼好学，博极群书。初授《毛诗》，时读至《公刘》篇"相其阴阳，观其流泉"句，辄三复不置，因悟古昔圣贤於山川之形、阴阳之理留心如此。於是日取《河图》《洛书》《洪范》《五行》讨论而贯通之，而堪舆之学遂精绝一时。又周履琨，字南溪，性聪颖，精於青乌卜筮之术，著有《舆地指南》。

糜道要，字君衡，医学得异人传授，虽奇症无不应手效。为人孝友任恤，遇事能直言。里间间数十年无争讼，邑令闻其行，举乡饮宾。

王运济，字方舟，精岐黄、痘科，得俞天池真传。时有"青出於蓝"之誉。

俞之坒，字之彝，邑增生，习堪舆之术，自云得杨公秘诀。著有《地理裁伪》一书，力辟俗师之说。

俞之琇，字美充，工痘科。凡小儿一经诊视无不奇中，多所全活。卒享大年。族侄秉桂，字蟾香，亦精幼科。婴儿有疾，延之即至，不索值。

王绍潆，诸生，工医善书。尝言少时梦至金龙大王神前，令出其手视之。后遂习岐黄术，或即其兆乎！绍潆立方不泥古法，纯以神行四方，延者无虚日。同时李维善精於牛痘。

杨正纪，字恒春，精针灸法。得金陵陶春田秘传。活人无算，有巨室子患肚痈，群医束手，经正纪治立效。

适有老者过，正纪观其色，欲为针治，老者曰："吾无疾，针何为？"坚不肯。至夜，而疾发，乃唇疗也。痛不可忍。延正纪一针即愈。时有"小神仙"之目。惜年未三十而卒。

唐兆麟，诸生。深通易理，善卜筮，有问辄相应如响。钱塘袁枚耳其名，屏驺从造门，高谈三日，赠以诗并《随园》全集而去。方公维甸亦就问未来事，言无不中。

倪信预，字光裕，精医理，著有《汤头歌辑要》。子怀垩，字济川，亦以医名。怀垩子德扬，字杏圃，仰承家学，其道大光。邑令许道身称为良医。赠额曰"如饮上池"。遂举任训科。著有《杏林集验》《保赤新编》两种。德扬，性仁孝。粤逆之难，母被掳，设计入贼巢穴，潜负而出。遇贫者，医药不受值。子三人，皆世其业，有声。钟氏安、朱义行有传。

张延珖，精於妇科。凡产后难症，数百里外必诣延珖求药，无不奇效。故戴村妇科，延珖后至今犹知名。

许修震，字秉刚，少习典业。暇则好览外科书并制膏丹，给贫寒，稍稍有验，遂工医。传子正芳、正芝，道亦精，所制丹药有神效。正芳子起龙，正芝子起凤，皆知名。迄今已传五世。高阳桥许氏疡科，遂为邑中颛家云。

杨学春，精仓公术。有问之者曰："子之医何以若是其神效也？"应子曰："予岂有异术哉！不过多读书，明理耳。夫呼吸存亡之变，埒於行师，转瞬补救之功，同於澍雨。虽有悬河之口，惊筵之句，不若率旧章以揆方叶，神化以通微之为得也。历代名医，著作如林。汉有七家。唐犹倍之，得六十四家。宋益以一百九十有七兼之。近代无虑充栋。然理阴赞阳之精，而六气之外不详，天元玉册之密，而拘方之词多泥，大约用之当则济世之航，不当则殃民之刃，神而明之，存乎其人。"其持论如此。

张德型，字康平，医理明澈，通《素难》诸书。又杜启周同弟启明，皆以医名。壹意活人，不计其利。

笪于贵，六合雷公达八之高徒也。精拳勇，矫捷绝伦，能於雉堞上行走如飞，尝以两指掐钱若干个，以绳贯其中，用两人尽力负之，而钱不为散，观者叹绝。咸丰间，剿贼阵亡。

王延兴，幼瞽。精子平，善文王课。求占者踵相接。邻有鬼物作祟者，延兴甫占课即知缘起，且示以禳法，言多奇中，以是远近知名，号为"瞽目神仙"。

张宗海，家世业医，於伤寒一症犹得秘传。与真州刘节和齐名。及病瞽。求治者犹趾错於门，甫切脉，即於其人之病源凿凿，言之无不符合。少跌宕，不事生产，晚就平实，颇留心地方善举，年七十余卒。

刘节和，仪征人。精於医。年二十余渡江南来。悬壶於陈家店，人无知者。时邵阳魏源在陆制军幕府患疾，群医辞不能治，节和后至，书方用白萝葡汁作引服之，疾若失。由是名大噪。后徙钱家村垂四十年，远近奔赴，全活甚众。节和治疾长於攻痰，谓百病皆缘痰起，症之变皆痰为之。南方人多患湿痰，经节和治，无不奏效。孟河名医马征士培之，得其方，遇吾乡之求医者，谓之曰："诸君何远行？刘节和今之妙手也！"年八十余，白发童颜，见者疑其为人中仙云。同时汪子符，丹徒人也，侨寓下蜀镇，医理深细，尤精妇科，谓妇人未有不生育者，皆治之失其宜耳。性孤，不轻授徒。流传之方，人多宝之。

张春堂，字梦柳。善画山水，工淡墨，能诗。人亦风雅。粤寇陷金陵。春堂避乱安丰，题所画有"仿佛金陵灵谷寺，更无人打夕阳钟"之句，名流激赏之。

陶璞，字筱园。少避兵湖南，善画人物。性孤峭，喜饮，醉后濡毫，生气勃勃从十指间出，偶不洽意，虽啗重金不得一纸。所如不合，浪游湖湘间，寻卒汉皋。

陈沅，字捷三，性风雅，喜音律，尤长於画山水，有"一笔一洞壑，一转一绝境"之趣。尝画寻丈大幅，皴染烘衬，半月始成。水木明瑟中气势蓬勃，不喜用乾笔枯燥假托名家，惜郁郁不得志，竟贫死。

续纂句容县志卷九下二终

续纂句容县志卷十　　　邑人　张余堂　分纂

人物（义行）

吾句容山水阻深，民生其间多崇尚古谊。故前明赈粟有多至二千石者。迄今驱车而过村落於碎瓦颓垣中犹见囊时旌额。岂不以闉泽所流难於磨灭耶！国朝乾嘉之际，民物康阜，闾里之士以义自遂者更仆难数。北山开赈，讴思弗忘，其尤表表者也（骆廷瑛）。咸丰中，两遭兵火，随在醵金助饷，投袂从戎（其功高死事者，别见武功、忠义）。余孽既除，财殚力竭，然卅余年来，地方善举，次第规复，民气之醇，不与时为，变迁东京，风俗於斯再见。於虖美已，兹条举其事实著於篇。至若事有相类，牵连得书，则《明史》之遗意也。续义行志，而义举附之。

骆廷瑛，字次田，号慎庵，附贡生。议叙知州。父豹文，康熙壬子武举。廷瑛丰於资，见义勇为。乾隆戊午，邑大饥，奉县谕设粥厂祝庙。阅三月止。是岁免佃户租谷千二百二十石，越辛酉复饥，廷瑛自出资赈济，两月前后，活人无算。丁巳，铺头桥圮於水，独建之，置义田百二十六亩以赡族之贫者。他如建龙虎桥、修文昌阁。戊辰辛未偏灾，平粜乐输。壬申捐上元县学田五十七亩，皆能独见其大。子二：云摩，太学生；永泰，大理寺寺丞。云摩子应隆行人司司正。应隆子球琳、琛琳，皆诸生，并以乐善世其家。

华德元，字素庵，读书尚义，以古人自期。七岁，出就外傅。聪慧过人。父母极钟爱之。初受业於孔励堂，年十七应院试，学使者蒲坂崔公得其文，叹为奇才，首拔之。自是每试辄冠其曹，时魏孝廉健庵教授栖霞山中，父复令往从游，德元赋禀兼人，更经名宿指授，学益进，顾丰於才而屈於遇，乡闱屡荐不售，竟以明经终。中年授经里门，学者翕然宗之。德元尽心启迪，多所成就。家本寒素，然见义勇为，修脯所入，率耗於施与。先是仁和陆公宰句容，有政声，以兑粮见逼上官，缢於龙潭仓舍，无子，有一弟，不能自存，依茅山道士以居。德元邀同人为分宅取妇，且时时经纪其家，未几生子。循吏得延一线。越十年，邑侯恒山杨公尤廉洁爱民，视事仅八十日，以谒上台病殁吴门，宦囊如洗，德元复敛金归其丧，时论高之。

朱端祖，字我范，邑庠生，幼勤诵读，其王父惧其过劳也，笑谓曰："专一业皆可成名，何必尽在章句！"因弃举业，悉心家事，课耕促织，平生信果无所欺，晚年举乡饮宾。春秋祠祭，不以老耄不前。邑北有石山，距所居三里许，环山峭壁，旁有巨石，矗起嵌空，蟠亘可数十抱，趾下小仅如拳，千年危峙不仆，居民奇之，间有以事祷者辄应，远近相闻，士人醵金建庙，群议必欲端祖主其事，卒擘画经营，庙祀屹立时，端祖年八十有三，尚为乡邦倚重如此。

朱方杜，字洪斋，嗣父第来为全椒学博，方杜随署读书，锐意攻苦，弱冠补诸生，性严毅，自奉甚约，然遇所识穷乏必勉周之，所居界丹徒、句容两地，疑事多踵门就决，方杜一一排解，秉以至公无私之心，剂以恺悌和柔之气，人人饱意去。邑吏多侵牟，而漕弊特甚，畏方杜威，皆贴然。岁饥，筹办赈务，无漏泽，无侵渔，邑人称允。始朱氏之先士章（字竹山）捐义田於颜庵，献醇（字鹤眉）勒禁石於园墓，觊觎众矣！方杜首吁当事惩其罪，俾义祭不至湮没，祖墓无敢侵犯，窃发者，私比之一木撑天云。

裴于东，字韵和，号养拙，于宣弟也（宣，见先正），内和外刚，遇事能断，性尤慷慨，县学修尊经阁，捐资董役，不辞老瘁。乾隆乙未岁祲，偕祖賙饥。洎乙巳大歉，仍出重资劝募，遍赡村党。执友朱慧昌死台湾之难，慰赠其二子甚厚。有姊适倪数月而寡，迎归养之。伯兄苕棠属纩时，接唇布气，冀得复生。虽已遘病不恤也。子畅以诸生援例为同知。畅从兄珏，字隽骈，性孝友。兄球早殁，珏抚侄铃暨鉴（另有传）如己生。迨铃受室，珏哭告兄灵曰："铃受室！"鉴入学，则又哭告曰："鉴入学！"居恒，尤好施与。著有《医粹》二卷。玠，字景福，号祉亭，生三月而孤，母周抚之成立。及省试，闻母病，急归，次日而母卒。自是不复应试。嘉庆十九年大祲，与从子鉴於天王寺倡议捐输，就局董其事，复谋於族中，酿资部署，给米赈饥，邻近数十村无饿殍。族女为许氏养媳，姑遇之虐，玠收养於家，及笄，备奁送归。母舅周聿修暮年贫窘，玠恻然曰："舅，母党也！困至此，母心伤矣！"迎养终其身。又与族人续修家乘。十月而告成。工篆书，好古器，喜交宾客，筑醉墨楼以为宴会之所。年六十有八卒。子镛，字聚堂。镛从弟锜、针，皆诸生，有文名。

张祖善，字姎湖。高祖士骝，曾祖桎（均见前志）。祖凯，父嵘，皆诸生。祖善性端重，盛暑不祖裼，乾隆壬子副贡，年四十，事亲如儿时。道光元年，有司将以孝廉方正举，力辞不就。晚年境愈困。岁歉，恒以瓜代饭，澹然安之。卒无子，以从子澍堂嗣。祖善从弟春元，一名天籤，字绍彭，嵘弟坤一之子也，性和易笃厚，举嘉庆甲子武乡试，凡遇救荒捐赈、修治桥道事，必身为倡之。天籤从弟天铭，字敬修，幼颖异，家素贫，乾隆五十年大荒，事抚无缺有余，以济亲族，人咸称之。子隽堂，字璞岩，岁贡生。澍堂，字雨春，岁贡生。平生谦谨，屏外事，绝校计。隽堂子：士衡，诸生；定楗，国子生，殉咸丰十年之难。

孔允盛，字天生。为人胸无城府，慈惠好施，亲族告贷者无不各遂其欲以去，坐是穷困弗悔也。子兴贵，有父风。族弟允鼐，字举臣，家素封而孜孜好善。邑令宋楚望举乡饮宾，赠额曰"仁德兼优"。子五人，各授以艺。其季兴吾，字开基，廪膳生。弱冠即有文誉，性严毅，言笑不苟，以数奇屡困棘闱，时论惜之。允魁，字益宇，慷慨慕义，於西关外倡建关帝庙六楹，并捐田若干亩以奉香火。庙毁於兵燹。兴善，字余庆，操行端洁。里党有争竞，剖析明允。远近无不敬惮。又兴仁，字全性。兴寿，字鹤年。兴茂，字永隆。并以敦行著闻。

孔兴祜，字云礽，号厚堂。幼岐嶷。群儿或聚戏，兴祜独端坐不动。父老奇之。比长，事亲孝，处昆季雍睦无间言。性慷慨，乡党有贫乏者周恤不惜赀财。子毓恺，字尔才，浑厚质朴，亦以孝闻。恺子传荣，字耕云，邑诸生，性鲠直，不为利诱。光绪壬午，孔氏汇纂家乘，偕族人广浩、广余往方山一带咨访源流，不惜劳瘁。宗人兴岫，字启凤，笃实恭俭，当时目为盛德君子。岫弟兴崟，字启麟，诸生。兴仁，字圣卿，周济穷乏如恐不及。兴家，笃於风义，戚邻缓急，咸依赖之。兴鲁，字景参，宽仁敦厚。又毓彩、毓斌、传儒、继铭，皆好施与。

孔兴礼，字天秩。邑诸生。为人孝友宽仁，动必以正，痛二亲蚤逝未能侍养，每一念及辄涔涔泪下。邑西乡张姓已聘，而贫不能娶，妇家将议婚别姓。兴礼廉得其情，助以资，俾娶妇归。后其人子女成行，家亦渐裕，乃以菱芰芋苗等物鸣忱，相率罗拜於前，曰："非公玉成，无以至此！"兴礼笑纳之。尝言："一介之士存心利物，於世必有所济。古人之言岂欺我哉！"故无论亲疏远近，凡有求者必思。勉慰其情而后即安，里人颂盛德焉。子毓璋，字钟兰，号奉羲，性至孝，每晨必趋侍母陶侧，问所需而敬进之，既补诸生，馆从兄毓文家。四年得家书，以子好嬉戏辞归教之。乾隆五十年大饥，石米五千缗，毓璋鬻产赡及族属，数家无冻馁，尝以片语脱人於危，终身无德色。平生酷嗜兰蕙，手植数十本，芬芳满室，朝夕玩弄。吴中士大夫喜畜蟋蟀，毓璋亦顾而乐之，曰："余老诸生也，睹此觉少年临。"文之概犹勃勃从指间出，想见晚年之逸兴矣。子传薪，另有传。

尚永瑗，字景蘧，诸生。每岁暮出资济亲族，不使人知。乾隆二十一年大荒，襄办赈务，数十村无流殍。永瑗从父昌遴，字枚臣，诸生。生子永瑞，五月而卒。永瑞，字天锡，少孤，母周苦节抚之。年十一补县学生，性倜傥，乡里曲直一言而决。著有《寄园集》《虬岩集》。又同族宏辙，字文远。亲老不忍出游。尝於道拾遗金，还之。兄早卒，择己子之贤者嗣之。昌祚，字介繁，喜施与，尝重修宗祠。永瑗侄祚滋，字树旃。乾隆五十年大荒，祚滋曰："今兹无禾，来春可无麦乎！"於是贷乡人以麦种。复倡义赈。自食糜粥，而以赀财分给饥者。瑗子祚涑，字若水，生平无玷行。著有《青玕集》《历溪琐语》《西村晚霞集》。祚涑诸弟祚臻，字也耘。性豪迈，交无贵贱，遇困者必援之。善丹青。嘉庆中屡入总河幕。祚圯，字履之。为宝应汪氏司会计。汪以业败而逃。祚圯为支持，获数万锱，悉归之汪氏。又祚奎，亦以忠诚名。祚滋，子征俨，字望之。诸生。有才名。总督麟书入觐，令偕其子入茅山读书，比反，则俨已死，为之惋然，厚恤其家。著有《读史劄记》。祚奎孙世馨，诸生。才气潇洒出群。书画琴奕皆通其旨。

王成才，字永康，事母以孝闻。族人汉卿贫死。妻将携子他适。成才治屋使居，且赡养之，卒全其节。某年，客游汉江，闻邻舟呼号甚惨，才令舟人疾往援救。有获免者，出金赠之使归。尝捐资修建万寿桥，行旅感诵。赵永正，字乾初，好施予，捐金独建芦亭村大桥，亦以孝闻。华廷彩，字云衢，邑诸生。乾隆乙巳秋邑大饥，鬻产典衣，以恤宗族。丙午春大疫，施药饵，捨棺殡殓，家以日贫，弗悔也。刘锦，字西彩，孝友好施。乾隆乙未、乙巳，邑皆大荒。锦捐资恤，本族有穷民来告者，虽鬻田必应之。

陈楗，字光甫。邻有张姓欠赋不胜追比，将鬻妻以偿，楗为代偿之。乾隆辛丑，捐金二百，修绿杨桥。乙巳岁祲，楗出家资济族之贫乏者，复捐金二百设厂赈粥。戊申又荒，楗又捐金四百，散给穷民。朱葆川，字铭西。邑有新昌桥，为上元、溧水两邑通衢，又为白米圩及百丈圩数万亩之保障。乾隆癸未，桥圯。葆川捐金倡议修建之。赵有光，字允裕。乙巳之饥，设粥於家，以待饿人。越半载乃止。丁未，王门桥圯。有光独立建之，所费不赀。笪彝、笪琦，乙未岁饥，彝捐资赈济。乙亥、戊子又饥，琦频捐赈。乡里两义之。

赵应惟，字宏明。儿时举动即异，父母爱恋过於诸子，饮食衣服厚给之。应惟曰："诸兄劳苦，儿独坐享，不忍！"由是愈得父母欢。应惟存心慈惠，见人之难，恻然不安。族中被火灾者十数家，资粮俱成灰烬，又无力措置。应惟赠以财，俾各得其所。年饥，里闬中有负欠官租者，应惟出金代偿。邑西悬囊桥为省会要冲，岁久倾圯，又捐资独建，至今称便。应惟甘澹泊，洒洒有出世姿。知江宁府杜公旌其庐曰："贞白余徽。"子林，字仲繁，增广生，生而颖慧，父殁，甫十岁，躃踊呼号，寝处不离丧侧，宗党咸以为奇。明年，兄死，母益寡欢，读书之暇即依恋慈闱，慰解诚挚。学宫倾颓，教谕某欲修葺而艰於费，林与同学俞古御共任两庑。又独修敬一亭。岁饥，邑侯设厂赈粥。人众，官米不敷。林开仓捐米以补之。远近皆怀其恩。尝念无产之家，虽年丰不免饥馁，每届除夕，甲乙其贫乏，命诸子计口赠粮。岁以为常。

周英，字天秀。邑业碾者向有驴差之扰。英捐资代役，请除其弊。知县某许之立碑示禁，至今赖之。朱奉璋，业医，善接骨。家小康。凡参茸珠珀药品之珍者，极力营致。遇患者相其所需，不少吝。或以金酬之，无一受者。袁宁镐，字声远，喜施济。邑多山，易旱。宁镐逢歉岁出资赈给。陈嘉珽，字楚珩，喜周济贫乏。善解梦。同时有刘翀者，邑博雅士也。行端正。凡邑令下车必延翀讲约於虬山之龙源观。翀每推嘉珽，而翀佐之。嘉珽好聚铜镜，分年代先后加以辨证。编为三帙。翀为之序。嘉珽子克经，有父风。戴舜乐尝捐谷赈饥。宋公楚望旌其门。罗国安，字嘉禄，国学生。留心地方善举。乾隆庚寅，翠华南巡。国安应役有功。当事者保举五品顶戴。

周德宣，字日三。康熙壬辰进士。桢裔孙也（桢，见前志"政治"）。初，句容、溧水、溧阳三邑陋例相沿，每逢大比，供膳录之役，辄派乡民为批首。胥吏需索往往倾家。即有感愤不平者，亦仅付之扼腕。德宣甫弱冠，时攻举业，适值科场轮充是役，遂投笔叹曰："大丈夫不能除一方之害，安用毛锥作章句儒耶？"因毁家具承当事。幸观察王公据情力白於中丞岳公，为之勒石永禁，而膳录批首之害遂革。三邑父老至今颂之。

王康伟，字雄万，号隽亭，太学生。质性纯谨，事生父母克尽孝，与昆弟处怡怡然，日友爱无间言。嗣父廷芳早逝，家事赖康伟综理而持躬朴素。尝训其后嗣曰："节一日珍羞之费为饘粥，可以济数十人之饥；节一身罗绮之需为布帛，可以御数十人之寒！"故康伟处世大抵廉於己而厚於人。族党匮乏者，必加意周恤之。乾隆乙未，协族人重修祠宇，相度无间寒暑，积劳成疾，卒年七十八。子醴泉，善承父志，为人蕴藉冲和，人多乐与之游。

王康绩，字亮采，邑诸生。幼从邑名进士沈贻孙游，讲贯极精顾，赋性高简，於科第泊如也。先是，父晓斋有阴德，捐金救荒，普惠桑梓。康绩继其志。值岁饥，两次出资助赈。事无巨细，一准先人矩矱，悉协乎理之至当与情之至安而后已。子垲，字殖庭，天性纯笃。幼补博士弟子。读书敦行外，无他嗜好。嘉庆甲戌岁大祲，首捐重金，偕邑绅筹赈济之方，多所全活。邑西郊旧有三台阁，建自前明金学使兰，为兴起人文之兆，倾圮百余年矣！垲毅然兴复，四出募捐，督成巨举。由是登甲榜、入词馆者有人，为数十年来所仅见。弟阶，字步庭，亦诸生。读书通大义，不屑屑於章句。尝捐资重建华阳书院。文风为之一振。

王履升，字夷白，生而颖异，能文工书，早入邑庠。寻省墓黔中，复就试贵筑，补博士弟子。旋以婚归里。娶缪氏，生子一。无何，母金以先人丘墓在黔，留仲兄侍左右，促之归黔。履升之再至黔也，黔人重其学行，多从之游。晚年掌教习安书院，以经明行修课士，一时郡中以科第显者多出门下，尤喜造就寒士。贵筑钱某少孤贫，读书未竟其志。履升异之，劝理旧业。贵筑崇令感其谊，亦月给钱米赡其家。后钱领乡荐，补授河南偃师县。履升自为时艺高古，不谐俗。以岁贡终。著述详艺文志。

王周南，字诗正。别号修竹。由太学生捐职同知。母倪氏梦大士抚笄，而生有异。禀好读书，所居之宅饶水竹，乃筑室於西偏，榜曰"修竹楼"。积书三万余卷。馆宇明洁，林木幽邃，萧然其中，晨夕披玩，手录书等身。旁及青乌日家者，言无不洞悉源委。工诗，有《安钝吟稿》。中年丧偶，即独居。治家有法。子弟虽燕见无惰容。吟诵外，雅好宾客。四方知名士过句容者多喜与之游。如孙观察星衍、洪编修亮吉，皆当代硕儒。常主其家，往来最密。暇时与邑之老儒宿学谈道德、论文章，考究古今之得失，后进之士仰如山斗，然处乡党间谦恭和顺，了不异人。好善乐施，慷慨不吝。乾隆乙未、乙巳大饥，捐资赈济。乙卯倡修尊经阁及明伦堂。每岁杪，阴计贫乏之士，厚赠之。亲族赖以婚丧者不胜指屈。王氏旧有宗祠，岁久颓圮。周南出资数千金为改建，规模宏整，焕然一新。又加置市房以永祭，享费不下数百金。族人至今赖之。时比范文正之义庄云。

王以朴、王以楠、王以枢，皆名诸生。以朴，字质可。攻书史，能文章。每试辄冠其曹。十赴秋闱不售。郁郁不得志。年四十五卒。以楠，字觉堂。端凝厚重，守身如玉，尤喜培植人材，终日下帷讲解。问字者户外屡常满。邑之青衿大半入室弟子也。以枢，字拱辰，性纯谨，以名节自励，凡邑中利民之举，如赒饥荒，修桥梁、治街道，皆与其兄以楠踊跃为之。乾隆乙卯，王周南捐修尊经阁，以枢与焉。痛伯氏能文早逝，无志科名，日寻天伦之乐。卒年八十余。知肥城县常州丁履恒为立三先生传。

骆宣猷，字青子。图呈之兄（图呈，见前志）。少鄙章句不适於用，弃儒业。综理家务，斟酌损益，井井有条。虽家道丰盈，而辛勤简朴如寒素，居心仁恕，待亲戚宗党极为恩惠，族戚至立义碑以志之。他如葺学宫、赈荒岁、施衣施槥，懿行不可枚举，与图呈称"二难"焉！从弟思健，字乾初。幼孤。事母以孝闻。性侃直，人有过，恒面斥之。乾隆壬申大饥，思健挺身白於令，设法赈济，乡党被惠，以宗谱历久未修深忧之，曰："子姓繁衍，支派日纷，不汇辑成册，何以垂后。因令弟圣箴董其役，而一切经费皆思健筹备。年七十有六犹强健异常。

骆登瀛，字洲士，号莲圃。父鸣骐，康熙丁卯①举人。登瀛美风仪。弱冠补邑弟子员，试必高等，学使者咸以国士目之。乡闱不售，乃援例入贡。绝意进取。日侍父侧，讲学孜孜不息。父计偕②入都，必送至淮上。后殁，哀毁几灭性③。恐益母恸，为强进一溢米。治家有法，晨起摒挡诸务，午后焚香静坐，繙阅书史。烛至，呼酒数椀，召子侄环侍，与言所以保家之道，恳恳至夜分不倦。先是鸣骐性好施，每值岁不稔，周恤无余力。丙子④秋大水，蛟起院署，绅士仓皇无策，鸣骐毅然出重资募救，试士免漂没者无算。登瀛承父志，亦豁达泛爱。乾隆丁巳⑤大饥，首倡赈济，富室从之，赖以全活者万计。卒年七十八。

骆岱，字友三。号鲁峰。祖曰俞，父殿邦（传见"仕绩"）。三世不分财，百口同爨，内外无间言，有义门之风。岱以嫡冢⑥主家务，尤宽厚，常使人受福不知。与人交输写肝胆，休戚同之。少勤学，所与

---

① 康熙丁卯：康熙二十六年（1687年）。
② 计偕：举人入京会试。
③ 灭性：为长辈之死丧过分哀伤，而毁灭性命。
④ 丙子：康熙三十五年（1696年）。
⑤ 乾隆丁巳：乾隆二年（1737年）。
⑥ 嫡冢：嫡传长子。

游皆知名士。每乡、会登科录出,见一故人姓名辄喜动眉宇,或跂望①不遂,则彷徨太息者累日。待师礼尤崇。起居日用每先意而逆之。岁终解馆,脯资②饩廪③外,别出钱数缗置行囊中。师惊辞,则曰:"此孺子辈惓惓之意,固当勿阻!"其委曲从厚类如此。子佐隆,字时英,邑武生,性孝友,恂恂然类於儒者。宗人敏,字勗庭,诸生。勤於教读,严寒盛暑无惰容,时人以为难。同时授徒有声者王懋鳌,字海山,附贡生。好造就孤寒。贫而慧者,修脯不计有无。

骆长庚,字曙堂,一字星桥。附贡生。天资卓荦。少与阳湖洪亮吉及孙星衍友善。故学务闳博,居乡孝友慈惠。侍父皋亭疾衣不解带者数旬。后卒,哀毁骨立,惟歠④薄糜,与弟润钰怡怡白首。乾隆戊午⑤,宗祠倾圮,暨族弟寿山解囊修葺,监工六阅月,祠宇焕然一新。乙未⑥及乙巳⑦岁饥,偕同辈督理赈务。设厂乡城,昼夜不倦。乙卯⑧与王周南、裴于东等捐修尊经阁。子四。菊溪,诸生;守愚,就职州尉;润钰,字蔗田,诸生,精堪舆术,文庙左旧有奎文阁,嗣为踵修者以私见易神座西向而南,润钰谓不利科名,偕寿山倡首捐修,仍复旧制,自是捷南闱登甲榜者有人,论者谓"有功於一邑";寿山,太学生,所居古名盐巷,有刘明府庙(今呼为府君巷),祀东晋刘超,及前明天顺间又祔祀贤令刘义,庙久不修,栋折榱崩,寿山见之愀然曰:"凡有功德於名者则祀之,是若不修,何以劝后?"遂竭力募建,规模较前宏厂。嘉庆丁卯⑨岁祲,复捐金以恤灾黎。

骆锡堂,字兰庭,一号芷坪。邑诸生。为文禀经酌雅,尤工诗赋。以母汪体弱多病遂废举业,专究心於医。乾隆丙午⑩,阖境疫疠大行,求治者踵接。锡堂不惮风雨,寒暑奔走调剂,日无宁晷。贫者必周以药饵之资,并合辟瘟丹以应暮夜之求。邑中赖以起死回生者不可胜计。嘉庆甲戌⑪旱且疫。东平于稽山来为邑令,耳其名,延入署,诊治之暇访以救荒良策,锡堂劝其急粜官米以平市价。旋详请大府蠲赈。查赈则逐户验名,胥吏无侵渔之弊,给赈则以银易钱,饥民免剥削之扰。于用其言,是岁灾重於邻邑,而民沾实惠。子四。赐麒、化麒,以读书世其家。宗人正纶,字金门,廪生,亦精於医。丙午之疫,修合丸散施送。族党中无力婚丧者,多所厚恤。少游金山,遇松江人将鬻其子,遽赠以金。后十年,父子同赴南闱。迂道至邑诣谢。此一事尤脍炙人口云。从兄正组,字方来。太学生。乾隆乙巳之饥,尝以钱米赠人。

曹家惇,字信厚,号恂庵。国学生。天资颖异,料事如神。性长厚。大父元士贷沈某银五十两,历二十年。家惇忽请偿。沈固与元士厚,又以其事之久而不复可忆也,固却之。家惇曰:"不可使先人有逋负名!"卒偿之。以麟,字仲昭。诸生。工古文词。以孝友称。晚年修宗谱。有义法。乾隆乙巳岁饥,捐资助赈。宜洽,字士和。志量豁达。族修宗谱,捐金以为之倡。宜渭,字士清。家素饶。以好客中落。然遇姻党贫乏者,犹施与不少吝。选,字尔谦。诸生。弱冠即蜚声黉序。善解纷,里有争不能直,相率质成於选。出数语剖之,无不冰释。

曹以约,字理中。号吉安。邑诸生。父家玺,以孝友著闻。以约气宇端凝,言笑不苟。为文卓有先正典型。从游者日众。束修所入,用济贫乏,意豁如也。与弟以纶极友爱。以纶亦事之惟谨,时人目为二难。

---

① 跂望:期待,盼望。
② 脯资:干肉和粮食,亦泛指事物。一说,"脯资"当为"斧资",即旅费。
③ 饩廪:薪酬。
④ 歠(chuò):饮,喝。
⑤ 乾隆戊午:乾隆三年(1738年)。
⑥ 乙未:乾隆四十年(1775年)。
⑦ 乙巳:乾隆五十年(1785年)。
⑧ 乙卯:乾隆六十年(1795年)。
⑨ 嘉庆丁卯:嘉庆十二年(1807年)。
⑩ 乾隆丙午:乾隆五十一年(1786年)。
⑪ 嘉庆甲戌:嘉庆十九年(1814年)。

衣振，字九章，幼勤问学，年四十始补博士弟子，十赴乡闱未售，志卒不衰。乾隆辛酉①科，恩赐副举人。以裕，字圣容。於桂，字芬五。皆以诸生精歧黄术，多隐德。忠，字荩臣。与诸弟分析②，自择其薄者。及弟卒，扶翼弟妇，俾全名节。抚孤侄如己出。子政简，字敬先。性温厚。族中建议修祠，政简慷慨助资，并捐田四十三亩为祭祀之用。其他如济急扶危及邑中诸善举，无不乐输恐后。政宽，字维五，践履③笃实，生平喜周人急，而口不言惠。

曹施乔，字名修，号松岩。国学生。幼孤贫。长忽自奋挟计，然术贾於吴中，不数年致产千金。性慷慨乐施，为族中设立义塾，造就孤寒甚众。族侄政治，字允安。天资聪慧，年十二应童子试辄冠其曹。会丁父艰，家务繁宂④，易儒而贾。曹氏著迹大村，城内向无祠宇。政治倡捐五百金，特建一祠，用妥先灵。於通，字永达。天资英发，见祖业荡然，毅然有振起之志。寻以居积致富，益务宽大。有王客仓促误兑百金，已远去。同事欲掩取之，通不许。明年，客至，如数算还。邑钟姓者已聘，因贫不能娶，於通助以资并买舟送之归里。其乐成人美类如此。

曹以泰，字象昇。性沈潜。尝云："动不如静，行不如藏。"三辞乡饮宾不应。宜祚，字文祉，邑廪生。美仪容，长身玉立。父殁，遗荒产数十亩。宜祚独输国课，不累诸弟。事继母以孝闻。宜敫，字明举。家璨，字珩如。乾隆间邑侯林光照重其品，谕董育婴堂事，筹办周至，手订章程，后人踵行之。施锦，字日章，诸生。砥砺廉隅⑤，一乡推服。於德，字福田。太学生。慷慨好施。家璜，字姜玉，岁贡生。敦品励学。之辛，字重焕。府学生。家贫，课徒某村，其地育女者多溺死，之辛撰韵文劝诫贫者，并助金使留养之。其风稍稍革。辞馆日，父老酿金饯之，有泣下者。

曹於道，字立修。生七岁，失怙。越十年，丧伯兄。一门重任惟於道肩之。事母氏能委曲承顺。性严重，里中有不肖事，相戒勿令於道知，其为人敬畏如此。子庶藩，字应苍，国学生。少脱略，不事生产。家日落，庶藩衣敝履，穿走城市中，傲睨自若。有相者熟视其貌，谓某年当富，且历数其发迹状。庶藩以其戏已也。去弗顾。相者笑曰："君毋然！他日当思吾言。"后来果一一验。庶藩既富，首捐金创修宗祠，鸠工庀材，亲董其役。宏壮为一邑冠。自维起於寒微，体恤贫乏靡弗周至。子步洲，邑庠生。孙承源，字镜潭，性宽和，不解机巧，待族党有恩。兄子某因兵燹流落苏郡，使人寻归。给钱百千为完娶，爱之不异诸子。及兄子懋迁昆山有起色，或讽承源往就之，承源曰："家庭间岂有市交乎？昔日之事吾以慰伯兄於九泉也！"卒不介怀⑥。群服其量。

张文进，字与三。邑诸生。唐孝子常洧裔也。曾祖光谷。父伊我，皆以孝友称（并见前志）。文进生有至性，母病目不交睫者数月，洗濯皆身任之。尝为其祖母建节孝坊。又捐金修儒学忠孝祠。先世某公墓没於樊姓。文进诣官清理，重立墓碣，赖以不泯。同族德超，字尔达，持身端洁。乾隆时，两与宾筵。德贵，扶危济急，不计己之有无，一乡称善人。德昌，性慈惠，值荒岁，倾积储以济族党，里人称为澹远先生。孙余睢然诺不苟，有祖风。德泰、德韩、德魁、德杞、德继，皆轻财好义，见称乡里。德诚，精歧黄家言，延者盈门，择其尤贫者先往，或给以药饵之资，又捐重金修祠。德溥，性严正，以礼法自持，后生不修边幅者往往迂道避之。德芝，浑朴有长者风。

张美琦，字魏公，邑诸生。天资豪迈，才气过人，急人之困，虽重金弗恤也。邑令题"与人为善"四字赠之。子玉麟，坦白无城府，亦诸生。宗人美康。嗜学工文。弱冠补县学生。家无儋石储而书声琅琅，虽断炊不以屑意。子德隽，字友仁，宽厚有度。美士，字廷彦，务敦实行，外事不干其虑。德昰，字光照，与诸弟分产，推多取寡，遇善举，挺然身任，未尝以劳瘁辞。子延祖，字丙阳，以廉隅自饬。延信，

---

① 乾隆辛酉：乾隆六年（1741年）。
② 分析：分家产。
③ 践履：践行诺言；守信用。
④ 繁宂：繁沉。
⑤ 廉隅：有节操、端正的品行。
⑥ 介怀：介意。

字书文。局度开爽。凡可以益人事，知无不为。延斌，字予开。幼失怙恃，赖兄成立。终身谨事之。居乡解争息忿，感人以诚。子余琮，字宗玉。天性孝友。延凝，字正阳。国学生。言笑不苟。延琢，字器之。事祖母以孝闻。延缚，字纶音。胸怀洒落，综理族务称平允。延志、延维，尝捐金建祠。延恪，性至孝。父病不离卧榻者两月。视同堂兄弟如同怀。为文力追先正。为名诸生。余简、余梧、余璠，皆庠生。有文名。余连，字易三。凤敦古处。邑令旌额曰"望重乡评"。张氏之行孚乡望者又有仲璋、启鲲。仲璋，精医术，於歉岁尝输粟济贫。稍后起者有庆秀、庆玺、庆恭、庆汾、庆廷、庆祥、长亨、长怀，皆杰出者。又庆华，字霭春。庆间，字兆充。皆诸生。声腾庠序。

张维，字御六。郡庠生。父鹏（见前志）以孝友称。维精於治生。族党贫乏者辄分润之。光旭，字旦初，能诗工画，得其断缣零楮者珍若拱璧。文元，字太初，习岐黄术。事寡母二十余年，色养倍至。虽刻苦起家，於施舍不少吝。乾生，慷慨识大体，与人交终始如一。延桂，倜傥不羁，笃於亲故。子余瓌，邑庠生。又锦，字积成。源，字载安。皆诸生。内行醇备。余书，性凝重，伯兄早世，教养诸侄不为姑息之爱，家庭整肃，为一时冠。

周奉璋，字乾初。诸生。闭户力学，人鲜知者。乾隆初，邑侯孙稔其才，就访利弊，奉璋条陈数事，孙称善。举约正，不应，益高之。宗人秀峰，字东山。秀升，字小山。秀士，字轶凡。皆以诸生敦尚名节。王延鳌，性喜施与，乡党无力婚葬者，靡不欣助。施启发，字鼎臣。尝指困周急。有古侠士风。又笪如理，字荣甫。笪如瑝，字仁甫。如理侄试桢，远族本泰，皆於岁荒捐谷数次。又朱朝敏，字美文，居茅山之麓，好与乡人讲求农桑之法，丰年捐立义仓以备荒歉，一境赖之。同族正文，字华生，果敢任侠，有争竞就质者，据理分剖，不避嫌怨，遇贫困即倾囊以济，声誉隆起，一时缙绅、先生乐道焉。

纪文贵，字海宇。朴诚长厚，犯而能容。中年贾毗陵，从之称贷者不计利。曰："缓急人所时有，一重利便堕入市井恶习矣！"手置田宅从未乘人窘乏故贱其值。每念人生创业艰难，於新故乘除之会，怅然不乐者久之。时邑中行乡饮之礼。共推文贵为大宾。邑令已具衔延请，力辞不赴，人多其能让。纪氏之贤者，若文时之老成，全旺之孝友，芳祥之伉直，芳斌、名远之娴雅，扬信、芳国之赒恤，桑梓均可传也。

周梦兰，字晼英。邑诸生。幼聪慧。读书过目成诵。工楷法，有颜柳骨干。敦品砥行，不为流俗所移。悯风俗之漓，作《兰谱记》，以表章节孝。赵一红，字敬萱。事嫡母孝。平居研心易理，深明吉凶消长之数。儒者交重之，名倾一时。王泰炳，字允文。由国学生捐职州同。尝捐金收埋暴骨。朱永金，字荣生。早失怙恃。事继母汤以孝闻。虽寒素，动喜挥霍。见困急辄赒恤之。吴殿宇，邑庠生，王孝廉从懋称其"壮志凌云，为近今奇士"。宗人吴苍如、吴中立、同里杜如山，刻志孝友，勇於赴义。皆诸生。吴相乾，精堪舆星命之学，所得资旋分润宗党，或饔飧不给，晏如也。吴镜涵、吴希会，和而能介，乡里雅重之。

俞念祖，字晼亭。太学生。父茂鲲，多义行，精於治痘，有《痘科集解》六卷行於世（茂鲲，见前志）。念祖世其学。险症赖以全活者无算。晚年修辑宗谱，徒步搜罗，草创未就而卒。弟发祖，字劬久。诸生。多才而笃於内行。始茂鲲仿吕氏乡约整顿风教，发祖踵而行之。乡人得以安谧者数十年。岁饥，劝捐筹赈，且请於官发常平粟。平粜以舒民困。手订宗谱，成父兄未竟之志。复於公祠设文会，给膏火，以奖子弟之秀者。乾隆间，邑侯曹公修句容志，发祖与焉。承祖，字梅村。太学生，亦以治痘名。敬祖，字继文。乾隆乙巳旱灾，与胞弟怀祖（另有传）设岁济会，乡邻被德。又修唐陵观，一新神像。延祖、铨祖，孝友有传。皆茂鲲子也。

俞选，字其武。邑庠生。父茂龙，岁贡生（茂龙，见前志），有文名。选天资英敏，至性过人。母倪即世，甫弱龄，哀毁俨如成人。母故宦族，其后舅老且病。选馈肥脆参药无虚日。舅有幼孙。延师督课，俾得成立。弟显祖（见前志"文学"），耽书史，著述盈床叠架。选为刊其集行世。其以选拔入都也，客装皆选部署。显祖从容就道而已。前一夕，父扶病视行箧，色喜甚。已忽自悲，时两幼弟俱在侧，父指而泣曰："汝辈有兄如此，吾复何忧，然汝兄愈矣！"乾隆戊午、辛酉岁饥，选前后捐谷若干石以活饥民。知府张公高其义，赠额曰"蔀屋皆春"。从兄遴，字帝臣。侯补州同。乡里告急者，倾囊无德色。岁饥，出谷平粜。与人交恭而有礼。友朋稍逾边幅辄畏其知，其自饬可想也。

俞士俊，字锡章。太学生。父应礼，孝友，有传。士俊居父丧，哀毁逾礼。事母王能得其欢心。两弟相继死，抚诸侄不异所生。他如收族恤邻诸善行，皆卓卓可述。士俊不喜章句而酷嗜史学，尝语子弟曰："六经四子，理深词奥，汝辈急难凑泊，唯史书所载兴废得失了瞭如指掌，读之可以备参考而示劝惩，持身处世莫切於此。"卒前两月犹扶病取阅《通鉴纲目》一过。俞九宁，少习贾，亦喜阅历代鉴略，大义辄了了。闲与人论古今，引析甚悉。虽文人不能难。乾隆丙子①举乡饮宾。士伦，字敦五。士俊弟。邻因细故与族阋，族人拾石击之几毙。士伦呼佃人昇至家。佃有难色。曰："若勿怖②，即死，我抵！"归灌以药，逾时苏。俟其疮平而厚遣之，邻感其义，不仇族人。俊子廷献，字绪三。附贡生。沈静寡言，族人介福客云南久不反，其子家音欲往寻，顾家有老母妻子，泣告廷献曰："奈何？"廷献哀其志，慨然身任其家事。已而家音亦不返，养生送死皆献廷为之部署。邑侯林公赠额曰"谊笃桑梓"。

王运铭，字载西。慷慨喜施，族党有告贷靡弗应。即逋负多者亦不以介意。尝言人生贫富有定，与其一文不舍而贫，何如善用之而贫耶？里有争讼或历久不解，运铭为之劈肌分理，洞见症结，两造无不心折以去。运扬，字眉士。尝捐谷赈饥，无几微邀福之念。临终召诸子曰："吾家幸尚温饱，凡遇可以济人事，勿吝资财贻羞钱房，吾含笑地下矣！否则，非吾子也！"运铠，字宝成。性刚直，负奇气。人有过或於广坐中面斥之，声如洪钟，闻者畏服。贾於苏，同乡奉为祭酒。与诸弟久析产，既而弟贫，铠解衣推食不少吝。

王泰廷，字良翰。监贡生。乾隆间叠遇大灾，泰廷出谷平粜，远近赖以全活。疾革犹遗命赈南北二乡，以其地灾重也。知江宁府谢锃赠额曰"任恤可风"。子运昱，字晓昇。附贡生。有侠气。承父志，出赈南北乡。又就家设厂，全活甚众。总督尹文端赠额曰"州党蒙庥"。始岁饥，里中无赖聚劫富户米谷，莫能谁何，迨邑侯诣验，无赖群据唐陵观，乌合鼓噪，将为拒捕计。运昱至观中，剀切责以大义，众唯唯而散。又王元鹗，字子仪。兄汉沖、来宾早世。遗孤幼，鹗抚之过於所生。岁饥，米腾贵。出谷分给族众，复平粜乡里，食德者感焉。邑侯高其义，举乡饮宾。临终命子检所贷不能偿者悉焚其券。子鋐，字赞文。邑诸生。

王道揆，字斯盛。号郅堂。邑诸生。乾隆四十年，岁大祲。道揆竭力捐赈，全活无算。族姻告乏者，典质应之。用是资产萧然。顾性素沖澹，闭户手一编，课子读书为乐。及子枢入邑庠，将以教读谋养，揆诫之曰："为人师而旷废其职，神明不汝容也！"枢奉其教，授徒有声。王钰，岁贡生。少从俞月嵋、张晓香游，韦布萧然，廉隅自持，未尝有所干谒，然遇邑中诸善举，无不踊跃从事。年七十，状貌如少时，语人曰："樗栎以不材全其天年！"其谦沖可知矣。王镛，字声远。性孝友。生平耻以机巧待人，有与之为难者，夷然不较。又王楠，字映乔。王开述，字旭昇。皆太学生。笃於风义。

赵一起，字乾甫。天资长厚，有余辄通人缓急。中年无子，时有负一起者，欲偿不得，愿以女为一起充下陈。一起佯许之。养之别室。悉还其券。乃为择婿，厚其奁嫁如己女。一起亦随举二子。赵国彪，字虎文。温厚乐易。年逾八十犹兢兢於自修，举乡饮宾，里中有贫而欲出其妻者，彪闻之，至其家。问所需几何，如数持赠，夫妇得完聚如初。王新仕，字学优，亦捐金保全鸳妻者。子知慎，字徽五。性诚笃。如建祠续谱、赈饥事，皆捐资不吝。以子驹贵，例封文林郎（驹，见文苑）。知本，字茂生。作义仓，积谷以济凶荒。族人赖之。又王卓轩，性倜傥。工计然术。屡致千金。旋手散之。里中贫乏者无不各饱其欲以去。或讽其豪，嘅然曰："天地生财当为天地用之。吾非守钱房，乌用是阿堵物③为者！"同时周鲲、王国樑、夏宁斋、王子方、子玉、子麒，并以善行著。

赵熊，字方乘。增广生。童时读书，出语辄惊其长老，为文孤诣苦心，不一字拾人唾余。数困於棘闱。或劝俯就绳墨。笑曰："合乎古必戾於今，但守吾故步，力求无愧於古人已耳！遇、不遇，命也！"性慷慨慕义。有友人访其庐，值熊他出，逡巡门外，阍者走告，熊遽归。挽友，问寒暄。友固有所求而来，

---

① 乾隆丙子：乾隆二十一年（1756年）。

② 若勿怖：你不要怕。

③ 阿堵物：钱。

比相见，语羞涩不能达。熊会意，入室移时。持白镪①出，如数予之。且曰："若不敷即以闻！某当为足下了此事"友人感泣而去。宗人赵一第、赵时楠、赵时相，俱名诸生。

杨一科，字品元。奉母孝。甘旨不少缺。训子课农，澹然自安。性严毅，人敬畏之。薰其德而善良者，农无失时，贾无失业，妇女无聚谈，视一族如一家。然时赌风炽，独一科里中无呼卢博塞之习。

王邦，字国勋。里有争讼必苦口劝止。谓："鼠牙雀角，终致两伤。事无大小，只须平心静气，则曲直见矣！"乡里佩其训，数十年胥吏不扰，不识公庭为何地。尝道遇鬻妻者，邦恻然，即与之金。其人叩谢去。子凝川，举乡饮宾。王可制，字子巽。邑诸生。性耿介。授徒自给。家屡空，晏如②也！曾路拾遗金，候其人还之，不道姓名。里中有不检事，惟恐可制知，有王彦方之风焉。一科宗人士逵、士迎、士岳、炳南、正起，皆乐善好施。

倪大经，字西谷。祖文珪。父国佐。皆以孝友慈惠知名。金沙史进士梧冈称国佐为茅州完人。大经积学能文，笃承先志。乾隆四十年大旱，竭力劝捐。旬日得二千金。量为散给，全活无算。四十八年，翠华巡幸。时绅士具请启必遴德望兼重者，县以王周南、骆应隆、裴于东及大经四人与焉。同族大德，字舜生。久芳，字兰生。皆笃於收族之谊。久芳子箕尧，字象高。待弟友爱。分析时，以大宅让弟，自处其陋者。柏士文，字纶章。国学生。为人慕义。遇荒则赈，见贫者周。又徐知勤，字仲文。卫祖良，字善邦。荒岁各倒廪谷百余石以赈乡里。

赵璞，字生州。太学生。父应恕，谦退宽忍，时号为长者。著《燕贻编》，字字有裨日用。璞天性豪迈，有节概。每除夕招族中不足者，权其家口周恤，名曰小补，岁以为常（今赵氏祠中尚存《小补碑记》）》又立义仓，首捐谷三百石。穷民往贷者，令自注其名於仓簿，岁终收其本。其尤贫力不能偿者，璞自转贷以足之，使不至难继。初与弟珩俱以文章知名。暮年，功名不遂。壹意禅悦。时与浮山高僧相赠答，别拘精舍数楹为亭堂，环以藩篱，苍松翠竹左右交映，望之蔚然。中置茶铛酒罏，每春秋佳日辄憩息其中。尝自图其小影曰漆灯仙栖。

王艮，字兼山。增广生。读书授徒，慕胡安定之风。危坐终日。诸生头容稍偏者，呵斥必及。痛时师病在速成，谓后生不当束书高阁专攻时艺。一时游其门者皆知名之士。为人严介不苟。邑令如宋公楚望、李公棠、朱公绣，先后重其品，地方善举皆与焉。王岐，字希文。邑庠生。家世寒素，带经而锄。少憩即展卷闇诵。由是文名藉甚。授徒极严。终年兀坐，皋比无旷误。值续修宗谱，匮资数十金，岐即以馆谷所余赔偿之，绝无怨色。

经宜洪，字禹方。孝子章绅之孙（章绅传，见孝友）。父时蕃。蕃弟时芳。一门孝友。每述其父寻亲事辄鸣咽流涕。洪以冢孙侍章绅疾，拭垢涤污，累月无倦色。抚弟遗孤恩勤备至。岁饥，倡首赈济，全活万人。邑侯林公赠额曰"乡评子惠"。从弟宜浩、宜沧俱以敦行闻。经世铎。字振儒。太学生。乾隆乙未岁饥。请於父，悉出仓庾，纠同志共为赈济。经荣升，字康三。亦章绅之裔。性嗜学，博闻强记。生平不喜自见。有益於人，隐为调护之。经埈，字群瞻。天性慈惠。乾隆四十年旱灾，多所赒恤。尝集古格言为长联以戒后人。年七十余卒。经志举，字庆臣。亦好隐行其德。尝袖金出赈贫寒。诸子前亦不齿及。邻与志举有田产交者，取求无厌甚，且加以非礼。或劝置之法。志举曰："若非绝无廉耻，所求逞於我者，贫故耳！"卒不校，其人愧服。同里赵世芳，字君泰。郭永兴，字绪周。俱以乐善名。赵国玳，字琇年。太学生。少嗜学。为文援笔立就。父殁，哀毁骨立。事母加胝挚。寻葬父棺於祖茔下。族众诬以欺祖。搆讼三载，几起阡矣。国玳伏墓号泣，呼天抢地。邑令鉴其诚孝，乃止。子翔，字熊飞。博览工诗。性亢直。朋友有过多面净之。生平不喜佛老，雅好宾客，而自奉甚俭。课二子皆成名子。楷，岁贡生。模，嘉庆戊辰举人。孙珍，字弁朝，诸生。殉粤匪难。同里杨知庵幼颖敏，自恨未及读书，特建家塾，厚其修脯，聘名宿以教诸弟。柳桥、鹤侪、啸秋，后皆以诸生知名。

赵士暄，字锦堂。习玉人艺，极精。客扬州，一岁中叠经四丧。经营归葬，抚孤孀各有部署。乾隆九年，

---

① 白镪：金的别称。此指银子。
② 晏如：悠闲自适。

扬州大疫。士暄施材舍药，不遗余力。尤善擘画事理。谈辨风发，一座皆惊。时称其解纷排难踵武仲连，息事宁人希踪刘宠。其信义见重於人如此。初，士暄挟玉人术，往来於噶尔噶、楚克楚之间，咸称赵老子云。同里王世德，字济川。幼颖异，遍诵诸经。尤工尺牍。懋迁巢湖，巢之名宿，一时皆乐与之游。性开爽，胸无城府。面责人过，退无后言。作伪者相戒毋令世德知。又士暄，宗人赵家喜、赵国会、赵国森，皆善著一乡。廷会父真，敦朴有古风。善占候，能於禽音之上下、草色之枯荣预卜一年之水旱。其豳风之遗意欤！

　　徐在礼，字尔广。俞学博怀祖称其"恃一手足之力，经营数百里外，以供二亲之养"，其志为可矜。子凯，字懋昭。亦以孝闻。叔尔敦，贫无嗣。叔母卧疾三载，凯亲侍汤药，事如己母。乾隆五十年大饥，邑侯林光照谕同裴于东襄办赈济。凯舌敝唇焦，竭力劝募，获资甚多。更即家设饘粥以济同族。晚年编医集，修桥梁，好善之心弥笃。在礼从弟在宽，字尔容。少服贾泰州。因定省多旷，决计归养。乾隆丙子大饥。邑侯以赈事属在宽。宽不辞劳瘁，务以实惠及人。乡里颂之。宽子廷玺，字殿章。邑诸生。又克英，字世章。父茂森易簀①时，语英曰："吾家世单传，今汝有子四。譬丛生之木，培则可久。自今以往，汝当使人谓尔过於忠厚，毋使人谓尔过於浮浇②。宁人负汝，汝不负人。吾含笑入地矣！"克英泣志之。终身弗敢忘。时有"胸如河海，望重山斗"之誉。年八十余，眼见曾、元，以五世同堂蒙旌。

　　许茂昇，侨居河南。父病，随侍归里。至中途卒。时茂昇年十六，即能护丧归葬。比长，慷慨识大义。河决，搬缯口，茂昇捐金七百两，建石桥二。又修周家口虹桥，费二千余金，皆己财。陈州官绅聘管理颐寿院（陈州养穷民之所），颂声翕然。督抚据实请旌，建彰善坊，茂昇名居首。年七十二卒。一时穷民抚柩号泣，送丧二十余里。

　　杨延贵，太学生。以服贾侨寓九江。郡邑两文庙及濂溪书院、义塾诸善举，皆慷慨助资。复挑掩官山孤坟，检理无主枯骨，费不下数百金。卒年八十二。俞宜祥，字吉绍。客亳州最久。时同乡多旅殁不能归者，宜祥伤之，倡捐，购冢地数亩，立簿籍编次成号，登记故者姓名、里居用以识别，闻者义之。又柏姓佚其名，贾亳州三十年，颛行善举。晚年归里，送者数百人。曰："善人往矣！"初同乡邓廷桢之舅流落於亳，柏尝济其困。后廷桢贵，为之表扬。柏惟自谢而已。

　　王廷理，字燮元。府学生。少颖异，好读书，尤邃於《易》。别号易庵。行规言矩，一准先哲宗风。邑侯宋楚望凤重其品，举约正，辞不就。

　　王兆松，字方中。邑诸生。天资倜傥不群。凡诗词音律之学靡不淹通。母病，衣不解带，愿以身代。既而不起，兆松遂以毁卒。病笃时，犹以宗谱未竣为念。王国佐，字希周。亦诸生。事祖母、继母以孝闻。邑侯林公闻其行，谕办赈务。国佐委曲周密，务尽实惠。相传殁后为乐社司云。王安，字汉辉。太学生。端悫自好，城市无其履迹。遇地方善举，竭心力为之。王恩，字惠周。性浑厚，募修村西石桥，行旅便之。又王汝澜，字惟观。诸生。操典业。旧例取息过重，汝澜曰："贫人有急，以物质钱，期月而增其母四之一，亦以足矣，忍复重之乎！"力破其例。父暮年鳏居寡欢，汝澜闻孔氏之贤，聘作父继室母，事之唯谨。

　　朱芹，字楚葵。岁贡生。资禀超越，博学善文，洒洒千言，援笔立就。甫弱冠即蜚声艺苑。性至孝。大父年八旬余卒。芹犹执丧哀切。岁贡例就教职，有司高其节，召频仍，芹慨然曰："仕以荣亲也，亲殁矣，安忍舍坟墓博升斗？"遂固辞不应。惟课徒自给。岁以卖文余资分润宗党。骆孝廉彝称其"义命自安，超然於世俗尘埃之外，礼义闲其子孙，忠厚化其乡曲，不以词章相炫，而以实行为先。"盖芹之实录云。从兄兆葵，字端望，饶於资。距其居三里西里庄置田数百亩，遇有赎田欠价者，兆葵悉还其券，许陆续偿之。谓："贫人聚银难，待价足，恐所存又散矣！"其加惠贫乏逾於常度如此。值岁祲，目击流离状，慨然发粟千斛赠之。族有余粟者感为则傚，饥民得生者不知凡几。一时忠厚之声闻遐迩。邑侯曹举乡饮宾。

　　朱鏊，字天宠。一字步溪。解元献醇孙（献醇，见前志乡贤），孝廉方正垣（另有传）之子也。幼颖异，

---

① 易簀：曾子临终时，因席褥为季孙所赐，自己未尝为大夫，而使用大夫所用的席褥，不合礼制，所以命人换席，举扶更换后，反席未安而死。典出《礼记·檀弓上》。后遂比喻人之将死。簀，竹席。

② 浮浇：虚浮浇薄。

经书子史外，博极群书。十岁能文，器宇深沈。翰林安亭王公者，笃论君子也，不妄许人，目鳌曰："牛医儿，吾所慕月旦，诸贤犹逊一筹焉！朱氏有子矣！"年十七补弟子员。恂恂无喜色。有贺之者，则曰："仆方惧玷污宫墙，何喜为？"初献醇建祠古隍，倡捐祭产，至父垣城居间隔难以厘治，日渐彫零，鳌手订规模，请诸当事钤印，给族以垂久远，迄今产保祭丰，鳌之力也！族之人犹称道弗衰云。岁饥，民菜色，邑侯就垣商赈济，鳌侍侧指画，悉中机宜，全活甚夥，性至孝，会居父丧，哀毁逾礼，未几卒。年三十七。

朱敬山，廉而好施。村西有石桥，苏宁孔道也。倾圮日久，行人怨嗟。敬山独立成之，无难色。凡地方创建，修治之举，有求必应。或负欠中有力不能偿者，辄焚其券。郡宪钟耳其名，题"惠人可颂"额以嘉之。族侄校修，字圜桥。性慈祥。与物无忤。由勤俭起家，频遭横逆。惟循分自守，以修省为御侮策，笃信感应篇及功过格。故有阴行其德而人不知者。生平无疾言遽色。虽督率子弟亦婉曲导引，令自绎。槐修，字世承。生而颖敏，读书过目成诵。以食指渐繁，遂弃举业。自是顺天时、识地力、节嗜欲，不十数年，家道有起色。侄仲昭早世，遗孤三，家计中落，一切葬祭皆槐修独任之。所遗薄产仅四亩，於代为种殖外，每时时供其困乏。临殁嘱诸子曰："古称侄为犹子，是侄即子也。孝弟为五常之本，根本立则枝叶自荣庇焉。而纵斧寻庸有济乎？吾委曲为孤孀计也。所费不赀，尔等勿冀其偿。吾先世有鬻己田售簪珥脱昆季之难者，吾愿汝曹效之！"其用情笃厚类如此。

朱道渊，字静深。号红坡。邑诸生。为文提要鉤元，务规先正。无一切浮靡夸诞之习。所读经史古文，顶批旁注，皆朱笔细书，切中理窍。始道渊家贫，无力出就傅，伯兄厚栽早岁出嗣，与道渊别户居，劝之读，曰："塾中诸费，吾身任之！"道渊意不自安，以其田若干亩为质，厚栽知其性不苟取，权受而藏焉。比小试获售，乃出其券还之，曰："吾以为贺也！"道渊感其意，益自刻苦，屡赴省闱不售。自为诗曰："科名何足重，无面见吾兄！"此语犹脍炙人口。厚栽殁，其子窭甚。道渊计向所受值，倍偿之，曰："非报德也，分宜尔也！"宗人震，字竹庵。天资朴实。少有大志。读书亹亹如注，以父思九远出授经，遂弃儒业，理家务。晨夕如常。思九喜语人曰："吾有震子，家政裕如矣！"平居重然诺、黜纷华，谈笑皆根经传，诸文人弗及也！里有争论辄诣震。条分缕析，争者悉平。遇所识穷乏，则奔救恐后云。

倪毓陵，字陶友。天性纯笃。塾师蔡某素清俭。深秋天凉，毓陵微窥其寒，即解己所着新裘赠之。其敬师如此。子宏受，字瞻洛。乾隆丙辰恩科举人（吕志科贡表误作上元人），为文渊微高洁，多见道语，性笃孝，每公车北上，刻刻以堂上为念。后以二亲年力就衰，遂无志仕进。宏受子士极，字揆一。优贡。家贫好施。夏月偶自馆归，会族有病死无棺者，士极曰："天暑何堪无棺！"助金殓之。叔瞻淇兄介眉早卒，士极为瞻淇妾、俞介眉妻裴请旌，以光潜德。子炘、尔泰俱诸生。炘，字西池。性慷慨，族党赖以举火者十数家。尔泰为文奇崛。临终诧曰："天梦梦耶，世汩汩耶！仳俦拥楹娖奢斥，矫虔肆驾夷由踣耶？"遂卒。炘子怀曾，字兰琬。增广生。於学无所不通，而内行醇备，不愧家风，里党啧啧羡之。

许振，字儒衡。轻财尚侠。乾隆乙未岁旱，出粟赈饥。子成，字尊五。乾隆乙巳、嘉庆戊午岁歉，凡捐谷数百石，家本素封，卒之日囊无余财。弟庚，字梦白。岁贡生。少从乡宿俞菉园游，文誉腾起。事母赵依依孺慕，承欢不懈。同族世瑞，字应祥。於诸弟间极孔怀之爱。仲弟殁，世瑞扶翼弟妇，俾完其节。客於亳，同乡有病不能葬者葬之，不能归者归之，且为之经济其家。其尚义如此。容，字鲁仓。太学生。好施与，重然诺。懋迁吴中，遇孤寒者辄周济之，不使人知也。

王云骧，邑诸生。有文誉。刻己为义。前庄有渠灌田若干亩，已与邻户共之，会岁旱，己田迟灌，让邻先之，以邻户急於己也。或坏己田为邻田通水道。其力不能灌者，并助以佣工费。一时善名噪乡里。性笃孝。父暮年夜不能寝，必鸡鸣始就枕。云骧侍立不倦，不命之退不敢退。王凝惇，有侠风。贾於灞水，有同人迫於家累，负典银甚钜。典东严追，诸人无策。凝惇曰："无恐！"遂贷己宅而偿之。其他义行多类此。张誉闻，性豪迈。邻有许生者素懦，祖茔为势家谋佔，几受诬枉，亲族皆坐视。誉闻愤甚，助资使伸理，事卒得白。许感其义，造门致谢。誉闻已先期避去矣！又许裣、许和、王开晋、张麟产，仅中人，於岁荒皆捐资助赈。麟，字尊一。太学生。乾隆二十年举乡饮宾。

俞钟，字协范。邑廪生。轻财慕义。有负数百金者，钟怜其贫，检券还之。子宗淇（传见"文苑"）。俞之琮，字象方。乾隆丙子捐金助赈。琮子家桂，字珠峰，太学生。天性肫挚。母病，侍汤药罔懈者七年。

建三义阁於唐陵观。又於破塘堰添设茶亭，行人便之。邑侯林光照赠额曰："义举必先。"子秉勋，字士立，绰有父风。秉勋族弟秉绣，幼落拓不羁，父老忧之，以为非保家子也！及长，痛自检束，造次必循礼法，诸兄皆早殁，寡嫂孤雏茕茕无告，秉绣以一身揩拄其间，虽破产不令饥寒。其卒也，人有见其衣冠入土神祠云。又之琮从弟之瑷，字子蕖。居乡课徒，以误人子弟为戒。母疾，之瑷侍房闱累月不懈。族中事无大小，剖决井然。咸倚重之。

　　孙家仪，字尔度。为人不妄言笑，排难解纷，知无不为，为无不力。远近敬畏之。乾隆二十三年，邑侯朱绣举乡饮宾，赠以"德隆望重"额。子瑞瑶，字纯玉。事继母孝。家贫，贸易谋养，所入悉以寄母，无私财。子天洪，字雨亭。天性孝友。父故，甫弱龄，两弟未离乳哺，即能揩拄家政。及两弟殁，抚诸侄成立。弟妇节行皆赖以保全。岁饥，捐资助赈，躬任劳瘁。宗人瑞珩，字楚珍。长厚可风。子天泰，字景和，太学生。内行纯笃。天涤，字范阳，生两岁而孤。比长，孝事其母，内外无间言。性好施与。遇族党贫困者，必曲为周恤。之濮，字景祥。以刻苦致温饱。喜周人急。多隐受其惠者。

　　杨际仕，字天章。号旸谷。性至孝。事其父朝举能以色养。尤喜施与。族党中力不能婚葬者，解囊助之，务如其人之愿而后已。岁饥，与弟章举筹议备至，活人无算。乾隆十二年，重修家庙。先捐金为族人倡。飨堂寝室，焕然一新。年八十三卒。病笃时，犹以三事未了为恨。一、家谱；一、义田；一村西船桥。语喃喃不能休。欲命其子续成之。朝举从弟朝佑，字公弼，号嵩齐，太学生。轻财尚义。遇称贷不能偿者即焚其券。死无以殓者与之棺。乾隆戊午举乡饮宾。学使邓钟岳给额曰"德徽鸠杖"。子际聘、士骅，邑庠生。际烈、际科、际骥，皆太学生。

　　王肇谟，字功浩。为人权奇倜傥。乾隆乙未岁饥，发粟赈济。至乙巳又饥，乃即家煮糜设厂，复命子兴顺计口授粮，如偿宿逋然。同里吴圣坟，於是年之饥，乡邻告乏者或变产以赒、称贷以应。有古侠士风。成茂铠、王小翁、周章惠，皆乾隆间义笃桑梓者。孙大龙，农人也，好善若渴。尝独立修邻近孤冢。每届冬月，即荷锸向龙潭一带修补大路。粮车过龙潭者咸颂其惠。又王德溥，肇谟同族。村东有北背桥，九圮。德溥捐金独建。王开士，字器先。家富有而好行其德。每出游必袖钱以济贫者，或笑之曰："子产之舆，可遍济乎！"开士曰："吾乐此不疲也！"

　　周让，字竹溪（府志作恒钧）。性豁达，重然诺。乾隆五十五年，县吏作奸以伪票征粮，南八乡居民大哗，后值税期无输者，邑侯王公慕让德望，就谋之。让以大义谕众，众欣然愿输。王欲以匾褒之，辞曰："以济贤父母之困而获名，余不愿也！"嘉庆八年，独立建贞孝坊。周礼，字敬堂。轻财好施。乾隆二十一年，岁大饥。礼捐赈以襄公举，更为食於路，以待饿者。四十年、五十年之饥，亦如之。性至孝。父绍岳卒，未葬。家人不戒於火，庐舍尽毁。礼以身蔽柩，呼号不去，而火竟熄。

　　刘应煦，字万育。性慷慨好义。捐设镇江救生局。乾隆戊午捐赈，壬戌又捐千金救荒。同里士尧，字宗唐，太学生。乙未岁饥，捐米二百五十石，给济乡邻，存活甚众。邑宰林光照动容称叹。谓其与荒政有补。至乙巳，江省又饥。士尧子际镐，字愈丰。继述父志，捐钱粜米，周恤贫穷又。

　　赵友芳，字北溪。精岐黄术。性孝友。母年八旬犹依依孺慕。稍充裕，悉以田产与弟。秉忠外舅某年老无以自给，周之数十年。及殁，为营丧葬。亲族穷迫者，推解不少吝。子守国，继父业，与弟存国并享耆年。汪文端廷珍赠额曰"德绍洛英"。孙凌云、礼宾皆以医世其家。届炎夏，给贫民膏丹不取直。北溪医家专以舌胎辨症，故诊治多奇效。赵氏皆得其秘传云。同族赵楚珩以耆德见重乡邦。乾隆十九年举乡饮宾。

　　周纶，字世掌。邑诸生。少事母孝。母殁，每抚殡思慕，植立如偶人，待兄甚谨。命以事未尝以难辞，兄或怒，则踧踖引过，终无忤色。为人简易，不屑屑於文貌周旋。与人接意，所合虽田夫野老，笑语甚欢；不合，虽达官贵人亦掉臂不顾。凡赈荒修桥诸善举必踊跃输资。为众人先。家蓄琴一张，储书万卷，顾盼自得。爱读陶靖节诗，谓其真意似己。暇则为家人讲《小学》，娓娓不倦。妇女臧获皆就听之，尤耽山水，所居近摄山，地多幽岩清沼、长松怪石，往往流连徙倚至忘昕夕云。同族度，字廷章，亦诸生。以任恤自负，戚属间有不足者，周急之不少吝。邑侯重其年德，举乡饮宾。

　　周之鼎，字彝生。性诚悫，好读书，家本素封，以疏於会计中落。年三十余措微资客淮上，久之囊罄，遂落魄不得归。时吴郡运官吉姓者鞔漕北上，泊於淮，奇之鼎貌，与之言，知非市井中人，乃曰："余子甫髫年，欲以青氈屈子於舟中，可乎？"许之。是夕，张盛筵、招女妓侑觞。之鼎不悦，曰："某以吉翁知我，故就之。何至以卑卑相视也！"欲拂衣去。吉引谢始留。由是益重之。无何，吉令其子出橐，之鼎偕焉。夜遇盗，资被掠。诘朝，之鼎於豆圃中拾遗金五十两，询於众，无主。谓吉郎曰："子失父本，是天怜子以偿其亡也！"众服其义。

周克义，字宜公。丹阳某负贩於外，本羸囊罄，羞涩不能归，日暮泣路隅。克义廉其情，助资使回里。不告姓名而退。病笃时，命家人检旧券焚之。曰："留之使子孙取怨邻里！"周永言，性慷慨。有贫不能全其妻者，遣嫁有日矣！永言急往止之，为捐米十二石。周宪舒，字淇园。客淮上，时岁饥，有鬻子者，既受值，其主速之行。父子抱持不忍舍，宪舒代偿其值。遇死无殓、贫不能葬者辄助以资，一时淮上有周善人之目。宪沧，字有龙。宅西为茅山大路，欹侧不平。宪沧捐资墁之。万瞻，名章诩。以字行。性孝友，举止端重，浑然不露圭角。好施与。邑有旱灾，县令诣各乡劝捐，闻万瞻已倡捐若干，遂以南八乡事委之。是年，饥不为害。

经朝元，字允仁。邑诸生。性明敏。幼从张药斋游。声噪庠序。间凡经史子集，手录成书。间有触发洞中理要。训子侄辈极严，乡邻或搆釁，朝元以大义谕之即解。遇贫困失所者，阴周恤之而不居其名。雍云旂，字明晗。好善举。村居泽畔，道阻於水。云旂捐资墁以石。茅峰十里长山，行旅苦无憩息所，特建甘露亭，炎夏并施茶汤。族人仁所、继珍皆轻财好义。继珍，字仲山，太学生。侨寓河南上蔡。昼服贾，夜读岐黄书。遂工医。求治者无不应手效。生平以睦姻任恤为己任。济人之困如恐不及然。

杨朝纲，字履宜。侨寓如皋。幼颖异，於书无不读。虽隐廛市，手不释卷。事亲孝。寝疾时，茹斋礼斗，衣不解带者数月。性好推解，每岁除夕，窃听於里巷中有呻吟、无以卒岁者，投以金钱，不令人知。岁饥，捐资赈粥，他如育婴堂、文昌阁、桥梁、道路诸善举，皆乐於助成。宣文杜，字劲苍。居家俭约而施与不少吝。又栾宽裕，字有容。太学生。孝廉培之胞弟也。居乡振贫困、睦姻族。有善人之称。尝出资独修百丈圩石砀，俾数十年鲜水患。后有予翼者，尤慷慨嗜义，有祖风。予翼子继顺，邑增生。以孝友闻。

华君实，字克之。为人醇谨不苟。贾吴中，一日藏金於笥，将以偿客，忽为人盗去。君实得其情，置不问。复鬻田以偿诸负。或劝之首报曰："即赃犯无获，藉以缓客债亦无不可！"君实谢之曰："彼非真为盗者，饥寒所迫耳！控官则势必株连，吾不忍。且盗窃我，我遂羸客负。是我亦有盗心也。乌乎可？"卒如数偿之。周有祥，字瑞寰，性廉介。少贾高邮。有邻女奔之。有祥不为动。女惭而去。继与李姓服贾久安沟。一日，李回里检橐中六百余金，付有祥往盱眙粜货。中夜遇盗，有祥匿於厕，盗寻不得。纵火焚屋。有祥挟赀潜回。李闻其被盗也，大惊。既而大喜，仍畀赀使贩六安，获利甚厚，悉数归李。殁之日，家无余蓄。王嗣承，字继裘。尝过正阳关遇盗，己物劫掠一空，惟友人托寄五十金尚在。嗣承忍饥寒，卒觅原主还之。时呼为穷铁汉。

赵守成，字继绳。幼读书茅山，深自刻苦，为文务发明义理，以屡困场屋遂弃而习医。尤精於痘。招延者虽远必赴，贫者助之药。全活甚众。性喜施与。岁暮，有告贷者一时无以应，取衣十余袭付之。故人某贷於田室，贫不能偿，守成鬻田代偿之，虽坐是屡空，晏如也。端木思有，字玉甫。早孤而家贫，以义命自安。一日过石涧旁，拾白金一封，中裹当票，知为贫民所遗，席地俟之。浃午见一人踉跄而至，云："欠官租甚急，质物皆假诸人，今失去，奈何？"思有审其符合，遽还之。失金者欲分半以酬，不受。问其名亦不告也。周希伋，字汝思。刘继琮，字佩九。葛全赵，字连城。皆不取遗金者。戴学魁，字海闻。客长沙，出金完人夫妇於汉口；以五十金赠孝子於溧水；以数十金助逋税者。尝言："财为天地间公物，若锢为己私便非天地生物之心！"其旷达如此。

戴钦坤，字观乾。貌魁伟。商於鄂，以计然术起家。慨然以济困扶危为己任，周急而不责报，赖以举火者甚众。自吴至楚二千里，识与不识皆以善人目之。鄂抚张、鄂藩徐心折其为人，待以上宾，时出资赈三楚饥，曰："聊以佐圣人，嘉惠元元之至意。"后江夏贼匪跳梁至，相戒不入其门云。朱古桥，倜傥不羁。客游山东，值登莱奇荒，民无生色。古桥恻然。禀请鲁抚，捐资赈济不下数万金。鲁抚上其事於朝，赐以官，固辞不受。晚年优游林下，不复出。与乡人讲保圩法并规画一乡利弊。尝曰："吾少时读书，犹记得程子有言：君子居一乡，则造福一乡也！"

樊允箴，字寿征，号仙史。幼读书，工诗古文词。试辄冠其曹。同列者咸决其为远到才。值父兄相继殁，见母氏内外经理不遑，慨然曰："奈何以家累贻亲忧！"因摒挡庶务，井井有条。事母能先意承志。先世有遗址，将谋新堂，构里中，黠者纷纷寻衅，允箴不与校。曰："是有觊觎心，宜稍餍之。与以资，皆释憾去。会族中重建宗祠，允箴倡议，经始一切身任之。祠中百废具举。子六人。景晟，邑庠生。工诗，有文名。华德振，字振金，附贡生。性聪颖。於五经四子书过目辄了了，若有夙慧。及长，所与游皆一时知名士。居乡通有无，重然诺，恂恂有古君子风焉。周继翰，字圣奕。别号柳崖。性耽书。贫不能购。尝从人借读，寒暑无少闲。喜吟诗，各体皆工。平居闭门却扫，非其义一介不取，类东汉独行之士。有《柳崖杂著》若干卷。

胡惟亲，字在新。父邦盛，隐居浮山。有陶许之风。惟亲少即慷慨。读书未就，乃与父老规画一乡利弊。周冈村前有巨塘不能潴水，惟亲设法筑埂数十丈，至今赖之。又创造宗祠，与族之子弟讲论拜献之仪，孜孜不倦。从弟惟昌，性介特，不谐於俗，而极好施与。族兄某应吏选，卒於官，贷惟昌数百金，一无所偿。有姻党北上宿旅店，为假命案牵累，惟昌费巨款解之。亦不以介意。又为里中汰尢习，革陋规，乡人深感其惠。又惟选，字公召。少失怙恃。境綦贫而仲兄颇自给。惟选不少仰藉。曰："男儿当自强耳！"后以贾致富，与族众议建祠修谱，捐助无所吝。与人和易，虽三尺童子乐就之。卒享大年。四世同堂。惟贞，事母孝，待诸弟友爱。轻财尚侠。族党赖以举火者数家。

胡梓，内行纯笃，事母能以色养。卵翼诸侄过於所生。居乡急人之困至於再三。毁券弃质，弗恤也。胡承宏，父怀章。疏财仗义。晚年贫甚。承宏出为贾，曰："吾辞坟墓，弃妻子，羁縻於外不能致富，非夫也！"既而橐满归，兄弟行大半物故。诸侄无所依恃。承宏，即以所得资置田数十亩以抚诸孤。又出巨款为先人偿夙负，索其室仅足供饘粥而已。胡刚先，弱冠补诸生，为人方严，群小咸惮之。本乡旧有粮役，轮值年者往往赔累倾家。刚先挺身诉於官，力陈其弊。於是粮役之名始革。里人至今颂之。胡承贞，於学宫倾圮，捐金修葺。岁歉，出谷赈饥，远近唧恩者甚众。胡承连，幼失怙。年十四，叔即与析箸。承运去而习贾。无何，资大饶。向所失产尽赎回。犹与叔公分之。人称其厚。又吕秉之，字畏三。笃於内行，为约正二十年，以公直负时望。

王绍京，邑诸生。生六龄失怙。孀母教之成立。长而喜周人急。尝偕张羽士玩灯，闻河畔隐隐哭声，觅之有老妪将投水，绍京救之，并恤其家。友人魏凝源陷冤狱，驰往营解，辍己业三载，弗恤也。杨彦隆，字伯珩。少孤，痛父早世，事母极甘旨之奉。处昆季，分多就少。尝游钱塘江，飓风覆前舟，彦隆出囊金急呼邻舟救之。获免者十数人。又买婢，婢思母哭不止，彦隆招鬻女者还之，焚其券，赠麦数斛而去。曰："勿再割若爱也！"与族人正连创设施材局多年，一乡颂之。彦隆之先有以乐善名者际遇，字大昌，侨居汊河镇。族弟斌昌家徒四壁，每分润之。侄辈力难婚娶者助以资，岁饥倡首为施粥糜，全活甚夥。

朱铨，字岳宗，号羡山，岁贡生。少聪慧，读书有未安处，必反覆推详，以求合古人之意。兼通《九章》勾股算法。作文灏瀚汪洋，仿佛眉山父子。与人交至诚，恻怛时流露眉目间，里鄹中以大事就商，准情酌理，片语之下翕然帖服。句容陋例相沿，每岁盐引照漕粮认销，铨毅然请诸当事，勒石永除厥弊，时有啗以多金者，铨正色曰："不有四知耶？"其人惭退。晚年侨寓吴门，一时缙绅先生如潘太史榕皋、谭中翰琴岩，恒以诗酒相往来云。从弟鋐，字振宇，诸生。宅心仁厚，处事非公正不发愤。见亲邻无力婚葬者则尽心相助。族有雀角争积不能平，鋐为判其曲直，皆心服求寝。嘉庆十九年大饥，哀鸿嗷嗷待毙，恻然忧之，倡议捐赈，赖以生全者不可胜数。丁丑蠹书无弊，私将甲戌恩赦之米，严追肥己。悍吏来乡叫嚣攘突，编户苦之，鋐忿然上控，大宪始免追呼之扰。邑父老啧啧称之。

朱茂，邑诸生。幼读书过目成诵，为文章规模先正，不屑为华诞语。终岁健关，沈淫典籍。丁父艰，作孺子泣者旬日。平居好朴质，厌华臕，曰："欲洗时蹊，先复古道！"又曰："自足者不辱。吾有东冈之圃，可办丝麻；西涧之田，足供饘粥。所获多矣！"因自号澹庵。煮茗焚香，杜门习静。间寓情於花草。无事则挈瓶灌溉，虽一叶一枝不忍剪弃。尝自制斋联云："樽前尚论书中世，枕上小游画里山。"其志趣可想也！弟容江，亦诸生。家饶於资，以慷慨乐施渐陵替。厥后，子六人。孙八人。亭亭玉立，人以为善门之报。又茂兰，字佩裳，太学生。自奉薄而待人则厚。嘉庆甲戌之饥，慷慨好施，全活甚众。显榱，字殿辅。居乡醇谨，以周急为先。有贫苦、亲邻乞籴者，或升或斗，仍匿其钱於粟中而与之。每岁暮，必量贫乏之等级为称施之多寡，孜孜然累岁不倦。朱氏之贤者有沅修，字醴泉。醇修，字粹直。毓英，字尉廷。达有，字丰亭。达善，字性培。皆后起之秀也！

朱縯，字集生，邑诸生。年甫冠即受知於洪洞杨崑岳。宗师以孝友睦姻称居。鼎爵，字蕙圃。乾隆五十三年补县学生。端方耿介，士林奉为矜式。与鼎爵同里后起者邰云从，亦诸生。居家恂恂孝友。宗人淇才，字廷珍。品重乡闻。又贺名，家素封，加厚族党。时其匮乏而周恤之。夏云从，自奉约，有余辄用以济人。王朝甫，诸生。孝友敦品。邱德书，性嗜学。以古道自持。於人世所务，泊如也！

高俊朝，字旭贵。宅心和厚。以读书自娱。家屡空。萧然不为境累。

韩天锡，家贫好学。因遭乱未博一衿，为乡里解纷不避嫌怨。咸服其公正。卫南阳，家世业农。遇善举无不竭力赞助。南阳同里郁绍璠、张余洪、陈明瑶、陈遵科、陈遵传并以无玷行见称。陈遵章，谨厚不欺。粤匪之乱，上元东流镇邹姓避其家，寄银若干两。寻贼氛扑至，邹仓促徙去。遵章用袜裹其银暗置之塘底，承平后，使子泗水出之，原封还邹。邹欲稍酬，辞弗受。年九十余卒。五世同堂，雍睦无闲言。里人啧啧羡之。

王开制，字丹山。弱龄丧父。性诚孝。逢祭祀则涕泗交颐，以不及养为憾。事诸兄曲尽弟道，好施与。期功赖以举火者十数家。子润，字可亭。太学生。亦以孝闻。父晚年得风痹疾，润躬侍汤药，晨夕不离。同族募置祠田，即倡捐白金二百两。王应溥，字玉如。丧父时甫八龄。哭泣呼号，哀动行路。兄早世，抚养孀孺终始无倦。同邑陈某作贾江右，与应溥一面识也，忽暴疾旅殁，应溥鬻棺以殓，亲送归里。其重义如此。王绍聪，诸生。中年弃举业，贸迁淮上，同乡中有以客债羁身者，倾囊助之。聪之先有宾尚者，庠生，廷桂，业儒。俱有隐德。又徐明三，字达儒，然诺不欺，居乡收族睦邻，意极恳挚。宗人文忠，字少阳，乐善好施。子得珍、得序、得顺，一门孝友。得顺，字秀和。以祭产未丰，於嘉庆八年捐钱三十六千，刻意经营。不数年度支渐裕，一族赖之。年八十余卒。国锦，以母教成立。行端方。一乡称正人无异词。同里王士斌、邰有金、范兴祥，俱以好行其德著闻。

戴宏义，字遵五。唐诗人叔伦之后。世为南乡望族。嘉庆十九年大饥，江南北道殣相望，时宏义贾重庆，闻耗即商之诸兄，买米豆数百石，载以快舟，顺流疾下，散给族党。是年，出资最钜者居延训，字桂廷。发粟千余石赈济。议叙职员。许遵瑞，赈贫无资，呼邻里分拆旁宅二十余间以易升斗，数日而尽。王嘉贵，权其村户口分给米钱。尚锡九，家不甚丰，先捐私财为富室倡，皆一时存心利物者。

石仓，字德保。嘉庆丁丑岁荒。聚乡人谋之，曰："吾侪世居水乡，能保庐舍而不为饿殍者，圩之力也！今数十年堤不加修，隙漏相属。又赤山后湖淤塞成田，若山水暴至，不其鱼乎？"众以岁饥力不能办为辞，仓曰："我当以工代赈耳！"於是丁壮日给百钱，老弱馈食。役三月而圩高且固矣！间一岁己卯，麦初熟，大雨浃旬。茅、巫诸山踞上游之水汪洋澎湃，夹奔秦淮三日乃退。乡人造庐泥首者以千亿计，曰："前年不死於饿，今年不死於水，皆公力也！"仓逊谢之。族人世梅尝捐粟千石救荒。雍斌，字含章。幼失怙，事孀母孝。居圩乡遇水泛滥，力为区画，不辞劳，不惜费，亲率壮夫昼夜巡堤，俾亿万生灵回生於呼吸之间。弟楚善，工诗。亦以孝闻。

许起桐，字舜琴，太学生。笃於亲故，喜施与。嘉庆甲戌岁饥，起桐捐资於天王寺，设厂赈济。伪言款募自苏州，嫌自居其名也！蒲溪桥圮，与族弟起宾、起龙、侄万镒重建之。又即家创设积谷施材诸善举。当事高其谊。给额曰"敦睦可风"。王定华，字庆三。性鲠直。晚年益乐善。甲戌、庚辰两歉岁，倡捐以赈贫乏，日夜不遑。从兄定鸿，字鹄臣。亦有善声。为人谦抑冲和。闻道人之短者，则掩耳疾趋，赧然如谈己过。父殁，哀毁骨立，几不成礼。人称其孝。俞骏陛，字英培。丁卯岁饥，散谷以赡宗族，待诸弟极友爱。或讽其析箸，陛正色曰："吾自幼时与诸弟无贰，今老矣顾析箸乎？且析箸则用多，用多则财匮。譬一灯而数火，膏不易竭乎！且季弟幼，吾抚之不忍背也！"

朱定周，轻财好施。道光十八年，独建行香村东之灵跸桥，费钱四百余缗。从村至桥修路二十余丈，费五十余缗。又倡建村东之诸乐庵，经费不济，鬻田以足之。同时蒋顺义，於白兔镇西独建一凉亭，行旅便之。

又镇之二里许晏公庙，顺义助金改建，费百余缗。王凝英，喜周急。道光间遇贫死无以为殓者，给榇一具、布一匹、米钱称是。行之十余年。殷桥头旧路，苦泥淖，凝英欲墁之，不果而卒。子安湛，字锦城。承父志，由村东上泥凹墁至傅家榨。行路颂之。时道光三十年也。咸丰六年殉难。

许世敦，字实亭。侨居河南。少颖敏。就童子塾三月能默写《大学》章句，无一字讹。迫於贫，改就贾，以居积稍稍致富。侍父疾，衣不解带者两月。时盛暑，躬亲涤拭，不使一蝇集於床席。待弟妹友爱逾常。族属来依者悉提携之。佃户负租者，家人窃不平。曰："若收获薄耳！"既而佃以负租小康，家人又言之。曰："若诚辛苦，以是酬其劳可耳！"生平耻以噢咻妪煦博名。有贷资不能偿者，世敦多暗焚其券。道光癸卯，河决中牟，手置产多付东流，无忧色。曰："以财遗子孙而不能教，是祸之也。漂之何伤？"子贞元，中咸丰壬子河南榜第一，联捷成进士。出官山西大同知县。

许良宠，性古朴。中年致产千金，用恤穷困，随手尽。凡乞贷无空归者。尝捐银五十两修建宗祠，为族人倡。许志迁，字善甫，自号乐田居士。父枌，仪度俊雅，博涉书史。名宿多乐与之游。志迁怡情畎亩，数十年城市无其迹至。赈恤饥寒，豁如也。许大蕴，字君用。潇洒不羁，尝独修某寺前之大桥。许光远、许邦相，亦以敦行乐善推重乡里。又王定蕃，字毓三。懋迁於外。父遘疾，弥留之际，定蕃突至。举家惊问。曰："吾心绪怔忡，知必有故！"嘉庆甲戌大饥，有鬻妻谋食者，定蕃晓示大义，贷以金，俾完聚如初。

刘振淮，字梦餕，太学生。为人刚正，有胆识。嘉、道时，北乡赵氏丰於资，惟取信振淮，凡地方公举，往说之，无不应。为乡里排难解纷极严毅，一言不合则面斥之，人卒畏服。道光壬寅，英夷内讧，由镇江鼓轮艘西上。抵下蜀镇之河口，人情汹汹，意谓必上岸蹂躏，振淮立至船，从容喻以大义，夷酋秋毫无犯而退。其善处大事多此类也。兄振源，诸生。自有传。同时王正月，邑庠生。性严正。自其为约正也。市井无游民，妇女不观剧。嘉庆甲戌岁饥，与里人罗复仁捐资筹赈，罗故饶於资，有山数十亩，贫民无业者使伐其树，以工代赈，赖以全活者甚夥。

姚景邵，字克家。邑诸生。家素饶而好施与。道光癸卯、甲戌均水灾。景邵田多在圩乡。除不索租外，遇贫寒之佃，复周恤之。顾庄、邵纯明者，值岁饥，无以为活，将鬻其妻，或以闻於景邵，立召纯明询状，即与米五石、银十两，令悔成约。是年，纯明举一子。当水灾之洊至也，训导成公奉委设赈局於仓头，某绅者恃才而黠，创为大一小无之说，居民畏其威，无可奈何。好事者编成《都东堂》剧本，在局侵渔者靡不描画尽态，唯景邵律身清白，无可议者。子行渊，字兰泉，太学生。为骆重恒高足。试南省凡十三次。道光甲午、甲辰两科荐卷。行灏，字一清。二十八年办水灾赈务，有功，赏八品衔，候补县丞。景邵族叔宏琳，以公正推重间里，亦诸生。又居正炳，字松年。世居山乡。二十八年，出谷平粜，知县杨凤翱给额以奖之。

刘舜霆，太学生。貌魁伟，多髭。人以髯翁呼之。性严重，群儿或聚戏，父母不能禁者，见舜霆至则逸去。道光间，濒江之圩堤身窄小，居民习於故常，无留意者，舜霆防患未然，暇时忽集夫加筑，口讲指画某段至某段限加高数尺，尅期告成。其年淫雨阅月，水势暴长，适漫及新堤而止。至次年又加筑，亦如之。他处苦水灾，而北厂秋禾大熟。里中演剧酬神，争以肩舆迎舜霆，念其功也。王维吉，舜霆同里，以为圩者围也，当水退时，议就外滩取土培阔而增高之，临圩执不许，维吉奋然曰："圩不固，则国课民命交困，何以家为？"力排众说，乃定议。道光二十八、九年，江水泛涨，吉圩得无恙。吉所居名西大圩，形如釜底，多受邻圩漫溢，吉於四围增筑护堤，其患稍止。知江宁府李公耳其名，欲旌以匾额，吉力却之，曰："吾侪筑堤保圩，皆分内事，岂为邀名计乎！"由是一乡称长者。子八人，其六玉臣，有父风。兵兴后，督修圩堤，不辞劳瘁者若王德三、蒋春华及上元鲁政兴辈，皆有功桑梓者也！

唐澍，字仁雨，岁贡生。性浑朴，不解机变。与堂弟治极友爱（治，见政绩），治远宦於外，事其母如己母。岁得修脯，备供甘旨。授徒务尽心力，乐栽培寒士。工诗。著有《石野山房稿》。未及梓而佚於兵燹。子之桐，诸生。清慎寡欲，非分之财一介不取。同治初年办乡间善后事宜，民获其益。之桐从弟之桓，性廉洁，随侍从父治於祁门，贼之攻祁门也，治知事不可为，决计身殉，嘱之桓以官帑千金寄民家，俟寇退交藩库。之桓卒体其志。后办乡团，因积劳成疾，咯血卒。之桐子庆誉，亦诸生。恂谨自守。一禀先民矩矱，家固贫，饮酒赋诗，怡然自得，侍父疾，寝室俱废。汤药亲治，火燎其须而不觉，尤喜表章善类。诸生曹瑞死节深山无知者，澍历历言之，奇行始著，语在《忠义传》。澍同时秦魏堂、秦有朋、秦贤志皆诸生。秦御洪、秦献廷，武生。并以方正负时望。

张元起，字育发。道光中饥，捐设粥厂於西庙。周在中，字秀廷。金陵下关初设救生局，闻在中好义，求助在中捐资以成其事。华礼存贾盱眙，亦於其地设招信义渡，至今赖之。夏智朝，诸生。尝建桥梁、义仓。施家开，捐金建王圩村之王家桥。何鸿仪、鸿文，皆庠生。及弟鸿儒俱好施与。鸿仪，负文名。金陵士人咸推服之。与邑中骆鸿禧、潘同（俱见文学），号为容山三杰。鸿儒，后殉难。忠义有传。

王南珍，诸生。尝倡首捐，置书院、育婴、义仓诸善举。时人颂之。朱朝敏，字美文。朱正文，字华生。俱好急人之急。以是名孚乡里。

周廷发，字南英。尝建桥梁，修祠宇，周贫乏不使人知，平居慕陶靖节之为人。写松云图以寓意。周贞俭，字尚朴。道光间洪泽湖水涨，流民载道，死亡枕藉，贞俭为立义冢以瘗之。周桂林，字晋文。性诚朴。凡乡里有争，得其一言辄冰释，有善人之目。杨怡安，道光中修临泉乡船桥，以便往来。族弟兆桢亦好义。二十九年水灾，兆桢密访断炊家，赠以钱米。又尝刻《普济良方》行世。赵明瀜，字溥源，父玉书，性淳厚。兄弟四人。终母之世不忍析居。明瀜尤好施，侨居高邮之界首。兵燹时，南乡鼎沸，避地渡江者不绝於途。凡过界首者，明瀜辄赠以资，亲友族邻倍给之。即素不相识者亦饱以粥。日费米数石。存活者不可胜数。族兄清源，诸生。性仁孝。

骆重莲，字景颐，号秋江，诸生。性肫诚好善，以先世佳城未定，遂辍举业，究心堪舆之学，既得地於章培、花茂、西谢诸山，自曾祖碧山而下，以次葬毕。家道益隆隆起，而好善之心益力。道光甲辰，族中修文昌阁，与有劳焉。迨乙酉乡试，容邑赴科者甚少，重莲虑之，邀同人设卷费局，津贴寒微，独倡首输千金，合外捐若千金存典生息，又恐息微人众，约南乡王锡蕃共襄善举乡城分局，於是宾兴之费益充。后废於兵燹。咸丰改元，邑教谕欲举孝廉方正，重莲固辞，惧盛名之难副也。癸丑粤匪窜省城，凡团练保卫及军需不给者，皆重莲身任其事。每届岁暮，阴计亲族贫乏者恤之，婚丧不给者助之。丙辰句容陷，忧愤成疾卒。时年六十有七。侄惟清，字河光。冬日风雪中辄集族人施粥以济孤贫。又暗行隘巷中，察断炊者，助以米。子崇鉴，诸生。又骆寿祺，与郭世俊友善，乱后，共捐金掩埋枯骨。世俊，字秀升。

钟俊雄，世为治北下蜀镇望族。先世有与槐者，登前明进士第，宦於浙。政声颇著（据《钟氏家谱》。郡邑志"科贡表"皆失载）。俊熊，宽仁有度，同镇业茶铺者，其子凤游荡不检。偶失银一锭，主人疑为子盗出，拷索无完肤。不得，将缢杀之。俊熊适至铺，伪言仓促付用未遑白，遽代偿之。后无意中检得原银，主人愧谢。或诘其故，俊熊曰："吾引过代偿，其失小；使彼父子相残，其失大也！"又新年鲜衣出谒客，突撞担粪者，污其衣几遍，俊雄略视其人，不加呵斥而退，担粪者后三日忽暴亡。人服其知几。子四，皆以懋迁起家。次延灏，字光裕。太学生。性静逸。平居坐卧一小楼，煮茗焚香，无市井习气。同治十三年、光绪元年，於岁暮散给米券，计费二百余石。乡民感颂弗衰。次年三，详见子启宇传。

葛亮楷，字晋书。幼劬读，研濂洛理。甫冠，补诸生。旋迁中舍，性至孝。母食指患疔，负痛绕室走。亮楷尾其后。母泣亦泣。忍饥至夜阑，令妻乳母，母弗许。再三请，母怒不悦。长跪哀求云："乳养血止痛，乞少进！"母色霁，命挤汁饮之。痛减。越宿复饮，患渐瘥。咸丰丙辰，句城陷。奉母避南乡之丁家村，仓促间未舆母榇，出重资潜令人并嫂榇移出城。至则已为人劫其一，而母榇犹存，亟取之。母适以无疾终，人以为孝感云。庚申城复陷，亮楷在涧西遇贼，投水不死，乃劫至贼馆，贼目叱问何人，群贼以妖对。贼目审视，复叱曰："此好人，胡云妖？"因慰曰："先生苦矣！"劝之降，不屈。贼亦不强。越夕送还。在贼中对语甚壮，贼愈加礼。同掳某逸出，详言之。亮楷既脱虎口，遇仲子懋泰於螺蛳沟，渡江至兴化之大垛庄。同治丙寅返里。善后如育婴恤嫠，施材水龙诸务，皆悉心经理。邑令龙寅绶尝语人曰："葛某天真烂熳，句容之真秀才也！"卒年六十六，时孙曾成行。临葬执绋而送者数十人。倾城士女观如堵墙。长子懋恒，字永基，附贡生。性亦孝友。避乱渡江，隐负贩以供甘旨，为运商操盐筴，家稍稍裕。色养备至。乱平，理旧业，始博一衿。凡贾远方得手者，率戒汲引惧为己累，独懋恒忼爽，虽跻弛泛驾犹欲置诸康庄，人以此多焉。然以慷慨不惜资，竟垂橐归。年七十以贫病死。悲夫！

李福厚，字载庵。以父荫世袭云骑尉。归督标效力，补江宁城守千总。原任京提塘，改官郎中加四品衔，赏戴花翎。父廷扬忠义有传。富厚长身玉立，年十四随廷扬官桂林，严受约束，课读暇习劳营务。廷扬殉节，梅溪数千里扶榇归葬。官提塘时，东南诸省皆贼窟，塘务萧寂而长安居不易，几断炊烟。迨肃清始稍稍振起。福厚慷慨仗义，绰有父风，笃交游，重然诺。南皮张制军雅与过从。同乡中如温宫保葆深、夏少司寇家镐，皆推重之，而端木侍读埰性严重，少许可，特与福厚称莫逆。光绪己卯归里，卜筑山城。薛山长时雨赠以联，云："华阳古洞天，袖石携云，在昔山中居宰相；京都旧游侠，谢逋招隐，从来人境有神仙。"盖纪实云。在籍置义冢於致远门外二里许。福厚胞伯殿鳌亦以义著。

唐之植，字树仁。殉节祁门治之嗣子也。事母能以色养。与从兄之桐友爱甚至。生平节俭自励，遇善举辄解囊恐后。族党有不能婚丧者，力助之。汤水大桥圮坏，为行道者病。植捐资倡修。复创设施材局义冢地。以公款置市廛五间，为持久计。立义祠以延里中乏嗣者血食，积各姓遗产归诸祠，除春秋祭祀外，余款修补孤坟。性诚悫。虽少袭荫职，撝谦不乐贪缘摄江宁篆甘绍盘，为治受恩弟子答拜外，未尝一干谒。喜与乡里长者游，凡有纷争，得植一言即冰释。光绪壬辰大旱，投牒请贷，散仓谷数千石以赈，所存活无算。殁之日，里民有叹息泣下者。

孙恩曨，字绣山。邑诸生。幼颖敏。及长，勤於问学。与邓孝廉熊征、俞文学㠜云、陈明经锡蕃结鹅塘书社（鹅塘，在天王寺西北），互相切劘，间仿金陵故事。刻烛分题，不工则罚以大白。恩曨产仅中人，於族里故旧贫寒者周恤无所吝，子筠竹，字友梅，附贡生。王炳文，字德益。杨树堂，字月芬。皆诸生。以学行教授乡里。炳文，咸丰间举乡饮宾，与办团练。朱兆麟，附贡生。朱翔，邑庠生。朱骧，恩贡生。朱复、朱文、朱来琛，并增广生。俱以敦品殖学著称。复著有《南湖集》。乱后散佚。又朱钰、朱道性，国学生。并好施与。兆麟以下，皆杨柳人。

俞振钰，字宸铨。邑诸生。慕义若渴。咸丰三年，省会失陷。振钰慷慨奋激，誓不与贼共戴天。自恨书生不能杀贼，欲绝粒者数矣。以弟昌言环守得不死。初道光时，振钰与王锡蕃、赵弁朝、赵舒民、赵廷选创立华阳书舍，其劝捐法以银饼六十枚为一缘，得九十余缘。置买书舍、义田四百余亩，以余款分存四典生息，作膏火旌奖之用。士风稍稍振起。兵燹后，社田为人占据，无从稽复矣！昌言，字西畴。邑附生。有胆智。咸丰三年，粤寇陷金陵，奉檄筹办民团。六年，县城失守。复整民团，分住芦港桥、义成桥遏贼不能南窜。七年，县城克服，奉张总统国樑檄筹办长濠工程，昌言乃与同志俞正杰、王厚发率南乡四十余村壮丁以应，计得四千六百余工。长濠成，赏给五品衔。俞正杰、王厚发，并赏给六品顶戴。

王锡蕃，字晋卿，邑诸生。道光二十六年，以邑中文学未盛，欲振兴而补救之。乃与俞振钰等醵资立华阳书舍。月再会，文必先期至，设筵以待。凡十余年不懈。经费或绌，辄以己资营馔舍中，生廪不鼓励。咸丰三年，贼踞江宁，锡蕃治南乡团练，以军功保教谕。凡金陵人士来依者数十姓。锡蕃皆赠以资斧。贼至，以乡兵守淤乡河口，相持半月，俾居民得迁徙。贼无所掠。张忠武公国樑奏保蓝翎。十年，贼由溧水来犯，锡蕃率练勇拒战於天王寺。胜之。既而贼大股至。跳而免。遂避居江北。以邑人流离於外，奉檄出资赈济，议叙加同知衔。年五十八卒。同时戴偹成、陈周浩、张映礼、裔谕元、巫沛林、巫炳文、蒋文舒、蒋文成，皆办乡团御贼，捍卫村墅。谕元，邑武生。魁伟多勇力。炳文，以诸生保举六品顶戴。文舒，赏从九。文成，保举五品。

孙辅初，字龙山。少有胆略，客甬东。会贼陷宁波，定海一带戒严。辅初投袂而起，与同乡孔广发各率义勇进击，贼直逼至定海城下，门几启矣。辅初等益猛力扑贼，酣战移时，贼溃去，我军入城。是役也，惟厅官某殉难，镇将袁某已逃遁他所，闻城全乃还，当事者上其功，辅初及广发并赏六品顶戴。韦鉴，字雨芗。弱冠补诸生。事继母以孝闻。庚申之变，避乱扬州，慨然思奋，遂佐当地绅士筹办团练。屡挫贼锋。绅士将列其名，禀请议叙，鉴固辞。（按，辅初事见鄞县副贡、卢云鹏笔记）

张金銮，国学生。好义急公。咸丰七年，句城克服。邑绅筹办团练，时乱离之后，户口萧条，殷实家多徙去。事颇棘手。八年九月，金銮虑余孽猖獗，非筹饷不能办贼。慨然捐钱二千五百六十千，邑侯赵廷铭深加叹异，照例详请转奏赏加同知衔。赵璜，字正源。向大臣荣驻札金陵时，璜年老家居，以时事多艰，军需正急，命子遣捐白金五百两送大营充军饷。乱后重建文庙。又捐重资，遣捐职布政司理问。

刘廷弼，字植斋。少倜傥，有才干。粤逆炽时，奉宪谕董苏省难民局，实心任事，颂声翕然。时有诬邑富室张姓与贼通货贿者，提督向荣赫然震怒，拟处以极刑。廷弼适在座，温言为请，向益怒，曰："汝乃为若辈关说乎？"声色俱厉。左右目廷弼使出，廷弼大言，曰："某特为慎重民命起见！且恐宵人蒙蔽宪聪，稍拂其意，即坐以通贼罪过，富民无立足之地矣！不然高牙大纛之中何恤此数人首级哉？"向公立悟，张得免。廷弼始终不令张知。贼平，后以议叙得从九品卒。

周学雍，字怀圣。号来廷。少干略有谋。为闾里排难解纷谔谔而谈事无巨细。往质之无不心折。咸丰丙辰，奉谕董办团练，一切公务颇见成效，以军功赏八品顶戴。同治甲子省垣克服，地方善后事靡不实心筹画，与族人搜续家乘，尤笃收族之谊。同时张天仁，字荫椿。性孝友。三世同居。食指甚繁。天仁调护辑睦，内外无闲言。处事宽猛并济，戚友疑不能决者，折衷天仁，即焕然冰释。咸丰十年，粤贼窜扰句容，天仁挈眷避居北孔村。同治元年六月，贼踪猝及，天仁逸而免，妻王氏骂贼死。

孔继凝，字体正。一字静斋。幼从乡先达沈杞南游，沈固宿学，淹通经史，继凝得其衣钵。尤精盲左。年十九青其衿，有声黉序。旋以家贫故游幕江右。阅六年归。咸丰三年赭寇南窜，与孝廉方正骆懋修倡办团练，时向忠武拥重兵困贼於金陵，饷道出丹阳，句邑适当其冲。继凝筹防供亿，井井有条，屡应保举皆不受。六年，城陷。随向军退走丹阳。七年，收复句容。筹捐设抚恤局，留养妇女七百余人。同治三年，兴复书院。与知县杜筹膏火，俾寒士稍有沾润。寻卒。族孙昭秉，字君彝，诸生。嗜古工词，慷慨尚义。每岁暮必邀同志施衣粥救贫乏。著《孝逆炯鉴》两册。仿笠翁十种曲体。以风雅之笔写天性之诚，观者谓"於世道人心有补"。昭秉族弟昭纬，字东山。善绘事。昭昇，字东晓。廪贡生。工书法。善解争竞，无疾言遽色。又宗人式之，居笔架冈。能文工诗。举道光元年孝廉方正。兵燹后，念族人云亡，伤悼不已。乃即本支有节行者录为一册以纪之。

杨元祚，字肇祺。性和厚。喜周人急。有加以横逆者亦不介怀。人服其度。粤逆扰江南，句容密迩金陵。元祚挈眷渡江，侨寓扬之兴化。咸丰十年，城再陷。时同乡避难渡江者惶惶无定处，元祚解囊赠助，力为筹画。同治三年，句城克服。遗黎跧伏榛莽中，田荒废，无牛种，邑尊杜躬亲劝谕，适元祚回籍，乐输以为众倡。藩宪某赠以"行孚任恤"额。兴邑水灾，亦踊跃赈济。为人谦退不伐。前后捐公款甚巨。或劝陈请奖叙，笑谢之。晚年益乐善。出门必携资以便施与。至有探其出以为得所者。子金式，字占春，附贡生。淡於荣利。事父母终身若孺子慕，处昆季怡怡如也。母殁，遂以毁卒。生平推解无德色。爱钞秘本方书传世。

窦象球，字锦山，太学生。操楮业。启肆雉皋。咸丰六年，句城陷，里人避乱之皋者踵相接。时米价腾贵，象球出资赈施，赖以举火者数十家。岁终，复散给米票，同里孔姓女幼字许氏，因乱离沦落风尘间，象球为之脱其籍，俾归许氏。丧乱后，白骨累累，捐置义冢掩埋。卒年八十三。长孙桂芳，邑庠生。早卒。王东昇，侨居高邮。兵燹时，遇邻村逃难者，量力资助。客死者给棺以殓。家以此中落。刘昌麟，国学生。侨居江北。避难相依者多所存恤。朱之乾，贾扬州。十年之难，收抚族姓甚夥。

陈厚宽，字培一。性孝友。咸丰六年，粤逆陷句容。厚宽奉母及妻张氏弟厚定避乱苏州。十年，苏省陷。仓卒走避，遂失母并家属所在。厚宽欲以身殉。友人孙益三谓："徒死无益，不如留此身缓缓踪迹之。遂与其友逃之。雉皋卖卜为生，有自贼中出者，遍访母之音耗，卒不可得。乃誓行善事以求母还。同治甲子，省城克服。偕友回金陵兴办善后。凡放生、惜字、掩埋、施材、恤嫠、赈粥诸善举，靡不实心筹画。四年秋，厚定从贼中逸出。九年，忽有送其母至句者，厚宽兄弟闻信，星夜奔归，母子重逢，相持大恸。先是苏郡陷，时贼涌至。妻张氏投河死，弟掳去。母杂难妇潜逃，遇安徽女子认为义母，嗣为女择婿。夫妇孝养甚谨。厥后，母思归。婿因舆送到句，人以为孝行所感云。方张氏之殉节也，厚宽年二十九，感妻之义，不复娶。以厚定子嗣。

田进贤，字象之，邑诸生。性至孝。平居简淡寡言。家虽贫，慷慨好施。济人之急，往往典质应之。咸丰六年，大营溃，贼陷句城。父上达服贾於天长县之秦栏，进贤举家往依。无何，父母相继殁。进贤琐尾流离中叠遭家难，恸不欲生。服阕，戚骆某以书招至金闾。十年，苏郡陷。又挈眷避乱雉皋。妻旋以瘵死。同治五年始归里。时省绅孙益三与中表陈厚宽方创设金陵乐善堂，以进贤端谨聘管理善后事宜。在善堂近三十年，实心筹办，颂声翕然。进贤丧偶时，时年甫三十。义笃伉俪，以有子终身弗忍再娶。

杜文焕，字燦明。少孤贫。性伉爽，有古烈士风。服贾淮上。咸丰八、九年贼踞金陵为伪都。乡人避乱之淮者，文焕无不周恤，甚至缩衣食以给之。时同乡孔国桢、刘余九皆商於淮而拥巨资者，慨然曰："杜君清贫，尚仗义若此。我辈忍为守钱虏乎！"於是协力捐助，赖以全活者无算。尝与友人贩油至海淀。猝遇海盗十余人上其舟，刃毙船夥一人，诸友战慄无人色。文焕从容语贼曰："汝辈利吾财耳！吾货标记显然，今漕督吴公缉捕又甚严，是区区者反足为累？请与汝约：释我友，载油回淮，我留为质，定以白金千两来赎。"贼诺之。陷贼中旬日，友人措金赎之归。子士俊，诸生。周煦，字蔼堂。少习贾。义勇过人。友人胡振声由浦东移家通州。方渡海，其舟为贼所要。执其家属二人以去，限三日以银赎，气势汹汹，戚友多畏缩不敢行。煦独持金往说。胡家属得无恙。晚年於苏州创办义团，建殡舍，置义冢。煦皆躬为经理。善声颇著。

王智，字春泉。由国学生捐职同知。父复初，殉粤匪难。忠义有传。智生而颖异，读书过目成诵。咸丰丙辰，句城陷。智奉母避乱渡江，眷属相从者十数人。智改儒而贾，勤苦戮力，俾骨肉无离散忧。辗转至淮上，为人操盐筴，始稍稍充裕，以信义素著。一时富商倚如左右手，动畀数万金使营运。未尝乾没锱铢。晚年归里，颛意为善。邑庙两庑未成，得智重捐始告竣。时光绪二十二年也。邑向无米铺零售，价易昂，值岁饥，出资平粜。间阎称便。性孝友，母逾耄耋依依作孺子慕。伯兄蚤世，抚犹子教养成立。友爱同气，白首怡怡。诸姊及姻党之无告者，悉养赡之。卒年六十五。张信成，名定荣。以字行。幼沈静寡言，质性敦厚。读书未卒业，以服贾养亲。咸丰三年，省会失陷，以依恋桑梓故转侧兵事间。十年大乱，邑中无干净土。渡江而北，渐居积有起色。同治初，句城克服，回里擘挡一切。时兵兴之后，百废待举。凡有兴修，多身为之倡。与官府交，惟善举偶资之；非是，绝不与通。然贤令尹无不心折也。宗族贫困者，告贷靡弗应，於承祧事尤三致意焉。信成胸中泾渭甚分，浑浑不露圭角。尝言处事之道："宁宽毋刻，宁和毋激，持清议，辨流品，他人优为之，非吾事也！"盖所见者深矣！同时刘家仁，字静山，国子生。性坦率。遇私曲人恒走避之。邑有善举，谋之家仁，靡弗赞助，而不乐居其名，年七十余卒。

倪德兆，字霞轩。幼颖慧。初学握管即斐然成章。后改贾，待人不欺。居乡尤多义行。同治初，举约正。入资捐南湖县丞。未履任而卒。王元阶，字晋廷。精於医。贫者不取值。同治间，寓居东坝。官军染时疫，元阶周历行间，诊治辄效。浙督德保奏以县丞需补。族春林亦以医著。张美绶、杜世俊并以端方矜式。乡间又王国洲，字文远，以耕读自娱。输赋外，足迹不履城市。值岁歉，捐粟以振邻里。

王模，字子范，号竹轩，增广生。少从上元张锦坡、邑人朱紘游（紘，见"文学"），故学具根柢，尤耆史学。於《通鉴纲目》一书，丹黄辄数过，其劈画时事亦多以史作根据。性不喜二氏家言，见淫祀者辄谩骂。近村多茅君会，仪卫杂沓，酒食豪侈。轮司会期，虽质田典衣罔敢惜。模曰："此贤者之过也！"著《正教录》以相规。乡人始迂其说，后乃稍稍化之。光绪丙子，以邑中文风未振，与石蓝田、蒋春华等创立靖安文舍。旋以捐款置田三十余亩为持久计。月再会文，恒就其家治馔。暇则为同舍生纵谈史事，旁及里巷琐务。闻者忘倦。模平居不为无用之学。谓"身居水乡，堤务最亟"。上、句圩董方春必兴修圩埂一次，皆模之说有以启之也。堂弟志廪，蚤卒。课其二子於家，其为教则先道德而后文艺云。志廪，字梦熊。甫弱冠，以正钧衡赋受知於某学使，取古学第一，补博士弟子，文名噪一时。先世饶於资。经粤逆之乱，家中落，然在颠沛流离中未尝稍挫其志。尝著《自讼篇》，载之家谱。其克己可想矣！

高向辰，字锡祺，邑诸生。工诗文。家贫以课读为生。咸丰十年，发逆再陷句容，设局於北厂之观音庵。时差役繁重，署伪官则免，或浼向辰入局，向辰曰："某一介腐儒，伪朝新法素所不谙，入亦安所用？且高氏之族已供役有人，何必再强我乎？"卒不往。同辈私相叹曰："高向辰，真不愧儒者！"陈翰英，字墨斋。向辰同里。亦诸生。为人狷介自喜。父渭贤，饶於资。田连阡陌，翰英不能媚贼官，屡经勒派，抵质待尽。肃清后，遗产仅足供饘粥。有劝之首於官者，翰英不肯。曰："彼小人，何足计！且贫穷，命也！即田尽归我，能保子孙不坐耗乎！"人服其度。石耀珠，字光明。精相术。不轻谈休咎。咸丰四年，洪贼既踞金陵，开伪科。时耀珠子方习八股，人劝其就试免役，耀珠正色曰："名节事重，生死事轻！吾家世清白，不可使儿辈污伪命！"遂挈眷属避之江北。卒流离以死。

严春圃，邑诸生。耿介绝俗。咸丰六年，兵荒交迫，斗米千钱。春圃闭户高诵《史》《汉》，断炊者数矣！有哀其贫者，赠以钱米，拒不纳。曰："严春圃岂受人怜者耶！"夫妇卒以饿死。同里朱宾兴，字绍贞。

亦诸生。刚正无所阿。事有不合义，勃勃见眉稜，为乡里排难解纷务尽心力。必两造输服而后已。桥头街道硗确，舆徒苦之。与里人王万高、苏秉兴、蔡庆华等捐资堑平。生平律己最严，非分之财一介不取。曹於钰，字德銮，庠生。工医，好施与。年三十余殁。乡里惋惜。

夏肇生，字荫椿，廪膳生。性伉爽。尝言："为学必洞识时务。寻章摘句，陋儒耳！"好蓄书。遇善本，典衣必购。嫉恶尤严。读史至佞倖辄以红勒抹之。每就试金陵，与邑人王模醉倚酒肆，纵谈上下古今，至洽意处则相与鼓掌大笑，或痛诋贪官污吏以为乐。见者无不目之为狂。后模就平实，肇生益倜傥自喜。龙、东诸镇陆陈行，任意浮收，肇生指陈其弊，约同志白於官。孙太守海岑为之勒石示禁，乡民赖之。生平厌作时文。然兴之所到，伸纸直书，千言立就。揣摩家反不及也！所著《琅琊记》述东阳兵事甚详。殁后，其门人刘照青於其故箧中检得之。

倪金元，字云峰，增广生。少失怙恃。事祖父母以孝闻。道光二十二年，唉夷①入寇，金元恐游民乘机窃发，捐资调护，地方获安。未几，盐枭不靖，设法保卫。咸丰三年，粤贼踞金陵，下陷京口。东阳地当孔道，上游所争。金元奉谕与里人夏树勋同办团练，殚心竭虑无间，昼夜须发尽白。同治甲子，省垣克服。前县赵稔知金元忠直，复谕董招垦局事宜。同辈多以贪败。唯金元清白无所染云。傅宝如，字荣培。咸丰间办民团，襄戎幕。由监生历保知县，加四品衔。性孝友。乞假归，亲已殁。遂悲恸弃官，携弟有常懋迁皖省。弟卒，抚侄成立。其好善不倦。至今乡鄁犹称之。

仇安元，字秉之，邑武生。性伉直。以名节自励。咸丰二年，杨振声奉谕办龙潭团练。安元副之。三年，金陵失陷。沿江贼队蜂拥而至。振声率大士阁民团御贼，时练勇一百名，分驻华山麓之薛家村。安元往调，至则振声已战殁蟠龙山下。安元抚膺大恸。为瘗其骸骨。至是团练事安元独任之。向大臣之困金陵也，贼锋稍稍挫，一日有杉板十八艘由上游至龙潭河，资粮颇重。我军侦知，为贼船。要截之。磔贼十数人，官军谍者沈建春贪而黠，利其货，欲据为己有。安元留充军饷，不允。建春怏怏，寻谮於总兵德安，缚安元去，诬以通贼，极敲朴之惨。适参将蔡应龙至营，熟试安元曰："此好人也，杀之恐乱民心！"白於总兵而赦之。逾年，呕血卒。（按《府志》：金元与安元皆列殉难表，误）

周之干，字新培，邑诸生。世为东阳望族。东阳后进之士多秀而文。之干年辈最先，造次必於儒者，无事终日危坐，未尝见其跂倚。虽盛暑，不衣冠不见客。佻达者目为迂，谨不顾也！工楷书，骨立苍劲，一如其人。平生未尝一作草书，应酬函柬及改生徒，文字必端正不苟，性恶纷嚣，一切俗事不干其虑，然地方善举亦乐为之倡。晚年以疾家居，遇祭祀必具衣冠跪拜如礼。卒年七十余。

周绍先，字敦五，太学生。幼颖悟，嗜读。性至孝，得重闱暨堂上欢。未壮，遭乱。挈眷渡江，易儒而贾。亲友从者数十人。绍先与同患难，不使失所，养生送死之费不足则典衣饰以济之。乱定，返里。建桥梁、平道路、复文社、葺神祠及施榇、惜字诸务罔弗举。初，晋豫奇灾，尽力筹助。至光绪乙酉，花洞五圩大水，请散仓谷以恤灾黎。暨戊子、壬辰大旱，亟请赈抚，民沾实惠。其最脍炙人口者建界上元之包桥，通句容大市桥尤为溥利桑梓。生平廉介和易。凡董各事，无涓滴沾润。乡间悦服。三十年如一日。呜呼，难矣！

郑凤仪，字耀岚，国学生。父秉宽。喜挥霍，不事生产。凤仪甫弱冠即揩挂家事。为人温厚谦和，气象颇似儒者。性好施与。三党贫乏者不时周恤之，尤好成全名节。纠同人作恤嫠会。里中节妇如王潘氏、胡薛氏，皆一无凭藉，靡不待之而活。光绪十五年岁饥，米价翔贵，凤仪在江北等处贩米五百石，平价出售，乡人德之。先是，凤仪有二子，几成室矣！粤逆之乱，相继殁。后五十余复连举二子，人以为作善之报云。

刘闿，候选从九品。性醇谨。同治七年，邑尊龙谕以采访忠义及收放牛种事。闿尽心筹办。又捐资检埋枯骨。陈国祥与邑人建枯骨会及施材舍药会，最后立苦节会，人咸多其义行。又郗启富，於咸丰六年发粟千余石赈济，尤近今所仅见。

蒋廷霖，字佐卿。父昌楷。好提携孤寒。继母胡以节妇旌。霖早失怙，惟叔步墀与继母是依。及长，聪明内蕴，至性过人。事叔如父，事继母如生母。作贾六合凡三十余年。岁得百金，尽数寄叔不敢有私蓄。在六合闻步墀讣，星夜奔回。甫至家，一恸几绝，家素无恒产。叔殁后，度支皆取给於霖，撑挡一切，

---

① 唉夷：即"英夷"。

心力俱殚。堂弟三霖视如同胞，友爱甚至，而治家严肃。或门内有嘻嘻声，闻霖足音皆屏息，无敢哗者。性爱静。辟一小斋，遍悬名人书画，无事焚香扫地，手一卷自娱，谈吐亦风雅。光绪己亥，以居停内拘隙，赋闲家居，境遇支绌。及继母病革，益悲痛。母殁之七日，而廷霖遂以毁卒。与廷霖同贾六合者周恒廷，字辅臣。事继母徐孝，待异母弟怡怡如也。族伯文元无嗣，妻李氏守节垂五十年。会修宗谱，爱恒廷贤，欲立之。廷再三让之於弟。顺母旨也。卒以贫死。

　　王怀德，字子明。勇於为善。族有节妇，抚孤贫不能自存者，始终善视之。光绪十一年夏，大水。怀德以被灾处绘图请赈发仓米数百石，按户分给，无秋毫侵蚀。及冬水落，凡堤受西流冲突者率残缺如齿，王家闸又为西半壁水利所关，其闸向以木为之，岁久不足恃，而民情困敝，力难兴办。怀德以二事赴县陈诉，旋蒙大府饬统领叶少林拨兵监筑缺口，饬水利局派员罗树勋监修石闸，不费私家分文而堤闸完固，安如磐石。五阅月而工竣。怀德之力居多。张庆鸿，字秋圃。母许氏，蚤年守节。庆鸿为遗腹子。及长，念母苦志，凡事无不委曲承欢，一时孝名噪乡里。光绪八年，左文襄督两江，以赤山湖淤塞，拨兵开浚，廉知庆鸿公正，一切事委之。工竣，文襄称为老成谨慎。年六十八卒。

　　张发，字启仁。捐职从九品。生平轻财尚义。同治三年，赭冠肃清。发回里规画地方利弊，以救贫之策先在去其漏卮，而鸦片与赌风最炽，私心虑之先为婉言开导。不能止。诣县请示谕禁。又不止。发不得已与村老约曰："某日可会赌某处！"村老悟其意。届时，发至赌所，抗声责备。村老唯唯愿如罚，实则款皆发自认也！於是少年私相戒曰："张翁立法不欺，何忍犯乎！"而赌风遂息。邻村亦稍稍化之。其禁鸦片之法，苦心调察，务使有减无增。不数年，人无废业，稍能自给。发又以兵兴之后，户口凋残，遇无力婚娶者，助以资，俾得有室。一乡称盛德焉！其卒也，弔者填塞於门，有哭失声者。

　　李恩丙，字天修。邑诸生。性明决。居乡以息讼为第一义。里中有曲直，经恩丙判无不奉为蓍蔡，无龃龉者。陈焕发，增广生。天资英敏，早岁即蜚声庠序。善解梦。谓天下事无难处者，只须平心体验。其功夫直自养气中得来。时以为名言。罗元会，庠生。敦品饬学，确守程朱家法。兼工医。活人甚夥。罗全璣，亦习歧黄术，求治者户外屡常满。里中有不能娶、死无以殓者，全璣必助以资。诸生郗桂林、姜兆璜、监生秦世贤，俱敦尚风义。

　　韩晋镕，字纯甫。邑诸生。性慈惠。咸丰丙辰大旱，米价腾贵。晋镕出粟贷贫民。同治三年，粤逆肃清。检借券悉焚之。家人诘其故，曰："元气未复，非索逋时也，留此徒乱人意！"人称长者。同里黄其相、黄中兴、黄中禄、罗庆仁家称小康，於是年捐谷赈饥，全活多人。张玉寿，捐资掩埋乱后枯骨。张国康，贾扬州之仙女庙。咸丰十年，戚友避兵相依者，推解无吝色。又巫成善、蒋兴邦、吕仁泰、朱克美、克礼、李仁连，皆乐施与。

　　陈鋆坡，字玉仙，增广生。为人朴实。说理无时下叫嚣之习。每试必与，以运蹇蹶场屋，终其身，课徒自给。郁郁不得志以殁。始粤逆之乱，治北山乡一带蹂躏尤甚，鋆坡敝衣跣足走赤日中，负屋料，易升斗，见者无不怜之。伪乡官某哀其贫，暮夜袖金以赠，曰："先生苦矣，是区区者愿以为寿！"鋆坡瞋目大言曰："若欲以盗泉饮我耶！"挥其金弗顾。某惭而退。其清介如此。王菼（府志作坦），字小韩。弱冠即文誉腾起。既在向营办长濠，颇有功。庚申，大营溃，有以菼之材荐於贼者，誓死不从。寻避兵江北，贫乏不食嗟来，竟旅殁。亦增生。李廷芝，邑庠生。贼之将至也，廷芝集诸生谓曰："时穷见节义，汝等慎勿从贼！"时以名节自爱者若朱英、谢葆纯、李凤亭、张金镛、张庆生、张笃言、汤建中，皆诸生。植品力学，足迹不一入公门。金镛，字振声。有文誉。辄试优等。

　　徐化成，名道恒。以字行。邑之库书也。少颖敏。於一切公务过目辄能了了。粤逆之乱，六房档册尽失。克复后，茫无依据。邑尊杜稔其才，谕办六房事宜。时庶务蝟集，化成口讲指画，井井有条，事皆就理。同治七年，各属开办抵征。乱前，句容漕总舞弊，屡酿巨案。至是藩吏催促定章，化成独居，深念久之，忽自奋曰："须为子孙留啖饭地，不可弊自我启！"遂决计以清漕覆。谕者嘉之。性慷慨。西宾张澍堂贫窭，贷钱一百千，不索其偿。戚某十年被掳，化成为赡其家口。及某逸出，又给钱二百千，使启肆王家营。其他仗义多类此。容邑办漕务者，不数年即坐拥厚资。惟化成身殁之日，囊无余财。其书吏中之佼佼者与！

　　胡本禧，字振声。父有万，少客豫。以计然术起家。多义行。有万殁，本禧移贾苏州。益饶於资。

性慷慨乐易。每岁归，必分所余以赡族党。凡婚丧牛种之属，力助之。咸丰六年旱，不能插禾。预运赤豆、绿豆各数十石，及时散给需种者。又尽放积谷赈饥。时向营围攻金陵，檄王锡蕃劝募军饷。锡蕃至苏，本禧为启会馆，集同乡而谓之曰："救兵如救火，缓则无济，诸君勉之！"十年，苏州失守，乃徙如皋。江南地惟裏下河一隅尚完，乡里之避难者多往依之，至居室不能容。别赁屋以居，还里者给以资。其时，斗米千钱，不顾也！先是在苏，为友戴诚济转贷银二千两，后戴亦徙如皋，本禧往索款，而戴适病，遂为之延医量药，周旋数日，竟不言其事而返。其厚於友道多此类，生平无他嗜好，惟喜藏书，多积至数万卷云。子是倬，字汉廷。一字松畦，少受业於金匮施之泉，即许为远到。於古独嗜左国，读之昕夕不倦，故其文具有风骨，因遭乱未与试，援例入监，秉质浑厚，一如其父。同治间，县城克复，议建文庙，首捐钱五十千。乱离之后，田多荒芜，买耕牛回里，为村人开垦，名曰公牛。光绪初年，山西大饥，当事谕办振捐。事竣，不受奖。南乡贾於苏杭者扶榇回籍，必经过金坛之薛埠，往往有弃榇於岸而为水冲没者，是倬倡议於薛埠，捐建丙舍数间，置义冢一所。又於苏州城外创设义园，置义冢三所，义园丙舍百余间，编列字号。寄榇者以三年为限，过者代阡於义冢，立石以志。园成，费公款万千。居乡置赊材局。他善举称之。

倪安朱，字竹亭。性谦和，事母以孝闻。待季弟友爱。有姊适田姓而寡，终其身善视之，戚属之贫者推解不少吝。承先世业。善岐黄术。任邑训科二十余年，历来贤令胥重之。乡人有贫而病者，诊治不索值。同时张浚泉，字利川。天资精明，善排争竞。尤留心地方善举。邑之接婴堂，其筹办也。母包性卞急，能以色养。及没，丧葬如仪。服阕后，捐补浙江巡检。未赴任卒。

吴起凤，字虞卿，诸生。性至厚。与人交坦率无城府。尝撰联语自警云："作事不妨来鬼瞰，与人从不用心机。"有同族自湖南常德归，就童子试，乡人疑其跨冒，起凤以家乘示人，且送至省垣。素有喘疾，因积劳遂亡於寓所。时光绪戊子六月也。同里有戴萼者，亦诸生。慷爽嗜义，为乡人所称道云。又戴伊衡，诸生。乱后，不应试。隐居教授。县令屡谕董，不就。精堪舆家言。亦不以术愚人。年八十卒於家。

张祚宏，字绥之。幼失怙，事母至孝。家中落，母所需竭力供养。与弟祚墉友爱至笃。虽贸易於苏，好与士人游。尝学书於金坛于继襄。性循谨。为居停所倚畀。光绪癸巳，为人负累。遂郁郁以卒。未几，祚墉亦卒。

附录（义举）

救灾恤邻谊至竺也。光绪三年，河南旱灾。四年，山西旱灾。五年，直隶大水。容邑士民微有捐资。由金陵省城汇收解缴（时有《桶捐绅商捐铁泪图》《捐福幼图》。捐各名色。皆设立江宁省城）。姓名俱隐。以不足邀奖故也。二十五年，徐淮海赈捐，经知县张绍棠劝，集洋八百余元解济（二十一年於筹饷项内解银壹千两有奇，皆士民捐助之，见档案）。

筹办集谷，备荒之善政也。曰豫备仓、曰县仓、曰岁积仓、曰社仓，并详前志。道光间置丰备义仓。总督陶文毅公澍实倡之。其法简易直捷。岁稔，由民自捐自储，岁荒亦即所储所捐之民自行分食。虽曰藏之官，实与藏之私无异也（教谕张履《丰备仓劝捐册》序：义仓之设，昉自隋唐。即周官遗人掌委积，以待凶荒之意也。夫岁收浩穰，即中下之户敛其赢余亦不为病，及至隔并屡臻谷价翔贵，虽有田连阡陌、家拥仓囷，而一闻劝分之令迟回顾惜，亦何怪焉！义仓法，聚之有余则轻之日，散之不足则重之时。贫人还自取资，富者免复捐赈，其为计至便而为利至普。此自昔贤士大夫所为留意於斯也。宫保长沙陶公以硕德伟略持节两江，政平刑清，民用大服。曾於道光四年奏令州县各立义仓，名以丰备，而句容岁比不登，有司承牒已久，迄未举行。至十有六年，麦禾大熟，於是前令钱侯、署令张侯议於东城督学行台故址建立仓舍，任训导陈君、典史方君以事，逮潘州刘侯至，而功告竣。自是近郭之民捐输有所、凶荒有赖，而穷乡老弱不能扶携数十里以受升合之糈。是宜酌路之近远、乡之大小、户之稠稀，或分或合，各自为仓以储，就近赈贷。刘侯乃复移札属余与诸衿士共图之。时余方修宣圣礼殿成，余工犹环集。既未暇遍历村落与邻人士谋。欲招之会议，亦往返为劳，或竟裹足不至，不如先下札相晓，兼颁布规条，俾自相商度，则必有存心济物之君子慨然奋起，上以体宫保爱民之衷，下以助成刘侯善政，为乡里兴无穷之利，不待督促而趋令恐后者矣！於是上书宫保，请颁所为章程告谕以寄刘侯，刘侯因请其元版，重印数十百本，辅以谕贴、印簿，由学而下诸乡，而余复序其意簿首，以为乡人士劝焉。按，此序成，会刘侯谢篆去，嗣署令嘉禾钱侯至，关心民瘼，方重议是举，辄又移治它邑，事未果行）。

光绪四年，知县袁照奉檄兴办积谷（按，田每亩每年捐谷三斤），并先捐廉购谷五百石为之倡（是年，江苏巡抚吴元炳奏为前奉上谕崔穆之奏各省仓谷请饬整顿一摺，查江苏肃清以后，经前督抚臣饬令各属仿照道光年间丰备仓成法，於稔收之年按亩捐办积谷建仓存储，即由本邑公正绅士经理，不假胥吏之手，此盖为民自敛其有余而仍藏之於民也。开办至今已有十余年，各属积存之谷或壹贰万石，或数千石，合而见多，实分而见少。臣通饬宁苏两藩司所属各州县於本年秋收之后，各就地方情形，其已经设有仓廒者，接续办理，其闲僻之处尚未建仓者，一体劝谕绅富认真举办，其积存钱数与谷数相等者，饬令稍留若干生息，以资经费，其余悉数购谷，或有存钱较存谷简便且可生息之论，不知干洁净谷足支数十年而不坏，历时过久尚有以陈易新之法，积钱既多，易启亏挪，且时过凶歉，谷价腾长，购买无由，则多钱又不如多谷，是以臣始终主积储现谷之说也。中稔之年，挹取有余，寸铢积累，不以目前计其功臣，当谆饬各属认真经理，力行无懈，并随时严加稽核，祛除弊端）。

五年，奉宪饬改章，按亩捐钱二十文，随下忙征收。由县酌提钱三千七百余千，交城乡董为建仓经费，余交各董购谷。六年，知县张沅清接办，共捐谷二万五千余石，设仓二十一处，建屋六十八间（分储各仓，由县颁发循环簿。城内首事并各乡图长轮年遵章经营，其收放之权，仓董得主之）。嗣经水旱重灾（十一年水。十九年旱。均准赈放谷），藉此报销殆尽。仓谷之实储者无几矣（细目详档案。仓董报销之数，民不与闻，又不敢与争。其中弊窦实多。此城董所以有更章之议也）！

永丰新仓。二十四年，知县李孟康奉办（仍遵宪示，每亩捐钱二十文，随下忙征收）。二十五年，知县张绍棠接办，城绅骆文凤有鉴於仓设各乡之弊，禀县详准，嗣后一律归城，於捐项内提出建仓并晒场之费（仓建於华阳书院之东首）。工程详建置。其捐款由县量给各董购谷储仓权，一则不至侵渔，地近则易於调察，於荒政庶有济乎！然有治法，尤贵有治人。此不易之论也（社仓苟得其人，法亦何尝不善。昔宋儒致堂胡氏曰："后世义仓之名固在，而置仓於州境，一有凶饥，其受惠者大抵城郭之近力能自达之人耳，居之远者，安能扶老携幼数百里以就龠合之廪哉！"斯言良可慨也。今仓已建矣，谷已渐有所储矣！甚愿良有司杜渐防微、时时体察，勿以吾民之脂膏填他人之欲壑，则幸甚矣！）

（附江宁秦文恭公承业《救荒章程》。总略有五：曰清庶狱、禁漕坊、设囤户、查户口、防盗贼。次劝捐有四：曰延富户、奖异之、议叙之、赦其小过。又采买有三：曰遴委员、择米色、兼杂谷。其平粜之章四：曰先借仓米其后照还，宽地分厂以免拥挤，较量升斗以杜朘削，分贫之次极以定市价。其施粥之章六：曰定时刻、验稀稠、较瓢勺、储柴薪及芝麻秸灰煮之、亦麦米相糁云云）

放粥局。乾隆三年旱灾，邑绅骆廷瑛奉知县周应宿谕，设厂祝庙，三阅月止。费米千三百八十余石（是年设官私厂，凡九处，详前志"艺文"）。六年，又灾。廷瑛捐资，仍从祝庙赈粥，凡两月，计费二千余金。前后全活者众矣（江宁徐渭为作《北山开赈记》，见前志。附近村民立碑祝庙以志德）！咸丰七年（时句容克服），邑人孔继凝捐设赈局於西关。留养难民七百余人（道光间，邑人张起元曾设粥厂於此）。光绪十八年，旱灾。城绅骆文凤由上海施少钦处（施系筹赈局董事）拨捐洋壹千元，经青阳陈鸿春设局赈饥（局随撤）。邑人刘怀昌集捐施粥（行十数年。怀昌殁，停止）。

恤嫠局。同治间，城绅葛亮楷、孔昭秉兴复（集市商月捐，择极贫之嫠散给，初无定额）。光绪元年，始定额四十名（邑人禀请将积存中和典捐钱一百七十千文，知县樊燮捐廉钱三十千文，共二百千文，存铺生息。加以中和典月捐钱十千文，恤嫠四十名。每人给钱三百文。四年，中和典闭歇，款遂不敷）。六年，经知县袁照捐廉二百千文（发交董事领存生息，俟收有成数改为按季酌发，复经董事以保婴局余存钱五十四千文、又罚款洋三十元禀明拨入恤嫠生息，由县添谕董事，轮季经管）。十一年，知县陈玉斌每月捐廉六千文，添设二十名，每名给钱三百文（从堂董骆家驹等请也）。继知县张沇清捐入洋二百元（现主局中事者为城董张澍、张恩福）。

四乡举办恤嫠会者：东阳镇（郑凤仪从六合等处捐行。仪殁，遂停止）；下蜀镇（蒋步墀、钟启宇、王琢成等就铺户捐资登记簿册，凭摺支取，每月分给穷嫠）。

育婴堂，旧在县治城隍庙左。乾隆十三年，经邑人张嗣翰、王道复、骆寅等各捐房产田亩银两有差。遂成巨款。后高启英、陈国佐等立石於南门观巷口。曰彰善兴仁碑（其文曰："邑之育婴堂，废兴者屡矣！乾隆七年，当阳宋公楚望宰吾邑。甫下车，举废举坠，於养老慈幼尤加意焉。乃修整育婴堂，率邑中先达及乡之耆老捐金捐粟，凡生子弃不举者，收恤之。比次舍之多寡为之版以待，所全活者无算。请於上台，永著为令，其后，经理失实，费渐不支。张君嗣翰董其事，惧久而废坠也。偕同里顾永澍等殚心勾校，稽出入，均稍食，节赢缩余。历数年拓产若干亩，勒诸石以垂久远，而问序於予，予忆弱冠时，先叔父御冬公以明经家居，首捐楼房一所，召哺妪而居之。迄今垂四十年，复幸见诸君踵其事而昌大之也。为善无近，名虽不获展，其蕴於民社功岂在有位下哉！今张君年登大耆，爱菊赋诗，时曳杖山水间，见者叹为神仙，其食报正未有艾。予故乐书之，以告后之君子。乾隆五十五年，邑人王周南撰。王登俊书。高启英、陈国佐等立石）。兵燹后，田产仅查出小市房两处（一在鲜鱼巷口，一在寺街口）。月租钱壹千余文，邑人禀请仿照金陵保婴会新章，民捐民办，以房租添补经费。於城中圆照寺为公所。历久寝废。光绪间，教谕黄积庆商之绅士，权改育婴为接婴，设局於西门大街（亦堂房查出者）。经费集自市商。知县张沇清卸任时，捐入洋二百元。经始一切，皆城董张浚泉筹办。后复捐。幕客毛际云洋三十元。赵殿楹洋壹百元。罚款二十元。合张任捐款共三百五十元。市商月捐每月八千余文（附录《接婴章程》：一、设局接婴，因经费不足暂设乳妈二人，保婴四口。此外有送婴来，即专人送省中育婴堂，并取堂中收条，一俟捐有成款再禀县举行育婴；一、公举廉明之人为司事，日夜住局不得暂离，如有侵蚀懈怠徇隐各弊，一经查出，即行议退，月给薪水钱二千文，住宿堂中，以堂事作己事，经理婴儿当作自己子女，各款资用如自己钱财节省，实心实力，稽查经营，并将银钱出入按月照册开明清单，张贴堂外，以昭慎重而杜弊端；一、婴儿进堂，或远乡携负，或夜历星霜，或赤身未著片缕，或忍饥已更信宿，司事收婴之时务宜细细察看，是否残疾，有无病痛，能否吃乳，详细注册，派妇领养以备稽查，庶免乳妇领养不力，藉口推诿之弊；一、局中柴米、油盐、蔬菜及一月四犒，每月共钱八千文，在局婴孩衣布糖糕及局中烟茶水浆零用二千文；一、乳妇懒惰、藐视婴儿、无辜打骂、或不留心常时跌碰等情，立即革退；一、婴孩无论大小，有愿领男作子嗣、领女作养媳者，赴堂报明住址、生业，稽查来历清楚，取具身家清白不致凌虐贩卖甘结及乡保结，方可准领，其现未离乳之婴，有人愿领为子侄自行乳哺者，每月朔日来堂验看一次，如有凌虐贩卖诸弊，一经查出，送县严惩；一、月捐或数千文，或数百文，随登印簿，由该善士给摺，按月支取；一、愿捐每愿钱五十文，局收一孩，随收愿一次，另簿登名记账，岁终报销；一、雇乳妈二人，取具保状，每人乳哺婴孩二口，凡在四口之外来者，当日不及送省，权归二人分哺，每人月给工钱二千文，如欲回工，必前半月申明司事，免致悮公；一、贫民值农忙之时，或风雪之日，路远不及自送，又无人转送者，必仍蹈前辙，今拟凡送婴孩来者，问明居址，验明来孩年庚姓氏，注册，外给钱二百文。二十五里外者，加给钱二百文；一、局中供奉保婴圣母神座，前设立签筒两个，竹签百支，内按百姓，凡有婴孩无姓氏年庚者，即在神前焚香抽签作姓，以送局之时日作为年庚；一、堂凡三间，一厢明间，作为神座，左一间作司事账房，右一室作乳妈卧室，针黹食饭之所，房门外栅栏一道，以严出入之防，目下所办接婴房屋尚可敷用，一俟经费充足，局后有农书公所房屋两进六间，后基地一进，食水井一口，以备育婴后步，再为禀明，敬候批示祗遵）。

养济院。由县署捐廉，养孤老六十二人，按名，每月大给钱七百五十文，月小给钱七百二十五文。

清节堂。一处。在南乡潘承林舍。

义塾。两处。每月给修金三千文。由县署捐送。

白云观义塾。道士王本支捐办。今停止。

惜字会。一处。在葛仙庵。光绪二十五年，经陈载福等各任月捐，并集市商月捐，每月可得钱三千余文。

又经王长松在常郡捐洋壹百元，就庵前起造化纸炉一座。恭设仓圣神位於吕祖殿左（每年诞辰，同人会祭一次）。此外有官办者（由县署捐廉雇工捡拾，自知县汪树堂始），有民办者（圬者张大德行之十余年）。

四乡惜字会，则有同善堂（下隍村史镕经、陈宪之、周应达等）、仁寿堂（东阳镇张余范等）、聚文堂（下蜀街徐佐清等）、崇文堂（桥头镇蒋贤三、子邦荣，相继为之）、同善堂（仓头镇铺户）、普善堂（戎冈村吕、施二道人协心出外捡拾）。

字冢，在茅峰下老君宕。有碑。

施材局，在青元观东首。光绪间，邑人张瀛、刘庆寿、曹方玮，仪征黄云章等兴办（仿省章程，首事先捐材若干具，另募愿捐出材一具，则收愿以足之）。

四乡施材会。白土镇（附三官堂朱廷桢、赵清治等创办）；东阳镇（附庆真观倪金元等兴办）；仓头镇（附华藏寺。始为刘明、郑廷瑞等兴办，因经费渐绌停止，光绪间张浚泉、王恒焕、李唐、罗际明、郑宗德合捐材十具。并募愿捐续办）；下蜀镇（附邻华庵。倪戴尧、陆茂廷、王琢成等兴办）；桥头镇（附天后宫。蓝维善、蔡庆华、曹绍建、严启和等倡办）；白云观（光绪十二年，道士王本支募办。惜字、掩埋诸善举附焉）；姚家边（韩朝钫等捐办）。

牛痘局。道光间，知县王检心、教谕张履倡捐设立。延丹徒王新吾剌种（字惕甫。盖深於此术者）。乱后，久未复。光绪五年，知县袁照捐资复之（仍延新吾主其事。时年八十余矣）。今设局葛仙庵。

四乡牛痘局。一在东阳镇（省垣分设）。

施药局。设四贤祠。

水龙局。借设四贤祠。乱后，置水龙二具。士民捐办。

永安水龙局（在东阳镇。张余范等捐办）。

义阡。四郊皆有。一在南郭樊山；一在西郭观山；一在北郊尖山；又东门东桥下南北两处。道光间，知县毛正坦捐置西庙之西数十武。光绪间，城绅李福厚施送约五亩，均立有碑界。

暴骨冢。在龙潭仓头、下蜀桥头者，为总兵刘启发掩埋。在东门外及西城根新塘官道旁、行香官道旁，皆同治间邑人捐资分瘗。

四乡义阡。南乡四处（一在经达村西，里人经正斌捐置；一在赤山脚东，里人窦锦山捐置；一在神墩山，计三亩。道光十年，戴鉴勋捐送；一在经关冢，计二亩。嘉庆三年，杨巷村戴姓捐送）；东阳镇义阡（一在镇后，土名观條，计二亩；一在镇后土桥，土名白土山，计二亩；一在镇南大路侧，土名沈官头。同治初年续置，计二亩二分；一在镇大路侧，土名湾湾田，亦续置，计一亩四分。以上二处，经仁寿堂董事禀请勒石赏示以垂久远，与施材局相辅而行）；龙潭镇义阡（一在黄龙山脚，系旧置；一在虎王庙东，系新购）；仓头镇义阡（一在佘家凹，上八亩，下五亩。道光间孙聚贤舍；一在黄龙山，计二亩；一在鬼谷塘；一在马蹄山，计四亩；一在陶冶，计五亩；一在镇山东；一在镇东姚塘背。以上六处，系新庵、华藏寺、同善堂舍）；下蜀镇义阡（一在戍山寺侧，土名香灰，地约十余亩；一在东门桥外长龙山下，约十余亩。以上二处，皆金陵同善堂舍；一在东门桥外大路北，计九亩，镇人钟年三与玉泉寺同舍；一在镇南里许，名窑家凹，计三亩，古南寺舍；一在镇南里许，名涧西大地，计五亩四分，史怀清舍）；桥头镇义阡（在镇之西南半里许，蓝维善、蔡庆华、龚家喜同舍）。①

续纂句容县志卷十终

---

① 李按：据《许氏（句容青山）宗谱（民国十二年重修）（二十六世裔孙兆元）》二卷《裴宜人传》："宜人姓裴氏，名耀珍，字贞亮，国学生裴鹤汀先生之四女也，生长於沪，至性过人，父母尤钟爱之。年十七于归许君冠伯，晨昏定省，克尽妇道，能得翁姑欢。虽子女成行，而侍奉翁姑即盛暑严寒亦无怨言……句容向无女校，宜人力劝刘总戎妻傅氏创办益智女校。先命四女治级入校肄业，以为之倡，并劝诸绅将女入校，以开女界风气。咸谓女校成立，皆宜人之力也……"

续纂句容县志卷十一上　　邑人　张瀛　分纂

人物（忠义）

句曲自古为兵冲。六朝之叛臣（晋刘牢之袭王恭，宋武帝破桓元，齐张佛护等拒崔慧景，均在竹里山翻车岘及竹里城等处。见《建康志》），唐之草窃（李靖剿戮辅公祐乱党於句曲郡茅州，事见句容旧志），宋之强虏（韩世忠扼兀术於黄天荡，见《宋史·本传》），明之倭寇（嘉靖三十三年，知县樊垣因倭警始筑城。万历四年，巡抚宋仪望建屋列御倭戎器，均见旧志），国初之郑氏（顺治十六年，郑成功犯句容，城守把总傅某御之力竭，城遂陷。见旧志），莫不车蹄蹂躏，兵火摧残，然数千年乔木犹存，二百里奥区无恙（句容幅帽计二百十里）。乾嘉之际，间阎蕃富，闤闠殷阗，行旅络绎，冠盖相望，可谓盛矣！道咸以来，海峤兴波，洪杨煽乱。金陵瓦解，吾邑陆沈（丙辰、庚申，句容城两次失陷），貙彪既据，搏噬糜遗（城贼四出，焚掠殆遍），狼豕所经，膏腴尽赤（护逆大股过境，盘踞数月，蹂躏荼毒，赤地数百里）。於是绅佩衔忠，蒲茅奋义，结团剿贼，戮力从戎（如骆懋修、高世珍等），而婴祸抗强师燔民烬焉！其间救父捐躯（如刘本韶等），卫姑冒刃（如曹徐氏等），手足并命（如郘宗凯等），伉俪偕亡（如李受祺等），仁成师弟（如骆道中等），谊笃友朋（如骆道醇等），惨罹恤纬之螯，殃及倒绷之子，下逮臧获，贱至胥徒，率皆赴义若渴，甘死如饴。呜呼，烈矣！至若婴城固守烈比睢阳（唐治死节祁门），拔帜先登勇超颖谷（如唐道华等），馨香所报，史册所书，顾不荣欤？嗟呼！劫灰已历星霜，精爽犹留心目。舍身取义之伦更仆难数，立懦廉顽之节愈久不忘。爰搜其事实为传，又著其姓氏於表（凡事实从同及甚简者，均著於表下）。首官；次绅；次兵勇、团丁；次民人；次方外；而以流寓终焉。作忠义表。

绅民

李廷扬，字步墀。琅琊乡涧西村人。父春元，以武孝廉任江南提塘。廷扬少颖异，娴骑射，中道光壬辰武举人。戊戌成进士。二十四年，由漕河塘务任满，选授广西桂林守备。二十六年，两广总督耆宫保阅边，以廷扬营务、官声、年力、弓马擢为第一。二十七年，奏调融怀营守备。是年九月，带领左营官兵剿新宁贼匪。十月，进兵西延。十二日，拔队攻克梅溪口。日中陷阵，受伤阵亡。赐恤如例，当其征新宁也，先是楚匪雷再浩勾结粤逆李世得，纠集贼党由新宁啸聚於西延。西延界楚粤之交，窅壑难窥，乱山如剑，阴霾四塞，晴昼犹黑，羊肠鸟道，螺旋蛇盘，猨攀而登，顶踵相接，山溪之险，突过五溪，成兹负嵎，谈者色变。时郑梦白抚军节制兵马，知廷扬果毅，首调出征。廷扬奉檄慨然佩刀上马，濒行，以梨别子宵，出榕城，倍程而进。以廷扬之才之勇使任提督，统全师，何敌弗摧，何攻弗克。乃秩不过守戎，兵不满三百，仰探虎穴，直逼贼垒，当此之时，羽檄频摧，应援未至。众方却顾而立，劝其姑待至挽裾留，而廷扬毅然冒矢石为士卒先，首当敌冲，手毙十余贼，转战愈酣，然孤军深入，贼众左右抄截，蜂屯蚁聚，虽喉目俱伤，犹手刃一贼，迨接应来而廷扬伤重坠崖死矣！廷扬居家孝友，喜读史。至忠孝大节，须发戟指，绕案大呼。论古人事必抉极隐微，与友辨难至词穷意服乃罢。官京塘务时，海疆不靖，慷慨有请缨之志。每私叹曰："天下事竟如是哉！然使武臣能率士卒、同甘苦，皆怀有死不贰之心以捍卫疆场，或不若是之甚也！"及涖桂林，未尝迎合上官，惟与同志往还，互以前贤相期许，当时如吴内翰成义、龙修撰启瑞、叶刺史绍棠、黎孝廉椿、梁孝廉翰，皆乐与之游，而与吾乡唐大令治尤称莫逆。廷扬赴桂林时，道出皖江，与治徘徊於元余忠宣墓下，若有所思，既然昂首曰："忠臣果不畏死耶！"乃偕登大观亭，道忠宣守城死难本末，欷歔感叹，日暮始去。未二年，即殉难。治亦於甲寅死节祁门（唐治，见仕绩传）。子福厚以荫袭云骑尉，见义行传。

周正义，湖南连阳营外委。道光二十二年，英夷入犯，力战死之。

钱大勋，文童。在提督关天培幕中，剿办英夷，受重创死。同时王良源，自子澄。性亢爽，读书知大义。尚气节。邻里相龃龉走愬者，良源持正，剖决不稍假借，一方咸称正人。中年就贾镇江，值英夷犯顺，窜扰长江。京口为苏常屏蔽，控制上游，尤夷人所注意。故攻破坚城，屠戮甚惨。良源与其难。方城之未陷也，有劝良源去者，良源奋然曰："命合休，虽逃无益！"夷至，吾当以大义责之。既陷，乃危坐屋中。一夷入，缚而见诸酋。良源戟指痛责，酋怒，令支解之。比死，犹骂不绝声。

束溶，字德基。少读书不治章句学。论古至节烈事，辄激昂慷慨，拔剑起舞。由义团入行伍，授云南元临镇把总。随镇军李能臣剿贼广西，转战有功。历保蓝翎都司。道光二十九年，破贼於广西全州等处，嗣以后援不继，血战阵亡。事闻，赐恤如例。

俞正鼎。咸丰三年，贼东下江宁。知府魏亨达谕办省城团练，有成效。总督陆建瀛将给六品顶戴，以把总留标补用。二月，省垣陷，同卫千总哈普奇先布巷战死。母朱氏、妻张氏、幼子学浚俱殉难。俞秉镛、秉仁，投营效力。向忠武公给镛六品，以把总用，给仁五品，以千总用。同谕办内应。事泄，镛戕死，仁輾裂死。

戴兆熊，字梦璜。临泉乡人。以从弟寄籍临桂，往依焉。性勇敢，娴弓马。洪逆倡乱时，兆熊为乡团长，巡抚郑祖琛才之，复永安有功，给六品顶戴，擢千总。后隶曾侍郎国藩麾下，充水师哨官，援湘潭大捷，赏蓝翎，以军功累拔至参将，加副将衔。每战必争先奋击。贼惮其勇。最后，水师被困江西，兆熊走新城求救，未至，贼麕集，竟以援绝阵亡，奉旨照副将赐恤，世袭云骑尉。生平战绩宣付史馆。

凌庆桂，字步蟾。坊郭人。中道光辛巳武举人。兄庆元、庆华、庆鳌，皆以武科起家（另有传）。庆桂历署江南督标中营、扬州邵伯汛、江宁城守右营等处千总。补柘林千总，调署凤阳守备、潜山游击。咸丰五年，剿贼於霍山火烧岭，贼势猖獗，官军稍却，庆桂握刀督阵，勇气百倍，贼皆披靡。时薄暮，四野雾塞，悍贼负创蹶起，奋力死斗，庆桂中炮阵亡。赐荫袭如例。

黄敬侃，以武功世其家（士恺、士柱均康熙间武举，见前志）。少习拳勇，胆略过人。咸丰五年，投向营，以功保六品顶戴补用外委。七年十二月，从总兵虎坤元攻秣陵关，阵亡。弟敬恭以六品军功同时战殁。敬侃骁勇绝伦，每战与敬恭冲锋陷阵。追贼逾山越岭，捷於猿猱。至大河深涧，贼凫水遁，亦能凫水擒之。勇往无前。卒以身殉。

骆懋修，字辅贤，岁贡生。坊郭人。咸丰（府志误作同治）纪元举孝廉方正。少时，劬学励志，即以敦品饬行自期。性孝友好义，绝嗜欲，屏营求，器宇汪汪不露风骨。三年，省垣陷。句容戒严。上官饬办团练，以懋修董其事。浚城濠，缮守备。兼督南八乡民团，训练严整。六年，城陷。懋修督率团勇保卫南乡，贼不敢入。未几，贼麕聚①。势张甚。懋修欲以身殉。诸故老环泣曰："公生则吾侪生，公死则吾侪亦死！"不得已，挈众渡江，从者络绎不绝。无所得食，懋修与弟懋官、侄道同等竭力筹捐，以哺饥腹。乱稍戢，众归故土。懋修侨寄吴门。十年，大营溃。四月，苏城陷。贼挟懋修见其酋。懋修以正言责之，酋弩目横叱，懋修厉声骂贼，遂遇害。妻王氏闻之，撞石柱死。女淑贞，痛父母遭惨，投井死。孙崇玉不从贼，被戕。事闻，敕建专祠。赠知州。并荫子入监，以县丞用。

高世珍，字儒林。移风乡光里庙人。积功保至蓝翎、县丞。为人沈勇多智，读史至忠烈事，辄握拳狂走。

---

① 麕（jūn）聚：聚集。

咸丰三年，贼踞省垣，谕办民团。世珍信义素著，一呼而集者千余人，分隶数局而为之统。六年，张忠武公国樑谋复邑城，知世珍勇敢，令带土勇以黑边白旗守神塘山，适贼欲由李相庙攻忠武营。世珍当其冲，大败之。贼不敢犯。七年正月，助官兵焚贼营，斩获无算。贼欲由下荫桥达镇江。近镇，民团结世珍为援。世珍移守朱家边，兼护光里庙，屡创贼。贼畏之甚，戒其下曰："凡见黑边白旗，不可与战！"乃弃下荫桥，攻大祝庙。世珍拒之。贼遁。更攻之於包家窑，贼大困。五月，邑城复。时上山冈民团巫氏等素以敢战称。至是，益与世珍并力攻高山庙、蔡圩贼，有功。九月，大兵会攻镇江，檄世珍守金子堰，堵援贼来路，遂复镇江。世珍移营坟头。十年，贼陷溧水。世珍率民团归议，城守张忠武亦遣弁某守县城，弁先逃，城遂陷。大营亦溃。是时，江以南遍地皆贼。同人半污伪职。世珍独变姓名，徜徉於五棋、空青间。同治初年，江宁府杨钟琛驻泗源沟，遣人访世珍，得之。俾收拾余烬，为恢复计。世珍在江上招集流亡，与八社七总十六村联结团众而入城谋内应。期定，先数日单骑至石墓村，忽遇贼队，被擒不屈，砍死。至殓，目犹不瞑。世珍夙娴韬略，兼精堪卜筮家言，故诸营帅咸倚为重云。刘庆广，孝义乡双塘村人。少读书，慷慨好义。三年，与世珍预筹防御，同为张忠武所拔识，积功至五品蓝翎。十年，城陷，阵亡於邑东门外。

杨振声，字子元。琅琊乡龙潭人。邑诸生。以功保六品顶戴。咸丰三年冬，谕办沿江一带团练。四年春，江上贼队蜂至，或谓振声曰："盍去以避寇？"振声抗言曰："男儿死耳，敢靦颜作鼠窜乎！"於是招集大士阁民团拒贼於蟠龙山下。贼至，奋力鏖战，贼稍却。未几，贼蚁集，裹之数重，被重创死。事闻，恩袭云骑尉世职。邑令赵廷铭作古歌哀之。

薛如松，琅琊乡华山口人。性耽忠义。道光二十二年，岛夷内犯，奸民乘机作乱，如松倡首团练，景附者数百村，设局悬禁於岐山庙，一方安谧。未几，枭匪滋扰，民不聊生。如松率团防剿，各乡绅耆吁请府谕推如松为团长。江南北邻境居民遥遵约束，如松昼夜巡剿，擒斩无算，而枭患始戢。咸丰三年，省城陷，乱民狡焉思逞，如松计惩为首者数人，民获安堵。联络龙、东两镇义团为犄角势，截金陵贼出援镇江之路。数年中，屡与贼战，战必斩获。尝伏团林麓间，邀击贼队，斩贼酋三人，余皆惊窜不敢复窥东阳。六年，大营溃。官军退守丹阳。贼大至。如松叹曰："事不可为矣！"忧愤不食死。

孔继轸，任宝山县训导。刚方廉惠，勤於教士，士林重之。咸丰十年，贼至，慷慨殉节。恩荫如例。

陈绅，咸丰初任苏右营把总，驻昆山。咸丰十年，贼犯昆山，绅率民勇御之，势不支，遂退。旋招集石牌义团破贼。获首级数十。镇民赖以无恐。未几，贼大股至，乃血战死。子双福随殉。

俞士根，字盛林。临泉乡人。议叙府经历。咸丰十年，大营溃。贼下窜丹阳。士根侨常郡，会绅集民团率勇登城守御六昼夜。四月六日，城陷。巷战死。子守煜，字映辉，议叙从九品。与父同殉。均恩恤如例。俞士永，高家边人。侨居滁州，掠入贼中。贼信任之。乘贼酋远出，曰纵难民数千人。酋归，钉士永於东门，大骂不屈死。

张孝友，望仙乡朱墓村人。邑诸生。性友爱尚义。苦绩学，夜读以被拥坐，吟诵达旦。倦即隐几卧。经旬不解衣寝。咸丰间，结团办贼，弟被贼杀，孝友亲入贼境，手搏杀弟之贼返，缚树上，刳其心以祭弟。后剿贼於丹徒棋竿山，陷阵被执，愤极大骂，支解死。

赵珍，字弁朝。承仙乡举人。赵模子。以诸生候选教谕。兄死，事孀嫂以礼。咸丰初，府谕办民团，珍慨然自任。咸丰十年，贼至，珍端坐堂上，骂不绝口，贼怒，用油绵裹而烧之。子煌救父不克，被戕。

王复初，字建言。坊郭人。性亢爽，有智略。道光末，以事脱诸生籍。益慷慨奋发。咸丰三年，谕集团丁，尽心筹办。六年，城陷。复初激励义民为南乡屏蔽，与李庆连诣丹阳张忠武营，乞师助剿。忠武壮之。分兵数百，屡建奇功。逾年，收复县城。由职员历保至直隶州。十年，城再陷。欲以身殉。诸子掖出至东阳镇，谋复举，而贼众突至。目为巨妖。复初大骂，遂遇害。

李庆连，字步瀛。坊郭人。援例捐从九职衔。充南乡练董。咸丰六年，城陷。贼四出淫掠。庆连西联三岔，东结淤乡，而集西城芦矴诸团，壁於义成桥，堵金坛贼入句邑之路。城贼屡出屡挫，啣刺骨，遂率大股并勾结各路悍贼并力齐攻。民团腹背受敌，鏖战至九月二十九日，诸团尽溃。庆连阵亡。

邰宗凯，凤坛乡邰家边人。以武科世其家。中道光甲午武举人。兄定邦，辛卯武举人。弟五人，皆武生，而宗凯尤杰出。虽挽强多力，常喜读书。与文士讨论古今忠义事。性友爱，怡怡无间。咸丰六年，贼氛甚恶。

向营溃。宗凯绕室大呼，同气六人应声出，号召远近，勠力杀贼，练勇於西庵。贼至，辄歼之。七年，以复城功赏戴蓝翎。十年，长濠陷。贼横决东下，蔽野弥谷。宗凯率团奋击，转战至五冈山下，中十数创，犹手刃数贼。立竭阵亡。六人者，定邦与华馨、平、安、发也。均同时战殁。

施贞武，字射如。望仙乡白土人。咸丰六年，谕办乡团。七年，随同官军克服县城，并率丁筑垒、浚濠。总统张忠武公奖给六品功牌。旋援例捐营千总衔。八年，以修长濠出力加五品军功。调金陵大营差遣。九年，随官军克服溧水、扬州、仪征并毁禄口贼营。和公春奏赏蓝翎。十年闰三月，领队防护上方桥长濠。十四日申刻，贼大股扑攻，受伤阵亡。

王矜式，字子壮。仁信乡下蜀人。邑诸生。道光戊申、己酉叠遭水患，谕办赈抚。矜式殚心筹画，俾一方得沾实惠。咸丰三年，金陵失陷。流贼出没江上，剽掠惨酷，矜式奉札训练民团，随官军助剿，屡有斩获。十年，孝陵营溃，贼长驱直下，势不可遏。矜式之团既溃，复集者再。同治元年秋，贼大股肆扰江乡。矜式率团御敌，力战难支，退驻河北。贼尾至。团散阵亡。恩袭云骑尉世职。

孔昭胜（府志作兆胜，恐误），曲阜裔也。居句容十数世，谙兵法，善刀槊。咸丰间，充西营义兵防湖。有薛炳者，与昭胜相得，力战屡破贼。后分守白沙圩桥。大营陷。犹与炳冲突鏖战，至礼社镇，均力竭死。

解文毓，武生。仁信乡上解村人。村在五棋之阳。五棋、仙桃两山巉岩峭壁，中夹香炉峰。东西堰冈口两径极狭。咸丰七年，镇江贼匪扑至，蹂躏山北诸村落。文毓投袂起曰："大丈夫立功报国，在此时矣！"与兄文礼，弟文章，侄朝左、朝桢、朝右，率领民团固守冈口。相持三阅月。贼不敢逾。目其地为天锁冈。后贼大队至，文毓奋勇争先，与贼转战十数次，杀贼无算。终以众寡不敌，阵亡。阖门俱殉难。

吕懋富，吕家边人。咸丰六年，余提督万清驻城门冈。懋富以乡耆督丁应役，适贼由镇江窜至村后。懋富率众伏林中，即以筑营畚锸击毙三贼。贼麇集，懋富中炮死。同殉者：项廷美、解士良。

徐崇凤，仁信乡甪里甸人。粗豪有胆略。咸丰六年，城陷。知县赵廷铭移驻秀峰庵。与甪里咫尺。崇凤常接见。当时兵事孔棘。向军提督余万清驻军城门冈，逼近高山庙贼营。欲增垒浚濠，檄廷铭至，嘱曰："诘朝，迅集民夫五百来营听遣！"廷铭唯唯返寓，咄嗟无措。崇凤趋进曰："公何事仓皇？"廷铭告其故。曰："此易事耳！"今贼虽猖獗，而东北一带居民皆恋家，未窜。藉军门之檄，与明公之牒，俾崇凤飞谕附近各练首，号召精壮，五百民夫顷刻可集，何事仓皇！"廷铭韪其言。翌日，事果济。由是倚崇凤如左右手。贼出没飘忽无定。一夕，廷铭方秉烛检军书，或奔告曰："贼众由窑冈来，扑至山后矣！"廷铭失色，不知所为。崇凤在侧，曰："崇凤在，公无恐！"负之疾走。月黑深林中，比晓已三十里。贼退，获免。至是，崇凤之名益传播人口矣！贼中闻之，指为妖首。有奸民徐崇光者，与崇凤同族里，嫉崇凤屡与龃龉，联伪乡官五人，诉崇凤於伪丞相吴如孝。夜半，率大股围甪里，执崇凤杀之。家属皆遇害。同被执者男妇约数十人。贼绐之曰："能言保崇凤者，释其缚。"众曰："诺！"遂尽歼焉。姓字可举者，若朱一道、王正芳、王国怀、张天有、夏尊元、徐崇余、徐秉修、徐庆林及徐崇志一门四人，余则尽泯矣！

李受祺，字益征。邑附贡生。明相国文定公曾孙少司马乔裔也（春芳、乔，均见旧志）。侨居金陵。幼聪颖，阅家乘即喜谈先人忠义事。咸丰三年，省城陷。贼甘言诱降，受祺怒目叱曰："吾家世笃忠贞，宁能污伪职乎！"持短兵刺贼。被数创。犹握刃喃喃骂贼死。妻朱氏，见受祺遇害，痛哭，携幼女投井以殉。恤给云骑尉世职。以从孙宗泌袭（泌，见仕绩传）。同族学礼、闻礼，均庠生。城陷不食死。

李天祺，字右文。监生。明相国文定公裔。住邑庙东云龙冈下。咸丰六年，城陷。被执不屈，遇害。妻徐氏抱幼子守仁举火焚室死。李言妻张氏，孀居无嗣，就养侄天祺家。同自焚。

骆云鹏，坊郭间。诸生。读书负奇气。慷慨仗义，喜恤无告。粤逆东下，闻警辄投笔叹曰："书生当从戎马间，墨磨盾鼻，驰檄殄丑类，安能跧伏老牖下乎！"未几，城破。挈眷走王庄，佐王锡蕃（见义行传）筹集义团，捍卫乡里。贼剽掠入境，辄被创，遁去。十年，城再陷。贼满山谷。义团尽溃。云鹏与弟云鸿骂贼被戕。弟妇刘氏，媳张氏（见贞烈殉难传），次女崇贞（见附传），同赴水死。

李应松。咸丰三年，投吉勇烈公军。以功洊保至六品。后从军至京口，途遇贼队，战死於邑北门外。初，粤匪倡乱，里中愚民不识忧危。应松谆谆告戒，极言患宜预防。忠勇之气见於词色。乡人皆慕义而激劝焉。

张长溱，字兰江。少好任侠，跅弛不羁。投向忠武营，积功至五品。六年，营溃。秣陵关阵亡。妻孙氏投水死。

韩邦盛，虎额猨臂，勇力过人。六年，投总兵虎坤元营。每战雷厉风发，锐不可当。历保至蓝翎都司。十年，长濠溃，血战死。

唐道华，仁信乡唐家村人。好勇尚义，值咸丰季年，贼势披猖。道华贾吴下，慷慨从戎。有战必克。同治二年，随江苏巡抚李鸿章攻克苏州、无锡。拔帜先登，势如破竹。积保至花翎参将。统兵十二营，围攻常州。身先士卒，鏖战阵亡。赠恤如例。

唐洪，唐家村人。兵乱，投军。积功至副将。勇力过人。战辄嘐喈无前，领勋军左营。贼见徽志人马辟易，故所向有功。同治五年，捻逆窜扰湖北，众逾数万，鲁逆任柱，遵逆赖汶光等，皆百战之余。劲疾慓悍，死咋不休。洪随统领提督杨鼎勋出剿。贼以前队挑战，别遣健骑绕出后路，遂被围荫合山。洪大呼驰突，杀贼数十，溃围出，不见统领，复入重围，卒与鼎勋同死。贼焚其尸。族子崇文随营效力，目睹其状，惜褒恤弗及，沈泯无闻。顾洪履危蹈忠，常留灝气，亦不以名之显晦为轻重也。

庄其良，山头村人。与弟其志（武生）在白土搜获贼牒一函，投效镇江大营。初带勇五十。擒斩有功，寻畀千人。攻克良朋山贼垒，伪念王方某宵遁。提督冯子材保奖五品蓝翎，其志花翎，均五品军功。又攻二墩子、龙木桥一带贼营，破之。同治二年春，连划管庄、行香、侯庄等处贼馆，并踏毁小丁巷土营数座，莫不迎刃而解。三年，水师提督杨岳斌闻其良、其志骁勇，调攻金陵沿江贼垒。同中炮死。

梅必香，梅家村人。好拳勇，任侠自喜。家贫佣工。昼荷耰耡，夜习刀槊。咸丰十年闰三月，城陷。必香结团御寇，众赖以安。尝从高世珍剿贼於虎耳山、大祝庙等处。贼屡挫。后贼李世贤率大股至，遂被执。强之跪，必香怒曰："我虽农，乃良民。此膝宁为贼屈耶！"贼支解之。

孙家鲁，林家庄人。家素封。咸丰六年，城陷。家鲁偕弟家俊、家杰练丁防御。毁家纾难。贼受创，深衔之。十年，城再陷。贼搜灭乡团，杀家鲁而囚家俊、家杰，备加拷掠。阖门二十余人均死难。

凌远康，崇德乡芦江桥人。性亢直，敢任事。咸丰六年，贼踞邑。伪谕安民，所在游贼滋扰如故。远康聚村人谋起义，七月，有贼五十人由溧阳至，远康率丁壮邀击，尽戮之。势成骑虎。民卡既设，远康无日不出巡檄。九月，团溃。骂贼，支解死。

张达江，西城人。年八十六犹有壮容。六年九月，御贼於义成桥，围破被执。愤骂不屈。贼怒，裹油绵置标上，焚之。监生王凝雄，西头店人。民卡陷，犹鸣钲招勇赴敌，既被执，骂不绝口。遭惨死。

经忠英，上容乡经村埠人。强毅多力。咸丰六年，城陷。南乡素号殷富。贼垂涎久。有崇福桥者，为上容数十村要冲。忠英集丁壁於桥南，筑垒高八尺，忠英握刀负墙立，贼至，辄杀之。九月，贼百计环攻，团始溃。忠英抵死不去。贼蜂拥入。忠英力刃数贼，有黄衣贼目跃上壁，忠英与手搏，俱堕水死。

张延林，闸头村人。咸丰六年，贼犯境。延林导乡团奋勇直前，殄贼甚众。贼四围猛扑，延林独立圩上，指麾义团御敌，忽飞炮洞胸，坠水死。

田义高，冈子上人。六年，结团守隘，贼屡挫。九月，贼来二百人，义高率众战於华严庙前，夺槊而舞，旁若无人。良久，力竭，被乱刃斫死。

陈仁满，陈家圩人。团溃，贼势猖獗，仁满有胆力，持械与斗，被追至祝庄村，复战数次，不敌，腾跃板屋，蹉跌，被磔死。

章邦庚，周戴村人。年逾七十犹精悍。与族征遨屡次杀贼十数人。后遇大股贼，战败，追躐彭山头，力竭同被戕。

陈正达，下山地人。刚直尚义。粤逆之乱，欲团乡民杀贼。远近无敢应者。后护逆陈玉书大队过境，遗民被掠几尽。正达集丁壮三十六人藉耰耡为兵，守村口，贼阑入，辄杀之。未几，贼至如蚁，遂被围。犹喋血格斗，所杀过当，力竭被执，骂不绝口。贼支解之。三十六人同遇害。

王永芳，王达村人。生有殊力。咸丰时，闻警辄耰叹曰："大丈夫当杀贼耳，宁为囚虏耶！"六年，三岔镇集团御贼，永芳应募。会贼犯境，率勇争先赴敌。格杀无算。九月，团破。永芳犹奋力抵御，再蹶再起，力尽被获。贼中无不识永芳者。胁降，不屈。大骂。磔数块死。

张庆生，孝义乡西俟墅人。咸丰十年，长濠溃。张营将弁某在蔡圩御贼战败，退至上山冈再战，勇丁溃散，独跳身岭际。众悍贼攀崖蹑追，庆生与族人才先率众救援，掷石奋击。贼退。张忠武激赏，同奖四品花翎，留营效力。忠武殉节丹阳。庆生在村团练，捍卫一隅，城贼来扑，战於河湾，才先中炮死。庆生激励同族才能、映礼等设卡梭巡。会护贼过队扰境，庆生出红冈迎剿，歼贼数十名。越日，追击於汤水，斩获甚众。护贼陈坤书押队至，切齿民团，攻破之。男女数百人，庐舍百余所，投诸一炬。执庆生，脔割死。

华定宝，字成溪，国学生。通德乡沈冈村人。咸丰六年，粤逆犯境，定宝集村中丁壮言曰："贼将至，从之亡，不从亦亡，等亡也！盍集子弟拼死一战，岂不磊磊落落乎！"众皆应命。五月，贼至。定宝鸣钲大呼杀贼。贼却退。越日，贼整队入，定宝率众与战，再接再厉，伤贼数十人。悍贼蜂蝟攒聚，势不敌。转战至漕塘畔，定宝中乱刃死。掷尸水中，搜定宝妻王氏杀之，助定宝杀贼者尽死於贼手。妇女同被戕，老弱多投水，阖村几烬。

窦贤惠，字汉廷，邑诸生。性慷爽嗜义。咸丰六年，率乡团御贼於阙巷口，奋击贼，贼不敢入。逾日，援贼大至。团乃溃。贤惠被执。大骂。以矛刺死。顶帽犹挟於怀。陈纶怀、纶殷同守阙巷卡，左右十数村一呼立应，佐贤惠堵御。团将溃。纶怀冒围出，赴营乞援，被获，搜得牒，支解死。纶殷同殉。

孔广浩，福祚乡青城埠人。咸丰六年九月，贼攻民团，被挫，入村掠食。广浩先遣滕德寿、陈宏余领众伏桥南，孔传文、孔广洪等藏左右林麓间，自率壮士堵村口。贼至，鸣钲鼓噪齐出，四围兜剿，毙酋十数人，余窜去。贼痛愤，勾结各路流寇猛攻，卡尽破，执广浩、德寿、宏余燃天灯死。传文寸磔死。广洪大骂，延颈受刃死。其余死者多不胜纪。

李贤春，移风乡李祥村人。谕办本村团练，时虎镇军坤元驻扎治东野鸡山，饷缺，贤春出家资助之。返至中途，为贼所获。缚树上，脔割死。事闻，赠恤如例。

朱志纲，朱家庄人。慷爽仗义。咸丰间，黄冈寺设局团练，志纲首助饷银七十五两，一时绅富争纳，众心愈固。同治二年，志纲遇贼，不屈，被戕。

朱家森，句容乡丁庄人。咸丰三年，金陵陷。避乱者塞途。岁歉，米价翔贵，流民无所得食，家森煮糜以振，全活甚众。六年，寇警叠至，襄办团防，设卡於天宁院何庄庙。御贼有功，奖给六品衔。十年，贼锋遍野。团溃，自缢。监生卫峻煦好施与，办承仙乡义团。十年，不食死。

樊祖灏，字耕书。坊郭人。性严毅，不苟言笑。惟事亲则婉愉承志，好博览群籍。士大夫咸乐与交。尝慨然曰："食人之食者，必死人之事，此语不独为人臣言也！吾辈食毛践土，此时艰当慷慨杀贼，不济有死而已！"无何，金陵陷。吾邑戒严。官绅筹办民团。祖灏佐之，料简城防以资固守者数载。向营溃，贼猝至。城将陷，祖灏戒家人曰："我虽布衣，仓卒临难，义无苟免，尔等宜早计！"家人环泣曰："公死畴，忍独生！况满目烽烟，谁非罗刹地耶！"於是祖灏暨叔母某氏，妻许氏，弟祖瑞、祖圣，妹王樊氏，祖瑞未婚妻某氏，子绪宗、绪志，冢妇某氏，孙福保、寿保，女大姑、二姑、三姑、幼姑，妹夫王介夫，并同邑杨长淦、妻王氏、子某等二十三人，俱赴水死。事闻，特旨准建专祠。

包笃衷，字信道。茅山乡夏王场人。咸丰三年，贼踞省城，凶锋渐逼。笃衷结团捍卫乡里。六年，城陷，贼搜括村落，笃衷设计拒之。贼不得逞。后大股来扑，战失利，被执，愤骂不屈。投水死。妻王氏、子妇王氏闻之，均从容赴义。以子捐赠四品封典。

王凝高、张老德，均茅山乡人。咸丰六年，同练民团。贼至，屡击却之。贼纠死党破卡，被获，以团丁号衣衣之。二人大骂，贼横刀对，暑移时，俱被磔死。

徐嗣勋，后陈庄人。贼扰乡间，嗣勋集团御贼。团陷，被擒。骂贼。贼怒，欲刃之。子邦圻，泥首哀免，贼不许。嗣勋大骂，贼忿甚，以绵裹勋父子燔之。来苏乡吴安贞，贼索金不得，亦罹是惨。

赵远贞，蒋冈村人。邑诸生。炳文父也。读书明大义，至性过人。咸丰六年，贼至，闻父陷贼，义不独生。卒以救父被害。

韩世喜，琅琊乡人。咸丰七年冬，贼踞张、杨等村。世喜负笈在外，恐母遇害，归迎母，途遇群贼，欲掳之，投塘自尽。

戴忠松，孝义乡人。同治元年，护贼大股至村，忠松被掳，乃呼曰："小人有母，无人奉养，安能从汝去耶！"贼怒曰："送汝还！"抽刀断其颈。同村文美谅被贼执胁，令供役，美谅厉声骂曰："贼奴，谁应尔役，亦被戕。

陈狗儿，陈家庄周盛子。贼至，欲掠之。狗儿挽亲裾泣不肯行，贼倒曳出，投水中，用矛乱刺死。时年十七。

许维时，东阳镇人。有幼弟为亲所钟爱。被贼掳，维时追夺之。贼破其颅，弟得脱归。

俞秉椐，承仙乡人。咸丰十年，贼至，欲掳，大骂不屈，贼绞之死。子正煜，见父被害，痛哭往救，贼怒，以刃截其胜。正煜妻见翁与夫皆惨死，遂投缳。许万镛，为人尚义。尝於族中办积谷诸善举。十年，为贼击死。子世渭救父，与贼忿斗，力不敌，被戕。

刘本韶。靖安厂刘家荡人。六世缥缃。父荣，邑增生。本韶有至性，读书至忠孝事，辄感慨流涕，叹曰："为人不当如是耶！"咸丰九年，本韶年十四。金陵贼尝窃发骚扰龙潭、下蜀间。六月，荣遇贼於杨家沟，胁使负担，力不胜，贼欲杀之。本韶从芦苇中出，哀告曰："吾家老弱十数口，惟父是赖。父死，全家不得生，请释之！"贼不听。本韶嚎痛愤骂，手夺贼刃，贼舍荣而就本韶，搏击良久，遂被戕。而荣竟脱走。

孙国忠，靖安厂人。性至孝。寇乱，时父开伦卧病在床。国忠侍左右不忍离。咸丰六年三月，金陵贼扑至，掳国忠去，国忠愤，不欲生。绝粒三日，忧亲之念见於色。贼怒，戕之。同里周万自贼中逸出，为其父言之。

唐道埏，来苏乡南唐庄人。咸丰六年，充民勇守城。城陷，道埏惧贼肆扰惊母，夜窜回，母陈抱疾呻吟床褥间，道埏侍汤药。越数日，贼猝至。道埏奋勇负母出，遇贼，欲执之。痛詈，被戕。母幸免。

蒋中汾、中秀，居临泉乡戴圩村。同有至性。咸丰六年，中汾被掳。泣告贼以亲老且贫不能远离，被贼砍死。十年，中秀被掠至贼馆，痛堂上无人侍养，夜半潜逸，贼觉，追至麻培桥，被戕。

刘可学，通德乡人。被掳逃回。省母。闻母已殁。痛哭不食，自经。

步永鳌，被掳至古隍，思母，屡逸屡获，贼怒，剖腹死。

陈朝槛，南社村人。事母孝。咸丰十年，贼蜂拥至。人争逃窜。有语朝槛曰："贼来矣，盍去诸！"朝槛流涕曰："母病在床，忍弃而弗顾乎！"既而贼至，执朝槛欲杀，跪告以母病无人侍养，泪簌簌下，声哽咽不能出。贼感动，释之。数日，母殁。朝槛葬毕。哭尽哀。贼至，不食死。

吴在义，字正行。崇德乡后村人。少读书知大义。咸丰六年，贼犯境。挈妻孥流转山中，誓不降贼。戒其子光进曰："吾先人忠厚传家，力田劬学，尔年稍长，倘不幸被掠，有死而已，毋作贼害人！"历四五年，饥寒交迫，绝无怨言。十一年冬，光进被掳，数日未返。在义忧愤成疾，谓妻许氏曰："光进其为贼乎？"呜咽欲绝。幸光桂侍养，疾寻愈。后因光桂遇害，遂不食死。光桂者，在义仲子也。连年烽火，搜括殆尽。数十里无人烟。子遗穷黎，匿处岩谷中，无从得食。光桂日觅粗粝供亲，自啖草食。一日，负米归。遇贼，贼欲夺之。光桂怒曰："吾觅糠糯养亲，岂能畀汝。遂与贼斗，身被重创。逃回痛哭曰："吾父母何以度日，儿将死矣！"越夕，创裂，遂毙。时年二十一。

刘敬师，上容乡人。性极孝。家贫，贾於青浦。每吟岵屺之篇，辄望云流涕。咸丰十年，闻大营溃。贼势汹汹，星夜驰归省亲。至甫二日，贼锋已逼。敬师辇二老，走匿山中，辗转至上元任墙村，暂憩再谋远避。喘未定，烽火烛天。贼已至，敬师被掳。痛念垂白双亲失养必毙，向贼流涕求免。贼怒目叱之，敬师强睁，贼挥刀截其胜。

陈德义，坊郭人。咸丰十年，城陷。携子扣保出太平门，至东桥下。遇贼，欲掠。大骂，被戕。扣保年十四，号哭以头撞贼胯下，贼仆，扣保投河死。

刘廷芳，琅琊乡人。与妻苏氏、子春庭戮力田亩。同治元年秋，洪逆大股出通济门，走定林，夜袭京口，道过东阳，佈塞村野，凶焰烛天，星月翳蔽。是夜，廷芳与妻子俱被掳，贼胁之降，以刀置颈，喝曰："降则免死！"廷芳父子延颈骂曰："杀固所愿，降则不能！"贼怒，举刀跃起，两首骈落。苏氏披发拥护，贼断其腕，复揕胸死。残骸狼藉，踩践无存。

庄仁顺，福祚乡人。乱时，屡被贼掳。皆逸。咸丰十年秋，与子立纲遇贼，迫使担粮，行二里许，父子各持短兵击贼。忽来悍贼数人，力不敌，同被磔死。妻章氏，被贼拷掠不屈，闻耗，服盐卤死。立纲妻少艾，贼挟出，欲犯，抵死奔回，见姑已毙，翁与夫均遇害。遂投水殉。侄立元蹀躞往援无及，比返，恊叔一家死，与妻许同饮盐卤亡。同族仁佐见贼入村，呼子立长持耡逐之，贼至益夥，力竭均被戕。妻陈悲痛，仰卤死。侄立章、章母尚、妻蔡，同服卤死。

张元炽，字志林，号尔昌。坊郭人。邑诸生。读书颖悟，过目成诵。咸丰六年，两江督标协镇梁克勋在邑守城，主於其家。与元炽父、附贡生朝连情意相投，同修城河，以防贼攻。因元炽性聪慧，使其在营办理文案。至八年克服秣陵关，和公春、张公国樑奏请赏给六品顶戴。十年，贼扑镇江，三次解围。江宁将军巴兴阿奏请赏戴蓝翎。同治元年，镇营水陆官军经年防剿踏垒解围。冯提督子材奏请赏换五品顶戴。是年十二月，在镇江大港随协镇范永福带队防剿，受伤阵亡。

王贞益，字受之。坊郭人。性孝友。咸丰十年，贼氛恶，城将溃。会兄王贞晋患腹癥甚剧。贞益与家人守之，不忍去。贞晋泣曰："我病不能行，若辈徒守死无益！"及城陷，贞益抱侄仓皇出奔，子弗顾。遇贼於八字桥，中枪创甚，以侄付嫂，遂仆地死。贞晋亦遇害。

张国治，与弟国清相友爱。咸丰十年，贼至，兄弟抱首泣曰："虽洞胸截胫，吾手足不可离也！"寻被贼执。延颈争死。陈礼全、礼春，昆弟怡怡无间。咸丰季年，同骂贼被戕於北山下。

骆道中，字子和。寓省城。矢志攻苦。尝以忠义自励。应童试未售。年二十一就何庄何绅家教读。贼氛炽甚，寄幼弟道成书略谓："发匪逆命，罪不容诛。国家养士数百年，吾辈食毛贱土，当杀身以成名，毋偷生而堕节！"省城陷，绅劝道中远避。道中晓以大义。弦诵如初。贼至，何绅仓促出走，不及顾。贼挟道中降。大骂，持砚击贼。贼砍之。骂不绝口。贼断其舌。愤恨投水死。其徒从之。乱定，何绅为师生合墓而葬。

骆道醇，号蕴斋。国学生。重交义，为质库司出纳。金陵陷，居停朱兴仁眷属八口，贼掠入女馆。道醇惧其被辱，百计营脱。密遣心腹送出贼境。久之，酋闻朱姓老弱潜逃系道醇引线。被获，严加拷讯。抵死不承。解衣得简牍监凭各一件。贼怒，磔之。

曹瑞，邑诸生。粤逆之乱，家人流离失散。一日有裹黄巾骑骏马入其村者，村人惊为贼至，咸窜匿山中，瑞亦从之。后知为瑞之子某受伪职来迎其父者，寻至瑞所，陈说来意。瑞怒，骂曰："尔为贼子，胡错认乃父耶？"其子再四哀求。瑞骂愈烈。不得已，挥泪去。瑞遂饿死山中。同里文生唐庆誉目睹其事。

罗金榜，字务宽。邑名诸生。敦品勉学。游其门者多莘声膠序，貌恂恂粥粥，疑之不文，而临纸生气勃发，不可逼视。值军兴旁午。炮声隆隆在耳，犹拥生徒讲艺不辍。贼至，欲自裁。家人阻之。泫然曰："非不愿生，恐无以对吾友也！"卒死难。

罗尚增，字益三，邑诸生。居琅琊乡，学淹质粹，有古人风。应童子试，三冠其军。名四噪。向营溃，顾子弟流涕曰："汝曹宁死可矣，毋从贼也！"言毕，独往深山，不食死。同时廪生秦瑞麟，亦能文。士被掳，不屈。甘言劝降，大骂被戕。

黄敬堂，读书未遇。贼至，胁降。敬堂痛詈曰："世有降将军，岂有降书生耶！"以手按颈曰："头颅在，速砍去！"贼怒，斫之。族弟敬祥同骂贼死。族兄敬先不屈，死乱刃下。

施家璞，字韫辉。凤坛乡人。笃志勤学。艰於一衿而孝事孀母，不以郁郁贻亲忧。咸丰十年，遇贼劫为书算。家璞厉声曰："吾辈读书，宁替贼子供笔札乎！"贼怒，杀之。

孙立虎，刚直尚气节。应童试弗售。即奋志续学。乱时，贼扰南乡，淫杀极酷。立虎遇贼辄骂，见贼强逼村中妇女，益怒气填膺，奋拳击之。遂被害。

陈万泰，上埠村人。咸丰六年，破南埂口。万泰避至溧阳，中途被掳，贼见其诚朴，俾监所掠男女。万泰悯其同罹虎口，惨淡恐惶之色，目不忍睹。夜起，拔关纵之。向晨，酋觉，磔万泰死。

朱士元，东阳镇人。咸丰四年，贼犯境，逼辱避难妇女。士元怒发上指，愤与贼斗，群贼执而脔之，而被逼之妇女尽获免。至今人犹义之。

丁贞明，句容乡人。咸丰六年夏，大旱。飞蝗蔽天，赤地千里。斗粟近千缗。贼焰炽甚。城既陷，难民弥满郊坰。贞明与同村凌正有等各出粟百数十石以振。十年，贼至，同被戕。贞明子朝栋、朝才，正有妻唐氏，均死难。

王大喜，土桥人。戮力耕作，家渐裕。亲族有极贫者，岁除，暗给衣食。遇婚嫁丧葬辄佽助不少吝。

咸丰十年六月，被执，大骂。贼斫之，骂不已。寸磔死。

罗全达，好施与。邻里有死不能殓者，即畀之以榇。否则出资助之。咸丰十年，被掳，骂贼死。又有居四，住登瀛门内。疫作时，施材百具。咸丰六年，城破被害。

周本先，力行义举。最喜惜字。提筐走烈日中，汉如雨注，衢巷墙壁括尽乃已。遇风雪大作，手皲趾裂，必出捡无难色。贼掳不屈，以矛刺死。同时惜字有高星台，亦不屈被害。

许世馨，字桂山，东阳镇人，邑诸生。为人开爽有大志。咸丰六年，避乱万安村，伪检点黄瞎子据石埠桥，四出剽掠，贼有至万安，掳得豕数十头，令世馨牧之。世馨厉声曰："我大清文学士，岂为贼作牧豬奴耶！"贼嗔目叱曰："死妖，无礼！"欲持火枪击之。世馨奔投塘死。

朱兆祥，谢家边人。武生。有胆识。贼掠至村，胁降不从。割其左耳去。继又遇贼，胁之如前，兆祥不为动。割其右耳去。久之，贼众大至，语兆祥曰："汝两耳齐割，将奈何？"兆祥厉声骂曰："逆贼，不过要吾头耳！"脱帽掷地曰："汝自取之！"遂遇害。妻陈氏，同不屈死。

贡献廷，上兰人，邑诸生。性刚直。咸丰十年，遇贼。欲降之。献廷唾骂曰："犬马犹识主，况人乎！吾上不能为国讨贼，下不能保卫闾阎，已无面目见先人矣！何忍靦颜从贼耶！"贼怒，磔之。举火焚其尸。

孙继坤，字生棣，诸生。敦品能文。尝以忠义自誓。咸丰十年，寇将犯境，或曰："贼酋雅重文士，先生盍从之为记室？"继坤叱曰："咄咄与其从贼而污，曷若沈渊而洁也！吾志已决，毋多言！"遂投门前塘死。

陈兰芬，性刚直。贼掠不从。露刃劫之。兰芬怒，詈曰："吾清白民，宁肯降发贼耶？头可砍，志不能夺也！"遂引颈受戮。

刘显芳，上容乡堰北村人。咸丰六年，充团丁。守羊耳山桥，屡却贼。九月，大股贼由麻培桥破卡入，民团骇散。显芳知不敌，随众走。贼追至坊边，显芳隐颓垣中。贼觑见，来扑。显芳突跃起，杀数贼。贼众围之。力竭，被乱刃死。

陈傅春，前陈庄人。乱时，从军充义字营勇。目遇贼，痛剿。应差勤慎，得主将欢。尝使作谍探贼营虚实，被获。备受楚毒。至死不屈。贼寸磔之。

平成心，通德乡唐家村人。年八十尚雄杰英武。咸丰六年，谕结民团堵御，屡战有功。十年，团溃。被执。不屈，戕死。妻周闻之，自缢。团丁阵亡者，江惟亮、惟高、善隆、唐正杰、正发、正满、明耀、心族弟成德，皆骁勇之士，同时遇害。

栾仁周，栾家村人。咸丰六年，集团杀贼数十名。十年，与贼格斗，手刃二贼。贼大至，被擒。脔割死。

倪学高，赤冈村人。咸丰十年，贼至村，学高奋击之。被戕於门前山下。妻王痛哭，骂贼。贼举火焚之。与五龄幼子同烬。

黄乾禄，通德乡人。刚直多力。咸丰六年，闻向营溃。忠义之气勃发。团结村人御之。贼阑入，辄被扑杀。十年，营再陷。贼如潮涌。横溢乡野。乾禄誓众猛击，酣战良久。被数刃死。同族中权，亦杀贼被戕。

巫进贵，琅琊乡人。贼至，伏桥下。伺大股已过，一贼在后。突出，杀之。贼队继至，遂遇害。

李元春，被掳至寺庄村。贼出搜掠，俾贼僮守之。元春杀僮，潜逃。甫启户，遇贼。被脔死。

唐序殷，唐家庄人。咸丰十年，被掳，闭空室中。序殷潜计曰："明日贼拔队去，从之终为所害。"乃怀利刃，乘守者夜睡刺杀之。一贼嚄起，众贼咸集。遂被缚，悬梁间。比去，积薪焚死。

俞士永，临泉乡人。少读书，通翰墨。咸丰八年，被掠入贼中。逼充书算。士永佯与贼欢笑。谈谑无戚容。贼大喜，甚信任之。与闻机密。一夕，群酋宴集。定计攻六合。士永易衣潜出，奔告大营。猝遇贼逻缚归。见酋备受惨毒。卒轘裂之。

俞士涌，临泉乡人。颖悟，能读书。道光间，岁屡祲。携弟士源习贾於滁。咸丰三年，粤逆东窜，蹂躏殆遍。士涌愤甚。在滁约同志结团御贼，屡战皆捷。江忠烈公深器异之。后缘贼众大集，团溃。遂陷贼穴。百计胁降，不从。大骂，遇害。时士源运药材於苏沪，未与难。至同治初年，行至禹州，遇捻匪，被执。骂贼戕死。

倪德焕，精岐黄。为医学训科。性诚笃。不以术愚人。咸丰六年，城陷。贼搜德焕身有钤记，疑为官。

百计诱降。德焕不屈，遂被戕。

陈绍祖，家素封。国子监生。有胆略，能任事。咸丰间，谕办民团，佐军营筑垒运粮。七年，收复县城。叙功以从九归部选用。十年，和营陷。间关江北，艰苦备尝。同治三年，苏、常克服，绍祖至镇江冯营，请兵规取句容。冯督办已允绍祖先由沿山小径至高家边一带，与乡民约期内应，适城贼拥众巡乡，遇於大芦塘，乡民窜避，绍祖被执。贼见其短发，知有异。拥之去。遂遇害。

王恒愡，大芦塘人。世业农，好读书。素有肝胆常以急公赴义自勉。粤匪纷扰，率民夫护送军饷。和公春赏给六品顶戴。和营溃，江南遍地皆贼，遂自尽以见志。子二，先后被贼戕害。

陈得寿，坊郭人。幼习楮业於杭州。有勇力。贼陷杭时，得寿持巨刃，屡砍数贼，后贼众至，被磔死。

夏荣元，武生。坊郭人。年七十六，性爽直严毅，不可干以私。平居顶帽不离身。咸丰六年，闻贼至，从容冠履出东门。至大桥下，遇贼指为妖首。欲执之。荣元大骂，遂被戕。

孙立康，西唐庄人。年八十二。咸丰十年九月，在殷桥村遇害。耆年殉难者，夏儒聚。操行高洁，与族人贤宾遇贼，骂不绝口，同时自经。贤宾年七十，儒聚年七十六。夏儒全，亦是年骂贼戕死，年七十五。江善林，贼逼不屈，被火焚死，年七十。杨义高，幼孤苦，服贾起家。贼至，自缢，年七十七。孔庆华，高尚绝俗，见贼肆掠，厉声大骂，被铁梃击伤，遂投水，年七十九。陈万福，贼氛逼近，投缳卧室，年八十一。张长坤，贼索贿不得，系诸梁背，压块石，爇火燔之，死年八十二。汤凤文。贼婪索，盛气责之。乱梃击毙，年八十六。

孔广思，字心田。坊郭人。屡应童试不利。咸丰六年，避乱於涧子村。夜望烽火四起，贼近村，泣谓家人曰："势已如此，万无可逃，惟有一死以全节耳！"遂与女毕孔氏、幼子三元同投塘死。

何鸿儒，廪生。鸿仪弟。应童试未售。咸丰六年，贼陷邑。鸿儒携妻子避居东乡七里许。贼欲犯之，大骂不屈。妻戴氏，子兴儿，相继投水。鸿儒亦从容赴义。

许庆忠，坊郭人。咸丰六年，贼警屡至。庆忠诫家人曰："汝曹能死固佳，所难堪者白发慈亲耳！"城陷，庆忠负母逃至南乡，眷属从之，贼搜括至村。庆忠戟指愤骂。贼割其唇，犹手按颐，呶呶不止。被乱刀砍死。母孔悲恸，投塘孝忠。妻孔携二子一女，以带联属，同赴塘中。

房祖先，孝义乡人。咸丰十年，贼势愈横。荒岩穷谷中搜括殆尽。祖先挈妻孥，渡江至泗源沟，而杖头虚悬，竟无投足处。合家跧伏苇席，日乞一食。饥不可忍。同治初元，乱稍戢。祖先归探耗途，遇贼戕毙。妻杨望夫不至，悲曰："藁砧死矣，妾忍独活乎！"遂投江死。一门十口同殉。

席子容，精技勇。过贼必毙之。后为众贼所围，子容见贼势盛，不能尽杀，乃立碌碡上，受乱刃死。许贞棕，持刀杀贼，亦被害。胡之森，躯干壮健，膂力过人。贼闻其勇，欲降之。之森愤詈不屈，贼断其舌。投诸水。

李后基。被执，怒骂不止。贼不即杀。索其财帛，缚而置诸室。后基痛詈，彻夜不绝，声响明，贼不能忍，竟杀之。李应根，亦被执，贼使引入富家掠金，应根不从。遂被杀。胡有诚，为贼获。贼问富人某何在，有诚不答，鞭之几死，乃释。旋自尽。

刘昌本、昌全，同被执。倔强不从。缚以索。索断，挺立嫚骂。贼怒，乱击死。同时骂贼惨死者，邹万年。被缚忿极，痛骂贼。活埋之。邵贤洪，被执不降，胁以刃，大骂。贼怒，剜其两颊。喷血唾贼面，被乱刃斫死。胡有源，骂贼不已。先割其耳，后剖腹死。徐天昇，婪索不应。裹炬涂膏，焚之。骂不绝口。笪名煊，骂贼，被寸磔死。

吴华珍，茅山乡人，监生。家颇丰。贼涎其富。执之索金。弗获。榜掠炮烙无完肤。终不屈死。一门俱殉。贼之残忍者莫酷於焙食心肝。同时罹害者如李子荣，在唐庄。朱厚廷，在章家边。丁继简，在丁家村。巫希昱、希和，在木瓜园。王盛育、世允，在孟墓。食余，嗾犬舐之。

赵智后，字裕之。廉洁嗜义，不随流俗。授童子句读，课诵外，日以忠义故事谆谆讲解。咸丰六年，大营溃。即慷慨流涕，誓以身殉。十年五月，被掳。不屈。至窑冈村，投水死。同时张祚荣，遇贼大骂。贼胁以刃。骂益厉。被戕於北山村后。

邑庠生王某，西头店人，轶其名。目短视。贼至，被掳。授以笔札，使典书记。王某大骂，抵诸地。

贼怒。缚其身如炬，悬杆焚之。阖门俱殉。

王大凤者，芦亭村之有力人也。咸丰六年，城陷。贼扰乡曲，大凤与三岔毛德章、南陌赵家义等设卡於阙巷口。一呼而集者万余人。是口为县境通溧水之第一要隘，屏蔽三岔诸镇。九月初四日，伪英干军领百余贼来攻，大凤等督团丁数百猛力抵御，贼大败走。追杀贼三十余人。生擒四人。举火焚之。自是，贼屡攻屡挫。二十九日，伪春官丞相拥贼数千，三路来扑。大凤力扛桥石掷诸河，大呼杀贼。贼不敢过，乃由戴圩循赤山麓绕出村后，腹背受敌。大凤等抵死抗拒，贼以火枪围击。民团奔溃。大凤投水殉节。赵家义、赵政迎、赵政禄，均同时死义。团丁与村民死者无算，碎首截肠，残骸狼藉，家人无从识辨。是日，贼攻三岔镇，练首毛德章率团堵截。战正酣，忽溧水来贼一股夹攻，镇遂陷。悉被戕。而德章亦无踪影。民团未破之先，有堰北村农民义方者，领民勇剿贼。贼佯败。俟追过铃塘村，贼伏四起，前后夹击，义方战没。死者甚众。姓字多逸。胥因贼势猖獗，壮丁防堵，眷属匿迹山中。肉薄血飞之际，无从查核。即有知者，又讳其死，以诳其家人。谓被掳去，不久当归。疑信参半。以致沈泯无闻者比比是也。

戎宗典。咸丰十年，贼欲掳之，倔强不屈。贼怒，砍死於土桥太平庵中。是年五月，张良贵亦被掳。不屈，戕周家边村。

冯某，薙发匠也。居石墓村。咸丰十年，贼至。不屈，被戕。妻子护救，俱死。

黄尊五，下蜀镇乡保。性骯髒。闻有强暴，辄奋拳捣案，欲得而甘心。以故北方枭桀帖耳屏息，无敢撄其怒。咸丰间，流寇犯境。尊五集徒党杀贼，贼屡挫。十年，长濠溃。贼势横溢，不可遏。有过尊五门者，犹闻磨刀声霍霍。蹙额谓曰："危城旦夕破，守土者尽遁，尔何人，甘葬豺虎腹乎？"尊五掷刀起，叱曰："犬马食人之食，犹效驰驱，尊五虽贱役，宁不犬马若耶！"须臾，帻首握刀，出呼侪伍，与贼格斗。被缚去，酋劝降。尊五骂不绝口。刳腹死。同死者甚夥。李子贞，其一也。

张庆仁，凤坛乡谢氏仆也。谢雄於资。咸丰六年，贼犯境。谢避去。遣庆仁守。贼至，搜掠财物，庆仁与争，贼截其指。大哭曰："主人以家畀余，被若破之，吾何面目见主人乎！"遂投溷圊中没。孙老二、张延祺，家丁。十年，贼至。为主守户，被戕。

尚义仆、王锡蕃，司训家奴也。刚直有力，为锡蕃司阍。义团破，锡蕃溃围出，尚仆握刀当门立，贼阑入，即斫之。贼蝟集，尚奋力与斗，中创仆地。钉四肢於门，犹叱咤怒骂。被枪击毙。脔割其尸。

外方

僧恒修，卓锡福祚乡华严庵。咸丰六年，冈子上各村练丁与贼常鏖战於庵前。恒修一日持棍助众击贼，梃毙十数人。贼衔之。大股来扑。恒修力难支。遂遇害。

僧开宝，住茅山乡。同治元年五月，偕练首吴廷珍①攻入茅山贼垒。后队不继，被执。开宝骂贼，剖腹死。

郭道士，逸其名。住通德乡善司庙。咸丰六年，贼入庙横掠。郭大骂。贼牵诸庙后山，杀之。有犬守其尸。阅数日殓毕始去。盖道士所豢养者也。

流寓

张耕，字师竹。震泽人。教谕张履子也（履，另有传）。履终於任。家属侨居句容。咸丰六年，以职员入张忠武幕。城既陷，南乡绅士募结民团，走丹阳乞师助剿。忠武遣耕及兵弁，分一营至句容。防堵屡战有功。十年，长濠溃，忠武殉节。耕与弟勉携妻子避於崇德乡之西城，地当南北要冲。流寇所过，残破逾年。贼氛益恶，耕先驱眷属子女於水，即与弟勉、子宝书同缢死。计一门十五口云。

张允之，上元诸生。侨居东阳镇。兄纪之，能文。从游者甚众。允之天资颖异，过於其兄。性豪迈，不屑屑於举子业。居平常，恨无以表见。咸丰间，值粤逆乱，总统张忠武驻军东阳。允之投谒。忠武一

---

① 吴廷珍：据《国朝金陵通记》四卷："（同治元年四月）句容贼窜踞茅山、唐陵等处。五月，练总吴廷珍等攻入贼垒。后队不继，遂战死。"

见即契之。留参戎幕。十年，孝陵大营溃。忠武薨於丹阳。或讽允之去。允之仰天叹曰："吾以书生蒙帅知。帅死，我何生为？"亦与同殉。吕家和，上元人。性鲠直。闻贼至，义愤勃发。与贼格斗，乱刃砍死。妻刘氏见夫被戕，遂缢死。咸丰十年五月事。

王大迏，避居南乡。躯干壮伟。性刚直。年逾八十，倔僵如故。咸丰六年五月，遇贼。目为富妖①。追索财物。大迏大骂。贼劈其颅。大迏洒血詈贼。贼怒，揕其胸。始仆。复以爆竹蘸油炸之。遍体焦灼。死极惨。大迏，上元人。

狼山营勇目，咸丰六年调守句容城。有被掠至邑东门者，见城上白旗飘飏，系狼山营字样。一勇目骁健异常，持刀立堞楼中。贼援城入辄被杀。后贼蜂拥上，遂遇害。乱后，曹砺堂言。

叶德兴，溧水人。自幼即在承仙乡胡之鹿家。咸丰六年，携之鹿子避贼山谷，为贼所得。贼释德兴，掳之鹿子。德兴泥首哀求，贼不许。乃指之鹿子曰："彼幼弱无用。余虽老，力能担负。可易之。"贼诺。乃就虏。

续纂句容县志卷十一上终

---

① 富妖：据清末潘钟瑞《香禅精舍集》七卷："贼以官为妖，见朝衣、朝冠、补褂、翎顶之类以为妖器。人家有此服物则蹂躏益甚。又称士曰妖士，兵曰妖兵，吏曰妖差，几於无所不妖，而呼民团为妖蛆，其名尤新。"

续纂句容县志卷十一下　　邑人　张瀛　分纂

人物（咸丰以来殉难忠义表）

官

江西候补同知祝锡勋（无锡人，八年，阵亡，《府志》。按，薛福成《海外文编》云："从张忠武克句容。八年九月守溧水。巷战死。"）

提督衔广东水师总兵李壮愍公鸿勋（广东高要人，南门百培山阵亡，《府志》"宦绩"有传）

总兵熊勤勇公天喜（十年，大营溃，和大臣遣驻白土，阵亡，《文编》）

参将儆先、副将周兆熊（成都人，北门大冈子阵亡，《府志》）

花翎都司李窗（六年十一月东门萧家桥阵亡，《府志》"宦绩"有传）

游击衔李桂芳（六年，南门淤乡阵亡，"宦绩"有传）

句容城守汛把总蔡锦元（六年，东门锁山阵亡，全家三十余口投水殉，"宦绩"有传）

淮军营把总杜盛洪（《府志》）

句容城守汛外委曹国洪（六年，锁山阵亡，家属同殉，"宦绩"有传）

句容龙潭汛外委王达（溧阳人，六年，阵亡，"宦绩"附传）

太湖东山汛外委蔡连升（阳河人，十年，城陷，阵亡，《府志》）

外委陈文焕（通州人，城陷阵亡，《府志》）

绅

赠知州、孝廉方正、岁贡生骆懋修（妻王氏，女淑贤，孙崇玉，《府志》误作崇元妻王氏，有传）

赠国子监学录训导蒋兆寅（弟六品顶戴裕福，《府志》作裕升）

议叙府经历俞士根（子守煜议叙九品，临泉乡人，有传，十年，同殉常州难）

候补县丞戴锦章（庄上村人，妻陶氏，媳王氏）

候选教谕赵珍（有传，子煌十年同殉）

从九品徐日昶（妻夏氏，媳赵氏，子士权、士俊，孙茂恭，媳王氏，女云林，孙女某姑，仆某，《府志》）

从九品王锡蕾（有传，母许氏，王庄人，《府志》）

从九品王永招（妻周氏，《府志》）

从九品张昶（晙，小真，小权，阵亡，晙妻葛氏，《府志》）

从九品沈永春（圣铁村人，一门五口殉，《府志》）

从九品王贞益（有传，兄贞晋，子某，侄某，《府志》未备）

从九品孔广思（《府志》重误，有传女毕孔氏，幼子三元）

五品封典包笃衷（有传，妻王氏，媳王氏，孙贞吉）
安徽潜山营游击凌庆桂（有传，五年，霍山阵亡，子武生长琦同殉）
花翎四品军功张庆生（有传。西俱墅人。族，才先，才能，映礼）
花翎五品军功庄其志（兄五品蓝翎其良，均攻江宁阵亡，有传）
五品衔武生高逵（元年阵亡；从侄德茂，触柱死；德洪，自焚死；德起，投水死；侄孙树坤，自缢死；树龙，被戕；树银，树桐，小毛，烈生，长元，侄女张高氏，侄婿张某，起妻吕氏，洪妻金氏，坤妻张氏，龙妻潘氏，坤女桂英，《府志》）
五品军功文童高树洪（阵亡，《府志》作德鋐，妻陈氏，子毛团，女鸦头，见版位）
五品军功高世明（七年，小南门阵亡，移风乡人，子某浦口阵亡）
五品军功张长溁（坊郭人，阵亡，妻陈氏投水殉，附传）
尽先千总俞秉仁（妻严氏，尽先把总秉镛，有传）
苏右营把总陈坤（有传，子双福，石牌阵亡，《府志》）
尽先把总俞正鼎（有传，母朱氏，妻张氏，幼子学浚）
蓝翎武举邰宗凯（有传，兄武举定邦，弟武生棣华，武生桂馨，武生定平，武生定安，武生崑发）
六品军功曹耀廷（纪家窑人，子于汉，均十年团练阵亡）
六品顶戴宣闻凤（临泉乡人，阵亡，妻范氏同殉）
六品军功徐崇凤（角里甸人，有传，妻子七口。庆林、秉修、崇余、崇志一家四口，同遇害）
以上一门殉难。

赠知府安徽祁门县知县唐治（仕绩有传，四年殉祁门节）
直隶州知州王复初（见版位，有传，十年，被戕，即《府志》原名履坊）
理问衔骆桐川（不屈被戕，《府志》）
宝山县训导孔继鉁（十年，殉难，《府志》，有传）
县丞高世珍（有传，光里庙人，《府志》）
候选县丞戴至文（版位）
五品蓝翎文生张元炽（坊郭人，中创死）
五品蓝翎文生纪凤祥（白土镇人，投张忠武军，十年，城陷阵亡）
五品顶戴监生张彭龄（孝义乡人，设卡巡警被戕）
六品顶戴文生杨振声（龙潭人，有传，《府志》）
六品顶戴从九品赵永儒（在高家边殉难，《府志》）
六品顶戴朱家森（丁家庄人，有传）
六品衔朱南桥（骂贼死，《府志》）
职员魏元周（在孔塘埂被戕，《府志》）
八品顶戴陈万福（附传）
议叙八品王子贞、议叙八品骆星岩、从九品杨有仁（死内应事）
从九品李庆连（《府志》误作涟，有传，坊郭人，义成桥阵亡）
从九品余应龙（七年，土堰冈阵亡）
从九品杨桂馨（杨巷村人，十年，被戕）
以上均见《府志》

从九品戴臣廉（临泉乡人，在浙江血战阵亡）
从九品居儒林（孝义乡人，十年，团练被戕）
从九品胡玉振（见版位）

议叙从九品樊绪龙（十年，古隍阵亡，仁信乡人）
副将衔湘军水师营参将戴兆熊（临泉乡人，有传，江西阵亡）
勋军营副将唐洪（仁信乡人，有传，同治五年阵亡）
副将杨光顺（临泉乡人，十年，随提督张玉良阵亡）
花翎参将唐道华（唐家村人，有传，功常州阵亡）
蓝翎都司韩邦盛（下荫人，有传，十年，大营溃阵亡）
蓝翎都司束溶（有传，广西阵亡，《府志》）
广西桂林营守备李廷扬（琅琊乡人，有传，梅溪口阵亡，《府志》）
金坛营守备凌庆鳌（十年在神符邺被戕）
都司衔蒋自彬（戴圩村人，随提督张玉良杭州阵亡）
四品军功杨道泰（杨巷村人，八年，湾池阵亡，《府志》）
五品蓝翎千总施贞武（白土人，有传，十年阵亡）
五品花翎陈衍万（达巷村人，十年，高丽山阵亡，《府志》作六品军功）
五品蓝翎刘庆广（双塘村人，有传，邑东门外阵亡）
五品蓝翎方渭喜（方家村人，六年，大营溃阵亡）
五品蓝翎陈守经（谢桥人，六年，阵亡）
五品蓝翎周恒槿（临泉乡人，在兰溪县阵亡）
五品衔李贤春（李祥村人，有传）
五品军功蒋正科（戴圩村人，随张提督玉良攻杭州被执骂贼惨死）
五品军功甘云台（东阳镇人，五年投向军，十年，从征六合大河口阵亡）
五品军功王长治（移风乡人，在柏庄阵亡）
五品军功房盛堂（来苏乡人，七年，三岔河阵亡）
五品军功巫玉鹏、五品军功陈有壬、五品顶戴徐恒贵（通德乡人，淳化镇阵亡）
六品顶戴徐长熙（通德乡人，十年，淳化镇阵亡）
六品军功湖南连阳营外委周正义（殉英夷难，有传）
六品军功陕西提标营外委朱在麟（十年，大营溃阵亡）
六品军功武生田沛霖（十年，殉难）
六品军功房祖明（房家边人，投提督戴文英，剿贼阵亡）
六品军功李应松（有传，北门外阵亡）
六品军功郭叙三（坊郭人，向营阵亡）
六品军功王士修（孝义乡人，同治二年，阵亡）
六品军功陈子中（副衍万，团练阵亡）
六品军功赵贤普（十年被戕）
六品军功王新安（同治元年，殉难）
六品军功金宏胜（同治三年，剿贼阵亡）
六品军功任衡平（孔村人，同治二年，被戕）
六品军功骆星衍（十年，阵亡）
六品军功谢贞章（石坑村人，高丽山阵亡）
以上均见《府志》。

六品军功高增利（移风乡人）
外委邓开友（阵亡，《府志》）

士

赠盐运司知事、文生李永增（兄永福、永谦，子世松，嫂金氏，谦妻陈氏，妻鲍氏，侄女巧姑）

赠盐运司知事、文生朱鸿逵（六年，投水，妻刘氏，十年，绝粒）

附贡生李受祺（有传，妻朱氏、幼子同殉）

文生朱质（团练阵亡，妻李氏，媳世袭云骑尉佐成妻李氏，侄女字宋，杨柳村人）

文生王元贞（妻朱氏，子一）

文生张孝友（有传，弟某，十年，阵亡）

文生窦锦文（妻吴氏）

文生骆仲模（《府志》作中模。文生云鹏，有传。文生云鸿，鸿妻张氏，鹏媳文生滨妻张氏，有传。鹏女崇贞，附传。均不屈殉难）

文生骆道肥（妻张氏，女停姑，十年，殉难）

文生孔广培（女大姑）

文生王矜式（下蜀人，有传。妻张氏）

文生巫良珠（良雅）

以上均见《府志》。

文生端木乐信（临泉乡人。妻杨氏。十年，殉难）

文生李学礼（文生闻礼殉）

文生朱荣辉（柞溪人。妻某氏。十年，殉）

文生朱孝珂（杨柳村人。六年，遇贼不屈砍死。妻某氏见夫被害遂投水死）

文生许国桢（福祚乡人。子继连同被戕）

文生樊懋荣（樊古隍村人，十年，团练被戕。文童宗忠，族宗汝、宗汉、宗淮、宗江、宗源，源妻陈氏，有传，同戕）

文生桂桢（侄常，寓扬州城陷殉难，见《扬州府志》）

文生凌庆五（妻某氏，子长恒，一门四口被戕）

文生戎兴鉴（母舒氏，妻朱氏，女琴姑）

文生骆重骥（坊郭人，妻张氏，均被戕）

文生窦英华（妻吴氏，见版位）

文生王某（西头庄人，一门俱殉，有传）

监生高君贤（马里村人，一门五口同殉，《府志》）

监生窦佩芳（十年不屈被戕，妻朱氏投水殉，《府志》）

监生孙明章（八年力战死，妻赵氏，十一年，被戕）

监生李天祺（有传，被戕，妻徐氏，幼子守仁阖室焚死）

监生田兴序（来苏乡人，六年，殉难。长子培仁，次子正太，同殉）

监生华定宝（沈冈头人，有传。六年，杀贼死。妻王氏，同殉。族定才、定聚、定顺、邦太，助宝杀贼死。才妻臧氏，聚妻王氏，顺妻戴氏，太妻秦氏，同被贼戕）

监生吴华珍（伯母某氏，母某氏，庶母某氏，妻某氏，女昭姑，弟华珠，弟妇田氏，均投池水死。珍有传）

监生张金相（十年，中枪死，尸被焚。族仁鹏，在西荆塘村殉难）

监生吴辅亭（坊郭人，六年，骂贼被戕。妻孙氏，被悬梁拷死。妾阮氏，十年，被焚死）

俏生张余双（官塘头人。同治二年，一门七口同殉）

文童钱大绅（仆赵升，殉镇江难。《府志》）

文童陈荣生（妻叶氏，子炳元、炳扬，孙生儿、连子。《府志》）

文童张长俊（通德乡人，十年，殉难。妻欧阳氏，子顺子，刃死。女秋莲，同殉）

文童何鸿儒（坊郭人，附传。子兴儿，妻戴氏、□张氏，同殉）
文童许惟仁（许家村人。子文童圣松。十年，同被戕）
文童步雍建（仁信乡人。弟雍伯。十年闰三月，同在浦口被贼刳腹死）
文童傅德某（句容乡人，弟德谦，妻夏氏，投水死，一门十人同殉）
文童陈天俊（望仙乡人，妻夏氏，同治二年，同被戕）
文童高舜昌（仁信乡人，妻丁氏，同殉）
文童吴恒源（族太熙、久典、存文、存正、久龄）
文童吴太熊（族太修，俱桥东人。恒珍，在丹徒殉）
文童杜启良（大杜村人，击贼被戕。妻孔氏，投水殉）
武生解文毓（上解村人，有传。兄文礼、弟文章，七年，阵亡。阖门同殉）
武生王顺耀（同治元年靖江阵亡，子朝庆，同殉。妻冯氏，不食死）
武生朱尧章（仁信乡人，妻陈氏，同殉）
武生胡有纶（句容乡人，妻徐氏，二子，一女，同殉难）
武生胡有经（句容乡人，子六人同殉）
武生朱兆祥（仁信乡人，有传，骂贼死。妻陈氏，同殉）
董事徐显廷（子汉臣，孙竹林。《府志》）
以上一门殉难。

恩贡生朱宣根（朱家庄人，同治二年，骂贼，被数枪死）
廪生秦瑞麟（琅琊乡人，附传。七年，骂贼被戕）
增生方庚吉（不屈死。《府志》）
文生徐沃洲（不屈死）
文生骆长炳（不屈被戕）
文生窦桂芳（十年，阵亡）
文生许世馨（东阳人，有传）
以上均见《府志》。

文生孔广泽、文生王元炳、文生许庚吉（马院村人，治团中伤死）
以上均见版位。

文生张淦（来苏乡人，十年，吴墩子殉难）
文生陈俊（遇贼不屈被戕）
文生朱荣益（柞溪村人，十年，被贼打死）
文生骆长龄（坊郭人，十年，被戕）
文生孙继坤（有传，十一年，投水死）
文生陈兰芬（有传，十年，被戕）
文生孔广汉（七年自缢）
文生罗金榜（有传）
文生罗尚增（有传，六年，殉难）
以上均琅琊乡人。

文生朱恭春、文生朱克份（均朱家山人，十年殉）
文生樊宗型（樊古隍人，同治二年，殉难）

文生樊宗堂（樊古隍人，回里省墓遇贼不屈死）
文生韦宏鉴（曹塘头人，同治元年，殉难）
文生曹瑞（琅琊人，有传）
文生谢之鲲（凤坛乡人，廉洁自守，避贼入山饿死）
文生王盛恭（望仙乡人，带团在虎耳山战死）
文生施家珍（凤坛乡人，十年，被贼戕）
文生章元辅（章家边人，在小南门被戕）
文生张某（张庙人，同治元年，死江阴难）
文生贡献廷（上兰人，有传）
文生窦贤惠（临泉乡人，有传）
监生张金坡（坊郭人，《府志》误作波。六年，在宝堰遇害）
监生俞桐（七年，在俞塘村殉难）
监生朱宣芳（《府志》误作宜芳，不屈死）
监生王鸿文（北墅黄冈寺阵亡）
监生吴昆、监生陈绍祖（同治二年，在高家边殉难）
监生张照、监生张凝、监生张定樾（十年，不屈死）
监生郭世仁（十年，在罗家庄殉难）
监生骆庆醇、监生束时升、监生史国俊（十年殉难）
监生许熨（六年，天王寺阵亡）
监生吴选绀、监生冯湘（《府志》作湘江）、监生吴选（均六年被戕）
以上均见《府志》

监生王百万（十年殉）
监生朱恭怙（琅琊乡人，贼至不屈自尽）
监生罗亭临（仓头人，以练董剿贼被贼枪毙）
监生骆道醇（有传，被戕）
监生卫峻煦（六年办团，十年绝粒死）
监生王凝雄（崇德乡人，附传，被贼烧死）
监生史良（望仙乡人，十年骂贼被害）
监生张心宁（十一年骂贼被戕）
监生许宸松（承仙乡人，被戕）
监生张长寿（凤坛乡人，七年骂贼不屈被戕）
监生宣敏（见版位）
佾生陈耀廷（仁信乡人，九年军幕阵亡）
幕友文童钱大勋（附传，见《府志》）
文童孙立湖（十年骂贼死。《府志》）
文童陈其均（六年被戕。《府志》）
文童俞世永（临泉乡人，有传，见版位）
文童韩世尧（头圩人，有传，七年殉难）
文童倪家祚（十年被戕）
文童孙立虎（茅山乡人，骂贼被戕死）
文童施家璞（凤坛乡人，有传，十年被戕）
文童蒋兴祥（琅琊乡人，十年被戕死）

文童黄敬堂（琅琊乡人，附传，十年被戕）
文童朱葆真、文童朱葆光（均仁信乡人，剿贼被戕）
文童骆道中（有传，骂贼被戕）
文童朱恭范（朱家山人，十年被戕死）
文童许世彬（承仙乡人，六年，在唐陵投水死）
文童施家琮（凤坛乡人，十年被贼戕）
文童徐立谟（望仙乡人，循谨知义，被掳不从，戕死）
文童糜宏炳（来苏乡人，十年被贼戕）
文童武修文（来苏乡人，不屈被戕死）
文童张瑞庭（十年，遇贼不屈，被焚死）
文童陶志贤（通德乡人，十年自缢死）
文童赵智后（六年投水死，有传）
文童刘贤孝（读书刻苦，赍志未遂。十年贼至，自缢）
武生范绍曾（朱巷人，七年，杀贼被戕）
武生仇安贤（东阳镇人）
武生巫台元（六年被戕）
以上均见《府志》。

武生苏德彰（栗家庄人，同治元年，以练董拒贼於肩营，被磔死）
武生朱德源、武生朱相中、武生朱法源、武生蔡永定（均仁信乡人，剿贼被戕）
武生林义典（孝义乡人，六年，率团助军，上山冈阵亡）
武生林义清（孝义乡人，十年从军攻杭州，力歼数贼，后被贼困，自刎死）
武生夏荣先（坊郭人，有传）
武童朱献琛、武童朱星五、武童吕庠信（均仁信乡人，剿贼被戕）
书记朱瑞林（六年被戕）
董事武生解声和、董事武生谢敬三、董事武生谢幹臣、董事武生巫觐光（不屈死）
三岔镇董事阙东山（六年阵亡）
三岔镇董事陈清源（六年阵亡）
董事王宜德、董事丁益芳（七年殉难）
董事蒋明兰（七年殉难）
董事任世珍、董事王德和、董事谭盛隆、董事袁学广、董事胡恒玉（均六年被戕）
以上均见《府志》。

兵勇团丁

练首平成心（有传，妻周氏，成德）
唐正杰（附传，可发，正满，明耀）
江惟亮（惟高，善隆）
焦洪赞（侄全保、全金，十年战败死）
陈恒周（恒有，士凤，士文，起良，有俸，俸妻刘氏，有聚，聚妻王氏）
王书绅（书明，书才）
以上均通德乡团丁，阵亡。

练首邰盛武（盛聚，世元，世龙，世春，世江，礼钊，均孝义乡团丁，阵亡）

张长清（长锦，余豪，移风乡人，充团丁，阵亡）
糜宏范（在村剿贼被戕。宏盛，宏修，来苏乡人，团丁，阵亡）
巫至琴（道喜，光里庙人李相局团勇，阵亡）
林士忠（弟士有，西村团丁。六年，同被戕）
许维庚（冈子上人，团丁阵亡，妻祝氏郁郁不食死）
糜宏礼（长生，在巢县阵亡，来苏乡人）
糜宏慈（被戕，妻笪氏、子秋儿同殉）
阙智远（阵亡，妻许氏被戕，投尸於河）
许师魁（阵亡，妻徐氏，投河死）
以上均阙巷人。

唐延陵（延翻、明德、明春、宁巷，在荷花圩设卡被戕）
魏月达（茂盛，宁巷人，守荷花圩卡被戕）
糜宏兆（江浦阵亡，妻张亡，在宅被贼拷死）
朱显元（显亨，显子）
朱达书（达华）
朱达三（达昌、达顺，阵亡）
朱达阶（达全、三儿，阵亡）
朱显盛（达同，显周，显全，阵亡）
朱达荣（宣高，阵亡）
朱显纯（显先、显还、显允、达林、达兴、达仁，阵亡）
朱达元（达堂、达智、双儿，阵亡）
樊绪方（绪兰、德望、祖同、祖金，阵亡）
以上均来苏乡人。

陈纶怀（纶殷，附传，赵巷村人）
房贤明（贤荣，房家边人，在三岔河阵亡）
步熙生（熙安，在库村阵亡）
潘名宽（名德、名容，仁信乡，在虎耳山阵亡）
陈咸阶（弟咸散，望仙乡人，在金坛阵亡）
笪庆宽（庆良，望仙乡人，同在金坛阵亡）
朱达训（达座，宣俭，双寿）
朱达铮（达鏽，志扬，志桃，宣渭）
朱宣本（志乾，志柳，志训，宣汉，宣家）
钱志起（昌元，昌义，志俊，志魁，益成，成妻戴氏）
戴道恒（道财，财妻赵氏）
以上均朱古隍村练丁，十年闰三月同时阵亡）

樊宗塾（德铸，德显，德恭，敬怀，宗坦，宗垣，茂清）
樊益年（宗河，宗泗，宗堠，宗增，益璜，益鋐）
樊宗泮（宗植，宗柏，宗良，德铨，德钿，德翌，宗镛）
樊道寿（德福，德亨，绪朝，祖本，绪安，绪达，德贞，道章）
樊锦富（锦福，道有，道福，祖喜，祖坤，绪云，绪佐，道俊，祖萱）

樊绪麒（绪顺，有寿，正寿，绪璜，道成，祖文，祖俊）
樊祖斌（启盛，绪保，绪容，绪英，祖耀，祖统，添寿）
樊宗泉（妻施氏，见附传）
樊宗墅（妻张氏，见附传）
樊祖庚（妻谢氏，见附传）
樊益衔（妻巫氏，见附传）
樊道福（女庚弟，附传）
以上均樊古隍村团丁，十年闰三月战败，点天灯惨死。

梅本立（望仙乡人，十年守城阵亡，女生莺不食死）
陈贞尧（弟贞玉，望仙乡人，十年守城，火药焚死）
陈天佑（利廷，望仙乡人，十年，御贼焚死）
王胜芳（胜宝，胜德，宗顺，宗朝，同御贼阵亡）
曹当俊（当杰，见附传，茅山乡人）
孙家鲁（有传，弟家俊、家杰，全家二十余人）
曹全义（妻王氏，同殉）
阴连忠（崇德乡人，妻许氏，同戕）
阙纪洪（阵亡，妻陈氏，哀愤投水死，阙巷人）
阙纪松（阵亡，妻甘氏，悲恸投河死，阙巷人）
王达江（孝义乡人，投张军阵亡，妻严氏，不食死）
赵启聪（子惟良，侄某，俱充勇，在三岔阵亡，上容乡人）
陈正达（上容乡人，有传，三十六人同殉）
成德祥（茅山乡人，十年阵亡，妻樊氏，被戕，子佳鹤，媳王氏，俱殉）
徐嗣勋（有传，子邦圻）
杜启法（江阴阵亡，妻许氏，投水殉）
高公礼（来苏乡人，在谢培村阵亡，女年十二瞽目投水）
唐崇忠（句容乡人，十一年从军，在镇江阵亡，妻张氏，不食死）
练首雍立墡（流寓泾河，募勇剿贼，在蒙城阵亡，妻戴氏，闻之投井殉）
杨学河（六年阵亡，妻蔡氏，同殉）
包正朝（铺头桥阵亡，母陈氏殉）
朱明良（纪茂）
文启宽（良元，世荣，世怀，世相，美珠）
巫庆朝（庆相）
王长清（澄林，承灵）
王启余（启昌）
以上均铺头桥阵亡。

曹於凤（於喜，显贵，正瑞，於寿，正邦，世章，於彩）
王定镒（定明，定朋，定茂）
王廷名（凝有，安明）
王凝生（安忠，凝瑶，凝荣，凝洪，定礼，安双，安元）
王明五（凤山）
王凝焕（安乾，德生，安监，定云，安正，凝云，德阡，凝洽，安库，安桂，可桂）

王某（良金，政子，成玉，长有，凝位，德禄）
王尧章（招财）
张余立（延元，延明，东海，余祐）
张庆根（起富，兴长，余棠）
张余瑞（德善，延光）
张延万（延潢，延康，余金，道琚）
张美扶（德明，德昆，德康，余祥）
张余有（余寿，延芳，延功，延华）
张延希（天富，金根，长春）
张庆爱（余道，长祥）
杨邦孝（加法，国仁，邦贤，加江）
杨加圣（加明，恒顺）
周道运（洪勋）
周恒信（恒盛，笃全，笃洪，贞运，孝龙，孝有，基才，基元，恒松，昌兴，笃凡）
田余礼（发有）
严俭进（俭法）
凌士旺（邦瑞，士双，邦隆，邦元，邦桂）
凌老四（长才，兴根）
经忠银（本信，忠梧）
欧阳正旺（正兴，正隆，正祥）
李贤忠（永有，思和，成裕，廷珠，良彩）
许本祥（本家，象堂，本瑞，广益，本扬，本原，本象，生礼，立进，本元）
许立敬（本起）
许本忠（立旺，本和，本春）
夏昌运（昌茂）
夏正新（修成，正发）
赵凤德（宗运）
谢如福（如祥，如寿）
以上均南乡团丁，六年阵亡。

张庆元（长清，黄冈寺团丁，七年阵亡）
范茂泰（茂全，李相局团丁，铺头阵亡）
笪家璋（家瑞，名英，茅庄团丁，六年阵亡）
冯正明（正安，正乙，均在西坝桥阵亡）
胡双喜（之珊，均在淤桥阵亡）
邰盛聚（世元，世春，世隆，世江，七年均在大祝庙阵亡）
陈维善（纶科，纶福，均阵亡）
高廷义（廷忠，廷亭，均西堰冈阵亡）
王德昌（应余，七年，大祝庙阵亡）
王应顺（圣金，圣佐，七年阵亡）
章齐坤（阵亡，妻杨氏殉难）
邹正位（十年，守城阵亡。正堃，纯熙，均同治元年阵亡）
毛惠初（相臣，均十年阵亡）

成言浩（孝江，忠全，言才，友俭，孝恒，均西坝桥阵亡）
成孝桐（孝桧，均淤乡阵亡）
蒋正身（正楠，均十年阵亡）
范朝方（德全，均在大祝庙阵亡）
刘庆澄（子长龄，均阵亡）
笪昌桂（昌珍，七年，均在北城阵亡）
夏兴美（子万安，妻杨氏，均六年殉）
自朱明良以下，皆见《府志》。

唐某（子其华，句容乡人，在汤冈阵亡）
以上一门团丁。

屠玉书（龙潭人，精拳勇，三年，与杨子元御贼，愤骂死）
汤加宽（靖安厂人，与官兵攻高山庙贼营阵亡）
谭德发（段家边团丁，阵亡）
谭思学（均段家边人，在亭子山阵亡）
朱宜方（涧东村人，副王矜式办团，为贼所杀）
练首蒋文德（下蜀人，剿贼，被火枪穿胸死）
牌勇张贵林（七年，在纪家窑阵亡）
钟景立（下蜀人，龙潭阵亡）
戴上兴（仁信乡人，斗贼被戕）
夏长荣、许本金、毛德生、许正发、张余喜、王德盛、孔宪洪、王德兴、毛老怀。
以上均三岔团丁，阵亡。

许维福（阙巷阵亡）
邹家坤、陈周道、房祖善（孝义乡人，从虎军秣陵关阵亡）
田义高（有传）
田义顺、许维垣、许维怀、许师诚、许师隆（俱冈子上人，为团丁，阵亡）
陈仁满（陈家圩人）
章邦庚、章征遐（均周戴村人，俱附田义高传）
杜兴隆、杜兴寿、杜文满、杜文美、杜文理、杜正洪、杜正孝、杜士林、杜士诚、杜名春、杨大兴、李光照、周正礼、徐兴旺、徐兴福（俱义成桥人，为团丁，六年阵亡）
陈正喜、陈万福、张大财、夏长发、夏长林、张玉新、孔继元、孔广大、夏有成、陈正大（皆上下埠等村人，为团丁阵亡）
阙纪灵、阙仁顺、阙智超、阙智大、陈兴三、阙纪宾、陈兴礼、阙仁求、阙仁寿、阙仁周、阙傅明、阙仁友、阙传聚、阙仁义、阙仁富、阙纪业、陈兴大、许师效、许师裕、许师连（皆阙巷村团丁，六年阵亡）
王庆贵（岗子村团丁，被戕）
张继勋（孝义乡人，七年阵亡）
朱志道（来苏乡人，黄冈练勇，助虎军在西燕冈阵亡）
王大涌（琅琊乡人，杨塘冈守卡阵亡）
杜世明（福祚乡人）
田有贵（句容乡人，充勇拒贼被戕）
张长全（十年，中炮死）

许方卿（均移风乡团丁，阵亡）
陈正昌（茅村团丁，六年虎耳山阵亡）
蒋文琪（琅琊乡人，充长胜营勇，镇江阵亡）
练首杨培坤、王贤荣、王贤寿、练首吕仁福、葛兴祖、练首王文德、王孝智、王继理（俱六年办琅琊乡团练阵亡）
练首张达江（有传）
练首凌远康（有传）
练首经忠英（有传）
张延林（有传）
均上容乡人。

周恒喜、周老三、周贞一、周贞根、周贞元、周贞明、周笃元、周笃浩、周孝东、（皆淤乡团丁，阵亡）
朱瑞珍、张余锃、王国才、李家麟（皆西村团丁，阵亡）
李正育（焚死）
宣文明、赵延万、夏修良、夏修金、夏正旺、方国维、孔广达、老童、夏修齐、夏修德、朱跃龙（以上皆崇德乡团丁，阵亡）
毕家寿（在荷花圩设卡御贼，被戕）
袁孝发（被炮轰死）
吴元才（六年被戕於天子㟷）
严福兴（六年被戕）
以上均句容乡团丁。

练首薛如松（琅琊乡人，有传）
袁庆桢（凤坛乡人，率团拒贼被矛刺死）
糜延本（来苏乡人，在谢巷阵亡）
丁尚义（在满庄本村阵亡）
笪教英（十一年阵亡）
笪教锦（同治元年阵亡）
笪宏根（阵亡）
笪广颜（虎耳山阵亡）
笪美章（阵亡）
笪家才（虎耳山阵亡）
笪明义（严儿桥阵亡）
笪厚华（虎耳山阵亡）
笪教基（阵亡）
笪美璋（在宝堰阵亡）
笪宏隆（阵亡）
笪教坚、笪教堃（阵亡）
以上均望仙乡人茅庄团丁。

陆平儿（阵亡）
朱志奎（在古隍团丁被戕）
武学尧（守城被火药烧死）

以上均来苏乡人。

汤永章（在丹阳阵亡，句容乡人）
丁德明（在谢家村阵亡，孝义乡人）
樊祖进（剿贼被擒剐去手足死）
巫长进（阵亡）
王方桐（阵亡）
以上均来苏乡人。

蒋正余（十年，大营溃，阵亡）
杨一智（充凯字营勇丁，同治二年阵亡）
李明贵（在阙巷阵亡）
杨廷建（阵亡）
王世湘（在常州阵亡）
徐世成（戴亭阵亡）
徐世聚（城外阵亡）
徐世忠（无锡阵亡）
均大李村人。

王有才（珠庄人，阵亡）
王孝金（珠庄人，阵亡）
侯天常（中炮阵亡）
黄中权（附传）
罗全璜（剿贼被戕）
均通德乡人。

张正聚（杀贼数名，阵亡）
王文德（攻贼阵亡）
王良寿（攻贼阵亡）
均琅琊乡人。

步雍贵（仁信乡人，在浦口阵亡）
唐崇文（唐家村人，在山东阵亡）
陈安慈（在萧山县阵亡）
陈咸亲（阵亡）
张庆殿（在虎耳山阵亡）
均望仙乡人。

樊昌广（守城阵亡）
纪有让（在包巷阵亡）
施大虎（十年，阵亡）
均白土镇人。

戴承清、朱延坤（均古隍人，十年守城阵亡）
施敬汉（邓巷人，在金坛阵亡）
张美南（琅琊乡人，剿贼阵亡）
王言敬（福祚乡人，义成桥阵亡）
纪良华（在圣潭阵亡）
王智郎（在柞溪阵亡，治东仁信乡人）
陈聪溶（御贼被戕）
罗仁涌（十年，杀贼阵亡）
朱士元（有传）
均琅琊乡人。

梅必香（有传）
欧阳正庆（阵亡）
朱延恩（六年，阵亡）
许厚钊（守城，阵亡）
杨家发（六年，阵亡）
王世贤（六年，阵亡）
唐祖垅、周某（赵家塘人，俱阵亡）
孔昭鳌（通德乡人，十年，守城阵亡）
孔广浩（有传）
孔传文、滕德寿、陈宏余、孔广洪（以上均福祚乡人，见附传）
李贤堂（在金家村阵亡）
李善良（在冈上阵亡）
李德金（十年，阵亡）
高廷忠（被围自刎）
徐家鲁（投张忠武军阵亡）
以上均移风乡人。
王达锡（十年，阵亡）
王士美（投虎军阵亡）
陈用和、王士瑞、裔正栋（皆投张军，十年阵亡）
林文陞（在杭州阵亡）
以上均孝义乡人。

张载阳（凤坛乡人，十年，阵亡）
王永芳（有传）
赵明发（山岔阵亡）
李启立（山岔阵亡）
以上均上容乡人。

陈玉福（六年，城陷，被数十创，阵亡）
刘余浩（六年，投军，阵亡）
张庆根（在少山冈阵亡）
张庆达（十年挖濠，中炮死）

以上均孝义乡人。

吴广全（清河阵亡）
陆鸿智（扬州阵亡）
夏本林（龙潭阵亡）
均仁信乡人。

许世槐（福祚乡人，七年阵亡）
周恒万、练首王凝高、张老德、冯正福、成忠全、成有恺、成延才（俱阵亡）
陈传春（有传）
成忠周（在冯营，攻汤冈阵亡）
陈广庆、王凝卓、杨国相（俱攻汤冈阵亡）
曹方杰、陈锦堂、骆万宝（俱攻丹阳阵亡）
陈树堂（攻句城阵亡）
冯邦桐（阵亡）
以上均茅山乡人。

成德云（在茅山阵亡）
成德绪、成道生、成佳寿、成佳璜
以上均来苏乡人，十年，阵亡。
佴祖兰（十年，阵亡）
张才基（均孝义乡人，有传）
唐道埿（来苏乡人，有传）
汪廷闻（六年，焚死）
成正清、成正杨（均拒贼被戕）
孙立仁、朱家森（有传）
何咸济、于祥高（均十年阵亡）
王德樽（六年，被戕）
唐启明、唐启敬（均六年在鼍龙庙拒贼被戕）
魏朝科（六年，火药焚死）
葛三宝、杜家留、杜华忠、杜光亮、杜光顺（俱阵亡）
赵裕绶、陆元祥、史兴书、赵清恩、史道源、王新谦、施兴科、夏大志、纪朝澄、华发喜、施恒祉、郑良兴、陈德隆、雷肇仲、樊绪法、樊绪元、朱传洪、戴臣清、胡孝良、吴守贞
以上二十名，俱系白兔镇练丁，十年，守城被火药轰死。

王德俊、王懋仓、华万仙、尹二、王秉银、华本元、王忠虎、蒋家栋、张余狄、李士采、陈厚性、陈士荣、陈兆丰、李德英、李世余、王大经、王大海、经良银、刘良杰、刘显芳（有传）
以上二十名，系上容乡人充团丁，六年九月阵亡。
练首陈正财（七年，团练阵亡）
王南英（均临泉乡人，充虎军勇丁，十年，在龙都阵亡）
李茂顺（来苏乡人，七年，从虎军攻城阵亡）
江良智（移风乡人，七年，在翼长明安泰营阵亡）
尹孝成（古隍团丁，十年惨死）

练首程大雄（六年，办团，十年，被戕）
成孝惠（六年，守义成桥阵亡）
胡有余（同治三年，随忠字营攻常州阵亡）
以上均茅山乡人。

高树兴（移风乡人，同治元年，阵亡）
糜尊康（来苏乡人，十一年，阵亡）
陈衍庚、陈正如、陈咸广、陈邦和、陈咸成、陈咸顺、陈咸宝（均阵亡）
以上均望仙乡人。

吴聚南、陈祥福、陈朝武、高士兴、高良谟、王德福、张延贵、潘顺喜、杨邦春、丁大才、周贞进、周笃玉、周玉、周章发、刘广信、刘秉耀、任本发、唐世科、李承育、孔传培、万茂源、华泰仔、赵延万、郭大有（以上均北墅团丁，六年阵亡）
徐世成（七年，阵亡）
陈正昌（六年，虎耳山阵亡）
朱志道、王昌顺、杨有华、任谊三（均西堰冈阵亡）
万德明（七年，阵亡）
祝尚全（七年，阵亡）
以上八名，均黄冈寺团丁。

陈世旺（金粟庵团丁，攀凤冈阵亡）
陈世万（西社村团丁，上山冈团丁）
蒋文杰（郭庄庙团丁，六年阵亡）
丁一方、解兴之（均李相局团丁，铺头桥阵亡）
朱朝坤、朱朝绅、陈家裕、陈廷邦、陈奎、钱锦德、曹德武、刘大寿、李贤芳、范邦富（以上均铺头桥阵亡）
杨景得、范得山、文世璜、刘大春、朱德良、曹德五（以上十六名均团丁，阵亡）
笪修俭（糜墅桥阵亡）
糜志林、孔庆庚、洪明林、洪远第、洪元彦、龚明泰、余开礼、朱之潘、朱兆彬、朱应芷、朱惟久、雷长祥、袁仁昌、袁守辅、滕头从、滕明云、姚孝烈、乔慈任、乔继贤、王善熙、王知香、王士炳、王定顺、王厚元、王鸿职、王加元、金明第、金知泰、严起云、严道瑞、毛彬文、房闻兴、房茂义、郑邦运、郑国元、卫贤学、卫昭栋、卫家达、裔余魁、葛继贤（以上均淤乡阵亡）
张余好（戴村人）
杨道文（杨巷村人）
段顺江（段家边人）
同治元年均在柞上村阵亡。

朱之道（北城阵亡）
胡文思（前巷村阵亡）
吴某（东阳镇人，十年，阵亡）
陈玉福（守城阵亡）
陈镇间（李村人）
房祖昇（房家边人。均在虎耳山阵亡）

姚洪月、阮家友、许贞柏（七年，均在白鹿冈阵亡）
曹世康（天王寺阵亡）
周基茂（六年，在淤乡阵亡）
刘盛国（在西堰冈阵亡）
李有晋（乌山村人，同治元年阵亡）
解吉尧（阵亡）
孔昭胜（有传，阵亡）
薛炳（附见胜传）
赵相立（六年，马平桥阵亡）
赵德恭（七年阵亡）
谢道连（谢家边人，十年，守城阵亡）
刘凤清（阵亡）
朱立贤（同治元年阵亡）
席知兴、席盛中、柏宏益、柏宏乔、柏起龄、柏士浩（以上均淤乡阵亡）
惠勇陈得发（高桥阵亡）
保勇陶得胜（攻张堰阵亡）
林勇洪先荣（阵亡）
绩勇汪必元、绩勇蒋福全（均阵亡）
安营兵丁许金山（金山卫阵亡）
吕万和（六年，被戕）
吕广达、吕仁溥、王延璜、蔡明华、倪朝隆、蔡亮安、柯二、朱宜方、柳寿卿（以上均勇丁，阵亡）
自吴聚南以下，皆见《府志》。

民

樊祖灏（有传，婶母某氏，妻许氏，弟祖瑞、祖圣，瑞未婚妻陈氏，子绪宗、绪志，冢妇某氏，孙福保、寿保，妹王樊氏，女大姑、二姑、三姑、幼姑，孙女某姑，王氏，金氏，绪元，母节妇葛氏，王氏，妹婿王介夫，同里杨长淦妻汪氏，子某，同投水死，坊郭人）
庄仁顺（有传，妻章氏，子立纲，媳汪氏，侄立元，元妻许氏，仁佐，佐妻陈氏，佐子立长，侄立章，章母尚氏，章妻蔡氏）
任朝吉（妻王氏）
刘文法（妻王氏）
许维绂（妻陈氏，绂杀贼被戕，妻同殉，子立松，被掳至城内北堂巷口杀死）
杜启孝（身负小儿，贼掠不从，被矛乱刺死）
陈正修（妻滕氏，同投河死）
夏有孝（妻孔氏，闻夫被杀，投塘自尽）
李兴全（子皆被掠，服盐卤死）
胡肇连（妻阙氏，同不食死）
许立庚（子某同戕）
许维华（妻周氏，闻夫死子掳，忧郁不食死）
阙传嘉（妻王氏，闻夫被戕，投水死）
阙智瑞（被戕，妻林氏，投河死）
吴在义（后村人，有传，子光桂，有传）
以上均福祚乡人。

柏以谓（贼至，被戕，剖腹死，家属半饿死）
俞秉椐（有传，子正煜，媳某氏）
孙世令（被戕，妻王氏，女一，投水死）
许万鏞（有传，子世渭）
以上均承仙乡人。

周恒忠（十年，遇贼不屈，被戕，妻何氏，媳潘氏，闭门饿死）
严进龙（十年，被戕，妻何氏，子益文，女寿姑，俱绝粒死）
严进凤（十年，被戕，妻周氏，子益斌，俱饿死）
何太美（十年，被戕，妻朱氏，子某，俱饿死）
何太富（十年，贼掳不从，被戕，妻丁氏，绝粒死）
何宜梁（十年，被戕，妻陈氏，不食死）
何宜芝（十年，贼索银不遂，被戕，妻毕氏，嫂陈氏，同绝粒死。）
凌顺礼（被戕于横山柏子洞，子大仁，高儿，俱饿死）
严成位（被戕于慧全山，妻王氏，不食死）
严成信（被戕，妻王氏，不食死）
褚义书（被戕于磨盘山，妻严氏，不食死）
王朝昌（贼掳大骂，被戕，子太吉，同被杀，妻邹氏，不食死）
王朝亮（被贼破腹死，妻邹氏，不食死）
王顺宾（孙哑子，同被戕）
王朝杰（阖家被戕）
王朝仁（阖家被戕）
王顺阳（被戕，妻冯氏，绝粒死）
王立寿（被戕，妻邹氏，绝粒死）
王立信（被戕，父清即投水死）
孙延仁（被戕，妻某氏，媳某氏，俱绝粒死）
孙全贵（妻某氏，同被贼拷死）
唐玉龙（殉苏州难，妻郭氏绝粒死）
丁德宽（被戕，妻米氏，绝粒死）
唐玉奇（十年，被戕，妻某氏，饿死）
任永和（被戕，妻戴氏，绝粒死）
史茂桐（被贼乱刃死，妻田氏，子兴张，被推入塘死，媳魏氏，饿死）
史茂棠（被贼打死，妻邹氏，子兴成，媳刘氏，俱闭门绝粒死）
潘继珍（继庆、继正、继旺、传兴、文高、同时被戕）
严德培（殉薛埠难，妻朱氏，不食死）
严福喜（被乱刃死，妻施氏，不食死）
严志谟（殉奔牛难，妻某氏，饿死）
严志晋（殉昆山难，妻某氏，饿死）
严承德（被戕于三茅峰，妻魏氏，被贼追，投水死）
严志盛（被贼打死，妻潘氏，骂贼不屈死）
严本根（殉宝堰难，妻李氏，投水死）
唐世祥（被戕，妻潘氏，饿死）

杨秀生（十年，被戕，妻某氏，不屈同死）
沈永有（永志，同时被戕）
袁孝龙（被戕，子某，同殉）
严可赞（妻某氏，同投河死）
严可宽（妻唐氏，同被戕）
以上均句容乡人。

朱恭肃（六年，同妻李氏，永奠，女大姑、二姑，投门前塘死）
贾国恩（子泰桢，同殉）
均琅琊乡人。

王世章（妻某氏，十年，同戕死）
王文森（妻某氏，十年，同自缢）
均句容乡人。

陈兴仁（兴山，六年同被戕）
阙建本（老二，继松，建安，建昭，有盛，建海，有朋，有庆，有伟，建平，十年同时被戕）
均福祚乡人。

吴德义（妻杨氏，十年同殉。临泉乡人）
陈德进（坊郭人，子扣保，有传）
张茂根（张家庄人，妻某氏，十年，同殉）
倪显周（十年，被戕，妻朱氏，同殉，承仙乡人）
杨瘫子（坊郭人，善音乐，六年城陷，偕妻子投寺巷井中）
刘可仁（昌凤，昌正，昌怀，十年，城陷，会族众于可仁所，共誓死义。贼至，四人被执，抗节不屈，贼叱，砍之，四人面无惧色，从容就死）
刘可能（昌满，昌贤，遇贼不屈，同时殉难）
刘昌春（素有阴德，十年，闻城陷，自缢。同族昌仁、昌先、昌德，闻春死，亦同时死义）
刘昌堂（妻戎氏，十年，贼至，同缢死）
刘立华（昌信，十年，同投水死）
刘昌本（昌全，有传）
王孝龙（孝贞，智圣，仁德，良书，良寿，被执不屈，同遇害）
夏儒全（窑下村人，十年，贼至，一家男女阖户焚死）
夏儒聚（贤宝，附见夏荣元传）
徐继道（恒怀，十年，贼掳道，不从，被戕。怀同被杀于池塘畔）
以上均通德乡人。

糜德斌（妻张氏，同殉）
韦盛洪（妻戴氏，在亭子村殉）
均来苏乡人。

杨世全（妻某氏，六年，夫妇携手投塘死）
林明珍（妻某氏，女某姑，弟明祥，祥妻某氏，十年，阖门同殉难）

均福祚乡人。

李启太（妻滕氏，同治元年殉）
李宗惠（十年，在柳桥被戕，弟宗明，在城内被害）
均孝义乡人。

高中禄（妻唐氏，女某姑，同治元年同殉）
高汝春（长子秉义，次子秉直，三子秉忠，义妻某氏，直妻张氏，同治元年同不食死）
高秉琪（妻施氏，同绝粒死）
高秉礼（妻朱氏，在小丹阳被戕）
高汝奇（殉丹阳难，妻张氏，同殉）
高汝良（妻某氏，在神甸村殉）
高德纯（秉如，秉成，俱不食死）
高秉信（九儿，同在神甸村殉）
高汝厚（弟三仔，在宅不食死）
糜德礼（德尊，闭门不食死）
糜宏孝（妻巫氏，同殉）
糜宏玖（十年，被戕，妻某氏，同殉）
糜廷祥（被戕，妻某氏，被逼投水死）
糜宏尊（妻陈氏，十一年，在宅同殉）
糜廷连（弟廷元，同殉）
糜宏铨（德满，延良，同治元年同殉）
糜宏宁（宏珍，德如，同治元年，同绝粒死）
糜宏寿（被戕，子德荣，殉苏州难，媳某氏，闭门饿死）
糜宏文（被贼榜死，弟宏相，不食死）
以上均来苏乡人。

潘本举（十年，殉难，妻郑氏，子三龄，在宅绝粒死）
潘本支（妻某氏，女四龄，同殉）
潘本根（十年，贼掳不屈，磔数块死，妻王氏，骂贼被戕）
潘瑞仪（贼强担米不从，被戕，妻纪氏，同殉难）
潘一乾（子某，同殉）
潘自山（子一枝，同殉）
潘瑞庆（妻某氏，子某，十一年，同殉）
茅登寿（弟杏寿，同不食死）
潘一松（妻某氏，长子某，俱不食死）
潘自利（次子禄寿，同殉）
潘一栢（妻某氏，同绝粒死）
潘一有（妻吴氏，同绝粒死）
笪世廷（八寿，三喜，在上韦村殉难）
笪名凤（在宅殉难，名社，麟儿，在柘溪被戕，教善，在孟墓被戕，俱十一年殉）
笪名容（妻戴氏，长子教功，功妻陈氏，次子教烈，烈妻戴氏，三子教俭，俭妻蒋氏，功子和宝，女某姑，烈子腊保，女一，俭子松保，幼子一，均於十年阖门殉难）

朱明龙（弟明凤，同在行香被戕）
张正荣（正仁，同殉难）
笪教麟（教廷，教醇，世良，名义，教耕，俱同时殉难）
笪名复（名生，名武，教园，教仁，同殉）
笪教义（名华，教谟，教澄，同殉）
笪教福（教槐，教盛，名全，同殉）
笪教谦（妻赵氏，同殉）
笪教渊（妻王氏，同殉）
笪教溥（妻糜氏，同殉）
笪教家（妻施氏，同殉）
笪教荣（妻丁氏，同被贼胁，投水死）
笪教寿（妻史氏，同殉）
笪名超（妻倪氏，同殉）
笪名润（妻张氏，同殉）
笪名海（妻糜氏，同殉）
笪教梁（弟教堂，梁在柘溪被戕，堂被贼碎颅死）
朱明长（子三人，同殉）
樊德宽（子某，同殉难）
樊关儿（福儿，同殉难）
马德元（妻某氏，同殉）
戴德山（立良，荣定，俱在外殉难）
汤仁远（义远，同绝粒）
习永茂（邦正，同绝粒）
戴孝喜（禄山，同绝粒）
戴德隆（妻陈氏，同殉）
戴德琚（妻朱氏，同殉）
习永盛（在金陵被戕，妻巫氏，同殉）
习朝清（妻笪氏，在大坝殉）
以上均望仙乡人。

陈清余（正柯，不屈，被戕）
单明文（弟明武，在柘溪被戕）
陈安富（被乱钉死，正仑，被乱刃死）
陈礼福（在柘溪被戕，狗子，五龄，投水死）
陈正翰（被贼掠死，侄明儿，绝粒死）
陈清元（殉难，妻某氏同殉）
单明鉴（在丹阳林口镇被戕，妻董氏，子长珍，三儿，四儿，俱同治元年绝粒死）
吴安金（恒贤，俱不屈被戕）
吴茂檀（茂海，茂源，同戕）
吴太寿（老六，久章，同被戕）
吴存坤（久财，久禄，俱在外殉难）
吴存贤（在宅绝粒，妻巫氏，被逼不屈，遇害）
吴久寿（久义，俱在西冈被戕）

以上俱仁信乡人。

笪秀文（子美栋，同在外遇难）
笪修楠（修栋，俱在柘溪被戕）
程彦武（不屈，被戕，彦科，被乱刀砍死）
程彦孟（在五培墩剖腹死，世和、世厚，绝粒死，老六，亦戕死）
程盛泰（盛永，俱殉六合难）
笪厚琦（厚珠、琦，在涧西炮击死，珠被贼搠入水死）
笪厚道（厚有、厚琳、厚盛、厚珍、狗子、连生，俱在外殉难）
笪修义（修奇，同殉嘉兴府难）
笪厚玉（在丹徒西圩殉难，妻高氏，在家被贼拷死，子教荣，不食死）
周世道（妻李氏，同不食死）
以上均望仙乡人。

马昭福（不屈，被戕，女九龄，不食死）
马志松（志柏、志长，俱殉难）
马昭松（老三，俱殉难）
施贤信（不屈，投水，被矛刺死，贤瑞，在解家村被戕）
唐崇柱（被戕，崇吉，在北门外被戕）
唐崇栋（在徐墓村殉难，儒昌，在董家村被戕）
唐崇典（弟崇训，同殉）
唐儒凤（弟儒凰，同被戕）
史方兰（在勤涧村殉难，妻朱氏，被贼索财不得，推入圊中死）
唐崇林（在丹徒林塘被戕，崇寿，亦被戕）
唐崇全（儒松、道绅，俱被贼倒悬梁间，将烟薰死）
唐崇兴（在西门外殉难，崇让，亦殉）
以上均仁信乡人。

笪修鼒（名起、敦贵，同在宅绝粒死）
笪福儿（弟禄儿，同殉）
笪礼运（宏海，同殉）
笪广鈊（妻包氏，子锁儿，女二人，同殉）
笪礼文（妻某氏，子年保，同殉）
笪广贵（妻某氏，同殉）
笪礼秀（子宏焜，同在外殉难，妻某氏，饿死）
笪贞太（妻项氏，同绝粒死）
笪修文（子名松，同被戕）
笪名兴（名忠、名权，同被戕）
笪修仁（修礼、名德、教勤、教耕、教读，同绝粒死）
以上均望仙乡人。

姚玉厚（妻陈氏，子国富，同殉）
芮善先（妻史氏，同在行香绝粒死）

纪喜元（在南唐庄被戕，春富，春贵，春纬，同绝粒死）
陆余顺（在南唐庄被戕，余朝，在西庄被戕）
陆顺儿（九儿，殉江阴难）
纪立志（财源，殉江阴难）
陆长炳（在太平庄被戕，妻纪氏，在毕巷殉难）
陆余福（殉无锡难，妻陈氏，被贼倒悬梁死）
邹我林（妻芮氏，被贼倒悬不屈，割乳，脔切死，林怖死）
邹我美（不屈，被戕，妻朱氏，倒悬死）
朱贤南（被戕，妻潘氏，倒悬死）
邹顺仁（在外殉难，妻张氏，被逼不从，戕死）
邹正楠（被戕，妻巫氏，倒悬死）
邹正聚（在外殉难，妻某氏，不食死）
邹正吉（弟正熊，在南唐庄被戕）
邹祥远（弟祥近，俱饿死）
邹我志（我本，正乾，同被戕）
邹瑞开（正富，同殉难）
朱传发（传尚，和仁，同殉难）
朱发高（弟发全，同殉）
朱传方（子发近，发琪，俱殉难）
朱和进（在外殉难，妻胡氏，不食死）
朱和信（在外殉难，妻陈氏，不食死）
朱发堂（妻邹氏，俱绝粒死）
吴安贞（有传，妻樊氏）
吴高贞（尚贞，巧发，善贞，双贞，俱被戕）
吴德贞（礼武，恒祺，寿贞，俱被戕）
吴礼戴（纯贞，尧贞，礼进，凤贞，同绝粒死）
吴孝忠（礼清，礼增，孝禄，同殉）
吴礼美（恒福，元贞，贤贞，珮贞，贞悌，贞悦，同殉）
吴礼明（妻唐氏）
吴孝珮（妻王氏，俱绝粒死）
吴富贞（贵贞，同在古隍被戕）
陈德金（德宝，俱绝粒死）
陈德隆（德礼，德熊，德厚，老虎，俱绝粒死）
陈德先（德瑞，立江，立荣，德怀，俱绝粒死）
陈立孝（绝粒死，弟立悌，被戕）
朱义忠（信忠，同殉难）
陆长方（在村；长栋，在徐家村；长茂，在榨北头；长表，在七培墩，同被戕）
王延桂（延广，延太，俱在外殉难）
王延仁（延志，德秀，长明，延源，俱绝粒死）
王道顺（道义，俱殉难）
陈立进（子喜发，孙二龄，孙女四龄，俱绝粒死）
陈德燦（妻邹氏，子守松、长松、三子某，女某姑，俱绝粒死）
陈德纬（妻樊氏，同殉）

戴贞芳（贞美，同殉难）
戴利云（被戕。利康，在外殉难）
戴利隆（利旺，在杨社村绝粒死）
戴有寿（松寿，同殉难）
戴老三（老四，绝粒死）
戴贞松（殉难。子怀尧，绝粒死）
戴正举（绝粒。子余林，殉难）
戴利珮（在外殉难。妻某氏，不食死）
戴贞发（妻某氏，同饿死）
糜宏鼐（在外殉难，妻纪氏，绝粒死）
樊祖根（在柿庄被戕。妻某氏，被戕，焚其尸）
以上均来苏乡人。

蒋一武（在光里庙殉难。子文童朝玺，在宅殉。移风乡人）
汤永福（永寿，在外同殉难）
孙明才（明通，明达，俱在外殉难）
均句容乡人。

巫至聚（至兴，至煴，至林，时塾，俱被戕）
糜祚顺（宏开，宏道，俱被戕）
张长树（长楚，长松，长柱，俱被戕）
巫至彬（至仁，时增，俱不屈被戕）
糜宏圣（宏发，祚发，祚江，茂材，茂森，俱不屈被戕）
张长懿（长茂，亨联，贞璜，利贵，利达，俱殉难）
王芳善（芳子，同殉难）
张利铎（妻某氏，子四龄，被掠不从，同戕死）
王廷佐（方才，俱不屈被戕）
汪圣学（洪勋，俱不屈被戕）
吴正俊（正悦，正海，俱不屈被戕）
吴正普（妻朱氏，贼索财戕死）
王道勋（道盛，俱不屈被戕）
王大正（殉嘉兴府难，妻陆氏，贼逼不从，投水死）
吴佳侯（妻巫氏，同被矛刺死）
王洪居（洪道，洪才，洪成，洪发，临照，临全，俱不屈被戕死）
张长玉（长宽，长庚，长发，俱不屈被戕）
芮道存（得学，道珠，道坤，得三，得贤，得欢，洲万，得松，得芳，得孝，得虎，均不屈被戕）
张余兴（余湘，余瓒，余邦，余芝，庆盛，庆元，庆通，庆养，俱不屈被戕死）
张德均（德荣，懋寿，俱被戕死）
张懋根（在西庄被戕，妻某氏，亦被戕）
吴余盛（妻周氏，子某，俱不食死）
张长临（祖林，均在山岔殉难）
丁明锦（被矛刺死，明春，在薛庄被戕）
以上均来苏乡人。

笪世福（罗儿，老九，被矛刺死）
笪修信（修寿，均被矛刺死）
笪美庆（连儿，狗子，三狗，俱绝粒）
笪美才（被矛刺死，美道，美盛，美仁，俱饿死）
孙发金（照祥，俱不食死）
以上均望仙乡人。

吕存友（子长明，同中炮死）
吕存余（妻某氏，子龙儿、正儿，同投水死）
吕德林（子世龄，同殉）
吕存贤（同弟麟儿，在李巷口同殉）
吕天金（妻张氏，女二口，同绝粒死）
吕存贵（在张巷被戕，妻某氏，殉丹阳难）
丁德发（妻王氏，绝粒死）
吕得珠（得玉，绝粒死）
徐兴福（兴椿，被戕死）
徐仁金（妻王氏，均不屈被戕）
徐富顺（妻某氏，同殉）
徐宗洪（妻某氏，同绝粒死）
徐祖元（妻毕氏，同绝粒死）
徐祖庶（妻某氏，子世桂，世炳，俱绝粒死）
徐世清（世仁，世方，世均，世奎，世佩，俱绝粒死）
徐祖进（妻刘氏，祖鉴，祖仁，俱不食死）
以上均孝义乡人。

唐德舒（德金，德银，德荣，金妻某氏，俱被戕）
唐道有（道寿，道全，有妻高氏，全妻周氏，俱被戕）
唐德富（德贵，德桢，德益，德桂，德孝，道仁，道通，道源，美忠，忠妻赵氏，俱十一年殉难）
以上均来苏乡人。

孙家本（家如，成龙，明舒，孝金，俱被戕）
张美玉（明元，明生，俱在小南门被戕）
均句城乡人。

钱万益（万选，万发，俱殉难。万方，殉嘉兴府难）
徐方正（方洪，俱被戕）
朱荣有（荣汉，有源，俱殉难）
吕德贵（德礼，存金，存山，俱殉难）
孙世贤（世龙，六年同被戕）
戴启松（廷炳，六年同殉难）
以上均来苏乡人。

蒋中汾（中秀，有传）
陈述荣（述华，述富，述贵，同被戕）
陈纶福（在三岔被戕，纶君，同殉，纶柏，纶一，一妻高氏，纶惠，惠妻吴氏，俱在村殉难）
赵金贵（传富，传宝，俱被戕，克裕，在三岔被戕）
蒋正禄（正达，正柏，中春，中旭，大生，俱被戕）
陈惟嘉（在阙巷被戕，惟兴，在麻培桥被戕，惟隆，在马鞍山被戕，惟让，让妻孙氏，在村殉，经科，殉句城难）
毛运机（运增，同在下埠被戕）
张正启（正礼，正家，俱阖门殉难）
王元魁（宏浩，团清，国正，俱同时，一门殉难）
周恒槃（恒槐，恒桐，俱被戕）
周恒柯（恒机，柯妻戴氏，机妻鲁氏，同殉难）
石名深（朝聚，在常州被戕，大发，二子，在溧水被戕）
朱式荣（一门殉难）
朱二小（一门殉难）
方在余（在勋，在正，盛伦，盛金，志江，贤文，志发，均被戕）
陈应富（殉常州难，启发，启和，富妻梅氏，在家殉难）
杜世绪（被掳不从投水死，文熙，德荃，德文，绪妻陈氏，俱不屈被戕死）
方宜兰（宜学，良健，良华，忠兆，福儿，同不屈被戕）
经学榛（学松，传瑞，传昇，昇妻戴氏，同殉）
窦世连（被矛刺腹死，世泰，忠玉，忠拔，良根，大生，俱被戕）
赵开一（投水死，开义，被戕，开文，在下埠被戕，开先，殉捻匪难）
朱兴富（兴基，在西盛村，被殪死）
赵正恒（正芳，俱投水死）
周洪乾（被戕，老四，在马鞍山被戕）
王正长（正玉，十年，同被戕）
杜文聚（六年，在麻培桥被戕，德建，十年，被戕）
王宏宝（殉常州难，宏兴，在上场山被戕，宏旺，在句城被戕）
黄远荣（远贵，均在常州和桥被戕）
周一贵（十年，被戕，一贤，殉常州难）
顾仁育（十年，在常州，阖门殉难）
以上均临泉乡人。

朱先文（在汤水被戕，志明，次子三龄，挑於矛头戏玩死）
冯贵富（贵生，俱在宅被戕）
邹三元（我长，俱被戕）
刘亭冈某姓（母某氏，十年，同被戕）
以上均来苏乡人。

周师桢（妻施氏）
周德蒸（妻戴氏）
周德燕（妻尹氏）
周德燿（妻孔氏）

周本祖（妻樊氏）
胡家修（子邦镛）
周本河（子学张）
周祚义（妻陈氏）
周祚礼（妻吴氏）
周祚孝（妻樊氏）
周祚智（妻高氏）
以上均周古隍人，十年，殉难。

曹加学（烧死，加玉，加聚，有富，俱被戕，加洪，投水死）
韦宏培（十一年，殉难，明易，明本，恒福，俱殉扬州难）
韦玉保（欢保，在戴巷村殉难，均曹塘头人）
赵家林，妻李氏，长子财伢，次子某，同治元年，同殉难）
汤志荣（妻张氏，志华，华妻樊氏，俱被戕，志贵，贵妻高氏，殉难）
均通德乡人。

糜国宁（母某氏，同治元年殉难）
巫茂才（妻某氏，同被戕）
巫德志（德恭，恭妻王氏，俱十年被戕）
糜德金（国定，俱十年殉难）
糜尊性（妻某氏，俱被戕）
以上均来苏乡人。

赵志一（西库头人，妻经氏，在赵村同殉）
王德新（殉丹阳难，妻许氏，绝粒死）
王德建（妻段氏，同殉）
王全初（妻张氏，同殉）
王全有（妻高氏，同殉）
王全兰（妻贾氏，同殉）
以上均移风乡人。

张长有（妻某氏，同殉）
张长舒（六年殉难，子顺儿，在张山村被戕）
张才源（弟才茂，十年，同殉）
刘明莲（子良山，同殉）
胡德余（子树小，同殉）
刘良伦（妻杜氏，子国英，同殉）
严盛才（不屈被戕，妻某氏，不食死，子凤华，不屈，枪刺死）
以上均孝义乡人。

杜正邦（妻郭氏，同殉）
杜正安（妻李氏，同殉）
杜正清（不屈被戕，妻某氏，不食死）

李道富（十年，殉难，妻某氏，不食死）
李在福（十年，殉难，妻郭氏，不食死）
杜正宽（子明寿，十年，同殉，妻邓氏，被戕）
杜正奇（妻某氏，子恒全，同殉）
刘茂金（妻某氏，子余万，十年，同殉）
曹世才（妻刘氏，子某，十一年，同殉）
刘余勤（妻曹世，十年，同被戕）
邓正元（在南唐庄被戕，妻邹氏，子某，不食死）
邓明聚（妻高氏，长子正财，次子高山，财子某，十年，同殉）
邓老二（弟老三，三妻某氏，三子某，老四，同殉，名俱逸）
蒋朝贵（妻赵氏，同殉）
蒋朝富（妻汪氏，同殉）
蒋克明（妻邹氏，同殉）
高学兴（妻尚氏，同殉）
朱宣华（妻某氏，同殉）
朱宣康（妻某氏，同殉）
朱宣福（绝粒死，妻周氏，不屈被戕）
朱宣方（在东门桥被戕，妻周氏，不食死）
朱宣鳌（妻高氏，同殉）
朱福儿（弟老四，同殉）
朱达仁（弟达义，同殉）
刘志珮（妻邹氏，同殉）
刘志礼（妻某氏，同殉）
郭天珮（妻史氏，同被戕，子三儿，绝粒）
郭天顺（子扣小，女一，同殉难）
刘志贞（妻郭氏，大儿，二儿，三儿，俱殉难）
郭廷祥（妻某氏，子明田，福儿，三儿，同殉）
以上均来苏乡人。

董长孝（不屈，被戕，妻夏氏，贼逼不从，被乱刃砍死）
董秉玉（弟秉琪，俱不屈被戕）
董裕堂（弟裕高，俱不屈被戕）
董秉旺（不屈被戕，妻笪氏，不食死）
董老五（不屈被戕，妻姚氏，不食死）
董裕福（不屈被戕，妻姚氏，不食死）
董裕三（不屈被戕，妻潘氏，不食死）
董裕进（不屈被戕死，妻某氏，不食死）
董裕泰（不屈被戕，妻夏氏，不食死）
董裕才（妻某氏，同在宅被贼烧死）
董裕贞（不屈被戕，妻巫氏，不食死）
董裕康（不屈被戕，妻某氏，不食死）
以上均望仙乡人。

赵老三（弟老四，大芦塘村人，名俱逸，同殉难）
赵龙生（妻赵氏，同殉）
笪名富（妻赵氏，同殉）
笪修太（不屈被戕，妻张氏，不食死）
张庆端（妻赵氏，同殉）
张长武（妻陈氏，同殉）
糜成发（妻贾氏，有传）
以上均移风乡人。

朱显琪（妻许氏，见夫被掳自缢，琪同缢死。来苏乡人）
王德秀（妻居氏，同殉）
王良惠（妻解氏，同殉）
均移风乡人。

张鸿海（母某氏，十年，同投水死）
张国治（弟国清，有传）
均琅琊乡人。

张世元（子朝珍，媳某氏，均十一年阖门殉难）
张庆泰（子长命，六年，同殉）
张余富（弟余贵，同殉）
张长裕（长锦，同殉难）
孔毓亮（毓南，同殉难）
以上均崇德乡人。

吴德运（北城上人，被戕，母韩氏，投水被刺死）
张天生（北关人，妻某氏，子某，女二，均不食死）
胡盛祥（弟二，子有赞，有成，侄某，子妇某氏，侄妇某氏，一门三十五人同殉）
胡有功（被戕，妻某氏，弟四，子某，子妇某氏）
严德惠（妻沈氏）
严德芳（妻沈氏）
严国芝（妻胡氏）
笪某（潘庄人，一门四人）
万某（潘庄人，一门三人）
冷华忠（妻子，暨全家殉）
冷华兆（妻子，暨一门殉）
冷华明（妻贡氏，暨一门殉）
冷华先（妻某氏，暨全家殉）
冷华春（妻毕氏，暨阖门殉）
冷开寿（妻某氏，暨阖门殉）
冷开林（妻某氏，暨阖门殉）
张守富（一门三人）
徐大朋（子某，一门三人）

孙盛湖（一门二人）
余兆才（妻某氏）
陈大发（妻某氏，一门四人）
徐顺有（被焚死，一门五人）
郭天仁（妻某氏）
徐元启（元朝，元有，一门九人）
凌大寿（子冬，一门八人）
倪寿文（妻某氏）
倪寿兴（一门三人）
吴茂才（子正兴、正隆，一门五人）
徐元兴（一门五人）
徐元知（一门二人）
徐元贵（妻唐氏）
孙德荣（一门六人）
孙德华（一门六人）
孙德本（妻某氏）
陈智孝（一门三人）
孙德元（一门五人）
孙德全（德顺，德发，一门六人）
以上均句容乡人。

韩天荣（一门十人，孝义乡人）
王士林（妻许氏，幼子一，福祚乡人）
袁启方（一门三人）
袁启发（一门三人）
袁启贵（母某氏）
袁贤良（被火药烧死，一门四人）
张华聚（中炮死，子正喜，一门十人）
张顺旺（一门五人）
杨子龙（一门三人）
凌盛法（一门二人）
汤厚芳（焚死，一门六人）
汤厚泰（一门十余人）
汤献全（被戕，一门七人）
汤献贵（被戕，一门五人）
汤献禄（被戕，妻某氏，一门五人）
汤万盛（一门十人）
汤厚甫（一门六人）
以上均凤坛乡人。

汤廷余（被戕，妻许氏，绝粒死，子妇孙氏，被戕）
汤廷亮（被戕，妻史氏，绝粒，子献珠，殉难。均下巷村人）
何太玉（妻潘氏，同投水死，子成济，团练殉难，子妇潘氏，绝粒死，孙宜高，殉难）

邹年义（妻康氏，同殉）
均句容乡人。

王正先（被戕，妻陈氏，绝粒死）
史孝富（妻沈氏，子生儿，均绝粒死）
均孝义乡人。

孔昭某（妻某氏，子某，女一，弟昭贤，妻骆氏，同投水死）
江裁缝（子四，均绝粒死）
江老四（妻某氏，子某，女一，同殉）
余家有（妻许氏）
以上均通德乡人。

包德进（被戕，妻樊氏，绝粒死）
包德茂（妻任氏，正法，二小，同殉难）
杨盛春（妻某氏，子二，均绝粒）
徐大发（绝粒，妻某氏，被戕）
徐怀仁（妻某氏，均绝粒死）
徐道全（妻张氏，均被戕）
以上均孝义乡人。

张国朝（纪庄人，母李氏，投水死，弟国富，殉难）
凌长英（十年，被戕，一门三人殉）
凌长葆（十年，被戕，一门四人殉）
凌长薪（一门三人殉）
凌长浚（六年，被戕，一门三人殉）
凌长伟（妻徐氏，继妻包氏，一门四人殉）
凌长佑（妻王氏）
凌才源（妻朱氏，一门三人殉）
凌庆祥（妻曹氏）
凌庆寿（妻杨氏，妾某氏，子长仪）
以上均坊郭人。

何太俭（被戕，妻王氏，子咸庸，子妇某氏）
丁余寿（妻某氏，子某）
朱胜发（德龙，德凤，发妻某氏，龙妻徐氏，一门十人）
以上均孝义乡人。

朱宣连（子某，同被戕，妻某氏，子妇某氏，孙某）
朱宣浩（子某，同被戕，妻某氏，子妇某氏，孙某）
朱宣禄（子某，同被戕，妻某氏，子妇某氏，孙某）
以上均来苏乡人。

贡良通（妻某氏，句容乡人）
杜启家（负家谱夜逃，受创死，妻朱氏，殉难，福祚乡人）
徐长兴（被戕，妻夏氏，绝粒死）
徐长春（妻尚氏，同殉）
均孝义乡人。

赵志玉（西库头人，妻张氏，十年，均在小丹阳被戕）
倪学高（有传，妻王氏）
唐顺相（不屈，被戕，妻李氏，投水死）
唐顺朝（被戕於五冈山下，妻巫氏，痛哭投水死）
以上均凤坛乡人。

凌和仁（妻陈氏）
何延朝（妻某氏，同殉）
何延寿（妻陈氏，女某姑，同殉）
潘继发（不屈，被戕，妻史氏，同殉）
史兆发（妻华氏，四姑，子金瑞、金元，媳成氏，华氏，阖门殉难）
唐大生（大才）
史兆美（族继扬、川姑）
史继明（妻某氏，同殉）
史成贵（妻某氏，同殉）
史兆元（妻某氏）
史茂胜（妻成氏）
史成奇（妻严氏）
史继正（妻某氏，同殉丹阳难）
阴进荣（妻某氏）
阴进禄（妻严氏）
阴增启（妻骆氏）
胡有盛（妻田氏）
胡有隆（妻某氏）
胡有裕（妻王氏）
严德才（妻汤氏）
严可义（妻冯氏）
严德法（妻凌氏，同殉苏州难）
严可正（妻纪氏）
严可廷（妻王氏）
严可兆（妻某氏）
严可扬（妻朱氏）
严可林（妻张氏）
严德恺（妻朱氏）
严德庆（妻孙氏）
严福玉（妻徐氏）
严成寿（妻某氏）

严德广（妻史氏）
严谦富（妻某氏）
严福全（妻胡氏）
严谦端（妻某氏）
严承连（妻某氏）
严本元（妻某氏）
严可礼（妻徐氏）
严福贵（妻孙氏，子二）
严可永（妻某氏）
严谦益（妻某氏）
邹延富（妻某氏）
严谦德（妻王氏）
严谦孝（妻朱氏）
严谦有（妻某氏）
严谦旺（子福基）
严谦恭（妻唐氏，子福寿、福禄，寿妻何氏，投水）
严福祖（妻王氏）
唐启宇（妻陈氏）
唐世庆（妻某氏）
邹全龙（全家四口）
唐道义（子德林）
严成聚（全家）
严成顺（妻王氏）
曹德龙（妻某氏）
袁德于（妻某氏）
袁公茂（妻魏氏，子童关，媳刘氏）
潘继鳌（妻魏氏，子林小）
陈自祚（全家）
严可万（阖门）
潘传坤（妻史氏）
潘传生（妻唐氏）
潘继雄（妻严氏）
孙清祥（妻唐氏）
孙清邦（妻严氏）
孙清廷（妻朱氏）
丁德连（妻余氏）
丁德运（妻施氏）
吴礼方（子恒荣、恒华、三麻子）
王德先（德昭，阖家殉）
周恒元（妻某氏）
王圣凤（妻宣氏，俱不屈被戕）
王继立（妻某氏）
王继勋（妻周氏）

王继鼐（妻周氏）
邹全福（子兆喜、全忠，女一，阖门四口）
何太全（子位小）
以上均句容乡人。

潘一厚（妻笪氏，子兆寿，阖门同殉）
潘本寿（弟本喜，在外同殉）
潘立贵（弟立春、立保，在外同殉）
潘立居（立松，俱在南门被戕）
潘老五（弟常儿，同殉）
潘立才（妻笪氏，子九庚，同殉）
潘一谦（妻笪氏）
潘本怀（妻施氏）
潘一瑞（妻施氏）
潘立增（弟立瓒，在元庄同被戕）
潘志训（弟志喜）
潘志道（弟志先）
潘一增（妻严氏）
潘本鹤（弟本扬，在生圩被戕）
潘本邦（弟本玺）
潘一蓁（妻吴氏，同被戕死）
均望仙乡人。

王世法（弟世彬，俱在桥东村被戕）
王荣山（妻步氏，子牛儿、杏儿）
王荣元（妻唐氏，子寿儿）
王荣贵（母某氏，妻某氏）
王世鹤（世镇，俱在湖熟被戕）
王圣全（妻胡氏，同戕）
王荣寿（荣成，俱在妙感村被戕）
王圣璋（妻朱氏，子名生、允生，弟圣求、圣锦，锦妻周氏，子庚儿，女桃弟、圣林，子桂生，阖门殉难）
王世敦（妻某氏）
王世琳（妻笪氏，子狗儿）
王世福（嫂世贵妻高氏）
王圣本（妻樊氏）
王圣元（妻陈氏）
王世璜（妻倪氏）
王世隆（妻周氏，世禄，俱被戕）
王圣法（妻张氏）
王圣茂（妻郑氏）
王荣甸（弟荣高）
步雍右（妻樊氏，俱在村被戕）
步正统（妻王氏，女镇弟，附传）

步雍鳌（妻李氏，在古隍剖腹死）
步雍瑝（弟雍璜、雍珮，在上兰俱被射死）
步雍本（妻笪氏，子庚儿、杏儿，俱在太家山殉难）
步德元（弟德礼，在上兰被戕，元妻笪氏，投水死，礼妻许氏，附传）
步阳寿（妻笪氏）
步熙法（子继庚，在湖熟被戕）
步雍浩（妻笪氏）
步雍渭（妻陈氏）
步正繁（妻李氏）
步雍潞（妻笪氏，保护宗祠被戕）
步熙锦（妻纪氏）
步熙彬（弟熙球）
步熙常（熙蓉，同被戕）
步雍焕（妻笪氏，在孟墓被戕）
步雍宏（妻余氏，被贼剖复食心）
步熙立（弟熙仁，在柞溪被戕）
步雍尊（妻丁氏，在弥陀庵被戕）
以上均仁信乡人。

唐崇儒（妻某氏，子际虞，女乔莺，在太家山殉难）
唐道祥（道裕，同被戕）
巫敬福（妻某氏，在圣潭村被戕）
巫敬恒（妻某氏，倒悬打死）
巫立方（妻高氏，在行香被戕）
巫兴德（弟兴元）
巫名寿（川狗，在黄土塘打死）
巫锡美（妻马氏）
巫家明（弟常璜，在薛庄被戕）
巫美佩（美安，同被戕）
巫家焕（家喜，同被戕）
巫天寿（弟官寿）
笪家兴（弟家隆，同在郑巷被戕）
笪国安（国仁）
笪家富（家盛）
巫奇广（妻笪氏）
巫宜发（妻陈氏，在古洞冈殉难）
巫宜昆（子六保，在东门殉难）
巫英伦（妻某氏，在丹徒被戕）
巫秀荣（子道士、和尚）
巫奇峰（妻汤氏，同在三江营殉难）
巫家龙（妻某氏）
巫锡培（子严保，同被戕）
笪庆方（弟庆有）

汤盛庆（盛财，在绣花村被戕）
汤茂义（妻某氏，同在董家村被戕）
汤茂登（妻某氏）
汤茂曜（母某氏，妻某氏）
汤盛海（妻某氏）
汤盛信（妻某氏）
汤茂信（妻某氏）
汤茂福（妻巫氏，媳高氏）
以上均在宅殉难。

陈安俊（安礼，被贼割舌剖腹死）
陈安简（安广，简妻施氏）
陈开颢（子祥儿，在东鼓山同殉）
陈六财（弟六喜、六寿，均在少虎山同殉）
陈咸第（妻吴氏，同被巨石压死）
陈延广（妻某氏，同被戕死）
陈安明（安保，同在少虎山殉）
陈安朝（安德，德妻巫氏，同被戕）
陈咸球（妻某氏）
陈安照（安盛，在宝堰同被戕）
陈咸寿（咸将，同被戕）
陈正兴（正恒，同被戕）
陈正玖（子毛儿）
陈咸钟（子玖儿，保儿，俱被戕）
陈正楠（正和，被矛刺死）
陈咸灿（咸钱，同被戕）
陈正嘉（妻潘氏，在小茅山被戕）
陈正罗（弟正堂，在背甸村被戕）
陈咸敖（妻张氏，在朱墓村被戕）
陈安镐（安华，被倒悬钉死，镐妻董氏，子宗周，同殉）
樊启前（妻张氏，被缚诸门上焚死）
樊祖财（妻巫氏）
樊绪忠（弟绪保）
樊小狗（冬山，在木马口殉难）
樊昌富（子启宽、启明，宽妻笪氏，明子旺田、旺财，同投江死）
以上均望仙乡人。

高耀珍（子鳌儿，同在柞溪被戕）
笪于文（于华）
笪富林（腊庚，同在宝堰被戕）
高顺华（妻巫氏，在茅庄被戕）
高顺金（顺银，金妻李氏，银妻朱氏，同被戕）
高春元（香元，连元）

李子谦（子文，在史巷村同被戕）
李成明（妻王氏，倒悬焚死）
李成鳌（成智，同被戕）
汪邦宏（妻吴氏）
汪邦兴（妻笪氏）
以上均仁信乡人。

笪敦厚（妻巫氏）
笪老三（弟老五。以上四户俱被戕）
汪邦贞（妻陈氏，被刺入水死）
樊宗坤（宗举，宗显，宗科，宗洪，宗庆，宗序，德廉，德义，德佩，德嘉，德锦，十年闰三月同被匪戕）
吴庆贤（庆章，贤子六保、腊保，女巧英，同殉难）
吴廷祥（妻王氏，子六生、生儿，女桂莺，同殉）
吴庆忠（妻徐氏，子八龄，同殉）
吴廷喜（妻颜氏，同殉）
吴庆仙（妻樊氏）
吴贤若（妻王氏）
吴贤山（妻糜氏）
吴安仁（弟安义、安礼、安智，仁妻朱氏，义妻王氏，礼妻邓氏，命儿，义子福珠。以上皆阖门殉难）
吴庆乾（妻王氏）
吴贤桢（妻陈氏，均被戕死）
王成保（妻乔氏）
王圣保（妻曹氏，子串狗，圣树，同被戕）
王智兴（妻陈氏，同戕）
王智广（妻朱氏）
王圣松（弟圣椿，同被击死）
王圣荣（弟圣华，同在谷桥被戕）
王智元（妻某氏）
王圣发（弟圣枝，同被击死）
梅本训（弟本调，在谢巷同被戕）
梅本华（弟本基，被戕）
陈朝宗（妻施氏，被戕）
陈朝铨（妻王氏，被戕）
陈朝裕（妻赵氏，子园和，媳笪氏，孙蕙爵，孙媳贡氏，同被戕）
陈朝金（妻邹氏，子国镇，同戕）
陈朝福（被缚刺死枭首掷水中，妻纪氏，同殉）
陈朝英（弟朝芳）
陈朝缢（国秀，俱殉难）
陈国雄（国翰）
陈国璠（弟国琦）
陈国谟（国隆，曳楼圮压死）
陈国成（国醇，醇妻郭氏，同被戕）
潘一语（剖腹死，妻戴氏，在关帝庙殉难）

潘一元（被戕，妻某氏，在关帝庙被刺死）
潘一恕（在上党被戕，妻巫氏，在白兔被刺入水死）
潘自庸（妻巫氏，同殉）
巫家载（妻汪氏，子冬生，良福，金福，阖宅殉难）
笪余兴（在邓巷被戕，女杏莺，附传）
陈国瑜（弟国富，在宅同殉）
以上均望仙乡人。

吴安贞（见附传，妻樊氏）
严芝隆（殉常州难，妻孙氏，不食死）
孙克俊（十一年，被戕，妻丁氏，不食死）
严德义（妻某氏，子腊狗，同戕）
唐启安（妻某氏，启高，高妻某氏，同时被戕）
王荣宽（在王庄被戕，妻朱氏，不食死）
沈永保（不屈被戕，妻唐氏，不食死）
冯启文（妻某氏，同殉）
以上均句容乡人。

陈贞范（年七十七岁，贞忠，十年同被戕）
陈贞祥（妻王氏，子天寿、天余、闹寿，媳步氏，同殉）
陈贞洪（贞瑞）
陈懋勋（妻殷氏，同投水死）
陈天仁（妻丁氏，不屈，同被戕）
陈天叙（妻纪氏，见附传，弟天秩，同戕）
陈天佳（天庚。同被戕）
陈天义（妻胡氏）
陈天宏（道台）
倪世富（弟世昌）
徐邦富（弟邦选）
徐邦耕（妻笪氏，子广茂）
徐立仁（立功，立修）
徐立茂（妻纪氏）
徐立荣（妻笪氏，同戕）
贡广盛（广礼）
贡广寿（广达）
贡广吉（广贮）
贡士柱（贤方。以上均被戕）
徐邦配（国华，同被焚死，华妻胡氏，投水死）
施广振（大露，大儒，敬福，敬文，在古隍村同时被戕）
笪教恒（妻包氏）
笪名仙（妻吴氏，名佩，佩妻潘氏，教征，俱在村同殉）
笪礼绣（妻贺氏，被矛刺入水死）
笪宏礼（妻糜氏，被倒悬焚死）

笪宏坤（妻唐氏，在大坝殉难）
笪宏纲（妻某氏，广玉，广贤，俱被戕死）
笪名坤（妻陈氏，名垲，垲妻某氏，俱殉难）
笪庆方（庆有）
巫惠勤（弟惠绣，被劓鼻焚死）
巫惠良（弟惠仁，长妻某氏，同被戕）
巫毓型（弟毓福，同在青山被戕）
巫崇明（荣盛，崇文，崇勇，崇莲，崇顺，崇闲，俱被戕）
巫昭杰（昭彬，同殉仪征难）
胡大发（大连，大富，明亮，俱被戕）
杨方桢（被戕，妻朱氏，投水死）
陈道高（子尊章，同杀贼被戕）
王安佩（德喜，顺合，不屈，同时被戕）
杨方燦（国禍，六年，不屈，被戕）
徐尔和（被拷死，妻赵氏，投水殉）
胡茂全（有凤，有生，俱不屈被戕）
曹於义（於有，於芳，政建，不屈，被戕）
唐祖修（学蒲，十年，同被害）
以上均茅山乡人。

张余福（六年，被害，庆坤，庆寿，庆福，十年，不屈，被戕）
张余信（妻某氏，同殉）
均移风乡人。

贾永华（妻张氏，永富，同殉难）
陶光谦（聘妻庞氏，十年，光谦被戕，庞氏闻之，投水殉）
均通德乡人。

刘余春（余松，德玉，庆伯，同时被戕，孝义乡人）
朱宣秀（被戕，妻某氏，自缢，子二，投水死，来苏乡人）
欧阳正桂（正茂，国学，均被戕，崇德乡人）
朱起寿（子宗凤，同在大港被戕）
戴朝觌（殉大港难，朝升，朝纯，俱被戕）
俞明庆（光发，同日被戕）
杨正莆（正延，同殉金坛难）
以上均临泉乡人。

朱荣祺（大中，武中，和进，傅有，同日被戕）
樊祖豪（祖阴，十年，同日被戕）
均来苏乡人。

章芳炤（芳贵，朝兴，同被戕）
尹庆炳（妻陈氏，子五龄，同戕）

尹庆财（被戕，妻陈氏，被炮烙投塘死，子一，同殉）
以上均移风乡人。

梅照星（梅家庄人，子鼠儿，不屈，被戕）
曹全义（妻王氏，十年，城陷殉难）
徐天福（妻曹氏，道荣，荣妻笪氏，道章，章妻陈氏，同戕）
王烜（妻裴氏，在天王寺被戕）
徐天植（妻史氏，道乾，乾妻许氏，同被戕）
骆道凤（妻朱氏，媳某氏，同殉）
郭业崧（在芦塘遇贼胁降，崧骂曰："我良民，岂降贼耶？"遂被戕。侄定义，同时遇害）
以上均坊郭人。

朱庆堂（朱巷人，十年，不屈被戕，妻石氏，遂投塘自尽，子方襁褓，同母死）
史世仪（庵头村人，世起，十年，同时殉难）
樊绪广（绪傅，绪朝，绪起，绪镇，绪春，道坤，道潘，俱殉。仁信乡人）
张明喜（中炮死，聘妻滕氏，绝粒死）
葛延成（子贞富）
张成贵（妻丁氏，子明华，一门四人）
葛延元（子毛小）
蔡世中（被戕，妻罗氏，女小姑，同殉难）
蔡安发（妻张氏）
葛光福（妻刘氏）
以上均孝义乡人。

杨富勤（殉省城难，子贵仁、贵智，媳盛氏，孙女二）
万玉兴（妻吴氏）
姚贤玉（妻杨氏）
万学法（妻朱氏）
以上均凤坛乡人。

严玉声（被戕，妻魏氏，同殉）
严进高（被戕，妻戴氏，同殉）
严玉信（被戕，妻戴氏，同殉）
严进礼（被戕，妻汪氏，同殉）
冯麻子（全家殉。小墓东冯姓十余家俱阖门殉）
凌道明（母某氏，弟某）
以上均句容乡人。

徐毓发（子继生，媳张氏。福祚乡人）
唐启宾（妻某氏，子世元）
徐大明（妻杨氏，被击死）
徐有云（妻某氏，子长小）
徐有成（妻某氏，子某）

毕成义（被戕，子延兴，侄明小、禄小，弟妇某氏，俱殉）
张庆秀（子长松，媳陈氏）
张长泰（弟仓，弟某，妻潘氏）
吴光明（不屈，被戕，妻某氏，同殉）
吴志明（被戕，妻毕氏，子贞小，同殉难）
张长祺（母王氏，堂弟长培，一门五人）
章兆刚（一门二人）
于元宁（子发鳌，一门四人）
何正荣（妻某氏，子二，一门六人）
何正华（妻某氏，女唐何氏）
何正元（妻某氏，女某姑）
尹祥永（阖宅殉）
何太松（妻某氏，子某，媳某氏）
何咸朝（母某氏）
何太文（妻某氏）
何正绪（妻唐氏，子德中，被戕，子某殉）
何太林（太康，均被焚）
何正喜（妻孙氏，均被戕）
何太久（妻某氏）
何正生（妻严氏）
唐德才（妻严氏）
唐德松（殉太平府难，妻潘氏，子启明、启科、启高，俱殉难）
唐德章（妻于氏）
唐启如（妻尹氏）
唐德科（被戕，妻某氏，子启奥）
唐启亮（被戕，妻朱氏）
曹长仁（被戕，妻张氏，同殉）
曹长礼（被戕，妻孙氏，同殉）
曹长义（妻何氏）
唐启玉（弟启宝，同被戕，母何氏，玉妻王氏，宝妻宣氏，同殉）
何正余（妻戴氏，子太恩、太惠，媳杨氏、唐氏，俱殉）
严定瑶（子某，同被戕，妻唐氏，同殉）
许林朋（被戕，子傅俭，被乱刃死，傅为同殉）
许傅相（子继坤，被戕）
许傅桂（继妻王氏，同殉难，媳李氏，投水死）
贡昌福（妻史氏）
贡良因（子关小，同戕）
严福基（子某）
史德喜（被戕，妻某氏同殉）
唐世广（妻徐氏）
陈瞽目（母某氏，子元子，被戕）
朱高久（高福，高禄，高旺，高敬，高乾）
何上贵（咸贞，太仁，同被戕）

唐德仁（世泰，道贵，俱被戕）
秦道周（正富，俱被戕）
王基培（基凤）
王盛扬（盛朝，老四，俱被戕）
王大头（子盛全，被戕）
曹长芳（长华）
严定启（福明，均被戕）
许传根（传禄，传松，骂贼被戕）
许林垣（惟双，惟元，许某，同时被戕）
董万明（万有，万成）
王允中（允仁）
以上均句容乡人。

汤廷聚（家泰，均被戕。凤坛乡人）
田进良（妻李氏，同殉朱家集捻匪难）
徐德黻（妻朱氏，在天王寺被戕）
均坊郭人。

黄文启（妻李氏，启被执，李氏痛骂同遇害）
孔毓林（妻朱氏，同在华家边被戕）
均琅琊乡人。

朱士麒（妻时氏，同缢）
杨兴孝（族嫂万氏，俱缢）
均通德乡人。

卫德言（妻刘氏）
王德溁（妻时氏，女某姑，俱见附传）
胡之连（妻周氏）
胡有运（妻李氏，均绝粒死）
以上均承仙乡人。

谢正安（妻王氏，十年，同殉）
邹照财（子我仁，同殉）
曹於盛（妻王氏，同殉）
戴贵荣（弟贵华，十年同殉）
邹我顺（妻阴氏，俱被戕）
史明财（妻王氏，同戕）
陈某（父廷纪，母某氏，六年，同被戕）
以上均来苏乡人。

谢益隆（妻张氏，同殉）
谢正福（妻高氏，六年殉，继妻丁氏，同治元年殉）

谢正寿（妻张氏，同殉）
谢本龙（妻某氏，同殉）
谢正春（妻某氏，同殉）
谢正景（妻周氏，同殉）
谢益云（妻王氏，同殉）
谢正祥（弟正瑞，同殉）
谢朝斌（妻严氏，子才顺，同殉）
谢朝景（妻戴氏，子才荣、才华、才富、才贵，同殉）
谢本广（妻王氏，同殉）
以上均移风乡人。

曹政和（妻芮氏）
邰瑞盛（妻曹氏，被戕）
均来苏乡人。

吴欢彩（妻杜氏，同殉，临泉乡人）
汤志高（妻侯氏）
陶全顺（妻王氏，被戕）
徐泰裕（妻吴氏）
以上均通德乡人。

糜国潮（妻赵氏，女才弟，同殉）
糜国贤（母某氏，妻张氏，被戕）
糜国徐（妻朱氏）
糜国屏（被戕，妻朱氏，自缢）
糜国普（妻龚氏，同戕）
糜国佐（妻龚氏，同戕）
糜国武（妻张氏，同戕）
糜茂发（母张氏，同戕）
朱荣益（子某，媳某氏，同被戕）
糜尊周（妻吴氏，被戕）
张庆金（妻周氏，同戕）
赵永兴（妻刘氏，同殉）
巫德宽（妻某氏，被戕）
以上均来苏乡人。

曹正庆（不屈，被戕，姊某，投水）
方瑞正（妻朱氏，俱殉）
徐春和（剖腹死，妻王氏，投水殉）
以上均茅山乡人。

尚世祥（妻刘氏，上容乡人）
尹廷松（张巷村人，妻许氏）

韩昌标（妻赵氏，投水）
韩昌春（妻王氏，投水。均珠庄村人）
许义忠（坊郭人，妻刘氏，女一，同在天寺被戕）
赵成瑾（妻徐氏，遭乱同闭户饿死。承仙乡人）
凌正有（西宋家庄人，有传，妻唐氏，绝粒死）
何咸先（同弟四人及妻子共九口，闭户饿死）
时吉贞（全家殉难）
凌道逢（阖门殉难）
严成忠（一门饿死）
凌道恺（阖宅四口殉难）
任长泰（妻某氏，同殉）
何咸莲（妻某氏）
严成魁（妻魏氏）
毕兆福（妻某氏）
毕兆庆（妻某氏）
严进元（妻冯氏）
凌道仁（妻某氏）
严国有（妻李氏）
凌道兴（妻唐氏）
凌道发（妻尤氏）
袁福庆（妻谭氏）
袁德佐（妻李氏）
袁德佑（妻朱氏）
袁见成（妻戴氏）
袁见超（妻成氏）
袁见崇（妻汪氏）
袁德本（妻戴氏）
孙全富（妻某氏）
孙全贞（妻范氏）
王顺喜（妻郭氏）
王太升（妻陈氏）
沈永茂（妻杨氏）
刘道人（妻潘氏）
严宜寿（妻毛氏）
贡道友（妻曹氏）
贡崇泰（妻郭氏）
贡崇善（妻某氏，投水）
任长宽（妻谭氏，被戕）
以上均句容乡人。

高登松（妻经氏，有传。临泉乡人）
秦家聚（六年，被戕，妻王氏，十年殉）
钱良荣（被戕被戕，妻某氏，被拷掠投水死）

陈有才（殉难，母徐氏，绝粒死）
刘廷富（妻陈氏，同殉）
刘庆荣（妻滕氏，同殉）
刘庆瑞（在土桥被戕，妻吴氏，殉难）
刘德友（妻毛氏，同殉）
刘庆霞（妻徐氏，同殉）
刘余有（妻吕氏，同殉）
刘庆有（妻许氏，同殉）
戴子吉（母某氏，妻某氏，同殉）
戴承林（妻刘氏，同殉）
戴礼怀（妻某氏，同殉）
戴子刚（妻某氏，子礼元、礼宝、媳礼元妻许氏，同殉）
戴元泰（刳腹死，妻吴氏，被戕）
戴朝仙（被戕，妻郭氏，绝粒死）
戴保南（妻石氏，同殉）
戴保明（妻蔡氏，同殉）
戴朝连（妻时氏，同殉）
戴朝富（妻吕氏，同殉）
戴保龙（妻胡氏，同殉）
戴仁茂（妻邰氏，同殉）
戴仁寿（妻史氏，同殉）
戴仁发（妻居氏，同殉）
戴仁焕（妻某氏，同殉）
戴礼旺（妻赵氏，同殉）
戴礼盛（妻某氏，同殉）
戴礼寿（妻某氏，同殉）
韩朝海（妻王氏，同殉）
韩熙荣（妻某氏，同殉）
韩忠林（妻史氏，同殉）
韩春来（妻朱氏，同殉）
韩朝龙（妻滕氏，同殉）
滕正厚（妻胡氏，同殉）
滕正兰（妻张氏，同殉）
滕正培（妻纪氏，同殉）
滕正鳌（妻李氏，同殉）
滕道秀（妻戴氏，同殉）
滕道全（妻王氏，同殉）
滕正明（妻王氏，同殉）
滕正裘（妻徐氏，同殉）
滕正廷（妻王氏，同殉）
滕正邦（妻胡氏，同殉）
滕道贤（妻王氏，同殉）
滕德元（妻袁氏，同殉）

滕德全（妻徐氏，同殉）
滕正惠（妻裔氏，同殉）
滕正兴（妻王氏，同殉）
滕正宗（妻李氏，同殉）
周余保（妻经氏，同殉）
朱广茂（子某）
朱厚贤（妻邰氏，同殉）
章永隆（妻孔氏，同殉）
章永起（妻刘氏，同殉）
韩熙进（妻某氏，同殉）
姚尚连（女年十五，同殉）
刘敦富（妻戴氏，同殉）
钱良宗（妻刘氏，同殉）
陈有茂（子余庆，同被拷死）
以上均孝义乡人。

张廷方（阖宅闭户自焚）
孔继玉（全家四口同殉）
均福祚乡人。

巫至衿（被戕，妻杨氏，同殉）
巫至旺（妻王氏，幼子二，同殉）
巫至安（妻邰氏，女年十二，同殉）
巫道寿（被戕，妻王氏，同殉）
巫至达（妻某氏，同殉）
巫道芝（妻某氏，同殉）
巫希荣（女五龄，同殉）
王永宽（被戕，妻戴氏，同殉）
王廷佑（被戕，妻张氏，同殉）
王庆宽（被戕，妻王氏，同殉）
王达贤（投水死，妻某氏，同殉）
汪发洪（妻王氏，同殉）
王达福（妻滕氏，同戕）
王士荣（妻李氏，被戕）
王士宽（妻张氏，同戕）
王达林（妻经氏，同殉）
王达书（妻倪氏，同殉）
王天元（妻范氏，同殉）
王士福（妻余氏，被戕）
林尊材（妻邰氏，同殉）
范延顺（妻某氏，同殉）
范延瑞（妻某氏，同殉）
范延祥（妻某氏，同殉）

范延庆（妻某氏，同殉）
范延贵（妻居氏，同殉）
范延寿（妻张氏，同殉）
范家隆（妻贾氏，同殉）
文世贵（被戕，妻某氏，绝粒）
文美成（被戕，妻朱氏，绝粒）
文世善（妻某氏，同殉）
文世相（妻某氏，同殉）
文世庆（母某氏，妻某氏，同绝粒死）
文道安（妻某氏，同殉）
文美祖（妻范氏，子四人，俱绝粒死）
文美忠（被戕，妻巫氏，绝粒）
裔元兴（妻某氏，子三人，同绝粒）
裔元隆（妻某氏，子女共五口，同殉）
文美才（妻裘氏，贼索银不得，举火焚死）
金长庚（妻滕氏，同殉）
戴道恩（妻文氏，同殉）
许行吉（妻某氏，同殉）
以上均孝义乡人。

尹明坤（妻某氏，同殉）
尹明金（妻王氏，同殉）
尹道发（妻张氏，同殉）
尹延洪（妻朱氏，同殉）
裔正谱（妻邰氏，同殉）
裔正元（妻某氏，贼索银拷死）
裔应树（妻钟氏，被戕）
裔正绪（妻李氏，同殉）
裔元兰（妻欧阳氏，子四龄，同殉）
裔正盛（妻某氏，子三龄，同殉）
裔正喜（妻赵氏，同殉）
裔元礼（妻杨氏）
裔元亮（妻许氏，同殉）
万德明（妻高氏，同殉）
万德功（妻某氏，同殉）
万大生（妻裔氏，同殉）
许长育（被戕，妻赵氏，绝粒）
许长元（妻文氏，同殉）
许长寿（妻韩氏，同殉）
李贤发（被戕，妻孔氏，绝粒）
李贤惠（被戕，妻徐氏，绝粒）
李贤常（不屈，被戕，妻王氏，绝粒）
李贤燿（妻文氏，同戕）

李德扬（妻某氏，同戕）
李贤宗（被戕，妻戴氏，不屈，被火屋焚死）
居国贤（妻某氏，同戕）
居国顺（妻某氏，同戕）
居良有（妻某氏，同戕）
刘金玉（妻某氏，同戕）
宗光德（妻某氏，同戕）
宗光生（被戕，妻某氏，绝粒）
徐正才（妻陈氏，同戕）
徐正喜（妻胡氏，同戕）
徐国贤（被戕，妻王氏，绝粒）
以上均移风乡人。

滕承章（不屈，被戕，妻朱氏，绝粒死）
滕承珠（被戕，妻某氏，子某，俱殉）
滕承裕（中枪死，妻解氏，绝粒）
滕承林（被戕，妻蔡氏，绝粒）
邰文厚（妻某氏，同殉）
邰有义（母某氏，同绝粒，妻王氏，不屈，焚死）
邰世全（妻某氏，同殉）
邰有林（妻许氏，同殉）
邰有焕（妻王氏，同殉）
邰世才（妻某氏，同殉）
邰世纲（妻巫氏，骂贼，被火屋焚死）
邰有德（妻罗氏，同殉）
邰有谦（妻蒋氏，同殉）
邰有升（妻高氏，同戕）
吴文耀（绝粒死，妻邰氏，投水）
张启祥（妻某氏，子某，孙某，同殉）
戴仁源（母某氏，投水）
以上均凤坛乡人。

许老大（范巷村人，村有五户，男女共二十余口，同殉）
刘德凤（女一，同殉）
均孝义乡人。

倪衍启（妻朱氏，同殉。承仙乡人）
姚德纯（在华山一叶庵被戕，妻黄氏，绝粒九日殉）
姚春田（在塘冲被戕，母薛氏，祗此一子，遂撞柱死）
均琅琊乡人。

戴良福（十年，骂贼，被戕，妻徐氏，被贼烧死，子茂义，在驴山贼掳不屈被戕）
戴良富（妻某氏，同殉）

戴良贵（妻某氏，同殉）
戴永礼（不屈被戕，妻某氏，绝粒）
乔有才（妻陈氏，子义勋，俱被掳不屈死）
以上均仁信乡人。

房同豪（不屈，被戕，妻赵氏，被拷死）
房祖开（绝粒死，妻沈氏，不屈被拷死）
房祖先（妻杨氏，一门十人同殉，有传）
房祖龙（妻徐氏，长子德登，三子德善，登妻徐氏，善妻张氏，登子一，女一，善子一，女一，俱不食死）
房德义（妻张氏，同殉）
房同荣（妻杨氏，同殉）
房祖继（妻杨氏，同殉）
房同进（妻邹氏，同殉）
房同谟（妻张氏，同殉）
房德焕（妻邹氏，同殉）
房德恺（妻吴氏，同殉）
房德祺（妻贺氏，同殉）
房同升（妻邹氏，同殉）
房同久（妻乔氏，同殉）
房德贵（妻高氏，同殉）
房德林（妻乔氏，同殉）
房德福（妻华氏，同殉）
房同钧（妻杨氏，同殉）
房德鼐（妻杨氏，同殉）
房同善（妻杨氏，同殉）
房同炳（妻贺氏，同殉）
房同新（妻杨氏，同殉）
房同太（妻张氏，同殉）
房祖钧（妻邹氏，同殉）
房祖权（妻张氏，同殉）
房德文（妻张氏，同殉）
房德厚（妻杨氏，弟德礼，同殉）
以上均孝义乡人。

沈明春（贼掳其子，护之，被戕，妻赵氏，不食死）
沈惟平（贼索财不得，焚死，妻某氏，绝粒）
沈关根（妻赵氏，同殉）
沈立政（妻赵氏，同殉）
沈立奎（妻赵氏，同殉）
沈永祥（妻赵氏，同殉）
沈长茂（妻某氏，同殉）
沈永习（妻某氏，同殉）
沈永标（妻俞氏，同殉）

沈永开（妻某氏，同殉）
沈永达（妻赵氏，同殉）
以上均移风乡人。

陈宗圣（弟宗贤、宗儒，俱殉）
陈正堂（被戕，妻张氏，不屈，剖腹死，子九龄，同戕，女十二岁，被缚死）
陈玉涛（妻某氏，子正高、福龄、喜龄、秋龄，同殉）
陈正贵（妻谢氏，同殉）
陈玉洽（妻赵氏，同殉）
陈玉相（妻赵氏，同殉）
陈玉庆（妻糜氏，同殉）
陈正元（妻张氏，子喜儿，同殉）
陈玉有（妻某氏，同殉）
陈正文（弟福儿，同殉）
陈玉德（子林儿，喜儿，同殉）
陈正昇（子某，同殉难）
陈正兴（子龄儿、荣儿，同殉）
陈玉均（妻某氏，弟玉堂，同殉）
陈玉沧（妻骆氏，子正扬，同殉）
陈朝茂（弟朝盛，盛妻俞氏，同殉难）
陈正纲（妻姚氏，同殉）
陈正秀（妻某氏，子朝玺，同殉）
陈正栋（子朝恒、朝炳，同在苏州被戕）
陈朝兴（被戕，妻巫氏，不食死）
陈玉寿（绝粒，妻吕氏，不屈，磔死）
笪秀玉（妻某氏氏同殉）
以上均孝义乡人。

巫道进（十年，中枪死，妻某氏，不食殉）
陈正安（妻章氏）
陈齐栋（妻章氏）
陈齐元（妻许氏）
陈齐根（妻徐氏）
陈齐金（妻刘氏）
陈正坤（妻吴氏）
陈正怀（妻章氏）
陈志选（妻王氏）
陈正丰（妻王氏）
陈齐财（妻刘氏）
陈齐兴（妻王氏）
陈齐春（妻窦氏）
陈家修（妻唐氏）
陈正余（妻杨氏）

陈家祥（妻蒋氏）
陈齐玉（妻谢氏）
陈齐进（妻王氏）
陈齐国（妻尹氏）
陈正亮（妻唐氏）
陈正云（妻程氏）
陈齐林（妻张氏）
陈家和（妻张氏）
陈齐发（妻钱氏）
陈齐因（妻汤氏）
唐序胜（妻某氏）
尚世兴（妻王氏）
蒋家槐（弟家椿。均十年同被戕）
以上均上容乡人。

孙汝成（七年，被戕，妻赵氏，十年，投水。仁信乡人）
唐世昌（子兆林，十年，同戕，孙某殉）
唐启义（被戕，妻某氏，子庚小，绝粒死）
唐兆功（妻某氏，同殉）
唐兆明（妻某氏，同殉）
唐世大（妻某氏，同殉）
唐世明（妻某氏，同殉）
唐世绪（十年，被戕，妻某氏，不食死）
唐兆绪（十年，被戕，妻某氏，不食死）
唐兆吉（妻某氏，子一，同殉）
唐启务（妻某氏，同殉）
唐兆金（妻某氏，同殉）
唐兆通（妻某氏，子根小，同殉）
唐世旺（十年，被戕，妻某氏，绝粒）
唐世奎（十年，被戕，子牛小，同殉）
唐兆洪（妻某氏，同殉）
唐启茂（妻某氏，子某，同殉）
唐世美（妻某氏，同殉）
唐启相（妻某氏，子某，女一，同殉）
唐启礼（妻某氏，同殉）
唐启智（妻沈氏，子某，均绝粒）
成德义（妻袁氏，女一，均绝粒）
成德章（妻朱氏，同殉）
成德进（在唐庄被戕，妻某氏，绝粒）
成佳洪（妻某氏，同殉）
凌道喜（妻严氏，同殉）
王美德（侄羊子，同殉）
以上均句容乡人。

唐顺兆（母李氏，同殉）
唐成耀（妻巫氏，同殉）
均琅琊乡人。

袁孝显（妻某氏，同殉）
袁德厚（妻史氏，同殉）
袁德具（妻刘氏，同殉）
袁德堦（妻李氏，同殉）
史启正（十年，绝粒，子德齐，破腹死，孙继良，被戕死）
史德礼（六年拒贼被戕，妻唐氏，子继山，均在江北殉）
成孝秀（被戕，妻毕氏，绝粒死）
成孝科（妻尹氏，同殉）
凌祥兴（妻沈氏，同殉）
凌祥治（妻曹氏，同殉）
谭惠科（妻赵氏，女贞姑，俱殉）
谭惠亮（妻何氏，同殉）
谭正才（妻何氏，同殉）
丁贞明（有传，子朝栋、朝材）
谭惠进（六年，骂贼，砍颅死，正富、正贵，同殉）
甘本澄（女目瞽，俱殉）
王启周（被戕，母周氏，妻张氏，男一，女一，同殉）
魏荣顺（被戕，妻陈氏，子三老，同殉难）
魏荣和（被戕，妻王氏，绝粒）
魏朝宁（子福寿，同殉，妻成氏，投水死）
魏荣宗（被戕，妻成氏，绝粒）
魏荣合（妻朱氏，同殉）
魏朝秀（妻戴氏，同殉）
朱邦宁（妻某氏，均绝粒死）
朱本真（妻凌氏，同殉）
朱学辂（子邦泰，被戕）
朱本贤（继妻某氏，同殉）
成中祺（妻某氏，被戕）
邹全福（妻某氏，被戕）
邹肇荣（继妻某氏，同殉）
邹肇贵（妻某氏，同殉）
邹肇山（妻孙氏，同殉）
邹肇寿（妻某氏，同殉）
王茂开（子某，同殉难）
王盛金（十年，被戕，母某氏，绝粒）
邹全荣（妻某氏，子肇进，同殉）
纪正扬（子朝凤，同殉）
唐盛智（在嘉兴被戕，子长明，同殉）

潘传仁（子明小，同殉）
严玉寿（子进盛，被戕）
以上均句容乡人。

杜世达（妻鲁氏，同殉）
杜世根（妻王氏，同殉）
杜世松（妻某氏）
杜世林（妻章氏）
杜光生（妻章氏）
杜世声（妻孙氏）
杜世家（妻刘氏）
以上均福祚乡人。

王正和（妻张氏）
王朝渭（妻某氏）
均孝义乡人。

史继伦（子美义，同殉）
史茂富（妻某氏）
史茂功（妻刘氏）
史继和（妻戴氏）
史茂全（子兴庚）
史茂宇（殉常州难，妻唐氏，绝粒死）
史道言（妻王氏，均绝粒死）
严德扬（妻王氏）
严可财（妻某氏）
严可喜（妻某氏，自缢）
严可庆（妻魏氏）
严可安（妻某氏）
严晋喜（妻冷氏）
严晋瑞（妻某氏）
严晋顺（妻袁氏）
严全桐（妻某氏）
严晋开（妻朱氏）
严晋齐（妻某氏）
严晋得（妻王氏）
严晋连（妻孙氏）
严晋财（妻某氏）
严晋旺（妻某氏）
严晋福（被戕，妻王氏，不食死）
严於秀（妻沈氏）
严晋才（妻某氏）
严于栋（子某，妻某氏）

胡本宝（妻严氏）
胡本盛（妻某氏）
胡本道（妻严氏）
胡本高（妻严氏）
胡有林（妻某氏）
胡本仁（妻某氏）
胡有我（妻严氏）
胡有生（妻严氏）
严志扬（妻王氏）
严德昌（母胡氏）
胡本发（妻朱氏）
胡本法（妻朱氏）
张余升（中炮死，子庆荣殉）
张延书（妻严氏）
唐世通（十年，被戕，妻尹氏，投水死，子兆福，女朱唐氏，绝粒）
唐世孝（十年，被戕，妻于氏，子二，女二，均绝粒）
唐老大（妻某氏，子某）
以上均句容乡人。

王邦才（一门四人，同殉）
王邦贤（一门五人，均绝粒）
王邦贵（一门三人，均绝粒）
陈玉生（一门四人，均绝粒）
吴明宽（一门七人，均绝粒）
吴明和（一门二人，均绝粒）
唐成龙（子顺松，一门十三人，同殉）
以上均琅琊乡人。

巫庆余（被刺死，一门十人殉）
赵文奇（不屈，被戕，妻某氏，不食死）
均孝义乡人。

成德宁（被戕，妻袁氏，子齐保，同殉）
成德清（妻王氏，子余福，同殉）
成德全（妻王氏，一门四人，同殉）
凌道恩（妻严氏，一门四人，同殉）
魏朝堂（被戕，妻戴氏，子开元，同殉）
何咸芝（母唐氏，青年守节，弟咸兰、咸蕙，芝妻唐氏，兰妻成氏，蕙妻胡氏，芝子，关小，兰子盛小，一门十人，同殉）
刘济兴（妻某氏，子一）
何宜南（母沈氏，妻唐氏，子寸小，同殉）
何咸和（妻朱氏，弟咸成、咸义，成妻某氏，义妻某氏，子宜恭，俱殉）
何宜树（母某氏，妻某氏，同殉）

何咸煜（妻某氏，子浩小，俱殉）
汪廷聚（妻戴氏，子显贞、显堂、老四、老五，贞妻史氏，堂妻戴氏，俱殉）
汪朝鼎（弟朝兴，同被戕，朝有，朝礼，鼎妻严氏，均绝粒，有妻朱氏，被戕）
汪崇明（投水死，子朝仁，绝粒）
汪显堂（妻田氏，弟显皇，皇妻王氏，均绝粒）
汪显坤（妻孙氏，同殉）
汪廷秀（妻史氏，同殉）
汪廷钧（妻张氏，被戕）
殷道华（妻某氏，子在堂、保龄、老三，均绝粒）
汪朝平（被戕，妻田氏，女二，均绝粒）
汪廷南（妻某氏，均绝粒死）
汪朝才（妻王氏，同殉）
汪崇盛（妻某氏，同殉）
汪朝盛（妻某氏，子二人，均绝粒）
汪朝龙（妻某氏，子二人，一门六人殉）
游顺余（妻汪氏，子某，均绝粒）
游顺朝（妻史氏，子三人，均绝粒）
汪朝茂（妻王氏，子三人，均绝粒）
汪廷双（妻某氏，同殉）
汪廷全（妻贡氏，同殉）
汪廷忠（母史氏，俱殉）
田学良（妻某氏，媳有贵妻某氏，孙一，俱殉）
以上均句容乡人。

张启湘（《府志》作"相"，母许氏，妻李氏，女三人，均十年殉，有传）
张鸿文（十年，被戕，母凌氏，弟鸿举，举妻刘氏，均六年殉）
许庆忠（有传，母张氏，妻刘氏，嫂孝忠妻孔氏，侄二，侄女一，同投水死）
赵庆礼（妻夏氏，同殉）
吴贞敬（妻许氏，子正焕，俱殉）
吴正元（妻华氏，同在戴桥投水殉）
以上均坊郭人。

沈正栋（妻丁氏，一门五人殉）
严全福（妻朱氏，子二，女一，同殉）
胡本相（妻王氏，子一，俱殉难）
胡本珠（十年，被戕，妻李氏，不食死）
胡有才（妻唐氏，同殉）
胡有先（妻冯氏，子本灿，俱殉）
纪传第（妻唐氏，同殉）
纪传富（妻吴氏，同殉）
纪传亮（妻张氏，同殉）
纪传洪（妻何氏，同殉）
纪传孝（妻华氏，子家兴，媳万氏，同殉）

纪家功（被害，妻田氏，不食死）
纪家宽（被戕，妻某氏，绝粒）
纪家法（妻某氏，同殉）
纪家升（妻朱氏，同殉）
胡有顺（被戕，妻张氏，不食殉）
何咸旺（妻吕氏，同殉）
何宜高（被逼投水死，妻唐氏，大骂被戕）
何咸盛（被戕，母朱氏，妻倪氏，同殉）
何如高（妻某氏，同殉）
凌道法（妻沈氏，均绝粒死）
徐相贞（妻某氏）
毛和忠（妻滕氏，一门三人殉）
史启家（子五人，同殉）
史德才（六年被戕，妻某氏，子女三人，同殉）
史道玉（六年，被戕，妻某氏，一门四人殉）
王顺进（在常州被戕，妻魏氏殉，子朝栏，被戕，朝栋，绝粒）
王顺洪（子朝贤，同殉，妻冯氏，绝粒死）
王顺鼐（在延陵被戕，妻朱氏，绝粒，子腊狗，投水死）
王顺平（被戕，妻汪氏，投水）
王顺浩（妻张氏，子朝谦，均绝粒，朝常，被戕，谦妻张氏，常妻毕氏，同殉）
王朝瑞（在常州被戕，妻唐氏，绝粒）
王朝佩（拒贼死，妻史氏，绝粒）
任世贞（全家殉难）
史成围（妻某氏，子某，全家殉）
邹全诰（被戕，妻任氏投水，女秧姑绝粒）
邹全训（十一年殉难，妻吴氏，六年被戕，继妻杨氏，子双喜，俱十一年殉难）
邹安顺（妻某氏，子生小，均绝粒）
邹安忠（十年殉难，妻莫氏，六年被戕，子牛小，绝粒死，女鞅姑，骂贼被戕）
邹安孝（妻孙氏，被戕）
邹安富（被戕，继妻纪氏，绝粒）
邹肇玉（中炮死，子路小，绝粒）
邹全富（妻某氏，击死）
邹全佳（母孙氏，被击死，妻某氏、子双小殉）
邹肇礼（被击死，母高氏殉）
邹全林（妻某氏，子某）
邹肇国（拒贼被戕，母某氏，绝粒）
周恒福（母某氏，被戕，弟某，绝粒）
以上均容乡人。

毕洪礼（妻某氏，同殉）
毕全生（妻赵氏，同殉）
房德才（母某氏，全家殉难）
房祚纯（妻某氏，媳德江妻某氏，全家俱殉）

房祚有（妻某氏，子仓小，全家同殉）
房祚新（一门三人殉）
以上均句城十三图人。

王家泰（一门七人殉）
王家祚（妻某氏，子某，均绝粒）
王家春（一门五人殉）
王传根（在省城被戕，全家殉）
均通德乡人。

朱传福（妻赵氏，同殉）
赵美盛（妻严氏，同殉）
赵美广（妻吴氏，同殉）
赵美宽（妻唐氏，同殉）
潘成安（殉苏州难，妻赵氏，绝粒）
潘成生（绝粒，妻祝氏，被击死）
纪正有（被戕，妻倪氏，绝粒）
纪正元（妻张氏，子朝堂，均被戕）
纪朝栋（被戕，妻邹氏，子某，同殉）
毕盛修（妻某氏，子清小，俱殉）
纪正华（妻万氏，子法小，均殉）
唐在林（子大福，被戕）
纪正荣（被戕，妻潘氏，子一，均绝粒死）
纪朝王（妻雷氏，同殉）
张德春（一门四人殉）
张德华（一门五人殉）
潘继荣（妻某氏瞽目，俱殉难）
史继才（拒贼被戕死，妻周氏殉）
史茂盛（妻朱氏，子某，同殉）
史茂智（子某，同殉，妻某氏被戕，媳某氏，绝粒死）
史继有（子怀富，同殉，妻某氏，孙某，均绝粒）
史兴福（弟兴寿，同殉，母某氏，绝粒死）
史继宾（被戕，妻魏氏，投水，子茂传，殉难）
史继忠（子茂栋，同殉，妻陈氏，媳刘氏，绝粒）
史德瑞（被击死，子继吉、老二，同殉，老四，被戕，孙三人，殉难）
史继堂（子茂朝，同殉，媳某氏，孙某，绝粒）
史茂贞（殉江北难，妻田氏，子一，均绝粒）
严益浩（妻史氏，子某，同殉）
史茂和（支解死，妻胡氏，绝粒）
史继渊（子三，同殉，妻某氏，绝粒）
史继敦（子庚小，同殉，妻某氏，绝粒死）
史道宾（六年被戕，子茂洪，十年殉）
史茂顺（妻严氏，子兆兴，媳某氏，同殉）

史继厚（母某氏，俱戕）
史继兆（子庚小，同殉）
史茂文（妻某氏，俱殉）
史茂晋（妻某氏，俱殉）
严玉兆（妻某氏，子进寿、进义、进智，同殉）
严玉万（妻潘氏，子进科、进玉，科妻朱氏，玉妻胡氏，俱殉）
严玉龙（子进道、进礼、进扬，同殉）
严玉华（被戕，妻唐氏殉）
严全柏（子某，妻某氏，同殉）
严全智（在黄堰坝被戕，妻某氏，绝粒，全家俱殉）
严全上（子福才，媳某氏，俱殉）
严全春（妻某氏，同殉）
严福祚（妻某氏，子某，媳贡氏，孙二人，全家殉）
严德富（母潘氏，妻某氏，同殉）
严进廷（妻曹氏，子海大，俱殉）
严福春（被戕，妻某氏，同殉）
严德情（母储氏，弟德家，俱殉）
严德雄（妻某氏，子某，俱殉）
严德万（妻史氏，同殉）
严于清（妻唐氏，子某，同绝粒）
严于贵（妻某氏，同殉）
严于礼（拒贼死，妻某氏，子某，一门六人殉）
严复春（妻某氏，全家殉难）
严福生（十年殉，继妻某氏，六年殉，再继妻某氏，女一，十年同殉）
严玉成（十年被戕，全家殉）
严全功（妻某氏，子某，媳某氏，全家殉）
严全泰（自缢，妻某氏，全家殉）
严全钺（全家殉）
严于旺（妻某氏，同殉）
严于忠（妻某氏，子某，俱殉）
胡有玉（妻董氏，子本才，媳万氏，同绝粒死）
严福才（妻某氏，子某，同殉）
胡本音（全家殉）
胡有金（妻刘氏，子某，全家殉）
胡有银（全家殉）
胡有法（子本富，媳严氏，同殉）
胡有寿（妻某氏，全家殉难）
胡有高（妻某氏，全家殉）
胡有恩（妻戴氏，被戕）
胡有良（妻严氏，子本清，媳唐氏，同殉）
严德贤（妻某氏，子某，同殉）
严可贞（被戕，母史氏，妻董氏，媳潘氏，同殉）
严承刚（子志寿，妻某氏，同殉）

严本位（妻唐氏，子明小，同殉）
严志万（妻某氏，子本虎，同殉）
杨邦相（妻某氏，子家昌、家鳌，孙庆福、庆禄，同殉）
严本忠（妻阴氏，同殉）
唐德仁（妻某氏，子启忠，同殉）
唐德义（妻某氏，子启孝，同殉）
陈兴发（妻某氏）
吴太柏（妻某氏）
何宜春（宜和，宜泰，同殉）
何太顺（母王氏，庶母某氏，妻潘氏，同殉）
何太保（母某氏，妻某氏，同殉）
何太法（妻某氏，子咸亭，媳冯氏，同殉）
何咸如（妻某氏，子宜龙，同殉）
何咸亮（子天小，同殉）
王安祥（妻某氏，弟安寿，寿妻某氏，子德配，海老三侄德富，同殉）
张本源（被戕，妻某氏，媳朱氏，同殉）
何太翰（被戕，妻丁氏，子咸燦、中小，媳某氏，同殉）
何正英（妻某氏，子太升、太高、太伦，升妻万氏，伦妻唐氏，俱殉）
何正进（妻某氏，同殉）
张长弗（妻何氏，同殉）
史继贤（子茂本，同殉，妻某氏，媳某氏，均绝粒）
冯履康（一门殉）
冯履盛（一门殉）
冯履裕（一门殉）
冯本和（一门殉）
冯遵圣（一门殉）
冯遵路（一门殉）
冯履贵（一门殉）
冯遵楠（一门殉）
以上均句容乡人。

余天坊（守仁，九年俱殉盱眙明光集捻匪难）
俞士涌（妻朱氏，八年同殉滁州难）
刘廷芳（琅琊乡人，有传，妻苏氏子春庭）
王凝泉（骂贼被戕，母许氏，同殉）
徐老春（被戕，妻某氏，抱幼子投水）
唐五（贼逼不屈自刎，子祖龙，被戕）
均茅山乡人。

佴宗荣（被戕，妻某氏，同遇害）
佴祖林（妻王氏，十年同被戕）
章仁尊（十年被戕，妻张氏，绝粒）
张才福（不屈剖腹死，妻朱氏，不食殉）

以上均孝义乡人。

张才元（十年被戕，妻邰氏，不食死）
张才荣（十年被戕，妻任氏，不食殉）
张盛福（十年被戕，妻某氏，不食死）
倪盛高（妻华氏，十年，同被戕）
蒋朝盛（妻王氏，子一，同殉）
蒋志福（妻张氏，子一，同殉）
蒋鸣方（妻某氏，子相全，俱殉）
谭正福（妻张氏，子二，俱殉）
章曾富（中枪死，妻张氏，绝粒）
以上均移风乡人。

汪元旺（六年被戕，妻凌氏，在城殉）
汪元柏（妻樊氏，俱殉）
汪永苍（妻某氏，俱殉）
汪本益（妻某氏，俱绝粒）
田明照（被戕，妻王氏，子某，绝粒）
田由信（子虎生，同戕）
田明烈（妻曾氏，俱殉）
田明带（妻汪氏，同戕）
唐世元（妻冯氏，绝粒）
唐德业（妻史氏，绝粒）
唐启圣（妻柳氏，绝粒）
唐廷贤（被戕，妻某氏，绝粒）
唐道坊（妻田氏，子德庚，俱殉难）
习老庚（被戕，妻某氏，绝粒）
汤存仁（妻张氏，绝粒）
汤存义（妻李氏，同殉）
汤存财（妻王氏，同殉）
汤良本（妻黎氏，同殉）
汤良英（妻张氏，同殉）
汤良佐（妻李氏，同殉）
汤良智（妻吴氏，同殉）
汤良吉（妻吴氏，同殉）
汤良照（妻吴氏，同殉）
黎大刚（妻卞氏，同殉）
黎世珊（妻唐氏，同殉）
黎大茂（妻某氏，同殉）
窦天荣（妻李氏，同殉）
窦天忠（妻李氏，俱投水）
窦天林（妻周氏，同殉）
窦天悟（被戕，妻袁氏，同殉）

窦天礼（被焚死，妻袁氏，绝粒）
窦昌发（被戕，妻某氏，绝粒）
窦昌兴（被戕，妻某氏，绝粒）
窦昌元（妻汪氏，阖家殉难）
窦昌云（妻周氏，阖门殉难）
窦昌通（妻凌氏，阖家殉难）
严双喜（殉城难，弟老五，投水死）
成于福（妻邹氏，俱殉）
史茂发（六年，殉难，妻朱氏，投水死）
严福庚（妻某氏，同殉）
孙扣小（妻某氏，俱绝粒死）
张于鼎（妻某氏，俱绝粒死）
严全生（妻唐氏，俱殉）
以上均来苏乡人。

孙忠正（坊郭人，十年被戕，子五人，俱殉）
王善余（段家边人，妻某氏，同被戕）
张长志（妻骆氏，同戕）
张才先（妻王氏，同戕）
张映春（被戕，妻欧阳氏，绝粒）
尤国兴（妻赵氏，俱绝粒）
毛万钟（被戕，妻刘氏，绝粒）
以上均孝义乡人。

习道发（六年殉难，妻田氏，绝粒死）
蒋鸣先（十年殉，妻王氏，绝粒）
蒋鸣惠（妻吴氏，同绝粒死）
张长朋（子才荣、才贵）
张才谱（弟才柏）
以上均政仁乡人。

许庆元（妻胡氏，子毛小）
胡德华（妻某氏，子乔小，均赵塘头人）
邰世纲（殉难，妻巫氏，被缚焚死）
邰文第（母节妇某氏，妻某氏，同殉）
邰世模（妻某氏，媳某氏，同殉）
邰有启（母某氏，妻某氏）
邰世有（子有模，媳纪氏，同殉）
邰有忠（绝粒，妻巫氏，被焚死）
邰有义（绝粒，妻某氏，被焚死）
邰有焕（妻某氏，子方朝，俱殉）
邰有德（妻某氏，被缢死，子方周，被戕，媳巫氏，绝粒）
以上均凤坛乡人。

时道方（臼子里人，被戕，妻邰氏，绝粒）
华聚美（子继顺，同戕）
梅尧元（被戕，妻张氏，抱幼女投水）
梅尧五（母徐氏，妻某氏，子某，全家殉）
郭天湘（妻徐氏，同殉）
郭天渊（骂贼中枪死，妻徐氏，侄叙纲，侄孙长连，俱殉，侄媳夏氏，投水死，《府志》误作"天元"）
戎信选（女二，同殉难）
曹承谟（弟承诰，均被戕，妻徐氏，携幼子二，投水死）
王盛祥（被戕，妻许氏，女三，俱殉）

以上均坊郭人。

朱蔚东（妻郭氏，十年同殉）
朱昌沐（妻余氏，十年同殉。均杨柳村人）
陈礼全（弟礼春，素相友爱，被执不从，同戕）
王克起（骂贼被缚树寸磔死，妻侯氏，投水殉）
张恒林（子礼典、礼谟，被掳不屈，均被戕）
张恒瑶（恒贵、恒通、余旺，均杀贼被戕）
刘立兴（立成，均杀贼被戕）

以上均通德乡人。

朱宣仁（绝粒死，妻尹氏，不屈被戕）
潘重发（子明寿，同绝粒，妻周氏，在行香被戕）
朱达鉴（妻武氏，十一年同殉）
武崇佩（年七十四，子毛儿，被掳不屈，禄儿瞽目，同被戕）
樊德珍（妻某氏，十年，同被戕）
樊美文（十年，被戕，妻邹氏，十一年，绝粒）
笪修美（教良，俱被拷死，名锦子五龄，饿死）
笪修立（十年，在倪塘投水死，妻曹氏，饿死）
笪修发（十年，不屈，被戕，妻某氏，绝粒死）
笪立义（妻邓氏，同绝粒死）
笪修炜（妻王氏，同绝粒死）
笪名举（妻朱氏，同绝粒死）
胡正谦（妻武氏，礼法七岁，同绝粒）
胡正礼（妻严氏，同绝粒死）
戴贵荣（妻陈氏，子狗儿，女莺儿，俱绝粒死）
张盛彭（弟盛昌，十年，不从贼，饿死）
耿信朋（弟信友，被掳不屈，同饿死）
殷正茂（妻吕氏，同绝粒，子家财，在外殉难）
高汝缃（妻王氏，子秉中，俱绝粒死，秉和，被戕）
高三麻子（在外殉难，妻某氏，不食死）
高忠粹（妻王氏，十一年，同绝粒）
钱昌敬（妻朱氏，同绝粒死）

钱昌富（被害，妻张氏，绝粒死）
钱志进（妻朱氏，六年，相携投水）
朱宣柯（同治二年殉难，妻某氏，及二子，闭户饿死）
朱宣枢（妻糜氏，同饿死）
朱宣范（妻戴氏，十一年，同殉）
朱达武（妻李氏，同殉）
朱宣兰（十年殉难，妻钱氏，女一，同治元年绝粒）
戴儒忠（妻王氏，同殉）
朱达三（妻某氏，同殉）
朱达謞（妻糜氏，同殉）
朱宣金（妻某氏，同绝粒死）
朱宣银（妻某氏，同绝粒死）
朱志端（妻某氏，同殉）
朱志义（妻魏氏，子一，十一年，阖门饿死）
戴光保（妻朱氏，子二，十一年，阖门饿死）
以上均来苏乡人。

刘坤（骂贼被磔，妻朱氏，抱幼子投塘死。琅琊乡人）
姚行健（妻王氏）
王恒襄（母吴氏，均六年殉）
均凤坛乡人。

端木乐佩（殉广德难，女爱姑，十年，不屈，被戕）
端木利炳（妻蒋氏，同治元年同被戕）
周恒兴（妻王氏，在龙都被戕）
周景基（妻施氏，同治元年同被戕）
魏昌寿（妻汤氏，同殉）
魏元松（被戕，妻周氏，同殉）
魏元柏（被戕，妻王氏，同殉）
陈齐敬（被戕，妻王氏，同殉）
杨明伦（被戕，母某氏，不食死）
潘自立（妻石氏，同殉）
曹家义（妻某氏，同殉）
杨正仁（妻张氏，同殉）
张承基（母宫氏，同殉）
戴儒位（妻华氏，同殉）
魏元奇（妻某氏，同殉）
魏元起（妻戴氏，同殉）
王和凤（妻石氏）
杨正盛（妻金氏）
杨一康（妻茅氏）
杨彩章（妻王氏）
杨一坤（母王氏，妻周氏）

杨学礼（妻张氏）
杨学祥（妻某氏）
杨学合（妻戴氏）
杨学加（妻周氏）
杨学浩（妻戴氏）
杨锦连（妻戴氏）
杨一钰（妻韩氏）
戴立兴（妻杨氏）
杨一成（妻某氏）
杨长生（母王氏）
杨正来（母某氏）
杨一寿（妻夏氏）
杨一连（妻戴氏）
杨正华（妻王氏）
李一麟（被戕，妻雍氏，同殉）
华念治（妻某氏）
宣达祝（妻唐氏）
杨志礼（妻吴氏）
吴名成（女某姑）
华思严（被戕，母某氏，绝粒）
华永高（十年，被戕，妻戴氏殉）
吴名祥（被戕，妻华氏，同殉）
石承序（妻戴氏，六年殉，序与继妻万氏，十年殉）
邹玉成（妻马氏，女三姑）
邹玉廷（妻张氏）
窦良灏（妻戴氏，六年殉，灏与继妻某氏，十年同殉）
端木利耀（十一年，被戕，妻某氏殉）
魏泰尧（妻潘氏）
魏泰我（妻戴氏）
潘自勇（妻陶氏）
潘泰聚（妻张氏）
潘自喜（妻某氏）
潘泰亨（妻高氏）
石先林（妻魏氏，一门俱殉）
石先荣（妻王氏，六年殉，继妻雍氏，十年与荣同殉）
石先平（妻华氏）
杨正笃（妻戴氏）
杨正黄（妻戴氏）
石喜仁（阖门殉）
张心林（阖门殉）
以上均临泉乡人。

杨其盛（妻失氏，同绝粒死）

凌朝德（族大丫头，均绝粒）
凌朝栋（六年，在行香被戕，妻某氏，子九龄，十一年殉）
凌启发（长子某，次子某，十一年同绝粒）
凌朝金（十一年被戕，长子八龄，次子六龄，俱饿死）
凌朝桢（十一年，投水殉，启仁子某、启仁女某姑，被逼不从，与弟同殉）
凌启贵（绝粒死，媳刘氏，不屈被戕）
凌启龙（绝粒死，长子某，被戕，次子长晏，同殉）
凌启麟（六年，被戕，子长信，绝粒，启凤子某，在黄梅村戕死）
凌启连（子某年十三，次子十龄，三子八龄，女某姑年十六，次女六龄，同殉）
朱志广（在徐村殉难，妻刘氏，绝粒）
朱志庚（在行香被戕，妻张氏同殉）
刘金仁（妻盛氏，俱殉）
刘天直（被戕，弟天长，绝粒）
刘文荣（妻朱氏，同殉）
刘金堂（妻贡氏，同殉）
刘金典（绝粒，妻王氏，不屈被戕）
严全寿（绝粒，子三龄，溺水死）
成在见（子某，十一年同殉）
朱宗烜（六年，被戕，妻胡氏，饿死）
朱传有（十年，被戕，妻某氏，饿死）
朱传文（传武，同绝粒）
朱荣瑞（在南唐庄中炮死，妻张氏，不屈，同殉）
以上均来苏乡人。

尹良恺（妻某氏，子四龄，同治元年殉）
尹兴宽（妻唐氏，妾某氏，子二龄，同绝粒死）
尹良通（妻某氏，同殉）
尹崇芳（妻某氏，同殉）
尹兴富（妻某氏，同殉）
唐志杏（妻某氏）
唐礼明（妻某氏）
唐信有（妻某氏）
唐崇孝（妻王氏）
戴长金（十七年被戕，族某子七龄，绝粒死）
施正富（被戕，妻唐氏，不屈死）
施正荣（妻凌氏，同殉）
以上均句容乡人。

李盛喜（六年救子被戕，妻汤氏，被打死）
李家桂（不屈惨死，妻高氏，不食死）
李茂宽（子桃小，同绝粒死）
李盛安（不屈被害，妻高氏，同殉）
以上均来苏乡人。

吕懋惠（子成陶）
吕咸富（子良政）
吕咸隆（妻某氏，子良明，媳某氏）
吕咸旺（妻某氏）
夏兴美（子万山）
朱某（子德泰）
朱德魁（妻某氏）
吴大（来巷村人，妻某氏）
朱明顺（子德见）
吕咸昌（妻某氏）
吕良廷（母某氏）
吕良德（妻某氏）
吕福益（兄弟三人）
吕咸美（妻某氏，子某）
韩从秀（妻某氏）
韩顺喜（子某）
姜明仁（妻某氏）
王家旭（子大金、小金）
以上均仁信乡人。

张定松（六年不屈，投水死，继妻姚氏。同殉。坊郭人）
胡本铨（妻赵氏，有传，嫂赵氏，子是高，一门殉难，承仙乡人）
戴臣子（立小，一小，临泉乡人）
吕咸春（妻许氏，子良善、良厚，一门殉）
吕咸茂（妻蒋氏，子良嵩、良岳、三连、四连，阖家绝粒死）
均仁信乡人。

朱德文（妻韩氏，同戕）
朱茂旺（殉难，妻汤氏，投水，幼女二，同殉）
张映旺（母杨氏）
均孝义乡人。

张长佑（子方良）
张远瑜（弟远瑞）
均移风乡人。

戎玉鹏（妻程氏，均十年殉。坊郭人）
张庆锄（弟庆安）
张庆已（弟庆立）
张才应（弟才春）
均崇德乡人。

朱胜元（被戕，妻居氏，投水死）
朱胜万（被戕，妻戴氏，绝粒）
朱德生（被戕，妻张氏，绝粒）
朱正富（被戕，妻刘氏，绝粒）
朱胜珠（妻徐氏，六年同投水殉）
以上均孝义乡人。

张良镛（弟长钰，移风乡人）
高廷兴（子世德）
高廷焕（妻刘氏）
高廷培（妻刘氏）
高廷棕（被戕，妻邰氏，绝粒）
江成典（妻高氏，同治元年同戕）
江成文（妻刘氏，十一年，同戕）
陈德春（妻朱氏，十一年，同戕）
陈贤华（妻袁氏，同绝粒死）
江良和（妻章氏，同治元年俱戕）
巫恒文（妻王氏，同治元年同戕）
贾延生（妻侯氏，同绝粒死）
以上均移风乡人。

王大康（妻张氏，子广松，媳何氏，同治二年俱殉）
王大兰（子广根，媳张氏，同殉）
王聚安（妻戴氏，子照龙，媳李氏，同殉）
王广让（妻戴氏，同殉）
王大宁（子广汉，媳戴氏，同殉）
王广洲（妻巫氏，同殉）
王广沆（妻戴氏，同殉）
王大朋（妻邰氏，子广灿，同殉）
王天赐（六年，被戕，子大全，饿死）
王广凤（子照合，同治元年俱殉）
王广荣（妻张氏，子照勋，媳丁氏，俱绝粒死）
王广元（妻谢氏，子照乾，媳黄氏，同绝粒死）
王大相（妻黄氏，同殉）
王大堂（妻张氏，子广乾，同殉）
王大秋（子广良，同殉）
王照君（妻徐氏，六年，同被戕）
王广明（妻张氏，同殉）
王照寿（妻裔氏，同殉）
王照禄（妻巫氏，同殉）
王广修（妻戴氏，同殉）
王天贤（妻黄氏，同殉）
王大槁（妻戴氏，同殉）

王广灵（妻李氏，同殉）
以上均琅琊乡人。

张有仁（子玉隆，媳鲁氏，同殉）
张延瑞（妻李氏，同殉）
戴良有（妻纪氏，同殉）
戴良聚（妻许氏，同殉）
戴良旺（妻孔氏）
戴良善（妻张氏）
戴良贵（妻高氏）
戴良富（良德）
陈德义（妻张氏）
鲁长林（妻王氏）
鲁德修（妻李氏）
张启道（妻唐氏）
张开泰（妻孙氏）
张开盛（妻倪氏）
张启祥（妻何氏）
张庆发（妻俞氏）
张启明（妻贺氏）
张启才（妻俞氏）
张玉德（妻俞氏）
张启禄（妻戴氏）
张庆同（妻戴氏）
张启富（妻王氏，子罐子，媳裔氏）
张德贤（妻唐氏）
张兴太（妻章氏）
张玉贞（妻俞氏）
张玉善（妻戴氏）
张余金（妻朱氏）
张余成（妻樊氏）
张余高（妻章氏）
张余盛（妻鲁氏）
张余林（妻王氏）
张余发（妻许氏）
张余广（妻倪氏）
张余中（妻戴氏）
张兴禄（妻戴氏）
张有信（妻戴氏）
以上皆同治元年绝粒。

张庆春（十年，被戕，妻刘氏，饿死）
张玉旺（子庆珍，同治元年同被戕）

以上均琅琊乡人。

俞恒炳（下甸村人，妻张氏，六年，同被戕）
朱道聚（十一年被戕，妻尤氏，饿死）
朱道金（妻张氏，道银，同打死，道玉，被戕）
朱道瑚（七年，被戕，妻万氏，饿死）
朱兴礼（七年，被戕，妻王氏，饿死）
朱道彬（妻王氏，十一年，同饿死）
朱道良（十年殉，妻韩氏，六年投水死，继妻张氏，十年殉）
朱道海（饿死，妻戴氏，投水）
朱道贤（妻李氏，同饿死，子盛连、盛瑚、盛斌，同不屈被戕死）
朱道云（十年被戕，妻王氏，殉难）
朱道隆（妻王氏，同殉）
朱盛忠（六年被戕，妻张氏，饿死）
朱盛万（十年被戕，妻吕氏，饿死）
朱盛龙（妻王氏，俱戕）
朱盛宽（妻许氏，同戕）
朱盛德（妻王氏，十年，同戕）
朱盛怀（妻薛氏，俱戕）
朱盛银（妻孙氏，十年，同戕）
朱兴旺（妻施氏，十一年，同被戕）
朱兴财（十一年，被戕，妻唐氏，饿死）
朱兴富（妻笪氏，十年，同戕）
朱兴仁（妻丁氏，俱戕）
朱兴邦（妻曹氏，十年，同戕）
朱兴龙（七年，被戕，妻袁氏，饿死）
朱兴礼（妻巫氏，俱戕）
朱有成（妻李氏，同治元年同被戕）
朱有庆（十一年，被戕，妻汤氏，饿死）
朱有忠（妻汤氏，同戕）
朱有金（妻孙氏，同戕）
朱道举（六年，被戕，妻某氏，饿死）
朱道福（六年，被戕，妻某氏，饿死）
朱道先（妻袁氏，俱戕）
朱道朋（妻周氏，同戕）
朱道瑕（妻居氏，俱戕）
以上均凤坛乡人。

阙建昭（妻孔氏，十年，同殉）
张祚兴（妻徐氏，十年，同在西荆塘投水）
戎兴慧（弟长松，戚管舒氏）
均坊郭人。

朱某（朱家村人，全村殉）
朱元润（本钟）
胡先知（妻杨氏）
胡秀儿（母杨氏，均在马院村殉）
吴成传（一门四口，俱十一年殉）
吴登馥（达魁华恭）
于国爱（于家边人，一门四人殉）
于家俊（于家边人，一门十二人殉）
于家驹（家骐、德兴）
梅廷璋（妻赵氏，坤一，一妻赵氏）
陈启高（应台女三姑）
陈某（涧东村人，全村殉）
陈某（西头店人，全村殉）
陈绍锡（孙庄人，侄祖濑，十年闰三月，同殉）
陈正秀（前李村人，一门三人殉）
孙某（孙家村人，全村殉）
孙某（西头店人，全村殉）
巫某（正塘头人，全村殉）
樊启堂（子侄妻孥并戚二十余口俱殉）
姚隆之（姚家村人，一门六人殉）
姚余厚（乌塘头人，一门四人殉）
姚国相（姚家村人，国丰，国治，均十年被戕）
高君怀（君贤，应书，应谨，书妻张氏，俱殉）
王大凤（旅坤，马平桥被戕）
王美勤（本山，六年，淤乡被戕）
王元贞（妻朱氏，子泰保，女传保，均十年殉）
王喜儿（弟寿儿，母刘氏，永山，妻陈氏，均十年殉）
王炤（罤）
王孟辉（妻樊氏）
王某（王圩塘人，全村殉）
张诗（钊，彤书，骆氏，绣英，淑贞，大姑，小姑，菊秋，多姑，仆宋福）
张庆备（庆和，庆谱，庆友，六年均在淤乡殉）
张延坤（延信，均在潦塘村殉）
张延林（张巷村人，一门三人殉）
汪烈正（兄弟四家十五人俱殉）
汪立宏（水南村人，立庆，立贵，十年城陷，二十余口殉）
潘明良（兆瑞，三元，传高，均在淤乡殉）
杨松林（母高氏，均在杨山村殉）
杨明连（弟明富，在万里濠殉，妻陈氏，在城殉难）
杨贡禹（妻戴氏）
杨某（正塘头人，全村殉）
杨义周（杨巷村人，一门三人殉）
杨礼茂（一门五人殉）

杨义聪（子道恺，守城阵亡，家属二人同殉）
杨义松（一门十口殉）
杨义源（一门六人殉）
杨德茂（一门六人殉）
杨德元（一门三人殉）
杨道严（一门四人殉）
杨义祥（一门六人殉）
杨义昇（一门四人殉）
杨义谦（一门八人殉）
以上均杨巷村人。

余开生（女许丁，有传，骂贼死）
刘同春（母汪氏，均在马院村殉难）
邹正奎（上邹村人，正身、我俭、正信，均十年被戕）
严文寿（马庄桥人，一门四人殉）
唐继富（旭和，六年，均在淤乡殉）
凌相孙（监生庆寿妻杨氏，女金姑、禄姑，均不屈被戕）
凌长蔚（长祐，妻许氏，祐妻王氏）
谭某（正塘头人，全村殉）
谭全金（谭家村人，一门四人殉）
房道勤（仪古庄人，一门八人殉）
房德连（房家边人，一门七人殉）
房同九（房家边人，一门六人殉）
李有球（文生成名，子永福，孙华，文生实、萼，曾孙启元，子妇陈氏，孙妇程氏，孙女巧姑、珍姑、玉姑、转姑，女仆张氏）
李永贵（弟永富，母周氏，妻罗氏）
李永祥（弟永年、永顺，侄世德、世复、世儒，母葛氏，妻黄氏，弟妇王氏、张氏、彭氏，女巧林，孙女银姑、凤贞）
李永泰（子世松，弟妇汪氏）
李星汉（母余氏，弟鸣泉，妹一，妻张氏，子一）
李兰英（母汪氏）
李某（一门焚死）
孔昭理（子红儿，妻刘氏，女端英、繁英）
纪修义（景运，幹祥，六年殉）
吕福寿（苏氏，均西社村殉）
赵天祥（如祥，均於六年在马平桥殉）
赵治秀（成庶，六年均在天王寺殉）
赵道儒（裕生，清修）
赵国言（妻陆氏，子文春，春妻高氏，同治元年自焚死）
赵永奎（赵庄人，永玉、贤志，均十年被戕）
赵永廷（永球，永相，贤尧妻张氏、纪氏，廷藩妻戴氏，永相妻邰氏，女龙英姑）
戴立堃（儒修，城下村人，七年殉）
戴延斌（启松，七年均北城殉）

戴道新（文铭）
顾静安（仁裕）
盛某（盛家边人，全村殉）
段某（陈家边人，全村殉）
杜绳武（妻陈氏）
葛凤余（妻窦氏）
骆佳（妻郭氏，六年俱殉）
笪启东（子铭荣，妻庄氏，均殉）
糜某（王圩塘人，全村殉）
糜茂林（柘溪村人，一门七人殉）
糜茂森（柘溪村人，一门六人殉）
李廷爽（妻汪氏）
李芳林（桂林，七年被戕）
祝文圣（西偪墅人，一门七人殉）
许方平（许家庄人，一门五人殉）
谢惟善（谢家边人，妻杨氏，十年被戕）
李圣超（世超）
王昌寿（子加坤，七年殉）
孙均承（妻徐氏）
许顺善（妻耿氏）
吕元恺（下蜀人，妻周氏，《府志》作"苏氏"，十年被戕）
以上均见《府志》。

李传絅（妻贡氏，妾陈氏，均投水）
俞宏宥（妻戴氏）
李殿忠（妻章氏）
栾蔚轩（侄媳窦氏）
王文钱（妻陶氏）
王承荣（妻张氏）
何贤林（妻陈氏）
赵永喜（妻王氏）
吴朝坤（妻邹氏）
以上均见版位。

高德聚（妻杨氏）
高增金（子某）
均移风乡人。

巫邦罗（妻某氏）
巫邦仙（妻某氏）
巫邦高（妻某氏）
巫邦成（妻某氏）
巫邦朴（妻某氏）

巫邦扬（妻某氏）
巫田福（妻某氏）
巫秃头（妻某氏）
巫邦淑（妻某氏）
巫邦达（妻高氏，子狗儿，女正姑，均被戕）
巫邦耀（妻某氏）
巫邦洪（妻陈氏）
巫邦兴（妻某氏）
巫邦旺（妻某氏）
巫国成（妻某氏，子某）
以上均望仙乡人。

王道人（妻某氏。来苏乡人）
高树文（弟某）
高树培（母陈氏）
高德璋（妻任氏）
均移风乡人。

戴天才（阖门六口，均十年殉，琅琊乡人）
杨喜龙（妻张氏）
丁玉承（妻王氏）
胡承全（妻汪氏，承孝）
赵大有（大兴，大全）
雷长寿（妻顾氏）
李长仁（妻徐氏）
李长元（妻居氏）
王加时（妻李氏，加宝，加发）
贾学贵（妻尚氏，弟学富，子正有、正祥、正元）
贾仕福（妻汪氏，弟仕财）
彭老五（妻丁氏）
戴长有（长贵，长富，贵妻陈氏，富妻李氏）
孙先仁（子朝江、朝□、朝元、朝魁，江妻刘氏，□妻居氏，元妻贺氏，魁妻王氏）
以上均华阳门外白阳关人，殉难。

冯剃头（石墨村人，十年全家殉难）
以上一门殉难。

何正华，朱一道，王正芳，王国怀，张天有，夏尊元（俱附见徐崇凤传）
吕懋富（有传），项廷美，解士良（附见吕懋富传，以上均仁信乡人）

倪绍城（十年骂贼死）
周恒楞（四年遇害，均东阳镇人）
黄家伦（骂贼被戕）

周广隆（殉扬州难）

吴聚才，钟景隆，钟启云，倪国华，祁百寿（俱被戕）

以上均下蜀人。

蔡明福，蔡明旺，蔡明德，蔡耀廷，马明尊，朱联堂，蔡明朝，蔡明亮，蔡明洪，蔡光显，蔡明贤，华宜平，朱联庆，蔡继周，蔡之萱，蔡之秉，蔡之端，蔡之茂，蔡道义，蔡亮安，蔡明华（以上均仁信乡人）

姚景凝，姚景泗，姚行本，倪承义（以上均仓头人）

吕咸旺，吕咸隆，吕良明，吕咸階，吕良甚，吕良祺，吕咸亮，吕庠学，吕洪贵，吕庠礼，吕庠佑，吕志仁，吕庠敬，刘裕玖，刘裕农，张长春，王正洵，李家怀，周文藻（俱殉难）（以上均仁信乡人）

马德良，王乾兴，梅松清（均琅琊乡人）

吴光润（不屈砍死）

王克贵（砍死。均后村人）

杜启余（大杜家村人，击贼被戕）

刘文魁，尤国良（均马院村人，六年斗贼被戕）

任应道（任家村人，遇贼于阙巷南，击贼被害）

朱志纲（有传，来苏乡人）

徐德美（在绍家边被戕）

徐德宝（在张古墩被戕）

徐长喜（被戕）

徐大成（投水死）

陈心明（六年，剖腹死）

王德成（劈颅死）

张大化，陈心顺，任贤华，许维武，许维诚（俱投山岔河死）

许士贤（妻子流散，逃出被戕）

孙盛旺（被掳不屈，刀劈颅死）

孙盛玉（被棚打死）

孔在心（被戕）

王克容（乱刀砍死）

邹盛仁（不屈被戕）

王绍连（被戕）

陈周库（索金不允，举火烧死）

陈老三（附见戴忠松传）

杜世孝（年老不任担，被杀于马常山）

杜世春（同掳被戕）

孙天庸（被戕）

杜传章，杜传信（俱被戕）

徐太余（贼至其家，见有刀械，举刀戮之）

徐太宽（被戕）

周继宜（不屈被戕）

王正方（被掠至孔冈头，逃出被戕）
李光照（被戕）
杜兴才，杜文福（均投水死）
杜兴贤（被戕）
杨大寿（投河死）
杨有才（被戕）
杜文浩（投塘死）
徐兴贵，赵国良（均被戕）
张玉怀，张老二（俱被戕）
张玉清（投水死）
张大发（投水死）
夏长荣（与团丁同名，被戕）
孔继业（投河死）
陈万财（被戕）
王光生（投河死）
夏有理（崇福圩被戕）
陈万泰（有传）
孔继明，张必成（俱被戕）
刘文连（出樵，被刺死）
胡肇成（闭门不食死）
李兴余，王庆生（俱被戕）
张正富（中洋枪死）
许本全（被戕）
许师运（被枪刺死）
许师明，许本宽（均被戕）
田义兴（服盐卤死）
许维远（在天王寺被戕）
许立功（不食死）
阙传信，许师敦，阙纪寿，许师玉，许师联，许师永，阙智昭（均被戕）
阙纪纲，阙仁玉，许师纯，陈兴富（均投河死）
陈长富（被戕）
许大怀（投水死）
阙仁太，陈兴有，王国庆，王长科，杨文福，许大年（均投河死）
阙智德，王国高，阙智量（均被戕）
张振明，徐继功（俱投河死）
郭新理（被戕）
毛长运（投河死）
许世隆（在句容大路被戕死）
孔广明，孔继华，吴光大（俱被戕）
孙天运（被戕）
孙盛贵，周德洪，陈仁喜（俱绝粒死）
滕大顺（被掳不屈戕死）
陈仁元，杨修明（俱被戕）

孔广城，许师坤，张明怀，杜兴邦，杜兴善，陈周余，陈周贤（俱被戕死）
徐长达，王庆顺，阙仁贵（俱投河死）
滕文理（不食死）
以上均福祚乡人。

柏以元（殉杭州难）
张仁鉴（被贼追跌死）
聂可华（被匪打死）
李后基（有传）
胡有诚（附传）
李应根（附传）
李应松（有传）
胡之森（附传）
席之容（有传）
许贞棕（附传）
张义涵（投水死）
张培麟（被贼剖腹死）
张心忠，张培秀（均自缢死）
张心舒，王安钟（俱投水死）
赵家栋（骂贼剖腹死）
赵治政，赵家基，赵家根，赵家荣（俱被戕）
卫德松（被贼乱斫死）
胡有珠（骂贼被戕）
徐良润（同治元年被戕）
徐家坤（先被贼刃数创，复以火焚死）
王凝珍（年老，贼至被戕）
王德健，赵治堂，赵经和（俱被戕）
徐良醇，许治燮（均投水死）
曹政凤，孙思荣（俱六年被戕）
以上均承仙乡人。

沈振宏，吕昌豪，张孝功，何咸通，王仁宽，魏荣登（俱十年被戕）
沈昌庚（十年，骂贼不屈，投塘死）
何太孝（殉丹阳难）
严志福（被掳至苏州，投河死）
岳明太（被追跌死）
岳明基，岳道喜（俱被戕死）
陈毛儿（被戕于卓庙）
袁景发（被掳不屈，戕死）
袁建栋（年七十被贼戕落半头，数日痛死）
王朝礼（索财不得，被戕死）
王明康，王清禄（同治元年，俱被戕於小李壮）
王太见（殉宝堰难）

王朝宾（被戕于山岔）
王太山，王立第，王明顺（同治元年被击死）
凌道成（被戕）
任世柏（不屈被戕）
邹肇义（骂贼被三十余创死）
唐玉银（六年被贼逼死）
孙克顺（被贼砍死，投圊中）
丁德华（被戕）
江显林（殉丹阳难）
朱家发（被戕）
唐德玉（被戕于织机桥）
史继源（十年被戕）
严可映（被戕）
严子佩（被戕于茅山）
严可怀（贼至，自缢）
严可春（被戕）
严志庆（六年被戕于潘庄）
严本荣（殉丹阳难）
严本庆（被絷拷死）
严志庚（殉孟河难）
严志茂（贼至，自缢）
严谦泰（自缢）
严根儿，唐德裕（俱被戕）
唐启科（被掳不从，戕死）
唐启仓（被戕）
杨明庚（贼掳不从，拷死）
于祥云（十年被戕于唐陵）
阴文元（殉金坛难）
阴进茂（砍死）
唐德发（砍数创痛死）
于元功（年七十余，十年被戕）
秦道生（被掳不屈，戕死）
袁本立，王光裕，王荣发，凌德贞，袁孝富（俱被戕死）
以上均句容乡人。

朱克成，朱克君，朱恭华，朱恭继，朱永广，朱恭泰，朱恭孚，朱永法（均六年五月，同时被戕）
朱恭寅，朱克璩，朱永田（俱十年被戕。以上均朱家山人）
王尚仁（西乡人，被戕）
周启贵（南乡人，六年被戕）
陈仁淮（六年被戕）
高德远（均坊郭人）
唐承治，唐承铭，唐承源（俱十年被戕）
唐承义，唐承启（俱十年在葛村殉难）

唐承庵，唐承桃，唐承玉（俱十年在郭庄庙被戕）
唐承安，唐序敬（俱在赤山被戕）
唐序凤，唐序泰（俱在王家渡投河死）
唐士据（在湖熟被戕）
唐序桃，唐高三（俱在仙女庙被戕）
以上均句容乡人。

吴美潭（桥东人）
冷道进，孙盛余，张德均（皆东乡人，俱被戕）
卢正才（下卢村人，被戕）
刘心悭（坊郭人，十年殉苏州难）
胡有源（附见刘昌本传）
倪炽宁（被戕）
倪炽锠（被胁不从，戕死）
倪昌闰（骂贼不屈，被戕）
许某（被贼戕于茅山）
安世（姓逸，被贼剖腹于蔡巷）
朱继城，俞正煊，韦恒元（均骂贼不屈被戕）
张心和（贼至，被戕）
戴臣兴（六年，骂贼被砍死）
以上均承仙乡人。

徐长生，刘盛有，王正洄（俱十年遇贼不屈被戕）
夏贤旺（贼至胁为乡导，不从被戕）
姚向川（十年自经）
王大喜（有传）
刘兴元（十年，闻城陷，数日不食，自缢死）
刘可学（附见陈德义传）
刘兴宽（十年，被戕）
刘兴镳（被絷不屈，戕死）
朱广朝（十一年，自经）
邹万年（附见刘昌本传）
戎世文（十年，贼执不屈，被戕）
刘昌进（闻城再陷，忧愤不食，贼至自尽）
葛全宽（遇贼不屈，中枪死）
侯家勤（闻贼至，不食，自缢死）
田长明，杨道仁（遇贼，同时殉难）
陶晋良（十年，贼至，自缢）
杨恒旺（十年，被戕）
孙裕章（十年，投水死）
夏儒全（乌塘村人，附传）
江善林（附传）
杨义高（附传）

孔庆华（附传）
陈万福（附传）
汤凤文（附传）
张长坤（附传）
以上均通德乡人。

邰贤洪（有传）
邰惟堂（骂贼，被戕）
均孝义乡人。

徐起立（素以信义著，贼至，自经死）
张正山，杨兴乔（俱被掳不从，戕死）
张正国（不屈，被贼劈死）
杨兴珠（有殊力，恨贼，数遇数斗，力竭被矛刺死）
以上均通德乡人。

李宗志（十一年，在周家被炮击死）
李长和（贼索财不得，被乱刃砍死）
李启富（十年，殉难）
朱世禄（十一年，被戕）
笪长珍（贼掳不从，被戕）
笪长贵（在光里庙被戕）
以上均孝义乡人。

戴延义（被戕）
戴延惠（在马庄桥被戕）
戴启德（殉苏州难）
均移风乡人。

赵亮贵（被窘投水，贼以矛刺死）
韦玉祥（十一年，殉难）
均来苏乡人。

杨兴有（在郭家边被戕）
解国方（在城被戕）
均福祚乡人。

张华居（被贼索财搒掠死）
凌家余（在城被戕）
朱善元（在下隍被戕）
均句容乡人。

程开业（被戕）

赵殿旺，赵荣贵，赵荣安（俱在外殉难）
张荣煜子某（年十三投水死）
张传富，刘胜宽，刘明立（俱殉难）
耿永兴（在贾相村被戕）
耿恒富（在金陵被戕）
李德正（十年，殉难）
笪春年（十年，在乡殉难）
高翰文（殉丹阳难）
高汝勤（被戕）
糜宏浩（十年，殉难）
糜宏招（贼索财不得，被拷死）
糜延瓒（在倪塘被戕）
糜德豪，糜廷雨（俱被戕）
糜廷容（被拷死）
糜廷彩（殉难）
糜廷寿（在唐巷被戕）
糜廷忠，糜廷启，糜德连，糜廷梓（均在外殉难）
糜宏休，糜宏允（俱在小丹阳被戕）
糜宏祥（在土桥被戕）
糜延瑾（在山岔被戕）
糜宏本（在后延村被戕）
糜宏昱，糜三龄（俱在外殉难）
糜德全，糜宏涛（俱在柞溪被戕）
周明兴（绝粒死）
吴日明（殉苏州难）
周明发，樊宗金，糜宏富（俱在外殉难）
糜德恒（在后颜村殉难）
糜延皎（绝粒）
以上均来苏乡人。

潘朝蓁（被戕）
潘一柄（殉丹阳难）
潘一经（在圣潭村被戕）
潘一太（在磨盘山被戕）
潘本仁（在唐家山被戕）
潘本桂，潘朝松（俱十一年绝粒死）
茅长财（贼强担粮，戕死於下隍村）
潘一桢（绝粒）
潘立祥（被戕）
潘一楠（在郭村殉难）
潘本杏（不屈被戕，焚其尸）
笪名富（投山岔河死）
笪名玺，笪教昇（俱在宅殉难）

笪教蓉（在圣潭村殉难）
笪荣寿，笪教三（俱在外殉难）
施孝义（殉常山县难）
施可大（被戕）
施可德（绝粒）
施孝道（在行香被戕）
巫应富，徐天良（俱殉难）
徐中有（被戕）
徐天昇（附传）
徐中信（被戕）
张三老（在阳村被戕）
丁喜儿，姚德祥（俱在白兔被戕）
朱老四（山头上人，在行香被戕）
张敦信（在外殉难）
包良广（在圣潭村被戕）
樊德明（被掳不屈，矛刺死）
以上均望仙乡人。

王世炳（在桥东被戕）
高喜福，高舜荣（同绝粒死）
均仁信乡人。

倪德昌（在古隍被戕）
倪志勋（在外被戕）
均来苏乡人。

笪美怀（在柞溪被戕）
笪美梁，笪美堂，习永保（均被长枪刺死）
习永寿（被掠投水死）
笪修全（绝粒）
戴德洪（在上湖山被戕）
戴孝寿（在唐庄被戕）
戴孝富（绝粒）
笪教金（被戕）
单长金，陈正聚（俱绝粒死）
吴太才（在丹徒上分村被戕）
吴太宇（在村殉难）
吴存仁（在外殉难）
程彦直（在北窑村被戕）
程世贤（在土祥村被戕）
程盛典（殉六合难）
程彦余（殉安徽省难）
程彦锦（被戕）

以上均望仙乡人。

史国经（殉天长难）
史国英（殉镇江难）
唐儒仙（殉江宁难）
施老四（殉难）
唐儒林（在丹徒二墩子被戕）
唐老三（被枪刺死）
笪名正（被拷死）
笪教武（不屈被戕）
周家璜，史方芝，唐崇义（俱殉难）
笪礼先（被戕死）
笪广政（在土井被戕）
笪广武（在外殉难）
笪天喜，笪老四，笪宏鹤，笪宏喜（俱殉难）
笪于庭（被掠不屈，钉手足于门死）
笪千双（被悬梁烧死）
笪国杏（在泰家山被戕）
笪教建（在妙感村剖腹死）
笪元生，笪广钰，笪宏田（俱不食死）
笪贞喜，笪宏堂，笪教圻，笪世锦（俱在外殉难）
笪广贵（被戕）
笪宏基（在胄王山被戕）
王其全（被戕）
笪厚治（不屈被戕）
笪宏兴（缚柱烧死）
笪名安（年七十，贼索财不得，被戕）
笪名煊（附传）
以上均望仙乡人。

步善仁（在柘柏村被礮死）
芮继盛（在古隍殉难）
孙圣财（在下柞村殉难）
王世隆（在徐家跳殉难）
纪家兴（年七十二，在村被戕）
纪重枝（在秋圩村被戕）
纪立忠（在俞巷村被戕）
陆学武（不屈，被枪毙）
陆孝明（在七㟃墩被戕）
芮传兴（在宝堰殉难）
邹正孝（殉难）
朱发昭（在柘溪被戕）
朱老四（北唐村人，被贼焚死）

朱和福（在外殉难）
朱和扬（在倪塘殉难）
刘昭忠（被戕）
王老经（在南唐庄被戕）
吴恒琪（不屈被戕）
吴孝儒（在嘉兴府被戕）
吴纪贞（被拷死）
吴彰贞（在茅庄殉难）
吴孝植（在史庄殉难）
陈德纯（在东坝被戕）
陈熙清（倒悬焚死）
陈德琴（在淳化镇被戕）
陈熙元（在柏巷村被戕）
陈明仁（悬梁酷打，剖腹死）
陈立廷（在华墓冈被戕）
陈德宏（悬梁被戕）
陈明义（索财不屈，剖腹死）
陈德寿（在茅庄被戕）
陈德吉（在古隍被烧死）
戴利美（殉丹阳难）
戴正南（绝粒）
戴利炳（中炮死）
戴亨瑞（殉扬州难）
戴亨科，戴利燦（俱在外被戕）
戴贞斌（在南庄被戕）
戴贞林（被戕）
戴亨隆（在潘庄被戕）
朱达顺，朱达贵，朱达明（均不屈被戕）
糜宏纲（殉难）
樊绪忠（殉兰溪难）
樊其旺（被戕）
樊祖荣（在徐山关被戕）
以上均来苏乡人。

李春林（在光里庙被戕）
徐道洪（在汤家边被戕）
张余德（在南亭子村剖腹死）
以上均孝义乡人。

汤永德，汤永舒，汤家发（俱不屈被戕）
汤兴祥（在后村被戕）
汤兴隆（在孔冈头被戕）
以上均句容乡人。

巫道坤，糜祚龙，巫长炎（俱不屈被戕）
巫时金（在外殉难）
糜宏毅（在古隍殉难）
巫时均（在上洋被戕）
王世淮，王世玛（俱被戕）
王永枢，王永恭（同不食死）
周广文，周文鹏（俱被戕）
吴佳玉，笪名钟，王道正，吴佳英，笪立琪，朱金华，纪玉琪（俱不屈被戕）
以上均来苏乡人。

张孝廉（殉常熟难，句容乡人）
张延美（被贼索财搒死）
张德寿（在城内宝塔前被戕）
张懋秀（贼索财不得，戕死，焚其尸）
张祖瀛（在淳化镇殉难）
高朝瑞，高朝宽（俱不屈被矛刺死）
以上均来苏乡人。

董长如（被矛刺死）
戴长仁（绝粒）
均望仙乡人。

郭某（在前谢培村被戕。来苏乡人）
孔广春（六年，殉丹阳难。坊郭人）
吴存佳（十年，被戕）
吕德珮（在徐家跳殉难）
吕德礼，吕天义，吕天昭（俱十年殉难）
吕士兴（殉丹阳难）
吕存志（在南山村殉难）
吕德琪（被掳刺字，逸出戕死）
吕德兰（在谢培村被戕）
孙家信（在谢培村乱刃砍死）
吕得朋（不屈被戕）
丁得昭（在高资被贼搒死）
杨廷芳，胡国善，徐兴生，徐仁洪，徐仁宽（俱不屈被戕）
罗家盛（被六创死）
刘盛金，徐桂芳，徐富安，徐富明，徐华坤，徐贵仁兄某（俱被戕）
包富银（被焚死）
李宗春，李宗虎，杜德金，杜德贵（俱殉难）
徐德明（被拷投水死）
徐世明，徐宗校，徐宗序（俱同治元年绝粒死）
曹家聚（在蔡家桥斗贼被戕）

以上均孝义乡人。

施国炳（施家边人，被戕）
章某（章家边人，在小南门被戕）
赵明成（被戕）
窦贤椿（在土山被戕）
汤韶银（在宝堰被戕）
徐明祥（被戕）
葛绪良（在螺蛳沟被戕）
夏国安（中炮死）
陈大官，张正仁（俱十年殉难）
王正泰（同治二年殉难）
王元兰（在溧水被戕）
王正隆（十年，殉难）
王正长（王家边人，在下埠被戕）
王宏俭（在葛村被戕）
王正裕（十年，殉难）
杨一翠（在湖熟被戕）
杨宝儿（十年，被戕）
张老九（掳至甲山被戕）
张开宏（同治二年殉难）
朱本善（十年，被逼投圊死）
张学敏（在徐相里被戕）
张学银（在谢桥被戕）
张学富（十年，被戕）
葛大来（在马鞍山被戕）
杨一开（在丹阳被戕）
杨一谓（六年，殉难）
周贞炯（在高阳桥被戕）
周一才（在常州和桥被戕）
赵开凤，朱宜福（俱十年被戕）
赵开平（被掳不从，缢死）
杨士明，杨成芳（俱同治元年殉难）
陈经求（十年，殉难）
张日盛（十年，被戕）
朱居凤（同治二年殉难）
陈应凤，陈应元（俱十年殉难）
以上均临泉乡人。

郭业佳（在朱家集被捻匪戕。坊郭人）
李亮彩（在木瓜园被戕。福祚乡人）
杨廷春（在插花庙被戕）
杨廷明（缚厉坛银杏树，炮轰死）

杨□子（在厉坛剖腹死）
刘丽生（十年，殉难）
任树堂（在插花庙被戕）
以上均孝义乡人。

周基清（殉丹阳难，临泉乡人）
朱延兴（来苏乡人）
毕承洪，李成美（均被戕）
孙从武（被乱刃死）
施正华，纪名玉，陈三子，巫老大（均被戕）
纪名锦（在乾元观被戕）
毕某（毕墟村人，在南圩被戕）
以上均句容乡人。

陈国仁（殉江阴难）
陈正福（在常州殉难）
巫孝双，徐朝发（俱十年被戕）
以上均来苏乡人。

唐孝彭，殷邦兴，唐继德，唐崇柏（俱十年被戕）
凌老四（在江宁中炮死）
唐正财（在大平关被戕）
葛延旺（被拷死）
徐延寿（被戕）
陆顺发（在杭州被戕）
孙盛余子某（殉本村难）
以上均句容乡人。

盛如松，尹长发，刘万生，刘盛惠（俱殉本村难）
陈懋寿（打死）
陈懋兴（投水死）
钟朝芝（被戕）
张德怀子某，管盛富，管贤仁（俱殉难）
莫良华，莫恒清，郭延春，郭延发，任德立（俱被戕）
陈懋簧（殉难）
胡庚扬，陈德才，陈冈儿，徐荣儿，徐玉明，张春发（俱被戕）
以上均来苏乡人。

胡老三（在闸头被戕）
刘明荣（在仑山被戕）
刘胜忠（在高桥门被戕）
刘良玉（在戴家边被戕）
朱敬洪（在黄泥坝被戕）

朱敬禄（被搠入水死）
以上均孝义乡人。

赵安昌，赵安秋（俱被戕）
赵荣才（殉难）
许永礼（在戴家边被戕）
许传绅，许世方（俱被戕）
以上均来苏乡人。

汤自二，唐忠龄（俱被戕）
唐孝春（殉丹阳难）
均福祚乡人。

朱有庆（被戕）
朱兴聚（殉苏州难）
均句容乡人。

徐长安（十年殉难，来苏乡人）
王著臣（在东山村被戕。福祚乡人）
徐二麻子（不食，投水死。孝义乡人）
孙立康（年八十二，附传）
汪长元（在陶洪被戕）
毕大鹏，朱正阳（俱被戕）
朱天春（被乱刃死）
朱安昇（被戕）
以上均句容乡人。

戴长庚（被矛刺死）
赵志远（殉难）
均来苏乡人。

吕得荣（在甸冈村被戕）
吕士贤（在谢家村被戕）
吴春来（在张家边被戕）
丁得明（在北河山被戕）
张长清（十年，殉难）
张长顺（在丹徒杨柳村被乱刃死）
张仲邦（在林家庄，被乱刃死）
张余盛（在茅山被戕）
邹我才（被戕）
以上均孝义乡人。

束国发（在镇江中炮死）

孙德义（被矛刺死）
唐启方（被戕）
均句容乡人。

张有德（殉难）
高和安（被戕）
郭天祥（被矛刺死）
戴清芳（被戕）
谢有书（中枪死）
以上均来苏乡人。

张樊子（殉难。句容乡人）
陈德进（殉难，坊郭人）
陈贞吉（被掳不屈，戕死。望仙乡人）

杨廷贞（中枪死。孝义乡人）
赵道儒，赵裕镐，赵清修，史珮玉（俱六年不屈殉难）
赵恕松，赵惟勤，严明章，丁顺锦，赵裕源，纪良华，史世才（俱十年不屈殉难）
以上均望仙乡人。

周其贵，周其树，周其敦，周其舟，周德煦，周德炳，周德炜，周德炤，周德本，周德俊，周德焕，周德炀，周本安，周本沧，周本伦，周德据，周德纯，周德营，周遵典，胡邦杆，胡邦樑，周本支，胡家杰，胡邦钦，胡邦铣，胡家儒，胡邦镜，胡家械，胡家谅，胡家仪，胡家晟，齐元生，齐元贵，齐元坤，齐六元，齐兴礼，齐兴才，齐腊元，齐庆祥，周祚庸，周祚忠，周中金，周中有，周中法，周中榜，周中连，周长隆，周长达（俱十年殉难）
以上均来苏乡古隍人。

韦宏泰（在夏安场被戕）
韦明吉（十一年，殉难）
韦安三（在戴巷村殉难）
韦明禄（在溧水被戕）
韦明炁（十一年殉难。均曹塘头人）
赵治官（殉苏州难）
赵治保（同治元年被戕。均临泉乡人）
王彰瀛（同治元年殉难）
王孝鳌（殉难）
王孝松（殉高淳难）
王有富（殉难）
张玉兴（六年，被戕）
张庆禄（殉苏州难。以上均珠庄人）
经显珍（在黄栗树被戕）
经士培（同治二年被戕。均南冈村人）
赵治才（同治元年殉难）

赵继高（六年被戕。均临泉乡人）
糜茂财，糜国春，糜茂黄，糜国文，巫明志（俱十年被戕）
糜国盛（十一年，被贼断臂死）
糜国聚，糜国治（俱同治元年殉难）
糜德瑚（六年，殉难）
糜德钊，王老四（俱同治元年殉难。以上均柘溪人）
蒋阜林（汤巷村人。六年，在来安殉捻匪难）
汤年朋，汤志前（俱同治元年殉难）
汤年才（六年，殉难）
张正伦（十年，殉难）
以上均通德乡人。

步某（名逸，柞溪人）
张庆本，巫茂荣，赵文炳（俱十年殉难）
赵文韩（同治元年殉难）
赵家琪，赵家藏，王茂华（俱九年在高邮殉难）
王茂荣（九年，在赵村殉难）
赵家松（九年，在墓东殉难）
赵家合（九年，在小丹阳殉难）
赵志明（九年，在下路殉难）
赵安邦（九年，在山岔殉难）
王老卞（六年，殉难。以上均西库头村人）
王庆升（在南巷上被枪击死。坊郭人）
周太钧，周太文，周运会（俱不屈被戕）
王兴鸾（十年，骂贼被戕）
戎万余，王成忠（俱杀贼被戕）
许惟禄，许惟孝（俱骂贼被戕）
许惟聚，许惟华（十年，同被戕）
栾仁周（有传）
以上均通德乡人。

陈仁怀（六年，城陷，被戕。坊郭人）
王德昌（殉丹阳难）
王德扬，王全华，王全炜，王全沐，王良芝，王良琬（俱同治元年殉难）
以上均移风乡人。

张长兴，张才洪，张映成（俱十年殉难）
张长秀，刘明立，刘明山，刘良富，刘良仁，朱德富（俱同治元年殉难）
以上均孝义乡人。

张长生（同治元年殉难。坊郭人）
芮祖金（殉难）
芮继松（在宝堰殉难）

芮继宽（在龙潭殉难）

陈安禄（在石埠桥投水死）

吴正元（十年，被戕）

李道贵（十年殉难）

刘余发（十年，杀贼被戕）

刘义恭，刘义凤，刘义发（均十年殉难）

刘文龙（同治元年被戕）

王兴旺（在茅山被戕）

王盛发（被戕）

蒋克盛（十年殉难）

蒋小儿（同治二年，绝粒死）

纪宏正，芮道仁（俱不屈被戕）

芮道礼，唐怀建，唐怀吉，唐怀礼，高盛祺（俱十年殉难）

高盛珣（同治元年殉难）

高秉田（在西唐庄被戕）

高学和（不屈，被戕）

王老三（同治元年，绝粒死）

朱志洪，朱老三，朱观音保（俱不屈被戕）

朱宣荣，朱毛子，朱寿小（俱十年殉难）

朱达松，朱宣义，朱宣恺（俱同治元年绝粒死）

王长松，郭天玉（俱不屈被戕）

郭天斌，郭天益，郭应瑞（俱同治元年殉难）

以上均来苏乡人。

董秉寿，董秉盛，董秉谦，董长有，董长礼，董长明，董长春，董裕举，董裕洪，董撞宝（俱不屈被戕）

以上均望仙乡人。

高德仑，高德根（俱十年被戕）

赵玉发，赵世福，笪名瑶，高祖芳（俱同治元年绝粒死）

陈玉苍（不屈被戕）

赵成廷（聚众杀贼，被戕）

赵成进（贼掠不屈，剖腹死）

张长年，张余燮，张余新，张长成，张长乾，张长英，张才仁，张庆修，张小五，戴家谟，戴家泰，戴正武，彭应禄（以上皆十年被掳不屈戕死）

高应春（不屈被戕）

高应锦（悬缚，戕死）

高应礼（不屈殉难）

杨维义（被索财戕死）

杨道侯，杨维明（俱不屈被戕）

杨维良（被索财打死）

杨维和，杨维仁（俱不屈被戕）

刘春元（不屈投水死）

刘春善，刘全义，刘恒义，刘长春（俱不屈被戕）

以上均移风乡人。

张余兰（贼掳不屈，被戕。孝义乡人）
吕嘉梅，吕嘉华，徐道明，吕志俊（俱被戕）
均仁信乡人。

巫良某，尚恒发（俱被戕）
均福祚乡人。

严继元（潘庄人）
贡福广，贡良浩，贡昌义，贡福永，冷华玉，冷华亮，冷华高，冷华铠，冷华信（俱殉难）
以上均句容乡人。

孙德进（西唐庄人，在榨溪拒贼被戕）
万眊子（上阳村人，十年被戕死）
何宜佩（殉难。句容乡人）
王廷瑞，王廷荣（十年殉难）
王正元（十年被戕）
王正连（十年，被夹棍死）
均孝义乡人。
尚老四，李天瑶（俱六年被戕）
均福祚乡人。

袁启禄（六年被戕。凤坛乡人）
戴成全（戴家边人）
刘余珍（上杆村人）
王廷方，王廷福，朱智贵（俱绝粒死）
王传喜，王家荣，王传第（俱在地坛村被戕）
以上均通德乡人。

王家齐，王仁音（俱在槐道村被戕）
均崇德乡人。

冯科庆，谭大龄，毛义万（俱不屈被戕）
均凤坛乡人。

于元林（小溪人，被戕）
凌才鼎（坊郭人，被戕）
王广运，王昭康（均下村人。被戕）
汤老三，徐相有（均纪家边人，被戕）
张延春，张延福，张余雍，张德珠，张延浩，张余材（俱绝粒死）
以上均崇德乡人。

韩昌富（投水死）

韩兴王，谢华国，韩昌合（俱不屈被戕）
李元春（附传）
韩有盛（杀贼被戕）
吴在武（不屈被戕）
韩恒昌（被掳不屈戕死）
孔广显（不屈被戕）
孔广坪（绝粒）
孔广祥（自缢）
孔广厚（不屈被戕）
孔昭宏（不屈触石死）
孔宪琪，孔昭功，孙长发，张美南（俱不屈被戕）
韩邦元（骂贼剖腹死）
李有才，张德富（俱不屈被戕）
杨仁余（投水死）
黄敬祥（附传）
黄敬先（附传）
黄德才（不屈，被馘两耳，遂自尽）
黄金荣（杀贼被戕）
以上均琅琊乡人。

侯启林（杀贼被磔死）
黄乾禄（有传）
均通德乡人。

黄玉洪（骂贼中枪死。琅琊乡人）
冯进开（拒贼，投水死。通德乡人）
巫进贵（附传）
巫恒富（不屈被戕）
冯进太（被戕）
王双林（不降，被戕）
成道信（拒贼，被乱刃死）
以上均琅琊乡人。

朱胜鳌，李旭武（俱不屈被戕）
均凤坛乡人。

姚明举（击贼被戕）
张明景（拒贼被戕）
周圣发（骂贼被戕）
吕仁喜（击贼被戕）
吕仁宽（不从被戕）
罗全达（有传）
张治盛（守正，被戕）

张庆华（拒贼被戕）
张德万（不屈，被戕）
以上均通德乡人。

张进起（不屈，被戕）
裔邦锦（击贼被戕）
王自盛，王贤德，王恕荣，葛全基（均十年不降被戕死）
王忠先（骂贼，奋击，被戕）
王代仁（击贼，中枪死）
以上均琅琊乡人。

张延惠，王秉旺（俱六年殉难）
王洪明，王容坛，王咸邦，王幼斌，王全才，许陶（俱十年殉难）
姚永禄，钱国兴，张世寿，张尚宾，经世玉，王上林，王上位，孔昭正，孔昭新，王光裕，夏家樑，夏明扬，李继立（俱十一年殉难）
宣茂贞，张廷明，赵廷弼，杨长贵，孙玉竹，孙玉松，孙余德，李荣发，朱光廷（俱同治元年殉难）
周某（骂贼，被磔死）
周基燮（十年，被戕）
孔传高，邱福来，邱明良（俱同治二年殉难）
以上均崇德乡人。

王允道（在光里庙殉难。句容乡人）
余家朝，余尚富，许世有，陈宗林（俱绝粒死）
均通德乡人。

周师溳（十年，殉难）
韩大廷（十年，不屈，被戕）
孔广喜（同治二年，不屈被戕）
张余珍（十年，被戕）
倪纯仁（十年，不屈，被戕）
以上均琅琊乡人。

唐顺常（在包家边被戕）
成兴有（不屈，被戕）
巫进朝（击贼被戕）
均凤坛乡人。

居延富（击贼被戕死。孝义乡人）
侯兴福（不屈被戕）
焦成美，焦洪湛，焦全金，焦全宝（俱十年杀贼被戕）
以上均通德乡人。

朱道连，朱道瑚，张德新，张德良（俱七年杀贼被戕）

均琅琊乡人。

杨树明，杨树和，杨明达（俱不屈被戕）

王老三（被枪刺死）

王继扬，王继荣，殷邦兴（俱不屈被戕）

杨芝春（投水后，被贼刺死）

杨芝莲（被悬拷死）

杨明玉（击贼戕死）

杨修昇（不屈，投水死）

王洪成（被戕）

唐德玉（在织机桥被戕）

史兆鳌（不屈被戕）

史茂兴，史兴扬，史继谦，史茂升，严德有，阴进寿，阴进银，阴增隆，阴增明，胡本银，严可相，严德怀，严福富，严成双，严本启，严本发，严本富，严本贵，唐世达，杨明第，阴长春，严谦月，朱高平，唐启明，杨芝学，唐延才，唐延茂，唐启发，孙成万，孙宗富，孙家杰，杨修法，杨洪方，杨茂连，杨茂才，杨茂富，沈正大，周恒德，何太忠，唐道仁，王文乐，冯大玉，冯才生，华明才，华安仁，华邦亮，华邦珠，毕不大，凌道周，凌德高，凌和义，凌德福，贡康成，朱家寿，朱家高，陈自方，陈自良，潘明成，潘文明，潘继芳，唐在朝，唐大庸，唐道生，唐道昌，唐道德，潘传荣，潘继太，孙克春，王定盛，王定高，王安福，王安禄，王安寿，许达柯，许达贵，许月伯，许月起，戴成义，戴成礼，戴老大，戴老二，戴老三，宣德礼，宣德贞，宣德坤，宣茂有，宣茂良，宣茂升，宣长生，宣茂达，宣茂贤，宣茂旺，宣茂长，宣达兴，宣茂盛，宣茂禄，宣长寿，宣学贵，宣学富，宣长庆，宣学进，宣学道，许礼珍，许尚兴，曹正朝，宣达明，宣茂万，宣达文，许达权，许达寿，许礼东，赵有忠，赵圣元，许圣方，宣茂谦，宣茂和，宣茂正，宣茂魁，宣达圣，宣达有，宣茂富，宣达朋，宣达周，宣达贤，宣茂生，宣茂荣，宣茂清，宣茂礼，宣达隆，宣茂华，宣茂贵，宣茂顺，王焕钊，王焕道，王荣芳，王道三，王圣吉，王圣琥，王圣琅，王德礼，王德义，王圣贵，王继兴，王继郁，王继忠，董恒荣，万老大，万老二，万宗堂，万宗超，唐延福，唐延德，潘成林（瞽目，俱殉难）

以上均句容乡人。

张永箐（在古隍被戕）

潘自延（在夏家村被贼裸磔）

潘一蘋，潘一蕴，潘一英，潘本根，潘立成，潘一祥，潘本贵，潘立石，潘立祥，潘一简，潘松儿（俱殉难）

潘一尃，潘一庆（俱在二墩子殉难）

潘自庚（在五墩子殉难）

潘本瑯，潘本豪，潘林春，潘立淮，潘本让（俱被戕）

潘本福（矛刺死）

潘一彝（在白兔缚炮门烧死）

潘立江（在圣潭被戕）

潘本蓉（焚死）

潘一藩（在徐家跳被戕）

包梁广（在桃树山被戕）

以上均望仙乡人。

王盛育，王世允（俱见附传）

王吴年（在解塘被戕）
王荣锦（在上味村被戕）
王万年（被贼击牙割舌死）
王圣有，王世生（俱在白兔被戕）
步雍代，步正洪，步正全，步六元，步熙伦（俱被戕）
步金瑞，步长寿（俱在唐庄被戕）
步雍夏，步雍松，步德才（俱殉难）
步雍全（在西冈被捆投水死）
步雍兆（在谢巷被戕）
步雍桢（索银未得，被石击死）
步雍谦（剖腹死）
潘瑞金（被戕）
以上均仁信乡人。

唐道恕（系楼楞焚死）
唐崇圣（被戕）
唐道传（殉难）
巫敬恺（殉丹阳难）
巫立福，巫启富，巫启高（俱悬梁焚死）
巫启绪（在柞溪被戕）
巫敬宽，巫老五（年七十三，被矛刺死）
汪余庆（在马云庵被戕）
汪余见（十年被戕）
巫美洪，巫锡龄（俱被戕）
巫锡银，巫家宽（俱十年殉难）
巫奇秀，巫秀书（俱十一年被戕）
巫秀璜（十年被戕）
巫方儿（殉难）
巫英璜（十年殉难）
巫乔松（在三江营殉难）
巫春福（被贼系死）
巫家熊（在马桥口被戕）
巫立瑶，巫立霜，巫立仙（俱被戕）
巫家先（在马桥口被戕）
马贞仁（在村被戕）
马严儿（悬梁焚死）
马利寿（焚死）
笪余进（殉难）
汤世康（在陶淇镇被戕）
汤盛开（在薛庄被戕）
汤世晟（在乌冈殉难）
汤茂书（在董家村被戕）
汤茂智（十一年被戕）

汤盛锦（在庙头巫被戕）
汤盛惠，汤盛全（俱在宅殉难）
许贻茂（十年，被戕）
许谋信（在韦冈被戕）
陈安唐（在圣潭被戕）
陈开第，陈延渊（俱被戕）
陈盛琳（在安徽被戕）
樊启华（被戕）
樊祖福，樊绪馨（俱十年殉难）
樊启福，樊绪刚（俱被戕）
以上均望仙乡人。

高熙发，高耀家（俱在外殉难）
高耀良（在茅庄被戕）
高耀暔（在古隍被戕）
均仁信乡人。

丁继典（在村被戕）
丁学昌（在五培墩剖腹死）
丁守龙（在妙感被戕）
丁学盛，丁守良（俱在外殉难）
丁廷盛（在老鹳山被戕）
丁继国（在竹园被戕）
丁守兰（在外被戕）
丁继简（附传，均丁家村人）
李成万，李道良，李子盛，李子义，李成连，李朝金（俱被戕）
李子荣（附传）
李子银（被滚水浇死）
李成海（在行香被戕）
李朝坤（在糜墅被戕）
以上均望仙乡人。

王长义（被戕）
汪朝才（被刺入水死）
吴久生（被戕）
均仁信乡人。

笪敦善（在宅殉难）
笪美兆（殉吴江难）
笪明兴，张启福（俱在圣潭被戕）
均望仙乡人。

吴庆堂，吴廷标（俱被戕）

吴祖保（剖腹死）
吴贤鳌，吴庆坤，王成立（俱被戕）
王智勤（被缚投江死）
以上均仁信乡人。

梅邦万，梅邦恩，梅邦彭，梅本桢，杨连第，陈朝元，陈朝勋，陈朝瑞，陈国宏，陈道尊，倪德进，徐邦本，贡元第，施大桢，笪教仙（俱殉难）
笪教循（缚树射死）
笪礼通（在丹徒界遇难）
以上均望仙乡人。

巫昭喜，巫昭萌，巫昭松（俱被戕）
巫昭瓒（焚死）
巫仪富，巫毓怀，巫毓瓒，巫昭证，巫惠广（俱被戕）以上均仁信乡人。
吴朝瑞（骂贼被戕）
范朝芳（不屈，被戕）
朱贵良（杀贼被戕）
戎学海（不屈被戕）
范兴寿（骂贼被戕）
周世连，周良典，胡宏育，蒋庆玉，汪长龙，孔毓秀，朱立志，詹圣宾，詹圣元（俱不屈被戕）
苏万福，居善余（俱骂贼不屈被戕）
胡大序，万太盛，朱宣珠，朱道玉，张德保（俱杀贼被戕）
曹施太（骂贼被乱刃死）
曹施本，曹显朝，陈家有，陈其发，曹政旺，徐嗣熊，周孝忠（俱不屈被戕）
以上均崇德乡人。

周三儿（骂贼被磔死）
蔡元法（不屈被戕）
均仁信乡人。

吴慈鳌，吴志银，曹光才，曹昌玉，曹志福，曹正华（俱不屈被戕）
赵德恭（被掳不屈，遭惨杀）
王有志（四年，被戕）
以上均琅琊乡人。

黄老三（焚死）
袁良红（被戕）
陈启盛（在戴村被戕）
均移风乡人。

李守廉（在亭子山被戕。仁信乡人）
徐廷献（被戕。坊郭人）
杨学江（在马鞍山被戕死。临泉乡人）

赵某，杨某（均西俥村人。十年，被戕）
朱广和（不屈，被戕）
张老六（大墅人。被掳，骂不绝口。寸磔死）
均通德乡人。

樊启斌（在棋杆村被戕）
张锦山（六年，被戕死。均坊郭人）
徐亮华，徐胡小，丁从容（俱被戕）
均孝义乡人。

徐毓全（被戕。福祚乡人）
王安滩（投水，被刺死。茅山乡人）
王世礼，赵明汉（俱被戕）
均上容乡人。

王延忠（被戕。来苏乡人）
韩正昌（被戕）
高德远（在天星桥被戕）
均仁信乡人。

冷发盛，和思进，吴邦直，史长和，周贞明，杨学政，魏一香（俱被戕）
杨正真（投水死）
王和凤（不屈被戕）
以上均临泉乡人。

强延瑞，王贤宽，王世文，王利宾，王仁有（俱不屈被戕）
罗富礼（投水死）
高星台（见附周本先传）
赵瑞宣（在古隍殉难）
赵远贞（有传）
赵裕泰（十年，殉难）
以上均望仙乡人。

严进盛（被戕）
王荣科（中炮死）
均句容乡人。

王知道（骂贼，支解死）
张身宽（被戕）
均福祚乡人。

汤厚华（被焚死。凤坛乡人）
孙家罗（矛刺死。句容乡人）

袁启祥（矛刺死。凤坛乡人）
崔恩溥（六年，被戕）
徐顺兴，刘敬师（有传）
均上容乡人。

陆某，许世琴，许世理，胡有福，胡有松，胡本錡，胡本鉴，胡之勤，胡之良，陈广增（俱绝粒死）
以上均承仙乡人。

谢正旺（在赵塘村被戕）
张志凤（被戕）
成德华（在东山被戕）
赵朝兴（殉难）
戴贵春，许邦华，邹正福，陈德旺（俱殉难）
陈老麵（投水死）
陈三元（被戕）
邹正道（绝粒）
以上均来苏乡人。

谢正禄，谢本安（俱绝粒死）
陈廷桂（六年，被戕）
谢本忠（在殷巷被戕）
均移风乡人。

胡其楠（西塘埂人。绝粒死）
孙万钊，孙恒元，何咸成，吕老四，朱文继，朱文学，孙万勤（俱十年被戕）
孙恒隆（在夏家边被戕）
朱正周，朱高志（均自缢）
朱高钦（被矛刺死）
丁宽衍，孙恒怀（俱被拷死）
以上均句容乡人。

王安银，徐良溱，王安顺，谭良宽（俱殉难）
均承仙乡人。

沈正大，沈昌进，何咸景，周恒有，周恒玉，周恒发，周正仁，吕昌顺，吕昌佩，吕昌真，张庆旺，严于春，严成科，严志锦，年万老，冯大玉，冯才生，华安孝，毕兆发，毕兆兴，冯毛发，冯大庆，陈达富，凌道修，凌道乔，陈瑞毛，陈达清，严全余，曹德龙，凌发祥，凌同保，凌德仁，凌道亭，袁孝根，袁孝本，袁林保，松小，丁有法，袁童关，袁德清，袁德修，袁德义，袁孝君，王太忠，王立孝，春老三，孙全机，孙全才，孙可隆，孙全寿，四瞎子，孙可发，孙长福，任宗玉，严德贵，唐连小，唐三小，唐玉有，唐玉禄，唐玉寿（瞽目），丁有序，丁有名，丁有寿（俱殉难）
以上均句容乡人。

陈我合，陈家兴，成宝贝，韩自元，陈我良，陈家才，韩自武，成荣才，陈用常，陈家兰（均仗义

杀贼被戕）

王盛茂，陈茂洪，陈德喜，陈有祥，刘余旺，刘厚文，刘庆乐，戴礼章，戴礼宾，戴义宽，戴顺喜，戴礼德，戴义万，姚贤任，韩朝文，韩朝良，韩熙道，王尚起，王尚发，王尚春，王通勋（俱杀贼被磔死）

经永德，胡道昌，王道文，朱厚廷（见附传），章元德，章元勋，章永丰，章永凤，章元发，朱厚才，范忠相，居士顺（俱不屈被戕）

陈茂连，钱家余，陈有兴，秦长荣，戴礼春，戴从林，刘庆华，刘庆富，刘余香，刘德盛，刘德财，刘余和，刘庆柏，刘厚彬，刘余秋，刘余贞，刘余盛，刘余进，戴承贤，戴礼发，戴子蕴，戴子进，戴礼鸿，戴礼宾，戴保才，戴顺元，巫庆方，戴子道，居大有，韩朝贤，张子福，居德奇，韩耀龙，韩耀明，韩老四，韩熙太，姚尚文，姚贤礼，韩子德，韩朝正，王瑞林，王文祥，滕正连，滕道一，滕士余，滕正聚，滕道训，滕正才，滕正庆，滕正春，滕正发，章元益，章元盛，朱厚信，朱厚华，朱纪锡，朱安锡，刘敦禄，刘敦荣，刘敦全，裔大本，阎长福，阎长松（俱殉难）

戴元恺（被磔死）

以上均孝义乡人。

孔继来（点天灯死）

吴广山（被乱刃死）

孔月海（被戕）

张德美（磔死）

孔传武（中炮死）

孔广元（中枪死）

孔继璋，孔广坤，孔传寅，孔广凤，孔广秀，孔继成，孔继文，孔继斌，孔继财，许立华，胡长位（俱不屈被戕）

以上均福祚乡人。

巫希昱（见附传）

巫全和（见附传）

巫至袨①，巫希全，巫希顺，巫道兰，汪发起，汪茂兴，汪延顺，王士义，王达三，王士乾，王士坤，王天福，王士鲁，王士泰，王达五，陈士义，陈士常，范延秀，范家祥，范延泰，孔传有，孔继洪，孔传泰，孔继贤，文美新，文世九，文世彬，文世福，文美和，文世德，文兆朋，文美林，裔会尊，范茂生，戴忠三，戴文奇，闻玉田（年八十一），金长生，金正贤，金正文，金长林，金正隆，金正方，金正和，金正连，金正谱，张延纪，许邦楹，许良田（俱绝粒死）以上均孝义乡人。

章芳郁，尹美英，尹明宗，尹明广，尹明球，章有龙，章芳富，谢庆福，王守庚，裔元兴（后本湖人），裔元生，裔元德，裔元盛，裔元和，裔元发，万大璜，李良文，李良贵，李德顺，李良寿，李德怀，徐正武（年七十二。俱绝粒）

以上均移风乡人。

邰世谋，邰长和，邰文德，邰文祥，邰有浩，邰有明，邰有恒，邰世兴，邰有本（俱绝粒死）

以上均凤坛乡人。

倪学周（绝粒死。琅琊乡人）

---

① 袨（xiàn）：人名用字。《新唐书·太宗诸子》有"李袨"。

巫道惠，巫希高，巫道新，巫道元，王永贵，王永裕，王天喜，汪春兴，林亨元，林义凤，林义满，范延才，范延禄，文世耕，文美彰，文世臣，文美玉，文美景，文美春，文美珠，文美生，文美华，文美运，范邦仁，范邦富，江茂连，戴文远，金长仁，金正纲，金正礼，金长泰，解邦怡，解邦海，解邦正，解邦道，解邦江，解正寿，许行位，许明和（俱不屈被戕）

以上均孝义乡人。

尹明鳌，章有兴，谢庆寿，陈起盛，陈恒志，裔正来，裔正保，裔元恺，裔正扬，许成锦，许永崇，李贤福，李德方，李贤高，居永德，居长寿，居长元，居长庆，徐国荣，徐国成，徐家舒，徐家贤，徐家学（俱不屈被戕）

以上均移风乡人。

朱大旺，朱大元，邰世德（俱不屈被戕）
均凤坛乡人。

王达荣，王达寿，陈士昌，王天兴（俱殉难）
均孝义乡人。

曹德禄（殉难。仁信乡人）
王仁财，王达福（俱殉难）
许长万（投水死）
裔应考（烟熏死）
范茂才，范士科（俱焚死）
以上均孝义乡人。

李贤朋（被焚死）
张余锡（硕腹，贼刳而视之）
李良美，李贤祖，余家正（俱被逼拷死）
以上均移风乡人。

朱正华，朱大聚（俱被逼拷死）
均凤坛乡人。

储昌良，高荣华（俱被戕）
俞有荣（被掳不从，破腹死）
均琅琊乡人。

滕德奇（饿死。凤坛乡人）
姚良恭（在螺蛳沟被胁，投江殉。琅琊乡人）
戴良宽（在丹徒殉难。仁信乡人）
房东林，房德昌，房同华，房德煊，房同长，房同昌，房祖厚，房祖章，房祖成，房祖贤，房老八，房德玉，房祖仑（俱绝粒死）
以上均孝义乡人。

沈耀祖，沈益德，沈永选（俱绝粒死）
均移风乡人。

陈正悌，陈玉厚，陈玉桥，陈玉松，陈玉有，陈朝华，陈正芳，陈朝元，陈玉环，陈正林，陈玉宽（俱绝粒死）
以上均孝义乡人。

戴大恕（被戕）
乔自凤（骂贼被枪乱刺死）
均仁信乡人。

笪安同，巫道凤，巫全余，巫志周，房德连，房德才，房祖惠，沈益志，陈正峰，陈正阶，陈正左，居明仑，文美谅（附传），张才华，张长寿，袁长发，张庆仁（附传，俱不屈被戕）
以上均孝义乡人。

戴忠松（有传）
乔老三（烧死）
均仁信乡人。

房德定，巫喜毓（俱剖腹死）
房祖政（悬梁拷死）
范安康（在白兔骂贼被戕）
文道康（击贼，被戕）
张才礼（被矛刺死）
文美璜（击贼被戕）
唐序殷（有传）
王士明，王光心，李道发，周贞方，陈家万，陈家银，陈齐恺，陈齐宝，章正邦（俱十年殉）
陈正方，王聚源，王良洪，王泰祥，周恒有，陈正红，陈本福，陈家安，陈家福，陈正相，钱明有（俱十一年殉难）
王泰东，李维珍，李明廷，周基寿，刘长喜，刘长兴，刘玉成，陈正位，陈齐寿，陈齐知（俱同治元年殉）
窦世泰（窦家边人）
唐序源，唐序太，唐承志，高士义，尚世平，尚世基，蒋家荣，蒋传超，蒋传胜，尚德普，尚世虎，陈国良（俱被戕）
唐承兴（骂贼被戕）
唐承明，钱大开（俱斗贼支解死）
尚世坤（在无锡骂贼，投水死）
蒋家龄（被焚死）
刘方智（拷掠死）
章正举（在蘋培桥殉难）
以上均茅山乡人。

孙国忠（靖安厂人，有传）
黄尊五（有传）

李子贞（附传）
徐应桢，吕元奎长子某（俱被戕。均下蜀镇人）
李庆璜，许圣经（同殉湖北难。均坊郭人）
潘正同（遇贼责以大义，被戕）
钟景耀，朱余喜（俱击贼被戕）
史长春，周之福，周元仁，朱有高，陈福仁（俱杀贼被戕）
以上均仁信乡人。

许起嘉（杀贼被戕）
俞守泉（三年殉扬州难）
均临泉乡人。

唐世达，唐兆禄，唐兆满（俱十年被戕）
成德高，成德仁，贡成瑞（俱绝粒死）
成德安（在唐庄被戕）
成佳全（殉苏州难）
成佳美（十年，被戕）
以上均句容乡人。

吴明高，吴文元（俱十年殉难）
均琅琊乡人。

袁德聚，袁孝基，袁在中，袁松林，袁孝慈，袁在顺（俱十年殉难）
袁在锦，袁建垂，袁建极，袁孝林，袁德文，袁老锚（俱殉难）
汪延贵，汪延铭，汪朝卿，汪廷仁，田学朋，汪廷茂，史德林，史德纯，史继通，史继春，史继松，史继柏（俱被戕）
严德兴，沈永兴，凌正发，凌正和，凌祥旺，谭惠松，曹道寿，曹长庚，何太达（俱殉难）
以上均句容乡人。

刘庆荣，刘庆桂，刘庆培，刘长松，刘长庚（俱殉难。均坊郭人）
胡本林，胡本位，纪传寿，纪传有，凌德治，纪传荣，王朝德，王朝孝，魏朝祥，魏朝安，朱广福，凌大福，魏荣位，魏九小，朱本发，朱本贵，朱本位，朱本林，朱邦启，朱邦祥，朱邦元，朱本盛，朱学春，朱学瑞，朱学名，朱邦盛，朱老五，朱老六，朱邦贵，朱邦富，朱学贤，朱朋胜，凌老七，王双小，孙可新，颜维钧，邹肇兴，邹全安，邹全顺，邹全志（俱殉难）
邹肇仁，谭哑㿟①（俱被戕）
邹我仁（拒贼支解死）
魏朝煌（投水）
魏朝纲（服毒）
魏朝常，毕正身，毕正有，毕明寿，孙立成，孙昌秋，孙昌佩，孙立根，孙立礼，孙立元，赵美金，赵美财，赵美成，赵美华（俱殉难）
潘成钦（在玉真桥被戕）

———
①㿟：音"pí"。

唐大孝，唐大裕，夏文祥（俱殉嘉兴难）
唐道怀（殉难）
唐盛璜（殉常州难）
纪朝兴，潘继福（俱被戕）
严玉才（绝粒）
汪廷佩，汪朝贞，汪崇燦，汪崇宽（俱被戕）
以上均句容乡人。

杜世明（被戕）
杜启敬，杜启恩，杜世兴（俱殉金华府难）
杜启麟，杜启邦，杜启法，杜启元，杜世佩，杜世桧，杜华富，杜家喜，杜华卫，杜光普，杜光发，杜正万，杜世圣，杜启恭，杜启信，杜启朝，杜世长，杜启定，徐毓春，徐兴仁（俱绝粒死）
以上均福祚乡人。

刘济元，王有兴，王有财，王朝兴，王廷富，王正清，王廷禄，王廷贤（俱绝粒死）
以上均孝义乡人。

杨宪亮（绝粒死。句城十三图人）
史德均（绝粒死）
史德乔（拒贼，被戕）
史茂玉，史兴围，史茂武，史茂根，史茂义（俱殉难）
唐启旺，严可言，严可章，严可华，严可知，严晋春，严玉福，严玉双，严晋德，严全兰，严嗣兴（俱被戕）
严可信（殉嘉兴府难）
严晋元（殉省城难）
严全考，严世旺（俱投水死）
严全扬，严晋盛，严于梁，严于康，严于才，胡本发，胡有祺，胡有庆，胡有通，胡有顺，胡有亨，胡本义，胡有功，胡有位，严志明（俱殉难）
严承喜（自缢）
严本宽，严可爱，樊法元，徐富顺，徐华春（俱被戕）
以上均句容乡人。

张明生，张美玉（俱被戕）
葛延旺（支解死）
葛延长，王胜年，王朝聚，王龙小，王扣小，王济小，葛二小，王廷喜，王廷才，王庆湖，蔡安才（俱被戕）
蔡安明（被夹棍死）
蔡双小（安宁子）
徐有禄，曹家聚（俱被戕）
汤双兰（中炮死）
以上均孝义乡人。

万学富，杨贵名，万玉有，杨富春（俱被戕）

均凤坛乡人。

朱义松，严凤高，朱长林，朱长春，徐立贞，徐立本，鲁正才，徐长荣，徐立华，徐明德，唐启昌，唐启盛（俱被戕）
徐有业，金老四，张余合，张延富，张延科，张延兴（俱殉难）
朱瞽目（明广子）
王基坤（俱被戕）
刘庆元（在堰北被戕）
朱美传，朱美喜（俱殉难）
以上均句容乡人。

耿延年，孔三豆腐，倪兴才，马贞静，王安佐，王德权，王安高，贡老六，林货郎，戴发，王安树，成忠仪，成衍茂，成有恒，成有敬，成忠兴，成忠仁，成忠礼，成忠信，成有礼，成有春，成延仓，成延静，陈家是，史汉广，史汉生，文礼祥，吴行喜，王裕贞，冯家成，冯礼昇，吴明立，吴静宣，吴宏楷，唐德运，唐祖德，王凝茂，周恒成，吴明晋（俱不屈被戕）
以上均茅山乡人。

许忠慎，臧盛安，章元林，章朝玉，章元坤，俥祖文，张映财，张小毛，笪立美，张才松，张长武子某，张庆隆，张庆尧，张庆连（俱不屈被戕）
以上均孝义乡人。

张庆聚，张庆昇，张才宏，樊启球，邹正位，邹我弟，邹纯礼，邹纯月，邹正泰，任克礼，任义荣，段荣茈，段顺合，段顺才，段顺炳，段顺从，段荣路，张盛新，张盛秀，邰礼招，倪可兰，倪盛兴，倪朝友，潘家发，梅崇义，吕存基，吕存道，张全寿，汤朝琚，章重福（俱不屈被戕）
以上均移风乡人。

田明相，田明勤，田明清，田明睦，田明槐，田明琪，唐道聚，唐正卿，唐昇源，唐联莲，窦昌礼，王长发，张双福，成朝保，孙老大（俱不屈被戕）
钟正裕（十年，在王庄殉难）
王中美，王安悦，陈昌有，冯邦发，周美谦，唐启美（俱不屈投水死）
王继干（被拷死）
周本先（有传）
以上均茅山乡人。

章永瑞，聂光华，唐启兰（俱被焚死）
张才贤（被乱刃死）
许忠坤，许良珍，毛万明，许良兴，吕全孝，张才林，张立有，孙忠如，蒋鸣盛，蒋朝良，蒋一清，蒋一昇，谭遵寿，蒋遵兴，杨论秀，杨道元，杨道启，章友道，章友信，章友德（俱殉难）
以上均移风乡人。

汪和根，汪广玉，汪本秀，汪本铨，汪永财，汪永大，汪登盛，汪本珠，田明熙，田明全，田由庚，唐照广，唐扬兴，唐才富，唐道章（殉徽州难）
唐启安，唐德昌，唐顺清，唐仁秀，唐双通，汤启福，汤贤富，汤成富，汤成保，汤存元，汤良仁，汤良义，汤良礼，汤良福，汤良成，汤良和，汤良兰，汤良祥，汤良秀，汤良林，汤良夏，汤良秋，汤良玉，汤良玲，汤良正，黎桂生，黎大智，黎大韦，黎大琪，黎世楠，黎老三，黎绍典，窦天书，窦昌仁，窦元松，窦天贵，窦天文，窦昌年，窦昌庚，窦喜庚，成在坚，严全方，严全正（俱殉难）

以上均来苏乡人。

张长泰，张映寿，张映福，张才禧，张才增，张才福（优泥冈人），张映达，张才松，张远福，张远春，张远华，张才全，张才庆，张映安，张才琮，张才祥，张映喜，张映财（俱殉难）

以上均政仁乡人。

张祚荣，张良贵，戎宗典（均十年被戕，见附传）
张映和，张映瑞（俱殉难）
均通德乡人。

张长益，张长年，张长敬，张长均（均南巷口人，俱殉难）
张长顺（殉难。孝义乡人）
郜有成，郜世位（俱殉难）
均凤坛乡人。

笪顺法（殉难。通德乡人）
吴廷驹（坊郭人，殉难）
张余山，张庆寿，张庆旺（均小俞庄人，俱殉难）
张庆福（南巷口人，殉杭州难）
包老二（坊郭人，被戕）
朱居常（骂贼被戕）
朱益三（八年，殉难）
朱昌椿（均杨柳村人，六年殉难）
平家财（十一年被戕）
陈玉洪（在柏树冈被戕）
张恒喜（在螺蛳沟被戕）
张庆馨（十年，不屈被戕）
以上均通德乡人。

陈朝楹（南社村人，有传）
朱宣治（十年，贼掳其子志进去，治尾行。贼怒。被戕。来苏乡人）
步某（名逸，妙感村人，不屈被戕）
蒋克象，朱宣华，朱宣璜，朱延佩，朱志鹏，朱延琮，朱志崇，朱庆寿，朱宣勋，朱长富，朱庆福，朱哑子，武崇余，武崇煜，武咸悌，武咸仁，武咸礼，武咸徐，武咸珮，武林联，笪立桢，笪修鉴，笪修成，笪修禄，笪修根，刘金元，胡正有，胡乾斛，胡乾高，邹我元，高秉盛（俱不屈被戕）
以上均来苏乡人。

汤道生（被戕。移风乡人）
高忠华，高开元，高公泰，刘金佩，笪修良，朱宣明，朱延龄，蒋朝荣，蒋恒邦（俱绝粒死）
朱庆富（索财给贼，被拷死）

朱三道人（索财不得，被戕）

朱良贵，朱邦连，殷正春，殷正佩，武学儒（俱殉难）

以上均来苏乡人。

吴其和，周贤金，尹宗道，王荣照，王哲美，王哲良，王心芳，李聚发（俱不屈被戕）

以上均上容乡人。

钱昌仪，戴道恒，孔广源，孔广全，朱达巧，朱志礼，朱达源，朱达满，朱达增（俱不屈被戕）

以上均来苏乡人。

端木礼兴（在广德州被戕）

端木利益，窦忠顺，窦良昌，丁春明（在红蓝埠被戕）

杨绍成，杨绍炳（在下埠被戕）

杨绍春（在望湖冈被戕）

杨臣标，杨绍彭，徐厚章（在道士坝被戕）

王明友，杨祚富，杨祚照，杨明昌，李明伦，徐道高（在双塘被戕）

徐道琴，魏元龙，魏昌富，魏永财，魏永明，魏永信，魏永正，魏永安，魏永惠，吴焕如，吴为顺，吴为周，吴为春，吴为福，江某，陈齐玉，王三元，华德铭，潘家庸，潘泰礼，潘家仁（在湖熟被戕），潘泰凤，潘自斌，潘自宝，潘自英，潘泰玉（在丹阳被戕），潘泰典（殉捻匪难），潘泰周，潘泰贞，潘泰喜，温荣才，李一麒，李一龙，李一凤，戴儒生，魏元朋，戴朝觊，朱本隆，吴承景，戴儒惺，戴臣武，戴立栋，戴立琦，戴立楗，戴立志，戴立爱，戴朝举，戴朝缙，戴臣漪，戴儒坤，赵广勤，赵广奇，赵大宾，赵大银，赵仁祥，万朝瑞，赵厚才，赵厚喜，赵厚富，赵文昇，戚元福，戚元绣，戚元锦，戚库小，戚泰瑞，陈伦怀，吴名志，吴名成，吴名题，吴名喜，万德贵，万德琪，华思喜，华孝见，蔡大三，蔡大启，蔡大春，蔡大先，蔡立仁，蔡遵凤（俱不屈被戕）

雍世涛，雍世福，温仁兆，温厚田，温荣生，石启聪，石启明，石启骏，石承华，石加珍，石先灏，石先纯，石红伢，吴高麟，石启义（俱投水死）

石正寿（中枪死）

濮元淇，濮元栋，濮元林，濮永之，濮春荣，濮其鸣，俞世元，曹祥源，曹祥有，曹家贵，曹家宽，曹家建，吴儒有，邹和贵，邹和顺，赵国顺，杨世凤，朱起寿，华思拈，吴玉明，吴玉珍，华思松，汤正善，尹永德，朱友发，朱佑同，宣达祺，唐承治（俱殉难）

杨学车，杨学东，杨春华，杨正广，杨正发，杨正勇，杨正梯，杨正贵，杨长明，杨学坤，杨长礼，杨长义，杨正旺，杨锦珍，杨锦福，杨一铣，杨长顺，杨长春，杨学正，杨学义，杨一渭，杨一藩，杨一信，杨一发，杨一和，杨一勋，杨一秋，杨一凤，杨一泰，杨正梁，杨正左，杨正桂，杨正南，杨正春，杨正琼，杨长雄，杨长喜，杨学敏，杨老四，刘老二，王老二，王老五，王三，王锦贵，王锦美，王锦照，顾大考，王仁财，朱宗寿（俱不屈殉难）

以上均临泉乡人。

尹宗元（御贼被戕）

尹启发（拷死）

均上容乡人。

戴儒庆，朱宣正（均御贼被戕）

朱宣世（荷耡击贼，炮中脑死）

朱宣家，朱宣俭，朱达佩，朱宣新，朱志巧，朱志云，朱志亮，朱志黄，朱达周，朱达镐，朱宣桐，朱宣枝，朱延英，朱宣章，朱宣喜，朱志正，朱宣南，朱宣墅，朱达亮，朱老虎，朱毛毛（俱殉难）

以上均来苏乡人。

许起达，赵宗棠子某，王安漳（俱殉难）

均承仙乡人。

童有科，宋道正，姚行登，吴文焕，王恒庆，王德胜，许从善，赵天福，姚景容，张德科，周永桢，薛显如，薛显邦（俱殉难）

以上均凤坛乡人。

朱志义（十年，投水）
朱达枢（十一年，遇害）
朱扬扬，钱昌庚（俱投水死）
均来苏乡人。

经家鼐，经家襄，李承高，李承凤，陈正远，陈正邦，陈继贤，陈继明，周笃让，周贞生，周孝祥，周基云，周基正，周恒良（俱不屈殉难）

以上均上容乡人。

钱志珍，钱志兰，钱志华，钱志魁，钱志鳌，孔广聚，孔广财（俱不屈殉难）

以上均来苏乡人。

郭文富（贼使敛费，不从，杖死）
韦某奋（擒贼剖腹，后被贼斫死，骂不绝口）
均承仙乡人。

王守庆（十年，被乱刃死。凤坛乡人）
陈夏小，凌启方，凌长允，凌朝礼，凌德庚，凌朝杰，凌启才，凌长言，朱宣起，朱宣祥，朱达荣，朱达熊，朱宣照，朱宣伦，朱宣吉，刘文芳，刘金序，刘文业，刘文才，刘文淑，朱传瑜，朱荣义，朱法庆，雷敖林（俱不屈殉难）

以上均来苏乡人。

黄春元（殉难。孝义乡人）
唐礼文（殉难。句容乡人）
张自凤，李茂鉴，李茂举，赵盛林（俱殉难）
以上均来苏乡人。

谢武成，周笃才，胡德林，贾正鳌，段嘉吉，赵正兴，倪盛阳，胡德兴（俱不屈被戕）
以上均茅山乡人。

严邦选（十年被戕，并焚其尸）
朱宣富（被拷死）

刘金保，朱和发（俱被逼投水死）
均来苏乡人。

王安森（被逼投水死。崇德乡人）
朱宣高，朱宣尚，朱宣鼐，朱达炳，朱才儿，刘金茂，刘天定，刘天明，刘金林，刘金尧，刘金光，卜恒志，屈元儿，朱法清，朱传九，朱荣第（俱殉难）
以上均来苏乡人。

潘家昇，唐礼繁，唐崇信（俱殉难）
均句容乡人。

李兆盛（殉难。来苏乡人）
万世寿，万世灵，巫安发，巫安荣，巫安禄，万大有，钟延祥，钟延庚，金永松，金恒月，桑万喜，邵宗元，王延景，巫安源，吕懋志，吕懋真，吕懋纲，吕良荣，吕良启，吕福勇，吕福全，吕福顺，吕咸楷，吕咸卜，谭某（名逸），邱某（名逸），陈二（名逸），向贤高，胡昌悌，刘尚友，刘德兴，朱开来，曹施富，曹施发，曹施明，吴有浩，王德东，胡昌渭，胡昌洲，曹施金，胡宏昭，胡宏启，胡昌朝，胡昌潜，胡宏治，谭德继，王昌寿，王家昆，龚寿纲，龚寿福，吕祥成，曹显楷，曹显聘，朱明远，朱德培，吕良佐，刘尚义，吕咸书，吕咸魁，吕咸照，吕良发，储玉美，朱起祥（俱不屈，殉难）
以上均仁信乡人。

周直藩（六年，自缢）
胡德全（年七十一，餿死）
均茅山乡人。

王德顺（被钉四肢于门死。来苏乡人）
端木礼柏（赵村人，十年殉难）
王大有，王明元（均坊郭人，俱殉苏州难）
朱德才，朱德旺，朱德兴，朱胜春，朱胜先，朱胜华，朱正发（均被戕）
朱正明，朱茂兴（俱绝粒死）
以上均孝义乡人。

张才左，张才孝，张才香，张才立，张长鉴，张远玲，张映保，张映发，张映祥，张映元，张才均，张映昇，张远豪（俱绝粒死）
以上均孝义乡人。

张才虎，张才贵，张才知，张长照，张映宏，张才隆，张才达，张才根，张才华，张长照，张映宏，张才隆，张才达，张才根，张才华，张长龙，张长荣，张映生，张长彩，张长成，张才著，张才蕙，张长舒，张映鉴，张才膴，张长盛，张长鳌，张余蓬，张余船，张余沧，张长泰，张庆庠，张长玉，张庆莱（俱绝粒死）
以上均移风乡人。

戎德文（坊郭人）
张长同，张长济，张才喜，张长桃，张映松，张才寿，张长胜，张长安，张长连，张庆升，张庆燦，张庆隆，张长富，张才美，张才铭，张才坤，张映熙，张长龄，张长瀛，张长洋，张长满，张才功，张映寿，张才满，张才成，张映福，张长溱（西逋逊人）

张长新，张才河，张长芳（俱绝粒死）

以上均崇德乡人。

高廷旺，高廷仕，高廷海，高世兴，高廷钊，江成兰，江成贵，江成贵，江成进（俱绝粒死）

江良兴，江良旺，江成佐，江良礼，陈贤福，江良连，裔良盛，裔世柏，裔世寿，裔良宽，裔良达，裔良兴，裔良金，裔良玉，裔明治，王正宝，王正隆，王道琦，王道兴，王正文，王正亮，王道善，王道极（俱被戕）

江良信，江贤近，江贤珠，陈道富，陈德有，陈贤法，涂世宗，刘春兴，刘春旺，刘春福，刘春生，刘长聚，刘长根，刘春富（俱同治二年殉难）

贾永贵，贾永亮，贾永发，贾永安，贾延绪，贾延身，贾方朝，贾方寿，贾方勋，贾永康，贾永寿，贾永年，贾永和，贾正福，贾正舒，贾正林，贾学礼，贾学功，贾学知，贾永禄，贾永钊，贾延华，贾延培，贾方春，贾德春，贾方伸（俱同治二年被戕）

巫恒贵，巫恒华，巫恒荣，巫恒旺，巫永泰，巫永瑞，巫永有，巫永富，巫永贵，巫恒和，巫永善，巫长元，巫永朝，巫永华（俱同治元年绝粒）

贾延贵，贾延广，贾延庚，贾延芳，贾方金，贾德让，贾德伟，贾德修，严贤良，章朝有（俱同治二年绝粒）

以上均移风乡人。

王长玉，王大焕，王大瑾，王广林，王广富，王广灏，王广贤，王广生，王聚才，王广瑞，王广居，王广起，王广进，王照美，王广朋，王照兰，王泰山，王大柏，王大右（俱同治二年绝粒）

王照根（被戕）

以上均琅琊乡人。

俞长庚，俞春茂，俞恒有，俞恒茂，戴春茂，戴春林，戴学德（俱六年被戕）

以上均孝义乡人。

朱嘉能，朱盛元，朱盛凤，朱盛宏，朱盛浩（俱六年被戕）

朱兴智，朱兴益，朱盛亭，朱盛钱，朱盛朝，朱盛亮，朱道华，朱道盛，张德信，张德良，朱道连（俱七年被戕）

以上均凤坛乡人。

刘长春，许传旺，许长安，许传生，许成立，许成景，许长旺，万明珠，严圣才，严贤明，徐国扬，汤庆寿，汤庆福，汤庆荣（俱十年被戕）

以上均移风乡人。

巫良贵，巫良怀，巫钦相，包圣先（俱十年被戕）

均孝义乡人。

王传发，裔传名（均贯塘村人）

朱盛隆，朱兴聚，朱兴保（俱十年被戕）

朱道怀，朱盛全，朱道治，张余连，张庆喜（俱同治元年被戕）

以上均凤坛乡人。

刘全荣，刘恒有，刘正明，刘利贞，刘利圣，陈才有，陈才成（俱同治元年被戕）
以上均移风乡人。

朱绍元，朱兴隆，鲁德荣，鲁德灵，鲁长有，鲁长海，鲁德兴，张庆贵，张兴基，张兴凤，张余和，张兴高，张兴禄，张余灵，张余纯，张余春，张余喜，张余开，张余淮，张余大，张德亮（俱同治元年殉难）
以上均凤坛乡人。

刘春元（十年，投水）
徐洪福（同治元年被焚）
王广知（饿死）
均琅琊乡人。

王大庚（在大培埠击贼被戕）
倪怀禧（十年，殉难）
骆常珍，欧阳大福（六年，殉难）
欧阳国缙（十年，被戕）
欧阳万钰（十年，被戕。以上均欧巷人）
雍掌衡，雍元宏（太仓州被戕）
雍元容，江隆茂（西门外人，十年殉）
徐汇源，俞宏三（住俞槛村，七年殉）
俞某（死内应事）
朱有德（被戕）
胡有钦，吴承锦（在花茂村被戕）
吴锦华（在花茂村殉难）
医士倪德焕，陈怀仁，陈德富，陈德怀，陈通宝，陈车匠，陈聪溶（在湖隄村被戕）
荀世芳，巫义恬，樊绍文，屠增麟，姚奇福（姚家村人，十年被戕）
姚长浚，高银保，高士贞，何壮乾（在糜墅桥殉难）
何长存，王宗鲁（湖柘村人）
王正洪，王远光（十年，在王家村殉难）
王长仁，王司务，王远荧，王大成（十年殉难）
张余某（六年，在道士桥殉难）
张葆元（十年，殉难）
张庆贵，张延合（在范家庄殉难）
张朝松，张庆紘（在西城殉）
杨师质（戴村人，不屈死）
杨礼位（六年，被戕）
杨义贵（十年，被戕）
杨道终，杨道朋（十年，被戕。以上均杨巷村人）
周恒信（住方溪村，六年殉难）
周德恭，刘元喜（在道士桥殉难）
刘显芳（在新坊村殉难）

甘本澄，谈子敬，商致和（殉省城难）
任存焕（孔村人，同治二年被戕）
马汝明，李有畜，李某（朱张巷人，六年在淤乡被戕）
宋凤章（在李家桥殉难）
万德起（住高阳桥，七年殉）
华思智（在华家边被戕）
尚德汉（在义成桥殉难）
郭荫培（十年，在淮北被戕）
骆春沼，史珮玉，孔继纯，孔长生，孔昭鳌，许华章（均十年殉）
蒋忠璘，赵何通（六年，在马平桥殉难）
赵瑞麟，赵政恒，赵政迎，赵家栋（三年，骂贼死）
赵显增（殉长州难）
戴德成（住窑山村，七年殉）
戴世允（十年殉难）
戴道铭，戴成良，谢俭禄，谢钦聚（谢家边人，均十年被戕）
戴世画，戴世乾，戴世贵（同治元年殉难）
丁仁全，裔顺起（均张杆里人，七年殉难）
尚义仆（名逸，有传）
吕咸富，巫有恒，李鹤林，陈世旺，倪朝福（十一年被戕）
朱荣升，蔡景祥（同治二年被戕）
胡定启，谭德功子某，蔡明望，徐春和（均被戕）
杨方禄，杨国孝，孔广浑（殉江宁难）
陈德发，张榆村，俞士永，李光凤，王大德，许发高，许升安，张得玉，陈伦信，杨得贵，周章如，周魁胜，方正位，陶玉和，戴礼仁，高应钟，孙新红，孙金贵，季仁富，柳明卿，雍楚与，赵志仁，王鸿儒，陈祖灏，夏万安（皆殉难）
以上均见《府志》。

赵志广（殉江北难）
许明和（在下蜀被戕）
许兴位（被戕）
许良旺（十年，绝粒）
均孝义乡人。

戴天仁，戴天臧，戴仁泰，戴仁福，戴仁富，戴仁和（俱殉难）
戴仁友（被戕）
戴大富，戴大贵，戴大营，戴大旺，戴大隆，戴大有，戴大生，时道余，时道元（俱殉难）
时道方（被戕）
时道裕（被烹）
以上均琅琊乡人。

骆崇元，刘庆元，王远先，赵福寿，乐道中，李名礼，戴立麟，戴立耀，俞广箕，王承贵，杨宏财，张崇礼，张崇义，朱维科，刘昌寿，解吉善，戎叙胜，戎綦，王承麟，宣介堂，王家富，戴志莲，张照之，刘敬坤，蒋景懋，王介眉，汤建中，卢贤德，许渭（以上俱见版位）

陈常满，陈常苍，陈常澄，陈常山，陈常全，陈常懋，陈正莱，陈正源，陈正宽，陈正寿，陈正广，陈正湖，陈正家，陈正佑，陈兆厚，陈正宝，陈正坤，陈咸钟，陈咸鸣，陈恒谱，陈恒谱，陈恒义，陈恒礼，陈咸选，陈咸茎，陈安财，陈安庚，陈安庠，陈安浩，陈安孝，陈恒玉，陈安吉，陈安庆，陈安寿，陈安龄，陈正良，陈咸长，陈咸有，陈常禄，陈常纯，陈常盛，陈常金，唐邦清，唐安起，唐安春，唐年儿（俱殉难）

以上均望仙乡人。

高德进，高秤儿，高德璜（被戕）
高德安（被戕）
高德纶（被戕）
高德顺，高德美，高德武，高烈淮（被戕）
高树松，高德兴（十年，投水）

以上均移风乡人。

董昌琮，董秉礼，董昌玑（均不屈被戕）
董昌熙（同治元年被执，不屈，剖心死）
董昌行，董昌璜，董裕辰（均绝粒死）
闵道春，闵道安，闵道有，闵美保（均被戕）
巫邦聚，巫国富，巫国寿，巫邦容，巫国兴，巫国才，巫国明，巫邦求，巫世福，巫才高，巫邦科，巫国奇，巫国嘉，巫国瑞，巫国琛（均殉难）
巫邦才（在城被戕）
巫国聚（十年，被戕）

以上均望仙乡人。

糜国琦（在马庄桥被戕）
糜国志，糜国安，糜国发，王长美，王文祥，樊家礼（均不屈被戕）
糜宏樑（在外殉难）

以上均来苏乡人。

居四（附传）
方朝贵（均坊郭人，俱六年被戕）
陈得寿（附传）
倪绳锦（唐陵人，在潦塘被戕）
孙老二（张延祺家丁，十年被戕）

方　外

僧恒修（有传）
僧开宝（有传）
僧达林（住丁家庵，十年被贼拷掠举火焚死）
僧严如（住张庙。贼欲杀害，投黄堰坝死）
僧光明，僧光慧（均住福缘庵，贼掳不屈，被戕）
僧才宝（住临泉乡同泰寺，十年被戕）

僧性池（住下蜀镇邻华庵，九年殉难）
僧可庆（七年，骂贼不屈，被戕）
华山房头僧淡然，僧长华（均七年被戕）
僧智成
道士张子云（不屈死）
郭道士（住善司庙，有传）
郭道士（住开泰庵，不屈被戕）
俞嗣修（住茅山乾元观，十年被戕）
范信明，戎如山，张敏仁，董载福，欧巨川，朱克恭，丁其芳，于其康，陈其信，王觉净，梁觉洲，许如俊，林如堵，杨潢作，唐信顺，李信真（以上均茅山九霄宫道士，十年骂贼被戕）

流　寓

安徽巡检张耜（震泽人，有传，弟勉，妻某氏，子宝书，老弱十五口，同殉难）
龚有寿（丹徒人，妻刘氏，女三姑，在句投井殉难）
孙明庚（丹徒人，同治二年，在樊家村被贼剖腹食心。妻樊氏，同遇害）
郑兆勋（扬州人，妻陈氏，在上兰村同戕）
无名氏（金陵人，六年，避至朱家山。城陷，男女老幼共八口，相率投村西园里塘死）
吕家和（上元人。十年在土桥被戕。妻刘氏缢死）
以上流寓士民一门殉难。

文生张允之（上元人，有传）
文生张耀乾（上元人，阵亡）
文生蒋雨滋（丹徒人，王庄阵亡）
文生陆樨林（上元人，十年殉难）
文生侯某（湖北人，在夏甸售医，同治二年被戕）
监生王大逵（上元人，有传）
监生张天锡（江宁人）
武生吕元魁（溧水人，在塘陵村被戕）
尹延松（溧水人，被剖腹死）
叶德兴（溧水人，有传）
胡东堂（高淳人，在赵村课读，被戕）
张佩芝（扬州人，在北墅村被戕）
赵德和（仪征人，在仓头被戕）
沈振远（洞庭山人，十年在东阳殉难）
朱某（宝应人，在邹巷被焚）
王某（上元人，住陈家庄，杀贼被戕）
王大（江北人，在土埠村佣工，被戕）
张二（扬州人，在唐巷村被戕）
张老四（太平圩人，十年，在东山村被戕）
丁老（丹徒人，在上兰村剖腹死）
查老贩（曹县人。业荙。在郭庄庙被戕）

陶木匠（太平府人，十年，在老鹤村被戕）
以上流寓士民殉难。

许长有（长德，江北人，佃种冈子村，为团勇，六年阵亡）
张锦黼（锦黼，丹阳人，珥陵镇阵亡）
荆学文（秀发，丹阳人，珥陵镇阵亡）
邓学孟（昌松，川秀，明秀，双喜，明吉，丹阳人，均在苏巷阵亡）
以上流寓勇丁一门殉难。

陈启林（江北人，佣工冈子村，六年为团丁，阵亡）
周长庆（江北人，为三岔团丁，六年阵亡）
徐永山，陈书元，王汝培，张荣孝，汤厚恭（以上五名，均丹阳人，珥陵镇阵亡）
韦茂健（丹阳人，张墓村阵亡）
陈有成，张以钟（均丹阳人，华山里阵亡）
姜国茂（溧阳人，古渎里阵亡）
吴瓦匠（丹徒大港人，王埠圩团丁，杀贼数人，十年被磔死）
冯棉花匠，王箍桶匠（均太平府人，充南乡团丁，六年崇福桥阵亡）
施再思，施忠良，朱胜扬，朱廷章，姚福德，王香培，王元贵，王正升，张永和，周胜坤，顾金相（以上十一名，均苏镇中营兵丁，句容阵亡）
琅山营兵某（见附传）
以上流寓勇丁殉难。

芮长发（亲兵什长）
陈伦信，陈德玉，孙新洪，刘兴科，周占魁，戴礼仁，杨得贵，张锡礼，方正位（以上皆什长）
李家乐，周得贵（均亲兵）
侯兴林，李家贵，王朝进，余东海，戴力富，杨义礼，蔡学林，戴成聚，陈得容，唐宏，巫永胜，毛仁成，张金发，魏大有，沈得宝，张萃和，赵志中，季仁富，李光凤，许发高，王大发，许升安，雍楚兴，钱玉庚，汪学初，孙金贵，周魁胜（以上均正勇）
曹大全，夏延泰（均长夫）
曹福成，万大发，戴友名（均伙夫）
以上均系淮军。附记庐州谭、刘二公祠。
均见《府志》。
以上附弁勇殉难。

续纂句容县志卷十一下终

续补忠义

知府田芬；参将汤茂泰；都司易新胜；都司黄昌；都司陈光谟；守备向忠国（以上皆霆军，同治三年克复句容阵亡）

以上官。

铨选主簿孔广幹（殉贵州大塘难）
五品军功尹怀义（咸丰十年，在遌逊村被戕）

以上绅。

贡生倪用宾（妻某氏，子葆和、葆平，和妻张氏，平妻陈氏）
文生徐富珍，文生姚道元，文生樊志贤（十年被戕）
文童施国斌，文童施家珮，童生樊启绪（妻欧阳氏，十年殉）

以上士。

栾继曾（女一，骂贼不屈被戕）
朱攸余（妻栾氏，同殉）
李有功（妻包氏，弟有敬、有德，子余庆、余广，敬妻某氏，德妻某氏，庆妻某氏。坊郭人）
陈正福（妻丁氏）
张庆有（妻朱氏，侄长祥）
张长咸（妻周氏）
张才印（妻孔氏）

以上一门。

朱式榕，王仁财，赵国纪，张庆有，俞明庆，朱一道，陈福仁，朱有高，陈国昇，巫老四，高秉直，张有兰，施国成，邹照盛，夏老二，陈有德，王守理，王履中，张余道，邹正芬，邹顺新，邹安鼎。

以上民。

练首毛德章（福祚乡人）
王大凤（有传）
赵家义，赵正迎，赵正禄，赵义方（均上容乡人）
张余豪（东乡人）
练首吴廷珍（茅山乡人）
柯长松，柯仁信，宋家桢，俞士涌，俞士源，陈得寿，柯长林，朱达三，朱达昌，朱达顺。

以上团丁。

续纂句容县志卷十二上　　　　邑人　张瀛　分纂

人物（流寓）

　　溯吾句容旧族之始，半多寓公。金牛运陑，再造江东，附骥攀鳞，十数万户。特置琅琊侨郡以居之。靖康之难，扈跸渡江者，亦数万人，聚族於此。他若官於斯与游於斯者，往往爱山水清奇、民风浑朴，辄流连不忍去。乾隆中叶，骚客羁人，坛坫风流，一时称盛。洎乎赭寇跳梁，东南不靖。白下诸名宿，鸾飘凤泊，暂觅一枝。与邑人士把盏联吟，以吐其磊砢不平之气。乱定后，率皆扶摇以去。星移物换，人往风微。谨述旧闻以存陈迹。作续流寓志。

　　孙星衍，字渊如，一字季述，阳湖人。父勋，乾隆时任句容校官。星衍诞於署。及第后，以"鼎元先路"牓其堂。幼虽好蹴鞠诸戏，而一目辄数行下，骨记不忘，故淹贯群籍，为一代鸿儒。王氏修竹楼，骆氏西爽轩，水木明瑟，极吾邑园亭之盛，星衍与同乡洪亮吉、赵怀玉诸贤觞咏其中，流连竟日，梁井堙於断甓，葛碑仆於荒榛，胥访得之。搨数百本，远饷同好。一时韵士骚人来游来歌，称盛事焉。

　　蔡琳，字紫函。江宁举人。咸丰癸丑应礼部试，甫抵京，闻江宁陷，以母在城中即返车。星夜驰至，望城而泣。百计脱母於难，辇至句容散岔镇，授徒以养。琳博学嗜古，循循善诱。邑人章安福，其高足也。琳己未捷南宫，历官刑部员外郎。著有《荻华馆诗稿》数卷。

　　郭怀仁，字乐山。合肥人。咸丰间避乱，居句容郭庄庙，课徒於花茂吴氏，劬学工文。时金陵方攻战，相距数十里，炮声隆隆，不绝於耳，犹把卷濡毫，昕宵不辍，己未借闱秋试，橐笔赴浙，计滟水上书者仅二十八人，中式二名，怀仁与焉。后捷礼闱、入翰苑以去。

　　姚兆颐，字友梅。江宁人。咸丰三年，侨居句容。与骆崇禧、曹政修辈（均有传）结社联吟，诗名藉甚。尝有"如此恶缘抛不了，又来带雪看茅山"之句。所作辄随手散去。体弱善病，不能常鏖文战。六年后，流转吴门。乱定，中拔萃科。光绪己卯始领乡荐。未几丁父忧，以毁卒。

　　傅遇昌，字用霖。江宁人。与姚兆颐同寓句容，应华阳院课。兆颐竟夕构思，只成一艺；遇昌风发泉涌，已成数首。与何鸿仪、潘同（俱有传）均为邑令赵廷铭所激赏。得资辄沽酒入社，角逐词坛。兴会飚举、流离琐尾之际，不作凄楚音。其旷怀若此。己未北上，捷京兆试，以县令改兴化学博，终於任。遇昌同里魏赓元，字伯飔。亦诗社中健将。丙辰，句容城陷。避居吴门。曹政修赠以诗云："佳日喜添诗酒伴，好风吹散别离情！少年同是青骢客，知己重联白马盟！"可想见其概矣！后中庚午举人，以广文终。

　　徐士怡，字棣友。其先安徽石埭人。父廷芳，道光间为句容典史。有惠政。遂卜居句容中街。士怡幼颖悟，好读书。尝受业於邑副贡凌长埏之门。既长，益笃志苦学，博览古今，笃嗜古文词、骈体杂作，睥睨一世。少许可。而词气温和，为所心折则虚衷以就。在华阳诗社中，与同人相砥砺。骆崇禧谓为"曹政修之劲敌"。庚申后，饥驱蓬转，所遭艰苦悲愤悉泄诸诗，遂成诗稿一卷。同治间，独山莫祥芝任通州，招致。令其子弟师之。遂殁於其署。著有《寄生山馆》诗稿。

　　赵崧，字筱容。一字籥江。贵州遵义人。父廷铭，咸丰间官句容知县。解任后，居县治文星里。崧少时与弟龙负双丁之誉，好交游，驰逐文坛诗社中几十年。龙早卒，崧游京师，书屡上辄报罢，郁郁不得志。遍走大江南北，至沪上，终无所遇。晚年就幕吴下，以喘疾卒。无后，著书十余种，俱未成。

张肇岑，字兰坡。甘泉人。嗜金石，精篆隶镌刻。少游阮文达之幕。晚年寓句容，搜访古迹，获梁南康简王石柱。又得颜鲁公《李君断碑》。手识日月。其渊雅好古如此。

王敦甫，字新吾。丹徒人。少游粤东。在制府阮芸台幕中得《牛痘新书》一卷。精研其法。遂传种於楚。由楚而吴，推广愈多。道光间，邑令王检心聘至句容，设局施种，俾重辑新书刊版行世。兵后，卜筑於白兔镇。光绪初，就馆邑中。知县袁照设局延主其事，时年已八十有六。前后手种不下数千人。暇时信口吟哦，为容易格，亦布衣中不可多得者。

张锦坡，上元诸生。寄居东阳镇，敦品励学，治家严肃。少与江夏陈銮友善。后銮贵巡抚江苏，道光某科监临南闱，同人为锦坡贺，而锦坡竟不应试。未几，銮署督两江，以书招之，而锦坡终不往。其高洁如此。壬寅，英夷犯顺。东阳办团练，锦坡捐重资助之（《续府志》误以恒顺铺号为名）。

续纂句容县志卷十二上终

续纂句容县志卷十二下　　　邑人　张瀛　分纂

人物（方外）

句曲显名，始於茅氏；宝华著迹，肇自志公。地以人传，尚矣！魏晋以来，嗣宗师者数十代，持梵律者亿万人。甚至燧人降生（《景定志》云：“宋真宗遣使祈嗣茅山，遇异人言：'上真人当降为宋第四帝。'详询名号，则曰：'古燧人氏。'及仁宗生，始行步，每持槐柳以篾钻之，真宗喜曰：'洵燧人也！'”），江神乞戒（《华山志》云：“释三昧有道行。结庐野雉潭，潭龙现形受戒。泊舟鲟鱼嘴，江神出而乞戒。崑城之小乙金龙，龙潭镇之五显神，皆托梦，自云：'吾已得戒，祀无杀戮。'”），偻指灵异，更仆难终。今虽元风不振，释教寖微，而黄冠野服，犹守全真。露顶搭衣，尚多苦行。顾岐视二氏，削而不书，可乎？爰稽山志，兼采舆评，得若干人，作方外志，以续仙释。

阎道人，不知何许人。其投刺於人，称希言；人与之书，亦称希言。顶一髻，不巾栉。粗布衫而无衵服，履而不袜，疏眉朗目，丰辅重颐。色正紫，腰腹十围，扣之如铁，重可三百斤，行步轻捷，虽少壮不耆也！盛暑赤裸而曝日中，不汗。穷冬凿冰而浴。又令人积溺缶中。浴之出，使自干。嗅之，殊不觉膻臊。以故所至皆异之。目为道人，以其不巾栉也，又目之阇蓬头。诸慕道者，咸以奋呼矣。道人亦不辞。或坐不起，拜之亦不起。然未尝求伸於不知已。喜饮酒，量不过三四升。酣畅自适，则歌道曲以娱坐者。食能百人，不择荤素，第嗜蔬而安粥。人奉之帻则帻，奉之衣则衣。予之金钱，则亦置袖中，转盼即付之何人手，不顾也。出则童子噪而从之，往往袖甘果为饷，故从者益众。问道人曰：“百岁乎？”曰：“然。”问：“且二百岁乎？”曰：“然。”问：“元时尝为集庆路总管乎？”曰：“然。”或曰：“道人不过六十耳！何诳我为？”曰：“是诳尔也！”竟无以测也。然道人绝不为人道其所繇得。叩之以延年冲举之术，亦不应。惟劝人行阴骘，广施予，勿淫勿杀，勿忧勿恚勿多思而已。万历十六年十月十三日，过一毛百户俊家，饭毕，谓其徒："我欲得汤浴。"汤至，凡三浴。而后爽然命移枕蓐，地坐曰：“道人不当卧床也！”已觉气息微，始惊问："道人得无欲去乎？"道人曰：“既知之，何问？”又问："有所言否？"曰：“我何言！穷理尽性，以至於命，齐家治国平天下而已！”遂瞑。跌坐不僵，浃旬犹暖，气色休休，然汗沾鬓有若玑者。三日而入龛，七日而移至乾元观。时时启龛视之，盖百日犹若生也。道人游行人间者五十余年，灼然著声者垂四十年，出无恒乡，诣无恒主，宿无恒夕，忽然而来，忽然而去，无住无主，无恋为本，无相为宗，其真有道者耶！"弇山人曰：“道人以甲申之冬过我弇中，酒间忽谓余：'吾家山西，二十七八时，行贩燕市，足自给，而房帏过度，成瘵且死，而遇我师，诲之坐功，得无恙，且谓汝欲不死，亟去家毋问。当是时有一女，而置之。今者都不忆。吾血属惟忆姓阎，度其时，盖在嘉靖乙未、丙申间也！'余谓："道人漫应人多矣！安知不复漫？"谓我："我姑漫应之！"因相与失笑而别。

舒道人，晚而慕道。浪迹诸名胜。至三茅郁冈之下，见有宋朱真人《幽光显扬碑》仆於荆榛中，土人取石为灰，碎其碑，将负去，忽雷雨晦冥，若见有人凑合立之者。道人异之，乃倚碑结茅而栖，坚意精心凡十余年。而道人阎希言者，始来自终南，丰腹重领，不冠不履。舒知其不凡，拜为师，遂相与胼胝兴复古乾元观。云道人名本住，字一庵，金陵人。与江文谷同为希言高足弟子。卒年九十有六。

江道人，名本实，字文谷。蓟州玉田人。蚤岁弃家学道，万历壬午至郁冈，师希言。尝言："人生，未尝无死，有尽形骸；人死，未尝无生，当存精气。"乃於洗心池旁培小阜叠石塞牖，跌坐於中，谓其徒："每日向牖呼之。应则已，不应则入，收敛遗蜕。"凡呼之三年，乃不应。启石视之，坐蜕矣！故称为活死人墓。所著有《华阳真诲》行於世。

李道人，黟县人。父母皆梦一道人入门而生，名梦仙。以正德壬午生。父故雄於赀，道人暱妓凤仙，年至四十，几死。有一丐者，呼门自称清净敖蓬头，为邱长春十代孙，指北海牢山为居，教以修炼法。更名一了。偕之登天目，嘱之曰："咄咄善守而道黄白，男女皆惑世罪孽，汝其戒之！"忽不见道人。遂劝妓为道姑，弃妻子云游西粤湘山、楚太和山，散发啸歌，众莫之识。时阎希言在山，独识之，相得甚欢，朝夕修证。阎往茅山，李忽投清凉涧中，捧腹大笑，从此遂不衣，严冬亦然。故以赤肚名。十年游终南，又十年游匡庐。三年，始入茅山。而阎先一年尸解矣！欲师江文谷，文谷不受，遂拜空而师阎。复著衣曳履，混於众衲。众衲不为礼，更号彻度。遇病者，不假药饵，或呪或咽，无不立愈。众稍礼之。东南巨室，咸倚为命，延之就之者车马错於途，谈道一本於无，欲问仙，摇首闭目，曰："不知不知！"尝坐燕口洞三年。王荆石宿大茅峰，梦一道人坐斯洞，觉而驰至，遂肃拜焉。里中有新必献之洞，不献必有梦迫之。化於万历己未八月。年一百十五岁。

王小颠，道名合心，常州宜兴人。生而慧辩，通儒术。弱冠，居金沙，即悦水云之士，作方外游。遍诸名山，访高流，见阎希言，师事之。叩昇举事，希言曰："所谓昇举者，岂虚空之中别有苑囿宫殿以为游息而往居哉？无非仙踪耳！"於是历郁冈而始慰其入道之心。合心学博而才敏，构词用意，出人意表，其所言多是默示道妙，伤感世态。复善草书，屈伸变化，绝无尘迹。读道书，悟一言则笃信而体行之。尝言曰："吾闻鸿濛凿而太朴死，然则是礼也，凿之首也！"乃假於酒，跛履踞坐以自放，狂歌浪语以御人，藏机作拙以示无用。於是人皆目之为颠，而省其礼以接之。而合心亦得简其礼以答人矣！於是人咸称为小颠。又尝为其师江慎言荐度九，曰："全真何以独度九，以乾阳至九则群龙无首，阳当变阴，时时静坐，养成阳晶，数极恐其反暗，故从九而鼓动，其阳光过此九九，则仙之造化定矣！众人死则为鬼属，坤之阴暗而无知，至六日，则坤之六爻已终，阴极则变，而一阳复生於下，以为地雷。复故《易》有七来，复之辞，於是乘其复明而荐拔之，此众人所以度七也！"

杨承乾，字体元。无锡人。早孤，入山有志。适茅山道士赵述先至吴门，道出锡山，邂逅相遭，愿随几杖。然寡言语，甘淡泊，诗酒自好，世故不知，即悟道参元，不形於色。述先未察其异，人更莫之识也。虔奉纯阳，岁久或问感应若何，辄笑而不答，人窃讥其愚如也。一日，承乾与述先白门返辔，买棹江头。承乾在后，与蓝衫破碎者八人谈笑从容，恋恋不舍，述先叱曰："此丐者也，尔何与为伍！"承乾曰："此真丐者乎？师殆未之觉耳？"嗣后，益娱情於诗酒，醒世以疯癫，凭人毁誉，终莫之较。会有张我愚者，修真养性，名重一时，游大茅，见承乾风骨不凡，功行已著，乃忖曰："溯刘混康暨刘大彬两真人后，年湮代远，继芳躅而遥矗者，其惟斯人也！"随结为神明契。承乾又或呪枣书符法，拯人疾苦，试无不验，人啧啧焉。乃辄诿曰："此偶然耳，何足道！"乾隆辛未上元日，忽语其徒曰："七月八日，余须解蜕！"众莫之信。期至，异香满室，咳唾成莲。起而吟曰："峋嵝山里出仙人，今古从来地自神。我爱山幽真寂静，真忘真了是成真！"掷笔而逝。后有自西来者，见承乾坐半山松树下云。

施代铭，字盘谷。茅山乾元观道士。住持治西葛仙庵。风神潇洒，乐与士大夫游。道光间，宦裔孔广业自远省归应童试，报罢后怅无所依，代铭慰留庵中，助以膏火，俾卒业青其衿以去。粤逆陷城，代铭避乱渡江，转侧淮海间，犹劝人为善（事见孔昭秉《孝逆焗鉴》中），乱定，募建庵堂，规复旧制。光绪初年，广业宦成，丁艰归，握手殷勤，重敦旧好，而代铭亦皤皤老矣！逾年，忽欲归卧乾元，键户不出，弥月即逝，若预知其解蜕云。

周绍溪，字子安。茅山九霄宫道士，博览群籍，工书，善写兰，诗亦秀逸。与曹政修交最善，尝赠政修有"我是山中狂道人，君原天上谪仙人"之句。又见其题便面绝句云："漫夸刘阮结仙姻，毕竟谰言莫当真。我是山中狂道士，桃花多处即抽身！"又张鹤峰工琴，周月栩善画，皆羽流中之风雅者。

王童兴，武进人。中年出家，住持茅山乾元观。兵后，宫观荒凉，其徒十余人力耕自给。童兴苦志戮力，练气养神，三十年如一日。光绪戊戌，年六十二，示期解蜕，属诸众曰："寘吾甕中，三年后启验！"届期，宛然趺坐，遂装塑遗蜕而龛奉之。远近观者如堵。咸啧啧称叹。谓"展上公后，一人而已"。（按，玉宸观有古仙人展上公遗蜕，因讹为"肉身观"。咸丰间，贼至始毁。）

李道士，直隶人。光绪初，住持青元观。观无恒产，矮屋数间、荒址数亩而已。李某缭以短垣，树桑种菜，自食其力。暇则读《周易》《莱传》以自娱，能以符呪治疾，不受馈遗。或有询其苦况者，辄应曰："有则噉饭，无则啜粥，无求於人而有自得之乐！"其高洁如此。后十数年，病殁。

圆先，号浑仪。山东郯城县范氏子。年十四，投海州碧霞宫祝发。乾隆二十九年，圆具宝华，受记主席，躬行实践，恪守成规。两逢圣驾临幸，宠施优渥。住持三十四年。

怀远，句容人。古隍村樊氏子。幼剃度为僧。居金陵普德寺。通文翰。乾隆中，与省会诸名宿相往还，世所称怀远大师者也。携侄樊徵明於寺，俾博习亲师，遂成考据词章之学。怀远著有《经诵随笔》若干卷。

昌苍，号体乾。海州人。姓陈氏。年十二，投法起寺祝发。后依止宝华，精勤三学。继席以来，整顿规模，重光布萨。四方乞戒之徒闻风奔赴。道光二十六年，宏开戒纲，缁素云集。受戒者至一千二百余众。自文海后，南北戒期未有如斯之盛。

圣性，如皋人。出家定慧寺。同治间，嗣席宝华。佛殿僧寮不下千百楹。粤逆之乱，残毁殆尽。圣性持瓶钵募诸四方，渐次建复。藏经乱后散佚。走京师，请颁《龙藏经》一分，永远供奉。重刻《宝华山志》，以存古迹。此皆举其大者。圣性清修苦行，迭经颠沛流离，百折不变。圆寂前数年，尝言人曰："吾教至二十年后陵夷澌灭，殆不可问。距今已十余年云。淮扬道谢元福为铭其塔。

按《乾隆志》，仙以明初张三丰止，释以乾隆初福聚止。今依次续纂，非起於前明以违例也。此外，有年代稍远者，则纂入拾补。

续纂句容县志卷十二下终

续纂句容县志卷十三上　　　　邑人　陈安恭、张瀛　同纂

列女（节妇、孝妇、孝女、烈妇、烈女、贞女、贤淑、才媛）

虞集题荣国夫人之墓，唐皋吟常城节妇之桥。斯邦节义，先哲表扬由来旧矣！洎乎国朝，尤重名节，或旌门以额，或扫地而祠，褒锡殊荣，备载前志。道光间，汇集千人，总建一坊，俄经寇乱，官舍民居尽投烽火，琳宫梵宇同化劫灰，独此坊矗立道旁，超绝尘表。夫铭勒濑江，祠留淮水。岂无光灵翳然阴为呵护者乎？乃采贞孝节烈著於篇，以贤淑、才媛附之，或亦刘更生氏所不弃也，若捐躯殉难，另著贞烈附表於后。作续列女志。

节妇一

赵商玉妻尚氏，赵圣黻妻周氏，赵文镳妻杨氏，赵允诚妻张氏，监生柏铨继妻张氏，王原泗妾张氏，杨继昇妻王氏，许世熊妻葛氏，许善樟妻赵氏，庠生许志存妻沈氏，笪素珂妻杨氏，监生沈在和妻冯氏，经恒濬妻程氏，庠生刘国柱妻徐氏，朱兆芳妻经氏，谭世鹤妻王氏，庠生王兆熊妻骆氏，包善庆妻王氏，朱殿飏妻王氏，黄如陵妻谢氏，陈祖锡妻王氏，陈德杲妻周氏，李启廉妻陈氏，李日潢妻俞氏，周章轮妻王氏，周章厚妻经氏，周恒肇妻张氏，朱元寄妻周氏，朱之祥妻杨氏，朱之瑑妻陈氏，张仁雪妻王氏、妾章氏，监生张仁伟妻裴氏，王圣礼妻毛氏，王善熙妻李氏，蒋益超妻孔氏，蒋联芳妻李氏，戴维师妻章氏，戴良堦妻居氏，杨时忠妻朱氏，张逸斯妻杨氏，王荣礼妻黄氏，刘启贤妻樊氏，许乐让妻赵氏，胡德辉妻曹氏，毛彬士妾马氏，笪潜修妻丁氏，庠生许霖妻周氏，石世昌妻李氏，戴儒雅继妻周氏，戴儒进妻王氏，许江表妻王氏，许乐崻妻阮氏，庠生裴玗妻许氏，武生杨玉澍妻许氏，方朝礼妻陈氏，朱相齐妻周氏，笪素镇妻朱氏，笪素锦妻丁氏，孔继昌妻黄氏，监生骆耀先妻吴氏，张正吾妻王氏，张延兰妻宋氏，孔毓增妻陈氏，雍立朝妻沈氏，王定钢妻吴氏，吴尚臣继妻濮氏，周恒珮妻王氏，居良友妻戴氏，卫家栋妻胡氏，戴楷妻吴氏，吴正德妻周氏，宋天龙妻朱氏，朱之贵妻栾氏，朱之琏妻宣氏，朱元芳妻戴氏，朱本德妻张氏，庠生许榜妻张氏，许文耀妻戴氏，许延松妻王氏，郑起学妻尚氏，柏宏浩继妻许氏，居永书妻卫氏，陈国栋妻朱氏，戴继顺妻张氏，庠生魏江妻许氏，刘於湛妻王氏，梅作法妻章氏，裴安志妻许氏，裴功铭妻王氏，裴功至继妻经氏，裴祖骧妻戴氏，倪榜妻胡氏，倪桐妻胡氏，纪远堃妻许氏，王士顺妻许氏，监生张毅继妻阮氏，孙开基妻韩氏，葛继坤妻汤氏，监生金光第妻孔氏，孙邦枚妻孔氏，陈正寿妻谢氏，许震妻徐氏（以上俱雍正年旌，见《吕府志》）

尚常秉妻徐氏，周岳峰妻余氏（坊建东阳），监生李秉均妻雍氏，周宪钜妻王氏（坊建五渚村），刘大兴妻鲁氏，戴宁侯妻朱氏，王名登妻周氏（坊建上葛村），监生朱贞妻魏氏，杨士锡妻王氏，刘士升妻窦氏，庠生裴于发妻周氏（以上俱乾隆年旌，见《吕府志》）

许尚恕妻傅氏（坊建戴巷），蔡祉妻王氏，庠生许尚憼妻尚氏（坊建戴巷），尚徵仕妻张氏（以上俱嘉庆年旌，见《吕府志》）

赵东钱妻许氏，赵国珍妻方氏，赵继燦妻李氏，赵学易妻王氏，赵国辅妻王氏，赵廷烈妻陈氏，赵名世妻徐氏，文生赵树声妻高氏，文生赵杏林妾尤氏，赵立坤妾马氏，赵愉如继妻周氏，赵起慎继妻许氏，赵年傅妻雍氏，赵廷钧妻房氏，赵成祐妻许氏，赵士谊妻熊氏，赵贤徽妻戴氏，赵逢杰妻尚氏，赵士董妻李氏，赵玉金妻邵氏，赵元义妻朱氏，赵士高妻孙氏，赵定方妻倪氏，赵廷贵妻张氏，赵家振妻周氏，赵廷槐妻武氏，赵正悠妻张氏，赵家福妻黄氏，赵尚献妾杨氏，钱枝益妻王氏，钱万选妻王氏，孙恩寿妻吴氏，孙国鼎妻仇氏，孙开方妻邵氏，孙宜纲妻高氏，孙开选妻洪氏，孙林元妻雷氏，孙长新妻袁氏，孙国有妻李氏，孙天祚妻郭氏，孙璠妻吴氏，李廷淦妻陈氏，李士舍妻张氏，李世镛妾胡氏，李文权妻郦氏，李明琇妻许氏，李明球妻王氏，李立增妻沈氏，李家俭妻蔡氏，李允祺妻张氏，李厚亮妻韩氏，李开平妻朱氏，李兴源妻宋氏，李朝鋆继妻戴氏，李正坤继妻刘氏，李存和妻蒋氏，李惟盛妻赵氏，李亮葵妻戴氏，李承桢妻周氏，李继楷妻许氏，李贤瑛继妻周氏，李正泰妻徐氏，李撰百妻许氏，李茂圣妻周氏，周明元妻袁氏，周仪表妻张氏，周玉瑛妻成氏，周尔明妻王氏，周文妻吴氏，周笃璋妻王氏，周榜继妻陈氏，周基顺妻吴氏，文生周章嶷继妻骆氏，周应元妻蔡氏，周履鼎妻赵氏，周基德妻尚氏，周基海妻吴氏，周基瑛妻杨氏，周恒彩妻杨氏，周道洪妻胡氏，周仲迁妻刘氏，周恒琚妻江氏，文生周南继妻黄氏，周贞琏继妻端木氏，文生周载阳继妻龙氏，周天茂继妻夏氏，周贞瀛妻赵氏，周贞瑚妻范氏，周梦鲲妻赵氏，周贞治妻张氏，周恒有妻吴氏，周加宾妻徐氏，周贞潽妻王氏，周本仕妻王氏，周基宏妻尚氏，周恒潮妻黄氏，周章杰妻张氏，周章治妻孔氏，周圣宇妻芮氏，周宪瓒妾袁氏，周章继妻赵氏，周履士妻王氏，周克岐妻毛氏，周章琳妻王氏，周章鐏妻王氏，周玉棋妻庞氏，周章维妻程氏，周贞荷妻王氏，周尚义妻王氏，周贞冕妻许氏，周恒叙妻张氏，周基凤妻刘氏，周恒书妻夏氏，周恒址妻经氏，周章镕妻俞氏，周贞元妻李氏，周基瑄妻陈氏，周履鉴妻王氏，周恒佑妻赵氏，周基停妻吴氏，周贞元妻邰氏，周天成妻陈氏，周基耀妻李氏，周恒棠妻王氏，周恒举妻王氏，周恒鎏妻王氏，周基禄妻刘氏，周基鼐妻朱氏，周得贞妻许氏，周章镒妻汤氏，周世用继妻窦氏，周纶音妻杜氏，吴宏起妻周氏，吴国幹妻王氏，吴世贤妻华氏，吴玉麟妻夏氏，吴安家妻杨氏，吴传启妻赵氏，吴言晟妻王氏，吴亨兴妻朱氏，吴朝璞妻关氏，吴德源妻濮氏，吴士洁妻方氏，文生吴鉴继妻窦氏，吴儒鸿妻经氏，吴传模妻贾氏，吴赞熙继妻王氏，吴文煌继妻周氏，吴学济妻魏氏，吴毕志妻胡氏，吴重芳妻笪氏，吴显堂妻邰氏，吴尊家妻周氏，吴濎妻郭氏，吴世珩继妻高氏，郑邦元妻纪氏，郑国运妻夏氏，郑贤麟妻吴氏，郑保林妻张氏，王同栐妻杨氏，王世沧妻蒋氏，王大椷妻许氏，王龙翰妻俞氏，王起龙妻徐氏，王凝坦妻胡氏，王晋城妻巫氏，王家乐妻金氏，王礼卓妻姚氏，王良珠妻徐氏，王祚祥妻曹氏，王祚松妻曹氏，王继鹏妻步氏，王用六妻席氏，王用章妻许氏，王同忠妻巫氏，王卜椿妻倪氏，王奇科妻欧阳氏，王福恒继妻杨氏，王汝诚继妻吴氏，王德根继妻陈氏，王宏良妻周氏，王凝程妻阮氏，王国荣妻汪氏，王钦吾妻赵氏，王克夫妻陈氏，王宜家妻胡氏，王兆元妻韩氏，王聪文妻吴氏，王宏裕妻柏氏，王应元妻戴氏，王俊瑜妻许氏，王养吾妻周氏，王君佩妻裴氏，王邦儒妻巫氏，王怀义妻高氏，王世政妻李氏，王守浩妻陈氏，王福丞继妻蔡氏，王智本妻赵氏，文生王遇恩继妻蒋氏，王政楹妻周氏，王朝乾妻宋氏，王余桂妻徐氏，王良佐妻经氏，王济妻刘氏，王南昭继妻杨氏，王凝圻妻汪氏，王寿田妻许氏，王国柱妻石氏，王文秀妻徐氏，王善淮妻于氏，王应炳妻徐氏，王邦文妻尚氏，王善嵩妾严氏，王宪成妻程氏，王永圣妻周氏，王允明妻宋氏，王兆熊妻骆氏，王定山妻陈氏，王博熊妻胡氏，王元皋妻贾氏，王厚钰妻胡氏，王鸿柱妻赵氏，王加职妻皇甫氏，王道元妻欧阳氏，王年有妻朱氏，王永念妻周氏，王德阶妻罗氏，王正贤妻刘氏，王锦堂妻赵氏，王启椿妻曹氏，王祥学妻冯氏，王利富妻陈氏，王肇坛妻倪氏，王正贤妻谢氏，王国有妻郭氏，王汝恭妾顾氏，王天爵妻张氏，王国安妻雍氏，王祚湖妻张氏，王廷椿妻朱氏，王道范妻万氏，王云衢妻袁氏，王邦诏妻朱氏，王利和妻汪氏，王起麟妻许氏，王凝忠妻傅氏，王善佑妻曹氏，王正礼妻许氏，王昭琏妻周氏，王礼孔妻赵氏，王世荣妻张氏，王显猷妻朱氏，王凝祚妻吴氏，王福泰妾姚氏，王善垕妻汤氏，王元炜妻朱氏，王善忱妻周氏，王知锜妻张氏，王安镇妻柏氏，王兴钰妻张氏，王礼超妻谢氏，王汉章妻袁氏，王亨积妻赵氏，王华章妻汪氏，王治妻蒋氏，王祥瑾妻凌氏，冯德起妻赵氏，冯守炎妻周氏，陈炳之妻刘氏，陈如荣妻刘氏，陈元瑜妻朱氏，陈宏聪妻朱氏，陈允高继妻何氏，陈泰盛妻张氏，陈大贤妻谭氏，陈隆兆妻欧阳氏，陈道伦妻黄氏，陈道淳妻赵氏，文生陈茂建妻蔡氏，陈明良妻郭氏，陈隆富妻巫氏，增生陈士元妻笪氏，文生陈廷贵妻郜氏，陈宏清妻唐氏，陈廷选继妻张氏，陈宏政妻赵氏，陈光廷妻王氏，陈宏悦妻董氏，陈隆球妻施氏，陈常槐妻梅氏，陈金鳌妻程氏，陈正健妻郭氏，陈德皓妻傅氏，陈宏驹妻戴氏，陈益彩妻徐氏，陈嘉璃妻周氏，陈庆楠妻杨氏，陈德和妻杨氏，陈常彦妻王氏，陈萼堂妻施氏，陈春华妻巫氏，陈上鸣妻朱氏，陈泰智妻杨氏，陈人德妻邹氏，陈孝遵妻吴氏，陈世域妻赵氏，陈世德妻曹氏，陈宪国妻成氏，陈宏恒妻吴氏，陈应意妻王氏，陈世荣妻濮氏，卫昭达妻王氏，蒋维翰妻张氏，蒋步瀛妻杨氏，蒋崧年妻汤氏，蒋明机妻孔氏，蒋文洓继妻唐氏，蒋协万妻赵氏，蒋明桢妻吴氏，蒋景荣妻邱氏，蒋文梃妻王氏，蒋文棋妻戴氏，蒋兴仁妻吴氏，蒋明顺妻朱氏，蒋维城继妻冯氏，蒋明松妻孔氏，蒋明华妻王氏，蒋天元妻巫氏，沈业洪妻魏氏，沈在仁妻徐氏，沈秉仁继妻章氏，沈懋仁妻杨氏，沈昌琏妻汤氏，沈昌成妻尚氏，韩启耀妻周氏，韩昌爵继妻陈氏，韩维模继妻赵氏，韩元明妻言氏，韩昌美妻王氏，杨朝岳妻华氏，杨时寅妻戴氏，杨朝绅妻吴氏，杨毓美妻胡氏，文生杨俊元妻李氏，杨恒柏继妻朱氏，杨履亨妻王氏，杨朝士妻唐氏，杨振州妾李氏，杨之贤妻吴氏，杨有恒妻吴氏，杨禹传妻魏氏，杨国勋妻夏氏，杨大钰妻石氏，杨芳祥妻曹氏，杨道田妻乔氏，杨大坤妻戴氏，杨礼周妻郜氏，杨礼荣妻陈氏，杨兴圣妻汪氏，杨承良妻吕氏，杨士良妻戴氏，杨子德妻王氏，杨时忠妻朱氏，杨明崑妻张氏，杨聚英妻张氏，杨元昭妻吴氏，朱焕章妻张氏，朱万资妻茅氏，朱映桂妻王氏，朱起忠妻张氏，朱之业妻李氏，朱正福妻刘氏，朱道远妻赵氏，朱克诚妻黄氏，朱邦超妻戴氏，朱达敬妻樊氏，朱宜琴妻戴氏，朱万育妻姜氏，朱家东妻谢氏，朱明玉妻王氏，朱元瀛妻杜氏，朱尚龙妻杨氏，朱明学妻李氏，朱之兰妻赵氏，朱德成妻陈氏，朱宣桐妻谢氏，朱揆庭妻孔氏，朱孔阳妻糜氏，朱宇平继妻李氏，朱绵清妻潘氏，朱元韬妻戴氏，朱宜衔妻姜氏，朱荣燦继妻陈氏，朱魁源妻徐氏，朱显爽妻刘氏，朱天寿妻周氏，朱富学妻赵氏，朱之标妻赵氏，文生朱天益妻王氏，朱牲章妻许氏，朱之芬妾邱氏，朱应彬妻史氏，朱宜祉妻戴氏，朱茂玖妾陆氏，朱元燕妻张氏，朱之彦妻华氏，朱渫修妻陈氏，朱雄文妻张氏，朱元益妻陆氏，朱遐调妻孙氏，朱茂昌妻张氏，朱仲辅妻许氏，朱守义妻李氏，朱本法妻董氏，朱全达妻韦氏，朱廷标妻姬氏，朱宣札妻孙氏，朱相成妻张氏，朱俊生妻汤氏，朱善科妻夏氏，朱濬妻姚氏，朱裕侯妻任氏，泰宁贵妻张氏，秦世旺妻时氏，秦世珍妻侯氏，许烇妻胡氏，许维瑾妻周氏，许树垛妻张氏，许尚宽妾朱氏，许尚诚妻陶氏，许继东妻桂氏，许洪玉妾俞氏，许家洲妻胡氏，许懋迦妻倪氏，许仕达妻李氏，许维灏妻胡氏，许明及妻孙氏，许正绅妻朱氏，许万廉继妻蔡氏，许树业继妻裴氏，许维钧妻张氏，许炽妻孙氏，许章崑妻王氏，许庆聚妻杨氏，许懋煓继妻骆氏，许文周妻赵氏，许良雄妻程氏，许维忠妻曹氏，许佐妻蔡氏，许家海妻邹氏，许基长妾蔡氏，许铨妾张氏，许宗懋妻张氏，许良增妻王氏，许文明妻刘氏，许宗钰妻张氏，许胜宗妻王氏，许胜统妻张氏，许宗通妻蔡氏，许贤弥妻张氏，许圣纕妻蔡氏，许师涌妻王氏，许贞仪妻戴氏，许廷翰妻傅氏，许桃继妻王氏，许文慰妻高氏，许宗友妻曹氏，许煌妻裴氏，许文理妻王氏，吕玉文妻陈氏，吕德从妻汤氏，吕焕文妻孙氏，吕星源妻李氏，施棋妻丁氏，施元臻妻张氏，施启裕妻庄氏，施启锦妻巫氏，施恒财妻丁氏，施梅妻吴氏，张余金妻陈氏，张明演妻许氏，张长启妻汤氏，张宏相妻言氏，张德中妻王氏，张余龙妻陈氏，张德忠妻陆氏，张升元继妻万氏，张嘉盛妻窦氏，张宏兴妻梁氏，文生张汾妻吴氏，张廷高妻严氏，张德松妻许氏，张承暄妻李氏，张天铮继妻梅氏，张庆盛妻蒋氏，张昭礼妻方氏，张正统妻刘氏，张存柯妻许氏，张金翰妻许氏，张学海妻潘氏，张世福妻阚氏，张美秀妻许氏，张承董妻方氏，张长明妻曹氏，张得玉妻朱氏，张能孝继妻戴氏，张汝彭妻陈氏，张元楷妻胡氏，张友兰妻焦氏，张朝楷妻郭氏，张恒荣妻石氏，张保曾妻曹氏，张延正妻李氏，张朝林妻笪氏，张天炁妻柏氏，张学三妻栾氏，张德恒妻夏氏，张起纲妻魏氏，张师楷妻周氏，张才栋妻陆氏，张履刚妻章氏，文生张汝木妻何氏，孔毓富妻许氏，孔传智妻周氏，孔传珅妻王氏，孔传谱妻胡氏，孔传寿妻杨氏，孔传穀妻徐氏，孔毓朝妻许氏，孔毓葵妻朱氏，张昭柯妻陈氏，孔广冲妻夏氏，孔毓光妻陈氏，孔传铺妻陈氏，孔毓仁妻徐氏，曹施玖妻高氏，曹家恒妻吕氏，曹国先妻朱氏，曹凤池妻韩氏，曹施永妻沈氏，曹施富妻陈氏，曹施模妻张氏，曹政淮妻李氏，曹家普妻梁氏，曹施伯妻李氏，严起安妻夏氏，华孝礼妻雍氏，华功缵妻蒋氏，华思齐继妻杨氏，魏可源妻吴氏，魏嘉荣继妻张氏，魏思堂妻华氏，魏祥和妻经氏，文生魏元庚妻吴氏，魏一熊妻经氏，陶大熙妻戴氏，陶哲先继妻朱氏，陶宗铭妻唐氏，陶大受妻张氏，陶良玉妻夏氏，谢重錩妻钟氏，谢重镐妻朱氏，谢东晓妻潘氏，谢光灿妻朱氏，谢世鸣妻蔡氏，谢光祥妻周氏，谢重鍈妻朱氏，邹我寅妻陈氏，邹昭果妻张氏，柏宏熙妻郭氏，柏士质妻戴氏，柏士益妻戴氏，柏维乔妻倪氏，柏维炘妻戴氏，窦启瀛妻魏氏，窦忠华妻王氏，章有蛟妻茅氏，章大秋妻陈氏，章於事妻徐氏，章朝统妻贾氏，章志善妻成氏，张芳庭妻王氏，章启钜妻任氏，章安学妻朱氏，苏道云妻张氏，苏之信妻高氏，苏明芳妻徐氏，苏明贵妻戴氏，苏正荣妻石氏，潘绍基妻赵氏，潘其政妻戴氏，潘继修妾张氏，潘自企妻笪氏，潘民宽妻戴氏，潘明芳妻苏氏，葛文贤妻侯氏，鲁公辅妻毛氏，鲁宜瓒继妻蔡氏，鲁廷爵妻谢氏，鲁希坤妻王氏，方东阳妻赵氏，方志儒妻栾氏，方伦圣妻朱氏，俞士溢妻戴氏，俞文杰妻戴氏，俞正燿妻王氏，俞东第妻阮氏，俞修五妻张氏，俞抡先妻王氏，俞宗洛妾沈氏，任乾富妻栾氏，任乾贵妻唐氏，袁美瑸妻徐氏，袁文魁妻刘氏，袁世慭妻俞氏，袁凝友妻成氏，史文麒妻陈氏，史广成继妻汪氏，史瀛士妻纪妻，史元广妻纪氏，史大观继妻王氏，唐宜千妻赵氏，唐宣諤妻巫氏，唐士伦妻高氏，唐序仁妻戴氏，唐景范妻谭氏，唐尚俊妻陈氏，唐世行妻徐氏，唐赓发妻姚氏，唐定椐妻周氏，雷长林妻严氏，雷茂祥妻李氏，倪书成妻俞氏，倪信宏妻包氏，倪有泰妻王氏，倪信盘妻戴氏，倪家鹤妻凌氏，倪开明妻曹氏，倪信烨妻许氏，倪光夏继妻王氏，文生倪允中妾宋氏，倪钰妻蔡氏，倪科妻何氏，倪开春妻许氏，倪家适妻许氏，倪有国妻赵氏，汤万增妻宫氏，汤绍全妻宫氏，汤世良妻谢氏，汤绍元妻黄氏，汤在中妻魏氏，汤绍美妻魏氏，文生汤进元妻李氏，汤世宽妻张氏，汤克桐妻戴氏，汤世科妻蔡氏，汤绍恺妻高氏，汤文英妻吴氏，汤昌椿妻习氏，汤彦如妻潘氏，汤士宣妻王氏，汤朝栻继妻经氏，汤家亨妻邱氏，汤元朝妻窦氏，汤聘学妻杨氏，汤绍澪妻杜氏，傅奇绣妻裴氏，傅奇泰继妻刘氏，傅为坦妻许氏，傅奇淮继妻蔡氏，傅为湘妻许氏，傅德周妻赵氏，高本权妻段氏，高正梁妻雍氏，高明远妻宫氏，高鉴鲁妻王氏，高正禄妻李氏，高熙輎妻金氏，高增量妻赵氏，高贤涧妻糜氏，高勋妻张氏，徐明儒妻袁氏，徐政元妻陈氏，徐正纲妻张氏，许加友妻孙氏，许廷宣妻潘氏，徐宗云妻蔺氏，徐明贤妻赵氏，徐元兴妻王氏，徐廷安妻笪氏，徐国嘉妻陈氏，徐世礼妻巫氏，徐日麟妾须氏，徐德夔妻王氏，徐士英妻薛氏，徐世凤妻陈氏，徐士喜妻袁氏，徐思贤妻方氏，徐尚寀妾吴氏，徐士魁妻袁氏，徐重发妻张氏，徐瑛贤妻张氏，徐克堂妻张氏，徐逢云妻谢氏，徐廷富妻雷氏，徐柱贤妻张氏，徐得贤妻张氏，徐文宋妻王氏，徐某妻尹氏，薛祚健继妻俞氏，薛长慰妻俞氏，薛复朝妻赵氏，纪长永妻王氏，文生纪宏铭妻赵氏，纪宏式妻陈氏，纪延法妻陈氏，纪其翰妾蒋氏，纪和彝妻蒋氏，纪用直妻汤氏，纪存富妻曹氏，纪朝满妻韦氏，纪复晋妻笪氏，纪存立妻王氏，骆椿继妻刘氏，骆淑宗妻朱氏，骆正冠继妻黄氏，骆绥昌妻张氏，骆舒继妻沈氏，骆寿唐妾刘氏，骆梦彪妻张氏，骆春元妻王氏，骆三组妾陈氏，骆正组妾朱氏，巫天贵妻郑氏，巫俊文妻唐氏，巫遏妻项氏，巫天爵妻陆氏，巫毓瑾妻陈氏，巫伟焕妻沈氏，巫肇祯妻许氏，经鉴如妻俞氏，经祖龄妻刘氏，经洪恺妻吴氏，经世珮妻张氏，经正定妻杨氏，经荣阶妻杨氏，经仑山妻杨氏，经恒惺妻俞氏，经朝勋妻杨氏，裴成瑚妻曹氏，裴功冉妻吴氏，裴功性妾张氏，裴功起妻许氏，裴成建妻顾氏，裴功洵妾王氏，裴映图妻王氏，裴功根妻柏氏，裴子乔妾丁氏，裴畅妻骆氏，裴功性妾王氏，裴铭妻蔡氏，裴祖诚妻许氏，裴治妻张氏，裴衔妻骆氏，文生程世淮妻笪氏，程盛经妻欧阳氏，程志雄其董氏，程士顺妻宣氏，程盛音妻徐氏，丁继旺妻李氏，丁中富妻赵氏，丁有禄妻柳氏，丁起源妻王氏，丁士寿妻刘氏，丁继愠妻笪氏，丁正邦妻夏氏，笪树勤妻丁氏，笪嘉文妻樊氏，笪于鐶妻段氏，笪开有妻包氏，笪朝信妻朱氏，笪知德妻巫氏，笪试庸妻沈氏，笪守模妻纪氏，笪成容妻谭氏，笪道治妻欧阳氏，笪从庚妻赵氏，笪安敦妻尹氏，笪开泰妻王氏，笪三举妻孙氏，笪允汉妻李氏，笪士用妻沈氏，雍继涵妻李氏，雍正会妻杨氏，雍正礼妻张氏，雍正心妻施氏，雍仁统妻石氏，雍朝明妻张氏，雍圻妻朱氏，雍克周妻戴氏，雍芳美妻耿氏，雍家本妻杨氏，雍嗣彬妻周氏，雍裕三妾王氏，胡德钲妻王氏，胡世佐妾唐氏，胡其章妻王氏，胡日才妻尚氏，胡本立妻裴氏，胡之熠妻许氏，胡世芹妻严氏，胡时盛妻孔氏，胡有枋妻倪氏，胡奂若妻周氏，胡文熙妻戴氏，胡承逊妻王氏，戴国亮妻胡氏，戴武扬妻李氏，戴道一妻张氏，戴金培继妻张氏，戴李妻许氏，戴光前妻林氏，戴时贞妻徐氏，戴怀珍妻李氏，文生戴鸿妻周氏，戴沆妻蔡氏，戴秉芳妻雍氏，戴其模妻魏氏，戴世忠妻袁氏，戴元槐妻杨氏，戴序东妻朱氏，戴世嵩妻张氏，戴道行妻李氏，戴臣绣妻吴氏，戴德坤妻经氏，戴正厚妻刘氏，戴清妻蔡氏，戴良高妻方氏，监生戴甫亭继妻王氏，文生戴炳华妻朱氏，戴至如妻汤氏，戴世镐妻傅氏，戴道祖妻王氏，戴世正妻张氏，戴儒维妻陈氏，戴天发妻邰氏，戴礼恭妻潘氏，戴志高妻唐氏，戴佩玉妻石氏，戴荫三妻魏氏，戴道炳妻孔氏，戴道基妻李氏，尚守勤妻陈氏，尚永言妻经氏，尚徽善妻周氏，文生尚昌暹妻胡氏，文生尚徽适妻周氏，尚永举妾陈氏，尚昌贤妻王氏，万永科妻骆氏，万家闲妻蒋氏，万永文妻王氏，蔡德寅妻华氏，蔡士功妻王氏，蔡宗恭妻赵氏，蔡支溢妻裴氏，蔡宗良妻许氏，蔡尚琦妻戴氏，刘显椿妻王氏，刘玉岗妻华氏，刘兴旭妻张氏，刘德怀妻曹氏，刘之才妻赵氏，文生刘秉衍妻徐氏，刘文坮妻邹氏，刘隆本妻赵氏，文生刘应元妻魏氏，刘道俊妻钱氏，刘明耕妻钱氏，刘际铡妻赵氏，刘显椿妾王氏，刘震泰妻王氏，夏国朝妻朱氏，夏大士妻丁氏，夏宜荣妻高氏，夏正琬妻熊氏，夏明牆妻陈氏，夏尊禄妻戴氏，夏大德妻丁氏，夏时谦妻赵氏，夏鸿仪妻罗氏，文生夏钟妻华氏，夏国全妻蔡氏，岁贡夏洛书妾张氏，夏诚福妻张氏，夏可发妻陈氏，樊允祺妻丁氏，樊可景妻巫氏，樊允范妻王氏，梅相让妻陶氏，樊绪梁妻史氏，梅苡臣妻葛氏，樊益邦妻胡氏，樊清妻叶氏，姚永长妻朱氏，姚宏庆妻朱氏，姚尚全妻徐氏，文生姚燮元妻孙氏，姚肇得妻王氏，姚宏声妻李氏，栾慎修妾朱氏，栾传行妻陶氏，栾绣彰妻邱氏，谭世荣妻尹氏，文生谭步云妻严氏，谭守演妻欧阳氏，梅承惠妻朱氏，梅述举妻朱氏，梅作仁妻李氏，梅有贵妻李氏，梅履中妻经氏，濮永铨妻王氏，濮永琈妻戴氏，杜元福妻孔氏，杜成钊妻刘氏，杜胜先妻张氏，杜全邦妻赵氏，石余三妻谷氏，石显荣妻倪氏，石世宗继妻潘氏，石世宏妻戴氏，石显智妻洪氏，石有常妻孙氏，居於阶妻许氏，居永康妻戴氏，居国忠妻江氏，凌永盛妻张氏，凌余东妻吴氏，凌象之妻吴氏，汪宏廛妻高氏，汪元增妻陆氏，汪宏义妻吴氏，汪九如妻吕氏，包善彩妻经氏，包敦贤妻王氏，包孝宗妻曹氏，包胜凡妻王氏，毕元祥妻骆氏，毕继仁妻潘氏，翁永源妻刘氏，翁秉春妻巫氏，翁时茂继妻杨氏，田立恭妻凌氏，戎秉伦妻汤氏，戎常怀妻詹氏，黄松年妻曹氏，颜运东继妻居氏，江鼎元妻刘氏，毛国桢妻周氏，步嘉润妻唐氏，增生裴于乔妾吴氏，裴恂妾张氏，裴功垠继妻柏氏，步成柏妻汪氏，毛宏亮妻徐氏，郭珩妻李氏，郭裕明继妻蔡氏，尹德隆妻李氏，龚明礼妻房氏，房开椿妻高氏，房思兴妻陈氏，邱秉和妻戴氏，黎启玉妻殷氏，裔余文妻姚氏，邰道兴妻林氏，席知盛妻王氏，牟昌启妻丁氏，端木贤维妻戴氏，欧阳世连妻陈氏，董某妻蔡氏，成元敏妻王氏，阮贤贞妻傅氏，糜志沧妻朱氏，糜彰任妻樊氏，糜国麟妻李氏，阮家功妻俞氏，鲁希坤妻王氏，马从周妻张氏，宋秉智妻郭氏，文生芮锴妻凌氏，芮天馈妻尹氏，宫孟恒妻陶氏，宫法嵩妻华氏，乔慈富妻谭氏，陆成山妻王氏，耿学朱妻经氏，段某妻金氏，武崇忍妻佴氏，桂学辛妻柳氏，洪明远妻陈氏（以上列总坊。见《续府志》）

周玉英妻张氏，倪瞻淇妾俞氏，周涌川妻黄氏，陈德隆妻何氏，赵建楼妻刘氏，尚扬举妻赵氏，裴功洵继妻张氏，李昌耀妻孔氏，张某妻程氏，王荫统妻宣氏，王辐妻闻氏，蔡瑞妻裴氏，李昌鲁妻雍氏，曹施嘉妻张氏（以上嘉庆年旌，见《续府志》）

文生经兰堂妻孙氏，雍旭阳妻宫氏，杨敬熹妾方氏，雍延正妻朱氏，雍孝志妻华氏，雍毓芝妻张氏，雍立培妻潘氏，雍松年妻高氏，周章巍妻余氏，周恒榜妻成氏，王声扬妻姚氏，张春林妻梅氏，张某妻陶氏，杨元勋妻濮氏，杨元汉妻潘氏，朱家称妻谢氏，朱家榖妻魏氏，朱某妻张氏（岁贡生朱步云母），朱道恺妻刘氏，朱道澄继妻李氏，朱炋妻李氏，杨某妻戴氏，张某妻刘氏（张朝荣母），赵克平继妻周氏，赵凤翔妻王氏，吴懿模妻刘氏，朱克川妻孙氏，窦昌钟妻任氏，周玉英妻成氏，周玉琦妻庞氏，监生阮孝坤继妻金氏，王德有妻赵氏，李春华妻严氏，杨世榜妻吴氏，陈忠祥妻朱氏，监生吴坦妾胡氏，戴某妻张氏，杨启荣妻莫氏（戴家边人），雍良继妻李氏，周某妻王氏，周长源母李氏，周恒儒妻张氏，王某妻纪氏（王明远母），赵有垠妻周氏，李传芹妻杨氏，杨永盛妻周氏，朱礼万妻樊氏，张朝松妻田氏，窦昌鋆妻经氏，耿伦超继妻许氏，耿学朱妻经氏，濮德昌妻朱氏，濮元溥妻张氏，陈宪顺妻孙氏，陈宪合妻王氏，陈宏达妻朱氏，陈元琯（一作绾）妻朱氏，陈时芳妻朱氏，陈宏武妻王氏，王宏钊继妻赵氏（以

上见《续府志》）（已旌）

　　蔡遵亲继妻王氏，俞宗沅妻许氏，倪怀琮妻戴氏，胡承渭妻劳氏（守节抚孤），戴尚枸妻俞氏，戴祥之妻张氏，姚复让妻宋氏，姚行溥妻赵氏，赵明讲妻唐氏，唐序信妻陈氏，王龙彩继妻沈氏，王在荣妻华氏，朱佑同妻许氏，万祝三妻王氏，万光兴妻濮氏，万光顺妻俞氏，沈德银妻吴氏，沈立盛妻张氏，华仁之妻朱氏，华一鼎妻张氏，华尔昇妻施氏，华尔全妻李氏，华乾文妻李氏，华鸣玉妻孙氏，华元耀妻张氏，华元昌妻潘氏，华东阳妻张氏，华文灿妻端木氏，华元全妻张氏，华嵩年妻史氏，魏思周妻高氏，魏元谦继妻杨氏，魏一某妻王氏，魏元和妻戴氏，魏昌仁妻吴氏，魏元盛妻吴氏，魏元僖妻朱氏，魏元成妻华氏，蔡遵余妻章氏，王肇妻刘氏，王龙苍妻戴氏，魏思宝妻戴氏，魏学浩妻某氏，魏元绥妻周氏，魏一桂妻孔氏，魏振洪妻章氏，魏思焯妻戴氏，魏振楷妻张氏，魏振朴妻妻戴氏，魏应权妻王氏，魏振玉妻戴氏，魏振懋妻杨氏，朱宜培妻陶氏，蒋联某妻李氏，蒋时章妻杨氏，汤克盛妻章氏，张美妻宣氏，程某妻宣氏，蔡之沛妻吕氏，宣鸣莱妻潘氏，宣德岐妻朱氏，华长连妻王氏，华容川妻程氏，魏开先妻某氏，吴尚臣继妻濮氏，吴德振妻李氏，吴凤翔继妻周氏，吴鼎三妻戴氏，吴峻明妻华氏，沈玉岗妻吴氏，华一梧妻蒋氏，杨家才妻赵氏，汤时宜继妻沈氏，汤时贵继妻杨氏，汤登泰妻赵氏，华澄妻朱氏，华怡泉妻曹氏，华錄妻朱氏，华云桥妻蒋氏，华其大妻戴氏，华升侯妻汤氏，华武侯妻丁氏，杨翰魁妻华氏，杨维周妻经氏，杨汝曾妻唐氏，杨朝昌妻李氏，杨德熙妻戴氏，杨兆临妻徐氏，杨政典妻经氏，杨德超妻戴氏，杨耀三妻戴氏，杨星年妻陈氏，杨右亭妻茅氏，杨炳华妻许氏，赵章荣继妻孙氏，赵皆炯妻陶氏，戴儒恒妻朱氏，戴臣喜妻赵氏，戴朝洙妻顾氏，杨兆昌妻华氏，杨赞文妻吴氏，杨兆安妻张氏，杨玉衡妻王氏，杨五尊妻华氏，朱馨谷妻赵氏，朱彩生妻赵氏，朱宏祖妻李氏，朱月轩妻陈氏，朱允翔妻戴氏，朱时昊妻祁氏，朱子任妻刘氏，朱宗彝妻宣氏，朱永和妻杨氏，朱坦庵妻华氏，朱涵远妻周氏，朱宗周妻陶氏，朱崑源妻陶氏，朱枫原妻戴氏，宣显祖妻王氏，杨时中妻米氏，朱鸣珂妻孔氏，朱敏颖妻石氏，朱步阶妻杜氏，朱灏妻戴氏，朱益繁妻张氏，朱濬川妻戴氏，曹顺杰妻某氏，朱居馨妻汤氏，朱宜吉妻姚氏，朱攸训妻张氏，朱攸谯妻雍氏，濮克敬妻穆氏，俞世永妻朱氏，俞天喜妻濮氏，俞世元妻蒋氏，俞明玉妻王氏，朱起宪妻张氏，朱君祥妻王氏，朱茂之妻杨氏，石其生妻经氏，石正寿妻濮氏，石尔玺妻朱氏，石殿隆妻高氏，石世梅妻陈氏，杨钧衡妻石氏，石天禄妻朱氏，石其五妻李氏，石恒广妻戴氏，石某亭妻潘氏，石秀儒妻张氏，石晓峰妻俞氏，雍继彬妻戴氏，雍绍元妻高氏，雍嗣峻妻孙氏，雍嗣栢妻樊氏，雍继原妻鱼氏，雍克光妻俞氏，雍继蕃妻宫氏，吴文士妻华氏，吴楚玉继妻高氏，吴智洋妻濮氏，附贡生雍继韶妻王氏，周某妻雍氏，雍乾所妻魏氏，雍载虞继妻王氏，雍度远妻李氏，雍禹范妻李氏，雍桐山妻张氏，经君昇妻庄氏，经君杰妻俞氏，经奏平妻陈氏，经立斋妻华氏，经岐山妻沈氏，经一士妻俞氏，杨选之妻束氏，杨吉士妻高氏，杨其昌妻王氏，杨训昌妻李氏，杨宗慎妻周氏，杨延昌妻俞氏，杨彦翔妻许氏，王维中妻邱氏，王君受妻戴氏，王慎庵妻沈氏，王维锦妻耿氏，王肇香妻经氏，王宗诚妻华氏，经铭台妻石氏，戴良士祖母张氏，端木朝庚妻陶氏，端木巨川妻张氏，端木亲荣妾王氏，端木亲莹妾陈氏，吴世位妻戴氏，端木体中妻潘氏，端木广生妻栾氏，端木标母李氏，端木德锦妻章氏，端木秉衡妻李氏，端木成桢妻李氏，端木良麟妻刘氏，端木元盛妻周氏，端木廉夫妻徐氏，端木履敬妻徐氏，端木声远妻刘氏，端木俭妻朱氏，端木伟士妻陆氏，端木履采妻章氏，端木履位妻王氏，端木太和妻齐氏，端木君取妻王氏，端木广如妻甘氏，端木绍基妻张氏，端木有亮妻周氏，端木有聚妻张氏，端木明灿妻毛氏，端木大功妻章氏，端木吉如妻刘氏，端木孔喆妻蒋氏，陶忠勤妻蒋氏，窦序生妻孙氏，窦明旭妻韩氏，窦尚彭妻王氏，窦商彝妻戴氏，吴于鹤妻某氏，王坦妻戴氏，王敏德妻徐氏，王民材妻徐氏，王一畿继妻刘氏（建坊），朱近天妻谈氏（旌表总坊），戴某妻张氏（建坊），戴臣善妻朱氏（建坊神巷），潘起凤妻栾氏（建坊长岭头），徐永怀妻戴氏、妾裔氏（双节，建坊大里巷口），周恒立妻尚氏（嘉庆辛酉，旌坊建刘巷村），尚某妻周氏（乾隆乙巳，旌坊建下山地村），王知黻妻卫氏（乾隆年旌），王善骐妻曹氏（坊俱王家边），文童吴荣博妻王氏（嘉庆年，旌坊建张壋村），赵懿模妻刘氏（道光戊戌，旌坊建圩塘头），张熙辙其妻许氏（乾隆年，旌坊建西城村）

　　监生朱绎思妻许氏（已旌），张某妻夏氏，经世铎妻汤氏、妾蒋氏，吴顺成妻芮氏，骆重才妻周氏，黄开荣妻雍氏，文生吴荥继妻华氏，曹宗恒妻吴氏，蒋有康妻孔氏，蒋有瑶妻孙氏，杜成益妻窦氏，杜起达妻王氏，杜朝栋妻孔氏，杜茂叔妻刘氏，杜克俭妻某氏，余厚培妻王氏，胡有敦妻王氏，许象珍妾宋氏，韩某妻陈氏，梅秋圃妻张氏，朱光宇母栾氏，朱恩元妻姜氏，朱君宣妻尹氏，朱绵咸妻戴氏，朱和仁妻潘氏，朱厚罩妻范氏，朱祚奇妻陈氏，朱祚煦妻张氏，朱祚美妻任氏，朱棉涝妻张氏，朱棉显妻戴氏，张照金妻戴氏，陈玉和妻陶氏，陈荫培妻葛氏，陈常槐妻梅氏，张承悦妻朱氏，张承思妻朱氏，张阁臣妻韩氏，张拱宸妻栾氏，张石溪继妻杨氏，张聚三妻陈氏，张永锡妻陶氏，张思山妻汤氏，张鸥浦妻何氏、媳何氏，张汉杰妻胡氏，张锦园妻李氏，张素尊妻杨氏，张沧亭妻潘氏，张上纳妾崔氏，张康侯妻韩氏，张天培妻萧氏，张慕桥妻姜氏，张广顺妻夏氏，张锦湘妻朱氏，张子琼妻汤氏，张国彦妻戴氏，张太濮妻邱氏，郭培元妻芮氏，郭德明妻樊氏，王玉珮妻骆氏，王景前妻史氏，王善扬妻胡氏，孔毓湘母包氏，张尔晋妻袁氏，张尔正妻周氏，张为尧妻王氏，张培玉妻王氏，张道统妻赵氏，张存岭妻许氏，张存钰妻戴氏，张鸣玉妻许氏，张某妻孔氏，裴德泮妻许氏，许世浃妻王氏，许世垕妻朱氏，柏守约妻周氏，许宸晋妻王氏，张延瑶妻孙氏，文生张余铭妻蔡氏，卫明焕妻朱氏，卫峻勋妻王氏，王承诏妻许氏，赵惟妻许氏，姚东启妻谢氏，周文有妻吕氏，姚行禄妻孙氏，张德义妻顾氏，柏某妻许氏（陈冈人），薛荣本妻张氏，李德俊妻曹氏，姚行选妻王氏，蔡明旺妻马氏，蔡道珍妻潘氏，蔡明韬妻王氏，蒋延庆妻王氏，王寿章妻徐氏，汪兴发妻朱氏，武生蔡永定妻任氏，监生蔡志诚妻王氏，张美璜妻甘氏，夏启寿妻尉迟氏，夏承东妻王氏，文生倪学海妾张氏（已旌），杨正隆妻王氏（已旌），尹德良妻刘氏，王锦燦妻华氏。

文生王青岑妻黄氏，年二十七夫亡，守节五十三年卒。

王贞一妻吴氏，年十九适王，二十八岁夫故，守节。卒年六十七。乾隆五年旌。

文生王淳掞妻裴氏，年十九归王。二十岁夫故，守节。乾隆三十七年，恩准旌表。四十二年，崇祀节孝祠。坊建后柏墅。

王者香妻范氏，年二十八夫亡，守节终身。见《吕府志》。

文生朱兆滋妻巫氏，夫故守节。乾隆癸亥年旌。

王士夔妻孙氏，守节三十六年。邑令白公、督学许公，均叠旌匾额。

朱赵氏，夫故守节，善事孀姑，抚二子成立。邑侯林公旌"节操冰霜"匾额。

倪信夏继妻王氏，青年矢志，皓首完贞。乾隆五十一年旌。

孙瑞琬妻朱氏，年十七归孙。三年，夫故。氏奉孀姑曲尽孝道，抚幼子天涿成立。乾隆壬寅旌。

凌延宿妻王氏，年二十二夫故，子甫周岁，事姑抚孤，孝慈兼尽，守节终身。见《吕府志》。

张余坦妻蒋氏，年二十夫故，守节。抚孤成立。见《府志》。

张延举妻袁氏，年二十四夫故，家贫，以针黹养姑，抚孤成立，守节终身。见《府志》。

张余杰妻蒋氏，年三十夫故。家贫，誓不他适。守志五十二年卒。见《府志》。

赵明良妻张氏，年三十夫故，守节终身。乾隆年旌。弟明观，妻丁氏，见前志。

尚永璋妻赵氏。夫亡，时年二十余。家贫，日不再食。惟闭户刺绣以给饘粥。终身苦节。人敬慕之。

戴光槐妻杨氏。夫死，矢志不二，抚孤儒炳成人。儒炳娶妇杨氏，亦以节著。

戴儒炳妻杨氏，青年守节。事孀姑孝，尝侍疾衣不解带者累月。病笃，焚香割股以疗之。

李世法继妻祁氏。世法殁，遗前室子日成甫数龄。祁抗志守节，抚如己出。既长，娶妇成氏，而日成又死，成孝养孀姑，亦以节闻。

尚徽远妻王氏，守节抚孤，事孀姑以孝著。

孔继德妻张氏，与妾唐氏同守节三十余年（继德字作求，事见《妾唐氏传》）

徐永怀妻戴氏、妾裔氏，同苦节守志以终。

蔡瑛妾杨氏、皋氏，同志守节四十四年（以上均见《吕府志》）

刘登瀛妻窦氏，年二十八守节抚孤。乾隆乙巳旌。

王耀文妻卫氏，乾隆乙未年二十六，夫故。守节。卒年八十二。已旌。

刘时敏妻徐氏，年二十六守节。家贫无子，孝养孀姑。嘉庆甲戌旌。

赵华国妻杨氏，年二十五守节。持家勤俭，孝奉姑嫜。嘉庆时旌。

衍圣宫典籍王本厚妻李氏，年三十夫亡。守节四十年。乾隆时旌。

朱道瑛妻张氏，年二十四守节抚孤，五十三年卒。

张美永妻樊氏。夫亡子幼，哀毁骨立，矢志抚孤。纺绩课子，不辞劳瘁。乡里称之。乾隆时旌建坊。

张德钢妻糜氏，年三十守节抚孤。嘉庆时旌建坊。

张斯麟妻谭氏，守节五十余年。乾隆时旌。

文童张美瑗妻徐氏，年二十二苦志抚孤，终身茹素。嘉庆三年旌建坊。

张延莲妻陈氏，政仁乡石楼冈人。夫亡，遗孤幼，忍死抚之。奉姑极孝。姑病，常侍床褥。夜不解衣者，两阅寒暑。

张美荷妻王氏，青年守节。茹苦抚孤，卒能成立。

张美辅妻徐氏，年少夫亡。矢志不二，冰清玉洁。乡党称之。邑令赠以"媲美松筠"额。

张美霈妻钟氏。夫亡，守节抚孤，治家勤俭。人咸称其姆范。

张明琮妻杨氏，青年守志，抚孤成立。邑侯旌以"松柏坚贞"额。

张明球妻邹氏，年二十六守节抚孤。邑候奖以"冰心矢节"。

张明鋆妻骆氏，年三十夫亡，矢志抚孤。人称贤淑。邑候张公旌以"操若松筠"。

张美洛妻王氏，青年励节，抚孤成名。

张德彩妻某氏，年二十八守节。冰玉自凛，不二其操。抚孤成立。邑侯给以"积善流芳"额。

张廷勤继妻，青年守节。治家有道。教子甚严。里人称颂（以上皆乾隆时人）

曾良荣妻戴氏，年二十二夫故。守志五十一年。道光旌总坊。

朱善潜妻潘氏，年二十六夫出不归。潘苦守抚孤。已旌。

张德崇继妻龚氏，青年守志，苦节抚孤。已旌建坊。

张庆楠妻徐氏，年三十守节，旌表总坊。

张才庚妻汪氏，青年苦志，里鄙称贤。

张余珑妻陈氏，守节坚贞，抚孤裕后。均嘉庆时人。

张美玉妾徐氏，青年守节，顺事姑，严教子，励志清贞，持家勤俭。

张德洽妻王氏，青年守节，清洁白无瑕。

张余良妻何氏，年三十守志，抚育四孤，卒年成立。以上三人，道光间旌建总坊。

周召贻妻王氏，年二十八守节四十七年。旌总坊。

张庆盛妻蒋氏，年二十六守节，冰蘗自茹。旌表建坊。

孙天培妻张氏，年三十夫故，守志终身。已旌。

孙天博妻柏氏，年三十夫故，守志终身。已旌。

王懿德妻骆氏，年二十六抚孤守节三十余年。

姚从善妻孙氏，年二十六守节五十年。

居正仁妻陈氏，年二十四夫殁。事亲尽孝，抚遗腹子成立。守节四十余年。邑人马兆增题"茹蘗贞操"匾额。

倪秉植妻朱氏，夫故，抚两孤以纺绩针黹资饘粥。子授室，旋病卒。同媳包氏苦节以终。道光年旌。

倪秉榜妻俞氏，夫故，家贫。姑性急，氏侍奉先意承志，毫无怨言。守节以终。已旌。

赵明琏妻尚氏，年二十五夫故。家极艰苦，以针黹养舅姑。守志五十年。已旌。

刘延旭妻章氏，年二十八夫故。守节。抚三子均成立。卒年四十岁。道光时旌。

朱茂福妻糜氏，年二十五夫故。守节四十年卒。道光戊戌旌。

张德忠妻王氏，年十九夫故。事翁姑，抚孤孝慈，兼尽守节四十八年。道光丁酉年旌。

朱允孔妻范氏，行香人。夫故守节。道光戊午旌建坊。

张余棨妻俞氏，年二十二夫故。守节。闾里称其有清洁操。道光丁酉年旌。
朱显伯妾周氏，夫故守节。道光己亥年旌总坊。
颜天豫妻刘氏，年十九夫故。守节。七十九岁卒。道光二十八年旌。
朱达兴继妻蒋氏，年二十九夫故。守节四十四年卒。道光戊午年旌。
张德贞妻陈氏，年二十八夫故。守节。孝事翁姑，抚育孤子。邑侯旌"节坚松柏"额。
张延瑯妻喻氏，年三十夫故。守节。郡守余公特旌"坤德长芳"额。道光丁酉年建坊。
张延起妻陈氏，年二十七夫故。抚孤成立。邑侯奖"柏节松筠"额。苦节四十七年卒。
王淳秉妻席氏，年十八适王。二十二岁夫故。守节。卒年五十九。道光十九年旌。
王淳敕妻俞氏。年十七适王。二十三岁夫故。守节。卒年七十余。道光十九年旌。
王良法妻程氏，年二十六夫故。守节。至五十二岁卒。道光十九年旌。
王良畴妻许氏，年二十一适王。二十七岁夫故。守节。道光十九年旌。
王存球妻裴氏，年二十二适王。二十九岁夫殁。守节。道光十九年旌。
杨方盛妻胡氏，年二十归杨。二十三岁夫故。守节。卒年六十余。道光十八年旌总坊。
周履纲妻丁氏，年二十七夫故。守节。邑宰李公特旌"贞节可风"匾额。卒年七十余岁。
许翘之妻王氏，适夫一周，夫故。守节五十余年。道光十九年旌。
孙恩起妻朱氏。夫故，守志数十年。道光时旌。
俞学洛妾沈氏，年二十一，夫故。守志。道光时旌。
许继康妻桂氏，年二十四夫故。抚叔及孤均成立。守志数十年。道光时旌。
文童赵步瀛妻景氏，夫故。守节四十四年。儒学张与太史钱旌"霜雪贞操"额。
朱遘士妻谢氏，青年守节。养姑，抚幼子，勤苦无怨言。已旌。
朱鄞周妻束氏，年二十三守节。已旌。
朱绳继妻谈氏，年二十三守节。已旌。
朱羹和妻孙氏，年二十四守节。已旌。有额曰"玉洁冰清"。
朱昌茂妻张氏，年二十七夫故。苦节五十年卒。旌表总坊。
朱仲甫妻许氏，年二十三夫故。守节。四十一年卒。旌表总坊。
监生朱秀妻张氏，青年守志，抚孤成立。备尝艰苦。已旌。
六品封典朱载芸妻杨氏，年十八守节，抚孤成立。已旌。
朱德扬妻张氏，年二十三守节。卒年七十五。已旌。增生朱紘妻李氏，青年守节。两世抚孤。享寿九旬。五世同堂。已旌。
增生朱紘妻李氏，青年守节，两世抚孤，享寿九旬。五世同堂。已旌。
监生朱家乘妻杨氏，年十八夫故。抚侄为嗣，矢志糜他。已旌。
华某妻杨氏，年二十五守节，卒年六十八。建坊旌表。
谭守宪妻笪氏，年二十一守节，事姑极孝。已旌。
杨行远妻戴氏，年二十守节。享年百有二岁。
周士奇妻张氏，年二十五夫故。守节。五十二岁卒。
文童蒋裕生妻李氏，年二十四守节，年三十四卒。光绪丙戌旌。宪奖"清节芳徽"。
潘道恂妻巫氏，年二十八守节抚孤。年届七旬。含山教谕程志赠额"节茂松筠"。逾三年卒。已旌。
张余荣妻朱氏，生子二十四日夫亡。哀痛几绝。养老抚孤，守节数十余年。道光间旌，建坊。
俞梦兰妻王氏。夫故，守志四十四年。已旌。
潘德祥妻张氏，年二十六守节五十余年。见《续府志》。
王正楫妻吴氏。夫故，守节。抚孤成立。已旌。
经守本妻赵氏，年二十九夫故。抚孤章绅成立。守节二十四年。卒年五十三。已旌。
朱继奎妻胡氏，年二十九夫故。守志终身。已旌。

许凤来妻戴氏，年二十九夫故。孝事翁姑，抚幼子成立。守节三十余年。已旌。
文童陶鏛妻祝氏，年二十九夫故。守节五十年卒。已旌。
文童陶志贤妻任氏，二十岁夫殉难。守节四十四年卒。已旌。
文童胡是候妻柏氏，夫故，事亲孝谨，待人和厚，持家勤俭。守节四十年。光绪十五年旌。
胡本宽妻刘氏。夫故，守志四十一年。已旌。
赵家松妻周氏，于归甫一月，抚孤。守志。事翁姑曲尽孝道，抚幼叔成立。已旌。
赵家樑妻许氏，夫故，守节终身。已旌。
张天馨妻笪氏，年二十九守节。事姑孝。已旌。
许善珊妻胡氏，年二十八守节二十七年。事姑孝。见《续府志》。
钟延淳妻王氏，年二十二夫故。矢志坚守。卒年四十四。已旌。
吕维妻杨氏，年二十三夫故。守节六十余年卒。已旌。
蒋郑淇妻张氏，青年夫故。矢守节以终。已旌。
蒋郑淋妻卞氏，夫故，守志终身。已旌。
赵某妻史氏，夫故，守节十九年卒。光绪丙戌年旌。
陶志洪妻巫氏，年二十二夫故。守节五十年。已旌。
赵殿英妻许氏，守志三十九年。见《府志》。
刘学隆妻徐氏，守志三十三年。见《府志》。
华孝义妻戴氏，年二十九守节三十年卒。见《府志》。
文生赵大椿继妻吴氏，年二十六守节二十余年。见《府志》
朱志浩妻糜氏，年二十八夫故。孝养翁姑，抚子女，守节不渝。已旌。
范善举妻杨氏，年二十二夫故。苦守终身。已旌。
笪家址妻郑氏，年二十九夫故。守节四十余年。已旌。
张保纶妻许氏，年二十一夫故。家贫，氏以纺绩度日。抚遗腹子秋圃成立。守节四十七年卒。已旌。
姚元仕妻谢氏。夫故，守节三十四年。已旌总坊。
许祖镛妻谢氏，年十九夫故。事翁姑以孝闻。光绪十四年旌。
许万海妻曹氏，青年守节，现八十余岁。光绪七年旌。
姚余进妻王氏，年二十九夫故。苦节以终。已旌总坊。
王克锡妻周氏，年二十二夫故。抚孤成立。孝养翁姑。守节二十五年。已旌总坊。
谭德宽妻姚氏，年二十九夫故。苦节终身。已旌总坊。
赵一兵妻王氏。夫故，年甚少。兄欲夺其志。王抱孤泣曰："予若改志，赵氏之祀绝矣！"乃止。旌总坊。
文生骆道同妻沈氏，年三十夫故。文生骆道尊妻黄氏，年二十四夫故。同门守节。至今四十二年。学师赠以"儒门双节"匾额。
文生朱清华妻俞氏，年二十二归朱，孝事翁姑，克修妇道，未一载夫故。矢志守节，闾里咸钦。年三十七卒。已旌。
张延荣妻陶氏，年二十二夫故。家贫，孝养翁姑，抚孤俞双取俏生。守节三十余年。已旌。
经恒溶妻俞氏，年二十八夫故。守节三十余年。已旌。
经恒祺妻戴氏，年十九夫故。守节三十余年。已旌。
经恒庆妻杨氏，年二十八夫故。守节至八十一岁卒。已旌（庆一作度）。
经德厚妻杨氏，年十八守节十五年卒。已旌。
经德镛妻王氏，年二十八守节十六年卒。已旌。
经德珊妻孙氏，年二十七守节五年卒。已旌。
经德功妻吴氏，年二十五守节四十五年卒。已旌。
经徵瀛妻潘氏，年三十守节四十年。已旌。

经徵情妻李氏，年二十九守节三十年。已旌。
经徵庠妻栾氏，年三十夫故。抚孤成立，守节三十年卒。已旌。
文生裴正纪妻王氏，守节、事舅姑以孝闻。
廪生袁广治妻程氏，年二十七夫故。守节十五年卒。
文生唐之榆妻周氏，年二十夫故。守节二十一年卒。
笪盛万妻徐氏，年二十五夫故。守节二十年卒。
笪家燦妻谭氏，年二十六守节二十六年卒。
笪名烷妻施氏，年二十八守节三十二年卒。
笪家炳妻张氏，年二十八夫故。守节五十余年。
笪厚富妻余氏，年二十五夫故。守节三十余年。
芮昌鲁妻郭氏，年二十七夫故。守节抚孤四十年卒。
庞道纯妻周氏，年二十九夫故。守节二十三年卒。
陈明凤妻严氏，年十九夫故。守节四十九年卒。
骆道宏妻周氏，年二十一夫故。守节三十六年卒。
蔡之佩妻吕氏，年二十三守节十一年卒。
吕启凡妻杨氏，年二十二守节五十余年。
顾绍贤妻张氏，年二十三守节四十余年。
王有余妻陈氏，年二十九守节十一年卒。
张肇兴妻许氏，年二十九守节三十余年。
杨珍益妻马氏，年三十守节十八年卒。
杨家才妻梅氏，年二十八守节三十余年。
雍孝茂妻戴氏，年二十一守节四十余年。
魏德华妻王氏，年二十九守节三十余年。
张定柯妻马氏，守节二十八年。已旌。
戴克昌妻杨氏，年三十夫故。守节三十余年。
童尚贤妻郭氏，年二十三守节四十余年。
华森妻戴氏，年二十三守节二十三年卒。
文童孔昭福妻王氏，年二十二守节十六年。
文童方松亭妻陶氏，年二十九守节三十七年。
文童华孝福妻汤氏，年二十九守节三十三年。
文童梁梅妻施氏，年二十四守节三十一年。
胡巨川妻俞氏，年三十守节十六年。
唐承相妻赵氏，年二十二守节四十余年。
汤德配妻朱氏，年二十七守节二十六年卒。
吴庆年妻王氏，年二十九守节三十余年。
潘士礼妻栾氏，年二十四守节二十九年卒。
杨炳华妻许氏，年二十七守节三十年卒。
陈敏松妻汤氏，年二十二守节十二年卒。
朱元桧妻戴氏，年二十八守节抚孤四十年卒。
朱宜鋆妻雍氏，年二十七守节三十一年卒。
朱宜镛妻张氏，年二十七守节三十六年卒。
朱攸椿妻许氏，年十九守节四十余年。
朱攸宷妻孔氏，年二十守节三十二年卒。

朱攸实妻石氏，年二十守节五十余年卒。
朱式衢妻戴氏，年三十守节三十余年。
张昭珍妻李氏，年二十六守节三十余年。
葛大志妻朱氏，年二十八守节四十余年。
张元全妻朱氏，年三十守节三十余年。
雍立墉继妻陈氏，年二十九守节三十余年。
石正郁妻俞氏，年二十四守节。事舅姑极孝。苦节四十年。
杨元祥妻曹氏，年二十六事姑抚子，守节四十年。
曹筠妻雍氏，年二十一守节四十一年卒。
周景琥妻端木氏，年二十六守节四十八岁卒。
周恒悌妻梅氏，年二十六守节。四十三岁卒。
巫有仪妻张氏，年二十四夫故。守节。今年七十一岁。
袁庆惠妻刘氏，年十九夫故。守节。五十八岁卒。
刘升安妻邓氏，年三十夫故。守节。今年七十六岁。
胡苍禄妻陆氏，年二十八守节抚孤。五十八岁卒。
余文魁妻罗氏，年二十八夫故。守节三十八年。
吴宏云妻王氏，年二十四夫故。守节三十四年。
许师保妻夏氏，年二十四夫故。守节三十九年。
余培元妻王氏，年三十夫故。守节二十二年。
高长龄妻戴氏，年二十四夫故。守节。七十岁卒。
孙俊恺妻尚氏，年二十二夫故。守节四十二年。
张正清妻戴氏，年三十守节抚孤。八十三岁卒。
潘德昭妻邵氏，年二十八夫故。守节。四十八岁卒。
戴世荣妻刘氏，年二十一夫故。守节五十八年。
韩德鎏妻贾氏，年二十二夫故。守节三十年。
王志廉妻吴氏，年二十四夫故。守节三十七年。
王志科妻吴氏，年二十八夫故。守节二十八年。
仇定宇妻戴氏，年二十八夫故。守节四十七年卒。
仇显鹤妻纪氏，年二十三夫故。守节十八年卒。
仇显富妻纪氏，年二十四夫故。守节二十六年卒。
仇安乐妻吴氏，年二十二夫故。守节二十二年卒。
赵文经妻袁氏，年二十九守节三十余年。
朱鳌妻杨氏，年二十五守节三十余年。
朱桐妻王氏，年二十一守节四十余年。
朱杞妻张氏，年二十一守节四十余年。
杨德配妻朱氏，年二十七守节二十一年卒。
周应明妻王氏，年三十守节抚孤四十年。
王凤仪妻陈氏，年二十七守节四十余年。
文生纪光庭妻陈氏，年二十四守节二十年卒。
张贞昌妻杨氏，年二十九守节二十一年卒。
张凤如妻孙氏，年二十九守节三十余年。
赵森妻史氏，年三十守节十八年卒。
赵元白妻韩氏，年二十四守节十年卒。

文生赵杏林继妻尤氏，年二十九守节三十余年。
谢贞魁妻巫氏，年三十守节三十九年卒。
陈人渊妻笪氏，年二十七守节十二年卒。
陈槺继妻朱氏，年二十六守节二十八年卒。
陈太墉妻唐氏，年二十三守节二十二年卒。
巫立堂妻陈氏，年二十一守节三十八年卒。
沈业成妻俞氏，年二十七守节三十余年。
耿耀南妻闵氏，年二十三守节四十余年。
裴功俘妻尚氏，年二十守节八年卒。
裴宗铭妻蔡氏，年十九守节六年卒。
曹家玖妻宋氏，年二十七守节五十四年卒。
曹以旂妻孔氏，年二十六守节五十年卒。
文生戴模妻魏氏，年二十七守节五十年。
戴时楫妻吴氏，年二十八守节四十余年。
夏茂连妻王氏，年二十六守节四十余年。
戴宏山妻经氏，年二十四守节四十余年。
许维镇妻李氏，年二十五守节四十余年。
俞学道妻尹氏，年二十七守节四十余年。
裴祖煌妾耿氏，年十七守节六年卒。
王子贞妻张氏，年十八守节三十余年。
监生鲁希周妻毛氏，年二十八守节二十年卒。
张明薇妻王氏，年二十三守节六十余年。
孔昭柯妻江氏，年二十八守节十二年卒。
文生黄应衢妻汪氏，年二十八守节三十三年卒。
潘廷正妻笪氏，年三十夫故。奉姑抚子三十四年卒。
潘士鼎妻程氏。士鼎客死江宁神策门，程年三十，扶榇归，誓不独生。既以翁姑年老强留，孝养二十八年。翁姑殁，程守节五十一年卒。
潘士玺妻巫氏，年三十夫故。守节二十年，赍志而殁。
潘士望继妻周氏，年二十归潘。未几，士望客颍州不归，复娶解氏。周独居，孝事舅姑，毫无愠色。年五十七卒。
潘士伟妻丁氏，年二十八夫故。守节四十八年。养姑不怠，教子有方。年七十八卒。
潘惟炳妻陈氏，年二十七夫故。孤方晬。矢志不二。贞静寡言。终身未尝见齿。年六十七卒。
文生潘惟容妻笪氏，年二十六守节。夫所未了事，苦志经理，卒保田园。人称女中丈夫。年七十三卒。
潘惟增妻笪氏，年二十三夫故。遗腹生子，抚孤苦节三十七年卒。
潘惟煜继妻许氏，年二十八夫故。家贫苦节，抚孤子三人成立。年五十三卒。
潘生智继妻朱氏，年二十二夫故。奉孀姑，抚幼子。守志不渝。四十八年卒。
潘生勇继妻巫氏，年二十八夫故。家贫，抚孤备尝茶苦，守节五十一年卒。
潘生禄妻笪氏，年二十七夫亡。遭家多故，备极辛勤。既毕婚嫁，卒保田园。守志四十五年卒。
潘寿世妻笪氏，年三十夫故。家贫，抚八岁孤，忍饥耐寒，年九十一卒。
潘西园妻纪氏，年二十八夫亡。苦节抚孤。田园不坠。年七十五卒。
潘国韬妻陈氏，年二十四夫故。守节。遗孤早逝，抚侄如子。其壻巨坚迎养，陈食贫居苦，却而不往。年七十四卒。
潘家璜继妻吴氏，年三十夫故。守节三十年卒。

潘国绅妻巫氏，年二十九夫故。守节三十二年卒。

潘家福妻笪氏，年三十夫故。守节抚孤。卒年六十六。

潘道隆妻吴氏，年三十夫故。抚孤成立。年八十三卒。

潘惟纶妻笪氏，年二十五夫故。养姑抚子，终守苦节。年七十五卒。

潘生启妻庄氏，年二十五夫故。守节抚孤。卒年七十八。

文生潘道长继妻张氏，年三十夫故。事姑尽孝，教子成人。年六十四卒。

潘惟哲继妻倪氏，年三十夫故。家道中落，叠经婚嫁，几至冻馁，卒得安全。守节二十七年卒。

潘惟丰妻陈氏，年二十九夫故。奉舅姑，抚幼子，不以贫窭贻亲忧。守节三十五年卒。

潘惟智妻包氏，年二十九夫故。家无担石储。忍饥耐寒，抚二子成立。卒年七十六。

潘惟藩妻张氏，年三十夫故。守节。事翁姑，抚幼子。丧葬嫁娶毕，又尽偿夫债。不惮勤劳。年六十七卒。

潘生兰妻陈氏，年二十八夫故。守节。孤早亡。抚孙成立。年八十一卒。

潘生谱妻管氏，年二十四夫故。子仅四龄。苦守。年七十一卒。

潘自嵩妻巫氏，年二十三夫故。与孀□同列艰辛，终全志节。卒年五十一。

潘自建妻纪氏，年二十四夫故。事衰姑，抚子女。备尝荼苦。年六十一卒。

潘自周妻施氏，年二十七夫故。遗孤仅数月。施奉翁姑，营丧葬，育孤子至完婚。二十余年，子又逝。抚周岁女孙至出嫁。年七十有二卒。

潘自寿妻陈氏，年二十五夫故。诸孤幼弱，抚之成立。勤劳不倦。年六十一卒。

潘一全继妻倪氏，年三十夫故。遗子女六。抚养成人。家业渐裕，精力尽瘁。年四十九卒。

尚德彰妻华氏，年二十七归尚。一月夫亡。守节。孝养翁姑。今年八十。双目皆瞽。里人贤之。

赵宪忠妻笪氏，年二十七而寡。无期功之亲，一贫如洗。以针黹为生。光绪丁酉卒。年七十三。

高士义妻姚氏。士义避兵江北，落水死。姚年三十。守节抚孤。今年七十三。

高建扬妻朱氏，年十八守节四十二年卒。

陈福仁妻朱氏，年二十二守节。茹苦含辛。今年六十二。

朱善高妻罗氏，性端严。年三十夫故。典衣以殓。矢志抚孤。苦志三十年卒。

顾正福妻赵氏，年三十守节二十一年卒。

夏良义妻张氏，年二十二守志抚孤。苦节二十二年卒。

赵国纪妻夏氏。国纪被贼掳，夏年三十。事姑抚子，艰苦备尝。今年八十三。

周坤元妻赵氏。坤元殉难，赵年三十。事姑抚子，克尽妇道。年七十九卒。

韩世元妻刘氏，年二十八夫故。赤贫。矢志抚子女。年七十一卒。

赵学芳妻钱氏，年三十，芳殁。家极贫。矢志苦守。今年五十三。

樊绪连妻朱氏，年二十六守节。今年六十一。

朱一道妻曹氏。一道殉难，曹年三十。矢志抚孤。苦节二十一年卒。

朱有高妻吕氏，年二十八，有高死难。苦节四十一年卒。

朱有金妻何氏，年二十二夫故。二子俱幼，抚孤备尝艰苦。守节四十一年卒。

陈庆庚妻李氏，年二十二夫殁。守节。今年五十。

王祥云继妻范氏。年三十，祥云殁，守节四十一年卒。

王安纯妻李氏，年三十夫故。抚孤成立。苦节二十一年卒。

杨德馨妻宋氏，年二十四夫故。守节十一年卒。

蒋质扶妻郑氏，年二十五夫故。守节至八十五岁卒。

刘仁隆妻倪氏，年二十八夫故。守节。卒年四十一。

陈福仁妻夏氏。福仁殉难，生子才六月。夏矢志抚孤，备尝艰苦。今年七十二。

杨元鹕妻魏氏，年二十八夫故。抚孤成立。卒年六十九。

从九品衔杨启堡妻许氏，年二十四夫故。抚孤成立，卒年五十。

陈惟凤妻陶氏，年二十五夫故。抚孤成立，卒年六十二。
杨世懋妻邢氏，年二十夫故。守节。今年四十八。
李世儒妻张氏，年二十五夫故。守节。同治壬申卒。年六十六。
文生骆道南妻裴氏，年二十八守节抚孤三十年卒。
文生蒋兰芳妻汤氏，年三十守节。贞静柔顺，至性过人。抚孤成立。劳苦备尝。年六十六卒。
蒋景懋妻汤氏，年三十守节。卒年七十二。
俞明庆妻蒋氏。明庆骂贼被戕。蒋年二十七。守节。卒年六十六。
周恒智妻赵氏，年三十守节。持家谨厚，举止端严。淡泊自甘，辛勤无怨。同治壬戌卒。年六十四。
周恒照妻赵氏，年三十守节。躬亲机杼，抚孤成立。咸丰辛酉卒。年七十二。见总坊。
周恒昕妻魏氏，年二十九守节。奉衰姑，抚嗣子。有化鸮为鸠之量，茹荼如荠之操。咸丰癸丑卒。年六十四。
张敦和妻华氏，年三十夫故。守节。今年七十二。
包宗杏妻王氏，年二十七夫故。守节。针黹度日。今年七十二。
文生骆肇骅妻王氏，年三十夫故。守节。光绪己丑卒。年五十六。
王锦堂妻刘氏，年三十守节。光绪戊戌卒。年五十七。
吴遵旺妻蒋氏，年三十夫故。抚子成立。守节二十二年卒。
田由伦妻唐氏，年三十夫故。抚孤成立，守节五十四年卒。
曾良华妻颜氏，年三十夫故。守志五十三年卒。
朱明兆妻戴氏，夫故守志，时年三十二。
朱之荇妻张氏，夫死守志二十二年。
王长炯妻胡氏，年二十三夫故。守志不嫁。
朱善灏妻孙氏，年三十夫故。守节终身。
王宜霖妻阮氏，年二十四夫故。守志五十年。
王福丞妻蔡氏，年二十归福丞。夫故，守志二十年。
王福仁妻孔氏，年二十一夫故。守志五十年。
王祚汉妻袁氏，年二十八夫故。守节二十四年。
王去文妻胡氏，年二十二夫故。守节三十二年。
王福和妻丁氏，年二十一夫故。守节三十三年。
俞时朝妻胡氏。夫故，守节三十二年。
张延春妻茅氏。夫故，守节十一年卒。
张余瑶妻李氏，年三十夫亡。守节至今二十九年。
戴永年母陈氏，少寡，节操弥坚。孝事翁姑，抚子成立。
戴永昇母胡氏，年二十七，夫外出，音信杳然，胡抚八岁子。守志六十年。
文生戴司文妻齐氏，年二十六夫死，抚孤守节二十一年。
戴时悫妻倪氏，年二十四夫故，守节抚孤，卒年七十一。
戴蕴玉妻蔡氏。夫故，年未三十，守志抚孤。
许治欢妻朱氏，年十五归许，孝事翁姑。夫死，事衰翁三年不懈，以孝声著闻。
王子忠妻徐氏，年二十九夫故。矢志不嫁。卒年八十五。
赵大潮母夏氏，青年守志，抚孤成立，境苦节坚，至死罔懈。
赵升熊妻侯氏，年三十夫故。抚女苦守，不苟笑言。今三十年。
张国英妻谈氏，年三十夫亡，守节四十一年。
吴茂龙继妻周氏。咸丰元年，夫故。周年三十。矢志苦守。事姑以孝闻。抚前子与己出，教养无异，劳逸必均，族党贤之。

余绍宽妻邵氏。咸丰元年，夫故。邵年三十。教子成立。苦节五十年。

甘云台妻许氏，兵乱时夫亡。年饥无食，苦志抚孤，至成婚嫁。守志四十年。

夏礼燦妻罗氏，道光元年夫故。氏年二十七。矢志奉翁姑，抚子女。言笑不苟，勤俭有方。卒年六十七。

周耀廷妾某氏。夫故，氏年二十九。抚嫡女，苦节。今四十一年。

监生王保贞继妻张氏，年三十守节。卒年七十八。

王守庆妻郑氏，年二十九守节。抚孤。今三十一年。

朱某妻钟氏，年二十九守节。

姚宏章妻章氏，守节三十一年卒。

姚景淦妻李氏，守节三十年卒。

姚景泗妻李氏，守节三十二年卒。

杨良熹妻许氏，年二十八守节，孝事舅姑，抚子成立。卒年五十。

杨良栋妻李氏，年二十三守节。卒年三十八。

杨明纯妻刘氏，年二十二守节。饥寒无怨。寡言笑。卒年三十五。

俞宏昭妻潘氏，年二十二守节。勤谨厚重，不出户庭。卒年五十四。

经桐川妻王氏，年二十一夫故。抚孤成立，守节五十九年卒。

戴华农妻张氏，年二十八夫故。抚孤成立。守节今二十五年。

张余谦妻毕氏，青年守节。纺绩抚侄为嗣。

张长兴妻谢氏，年二十七守节。抚孤持家，立业闺门，乡党咸称为女中丈夫。

张延德妻王氏，年二十五夫亡，无子守节，不愧松筠。

王宗棠妻周氏，年二十一守节，含辛茹苦，清白无瑕。今年五十一。

华之缦妻芮氏，年三十守节。卒年六十一。

李云妻陈氏，年二十六守节。抚孤成立而卒。

吴继钟妻孙氏，年二十四守节。卒年七十一。

吴庆元妻汤氏，年二十一守节。卒年六十九。

吴在新妻王氏，年十九守节。卒年五十四。

吴基祥妻尚氏，年二十三守节。赍志而卒。

周景泰妻冯氏，年二十六守节。卒年七十。

周克用妻王氏，年二十四守节。卒年六十一。

周舜臣继妻汤氏，年二十八守节，事姑抚子，艰苦备尝。卒年六十一。

魏振善妻杜氏，守节二十年卒。

雍嗣行妻谢氏。年二十三，夫远出贸易，卒於途。谢守节十年卒。

雍应绍妻戴氏，年二十一守节。苦而弥坚，年□□卒。

文生雍慎元妻朱氏，年三十夫亡。苦守十年卒。

经殿英继妻吴氏，年二十七夫亡，守节。矢志靡他。年□□卒。

杨纯所妻朱氏，尝割臂疗夫疾。夫亡，守节五十一年卒。

汤正智妻杨氏，年三十夫故。守志三十一年。

王维度妻沈氏，守节四十年。

吴德铨妻周氏，年二十九夫故。卒年六十八。

端木贤贵妻沈氏，年二十四夫故。守志不二。

文童陈庆云妻杨氏，守节六年卒。

王志堂妻周氏，守志三十七年。

杨合远妻戴氏，年二十八夫故。守节四十五年。
窦昌莹妻经氏，年二十夫故。守节三十年卒。
窦尚瀛妻李氏，年二十八夫故。守志三十年卒。
窦良喜妻经氏，年二十九夫故。守志二十年卒。
王士熙妻尚氏，年二十九夫故，苦节抚孤。今年六十五。
文生凌才煌妻张氏，年二十八夫故。守节。今二十四年。
文生魏元白妻韩氏，咸丰三年，元白殉粤匪难。韩守节，针黹度日。艰苦异常。同治六年殁。
潘惟盛妻纪氏，年三十夫故。遗孤数龄，家道辛勤。抚孤卒能有成。年八十卒。
潘生宏妻王氏，年三十，夫故。遗孤长仅六岁，幼甫能言。茹苦守志，抚孤成立。年六十九卒。
潘自琚妻唐氏，年二十八夫故。遗孤早死，抚侄如己出。年六十二卒。
潘自含妻张氏，年二十八夫故。抚孤守节，年五十九卒。
潘自德妻严氏，年三十守节，奉舅姑，抚孤子。毕生勤苦。年六十卒。
潘自耕妻巫氏，年三十夫故。遗孤甫三龄，而翁死叔亡，连遭颠沛。巫矢志靡他，保全孤子。始得成立。
潘一桂妻方氏，年三十夫故。遗孤二，俱幼。茹苦含辛，卒以成立。
文生张元炽妻周氏。元炽，同治壬戌阵亡。周年二十九，苦节抚孤成立。今三十九年。
王凝怡妻周氏，年二十六夫故。家贫，苦志抚孤。守节十八年卒。
王贞安妻周氏，年十九夫故。抚孤女。守节今四十八年。
曹於敬妻马氏，年二十九夫故，苦志抚孤政兴成立。守节二十年卒。
曹政兴妻吴氏，夫早亡，奉姑甚谨。守节三十四年卒。
陈德兴妻刘氏，年二十四夫故。守节二十年卒。
谢重昇妻周氏，年二十八夫殁。守节三十余年卒。
谢述钧妻巫氏，年二十二夫亡。苦节二十八年卒。
张茂福妻王氏，年三十夫殁，守节至今五十三年。
徐继伦妻王氏，年二十五夫故。守节四十七年卒。已旌。
凌长恒妻戴氏，年三十夫故。守节九年卒。
郭业煌妻张氏，年二十七守节三十三年卒。
田进明妻郭氏，割股疗父疾。年三十守节二十年卒。
王明曾妻徐氏，年三十夫亡。茹苦抚孤，针黹度日，性贞介，不受怜恤。守节二十六年。
倪康杰妻黄氏，年十九夫亡。抚孤女，针黹度日，守节四十一年卒。
王式钜妻陈氏，年二十三夫亡。守节四十年殁。
王嗣曾妻许氏，年二十四守节三十六年。
陈诰妻杨氏，年三十守节四十年卒。
何政华妻笪氏，守节十五年卒。
赵献钟妻笪氏，守节四十一年卒。
赵階炯妻陶氏，年二十四守节抚孤。今四十七年。
汤照蓉妻杨氏，年二十五守节四十年卒。
笪家仁母朱氏，年二十九守节。
笪国樑母朱氏，年二十八守节。
俞宜魁妻戴氏。夫故，无子。戴抚嗣子如己出。守节以终。妾贾氏亦以节著。
陈治国母张氏，年二十七守节，今三十四年。
陈临顺母高氏，年二十八守节。今三十七年。
张美珠妻戴氏，守节抚孤，教以义方。后孙绕膝，寿享期颐。
张延春妻华氏，年二十三苦志守节四十九年卒。

廪生张时清继妻唐氏，年二十五抚孤守节。玉洁冰清。
张延瑞妻华氏，青年守节。邑侯宋公奖"松柏坚贞"额。
张延纲妻朱氏，守节抚孤，谨执妇道。
张延彩妻党氏，刲股疗夫，柏操霜节。
张玉龙妻陈氏，年三十守节。抚孤勤苦。四十六年卒。
张美珂妻施氏，青年守节，抚孤成立。豪强谋娶，终不改志。
张德鼎妻巫氏，青年守节抚孤。夜勤纺织，朝课儿孙。艰苦备尝，至死不二。
张乾生妻陈氏，青年守节，矢志抚孤。
张美绪妻倪氏，青年守节，抚孤成立，穷且益坚。
张德立妻王氏，夫亡抚孤，无亏节操。
张明儒妻王氏，青年苦节，抚孤成立。
张道铿妻周氏，青年守节，抚孤成立，辛勤不懈。
张延镐继妻王氏，青年守节，矢志靡他。
张美永妻王氏，青年守节。邑侯奖"劲节清风"。
张余杰妻许氏，守节抚孤，端严勤俭。
张余熊妻谢氏，青年守节，茹荼自甘，事孀姑孝，教孤子严，乡党称之。守节二十年卒。
文生张元浩妻滕氏，青年守节，无亏妇道。
张余高妻陈氏，守志辛勤，纺织抚孤成立。
张栋妻尹氏，青年守节，勤苦抚孤。
文生张进妻王氏，守节抚孤，冰霜历志。
张庆山妻丁氏，年二十九夫亡。治家教子，贞静贤良，苦节二十五年卒。
张余蛟妻王氏，青年守节，纺绩教子。
张庆悉妻王氏，年二十二守节。抚孤成立。
郭叙伦妻夏氏，年三十苦志抚孤，守节四十二年卒。
杨照泰妻严氏，年二十三守节五十年卒。
孔宪增妻朱氏，青年矢志，以针黹度日，养子成立。子亡，又抚幼孙。卒年七十四。
朱式磄妻杨氏，年二十六守节抚孤三十余年。殉难（贞烈附传）。
赵盛铭妻王氏，刲股愈翁疾。又刲股疗夫。年二十三守节六年卒。
骆敬台妻高氏，年二十九守节抚孤。事姑极孝。
戴敬仪妻曹氏，年三十守节。今二十二年。
夏良明妻王氏，幼无父母，寄养於夏。年十七成婚。二十六夫亡。只一幼女，穷饿乞食，不改其志，苦节十三年卒。
陈懋笙妻王氏，二十七年守节，今五十七年。
卫昭仑妻许氏，苦节抚孤三十余年。
王运振妻胡氏，子宏良妻周氏，两世孀居，守志数十年。
王永礼妻樊氏。夫死，抚妾子二十余年。
赵湖妻胡氏，青年苦节自誓。与九十之姑相依为命。抚四子成立。
赵明昌妻许氏，明昌甫死，家极贫，许事姑抚子，矢志苦节。
徐家安妻裔氏，年二十八守节，今三十年。
武生曹家谟妻杨氏，年二十七守节，奉二老，抚两孤成立。
曹宜明妻孔氏，归宜明甫数年，夫远游不返，家贫子幼，孔代夫抚养，备历艰辛，苦守四十余年。
曹宜缉妻孔氏，年三十夫亡。纺绩抚孤，苦节四十余年卒。
曹宜齐妻鲁氏，年二十九夫亡。家贫，纺绩，抚孤子又早亡，苦节以终。

曹施琳妻郭氏，夫早卒。家贫。守节。立侄于鉴为后。辛苦备至。里党称之。
曹於怀妻吴氏。夫故，守志。抚孤成立。
曹政润妻周氏，守节抚孤。
周贞明妻陈氏，年十九守节。今三十三年。
蒋传春妻华氏，年二十七守节二十二年卒。
尚有章妻沈氏，年二十五守节十六年卒。
尚天懿妻赵氏，年二十一守节五十年卒。
周云鹏妻赵氏，年二十八守节四十三年卒。
周焕群妻王氏，年二十九守节四十四年卒。
唐序长妻徐氏，年二十一守节二十七年卒。
沈笃信妻骆氏，年二十六夫故。抚遗腹子成立。茹蘖饮冰。卒年五十八。
赵永林妻徐氏，年二十八夫故，守节四十八年卒。年七十四。
文生朱兆隽妻巫氏。夫故，守节三十六年卒。
经瑾继妻毛氏，年二十五夫故。守志。今年五十六。
赵仕妻曹氏，年二十四夫故。守节。事舅姑以孝闻。
赵克刚（一作纲）妻许氏，年十九夫故。守节三十年。抚孤成立。
赵文美妻曹氏，年二十四夫故。抚幼孤，事翁姑以孝闻。
赵一邦妻许氏，年二十二夫故。子幼，甘贫抚孤。守节以殁。
赵东达妻王氏，年三十夫故。守节二十年卒。
赵家元妻许氏，年二十五夫故。事姑抚子，守志三十余年。
赵国书妻许氏，夫久客不归。家贫，纺绩糊口，抚子成立。守节终身。
监生张存毅妻阮氏，孝事翁姑，抚孤成立。守节终身。
张延准妻夏氏，年三十夫故。抚孤成立。守节四十二年卒。
张道槱妻王氏，年三十夫故。以针黹度日。抚孤成立。守节以终。
张延通妻经氏。夫故，无子。抚嗣子如己出。守节终身。
张德慎妻章氏，年二十八夫故。守节四十八年卒。
张延斌继妻笪氏。夫亡，守节。经营家计，训子成名。勤俭终身。
廪生李德言妻陈氏，年二十夫故。守节四十年卒。
王仁芳妻吴氏，年十七归王。二十三岁守节。卒年七十。
李德鸿妻经氏，年三十夫故。守节。卒年七十。
杨禹章妻张氏，年十七归杨。二十夫亡。守节。卒年七十有一。
杨国仁妻吴氏，年十九归杨。二十四夫亡。守节。卒年六十三。
杨徵儒妻王氏，年十七归杨。二十二夫亡。守节。卒年六十。
杨浩之妻张氏，年十九归杨。二十，夫亡。守节。卒年三十二。
李良嵩妻尤氏，年二十一适李。二十七夫亡。守节。卒年七十。
李修鼎妻戈氏，年十六适李。二十五岁，夫亡。守节。卒年五十四。
周圣宇妻芮氏，年十七适周。二十，夫亡。守节。卒年六十一。
周履宏妻李氏，年二十一夫亡。守节。卒年八十。
周世元妻钟氏，年二十一适周。三十岁夫亡。守节四十年卒。
周美瞻妻王氏，年十六归周。二十七夫亡。守节。卒年九十。
许维全妻李氏，年十八归许。二十九夫亡。守节。卒年八十一。
凌立元妻王氏，年三十守节。卒年九十。
凌振煌妻张氏，年十七适凌。十九夫亡。守节。卒年八十六。

凌彩章妻王氏，年二十八夫亡。守节。卒年六十八。
张余福妻赵氏，年十八适张。二十夫亡。守节。卒年三十六。
胡玉屏妻张氏，年二十一归胡。二十二夫亡。守节。卒年四十八。
王家骧妻赵氏，年二十适王。二十九夫亡。守节。卒年五十七。
张朝斌妻田氏，年十七归张。二十夫亡。守节。卒年三十六。
宣鸣虞妻朱氏，年十八归宣。二十四夫亡。守节。卒年五十四。
宣修来妻潘氏。夫亡，守节五十年。卒年六十七。
周基贤妻曹氏。夫亡，守节十四年。卒年三十八。
张美廉妻章氏，年二十九夫故。孝养翁姑，抚孤成立。家极寒，矢志不渝，守节以终。
黄某妻朱氏，年二十九夫故。事上尽孝，抚孤成立。完节以终。
赵恕洪妻庄氏。夫故，矢志抚孤。艰苦备尝。守节三十三年卒。
赵广善妻吴氏。夫故，孝养翁姑，抚孤成立。守节十九年卒。
赵克敏妻包氏。夫故，经营家政，教子有方。守节二十七年卒。
赵汝康妻周氏。夫故，守节四十二年卒。
赵裕珏妻施氏。夫故，抚孤成立，守节四十年卒。
张美奎妻王氏，年三十夫故。事姑以孝闻。守志四十四年卒。
陈明照妻陶氏。年三十夫故。孝事舅姑，抚孤步云入泮。守节五十余年。卒年八十余。
陈人贤妻巫氏。夫故，孝事舅姑，抚孤成立。经理家务，井井有条。宗族以贤妇称之。卒年六十七。
王开芳妻梅氏，年二十七夫故。奉姑抚子。守节三十年卒。
夏智锜妻姚氏，年三十夫故。奉孀孤，抚幼女。苦节二十一年卒。
秦福保妻王氏，年三十夫故。抚孤。苦节三十三年卒。
秦文蔚妻仇氏，年二十八夫故。抚孤。苦节十九年卒。
张美成妻阮氏，于归两月，夫故。事舅姑，抚遗腹子。守节终身。
邱承读妻许氏，年二十九夫故。守节二十二年卒。
刘继志妻樊氏，年三十夫故。抚三子成立。苦节三十二年。
夏鲁璠母周氏，年二十四夫故。抚孤成立。孝事翁姑。守节二十八年卒。
王正法妻夏氏，年二十四夫故。守节四十二年卒。
王元瑎妻朱氏，年二十夫故。守志三十二年卒。
经宜潼妻杨氏。夫故，事翁姑以孝闻。守志五十五年卒。
窦士贵妻蒋氏，年三十二夫故。守志二十一年卒。
蒋大方妻徐氏，年三十夫故。守志四十五年卒。
陈昌时妻杜氏，年二十七夫故。守志四十三年卒。
陈经兰妻某氏，年二十六夫故。守志五十四年卒。
杜文喜妻张氏，年三十夫故。守志四十五年卒。
赵开连妻潘氏，年二十二夫故。守志五十五年卒。
方宜鹤妻赵氏，年二十八夫故。守志三十五年卒。
杜德怀妻陈氏，年二十夫故。守志抚孤三十六年卒。
杜文禄妻罗氏，年二十三夫故。守志五十年卒。
梅丹书妻王氏，年二十九夫故。守志五十年卒。
杜文郁妻朱氏，年二十七夫故。守志二十年卒。
张昭经妻石氏，年二十四夫故。守志二十八年卒。
梅汝厚妻某氏。夫故，抚孤述俨成立。里党称为孝子。完节以终。

戴士窦妻栾氏，年二十四夫故。守节三十二年卒。
李永启妻任氏，年二十二夫故。守节三十二年卒。
经汝瑚妻张氏，年十九夫故。守志六十五年卒。
朱和贵妻陵氏，年二十八夫故。守节二十二年卒。妾某氏，年二十二守节十一年卒。
戴利舒妻朱氏，年二十七夫故。守节三十六年卒。
戴利寿妻某氏，年二十七夫故。守节三十年卒。
戴利全母某氏，年二十八夫故。抚子成立，苦节三十八年卒。
戴亨赳妻芮氏，年二十三夫故。守节四十三年卒。
戴利邦妻严氏，年二十一夫故。守节二十五年卒。
戴利安妻朱氏，年二十二夫故。守节四十四年卒。
戴亨武妻朱氏，年二十二夫故。守节三十四年卒。
戴利裘妻邓氏，年二十六夫故。守节三十二年卒。
戴贞美母某氏，年二十五夫故。抚孤成立，守节四十年卒。
戴利厚妻某氏，年二十八夫故。守志三十六年卒。
戴利欣妻某氏，年二十九夫故。抚孤守节三十四年卒。
戴利庆妻某氏，年二十八夫故。抚四子均成立。守节三十四年卒。
戴贞琪妻邓氏，年二十九夫故。守节三十一年卒。
陈时焜妻俞氏。于归年余，夫故。守节四十余年卒。
孙恩栏妻尹氏。夫故，守节终身。
孙开洪妻戴氏。夫故，守节三十八年卒。道光间旌总坊。
孙永岐妻尚氏。夫故，家贫。以针黹度日。养翁姑，佐幼叔成室。抚子女均有成立。苦节终身。
唐儒衍妻房氏，年二十七夫故。事姑以孝闻。苦节四十三年卒。
施某妻巫氏，年十九夫故。生遗腹子，抚养成立。守节四十年卒。
张熙言妻李氏，年二十夫故。抚孤成立。苦守四十余年卒。
监生刘鸿骧妻吴氏，年二十九夫故。抚孤子万青入泮。守志十五年卒。
袁庆祯妻朱氏，年三十夫故。抚孤守节。卒年五十二。
骆道隆妻王氏，廪贡生王锡藩胞妹。年二十一夫故。守节二十余年卒。
朱仁术妻王氏，年二十八夫故。抚二子均成立。
朱克明妻孙氏，年二十八夫故。守节三十年卒。
魏昌遐妻宫氏，年二十八夫故。守节二十七年卒。
许家显妻陈氏。夫故，守志数十年，完节以终。
孔昭镒妻陈氏，年二十夫故。甘贫苦节，积哀成疾而卒。
孙有旺妻王氏。夫故，抚遗腹子，未及成立而卒。
朱广生母王氏，年二十一夫故。抚孤成立，备历艰辛。苦节二十余年卒。
监生郑保龄妻张氏，年二十七夫故。孝姑抚女。完节以终。
夏礼锦妻朱氏，年二十五夫故。守节抚孤。卒年八十三。
胡甫之妻孔氏，文生孔元观女。年二十四夫故。守节终身。
曹国治母贡氏，抚孤成立，守节终身（《府志》误作妻）。
张道仪妾杨氏。年三十，夫故。有劝以他适者，氏矢志守节终身。
许珍潮妻裴氏。夫故，家贫不能自活，又遭寇乱，寄居姊家。守节二十余年卒。
俞秉钰妻胡氏。年十九，夫故。守节。入苏州清节堂数年卒。
王新蕃妻许氏。夫故，守志终身。
王新斌妻许氏。夫故，守节终身。

王明周妻胡氏。夫故，家贫。抚孤成立。守节终身。
王明祚妻许氏。夫故，抚孤成立。守志终身。
王明伋妻孙氏。年二十五，夫故。守志终身。
王知洪妻卫氏。夫故，家甚贫。守志终身。
王运逢妻戴氏，青年守节，孝养翁姑，日夜纺绩以供甘旨，抚孤成立，守志终身。
许克坚妻王氏，年三十夫故。家极贫。守志五十五年卒。
卫昭乾妻曹氏，年三十夫故。甘贫抚孤。苦节四十余年卒。
徐超甫妻孔氏，年二十二夫故。事孀孤尽孝。抚幼子成立。年八十余卒。
杨浩妻张氏，年二十□夫亡。守节终身。
文生陈步云母陶氏，青年矢志抚孤。苦节终身。
吴德林母王氏，青年守节。勤苦持家，至老不倦。
文童余绍植妻王氏，青年守节，矢志终身。
许立勋妻吴氏，青年守节孝养孀姑三十余年卒。
董国维妻朱氏。夫故，守节终身。见《续府志》。
董国经妻施氏。夫故，守节终身。见《续府志》。
余绍林妻周氏。年三十，夫故。守节三十一年。
倪春年继妻徐氏，青年夫故，守志终身。
王文明妻言氏，夫故无子，立侄为嗣，守志终身。
仇显玉妻范氏，青年夫故，守节终身。
郑荣兴妻翁氏，青年夫故，苦节终身。
郑荣俭妻黄氏，青年夫故，艰苦完节以终。
文童仇安霞妻施氏，夫故无子，抚二女，艰苦守节四十余年卒。
李庆扬妻仇氏，青年夫故，苦节三十余年。
胡昌九妻吕氏。夫故，敬奉孀姑，抚养孤子。兵燹时，虽衣食艰难，矢志不渝。苦节以终。
谢忠怀妻张氏。夫故，抚孤守节四十余年。
颜兴财妻顾氏。夫故，子朝贵甫二十九日。家素贫。抚孤成立。守节二十余年。
武生蔡庆元妻王氏。年二十八，夫故。守节抚孤三十年卒。
监生王致中妻赵氏。年十九，夫故。守节十八年卒。
监生雍慈尧妻戴氏，年二十夫故。守节四十年。
徐本固妻汤氏，年三十夫故。无子。矢志苦守三十余年卒。
蒋荣纲妻丁氏，青年夫故，守节五十余年卒。
吕庠聚妻胡氏，年三十夫故。苦守。抚孤成立。光绪五年卒。
吕庠椿妻曹氏，年二十一夫故。守节抚孤。光绪十一年卒。
吕懋开妻常氏，年三十夫故。矢志抚孤成立。六十五岁卒。
李世林妻徐氏，年二十九夫故。守节。卒年五十九。
黄兆琏妻芮氏，年二十九夫故。守节。卒年六十六。已旌。
文生王笃生妻经氏，年三十夫故。守节三十六年。
廪生孔庆元妻王氏，年二十四夫故。守节抚孤，越九年卒。已旌。
许文英妻高氏，年二十八夫故。苦志抚孤，完节以终。
刘运焕妻周氏，年二十二夫故。苦志抚孤。守节八年卒。已旌。
刘焘妻吴氏，年三十夫故。抚孤。守节二十一年卒。已旌。
欧阳国学妻赵氏，年二十九夫故。守节四十年卒。已旌。
武生曹甡妻李氏，年二十七夫故。苦节至八十七岁卒。已旌。

曹政道妻石氏，年二十五夫故。抚孤。苦节四十四年卒。已旌。
曹政体妻张氏，年二十二夫故。抚孤。苦节三十八年卒。已旌。
李世华妻梁氏，年三十夫故。守节二十四年卒。
高德远妻刘氏。咸丰十年，夫被贼戕，氏年三十，守节以终。已旌。
杨德新妻宋氏，年二十四夫故。孝姑抚孤，内外无间言，守节十一年卒。
姚景韶妻朱氏，守节五十余年卒。已旌。
姚景芳妻徐氏，守节四十余年卒。已旌。
杨启炯母戴氏，年二十五夫故。苦志。抚孤成立。守节六十一年。
周恒樊妻戴氏，年二十九夫故。守节三十九年卒。
杨学执妻高氏，年二十五夫故。守节三十一年卒。
邹我佩妻郭氏，年二十六夫故。守节三十七年卒。
袁廷贵妻陈氏，年二十七夫故。守节三十七年卒。
葛世清妻高氏，年二十八夫故。守节三十七年卒。
从九品王贞益妻张氏。夫殉难，张苦节三十年卒。已旌。
许圣经妻张氏。夫亡，守节今二十七年。已旌。
监生王孟临妻李氏。夫亡，守节二十四年卒。已旌。
田进寅妻王氏，年二十二夫故。守节七年卒。已旌。
曹全忠（一作全志）妻王氏，守节十二年卒。已旌。
周启贵妻李氏，年二十七夫故。守志四十年卒。已旌。
王怡曾继妻徐氏，年二十四夫故。守志今三十年。已旌。
吴志永妻王氏。夫故，子尚襁褓。苦节抚孤。卒年四十三。
余绍棠妻杨氏。夫故，守志三十五年。
宋（《府志》作朱）仁杰妻夏氏。夫故，守志三十九年。
周存模妻陈氏。夫故，守志五十年。
陈学贞妻步氏。夫故，守志五十八年。
夏江保（一作将保）妻纪氏。夫故，守志三十年。
赵道贞妻何氏。夫故，守志二十九年。
陈德泰妻顾氏。夫故，守志五十年。
张有贤妻高氏。夫故，守志五十年。
朱延恩妻徐氏。夫故，守志四十年。
许善家妻李氏。夫故，苦守四十九年卒。已旌。
张锦山妻凌氏。夫故，守志四十一年。
监生尚世玉妻周氏，年二十一夫故。事姑孝。守节三十一年卒。
周贞炯妻李氏。夫故，守节三十六年卒。已旌。
朱某妻李氏。夫故，守志四十一年卒。
郭长卿妻孔氏。夫故，守节今二十三年。
史启椿妻梅氏。夫故，守志二十二年卒。已旌。
曹国涟妻刘氏。夫故，守志五十年卒。
吴大田妻王氏。夫故，守志五十三年。
文生黄基治妻杨氏。夫故，守志十年卒。已旌。
倪怀禧妻王氏。夫故，守志三十五年卒。已旌。
王仁曾妻陈氏。夫故，守志十八年卒。已旌。
骆重庆妻叚氏。夫故，守志三十八年。

监生张定樾继妻徐氏，年二十七夫故。抚孤。守节十九年卒。
汪昌荣妻陈氏。夫故，守志二十五年。
武生李成槐妻王氏，守志六十年。已旌。
杨长蓁继妻戴氏，守志三十年。
欧阳凝保母朱氏，守志五十三年。
朱家耀妻黄氏，年十八夫故。守节五十年。
李世余妻陆氏，守志五十年。已旌。
朱克任妻姚氏，守志三十五年。已旌。
朱克诚妻黄氏，守志三十年。已旌。
监生吴德源妻濮氏，守志五十九年。已旌。
监生吴德崇妻华氏，守志十七年卒。已旌。
戴治章妻王氏，守志三十七年。
汪昌尧妻章氏，守志二十年。
王利振妻华氏，守志三十三年卒。
王宜恺妻汪氏，年二十夫故。守志三十七年。
纪朝满妻韦氏，青年守节，抚孤成立。卒年六十九。
杨世燇妻吴氏，年十八夫故。守节二十四年卒。
赵亮工妻纪氏，守志四十六年卒。
赵佑忠妻陈氏，守志二十二年卒。
田由家妻黎氏，年二十三夫故。守节四十五年卒。
田由安妻唐氏，年二十六夫故。守志四十一年卒。已旌。
夏和森母纪氏，年二十三夫故。守志抚孤，卒年六十二。
笪惠尧妻杨氏。夫故，守节。卒年六十七。
笪晋俸妻张氏。夫故，抚孤成立。守节四十年卒。
笪美术妻某氏，年二十一夫故。守节三十三年卒。
笪家彬妻张氏，年二十九夫故。苦节。卒年八十五。
笪厚富妻某氏，年二十八夫故。抚遗腹子成立。卒年五十四。
巫惠荣妻张氏，年二十九夫故。守节。卒年五十九。
陈道骏妻周氏，年三十夫故。守节抚孤成立。
阚世林妻翟氏，年二十八夫故。抚孤成立。卒年七十。
阚永培妻王氏，年三十夫故。抚孤成立。卒年六十七。
巫鹤林妻汤氏，年二十七夫故。抚孤，采薪度日，卒年五十。
罗兴发妻李氏，年三十夫故。卒年八十二。
侯正朋妻许氏，年三十夫故。家极贫。抚侄如己出。卒年五十六。
葛全元妻陈氏，年三十四夫故。抚孤艰苦备历。卒年九十一。
董某妻蔡氏。夫故，守志三十一年。
陈俊妻赵氏。夫故，守志三十五年。
华某妻戴氏。夫故，守志二十六年卒。
赵应耀妻许氏，年二十夫故。守志。抚遗腹子成立。
文生骆秉离妻冯氏。夫故，守志三十一年。
刘信诚妻张氏。夫故，守志三十一年。
居荣华妻徐氏，年二十九夫亡。抚孤守节三十年卒。
张祚善妻陆氏。夫故，苦节今三十年（继妻）。

阮传霈（《府志》作传霖）妻张氏，年十九夫故。抚孤守节十一年卒。
朱克伟妻庞氏。夫故，守志十六年卒。
朱玉卿妻王氏，年三十夫故。守节三十二年。
骆道林妻丁氏，年二十九夫故。抚孤成立。守节终身。
朱克慎妻许氏。夫故，抚孤成立。完节以终。
周贞煉妻汤氏，年二十八夫故。守节二十年。
周贞奎妻朱氏，年二十二夫故。守节十余年卒。
王正珩妻汤氏，年二十八夫故。守节三十年。
王正益妻吴氏，年二十夫故。守志五十年卒。
朱宜培妻陶氏，年二十五夫故。守志二十年。
杨士林妻张氏，年二十六夫故。守志四十年。
杨士贤妻王氏，年二十二夫故。抚子成立。守志三十六年。
杨士元妻戴氏，年二十夫故。苦节抚孤，守志三十八年。
黄中权妻葛氏，年三十夫故。事翁姑孝。抚孤成立。卒年七十。
孙长广妻王氏，年三十夫故。家极贫。苦节抚孤。卒年七十二。
孙大胜妻张氏，年二十五夫故。守节。事翁姑孝。卒年五十六。
孙启才妻朱氏，年二十八夫故。以妇道自守。苦节以终。年六十。
张德珈妻陆氏，年三十夫故。守节终身。
王众妻徐氏，年二十三夫故。守志三十年。
夏良积母朱氏，年二十八夫故。守志二十五年。
夏可锦母高氏，年二十一夫故。守志十九年。
夏明先妻陈氏，年十九夫故。抚孤成立。守志三十年。
王正玉妻周氏，年二十八夫故。抚孤成立。守志四十年。
夏国安妻戴氏，年二十一夫故。守志三十六年。
王永良妻张氏，年十八夫故。守志三十三年。
王永育妻庞氏，年二十二夫故。守志二十三年。
王元林妻章氏，年三十夫故。守志三十二年。
王正裕妻周氏，年二十八夫故。守志二十年。
周履全继妻罗氏，年二十三夫故。守志二十二年。
周恒桓妻高氏，年二十五夫故。守志三十二年。
经荣堵妻杨氏，年二十八夫故。守志三十年。
经正熺妻刘氏，年二十八夫故。守志三十二年。
汤睿先妻经氏，年二十二夫故。守志三十二年。
经学揆妾李氏，守节终身。抚孤成立。
窦家贤妻赵氏，年三十夫故。守志十年卒。
窦象化妻方氏，年三十夫故。守志五十年。
窦士陆继妻马氏，年二十夫故。守志二十四年。
窦士理妻孙氏，年二十四夫故。守志三十二年。
蒋中柏妻赵氏，年二十八夫故。守志四十四年。
胡允昌妻陈氏，年三十夫故。守志二十六年卒。
杜世云妻梅氏，年十九夫故。守志二十年卒。
陈东如妻刘氏，年三十夫故。守志五十年。
陈忠义妻邱氏，年二十夫故。守志三十六年。

张耀妻赵氏，年二十夫故。守志二十五年。
张启寿妻卫氏，年二十四夫故。守志十九年。
邱明乾妻朱氏，年二十一夫故。守志三十四年。
陈粹中妻王氏，年二十八夫故。守志二十五年。
朱家瑞妾某氏，年二十二夫故。守志二十三年。
朱家燦妻栾氏，年二十五夫故。守志三十年。
从九品徐德恒妻刘氏，年三十夫故。守志二十八年卒。
张某妻杨氏，年二十四夫故。守志三十年。
郭维烈妻夏氏，年三十夫故。守志五十三年卒。
王巍妻周氏，年二十八夫故。守志四十年卒。抚孤成立。教孙入泮。
包老五妻某氏，年三十夫故。守志二十六年。
黄修元妻某氏，年三十夫故。守志二十二年卒。
戴惟春妻某氏，年二十三夫故。佣工自给。苦节三十六年。
周贞焌妻戴氏，年二十四夫故。守志三十二年。
周恒月妻王氏，年二十三夫故。守志二十六年。
经洪恺继妻吴氏，年二十七夫故。守志三十二年。
经宏纪母王氏，年二十六夫故。守志三十年。
张裕远妻王氏，年十九夫故。守志二十九年卒。
王友桂妻端木氏，年十九夫故。守志二十二年。
张玉琯妻陈氏，年二十五夫故。抚孤。苦节二十一年。
糜国春嫂张氏，年二十三夫故。守志二十六年。
糜国洪母王氏，年二十三夫故。守志十八年。
蔡祚增妻戴氏，年十八夫故。守节四十余年。
陈宏盛妻周氏。夫故，守志至老不渝。
胡本良妻周氏，年二十二夫故。守志终身。
胡本进妻赵氏，年二十八夫故。守志终身。
王居侨妻赵氏，年三十一夫故。守志终身。
朱继敖妻张氏，年二十七夫故。守志二十三年。
蔡忠思妻戴氏。夫故，守志四十年。
俞茂化妻张氏，年三十岁夫故。守志终身。
俞宜标妻朱氏，年三十岁夫故。守志终身。
俞士佩妾张氏，年三十岁夫故。守志终身。
倪继揭妻郭氏，年三十岁夫故。守志苦节以终。
笪德吾妻陈氏。夫故，苦节持家，抚孤成立。
施良慈妻姚氏，年二十九夫故。守节三十年。
周文益媳某氏，年十九夫故。守志三十四年。
徐野亭妻田氏，年二十九夫故。守志九年卒。
包某妻李氏，孝事孀姑，抚孤成立。苦志三十一年。
刘某妻周氏。夫故，以针黹度日。守志二十六年卒。
林万兴妻俞氏。夫故，守志五十一年。
俞宜桢妻戴氏。夫故，守志三十九年。
俞迪瑚妻戴氏。夫故，守志四十二年。
俞正中妻鲁氏。夫故，守志三十一年。

俞之玒妻许氏，年二十四夫故。守志终身。
俞之琤妻倪氏，年二十八夫故。守志终身。
俞希源妻戴氏，年三十岁夫故。守志终身。
俞义昌妻许氏，年二十四夫故。守志终身。
胡德有妻俞氏，年二十八夫故。守志终身。
李善志妻经氏，年二十八夫故。守志二十八年卒。
倪炽善妻邓氏，年二十八夫故。抚孤苦节二十三年。
胡有堡妻俞氏，年二十九夫故。守志终身。
胡有域妻陆氏，年二十六夫故。守志终身。
倪绳珊妻许氏，年二十一夫故。守志三十一年。
俞宗增妻闻人氏。夫故，守志三十一年。
许海妻邹氏，年二十六夫故。守志。事继姑以孝称。
王知廉妻徐氏，年三十岁夫故。守志终身。
俞家瞻妻张氏。夫故，守志三十七年。
徐知勤妻许氏，年二十七夫故。守志终身。
俞秉美妻刘氏。夫故，守志二十八年。
俞正培妻蔡氏，年二十四夫故。守志二十七年。
俞时镒妻王氏，年二十四夫故。守志十八年卒。
俞秉第妻阮氏，年二十一夫故。守志四十二年。
俞永量妻孔氏。夫故，守志三十七年。
徐安立妻鲁氏。夫故，抚孤。孤卒，抚孙成立。
俞家槐妻许氏。夫故，守志五十年。
王某妻倪氏，年二十八夫故。守节以终。
赵家椐妻宋氏，年二十夫故。守志。抚孤成立。
徐在善妻张氏。夫故，守志四十八年卒。
徐明伦妻曹氏，年二十九夫故。守节四十三年卒。
杨国槐妻孙氏，年二十三夫故。守志三十年。
朱宗科妻陈氏，年十九夫故。守志至今五十四年。
徐时遇妻胡氏，年二十八夫故。守志。卒年八十。
徐来顺妻刘氏，年十九夫故。守志。至老不渝。
胡近公曹氏，年二十七夫故。守节。卒年八十五。
胡云川妻吕氏，年二十二夫故。守节。卒年六十九。
石於堂妻王氏，年二十四夫故。守节。卒年四十五。已旌。
夏耘妻张氏，青年夫故。守志二十年。
王宇锡媳许氏，青年夫故，守节十八年。
许文祥妻刘氏。年二十九夫故。守节四十年卒。
刘惠堂妻陈氏，青年夫故，守志二十年。
戴秀松妻王氏，青年夫故，守志二十余年。
监生曹凤喈妻孔氏。夫故，守节四十年卒。
李炳和妻朱氏，青年夫故，守志二十年。
郭天言媳夏氏，青年夫故，守志十九年。
刘静斋妻张氏，贫苦守志，事亲以孝闻。
李德尽妻曹氏。夫故，守志三十一年。

葛懋豫妻吴氏，夫故，守志二十四年。
骆崇仁妻吴氏，守节抚孤二十八年。
王厚坤妻丁氏，守节抚孤二十四年。
欧阳咸禄妻朱氏。夫故，守节五十二年。
戎万康妻王氏。夫故，抚二子成立。苦节以终。
杨家财妻赵氏，年二十九夫故。守节今三十九年。
潘雨山妻陈氏，年三十夫故。守节今二十五年。
詹守坤妻邱氏，年三十夫故。守节今二十一年。
汤佩熊妻陶氏，年二十夫故。守节今三十二年。
朱忠安妻杨氏，年三十夫故。守节今二十三年。
崔恩溥妻蒋氏，年二十七夫故。守节今四十三年。
戴臣僖妻赵氏，年三十夫故。守节今二十三年。
经学乐继妻徐氏，年三十夫故。守节今三十年。
经学荣妻骆氏，年二十七夫故。守节五十年。
窦贤贵妻孙氏，年二十夫故。守节。今年七十一。
方渭溪（一作渭淇）妻潘氏，年二十八夫故。守志二十九年。
葛大治妻朱氏，年二十四夫故。守志六十一年。
张元贤妻朱氏，年二十九夫故。守志四十七年。
侯正升妻陈氏，年三十夫故。抚孤成立，事翁姑孝。今年七十五。
李新盛妻赵氏，年二十三夫故。苦节今二十八年。
陈道钦妻王氏，年二十九夫故。守节今二十年。
蔡昌学妻张氏，夫故，守节抚孤。今三十余年。
文家顺妻张氏。夫故，守节抚孤。今四十余年。
文生姚景涛妻李氏、妾巫氏。夫故，俱守节。今四十年。
朱宣福妻刘氏，年三十夫故。抚孤成立。今三十九年。
居正鲁妻笪氏，年二十六夫故。守节三十年卒。
刘普继妻杨氏，年二十七夫故。苦节纯孝。今二十九年。已旌。
房道尊妻某氏，年二十九夫故。苦志抚孤。今三十三年。已旌。
曹於周妻王氏，年二十九夫故。苦节今四十八年。已旌。
韩有领妻刘氏，年二十九夫故。苦节抚孤。今二十九年。已旌。
徐延茂妻陈氏，年二十五夫故。守节今二十九年。
监生李炳南妻陈氏，青年夫故，守节十八年。
曹文忠妻某氏，青年夫故，守节二十余年。
廪生何鸿仪妻凌氏，青年夫故。守节十六年卒。
赵恕珍妻施氏。夫故，守节十三年卒。
王荣生妻刘氏，守节三十五年。
田进春妻黄氏，苦节抚孤，今三十年。
曹全仁妻凌氏，夫故守志三十五年。
曹全义继妻吴氏，夫故守志三十六年。
张启福妻汤氏，年二十夫故。守节今年五十一。
黄明典妻俞氏，事姑孝。守节二十四年。
文生黄森妻周氏，青年夫故。守节三十二年。
陈启益妻朱氏，年二十八夫故。守节三十八年。

张照贞妻李氏，年十九夫故。守志五十七年。
张学敏妻葛氏，年三十夫故。守志四十四年。
张学乾妻蒋氏，年三十夫故。守志三十年。
王祖怀妻张氏，年二十五夫故。守节今年六十九。
胡之元妻俞氏，年三十岁夫故。守节今年五十二。
孙恩楠妻蔡氏，年二十一夫故。家贫，苦节以终。
刘洪钧妻江氏，年二十七夫故。守志二十年。
文生周恒明妻王氏。夫故，守志三十余年。
监生罗仁体妻阎氏，年三十夫故。抚孤成立，苦节今三十年。
刘鸿钧继妻陈氏。夫故，守节二十五年。
许德宽妻黄氏，年二十一夫故。守节今二十六年。
赵裕宽妻丁氏，年二十八苦节抚孤，今三十九年。
俞光亨妻张氏，年十九归俞。二十六夫故。守节今三十九年。
赵治忠妻韩氏，年十七夫故。苦志抚孤，守节今三十二年。
雍慈妻戴氏，年二十四夫故。事翁姑孝。守节今三十八年。
高公礼妻邹氏，年三十夫故。守节今五十二年。
高启武妻张氏，年二十九夫故。守节今四十四年。
郭业傔妻王氏，年二十五夫故。守节今二十六年。
刘本善妻樊氏，年三十夫故。守节今三十余年。
文生巫毓云妻笪氏，年二十八夫故。守节今二十六年。
朱永鉴妻王氏，年二十七夫故。事翁以孝闻。今年五十五。
朱永瑞妻葛氏，年三十夫故。守节抚孤。今年五十六。
朱永俭妻王氏。夫故，苦节三十余年。今年六十。
陶凤泽妻刘氏，秉性幽贞，谨守闺范。年二十九夫故。守志抚孤。今年九十。
裔家修妻陈氏。夫故，欲以身殉。因遗孤甫及周岁，矢志守节抚孤。今年五十。
笪世守妻胡氏，年二十夫故。遗腹生一子。矢志抚孤，守节今三十年。
笪美塾妻任氏，年二十四夫故。子甫六月。守节抚孤，今年五十三。
陈定培妻李氏，随夫避兵江北。夫故，以幹濯针黹度日，抚孤子女成立。守节二十五年。
田上志妻倪氏，年三十夫故。守节。家贫无依，赖仲弟、族侄等周恤，仍以缝纫助之。今三十余年。
曹登瀛妻赵氏，年二十五夫故。守节今三十年。
陈茂林妻张氏，年十九夫故。针黹度日。守节今二十二年。
胡道麒妻薛氏，年三十夫故。家极贫，勤针黹度日，抚二子成立。守节今十六年。
增生夏名扬妻笪氏，年三十夫亡，苦节二十五年卒。
俞濂祖妻许氏，年二十夫故。守节数十年。
文童张桂芬妻田氏，年二十五守节，今十九年。
吴启昶妻姚氏，年二十二夫故。抚孤成立，守节今五十年。
曹正才妻苏氏，年三十夫故。矢志抚孤显福、显禄成立。今年七十四。
朱聚生母谭氏，年十九夫故。抚遗腹子苦守。今年六十五。
谭施恩妻王氏，年三十夫故。家贫，抚孤成立。家业复兴。今年七十六。
刘义廷妻李氏，年二十九夫故。家贫，以洗浆缝纫佐食。抚子女成立。今年五十二。
李延熙妻杨氏，年二十九夫亡。矢志不嫁，守节。今六十五。
俞永量妻王氏。夫故，家贫。奉事舅姑极尽孝养。守志数十年卒。
孔毓和妻张氏，适孔六年夫亡。矢志抚孤，清洁自守。姑滕氏性极慈爱，张事姑尽孝，内外均无间言。

苦节三十年卒。

赵东昌妻胡氏，年十八夫故。孝养衰姑，抚孤子至有室。复继亡子，妇许氏亦矢志守节。未几许氏又殁。胡苦节劳瘁以终。见《续府志》。

裴球妻王氏，太史裴鉴母也。王为邑中世族。氏幼娴《诗》《礼》。于归数载，夫亡。遗孤襁褓。甫能言，即画荻教之。凡古昔嘉言懿行，莫不口讲指授为蒙养资。故鉴发名成业，蔚为通人。皆慈训力也。里郏见其紫诰荣封，咸啧啧叹为守节之报云。

文生赵国典妻张氏，年二十四夫故。事衰姑以孝闻。抚孤子成立。守节终身。

赵从善妻孙氏，年二十六夫故。家赤贫，佣工度日。抚三子成立。苦节三十八年卒。

廪贡生刘祚瀛妻李氏，少通书史。年二十五夫故。守志抚孤长晋、长恒，课读极严，卒能游庠食饩为名诸生。

俞迪福妻成氏，年三十岁夫故。守志抚子家斌成立。子亡，媳戴氏年二十一。两世孤苦，完节以终。

俞维森祖母尚氏。夫弱冠时屡试不售。遂游学不归。尚矢志独守，抚子及孙均能成立。完节以终。

俞维森母王氏，年二十四夫故。守志。奉孀孤、抚孤子以终。

倪长照妻胡氏。夫故，未及笄时。姑亦孀居，孝养兼尽。与姑守节以终。

周绍宗妻纪氏，归未三年，夫以应试得疾卒。时有遗腹，矢志坚守。未几，产一子。名巨源。教养兼备，遂入邑庠。守节以终。

文生骆之才妻王氏，廪生王檏女。年十九适之才。越二年，夫故。守节。抚孤子重莲入邑庠。完节以卒。

徐某妻张氏。夫故，无子。孝事翁姑，和睦妯娌。里党奉为女师。守节二十七年卒。年五十五。又有同时守节徐张氏，往来甚善，数十年如一日。人称徐门二节妇焉。

郑保和妻许氏，年二十九夫故。仅遗一女，抚孤侄如己出。守节二十余年卒。

孔衍杞妻曹氏，曹茂林女也。年十六归孔。十七，夫故。越五月而生遗腹子，命名侧田。曹氏抚孤成立，守节终身。

王承译妻倪氏，青年夫故。父母欲夺其志。倪曰："生与夫同室，死与夫同穴，此妇道也！况姑老子幼耶！"父母感动，卒从其志。守节终身。

监生董国纾妻蔡氏。夫故，守节。抚孤成立。慈祥和惠，为乡里所钦。子孙皆入泮。人谓清节之报。见《续府志》。

仇安治妻陈氏，幼读诗书，长娴闺范。年二十二夫故。事上抚孤，备极艰苦。卒年八十二。

姚宏钊妻张氏。于归后，宏钊即殁。母劝改适，默默不语。屡劝之。愤然曰："生为姚氏人，死为姚氏鬼。不知其他！"母惭而止。完节以终。

徐本贤妻倪氏，秉性贞烈。年二十余，夫为粤逆所虏，未卜存亡。氏随夫兄率孤逃难，苦节三十余年卒。

徐立仁妻王氏。年二十三，夫病瘵。王氏奉汤药，朝夕不懈。越五年，夫亡。苦节以终。

笪安经妻沈氏，年二十三夫故。守四十余年。

笪继泙妻王氏，年二十四夫故。守节三十八年卒。

文童陈士科妻许氏，年十八归士科。二十六夫故。抚四龄孤。以针黹度日。苦节至五十七岁卒。

赵廷璋妻倪氏，伉俪甚笃。经理家政，亦极周详。年二十夫故。抚孤献钢成立。守节二十九年卒。

骆文龙妻王氏，年十七归文龙。阅二年，夫故。无子。抚嗣子成立。入邑庠。事伯父母亦以孝谨称。卒年二十六。守节八年。已旌。

张定彬妻孙氏。咸丰八年，定彬病殁。孙氏年二十六，生一子，甫襁褓。家赤贫，佣於某姓，抚孤成立。卒年五十二。已旌。

朱泽洲妻高氏，年十七，于归未弥月，夫殁。抚遗腹子长庚成立。守节三十四年卒。已旌。

朱恭礼妻张氏。夫故，守志二十八年。张氏系名门，夙娴姆训，克勤克俭，抚孤成立。有和丸画荻之风。已旌。

徐道同妻刘氏，年三十夫故。抚女二，以缝纫度日。先是，随夫避粤贼，居江北东沟。夫故，苦守。

年五十卒。

笪广元妻王氏，年甫及笄，归笪。半载，夫亡，守节。事孀姑以孝闻。

朱邦文妻王氏，年二十一夫故。无子。食贫自守。族党称之。屡欲请旌，坚辞不受。完节以终。

王国材妻戴氏，年二十四夫故。割股和药以疗姑疾。里党称贤妇。守志二十六年。

陈万程妻胡氏，年二十九夫殁。事翁姑极孝，抚孤成立。守节三十九年。

王延琪母夏氏。夫病，割股和药以进。夫卒，抚孤。守节三十年。

文生黄厚芝妻王氏，年二十四夫故。抚嗣子如己出。守节十六年卒。

文童骆兆麟妻王氏，青年守节，抚孤子惟清入泮。年八十乃卒。

俞殿鳌妻阮氏，年二十适俞。三月，夫即北游。逾年，夫殁。遗一男。遂抚孤守节终身。

俞汉翱妻王氏，年三十岁夫故。守志教子，读书成立。人称有柳欧二母之风。

刘裕玖妻姚氏。夫故，又值兵燹。抚孤成立。苦节四十余年。

程忠恭妻陈氏。年二十，归数月，夫殁。奉衰舅兼抚夫弟，笑言不苟，勤俭有常。守节二十余年。

朱广生妻夏氏。夫故，年三十。抚孤成立。今年逾七旬。孙曾林立，乡党咸云苦节之报。

陈贞吉妻巫氏，夫殉粤匪之难。守节抚孤以终。督学龙公旌"贞松永茂"匾额。

吴位超妻张氏，年十七归位超。阅数年，生一子。甫周岁，夫故。张时年二十七，奉翁姑，抚孤。卒年七十二。守节四十五年。

张某妻田氏，归数年夫客死。痛毁不欲生。继念翁姑在堂，即以针黹供甘旨。翁姑终，买地迎夫棺附葬。乡里称为节孝两全。

张长渭妻蔡氏。年三十，守节。抚孤成立。今三十六年。

黄玉柱妻宋氏，年二十二守节二十四年卒。

黄以德妻王氏，年二十六守节十六年卒。

赵恩贵妻许氏，年二十四苦节，抚孤成立。至今四十六年。

张鹤年妾丁氏。鹤年故时，丁年二十七。未生子女。茹苦守节，逾五十五年乃殁。

文生赵清豫妻笪氏，青年守节二十年。抚嗣子成立。光绪十二年卒。督学溥良赠额"节凛冰霜"。

杨开益妻王氏，年二十八夫亡。家无余财。或劝其改适。王泫然曰："若非垂白孀姑、五月孤儿、六龄弱女，早从先夫於地下矣！"闻者莫不流涕。苦节九年而殁。

监生骆天驹妻居氏，年三十夫亡。抚诸孤成立，茹蘖饮冰，备尝艰苦。守节至今二十五年。已旌。

赵宗棠妻傅氏。夫故，以缝纫为生。抚子成立。子某殉粤逆难。傅苦节以终。

监生王实贞妻张氏。夫故，守节四十二年。年七十余而终。督、抚、学三院汇奏请旌。建坊。入祀节孝祠。

续纂句容县志卷十三上终

续纂句容县志卷十三下 邑人 陈汝恭、张瀛 同纂

节妇二

文生王贞性妻赵氏,年十九归王。二十八夫故。时孀姑九十余岁。赵朝夕侍奉,不离左右。姑患风痹,举动需人。赵色养扶持,寒暑无间。凡十七年如一日。姑殁,哀毁过情,无不如礼。族党称孝。卒年九十一。乾隆五年旌。

增生赵翀妾李氏。年三十,翀亡。举遗腹子。先是,翀多置姬妾。共举五男三女。及卒,诸妾青年皆他适,李以一身抚养诸孤。数十年如一日。与媳尚氏均以节著(尚氏,国枚妻,见《旧志》乾隆十年旌)。

骆云摩妻冯氏,夙怀贞静。及笄,归骆。奉翁姑曲承意旨。翁病目剧甚,冯随夫侍汤药者累月。夫积劳成疾。冯多方调治,竟不能起。疾革时,执翁手不释,谓冯曰:"予不天,行将谢世,人子之职未尽,反贻亲悲,不孝孰甚!素稔卿贤,服劳奉养之责,卿其代之!"冯大痛曰:"君苟不幸,愿从君於地下,安用生为!"继念高堂垂暮,倘缺奉养,夫目难瞑。乃免延残息。时年二十有五。自是却华钿,屏纨绮,椎髻操作,洗腆承欢,而泪痕莹莹常在枕席间也。昼理家事,夜则挑灯课子。规勉恳挚。厥后,子能成立,就职行人。赠父如其官(见前志"封荫")。冯守节五十二年。见《吕志》。

朱万发妻赵氏,幼娴母仪。年十七归万发。事上接下,以妇道闻。未几,舅姑俱丧,从夫贸易金坛。颇克家。万发广交游,酒浆脯醢①,咄嗟②立办。年三十,万发病故。诸孤俱幼。赵矢志靡他,携孤支持,弔奠发丧,舆梓③旋里。不以孀孤草率将事。暨二子稍长,课耕读,择婚姻,年逾六旬犹不暇逸。二子均以安享高年为劝,赵曰:"尔独不闻敬姜遗训耶?"乾隆间邑令林光照旌以额曰"节操冰雪"。

文生倪达妻俞氏。夫故,誓志不嫁。事衰姑以孝闻。姑卧病三年,俞氏朝夕侍奉,衣不解带,久而弥笃。姑殁,丧葬如礼。教嗣子如松成立。乾隆四十三年旌给"清标彤管"匾额。

文生倪如松妻裴氏,幼事父母能得欢心。适倪后,伉俪甚笃。如松性极慈和,夫妇素无疾言遽色,且好学不倦。氏昕夕伴读。如松病瘵,吐血亡。裴矢志不嫁,愿甘艰苦,孝养孀姑俞氏。俞暮年得疾,裴所有钗钏尽行当质,以供汤药。伯姑胡氏为夫之生母,裴亦极尽孝道,事如己母。殁则哀毁尽礼,克代子职。亦为制服三年。乾隆四十三年旌。

张余采妻葛氏,年二十四夫故。守节。言笑不苟,孝事翁姑。抚养嗣子。溧阳刘侯旌给"玉洁冰清"额。本邑孟侯又旌给"霜严月皎"额。已旌。

孔兴益妻李氏,年三十夫亡,仅生一女,愿甘艰苦,矢志不渝。抚嗣子无异所生,训女亦得姆教。及长,婚嫁之资皆出李手。卒年六十。乾隆四十六年旌。

张德崇妻宋氏,年二十五夫故。子甫周岁。宋誓志不嫁,孝事孀姑,抚养孤子。粗粝敝衣,遇里党

---

① 脯醢(fǔ hǎi):佐酒的食物。

② 咄嗟:霎时。

③ 舆梓:载棺以随,表示决死。

贫乏者必加周恤。守节四十余年卒。邑侯宋公给"清标堪式"额，并题其宇曰"晚香堂"。已旌。

孔尚赞妻冯氏，年二十一夫故。抚遗腹子衍典成立。娶妇未及一载而衍典又亡。以堂侄衍升为嗣。家道中落，氏艰苦备尝。完节以终。

朱在晏妻周氏。乾隆甲辰年三十，在晏撄疾，百计求方不愈。焚祷於庭，誓以身代。寻殁，抗志守义，备历艰辛。三十余年如一日，浑金璞玉，其德足比完人云。

周西安妻张氏，少孤而贤，娴於姆教。年十八归西安。合卺甫十月，而西安病笃，侍汤药，夙夜匪懈。未几，竟殁。张哀毁骨立，欲以身殉。越六月而遗腹子生。邑侯张公闻其节，旌以额曰"婺燦芝庭"。年未四旬，溘然而逝。

周均安妻孔氏，贞静幽闲，善持妇道。归周数载，均安即死。孔是年甫二十有六，抚膺嚎痛，血泪沾襟，欲以身殉。举家旦夕劝谕，曰："上有临年之姑，下有在抱之子，皆赖汝以维持！"孔乃呜咽听命。厥后，妇兼子职，母代父劳，勤劬苦节凡数十年。

曹施序妻张氏。归曹，奉廷闱以孝谨称。未几，翁姑俱逝，哀毁尽礼。年三十，施序亡，张叠遭大故，家计萧条，而操守弥坚，惸惸孑立，抚育两孤。长於福仅五龄，次於寿犹呱呱在襁褓中，乃戮力茹苦，为二子就塾。晨昏督责，不稍宽假。厥后，二子克绍箕裘，孀居三十六年而卒。同族曹家樑妻居氏，夙娴姆训，克全妇道，气和辞简。家贫，不厌糟糠。中年夫故，矢志无他，勤俭抚孤，艰苦备历，数十年如一日焉。俱乾隆时人。

骆思锡妻王氏，中馈能洁，得舅姑欢心。思锡病殁，舅亦哀痛死。王叠遭大故，悲不自胜。当思锡弥留时，两孤侍侧，乃指谓王曰："吾季弟贤且智，必能抚吾儿使成立，但需卿善视之，俾毋失恃！"王泣对曰："子即不言，妾岂能谢责？"王事姑一如思锡事母。端居闺阁，嚬笑不苟，未尝有一疾言谑语。待娣姒以和，御侍婢以宽，凡家有事及延师课子，咸以咨於叔，而叔亦抚其犹子如己子，后皆成立。王守节五十年。古诗云："瑶台古冰雪，为妾作心肝。死者倘复生，剖与良人看。"若王氏者真能克践此诗之恉矣！邑令旌以额曰"柏操松龄"。

骆正綎妻王氏。幼娴闺训，端重寡言，事父母以孝闻。年十八归骆。夫年少勉读成疾。王侍汤药备极辛勤。而正綎病不起。王号泣呼天，愿以身殉。继思舅姑年迈，不忍益其悲，乃勉进饘粥。操作如平时，翁因哭子丧明，王竭诚孝养。及翁殁，极哀尽礼。夫兄病故，遗孤成基，王倍极爱怜，不啻己出。与姑相依如母女。姑抱恙，王多方调治，药必亲尝，污必亲涤。夜祷神，刲肱和药以进。姑疾顿瘳。逾数年，姑殁。王责益重，事无钜细，皆总其成。家丰处约，闺房萧然。以从侄重临为嗣，教养成立。王尝谓曰："尔虽承嗣，无异亲生！予视成基犹子，尔当视若同胞。自尔两伯父殁，后一切家务皆余经理。寸丝粒粟，未敢私为己有。谚有之曰：遗子金满籯，不如教子一经。余可告无罪於尔先人。今而后，余死目瞑矣！"翌日，无疾而终。守节三十七年。旌表建坊。见《吕志》。

骆正芳妻陆氏，江宁庠生陆又绩季女。幼知书，明大义。闻人谈忠孝节烈事辄喜。比长，孝敬勤敏。生母张善病，陆衣不解带，未尝顷刻离。年二十三归正芳。事孀姑蒋克尽妇道。越七年，正芳殁，饮泣柩侧，痛不欲生。继念孀姑年迈，遗孤肇麒甫五岁，仰事俯育，茹柏餐霜，矢志坚守，四壁萧条，茕茕孑立，赖舅氏张润舆悯其孤寡，寄居其家，资其养赡。陆复以针黹之余俾肇麒出就外傅，如是者十余年，而女工所入不敷修脯，赖叔氏陆语新将肇麒置诸家塾，与子侄同堂肄业。越五年，嘉庆庚申，肇麒遂博一衿，陆乃喜曰："吾可报吾夫於地下矣！虽然孤寡托舅氏之养，功名赖叔氏之成，此恩此德，报称良难。以后孤子自当独立门户，岂忍复以身家相累！"於是，肇麒赁屋授徒，娶妇养亲，怡怡一室。陆喜新妇贤，尝曰："是善事我，不负吾苦守一场矣！"年七十卒。守节四十三年。嘉庆间旌。道光乙酉，学使辛从益额其堂曰"完节垂型"。上元周开麒撰节略。

尚祚奎妻周氏，年十七归尚。明年，祚奎殁，周励志守节，性好施与。凡有益於人者，虽费多金不少吝。数十年，所为义举不可胜数，当弥留时，犹追忆曰："吾里巷中平路工未竣，是吾作事不终也！"呼石工至，急砌成之。乃瞑。守节三十年。乾隆戊戌，旌坊建西地村。

监生王寿南妻骆氏，中翰骆琚之少女，詹事骆允观之妹也。幼承家训，习诗书，识大义，年十八归寿南。

寿南质弱，以下帷攻苦得疾，不瘳。越一载殁。骆号泣呼天，誓与同穴。继念奉侍孀姑、仲叔皆未成立，乃节哀，进饘粥，勉承堂上欢。仲氏斗南亦娶骆氏，即节妇从妹也。与妹晨昏定省於姑前，姑抚其妹而言："愿汝早生子，俾我孀居孝媳有嗣也！"及斗南生次子汝恂，未弥月而继嗣之，汝恂幼多疾，多方调护，珍爱綦笃。年八龄，生父教读，施夏楚，骆於屏后闻之，掩泣心痛之，而未肯乞恕以免其责也。其望子成立，人以为爱而知劳。自失所天，终身茹素，钗珥不饰，和於娣姒。御下以宽，事姑谢极孝。姑年逾六旬，得偏枯疾，朝夕扶持，亲奉汤药，历三载无倦容，每逢月之七日，礼斗默祷，愿以身代，及姑殁，哀毁逾节，由此抱恙，亦郁郁以终。迨汝恂补弟子员，据四十三年苦节请旌，奖给"清标彤管"匾额。崇祀节孝祠。江都史尚书致俨为之传。

刘燦章妻朱氏，安基山人，环屋皆山，男妇力田。朱于归后，从夫耕作，积劳致疾。不敢少休。姑遇之悍，孝敬无违。夫因酒瘵死。嗣子匝月亦卒。有富贾欲娶之，朱截发自矢，守节以终。

窦荣侯妻吴氏，西圩田家女。事姑孝，力作不怠。荣侯病，侍疾三年弗衰。死则守节。姑妇相依。盖常终日不举火，而借人分文无不偿也。年七十乃终。

李又航妻施氏。受聘，而又航幕游。于归则又航垂毙，因病迎娶，俗名度汤。事讫，即回母家矣！施请留侍疾，疾瘳复殆，则誓死守。及卒，剪发纳棺中，奉姑以终。魏升初，又航友也。屡睭之，至是复吐其已售之田为姑妇养赡，而魏固贫士。

曹施家妻张氏。夫亡，张年二十一，子於坚在襁褓，又有衰翁继姑，百般苦困。张竟剪发立誓，甘以死守。后子虽家破早亡，幸延一孙，人咸以为苦节之报。

曹以鹏妻张氏，年二十五不育，即抱侄为嗣，而雇乳哺之。越五年，以鹏死，张矢志抚孤，慈於内而严於外，怙恃之道，一身兼之。嗣子冠即经营授室，方期返哺，而张旋逝。守节二十年。

曹宜昆妻周氏。宜昆死，周年二十六。子才四龄。冰节自矢，抚子有成。翁姑终养，仍勤劬操作，维持内外，家计益饶，人咸称为女中丈夫。

俞可义妻王氏，年二十八夫故。家贫无子，茹荼饮蘖，淡泊自甘，誓志守节。有孤侄养辅，幼失怙恃，无所依赖，王抚而养之，视如己出。后养辅成立，子孙多显达，遂奉王为亲母，崇祀节孝祠。

俞之瑄妻王氏，年甫逾二十，夫故。守志甘贫，养姑抚子。邑侯赠以"冰霜劲节"匾额。之瑄兄之珂，先之瑄卒，嫂倪氏年二十八，亦矢志同守。

文生曹宜敏妻汤氏。宜敏攻苦致瘵疾亡。家徒四壁。诸孤皆幼，汤日夜辛勤，抚之成立，守节六十年。寿逾九旬。犹康强如壮岁云。

周克彻妻王氏，幼知书。诞时，父某梦三书生坐堂上，谓之曰："尔事吾谨，宜报以掌上珍！"及生，遂名之曰珍。年十七归周。事翁姑以孝闻。越五载，而克彻殁。家赤贫，乃设女塾於里中，一时闺娃来就傅者不下数十百人。王朝则分课女工，夜则兼讲《女诫》。数十年如一日。南乡妇女颇知礼义，皆王所启迪也。卒年七十有一。

樊允埙妻纪氏，乾隆时来苏乡人。纪出名门，夙娴《内则》，精针黹、女工。及笄，归樊。事舅以孝，相夫以顺。而允埙早世，遗孤二。长甫八龄，次生六日。纪矢志靡他，坚持苦节。井臼纺绩，不惮烦劳，俾两孤均能成立。君子以为难能而可贵云。

王知璠妻裴氏，年十七归王。合卺之夕，翁梦新人彩仗入门，两旌前导，曰："子可迈父，妻可荣夫！"翁异而喜之。越数月，夫死。裴即绝粒，誓以身殉。翁姑泣谓之曰："汝有娠在，若果生男，非绝夫嗣乎？"乃止。及分娩，后竟得一女。裴复泣曰："今孤安在哉？"翁乃为裴立侄为子。复谕之曰："叔之子即尔之子也！"裴教养倍至，恩谊侔所生。阅二十年，为子成室，娶媳生孙，家道渐兴。人方谓曩梦之兆。讵未数载，子又病殁，遗有孤孙，尚在襁褓。裴乃搏膺痛哭，曰："吾命薄矣！何造物之弄人若是耶？吾既无嗣，汝不合置吾膝下。吾实不祥有累吾儿矣！"闻者为之恻然。嘉庆二年旌。

孔兴俭妻杜氏。於归后数年，夫亡。誓志不嫁，安贫坚守，抚孤授室，娶媳生孙。子因病殁，媳以家贫无依复又他适。杜又抚孙成立。孙又早夭，一生孤苦，卒年八十三。嘉庆九年旌。

朱荫贻妻魏氏，里人魏经垣女。归朱后，妇道克修。年二十七夫亡，魏矢志守节，孝事翁姑。姑亦魏氏，为经垣胞妹。妇在母家为侄女行。姑以其嫠也，特爱怜之，而魏奉侍益谨，怡声柔色，务顺其心。及退入私室，未尝不涕泪沾衣也！荫贻家毁於火，魏独后出，竟无恙。若有阴相之者。魏生一女，适宋氏。早寡，遗腹生外孙，钟灵每岁首挈子归宁，魏必留至岁暮。母女相依，教育遗孤，勤苦备至。宋氏一线之延，魏与有力也！魏性严重，动循礼法。自荫贻亡，足迹不出阃外凡七十年。虽盛暑严寒，竟日端坐，无惰容。孙曾入问安，虽幼必起立。不栉沐不见也。抚嗣子载谋如己出。载谋奉母亦能尽色养。自魏六旬至九旬，诞辰，载谋皆称觞介寿，舞彩承欢，一时名公硕德或赠额或赋诗，莫不千里邮书颂其贤德。嘉庆癸亥请旌於朝。建坊祠侧。庚辰春，无疾而终。享年九十有七。

赵家福妻黄氏，幼习礼仪，谙书史，善承翁姑意。姑吴曰："愿汝媳似汝足矣！"夫死，二子皆幼，黄苦心励志，养老抚孤。二子未就外傅，即亲授《小学》《四子书》，勖以修身务本之学。后其子游阮文达公之门，遂成名士。嘉庆乙亥，抚军某题请旌表。

孔世求妾唐氏，吴之昆山人也。世求以服贾侨苏，四十无子。为正室张氏所娶，唐素知大义，入门卑下自安，与张志意相得，雍容闺阃，若姊妹然。越二年，生子象升，甫两龄。世求骤卒於句容。唐在苏闻讣，一恸几绝，偕张匍匐奔丧，哀毁逾节，时唐年才二十四，有欲夺其志者，唐慨然以大节自持，坚不可动。甚至设谋窜取，几蹈危机，张涕泣谓唐曰："吾门所冀以不绝者惟此藐诸孤耳，居此恐终有变，尔遭变则子更何恃？吴门亲党咸在，今日之事当与尔速往无迟也！"乃挈孤子仓皇登车，茕茕双寡，跋涉长途，行路哀之。至苏僦居山塘，茅屋数椽，不蔽风雨。女工操作，昼夜不辍，与张相对怡然，面无怨色。盖数十年如一日也。迨象升成立，克尽孝养，亲抱两孙。卒年六十有二。嘉庆间建坊。

王仲昌妻赵氏，南乡高坪人。孝廉赵蜀江姊也。方其未于归时，仲昌抱危，疾将不起，而急求婚於赵氏，父母迟疑，莫能决，询之女，女无难色。及归王，甫六载，举二子。而仲昌亡。赵悲痛不已。二孤尚在襁褓，顾之愈觉伤情，乃节哀顺变，矢志抚孤。后十余年，两孤俱成立。善持家，洎孙曾林立，日见蕃盛。人咸称赵氏苦节之报云。

樊益邦妻胡氏，嘉庆时来苏乡人。自幼性淑品端。归樊后，孝事姑章，未几，益邦死。上瞻二老，下顾弱息。卒能矢志柏舟。虽逢寒暑，不废纺织，蓼辛荼苦，皆备尝之。二女出配，清门凤娴，闺训孤儿，课以名宿，不坠家声，芝兰挺秀，芹藻流芬，实胡之功也。苦心坚节，卒年七十有四。

朱廷士妻徐氏，于归后，事舅姑以孝闻。经理家政，克娴妇职，待人亦极宽恕。凡遇善举必力行之。廷士素有痼疾，时发时止，徐善体夫意，侍奉汤药，寝馈不离。阅数载，生子显功，而廷士竟以旧疾卒。徐哀痛欲绝，誓志抚孤，时家极贫，二老又复垂暮，徐日夜纺绩，藉供薪水，先意承志，能博翁姑欢。夜课幼子，篝灯照读，无间寒暑。迨翁姑相继殁，葬祭如礼。迨孤子成立，家业日增，人咸谓天报节妇之厚，而节妇之心力亦瘁矣！丹徒王公文治为传曰："夫托孤寄命，丈夫所难，而徐上承祖宗之绪，下延一线之传，不诚巾帼中之奇男子哉！论者以为知言。

谭九成妻沈氏。年二十九，九成殁。无子。因翁姑在堂，忍死守志。家室萧条，饔飧莫继。沈朝鞠夜织，以谋甘旨。自食糟糠，恒有不给。戮力数载。翁姑相继逝，一应丧葬皆出阃筹，附身附棺，纤悉必备，又有夫弟遗孤。茕茕俱幼，沈悉抚之，长男以婚，长女以嫁，亲爱既深，几忘其非己出也！守节廿余年卒。

汤元志妻戴氏，与元諴妻葛氏娣姒也。元志殁，戴年二十四，无出，事舅姑以孝闻。治家勤俭，终身如一日，守节三十九年卒。葛氏年二十八，夫亡，矢志抚孤，画荻和丸，以养以教，孤子成立，遂博青衿，饮冰茹蘖，姒戴同苦，乃以子兼祧，玉立亭亭，诸孙挺秀。现年六十有七，均光绪年间旌。

朱显铻妻张氏。显铻病瘵，延绵数载，张调治慇懃，日夕不倦。及卒，张年二十九，矢志抚孤，含辛茹苦，延师教读，务洁而丰。张尤时加督责，未尝稍懈。长达温，嘉庆间补博士弟子员。次亦成立。暨两子又相继亡，弱媳穉孙，伶仃孤苦。及长媳糜氏柏舟同矢，克嗣徽音，复课两孙，读书不倦，皆英英玉立，婚配成人。乡里咸称朱氏之姑妇冰心霜操比节同坚云。

王新坦妻姚氏，年二十八夫故。矢志抚孤。阅十五年为子成室，娶媳某氏甚贤，甫举一孙，尚未弥月，媳病子殁，痛不欲生。既而曰："我死奚足惜，奈吾寡媳何？"遂强进饮食，宛转为病媳解之。未几，孙亦殇，因与媳同心誓守。屏膏沐，甘粗粝，不出户庭四十七年。惟於宗庙祭祀必竭力从丰。里人咸乐道之。

朱显昭妻樊氏，年三十夫故。守节四十六年。寡言笑，勤织纴，敬奉孀姑，抚养诸子，俾各成立。先是，祖姑巫以守节终身，建坊旌表。道光己亥年，樊复以节孝旌。

赵成均妻周氏，年三十夫故。守志。抚孤成立。卒年七十九。媳监生家彩妻王氏，年二十三夫故。孝姑训子，矢志不嫁。或谓王年少恐不能守。王闻之，召亲友至，泣告之曰："养姑，吾分也；抚孤，吾事也；守节，吾志也。吾何求哉？"於是群疑始释。卒年七十五。两世孀居，备极艰苦。道光十三年，姑媳并蒙学宪廖公旌给"双节联辉"匾额。

张华年妻黄氏，嘉庆癸酉，黄年三十，夫故。遗孤三。逾年，甲戌，大饥，茕茕无告。亲故劝曰："长学贾，次继外姓，三出为僧。食指既分，均得活。毋徒坐槁也。"黄泣曰："吾饮冰茹蘖者，为此藐诸孤耳，而忍令遣散耶？"由是操作益苦，漏至四下犹闻纺车声轧轧不已。寒风侵肌骨，自骸以下僵冷若铁。日博升合，炊糜哺孤，而自啖野藿，未尝仰面作乞怜状，如是者垂二十年。诸孤成立，家稍裕。约束最严，诸妇无私财，虽薄物必庋诸已室，不命不敢取。娣亡，遗犹子女二，无所依，黄乃抚之，皆成人。而侄长廉为名诸生，黄尝告三孤曰："吾既食荼尝蓼，儿曹亦从苦境中出，凡遇贫困，力振之，勿稍吝也。"三孤亦奉命唯谨，传家忠厚，号善门云。道光癸卯旌建总坊。

文生朱潞妻王氏，候选州同王国元女，赋性婉顺，年及笄归朱，遗嫁甚盛。潞事亲极孝，谓王曰："吾闻人子不有私财，盍藉此以给家食？"王曲意承之，至斥服饰质钗珥不以为倦。潞曰："吾有妇如此，吾无憾矣！"未几，潞因父病割胫肉伤筋（事见孝友传）。王亦讳言腿疾，暗中为之垂泪。及翁殁，潞以哀毁成疾，王侍汤药，目不交睫者累月，延至期年而死。王悲伤气塞，久之始苏。是时，家道已落，二孤尚幼，勤劬教子，灯火荧荧，机鸣轧轧，咿唔之声相闻达旦，岁以为常。王富家女，揉罗被縠，不惯操作，又奁赠充饶，足以坐享。自归潞后，椎髻荆布，有孟光遗风，和丸断机，苦且倍之，守节数十年，重孙饶膝，四代同堂。人咸谓天之报施善人不爽云。

曹於炜妻孔氏。甫及笄，归曹。性极纯厚，不数年，於炜亡，孔年二十六，意欲身殉。家人谕以有六岁遗孤在，不可弃。妇颔之，勉力抚育，终日勤勤，朴素自安。每灯下机声与遗孤读书声相应，亲族莫不难之。而孔卒，教孤成人，茹苦含酸五十余载，守节四十九年。已旌。

俞成富妻马氏，乾隆丙戌，夫亡。时年二十七。茹苦守节，抚三孤成立。七旬设悦。江苏督学龚元鼎为题"宝婺星华"匾额。嘉庆己卯卒。年八十。

王定钢妻吴氏，年二十三夫故。家贫，以纺绩养翁姑。姑晚年患足疾，肌溃肤秽，吴衣不解带，曲尽调治者三年如一日，守节二十余年。

张余楷妻马氏。夫故，守节。张氏谱赞曰："青年矢志，皓首完贞。既勤且俭，亦惠而温。丸熊画荻，教子有成。年届古稀，康健绝伦。四世同堂，兰桂森森。竚看宠锡，表厥仪型。道光年旌。"

文生王绍曾妻胡氏。绍曾家贫，无恒产，性钝拙，日夜苦读。三十外始补诸生，以训蒙餬口。所得馆谷不供衣履。胡虑累夫，以针黹助之。夫故，子甫三龄。胡矢志守节，抚孤成立。学使辛公旌以"馨烈彤书"额。道光十九年旌。

周贞周继妻陈氏，事姑孝。姑病，奉汤药必亲尝。姑殁，而夫又病。每夜持斋祷神，愿以身代。如是者岁余，而夫复殁。陈椎心泣血，愤不欲生。嗣以子幼，未能遽殉，抚孤成立。守节五十余年。有司闻於上。旌给"奇贞异节"之额。卒年八十有四。

文生郭佩瑢妻李氏，年二十九夫故。翁姑痛子早卒，几不欲生。李泣谓翁姑曰："吾夫已亡，不能复生。尚有总角之孤，幸赖翁姑暨伯父伯兄教之成立耳！媳虽未亡人，亦略识大义！"矢志无他，卒能孝养翁姑，抚孤成立，守节以终。"

杨时忠妻朱氏。年十七夫故。孝事翁姑。翁病笃，朱剜臂求神。翁疾顿愈。翁姑后逝，哀泣尽礼，抚孤成立，守节四十七年卒。道光年旌。

李家俭妻蔡氏，知书名大义，年二十二归李。明年，举一子，而家俭即於是年病殁。蔡悲痛欲殉，以姑老子幼，伯氏外出不果，茹苦十余年，而子甫成童，忽殇。是时，姑颓然尚存，又忍死十余年。姑亡，哀毁尽礼。其后，伯与姒相继殂谢，皆蔡力为营葬毕。因无依倚，寄居母家。卒年七十二。遗嘱云："在室二十余年，养生送死，艰苦备尝，依母家二十余年，所积针黹赀无所用，赎归田九亩，冀族中承嗣有人，以奉祖宗祭祀，其用心良苦如此。初，道光己亥，旌建总坊，蔡独捐钱三十缗，为诸绅民倡，人益贤之。

文生凌明烓（《府志》作"烁"）妻张氏，年十七归凌。十九，夫故。无子。屡欲以身殉。时祖翁姑及姑在堂，祖姑泣谓之曰："尔夫无子，又鲜兄弟。晨昏之侍奉，孙在惟孙，孙亡惟汝，汝死则俱死矣！汝欲舍身而不为夫嗣续计，忍乎否乎？"张乃止。孝事孀姑及太翁姑，曲意承欢，极尽妇道，择族中之贤者立为夫后，抚如己出。厥后，姑与太翁姑相继弃养，张竭力摒挡，丧葬如礼。守节六十七年。凡演剧、迎神等事，未尝寓目。卒年八十有八。旌表总坊。

赵国锋妻邵氏，年二十三夫故。兄虑其年少，家贫子幼，欲夺其志。邵向姑泣曰："余一死何足惜！奈姑老需人奉养，子幼亦须抚育，虽茹荼饮蘗所不怨也！"乃止。守节终身。见《续府志》。

文生曹步洲继妻王氏，年二十七步洲殁。王矢志守节，抚前子锡畴以恩少补诸生。教生子承源以义，不少假借，而承源亦孝谨无违。卒以成立。咸丰丙辰卒。

朱在舒妻王氏。朱贾於河南宁陵县，王氏归焉。椎髻挽车，颇执妇道，生一子而在舒殁，王哀痛为之旅葬。家无担石，目无亲丁。母郧讽其改志，王泣曰："生为之妇，死即背之，吾不忍也！且有呱呱将安所托？"乃间关数千里，裸负其子，行乞而归朱故里。集蓼茹荼，苦节二十余年。乡党莫不称敬焉。

杨承兆妻张氏，年二十承兆死。遗孤在抱，擗踊痛哭，水浆不入於口，死而复苏者数矣。家人慰之曰："夫死，孤子为重。若绝食，母子皆不得生，毋乃斩夫嗣乎！"张始勉进饘粥，矢志抚孤殆二十余年。其子又渡江覆舟而殁，张泫然曰："生不如死，夫复何辞！顾夫死而子孤，子死而孙复孤。夫死而身寡，子死而媳复寡。不死於前而死於后，则孤孙寡媳复何所恃！"复纺绩，抚孤孙七年，而张以疾卒终。

田志兰妻马氏，赣州府知府马兆增妹也。年十七归志兰。越二年，志兰殁，无嗣。抚犹子如己出。卒以成立。咸丰间寇乱，马渡江脱难。乱定归，家人死亡殆尽，所遗诸孙行。孤苦伶仃，一灯对泣。马噢咻抚摩，纺绩以育，迨诸孙稍能返哺，情殷报刘，而马已心血枯竭，鬓皤皤矣。教谕彭公、督学夏公均以额旌其节。年八十有三。殁之日，輓歌载道，人以为荣。马氏性端粹，寡言笑，不以显族骄其娣姒。当田氏鼎盛时，粥粥若无所能，及遭丧乱，独茹苦育孤，以绵宗绪。洵为巾帼之完人也。光绪间旌。

俞天科妻濮氏，幼娴姆训，尚勤俭，年二十归俞。逾岁，举一子，甫三龄，而天科殁。痛悼欲绝。顾在抱孤儿呱呱吮乳，不得已，忍死抚之，性最孝。又不敢哀号，增舅姑悲。问视愈极周详，惟清夜饮泣而已。不幸遗孤忽殇，濮悲愤不已，又欲自裁，赖长姒贤，即以其子嗣之，且劝慰百端，濮遂抑痛抚侄，爱逾所生。咸丰五年，贼氛日逼，濮渡江侨如皋之岔河镇，流离琐尾中生计颇艰，而濮节衣缩食，一粟一丝未尝轻弃。戚族之避难来者，则又竭力周之。其嗣之子卒能成立，家有余庆。咸丰庚申，卒年五十有六。

俞天和继妻赵氏，年二十一归俞。越八年，天和殁。子二，长八龄，次遗腹生光绪壬午。卒年八十有六。赵氏之嫔於俞也，事姑弥谨。姑或有某事未料理，与欲言而未及教令家人者，赵辄早为之所，悉称姑意。盖以姑年老，不欲以琐屑重劳。姑察其勤谨，遂尽以家事畀之。时天和群季同居，食指孔繁，赵处之裕如，娣姒间爱若同胞，人以是贤之。其御下也，慈惠和平，子侄妇孺辈有过不忍面斥其非，而以善言规正之，故举家钦服。亲串及邻里有困乏者，苟知之必勉力周恤，汲汲然惟恐稍后。遭夫丧，哀动行路。举遗腹子。后以天和季弟无嗣，俾兼承其祧。咸丰丙辰，句容城陷，挈家渡江避难。卒以虎口余生，寿登耄耋。曾元绕膝，舞彩胪欢，而赵乃泊然欲然，惟以积善训子孙，无几微满足意。乡里咸称为巾帼之特出云。

戴臣垲妻周氏。道光壬辰，夫殁，周年二十六。誓志守节，以从子立琳为夫后。疏食布衣，持躬俭约。避乱，携子至通州如皋县之马塘，遂家焉。及难平，乃与立琳回里修墓，因谓之曰："吾族人远徙者众，不修家祠、宗谱，同族相视如路人，何汝勉为之？"立琳旋与族人成厥事。其同乡避难旅居马塘者数百人，周命立琳倡设会馆、置义冢於异地而联乡党。尝训子孙曰："与其精明少浑厚，不如浑厚少精明！"弥留时，犹以是语为勖。今其子孙颇守之。同治十一年卒。守节四十年。光绪二十一年旌。

武生俞金标妻杨氏，嘉庆乙亥归金。己卯，夫故，杨年甫二十二。泣血尽枯，誓以身殉。时舅姑在堂，知杨性烈，不可以言劝，惟时时逻察之，杨求死不得，遂决意绝粒。舅姑挥涕以告曰："妇人殉夫，固奇节，然有孤在，则抚孤为重。实亦抚孤为尤难。汝子士玮未离襁褓，汝今就死，遗孤谁托？泉下人其许汝乎？"於是始进饘粥，节哀为抚孤计。饮食必教，出入必稽，有过必垂涕鞭扑。亭亭玉立，咸谓将於是子食报。未几，士玮忽夭。赵一恸气绝，逾炊许时始苏。诸娣姒环泣而请曰："嫂忍死抚孤，为血食计也。不幸夭折，吾辈各以其子为若子，不愈於死而无后乎？"赵泣数昼夜始颔之。赵性刚直，而侍养翁姑则怡色婉容，曲尽妇道。若子侄辈稍有过失，正言诰戒，不怒而威。俞氏至今传为家范云。同治甲子殁。守节四十五年。

余士钰妻杨氏，诸生杨大瀛女也。幼而淑慎，娴闺训。父母钟爱之。年十七归士钰。事舅姑以孝称。与夫相敬。有德曜之风。逾年，生一子。咸丰丙辰，粤匪陷句容。俞氏宅为所毁。杨随士钰侍舅姑东徙，流离琐尾中，动止不失闺范。抵如皋之岔河，因家焉。惊魂甫定，重立家室。上禀舅姑之教，措之裕如。戊午冬，士珏遘疾卒。杨痛哭欲以身殉，既念事亲抚孤，未亡人责也。因节哀强食，以慰舅姑。逾三年，舅殁。事姑有加於舅在时。未几，子又殇。杨曰："吾忍死以有待者，惟此襁褓中物耳！今既殇，吾何生为？"姑劝谕之，令家孙兼祧以延士珏后。光绪甲申，杨卒，年四十有八。临终遗言："以历年节缩捐入宗祠，为修谱资。"家固不丰，而其志如此。人咸称有守而兼有为云。

从九品张永嘉妻李氏，永嘉客吴门，暴卒。遗孤甫七龄，李哀愤欲绝，家人环泣劝慰，忍死抚孤。越二年，而侄孤甫晬，则抚之。又十数年，侄孤未成童，又抚之。咸丰间遭寇，渡江转徙无定，李举止安闲，不以造次改度。诸犹子妇皆呼为嬭，而嬭亦视之如子。妹适许少寡，始终相依，俾其孤成立。守志三十余年卒。已旌。

从九品张履成继妻程氏，知书娴礼。归张，事姑弥谨。咸丰六年，城陷。履成忧愤成疾，程刲股以疗。逾年，病卒。程矢志抚孤，流转避兵至淮，而捻匪南窜，仓卒登舟。至夜，风吹缆断，飘泊湖荡中，不知所向。程手抚诸孤则沈沈睡，乃按剑危坐，祝曰："天苟不绝诸孤，则风浪顿止！"俄顷，向晨。无恙。虽在流离琐尾中，课子弥严，后皆成立。性慈惠，姻党中告贷或数十金或百余金，终为所赚，竟不之校。而随时推解，更难悉数。乱后，家中落。遂忧瘁卒。计守节十年。已旌。

顾仁贵妻骆氏，贡生骆传女。仁贵旧贾於苏，婚后赴苏辄二年，一归生子重熙。甫三岁，仁贵在苏病殁。骆携子哭迎其丧，至则已渴葬於彼，一时屈於形家言，未克归瘗。后丁寇乱，遂沦殁。骆至引为绝痛。仁贵殁后，家无余资，骆以针黹易食，奉姑教子，必以礼法。母家怜其贫，稍资给之。事或中阻，亦不恤也。重熙成童后，以家贫贸易於扬州邵伯镇。既为娶妇，避兵盐城。生孙矣，而重熙复病卒。两世皆以客死，骆亲遘此难，恸不欲生，寝以成疾，郁郁而殁。骆以名家女读书善吟咏，其《哭子诗》云："从夫从子两成虚，老去愁怀不易舒。念我未亡身似寄，有天难问命何如。甚违当日殷殷意，欲学前人咄咄书。屋漏有神真铸错，何因寥落尚留予！"闻者至为挥泪。骆有《苦相篇》诗（晋人有《苦相篇》诗，首云"苦相身为女"，见《玉台新咏》），遭乱失去。此出其子妇王氏所记。又有杂感云："釜冷烟寒苦绝粮，腹中饥转辘轳肠。可怜最是牵衣子，哭道邻家午饭香。"骆苦节之贞至於如此。守节时年二十六，殁年六十有六。重熙妻王氏，王永年女，归顾后，事姑极孝。咸丰六年，粤匪猝至邑境，姑骆誓以身殉，王冒死翼姑出，中途涉巨水，几及於溺。每绝食，辄多方致姑，忍饥以进。重熙以瘵疾卒於盐城冈门镇，王时年三十，遗孤尚在襁褓。家苦酷贫，姑骆度不能两存，回里往依母家，王留依其季弟处，与姑哭别，哀动邻舍。至其子稍成立，力能迎养，姑已早殁。后每念姑辄为泣下。姑诗甚夥，乱后多散佚。王记其最沈痛者，泣述於人。即前二诗也。王殁时年六十二。始迫祸乱中，侍夫疾，继扶其孤，流离困苦，有非人境所堪，其姑有子而不获其养，王有子能养而身不及待，所谓命也。然两节因此益彰云（见《兴化李氏文集》）。

华子朝妻吴氏。子朝年二十殁於蜀中。戚某扶其榇以归。葬毕，吴拟以身殉。戚某曰："汝夫临死有言：吾死亦名不足惜，独上有老亲，下有稚子，吾妻性最烈，恐不能养吾亲、存吾子耳！汝奈何以一死殉之？"吴闻之益悲。然自是始食粥，转劝舅姑。舅姑怜其志，为节哀。吴尝暗饮泣，不令舅姑知，自食粗粝，奉舅姑必甘旨。教子严，正书"忠恕"二字於座右，曰："尔曹早晚视此为的，此处世之要也！"其孝且贤又如此。

吴志宝妻宗氏，性情温柔，仪容端肃。及笄，归志宝。推恕宜家，和於娣姒。诸侄亭亭玉立，爱如己出。当时惟舅尚存，宗进甘旨，奉饮食，较诸妇尤为恳挚。殆志宝倏然抱疾，宗愿以身代。志宝谓妻曰："吾病不起，仅遗弱女，尔怜恤之，吾目瞑矣！"言讫而逝。宗哀痛几绝，时年二十有六。女一，甫数龄，清夜孤灯，矢志自守，欲抚此孤女以报亡夫。未几，一女又殇，际此无聊，柔肠寸裂。宗仍正色谓翁曰："妇人之义，从一而终。况舅已衰老，子侄蕃衍，敢有异志有玷清节乎？"后修宗、乘宗不忍亡夫无后，遂以志长之子千桐为继云。

夏昭相妻王氏，年十九适夏。甫三载，昭相即病殁。遗孤未及晬。家贫无以为敛，典鬻妆奁，以备丧具，纺绩织纴，以养孤雏，教育成人，为之婚配。阅五年，其子又夭，幸有孙已三龄。王又为之抚养。以一身抚两世之遗孤，艰辛备历，其节艰苦尤甚云。

王逢公妻李氏，年二十八怀妊五月而逢公卒。李祝曰："吾姑范氏所生者，伯与吾夫而已，伯已无子，倘天不绝吾姑之后，祈应孕男，后果应祷生男。其事继姑蔡氏亦尽礼尽诚，极其孝敬，而蔡一绝无先后之嫌，与之欢然相得，是真节孝兼全者矣！

王永茂妻孔氏，年二十永茂死，恸哭几绝。继念姑老子幼，不敢身殉。绮罗环珮，一时屏撤。无故，足不越户限。仰事俯畜，一室怡怡，守节四十八年卒。同族王子仁妻吴氏，及笄适王。未几，夫故。遂以柏舟自誓。越五年，亦咏同穴之诗云。

王永保妻董氏，年十九归王。嫁之日，永保病甚，草草成礼。董亲奉药饵，衣不解带者半载。夫亡，哀愤欲殉。既念翁姑年老，无人奉事，不忍使亡人抱憾地下，茹苦含辛，守节二十一年卒。

杨聘所妻潘氏。聘所死，遗孕七月，悲愤欲绝，因念杨氏一线系身存亡。翁姑垂暮，就养无人，遂忍死须臾，以尽其职。及诞生男，教之成立。今其子孙昌炽，人咸谓苦节之报云。

张庆友妻成氏。咸丰五年，庆友遭寇饿死。遗孤甫七龄。成负之渡江，流转至盐城，佣工澣濯糊口。乱后，为子授室，以贤孝称。成年七十三卒。

潘生春妻巫氏，年二十二夫亡。有遗腹子。逾六月而生。念舅姑老病，奉之弥谨，抚孤授室。未几，子又云亡。掬育诸孙，曲全媳娠，迨至婚嫁再完，而巫年已臻耄耋，勤苦以终。已旌总坊。

王文焕妻蔡氏，姑少而早孀，家计萧条。蔡归文焕后，即出奁中物以佐家用。文焕就傅在外，蔡处之裕如。姑死之日，形毁骨立，痛不欲生。无何，而文焕又卒。蔡守节十余年，以病终。

周贞钦妻杜氏。结褵未久，而贞钦亡。杜昼夜悲号，勺饮不入口，愤不欲生。缘有弥月遗孤，遂从父母翁姑劝，哀稍节，抚孤八年，遽抑郁而卒。

戴有孚妻周氏，年二十三夫死。守志数十年。子士仁厚重端方，淡於名利，依依膝下四十余年，人称其孝。

赵启铦妻陶氏，字素心，性贞静，通翰墨，能诗。年十七归启铦。阅十年，启铦殁。守节抚孤，孝奉重慈六年卒。著有《輓夫诗》三十章，情词悲恻，令人不忍卒读。吟稿甚富，经乱散佚。

高文宽妻王氏。道光时夫故。遗子一、女二。孀孤在堂，家无寸积。王年二十七。勤劬事畜，颇得姑欢。越数年，子又殁。以侄为嗣，抚养成立。苦节四十余年。里鄢贤之。

许厚钊妻戴氏。咸丰十年，厚钊殉节死。戴年三十，随夫兄弟避难至宿迁，饥躯蓬转，艰苦备尝，而辞气谦和，令仪淑慎，姻党称贤。

宋庆彭妻华氏，年二十一庆彭殁。遗孤二。华愤不欲生，终朝饮泣，矢志无他。惟以翁姑年迈，竭力孝养。两遭兵燹，九死一生。依然乞食养亲，茹糠哺之，患难愈历，立志愈坚。卒年七十有七。邑岁贡张澍堂为之立传。

宋道生妻巫氏。夫故，青年守节。矢志不二。因已无出，时以先人血食为念。两遭粤逆之难，珠宝金玉弃而不顾，巫独负家乘逃避他方。迨归里后，宋氏之宗谱得以重修，皆巫之力也。论者以巫一弱女子当戎马仓皇之际，奔走不遑，独能自具卓识，洵足流芳百世，为巾帼中之须眉者也。

纪范贤妻张氏，青年夫殁，矢志不嫁。叔某屡逼之。张不从。乃阴与某潜谋入张室，拥至尼庵。张号泣呼救，声闻邻里。某惧，释之。因得免。还家，愈加奋励。昕夕防卫，衣食不给，日以纺绩为生，至老不渝。一日早起，谓里人曰："今夜间多神人来召我，将与尔等永别矣！"翌日，无疾而终。时年七十有三。

经章窦妻陈氏，幼娴姆训，言笑不苟。年二十为经氏妇。二十七，夫故。茹苦含辛，欲以身殉。嗣以孀姑在堂，无人奉养。於是摈膏沐，勤纺织，极尽孝道。时有劝其他适者，陈乃泣而应曰："身可亡，而节不可变也！吾惟奉吾姑以终吾身而已！"守节三十五年卒。年六十二。

张德周妻杨氏，年三十夫故。哀痛欲绝，家人屡劝之。既而叹曰："徒死无益！上有翁姑，下有子女。"遂矢志坚守，日夜以女工度日，事亲抚孤，孝慈兼尽。阅数年，翁姑相继殁。丧葬之费及男女婚嫁之资皆出於手，井井有条。里人称为贤妇。

蒋应鹤妻赵氏，年二十四夫故。有劝其改节者，赵抚子泣曰："妇之事大，犹臣之事君也！君有难，臣当险阻不避，虽死勿惜！夫有遗孤，当抚养成立，虽苦不辞。谚曰：忠臣不事二主，烈女不更二夫。明知立锥无地，苟萌异志，则一抔之土未干，数岁之孤何托？此禽兽之行，吾不忍为也！"守节三十六年卒。

骆道鸿妻朱氏，幼失怙恃，依外祖母家。年二十适道鸿，孝事翁姑。宗党无间言。未几，值粤逆下窜。夫病疥疾，卧床不起。朱日夜侍奉，寝室不离左右。夫故，无子女，欲以身殉。因念窀穸未安，勉进饮食。摒挡葬事，避乱他乡，备历艰苦，完节以终。卒年七十有三。已旌。

蒋端书继妻胡氏，秉性温和，素娴闺范。年二十三适蒋。越三年，夫故。矢志坚守，艰苦备尝。虽未生育，视族中子女侄孙等如己出。守节四十年。已旌。

陈学正妻步氏，年十九夫故。遗腹生一女。步誓奉姑终身不嫁。未几，其女病殁。步氏父怜之，劝以他适。步峻拒不从，坚守以终。江宁太守刘公重其节孝，给以"贞孝垂型"匾额。兵燹后，族人上其事於督学龙公，复为建祠旌表。守节四十三年卒。

俞家斌妻戴氏，自幼纯孝，年十八归俞，事姑以孝闻。晨昏不懈。未三年，夫故。决志从亡。姑慰之曰："尔怀孕，倘得男，是再造我家一线之传也！"戴不得已，节哀进食，后生一子。抚孤成立。苦节以终。

俞应浩妻许氏，年二十，应浩远出。许纺绩缝纫以供饘粥，樵苏薪爨，悉躬亲之。如是者十年。应浩竟以讣闻。兄应檀为之扶榇归里。许触柩欲绝者屡，栖墓号哭，誓不欲生。姑以抚养劝，始进饮食。许本贞淑，不妄言笑，至是终身未尝见齿云。

王嘉元妻朱氏，于归后，孝养舅姑，谨守妇道。伉俪甚笃，生子女各一。年三十，嘉元病，临终谓朱曰："汝尚在中年。我死，汝可择人从之！"朱泣曰："妾乃名门之女，况君已有后，妾岂忍为再醮妇乎？"誓死不嫁，抚孤成立，守节三十余年。

经士戀妻汤氏，年三十士戀亡。痛欲自裁。家人环泣止之，曰："尔宜抚孤，奈何以一死了之！"汤乃饮冰茹蘖，忍死守节数十年，俾姑成立而殁。

徐克成妻胡氏，年二十四夫故。泣谓舅姑曰："妇死轻於鸿毛，惟二老年高，孤儿无靠，不得不苟延残喘！"家极贫，邻有怜其苦节而馈送者，胡坚辞不受，婚姻宴会，终身不与，蓬头垢面数十年如一日也！

骆崇益妻冯氏。夫故，遗有二子。长甫三龄，次仅四月。家道赤贫。孝事翁姑。翁以教读，所入不敷。冯以针黹助之。嗣二子继殇，冯朝夕痛哭，几不欲生，以翁姑在堂，勉力侍奉，甘旨所需，不易初志。卒以亲老子夭忧郁而卒。

文生魏嘉荣继妻周氏，幼通书史。夫故，守节四十余年。兵燹时，携小女避乱万山中，流离艰苦。乱定，返里。尝启女塾，度日受教者咸婉娩雍容，恪遵曹、昭《女戒》。光绪初年殁。

陈鸿厚妻张氏，监生张保濂次女。年二十归鸿。厚事太翁及翁姑。曲尽孝道，宗族以贤淑称。越四载，夫病。亲奉汤药，衣不解带者数月。未几，夫故。张即欲以身殉。以有遗腹在，乃止。及一月，果生一子，张抚孤守节，茹苦含辛。咸丰六年，粤逆陷城。张挈孤儿避乱乡村，以针指度日。十年，句容再陷。张偕胞弟玉衡避居江北兴化，仍以针黹糊口。及同治三年，东南奠定，旋里。后子年已十二，教养兼尽，遂入膠庠食饩。人谓清节之报。卒年六十六，守节四十三年。光绪六年，彭、秦两学博赠以"贤同欧母"额。已旌。

石建联妻刘氏。归石数年，叠生两子，伉俪相得，娣姒间亦怡怡无间。赭寇犯顺，流离倾覆中琴钟如故。逾年，建联以瘵亡。刘简料丧葬，苦志抚孤。时年甫二十有四。携二子展转至如皋城，挑藜藿、拾秉穗以为食。瀚濯缝纫，教养孤雏，同族侨寄者未尝助升斗，惟舅氏稍稍资给之，无何，二子渐长，相继成家，子妇亦孝敬其姑。刘守节三十年殁。

刘大昌妻骆氏，文生骆长裕女。性贞静幽闲，解文义。归刘后，翁课子严，吟诵达旦。体羸咳血，逾岁以瘵亡。时咸丰纪元。骆年甫十九，无子。悲痛欲以身殉。经舅姑屡谕乃止。乱后，翁殁。家中落，贫不能自存。遂依母家，以针黹作生计。月吉必返，问安毕，洁瀚瀣。奉姑至令节亦如之。姑病，亲视汤药，稍间讲古今说部中可喜可愕事，以娱姑听。疾已然后去，历十数年如初。姑殁，哀毁尽礼。服阕，踪迹稍疏。然有故必还。晚年多疾，少食。绣余，展卷自遣，或玩索诗词，绝不出声。过其室，微闻翻纸叶而已。卒年六十一。先数日，出所积资俾营丧葬，终不以一毫累人。邑岁贡张源作歌哀之。

樊绪隆继妻徐氏。咸丰六年，寇乱。樊氏阖门殉难。独绪隆只身流转雉皋，续娶徐氏，阅三年，而绪隆又殁。徐年甫二十有二，所生女三龄，子才三月。徐哀痛绝食。既念："此呱呱千钧，系於一缕。我死，孤不得生。则樊宗顿绝！"乃勉进一勺，勤女工为生。寇平，出所积资，扶榇归葬。年三十有四，以咳血亡。

端木礼柏妻周氏。咸丰九年冬归礼柏。周时年十九。十年闰三月，城陷。礼柏被虏。周随翁姑避乱，流转渡江。闻夫遇害，痛不欲生。自念礼柏既无伯叔，终鲜兄弟，慷慨殉节，畴奉高堂！遂忍死为翁纳妾王氏，生子礼彬甫周岁，王氏病殁。乃雇乳媪长养之。乱定，还里。又六年，翁病笃。周亲尝汤药，朝夕侍奉。克尽妇道。翁临终谓之曰："使我复有子以绵吾家世系者，汝之力也！"翁既殁，姑杨氏衰老，叔又穉弱，周事姑孝、抚叔慈，待邻里戚属以礼。贤声啧啧载道。叔既长，周为之完姻。生子以继礼柏后。年五十三卒。疾绵惙时，忽张目谓家人曰："他事皆毕，惟不能终养姑以尽余年，是所遗憾！"姑感其纯孝，哀不自胜，乃竭家财之半以毕其丧葬。周平生闺仪峻整，远族疏戚鲜有能见其面者，守节三十余年。所在足不越限，乡邻报赛、蜡祭等事，以至念佛、求神，概不与焉。其以礼自守又如此。

刘本敬妻孙氏，年二十八夫故。遗孤甫六龄。家贫，姑欲夺其志。孙矢志不从。姑意解。孙遂勤劬操作，博姑欢心。家业农，日用撙节而不失先畴尺土。姑卒，为营丧葬如礼，抚孤成立。既冠而婚，克承先业。守节二十三年卒。

倪安澜妻许氏，年十八归倪。事舅姑以孝闻。迨舅姑相继逝，安澜哀毁成疾卒。许年二十有九，遗孤俱幼，痛不欲生。经人劝谕，忍死抚之。越数年，而句容城陷，许挈诸孤渡江避难，流离琐尾中第以针黹度日，适遭捻逆败窜，仓皇走匿，几蹈凶锋。蓼辛荼苦，殆备尝之。乱定，归来。孤渐成立，稍罄乌私。迄今令子克家、孙曾饶膝。光绪庚子卒。年七十有八，守节四十九年。许端重温和，卒垂母范，尤为闾里所称道云。

韩德鉴妻王氏。归韩未及期年，德鉴病殁。王矢志守节，事姑以孝称。姑卒，季子幼，嘘寒问燠，与姑在堂无异，咸丰间为贼掳，王欲挽救，惧贼迫胁，泣而退。当贼之扰乱也，家素封。人争持金帛去，王独取券契、谱牒藏之。及乱定，谋修家乘，旧谱尽毁，惟王所藏无恙。韩氏咸推其功。夫弟德钰怜其志笃，以长子嗣之。王抚如己出。居家勤俭有法。卒於光绪丙戌，守节五十四年。

刘道恭妻陈氏。年二十三道恭殁。遗孤甫离襁褓，贫不能自存。矢志戮力，忍死抚孤。越数年，而粤逆扰乱，流离奔窜，艰苦备尝。然终不肯挫其节，坚守十三年，遽遭疾卒。次年，金陵克服。其孤亦成童。能自食力。迨至壮而有室，男女成行，陈已不及见矣！

胡本立妻朱氏。夫死，守志以缝纫为生。抚孤子，读五经毕，遂流荡而死。

胡近妻曹氏。夫亡，茹苦守节，孝养舅姑，抚育稺子。以妇道而兼母道，历十数年如一日。

胡德源妻许氏。德源殁，矢志抚孤。节坚金石，操历冰霜。追躅共姜，有光女录。

文生骆滨继妻王氏，年十七归骆，奉太姑极尽孝养。逾年，太姑逝。又六年，滨殁，遗孤三。皆幼。无担石储。日夕勤针黹，作抚孤计。虽饔飧不继，不肯告贷，惟忍饥操作，其艰苦贞洁如此。守志十余年，诸子渐能成立，而王遽卒。竟未食子之报。已旌。

监生张澍妻王氏。於归三年，生子。五月而澍亡於苏。王年二十有四，苦节抚孤。将成立而王即殁。王性俭约，不以丝毫累人。命孤从叔受学，虽诃谴鞭扑无几微介怀。尝语孤曰："汝能步武阿叔，吾目瞑矣！"守志十六年卒。已旌。

张洪妻王氏，寇乱，避居如皋。归，洪乱定，还里。同治十三年，洪病殁。王年三十。茹苦抚孤，与母同居。守节七年卒。王性粹志坚，虽颠沛患难中不作酸言苦态。事翁奉母，均以孝称。

笪教诚妻张氏，于归后，伉俪甚笃。教诚贸易扬州，张持家勤俭，待人亦极和厚。当粤寇南窜时，扬城米珠薪桂，每有饔飧不继者，张昕夕焦劳。凡於店内司事之人，必善为周旋，日以缝纫洗浣，所得之资以供日食，张独甘粗粝，虽自忍饥饿，怡然不形於色，人咸感敬之。年二十九，夫卒。张誓志抚孤，依幼叔煦堂为活，茹苦含辛，不辞老瘁。和於娣姒而严於教子，竟能训子成立，家业复振。至今孙曾林立，克承先业，人皆谓苦节之报。守志三十二年卒。年六十有一。

张余发妻巫氏，年三十余，发殁。遗一子尚在襁褓。有薄产粗足自给。嫂遇之虐，巫不与校。且以甘词媚之。未几，子殇。嫂仍加以非礼。巫恸哭曰："我之所以不死者，以有此一块肉，可以延张氏之一线也！今无望矣！"忧愤成蛊疾而卒。

王怀燮妻潘氏，性幽静，伉俪甚笃。年二十八，怀燮以瘵卒。遗腹生一女。孀姑在堂，家无恒产。潘素工针指。至是藉以度日。一灯荧荧，每至四鼓乃罢。姑善於调摄，奉甘旨不少缺。已惟日啜薄糜，苦节二十四年卒。

姚行庆妻樊氏，性温惠，年二十八夫故。一子甫周岁。樊矢志抚孤，以针黹自给，虽断炊无几微怨言。姑余治家严肃，儿媳稍怵颜色，即令之并跪。樊不以身寡失妇职，侍养务进甘旨。余晚年诸子皆丧，居尝郁郁。樊日约邻媪与姑为叶子戏，以博其欢。处事周密，有条理。遇戚党婚丧，必亲往助。有怜其贫者，欲酬其值，则力却弗受。人咸以孝而能廉贤之。

王宏润妾李氏。姑患痿疾，李与嫡朱氏曲尽孝养。宏润殁，李青年守节，誓死靡他。

文童尚德奎妻刘氏，归尚后，既勤且孝，得姑欢心。年三十，德奎殁。矢志守节，奉姑愈谨。姑爱怜之。抚孤女，及笄而嫁。亦娴母教。孝事姑嫜。刘现年七十一。茹苦含辛四十余年。每祀姑时，必敬必诚，亦如在日。仁孝纯笃，盖天性云。

周文元妻李氏，为丹徒汤冈望族。李幼读书明大义。年二十四文元故。无子。李矢志守贞，茹素礼佛，足不出户。人罕识其面。光绪间，周氏重修家乘，请族长为其夫立后，以延血食。其所立，李所豫择也。遗产惟市廛一所，日用所余则以之修墓济贫。平居喜阅劝善等书。遇姻党，必举以相勖。现年七十余。

刘明发妻翟氏，年十七适刘。越十年，生三女，而夫故。家无担石，惟时缝纫度日。苦况备尝。其两女先已字人。惟幼女择婿甚谨。有劝其改志者，翟愀然曰："吾已忍死十余年矣，不应洁於初而污於后！"后幼女竟适士人。辛勤拮据，遣嫁既毕。所余十指微赀更置瘠田为刘氏立后。其明於大义如此。守节三十四年。

监生王启诚妻陈氏，寄居江宁府署侧。夫殁，陈年二十九，产未弥月，日夜啼哭。声闻於府尊李廷箫内室。因遣女仆询问，始悉。陈矢志坚守，愿抚遗孤，终身不嫁。乃送入清节堂。教养孤子，日以针黹自给。至今二十年。

陈友生妻张氏。青年矢志守节。向在金陵贞节堂数十年。人咸推重。江宁太守李廷箫素闻其名，因於出堂之期亲为酌酒插花。族党以为荣焉。

文童夏万山妻朱氏，青年夫故。子尚幼。值粤逆陷城，朱负子远逃。露宿蓬栖，艰苦备历。一日，避兵河岸。有见而怜之者，劝以他适。朱指河为誓曰："河水可流，志不可改！"竟得皓首完贞。至今诸孙成立，步履犹健。人谓天之所佑云。

文童陈炯妻赵氏，年二十九值粤匪之乱。赵负子女各一随夫奔逃，夫被贼执去，赵骂贼被削去一耳，赵仍骂不止，贼遂弃於水，幸不死。遂挈子女乞食。艰苦备至，抚育成人。守节至今四十年。

经书田妻李氏，年十七归书田。二十九夫殁。事翁姑以孝谨称。抚嗣子如己出。当粤逆猖狂，嗣子方在襁褓中，李怀抱幼子，扶翁姑避地兴化，未几，迁亳州，颠沛流离，困苦万状。现年六十五。守节三十六年。

笪教淳妻张氏，年二十六夫故。遗孤甫四龄，抚育成立。未几，子复病殁。张日夜痛哭，几不欲生。矢志坚守，艰苦备至。现年八十四。守节五十八年。

张子农妻王氏，温柔幽静，善事舅姑。年二十二夫故。誓欲从亡。或劝之曰："堂上衰年将何依耶？"遂忍死守节。除奉翁姑外，足不出户，忧郁成疾。如醉如痴。现年五十。

刘运湘妻吴氏，年十五归刘。兵燹时，运湘懋迁淮北，吴避乱渡江，流转寻至。未几，运湘遘疾卒，吴年二十九。誓志苦守。数年乱定。出所积扶榇归里。瘗祖陇旁。茶蓼亲尝，劬劳无怨。现年七十。守节至今四十一年。

夏肇祥妻薛氏。年十九，肇祥死。遗腹生男。矢志抚孤。甫成童而子暴殇。薛痛哭极哀，泪下如血。幸孀嫂王氏同居相爱，同志相怜，不令独抱郁伊肝肠寸裂也。薛守节至今三十年。

吴顺达妻田氏，邑廪生田上庠女。母陈，咸丰间殉难。幼抚於从祖母马。年十八归吴。甫两月，顺达殁。矢志不嫁。孝养孀姑。勤於操作。出针黹所积葬先世数柩。性幽静知书。暇参《内典》。夫族有遗孤，无所托，哀而育之。过於所生。后以未冠游庠。逾年省试，婴疾舁归，卒於家。吴之一脉断而田寸肠裂矣！守节至今三十四年。六合黄渠为赋《吴节妇诗》。光绪间旌。

刘心怿妻张氏，咸丰丁巳年十七。归刘时，寇氛未靖。新婚未旬日，心怿即恩遽赴苏。庚申，贼陷城，蹂躏东南，张早失翁姑。随母家走匿山中。蓬首饥躯，未尝一离亲侧。岁晚，展转渡江，始脱虎口。父某作小经营，不给。张以针黹佐之。有劝其改适者，屡毁容自誓。及闻夫遇害，屡欲身殉。其母泣谕曰："予善病，诸弟幼弱，惟汝是赖。汝应念此，忍死须臾！"张乃进食。操作如初。乱定，归。又有以再醮迫者，仍矢志靡他。今年已六十。为夫立嗣以终余年。督学瞿公旌其额曰"茶苦筠清"。光绪间旌。

王宜增妻田氏，文生田上林女也。性贞静，娴女工。年二十，归宜增。事翁姑以孝闻。咸丰丙辰，避地宝应。时值岁凶，饘粥不继。日以针黹佐供甘旨。而翁姑之奉无缺。戊午，宜增亡。田年二十五。未几，翁卒。流离异地，举目无亲。惟与孀孤相对饮泣。朝夕之需皆出田手。同治丙寅，奉姑南归。庐舍尽遭劫火。族有感其贤者，除舍舍之。无何，姑又病殁。田大恸曰："我无生理，非一日矣！其所以不死者，徒以堂上需人，而翁、夫骸骨远在数百里外，且夫又无嗣，不得不苟延残喘，以图扶柩回里为夫立后耳！"光绪丁亥，因出数十年辛勤所余，为嗣子成室。因携子渡江，移翁、夫两柩与姑归葬，以完夙愿。已旌。

朱本和妻徐氏。同治癸酉，本和死。徐年二十七。无出。有姑七旬。室如悬磬，比邻怜之，以改醮讽。徐泣曰："吾去，谁奉衰姑？吾志已决，虽饿死不易也！"辛苦拮据，以女红谋升斗。时进甘旨，博高年欢。抚从子嗣夫后。里鄹贤之。

夏长兴妻刘氏。年十七，长兴患喘。延医治疾。药每先尝，三月不解衣带。及卒，守志尽礼。家贫，无嗣。翁姑怜其少艾，恐无坚志，劝令改适。刘痛哭曰："妇无他求，第愿朝夕奉养，听亲驱使而已！"由是椎髻操作，昼刈薪，夜捆屦，罄供甘旨。逾半年，翁殁。孝姑愈谨。姑今八十有七，强健如常。刘苦节孝养，今已三十余年。乡里怜之。

俞绍谭妻杨氏，性温厚，寡言笑。举止端庄，尤工针黹。迨至于归，孝奉舅姑，爱推娣姒。年二十三，绍谭殁。遗孤甫两月，甑无隔宿粮，杨悲恸气绝，一日始苏，血泪盈眶，抚儿不动，始悟已死。盖断哺久，致僵卧也。杨痛哭祝曰："倘祖宗有灵，禋祀不绝，儿魂归来！"须臾，儿有啼声。守志益坚。虽食藿充饥、析薪佐爨、含辛茹苦无怨言也。今诸孙绕膝，年六十有四矣！

许维英妻王氏，年二十有七，夫亡。痛欲自戕。转念襁褓孤儿无人收养，乃立志抚之。恩勤育子、俭朴治家垂二十年，而孤子立勋已冠，遂为受室。新妇吴氏，赋性温柔，于归两载而立勋又夭，吴年甫二十一，嘤嘤啜泣，悲哀凄楚，闻者伤心，暨遵母范，苦节抚孤。养志承颜，稍释衰姑沈痛。王年七十有四，吴年五十有二。姑妇双节，直与冰雪同清云。

朱元明妻许氏，年二十七，子二，俱幼。而元明暴卒。许哀痛迫切。质衣饰，为殡葬资。事姑张愈孝谨。寇至，姑年逾六旬，猝不及避，被贼戕。许仓皇携二孤随母家逃至太平洲，赖以全活数载。乱定，归。改葬姑柩，抚二子成立。现年六十有九。尝与诸妇言及当日抚孤艰难之状，不觉潸然泪下也！

陈贤昭继妻徐氏。归陈年余，贤昭病故。所遗前妻子女外，无期功之亲族，人涎其少艾而饶家赀，谋为赘婿抚孤。遽令他人入室，正危迫间，徐断发毁容，矢志不二。适徐母家闻信，星夜赴县鸣官，事乃中止。县官矜其苦志，备牒移送丹徒贞节堂守节。俾免强暴。徐青年励节，磨而弥坚，晚近实罕觏焉。

文生蒋敏妻汤氏，年十七归蒋。舅姑在堂，夫以苜蓿糊口，汤奉养无缺，贤孝闻戚里。道光季年，翁殁。汤佐夫经办丧葬，无不如礼。咸丰甲寅，夫遘疾亡。汤年二十有八。遗孤三。俱幼。奉姑育子，备极勤劬。越二年，而句容城陷。兵凶岁歉，飞蝗蔽天。乃挈诸子逃避江北。寡鹄孤雏，流离失所。卒赖十指所出，抚诸孤成人。同治乙丑归里。尝指诸子语人曰："未亡人不惜流徙，於死中求生者，为先世血食计，余复何望耶？守节至今四十七年。

笪名墉妻汪氏，性端粹，孝奉翁姑。年二十四夫亡。遗孕生男，誓不再醮。茹蘗饮冰，备尝艰苦，而遗孤未冠，又殇。汪松柏之节，久而弥坚。现年八十。

笪名增妻杨氏，与汪为娣姒行。名增死，杨年二十二。生女未育。节励柏舟，屏绝铅华，勤劬操作，虽伶仃孤苦，不怨不尤，爱犹子如己出，为夫立后。三郡称贤。现年六十有八。均光绪间旌。

纪邦彦妻王氏。於归二十七月而邦彦殁。王年二十二。生子不育。期功强近，中无承嗣者，或以改醮为讽。王正色曰："妇人以节为重，因无嗣而易操，何以对亡人於地下？"由是食荼尝蓼，苦节益坚。寇至，随叔姑避难江淮间，饥躯蓬转，百折不磨。现年七十。精力尚强健如故云。

王元玕妻汪氏。年二十九，元玕殁。遗子女各一。汪茹苦抚之。咸丰六年，遭乱。携孤渡江，流离颠沛，备历艰辛，以针黹奉姑甘旨。自同子女啮粗粝。寇平，归里。姑殁，经营丧葬，极哀尽礼。迨子女婚嫁而汪已心力交瘁。卒年八十。

经华成妻骆氏，文生骆中良女。年十七归经。姑病，刲臂肉，和药进，获愈。华成殁，骆年二十六，无子。痛欲殉夫。姑泣留之。乃矢志奉姑，先意承志。暇辄讲说部以娱之。姑卒，哀毁尽礼。外和而中侠，亲族有疾必多方筹画，家虽日落，不以关怀。受人请托，必苦心戮力以成之。人咸称其佼佼有侠士之风云。守节至今三十三年。

刘志伦妻王氏。年二十八有子三，而志伦殁。家无长物，遗园一区。灌菽莳蔬，鬻以度日。姑卞性急，一语不合辄批其颊。王长跪谢过，曲意承欢。邻里有不平者，讽之曰："尔姑甚恶，尔何苦若是耶？"王曰："否，否！姑因思子，眊躁不堪，倘拂其意，更伤其心矣！"粤逆之乱，扶老携幼，流转四方，终无二志。卒年五十余。

卫根先妻汤氏，年十七归卫。十九，根先亡。家无担石，堂上双亲相对啜泣。汤悲痛欲绝。又不忍以极哀伤二老心。椎髻操作，佐以组绣，为澶瀡资。抱犹子为嗣，含弄於堂，以慰其恸。用意良佳而心弥苦矣！现年五十有四。

李福田妻王氏，年二十福田亡。毁容守志。咸丰六年，寇乱，大饥。斗粟千钱。所居距城稍远，戚鄢投避者趾错户外。村中老弱无所得食，王慨然发仓谷数百石，价减三之二，悉数以粜，欢声载道。逾月俱罄。现年六十有八。

戴立恕妻某氏，杨巷村人。咸丰间，寇扰江南，随夫避乱至如皋。夫卧病三载，药饵无资，多方告贷以养。夫死，某年二十四。孤苦无依，不改其志。麻衣椎髻，佣工数载。寇靖，措资扶榇回里归窆。垦地数亩，仅能自给。暇则扫屋焚香，喃喃诵佛。至今六十有一。守节已三十七年。

陈其筠妻倪氏，年二十归其筠。次年，其筠殁。倪矢志无他，茹苦食蓼，以针黹抚孤。颇有姿首，谣诼腾起，漫谓倪必不能守。倪知之，益加奋励。绝铅华，屏服饰，非大事不出阃。守志三十余年。现年五十三。

田上奎妻刘氏，刘光裕女。年十九于归。事翁及继姑以孝闻。未三载，上奎病瘵，刘奉汤药唯谨。继姑性悍，时加诟詈，谬谓不能调护所致。刘背人饮泣，而侍帏帏则尤著婉容。寻疾笃，刘誓神刳臂，和药以进，竟不能起。一恸几绝。又恐酸心二老，禁不出声，服事勤慎，寝门内诸琐屑必躬亲之，未尝诿仆御，然非刘服事，则二老亦不适。继姑抱恙，褊急尤甚。刘扶掖按摩，终夜不离侧，焚香告天，愿以身代。刲肉进剂，病霍然愈。越数年，翁与继姑先后弃世，刘皆哀毁逾节。自痛无出，所嗣童騃不能发名成业，悲愤无聊，遂投缳以殉。此同治季年事也。计守节十五年。邑人哀之。佥谓孝义节烈一身兼尽云。

王绳曾妻杨氏，性至烈。姑殁，哀毁尽礼。年二十四夫亡。仅遗弱女，痛不欲生。以衰翁在堂，勉勤事畜。逾年，翁病。杨谨奉汤药，目不交睫者月余。翁愈后，顾念门祚衰微，无人奶续，遂作枯杨生稊计，甫添一丁。而翁又逝。杨独能艰贞自守，矢志靡他，携女扃居一室。比舍罕见其面，有姻鄹知，谓其"质温顺而贞不事造作，有古淑媛风"。守节二十四年如一日云。

王德栩妻孙氏，娴女红，通书史。年十七适王。次年，夫即病故。孙以夫家无所依，摒挡丧事毕，即归母家。与孀母齐氏、寡嫂曹氏同居。课女弟子数人，并勤十指为衣食之资。卒年二十七。守节十年。

五品顶戴骆文鸾继妻李氏，年二十五归文鸾。未两年，夫以瘵死。李痛不欲生。继念姑衰需人侍奉，勉进水浆。因已无出，抚嗣子过於所生。后数年，姑病。李亲调汤药，不遑寝室者数十日。姑殁，李哭如婴孩之失父母，卒以哀恸过情，得咳血症。卒年三十六。守节十年。

唐章元妻汪氏。章元殉咸丰十年难，汪年二十八。痛不欲生，投缳者再，均遇救不死。家人力劝曰："尔死不难，其如翁姑之垂暮何？且尔又无出，既死不遽斩尔夫之后乎？尔深思之！"汪乃忍死。事翁姑，转侧兵火间数年。备尝艰苦。翁姑殁，丧葬尽礼，抚嗣子於襁褓中，竟能成立。守节至今四十二年。

恩贡生、试用教谕潘同继妻徐氏，下戍徐聘三女。归潘后，持家勤俭，抚前子以恩同。晚年得咳血症，徐谨视汤药。期月不倦。疾笃，刲臂肉和剂以进，稍愈。逾数月，乃卒。徐哀毁尽礼，抚诸孤均能成立。守节二十年而殁。

补录（节妇）

夏大嵩妻曹氏，曹副使之女也。年十九归大嵩。甫入门，克尽妇道。事舅姑惟谨，绝无宦家骄矜之态。无何，大嵩致成羸疾，曹朝夕焚香祝天，愿以身代。病数月而卒。曹年二十三，日夜悲号，一恸几绝。誓欲从夫地下。舅姑遣娣姒伺之，得不死。而柏舟之志从此决矣！（采家乘）

赵惟统妻刘氏，年三十夫卒。苦节自矢。夙兴夜寐，孝事翁姑。年逾七十，勤苦不懈。南京礼部郎中梁廷栋、儒学洪维仲各赠匾额。一曰"节孝两全"，一曰"柏舟矢节"。

笪泉妻陈氏。夫亡，守节。延师教子，克继书香，不替先业。（以上前明人）

待旌（节妇）

张延祺妻姚氏。年三十夫亡。守节。抚子成立。至今十五年。

监生徐仁福妻周氏。年二十五守节。至今十五年。

王德聚妻孙氏，年十八守节。至今二十年。

文生骆崇鉴妻刘氏。年二十四夫亡。苦节至今十四年。

骆崇寿妻张氏。年二十四守节。至今十四年。

倪康辚妻戎氏。年二十□夫亡。守节至今十三年。

戴敬泽妻某氏。年二十□夫亡。守节至今十四年。

监生傅如寅继妻刘氏。青年守志。抚孤入安庆省城清节堂。

姬傅氏，句容人，适怀宁世袭云骑尉、文生姬长松。青年抚孤守节。

续补录（节妇）

朱垕妻胡氏。

朱稔妻巫氏。

朱思度妻笪氏。

朱邦砡妻笪氏。

朱宗鲁妻王氏，妾王氏。

朱文盛妻钱氏。

笪隆妻丁氏。年二十四夫故。时有遗腹，阅两月生男。族长怜其少，有劝以他适者。丁截发自矢，屏膏沐，不出户庭，抚孤成立。守节三十二年。邑侯闻之，旌给"异常贞节"匾额。

张学文妻赵氏，年二十守节数十年卒。

张麟妻邹氏，早寡。守节。玉洁冰清。

张永楹妻高氏，孀居守节，善事其姑。

张鹓翼妻高氏，长山人。青年守节，抚孤成立。

张以敬继妻孔氏，年二十七守节。抚孤成立，建坊入祠。寿八十二。顺治时旌。（以上五人采家乘）

王旭昇妻阮氏，年十八夫故。痛不欲生。誓将绝粒。姑知其有娠，劝之曰："汝有遗腹，汝忍违天以绝吾嗣乎？"阅四月，果生一男。守节三十四年。康熙六年旌。

何应乾妻王氏。夫亡，无嗣。艾年守节。矢志柏舟。冰霜节操，古今希有。

何文浦妻胡氏，夫亡，抚孤守节。青年励志。辟纑度日，茹苦尝辛。拮据育子，儿孙成立，乃以寿终。

何文纲妻王氏，守节抚孤，侄孙善承夫志。懿德可嘉。

何旭初妻杨氏，端庄诚一。事祖姑以孝称。年甫三十，夫卒。子方十岁。杨柏舟自矢，节凛冰霜。抚子成立，克昌厥后，丕振家声。

何文纪妻周氏，子妇国聘妻潘氏。姑妇孀居守节，玉洁冰清。（以上均康熙时人。未旌。采家乘）

戴为宪妻周氏，年十五归为宪。二十三夫亡。抚六龄孤子，卒能起家殷富。置良田以助祭祀。知县白公重周氏并及其子，屡举其子赴宾筵。周守节六十年如一日，时人称为"贤节妇"云。已旌。（按，前志载一秀妻周氏传略，所载与此仿佛，补录於此，待后参考）

附载流寓（节妇）

赵德华妻计氏，桐城人，年三十德华死。计苦志抚孤，上有衰姑常抱病，计侍奉唯谨。姑现年八十四，计孝养数十年如一日。计患疾。子复兴无力延医，割股疗母。平日亦克尽子职。相近数村无间言。计现年五十，守节二十一年。居茅山乡姜巴冈，已五世。

王永泂妻庞氏，上元人。年二十五夫故。守节至今三十七年。

王鼎昇妻葛氏，上元人。年二十九夫故。光绪辛卯，年三十二卒。

王元裕妻李氏，上元人。道光丙午年，元裕殁。李年二十八。守节三十年卒。

蒋某妻许氏，年二十六守节。至今三十余年。

曹施富妻陈氏，青年守节。至老不渝。人咸敬之。

安徽补用县丞许德登妻曹氏，年二十六守节二十年。

许文明妻孙氏，年三十守节。光绪二十六年卒。年七十八。

彭天益妻平氏，年二十一守节。至今三十六年。

（以上均上元人）

遇缺先补把总方振海妻王氏，年二十四守节至今三十一年。

沈泉之妻张氏，年二十五守节四十五年卒。

（以上江宁人）

王开文妻丁氏，年三十守节。至今二十一年。（丹徒人）

陈宣庆妻鲍氏，年二十夫故。抚遗孤成立，守节五十五年。

陈常朴妻鲍氏，年二十三夫故。孝事孀姑，抚孤成立。守节六十一年。

陈养生妻方氏，年二十二夫故。抚孤成立，守节三十二年。

陈文炳妻沈氏，年二十四夫故。抚孤成立。守节三十一年。
陈文幹妻鲍氏，年二十五夫故。孝事翁姑，抚孤成立。守节二十一年卒。
陈光炜妻鲍氏，年十八夫故。事翁姑，抚孤成立。守节二十一年卒。
鲍文举继妻陆氏，年二十六守节。至今二十四年。
巫长龄继妻唐氏，年二十二守节至今三十年。（以上均安徽青阳人）
郑仁善妻李氏，年二十四守节。现年五十。光绪十一年旌。（安徽含山县人）
江苏候补知县蒋休堃妻张氏。（江西铅山县人）
蔡长学妻彭氏，年二十九夫故。守节至今二十五年。（河南光山县人）

续纂句容县志卷十三下终

续纂句容县志卷十四　　邑人　陈汝恭、张瀛　同纂

孝妇

汪有容妻徐氏，望族女，娴姆训，喜读刘向《古列女传》。事亲至孝。诸姑伯叔皆称其贤。及笄，归汪。家中落，椎髻操作，能耐劳苦。先意承志，博舅姑欢。遭岁俭，出针黹所积以供甘旨。己则挑藜藿和米煮粥，饮之而已。姑病，百计求方，不愈。夜焚香祝天，愿以身代。蒉腕肉和药进，始霍然，而身不离侧、目不交睫者已兼旬。姑尝语人曰："吾非贤妇，则病不起矣！"尚不知其血涔涔透罗袖也！阅数年，翁抱疣疴，医不能疗，见姑愁惨之色，痛彻心髓，而又忍泪改容，强为宽慰。夜深，俟姑假寐，潜祷神前，刲臂以进。翁恍惚间闻神语曰："念孝妇至诚，增汝寿算。"诘朝，病良已。二老垂白衰颓，必进甘脆以劝食，夜述故事以娱听，闲日邀亲故与老人叶子戏。凡可以胪欢者必为营致。虽典质衣糈弗稍吝，而尤能婉娩顺从，出於至性。故内外交称，如出一口云。

周宏聚妻孔氏，孔尚高女，性贤淑，举止端庄，言笑不苟。年十九适宏聚。时宏聚诸弟皆幼，家寒俭，食指既繁，益形窘迫。孔上奉翁姑，下给冢口。井臼外，更勤女工，以供不给。夙夜不惮劳瘁。翁姑每自幸其家得贤妇焉。宏聚性躁急，当困乏时，辄自怨怒扼腕。孔劝之曰："穷通有时，君能勤力，宁遂无温饱期耶？第堂上甘旨不充，此心惕然耳！"由是交相劝勉，益孝敬，勤耕织。迨诸弟渐长，家亦渐起。诸弟妇龃龉，孔谆切劝谕，有不率者告之於姑，遂成雍睦。孝奉二人。始终无间，寿逾九旬。四世同堂。同族周仪辛母张氏事孀姑某氏至孝，出入必扶持，饮食必亲进，贤声传於闾里，苦节式於乡邦。邑候宋楚望表以额曰"清操济美"。时人以为荣。

俞茂鲲妻阮氏，少失怙，恪遵姆教。年十六归俞。孝事翁姑。翁本饶裕，因典铺被盗，知县某与盗串供，坐俞窝监、枉盗两罪。於是茂鲲兄弟奔走省垣控告上宪，刻无暇晷。翁年八十四，寝疾，阮亲奉汤药，达旦不寐。翁终，一切殡殓丧葬，亲偕娣姒，布署周密，无稍简缺。时年甫二十有五。茂鲲继室张氏亦以孝闻。姑患痿疾，张奉侍唯谨，能得姑欢。一门贤孝，乡里艳称之。

俞承祖妻王氏，岁贡生王泰廷女。幼性柔顺，寡言笑，习女训，兄嫂咸爱敬之。既嫁，舅姑在堂。王色养供奉，旦夕罔懈。越十年，舅殁，事姑张氏益谨。又九年，姑得痿疾，王日夜祷祈，愿以身代。凡参桂之需，王出衣糈，典质购办，不敢分任於伯季，其孝养如此。承祖好施与，凡族党之贫乏者，必竭力资助。王善体夫意，夏施帐，冬施袄，一一唯命。

俞发祖妻王氏，王受兹女。幼从父习《女戒》《女箴》诸篇，辄明大义。凡於女工、纂组、绘绣皆臻精巧，鲜能及者。年十九归发祖。静无违礼，动必有节。事舅姑尤孝谨。旦夕侍奉，非奉命不敢退，凡有珍馐必亲自敬献，假与亦不敢自私。时嫡姑已殁，继姑张氏极爱怜之，生子娶妇，堂上甘旨，王犹亲自治饪，不敢旁贷。后张得痿疾，王晨起必适所问安，亲奉汤药，抚摩抑搔，率诸娣姒而先之。张病革，王泣祷於神，冀姑获愈。及姑殁，哭踊哀恸，闻者恻然。

王新组妻汪氏，生而灵慧，父母钟爱之，及长，针黹余间，父授《孝敬内则》《女训》诸书，过目成诵。

凡於女子大义，悉皆解悟，而尤工於针黹。父母年迈，无子女，晨夕侍奉，能代子职，父母尝相谓曰："有女如此，何逊於儿！然女诚孝矣，其如适人何？"汪闻而掩泣。既嫁，事姑亦以孝闻。抚前室所生子胜於己出。冢妇以青年守志，待之独优，俾完其节於四十年之中。家本巨富，汪犹以十指所出起居父母新组。或谓曰："何分泾渭乃尔？"汪曰："姑以是尽吾心耳！"父殁，请於姑，迎养母氏以终天年。居平御下有恩，自待极严，无故不出户庭，目屏词曲，口绝谐谑，命不推测，疾不祷禳，遇道姑、巫女、优婆等辈则望而却走。入庙烧香、赛神观剧，人竞趋之，汪皆鄙夷而弗为也。病革，谓子廷璟曰："外氏无嗣，吾久欲奉神主纳於宗祠，并置祀田若干亩，俾永永祔食不替，而族党远在徽郡，此我之夙愿所未偿也！汝其志之。"厥后，新安汪氏在苏合修家乘，子廷璟捧外家世系诣局呈报，捐资以助。姑苏彭启丰云尔。

王新缙妻李氏，适王后，孝事翁姑，相夫有道。翁好宾客，喜酬应，饮食酒体均极丰美，时人每以小孟尝目之。李职司中馈，一切布署不烦於姑。虽极困惫，口不言劳。新缙亦笃孝，侍父疾衣不解带者累月，李侧行屏息，祗伺庭户有呼必至，或永夜弗归私室。翁卒，新缙积劳成疾，未几亦卒。李侍奉孀姑，声色不少违忤。平居执女工不释手，而女伴游嬉、佛会等事概不与焉。

俞璟妻王氏，年十八适俞。时祖姑及舅姑均在堂，王孝养兼尽。因见家贫，时以奁田数十亩出售，所入之资以供菽水。夫本业儒，拟将就贾。王曰："上有重堂，望君綦切，幸勿自隳，以慰亲心！"夫因奋志上进，不数载，赴省应试，适姑病甚剧，王仓皇失措，默祷灶神，曰："古有割股疗亲之事，妾愿效之。"遂割股肉和药以进。姑获愈。洎祖姑及舅姑先后下世，殡殓丧葬之费皆出王手，所有嫁资及奁田尽鬻成礼，远近闻之，称为贤妇。

王厚森妻许氏。厚森出继堂伯为嗣。嗣父卒，嗣母许以哭夫丧明，厚森迎嗣母同居，侍养极嗣母欢。妻许氏随侍，卸铅华，勤操作，事许与本生翁姑敬礼如一。问视之余，惟攻针黹，以佐饔飧。或阴质钗珥奉甘旨，许遂忘其盲。厚森父叹曰："家有女孝子而不知，吾负新妇矣！"

王宏德妻许氏。宏德事嫡母戴氏极孝，许善体夫意，奉甘旨汤药，一一躬亲，不假手於婢妪。宏德生母窦氏向在山东，宏德岁必一往省亲。戴每慰之曰："尔竟往可也！家有贤妇，深得我心，尔勿为念。"

王宏润妻朱氏，孝事翁姑，必诚必敬。姑晚年患痿疾，朱与姜李氏负掖扶持，晨夕罔懈，衣不解带者十历寒暑。人称曰："一门双孝妇！"（李氏，"节妇"有传）

赵一璲妻孔氏。夫病，焚香默祷，愿以身代，刲股肉和药以进，卒至不效。夫故。明年，孔亦卒。先是，翁年衰失音，卧床三载，孔调护维勤，能代子职。人称孝妇。

王允文妻赵氏。允文性纯孝，祖母年迈多病，赵与夫亲侍汤药，晨夕调护，不遑寝食。祖母曰："佳儿佳妇事我如此，吾异日魂归地下，亦当默佑汝辈早得贤子孙也！"

王景台妻许氏，名琇，幼读《女诫》诸书，通文艺，工吟咏，事祖母及继母均以孝闻。既嫁，洁滫瀡，勤盥栉，问安视膳，皆能得翁姑欢。

候选教谕曹以昇妻狄氏，柔顺节俭，事舅姑极尽孝养。凡人生所难能者，狄皆优为之。曹族称其纯孝。

俞选妻阮氏。舅年迈遘疾。阮侍床褥十二年，不敢偶离。人皆称为贤妇。

增生倪士极妻王氏。祖姑宣氏年老患痿疾，王扶掖维持，无间寒暑，亲涤溺器，终无怨言。又叔姑节妇俞氏，亦久病卧床，王亦躬侍汤药，衣不解带者三年，远近皆称孝妇。

俞家桂妻周氏，贡生周焕章女。年十七归俞。事姑尽孝。姑有女四，一甫出室，未字者三，姑卧病於床，周备置妆奁，悉称姑意。次姑适金坛王墙东曾孙。王固寒素，入赘於俞，起居饮食，相待甚殷。迨夫妇相继病殁，仅遗一女，周教养兼尽，为女择婿，无异所生。幼叔年甫六龄。周苦心抚养，延师课读，以至成名。

韦明柏妻赵氏。及笄适韦，事姑以孝闻。孝妇丙辰，粤逆犯句容，明柏贸易未归，事奉衰姑，负两幼子避乱戴巷村。时值岁凶，米珠薪桂，饔飧莫继。赵沿途乞食，供奉衰姑。嗣因两子分甘，弃之道途，独负姑远逃。未几，姑以病卒。流离异地，殡殓丧葬尚能如礼。迨县城克服，明柏归里，生子恒安，卒能成立。人咸谓孝妇之报。

徐凯妻王氏，夫家极贫。室无完物。王躬操井臼、日夜纺绩以佐饔飧。孝事翁姑，常进甘旨。翁姑皆享高年。王奉养唯谨。久而愈笃。叔姑某氏无嗣，卧病一载，王亦衣不解带侍奉汤药，视如亲母。因己未育，为夫历置五妾，终身无间言。

吴仪天妻张氏，张楚玉女也。适仪天庙见后，舅宏泽已早逝，恨不获一尽妇道。事姑陈以纯孝闻（陈节孝建坊，载旧志）。陈患病於室，仪天为觅蝇头利，跋涉他乡，张影只形单，求医问卜，不惮烦劳。姑病势日剧，张乃焚香祝天，刲臂肉和药以进。陈病立除。张艰辛备历，未尝自言。其子志麟既长，见母臂有剜痕，问之始得其固。由是追慕靡及，抱痛无涯矣！

文生樊正举妻许氏，幼娴《姆训》。于归后，孝事舅姑，先意承志，终夜纺绩，伴夫课读。年二十七，夫积劳成疾。许衣不解带。岁余，夫卒。誓以身殉。既而曰："翁姑在堂，需人奉养，且翁虽年迈，精神尚觉强健。"因将簪珥衣饰悉行典质，婉转劝翁，代为纳妾。次年，果生一子。子甫三龄，许亦病卒。临危之际，泣对舅姑曰："儿不克终事翁姑，儿罪大矣！然犹幸嗣续有人，稍慰亡夫於地下。"言毕而逝。道光十一年旌。

倪箕尧妻胡氏。幼在室，性极和顺。适倪后，持家亦甚勤苦。姑李氏年迈。父病。色养扶持，四历寒暑。毫无怨怼。姑卒，遗幼女二。胡尽心鞠育，亲同手足。翁晚年亦得痿疾，胡事翁如父，瀹瀡必洁，甘旨必备，侍奉汤药，非亲尝不敢进。翁尝语人曰："曩昔姑病，媳善事之。今我得病，又复如是，有妇若此，又何憾焉！"夫有继弟，亦在幼龄，延师课读，必诚必敬，供师饮食，既丰且洁。同门诸子，咸敬慕之。

杨家栋妻胡氏。夫故，誓志不嫁。姑性执拗，胡曲为承顺。姑稍有疾，胡澈夜不寐。奉侍汤药，不离床侧。迨姑弃养，哀毁尽礼，敝衣藿食，以终其身。家贫，赖叔家枢为生。家枢亦甚友爱。里人咸重之。

杨继福妻殷氏，性至孝。先意承志，博姑欢心。姑有疾，医不能疗，殷百计求方，刲臂肉和药以进。姑乃获瘳。然数十年不令人知。后小姑向姻娌中言之，人益信殷之贤孝。

田翰臣妻张氏，从九品张永嘉女。性极柔顺，幼侍祖母养，扶持抑搔，未尝离侧。归田氏，以孝谨博堂上欢。道光庚戌，姑病笃，时身怀六甲，誓神刲臂进剂，姑霍然愈。阅一纪始殁。咸丰间，寇乱。侨盐城之丰湖。翁已垂老。翰臣，长者。凡支持巨细惟张是赖。从舅隐香子尝叹曰："此吾田氏之贤妇也！"翰臣业儒，遭乱，绝意进取。光绪初，返里。年逾五十。张怂恿应试，曰："先人俾君读书，不幸乱离废。盍下帷以承先志乎？"丁丑遂博青衿。前岁暮，母李咳血晕绝，张刲肱以瘳。是年夏病复剧，再刲臂，竟不起。张鬓已斑，几毁灭，卒无恙。后数年殁。

候选州吏目杨正选妻吴氏，赋性至孝，姑抱沈疴，汤药亲尝，几忘寝食。迨至瞑眩甚，刲股以进，沈疴立瘳。俾姑乐享余年。人称纯孝。

吴光进妻陶氏，赋性温厚，相夫克家。兵燹时，渡江避难，孝奉孀孤。家赤贫。光进在外佣工，陶缝纫瀚濯，所得赀悉归姑米盐凌杂。每餐必先进姑，姑曰："汝食乎！"陶必曰："已食。"其实未食也。以甘旨奉姑，自啗藜藿。逢姑怒，必怡色柔声膝行请罪，俟颜霁乃起。逾数载，家稍裕。陶旋遘疾殁。至今邻里称之。

经瑾母刘氏，事姑至孝。姑病，医药罔效，刘焚香祷神，愿以身代。刲股和剂以进。姑疾寻瘳。

经东序妻华氏，幼娴闺训，长习姆仪。姑葛氏年老多疾，华躬亲汤药，孝养备至，终身不渝。

俞宗洛继妻裴氏。夫常客游於外。裴事继姑，孝养无倦，能得欢心。抚前室子极为慈爱，恩谊倖所生云。

王家浚妻刘氏，刲臂疗姑疾，以孝闻於里党。

经章绅妻李氏，事姑以孝，声闻乡里。

朱祚财妻葛氏，割股疗姑疾。

朱祚方妻蒋氏，割股疗姑疾。

朱某妻某氏，割股疗姑疾。

张美绅妻邹氏，割股疗姑疾。

杨友昌妻潘氏，割股疗姑。

石泉村妻张氏，割股疗姑。

王知黼妻俞氏，事翁姑孝。

孔传骒母某氏，割股愈姑疾。

曹宜敬妻某氏，割股愈姑疾。

补录（孝妇）

元笪椷妻某氏，茅庄人。孝事舅姑。姑有疾，甚笃，医治罔效。某斋戒沐浴，焚香吁天，刲股煎药，病获愈。乡里咸谓孝敬所感。又能相夫有道，教子成名。尤闺门所罕觏云。

孝 女

周宪瑛女，乳名大姑。自幼多病。祖母李氏怜而抚之，寝食与俱。李尝叹曰："我二人相依为命，然女长必有家，终不能留汝耳！"女泣曰："吾受祖母之恩，愿侍左右以终吾身！"李以为戏言。及长，有为女议聘者，女坚拒不从。誓以初愿为言。父母竟不能夺。李卒，女扶棺哀恸曰："吾愿毕矣！"遂发病不起。卒年四十有三。

葛士全女，性极贤孝。因父无子，矢志不嫁。孝养双亲，经理家务，能代子职。族党以贞孝称。卒年八十三。族人卜葬祖茔，并将版位送入宗祠，以旌其孝。

骆二姐，自幼纯孝，奉亲不字。及父母弃养，女亦旋卒。墓在东门外骆氏祖茔之侧。

黄儒霖女，见总坊。

许汉侯女，见总坊。

附监生戴儒周三女，性至孝。年四十四。矢志不嫁。

杨履谦女，在室养亲，终身不字。

经应鸾女灵姑。父卒，无子。极贫。女时年八岁，哀毁逾成人。矢志不字。孝事孀母。为夫立嗣，年三十三卒。

经廷勋女永龄。父母临年终，鲜兄弟，家綦贫。女誓不字。以女红积蓄为奉养资。现年四十有八。

附贡生巫玉相女红姑。年十五。聪慧孝谨。父爱怜之。父病，谨视汤药，目不交睫。及卒，哀愤绝食，同日竟以殉死。

汪氏，张彭龄妻。继母患病甚剧。两次割臂以疗母疾。里人咸盛称之。

毕氏，程元彬妻。光绪二十年，母病甚剧，归省时刲臂以疗母疾。时年二十有四。（孔昭秉女婿，姑适甘某，事舅姑孝。母郭氏年老卧病，侍奉极尽孝道）

补 录

唐殷遥女。遥官仓曹参军（见前志"文学"），工诗。而家苦贫，死不能返葬。女才十龄，日夜号哭，亲爱怜之，相赙赠，俾埋骨石楼山中。

烈 妇

赵士孝妾王氏。初，士孝妻许氏中年无子。因纳王为妾。不数年，各举一子。士孝病剧，将卒。谓王曰："吾以艰於嗣，故纳汝。今甫得子而吾疾不起，吾不能见子成立也！许为嫡，代余抚孤，义无所诿。汝年少，归余未久，即有他志，不汝咎也！但藐孤尚在襁褓，似难遽失所恃，惟俟稍长时，听汝所适。可耳！"

王泣告曰："妾虽贱，夫死从子。尝闻命矣！倘不测，自当矢志与儿相守，昊天上帝实鉴妾衷。倘有贰心，神明其贷妾耶！"士孝卒，王服缟素，不施膏沐，勤苦弗辞。阅六年，王所出子病殇，王泣谓评曰："曩昔夫亡，非敢以一死自惜，以有孤儿在，苟延残喘，冀其成立，今吾子已殁，吾事毕矣！"遂盥洗梳栉，为夫之位焚香再拜，从容归卧室，大哭。既而寂然。家人以为痛念亡儿，不以为疑。翌晨，见其不起，启户视之，已投缳矣！时雍正九年八月二十四日也！

俞继朝妻唐氏，夫游艺京师，唐织纴度日。继姑不时詈骂，唐顺受之。夫卒，讣音至，即欲就死。因念有三岁孤儿，誓志苦守。讵次年子戏於池又复溺死，唐哀恸欲绝，亲族咸劝之，哭泣不已。继忽大笑，众皆以为狂，更有疑他志者。迨夫忌日，唐持斋进荐，忽苦忽笑，众皆莫测，迨至三更，自缢以殉。人称其烈。（按蔡洙《句容三妇》诗作俞继兆妻）

王生善妻潘氏，夙称贤孝。生善无子，翁姑年老，小郎稚弱。潘欲守志，奉养舅姑。令其改适，潘痛哭，典衣祭夫墓，触冢上树死。蔡洙为作《潘烈妇诗》哀之。

戴可隆妻王氏，夫为典商司会计，多债负。得疾，无子。王劝以居宅、薄田、家具乘生前擘画偿所负。戴欲留为王养赡。王力辞。逮夫卒，遽营葬，焚灵，人疑有他。是夜，服盐卤死。蔡洙哀之，为赋《王烈妇诗》。

窦伦英妻葛氏，乾隆十三年夫亡，尽妇道从德之谊。家贫无子。在七内尽节，时年甫二十。

朱起勋妻陈氏。夫病笃，割股和药，愿以身代。夫故，尚在青年，决意殉夫以终。旌表建坊。

周克谐妻孔氏，年十九。于归甫一载，未及生育。克谐因兄威逼，遽投缳死。孔亦欲就缢。族人恶兄刻代孔夫，鸣冤。孔舅姑曰："克谐得罪，我无所逃死耳！死不由兄！"孔惧重违舅姑意，又耻诣讼庭，惟痛夫枉死而终未得白，遂不食死。"

华立所妻陶氏。立所渡江被盗戕，父母怜其贫，欲改嫁之。里豪闻艳，措重资聘。陶知其事已成，必不可挽，预托其孤於夫姊，故入母室奉媒氏茶，洋洋有喜色，温语移时而退。其家稍弛防范，潜出门，奋身投水死。

赵文佩妻孔氏。年及笄归文佩。姑早殁，翁年近七旬，病失音，不离床蓐。凡饮食便塲皆孔亲任之。如是者三年。家贫。翁不能为幼子娶妇，而孔之妆奁颇饶裕，遂鬻其簪珥为叔完婚。率新妇拜床下，以冀翁疾或瘳。翁旋以天年终。孔痛悼尤甚，居丧尽礼。寻文佩又患心疾，奄奄绵惙。孔昕夕焦思，割股和药进，竟不能起。孔悲伤不已，卒以身殉。

王永喜妻戴氏，戴本望族，娴习姆仪，归王后，伉俪甚笃。永喜疾，秤药量水，侍之弥谨，未几，疾剧，祈祷无灵，戴椎膺号泣，亲视含殓毕，哭奠柩前。从容阖户自缢死。

尚冠庭妻王氏，年十五归尚为童养媳。二十一成婚。冠庭以家贫故客死吴趋。王闻讣，痛欲自裁。因衰姑颓然尚存，不果。未几，姑病卒。王经营丧葬毕，自念夫忘①[1]姑殁，无所顾恋，遂自经死。

文生戴朝福妻骆氏。道光辛丑，骆年十八，归戴。性端和，通文翰，事舅姑孝。及殁，哀毁尽礼。朝福游幕楚汉间，骆经营家计，洎夫还，囊垂罄，无怨言。咸丰纪元，朝福疾革，骆焚香祷神乞代其死，刲臂罔效。既殁，痛夫久居外无子女，又乏承祧，堂上虚无，人绝牵绊。从容毕夫丧，作绝命词告夫灵，遗函致其兄，有"笔底伤心，灯前洒泪"之语。投缳以殉。

举人王振修妻龚氏，骆绮兰女史女也。幼娴《母训》，敦诗悦礼。归振修，家中落。事姑能先意承志。振修屡踬南闱，有中表官京师，遂往依之。家中米盐凌杂皆龚针黹所出。不给则贷诸姻邻，未尝贻姑忧。历三年，所负不下百金，胥望振修归偿。道光辛卯，振修捷京兆试，泥金既报，贺客盈门，所费又如之。然意中必归，不终累人也！逾年，振修果归。垂橐入，登堂拜母，欢聚笑言，龚入厨作食，小姑低声曰："兄今贵矣！其如嫂之不修帏薄何？"遂出青鞿示之。谓得诸床下。振修错愕，问母，母默然。振修遂不入室。亦不与言。龚怪叹不已。后侦之，乃悲愤绝食。既痛奇冤莫雪，而又恶於贷者。竟闭户自经。振修始悟其冤。寻丁内艰。遂得狂易疾。郁郁数年乃卒。

陈明俨妻王氏。咸丰十年，贼至。明俨死。姑怜其少。欲嫁之。时有无赖子谋为妻。已与其姑议定。

---

① 忘：亡。

王闻之，不动声色。夜入室。日中不起，启户视之，已投缳矣！

姚永长妻朱氏。夫故，欲以身殉。时有孀姑在堂，勉尽孝养。及姑谢世，朱摒挡丧事毕，遂自缢死。

陈广培妻蔡氏，年十九。咸丰十年。其夫避难他所。里有恶少涎其美，欲行强暴。蔡即投水死。

余绍植妻王氏，年十八归绍植。举案挈槛，相敬如宾。王虽沈毅寡言，而善事舅姑，胪欢养志。兵后，旧屋被毁。助夫结茅编槿，草创一椽。绍植劬读积劳，遂於同治丙寅①咳血卒。无嗣。王悼痛哀伤，绝食六日，不死。由是抑郁成嗌。三旬遂殁。

周恒兴妻杨氏。同治九年，恒兴死。杨少艾而贫，姑欲嫁之。不从。串卖於湖广船上，杨觉，饮泣，投水死。

倪安澜女，及筓适高。高某在扬州病亡，倪亲殓毕，即以身殉。

张承基妻端木氏。承基死，贫无所依。父欲夺其志。遂自缢。

文生曹施歧妻张氏，年二十二夫亡。自经以殉。

文生赵恋妻李氏。夫亡，经纪丧事毕，即绝粒死。

王君礼妻张氏。夫故，张约终丧从逝。后如其言。

顾杨氏，二品封典杨启葆长女。幼丧母徐，哀毁如成人。及长，事父暨继母王克尽孝道，父母咸钟爱之。年二十适江宁监生顾昌言。顾家固中资，而井臼缝纫操作如寒素，以故得翁姑欢。未逾三载，夫遽殁。杨誓以身殉。时方有娠。劝之者曰："夫虽亡，苟遗腹得一男，当守志以抚孤！"为是杨稍进饮食。及期，产一女。防者稍疏，遂吞金而死。

廪生张福豫妻骆氏，增广生骆崇禧之女。骆在堂时，孝父母，敬兄嫂。归福豫后，事孀姑亦以孝闻。勤谨贤淑，名闻戚党。年三十，夫病。亲侍汤药，衣不解带，昼夜祷神，愿以身代。先是福豫游幕海上，因家焉。福豫生子一，先福豫数日卒。女一，寄外家养。骆殡殓丧葬毕，遂绝粒以身殉之。

文生纪恋棠妻吴氏。归恋棠未及一载，值恋棠病，亲侍汤药，顷刻不离，焚香祷神，愿以身代。及恋棠卒，吴恸不欲生，水浆不入。时已有娠。翁姑喻以宗嗣为重，吴勉奉命。日进薄粥三四次。迨分娩后，遂绝粒三日，以身殉之。

孔广楷妻曹氏。广楷官湖北江陵县典史，在任病殁。曹氏同时身殉。

张余芳妻李氏，夫死自缢。

尚世钤妻王氏。夫亡，绝粒以殉。

王应中妻徐氏。

李日秀妻韩氏。

戴儒庚妻雍氏。

史明麒妻夏氏。

陈国楠妻严氏。

文生王若柱继妻吴氏。（以上皆夫死殉烈）

补录（烈妇）

文生李澍远妻某氏。澍远早卒明季。某随翁李信②赴和平任，城将陷，携二幼孤别信曰："儿先死，

---

① 同治丙寅：同治五年（1866年）。
② 李信：据《句容李氏（李春芳）家谱》十三卷载："李信：原名长信，字吾斯，以岁贡知和平县。国朝顺治三年十二月，大兵入广，郡县望风归附。和平邑最小，众忧惧，不知所出。信意气自若。呼二子泓远、淑远，语之曰：死自吾分，汝辈乘间速去。二子跪泣曰：大人死，忠儿独不能死孝乎？相率为城守计。邑人怀信惠，争用命。延至四年五月二十八日，城破，父子俱被执。淑远见父缚，急而泣。泓远叱之曰：吾父子死犹生也，何泣为？俱死之。眷属无一生者。时有江西诸生杨某，

免大人忧！"信曰："汝能如是，不愧吾媳矣！"遂与二孤先信死。泓远妻夏氏，淑远妻高氏，均在署中。翁夫俱殉。遂各抱幼子曰和、曰平投水死。（以上均采家乘）

明潘汝霁妻谭氏。归潘后，从夫居颍州。明季，遭流寇之变，被贼执，欲犯之。谭骂贼不从。遂刳腹死。时年三十五。

国朝何元泰妻孙氏，年二十六元泰卒。孙悲怆自缢。此康熙丙戌四月二十四日夜也。鸳冢双栖，乡人痛之。

张道钦继妻江氏。夫死，自缢。贞烈可风。雍正时人。

流寓（烈妇）

高星联妻倪氏。夫故，营丧葬毕，乃饮鸩死。（浙江山阴人）

续录烈妇

庠生孔允珂妻王氏，允琪妻吴氏，顺治乙酉同舟避乱。遇兵，负子投婢某，亦同死。
邵应虎妻陈氏。乾隆乙酉岁大旱。夫以疫死，氏无力营葬，解裙被尸，号痛良久，奋身投死。
朱某妻华氏，遇难赴水死。子之楷因救母不及，同死之。束某妻某氏，偕夫侨上海，夫死，遂仰药殉。

烈 女

栾圣玺女，虞池村人。幼婉淑，慧而知书。父母笃爱之。襁褓字周谐，乃中表亲也。谐亦望族，舞勺攻举子业，文誉日隆，乡间咸以远大期之。乃年甫十九殁。女闻讣，哀不欲生。其亲百方劝喻，不从。越日自经。

王荣安女，赵明湘聘妻也。与明湘同生。举止端方，言笑不苟。明湘习业於邑之王氏质铺得疾夭。时年甫十八。讣於王，女闻之，哀伤五内，不露声色，家人未及防检，女乘夜易丧服，背家人以殉之。女既死，兄安国请於王，以其棺与明湘合殡。从其志也。

朱佑申女肃媛，字王氏。夫亡，肃媛矢志守贞。父母欲他字，肃媛悲痛不起，自缢於卧衾中。

夏松华女戴伢，幼字张姓。张氏子流为丐，戴伢矢不他适。家人强之，不从。终日忧郁，以膨疾卒。

雍鸿儒聘妻谈氏。鸿儒有恶疾，使冰人告谈曰："某子有疾，不能婚，愿以帖退。"女闻之，持所聘簪珥而泣，誓死不二，遂郁郁不食卒。

杨芝聘妻韩氏。芝远出，无耗。父母欲更字之。女义不他适。再三强劝，乃自缢死。（《续府志》

随署中，曰：吾亦文学也，忍独生乎？亦死之。和平民建祠，以二子及杨生配。乾隆中赐信谥节愍，祀忠义祠。(《兴化县志》）"家传（西骏公撰）：公幼颖敏，熟於《昭明文选》，背诵一字不遗。督学尝拔第一食饩。崇祯戊寅贡於学，甲申选和平知县，乙酉加职方主事。有厮养卒葛麒者，亲见公父子殉难事。乱后逃归，为详述之云：公尝书'忠臣肝脑涂地之秋，烈士立功之会'十四字於署壁（即《文选》中语），时时对之唏嘘太息。丙戌城陷，公衣绯袍坐堂上，有巡道李默，福建人，崇祯甲戌进士，与公从兄大司徒同榜，率数十骑入县署。公不为起。默曰：年兄须识时势。公曰：吾世受国恩，有死耳！从骑执公，二子泓远、淑远至，默见之，亦呼年兄。淑远叱之曰：斩头吾亦不惧，谁与汝认年家？默怒，麾卒拥出，将杀之。忽有一卒将令旗驰至，大呼曰'且勿杀李知县'，解公缚，拥入方总兵营。方起迎劝公。公惟曰：愿死。遂复麾卒拥出。泓远见公泣，淑远曰：我父子得死所矣，何泣为？署中有江西杨先生者，见公父子死，出见李巡道。挺立於庭，大呼曰：而何不并杀我？遂亦遇害。典史曹某，句容人，窜匿民间，不食九日死。今和平民建祠祀公，暨二子、杨先生皆从。"

作杨时芝）

张英年女，字王。幼失恃。赖伯母黄抚育成人。及笄，许王氏子。未几，王得咳血疾，不事生业。女闻而悲愤，遂郁郁投缳死。

杨苹姑，杨有义女。幼失怙恃。貌寝而性直。家人遇之严，恶衣草具，澹泊自甘。稍长，凡执爨、澣裳诸琐务悉畀之。苹姑均戮力操作，无怨言。时天旱久，井渴。凌晨出汲，有见其蓬垢低首、蕉萃可怜，乃许字张氏，嫁有日矣。一夕，亲邻醵饮，拇战飞觥，合座尽醉，其姊倩某避席入寝，误卧苹姑榻，嫂某见之，向苹姑大哗曰："姨夫横陈尔榻，宁不羞死！"时座客未散，众闻之哄堂，苹姑悲愤，泣曰："嫂误矣！尔既见，何不令兄扶伊出，即不然，亦需背人责之，以全体面，今若此，是速吾死也！倘忍死含尤，虽百喙能解此惑乎？"是夜，即仰药死。时光绪庚子闰八月二十三日也！

张坤占聘妻马氏。女见总坊。

周章谐聘妻栾氏。女见总坊。

骆继元聘妻张氏，年十二，待年於骆。阅四年，继元殁。女哭之恸。其母某氏欲夺其志，女侦姑他出，拒户自经死。见上元县公牍。

刘明龙聘妻赵氏，女见总坊。

补录（烈女）

冯氏女。遭兵乱，沿江避难。至钱塘江边，贼欲掳去，女愤投水死。后托梦於乡试者。至白土镇咨访，果有其人，乃立碑於关帝庙内。庙毁於粤寇。其碑尚存。

贞 女

周朴斋聘妻尚氏。幼聪慧。得父母欢。父某输粟龙潭仓，遇雨避道旁贞孝女金姑祠中，庙貌虽古，而明珰翠羽，栩栩欲仙。归语女。女叹曰："彼亦寻常女耳！独能扶持名教，遂传至今。为人不当如是耶？"未几，朴斋病殁。女闻讣，哀悼以组系颈悬诸梁，家人仓皇解救始苏。翁姥泣让曰："儿何太痴，儿若此，使吾老人肠寸寸断也！"女大恸曰："无已，请往周氏守志！"翁姥曰："儿徒自苦，周家中落，藜藿尚难一饱，第争旦夕慷慨，弗顾岁月绵绵乎！若某某富且贤，儿深长思之，毋徒自苦！"女谓："不然！周丰裕犹且不可，今寒薄忍捐弃耶？况女各有志，爷娘无相强也！"乃取服饰组绣分给姊娣，总髻枭屦跪辞，翁姥不得已，执手泣送素车驰去。哭纁帏、谒舅姑毕，即勤於操作，舅姑得妇如子，稍慰悲思，感其意，从容谋似续，而画荻以教，遂至成材。苦节五十余年。高邮孙祖邵题五古百韵诗赠之。

谭桂英，谭世占女。土祥村人。幼字陈氏，父母早亡。陈氏子殀，遂终身守志，不出户庭，年五十九卒。族人怜之。葬诸谭氏祖茔。嘉庆己卯建坊。至今尚存。

王开容聘妻倪氏。倪本田家女。幼为王姓养媳。孝养祖姑，能得欢心。未婚，开容久客远方，因病而殁。女守义不嫁，仍依祖姑以终其身。

岁贡生王钰女，许字某。未嫁，而夫殁。女守贞养亲，数十年如一日。

童生经正燮聘妻蒋氏。夫故，守贞。建有专坊。在经达村。

杨某聘妻戴氏，戴于飞女。龚学院奖以"完贞笃义"匾额。

周恒立聘妻尚氏。未嫁，夫故。归周。守贞。孝事舅姑。

王宜槐聘妻刘氏。未婚，而王故。守志二十三年。学使赠额曰"贞松励操"。

朱继慎长女，幼字倪长润。未婚，夫死。誓不改字。

许世诰季女，许字李某。未嫁而寡。守贞不字。时女随父母以孝闻。

俞秉鳌三女，许字倪昌鲤。未婚，夫故。守贞不字。

杨正惠聘妻戴氏，明慧而贤。父母极爱怜之。幼字杨氏。年十八正惠亡，所遗孀母茕茕无依。戴闻讣，痛不欲生。愿一往以慰其姑。父母不忍拂其意，令人送往。戴遂守志养姑，坚不肯返。纺绩辛勤以佐甘旨，比邻称之，与孀姑无间云。

王锡女，字凌氏。未婚，凌氏子殁。王矢志守贞。卒年五十有五。

周笃金聘妻王氏。未嫁，夫故。归周守贞。

戴士荣聘妻笪氏。未嫁，夫故。归戴守贞。

朱邦杰聘妻曹氏，见总坊。

王某聘妻张氏，见总坊。

谢德洪聘妻王氏，见总坊。

陶淑瀚聘妻经氏，经星瞻女。

刘达秀女，许字王某。未嫁，婿亡，在室守贞以终。

笪某聘妻吴氏。未嫁，夫故。守贞终身。

张演春未婚妻茅氏，出嫁甫至张门，而演春病殁。女时年二十二。孝养舅姑，守贞以终。

李实聘妻贾氏。咸丰三年，李氏一门殉难，女时年二十七，誓不改字。过门守贞，为李氏立后，守志三十余年卒。

王贞义女，幼字顾氏。咸丰六年，粤寇之乱，婿家避乱苏州，继被掳，时女随父母避居江北，婿家久无音信，或劝其改字。女曰："自掳中出者甚众，安见其不返乎？"阅数年，婿寄书至，云"屡访岳家无耗，已聘某氏女完娶矣！"父母持书示女，女曰："向因其被掳犹待之，今既在，何忍背之！"誓不改字，期以守死。

孙道乾聘妻曹氏，父文生曹政修，母烈妇徐，咸丰十年，骂贼死（另有传）。同治初，政修避乱客死。女侍祖母暨继母养，孤苦伶仃，待年孙氏。未几，乾道亡，女年十八。两世孀嫠，与曹氏等。乃出针黹奉养无缺，历数十年如一日。性贞静幽闲，足不出户，言不出梱，里郦均称其贤。

朱恭武聘妻任氏，句容某聘妻陈氏。（以上江县志）

文生笪世亮聘妻，扬州王氏女也。世亮父煦堂，贾於扬。遂委禽至王。煦堂殁，世亮年甫弱冠。居丧尽礼。继父业，尤不废读。事母教弟，家政肃然。人咸目之曰："此笪氏克家之子也！"是时，女尚未于归。未几，世亮卒。女时年十六。闻夫耗，泣请於父母曰："儿幼受笪氏聘，今夫亡，愿一弔以尽儿心！"父母哀怜之而不忍拂，嘱之曰："从儿志，听儿往，儿毋久留，以贻父母忧也！"女不置辨，遂造笪氏。登堂抚棺痛哭，跪白於其姑曰："儿虽王氏女，而实笪氏妇也！不幸夫亡，今不归矣！请成妇礼。姑如不许，惟有一死以明吾志！"姑既悲夫卒，又悼子亡，闻女言更痛绝。女乃遍拜家人而易衰绖。观者咸感泣，父母知不可夺，亦听之。女事姑尽孝。尝语人曰："吾心如槁木死灰，无复生趣，其所以恋恋微躯者，徒以有姑在耳！"不数年，姑卒。女日仅一餐，或终日不食，遂忧郁而死。

文生王焕聘妻张氏，同里监生张祥福次女。未于归，焕亡。张年十七，痛不欲生。衰绖适王，誓志守贞。事翁姑暨太翁姑，以孝谨闻。屏去铅华，长斋绣佛，举止严肃，不苟言笑。未几，姑及太翁姑相继殁。张哀毁尽礼。后因家道式微，宗嗣犹虚，遂郁郁以卒。时光绪辛丑，张年二十九。守贞十三年。

补录（贞女）

国朝童生郑孔嘉聘妻仇氏，幼许郑。未婚。孔嘉殁，仇矢志不嫁，守贞以终。乾隆九年，旌表建坊。（按《旧志》第载姓氏，未详贞节，今据采访补录於此。）

流寓（贞女）

赵龙聘妻余氏，原籍贵州遵义县人。龙为前县令赵廷铭次子，早亡。余过门守贞，寓居句容三十年。人罕见其面。其幽贞可知。

凌某聘妻经氏，江宁人。襁褓时许字凌姓。贼陷金陵，凌全家离散。经随父避乱流转四方。有劝其改字者，经怃然曰："谚云：'好女不吃两家茶！吾既许凌氏，又安能更适他姓哉？'"后遂茹素奉佛，孝养其父。居芦矿村，清节自守。现年五十一。

贤媛

魏应昇继妻施氏，幼习姆教。施克尽妇道。尤得姑欢心。逾两载，姑殁。施痛不欲生。曰："妇职未尽，天夺吾姑！"惨莫如之。敬待娣姒数十年，无间言赤面。施之嫔於魏也，原配遗子二，长方泰，甫十龄。次子嵩，甫七岁，施慈爱甚笃。两子亦极恭顺。上慈下孝，非至戚不知其非施出也。应昇承先业，以医名世。踵门乞剂者趾相接。凡一切炮制修合悉畀於施。常惕惕以失法误生命为惧。子嵩领乡荐，应昇稍谢客，施乃日事纺绩、缝纫，长幼衣服尽出一手，至老不辍，诸子忧其劳苦，时劝稍休。施曰："人不事事，虚废长年，饮食安卧，豚彘何殊？今幸手眼无恙，尚可支持！"因诫家人曰："妇女好懒惰，不成良家。必败人门户。汝等以此自戒，乃不至堕落。男子且然，何况妇人！"两子时体此以自励。子方泰贡成均。嵩登贤书。先后官教职。人咸谓施之所成也。施婉挚而慈惠，未尝举手抶人、矢口詈人。幼童稚婢亦莫不畏而敬之。所生子峤、子恒，受兄教读，曾不作姑息态，夏楚及血，曾不一顾。曰："后生性玩，稍涉庇护便恃为常。以暂时之小不忍，而误佳子弟终身之大谋，吾不忍也！"故方泰辈常谓家人曰："吾母真福星，非吾母，吾辈安知所底，两弟何由成立！尔等受福荫不觉也！"卒年八十有一。子嵩，举人。太平教谕。敕封孺人。孙绍濂，进士。兖州知府。诰赠恭人。

孝廉方正朱垣（见先正传）妻赵氏，教谕赵廉友季女，内阁中书赵元友嗣女也。廉友诞女，钟爱逾常，能语即检箧中书关妇德者授之，由是雅知书，且服行书中大义。元友珍之甚，请抚为己女。元友与妻陈俱病瘅，赵周旋左右数载，乃喜曰："惜女不为男。男也，大吾门矣！"年十六归朱。绣纫、蚕绩暨中馈事，咄嗟立办。事舅姑婉曲承顺，务得其欢。其将归也，赵母悉朱聘物缄付之，曰："汝宝私橐中，递权子母异时足自豪矣！"既归，即授垣献舅姑前，不少吝。虽馈遗果脯，必携筐寿舅姑，无敢私匿者。迨舅姑先后殁，夫兄三相继逝世，维时垣独支门第。家道几乖，寡嫂有三，幼孤有四，加以食指数百，共爨同居，其间婢子媒媵娣姒短长，赵则情联衅戢，维持调护，室无间言。至丧葬诸事，宾客填门，酬应纷错，赵躬操作，饬厨馔丰啬裁量不差累黍。历数月略无倦色，所生子殇，为垣娶箧室管氏，举子樛，屈下逮，弥为欢舞。其他佐垣推恩广爱者皆此类云。濑江张纲为铭其墓。

邹以仁妻张氏，性纯孝，备四德。上事翁姑，下教子女，均有古贤媛风范。以仁乐善不倦，礼让自持，张赞襄之力为多。其生平嘉言懿行不可悉数。其子全仪述其行宜，请同族岁贡生近鲁为之传。

岁贡生樊明徵妻刘氏，同郡刘思敬曾孙女。孝养翁姑，善待小姑，诸甥咸感其恩。中馈而外兼解风角、善占卜。灵验如响。后知惧，誓不复占。故明徵得内助之力，益得肆志读书。

王文妻于氏。于归后，孝养姑嫜。夫素乐善，有当路之桥毁圮有年，亟欲募修。于曰："募助本非易事，况权属於人，与其沿门托钵，曷若倾困解囊？设不足，妾请以钗珥佐之！"因将衣饰典质一空，以成夫志。至今过斯桥者，尤啧啧称之。

俞廷魁妻张氏。廷魁幼孤贫，为染工。张氏家素丰裕。因见廷魁甚善，即以女许之。将赘之期，女父忽病卒。廷魁执子婿之职，丧葬如礼。女之祖见廷魁贫甚，讳言婚姻。女曰："父母之命，媒妁之言，人尽知之，何说之辞？"祖大怒，遂令女出，欲夺其志。越一载，令老仆密探女耗。女勤俭操作，不堪劳瘁。仆曰："噫！何其急也？"女曰："荆布钗裙，躬操井臼，此乃妇人之常，何急之有？"仆曰：

"饥寒可忍乎？"女曰："淡食粗衣，足以自给，更何饥寒乎？"仆示以祖意，女恚曰："是何言与？"麾之使出，令勿再至。遂归廷魁。和顺相庄。家虽困苦，即藉针指佐夫以自给，所居敝庐两椽。屏膏沐，寡言笑。足不出户庭，声不闻阃外，卒能清洁自持，家业日兴。乡里咸称以一弱女子生长豪门，一旦为窭人妇，而能以礼自守，决然舍富就贫，久而不悔如张氏者，诚足以风世云。

文生曹铉妻戴氏，年十七归曹。井臼亲操，克全妇道，甚得舅姑欢。铉时读书於家，戴劝曰："读书贵静，家事非所宜也。闻茅山灵境可以潜修。定省之仪吾代之。君无虑！"铉闻大喜，乃为束装促之行。是岁游庠，归有喜色。戴复进曰："处为名贤，出为良佐，丈夫志也！鹏之飞，鲲之化，基於此矣，君其勉旃！"遂益发愤，简练揣摩，屡试高等。卒以用功过劳一病不起，一时艺林无不悲惜。疾革时，戴焚香默祷，求以身代。有不讳誓不独生。其父某谕之曰："自此以往，妇道、子道、父道胥在汝矣！一死能塞责哉？"戴泣而应，其居丧哀毁惨切，哭泣之声不敢闻於舅姑，惧伤其心也！越数年，舅姑殁，丧葬以礼。教子持家，立法倍肃。迨子成立，将求文於名公钜卿以传不朽。戴止之曰："吾为所当为，皆分内事，但求心之所安而已，何以文为？"

监生姚遵陆妻李氏，籍隶丹徒汤岗镇。李为汤岗望族。当归姚时，二姓皆鼎盛。家世豪富，而李性独勤俭，不类富家女。姑亦李氏，饮食起居，非得妇不欢。遵陆为人恂恂谦厚，第少承祖业，不善谋生，且素有烟癖。以致家道中落。李氏苦谏不听，既而泣曰："如此悠悠忽忽，诸子何以为生？"遂诣请族长及诸亲友辈婉劝遵陆，以戒烟为约。如是者年余，遵陆果心悔，烟患尽除。转令家业复兴，迨遵陆殁后，儿辈皆授室，李犹勤苦自励，虽寒夜深宵，荧荧一灯，针指不辍，诸子再三苦谏，不从。由是群子妇亦皆辛勤共励，苦心经营，家法肃然。一时咸推为贤母云。

经受文妻朱氏，年二十归受文，生子早卒，劝夫纳妾闻氏，越数年无子，又劝纳妾夏氏，阅数年仍无子，时受文年已逾壮，因前生数女业经先后出室，育子一事，受文亦久不作此想。朱日夜焦思，谓夫既能生女，尚可养子，盍再谋之。受文拂然叹曰："若有子，早生矣！命既无子，纳妾何益？"遂不听。朱展转难安，爰请族长及诸亲友辈再三婉劝，受文始允再娶王氏。逾年，果有妊。夏亦怀孕。迭生两子，均已成立。

张德芝妻邹氏，淑慎柔嘉，克尽妇道。夫疾，刲肱疗之，竟霍然愈。人称贤德之报。

王永年妻颜氏，年十九归永年。翁某久客兴化，永年岁时省侍，常往来大江南北。颜家居，亲躬操作，约束家人，俭而有度。道光乙酉，永年体羸咳血，沈绵床席。颜侍疾衣不解带者数月，自誓倘不讳，必以身殉，祷於神，刲臂和药进，永年竟瘳。越数年，永年父殁於兴化，旅橐萧条，永年悲怆，不知所为。颜乞助母家，乃得归葬。咸丰间，永年归自江北。途遇孤客患腹痛，以骑授客，徒步归。遇雨，衣尽濡。抵家，遂疾卒。颜辟踊号恸，无担石储。时粤寇攻江皖，将沿江东下，乃节哀衷礼。督诸孤努力营葬，未匝月，而金陵陷。先是乙未奇荒，颜质衣佐爨，日常一食，蓄饵哺。儿曹衣虽补缀，必洁。俾就外傅，归则挑灯背诵。稍好弄诃谴必及月。夜声琅琅出户外，过之者窃疑为书塾也。丙辰夏，孝陵营溃，颜挈全眷避兵，展转至兴化。岁复歉，食指浩繁，竟以忧瘁死。颜归王垂四十年，值饥馑洊臻烽烟扰攘之余，卒能奠两世丧，脱全家难，俾诸孤得以成立。人咸称为女中丈夫。

孙禹治妻赵氏，有娣姒二人，孀居最早，遗孤侄三。赵抚育教诲，不遗余力。族党中有不足者辄周其急，凡遇疾苦则戚戚然怜之振之。每与家人言不胜悼叹，以致食不下咽，其天性然也。子恩胧另有传。

李廷均妻戴氏，性柔淑寡言。归李后，事姑孝。姑卞急，稍拂意则声色俱厉。戴承顺怡然，奉之愈谨。生子一为匪掠去，戴翼姑冒死渡江，流转至兴化。乡间遇廷均始脱於难。是时，姑逾八旬，而性急如初。凡起居、饮食、扶持、抑搔诸琐事，跬步不离其侧，或怒辍食，必膝席请罪乃已。戴黎明即起洒扫执爨，闻姑漱则捧盥捧盘，欲兴即为振衣束带，扶杖下榻。日中进膳，晚亦如之。至寝，为解襦展被，冬温夏清。夜分溺器倾覆，虽严寒必起拭净。授之有疾，则昕夕按摩，目不交睫。姑年至九十有二始殁。廷均以毁卒。戴悲恸不已，时有横索遗资者，又叫呶於室，孤苦伶仃，形影相吊。含悲祷曰："死而有知，盍促子归乎？"阅数月，子竟自军中出。前一夕，戴啜泣灵帏，灯碧如豆，窸窣有声，烟缕缕出幕外。越日，遂见子归。由是扶榇返里。光绪癸未，戴年六十有八卒。

周贞球妻许氏，赋性贤淑，孝事翁姑。相夫教子，曲尽道义。训女时以壸范相勖。人皆称为贤母。

许维祺妻张氏，甘贫茹苦，不辞劳瘁，孝事双亲，能尽妇道。年逾八旬，至老不渝。族中妇女咸为矜式。

文生夏澍勋妻张氏，素性温柔，孝事翁姑，持家有道，因公破产，没齿无怨。里党咸称之。

赵洪德妻张氏，性仁厚，好施与。每遇年饥，日给米豆各半，煮粥以济贫乏，远近咸争慕之。

巫信全妻米氏，幼习壸仪，长娴姆教，孝翁姑，和妯娌，恤孤寡，济贫穷。迄今六十余年。乡里犹称道不衰云。

倪大良妻王氏。夫病，医药罔效，刲股肉和药以进。获愈。

增生倪金元妻周氏，系出名门，幼读诗书，克娴妇职。适倪后，敬事祖姑，曲尽孝道。内助夫经理家务，井井有条。每引《列女传》《内则》诸篇婉为解说，诱掖乡党妇女。迄今闺阁中犹称倪氏姆仪焉。

王安镛妻陈氏，刲股疗夫疾。

吴国仁妻杨氏，刲股疗夫疾。

朱尚安妻张氏。兵燹时，夫拾遗金一包，张令还之。

胡之鹿妻张氏，刲股疗夫疾。

蒋日成妻戎氏。

杨永正妻欧阳氏。

杨时和妻张氏。

赵兰桂妻束氏，断指疗夫疾。获愈。

文生张焕文妻朱氏，附贡生朱鼎三次女，嘉鱼知县朱桂馨妹也。幼娴《诗》《礼》。于归后，奉堂上以孝闻。咸丰间，赭寇蹂躏乡里，奉姑避乱山中，屡濒於危，卒能脱难。乱定，家计艰难，偕夫耕作。既而谓焕文曰："吾家世守缥缃，君盍理旧业慰先人於地下乎？"夜分鸣机伴读，严如师友。逾年，焕文遂游胶序。朱性恭俭，饔飧不继，布衣多补缀，未尝向姻郭乞怜。及兄贵，亦不倚势骄人。严於课子。今已成立。殁后，乡里唏嘘，犹慕其懿范焉！

武生王俊妻刘氏，性端淑慈祥，事翁姑极孝敬。俊或於时牴牾，刘辄婉言劝解。俊后改行为善，刘又脱簪珥、衣服以助之。而於济急、怜贫尤加意焉。故贤德之风噪於闾里。

监生张濬再继妻王氏，为名家女，柔顺知大体。归濬，姑早殁。奉伯姑唯谨。和於同室诸娣姒，虽有极难处者，忍而下之，讽刺诟詈若弗闻也。乱后，家寖衰。典衣鬻珥不少吝。从娣王为同母妹，痛失所天，乃爱其孤若己出。噢咻抚育，恒分其劳，贫乏则资给之。后因生计奇绌，又无出，遂郁郁以卒。

右贞孝节烈第存姓氏者，皆采各姓谱牒，无事实可考识者谅之。

才媛

骆绮兰，字佩香。其先为右丞后。幼聪颖能文，工画，尤喜吟咏，适金陵龚世治。中年丧所天，遂依母氏抚孤。居金陵则师袁简斋，为刊其诗入《诗话》中。并列入女弟子集。居京口，则师王梦楼，尝题其《秋灯课子图》云："儿命苦於慈母处，当年有父为传经。"游邗江，则绣《金带围》，题诗其上，赠尊宾谷，一时才名噪大江南北，凡璇闺慧质、绣阁名姝，所至逢迎，奉为懿范。所著《听秋轩集》，阳湖洪稚存序而梓之。

倪绍寅妻俞氏，性颖悟，幼侍父读书，至《内则》《女诫》诸篇，倾耳获解，寓目不忘，即聪慧男子亦无以过。

赵翔妻杨氏，幼读书性极灵慧，及适赵后，每於针黹余间，凡《孝敬》《内则》《女诫》诸篇，无不过目成诵，心领神悟。乡里中均以曹大姑目之。

葛秀英，字玉贞，为无锡秦鏊箎室。玉贞之母梦梅花而生，稍长，敏悟过人，工诗善弈。既归秦澹园，勤俭持家。暇则坐小楼读书，吟咏不辍，题其楼曰"澹香爱梅出天性"。年十九卒。著有《澹香楼集》》。朱绪曾录其诗入《金陵诗征》。

窦贤福妻周氏，幼通文翰，兼精星命，能决人存亡，又善歧黄，有就珍者无不尽心疗治，其效若神。里中称为济世之航焉。

志局尅期告成，已旌、未旌未尽详载，拟书成后细查未旌者，与忠义、贞烈统请旌表。（按，贞孝节烈而外，例不请旌）

续纂句容县志卷十四终

续纂句容县志卷十五上　　邑人　张瀛　分纂

列女（贞烈，咸丰以来殉难妇女）

　　田志莲妻郭氏。志莲，廪膳生。举咸丰元年孝廉方正（另有传）。郭事翁姑以贤孝称。咸丰十年，避乱居南乡赵家塘。闻贼将至，郭与家人约同死。围大塘，席地坐，贼索银甚急，且曰："不得，当杀汝全家！"言毕，觅刀去。郭泣曰："吾妇人也，安能死贼手！且吾不死，翁等不得生！"家人皆哭挽之，而贼已露刃至。郭厉声大骂，赴水死。子妇陈氏，优廪生上庠妻从之。女适文生骆崇祺。十年，随崇祺居张墒村。闰三月，贼大至。会崇祺病。举家环守。子文龙年甫十二，被掠去。崇祺寻卒。田草草殡葬毕，携幼子魁元、女杏姑、侄女翠姑以绳相属，投塘死。

　　曹政修妻徐氏。政修名诸生（另有传）。徐归政修七年，孝奉姑嫜。咸丰十年，避居茅峰下之常宁镇。贼由金坛窜至，政修错愕无措，徐急呼曰："君速扶母去，贼来，妾不负君，毋迟疑累老母也！"未几，贼结队过，未犯徐也。徐恐逐及姑，故撄其怒，贼揽裾欲辱之，大骂不绝声，贼刳其腹，娠数月胎随脏出。政修同社诸友为烈妇歌以哀之。

　　文生骆滨妻张氏，岁贡生张隽堂女也。幼娴女训，通文翰，沈静寡言，事舅姑孝。咸丰十年，避乱至王庄村。贼至，滨被掠去，张悲愤欲绝，仓卒间偕小姑崇贞抱二子窜至长塘畔，欲尽投之，又不忍绝骆氏后。痛彻心骨，弗敢啼。泪簌簌下，与崇姑计，各解兜啮指血大书"句容骆"三字脱簪珥裹之，纳两儿怀。置诸路隅。从容与崇姑同赴水死。村中老妪见之，抱归。送一子还其家。

　　文生曹锡畴妻张氏。咸丰六年，城陷。随夫避居宋家庄。锡畴既被掠。贼涎张氏，欲挟之行。张绐曰："吾夫已掳，无所归。但吾有金寄某所，欲取来，盍稍待？"贼笑曰："汝从吾去，不患无金也！"张遂随行数十武。至塘畔，猝投水。贼怒。以槊乱刺死。

　　曹全智妻王氏。六年，遇贼乡间，伏地不起。贼负之走。王绐曰："我从尔，勿以背负我，使人气促，曷任我行、从入城，何如？"贼信之。行至山涧，跃入水死。

　　陈燦庭妻杜氏，谢桥人。监生杜贤书女。御下宽和，教子严毅。燦庭服贾远方，内助之贤，传播三鄹。咸丰十年，贼焚掠几遍。燦庭归，劝之曰："故乡汹汹，无一片干净土。盍渡江谋栖止乎？"杜辞曰："我家寒俭，远徙不易。况累重则一家皆困，累轻则父子俱生。君与子若依依不舍，是速吾死耳！"家临大河，潜启户投之。燦庭由是挈子北行。至今言之，泪犹涔涔下也！

　　刘兆盛继妻陈氏，监生陈郁周四女也。陈本望族。于归后，克勤妇职，颇著贤声。咸丰六年，贼陷句容，蔓延乡曲。兆盛远贾未归。子运恒幼。陈苦潜匿无地，终日呜咽不能止。里中有避难渡江者，陈哀恳将运恒携至夫所，并附书与诀。其略曰："家踞豺虎，君断不可回。道梗烽烟，妾亦不能出。魂断凄风，恨唧缺月。君善视此子可也！"是年九月，贼势益张，陈投水殉。

　　从九职衔刘闓妻张氏，贡生渭母也。少娴姆训，通诗书。洎归刘，孝养诚敬，戚里称贤。咸丰十年，长濠溃。贼掠村堡。张告闓曰："逆焰甚炽，君与子当远避，勿以妾为念。不然，妾请先亡，以绝君父子之念！"

言未毕,哽咽不能仰视。时子渭就傅於外,遣人嘱勿归,俾从师迁善地,遂以闰三月八日投河殉节。督学童华奖"烈行流芳"额旌其门。渭聘妻李氏亦於是月殉。

刘善庭妻经氏,性贤淑,承欢唯谨。善庭荐迁,距家窎远。二老龙钟,惟经是赖。咸丰六年,贼猝至,经自度纤弱不能负姑远遁,而又惴惴为贼所玷。因泣告姑曰:"昔时娶妇原为养亲,今日有妇反为累亲,一遭虎口恐不能终侍庭闱也!"未几,贼退。无恙。十年,贼大至,鸱张豕突,倍酷於前。经闻风悲愤投水死。善养妻陈氏,先於六月殉。

王定银妻许氏,茅山乡王庄人。咸丰六年,大营溃。其子从九品衔锡蕃不忍行。贼至,许厉声骂贼被刃死。锡蕃痛哭,持械与贼斗於庭,亦死。王玉堂妻徐氏,亦茅山乡人。十年为贼执,诱之不屈。贼缚置舆中,抵贼馆,不屈。猝投於池。救之起,乃大骂不止。被戕。

文生杜如山妻朱氏,性贞静,事翁姑至孝。门庭雍洽,终岁不闻诟谇声。贼至,搜索财物。朱大骂,举火焚死。王□□妻朱氏,幽闲端淑,得堂上欢。贼艳其少,欲犯之。投塘自尽。范□□妻邰氏,椎髻掺作,婉娩承顺,贼叫嚣入室,以器击之,被刃死。

陈天明妻贡氏,居平以贤孝闻。咸丰十年,随夫避乱荒村。闻人声汹涌如沸,愁雾漫天,咫尺莫辨。贼至,猝不及逃,贡抱子藏暗室,被搜出。见其美,挽裾以逼。贡大骂:"逆囚,毋得无礼!"贼怒,手枪碎其颅。

吴华庭妻周氏,周世族女。夙端闺范,以贤孝式一乡。咸丰十年,贼焚掠村落,惨不忍闻。周偕娣姒扶掖翁姑至上元夏埠村,暂避凶锋。而贼随在佈塞。周惧辱。从容告姑曰:"妇命不辰,丁此时艰。恐不能长侍高堂矣!言颇凄恻,竟於闰三月初十日投水殉节。经瑾妻张氏,温和恪谨,亦以贤孝闻。是月,同在夏埠遇贼。大骂不屈,赴水死。历五十余日始殓,面如生。

尚德镇妻王氏,贼至其家,询富户何在。王不答。剜剔无完肤。终不言而死。阖村赖以完。

周秀霞妻巫氏。邻有少女,贼欲强逼。巫在旁,怒骂曰:"贼奴,淫人室女,无王法,宁无天谴耶?"贼奋起,以枪击之,洞胸死。咸丰十年事。

朱达高妻陈氏。咸丰六年,避乱至杭州。十年,杭城陷,贼欲掳陈。陈大骂,被刃死。

胡本铨妻赵氏,姑患风痹,肢体不能动,饮食、洗濯非赵不行。凡十年。赵侍养不倦,悉称姑意。咸丰十年,与夫一门俱殉。

戴儒发妻樊氏,性爽直,有须眉气。粤逆东下,金陵陷,句容戒严,招义团扼守,樊谓其子臣清曰:"吾若栉,必殄此丑类!尔当应募以成吾志!"后臣清死难,无怨言。至同治二年,猝遇贼。索金,不应,被缚。樊嚼齿骂曰:"吾子死於贼,吾恨不食汝肉,尚有钱给汝耶?"贼遂杀之。

张德周妻鲍氏,凤坛乡人。性端淑,孝养舅姑,勤苦俭约,率以身先,家人、妇子未敢萌奢惰念。德周逾艾失明,鲍奉之谨,不以废疾忽之。咸丰间,寇起,众欲远避,鲍曰:"尔等奉翁去,余守此老屋,庶免毁薪木耳!"贼突至,尽室仓皇渡江。鲍当户坐,贼横矛欲入。鲍詈曰:"何处毛贼,此间虚无人,搜括何物乎?"遂被刺死。

姚行怀妻陈氏,凤坛乡人。庄重温默,以贤媛称。咸丰七年,贼焚掠至村。家人尽走山中,陈不及随。被贼追至簟子圩,不屈,投关刀坝而亡。徐青年妻刘氏,因夫被掳,痛哭绝食。贼至,欲犯之。徐怒骂甚厉。以刃按其颈,骂不绝声。被脔割死。

唐同发妻贾氏,移风乡人。贼欲房同发,贾挽之不释手。贼刃同发死,贾痛哭,骂贼不欲生。贼怜其美,迫与私,贾骂声益奋,奔投塘中,贼以矛乱刺死。

高登松妻经氏。咸丰间,贼窜句容。登松贸易河南,经恐遇寇受辱,整衣拜姑诀别,出门投水,姑追至塘畔,呼媳之声凄楚至不忍闻。经乃逡巡出水,立浅滩中,痛陈大义,誓不更生,并泣劝姑偕族子速避,免蹈凶锋。姑见其志已决,不复强,洒涕而去。经遂入水死。登松在豫,传闻贼至,老母及全家俱殉,忿恨自缢。

雍旭扬妻宫氏,躬操井臼,善事翁姑,持家内外整肃,性严毅,不轻言笑。人咸惮之。喜施舍。凡应咸里称贷,不稍吝。咸丰十年,孝陵营溃,贼骤至,举室仓皇,贼侦知其家饶裕,执宫索金。不应。倒悬箠楚,备受酷刑,终不屈被害。

雍越凡妻华氏，年二十七，越凡死。华守志抚孤。逾岁，而孤殇。华悲愤不已，遂得狂易疾。旋得犹子南勋为嗣，疾稍瘳。咸丰六年，城溃。贼蹂躏南乡，淫掠最酷。华为群贼所逼，佯诺作膳，潜至宅后，投塘死。

唐承福妻刘氏，年十七适唐。以贤淑著。咸丰七年，被掳。生女才及晬，家无担石储。有劝其改志者，刘氏死不从。母女茕茕，纺绩度日。至十年，大营陷。贼焚村堡。刘度不免，绝食死。王大临妻夏氏。夫殁，贞洁自守。姑因寇乱俾改适以避。夏剪发自誓。同治纪元，贼大股过境，恐被掠。闭户自经。

陈绍芳妻王氏，事夫谨。夫故，孀姑尚高年苦节，王以针黹奉甘旨。姑死，赁物以葬。有诱之入城中者，坚拒之。同治元年，绝粒死。其小姑名羊姑，年十四遇贼不屈刃死。

杨明纯妻刘氏，刘东樊长女。年二十一，夫死。家极贫。艰苦自守，十五年如一日。闻贼将至，赴夫墓祭毕，辄闭户绝粒。邻人隔窗询之，劝以食，不听。数日而卒。其上下衣皆密缝云。

陈应芳继妻周氏，龙潭人。适陈甫期月，应芳死。遗腹生一子，周痛甚，屡欲自裁。家人访之甚密，乃忍死抚孤，泪涔涔渍枕间，恐以夜哭酸人听也。然极贫如洗，藉十指作生计。不数年，子忽殇。周悲痛欲绝。有劝其立嗣者，周泣曰："未亡人不急殉者，恋此襁褓中一块肉耳！今已矣！肠寸寸裂，宁计及此耶？且使有后，则藐孤必不死！"遂不食屡日。时咸丰三年二月也。警传省城陷，贼将扰境，举家谋避。急渡江。周从容曰："夫亡，子死，去将安归？"乃键户自缢。

步喜进母吴氏，仁信乡人。年二十一守节。咸丰六年，遇贼不屈。贼欲刃之，吴婉求哀免，贼不忍戕而去。吴痛哭云："豺狼满野，不时惊扰，万难偷生！"遂闭户不食死。

周章佐妻张氏，年二十八守志。咸丰间，寇乱。蓬转穷乡，丐食养姑。贼猝至，强逼不从。被刃死。王闻华妻朱氏，年三十夫故。家贫，拾薪度日。苦节弥坚。十年，贼所在迫胁，朱被榜掠，饮泣忍痛，投水死。朱致中妻成氏，年二十三夫亡。苦节抚孤。见贼痛骂之。倒悬诸梁，骂不已。遂脔割死。节妇殉难者又有巫朱氏、秦王氏、程王氏、李王氏、李侯氏、李葛氏、巫丁氏、张陈氏。

巫启圣妻朱氏，年二十五启圣没，矢志守贞，抚孤成立。十年，贼淫掠益酷。朱痛诋，被戕。秦有庆妻王氏，年三十丧夫。闭户纺绩，勤苦治生。比邻罕见其面。六年，贼扰乡里，王恐被污，自缢死。程大绪妻王氏。夫亡，青年守志，门庭严肃，终岁不闻嬉笑声。大营溃，贼烽甚炽，遂投塘殉。李兴枝妻王氏，年二十九夫亡，痛不欲生。以翁姑垂暮，奉侍无人，遂椎髻操作，极尽孝养。贼逼，不辱。遇害。李兴礼妻侯氏。夫故，时侯年二十七，欲以身殉。乃顾衰亲稚子，益怆悲怀。未几，贼至，痛骂，死难。李有连妻葛氏。夫亡，葛年三十，冰蘗励志，苦育遗孤。兵乱，骂贼，被斫死。巫恒言妻丁氏。夫亡，守节。时年三十。家贫。李事孀姑极尽其诚。抚二遗孤将有成立，而粤寇辄起，流离琐尾，遇贼殉节。张祚昌妻陈氏，年十七夫亡，孝事翁姑，守节十四年。咸丰十年，贼至。投张村前塘死。

文生陈序东妻张氏，福祚乡人。嘉庆戊寅①，年十八，归序东。次年己卯②，序东以省试未捷抑郁死，张年十九，矢志不二。无出，以胞侄晋文为嗣。上奉孀姑，下抚孤子。孝慈兼尽。里党咸称。咸丰十一年，护贼拥大股过境，张遇贼不屈，投水死。时年六十有二。守节四十三年。

陈得喜妻阙氏，坊郭人，性庄慧，善针黹。年十八归陈。柔顺得翁姑欢。翁姑既殁，家欲析。阙隐诚得喜曰："荣枯命耳！遗产请唯伯氏欲，君勿校也！"咸丰初元，得喜亡，阙年二十六。遗孤二。忍痛抚之。六年，县城陷。庶姑房氏遇害，举家避乱至苏。岁大饥，屡有劝阙改志者，阙握刀自誓，曰："谁再强聒③，吾必与同饮此刀！"时生计日蹙，又流转赴杭。中途漂泊，几罹强暴。与小姑凤英衣上下皆联属纫缝。七年，县城复，乃还里。十年，城又陷。阙依母家，潜匿穷谷中。时贼队屡过境，村堡焚掠一空，无从得食，遂饿死。凤英，小字龙姑，时年在杭投水死。

贾式庆妻唐氏，岁贡生唐澍女也。幼娴《母训》。事姑以孝闻。咸丰七年，忽传贼至东阳镇，邻母

---

① 嘉庆戊寅：嘉庆二十三年（1818年）。
② 己卯：嘉庆二十四年（1819年）。
③ 强聒：啰嗦，唠叨。

急呼唐避去，唐应曰："诺！"即脱簪珥、出箧金付童养媳，令先行。既而风鹤虚惊，讹言顿息，家人咸归，唐独杳然。越日，水浮尸出。衣裤均密纫无隙。监生万继英妻杨氏。咸丰十年，贼至陈家庄，抱三龄幼女投水死。数日，犹不释手。

朱宣朝妻蒋氏，志仁聘妻倪氏，居梁塘村。为从姑妇行。少艾相若，和婉相同。以勤俭相砥砺。咸丰十年，闻县城陷，相谓曰："女子终身惟节是重，瓦全不如玉碎也！临难幸勿忘！"闰三月二十一日，蒋见贼即奔，贼追至村后，投小塘死。倪知蒋殉节，遂投荷花塘死。

□□□妻赵氏。夫无赖，屡欲嫁之。赵逃归母家。兵乱，赵三次投水，皆获救。迨母殁，赵竟绝食以殉。王宗海妻某氏。见贼，奋身投塘。贼挽起，复投，如是者三。贼怒，灌油焚之。终不屈死。马昭发妻高氏，贼反悬诸梁，拷讯藏镪。高绐曰："在壁！"破壁，不获。复悬如故。不允，即脔割焉。又绐曰："实置瞽井①！"贼释之，使导。遂赴水死。女小英亦殉。

戎万宝妻许氏，性贤淑，美姿容，避贼荒谷中，辗转至侯家边。贼欲污，不从。以刃胁之。许怒骂。头触刃死。王守菘妻孙氏，遭乱，以灰涂面，隐於曲突下。贼曳出。艳其色，曰："美甚！"孙忿，以陶器击之。伤贼额。遂被支解。子女同遇害。姚相妻葛氏，柔顺而贞。贼掠村舍，葛潜匿空仓中。贼瞥见，呼之不出。推坠土壁压死。章仁寿妻华氏，年十九，贼逼不从。贼詈亦詈。贼击亦击。贼怒，出觅械。华急奔投水。贼持矛追至，乱刺死。

杨惟仁媳朱氏。咸丰十年四月，贼至，投水。贼窥其艳，挽起，捆马背。行数里，朱绐曰："束缚同犬豕，令人欲死。盍垂鞭欵段行乎？"贼从之。抵绿杨馆池畔，忽奋呼曰："阿娘死矣，宁受汝辱耶？乃耸身入水死。

赵贤庚妻许氏，福祚乡许维泉女。年二十有奇，微有姿首。咸丰十年，贼强逼之，不从。遂褫其衣，许抵悟撑拒，拼命出逃，裸身投水死。杜起英妻许氏。十年闰三月，遇贼，欲犯之。许奔投塘死。越宿，犹僵立水中不仆。侯邦道妻刘氏，遇贼，以棓击之。贼夺其棓，还击之。窜逃，投井中死。杜正广妻王氏，大杜村人。十年六月，贼至村。王大呼："贼来，尔曹快避！"贼闻，挥刃欲戕，急赴水死。

张启湘妻李氏。咸丰十年，避寇至罗家庄。启湘既遇害，李见贼怒詈，不屈。贼痛箠之。且骂且走，投诸深渊，犹呶呶骂不已。刘达高妻包氏，闰三月在神村遇贼，被害。子相荣，突击贼，格斗许久，中乱刃死。

姚德大妻万氏，通德乡人。咸丰十年，城陷。闻夫被掠，子被戕，呼天泣曰："吾家破灭，吾何生为？"乃入室自经。同时自经殉者王恕起妻汪氏。闻贼至，抱子痛哭，以绳系子颈与己颈，并缢死。徐依顺妻汤氏，年八十。贼拷掠索金，汤投水，不死。贼去，村人舁归，愤泣曰："吾老人，宁死贼手乎？"遂自缢。高□□妻王氏，见烽烟逼近，沐浴整衣拜家庙前，从容就缢。朱□□妻戎氏，年六十八。闻邻村老妪被贼鞭箠，愤极，闭户雉经。詹氏、胡氏、戴氏，俱刘姓妇，平居相得甚欢。大营溃，相戒曰："吾辈宁死，无从贼也！"贼至，皆投缳。刘立位妻某氏，见三妇抗节不屈，亦投缳。王德溁妻时氏。德溁被害时，哀痛不食，数日悬梁死。女烈姑，死尤惨。

樊宗源妻陈氏，来苏乡人。贼抄掠至村，强虏不从，缚於楹柱，剖腹截肠死。樊益衔妻巫氏。贼索财不获，矛刺遍体死。樊宗墅妻张氏。贼贪索无厌，张大骂。被爇，中数十创。爇薪燔之。孔继福妻某氏，遇贼不从，贼斫之。痛詈。剖腹死。步德礼妻许氏。年十九，贼犯之。抵死不辱。愤甚，枭其首，揭於庑头。詹圣志妻王氏，坚不受污，钉四肢於板扉。骂不绝声死。徐宽忠妻某氏，被执，怀剪自揕，贼夺之，嚎哭愤詈，缚悬大树，乱箭射死。胡子树妻某氏，贼揽其裙，宛转抵拒。断指碎颅。子女七人同遇害。樊祖庚妻谢氏。贼至，窜入瓮中。曳起，喷水骂贼。反缚，投地。巨石压毙。陈安亲妻谭氏，被掠至马琳村。夜分，贼百计诱之，不听。恨甚，支解死。陈天叙妻纪氏。群贼欲侮，披发大骂。脔分其肉。食之。其余，裹絮烧死者则有糜延成妻张氏，截去手足叫号死者则有陈立庆妻戴氏，痛加拷掠活埋山中死者则有巫奇裕妻包氏，诅咒丑虏劃舌钉心者则有巫立明妻施氏等，苦死尤烈。

侯长禄妻朱氏，性严毅，见者凛然不敢犯。咸丰十年，贼众横索金钱，喧呶满室。朱厉声骂曰："天戈所指，行将殄灭。丑类肝脑不知涂於何地，横索安用耶？"贼大怒。倒悬空梁，以乱梃击死。

---

①瞽井：瞽井。干枯的井。瞽：疑"瞽"之讹字。

王志佳妻吴氏，山前村人。温润端丽，贼争相夺。吴抵拒之。乃甘言诱吴，唾骂曰："贼奴敢尔，吾身如铁，石可断，不可屈也！"贼怒，刃之。磔其尸。同村吴本匠妻某氏，家小康，遭乱不忍去。贼至，匿复壁中。搜出。敲扑献金。大骂不止。贼取壁上锯，指谓曰："若不分吾财，吾便分若身！"遂缚柱锯死。

杨祚悦妻吴氏，临泉乡人。年二十于归时，祚悦病已两月。既婚，日夕侍汤药，衣带不解。祚悦卒，矢志守节。奉姑极孝。咸丰七年正月七日，闻寇至，遂投水死。光绪乙未年旌。

万继伦妻庞氏，臧世培妻吴氏，均土桥人。凤以贤孝称。咸丰十年五月，贼至。庞於北街桥上投水死。吴惧恐，后投西来庵坝内死。

烈妇某不知其姓氏，或云池头人。携迈姑弱女避乱过花茂村，突遇一乘马贼。涎其艳，下骑欲犯。妇坚拒。贼怒，以刃按姑颈，胁之。妇绐曰："释我姑，我从若，但须在深林密箐中！"相将至花塘畔，佯作解带状，奋身投水。姑与女相继入。贼怏怏而去。村人汤光香目睹云。

葛住姑，增生葛亮楷三女也（亮楷，另有传），婉娩和顺，能得亲欢。咸丰间，寇警迭至。住姑年十八，欲抗节殉。家人劝止。随亮楷避居涧西，时从姊王葛氏相继来，闻贼氛甚恶，四出淫掠，各村妇女皆匿暗室住。姑泣欲自裁，姊亦泣曰："妹毋躁，俟贼至，吾与汝同毕命。若尔徒增堂上悲耳！"遂相携出村，择清水塘畔同坐。初尚无恙。次日，贼露刃来。将近侧，二女奋起，大呼曰："贼来胡为？"耸身入塘。贼欲挽救，遂痛沈水底没。越宿，泅起。面如生。见者惊叹。

王龙姑，王坪女。坊郭间世族也。幼聪慧，读《女诫》诸书，能解大义。咸丰十年，城陷。龙姑年十七。随父避至棋杆村。六月，贼至，诸女伴走匿山中。时坪抱痾，龙姑守之，不忍去。贼闯入，龙姑隐榻后，贼曳坪起，索金。坪呻吟不答。贼抽到劈其颅，坪晕绝仆地。贼去，龙姑椎膺仰药死。

罗毛姑，文童永珍妹。东阳镇人。年十五遇贼，见逼，大骂曰："吾旧家女，义不受辱，贼奴敢无礼耶？"被乱刃斫死。时咸丰十年闰三月初十日也！

余开生女，字武生丁步阶。年十五，贼至，攫开生杀之。女愤詈击贼，势不敌，赴前塘中死。犹骂不绝声。

王德深女，年十五，未字。父被贼戕，母自经。女痛不欲生。贼至，戟手大骂。贼婉言慰之。骂不已。持刃刺贼。贼怒，斫破其腹。

步镇姑，妙感村正统女。年十六。咸丰十年，在村被执，欲污之。女痛詈不屈，贼刃其腹。血溅贼面。怒攫其心，食之。尸投烈炬中。

笪杏莺，年十九，下荣庄人。咸丰十年八月，贼至村。涎女美，强掳之。女唾其面，急以剪刀自裁。群贼忿甚，抱薪焚之。尸不毁。昇投诸水。

樊庚姑，古隍人。樊道富女。咸丰十年，年十七。被贼掠入伪府，充媵侍。使歌以侑酒，庚姑骂曰："恨不碎贼首，谁为贼作青衣耶？"酋大怒，叱令笞之，庚姑急取刀自刎，遂脔割其尸。

施桂弟，施大金女。居邓巷村。年十八。咸丰十年冬，被贼掠去。女垂涕不语，贼甘言诱之。猝以刃中贼颅，贼大噪。众贼缚之，以巨钉钻女心，叫骂不绝死。

徐继宽女，福祚乡彭山人。年十六字张姓子。咸丰十年闰三月，城溃。继宽携女避至刘家山。初六，贼麇至。拥女上马去，女佯喜，缓辔徐行，询贼何往。贼曰："献诸王府，享天福也！"女颔之。行半里许，忽在马背跃入深渊，贼忿怒，持矛牵马，俟女气绝尸浮乃去。

王孝芳女，琅琊乡人。性灵慧，有姿容。贼见之，强欲与合。女诡曰："非不愿从，但野田草露间，宁不畏天日耶？请至前村。"行及塘埂，女作结袜系状，拾石子击中贼目。贼震怒，来扑。女蓦跳波中，被长矛刺死。

巫仁智聘妻谢氏，年十七未嫁。贼蹂躏乡曲，睹女欲乱之。女面铁色，冷气逼人。贼以刀按颈。女怒叱曰："断吾头可也，辱吾身万不能！"遂被戕。

王长玺妹，字葛姓。贞静寡言笑。闻警即密纫褰衣，有死志。语诸女伴曰："殉节者辄以刃、以绳、以火、以水、以药，仓卒间一经援手欲死不得，饮恨终身，唯吾得死所矣！"叩之，微哂不言。咸丰七年，贼至村。瞥见女，追逐欲污，女急投圊中，贼不敢近。

蒋升品女，蒋冈村人。年甫及笄。咸丰十年闰三月，随父避乱匿古隍。一日，大雾弥漫，不见咫尺。

贼骤至，强壮尽窜，老弱多戕，村中少妇不及逃者辄被辱，独女坚拒，愤骂。贼怒，刃其右胯，断之委去。升品异归，女痛极，哀号婉转而绝。

王正兰女，通德乡人。年十五，性柔顺。父母绝爱怜之。咸丰六年，向营溃。正兰泣谓女曰："儿纤弱若此，贼至，奈何？"女喻意。中宵呜咽，辗转不寐。向晨，整衣拜亲前，泣曰："儿不栉而冠，不能脱亲阼，万一堕节，负罪实多，儿洁身去矣！死而有知，阴护亲也！"遂投渊死。

王大凝女，年十六。有殊色，知大义。咸丰六年五月，闻寇警，以剪刺喉，手颤不能入，被家人夺去。投缳，又断其索。群贼呼啸至。女号泣曰："若辈误我，我求死不得也！"贼慰以甘言，女佯许之。贼未防。脱身投水死。

王四姑，王正渠女。咸丰十年，城陷。女谓母曰："贼至，不得死，奈何？"母曰："贼尚未至，儿毋自苦！"女泣曰："不然！与其死於贼手，莫若先死为愈也！"母知其志决，欷歔泣下。女与诀曰："恩勤之报，正在今日！"向母再拜而起，从容尽节。闻者哀之。

周双姑，闸头村人。咸丰六年，民团溃。双姑负侄逃，转徙烽镝中，屡濒於危。一日，蒲伏水滨。急闻啸聚声。四围皆贼，度不能脱。泣谓侄曰："吾忍须臾死者，为孺子存耳！死而有知，当呵护汝也！"贼至，欲犯。姑大骂，投水死。

范转姑，范继善女。被贼掠之舟中，夜伺贼卧，以刃斫之，贼大吼。女遽启蓬窗投急湍死。

朱春郊女，白土镇人。咸丰十年，女年十六。避难至邻村，遇悍贼欲污之。不从。胁以刃。女大怒，嚼舌喷血，骂不绝口。被戕。是年，朱焕文女与文生焕唐妻施氏同骂贼割舌，二人口喃喃，犹叉手作骂状。被乱刃斫死。

巫鸣顺女幼姑，甫九龄，性灵敏，为祖母邰所钟爱。咸丰六年，寇乱，随邰避至船塘村。邰齿暮，且数日未食，饥肠辘辘作鸣，不能移寸步。欲投水殉。女牵衣哀号，坚不释手。复乞村人劝沮。邰忽投塘，女跃入救之，相抱没顶死。

吴大田女，字邱氏。上容乡人。咸丰间，屡遭兵火。高堭厚垣内多空院。十年闻警，妇女潜匿其中。户牖堵塞，贼不觉。过之，忽闻啼声呱呱，贼破窦入，尽被淫掠。女独鉴其失，贼至，键户不出。贼纵火焚之。女於屋俱烬。

施红英，邹我堂聘妻也。端庄静一，有古淑媛风。及笄，许邹，将完婚，我堂忽抱疾而殒。红英痛欲自裁，父母防护綦严，乃止。遂过邹守贞，断发自矢。咸丰季年，寇氛甚炽。红英蓬垢流离，备经艰厄。同治二年，遇贼，欲污之。红英大骂，遂投水死。

王承祚女二姑，幼受石氏聘。年十七，石病殁。女誓志死守，依父母居。咸丰三年，金陵陷。流寇犯境，女惧辱，闭户缢死。

朱恭武聘妻任氏，朱家山人。上元任顺桢女。恭武死，女年及笄，泣往朱氏守贞，孝奉姑嫜，操凛冰雪。咸丰十年，闻发逆扰境，恐不免。遂投水死。

朱某聘妻某氏，幼字朱氏子。朱向在苏业贾。女年十七，朱返里将完姻，忽中道暴亡。女家不知也。冰人以沈疴告女，郁郁不自得。其母曰："邻村大庙籤极验，盍往祈之以卜吉凶？"女不应。再三促，始往。闻途中人嗟叹曰："此某氏姑也，婉娈若此，遽失所天！"女惊询侍婢始知为朱姻党。急返。将夜赠服物组绣置庭中，火之。家人错愕，劝阻。女泣曰："欲止吾焚，即促吾殉！"火毕，衰绖请往守贞，至则先谒舅姑，继入灵帏。哭极哀。闻者流涕。饮冰茹蘖，不出门庭垂二十年。咸丰六年，贼势猖獗，恐被辱，先投水死。

来喜，徐化成家侍婢也。咸丰七年，化成自苏携归，故名曰来。来婢性憨貌寝而勤於职，奉命唯谨。十年，城将陷，徐眷属先避去，独化成父某与来婢同守居室。闰三月三日，闻门外人声嘈杂，某出视，众呼曰："贼至矣！官遁矣！"返身入室，携赀少许出，嘱来婢曰："姑守此，勿去！"是时，四城尽闭，独北关可出。趋至，门半阖。万人拥挤。久之始出。有徐戚某挝徐扉，问婢曰："尔太公在室乎？"曰："已去！""贼入城，尔何不去？"曰："太公命吾守此，不敢行！"戚某遁。须臾，贼大至，搜括财物，淫杀妇女，街巷血流溅溅有声，奔窜呼嚎者痛骨彻髓。群贼过徐劈门入。来婢惊起，见红巾黄衣贼南向坐，执刀械数贼环侍，狰狞无人状，大喝："汝主何往？"曰："逃矣！""金帛藏何所？"曰："无有！"贼怒，目眦尽裂，呼贼众搜其室。遍搜不得，益怒。叱来婢，反缚倒悬，鞭箠无算。来婢愤詈，操吴音。贼瞋目不解。既而，褫来婢衣，刳其二乳，来婢两手按之，口喃喃詈不止。一贼劈其颐将断，犹以血洒贼面。贼搥其胸，始毙。遂支解之。贼散，有邻女匿承尘中。出语人云。

流寓妇女

潘序九继妻陈氏，六合人。咸丰间，随夫避难，侨居罗家嘴村。温柔承顺，勤俭相夫。抚前子如己出。生女阿珠甫三龄，即教以礼。阿珠颇灵慧，良知爱敬。十年，流贼过东阳，序九与子同被掳。陈抱阿珠悲啼欲殉，适有从贼中逸出者，怜其哀恸，诡言序九父子无恙，并寄声至夜分即归。陈盼数昼夜，不返。度已遇害，乃泣谓姒曰："妹誓从夫於地下，囊有余金奉嫂，幸顾阿珠，妹死瞑目矣！"阿珠在侧大哭，曰："嬰死，儿亦同死！"顿足牵衣，行坐不释。是夕，陈梦序九携子归。即寤，告姒曰："小叔来迎吾母女去，吾当从之！"俄顷，贼大至，焚掠。陈遂抱阿珠投村西河死。越数日，序九与子逃归。闻妻女同殉，大恸。使泅觅其尸，已流至西沟胞桥下。矗立水中，手抱阿珠面如生。四方来观者莫不歔欷流涕。

吕家兴妻□氏，上元人。年二十九夫亡。哭之恸丧明。咸丰十年五月间，贼至，投溷圊中死。同时陈忠书妻万氏，上元之姚村人，年十八。贼见其少艾，挟之马上。遇深涧，跃入死之。

续补节烈妇女：

朱式硃妻杨氏，邑南乡人。年二十六夫故。守志抚孤。事姑极孝。寇乱，流窜荒山，未尝缺养。同治纪元，姑殁。时乱未定。殡葬毕，遣子渡江谋生，遂投缳死。计守节十四年。已旌。

华孝敬妻陈氏。咸丰十年，粤逆犯境。孝敬被掳。其子方幼，陈浼村人远避湖湘者挈之行。子牵衣流涕，不忍离。陈泣曰："汝父既掠去，汝再不避，如华氏之宗祧何？吾先死之，以绝汝望！"言毕，投水。村人救之起。遂挟其子脱虎口。而陈即绝粒死矣！

续纂句容县志卷十五上终

续纂句容县志卷十五下　　　邑人　张瀛　分纂

列女（咸丰以来殉难贞烈表）

妇

五品衔陈士麟妻李氏。（廪贡生廷钰妻陆氏）

孝廉方正廪膳生田志莲妻郭氏。（有传。媳廪生田上序妻陈氏。坊郭人）

从九品王世德继妻佘氏。（子三龄，十年同投水殉。临泉乡人）

从九品黄以熊妻王氏。（附贡生辂母王氏，同投水殉。文生以庆妻骆氏，婢女贞奴，监生以成妻周氏，妾陈氏。坊郭人）

从九品刘闿妻张氏。（有传。从九品章亨妻陈氏，岳母陈王氏，贡生渭聘妻李氏。上容乡人）

附贡生汤献廷母许氏。（文生青选继母蒋氏，可贞妻某氏，均自焚）

文生骆文林妻任氏。（女定姑。监生存镐妻黄氏）

文生戴铭恩妻曹氏。（臣寿妻王氏）

文生戴芹妻蒋氏。（朝谟妻王氏，光梧妻王氏）

文生赵珍妻骆氏。（文生清源妻许氏）

文生陈丹岩妻骆氏。（灿庭妻杜氏，有传）（以上六户均见《府志》）

文生郘文光母裔氏。（伯母赵氏，嫂陈氏、张氏。见版位）

文生汤元昇妻戴氏。（女张姑，子妇端木氏，均六年不屈投水死。见版位）

文生曹政修妻徐氏。（文生锡畴妻张氏，均有传）

文生骆崇祺妻田氏。（见附传，子魁儿，女杏姑，侄女翠姑）

文生刘嗣昌妻骆氏。（长杰女巧姑，贼至同投水殉）

文生王聚奎继妻戴氏。（十年城陷，骂贼，死极惨。女佾生李廷载妻王氏，载子双保、怀保，文生王春奎妻周氏，同日遇害）

文生徐鉴妻田氏。（妾某氏，同殉。以上均坊郭人）

文生李有容妻张氏。（六年，投水死。继妻徐氏，女一，十年同绝粒。通德乡人）

监生万继英妻杨氏。（十年，遇贼，抱三岁子投水死。土桥人。附传）

监生刘德元母王氏。（继妻傅氏，弟妇陈氏，侄女幼姑，均在樊家边殉难）

监生刘峻乾继妻王氏。（六年殉，秉垣妻王氏，垣女明珠，五姑）

监生窦昌霖妻汤氏。（监生步蟾妻林氏）

监生张宝田妻杨氏。（女大姑。以上四户均见《府志》）

监生周恒发妻端木氏。（十年，贼至，投水死。媳贞安妻王氏与幼子同殉，茅山乡人）

监生路长福妻戴氏。（六年，子延庆、大文、大武、大有，同在芦江桥被戕。戴与媳延庆妻笪氏，子一，女一，大文妻王氏，子一，女二，大武妻陶氏，子二，女二，大有妻孙氏，同殉难于林梅周先画衣塘。大喜避乱死。坊郭人）

文童刘立全妻某氏。（女一，同殉。孝义乡人）

文童章徵福妻任氏。（贼见欲污，投塘死。小姑某，幼子一，同殉难。福祚乡人）

吴在勤妻孔氏。（家人尽被掳，只一小孙在侧，遍村皆贼，遂携孙投塘死。福祚乡人）

王顺标妻史氏。（三姑，俱投水死。句容乡人）

潘一梅妻汪氏。（子秋狗，俱十一年殉难）

潘朝元妻王氏。（子二，俱绝粒死）

笪修章妻张氏。（贼索金不获，举火焚死，子五龄，侄五龄，饿死）

笪世茂妻吴氏。（子四龄，饿死）（均望仙乡人）

蒋才林妻施氏。（在外殉难，子长龙，在宅绝粒死）

唐遵有妻某氏。（年九十三。子道财六十二，被炮击死。氏怖死）（均仁信乡人）

笪礼锦妻某氏。（绝粒死。子宏利，在外殉难）

笪广怀妻某氏。（次子长明，孙喜林，同绝粒）

笪广聚妻赵氏。（与媳赵氏，不食死。子贞财，被戕）

笪广训妻张氏。（子三龄。同不食死）

笪宏坤妻史氏。（子关保、年保，同不食死）（以上均望仙乡人）

戴正仑妻王氏。（子邦盛，同不食死）

陈明洪妻刘氏。（子一，女一，同投水死）

陈明美妻刘氏。（六年，抱二子投水。继妻朱氏，十年投水）（均通德乡人）

董长贞妻解氏。（子裕兴，被掳。解氏与争，同被戕。望仙乡人）

许兴耀妻贾氏。（贼欲犯之，贾携幼子同投水死）

王圣学妻潘氏。（子世元、世才，才妻某氏，元子求儿，才子双福，三子，十一年九月阖门殉难）

步雍高妻朱氏。（三子童儿，四子九儿，大女乔弟，阖宅同被戕）

步正燦妻李氏。（子林儿、儿头，阖宅同殉）（均仁信乡人）

巫家载妻汪氏。（子冬生、良福、金福，十一年同殉）

巫可奇妻邰氏。（孙女某姑，有传。同至船塘村，遇贼，投水死）

张合生妻罗氏。（子五龄，贼至，同投鹞鹰塘死）（均琅琊乡人）

华孝彩妻井氏。（子士松，媳某氏，孙四龄，同殉。临泉乡人）

王庆魁妻张氏。（子六龄，携至赤山下，遇贼，投水死）

徐德诚母许氏。（女一，不屈被戕。均坊郭人）

朱在宁妻王氏。（克正妻王氏，永昌妻夏氏，恭海妻郜氏，俱不屈投水死）

朱克平妻侯氏。（克友妻庞氏，恭让妻孔氏，永延妻陈氏，俱不屈被戕。均朱家山人）

姚德大妻万氏。（土桥镇人。子某，有传）

王正纲妻丁氏。（媳某氏，女某姑，孙女一，同投水死）

刘某妻詹氏。（胡氏，戴氏，俱见附传）

王恕起妻汪氏。（见附传。子一。均通德乡人）

郜某妻陈氏。（子惟纶，俱被掳不屈遇害。孝义乡人）

陈周明妻杜氏。（被贼追逼，投大河死。周万女调姑，同殉）

杜某妻王氏。（贼逼，恶詈不屈。贼怒击，王抱幼子喜小，同投水死）

许立长妻周氏。（子本金，立本妻万氏，子本才，贼至欲犯，娣姒各抱其子同投塘死）（均福祚乡人）

王永山妻陈氏。（芦亭人，媳贞椿、妻刘氏，孙七龄、三龄，十年同赴水死）

王大林妻侯氏。（十年殉东阳难，三子守贵，杀贼于高庄村，被戕。通德乡人）
陈立仁妻张氏。（仕庄人，子三龄，负母背，同被戕。女烈姑，贼逼不从，骂不绝口死）
高中金妻汤氏。（女烈姑，同殉）
王朝贵妻某氏。（女八龄，同殉）
陈廷高妻某氏。（廷杰妻某氏，同在汤家边被戕）
倪国朝妻许氏。（媳步氏，俱戕）（以上均来苏乡人）
笪正仪妻巫氏。（女年十一，同殉难）
笪修身妻史氏。（子三龄，同殉）（均望仙乡人）
高雍瑞妻某氏。（媳熙鳌妻张氏，同殉。仁信乡人）
柏以渭妻李氏。（妾某氏。承仙乡人）
唐道裕妻杜氏。（抱幼子，同投水死）
管学发妻某氏。（子五龄，同殉）
杨兆先妻某氏。（子某，年十二，同殉）
徐玉明妻某氏。（子某，年十一，同殉）
吕天金妻张氏。（女二。同殉）
谢本富妻吕氏。（子某。同殉）
谢本顺妻王氏。（子怀禄、怀寿，同殉）（以上均孝义乡人）
栾继贞妻潘氏。（女二姑，俱不屈被戕。临泉乡人）
陈天明妻贡氏。（幼子一，有传。望仙乡人）
王世荣妻某氏。（子冬福、春福，同殉）
步熙伯妻巫氏。（子锡元，同殉）
步雍禹妻丁氏。（女某姑，同殉）（均仁信乡人）
巫奇琚妻某氏。（子关寿，同戕。望仙乡人）
樊启进妻某氏。（子林儿，同戕）
高耀玉妻步氏。（子三元，同戕）
高顺黄妻刘氏。（女筱莺，同殉）
吴廷春妻高氏。（子庚儿，女春莺，同戕）
吴庆容妻蔡氏。（子生儿，同殉）
王智禄妻巫氏。（子腊狗，同殉）（以上均仁信乡人）
丁学芬妻陈氏。（子严保，同在瓜洲被戕。来苏乡人）
焦道华妻李氏。（子三龄，同投水。通德乡人）
杨仕达妻万氏。（媳武氏，同投水。茅山乡人）
胡子树妻某氏。（附传，子女共七口，同投水死）
吴在庸妻孙氏。（子女，俱被戕）
吴志生妻孙氏。（子某，同被戕）（均茅山乡人）
包道生妻王氏。（子三小，同殉。孝义乡人）
糜国洪母某氏。（妻王氏，同殉）
糜国忠妻某氏。（嫂赵氏，同被焚死）（均来苏乡人）
刘立钧妻赵氏。（子三小，同殉）
刘立秀妻某氏。（子二人，同殉）
马昭发妻高氏。（被悬不屈投塘死，女小英，绝粒）
胡德文妻吴氏。（媳启周妻徐氏，启福妻某氏，俱绝粒）（均孝义乡人）
杜启盛妻戴氏。（投水。子光春殉。福祚乡人）

史茂桐妻田氏。（一门四口殉）
唐玉福妻某氏。（子一，同殉难）
王宏成妻杨氏。（子小犬、小贝，同殉）
王圣祥妻吴氏。（女一。同殉）
唐道玉妻陈氏。（子生保。同殉）（以上均句容乡人）
潘一荩妻笪氏。（女川弟，同殉）
王世珂妻朱氏。（子秋狗，同殉）
王厚高妻蒋氏。（女乔弟，同殉）（均仁信乡人）
赵治仁妻倪氏。（子寿儿，女美姑。同殉。移风乡人）
张履元妻许氏。（女某姑，履端妻郭氏，同投井死）
朱永倡妻夏氏。（子某，同投水死。朱家山人）
周鲲妻王氏。（子恒荣，十年同殉）
周松云妻张氏。（子一，女一，贼至负子女投塘死）（均临泉乡人）
施家璩妻胡氏。（家政妻某氏，十年同殉）
张铭彝妻芮氏。（六年在遭逊不屈投水死，女顺珍、玉珍，同殉）
张麻子妻某氏。（六年城陷携女某姑，出北门遇贼不屈投任家园塘死。均坊郭人）
严可兰妻唐氏。（妾王氏。句容乡人）
高星远妻黄氏。（孙女金珠同投井）
高顺崇继妻王氏。（子银生同投井）
杨正炯妻高氏。（子忠垣，同在阳山村殉）
王凝均妻许氏。（子某，女一，均绝粒。承仙乡人）
许树禧妻张氏。（十年与长女许姑，同殉）
雍仁林继妻李氏。（媳延荃妻杨氏，七年遇贼不屈同戕。均临泉乡人）
刘余金妻韩氏。（女七龄，同殉）
刘庆松妻朱氏。（女十龄，同殉）
刘贻发母章氏。（妻陈氏，同殉）
刘余仁妻王氏。（女八龄，同不食死）
巫道凤妻张氏。（子四龄，同绝粒死）
王世彬妻某氏。（子女共五口，同殉）
王世福妻某氏。（子女共四口，同殉）
王道康妻范氏。（子十二龄，同殉节於亭子村）
王世德妻韩氏。（子五龄，同殉）（以上均孝义乡人）
胡有源妻曹氏。（被戕。妾某氏，投水殉）
许世坚妻陈氏。（媳戴氏，女一，贼至同投水死）
张培元妻王氏。（女羊子，同投水死，余皆饿死）
胡是俭妻倪氏。（十年，贼至，负幼子投水死）
谭善龄妻张氏。（不屈被戕，女某姑，绝粒死）
孙思桭妻许氏。（女一，同投水）
孙思棋妻王氏。（女一，同投水）
徐家诚妻戴氏。（抱女投水死）（以上均承仙乡人）
唐承福妻刘氏。（有传，女某姑）
戴太喜妻梅氏。（媳良恭妻巫氏，子老八，俱被戕。良恭被贼追至丹徒，绝粒死）
乔有连母某氏。（妻张氏，子义钧，俱被掳不屈死）（均仁信乡人）

陈玉汉妻贡氏。（子正华、正伦、羊子、小牛，媳华妻俞氏，伦妻赵氏，同绝粒。孝义乡人）
邹我进妻王氏。（在茅山遇贼欲污，抱三岁子投水死）
谭守梁妻王氏。（女某姑，媳马氏，同被戕）（均仁信乡人）
房祖武妻杨氏。（媳俞氏，不屈同拷死。孝义乡人）
唐承树妻周氏。（十年不屈投水死。女孝姑，同殉）
张德如妻秦氏。（十年，遇贼，负一女投水死）
唐承昌妻杨氏。（遇贼，负一女，投水死）
经余旺妻周氏。（十年，负一子投水死）（以上均上容乡人）
史茂泗妻尤氏。（子妇唐氏，幼孙一）
严嗣科妻某氏。（媳某氏，孙某，孙媳某氏）
严福田妻胡氏。（子某，女一）
严于富妻某氏。（子某）
严于理妻某氏。（子某，一门六人）
严福文妻某氏。（子某，媳某氏）
胡本盛妻冯氏（子某）
何太明妻某氏。（子元小）
何太义妻某氏。（子倍小）（以上均句容乡人）
宋明春妻刁氏。（子某。通德乡人）
徐富贤妻许氏。（六年被戕。继妻张氏，十年被戕）
丁大发妻某氏。（女一）
唐兆贞妻沈氏。（子某女一）（均孝义乡人）
胡有勋妻岳氏。（子某，女一，一门四人）
胡有文妻某氏。（子某，一门三人）（均句容乡人）
吾文耀妻邰氏。（投水死，子某，女一，均绝粒。琅琊乡人）
严福荣妻某氏。（全家殉。句容乡人）
邰世美妻某氏。（一门绝粒死。凤坛乡人）
吴守理妻孔氏。（幼子一，幼女一，岳母某氏，均投水）
刘惠堂妻陈氏。（侄女二姑、四姑，十年城陷不屈同投水死）
王闻法妻张氏。（六年，贼至，抱周岁子痛哭投水死。琅琊乡人）
高盛斌妻某氏。（子秉荣，十一年饿死，众食其尸）
步某妻朱氏。（娣某氏，同不屈被戕，侄永鳌被掳，念母屡逸，贼怒，剖腹死）
朱宣朝妻蒋氏。（侄媳志仁聘妻倪氏，誓不受污，同投水死。有传）
武咸方母某氏。（投水死，妻某氏，绝粒）
笪修成妻某氏。（不屈投厕死。女年十六，骂贼刺腹死）（以上均来苏乡人）
曹政修母某氏。（妻某氏，同投水死）
刘怀林妻吴氏。（媳赵氏，女赵治海妻，同殉）（均承仙乡人）
刘达高妻包氏。（十年在神村殉难，子相荣，击贼被戕。上容乡人，附传）
戴儒发妻樊氏。（有传。子臣清。来苏乡人）
朱药樵妻栾氏。（女某姑，同在李家集殉难）
沈立兆妻濮氏。（七年，抱幼子同投水死）
雍世柏妻高氏。（女六姑，俱十年不屈被戕）
某妻朱氏。（式矾女，抱幼子同投河死）
汤晋贤妻戴氏。（女七姑，同投水死）

朱士福妾张氏。（子宏利、宏顺、宏亨，俱投水死）
赵国顺妻雍氏。（六年殉。继妻戴氏，十一年绝粒）（以上均临泉乡人）
凌启堂妻严氏。（子长秀，同殉难。来苏乡人）
吕某妻胡氏。（子某，同殉。仁信乡人）
陈起富妻戴氏。（媳邹氏，同殉）
张玉廷妻唐氏。（被逼不从，戕死。子正了头七龄，绝粒）
李茂兰妻某氏。（子三龄，女十一岁，同治元年俱绝粒）
李盛禄妻某氏。（女七龄，同绝粒死）（均来苏乡人）
毕长增妻吴氏。（妾某氏，俱不屈投水死）
张老渭妻李氏。（女七姑年十七，十年遇贼，不屈，同投水死）（均茅山乡人）
戴长旺妻张氏。（子有文，媳杨氏，俱同治元年投水死）
朱道长妻姜氏。（同治元年绝粒死。子盛凤，被戕）（均凤坛乡人）
阙兴余妻张氏。（女贞姑，六年同投水死）
章广文母王氏。（广田妻华氏）
李炳南妻张氏。（大元妻高氏）（均上容乡人）
臧世培妻吴氏。（十年投水死）
杜启发妻许氏。（启舜妻罗氏，启义妻张氏，俱殉）
杜光元妻蒯氏。（世相妻滕氏，光泰妻王氏，光顺妻张氏，俱殉）（均通德乡人）
凌祥仁妻朱氏。（祥义妻万氏，同殉）
唐兆元妻沈氏。（世茂妻严氏，同殉）
纪兴通妻严氏。（传经妻丁氏，家麟妻汪氏，俱殉）
赵美员妻高氏。（美书妻许氏，美兰妻魏氏，美林妻孙氏，美珠妻潘氏，俱殉）
王启贵妻莫氏。（启方妻孙氏，同殉）
毕全才妻王氏。（全有妻丁氏，正道妻孙氏，正德妻孙氏，明龙妻某氏，俱殉）
史继高妻某氏。（茂纪妻王氏，道潘妻冯氏，俱殉）
严世满妻周氏。（全文妻沈氏，全武妻王氏，俱殉）
邹全调继妻某氏。（被戕。肇金妻某氏，俱殉）
朱学孟妻吴氏。（邦清妻魏氏，邦和妻潘氏，俱殉）（以上均句容乡人）
吴明元妻纪氏。（明顺妻张氏，同殉，琅琊乡人）
江仁元妻许氏。（老江四妻王氏，同殉。通德乡人）
戴利豪妻吴氏。（子庚林，同殉）
高德礼妻谭氏。（子某，同殉难）（均移风乡人）
徐延寿妻某氏。（管家村人，贼逼不屈，抱幼女同投圊死）
包有才妻唐氏。（张巷村人，十一年抱子同投水死）
董昌玖妻王氏。（同治二年贼欲强污，氏绐曰："家在前村。"遂出，与女投水死）
邹正勋妻朱氏。（子顺寿）
某妇某氏。（姑一，女一，有传。临泉乡人）
雍延锦妻宫氏。（孝瑚聘妻李氏，均殷峰桥土山河殉）
雍永熙妻宫氏。（永恋妻沈氏，松年妻高氏，年女禄姑，立益妻阙氏，均十年殉）
赵某妻孙氏。（俞氏、曹氏、辛氏、辛氏，俱殉）
俞某妻徐氏。（雍氏，均殉）
朱晓祁妻李氏。（昌驭妻陶氏，惟允妾殷氏，俱殉）
朱攸崇妻栾氏。（女二姑，同殉）

时良璧妻李氏。（女大姑，同殉）

姚国平妻谭氏。（七年被戕，奇高妻杨氏，同殉。隆廷妻汪氏，同治二年焚死。世泰妻邹氏，同被焚。隆高妻陈氏，世福妻徐氏，均姚家村人）

曹炳和妻朱氏。（文忠妻某氏，一门同殉）

王善璠妻骆氏。（妻妹骆大姑，婢女如意，十年均在五墟村殉）

王天增妻赵氏。（天文妻赵氏，正祥妻赵氏，正贵妻蒋氏，均十年殉）

张春泉妻王氏。（崑瑶妻蒋氏）

张耀廷母某氏。（妻魏氏，女三姑，同殉）

张文福母许氏。（嫂陈氏，弟妇杨氏，荫椿妻王氏，映寿妻戴氏，庆松妻胡氏）

张昇新妻芮氏。（子细仔）

张才琴妻骆氏。（子□□，在大冈头殉）

张铭春妻芮氏。（女小姑，六年均在西城村殉）

张启堂母曹氏。（妹幼姑）

杨长荣妻王氏。（女玉珍）

杨良董妻某氏。（子妇某氏，俱殉）

刘洪声妻朱氏。（承基妻汪氏）

刘德沅母张氏。（姑母胡刘氏）

邹正登妻陈氏。（下邹村人。正奎妻于氏，均同治元年殉）

商仁应妻王氏。（仁祥妻王氏）

经德璜妻王氏。（恒慧妻张氏）

经德禧妻石氏。（德博妻张氏）

经德厚妻杨氏。（正依子妇张氏）

汤某妻戴氏。（端木氏）

汤传长叔母窦氏。（妻朱氏）

田某妻朱氏。（史氏）

沈某妻濮氏。（宫氏，杨氏，俱殉）

沈致和妻某氏。（女小姑）

沈立富妻周氏。（女小姑）

李贤连母郭氏。（花塘头人，妻某氏，均十一年殉）

宋胜浩妻沈氏。（桂荣寿妻宋氏，均在范家庄殉）

尚德镇妻王氏。（有传，世鳞妻王氏，祚坦继妻邱氏，祚俏妻王氏）

窦大欣妻刘氏。（大士妻梅氏，世孝妻潘氏，俱殉）

李正莹妻吕氏。（女二）

孙怡州妻李氏。（子妇李氏）

濮某妻朱氏。（葛氏，朱氏，俱殉）

史某妻纪氏。（戴氏）

蒋正楷母万氏。（自铭母孔氏）

戴某妻雍氏。（尚氏）

戴良黻妻袁氏。（世华妻袁氏，世荣妻周氏。《府志》作"莹"）

骆正堂妻吴氏。（正湘妻王氏）

陈步阶妻徐氏。（子一）

塔墓村李氏。（一门三人）（自雍宫氏以下，均见《府志》）

屈兴贞妻某氏。（幼子一，俱殉）

史茂清妻某氏。（子某，六年俱殉难）
张智周妻某氏。（女一，六年同殉难）
吴士修妻戴氏。（女翠姑，同投水殉）
陈正隆妻何氏。（女好姑，同投水殉）
陈临康继母张氏。（妻夏氏，姑母于陈氏）
笪国禧妻施氏。（国祥妻邹氏）（以上七户，均见版位）
以上妇一门殉难。

五品封典赵炘妻许氏。（十年，不屈死）
候选训导杨应春母贡氏。（杨巷村人，同治元年自焚死）（均见《府志》）
候选训导李元祺妻张氏。（见版位）
主簿沈骏妻傅氏，江苏候补未入流张金鉴仆妇李妈。（殉苏州难）
未入流笪寿蕿妻吴氏。（殉浙江难）
补用游击王桂生母严氏。（在许巷殉。《府志》误作"王桂"）
世袭云骑尉赵裕良妻李氏。（殉难）（以上五人均见《府志》）
五品蓝翎史义亭母邓氏。（不屈投水死。茅山乡人）
五品衔陈厚宽妻张氏。（殉苏州难。坊郭人）
六品军功巫明乾妻韩氏。（不屈投水死。孝义乡人）
议叙八品朱安国妻孔氏。（六年骂贼死）
从九品许大昌母黄氏。（殉难。以上二人均见《府志》）
从九品周美诗妻赵氏。（不屈投水死。茅山乡人）
从九品宣达桢妻魏氏。（遇贼不屈死。临泉乡人）
职员戴光元妻王氏。（不屈殉难）
廪贡生朱昌耀妻李氏。（不屈殉难。《府志》误脱"廪贡生"）
增生王汝恭妻顾氏。（在曹村殉）
增生刘长森子妇骆氏。（不屈殉难。以上三人均见《府志》）
增生杨煦继妻高氏。（六年殉，孝义乡人）
文生史绍书继妻某氏。（被贼榜掠，不屈戕死。句容乡人）
文生朱焕唐妻施氏。（附传。白土镇人）
文生周诰妻蒋氏。（周古隍人。十年殉）
文生郭云衢妻陈氏。（六年遇贼投水。坊郭人）
文生刘桂芳妻夏氏。（遇贼不屈被戕。仁信乡人）
文生蒋中庆妻孙氏。（被逼自戕死。临泉乡人）
文生杜如山妻朱氏。（不屈被火焚，见附传。琅琊乡人）
文生樊余庆妻朱氏。（有姿容，贼犯之，不屈，大骂，投水。贼以矛钩出肠死。来苏乡人）
文生张焕文妻朱氏。（殉常熟县难）
文生戴立基妻曹氏。（投新昌桥河死。临泉乡人）
文生吴星曜妻蒋氏。（不屈殉难）
文生华信堂妻王氏。（十年殉难）
文生吴承增妻张氏。（在花茂村自缢）
文生张家麟妻王氏。（不屈自缢死。凤坛乡人）
文生李有荣妻张氏。（高山村人。六年投水死）
文生凌国文妻某氏。（遇贼不屈被戕。来苏乡人）

文生杨熙妻高氏，文生骆重观女刘骆氏，文生凌长俊妻骆氏，文生骆道腴妻裴氏，文生曹国治妻贡氏，文生孔振宗妻巫氏（《府志》误去"文生"），文生郜耿光妻魏氏（十年殉难，《府志》误作"邵"）（以上七人，均见《府志》）

文生陈玉珂妻孙氏。（见版位）

监生王凝亮妻许氏。（殉难）

监生许世桂妻孙氏。（同治元年殉难）（均承仙乡人）

监生骆长华妻潘氏。（不屈殉难。坊郭人）

监生倪德兆妻许氏。（城陷扼吭死。承仙乡人）

监生龚乃衡妻吴氏。（十年，在倪塘遇贼，大骂，被戕）

监生王家驹妻葛氏。（附传）（均坊郭人）

监生李傅纪妻戴氏，监生宣瑞堂妻魏氏，监生汤元谟妻陈氏（十年，在池头村被戕）

监生吴缙廷妻汤氏。（被害）

监生王淦妻史氏。（六年，城陷，投水死）

监生朱懋妻蒋氏。（杨柳村人，贼逼不屈投水死）

监生秦烜堂姊居秦氏。（在居家边不屈死。《府志》作"居烜堂姊秦居氏"）

监生戴熙宇妻石氏。（在葛桥殉）（以上二人均见《府志》）

文童夏礼庭妻施氏。（三年，流寇过东阳，惧辱自缢。琅琊乡人）

文童罗凤仪妻杨氏。（贼逼投河死。凤坛乡人）

文童张祚尧妻鲁氏。（遇贼不屈，投水死。坊郭人）

文童栾起喜妻窦氏。（遇贼不屈殉难。临泉乡人）

武生吕步阶妻李氏。（贼逼，投河死。仁信乡人）

张余珍妻陈氏，张余美妻许氏（俱张古墩人，投山岔河死）

尤士有妻许氏。（被掠不屈死）

王正明妻许氏。（投河死）

杜正广妻王氏。（有传）

杜启良妻孔氏。（不屈，贼推入水死）

邹家桢妻某氏。（投水死）

杨有贵妻许氏，杜名义妻李氏。（俱投河死）

徐某妻陈氏。（被贼系拷死）

孔继盛妻戴氏。（投河死）

陈万康妻某氏。（强逼不从，杀死道旁）

孔广兴妻王氏。（索财不得被戕）

李某妻王氏，许本厚妻李氏。（俱投塘死）

田义明妻王氏。（投水死）

许某妻赵氏。（投塘死）

陈兴贵妻周氏。（投河死）

吴在有妻孔氏，周继功妻王氏。（俱投塘死）（以上均福祚乡人）

张心端妻傅氏。（贼至，不屈死）

王安漳妻许氏。（十年殉难）

王安渭妻曹氏。（殉难）（均承仙乡人）

马昭元妻樊氏。（秀华村人，贼逼不从，投水死）

吕昌福妻沈氏。（不从贼被戕）

何宜寿妻潘氏。（被拷死于纪家边）

王定高妻张氏。（饿死）
王荣林妻张氏。（被枪刺死）
唐正开妻戴氏。（六年索财不得，被戕）
成进常妻潘氏。（六年遇贼，投塘，贼复以槊挑起刺死）
周昌和妻某氏。（不屈被戕）
胡有恩妻戴氏。（遇贼投水死）
严可良妻唐氏。（被创投水死）
于祥兆妻王氏。（投水死）
于发昌妻吴氏。（十年，投水死）
于元熊妻阴氏。（遇贼投水，被贼刺死）
于发荣妻吴氏。（十年，被戕）
严全道妻何氏。（遇贼不屈，被耡砍死）
严全礼妻何氏。（骂贼不已，被戕）
沈昌东妻朱氏。（遇贼不屈，被拷掠投水死）
何太福妻毕氏，严成聚妻胡氏。（俱遇贼不屈，投塘死）
毕兆兴妻某氏，严进文妻冷氏，王全生妻黄氏。（俱遇贼不屈被戕）
朱高富妻周氏，朱高芳妻陈氏，朱隆友妻周氏，成长明妻赵氏。（俱遇贼不屈投塘死）（以上均句容乡人）
严万老妻胡氏。（遇贼大骂，被戕，食其肉）
唐世举妻丁氏。（投塘死）
陶兆胜妻汤氏。（十年殉于林梅周先画衣塘。坊郭人）
徐世金妻王氏，王兴茂妻陈氏，王茂发妻某氏。（俱六年贼逼不从，被戕）
徐祖谟妻某氏。（六年，负米遇贼，打死）
徐祖厚妻许氏，徐祖兴妻某氏，徐祖方妻刘氏，徐祖培妻张氏。（俱同治元年殉）
张长富妻某氏，吕得明妻贾氏。（俱贼索财被戕）（以上均孝义乡人）
副乡约赵聚妻辛氏。（六年，骂贼，被戕）
丁昌全妻许氏，纪远佩妻朱氏。（俱十年骂贼被戕）（均白土镇人）
周其梃妻梅氏，周其莱妻蒋氏，周其枢妻韦氏，周其本妻陈氏，（均周古隍人，十年殉难）
王祖藩妻某氏。（珠庄人，殉高淳难）
王正顺妻某氏。（九年，在高淳殉难）
陈明太妻朱氏。（被戕，投尸于水）
陈明德妻王氏。（投水死）（均通德乡人）
王立禄妻胡氏，沈永忠妻唐氏。（俱不屈投水死）（均琅琊乡人）
孔广全妻王氏，秦世儒妻王氏，朱恭位妻李氏，侯长柏妻张氏。（俱贞洁惧污，贼至，投水殉）
庄永有妻朱氏。（贼至，投井死）
黄敬和妻秦氏。（被逼投粪圊中，贼以矛刺死）
黄全成妻张氏。（被执，痛骂，贼戕之，尸投塘）
王正才妻戴氏，侯启和妻吴氏。（俱被执，大骂，刃死）
孔昭溥妻谢氏。（投水，被矛刺死）
侯长禄妻朱氏。（有传）
姚相妻葛氏。（见附传）
王继明妻周氏。（贼掳不屈，被矛刺死）
侯邦道妻刘氏。（有传）
侯正茂妻姚氏。（事姑孝，贼至，投水死）

侯天起妻栾氏。（贼逼，投水）

侯正起妻韩氏。（贼逼，不从，甘就刃死）（以上均通德乡人）

王志发妻刘氏。（贼逼，不从，甘言诳贼至村边，投塘死）

巫恒富妻戴氏，李旭文妻巫氏。（俱不屈投水死）

张庆宝妻戴氏。（贼至，投水）

孔昭鹏妻张氏。（被执，痛忿，骂贼。贼以巨石压之，刺其喉死）

张士林妻朱氏。（贼至，藏柩中，搜出，被戕）

张盛华妻万氏。（贼至，惧污，卧棺中，覆盖死）（以上均琅琊乡人）

王守崧妻孙氏。（有传）

周恒先妻陈氏，周章吉妻张氏，王安立妻张氏，经余禄妻孔氏，刘义生妻尹氏，孔广明妻庞氏，张延龄妻李氏，欧阳正纯妻周氏，欧阳正端妻张氏，周宜余妻许氏。（俱遇贼不屈投水死）

许立进妻凌氏，许翘之妻王氏，夏正涛妻刘氏，周良佐妻徐氏，孔昭正妻方氏，杨余香妻韩氏，孔昭立妻张氏，黄国佐妻杨氏，王朝元妻戚氏。（俱不屈被戕）

李明生妻戴氏。（被焚）（以上均崇德乡人）

谢德松妻徐氏。（不屈被戕）

陈富让妻袁氏。（被执，索贿，骂贼。破腹死）

吴大绅妻谢氏。（均凤坛乡人）

文道开妻朱氏，居某妻秦氏。（俱投水死）（均孝义乡人）

焦存发妻陈氏。（贼逼，不从，大骂，被戕）

周焕占妻鲁氏。（十年投水）（均通德乡人）

经瑾妻张氏。（有传。临泉乡人）

姚名正妻徐氏。（年八十八，在新兴村投水殉）

万从礼妻朱氏。（在吴冈投水殉）

刘某妻张氏。（河桥村人，被逼，大骂不屈，剖腹死）

刘某妻时氏。（被逼投水）

刘立位妻某氏，朱某妻戎氏，徐依顺妻汤氏，高某妻王氏。（俱见附传）（以上均通德乡人）

徐青年妻刘氏。（见附传。仁信乡人）

姚行怀妻陈氏。（见附传）

姚景韵妻谢氏，张德周妻艳氏。（有传）（均凤坛乡人）

严德明妻陈氏，蔡介眉妻巫氏，蔡其春妻钟氏，蔡其进妻朱氏，蔡亮安妻周氏，蔡光显妻周氏，周尚元妻蒋氏，吕懋陶妻严氏，吕崖敬妻石氏，朱联祥妻巫氏，朱葆贤妻钟氏。（俱殉难）

石於年妻唐氏。（骂贼被戕）（以上均仁信乡人）

赵贤庚妻许氏。（有传）

吴在春妻张氏。（贼迫胁，不从。悬梁痛榜。张绐贼，贼释缚，急投塘死）

孔宪勋妻某氏。（贼逼不屈，投塘死）

陈周恒妻张氏。（贼掠物，火其居，张逃，贼追逼，遂投塘死）（以上均福祚乡人）

杜启英妻许氏。（有传）

丁以聚妻邰氏。（贼至，闭户自焚）

徐某妻王氏。（贼欲犯王，王绐贼，投水死）（均通德乡人）

邹延顺妻滕氏。（遇贼欲污，遂投塘死）

杜士全妻孔氏。（不屈投河死）

杜某妻李氏。（贼逼，愤骂，投塘死）

徐定嘉妻陈氏。（索财不得，被乱刃死）

章明玉妻魏氏。（贼逼不屈，中数创，投塘死）
章仁寿妻华氏。（见附传）
吴在仁妻任氏。（遇贼不屈，投泗庄湖沟死）（以上均福祚乡人）
蒋惟恺妻笪氏。（遇贼投水死）
朱某妻毛氏。（庄里村人，遇贼，投水死）
尚德淦妻陈氏，尚祚坦妻邱氏。（均十年殉难）
刘兆盛继妻陈氏。（有传）
刘善庭妻经氏。（有传）
刘善养妻陈氏。（附传）
吴华庭妻周氏。（有传）（以上均上容乡人）
陈灿庭妻杜氏。（谢桥人，有传）
糜宏道妻孙氏，糜宏发妻朱氏，糜宏圣妻尹氏，糜祚毅妻巫氏，糜廷栋妻杨氏，糜祚顺妻陈氏，糜祚江妻沈氏。（均不屈殉难）
糜国元妻巫氏，巫至广妻杨氏，巫至聚妻糜氏，巫时培妻朱氏。（俱殉）
王永吉妻某氏。（贼索财，刺死）
王某妻房氏，许某妻王氏，王某妻朱氏，王某妻张氏。（俱殉）
王某妻邹氏，吴佳正妻某氏，周某妻芮氏，张庆伦妻李氏，糜延续妻朱氏，糜宏喜妻王氏，糜延明妻笪氏。（俱不屈被戕）
糜延成妻张氏。（见附传）
糜宏猷妻吴氏，糜宏治妻倪氏，糜宏久妻梅氏，糜宏高妻倪氏，糜延琳妻周氏，糜延铮妻笪氏，糜宏性妻邹氏。（俱不屈被戕）
樊宗才妻某氏。（磔死）
樊长松母陈氏。（被戕）
陈立庆妻戴氏。（见附传）
陈立寿母某氏，陈德发妻某氏，陈立章妻卫氏。（俱同时殉难）
戴恒佳妻芮氏。（在茅山自缢）
戴利家母某氏。（自缢）
戴利近妻倪氏，戴恒荣妻糜氏，戴礼太妻吴氏。（俱殉难）
戴正月妻张氏。（投水）
戴恒奇妻朱氏，戴利乾妻某氏，戴利美妻朱氏，戴利长妻樊氏，戴利凤妻倪氏。（俱同时殉难）
吴爵贞妻凌氏。（不屈投水）
吴礼先妻巫氏。（矛刺死）
吴恒贤妻胡氏，吴利垣妻戴氏，吴恒立妻严氏，吴允贞妾某氏，吴嘉贞妻王氏，吴傅茂妻纪氏。（俱殉）
朱荣基妻陈氏。（索财不得，乱刃砍死）
朱传金妻施氏，朱日中妻胡氏。（殉难）
王老四妻某氏。（东山村人，被戕）
纪春明妻陈氏，纪春富妻张氏。（贼索银不得，俱被戕）
纪家旺妻卫氏。（悬梁焚死）
纪春纬妻张氏，韦盛正妻唐氏，韦玉英妻芮氏。（俱殉）
陆长才妻张氏，赵亮旺妻邹氏，高懋平妻邹氏。（均被戕）
高懋和妻邹氏。（被焚）
邹正康妻高氏。（被戕）
程开松妻张氏，郑传兴妻某氏，胡庚有妻程氏。（俱在蚂蝗塘殉难）（以上均来苏乡人）

潘自建妻李氏。（年八十七，殉难）
潘朝发妻某氏，茅正昌妻吴氏，笪名志妻王氏，笪名富妻郑氏。（俱被戕）
笪名恒妻某氏，笪教义妻某氏，笪教华妻巫氏，笪贞修妻吴氏，笪广珠妻某氏。（俱殉难）
笪广德妻高氏。（被榜掠，投塘死）
笪广厚妻郑氏。（反缚，焚死）
笪名义妻某氏，笪广顺妻某氏。（俱殉）
笪安怀妻殷氏。（在裔庄被戕）
笪修鼎妻谭氏，周家炳妻夏氏。（俱焚死）
张永寿妻纪氏，施孝斌妻某氏。（俱被戕）
施孝贤妻某氏。（焚死）
徐志富妻某氏，王世炳妻施氏。（俱殉）
笪立才妻胡氏。（被戕）
笪名球妻丁氏。（矛刺死）
樊德广妻张氏，高成裘妻陈氏，习朝栋妻陈氏。（俱殉）
习永林妻巫氏。（被戕）
习朝纪妻某氏，戴傚合妻王氏，戴荣茂妻笪氏。（俱被焚）
习朝亮妻施氏。（投水）
戴傚森妻王氏，程世新妻吴氏，程世汉妻刘氏，李阿大妻某氏，程盛德妻某氏，程盛辅妻施氏，程彦增妻某氏。（俱不屈被戕）
程世有妻陈氏，程彦高妻施氏，程嘉林妻汤氏。（俱被害）（以上均望仙乡人）
唐崇忠妻徐氏，史国义妻李氏，唐崇福妻赵氏，唐道文妻某氏，唐崇柱妻某氏，唐道茂妻某氏，唐道有妻某氏，唐儒芝妻某氏。（均被害）
高熙文妻纪氏，高熙沧妻某氏。（悬梁焚死）
高尧典妻张氏，吴存商妻施氏。（俱被戕）
吴久忠妻步氏。（被刺死）
吴存武妻某氏。（投水）
吴存良妻巫氏。（自缢）
陈清德妻徐氏，陈礼富妻王氏，陈清珮妻成氏，陈清型妻周氏。（俱被戕）
丁秉康妻孙氏。（缚诸稻床，焚死）
丁顺秀妻秦氏。（被逼投水）（以上均仁信乡人）
凌盛全妻朱氏。（在汤家边被戕）
张正太妻某氏。（在施家边被戕）（均句容乡人）
潘一利妻陈氏，潘一帽妻某氏，潘本善妻王氏，潘自修妻范氏，潘一枝妻范氏。（俱绝粒死）（以上均望仙乡人）
莫某妻吕氏，朱有余妻王氏。（俱绝粒死）（均来苏乡人）
孙发金妻笪氏，笪某妻红氏，笪美才妻潘氏。（俱绝粒死）（均望仙乡人）
李成鹤妻邰氏。（绝粒死。琅琊乡人）
笪林福母吴氏。（被拷死）
笪某妻居氏。（矛刺死）
笪教射妻张氏，王某妻束氏。（俱被戕）（均望仙乡人）
张德章妻朱氏。（投水死。来苏乡人）
戴长仁母巫氏。（刺入水死）
戴延惠妻赵氏，戴启德妻滕氏。（俱殉）（均移风乡人）

孔广起妻某氏，笪名濂妻张氏，笪教国妻张氏。（俱殉）（均望仙乡人）

赵宗仁妻许氏，赵大湘母曹氏。（俱绝粒死）

许治昇妻朱氏，许治焙妻卫氏，许世琇妻阮氏，许世政妻孙氏，许培珪妻方氏，许世壤妻夏氏，许世壎妻胡氏，许世墩妻胡氏，许世基妻周氏，许培琳妻胡氏，许世济妻赵氏，许世渭妻戴氏，许培琮妻孙氏，许世洺妻胡氏，许培珅妻卫氏，许万沛妻王氏，许世信妻周氏，许万年妻周氏，许万山妻张氏，许万鎰妻刘氏，许世璋妻王氏，许万绣妻孙氏。（俱绝粒死）

胡德秀妻陈氏，胡德文妻耿氏，胡德彩妻王氏。（俱绝粒死）

陈广某妻赵氏，陈广金妻赵氏，陈大茂母某氏。（俱绝粒死）（以上均承仙乡人）

丁超璐妻高氏，莫恒清妻邹氏，郭廷纬妻王氏，钱玉福妻华氏，郭应生妻某氏，戴清芳妻郭氏，赵安定妻某氏。（俱不屈投水死）（以上均来苏乡人）

孙道明妻朱氏，纪名兴妻魏氏，毕日增妻郭氏。（俱不屈投水死）（均句容乡人）

吕德宪妻华氏，吕文启妻某氏。（俱不屈投水死）（均孝义乡人）

唐启栋妻任氏。（遇贼不屈被戕。来苏乡人）

李长春妻徐氏。（遇贼不屈被戕。孝义乡人）

胡盛通妻孙氏。（遇贼不屈被戕。来苏乡人）

戴延德妻许氏。（遇贼不屈被戕。移风乡人）

唐启龙妻张氏，朝进妻束氏。（姓逸，竹塘村人，不屈被戕）

邹我长妻芮氏，许传荣妻毛氏。（不屈被戕）（均来苏乡人）

刘胜来妻某氏，刘明宝妻段氏，刘明才妻戴氏。（俱不屈被戕）（均孝义乡人）

朱□富妻某氏，莫恒惠妻王氏。（俱不屈被戕）（均句容乡人）

赵忠定妻王氏。（遇贼不屈被戕。崇德乡人）

李定贤妻某氏，毕继万妻某氏，高良富妻张氏。（俱不屈被戕）（均句容乡人）

王廷忠母孔氏，徐方启妻钱氏。（俱不屈被戕）（均来苏乡人）

戴廷昇妻钱氏。（不屈被戕）

张余桢妻徐氏，唐德隆妻李氏，徐应鉴妻钟氏，朱志明妻徐氏，施国成妻潘氏，汤可庆妻某氏，刘长有妻孙氏。（俱被焚死）（以上均来苏乡人）

孙初明妻某氏。（被焚死。句容乡人）

赵信惟妻某氏。（被焚死。崇德乡人）

毕成松妻某氏。（被焚死。句容乡人）

陈正邦妻高氏，唐道寿妻高氏。（俱自缢）（均来苏乡人）

谢成德妻张氏。（青山圩人）

陶兆荣妻纪氏。（上达冈人）

戴长庚妻董氏。（俱自缢）

刘贤玉妻唐氏，许传祥妻张氏，许永德妻张氏。（俱不屈殉难）（均来苏乡人）

纪名瑞妻曹氏，唐崇德妻史氏。（俱不屈殉难）（均句容乡人）

唐道禄妻葛氏，唐道有妻高氏，唐道绪妻某氏，唐道才妻某氏，唐道明妻某氏，唐美恩妻高氏，张有德妻樊氏，孙盛余妻束氏，徐玉明妻某氏，束国万妻李氏，郭延兴妻朱氏，任德臣妻束氏，莫恒茂妻吴氏，郭延发妻史氏，郭天祥妻张氏，管盛富妻笪氏，盛如松妻赵氏，尹长发妻陈氏，孙兴高妻某氏，钟安禄妻王氏，刘万生妻张氏，刘盛惠妻徐氏。（俱不屈殉难）（以上均来苏乡人）

赵国旺妻张氏。（遇贼不屈殉难，句容乡人）

李有庚妻陈氏。（遇贼不屈殉难）（孝义乡人）

张德熙妻汤氏，郑方茂妻某氏，高秉有妻邹氏。（俱不屈殉难）（均来苏乡人）

张庆桢妻曹氏。（大河庄人。矛刺死）

孙宏□妻某氏。（坠金）

徐元忠母某氏。（投圊中死）（均句容乡人）

吕存贵妻某氏。（殉丹阳难）

张长富妻某氏。（不屈被戕）

徐仁金妻王氏。（强逼不从，被戕）

成德荣妻徐氏。（不屈被戕）

徐祖漠妻某氏。（被拷死）

徐富顺妻某氏，徐祖厚妻许氏，徐祖兴妻某氏，徐宗洪妻某氏，徐祖方妻刘氏，徐祖培妻张氏，徐祖庶妻某氏，徐祖进妻某氏，徐祖元妻毕氏。（俱绝粒死）（以上均孝义乡人）

张德政妻陈氏，张德亮妻某氏，徐祖寿母某氏。（俱绝粒死）（均来苏乡人）

谢益昇妻贡氏。（绝粒）

吕得朋妻贾氏。（不屈被戕）（均移风乡人）

徐厚墉妻经氏，蒋中清妻吴氏。（俱自缢死）

杨正起妻王氏，杨光合妻王氏，杨大周妻王氏，杨大瀛妻丁氏，周恒塘妻汤氏，王世濂妻汪氏，骆继伦妻王氏，方宜芝妻刘氏，窦良珠妻方氏，赵开金妻某氏，杜世纹妻吴氏，杜世维妻朱氏，张承元妻杜氏，吴在文妻朱氏，张应堂妻栾氏，杨学友妻雍氏，杜德连妻陈氏，夏启怀妻王氏。（俱殉）

夏启和妻茅氏，陈履炘妻杜氏，李明贵妻杨氏，王思镇妻赵氏，经学樟妻杨氏，经学栋妻王氏。（俱投河死）

经学椿继妻吴氏。（被戕）

蒋中兰妻朱氏，蒋正桃妻何氏，蒋正榜妻孔氏，蒋正昱妻赵氏，赵传征妻潘氏，赵某妻陶氏，汤韶善妻某氏，骆继隆妻赵氏，杜世浩妻杨氏，方在成妻张氏，陈维忠妻某氏，杜世荣妻徐氏，陈应道妻贾氏，张完玉妻戴氏。（俱不屈投水死）

赵开先妻高氏，杨士明妻某氏，赵开枝妻某氏，赵文信妻某氏，赵文海妻某氏，许欲善妻徐氏，陈述荣妻潘氏，方良培妻陈氏，赵文重妻张氏，杜成兴妻胡氏，杜德蓬妻陈氏，杜德华妻栾氏，栾庆山妻窦氏，吴某妻栾氏，陈忠惠妻某氏，陈应培妻某氏，张举五妻束氏，张元某妻梅氏，张元董妻杜氏，张开五妻潘氏，张元崑妻梅氏，朱本善妻尹氏，华世祥妻窦氏，陈昌性妻赵氏。（俱不屈被戕）（以上均临泉乡人）

步雍元妻蒋氏，步雍富妻高氏，唐崇宽妻步氏。（俱不屈被戕）（均仁信乡人）

巫家珍妻包氏，巫家敦妻某氏，巫宜贤妻某氏，陈正麟妻某氏，陈安寿妻某氏，陈咸道妻董氏，陈咸允妻某氏，陈咸岐妻杨氏，陈正仙妻程氏。（俱不屈被戕）（以上均望仙乡人）

赵仁才祖母某氏。（十年中炮死）

杜文祥妻某氏。（被榜掠死）

蒋正先妻窦氏。（被焚）

杨光敬妻徐氏，杨一纯妻李氏，杨一昌妻章氏，周恒桄妻张氏。（俱不屈被戕）

汤韶金妻吴氏。（不屈投水）（以上均临泉乡人）

陈正义妻杨氏。（同治元年遇贼不屈，被火焚死）

巫立瑜妻夏氏，樊祖见妻孙氏，高耀柏妻纪氏，高耀典妻徐氏，李子兴妻高氏，李子瑞妻某氏，李朝源妻高氏，李成益妻魏氏，李子美妻陈氏，笪世文妻某氏，樊道盛妻武氏。（俱不屈被戕）（以上均望仙乡人）

吴廷顺妻沈氏，吴廷灏妻某氏。（俱不屈被戕）（均仁信乡人）

王金富妻梅氏，梅邦道妻施氏，梅本谦妻施氏，陈朝秀妻李氏，陈国铭妻施氏，徐国昌妻夏氏，徐立德妻朱氏，徐立英妻张氏。（俱不屈被戕）（以上均望仙乡人）

戴永龙妻樊氏。（不屈被戕，来苏乡人）

步熙仁妻王氏。（遇贼不屈，被戕。仁信乡人）

巫崇荣妻某氏，巫昭朋妻某氏。（俱不屈被戕）（均望仙乡人）
张余三妻蒋氏，范某妻邰氏。（见附传）（均孝义乡人）
朱志宏妻邰氏。（遇贼不屈被戕。仁信乡人）
巫道高妻张氏，范某妻邰氏。（俱不屈被戕）（均孝义乡人）
张德彬妻葛氏。（骂贼被戕）
曹政金妻林氏，周恒寿妻朱氏。（俱不屈被戕）（均茅山乡人）
步雍瑞妻张氏，步雍耀妻施氏，步雍求妻笪氏。（俱不屈殉难）（均仁信乡人）
巫家兆妻朱氏，马奇高妻某氏，陈咸喜妻高氏，陈安耀妻樊氏，陈安兴妻洪氏，陈安钟妻高氏，陈咸明妻某氏，陈咸寿妻步氏，樊昌茂妻高氏，樊昭坤妻徐氏。（俱不屈殉难）（以上均望仙乡人）
吴贤秀妻朱氏，吴廷乔妻施氏，吴庆直妻于氏，吴庆钰妻程氏，吴庆聚妻杨氏，王金有妻谢氏，王智忠妻笪氏，王圣常妻吴氏。（俱不屈殉难）（以上均仁信乡人）
梅本珂妻潘氏，陈允富妻华氏，陈国英妻樊氏，陈贞发妻冷氏，李本法妻施氏，笪教从妻瓮氏，巫昭福妻某氏。（俱不屈殉难）（以上均望仙乡人）
王大耀妻李氏，王志生妻侯氏。（俱不屈投水死）（均通德乡人）
唐道全妻汪氏，巫美秀妻唐氏，吴毓喜妻朱氏，李老三妻蒋氏，徐国茂妻赵氏，巫秀荣妻某氏，樊祖考妻杨氏。（俱不屈投水死）（以上均望仙乡人）
朱生秀妻邰氏，张某妻唐氏，王启有妻纪氏，王某妻朱氏。（见附传）
杨惟仁媳朱氏。（有传）
刘某妻朱氏，张某妻蒋氏，张某妻孔氏，张某妻葛氏，王某妻葛氏，陈尊桃妻孔氏，时开宝妻张氏。（俱不屈投水死）（以上均琅琊乡人）
王立昌妻俞氏，孔继富妻沈氏，蔡成荣妻王氏。（俱不屈投水死）（均茅山乡人）
唐道文妻丁氏。（脔割死）
巫奇裕妻包氏。（见附传）
巫立明妻施氏。（被缚柱，钉心死。附传）
陈安亲妻谭氏。（被掳至马琳村，誓死不屈，磔死）（均望仙乡人，附传）
王智扬妻吴氏，钱志俊妻朱氏。（俱不屈剖腹死）
詹圣志妻王氏。（见附传）（均通德乡人）
陈正儒妻董氏。（年七十四）
巫昭兴妻某氏，贡元文妻纪氏，王圣元妻谭氏，王圣年妻笪氏。（俱被倒悬死）
樊昌曜妻陈氏，樊昌暇妻张氏，笪礼锦妻王氏，张席珍妻韩氏。（俱不屈被焚死）（以上均琅琊乡人）
陈安宁妻笪氏。（不屈，被巨石撞死）
樊启方妻张氏。（不屈，被梃击死）
徐宽忠妻某氏。（见附传）
樊绪仓妻朱氏。（被掳不屈，乱刃砍死）
樊绪治妻史氏。（遇贼被追迫，投井死）
王智才妻邱氏。（被梃击死）
邰某妻刘氏。（被掳欲污，急投水死）（以上均通德乡人）
邓邦福妻包氏。（被绞死）
曹尚忠妻戴氏。（不屈被榜死）（均茅山乡人）
严福鹿妻朱氏。（不屈殉。句容乡人）
杨宪明妻某氏。（蔡家村人。不屈殉）
许传锡妻某氏。（不屈殉。福祚乡人）
王祖禄妻尚氏，经士越妻丁氏，经士锟妻凌氏。（俱不屈殉）（均临泉乡人）

赵治源妻徐氏，王文琪妻许氏，赵治进妻经氏，赵治义妻丁氏，韩正朝妻唐氏，韦宏皋再继妻王氏，韦明法妻席氏，韦明槐妻吕氏，韦明桂妻王氏，周美谅妻徐氏，赵家奇妻某氏。（在溧水界殉难）

赵成信妻李氏。（在扬州境殉难）

赵士序妻某氏，赵志贞妻经氏，赵家旺妻许氏，赵家财妻某氏。（在山岔殉）

汤志全妻樊氏，汤志松妻某氏。（俱不屈殉难）（以上均通德乡人）

糜国高妻谭氏，糜尊治妻某氏，糜尊富妻某氏，糜国喜母某氏，糜尊玉妻某氏。（俱不屈殉难）（以上均来苏乡人）

戴朝荣妻高氏，戴士庆妻周氏，杨学能妻戴氏，杨一才妻魏氏，雍孝治妻华氏，雍延佑妻宫氏，雍延政妻朱氏。（俱不屈殉难）（以上均临泉乡人）

刘立举妻王氏。（绝粒）

刘立珮妻某氏，郭天成妻孙氏。（俱投圊中死）

郭应先妻纪氏。（绝粒）（均来苏乡人）

董秉让妻欧阳氏。（绝粒死。望仙乡人）

蒋中坤妻某氏，高正富妻某氏，高德信妻尚氏，高某妻纪氏。（俱绝粒死）（均移风乡人）

耿元盛妻王氏，耿元兴妻郭氏。（俱绝粒死）（均孝义乡人）

马志发妻李氏，马志才妻某氏，马志联妻唐氏，蒋明礼妻某氏。（俱绝粒死）

周某妻某氏。（在驹骊山下被焚死）（以上均仁信乡人）

邹正悌妻王氏，邹我虎妻高氏，赵殿旺妻某氏，章玉和妻吕氏，张庆旺妻蒋氏，王全朝妻某氏，王德昇妻高氏，王德宽妻裔氏，刘胜金妻张氏，刘胜豪妻房氏，刘明高妻樊氏，朱德全妻雷氏，芮继恭妻笪氏，芮继余妻仇氏，陈万寿妻芮氏，刘茂喜妻毕氏，曹志谋妻某氏，高学篁妻王氏，高秉有妻仇氏。（俱绝粒死）（以上均来苏乡人）

史茂榕妻郭氏，潘继朝妻曹氏，潘继义妻某氏，潘继成妻某氏，潘继先妻史氏，史兆芝妻董氏，史茂階妻张氏，史兆鳌妻严氏，严可亲妻万氏，严可朋妻董氏，严德元妻某氏，严德法妻岳氏，阴进福妻严氏，阴荣宗妻王氏，严承功妻朱氏，严德培妻朱氏，严德章妻胡氏，丁有高妻阙氏，丁人吉妻何氏，丁有福妻唐氏，丁有声妻夏氏，丁有贵妻毕氏，丁有庠妻孙氏，丁德宏妻孙氏，丁德宽妻朱氏，朱家法妻纪氏，孙克俊妻丁氏，孙克传妻董氏，孙克本妻王氏，孙清明妻郭氏，孙清亮妻某氏，潘继玉妻贡氏，潘继祥妻成氏，潘继光妻丁氏，潘成逮妻某氏，潘继宾妻某氏，潘继法妻郭氏，潘成元妻孙氏，潘三强妻孙氏，潘继尧妻成氏，潘传玉妻赵氏，潘成隆妻王氏，潘成盛妻曹氏，潘继保妻陈氏，唐德宽妻纪氏，严福喜妻施氏，严志庆妻某氏，严福广妻潘氏，杨秀吉妻唐氏，余启兆妻唐氏，王荣益妻某氏，王荣有妻徐氏，王荣栋妻何氏，唐世祥妻潘氏，杨明第妻唐氏，杨明盛妻唐氏，吴元明妻邹氏，沈正发妻王氏，于元兴妻杨氏。（俱不屈殉难）（以上均句容乡人）

潘本兴妻姚氏，潘立源继妻某氏，潘立恕妻陈氏，潘自序妻丁氏，潘自文妻魏氏，潘自安妻巫氏，潘立富妻某氏，潘自求妻张氏，潘一信妻某氏，潘一瓒妻郑氏，潘自君妻包氏，潘一棠妻汪氏。（俱不屈殉难）（以上均望仙乡人）

王世泰妻某氏，王圣谟妻□氏，王盛铿妻某氏，王圣懿妻张氏，王圣治妻包氏，王高年妻笪氏，王圣才妻许氏，步正谦妻巫氏，步正寿妻笪氏，步熙洪妻李氏，步正先妻谭氏，步正儒妻樊氏，步正英妻李氏。（俱不屈殉难）（以上均仁信乡人）

凌才济妻吴氏。（投井。坊郭人）

柳余安妻周氏。（不屈，投水死。孝义乡人）

李大淮妻某氏。（高家边人，不屈投水死）

张加发妻王氏。（丁家圩人，被数创投水）

朱宣仓妻史氏。（不屈投水死。来苏乡人）

戴士祥妻吴氏，戴学润妻樊氏，韦明保妻于氏，韦明庚再继妻赵氏，赵家全妻王氏，高荣宗妻许氏，

巫某妻郦氏，吕其顺妻樊氏。（俱不屈投水死）（以上均通德乡人）

李某妻杨氏，蒋家淇妻某氏。（俱不屈投水死）（均临泉乡人）

汤全章妻吴氏。（不屈投水死。通德乡人）

于发顺妻阴氏。（小溪村人，不屈投水死）

王盛全弟妇某氏。（朱巷人。不屈投水）

汤廷兰妻吴氏。（李家边人，不屈投水死）

张某妻王氏。（下村人，不屈投水）

朱达金妻某氏。（被击死。来苏乡人）

赵家书妻韦氏。（在戴巷被戕）

汤全美妻王氏，张玉昌妻王氏。（俱骂贼被戕）（均通德乡人）

王道全妻糜氏，糜国春妻朱氏，糜茂海妻巫氏，巫国文妻某氏，糜尊谟妻巫氏，张庆喜妻巫氏。（俱骂贼被戕）（以上均来苏乡人）

周秀霞妻巫氏。（有传）

周太廉妻陈氏，巫发秀妻某氏，高登华妻马氏。（俱骂贼被戕）

戎万宝妻许氏。（有传）（以上均通德乡人）

刘裕昌妻骆氏。（骂贼被戕）

刘鸿钧妻王氏，陈永康妻吴氏。（俱被戕。均坊郭人）

赵尧森妻陈氏。（被戕。移风乡人）

邹我武妻某氏。（被戕。来苏乡人）

徐洪顺妻某氏。（后塘村人。被戕）

张庆寿妻曹氏，张庆德妻巫氏。（俱被戕）（均移风乡人）

杨义瑝妻朱氏，杨维英妻赵氏。（均杨毛仇村人，俱被戕）

张正兴妻笪氏，潘自康妻董氏，潘立侑妻汪氏，潘一诰妻徐氏，潘本勤妻某氏，潘立淮妻巫氏，潘立节妻纪氏，潘一典妻陈氏，潘本经妻包氏，潘立宰妻某氏，潘一汶妻某氏，潘立楚妻纪氏。（俱被戕）

潘一坤妻陈氏。（被贼倒悬死）

张永丰妻陈氏。（被礔死）（以上均望仙乡人）

史德彩妻朱氏。（被戕）（句容乡人）

三老媪。（姓氏逸，解塘人，年七十二在郭家村被戕）

陈正发妻张氏。（后李村人，拷掠死）

高秉信妻王氏，高盛朝妻赵氏，邹我仁妻郭氏。（俱拷掠死）

糜茂忠妻张氏。（被焚死）（均来苏乡人）

董裕尚妻李氏，董秉春妻某氏。（俱拷掠死）

董裕海妻洪氏。（被焚死）（均望仙乡人）

汤廷贵妻徐氏。（拷掠死。凤坛乡人）

许某妻何氏。（不屈被戕。崇德乡人）

芮朝曾妻张氏，张仁富妻陈氏，张金亮妻许氏。（俱投水殉）

芮某妻郭氏。（十年，在寨里村被戕）

孔歪嘴妻纪氏。（不屈，投水死。以上均坊郭人）

陶某妻吴氏。（杜桂人，投水）

朱恭锡妻戴氏。（朱家山人，不屈投水死）

吴振远妻汤氏，周贞发妻杨氏，欧阳承才妻某氏，戴朝奎妻王氏。（俱不屈投水死）（均临泉乡人）

杨祥茂妻芮氏，王正洋妻杨氏，许天成妻李氏，王守模妻尚氏，王守栋妻华氏，罗某妻张氏。（俱不屈投水死）

姚道生妻万氏。（不屈被戕）（以上均通德乡人）

朱宣余妻吴氏。（遇贼不屈被戕。来苏乡人）

许十六妻某氏。（不屈被戕。坊郭人）

唐世洪母计氏。（赵家塘人，遇贼不屈被戕）

吴清和妻潘氏。（遇贼不屈被戕。临泉乡人）

吴华基母许氏。（不屈被戕）

王大宽妻汪氏。（遇贼不屈，被焚死）

王大富妻戴氏。（夫亡，削发为尼，闻贼至，自焚死）

华光庭母某氏。（临泉乡华家边人）

徐天祥妻高氏，徐天香妻张氏。（俱殉难。均坊郭人）

吴德镕妻杨氏，周登瀛妻王氏，杨一顺妻周氏。（俱殉难）（均临泉乡人）

华明汉妻丁氏，芮隽才妻华氏，凌长杰妻许氏。（俱殉难。均坊郭人）

朱克友妻庞氏。（朱家山人。殉难）

王家瑞妻杨氏。（被戕，临泉乡人）

樊绪有妻王氏。（投水死。仁信乡人）

杨正灯妻朱氏。（十年殉，孝义乡人）

王廷干妻高氏。（在凝家边殉难）

严成扬妻冯氏，严成业妻褚氏，严成松妻华氏，严可周妻徐氏，严本高妻李氏，冯和双妻某氏（瞽目），凌长虎妻某氏，陈达明妻张氏，陈如彭妻严氏，陈达高妻田氏，陈达清妻严氏，陈德顺妻严氏，凌和仁妻陈氏，凌德仁妻汪氏，凌道亨妻冯氏，凌德义妻严氏，凌道金妻唐氏，袁孝龙妻唐氏，袁公茂妻魏氏，严福广妻倪氏，严福康妻何氏，严福元妻潘氏，严世福妻戴氏，严世恒妻尹氏，沈振宏妻倪氏，沈昌进妻唐氏，周恒金妻唐氏，周恒德妻纪氏，吕昌真妻唐氏，张庆高妻何氏，张庆礼妻胡氏，张庆晋妻何氏，张庆孝妻陈氏，张庆良妻唐氏，何咸堂妻顾氏，何咸山妻某氏，何咸景妻朱氏，何宜先妻胡氏，何宜成妻王氏，严成升妻沈氏，严成均妻张氏，严可康妻唐氏，严可有妻某氏，严可甲妻某氏，袁让妻唐氏，袁孝富妻贡氏，袁德真妻黎氏，袁德成妻张氏，王太元妻史氏，王朝芝妻万氏，王朝兰妻邹氏，王清秀妻严氏，孙全明妻某氏，任永发妻孙氏，贡正金妻费氏，贡正宁妻丁氏，贡道发妻潘氏，贡道庸妻唐氏，贡道胜妻唐氏，贡道彭妻唐氏，贡正富妻某氏，王兴才妻贡氏，贡崇位妻某氏，唐明修妻成氏，王全高妻潘氏，王孝民妻唐氏。（俱不屈殉难）（以上均句容乡人）

王凝爱妻周氏，王凝柏妻赵氏，王凝桓妻赵氏，徐承锡妻王氏，徐良治妻许氏。（俱绝粒死）（以上均承仙乡人）

谢继楠妻皇甫氏。（不屈被焚死。凤坛乡人）

韩进廷妻陈氏。（见贼痛骂，被拷死。孝义乡人）

孔某妻王氏，孔某妻任氏。（俱青城埠人。六年，不屈，同投水死）

雍艺发妻李氏。（殉苏州难）

雍延锦妻高氏。（十年投塘殉）（均临泉乡人）

裔元黄妻姚氏。（被逼投塘死。移风乡人）

王士魁妻某氏。（贼至投水）

陈茂华妻钱氏，陈兴万妻胡氏，陈有聚妻王氏，戴礼元妻许氏，戴定明母王氏，居大有妻韩氏，居明方母某氏，张子富妻吴氏，王文有妻陈氏，韩全方妻某氏，韩安邦妻刘氏，韩耀富妻某氏，韩熙连妻某氏，韩熙堂妻徐氏，韩洪彩妻赵氏，韩熙旺妻蔡氏，韩熙林妻王氏，韩文仁妻戴氏，韩熙方妻某氏，韩文祥妻某氏，韩朝发妻邰氏，李全仁妻陈氏，滕正福妻张氏，滕正财妻巫氏，滕道章妻郭氏，滕道仁妻裔氏，滕道义妻徐氏，滕正培妻纪氏，滕道祥妻徐氏，滕道纯妻徐氏，滕士寿妻邹氏，周正富妻滕氏，周正祥妻曹氏，刘本森妻王氏，刘庆安妻匡氏，刘庆昭妻朱氏，刘厚金妻王氏，刘庆仁妻滕氏，刘庆贤妻万氏，刘德荣妻柳氏，刘余来妻王氏，巫道富妻王氏，巫至悦妻陈氏，巫希富母某氏，巫至朝妻张氏，耿至春妻王氏，王永生妻某氏，王廷举妻某氏，王廷发妻某氏，王士明妻邰氏（年七十余），王士方妻李氏，王士瑜妻张氏，王智文妻某氏。（俱绝粒死）

王达贵妻张氏。（被戕）

王士礼妻张氏，范传友妻某氏，范传余妻江氏，范传荣妻某氏，王美和妻邰氏，裔世恒妻某氏，文美亮妻李氏，金长有妻戴氏，王循礼妻刘氏，张□□妻邰氏，胡大春妻贾氏，胡德深妻某氏，胡德礼妻范氏，许邦相妻余氏，许明升妻王氏。（俱绝粒死）（以上均孝义乡人）

尹明祥妻时氏，尹明全妻袁氏，陈恒兴妻谢氏，裔正恺妻张氏，裔正瑞妻许氏，裔元质妻许氏，裔明堂妻章氏，李德玉妻王氏，李德金妻王氏，滕盛茂妻葛氏，邰长通妻□氏，吴明金妻某氏。（俱绝粒死）

张明光妻葛氏。（不屈，备受楚毒，卒焚死）

王尚林妻巫氏，王永忠妻裔氏。（不屈，备受苦刑，卒焚死）

戴忠生妻王氏。（贼逼银不得，被焚死）

居士盛妻某氏，林义宝妻周氏，王达进妻刘氏，张延纲妻余氏，许邦权妻张氏，王忠友姑母王氏。（俱被戕）

吴文焕妻刘氏，李贤文妻邰氏，李德朝妻毛氏，李贤相妻徐氏。（俱投水死）

巫道清妻赵氏，王召鹤妻某氏。（俱自缢）

徐正财妻某氏，李德隆妻王氏（年七十三），许长林妻李氏。（俱被拷死）（以上均移风乡人）

王通昱妻汪氏。（北城上人，被执欲污，猝投塘死）

许贞汉母某氏，俞学金妻朱氏，曹某嘉妾某氏，阮家庸妻张氏，阮家錯妻姚氏。（俱不屈投水死）

阮圣美妻某氏，阮贤宝妻王氏。（俱被戕）

俞学安妻王氏，俞学仪妻郑氏，俞学师妻戴氏。（俱被焚死）

许继凛妻桂氏。（十年，贼至，家口被掳，乃缢）

倪昌鲤妻俞氏。（贼至，惨死）

俞秉松妻孙氏，俞正焕妻孔氏，俞野堂妾管氏，倪衍培妻王氏，倪炽海妻周氏。（俱殉难）（以上均承仙乡人）

王永昭妻周氏。（在白羊门被戕，坊郭人）

李全平妻王氏。（十年，平被掳，王自缢）

胡有福妻许氏。（十年，被掳至坝沿，遽投入水，贼怒，以矛刺死）

李彭年妻周氏。（十年，投水死。数日面如生）

赵治坤妻汪氏。（贼至，投水）

倪炽鉴妻王氏。（见夫被掳，遂投水殉）

赵家栻妻某氏。（见贼必骂不已，后投水死）

赵家和妻许氏，张心照妻周氏，徐克地妻张氏，许宸绍妻曹氏，王德荣妻孙氏，孙永洞妻吕氏，孙世英妻颜氏。（俱投水死）

俞正配妻蔡氏。（遇贼痛骂，被戕）

朱继春妻张氏。（遇贼，砍死）

徐良潍妻孙氏，卫俊鹏妻丁氏，倪怀泮妻胡氏，许贞佃妻刘氏。（俱被戕）

徐良湘妻戴氏。（被乱刃死）

焦继恒妻徐氏。（在唐陵庵烧死）

蔡永富妻戴氏。（十年，闭户不食死）（以上均承仙乡人）

姚凤池妻余氏。（贼至，闭户自经）

姚德昌母华氏，储绍宽祖母韩氏。（俱被掳不食死）（均琅琊乡人）

戴永鳌妻许氏，戴太贤妻欧阳氏，戴太余妻陈氏，戴太文妻某氏，乔孝林妻王氏。（俱绝粒死）（以

上均仁信乡人）

房美同妻姚氏。（绝粒死。孝义乡人）

沈惟敬妻王氏，沈正涛母杨氏，沈正康妻糜氏。（俱绝粒死）（均移风乡人）

王士久妻某氏，陈玉德妻糜氏。（俱绝粒死）

柳余安妻周氏。（投水死）（均孝义乡人）

谢清源妻李氏。（投水死。凤坛乡人）

乔祥纯妻谭氏。（投水死。仁信乡人）

房怀位妻邹氏。（年八十，投水死。孝义乡人）

戴良芝妻某氏，戴良理妻某氏。（俱投水死）（均仁信乡人）

许维仁妻朱氏。（被焚死。福祚乡人）

戴太奎妻梅氏。（被焚）

笪某妻解氏，乔孝寿妻戴氏。（俱不屈被戕）（均仁信乡人）

房德衡妻糜氏，陈朝秀妻董氏，陈某妻巫氏。（俱不屈被戕）（均孝义乡人）

沈惟虎妻糜氏。（遇贼，不屈，被害。移风乡人）

房德荣妻高氏，房祖明妻沈氏，房同方妻周氏。（俱不屈被害）（均孝义乡人）

汤可庆妻某氏。（被乱刃死。凤坛乡人）

戴太德妻某氏。（被戕。仁信乡人）

唐世福妻方氏，李明德妻刘氏。（俱被拷死）

李亮宾妻陶氏，李良臣妻薛氏，李国举妻王氏，曹敏哲妻高氏，张长育妻杨氏，张远高妻戴氏，唐序邦妻某氏，吴秉哲妻尚氏。（俱不屈投水死）

王开成妻钱氏。（骂贼不屈，投水死）

尚世铭妻王氏，尚世隆妻张氏。（俱被戕）

李家祥妻陈氏，曹成名妻樊氏，王光英妻唐氏。（遇贼不屈，自刎）

张延隆妻崔氏，张长生妻王氏，张孝基妻唐氏，经立德妻谢氏。（俱不屈被戕）

尚德盈妻经氏。（被焚死）

章正宏妻方氏。（焚死）

陈正芳妻吴氏，陈齐智妻唐氏。（俱十年殉）（以上均上容乡人）

周永吉妻丁氏。（贼逼不从，被砍死）

吕元基母姜氏。（投河死）（均仁信乡人）

胡有典继妻王氏。（殉无锡难，句容乡人）

许珍哗妻赵氏，蔡良浩妻朱氏。（均见《两江忠义册》）

屈国谦妻史氏，王延美妻吴氏，黎大信妻田氏，黎世金妻朱氏，曾良宽妻周氏，汤良学妻吴氏，唐启林妻汪氏，唐寿生妻骆氏，田明居妻某氏，汪大潮妻樊氏。（俱绝粒死）（以上均来苏乡人）

侯其荣妻张氏，蒋一纯妻某氏。（俱绝粒死）（均移风乡人）

张大生妻某氏。（绝粒死。孝义乡人）

周进修继妻王氏，周秀昆妻王氏，周应东妻陈氏，周贞嘉妻吴氏，周锡贡妻王氏。（俱十年同日殉）（以上均茅山乡人）

雍炳南妻沈氏。（不屈投水死。临泉乡人）

张应桢妻欧阳氏。（不屈投水死。孝义乡人）

汪濚文妻李氏。（不屈投水死。坊郭人）

汤正德妻徐氏，成德源妻朱氏。（俱不屈投水死）（均来苏乡人）

杨正厚妻吴氏，杨邦居妻范氏，杨家福妻某氏，杨国茂妻吴氏，史元浩妻某氏，吴洪钧母某氏，周笃昌妻王氏，吴明恺妻曹氏，周衍锦妻孙氏（有孕），周继德妻某氏，陈传金妻柳氏。（俱不屈投水死）

（以上均茅山乡人）

王长浩妻某氏，陈联莲妻唐氏，田兴孝妻汪氏。（俱不屈被戕）（均来苏乡人）

刘裕恒妻邹氏。（不屈被戕。坊郭人）

倪盛伦妻章氏，赵永桢妻某氏，王善惠妻韩氏，戴德全妻张氏，尹永君妻樊氏。（俱不屈被戕）（以上均移风乡人）

张长书妻某氏。（被戕。孝义乡人）

唐继坤妻计氏，王凝锡妻贡氏，周鸿华妻吕氏，王裕堂妻徐氏，曹正贵妻周氏，王安成妻某氏。（俱不屈被戕）

周笃生母丁氏。（骂贼缢死）（以上均茅山乡人）

倪可田妻高氏，蒋一琪妻尚氏。（俱被戕）（均移风乡人）

茅庆玉妻某氏。（拷死）

成有德妻吴氏。（焚死）（均茅山乡人）

章朝恒妻张氏。（被焚死）

张才簧妻葛氏。（剖腹死）

雍旭扬妻宫氏。（有传）（均临泉乡人）

赵伦福妻徐氏。（在潦塘殉）

张延高妻李氏。（在范家庄殉难）

魏元盛妻吴氏，李义松妻蒋氏。（俱十年殉难）

吴保南妻栾氏，汤惟富妻戴氏，汤伟仕妻高氏，汤家涛妻陆氏，张明棣妻陶氏，张琨瑶妻蒋氏，杨贯三妻吴氏，杨秉衡妻赵氏，杨良安妻戴氏，杨万春妻卢氏，杨良福妻赵氏，张惟馨妻陈氏，张仁益妻邱氏，张在西妻朱氏，陶玉林妻汤氏，陈炳阳妻杨氏，陈敏春妻张氏，陈恭敬妻端木氏，蒋裕祥妻华氏，陶宗景妻钟氏，陶言训妻张氏，戴儒岐妻任氏，戴元昌妻潘氏，俞宏亮妻万氏，吴立勤妻戴氏，丁龙山妻吴氏，贾式庆妻唐氏（有传），王德芬妻钱氏，王文佩妻陈氏，经怀珍妻张氏，张秀有妻余氏，王文宏妻蒋氏，王德兰妻赵氏。（俱不屈投水死）

商仁义妻杨氏。（不屈被戕）

汤瑞五妻王氏，陶宗坤妻汤氏。（俱不屈自缢死）

华聚荣妻陈氏，许光某妻骆氏。（俱投井死）

杨象周妻陶氏，蒋抡青妻周氏。（俱自缢死）

宣正鹤妻吴氏，华润三妻徐氏。（在华家边被戕）

陶仁渭妻吴氏，陶大益妻吴氏，陶宗佳妻陈氏，李熙高妻刘氏。（俱被戕）

戴秉章妻宫氏。（十年，骂贼，投水）

吴元甫妻方氏，许大生妻徐氏。（俱被害）

陈某某妻万氏。（铃塘村人，遇贼不屈，投塘死）

朱位中妻张氏。（殉苏州难）

朱鸣和妻陶氏，朱天培妻李氏，朱可如妻袁氏。（俱十年不屈投水死）

朱舜典妻陈氏。（同治元年殉难）

朱书占妻陶氏，朱昌复妻孙氏。（均杨柳村人，俱六年投水死）

朱宣成妻张氏，王某妻朱氏，王德桂妻高氏，朱志炜妻张氏，笪修怀妻某氏，笪修章妻尹氏，笪名珍妻严氏，笪名宝妻王氏，笪立高妻朱氏，笪修隆妻某氏，胡正奇妻某氏，胡正福妻朱氏，胡正方妻戴氏，张庆和妻某氏，汤盛宝妻某氏，高汝鉴妻邹氏，高汝笙妻张氏，高秉文妻张氏，高老五妻徐氏，高懋南妻许氏。（俱绝粒死）

成老六母某氏。（投水死）

巫家成妻糜氏，蒋恒科妻王氏。（俱十年被逼，投水死）

糜宏昌妻张氏。（投水刺死）

笪修仁妻芮氏，笪修金妻周氏，胡正万妻某氏，高盛有妻赵氏，高公仁妻王氏，高忠辉妻邹氏。（俱不屈惨死）（以上均来苏乡人）

王宗海妻某氏。（遇贼投水，三拯三投，贼怒，用油绵裹焚死）

吴木匠妻某氏。（有传）

王志佳妻吴氏。（附传）

陈兆元妻吴氏。（骂贼被戕）

李和寿妻某氏，王士直妻凌氏。（俱不屈被拷死）

李中立妻唐氏，王哲斌妻曹氏。（俱遇贼不屈被戕）（以上均上容乡人）

朱继椿妻张氏，吴为喜妻窦氏，吴士束妻朱氏，吴士澜妻徐氏，吴士金妻魏氏，吴士贵妻窦氏。（俱遇贼不屈被戕）

戴立锟妻窦氏。（在马鞍山被戕）

戴臣发妻杨氏。（遇贼不屈被戕）

俞宏福妻张氏。（在龙都镇被戕）

吴朝明妻杨氏，吴明盛妻张氏，吴大祺妻章氏。（俱遇贼不屈被戕）（以上均临泉乡人）

凌启锦妻倪氏，朱某妻施氏。（俱遇贼不屈被戕）

朱荣瑞妻张氏。（在谢巷被戕）（均来苏乡人）

周贞勋妻吴氏，孔广绪妻谢氏。（俱遇贼不屈被戕）

李发元母某氏。（在下袁村被戕）

倪盛科妻某氏，朱承顺母胡氏。（俱遇贼不屈被戕）

赵廷魁妻李氏，朱有华妻梅氏，王广寿妻某氏，胡有华妻俞氏，胡志仁妻莫氏。（俱被逼不屈投水死）（以上均茅山乡人）

朱本祥妻方氏，张某妻周氏，濮克鉴妻王氏，窦良春妻吴氏，杨良栋妻李氏，端木贤宁妻蒋氏，端木乐明妻章氏，窦良队妻张氏，端木炘妻王氏。（俱被逼不屈投水死）（以上均临泉乡人）

翁昌荣妻张氏，姚景汲妻某氏，俞学金妻朱氏，朱家然妻王氏，王长熠妻倪氏。（俱被逼不屈，投水死）（以上均承仙乡人）

周恒盛妻郭氏，朱志瀛妻吴氏，朱宣台妻巫氏。（俱被逼不屈，投水死）（均来苏乡人）

王光耿妻周氏。（被逼不屈，投水死。上容乡人）

某某妻孙氏。（陈家圩人，被逼不屈，投水死）

戴儒森妻胡氏，朱宣占妻陈氏，钱益宗妻武氏。（俱遇贼痛骂被戕）

闻元琦妻梅氏。（十年被戕）（均来苏乡人）

王安豹妻周氏，王安玉妻经氏。（俱投水被矛刺死）（均崇德乡人）

胡本明妻葛氏。（十年，服卤死）

朱家良妻某氏。（被吊拷死）

张茂春妻万氏。（六年，被乱刃死）

万隆旺妻王氏。（六年，与媳俱被掳，夜放媳逃，贼觉，被拷死）（均茅山乡人）

凌长礼妻吴氏。（被悬梁焚死。来苏乡人）

许世堡妻卢氏。（贼索财不得，用炮烙死）

王宜蕃妻陈氏。（六年见马贼，即奔死，不受贼污）

某某妻赵氏。（有传）（均承仙乡人）

孔继福妻某氏。（十年，骂贼不屈，身中数创犹骂不绝口，遂被剖腹死）

朱达初妻笪氏，戴光贵妻朱氏，朱志金妻糜氏，朱志玉妻樊氏。（俱义不从贼，闭户饿死）（以上均来苏乡人）

许世洽妻王氏，许培瑞妻吴氏，许万锋妻王氏，许培庆妻曹氏，王凝惠妻赵氏，胡之原妻王氏。（俱义不从贼，闭户饿死）（以上均承仙乡人）

凌朝玮妻某氏，凌朝欣妻朱氏，凌启崇妻芮氏，凌启瓒妻贡氏，凌启瑞妻陈氏，刘某妻魏氏，张玉盛妻成氏，严全旺妻王氏，李盛义妻高氏，唐礼财妻某氏，唐信福妻某氏，王延礼妻武氏。（俱义不从贼，闭户饿死）

唐信顺妻潘氏。（被贼索财不得，榜掠投水死）

朱达年妻张氏，朱宣厚妻某氏，朱志沧妻许氏。（俱遇贼不屈殉）（以上均来苏乡人）

王立交妻赵氏，许珍家妻柏氏，周永桢妻戴氏，王行仁妻叶氏。（俱遇贼不屈殉）（均承仙乡人）

倪承山妻罗氏，吴士鳌妻经氏，陶忠满妻戴氏，魏永工妻王氏，潘自修母某氏，徐起兆妻谢氏，石洪英妻戴氏，石先祥妻戴氏，邹玉冈妻李氏，濮克善妻戴氏，徐万顺妻某氏，杨绍庭妻庞氏，杨祚银妻汤氏，杨元林妻王氏，杨明杜妻某氏，李烺山妻戴氏，吴德升妻某氏，雍富太妻侯氏，潘世新妻赵氏，潘泰盛妻林氏，宫雨田妻陶氏，魏昌玉妻某氏，俞魁一妻雍氏，濮克银妻俞氏，杨正芳妻俞氏，王赵怀妻俞氏，曹家安妻某氏，曹家惠妻尹氏，曹顺发妻杨氏，朱攸才妻陈氏，戴老二妻某氏，戴至惺妻汤氏，戴朝模妻经氏，戴立芸妻雍氏，戴朝仁妻张氏，戴立松妻李氏，戴某妻庞氏，赵明瑶妻某氏，汤时宜妻端木氏，汤圣山妻陈氏，汤时贵妻吴氏，吴启珍妻某氏，万瑞堂妻朱氏，万光荣妻雍氏，戴某妻经氏，华恩藩妻某氏，周宏林妻某氏，魏元成妻杨氏，戴正先妻吴氏，华孝友妻某氏，窦忠财妻陈氏，经章成妻周氏，窦启怀妻吴氏，窦忠学妻蒋氏，蒋裕源妻魏氏，张惇和妻华氏，陈正福妻某氏，方昌忠妻魏氏，魏一锦妻吴氏，蔡大瑱妻邱氏，蔡大杏妻徐氏，戴德贤妻吴氏，戴德成妻章氏，宫晋臣妻杨氏，朱起才妻张氏，朱士华妻徐氏，王锦玉妻包氏，王锦珍妻杨氏，王老四妻杨氏，王贤明妻汤氏，杨学宏妻戴氏，杨正富妻蔡氏，杨正隆妻戴氏，刘某妻杨氏，石如珍妻曹氏，温荣才妻骆氏。（俱遇贼不屈殉难）

杨三猴母张氏。（被贼烧死）

俞雍三妻徐氏。（投塘死）（以上均临泉乡人）

陈继开妻王氏。（被焚死）

汪锦文妻李氏。（六年投水）

朱嘉惠妻戴氏，朱道成妻某氏，朱兴佑妻高氏，朱道荣妻文氏，朱道洪妻巫氏。（俱六年不屈被戕）

刘永和妻王氏，朱道全妻高氏，王昭才妻张氏，朱盛禄妻孙氏，朱盛连妻张氏，朱盛方妻巫氏，朱兴荣妻纪氏。（俱十年不屈被戕）

朱盛坤妻汤氏，朱盛礼妻毛氏，朱兴志妻杨氏。（俱同治元年不屈被戕）（以上均凤坛乡人）

刘永仁妻王氏，贾德延妻解氏。（俱同治元年不屈被戕）

裔某妻贾氏，江良盛妻许氏，江良珠妻朱氏，江某妻居氏，江某妻滕氏，江某妻徐氏，贾延直妻张氏，汤长知妻王氏，汤长青妻杨氏，王长伟妻严氏。（俱同治二年不屈被戕）（以上均移风乡人）

朱道美妻王氏，朱道海妻戴氏，朱道科妻刘氏。（均不屈被焚死）

朱盛龄妻巫氏，朱嘉刚妻冯氏，朱嘉恩妻戴氏，朱道春妻戴氏。（俱不屈饿死）

朱盛宝妻某氏。（十年投水。以上均凤坛乡人）

张启顺妻侯氏，张兴达妻陈氏。（均排冈村人，不屈饿死）

章某妻王氏，章某妻笪氏，贾某妻文氏。（俱不屈饿死）（均移风乡人）

王大求妻戴氏，王大荣妻孙氏。（俱被拷死）（均琅琊乡人）

巫长凝妻张氏。（十年殉难）

阙建□妻张氏。（六年投水）

唐序伦妻王氏。（十年自缢）

唐序云妻陈氏，唐序胜妻杨氏。（俱十年被戕）

唐序邦妻张氏。（十年在临泉坝投河）

唐序启妻赵氏。（十年在赤山被戕）

唐承江妻李氏，唐承禄妻王氏。（俱十年在三岔被戕）

唐承寿妻章氏。（十年在开泰被戕）

唐承忠妻张氏。（十年在赤山被戕）（以上均临泉乡人）

王邦贞妻曹氏，王固贞妻吴氏，王宗海妻汪氏。（俱十年自缢死）

乔芝母某氏。（同治元年绝粒）

欧阳恒义妻某氏。（同治元年殉难）（以上均仁信乡人）

陶汝调妻刘氏，窦步随妻林氏，宫义松妻李氏，雍衡甫妻李氏，徐步龙妻张氏，朱乾美妻戈氏。（《府志》误作"王氏"）

朱昌隆妻许氏。（《府志》误作"昌胧"，均杨柳村人，十年不屈投水死）

朱学松妻张氏。（殉苏州难）

吴达贤妻周氏。（十年殉难）

吴立魁妻杨氏。（陡门口人，投水死）

于有琦妻殷氏。（东边塘人，同治二年被戕）

梅芝山妻董氏，梅金源妻许氏，王某妻郭氏，王炳妻骆氏，王应鹤妻戴氏，张延宗妻杨氏。（张巷村人，同治二年殉）

张永妻许氏，张椿年母郭氏。（六年投国公庙井死）

张瑜妻郭氏。（六年在北门外殉难）

张庆凤妻杨氏。（张巷人）

杨德高继妻糜氏。（杨巷村人，十年不屈死）

杨德昇妻张氏。（杨巷村人，同治二年殉）

杨义学妻许氏。（杨巷村人，同治二年殉）

杨正潮妻经氏，章安邦母毛氏，章顺贤妻葛氏。（不屈被戕）

刘某妻朱氏，刘朝养妻杨氏。（临泉乡人）

田志源妻李氏，谈秀升妻谢氏，严治妻甘氏。（十年殉难）

邱贞祥妻吴氏。（十年殉难）

包景昌妻王氏。（曹庄殉）

唐寿生妻骆氏。（唐庄殉）

毛丽江母任氏，毛广聪祖母李氏，汤琢章妻蒋氏，欧阳利云妻王氏，秋某妻吴氏。（自焚死）

夏礼廷妻施氏。（曹家边人，不屈死）

邓某妻李氏，魏昌吉妻汤氏。（孔塘埂人，在汤巷殉难）

顾明德妻夏氏，华某妻吕氏，华文培妻刘氏，芮永喜母张氏。（六年，投国公庙井死）

陈朝秀妻董氏。（李村人，十年殉难）

陈仁广妻田氏，殷恒福妻骆氏。（凌村殉）

韩永秀妻张氏。（曹屋村殉）

文长庚母徐氏。（十一年殉）

居某妻秦氏，居鳌妻戴氏，姚聚昌妻潘氏，高顺崇妻王氏，曹全智妻王氏。（附传）

陶心茂妻吴氏。（临泉乡人）

王景琛妻骆氏（《府志》作"鲁琛"），骆同富妻李氏，笪教祥妻巫氏，濮克愚妻万氏，石正猷母李氏。（在临泉乡殉难）

欧阳国烜妻谢氏。（欧巷人，十年投水）

吕树伦妻李氏，孔昭暹妻骆氏。（十年殉难）

孔广源妻陈氏，许天成妻黄氏。（十年殉难）

蒋自新母窦氏，谢守基妻唐氏，戴树堂妻汪氏。（《府志》作"王氏"）

戴星海妻杨氏，戴希吕妻王氏，戴秀松妻王氏，戴鹤年妻曹氏，戴芳园妻朱氏，赵永尊妻邹氏。（赵庄人）

陈纶浩妻吴氏。（《府志》误作"伦"）

陈世祥妻李氏。（在赤岸桥骂贼被戕）

陈启成妻朱氏，王博缥妻周氏，王孟超妻高氏，傅某妻陈氏，毕某妻孔氏，纪某妻邓氏，许某妻李氏，曹於秭妻贡氏，王玉堂妻徐氏（附传），吕懋和妻龚氏（《府志》未详），吕朝聘妻王氏，吕象初妻姜氏，朱宝妻钟氏，张英年继妻骆氏，吴明恺妻傅氏，曹某妻黄氏，王善万妻骆氏，陈义顺继妻张氏，王邦贞妻曹氏，经某妻张氏，巫立堂妻陈氏，冯应权妻郑氏，胡某妻刘氏，胡某妻刘氏，唐承恕妻周氏，蔡光显妻周氏。（自陶刘氏以下，均见《府志》）

何宜书妻丁氏，王玉生妻汪氏，凌盛余妻某氏。（被戕）

严福明妻凌氏。（被贼弔死）

沈有正妻唐氏，何太仁妻毕氏，朱学玉妻某氏，孙全道妻魏氏，谭正兴妻某氏，魏安禄妻某氏，潘继模妻某氏，王顺盛妻某氏，陈兴久妻某氏，张才富妻某氏，徐有祥妻杨氏，唐德魁妻潘氏，秦大经妻汪氏，吴正通妻王氏，王德隆妻吴氏，史继元妻吴氏。（均被击死）

严全德妻朱氏。（被击死）

朱高仁妻毕氏，徐顺天妻刘氏，徐富才妻某氏。（以上均句容乡人）

严凤兴妻王氏，冷兴才妻张氏，韦某妻王氏。（均孝义乡人）

王某妻裔氏，孔老三妻某氏，余礼贞妻张氏，孟济均妻王氏。（均通德乡人）

裔顺成妻陈氏，蒋厚瑛妻刘氏，倪绳安妻窦氏，吕延荣母苏氏，张履贞妻许氏，陶桐书妻吴氏，戴世华妻袁氏，杨良熹妻许氏，杨序成妻高氏，姚聚兴妻潘氏，俞宏昭妻潘氏，赵献煊妻欧阳氏，骆春华妻张氏，王德芳妻钱氏，俞用三妻徐氏，张履端妻郭氏，端木乐文妻汪氏，戎永龄妻苏氏。（以上均见版位）

高德松母某氏。（同治元年遇害）

高德贤妻陈氏。（不屈被戕）

高德祥妻戴氏。（闭门自焚）

高德根妻陈氏。（绝粒）（均移风乡人）

董昌瑾妻洪氏，董昌瑜妻巫氏。（俱绝粒死）

闵道政妻杨氏，闵道秀妻陈氏。（均绝粒死）

闵道明妻陈氏，闵道兴妻某氏，闵允芝妻杨氏。（俱被戕）

习永福妻某氏，巫邦起妻陈氏，巫邦敦妻周氏。（俱绝粒死）

巫邦章妻某氏，巫国福妻吴氏，巫国有妻某氏。（俱被戕）

巫国宝妻姚氏。（在外殉难）（以上均望仙乡人）

糜国煊母王氏。（十年，不屈被戕。来苏乡人）

孔传高妻许氏。（六年十月，投水殉。见《谱牒》）

范士科妻文氏。（十年骂贼不屈，愤极，不食死）

许邦元妻王氏。（十年，贼逼不从，投水死）

许明升妻王氏。（十年，贼至，不食死）（均孝义乡人）

欧阳承彩妻某氏。（同治元年投塘死。崇德乡人）

戴某妻陈氏，杨荣春妻雍氏。（十年绝粒）

万继伦妻庞氏。（土桥人，投水死）（十年附传）

曹某妻杜氏，许某妻傅氏。（许家塘头人，贼至投水殉）

邹正清妻某氏，邹正乾妻朱氏，朱凤翔妻某氏，石朝举媳万氏。

女

文生华文焕姊巧姑。（兰姑，荷姑，六年不屈投水，坊郭人）
监生吴镛女顺芳。（怀芳，均在东阳镇殉难）
尹延秀女大姑。（二姑，同绝粒）
凌启连女烈姑。（弟年十三，次十龄，三八龄，妹六龄，姑不从贼，同饿死）
周双姑。（侄某，有传）
以上女，一门殉难。

廪贡生张朝楹女元蓝。（年十六，六年遇贼不屈投水，坊郭人）
增贡生孔广生聘妻张氏。（六年殉难，见《府志》）
贡生王钰女二姑。（见《府志》）
增生葛亮楷女住姑。（有传，坊郭人）
文生骆重晋女大姑，字王。（见《府志》）
文生陈桂芳女华姑。（性贞孝。贼至，自缢死。琅琊乡人）
监生骆登瀛女能姑，监生裴苇云未婚侄妇周氏，监生杨长贵女秀英。（以上三人，均见《府志》）
监生吴大田女，字邱。（有传，上容乡人）
监生孙永礽女五姑。（六年，贼至，投水死。承仙乡人）
监生鲁廿琳聘妻王氏。（坊郭人）
职员孙永佳女大姑。（六年，贼至，投水死。承仙乡人）
吏员徐化成女婢来喜。（有传）
文童罗永珍女毛姑。（有传。琅琊乡人）
阙传宝女贞姑，阙传达女。（俱投水殉）
徐继宽女，聘张。（有传）（均福祚乡人）
笪广训女。（茅庄人，年十五。在谢巷村，贼逼不从，乱刃砍死）
邹顺仁女。（年十三，不从贼，被戕）
糜宏信女大姑。（糜墅人，年十七，贼逼不屈，被炮轰死）
徐盈富女。（年十六，有姿容。十年，贼逼，不从，被戕）（均来苏乡人）
朱春郊女。（有传）
朱焕文女。（有传）（均白土镇人）
王五姑。（被戕。句容乡人）
孔昭敬聘妻秦氏。（庄敬有德。六年，贼至，惧辱，投水）
王孝芳女烈姑。（见附传）
巫仁智聘妻谢氏。（有传）（均琅琊乡人）
侯天才女贞姑。（贼至，投水死）
王大凝女。（有传）
王正渠女四姑。（有传）
王正兰女。（有传）
王兴林女。（骂贼不屈，被焚死）
杨兴文女。（年二十，遇贼不屈，投水）（以上均通德乡人）
范继善女转姑。（有传）
尚世絾女桃姑。（十年殉难）

尚世绩聘妻王氏。（十年，不屈，殉难）
王得菜聘妻钱氏。（十年殉难）（均上容乡人）
吴琴贞女某姑。（骂贼不屈，被磔两段）
高汝顺妹某姑。（年十七，贼逼不从，被戕）（均来苏乡人）
习永良女。（年十五，殉难。望仙乡人）
徐正豪女大阿姑。（贼欲污，不屈，被戕）
徐万昇女韵姑。（恐被污，投水死）
郭全林女。（不屈投水）（均茅山乡人）
包荣朝女。（遇贼，欲犯，投水自尽）
许传仁女。（东山村人，十年不屈被戕）
张长富女。（大河庄人。年十四。不屈被烧死）
汪春源女勤英，汪春沛女贤英。（俱投施家边塘殉难）
杨大姑。（十年，不屈，投水死。临泉乡人）
步雍厚女。（十年，不屈被戕。仁信乡人）
施大金女桂弟。（邓巷村人，见附传）
王长玺妹，聘葛。（有传）
葛姑娘。（不屈，投水）
巫鸣顺女二姑。（有传）（均琅琊乡人）
李朝贞女。（十年投水）
糜国训女爱姑，糜国璜女大姑。（俱不屈被钉死）
芮四跎子女。（年十五，被逼不从，戕死）（均来苏乡人）
朱应达女小姑。（句容乡人）
杨聚才聘妻尹氏。（年十九，在城不屈，被戕）
纪天兴聘妻贾氏。（在杨家边遇贼，不屈，投水）
蒋升品女。（有传）
留姑。（姓逸）
骆崇贞。（见附传）
王同祥女。（北城上人，十年殉）
巫至章女，字陈。（不屈，被断两臂死）
巫道礼女。（年十七，绝粒。均孝义乡人）
胡有万女二姑。（年六十余，贼至，投缳死）
许守富聘妻孙氏。（年十八。贼至，投水死）（均承仙乡人）
魏建勋长女成姑。（幼娴《姆训》。年十九。在上元殷岸村遇贼，不屈，投水）
魏裕元聘妻夏氏。（同姊妹七人避至殷岸村，惧逼，投水）（均临泉乡人）
戴良梓女。（弃水死。仁信乡人）
陈国云女凤英。（见附传）
陈国祥女兰姑。（字绰仙。六年，贼至，投泮池殉）
王苹女龙姑。（有传）（均坊郭人）
周恒生女，聘王。（贼至，恐污，遂投水死）
周孝全女。（年十五，遇贼投塘）
朱士亮女。（年十八，贼欲犯，遂投水，被矛刺死）（均茅山乡人）
贡氏女。（巫家湾人。年三十二。贼至，不屈。推入水死）
田明照女。（年十八。随伯明熙避乱。遇贼，即投水。贼持竿捞女上岸，欲犯，不从，被戕）

商正源聘妻杨氏，吴华南女玉姑，汤家齐聘妻陶氏，杨家钟聘妻张氏，杨家顺聘妻端木氏，杨宏连女大姑，陶凝昌女六姑，朱大姑、字杨。（杨柳村人。以上皆不屈投水）

　　陈兴治女。（南社村人。年十七。十年，见贼，投水死）

　　朱绳聘妻孙氏。（杨柳村人。年十四。六年，投水死）

　　高汝森女桂英。（十年，被戕）

　　朱荣庆女。（同治元年投水）

　　王世兴女。（殉难）

　　凌长荣女。（年十五。殉难）

　　戴某女。（年十七。殉难）（以上均来苏乡人）

　　许翼庭女大姑。（殉难。承仙乡人）

　　滕志方聘妻王氏。（年十八。十年，遇贼不屈，投塘被刺死。茅山乡人）

　　华本信女。（六年，遇贼不屈，投赤山湖死。上容乡人）

　　李一凤妹，魏元仁女，曹国维女乔姑，曹家合女三姑。（俱殉难）

　　经德廉女大姑，字戴。（年十七。被掳，诱胁半日，不屈，戕死）

　　戴二姑。（不屈，投河）（以上均临泉乡人）

　　乔大姑。（榨上村人。同治元年，绝粒死）

　　王德芳聘妻钱氏，裴满贞（苇云侄女），朱孔群女大姑，朱孝栋聘妻孙氏，王淮洲女二姑，字孙（土桥镇人，投水殉），钱枝元女二姑、字王（十年，在王家村殉难），姚奇安女小英（姚家村人，十年不屈死），许大文女巧姑，戴朝楷聘妻经氏，朱智远聘妻骆氏，骆崇普女、字王。（以上均见《府志》）

　　鲁正朝女贞姑（福祚乡人），王某女转姑（孝义乡人），俞宗洛聘妻骆氏（十年殉苏州难），徐王氏女徐云林（见版位），赵耀民女信姑（端赵村人）

节　妇

　　文生朱淼祖母李氏（昌祐妻李氏），文生骆中骅妻曹氏（敬堂妻吴氏），文生骆沅叔母李氏（正湘妻王氏）。（均见《府志》）

　　文生赵成澍妻吴氏。（夫死守节，一门八口同日殉难。承仙乡人）

　　监生王锦继妻包氏。（年二十二，守节六年，骂贼投塘死。媳贞豫，妻张氏，十年殉）

　　监生王庆瑞妻陈氏（心一妻周氏），吴某妻郭氏（子宇鹤，媳骆氏，十年殉难），卢某妻樊氏（子庆臻，十年殉难），樊某妻葛氏（一门殉难），张某妻孙氏（子康训），陈绍芳妻王氏（有传，克银女羊姑），张成基母许氏（妹闺贞），杨良栋妻李氏（子妇未婚张氏），汤家宽妻戴氏（子一，汤巷人），张瑾怀妻李氏（女大姑、二姑、三姑，以上俱十年殉）。（自王包氏以下均见《府志》）

　　王健善妻杜氏（年二十九守节抚孤。至庚申年六十八。贼索金不得，被系梁焚死。子四聚德，聚瑶、聚江、聚海，侄隆福，同被戕。聚江妻许氏，聚海妻张氏，俱绝粒死。通德乡人）

　　俞学渊妻许氏。（夫死，守志。十年，与幼女赴水殉难。承仙乡人）

　　蒋厚泽妻王氏。（年二十一，守节抚孤。十年，大乱。携幼子投水殉难。上容乡人）

　　步喜进母吴氏，程大绪妻王氏。（以上二门，均青年守节，一门殉难，略见附传）

　　以上节妇一门殉难。

　　从九品李步瀛妻孔氏，文生骆重鼎女张骆氏。（俱十年殉难）（均见《府志》）

　　文生魏元白妻韩氏。（附传。东阳镇人）

　　文生纪光庭妻陈氏。（年二十四，夫故。守节二十年殉）

文生郭业芳妻凌氏。（年二十四守节六年殉难）

监生赵清澈母史氏，文童赵步瀛妻景氏。（俱十年殉）

文童李永昶妻任氏，陈应方继妻周氏。（有传）

张国选妻李氏，张晓章妻耿氏，杜某妻笪氏，杨明纯妻刘氏。（有传）

经德瑚妻孙氏，经某妻雍氏，雍德培妻华氏，俞宏宇妻杨氏，朱道澄继妻李氏，吴承兢妻栾氏（钱家边人），吴士鳌继妻曹氏，王茂迁妻陈氏，张贞昌妻杨氏（徐村人），周笃樑妻华氏。（俱十年殉难）

陈人渊妻笪氏。（陈武庄人。十年殉）

葛大任妻陶氏。（葛桥人）

谢贞魁妻巫氏。（大墓村人，同治二年殉）

陈庆元母文氏。（版位作"任氏"）

杨锡侯妻朱氏，孙凌九妻朱氏，濮德昌妻朱氏（临泉乡人），张春林妻梅氏，张曙堂妻朱氏，王景燦妻华氏，谈经妻骆氏，沈立富妻周氏，经德厚妻杨氏，经森妻张氏，赵某妻史氏，巫立堂妻陈氏。（俱殉难）（自赵清澈母史氏下，均见《府志》）

吴大渥妻李氏。（青年守节。遇贼殉难。见版位）

周章佐妻张氏。（有传。崇德乡人）

秦有庆妻王氏。（附传）

李兴枝妻王氏。（附传）

李兴礼妻侯氏。（附传）

王闻华妻朱氏。（附传）

巫恒言妻丁氏。（附传）（均琅琊乡人）

朱致中妻成氏。（附传。来苏乡人）

李有连妻葛氏。（年三十，守节抚孤。贼至，遇害。附传）

张祚昌妻陈氏。（年十七守节。庚申殉难。附传）

朱胜宝妻韩氏。（年二十四守节抚孤，极孝。咸丰十年投水）

王大临妻夏氏。（有传）

王大宏妻黄氏。（青年守节。贼至，投水）（均土桥镇人）

刘兴忠妻某氏。（守节十四年。闻贼至，自缢死。通德乡人）

唐道祥妻某氏。（张巷村人。守节三十四年。殉难）

戴廷昇母王氏。（史家边人，年二十六守节。同治二年殉难）

徐厚坤妻杨氏。（守节十年，投水死。临泉乡人）

巫启圣妻朱氏。（附传。望仙乡人）

王顺恺妻黄氏。（年二十夫故。极贫。抚孤守节二十三年。庚申殉难）

孙良甘妻某氏。（青年守节。咸丰六年，投水殉。福祚乡人）

朱在钧妻汤氏。（朱家山人，守节三十年。庚申殉难）

陈某妻张氏。（年二十八守节抚孤，至年六十一卒，死兵难。孝义乡人）

吴德錡妻戴氏。（守节三十九年。年五十八。庚申遇贼，不屈，殉难）

陶某妻吴氏。（石函头人。青年守志，抚孤成立。十一年，遇贼不屈。殉难）

王正信妻雍氏。（庚寅年二十八守节。庚申遇贼，不屈，被乱刀死）

高敦礼妻雍氏。（青年守节。七年，闭户不食死）（均临泉乡人）

陈得喜妻阙氏。（有传。坊郭人）

樊绪善妻朱氏。（六年，善被掳。朱守节十年，投水。来苏乡人）

俞礼成妻朱氏。（青年守节。癸亥被贼焚死）

俞连元妻孔氏。（青年守志，殉难当涂）

俞正琴妻陈氏。（守节十五年。十年，贼至，赴水殉难）
俞学俊妻石氏。（年二十七守节。庚申贼至，殉难）
俞秉美妻朱氏。（年二十九守志。家贫，子幼。拮据为生。同治初年，惨遭兵劫，骸骨无存）
倪绳玫妻戴氏。（年二十四守节。咸丰时，遇贼不屈，投水殉）
王福泰侧室姚氏。（年二十一泰故，守节十九年，死难）
王凝慝妻史氏。（年二十六夫故。守节。贼至，闭户饿死）
许治炳妻王氏。（青年守志抚孤。贼至，不食死）（以上均承仙乡人）
张某妻许氏。（守节四十年。同治元年，贼至，不食死）
蒋厚瑛妻刘氏。（年二十七夫故。守节二十年。至十一年，贼至，投水死）
唐承福妻刘氏。（有传）（均上容乡人）
陈某妻凌氏。（文生陈定之嫂，青年守志。骂贼，投水，被贼乱刺死。茅山乡人）
邰义成妻赵氏。（年三十夫故。十年，被贼砍死。凤坛乡人）
王延芳妻徐氏。（年二十一夫殁，抚孤守节四十二年。十年遇贼，死难。通德乡人）
朱清泉妻李氏。（杨柳村人，守贞完白。十年被戕。
王某妻汪氏。（孝义乡人）
朱邦仁妻某氏。（句容乡人）
倪怀琮妻戴氏。（唐陵人。夫故，守节十年。闰三月，遇贼不屈，投水死）
雍越凡妻华氏。（有传）
严治妻甘氏。（青年守节抚孤。遇贼不屈，被害）
包维邦妻王氏。（青年守节抚孤。十年殉难）
刘勋妻徐氏。（有传）
汤惟瑶妻蒋氏。（守节多年，殉粤匪难）
施家宪妻朱氏。（年二十五守节。贼至，闭户饿死）
邹我孝妻施氏。（守节抚孤。贼至，殉难）
张金贵妻骆氏。（年二十五守节。咸丰六年殉难）
汪长钜妻唐氏。
以上节妇殉难。

贞女殉难

岁贡生骆重恒女，字焦。（《府志》）
贞女骆焦氏。（城陷，赴水死。《府志》）
朱恭武聘妻任氏。（有传）
王承祚女，字石。（有传）
邹我堂聘妻施红英。（有传）
朱某聘妻某贞姑。（有传）
凌余观女贞姑。（年六十余。十年殉）

流寓妇女

监生刘兼山妻许氏。（上元人，女一十年殉）

王元肇妻孙氏。（上元人，六年不屈，投水死。大儿，二儿，同殉）
以上流寓妇女一门殉难。

文生庞懋林母陶氏。（上元人，在治西北乡投水殉）
监生李楚贤妻王氏。（上元人。六年不屈，中枪死）
江能立妻吴氏，江能荣妻朱氏。（俱上元人。十年，在治北冯冈村殉难）
潘序九继妻陈氏。（六合人。有传）
萧某妻吕氏。（扬州人，年七十一。在后北墅殉）
陶某妻吴氏。（上元杜桂人。十年投水）
贾泰长妻任氏。（上元人。十年，在妹塘被戕）
吕明盛妻某氏。（溧水人，在张巷里被戕）
李松龄妻周氏，李光益妻娄氏。（俱六合人。在临泉乡殉）
端木贤清妻张氏。（溧水人。十年，在西荆塘投水）
孙维坤妻陶氏。（上元人，投水死）
陈忠书妻万氏。（上元人。十年殉。附传）
王国年女贞姑。（上元人。六年被掳，赴女馆。姑佯喜从行。至大桥畔，猝投水。贼怒，以槊抵之而毙）
吕家兴妻节妇某氏。（上元人。哭夫丧明。贼至，投圊死。附传）
孙志忠妻节妇徐氏。（上元人。年十九守节二十九年。咸丰十年，遇贼，投水死）
殉难妇女，有见传而不见表者，或载诸忠义一门内。兹不复仿《续纂江宁府志》例也。

续补贞烈妇女

刘世昌妻骆氏（妹小姑、巧姑，投水殉），姚某妻马氏（伯姑万氏），王正淘妻戎氏（侄女一，投水死），窦向荣妻刘氏（女一，十年投水），徐道仁妻笪氏（子仁浦、仁培，六年一门殉，坊郭人）
陈六妻某氏（老九妻某氏，同投水。临泉乡人）
王应合妻戴氏。（事姑孝。十年，遇乱，携二子不屈，同被戕）
王博繡妻周氏（与姑投水）（以上妇女，一门殉难）

廪生王文熙妻陈氏，文生窦英华妻吴氏，监生窦佩芳妻朱氏，监生窦儒珍妻陈氏，窦保初妻汤氏，窦步蟾妻林氏，窦学渠妻梅氏，窦纯如妻潘氏，窦庸成妻张氏，王遵礼妻窦氏。（俱遇贼不屈，被戕）
樊志楠妻王氏。（十年殉难）
樊祖富妻邰氏。（六年殉难）
陈汤氏，陈尹氏，陈周氏，陈徐氏，陈朱氏（以上皆铃塘村人，十年同绝粒）
朱达高妻陈氏。（有传）
朱元明张氏，增贡生徐廷佐妻赵氏。（遇贼，触树，死难）
议叙赵燮堂妻许氏。（遇贼坠崖，死难）
许珍灏妻王氏。（骂贼磔死。以上均见《两江忠义册》）（以上妇）

文生陈序东妻张氏。（有传）

文童何政华妻笪氏。（青年守志。兵乱，痛子被戕，投水亡）

赵尊仁继妻孙氏。（道光二十八年守节。咸丰十年，因乱殉难）

陈正禄妻某氏。（杜泽村人，佣工养姑，守志二十年。咸丰十年，自缢）

朱与骥妻刘氏。（守志十年，因乱殉难）

赵宗棠妻傅氏。（守节抚孤。十年，遇贼，不屈殉）

张余广妻李氏。（青年苦节，投水死难）（以上节妇殉）

杨祚悦妻吴氏。（有传）

朱式塘妻杨氏。（有传）（以上续补节妇）

武生王永祚女，字梅。（咸丰三年殉难）（以上贞女殉难）

文生许金鉴女。（年十七，未字。骂贼不从。节节肢解死）

王煜文。（投水死难。均见《两江忠义册》）（以上女）

续纂句容县志卷十五下终

续纂句容县志卷十六　　邑人　杨世沅、张瀛　同纂

金石上

句容为县最古。三茅奥区，环绕其间。金石之多甲於他邑。阅年既久，剥蚀殆尽。咸丰丙辰间，烽火摧残，更不可问。然葛碑梁井历劫不磨，得毋有呵护者耶！今据杨氏世沅所辑《句容金石记》①不下三百余种，可谓夥矣！复采数十种，著於目。其存者，甄录碑文，而以本朝石刻记於次卷。后之君子庶有考焉！志金石。

秦
《李斯篆刻》（见《景定建康志》引《茅山记》）

吴
《衡阳太守葛祚碑额》（见《寰宇访碑录》。正书。今存）

晋
《潘公墓甓》（元康五年，在治北芙蓉山下，今存）
《乂台砖》（咸和四年。见《寰宇访碑录》）
《张壮武祠砖》（咸康四年。见《江宁金石记》）
《仆射纪穆侯瞻碑》（见《集古录目》）
《平西将军广汉侯葛府君碑》（见《江宁金石待访目》）
《太上黄庭内景经》（杨羲书。见《郁冈帖》）

宋
《昭灵沈襄王庙碑》（见《建康志》）

梁
《陶隐居井铭》（天监三年，陈懋宣书，在华阳观。见《建康志》）

---

① 《句容金石记》：杨世沅《句容金石记·序》："光绪辛丑，续修县志。猥以荒陋，分讨金石。采辑既藏，别为是编。校录原文，并附论跋。其有不同，辄下巳意。大雅君子，幸匡正焉。"

《青元观碑》（天监七年，陶隐居撰。见《宏治志》）
《志法师墓志铭》（天监十三年陆倕撰。见《宝华山志》）
《石井栏题字》（天监十五年。见《寰宇访碑录》。今存）
《许长史旧馆坛碑》（天监十七年，陶隐居撰，孙文韬书，见《宝刻丛编》）
《碑阴》（见《金石录》）
《华阳石碣颂》（普通三年，陶隐居撰。见《复斋碑录》）
《茅君九锡文》（普通三年，张绎立，孙文韬书，见《集古录目》）
《碑阴两侧题名》（普通三年，孙文韬书，见《茅山志》）
《陶隐居墓志》（大同二年三月，昭明太子撰，简文帝书。见《宝刻类编》）
《陶隐居墓铭》（自撰。见《舆地纪胜》）
《陶隐居碑》（简文帝撰。见《金石录》）
《陶隐居墓志》（陆倕撰。见《江宁金石待访目》）
《陶隐居贴》（在玉晨观。见《舆地纪胜》）
《太元真人碑》（孙文韬书。见《舆地纪胜》）
《义和寺额》（昭明太子书。见《舆地纪胜》）
《朱阳馆碑》（简文帝撰。见《金陵新志》）
《长沙馆碑》（陶隐居撰。见《金陵新志》）
《曲林馆碑》（陶隐居撰。见《金陵新志》）
《燕洞宫碑》（王文贞撰。见《金陵新志》）
《明庆寺碑》（陈昭撰。见《金陵新志》）
《南康简王神道阙》（见《十二砚斋金石过眼录》。今存）

唐（伪周附）

《李卫公市曹义井记》（武德□年。见《宏治志》）
《法主王远知碑》（贞观十六年，江旻撰，徐硕隶书。见《集古录目》）
《道士王轨碑》（乾封二年十一月，于敬之撰，王元宗书。见《集古录目》）
《王轨碑后题名》（总章元年六月，李义廉书。见《宝刻类编》）
《紫阳观王先生碑》（总章二年。见《舆地纪胜》）
《重立葛仙公碑》（调露二年正月，陶宏景撰，陈昇书。见《金石录目》）
《王法主碑》（文明元年，刘袆之撰，齐怀寿书。见《集古录目》。按，《茅山志·碑目》作"凤阁侍郎刘袆撰"）
《王法主神道阙》（在茅山。见《续纂郡志》。今存）
《岑君德政碑》（景龙二年二月，张景毓撰，僧翘微书。见《集古录目》）
《崇元宫碑》（太极元年四月，孙处元撰，杨幽径书。见《集古录目》。按，《茅山志·碑目》作"《崇元观碑》杨幽经书"）
《崇禧观碑》（太极元年。见《舆地纪胜》）
《修孔子庙碑》（开元十一年。见《江宁金石待访目》）
《立陶隐居碑》（开元十二年九月，梁邵陵王萧纶撰，隶书不著名氏。见《集古录目》）
《贞白先生碑阴记》（开元十二年，司马子微述并书。见《宝刻类编》）
《玉清观四等碑》（开元十五年，陶巨庄撰。见《舆地纪胜》）
《祠三清文》（天宝七载，明皇御制并书。见《集古录目》）
《祠宇宫碑》（天宝七载，柳识撰。见《江宁金石待访目》）
《华阳颂》（天宝九载立，陶宏景撰元宗诏。附见《集古录跋尾》）

《叠玉峰摩崖》（大历三载，颜頵书。见《续纂郡志》）
《元靖先生碑》（大历七年，柳识撰，张从申书。见《集古录跋尾》）
《广陵李君碑》（大历十二年五月，颜真卿撰并书。见《集古录目》。今存）
《赤山湖记》（大历十二年十月，樊珣撰。见《建康志》）
《卢循道三州刺史王师乾神道碑》（大历十三年，杨馆撰，张从申书。见《集古录目》）
《祠宇宫白鹤庙记》（大历十三年，刘识撰，刘明素书。见《诸道石刻录》）
《紫阳观灵宝院钟款识》（大历十四年六月。见《金石萃编》）
《张孝子祠残碑》（建中□年吕倕立石。今存）
《景昭大法师碑》（贞元二年正月，陆长源撰，窦臮书，见《宝刻类编》，今存。
《吴郡张常洧纪孝行铭》（贞元五年，高孚撰。见《宏治志》）
《旌表孝子碑赞》（贞元五年，承璟撰。见《宏治志》）
《吴郡孝子张常洧庐墓记》（贞元□年李哲撰。见《宏治志》）
《赐李炼师诗诏》（贞元十四年，明皇御制，任良友书。见《集古录目》
《三茅君下泊宫记》（贞元十五年，黄洞元撰，卢士元书。见《宝刻类编》）
《修下泊宫记》（元和九年，王师简撰，任参元书。见《集古录目》）
《紫阳观常住庄园记》（长庆二年八月。见《江宁金石待访目》）
《崔元亮游茅山题记》（长庆三年。见《集古录目》）
《紫阳先生碑》（宝历二年三月，李白撰，柳公绰书。见《金石录目》）
《碑阴》（李蘩撰，柳公绰书。见《金石录目》）
《崇元圣祖院碑》（宝历二年，贾餗撰，徐挺古八分书。见《集古录目》）
《李德裕茅山三像记》（宝历二年，八分书。见《集古录跋尾》）
《灵宝院记》（大和三年，王栖霞撰，李子元书并篆额。见《金石林时地考》）
《陆洿茅山题名》（大和三年篆书。见《集古录目》）
《禁山碑》（大和七年。见《舆地纪胜》）
《大泉寺碑》（开成三年，姚薈撰，僧齐操行书。见《金石林时地考》。今存）
《李德裕赠孙尊师诗》（会昌三年，裴方质八分书。见《集古录目》）
《崇明寺尊胜经幢》（大中七年。见《寰宇访碑录》。今存）
《孝子张府君旌表碑》（咸通十四年，王承福书，雪珍题额。见《宝刻类编》）
《张孝子祠残碑侧题名》（咸通□年。今存）
《崇明寺残碑》（乾符四年九月。见《寰宇访碑录》）
《良常山苍龙溪新宫铭》（山元卿撰，蔡少云书。见《茅山志》）
《武仙童碑》（见《诸道石刻录》）
《元靖先生敕书碑》（见《建康志》）
《昇真王先生谥赠碑》（见《建康志》）
《明皇授箓碑》（在崇禧观。见《舆地纪胜》）
《元宗授上清箓碑》（在华阳洞。见《舆地纪胜》）
《崇元圣祖庙碑》（李德裕撰。见《舆地纪胜》）
《许司徒墓碑》（在奉圣寺侧。见《建康志》）
《三茅山记》（见《集古录目》）
《尊胜经幢》（正书，无年月。见《寰宇访碑录》。今存）
《西平将军杜陵侯葛府墓碑》（在县治西七里。见《建康志》）
附《体元先生潘尊师碑》（圣历二年，陈子昂撰。见《金石林时地考》）

南唐

《贞素先生栖霞碑》（保大壬子，徐铉撰并篆额，徐锴八分书。见《宝刻类编》）
《重立吴太极左仙翁葛元碑》（陶隐居撰，保大十四年七月。见《复斋碑录》）
《题葛仙翁碑阴文》（保大十四年，王元撰并书，王邕题额。见《宝刻类编》）
《题陶隐居铭》（保大十四年。见《舆地纪胜》）
《青元观殿碑》（保大十五年，贾穆撰。见《舆地纪胜》）
《紫阳观碑》（己未十二月，徐铉撰，杨元鼎书并篆额。见《宝刻类编》）
《茅山徐锴题名》（太岁庚申。见《宝刻类编》）
《王文秉小篆千字文》（大唐庚申。见《集古录跋尾》）
《王文秉紫阳石磬铭》（岁在辛酉，张献撰。见《集古录跋尾》）
《般若心经》（王文秉刻字。在句容人家。见《集古录目》）
《许真人井铭》（徐铉撰并篆书。见《金石录目》）
《元素先生碑》（徐铉撰。在玉晨观。见《舆地纪胜》）
《复禁山碑》（徐铉文。见《金石林时地考》）
《故元博大师王君碑》（徐铉文。见《舆地纪胜》）
《茅山徐铉题名》（篆书见《复斋碑录》）
《骑省石徐铉题名》（见《诸道石刻录》）

北宋

《奉勅禁茅山樵采记》（大中祥符二年。见《建康志》）
《华阳洞陈遵题名》（天圣四年。见《江宁金石记》。今存）
《五云观碑》（庆历二年，晏殊撰，胡恢书。见《茅山志》）
《华阳洞丹阳陈渊浚涣题名》（庆历八年。见《江宁金石记》。今存）
《重修夫子庙记》（皇祐二年，方峻撰。见《宏治志》）
《华阳洞太常博士范民长、裴道题名》（皇祐二年。见《江宁金石记》。今存）
《重修青元观记》（熙宁十年，袁毂撰。见重刻石）
《新移夫子庙记》（元丰二年，叶表撰。见《宏治志》）
《集仙桥下诗碣》（元祐元年。见《建康志》）
《金刚般若波罗蜜经》（绍圣元年七月）
《佛说观世音经》（绍圣二年四月）
《贤劫千佛名经》（绍圣三年五月。以上三碑见存塔上）
《崇禧观甆》（绍圣三年，见《续纂郡志》。今存）
《崇明寺大佛殿庄功德记》（元符三年正月，李潜撰并书。在崇明寺唐碑之阴。见《寰宇访碑录》，今存）
《庄功德记碑侧》（元符三年，见《江宁金石记》。今存）
《茅山蓬壶洞石豫题名》（崇宁元年正月，见《寰宇访碑录》）
《茅山华阳洞陈孚先等题名》（崇宁元年四月。见《寰宇访碑录》，今存）
《茅山玉柱洞题名》（崇宁元年，见《寰宇访碑录》）
《茅山玉柱洞乔叔通题名》（崇宁四年十二月。见《寰宇访碑录》）
《元符观碑》（崇宁五年八月，鲍慎辞撰。见《茅山志》）
《元符万宁宫记》（大观元年二月，蔡卞撰。见《茅山志》）
《后序》（大观元年四月，鲍慎辞记。见《茅山志》）
《茅山华阳洞曾审言等题名》（大观元年五月。见《寰宇访碑录》。今存）

《华阳先生解化碑》（政和元年四月，蔡卞撰并书。见《茅山志》）
《宣和御制化道文碑》（政和二年，张继先书。见《茅山志》）
《冲隐先生遗爱碑》（政和二年十一月，张继先撰。见《茅山志》）
《冲隐墓志铭》（政和三年，蔡卞撰并书。见《茅山志》）
《观妙先生幽光阐扬之碑》（政和五年，陈辅撰。蔡仍书。见《茅山志》。今存）
《华阳宫记》（政和七年，郭衡撰。见《建康志》）
《观龙歌》（真宗御制并书，见《茅山志》）
《训廉铭》
《子民箴》（以上二碑，英宗赐县令者。见《乾隆志》）
《葛仙翁炼丹井铭》（方峻撰。见《宏治志》）
《昭灵沈襄王碑》（陈尧咨撰。见《建康志》）
《元符万宁宫经藏记》（见《茅山志》。按，《碑目》，秦焴撰，阙文）
《栖真观碑》（尹士牟撰。见《建康志》。按，《茅山志》作"卢士牟"）
《元阳观记》（朱拱臣撰。见《茅山志》）
《华阳洞张璪、胡恢题名》（见《江宁金石记》。今存）
《华阳洞陈辅、郭微题名》（见《江宁金石记》。今存）

南宋

《崇禧观铭》（绍兴三年十月，张商英撰。见《建康志》）
《武仙童像碑》（绍兴三年十月。见《茅山志》）
《崇明寺转轮藏记》（绍兴九年，马云夫撰。见《苍润轩碑跋》）
《茅山广济庙勅牒》（绍兴二十年。见《寰宇访碑录》）
《大观圣作之碑》（绍兴二十四年，龚涛建。见《宏治志》。今存）
《重修夫子庙记》（绍兴二十四年三月，江宾王撰。见《宏治志》）
《玉晨观钱端英题名》（绍兴三十二年闰月。见《寰宇访碑录》。今存）
《圆寂寺碑记》（乾道八年，周孚撰。见《宏治志》）
《华阳洞题名》（丁酉岁季冬。见《寰宇访碑录》）
《重修建康府句容县南庙记》（淳熙四年，赵善言撰书。见《南宫乘》）
《总管赵士旿墓志》（淳熙八年，见《建康志》）
《凝神庵记》（淳熙十年九月，李处全撰。见《茅山志》）
《玉晨观钱端英题名》（淳熙十一年四月。见《寰宇访碑录》。今存）
《句容县题壁记》（淳熙十五年，黄敏德撰。见《建康志》）
《句容县均豁和买记》（口泰四年，韩沆撰并书。见《建康志》）
《嘉定皇后受箓碑》（嘉定三年，朱拱臣撰并书。见《茅山志》）
《白云崇福观记》（嘉定四年九月，戴豀撰，黄中书，曾暎篆题。见《茅山志》）
《重立三茅像记》（宝庆三年，李德裕撰。见《建康志》）
《放生池记》（绍定元年张偘撰。见《旧志》）
《五瑞图序跋》（绍定二年三月，刘宰撰。见《宏治志》。今存）
《句容建学记》（绍定五年，刘宰撰并书。见《建康志》）
《洞阳宫记》（嘉熙口年，张湜撰并书。见《茅山志》）
《颜鲁公祠堂记》（淳祐二年，王遂撰并书。见《建康志》）
《句容县城甎》（淳祐六年。今存）
《加封三茅真君诰》（淳祐九年三月。见《宏治志》。今存）

《砌街记》（淳祐□年，张榘撰。见《宏治志》）
《重修青元观记》（咸淳三年，花新撰，王子巽立。见重刻石）
《明清堂记》（咸淳四年，赵子寅撰。见《宏治志》）
《阴符、清净二经》（孝宗御书在凝神庵。见《江宁府志》）
《景福万年之殿》六大字（理宗御书赐元符观。见《建康志》）
《灵休介福元坛》六大字
《圣德仁祐之殿》六大字
《褒仙镇宝》四大字
《宝珠林》三大字（以上四种俱理宗御书，赐崇禧观。见《建康志》）
《资政管元善墓铭》（白时中撰。见《建康志》）
《明庆寺记》（见《建康志》）
《罗天感应碑》（见《茅山志》）
《永仙观宗先生碑》（见《建康志》）
《徐公墓碑铭》（邓光荐①撰。见《宏治志》）
《瑞麦图记》（徐筠撰。见《宏治志》）
《德寿殿紫石茶磨御制铭》（赐凝神庵，见《茅山志》）
《东阳镇卢君庙记》（何兴撰，俞孜书。见《寰宇访碑录》）
《华阳洞程迪题名》（见《寰宇访碑录》，今存）
《华阳洞毕之翰等题名》（见《寰宇访碑录》，今存）
《华阳洞魏中庸等题名》（见《寰宇访碑录》，今存）

元（伪宋附）

《句容县修学记》（元贞二年七月口文龙撰，见《寰宇访碑录》）
《崇明寺罗汉院奉祀田记》（大德元年，胡芳叔撰文。见《张氏谱》）
《僧觉春题名》（大德七年，刻于《崇明寺庄功德记》之侧，见《江宁金石记》。今存）
《加封孔子诏》（大德十一年，阎复拟别速台书。见《宏治志》。今存）
《重建县学记》（至大二年五月，王構撰，潘汝劼书。见《宏治志》）
《朱东溪墓铭碑》（至大二年，王去疾撰，赵孟頫书。见《乾隆志》）
《华阳道院铭》（至大三年，元明善撰，赵孟頫书。见《古金石考》）
《旌表樊渊孝廉碑记》（皇庆二年。见《宏治志》）
《崇禧万寿宫额勅》（延祐六年，仁宗御赐。见《寰宇访碑录》。今存）
《崇禧万寿宫道士陈志新谢表》（延祐七年三月。见《续纂郡志》。今存）
《昭灵沈襄王祠记》（延祐七年。见《续府志》。今存）
《崇禧万寿宫碑》（至治元年王去疾撰，赵孟頫书。见《宏治志》。今存）
《崇寿观碑》（至治二年，虞集撰并书。见《宏治志》）
《石灯铭》（泰定元年，张嗣真重刻。见《茅山志》）
《句曲山洞泉铭》
《福乡井铭》
《宏道坛铭》（以上三铭，俱泰定元年玉虚子撰。见《茅山志》）
《重修天王寺记》（泰定二年十月，胡炳文撰，程恭书，张季修题额。见《宏治志》。今存）

---

① 邓光荐：据《句容徐氏家谱》五卷："《德轩处士徐公墓志铭（讳洪）》：盖倾予登句曲直东南望数峰，俨然水仓玉立……前朝散郎、礼部郎官兼学士院邓光荐撰并书。"

《乡贤祠记》（泰定三年七月，胡炳文撰，程益书，刘元明篆额。见《宏治志》。今存）

《加封孔子诏》《碑阴题识》（至大三年七月，刘元明书、篆额）

《南山处士张民瞻墓志铭》（天历元年。今存）

《句容县学田记》（至顺二年二月，许良知撰，吴□文书。见《寰宇访碑录》。今存）

《加封文宣王夫人并官氏制》（至顺二年六月。见《寰宇访碑录》。今存）

《加封启圣王及王夫人制》（至顺二年九月。今存）

《加封颜子、孟子制》（至顺二年。见《宏治志》。正书今存）

《加封曾子、子思制》（至顺二年九月。见《宏治志》。今存）

《封豫国洛国公制》（至顺二年九月。见《宏治志》。今存）

《西岩处士朱公墓志铭》（至顺二年十月，文载《补志》）

《刘仙翁冠剑虚室碣》（至顺四年正月。见《续纂郡志》。今存）

《白云崇福观记》（元统元年十月，赵世延撰，杨刚中书。见《寰宇访碑录》）

《县学圣旨碑》（元统二年三月。见《寰宇访碑录》）

《总霸高公碑铭》（至元二十九年，刘因撰。郭畀书并篆额。文载《补志》）

《句容县恭刻制词记》（后至元四年五月，张起岩撰，孔思立书，见《宏治志》。今存）

《碑阴》（今存）

《县学大乐礼器碑》（后至元五年五月，赵承禧撰，曹复亨八分书，姚绂篆额。见《宏治志》。今存）

《碑阴》（见《寰宇访碑录》。今存）

《重建城隍庙记》（至正元年八月，周伯琦撰，章仁恕立石。见《宏治志》）

《重建达奚将军庙记》（至正二年正月，林仲节撰，樊嗣祖书并篆额。见《宏治志》。今存）

《碑阴题名》（见《寰宇访碑录》。今存）

《重修明德堂记》（至正二年，贡师泰撰。见《宏治志》）

《重修儒学记》（至正八年五月，偰笃哲撰。见《宏治志》。今存）

《崇明寺经藏院记》（至正八年八月，僧廷俊撰。僧师一书。见《宏治志》）

《西石路记》（至正九年，忽欲里赤撰。见《宏治志》）

《小金山寺记》（至正九年，南海牙撰。见《宏治志》。今存）

《玉晨观记》（至正十年二月，金镛撰。见《茅山志》）

《元林朱公墓志铭》（至正十三年二月，俞希鲁撰文，杨如山书篆。载《补志》）

《元符万宁宫记》（至正十三年。见《寰宇访碑录》）

《重修社稷坛记》（至正十三年，樊仲式撰。见《宏治志》）

《三清阁石星门记》（至正十三年十二月。杨氏藏有拓本）

附《重建虎耳山龙神庙记》（龙凤九年，俞希鲁撰。见《宏治志》。今存）

《黄原朱公墓志铭》（癸卯二月，赵权撰。载《补志》）

明

《封句容县城隍神诰》（洪武二年正月，见《宏治志》）

《御制嘉瓜颂》（洪武五年六月。见《宏治志》）

《瑞麦颂》（洪武□年，樊焘撰。见《宏治志》）

《瑞麦记》（洪武□年，赵仲衡撰。见《宏治志》）

《重修学校记》（洪武十五年，朱纯撰。见《宏治志》）

《重修戟门记》（永乐十五年，胡俨撰。见《宏治志》。今存）

《重建宣圣祠记》（永乐十九年，孔希潮撰。见《宏治志》）

《重修明德堂记》（宣德三年，苗衷撰。见《宏治志》）

《玉泉寺记》（宣德四年，谢璘撰。见《宏治志》）
《石楼冈祠堂记》（正统元年，张文炯撰。见《补志》）
《刑部郎中谢君墓表》（正统五年十二月，王英撰。见《宏治志》）
《兴国知州樊公墓铭》（正统十年，魏骥撰。见《宏治志》）
《儒学进士题名记》（正统十三年，周叙撰。见《宏治志》。今存）
《重修青元观记》（正统十三年十二月，林瑱撰。见《宏治志》）
《射圃记》（正统十四年，陈敬宗撰。见《宏治志》）
《礼部戒士榜文》（正统□年，韩鼎立石。今存）
《砌街记》（景泰四年，邢宽撰。见《宏治志》）
《右都督赠溧阳伯纪僖顺公神道碑》（景泰四年，许彬撰。罗亨信书。见《纪氏家乘》。载《补志》）
《重修三清殿记》（景泰四年，王直撰。见《宏治志》）
《怡云孙处士墓表》（景泰五年，陈鉴撰。今存）
《前光寺记》（景泰七年，刘铉撰。见《宏治志》）
《昭圣寺碑铭》（景泰□年，王韶撰。见《宏治志》）
《赐吏部尚书曹义祭葬碑》（天顺元年立。今存）
《重修三圣庙记》（天顺五年，吴节撰。见《宏治志》。今存）
《南京吏部尚书曹公神道碑》（天顺五年，李贤撰。见《宏治志》。今存）
《凌公永通墓碑铭》（天顺六年，张谏撰。见《宏治志》）
《中书舍人曹廷端墓表》（成化元年，倪谦撰。见《宏治志》）
《瑞麦记》（成化三年，陈汝珪撰。见《宏治志》）
《钦天监监正高公墓碑铭》（成化三年，章纶撰。见《宏治志》）
《华阳洞天祈嗣灵感之碑》（成化四年五月，陶元素撰，徐暹书并篆额。见《茅山志》）
《重修龙源道院记》（成化五年，张绅撰。今存）
《太仆张公神道碑》（成化七年，商辂撰。见《宏治志》。今存）
《重修龙潭水马驿记》（成化十一年，许彦忠撰。见《宏治志》）
《崇明寺千佛阁记》（成化十二年，僧文焕撰。今存）
《碑阴题名》（今存）
《崇明寺千佛院纪先宗事实记》（成化十二年，僧文焕撰。今存）
《碑阴题名》（今存）
《重修塔记》（成化二十年，王韶撰。见《宏治志》）
《象山知县凌傅墓碑铭》（成化二十二年，刘宣撰。见《宏治志》）
《重建文庙记》（成化二十四年，尹直撰。见《宏治志》）
《青州府通判居公墓碑铭》（成化□年，刘宣撰。见《宏治志》）
《封翰林院编修文林郎曹公墓碑》（杨荣撰，朱晖书。成化□年立）
《监察御史戴先生墓碑铭》（弘治元年，王韶撰。见《宏治志》）
《天下宗庭》四大字（弘治十年，阎永德书。今存）
《大茅峰圣佑观记》（弘治十年五月，杨一清撰，张绅书，王韶篆额。见《茅山志》）
《重修东霞寺记》（嘉靖元年，鲁钺撰。今存）
《重修庙学记》（嘉靖二年，杨廉撰，汪伟书。见《乾隆志》。今存）
《圣贤道统赞》（嘉靖四年，陈凤梧撰。今存）
《白云崇福观记》（嘉靖七年。今存）
《赐右副都御史丁沂祭葬碑》（嘉庆八年十二月立。今存）
《茸张孝子常洧之碣记》（嘉靖十一年，王暐撰。见《乾隆志》。今存）

《三茅述异记》（嘉靖十五年二月，卢发端撰。见《茅山志》）
《积金山庵碑》（嘉靖十五年四月，陈沂撰，李鳞书，李鶯篆额。见《茅山志》）
《积金峰玉皇阁记》（嘉靖十五年四月，乔宇撰并篆额，李鳞书。见《茅山志》）
《重刻唐孝子常洧之碑》（嘉靖十五年，陈文浩立石。今存）
《玉晨观洞宫记》（嘉靖十六年九月，陈沂撰并书丹篆额。见《茅山志》）
《名宦乡贤祠记》（嘉靖二十三年，杨沔撰。见《乾隆志》）
《诰赠都察院右都御史王昇、王槐制》（嘉靖二十四年立石，在王氏祠。今存）
《积金峰三官殿记》（嘉靖二十九年张子宏撰。见《茅山志》）
《义勇武安王创建神祠记》（嘉靖三十五年陈诏撰。今存）
《骊山高母张孺人墓志铭》（嘉靖癸丑年，瞿景淳撰，杨廷相书。文载《补志》）
《重修文庙记》（嘉靖四十年，许彦忠撰。见《乾隆志》）
《张孝子义台》五大字（嘉靖四十一年。今存）
《重刊熙宁青元观记》（嘉靖四十二年，陈永敖书，贾正元重立。今存）
《重刊咸淳青元观记》（嘉靖四十二年，贾正元重立。在上碑阴）
《嘉靖御注视听言动心五箴碑》（在学宫，碑五。今存）
《嘉靖御制敬一箴》（在学宫，今存）
《嘉靖圣旨碑》（嘉靖七年立，在学宫。今存）
《菜铭碑》（嘉靖□□年徐九思立。见《乾隆志》）
《徐侯茅山生祠记》（嘉靖□年，李宠撰。见《乾隆志》）
《重刻东阳卢君庙记》（嘉靖□年，见《寰宇访碑录》）
《新建句容县城记》①（嘉靖□年②李春芳撰。见《乾隆志》。今存）
《唐颜鲁公祠堂碑记》（乾隆六年正月重立。今存）
《督学题名记》（隆庆三年七月，焦竑撰，朱之蕃书。见《乾隆志》）
《文星楼碑》（隆庆三年，沈升撰。见《乾隆志》）
《司训崔天池先生墓碑》（隆庆□年，沈升立。见《乾隆志》）
《周侯生祠记》（隆庆□年，殷迈撰。见《乾隆志》）
《社公庙碑记》（万历元年，高一登撰。今存）
《察院题名记》（万历四年，宋仪望立石并识。今存）
《笪仲拾公墓志》（万历七年，笪鸠撰。今存）
《有道阎希言碑》（万历十五年，李天麟撰。今存）
《乾元观记》（万历十八年，程拱日书。今存）
《乾元观万松道院记》（万历十八年，高沔撰。今存）
《勅赐大茅峰九霄宫碑记》（万历二十一年六月，李国详撰，蔡拱日书，喻政篆额。见《茅山志》）
《儒学文昌阁记》（万历二十二年，焦竑撰。见《乾隆志》。今存）
《重修朱化义民坊记》（万历二十三年正月，朱宗光撰书。载《补志》）
《新建督学察院记》（万历二十三年，余孟麟撰。见《乾隆志》。今存）
《颜坟庵碑记》（万历二十四年，朱宗光撰。文载《补志》）
《李文定公题藏寺壁诗》（万历二十五年，李茂材立石，章草刊字。兴化李氏藏有拓本）
《新建陈侯生祠记》（万历二十六年，朱之蕃撰。见《乾隆志》）
《奉律亭记》（万历三十三年叶向高撰。在茅山。今存）

---

① 《新建句容县城记》：《贻安堂集》三卷题作《句容县新筑城垣记》。
② 嘉靖□年：据清杨世沅《句容金石记》八卷载："嘉靖三十四年立，翰林院修撰、邑人李春芳撰碑。"

《华山雪浪大师塔铭》（万历三十六年，邹迪光撰。见《宝华山志》。今存）
《宝华山隆昌寺铜殿碑》（万历四十三年十一月，焦竑撰。见《宝华山志》。今存）
《碑阴》（见《宝华山志》。今存）
《宝华山护国隆昌寺碑》（万历四十三年十一月，黄汝亨撰。见《宝华山志》。今存）
《碑阴》（见《宝华山志》。今存）
《丁公生祠记》（万历四十四年，顾起元撰。见《乾隆志》。今存）
《碑阴题名》（今存）
《常司训先生去思碑》（万历四十四年，见《乾隆志》。今存）
《茅山郁冈重建乾元观记》（万历四十六年，顾起元撰书。今存）
《道人江文谷传》（万历四十六年，于孔兼撰，李教顺书，在茅山。今存）
《修建都察院碑》（万历□年，宋仪望撰。见《乾隆志》）
《新建华阳书院碑记》（万历□年李春芳撰。见《乾隆志》。今存）
《司铎吴泌南先生去思碑》（万历□年，杨於庭撰。见《乾隆志》）
《丁侯德政记》（万历□年，茅一桂撰。见《乾隆志》）
《广东参将陈南塘墓坊》（万历□年，朱之蕃书。在土桥北。今存）
《魏太尉钟繇千字文》（万历□年，王损庵摹刻於茅山。邑人胡景洛蒙藏拓本）
《重建圣祠寝室记》（天启二年，孔贞运撰，余合书，郑三益篆额。在福祚乡。今存）
《重建归善庵碑》（天启二年，王祚远撰。今存）
《修古柏枝洞记》（崇祯元年十月，卢世㴶撰。见《茅山志》）
《重修学宫奎阁碑》（崇祯□年。见《乾隆志》）
《永禁开窑穿凿碑》（崇祯十五年二月立石。今存）
《朱氏世德之碑》（见《乾隆志》）
《华阳洞杨一清诗刻题名》（今存）
《重修宣圣祠记》（吴文梓撰。见《乾隆志》）
《吴侯去思碑》（张榜撰。见《乾隆志》）
《过成山江左书院记》（孔贞运撰。见《乾隆志》）
《鸣鹤山建三台阁碑》（金兰撰。见《乾隆志》）
《督学金公德政碑记》（王祚远撰。见《乾隆志》）
《朱松溪处士墓铭碑》（陈榛撰。见《乾隆志》）
《建东新闸记》（杨时乔撰。见《乾隆志》）
《重修玉晨观碑》（顾璘撰，王逢元书，徐鹏举篆额。见《茅山志》）
《雪浪大师塔铭》（见《宝华山志》。今存）
《陈凤梧诗碣》（大茅峰龙王殿嵌壁。今存）
《五王殿碣》（见《乾隆志》）
《捐修启圣祠碣》（见《乾隆志》）
《晋冯少君碑》（秦立立石。见《乾隆志》杂识。今存）
《何节妇桥碑》（明参政张绅撰，唐皋题诗。见"建置"）
《兰亭石刻》
《佛说四十二章经石刻》（以上二种，今存）

补 遗

梁

《燕洞宫碑》（邰陵王撰。见《茅山志》"碑目"）

唐

《经藏碑》（检校尚书彭渎奉勅撰。见同上）
《孙先生碑三传箓记》（待御冯宽撰。见同上）
《白鹄庙记》（柳识撰，张从申书。见同上）
《徐法师碑》（大理寺评张唯素撰。见同上）
《邓威仪碑》（南唐徐楷撰。见同上）

宋

《玉霄庵碑》（和州使君卢士牟撰。见同上）
《武仙童与朱观妙书》（政和八年，杨守程题志勒石。见《茅山志》）
《凝和陈先生碑》（阙撰人名。见《茅山志》"碑目"）
《罗天感应碑》（山人侠遗撰。见同上）
《冲隐先生遗表碑二通》（笪净之撰。见《茅山志》）
《王液庵记》（刘宰撰。见《茅山志》"碑目"）

元

《玄洲倡和诗碣》（至治二年四月，张羽、赵孟頫同撰书。见《茅山志》）

明

《封光禄大夫、大学士李镗墓碑》（按，碑数通俟访详补。墓在龙潭镇。碑尚存）[1]

续纂句容县志卷十六

---

[1] 李按：据徐铉《骑省集》十六卷有《唐故常州团练判官检校尚书左仆射刘公墓志》。
据《华阳翰墨》（主编：欧红卫）"拓本"收载有清康有为《清一品太夫人南海康氏显妣劳太夫人墓表》。
据康有为《康南海先生诗集》十三卷有《丙辰十月七日宿茅山陶隐居松风阁怀仅叟侍郎年丈并示勉甫弟》《丙辰十月偕李明庶、杨啸谷、罗根登大茅山顶》，十五卷有《中茅》《宿茅山之郁冈陶隐居松风阁》《偕龙积之访陶隐居坟，草间三断石，翻之磨洗，得文，认为唐碑》《十三日偕积之弟访华阳洞》《十四日夕与钱凝踏月上茅山，自印宫至白云观，横过积金峰，月色佳绝》。

续纂句容县志卷十七上　　　　邑人　张瀛　分纂

金石（中）

《吴衡阳太守葛祚碑额》（正书今存）
"吴故衡阳"
"郡太守葛"
"府君之碑"
《吕府志》云：葛祚碑额正书钜刻，屹立句容城西梅家边。（所引《搜神记》已见《旧志》祚传中）
按，额书方径二寸五分，碑文漶漫不可辨，碑长六尺，宽二尺，厚六寸，首锐中穿，俯立不仆，石纹斑驳，奇古可爱。

《晋潘公墓甓》（分书阳文，在县治北四十里芙蓉山下）
"元康五年番公辟"
"番公""周买""丙丁"
砖长九寸五分，宽四寸六分，厚一寸六分。辛丑二月芙蓉山下，樵者以尖担植地，见砖榔，疑有窖藏，掘之得古砖，尽碎，尚余数十枚。上书"元康五年番公辟"。顶头一边有"番公"二字，一边有"周买"二字，又旁边有"丙丁"二字，皆阳文，分书。按，汉宣帝、晋惠帝均有元康年号。文虽古朴，质不甚坚致，恐非汉代物。山下居民携取立尽。秋八月，瀛始获其一，以质好古者。

《梁石井栏题字》（正书今存）
"梁天监十五"
"年太岁丙申"
"皇帝愍商"
"旅之渴乏乃"
"诏茅山道士"
"（阙）永若作井"
"及亭十五口"
《吕志》云："井在句容城守署，栏刻三十五字。乾隆甲申[1]阳湖孙观察星衍始访得之。"

---

[1] 乾隆甲申：乾隆二十九年（1764年）。

瀛按，栏高二尺，口围七尺，下周九尺，字迹漶漫，隐约可辨，笔意似《瘗鹤铭①》，见存学宫。

《南康简王神道阙》（正书今存）

"梁故侍中中军将"

"军开府仪同三司"

"南康蕑王之神道"

"南康蕑王之神道"

"军开府仪同三司"

"梁故侍中中军将"

《续府志》述莫氏友芝云："《梁书》：南康简王绩，高祖第四子也，普通五年②，加护军将军，大通三年③，薨於任，赠侍中、中军、开府仪同三司。《金陵新志》：南康简王墓在句容西北二十五里。"同治己巳④，甘泉张肇岑访获。按，石柱二，亦左右顺逆读。"简"作"蕑"者，当时省体。据《梁书》：绩以安右将军领石头戍事，寻加护军，薨於任。梁代墓阙多书赠官，而不书所终之官，盖当时通例如此。（光绪辛丑⑤，瀛至其处，地名石狮埠，柱高二丈，顶有圆盖，字迹明显，狮高丈余，奇伟雄古，色黳黑，对踞阙旁，润汗欲滴）

唐王法主神道阙（正书今存）

"神道"

"法主师之"

"太平观王"

"唐故国师"

《续府志》云：文逆读。此西阙也，句容尚兆山访得之。《集古录》目有《太平观主王远知碑》，又有《王知远后碑》。知远乃远知之误。据《茅山志》，远知化於贞观九年八月。《志》云："时称王法主。"与阙文合。《吕志》"仙释"有《远知传》。《舆地纪胜》有《王法主碑》，唐刘祎之撰，齐怀寿书碑曰："昇真以文明元年，立在茅山。"

叠玉峰摩崖（正书）

"叠"

"玉"

"唐大历三载吴"

"开国公尝道此"

"建中三"

"道士吴筑"

"琅琊颜頵题"

《绪府志》云："光绪六年，句容尚兆鱼访得之。""叠玉"字径尺，小字亦径寸许。唐肃宗乾元

---

① 瘗鹤铭：一种碑铭。梁天监十三年华阳真逸撰。正书，文自左至右。碑在江苏镇江焦山崖石上，后陷落江中，南宋中曾挽出，后复堕江，清康熙间陈鹏年募工出之，共五石。

② 普通五年：524年。

③ 大通三年：531年。

④ 同治己巳：同治八年（1869年）。

⑤ 光绪辛丑：光绪二十七年（1901年）。

改元，即称年。代宗朝不复称载。此书"大历三载"，私家题署，不必与官文书合。"吴开国公"不知何人。颜鲁公先世南琅琊人，迁北后亦居琅琊。頵为鲁公长子，见《新唐书·鲁公传》。据《通鉴》：建中三年，鲁公仍官京师。其明年即宣慰李希烈矣！頵以贞元六年授五品正员，官在鲁公授命之后，亦见《新唐书·鲁公传》。頵书，金石家未著录。此摩崖字甚伟丽，又出忠义之门，洵可宝也。"叠玉"右空行，刻□□庚□春李承芳刷洗。承芳疑是明人。

瀛按，此石据茅山道士云"遍访不获"。《金陵续诗征》云"得诸钟山"。岂摩崖石壁尚可移置耶？姑录之。暇日重访。

《广陵李君碑》（正书今存，文补载《杂俎》）

有唐茅山元靖①先生广陵李君碑铭。

金紫光禄大夫、湖州刺史、上柱国、鲁郡开国公颜真卿撰并书。大历十□年夏五月建在玉宸观。

《吕府志》云："观乃陶隐居之朱阳馆，唐太宗时更名华阳观。元宗时更名紫阳。宋祥符初始改今名。观於嘉靖三年遭郁攸②之厄，碑以毁碎。乾隆己亥③冬，嘉定钱少詹大昕游茅山，将碎碑聚置一处，得二十一枚，存千五百余字，后桐城汪中丞志伊以所藏拓本全文重刻，并立碎碑之侧。碑中所称隐居先生，陶宏景也；昇元先生，王远知也；体元先生，潘师正也；正一先生，司马子微也。元靖父私谥贞隐，碑作正隐，盖鲁公避家讳尔。

瀛按，此碑，汪中丞辇至学廨，补刻另刊缩本及记，砌石建亭而覆之。丙庚④之乱，零落无存。同治壬申⑤，张氏肇岑访得二石。逾年，秦学博焕偕诸生获大小碎石三十四片，总五百二十六字，合摹刻三石，嵌诸廨壁。（缩刻及汪记二石，均断缺）

张孝子祠残碑（正书今存）

"□□□□□"
"□□□□知盛□"
"□□□□张君□□"
"不忒□□□□□□□"
"州真宁□□□□□创立"
"墓□载□□□□□□吴郡张"
"□其道□□□□□□□□□"
"职□□金□□□□□御史谭公为清时"
"□□□壁□□大君之□□文人之□"
"□□□□□其亲以顺教□□以信□□"
"□□□□□□□息□□□□乃出"
"□□□□□孝□□□□宜乎不朽"
"□□□□□□之□□□□□"
"乃纪贞石□昭□□□□碑既□□□"
"润州句容县令吕倕奉义郎行丞□"

---

① 元靖：玄靖。避玄烨讳，"玄"改"元"。
② 郁攸：火灾。
③ 乾隆己亥：乾隆四十四年（1779年）。
④ 丙庚：咸丰丙辰（1856年，"粤匪攻陷句容"），光绪庚子（1900年，八国联军侵占北京）。
⑤ 同治壬申：同治十一年（1872年）。

《吕志》云:"碑已残缺,在句容义台。孝子名常洧,有庐墓之行。《集古录》中有其碑目,今已不存。此碑殆建中时县令吕偂所立,故中有其名。碑侧又有咸通时题名也。"

咸丰元年,句容知县姚文跋云:"张孝子残碑(缺)不可读。惟唐建中朝句容令吕偂姓氏,邑乘可考(缺)残珪断璧。道光己亥①,文权知县,与震泽张渊甫学博(缺)知之者。既祷於祠下,得之庖湢间,灵爽式著,如获遗珠。(缺)时过一纪,捧檄重来,三复摩挲,虑其或坠,谋于(缺),俾彰著在耳目,片石斯存,匪独孝子之遗徽,抑亦此邦之文献也!张氏子孙,其永宝之。(此跋亦断缺)

瀛按,此碑久断,没於瓦砾中,剥蚀殆尽。明嘉靖间葺祠,始移入室。道光时,姚大令文见之,始嵌诸壁。乱后,手搨一纸,审视数日,仿佛可识者止此七十字。惟末行未磨灭耳。

《景昭大法师碑》（正书今存）

《华阳三洞景昭大法师碑》（额篆书）

朝议大夫、检校国子司业兼御史中丞、吴郡开国男陆长源撰。朝议大夫、检校尚书、兵部郎中兼侍御史、上柱国窦臯书并篆额。

大哉宇宙,悬日月、提万象而首出者,其惟道乎?夫通圣神、该品汇,冠百灵而独立者,其惟人乎?道所以包浑元、经始万象者也,人所以禀纯粹、司会百灵者也。故人因道而集祉,道因人而垂休。不朽之功兆乎造物,无言之德洽乎生民。萧散乎汗漫之间,冲融乎希夷之表。与天籁而吹万,并谷神而长存者矣!紫阳真人大法师讳景昭,字怀宝,本丹阳延陵人也。其先系自颛顼、大彭②之后,在虞为陶唐氏,在夏为御龙氏,在商为豕韦氏。因国命氏,芬馥蔓延,以至於裔孙孟,孟为楚太傅,贤为汉丞相,昭入吴为侍中,昭兄慎为司空。法师即司空十六代孙也。司空薨,葬於延陵。子孙因而家焉。祖道会,父思葳,皆邱园养素,道高迹隐,载於列仙之籍。法师方娠禀异,自幼表奇,孕元和之粹灵,体太元之妙质。初以素书发迹,配度於延陵之寻仙观,后以丹台著称,隶居於长安之肃明观,属元宗③广成问道,姑射颐神,放心於凝寂之场,垂拱於穆清之上,法师因得羽仪金篆,颉颃玉绳,籍籍京师垂二十载,爰辞上国,思还故乡,重隶茅山之太平观。天宝中,与元静④先生奉诏修功德,造紫阳观,因而居焉。遂於炼丹院传黄素之方,修斋醮之法。翔云瑞鹤飞舞於坛场,甘露神芝降生於庭院。初,法师师事大法师包士荣,荣师事崇玄观道士包法整,整师事上士包方广,广师事华阳观道士王轨,轨师事昇元先生王远知,远知师事华阳隐居陶宏景。自道源锡派,元教传宗,玉堂银阙之人,羽盖毛旌之客,府无虚籍,代有其徒。法师至行稽乎元化,通识合乎灵造。与其有也,万物不得而不有;与其无也,万物不得而不无。得丧以春秋为死生,盈虚以天地为旦暮。云外虎头之佩,雪中鹤氅之裘,孩季通而抚子元,师仇公而祖黄太,教戒示乎传授,服饵见乎延长。侍杖履者迹遍於江湖,传经箓者事同乎洙泗。一居山观,三纪於兹。还神契乎时来,寂魄同乎物故。以贞元元年癸卯委蜕於紫阳之道场,颜色怡悦,屈伸如常,春秋九十有二。以其月己酉迁神於雷平山之西原,元静先生寿宫之左,传授苏州龙兴观道士皋洞虚,得冲虚之妙用,蹑上真之元踪。梁市之客胥来,华阳之人间出矣。道士韦崇询主修斋醮,祭俯仰节,度道士朱惠明掌《法箓经书》《修真秘诀》。法师上编仙箓,旁契道枢,神含混元,德与纯粹,诱进群动,感通众灵,邈然非寰宇之间,超然在风云之表。至如身躔世故,迹混俗尘,发忠孝以饬躬,演信义而旌行。盖随时而不器,岂常道之可师与?浙江东西节度、度支判官、检校尚书、兵部郎中兼侍御史、扶风窦公曰臯,布武区中,栖心象外,与法师声同道韵,理契德源。追往想琴高之祠,传神著务光之传,见征副墨,用琢他山,其词曰:"惟道之大,提功混茫。惟人殆庶,与道迥翔。素韵凝寂,元功灵长。肇形无迹,启迪逾光。矫矫法师,锡羡华阳。本族命世,

---

① 道光己亥:道光十九年(1839年)。
② 大彭:彭祖。
③ 元宗:玄宗。
④ 元静:玄静。

在虞系唐。御龙事夏，豕韦居商。巍然灵表，自幼而张。理冠容成，质侔夏黄。寻仙发迹，肃明始扬。宵礼金殿，晨朝玉皇。丹台道侣，白云帝乡。楚山万里，故国丹阳。醮宫鸣磬，斋室焚香。芝生庭院，鹤舞坛场。茅君秘洞，葛氏真方。来时去顺，齐彭洎殇。化鳞风驭，委蜕云骧。峰峦逦逦，松桂苍苍。尘生杖屦，苔染巾箱。龙衔采眊，虎缀槃囊。阆风元圃，瑶轩玉堂。追存如在，颂德不忘。孤石岿然，万古连冈。

贞元三年献春正月上元之辰建造。

《吕志》云："在玉晨观。"按，鼂字灵长，著述书赋七千六百四十言，精穷旨要，故此碑书法端凝而有风骨，洵艺林之墨宝也。碑侧有钱端英绍兴壬午闰月及淳熙甲辰四月题名。

《大泉寺碑》（行书今存）

大唐润州句容县大泉寺新三门记。（并序文见《旧志》）

乡贡进士姚蓍撰，当寺沙门齐操书，西河郡栾宏庆镌。开成三年岁次戊午十一月乙卯廿六日庚辰立记，勾当功德主寺主常谊。

《吕志》云：大泉寺在句容东北五十里，碑因寺立，不知何以置於崇明寺内。碑云：刘宋开明二年。按，刘宋纪元，无开明年号。盖缁流流传之误，而蓍遂未深考耳！"

按，碑长五尺，宽二尺五寸，书二十二行。乱后，虽断，砌合完好如初。在崇明寺前。

《崇明寺尊胜经幢》（正书今存）

《吕志》云："石幢二通，在句容崇明寺大殿后。东西相对。一刻"乾符四年立"，一"立于中□□年十月"，内二字漶漫，疑为僖宗中和年，有"修建徐弁、陆则"等名。

《张孝子祠碑侧题名》（今存）

按，《吕志》："在残碑侧。"今嵌壁上。不可录。

《尊胜经幢》（今存）

见前石幢。（二幢虽存，一中间已裂，一剥蚀无字，惟幢下埋瓦砾中，抉剔视之，六方尚存数十字，亟宜移置寺内）

宋华阳洞口陈遵、陈渊、范民长、陈孚、曾审言、陈辅等题名。（今存）

《吕志》云："按，《真诰》：句曲华阳洞最敞，东通王屋，西达峨嵋，南接罗浮，北连岱岳。洞中飞鸟交横，风云翁郁。原埠坳堰，草木水泽与外无异。然未闻有人穷其胜者。今洞口有正书题名陈辅等七人，虽未署年月，考之皆宋人也。（按，洞口题名甚夥。《吕志》所载，未尝缺失）

《金刚般若波罗蜜经》（正书今存崇明寺塔上。经文不录）

"较经坛长僧从觉"

"劝缘兴教禅院传法沙门清济发愿文"（文俚，不录。录以下题名）

"同管勾造塔徒弟僧承安、承实等"

"管勾造塔表白僧修进"

"塔院住持沙门叔英"

"施财女弟子许氏大娘子、朱氏大娘子"

"勾当开经并书朱仲起、张元刊"

"发心募缘弟子朱文锷立石"
"大宋绍圣元年孟秋月庚子日谨题"
"造塔都料汪有智。石匠王攒"

《佛说观世音经》（正书今存塔上。经文不录）

发愿文（文俚，不录。录后题名）
"绍圣二年四月日勾当弟子男张仲才、仲良、仲固、仲举记"
"当院徒弟同管勾僧承安、承实"
"当寺专管勾造塔表白僧修进"
"当寺校勘坛长沙门从觉撰文"
"当寺塔院住持沙门叔英立石"
"劝缘兴教禅院住持传法沙门清济"
"劝缘都会首弟子张嘉祥书"
"谨具舍钱同会施主姓名如右"
"张嘉祥""僧叔英""姚德全"
"陈臻""丁琦周妻张氏八娘"
"张氏六娘"
"以上各施钱伍贯文足"
"刘怀信施钱贰贯文足"
"潘师喆""陈皋""经用"
"僧从觉""胡祥""丁和"
"周县君张氏""谢氏五娘""鲁氏二娘"
"徐氏二娘""郑氏一娘""董氏八娘"
"吴氏念六娘""张氏三十娘""吕氏十九娘"
"张氏三十二娘""张氏三十五娘""吴氏三十一娘"
"刘氏十三娘"
"以上各施钱壹贯文足"
"右愿同会男女弟子，承斯造像之因，各证菩提之果。诸尊诸佛，念念无忘。大圣大悲，亲承礼敬。人人罪业如日消霜，地狱冤亲闻兹解脱"
"都会首张嘉祥后文，是年六十二也"
"造塔都料汪有智、石匠骆文侃、张元同男士永刊"

题名中"吴氏念六娘""张氏三十娘"，今无是称。按，古人最重宗法，以行为字，如"元九""欧九""吴十九"之类，至有名"百一""百二"者，盖统一族而序之也。后人宗法不讲，五服外视为路人，可慨也。夫宋造铁佛百尊，俱存塔内。（光绪二十六年十一月十二日，邑人张瀛识）

《贤劫千佛名经》（正书今存塔上。佛名不录。录发愿文及题名）

"粤惟大劫初启，三界渐成，光音布金藏之云，洪雨滴大千之界。现优昙①於大海，应贤劫以传灯。劫长劫短，或减或增，灯灯不绝，佛佛继兴，度无量众，摄化有情者。"
"邑有开士李京、高祺众信等，家传孝悌，誓发四宏，继须达之遗风，作阿育之白业，同兴奉佛之因，共结菩提之果，各抽净贿，用刊千佛。安窣睹波，良缘斯备，功不唐捐先愿（按，"唐"字恐误）。皇风永扇，佛日增辉。作他生之巨祉，为见世之津梁。生生常奉於真风，世世长亲於佛会。家门肃睦，祖祢超升。

---

① 优昙：无花果树的一种。梵语。义译为瑞应，或作祥瑞花。

同缘随喜，福果他生。见贤劫之道场，礼龙华之弥勒。虚空有尽，此福无穷。　　　　　　大宋绍圣三年五月　日"

"当院徒弟同管勾僧承安、承实"

"当寺专管勾造塔沙门修进"

"当寺校勘藏经沙门惠清序文"

"当寺校勘坛长沙门从觉"

"当寺塔院住持沙门叔英立石"

"劝缘兴教禅院住持传法沙门清济"

"当县后行手分胡祥书"

"当县会首前行高祺"

"都会首杂事李京"

"同劝缘押司录事许隆、祁先"

"今具舍钱施主姓名如后"

"兴教禅院住持沙门清济（一千省）"

"押司录事许隆" "祁先" "印典徐道"

"杂事李京" "前行高祺"（以上各二千省）"

"前行胡宗元" "徐政" "李安" "经初"

"后行许用" "王华" "胡祥" "经真" "刘严"

"许宣" "包象" "丁和" "许澄" "蔡宁"

"乡司团首丁珉" "高嵩"

"书手乐容" "高明" "经祥" "戎初"

"贴司丁琦" "胡章" "孔琪" "江源" "张珪"

"厅子姚教" "摺子戴忠等七人（以上各一千省）"

"市居本府助教江仲文（三千省）" "管忠政" "官仲顺"

"王公定（以上各二千省）" "郭礼" "许怡" "姚德全" "汪明"

"高庆福" "刘怀信" "汤世程" "江仲华" "陈庆"

"王庆颜" "刘振" "汪仲初" "王仲亿" "汪宣"

"李迁" "徐安平" "高庆安" "刘洙" "刘滋"

"孙子隆" "许昭庆" "周辙" "陈皋" "张通"

"许世章" "曹元" "河北" "李训" "王密" "苗忠义"

"（各一千省）" "李京母徐氏（二千省）" "妻梅氏（一千省）"

"江仲文妻许氏（二千省）"

"刘滋妻张氏六娘（一千省）" "丁琦妻张慧贤（一千省）"

"乡居望仙乡巫銤（二千省）" "句容乡田嵩（千五省）"

"仁信乡谭怀政" "解忠昭" "移风乡江珪"

"福祚乡杨隆" "孝义乡张宣" "上容陈臻"

"通德乡杜晦" "望仙乡巫执中" "巫岐"

"巫仲徽" "巫敦书（以上各一千省）"　　　　　"金陵袁居中刊"

　　以上三碑，金刚经横石总五丈四尺，长九寸，观音经石十五段，千佛名经石三十段，均长九寸、在塔上。揭工罕至。阅九百年。钩画如新被圬者，白垩所涂一二石稍模糊耳。按，此三种书刻，虽非出自名手，实较胜於近代。金石家失收，何耶？

《崇禧观砖》（正书今存）

"崇禧"

《续府志》云：砖长三寸五分，博二寸，句容尚兆山访得之。据《茅山志》：崇禧万寿宫即唐太平观。宋敕改崇禧观。元延祐六年，赐宫名，则砖为宋代建观时所造。

《崇明寺大佛殿庄功德记》（正书今存。文见《旧志》）

《吕志》云：山阳李潜撰并书，元符庚辰[1]正月望日立，刊於唐碑《新三门记》之阴，碑首刻观世音像，端严妙好，笔意似李龙眠。碑侧正书僧慧明等纪募缘所得之数。

《庄功德记碑》侧（正书今存）

见上。

《观妙先生幽光阐扬之碑》（行书今存）

《上清大洞国师乾元观妙先生幽光显扬之碑》

先生姓朱氏，讳自英，字隐芝，句曲朱阳里人也。生八九岁，牧牛郭干村，儿曹卷芦吹筛，鞭角驰牛，陟降为戏。先生辞不能。牧儿哈焉[2]。先生笑曰："尔骑牛，曷若我骑鹤？"徐徐出笛袖间，裂竹而鹤舞空下。先生跨背，鹤腾辄坠。牧儿骇呼。自是从牧时能致鹤。或谓不祥。父母遂弃之入道，师玉宸观道士朱文吉。训笃隶业，先生过目掩卷曰："熟矣！"师盖未能，奇也。十有一岁，度为道士。仙标玉骨，固已稜稜，迥出风尘外。先生幼生，村野未始目吾儒经史与夫道家仙籍。闲焚香，诵六经百子，三乘三十六部，衮衮不绝口[3]，四远老人夙学，愿见眉宇。先生坐一室，闭目温绎，听者按无一字遗。及长，把笔为文章，混然天成，尤精风雅，句句警策，发药契经如空洞之音焉。金陵牧马公亮遣吏持书，置而弗问。其师恐，告以未善。先生曰："不然，劳我矣！"自尔偕明真张炼师绍英扪萝上积金峰。密天布坛，龛火浣而栖二人，却谷以至骨立，餐沆瀣[4]，奔三景，修仪璘珆珮之法，以速轻举。居无何，户外之屦满，顾谓张曰："如何比期绝迹，而蹠我众，不泰多事乎？"张曰："子勿儃，人将掷子之不暇如其儃，天下断有不嗅者，何必行？"先生曰："一住一行，亦各其志。奚必同？"於是旦叠坛而夕渡江，将拜混元於亳社，礼天师於青城。方其历关而西抵剑门，道逢一叟，修眉鹤发，方目辚瞳，踞坐咄曰："少冠奚自？"曰："自华阳。"复而曰："奚适？"曰："如蜀。""如蜀奚求？"曰："求大药。"叟仰天大笑曰："少冠不闻陶隐居乎？可人也，五炼而丹弗就，因然后发三朝浮名之叹，遂不成，白昼腾踏，乃从狗窦一过，况汝骨发未就，道仅小成，若不潜晦光曜，将桁杨[5]汝以仁义，劓刖汝以礼乐，为天戮民，良可哀！"先生曰："投吾凿，窒吾窍，命之矣！"叟於是掐指瞑想，曰："隐居告余：七百年后，当有赤子出於茅山，殆此应已命！"先生闭目，曰："谨执余裾，唯觉林梢拂足。"开目，乃坐青城山下，遂嗳以金鼎九转飞精剑法。事竟，先生曰："血胎肉目，不识丈人[6]。他日容进履，如谷城影像，可乎？"叟曰："世号

---

[1] 元符庚辰：元符三年（1100年）

[2] 哈焉：嘲笑他。

[3] 衮衮不绝：滔滔不绝。

[4] 沆瀣：露水。

[5] 桁杨：古代用於套在囚犯脚或颈的一种枷。

[6] 丈人：古代对老年男子的尊称。

陈铁脚，即吾矣！顷年，先帝太宗命遣求药海上，适有偓佺①安期之滞，至无及矣！"言讫，失叟所在。先生出关，欲遂东归。复思《三茅道藏》缺讹，乃载游濑乡校酬太清古本。居岁余，常日有丐徒武姓，提敝箧，就斋堂。石盘倒余食而去，众诃不动，候先生涤器已，即相讯问。黄衣初腊竞举手揶揄②之曰："朱茅山寻类此乞索伍仙，遂舍去约先生旦会旗亭酒家话心焉！"顾谓先生曰："汝真法器，第故习未除，不洒濯，终汝累，能往否？"先生曰："敢不从命！"藏睛少选，触耳阗然，忽睹阛阓③，顾谓先生曰："此河中府也！"侵寻及河，截流安涉，先生踵之若蹈平陆。接岸，武欣欣曰："信士可教乎！吾水星童子也。汝此一行已抵度形太阴，然须幽屏不厌，深渺大匠，勿示人以璞，不尔，未易知也。"殊时，复会审，究夷微，遽背而去。先生怆恨，暨还故山，刳心剔志，宝二师之诲，存三守一，追杨许之烈。未几，玉清昭应宫成，诏选名行。工部侍郎薛公暎以先生名上。朝廷遣使召先生。表辞。寻而宫车晏驾④，章圣上仙仁庙嗣复，明肃太后垂帘，丁晋公谓⑤、王冀公钦若⑥并荐章三上，使两至，先生复辞。谢表温雅有儒臣高世之风。朝廷嘉之。故晋公简诗曰："大隐何妨混朝市，三天澄净谒元君。"冀公简诗曰："何事故人违旧约，负琴携鹤待相随。"先生继答，词极清妙。二相上之，皇太后追怀华阳洞天为先帝祈嗣感应之地，故特谕二重臣强起先生。府县敦迫，且言得罪先生。不得已，遂受命。敕朱自英未经朝见，百官禁不得通谒。虽梁器陶景⑦、唐礼吴筠⑧，未足方万分。寻奉旨登宝符阁，观天书。累表乞退。二圣眷遇方隆，以重违雅尚，先生得请东归故乡，决志精思，心驰太空之境矣！朝廷赐劳，车盖相望。先是，中贵人传上与太后慰藉语，山中百须时，奉恩许一新诸观。先生对："道士当岩居穴处，勤修上法，遵保大茅司命之苦行，庶可报国恩。若效西方土木庄严，非老氏⑨慈俭之教。唯乞近山立常宁一镇，为游客行商息肩之所。"朝廷从之。道藏三洞四阶、灵文宝笈，实金绳玉检之秘传大法。自魏南岳以降，逮先生凡二十有三代。明肃太后欲踵紫虚⑩故事，祈授毕法，遥尊朱、张为度保师，赐号观妙明真。建乾元、天圣两观，以旌师资。先生於斯不辞。当是时，琅玕⑪飞精，神景三鑪，方四转火矣！居一日，江宁府递得蜀州守萧贯传所谓道士武抱一书者。先生执书，泣数行下，弟子莫测所以，书责"姓名显耀，天机暴露"之咎，意警先生避俗藏身，中宵引去，犹为可救。文致藻练，绰有可观。缙绅先生，簪裳净侣，警其风声，有绘像刻石传於世，所谓武仙童者。天圣七年，大丹成。鼎辄覆丹灶，弟子毛奉柔密启，先生视丹，叹息曰："桑榆既迫，狗窦一过，信矣！"至其年十一月解驾⑫。春秋五十有三。即夕，掩关，敕弟子毋入，颇异常时。夜将半，弟子拥炉坛房。候謦欬⑬，穴窗。朱衣使者执册立庭下，虽仪容甚都，光烨鉴人，童子诹谁何，徐徐答曰："真官下卢文秀，帝遣迎朱真人耳！"弟子辈牢扃惕息，不复出。顷之，先生问夜。对曰："视星三鼓。"须臾又问玉宸钟声已，答曰："未也。"连问者数四，钟既声，先生呼侍卫曰："吾行矣！"弟子入，但见危坐，手执祥符所赐玉如意俨然⑭。是夕，天苦寒，先生顶生圆光，温融一室，玉体汗浃若

---

① 偓佺：古代传说中的仙人。
② 揶揄：嘲笑。
③ 阛阓：街市，街道。
④ 晏驾：古代称帝王之死。
⑤ 丁晋公谓：丁谓（966—1037），字谓之（后改字公言），苏州长洲（今江苏苏州）人。淳化进士。官至宰相。封晋国公。
⑥ 王冀公钦若：王钦若（962—1025），字定国，北宋临江军新喻（今江西新余）人。淳化进士。官至宰相。封冀国公。
⑦ 陶景：陶弘景。
⑧ 吴筠：（？—778），字贞节，华阴（今属陕西）人。唐代道教学者，陶弘景之四传弟子。
⑨ 老氏：老子。
⑩ 紫虚：天空，高空。
⑪ 琅玕：似玉的美石。
⑫ 解驾：仙逝。
⑬ 謦欬：咳嗽。
⑭ 俨然：庄严的样子。

珠琲然。大敛际，有声隐隐自其棺出，法固谓之尸解。举木疑空衣耳！前一日，陶真人坐龛，无故震者三，大众咸异，先生曰："若何与汝事？"继夕迁神，鹤唳旋坛，谷鸣若箫。凡三日。句容权令酷吏也，丞相李公迪出镇，遣属官致词邀先生，俾县加道修肃，候先生过邑，不顾而去。令阴衔之，还又不少留。左右曰："县令朝服道左，当下车一见！""非不顾也，顾血腥苦难近耳！"令闻益恚。至是按负租乃尽逐先生徒弟，逃难不暇，而嘉祥异瑞为其所抑，诬以中丹毒死。九重寥廓亦无从而达。越明年，令去任，始克葬反真之宅，卜郁冈西麓方隅洞之东，拒李真人丹井若干步，高三尺者是已。呜呼，以先生夙净基修宜无不圆，犹有不幸，况悠悠之徒。后五十有九载，岁在丁卯，徐先生侍香弟子石致柔，年过八十，即蠹简①得西剑州道客任怀一录先生事，颇为疏略，漫灭过半矣！跪而泣曰："先生之道可阨於一时，庸拒郁於千载！念可以发潜德之幽光，非夫子而谁？"其意以仆九十岁，遍亲先生奉命三景弟子谓得之详。仆归以告吾亲曰："石氏子之请乃吾素志，汝盍表大宗师奉命藻雪浼辰而书？"乃拜手稽首而献颂曰："繄高阳氏之遗裔兮，诞巳字之灵墟。幼紫阳之羽褐兮，应赤子之谶符。度剑岭之危巇兮，执铁脚之长裾。凭黄河以徒步兮，蹑星童之双凫。方帝三叶之庆祥兮，属春宫之位虚。祀高禖以诏弓韣②兮，洞天辍司命之友于膺。玉女之受度兮，续元君之紫虚。馆昭应之隐几兮，阁宝符而观天书。上方遵崆峒顺下风兮，俄泠然而及归途。攀帝恩而恋恋兮，奈仙期之敢逾。朝辞绛阙而暮复绣岭兮，真官以降於庭除。足三乘圆七果兮，将耸身而凌空。无揖飚轮御六气兮，竟归神於清都。系日保深息兮，烟霞结庐。逸元游兮，龙虎骖舆。怅迢遥其无踪，存桐柏之丹鑪。青牛谷泠兮，石潭藓合。白榆风萧兮，玉棺剑孤。溪虚皇之在宥，绵实录於宗图。云阳南郭陈辅造，七闽西山蔡仍书并题额。"

《茅山志》云："世传朱观妙下世③时，丹药所误。既得南郭先生陈辅所作《幽光显扬碑》，乃知前说之妄。先生盖丹未及成而解化。南郭先府君少隐兹山，师事朱、张二先生。是事皆目睹，非闻而知之也。顷冲隐笪君得斯文，将欲捐赐金立碑於乾元，并一新坛馆。会冲隐遽解化，今养素徐君嗣开坛席，当成其志也。蔡仍题冲隐先生解化后二年，政和乙未④岁，养素法师徐希和始克立石。"

笪重光记云："是碑自乾元⑤倾圮，遂穹然孑立空山。迨有明万历初载，土人碎之，散移阿阜，将舁煅灰，忽雷雨晦冥，居人於电光中见有真人率天丁检此起立之，立微欹。示神力不仆也。留罅示日生月化也。罅渐以密，字渐以明。今泯然无痕矣！盖我祖冲隐建碑昭德之意，固不使湮灭耳！"

《大观圣作之碑》（正书今存）

《大观圣作之碑》（额正书）

学以善风俗，明人伦，而人材所自出也。今有教养之法，而未有善俗明伦之制，殆未足以兼明天下。孔子曰：其为人也，孝弟而好犯上者，鲜矣！不好犯上，而好作乱者，未之有也。盖设学校置师儒，所以敦孝弟，孝弟兴则人伦明，人伦明则风俗厚，而人材成刑罚措。朕考成周之隆教万民而宾兴以六德六行，否则威之以不孝不悌之刑。比已立法保任孝悌。

姻睦任恤忠和之士去古绵邈。士非里选，习尚科举，不孝不悌，有时而容，故任官临政，趋利犯义，诋讪贪污，无不为者。此官非其人、士不素养故也。近因余暇，稽周官之书制为法度，颁之校学，明伦善俗，庶几於古。

诸士有善父母为孝，善兄弟为悌，善内亲为睦，善外亲为姻，信於朋友为任，仁於州里为恤，知君臣之义为忠，达义利之分为和。

---

① 蠹简：被蠹虫蛀蚀的书简。
② 弓韣（dú）：弓和弓袋。
③ 下世：去世。
④ 政和乙未：政和五年（1115年）。
⑤ 乾元：天德的基始，万物孳生之源。

诸士有孝悌睦姻任恤忠和八行，见於事状，著於乡里，耆邻保伍以行实申县，县令佐审察延入县学，考验不虚，保明申州如令。诸八行孝悌忠和为上，睦姻为中，任恤为下，士有全备八行，保明如令。不以时随奏贡入太学，免试为太学上舍。司成以下引问考验，较定不诬，申尚书省，取旨释褐命官，优加拔用。

诸士有全备上四行或不全一行而兼中等二行，为州学上舍上等之选。不全上二行而兼中等一行，或不全上三行而兼中二行者，为上舍中等之选。不全上三行而兼中一行，或兼下行者，为上舍下等之选，全有中二行或有中等一行而兼下一行者，为内舍之选。余为外舍之选。

诸士以八行中三舍之选者，上舍贡入内舍，在州学半年，不犯第二等罚，升为上舍。外舍一年，不犯第三等罚，升为内舍，仍准上法。

诸士以八行中上舍之选而被贡入太学者，上等在学半年，不犯第三等罚，司成以下考验行实闻奏，依太学贡士释褐法，中等依太学中等法，待殿试，下等依太学下等法。

诸士以八行中选，在州县若太学皆免试补为诸生之首选，充职事及诸斋长谕。

诸以八行考士为上舍上等，其家依官户法，中下等免户下吏移折变借免身丁，内舍免支移身丁。

诸谋反、谋叛、谋大逆（子孙）及大不恭、诋讪宗庙、指斥乘舆，为不忠之刑。恶逆诅骂，告言祖父母、父母，别籍异财，供养有阙，居丧作乐自娶，释服匿哀，为不孝之刑。不恭其兄，不友其弟，姊妹叔嫂相犯，罪杖，为不悌之刑。杀人、略人、放火、强奸、强盗若窃盗，杖及不道，为不和之刑。谋杀及卖略丝麻，以上亲殴告大功，以上尊长小功，尊属若内乱，为不睦之刑。诅骂告言外祖父母，与外姻有服亲、同母异父亲若妻之尊属相犯至徒违律，为婚停妻娶，妻若无罪出妻，为不姻之刑。殴受业师，犯同学友，至徒应相隐而辄告言，为不任之刑。诈欺取财，罪杖，告属耆邻保伍有所规求避免，或告事不干已，为不恤之刑。诸犯八刑，县令佐、州知通以其事目书於籍，报学应有入学。按籍检会施行（按，子孙应移补恶上）。

诸士有犯不忠不孝不悌不和，终身不齿，不得入学。不睦十年，不姻八年，不任五年，不恤三年，能改过自新，不犯罪而有二行之实，耆邻保伍申县，县令佐审察，听入学。在学一年，又不犯第三等罚，听齿於诸生之列。

大观元年九月十八日，资政殿学士兼侍读臣郑居中奏乞以御笔八行诏旨摹刻於石，立之宫学，次及太学辟雍、天下郡邑。二年八月二十九日，奉御笔赐礼部尚书兼侍讲久中，令以所赐刻石。

通直郎、书学博士、臣李时雍奉敕摹写，承议郎、尚书、礼部员外郎、武骑尉、臣葛胜仲，朝议郎、尚书、礼部员外郎、云骑尉、臣韦寿隆，承议郎、试尚书、礼部侍郎、学制局同编修官、武骑尉、陇西县开国男食邑三百户、赐紫金鱼袋、臣李图南，朝议郎、试礼部尚书兼侍讲、《实录》修撰、飞骑尉、南阳县开国男食邑三百户、赐紫金鱼袋、臣郑久中，太师、尚书、左仆射兼门下侍郎、上柱国、魏国公、食邑一万一千二百户、食实封三千八百户、臣蔡京奉敕题额。

《吕志》云："此碑乃绍兴二十四年后县尹龚涛所建。"

《玉宸观钱端英两次题名》（今存）

一、绍兴三十二年闰月。一、淳熙十一年四月。均在唐景昭碑侧。

《五瑞图序跋》（正书今存）

《句容五瑞之图》（额篆书）

《漫塘刘宰跋》（见《乾隆志》"祥异"中）

宝庆丙戌①，邢城张君偘来宰斯邑。越两岁，而五瑞集焉。士民歌诵盈耳，盖自有不能已者。漫塘聘君刘先生言语妙天下，平昔不轻许可，其归美於感召之所自者。信矣！山阴王令君亦有跋语。暨诸贤序赞连篇累牍，未易悉纪，大夫初不自矜，至有谢同僚之诗曰："剩喜联官忘尔汝，故令元化夺胚胎。"及惠邑士之诗又曰："山川清美天下稀，五瑞同时盍纪碑。碑上只言人物盛，若言德政愧无之。"吁，大夫其让矣哉！是岁五月既望，免解进士充县学学长江千里谨书。

《吕志》云：跋（正书）按，张偘称句容名宦。绍兴元年，开放生池，是年有五瑞之异，邑民仿汉仇靖颂武都太守李翕例，图状刻石，以纪瑞应。刘宰、江千里二跋刻於其下。碑在学宫内（"侣"应作"偘"）。按，碑作三列，上绘图，中刘跋，下江跋。乱后，仍在学宫。

《宋句容县城砖》（正书阳文。今存）

"淳祐乙巳②年南徐张知县任内"

砖长九寸，博五寸。按，《旧志》："淳祐五年，知县张槩筑城。"此城砖也。光绪辛卯③，瀛见诸王姓壁上。

《元僧觉春题名》（正书今存）

《吕志》云："大德七年，刻於崇明寺庄功德记之侧。"

《加封孔子诏》（正书今存。在学宫。文见《旧志》）

按，此碑系至大元年奉诏，三年立石。见碑阴。（目著大德十一年，沿《吕志》例也）

《加封孔子诏》碑阴记：（正书今存）

"□□至大元年钦奉"
"□□至圣文宣王加封""第二列"
"大成二字所在郡""典史□元亨"
"□式克钦承垂之""典史□濬"
"□珉丕昭""敕授下蜀巡检权县丞□良臣"
"□□佑文崇化之至懿示""保义校尉主簿□老"
"□光歝句容县因""承务郎句容县尹兼劝农事□歹"
"□未举大惧阙典""承务郎达鲁花赤兼劝农事□饬"
"□议构亭树""第三列"
"□视府学为则""训导江闻震"
"□□三年七月""教谕刘元明书丹并篆额"
"□□仝刊石谨志"

碑阴三列，上记立碑年月，中下记人名。此记《旧志》未收。刘元明，"秩官表"亦失载。按，元碑中元明有泰定间篆额，此"三年"乃"至大三年"也。碑为寇毁中断，题亦斫去，致有阙文。（庚子冬月，瀛访得之）

---

① 宝庆丙戌：宝庆二年（1226年）。
② 淳祐乙巳：淳祐五年（1245年）。
③ 光绪辛卯：光绪十七年（1891年）。

《崇禧万寿宫额敕》（正书今存）

朕流观山图，夷考仙迹，睠曲林之旧馆，实宏景①之故居。原其建立之初，以处高第弟子。及今千载，犹想遗风。朕将益崇神明，用著高尚。其建康路三茅山崇禧观，可准元教张嗣师、掌教真人吴全节所请，赐号曰"崇禧万寿宫"，主者施行。延祐六年三月日。

《吕志》云：此敕，元纪不载，第是年两赐僧钞，犹且特书，则此敕之见遗，果何故耶？

此敕端庄流丽，似松雪手笔。

《崇禧万寿宫道士陈志新谢表》（正书今存）

臣志新言：伏以六龙时御尊临大明殿之居，丹凤诏来新赐崇禧宫之号。天锡万寿，圣祀一人。睠惟少室之仙，实嗣曲林之教，师事陶宏景②，不言宏道之功。君遇唐太宗，遂建太平之观。中更近代，始易前名，至复振於元风，未有盛於今日。臣志新诚惶诚惧，顿首顿首。钦惟皇帝陛下，妙参三极③，高蹈④百王，清静化民，凤慕崆峒⑤之问道。斋沐事帝，夜虚宣室之受厘，譬如北辰端居而星拱，乃睠□顾流观於山图，崇神明而涣汗⑥於十行之中，著高尚而昇真於千载之遇，光被草木，渥照⑦乾坤。臣志新俯伏林峦，听观纶綍⑧"茅峰第一福地"，敬用扬休虎拜，歌万斯年，益虔稽首。臣志新下情瞻天，荷圣激切，屏营⑨之至。谨奉表称谢以闻。臣志新诚惶诚惧，顿首顿首，谨言。延祐七年二月日，宏道明真冲静真人、同主领三茅山诸宫观庵院、住持崇禧万寿宫事、臣陈志新上表。（另行郡人郑梓材摹刻）

《续府志》云：《吕志》采《三茅山崇禧万寿记》下宫门左碑也。其右碑刻：敕赐崇禧万寿宫诏。《吕志》亦采之。下列有谢表，失收。句容尚兆山拓得其文，补录於此。钱氏大昕《游茅山记》云："茅山宫观十有二，而崇禧实总之。"即据此表结衔也。

此表在敕下。亦似松雪所书。

《昭灵沈襄王祠记》（正书今存）

《宋昭灵侯沈襄王祠记》（额篆书）

事物寓於天地之间，兴废各有定数。古今之一理也。予观蜀镇北有高山，昭灵侯沈襄王祠寓其上。积有年矣。赫赫威灵，幽明不殄，忠烈元勋，流芳信史，兼奉前朝历代封谥名爵，粲然靡所不载。兹不必赘。迨今庙食一方，福佑斯民，坐镇江南，洋洋如在左右。祷祈必应，有感则通。往来时贵，每登其峰，瓣香修敬之际，东瞻铁瓮，西望金陵，两淮列图画之间，直下视长江之险。南山崒崪，路适容峰。水光山色，亦足以畅叙幽情，未尝不历览焉。昨自至元乙亥⑩，皇元平宋之后，庙貌依然，纤毫无毁，非神力孚

---

① 宏景：弘景。
② 陶宏景：陶弘景。
③ 三极：天，地，人。
④ 高蹈：超越。
⑤ 崆峒：仙山。
⑥ 涣汗：遵行。
⑦ 渥照：普照。
⑧ 纶綍（fú）：天子的诏书。
⑨ 屏营：惶恐。
⑩ 至元乙亥：至元十二年（1275年）。

佑①，何克臻此。今经四十余年矣！累奉圣朝颁降诏旨，祭祀名山大川、忠臣烈士，乃岁时雨旸不调，有司请祷荐获感。通邑大夫躬亲捧檄诣祠，钦遵致祭，节次祝板，明然具存。焄蒿②凄怆，若或见之。况昭昭之不可掩如此，夫奈乾旋坤转，岁月因循，古殿廊庑，宋桷③颓圮，风雨凌震，杌陧④不堪，祝师坐视而怩怩行之，实惟艰也。况好事者罕遇。岁次甲寅，延祐元年，有市居汤公名世英，一旦奋发，素志不惮勤劳，募缘各社信士，率赀钱粮，顾售工匠，涉远运木，搬石鼎新，建造前殿、山门、两廊共四十余间。捏塑装銮在庙神像三十余，堂大小计一百五十余尊，彩画出入，对仗前后，拥壁墍，砌地面及四围，遮旸门户轩牖，几案雕镂花样，器物漆饰装金，俱各轮奂一新。不期年而庙成，三载而功毕。虽人力之所为，而神功显著，自有不期然而然者矣！今焉立石，素非沽誉要功，亦为众信成功，姑以纪岁月、延绵香火、永年祭祀云尔。岁次延祐七年三月旦日谨题。

　　"焚修庙祝许宗旺" "许兴旺" "幹缘张士龙" "李文熙" "谢以成" "高桂" "相" "副吴文通"
　　"劝缘建造都会首前福州路古田县丞汤世英"
　　"里人吴桂发撰"
　　"将仕郎前行宣政院都事蔡杞书篆"
　　"进义校卫建康路句容县主簿董珏"
　　"承务郎建康路句容县尹兼劝农事成天瑞"
　　"承德郎建康路句容县达鲁花赤兼劝农事哈剌立石"
　　"京口华善甫刊"

《续府志》云：《吕志》佚目。据《建康志》，收宋昭灵沈襄王庙碑，六朝碑也。其词无考。此碑，句容尚兆山访得之。碑制狭而长，失其篆额。邑人相传沈襄王即宋沈庆之。考《宋书》"庆之传"，谥襄公，其称襄王，由后褒封也。碑词甚俚，碑后题名以庙祝募缘，撰书为次，末乃及县官。犹是唐宋人上表结衔，尊者在后之式。

《崇禧万寿宫碑》（行书今存）

《建康路三茅山崇禧万寿宫记》（额篆书）

　　从仕郎镇江路录事致仕王去疾撰。
　　前翰林学士、承旨、荣禄大夫、知制诰兼修国史赵孟頫书并篆额。
　　华阳洞天，自三茅君以神道设教，端人神士，不可梯接者，代有人焉。历考其间，惟隐居陶真人立馆以处高弟，所以启佑其后人者为最盛。今之崇禧观，隐居曲林馆也。唐贞观间，太宗以昇真王真人有潜藩之旧，且当师事隐居，遂建太平观以居之，赐田与山，赡其学者，殡钱铺粟，月给所辖宫观十有二。宋政和三年，始分田以给之，使自养其弟子，具载《山志》。宋改太平观为崇禧，揭虔妥灵，有盛无斁。式克至於今日，广殿修廊，宏宏巘巘⑤，榱题牖桷之饰，旞华香火之供，千余年间，其崇奉未有如此之盛者也。於皇三君威神在天，阴骘默相，华阳道派如鲁洙泗，世有升降，道无升降，时有显晦，道无显晦。陶真人之於三君也，神交沕寥之上。王真人之於隐居也，心授问答之间。绵绵延延，往过来续千载如一日。皇元肇兴，天兵南渡，神明所扶，坛宇如故，心远邹君道元若造物者，拟其人为时而出，叫阊阖⑥於九天之上，上方偃武修文，以清净为坛，以慈俭为宇，垂意元教，命邹君道元掌教事，尽护诸山。厥后，

---

① 孚佑：信任保佑。
② 焄蒿：祭品所发之香气。
③ 宋桷：房屋的大梁和椽子。
④ 杌陧：倾危不安的样子。陧：疑"陧"之讹字。
⑤ 宏宏巘巘：宏大巍峨。
⑥ 阊阖（chāng hé）：天门。

东涧洪君宗源、复阳杨君元澈、碧泉蔡君德溥，继继承承，用保有累朝之宠命。皇庆初元春，南陲陈君志新入觐，上觌天光於清都紫微之间，承九重之殊渥，荷真人之美名，上赐金襴道衣以为身章。延祐四年秋，南陲君私窃自念崇禧道场自昔总辖诸山，实为上帝垂恩储祉之所，不有以表章之，何以名有尊？乞升崇禧为宫白之，集贤诸公以其事闻於朝。嗣岁陛辞还山，上复降香以荣真归。延祐六年八月二十二日，玉音①自天而下，赐号曰崇禧万寿宫。元教大宗师上卿大真人吴张公嗣师掌教真人公与有功焉。是日也，荣光异气，上烛层霄，崇山峻岭，咸有矜色。真人陈志新率羽士稽首再拜。於道之左对扬休命曰："明明天子，万寿万年。实与太元司命君自混沌溟涬开辟之始，赤明龙汉，浩劫之前，俱以愿力裁成，辅相以左右，民虽今昔，殊时幽显，异迹其受命於皇皇后帝，则异世而同符也。"於戏！休哉！既而冠巾之众如出一口，而祝之曰："陈真人自隐居陶真人立馆以来，既尝为太平观矣！又尝为崇禧观矣！上赐今额，甚盛举也。他日秉国史之笔者系年系月系日大书之曰：改观为宫，自南坞真人陈志新始，其皇恩如天，将何以报塞耶！惟我真人在帝左右，必敬必恭，早夜以思弼成元功，庶其有以答君师宠绥之造，而真人亦有无穷之闻！"真人曰："三君之灵也，吾皇之赐也。臣何力之有焉？敢不敬恭以从祝规！"延祐柒年夏四月，南陲君俾去疾纪其事以传方来，去疾谓必有山元卿其人，而后为新宫铭，草野之文何足以纪盛事，辞不获命，乃举前说为之记，而又薰沐系之以诗曰："自有宇宙有此山，开山者谁高辛氏。耿耿祉哉太元君，天之辅相民怙恃。曲林旧馆陶真人，潜德幽光发千祀。山图飞上天皇家，云汉分章来万里。煌煌崇禧万寿宫，巨扁鸾飞羲献字。凤歌鹤舞锵钧韶，山川鬼神共欢喜。物不疵疠年谷丰，乾坤清夷风日美。皇帝怡愉奉太皇，万年亿载自今始。

大元至治元年正月十有五日建。

《重修天王寺记》（在天王寺，今存）

《重修敕赐天王寺记》（文见《乾隆志》）

道一书院山长新安胡炳文撰，承务郎建康路句容县尹程恭书，江南诸道行御史台、监察御史张季修题额。泰定二年十月僧妙云立石。

《乡贤祠记》（行书，在学宫，今存）

《句容县学乡贤祠记》（文见《旧志》）

新安胡炳文撰，门人程益书，教谕刘元明篆额。泰定三年七月日训导江闻震立石。鄱阳朱子明摹勒。《吕志》云：按，炳文字仲虎。学者称云峰先生。见《元史》"儒学传"。时炳文掌书院教，从游极盛。

《南山处士张民瞻墓志铭》（正书今存）

"故南山处士张公墓志铭"

碑在移风乡柏庄村，石质坚厚，字为风雨剥蚀，十存其三。书法端丽，似摹松雪，金石家失收，向无拓本。书丹篆。盖俱杨姓，其名漶漫不可辨。辛丑七月，始於是村获之，原文已从张氏家乘录出，载入补志。

《句容县学田记》（行书额篆。今存）

《句容儒学田籍记》

---

① 玉音：尊称皇帝的谕旨。

"郡邑有学，学有田土。国家之令典也。尚古民淳而俗化。工市农亩之夫皆学也。中古圣人教养之义备而民知学，先生之遗制尔。句容繇山名邑，为□庆属县，学宫弟子典则犹存，皆其江东父兄子弟学之田□，亩计一千六百一十八赢，山鹤田之□赢，则加其一□八，地□百六十□赢，在水之塘亩有五赢，岁入以斛，计大小麦物九十六赢，粟倍於麦赢，又加其三十四，菽十六赢，楮以贯计□□□十八赢。延祐经理，士缓於防，细户□为□弊而更其旧□□御史□□□□例凡江南学院，令有司稽其田亩之实，郡诸侯与邑大夫□□□□诸方□且刻石焉。去年秋良知承乏于学，遂合其儒□□□俾赞其籍并加理焉。后之君子庶有征诸。至顺二年春二月十五日，教谕许良知记。延陵吴□文□□篆额并书。县吏陈应凤，典史陈□辅、郑茂芳，句容县尉陈献德、李孜，进义副尉集庆路句容县主簿八哈蓝沙，承务郎集庆路句容县尹兼劝农事殷贞，进义副尉集庆路句容县达鲁花赤兼劝农事那怀树石，学吏江济，监工。番易朱汉刻字。

《加封孔子父母及夫人并官氏诏》（正书在学宫，今存）

阙里①有家，系出神明之胄，尼山请祷，天启圣人之生。朕丰②观人文，敷求③往哲，惟孔氏之有作集群圣之大成，原道统则尧授舜，传之周文王，论世家则契至汤，下逮正考，甫其明德也远矣。故生知者出焉。有开必先克昌厥后，如太极之生天地，如钜海之有本源，云初既袭於上，公之封考妣宜视夫王之爵。於戏！君子之道，考而不缪，建而不悖，於以敦典而叙伦宗庙之礼，爱其所亲，敬其所尊，於以报功而崇德，尚笃其庆以相斯文，齐国叔梁纥可加封启圣王，鲁国太夫人颜氏可加封启圣王夫人，主者施行。

至顺二年九月日

我国家惇典礼以称文本，闺门而成教，乃睠素王之庙，尚虚元媲之封，有其举之斯为盛矣。大成至圣文宣王妻并官氏来嫔圣室，垂裕世家，笾豆出房，因流风於殷，礼琴瑟在御，存燕乐於鲁堂，功言邈若於遗闻，仪范俨乎其合德，作尔袆衣之象，称其命鼎之铭，噫，秩秩彝伦，吾欲广关雎鹊巢之化，皇皇文治，天其兴河图凤鸟之祥，可特封大成至圣文宣王夫人。主者施行。

至顺三年六月日。

《吕志》云：《元史》"文宗纪"及"祭祀志"只载加封启圣王及夫人，而不及并官氏之封，史之阙文也。嘉定钱少詹大昕云"加封事在至顺元年二月戊申"，碑书至顺二年六月，盖立石之年也。《家语》：孔子年十九，娶於宋丌官氏之女。今考《汉韩敕礼器碑》，本作并官，宋祥符追封，及此诏亦皆作并官氏，文字明白可证，《家语》传写之误。《广韵·先贤传》：孔子妻并官氏，今本引亦误为丌，盖流俗相传，失其本真，惟石刻出於千载以前者，信有征也。（按，此说在江宁学宫，封孔子父母及并官氏诏后，句容此诏失收。故后以制词碑三通当立石之六跌云。

《加封颜子、孟子制》（正书至顺二年九月立）

此碑断裂，止存一角在崇圣祠庑下。

《加封曾子、子思制》（正书）

朕惟孔子之道，曾氏独得其宗，盖本於诚身而然也。观其始於三省之功，卒闻一贯之妙，是以友於颜渊而无愧授之，思孟而不浼者欤！朕仰慕休风，景行先哲，爰因旧爵，崇以新称。於戏！圣神继天立极以来，道统之传远矣！国家化民成俗之功，大学之书具焉。其相予之修齐兹式，彰於褒显，可加封郕国宗圣公。主者施行。

至顺二年九月日。

---

① 阙里：孔子的故里。

② 丰：助词。

③ 敷求：广求。《书经·伊训》："敷求哲人，俾辅於尔后嗣。"

"昔曾子得圣人之传而子思克承厥统，夫《中庸》之一书，实开圣学於千载。朕自临御以来，每以嘉惠斯文为念。万机之暇，览观载籍，至於致中和，而天地位万物育雅留意焉。夫爵秩之崇既隆於升配，景行之懿可后於褒嘉。於戏！有仲尼作於前，孰俪世家之盛，得孟子振其后，益昌斯道之传，渥命其承，茂隆丕绪，可加封沂国述圣公。主者施行。

至顺二年九月日。

《封豫国、洛国公制》（正书）

朕惟三千之徒莫先颜氏，睹言往哲，式克似之，故河南伯程明道体备至和，躬承绝学，元气之会，钟於独得，圣人之道，赖以复明，繫百代之真儒，岂追崇之可后，爰搜盛典，爵於上公。於戏！缅想德容，俨扬休而山立，聿新礼命敷涣，号以风行，服此宠灵，益绵道统，可追封豫国公。主者施行。

至顺二年九月日。

惟孟氏以来千有余岁，不有先觉，孰任其承，故伊阳伯程伊川本诸躬行，动有师法。谓初学入德始乎致知，格物谓随时从道在乎观象玩辞，遗书虽见於表章，异数尚稽於封典，胙之大国，庸示褒崇。於戏！规矩准绳，庶可存於矜式，火龙黼黻，匪徒侈於仪章，懋相人文以对休命，可追封洛国公。主者施行。

至顺二年九月日。

《刘仙翁冠剑虚室碣》（篆书左右正书）

宗坛初祖大师上真昇举后，同天真复降华阳，传《玉经实箓》，授元师，立宗坛于洞天之北。至宋，祖师仙翁建宫坛於中山受道。

"上清二十五代宗师泰中大夫葆真观妙冲和先生谥静一真人刘仙翁冠剑虚室。"

三真潜神养素，寿七十三。解真后，敕赐山建观。藏冠剑于此。

至顺癸酉上元日，徒弟四十五代宗师刘大彬谨书立。

《续府志》云："碑长七尺，宽三尺。句容阮其相访得之。冠剑虚室如衣冠墓。虚室之称可补金石例。据《茅山志》，仙翁名混康，字混康，一字志通。嘉祐五年，试经为道士。绍圣四年，敕江宁府即所居庵为元符观，别敕三茅山经箓宗坛。与信州龙虎山、临江军阁皂山鼎峙，辅化皇图，与碑称宗坛合。又云大观二年四月於储祥宫元符别观解蜕，则仙翁北宋人也。癸酉为元统元年，碑仍书至顺者，元统改元在十月，碑立於正月也。

《句容县恭刻制词记》（正书在学宫，今存）

"句容县恭刻制词记"

宣圣五十四代孙、承德郎、江南诸道行御史台、监察御史孔思立书。

通奉大夫、江南诸道行御史台张起岩撰文并篆额。

孔子之道，万世准则，历代崇奉，有隆无替。然未若圣元推尊加号之极其至也。国初，庶事草创，文治未遑。太宗英文皇帝建学中都，遣国子就学士之通经中选者。复其家世祖皇帝敕上都孔庙圣像十二章服，暨纯以金饰之。登用儒先礼聘文学之士，学校有官，乡社有师，诏旨敦勉著于令甲，武宗仁惠宣孝皇帝加大成至圣文宣王号。遣使阙里，以太牢祀。郡县庙学敷宣纶言，镌之贞石，昭示永久。仁宗皇帝正孔庙，配享位，以宋九儒暨先正许魏公列诸从祀。文宗圣明元孝皇帝继志述事，加封宣圣考妣，齐国公曰启圣王，鲁国太夫人曰启圣王夫人。厥配并官氏曰大成至圣文宣王夫人。加充国复圣公、郕国宗圣公、沂国述圣公、邹国亚圣公。复追封二程子河南伯为豫国公、伊阳伯为雒国公。朝议刻制中外庙制。於是集庆句容县尹李允中、教谕刘德秀礲石就书，刻有日谓宜有纪述，以彰昭代佑文之懿。宣圣五十四代孙思立适为监察御史，请之起岩至於再三，起岩尝承乏胄监，累官史局、词垣，於纪述为宜也。盖前圣之道，得孔子祖述宪章而益以显，后圣之心必孔子是则，是效而为尽善。夫师其心必崇其教，而不论其世，可乎？斯道之所以更万世而不敝，大伦以明，生民以安，世运以昌，一皆原於圣人。则尊其祖以及其配，允谓称情矣。况斯道之传，派承所在，至於继绝学而绳坠绪，荡除习俗，开发我人，功加於前，德垂於后者，尤在表襮也。夫以国家重民教，尊圣学，扩充旁达，无所不用其极，则职乎近民，而膺承流宣化之任者，其整率作新当如何哉！继自今以往，凡来游来观，仰瞻奎璧云汉之章，宜知所向矣。

后至元戊寅五月日建。

《句容县恭刻制词记》碑阴：

"都提举卢昭信" "督工儒职"

"知事李谦" "主奉孔逢吉"

"知事朱廷瑞" "掌仪徐麟孙"

"生帛局" "训导胡体仁"

"局副崔伯端" "训导汤困"

"权局使张应祥" "掌品江淼"

"典史吴汉恋" "儒人江裕"

"税司使" "司吏蒋祉" "余志道" "徐世英"

"提领大使" "尚世荣" "夏惟政" "庄友仁"

"副使" "汤茂实" "朱士良" "戎元泰"

"乡耆" "吴思敬" "江济"

"赵良" "陈居简" "典史何" "典史朱"

"杜文盛" "刘宗成" "尉倒拉沙"

"邹友谅" "樊溥" "典史郭与立"

"将仕郎集庆路句容县主簿张薄"

"将仕郎集庆路句容县主簿张琛"

"承直郎集庆句容县尹兼劝农事李允中"

"□武校尉集庆路句容县达鲁花赤劝农事丑间"

《县学大乐礼器碑》（分书今存）

《句容县学大乐礼器之碑》（文见《乾隆志》）

赐同进士出身、儒林郎、江南诸道行御史台、监察御史赵承禧撰文。文林郎、江南诸道行御史台管勾曹复亨书。朝列大夫、江南诸道行御史台都事姚绂篆额。至元六年五月日建。

《吕志》云：文笔详赡，书法秀整，称元碑之佳者。

《县学大乐礼器碑阴》

《吕志》云："碑阴正书纪造祭器之数。"（详载《乾隆志》）

《重建达奚将军庙记》（正书额篆书今存）

《重建达奚将军庙记》（文见《乾隆志》）

承仕郎、前集庆路句容县尹兼劝农事林仲节撰文。进义副使尉、集庆路句容县主簿樊嗣祖书并篆额。至正二年正月廿二日立。

《吕志》云："《南史》：周宏让，梁承圣初为国子祭酒，二年为仁威将军，城句容以居，命曰仁威垒。"今碑作洪逊，盖宋人避濮王讳，易"让"为"逊"，此撰文者法宋人语而不考史也。达奚氏，后魏献帝第五弟之后，为代北著姓，见於史者，不一其人，然以战功显者多在西北，今碑所云未知何据，碑阴正书中有居姓，按杜佑《通典》，晋先且居之后，以王父字为氏，汉有东城侯居股，今钱唐多此姓。又有扬姓从"扌"，刘氏《汉书》刊误云：杨氏有两族，赤泉氏从木（杨震也），子云从"扌"，考《汉郎中郑固碑》云：大男孟子有杨乌之才。又杨德祖与临淄侯笺云："修家子云。"是此，"扬"与"杨"古本相通也。（按，今句容有居姓，而无扬姓）

《达奚将军庙碑阴题名》（今存）

《重修儒学记》（正书今存）

《重修儒学记》（文见《乾隆志》，额篆书）

正议大夫、中书、工部尚书、高昌偰哲笃撰。从仕郎、赣州路龙南县尹兼劝农事、中山李桓书并篆额。至正八年戊子五月吉日立。

《吕志》云："碑词闳整，歌亦典雅。在元文中堪与《晋卿道传》并驾。"李桓书亦雄浑有法。

《小金山寺记》（正书今存）

《金山寺道林堂记》（文见《乾隆志》。碑在上容乡葛村）

前集贤院学士、承德郎、兴和路判官、进士倚南海牙撰。太中大夫、台州路总管兼劝农事、知渠堰事、进士焦鼎书。正议大夫、中书、工部尚书、进士偰哲笃篆额。至正十年庚寅十月望日立。

《重建虎耳山龙神庙记》（正书今存）

《重建虎耳山龙神庙记》（额篆书）

句容山邑也，其地狭，其土瘠，其民往往介乎两山间为田。无通渠之利。职灌溉唯陂池。其田，少不雨辄涸。弥旬则以旱为虞。故雨於夏秋之交恒宜，若奉漏瓮沃焦釜然，先是岁丁酉旱，已求益旱，民大饥，流亡。邑大夫陈侯之下车也。噢咻以救之，箴石以起之，民庶其有瘳矣！越明年，夏秋不雨，侯悯惧，询及耆老向所当祀，佥谓邑东有山曰虎耳山，有龙神祠，祷是其可。侯遂斋沐，往谒祠下。比至，室毁①硤②夷，鞠为榛芜，唯殿宇巍然仅存。侯骇曰："是岂揭虔妥灵之意乎？神不顾享，休祥弗应，其不在兹乎？"乃告于神曰："废神之祠祀，使民不知敬。是皆为邑於斯者之罪，民其何辜？神能赐以雨活吾民，愿率吾民新神之居，敢或不虔？"翌夜，遂雨。越数日，又往祷。复雨如是者六。雨无不辄应。岁以无歉。则又告其民如告神者，且曰："始吾以雨祷兹山，神皆答我如响，神不可负，我当率僚案以新是祠！"民闻侯言，乃相谓曰："我侯于神汲汲若是，以我民耳！侯不负神，民可负侯哉？"於是慨率退而各致其所有，材委粟输，不督而集，工效其艺，役忘其勤，凡可以致崇极靡不尽力焉！始於辛丑六月，成于壬寅十月，为后寝之殿若干楹，廊东西序若干楹，门若干楹，像设供器，以此毕举。董是役者：邑之崇明寺僧慧德，耆老高伟、戴诚。皆勤而能其事。故侯以命之，既而咸愿刻石纪侯之绩，且著神惠。邑士朱维遂以记来请文。惟山林川谷丘陵能出云为风雨，见怪物皆曰神。诸侯在其地祭之，水旱疫疠必禜焉。稽诸载籍，厥有恒典，

---

① 毁：疑同"毁"。

② 硤：台阶。

然则是祠之废,其可不复而忽诸侯之属意,于是非徼福淫祀而知所务矣!且悯雨之切,不自知其祷之之勤。昔者鲁侯申悯雨,《春秋》善之。以其有志于民也。今陈侯出宰百里,而畏天灾敬神,祀若此非矜恤民隐而能然乎?是于法宜书也。继自今侯,益推是心,政是以立,民是以和,德馨宣昭,假于上下,嘉气充溢,丰年屡臻,泽及尔民,盖未艾也。其于是乎何有,乃书其本末如右,俾归而刻之。陈侯,涿郡人,名俊德,字克明。刚毅善断,明察而敏,处事裕如也。时县丞真定史显、前主簿英六先处良、主簿滁阳王翻、典史维扬陈礼,亦与有力焉。龙凤九年五月旦日,京口俞希鲁撰,句曲樊杰书,江南等处行中书省咨议、天台董正则篆额。邑民樊模、笪志学、邹友谅、刘宗成、张行简、陈元、张仲方、史昌宗、陈贞、笪本可、朱缜、严文富、樊煊、徐煜、朱鼎、徐元德、戴元、高实、胡友直、王实贤、田大有、王景祥、朱养浩、巫仲和、朱隽、潘大有等立石。

《明重修戟门记》（正书今存,文见《乾隆志》）

按,此碑在《元加封曾子、子思制》碑阴。胡俨撰文。永乐十五年立。

《儒学进士题名记》（正书今存）

《句容儒学进士题名记》（文见《乾隆志》）

正统十三年戊辰九月,南京翰林侍讲、学士、奉训大夫、前兼修《国史》兼经筵官、吉水周叙撰文,嘉议大夫、应天府尹、金台李敏书丹,正议大夫、资治尹、南京太常寺卿、会稽徐初篆额。

碑分两列,上叙文,下进士题名、乡贡题名。

《礼部钦奉敕旨榜文》（正书今存学宫,即卧碑）

礼部钦依出榜晓示郡邑学校生员为建言事理本部,照得学校之设,本欲教民为善,其良家子弟入学,必志在薰陶德性,以成贤人,近年以来,诸府州县生员父母有失家教之方,不以尊师学业为重、保身惜行为先,方知行文之意,渺视师长,把持有司,恣行私事。少有不从,即以虚词径赴京师以惑圣听,或又暗地教唆他人为词者。有之似此之徒,纵使学成文章后,将何用?况为人必不久居人世,何也?盖先根杀身之祸於身,岂有长生善终之道,所以不得其善终者,事不为已而讦人过失,代有报雠,排陷有司,此志一行,不止于杀身未知止也。出榜之后,良家子弟归受父母之训,出听师长之传,志在精通圣贤之道,务必成贤外事,虽人有干於己不为大害,亦置之不忿,固性含情以拘其心。待道成而行修,岂不贤人者欤?所有事理条列于后。

今后府州县学生员若有大事干於家已者,许父兄弟侄具状入官辨别,若非大事,含情忍性,毋轻至公门。一、生员之家,父母贤智者少,愚痴者多,其父母贤智者,子自外入,必有家教之方,当受而无违,斯孝行矣,何愁不贤者哉?其父母愚痴者,作为多非子,既读书得圣贤,知觉虽不精通,实愚痴父母之幸独生是子,若父母欲行非为,子自外入,或就内知,则当再三恳告,虽父母不从致身,将及死地,必欲告之,使不陷父母於危亡,斯孝行矣。一、军民一切利病并不许生员建言,果有一切军民利病之事,许当该有司在野贤人、有志壮士、质朴农夫、商贾技艺皆可言之,诸人毋得阻当,惟生员不许。一、生员内有学优才赡、深明治体,果治何经,精通透彻,年及三十,愿出仕者,许敷陈王道,讲论治化,述作文辞,呈秉本学教官,考其所作,果通性理,连金其名,具呈提调正官。然后亲赍赴京奏闻,再行面试,如是真才实学,不待选举即时录用。一、为学之道自当尊敬先生,凡有疑时必听讲说,皆须诚心听受,若先生讲解未明,亦当从容再问,毋恃已长妄行辨难,或置之不问,有如此者,终世不成。一、为师长者当体先贤之道,竭忠教训,以导愚蒙,勤考其课,抚善惩恶,毋致懈惰。一、提调正官务在常加考较,其有敦厚勤敏,抚以进学,懈怠不律,愚顽狡诈,以罪斥去,使在学者皆为良善,斯为称职矣。一、在野贤人、君子,果能练达治体、敷陈王道、有关政治得失、军民利病者,许赴所在有司告给文引,亲赍赴京面奏,如果可采，即便施行，不许坐家实封入递。一、民间凡有冤抑干於自己，及官吏卖富差贫、重科厚敛、巧取民财等事，许受害之人将实情自下而上陈告，毋得越诉，非干自己者不许及假以建言为由，坐家实封者。前件如已依法陈告，当该府州县、布政司、按察司不为受理，及听断不公，仍前冤枉者，方许赴京伸诉。一、江西、两浙、江东人民，多有事不干己，代人陈告者，今后如有此等之人，治以重罪。若果邻近、亲戚、人民全家被人残害，无人伸诉者方许。一、各处断发充军及安置人数不许建言，其所管卫者，官员毋得容许。一、若十恶之事有干朝政，实迹可验者，许诸人密窃赴京面奏。一、前件事理、仰一一讲解遵守，如有不遵，并以违制论。一、钦奉敕旨榜文到日，所在有司即便命匠置立卧碑，依式镌勒於石，永为遵守。

句容县知县、臣韩鼎钦立。试县丞臣张士林，试主簿臣傅珪。

按，文属教令，不必入金石，然前朝片石掌故所关，特与大观奉律二碑备录之，不徒资摩挲观玩已也。

（按，卧碑无年月，考《秩官表》，在正统间）

《怡云孙处士墓表》（景泰五年，陈鉴撰。正书今存）

《赐吏部尚书曹义祭葬碑》（天顺元年立，正书今存。以上二碑断缺未采）

《重修三圣庙记》（正书今存）

句容县重修三圣庙记

赐进士、朝议大夫、国子监祭酒、安成吴节撰文。

赐进士、资政大夫、吏部尚书、邑人曹义书丹。

嘉议大夫、太常寺卿、云间夏衡篆盖。

距县治之东南一里许，有三圣庙，创自宋元，逮今数百载。邑人祀之甚严，然历世寖久，栋宇倾圮，莫有能支者。迨我圣天子重光践祚之又明年己卯，天官冢宰曹公敷政优优，暇日行乐，顾而叹曰："神依人而血食，今庙貌如此，神何依乎？"乃捐俸金以为之倡。邑宰刘侯暨丞、簿以下，咸助其费。庚辰二月十有七日之夜，神亦显厥灵，示以幽明感通之妙，远近闻者为之惊悚，相与罄其所有而乐助之。於是议坊乡士民钱以琏等市木石、鸠工匠，开拓故址，鼎而新之。肇於是年七月，不一岁而功成。正殿三楹，为架有七，山门三间，廊庑各二，为架各五，深广称之，其成可谓速矣！盖由神之灵而民乐趋事，殆《诗》所谓"馨鼓弗惊"者也。然不可无文以纪其实。征余记之。按，神世系不闻，史传无可考，或者谓其出自三姓。长姓徐，次姓项，又次姓翟，皆梗介拔俗，严毅刚直，而志在捍患弭灾、保障生民。故其殁也，民为立祠祀焉。洪惟国家享祀百神，凡有功利及人，率皆肆加爵秩以宠祀之。盖所以为民也。今神生能泽其民，殁能显其神，凡祷祀於祠下者，其应如响。是宜庙食於兹，而永留明祀於无穷也。况今庙制一新，金碧辉映，诚足以妥灵而起人洁虔也耶！尚期聿彰神贶、庇荫生民、以竢褒谥之加、爵土之封於他日矣！姑述其概，用刊於石，以昭胙飨，使后之观者有以知神泽民利物之实云。

天顺五年，岁次辛卯秋九月吉日。

文林郎、知县刘义。修职郎、县丞赵琬。将仕郎、主簿（沈祥、欧阳昇）。典史余中。

《三圣庙记》碑阴（正书）

《句容县坊乡助缘施主记》（篆书）

督工舍人曹谦（以下皆施主姓名）

按，仓圣庙，宋名三圣，罗泌路史谓籍算开聪，建号为三圣。语嫌附会，此庙不详。神之世系相传以三姓当之，然建自宋时，安知非祀仓圣乎？（府治西，旧有三圣庙，祀仓圣，宋时建，今废。见《金陵待征录》）碑称三姓，严毅刚直，捍患弭灾，邑人祀之甚严。曹、吴两公岂无所见而云然？今虽庙貌无存，而片石屹然自立，谛视良久，字迹仿佛可辨，乡贤手泽，当与《默庵集》共宝之。（曹尚书诗名《默庵集》）

《南京吏部尚书曹公神道碑》（天顺五年，李贤撰。正书在承仙乡箭塘山。今存）

《重修龙源道院记》（成化五年，张绅撰。正书。按，以上二碑，均断缺未采。）

《太仆张公神道碑》（正书在南桥下义垅，今存）

太中大夫、太仆寺卿、张公神道碑铭

资善大夫、兵部尚书兼翰林院学士、知制诰、淳安商辂撰文。

通议大夫、太常寺卿、直内阁经筵、国史馆官、南都余溢亨书丹。

朝列大夫、山东布政左参议、直内阁经筵、国史馆官、会稽陈纲篆额

太仆寺卿张公孟弼，以成化辛卯①五月戊子卒。讣闻，上遣礼官赐祭，命有司治葬事，其子恢等奉大理寺卿王公同节状，介太常寺卿余公溢亨乞予铭其墓道之碑。按状，公讳谏，字孟弼，姓张氏，别号守约，世为句容人。曾祖仲明、祖谷宾，皆隐德弗仕，笃於孝友。父伯安，以公贵封文林郎、福建道监察御史。母孙氏，封孺人。洪武中，伯安与兄伯逵谪戍崇山，寻迁赤水。伯安读书尚义，边夷敬信，乡邦亦然。晚归乡里，人号曰"已山道老"。公自幼颖敏，弱冠即锐志於学。初读於已山，从二兄孟昭求师泸州。至，而孟昭卒。奉其丧归。继从何教授邦宁於会川。何卒，公为治其后事，幼子卒赖以还。复从刘长史仲珩於蜀，仲珩见公年富志瑞，悉以所学授之，时刘忠愍廷振奉使至蜀，见公深加器重。日与讲论奥义，大有所得。宣德乙卯②，遂以礼经中云南乡试第二人。又明年至京，因卒业忠愍之门。正统己未③，登进士第，观政工部。奉命修楚王坟，区画中度，王亲洒睿翰赋赠之。归拜行人。未几，丁孙孺人忧，哀毁骨立，庐墓三年，致群乌来集。起复，奉命巡四川茶禁，宿弊清革，人咸便之。明年，往陕西掌□□王府丧礼，府中财匮，公启襄陵、乐平二王，各助麦千斛及彩币马匹，始克襄事，诸王皆赋诗为赠。比还，进福建道监察御史，戊辰④往督福建银课，时当草寇残毁之后，民物凋敝，余孽间作，公亲率士兵抚捕，贼遂解散。事竣，调任江阴。有周姓者，父子以土豪被逮至京，罪应弃市。周素富，人莫敢言。公独为直其子之冤，虽谤议喧腾弗为动，景泰辛未⑤，监礼闱试，防范严密，人无敢干以私。越日，诏下，令掌院事者考覆御史等第以闻，掌院欲假刑名，定去留。公曰："御史纠劾百司，岂徒以刑名为尽职耶？"虽韪其言不能用。壬申满考，进阶文林郎。蒙推恩，封赠其父母如制，因而恳请归省，时已山尚无恙，承颜戏彩，乡人荣之。明年，已山遘疾，日夕侍汤药弗离侧。比卒，哀痛几绝。及葬，复衰绖⑥三载，庐墓於墓傍。部使者欲以上闻，公力止之。南京□□丞云南陶镕与公同乡荐，与母、妻相继卒於官，且空乏不能举。公力给，其子得以扶柩还。丙子春，奉敕提督北直隶学校，士风为变。丁丑⑦，朝廷悉罢□提督□公□调□□□云南道、巡历凤阳诸处仓粮，禁革奸弊，军民畏服。明年，升河南巡察副使，断狱明允，人以不冤。尝分

---

① 成化辛卯：成化七年（1471年）。
② 宣德乙卯：宣德十年（1435年）。
③ 正统己未：正统四年（1439年）。
④ 戊辰：正统十三年（1448年）。
⑤ 景泰辛未：景泰二年（1451年）。
⑥ 衰绖：麻布坐的孝服。
⑦ 丁丑：天顺元年（1457年）。

巡南阳等府，抑强扶弱，至有□□□□□□□□复黄河堤岸事易集而民不劳。辛巳①秋，黄河□□□不逞之徒乘间倾掠富民及府库金帛，公率民兵四出掩捕，悉置之法。并□责□帅□□之□事□以宁。甲申②召为顺天府尹。先是，莅事者莫敢与部堂抗，买办科差□维听令。公至，略奏咸免。因与诸司廷争不已。乃上书自劾，请归田里，不许。乙酉③，京闱乡试。先是，试院工大，公以民力重困，宜停修造，姑营厂房待试。郡学倾圮，公以教化所系，首捐俸市材，撤而新之。丙戌④，御史黄□巡按京畿，□公田，故公亦□疏□□之□□□，公守莱州，□□□□公至莱，遇旱，遍祷於神，而获霈足。府县学颓敝，东莱祠亦坏，公次第经营，悉皆就绪。戊子⑤，以太仆卿召还。公夙夜殚心修举职务，人有以售马托善价者，峻词拒之。自是，干求路绝，而马政蕃息。辛卯⑥春得疾，医药弗效。逾三月而卒。距生永乐丙戌⑦九月己巳，春秋六十有六。配王氏，赠孺人，继沈氏封孺人。子男四。长即恢；次愃，王氏出；次恬□，侧室何氏出。女四，长适寿州儒学生汤萧。余在室。公平生孝友忠信，刚方正直，治家悉秉祖考遗训，闺门肃睦，教子严而有恩，与朋友交久而能敬，轻财好义，急人之难而赒人之匮，敷历⑧中外三十余年，忠爱之心、清白之操始终如一，至论国家大事，侃侃无所忌。事有纤毫利益於民者，即排众议行之。闻人之善，乐於称道，见不善则面斥之，以是□□□鸿□□□所谓笃信自守者矣！诸子奉□□□将上以是年十二月乙酉葬於邑南福祚乡义垄原先茔之次。铭曰："张氏之先，世笃孝友。根本既固，枝叶并茂。乃生太仆，为人中秀。问学能勤，德业斯就。遏历仕途，清白是守，赐葬有坟，垂誉永久。"成化五年九月。

碑在南桥右义垄（俗名张家山），盍立三石，中间西向，两旁南北向。南向为太仆碑，字隐约可辨，西北二碑则漶漫无字矣。光绪己丑，西向碑为霹雳震碎。又有一额书"泉台"二字，卧沙砾中。按，《旧志》称太仆结庐墓侧，蔬食水饮，哀号不辍者二载，五色芝於墓傍。有羽客至曰：绣衣公，贵人也。惜土星稍偏，不能得正印，因出针锥之。太仆觉微痛，而黄冠忽不见。揽镜自窥，鼻端殊正。人称诚孝所致。太仆祖观，父逸，皆葬此。

《崇明寺千佛阁记》（正书今存）

崇明寺千佛院重建宝阁记（额正书）

金陵之东九十里有县治曰句容，距县不一里许，有寺曰崇明。初，附寺列院凡三十有六，续并为一十八焉。千佛乃其一也。寺兴於西晋咸宁中，名曰义和。宋太平兴国中改赐今额，迨至国朝正统九年甲子，寺之千佛院僧曰睿哲庵，与其徒曰："宗祖庭视旧千佛之阁崩坏已久，毅然兴重建之志！"即鸠工抡材，辟旧法堂之基而建宝阁。功成极其高广，凌逼霄汉，仍于是年雕装三世慈尊，洎千佛尊像。十二年丁卯，复造大小二楼，是岁之冬，祖睿哲庵已归寂矣！十三年戊辰，命工塑装护伽蓝神像七尊。十四年己巳，师宗祖庭又真寂矣！景泰改元庚午，有曰福能，与其师弟曰："果茂结瓦大小楼，重新修砌缭院墙垣。"五年甲戌鼎新，缔构法堂一所。天顺三年己卯，捐资市金采，重装三圣王像，而福能为本寺住持者凡几年矣！续退隐养道。五年辛巳，重修本寺钟楼、碑亭，翻瓦俱备。是岁，募缘范铜，铸造炉瓶一付，重计五百斤。仍以衣资雕装簪瓶优钵罗花一对，供於千佛阁上，复募缘铸铁香炉二座。花瓶一对。七年癸未，抽购市金，装大圣塔正面铁佛一百尊。如前胜缘，经始至终，历二十年矣。成化二年丙戌，伏承本邑福祚乡檀

---

① 辛巳：天顺五年（1461年）。
② 甲申：天顺八年（1464年）。
③ 乙酉：成化元年（1465年）。
④ 丙戌：成化二年（1466年）。
⑤ 戊子：成化四年（1468年）。
⑥ 辛卯：成化七年（1471年）。
⑦ 永乐丙戌：永乐十六年（1418年）。
⑧ 敷历：发扬光大。

越①王普全舍财铸观音铜像一尊，高六尺，以斤计者一千六百有余。地藏铜像一尊。佛菩萨铜像一堂，共八尊。铜太子一尊，如前像设，安置於法堂，永远供养。三年丁亥秋，福能因视本邑东门外朝宗桥一道，年远崩塌，追忆元朝本院僧妙法永继之所创造，恐湮没先人之功，即与师弟果茂，徒弟兴敏、兴宁、同诚协谋，出衣资市砖石，虽化喙不鸣，亦有愿助力者，重新修理，底於有成。斫苍珉为阑干，植於两旁。桥之两头仍以石平铺砌墁，以图千载不朽之功，其雄伟佳丽，有加於昔。当斯圣治之世，快睹长虹，横跨於河，龟背高浮於水，非特往来者不病涉焉。抑亦壮容邑之气象，诚为美观也。六年庚寅，命工雕装护法诸天神像二十四尊，奉於千佛阁上。是年，又以句容乡敬德庵多年废弛，即出财市木修盖彼之房宇，并周围墙垣，图振其绪也。七年辛卯，施财买砖石，建造本邑移风乡纪华桥，并乡之管场千堰桥。又助财建造蔡家桥及乡之上真庵西南地名西涧桥，乡之黄婆桥，句容乡黄干桥。又於福祚乡建造赵坟桥、彭山桥。如前桥梁凡八处，而徒子徒孙不惮膂力，而助成之。今福能慨念先祖先师，洎弟果茂经营若干年，内之寺院胜缘，外之邑乡桥道，咸获成功。第恐后人无所稽考，因纪功迹，远来钟山，征予显书之，予惟吾佛之道，天地相与终始，日月同其光明，亘古今而长存，历尘刹而普遍。兴慈运悲、拯溺亨迍、自利利他为事务，以化人为善，而远於恶也。呜呼！近世寄吾释者十之八九，弃本逐末，惟嗜利以肥其己，肯以己之资而成善事，以利济於人也哉！予知福能师之为人也。克守戒检，不贪生利。其奉口体甚薄，其进道业甚勤。虽其不贪而衣钵有余。克成就胜，缘不坠先人之业者。岂非宿具大愿轮而致然耶！观其所为，信乎！多人称道其德者，诚不诬矣！刓予尝闻成化元年三月吉旦，其竭诚殚敬，建五昼夜之斋筵，庆造千佛之圆满，爇炉以香，簪瓶以花，供设芬馥之伊蒲，经翻微妙之贝叶，灯烛灿满天之星斗，幡盖簇瑞世之凤鸾，灵异荐臻②，奇祥迭献，由其虔恪③，感格天地而致然也。故并记之。后之人乃以福能之心为心，则必致千百世法运之兴，山门悠久而光振也。朂哉！

大明成化十二年岁次丙申夏五月吉旦，钦依第一禅林、钟山灵谷寺住持三衢释文焕用章撰。崇明寺前住持福能同师弟果茂勒石。金陵施仲贤刊。（按，朝宗桥即东桥）

《崇明寺千佛阁记》碑阴题名。（正书今存）

《崇明寺千佛院纪先宗事实记》（正书今存）

《崇明寺千佛院纪先宗事实记》（额正书）

句容崇明寺，乃西晋咸宁中郡人司徒誓舍宅创建，名曰义和，历世既远，隆替靡常，至宋始改赐前额。今为丛林④祝圣道场，士庶祈福之所也。寺有十八院，而千佛实为之冠，叶叶以种福田为心，凡诸寺观祠宇之修建，佛像天王之装塑，与夫作桥以通行商，舍田以赡僧众，义之可为者，皆乐为之。嗣孙、前住持福能恐泯没先人之功，乃裒集⑤其事实，来征予记之。按，本院自远祖守已大敬当元泰定元年甲子，各施财装兴教罗汉一尊。普护师堵大范共抽衣资亦装一尊。元统二年甲戌，院僧净观翻瓦本寺天王殿。徒弟方广庵捐资甃砌天王殿地，并朱漆殿柱、供桌等器。三年乙亥，守已施财，铸造铁香炉一座，朱漆完美，舍入金华寺。是年，偕徒法海舟施财翻瓦佛殿，而法眷道智、道果、道行、道顺、道圆、德明、德正、德成、德义、德贵、德能、德净皆协相其功。至元二年丙子冬，本院住持募缘比立惠德悬钟设斋，庆忏圆满，守已舍财造桥告成，建大会以庆功缘。五年己卯，方广庵施财铸造大殿前供天铁炉一座，并偕有空庵舍财，各装罗汉一尊，舍入

---

① 檀越：施主。
② 荐臻：接踵而至。
③ 虔恪：恭敬。
④ 丛林：和尚聚居修行的处所，后泛指大寺院。
⑤ 裒集：聚集。

本寺南观音阁。普蕴守廉，铸铁圆炉一座，供桌一张，舍入移风乡上真殿，历年滋久，桌毁炉存。至正六年丙戌，守廉妙法各以其师广庵方公、茅斋已公所遗衣资及众施，重新建造本寺大雄宝殿，并铸铁炉一十二座，以供罗汉圣僧，及造碑亭二座。殿前二石经幢，住持永袭勒碑记之，今存，可考。已公泊其徒妙法、妙庆、永希、嗣法、永袭共铸大殿铁炉一座。守廉装雕大殿龙牌二面。是年，复施财建造青元观山门一所。十年庚寅，守廉捐资建造本寺鲸音之楼，徒孙永继、嗣惟、元琎、宝昙咸协力赞成。是岁冬，本寺妙云建造宝阁院，僧法海舟捐资助缘。十二年庚辰岁，继云罡、惟心、传昙、竺芳施财雕装文殊、普贤二大士，舍入妙云供养。十四年甲午，妙法、永继捐资市石，建造本邑东门朝宗桥，督工僧德成、嗣惟实赞助之。十九年己亥，大敬置造石香炉，舍入兴教大殿。质庵彬公、茅斋已公置净发田一顷余，舍入兴教寺，以赡僧众。国朝洪武二年己酉，院僧嗣宗偕徒宝昙施财装塑本寺三圣王像及左右侍卫，共七尊。今福能与其师弟果茂念累世之功，绍衣钵之传，恒以不坠先人之绪为心，复雕供桌，铸铁方炉，补入上真庵殿，永充供养及施财助缘，修葺金华寺殿。成化九年癸巳，福能、果茂施灰万斛，助建小干桥。其他良缘善果率多类此。呜呼！世尝谓创业易而守业难，今福能号无几，果茂号大林，同心协力，克守先人之业而不坠者，诚难能也。矧又能不泯前人所作之功，用图刻诸贞石①、传示永久，尤难能也。非其孝义存於心者，其能然乎！斯人也，不惟足以为吾释门之贪懦者，激亦且足以启其来叶而勿懈也。是为记。

　　大明成化十二年岁次丙申夏五月吉旦，钦依第一禅林、钟山灵谷寺住持、退隐三衢释印庵文焕用章撰。崇明寺前住持福能同师弟果茂立石。金陵杨佐镌字。（按，二碑历言捐建诸桥，颇资掌故。旧志失收。异矣）

《崇明寺千佛院纪先宗事实记》碑阴题名（正书今存）

《天下宗庭》四大字（正书今存茅山）

"天下宗庭"，宏治十年阎永德书。

《重修东霞寺记》（正书今存）

"重修东霞寺记"（额篆书）

奉训大夫、知山西沁州事、前光禄寺署正、邑人鲁钺撰文。

句容县治东去三十里句容乡伏龙山有寺名曰东霞者，南屏三茅之秀，经带河流之清，层峦古木，环抱成阴，诚集一方胜概之地也！创始於大唐宝历，重修於至元乙酉②。曩时主僧福洪、福泽倡率缘谋以成其事，迄今又历三百余年，若佛殿、若山门廊庑，其栋楹梁桷之属，有蠹朽摧折倾颓而弗支者。主寺沙门名诚源，慨神栖之弗宁，先业之当继。诚源集徒众奋然举事，易梁木之朽败，备砖瓦，甃砌重整而新之。其檀越③严文钰、袁广一等辈助资输粟，领袖一方，以赞厥成功。比之旧制，轮奂雄丽，像设尊严，金碧峥嵘，钟鼓时节，益宏前规，有足瞻仰，载事於正德辛巳④，历嘉靖改元而工始就。费赀之富、工役之繁，皆寺主孑然经理之，岂不良有可嘉耶！诚源性聪慧，虽从释氏教，亦谙儒术。简静澹泊，行持清介，於诸佛经典之类罔不精通博洽，识见超卓。同事之人靡有不推敬其能。今复新梵宇，远近乐从，时宜其成功之速，岿然为一方之伟观，可谓僧流中之杰出者矣！夫人之生於天地间，至於兴建事业，贵得其人而尤贵逢其时，不得其人不可，得其人不得其时，亦不可也。今东霞之教，众所崇信，四方之人挟金怀璧而乐施者，肩相摩也。阐其教者，又况得诚源之善，足以起人之敬慕哉！夫东霞之居一心，则焚修之众有归。诚源之名可与先师福洪、福泽二公始终传之而不泯矣！是为记。时皇明嘉靖改元孟冬应钟月吉

---

① 贞石：碑石。
② 至元乙酉：至元二十二年（1285年）。
③ 檀越：施主。
④ 正德辛巳：正德十六年（1521年）。

旦，当代住持诚源立。赐进士出身、文林郎、江西道监察御史、郡人戴仲纶汝言书。赐进士出身、文林郎、江西道监察御史、郡人戴仲纶汝言书，赐进士出身、奉政大夫、兵部职方清吏司郎中、金沙于湛篆额。

《重修庙学记》（正书今存）

重修庙学记（文见《乾隆志》）
杨廉撰文。汪伟书丹。嘉靖二年立。此碑书似《多宝塔》，惜已断缺。

《圣贤道统赞》（额篆书。文正书。今存）
"圣贤道统之赞"

《伏羲赞》
於维圣神，继天立极。仰观俯察，□□□□。始造书契，以代结绳。开物成务，□□□□。

《神农赞》
圣皇继作，与天合德。始尝百草，以济民疾。农有耒耜，市有交易。泽被生民，功垂□□。

《轩辕赞》（阙文）

《帝尧赞》
钦明揖逊，德协万邦。巍乎成功，焕乎文章。天地之大，日月之光。允执厥中，道冠百王。

《帝舜赞》
重华协帝，授受于唐。惟精惟一，濬哲文明。两阶干羽，九韶凤凰。恭已南面，万古纲常。

《禹王赞》
文命四敷，三圣一心。有典有则，克俭克勤。成功不伐，善言则拜。九州攸同，万世永赖。

《汤王赞》
勇智天锡，圣敬日跻。建中于民，万邦维怀。顾諟明命，肇修人纪。垂裕后昆，道统斯启。

《文王赞》
天德之纯，於穆不已。肃肃雝雝，缉熙敬止。后天八卦，昭如日星。大哉象系，式开太平。

《武王赞》
丕显文谟，丕承武烈。偃武修文，天下大悦。丹书之受，洪范之咨。百王遗绪，一代丕基。

《周公赞》
天生元圣，道统斯备。制礼作乐，经天纬地。上承文武，下启孔颜。功在万世，位参两间。

《孔子赞》
道冠古今，德配天地。删述六经，垂宪万世。统承羲皇，源启洙泗。报德报功，百王崇祀。

《颜子赞》
天禀纯粹，一元之春。精金美玉，和风庆云。博文约礼，超入圣门。百王治法，万世归仁。

《曾子赞》
守约而博，学恕以忠。圣门之传，独得其宗。一贯之旨，三省之功。格致诚正，万世所宗。

《子思赞》
精一之传，诚明之学。圣门嫡派，斯道攸托。发育洋洋，鸢飞鱼跃。慎德之训，示我先觉。

《孟子赞》
哲人既萎，亚圣斯作。距詖辟邪，正论谔谔。尧舜之性，仁义之学。烈日秋霜，泰山乔岳。

总理粮储兼巡抚应天等府地方、资善大夫、都察院右都御史、后学、庐陵陈凤梧谨赞。

大明嘉靖四年岁次乙酉冬十一月既望。

按，此二石已碎，其一即前志所云书法颜柳，篆额尤佳者也。

《白云崇福观记》（正书今存）
此碑，嘉靖七年监察御史邑人曹铨撰，因模糊未采。

《赐右副都御史丁沂祭葬碑》（正书今存）
此碑嘉靖八年十二月立。

《葺张孝子常洧之碣记》（正书今存）（文见《乾隆志》）
奉议大夫、南光禄少卿、后学王暐撰，生员江永年书。嘉靖十一年立。

《重刻唐孝子常洧之碑》（正书今存）

敕唐孝子张府君旌表之碣记

旌表门闾孝子润州句容县邑人张常洧，居父丧，孝感致生芝草一十二茎。二茎坟上生，并高二寸二分。八茎坟侧生，并高二寸一分，盖阔二寸三分。并去坟六步，二茎。庐左侧生，并高二寸三分，盖阔二寸。右礼部奏得史馆牒称浙江观察史牒得句容县申得耆老樊泌等状：前建中四年七月，邑人张常洧丁父忧，其年十月，披发徒跣①，庐于墓侧，哀毁过礼，气将□□□年八月中有前件芝草生发，礼制已□庐次终身之感起自因□泌所见有前件至孝感致灵物，可以致劝风俗不致□□者。县令判差仓检覆得状，与村老张怀美钦等检覆，得其张常洧在庐墓□□□□至今三年矣！种植松柏六百，芝草见有一十二茎，其去坟远近长短者又差。丞徐陟□□得状并实者，又得张常洧表兄朱晤状，其□子张常洧，本州具牒史馆，

---

① 徒跣：赤脚步行。

未蒙闻奏，伏听处分者，牒礼部准式者□□史馆勘得牒是去年生芝草一十二茎有实者，伏以润州孝子张常洧渐于圣化，著纯孝之诚，通于神明，致嘉瑞之应，所宜旌表，以示宠光。庶令州里风俗观感，益劝其本道观察使□□□牒事由如前敕旨，宜付□□□二月初六日，太尉兼中书令□假中书侍郎平章事、臣李泌奉宣：邑人张常洧，奉行敕旨如右，牒到奉行，贞元五年二月九日，司徒兼侍郎、门下侍郎、润州给事中雪尚书《礼部旌表门闾孝子张常洧牒》，奉敕旨如右：牒至奉行，敕故牒贞元五年二月十一日令史□积牒主事关芬、员外郎崔元翰。

　　前宁州真宁县主簿张璪创立《亲叔祖孝子旌表碑赞》并《序》，将仕郎、守润州句容县主簿承瓌撰。

　　昔人有庐於墓三载，人到于今称之，况吴郡张生，父母既没，匍匐坟上，寝处苦块，弃绝人事，凡卅六年。号泣终身，故至性感物，精诚动天，灵芝继生，嘉祥汇至，乡里狼戾①者为之恭谨，暴慢者为之孝慈，郡县□闻天子宠以旌表，当代著之歌诗。又太和六年，侄孙公斑继以孝行著称，亦庐于墓，时职公务于金陵□御史谭公为清时名士，深用哀美，曰：张氏至孝，已传三世，可以励风俗，表乡间，古道之正，萃於张公，□传儒业，家唯四壁，大君之玺书文人之丽藻，皆传诸子孙而勒寔于金石，会其诸兄之孙曰璪，以经学著□，少游太学垂十年，有贞介之行，事其亲以顺，交朋友以信，□帅知之，俾主印真宁疏□滞凝绥怀□□，有单父武城之化，暨秩满归乡，经先人之旧庐，怀盛事之未树，喟然叹息，霈然流涕，乃出琴书车马以鬻焉，取其资结葺廊庑，芟夷榛荆，咸取敕书寔于贞石，使永不泯。夫建邦立家，唯志与孝，有一于此不朽，君斯举也，上宣吾君之命，下显尔祖之休②，尽善尽美矣！赞曰：“天经地义，其唯孝焉。六顺之始，百行之先。哲人所难，尔祖有旃。土阙徒立，榛□满阡。永锡之道，子孙绵延。感此□□，深用惘然。乃纪贞石，是昭是宣。斯碑既树，厥美方传。俾其不朽，永慰荒埏。

　　吴郡孝子张常洧庐墓记。前句容县令李哲撰。

　　大唐吴郡张君纪孝行铭并序，朝请郎、□行许州许昌县主簿、仁勇校尉高孚撰③。

　　嘉靖丙申岁孟冬立。应天府通判洛阳□□□句容知县古闽陈文浩、县丞四明杨孙元宁海梁弼、典史定海范良、教谕四明孙隆、训导慈溪钱杰重立石。（碑文虽经嘉靖时重刻，仍多漶漫，旧志删去，俟后再行订正）

　　按，此碑文有四道，此前二道文也。后二见《乾隆志》。

《诰赠都察院右都御史王昇、王槐制》（正书今存）

　　此碑嘉靖二十四年立石，在王氏祠中。制词未录。

《义勇武安王创建神祠记》（正书今存西门外古武帝庙）

　　武安王神庙碑，嘉靖丙申④陈诏撰，只存上半截，在郭西塘侧。碑云：“嘉靖三十一年，海倭入寇，骚扰吴下。”又云：“诏梦神人为予索刀，以平倭寇。”又云：“贼势甚强，临阵对敌，若有神助。”又云：“我军中有红衣者，甚勇猛，是以怯也，若与梦兆所感相应。”末署“福建按察司、致仕经历、邑人”，下缺，检科贡表得之，乃陈诏也。（按：关壮缪，明封武安王）

---

① 狼戾：暴戾贪狠如狼。
② 休：吉庆，美善。
③ 李按：据《句容张氏族谱（张眕楼等纂修）》五卷有："大唐吴郡张君纪孝行铭并序，朝请郎、前行许州许昌县主簿、进勇校尉高孚撰。"
④ 嘉靖丙申：嘉靖十五年（1536年）。

《张孝子义台》五大字。（正书今存）

"嘉靖壬戌①孟冬月"。

"张孝子义台"

字径六寸，双钩勒石，右书年月，左角缺，盖祠之门额耳。今嵌诸祠后壁间。

《重刊熙宁青元观记》（正书今存）

《江宁句容县青元观重修记》

文林郎、守秘书省著作佐郎、知江宁府句容县事袁毂撰文。

将仕郎、守秘书省著作佐郎、充三班院、主簿张炎民书丹。

承奉郎、秘书丞、监饶州都作院陈晞题额。

圣人之教三，惟儒、释盛行於中国，而道家相盛衰於其间，天下之宫庙，名虽有而实废者十常七八，其徒皆彫弊而不甚显。嗟乎！老子之道不行於当世，固已为不幸，复不行於后世，虽然於道固无损，然而行不行皆数也。三茅於句容为名山，古之所谓"神仙、瑰玮之士相望"，而作宜其为道家之洙泗，县有青元观者，乃葛仙公之第，今其炼丹井犹存。予一日访之，俯视其廊庑，苍苔蔓草，若无人踪，仰觇②宇栋，颠梁攲委，若将弗支，伏拜而兴，巍然圣容，将为风雨之所飘，其徒旦日无以衣食，又何以介福於人以壮其居室哉，夫人情莫不趋所同而弃所独，有膏者沃之，有暖者就之。有饥寒者，不肯手半箦之土、寸薪之火以救之。噫！其左见之甚矣。既而邑人闻令之贤者，慨然思："被膏无益，宁沃其瘠。被煖自完，宁燠其寒。"於是金相率而即老子之宫，殖生者以金，耕者以粟，织者以帛，工者献其巧，窭者输其力，不数月而栋宇一新，厥成之初，有父老相与焚香而祝曰："我明明后，亿万斯年，皇休以全。"拜而祝曰："风雨以时，物由其仪。桑茂於原，稼宜於田。"卒祝而拜曰："惟我父母，吏政毋苛。子子孙孙，目不干戈。"予闻而嘉其能言，有足以自戒者与。予又因其祝而申之曰："容山故道，往来憧憧。俾安其行，不敧不倾，如砥之平。"一事举而兼利於是，在自旦而暮，讼者在庭，簿书在堂，心思目营，将不自给。恶暇其余，至有百事之可寄也。然一寄以往，一寄以来，是卒无可举之事，人能充无寄之心，於为吏乎何有？使后人知令宜於民幸而惟令言之听将，日悛恶而又乐成其善事，汝民无它，真能充是心尔？若曰不可，教予不敢诬吾民。熙宁十年夏四月望记。文林郎守县尉陆元常、文林郎试秘书省校书郎守主簿郑安平、左班殿直监茶盐酒税刘鉴立石。

观主张大翼、上座李顺威，监书韩文锡，杖仙陈永敖书并篆。

嘉靖癸亥③菊月九日④道会贾正元重立。（《续府志》误作朱碑。今更正）

按，此文乃明嘉靖四十二年重刻石也。青元观宋碑有二：一、熙宁十年袁毂撰；一、咸淳三年花新撰。明成化癸卯⑤毁於火。嘉靖癸亥，道士贾正元伐石重立，俾陈氏永敖书之，刻咸淳三年文於碑阴。正元记其颠末。

《重刊咸淳青元观记》（正书在重刊熙宁青元观碑阴。今存）

---

① 嘉靖壬戌：嘉靖四十一年（1562年）。据《句容张氏族谱（张眎楼等纂修）》二卷有："常淯，字巨川，庐墓产芝，是为义台。"

② 仰觇：仰观。

③ 嘉靖癸亥：嘉靖四十二年（1563年）。

④ 菊月九日：九月九日。

⑤ 成化癸卯：成化十九年（1483年）。

《重修建康府句容县青元观记》（文俚不录）

宋咸淳三年，花新撰。王子巽立石。明嘉靖四十二年陈永敩书。贾正元重立。

《嘉靖御制敬一箴》（正书在学宫，今存）

《敬一箴》（有序）

　　夫敬者，存其心而不忽之谓也。元后敬，则不失天下；诸侯敬，则不失其国；卿大夫敬，则不失其家；士庶人敬，则不失其身。禹曰：后克艰厥后，臣克艰厥臣。五子之歌有云："予临兆民如朽索之驭六马，为人上者，奈何不敬其推广？敬之一言，可谓明矣！一者纯乎理而无杂之谓也。"伊尹曰："德惟一动，罔不吉，德二三动，罔不凶，其推广一之一言可谓明矣。盖位为元后受天付托，承天明命，作万方之君，一言一动，一政一令，实理乱安危之所系，若此心忽而不敬，则此德岂能纯而不杂哉？故必竟怀畏慎於郊禋①之时，俨神明之鉴享，发政临民，端庄戒谨，惟恐拂於人情，至於独处之时，思我之咎，何如改我之吝，思我之德，何如勉而不懈，凡诸事至物来究夫至理，惟敬是持，惟一是协，所以尽为天子之职，庶不忝厥祖厥亲，由是九族亲之，黎民怀之。仁泽覃及於四海矣！朕以冲人②缵承丕绪，自惟凉德③寡昧勉而行之，欲尽持敬之功以驯，致乎一德其先务，又在虚心寡欲，驱除邪逸，信任耆德④，为之匡辅，敷求善人，布列庶位，斯可行纯王之道，以坐致太平雍熙⑤之至治也。朕因读书而有得焉。乃述此以自勖云：人有此心，万里咸具。体而行之，惟德是据。敬焉一焉，所当先务。匪一弗纯，匪敬弗聚。元后奉天，长此万夫。发政施仁，期保鸿图。敬怠纯驳，应验顿殊。征诸天人，如鼓合桴。朕荷天眷，为民之主。德或不类，以为大惧。惟敬惟一，执之甚固。天畏敬民，不遑宁处。曰敬维何，怠荒必除。郊则恭诚，庙严步趋。肃於朝廷，慎於闲居。省躬察咎，儆戒无虞。曰一维何，纯乎天理。勿参以三，勿贰以二。行顾其言，终如其始。静虚无欲，日新不已。圣贤法言，备见诸经。我其究之，择善必精。左右辅弼，贵于贞忠。我其任之，鉴别必明。斯之谓敬！君德既修，万邦则正。天亲民怀，永延厥庆。光前垂后，绵延蕃盛。咨尔诸侯，卿与大夫。以至士庶，一尊斯谟。主敬协一，罔敢或渝。以保禄位，以完其躯。古有盘铭，目接心警。汤敬日跻，一德受命。朕为斯箴，拳拳希圣。嘉靖五年六月廿一日。

　　嘉靖御注视听言动心五箴碑。（在学宫）

《程子⑥听箴》

　　人有秉彝⑦，本乎天性。知诱物化⑧，遂亡其正。卓彼先觉，知止有定⑨。闲邪存诚，非礼勿听。

　　此程氏言听之要说，道视听乃为出言之机，一或有差，患必至矣。前言视之之道，此言听之之道。夫人之于视，或能察之，然又恐听之未善也。目视之既善，耳听者须尽其善可也。耳目之间，视听之际，均为要焉。若听之不审，则无以知其是非，故听言之际，当分别其邪正，勿使甘佞之言从入其心，心既受之，必为诱惑。《书》云："听德惟聪。"即此意也。盖人生之于天，具耳目口鼻之体，口之与鼻，无所禁者，

---

① 郊禋：古代祭天的仪式。
② 冲人：年幼帝王的自称。
③ 凉德：德行浅薄。
④ 耆德：年老德高的人。
⑤ 雍熙：和乐的样子。
⑥ 程子：程颐。宋代大儒。
⑦ 秉彝：人心所持守的常道。
⑧ 物化：事物的变化。
⑨ 知止：知其所应止之处。《大学》："知止而后有定，定而后能静。"

惟耳目为重。故以视听为戒。朕论之曰："口与鼻之无所禁，乃彼知之自然也。耳目之于视听，乃彼之不能先觉者也。如口嗜味，知其甘辛酸苦，尝之自能别也。鼻之嗅物，知其好恶，嗅之自能择也。目之于色，则爱其艳丽耳，之於声则爱其音律，殊不知艳丽音律皆人为之也。所以反受其害，口鼻之觉乃贤之於耳目也。故程氏箴云：卓彼先觉，知止有定。谓既能卓然先觉，则自有定向，而人君之听尤当审辨之也。《书》云："无稽之言勿听。"又云："庶顽谗说，震惊朕师。"此皆听德之要也。人君于听纳之间，当辨其忠谗而已，忠言逆耳，近于违我，谗言可信，近于逊我。不能审择，其患岂浅鲜哉？但使吾心泰定，不为谄佞之徒所惑，则所纳者未必不可，所屏者未必不当，惟吾心审断之而已。呜呼！审之。

按，五箴碑惟此可录，余皆模糊断缺。

《圣旨碑》（正书在学宫）

碑在学宫，嘉靖七年，少师杨一清奏立《御制敬一箴碑》及《御注视听言动心五箴碑》於各省学校。此碑载嘉靖七年上谕。

《新建应天府句容县城记》（正书在邑庙前樊公祠遗址内，碑存下截，文载《乾隆志》）

翰林院修撰、邑人①李春芳撰。嘉靖三十四年立主簿万全曹铠、阆州余意，训导建德汪文，典史归善、徐谊，生员徐瑚、曾□、江渊、柏凤鸣。督工阴阳训术高钧。坊民居□□、严□□、孔闻诗、许□□立石。

《文星楼记》（正书在学宫前，今存。文见《乾隆志》）

儒学谕浙台郡沈升撰文。邑人许彦忠篆额。邑人张锦书丹。岁次己巳闰六月，主簿花俶，训导张问明，生员许鸾、高寅、黄鳌、夏珂、张应皋、陈情、夏玑、夏谏、许懋敬、华楫、汤武英、江鲫、严本仁。

督工耆民刘廷鸾、胡诏、刘鳌石、□文。

《唐颜鲁公祠堂碑记》（正书今在虎耳山后颜村。文见《乾隆志》）

□□□□□中大夫、提举江州太平兴国宫、德安县开国伯、食邑九百、赐紫金鱼袋王遂记并书。朝奉郎、主管台州崇德观、赐绯鱼袋赵若琚题额。明隆庆六年岁在壬申正月中澣吉日重立。

《社公庙碑》（行书在胄寨村，今存。文补后）

重修社公庙碑记。

赐进士第、南京户部四川司主事、里人高一登撰文。

南京锦衣卫镇抚司镇抚、里人王在篆额。

湖广袁州学正、里人王辂书丹。

---

① 邑人：《乾隆句容县志》十卷李春芳《新建华阳书院碑记》有"臣原籍其地"。《句容李氏家谱（李正谨等纂修）》四卷有"族裔子实春芳拜题"《珍公传》。《句容张氏族谱（张眕楼等纂修）》三卷有："文进字汝忠，行智十四，号东泉，确庵公仲子……公生于成化癸巳年九月十八日，卒於嘉靖三十八年十一月二十三日，寿八十有七。临终犹作遗训二章，以示子孙。诗载传文中。公与操惠孺人合葬冈下，操洁早世，与操惠俱葬冈下。大学士李公春芳铭其墓。小行五。"五卷有："《明故处士张公东泉墓志铭》（赐进士及第、光禄大夫、翰林院大学士、礼部尚书、邑人李春芳撰文并书丹篆盖）：公讳文进，字汝忠，号东泉处士，世家句容……越五年，卜兆祖莹之旁，与其孺人操惠合葬。先是，公卒之年，厥子礼率侄与袁经踵门乞余志。余与翁契旧也，乌可辞！乃据柳汧之状为之铭。铭曰：有德一翁兮东泉，寿而有后兮昊天，崇德之冈兮君原，铭以志墓兮千年。"李春芳《（句容）良常胡氏重修谱序》有"余承国恩，许归田里，因得与方外之流论养生之术于三茅洞天。既就陶公弘景故趾建玉皇阁，为禁修之所。阁东北五里许，良常仙境在焉。时引故乡父老往来话旧其中，每至则胡公玉岩与其侄铜冈、碧溪辈款洽尽欢。万历己卯春，复步自华阳入良常，因登胡氏之堂。而胡之诸宗适修世系，余索阅之……"

《察院题名记》（正书今存）

《巡抚南直隶、都察院题名碑》

兵部尚书、前都察院右都御史、三原王恕撰。

南京吏部右侍郎、前国子祭酒、晋陵王㒜书。

国朝之设巡抚，官在他处者不可考，其在南直隶，所可知者，永乐庚子①则有吏部尚书兼詹事府詹事蹇公义给事中一员，通巡应天、苏州、松江、常州、镇江、太平、宁国、池州、徽州、安庆、广德十一府州。宣德初，则有大理寺卿熊公概嘉、湖二府而巡之。继熊则有周公忱始则止巡抚应天等十一府州。至正统辛酉②，则并嘉、湖二府而通巡焉。继周而后，则有李公敏始则通巡应天等十一府州。至景泰甲戌③，以抚内多事，请于朝，得分巡应天等七府州，而邹公来学，则分巡乎苏、松、常、镇四府。陈公泰则继邹以分巡。至李公秉复通巡迄今而不变。然其职虽有尚书侍郎、都御史、大理卿之不一，其受圣明之简命未尝不一，惟其历年有久近，才性有不同，故其功烈不能无少异也。恕承乏于兹五年有余，才识施为最出诸公下，而其择善固执、为国为民之心亦未始不出入诸公间也。噫！昔之巡抚于蹇公之前后者，今已不得其详矣。今不题其名，窃恐后之视今亦犹今之视昔，又不得其详矣！故即其所知，题名于石，并系以乡贯职衔，以示夫来者云。时成化二十年岁在甲辰春三月朔旦，应天府二尹于冕、府丞张达、杨守□治中边宁立石。

按，应天巡抚、都察院题名碑，前抚院三原王端毅公始置于留都会同馆之别署，已百五十余年。嘉靖中，倭变起海上，遂移镇苏州。万历首元，复议还留京，会御史□言海防废弛，内地不便控制，愿仍留姑苏。予时在都下，迩有代命，力言于朝，寻咨本兵，遂如议得请更镇句容，事载碑记。因并刻前后诸公姓名于台门之东，文仍王君，重其人也。遂赘数语，以见乡慕之私云。

皇明万历四载春王正月二十二日吉郡宋仪望书。

按，此乃明万历朝巡抚宋仪望重立之碑。《旧志》未收，乱后数年，瀛访得之，碑文后纪察院题名，共七十四人，其乡贯可考者仅十二人，载入补志，兹不复赘录。

《笪仲拾公墓志》（正书今存）

《笪仲拾公墓志碑》

墓有铭、有志、有神道者，其来已久，是金石之所以流传也。然志铭神道往往铺张文饰、夸大其辞，所谓志墓之文，千古有讥焉。若子孙之於祖宗，则无取乎此，此余记仲拾府君公之墓之所以纪实而无繁辞欤！公讳衍，号吴峰，行仲拾。公博学能文，当宋室全盛之时，宜乎取功名、博青紫④、与世相角逐焉，而乃迈节清风、旷怀逸志、漱饮泉石、声华闇然⑤，谓非含和积养有得於中而能若是哉？迄於今子孙簪缨相继，亦可见其积累之厚矣。公始居丰仪笪巷，筑室栖凤山，读书其中。其后迁於茅庄。於其卒也，即以栖凤山宅基为墓。竹树苍翳，郁然蔚然，望而知其为有道之藏也。历年虽远，神灵式凭，兹率同族重加封植，我子孙瞻仰山容，可想见公之仪型焉。山以栖凤名者，喻以公栖隐之高也。俗名笪家山。公墓东向，沿山麓周回十一丈，东横十一，西横十五，南竖二十四，北竖二十二。发祥所肇，子孙其敬识之。

大明万历七年岁在己卯夏四月穀旦⑥，十四世孙鸠谨撰。

---

① 永乐庚子：永乐十八年（1420年）。
② 正统辛酉：正统六年（1441年）。
③ 景泰甲戌：景泰五年（1454年）。
④ 青紫：指古代高官印绶、服饰的颜色。比喻高官显爵。
⑤ 闇然：幽暗不明显的样子。
⑥ 穀旦：晴朗美好的日子。旧时常用为吉日的代称。

《有道阎希言碑》（正书在乾元观，今存）

《有道阎希言碑》

昔者，夫子系易於乾之初九，曰："潜龙[①]勿用。"何谓也？龙，德而隐者也。不易乎世，不成乎名，遁世无闷，不见世而无闷，乐则行之，忧则违之，确乎其不可拔，此所为潜龙也。他日问礼於老聃，曰："老子，其犹龙乎！乘风云而上天，吾不知其所之矣！"是夫子之於隐者，未尝不深嘉而向慕之。彼其所以离世绝俗、尘视轩冕，非苟为亢而已。知微知彰，洞悉天人之理，惟玄惟默，深明造化之原。故曰："志意修则骄富贵，道义重则轻王公。"扬子云曰："鸿飞冥冥[②]，弋者何慕焉？"言其避患之远，非恒情所及也。自昔帝王莫不崇尚其道。汉高长揖於黄绮，光武折节於严陵，岂直可以止□抑贪抑亦足以移风易俗，不佞行□江左搜访潜逸於句曲茅峰，得一人焉，曰阎希言者。崆峒问道，早闻守□之言，□岳栖真，自得长生之诀，萧条岩壑，万虑无以撄其神，寄托烟霞，六尘不能生其念，松形鹤骨，可以凌霜雪而御风寒，金液玉符，足以蓄至精而成变化，易简而得天下之理，朴素而明至道之宗。间问以摄生之旨，希言曰："虚静恬淡，寂寞无为者，天地之平，而道德之至，故帝王圣人位焉，人能无心於事，无事於心，忘形以养气，忘气以养神，□□□□，炯然一灵，超出万幻，归性根之太始，反未生之已前，故能三际圆通，万缘澄寂。道非欲虚，虚自归之，人能虚心，道自归之矣。余又问以治心之要。希言曰："心无不存之谓，照欲无不泯之谓，忘当忘之时，其心湛然，未尝不照当照之时，纤尘不染，未尝不忘，是真照真忘也。才觉念动即融妄归真，久之渐入太空，则抱元守一在是矣。"余闻此语，不觉恍然自失，盖穷理尽性，达於神化之妙，即明道定性之书、南轩体人之说无以驾。希言又谓余曰："《太元内传》曰：大天之内有洞天三十六所，其第八是句曲之洞，名曰金坛华阳之天。天后之便阙，清虚之东窗，林屋之隔沓，五岳之南门。众洞相通，四方交达，内有阴晖夜光，日精之根照此穴内，明并日月，所谓洞天神宫，灵妙无方，不可得而思议。"三峰之下，有乾元观一碑，乃宋真人朱自英得道之遗迹，居人断而为三，将毁於火。一夕风雨晦冥，雷部将吏扶而立之，其灵异有如此者。夫仆碑复立，是天欲存有道之芳徽，佑启修真之后学也。昔许旌阳云："自吾灭后，当有八百地仙出世，方今主上圣德休明，光镜宇宙，太和洋溢，元风丕振，安知希言非应期而出者乎？"余故表彰之，以征其无愧龙德之隐云。

万历丁亥年十月既望。

赐进士及第、文林郎、浙江道监察御史、奉勅巡按浙江等处盐法李天麟撰。

《乾元观记》（正书今存）

茅山乾元观记

茅山乾元观，盖有阎蓬头像。云蓬头者，即希言道人，以供□而藏其骨也。其徒李合坤既请王元美大司寇赞而传之矣。复请余赞，且曰："先生知吾师乎？竦眉目丰辅重额，腹便便垂见，者□於弥勒佛，不巾不栉，人称为蓬头。盛暑暴日，隆冬卧冰。寒暑顿忘。"或问："师六十岁乎？"曰："然。"问："百岁乎？"曰："然。""二百岁乎？"曰："然。"问："□山西人乎？"曰："然。"问："曾为元时总管乎？"曰："然。"大都不言其寿与所自出也。曾过王司寇弇山园中，师言少有妻室，淫过成疾，遇异人得坐功而不死，止记其姓，余俱忘却。王公且信且疑，独见其文章，爱之不置耳。万历十六年十月二十三日，宿百户毛俊家。三沐，登座，诸弟子求遗教。师曰："惟精惟一，允执厥中。"请益，曰："穷理尽性，以至於命。吾去矣！"诸弟子曰："师去乾元观乎？"师曰："太虚我家，何必乾元观乎？"然其意已属之矣！且观废遗碑断而为三，一夕将毁於火，风雨晦冥，雷大作，碑复立。皆有神异，而师复修之。建钵堂五，左曰香积厨，右曰水云居，堂后小园曰踵息，横列环堂三座，曰妙元，曰若镜，曰

[①] 潜龙：潜伏隐藏的龙。比喻隐而未显的圣人或遭时不遇的英雄。

[②] 冥冥：形容高远，深远。

若昧。东北有静室，曰麟溪庵。盖鸿胪寺丞高君洧所创也。庵后即郁冈之绝顶。观前有庵曰一真，有池曰洗心，大旱不涸。其字非人间手笔，距池数武，有古燕洞。八仙石、仙桥屏列其右，名曰微妙洞天。里许即三吴通衢，行人险阻，乃拘茶庵为远行者憩息之所。其名曰甘露庵。观之大略如此。愿先生一言以垂不朽。余观三茅所称华阳洞天、金陵地肺，盖天下第一名山，而隐逸之士若展上公、魏元君者甚众，独以茅氏三真君得名耳。陶宏景，晋之高士也。梁武帝召之不出，大事必访"山中宰相"。缘於地灵，前后有李明丹井、李含光集虚庵，而观创於宋时，则因真宗祈胤生仁宗，而主教事者朱自英也。乾元观之设旧矣。其待希言而兴乎？昔伏羲画卦，始於乾。仰则观象於天，俯则观法於地。观鸟兽之文与地之宜，近取诸身，远取诸物，而元者善之长也。乾道变化各正性命，保合太和乃利贞天下之动贞。夫一一者，即中也。尧舜之允执是也。道人临终而语精一，所谓穷理尽性，以至於命是也。悟门一编，孔门洙泗之教，孟轲氏七篇之旨也。其有得於乾乎？其有得於元乎？希言深於易者也。儒而道，道而仙。余安能窥其际哉？王元美比於洪崖，毛仙又进於柱下。假令质希言於蓬岛，然耶？否耶？江本实、李合坤皆高弟弟子，请勒诸石。异代有希言者复出乎！当深感於余言。

万历庚寅年秋日。

赐进士第、通议大夫、南京大理寺卿、前应天府府尹，奉敕专管漕务、督理庐凤淮扬粮储、提督四川学校、沔阳陈文□玉叔撰。

门人蔡拱日书丹。

句容县县丞陈嘉诏立石。

《乾元观万松道院记》（正书今存）

建茅山乾元观万松道院记

余横际而窥苍宙，见人心排而下进而上，其热焦火，其寒凝冰，其疾俯仰之间而再抚四海之外，以为劳也。窃欲反之而履幽蹈僻，慕清静无为之风，游恬淡朴素之境，而未有其地。会阆散人希言寄迹句曲，访胜洞天，得榛荆中之残碑，复乾元观之故址，鸠庀既竣，蜕形其间。余为治铁范钟，勒铭鸿鑪，以志不朽。已而依观旁创小庵，庵凡五楹，周罗以墙，仰观层峦，俯阚幽壑，松杉行列，如盖如幢，郁郁杳杳，映带清深，勒书而建之，匾曰"临溪道院"，又曰"万松丛翠"。昕夕共方外同志范小仙、李赤肚、李壶天、江文谷、王小颠五六辈而居而游而蜕。纷拏客有过之者，曰："主人之栖息於此已，将以望方丈之云乎？将以履化人之国乎？将以凭御风之虚乎？将以接希夷之梦入广成之定乎？将以延篯祖之年乎？将以驻少君之颜而养羡门之翮乎？"余曰："唯唯，老子云'常无欲以观其妙，常有欲以观其窍'。"元之又元，众妙故目无所见，耳无所闻，心无所知。神将守形，余之处此固不敢如客所谓，亦庶几远於哼哼攘攘。时下时上，或火或冰，忽焉俯仰，忽焉四海者。"且客曰："信乎！杳冥中有精，恍惚中有物。夫子志之矣！"请立石以纪之。万历岁次庚寅仲秋吉旦，襄陵御虚道人高洞记。

《儒学文昌阁记》（正书今存）

句容县儒学文昌阁记（文见《乾隆志》）

万历二十二年吉月日，翰林院修撰焦竑撰。生员刘芹、陈经、曹孝莱、王裕、张一鹏、王泮、胡嘉猷等同立。

《新建督学察院记》（正书今存）

《新建督学察院记》（文见《乾隆志》）

余孟麟撰文。万历二十三年月日立石。

《奉律亭记》（正书今存）

三茅山奉律亭碑记

夫移风易俗，未有舍礼与法者也。说者曰："法施已然之后，礼禁未然之先。夫礼诚禁未然矣！皇皇三尺在象，魏揭日月而行天，使人望而不敢犯，顾畏而不敢轻以身试，此法之功也！岂徒施已然已哉？三代而前，礼胜法，故其刑简。三代而后，法胜礼，故其律详。盖至明兴，高皇帝之所刊定列圣之所阐绎，至精至当，凛凛乎不可逾越，守土字民之吏奉而行之，转移风俗易易耳。句曲有三茅，道士所称第八洞天，为金陵地肺、茅君成道处也。每岁春夏之交，四方之人以祈灵至者辐辏云集。至於妇人、女子亦借此为名，趾相错於星冠羽服之间，恬不为怪，盖正犯《大明律》所谓燃灯礼斗亵渎神明与军民人等纵令妇女入寺观神庙烧香之条。今太常丁公尝为句曲令，刻律文於石亭而覆之。又请於南春曹及备兵使者，皆有禁。又腾檄四邻，豫告所部，毋犯吾约。故终公在邑，妇女不敢至。公去，而防稍弛焉。更二十余年，公起家官南中，去句曲。近邑之士民群来谒公。曰："我父母也！"公亦每念未尝不在邑人。时谈及亭事，辄曰："此风化之原，何可忽诸？"邑诸生辈恐久而湮没，无以称公，所以树防正俗之意。以余尝为礼官，又摄事其曹，请记其事以诏来者。余惟在礼，妇人不出中堂，夜行以烛，待傅姆而通言，如此其严。今吴越间靓妆艳饰，千百为群，遨游通衢，佳辰胜地，留连欢赏，坠簪遗履，错杂喧阗，此风浸淫，被於四远居民。上者不力为之矫革，礼教将荡然矣。公学道爱人，孳孳为善。历官所至，问民疾病，恐不及而尤加意。民风规条，曲尽兹防之设，非徒为兹山与一邑计也。盖将使自江而南，家晓户喻。夫戒其妻，父戒其女，长吏戒其民，一洗弊习而更之。是公之所为，借律以明礼，因礼以立教。自迩及远，自著及微，其心苦而其功大矣！后之令兹土者，皆操是心而修其前事，使不至因循废失，以虚公之意。庶无负於长民之责，而兹亭与石与兹山共存焉可也。不然，贞珉徒树，而过者弗睨。皇皇三尺，徒为文具。居官奉法之谓，何必有任其责者矣！亭建於万历六年，费若干缗，皆公所自办，不以及民。公讳宾，辛未进士，浙江嘉善人。万历三十三年十一月初四日赐进士出身，通议大夫、南京吏部右侍郎、署礼部事福履叶向高撰。

《华山雪浪大师塔铭》（正书今存）

明故华山雪浪大师塔铭（按察司副使邹迪光撰，翰林院编修董其昌书）

夫薄伽氏有三戒、有六度、有四禅、有八解、有十地，乃至有八万四千法门，而要归於不二。夫二则伪矣。近世教法陵夷，苾蒭道丧，矫诬习伪，渐以炽然。伪而衣，悬鹑其衲，绮縠为袒。伪而食，芦菔飨众，珍馐自果，晨昕米汁，以当法喜。伪而语言，弥陀大士，多罗闍黎，居不绝吻，退而诐词瞽说，娓娓諮諮，两舌多口，漫不及戒。伪而居止，塞兑闭目，俨然壁观，与之画泉刀计，居闲托足，朱门而唯恐或后也。伪而募化口实，造像置刹，写经饭僧，假以肥橐，橐肥而像刹乌有矣！甚或伪而说法，栴檀①百尺，巍然高坐，伽黎列侍，优婆男女左右环匝膜拜，礼听而曾不能析半义阐片法，祗凭故疏残释蔓衍其说，博粱粮已耳！夫伪若此，而何以把智炬举慧刃移宝筏也。大师生而开朗，於群儿时便知趺坐。十三岁听讲法华至"三界无安，犹如火宅"，恍然有悟。白父母出家。父母故旧族又善知识俦也，方嚘唔间，而发已落矣！自剃度后，思道本无碍，而自碍本无，缚而自缚，谁云去碍去缚，一意荡牵引、屏营虑、夷城府、绝町畦、忘形骸、外生死、泯是非、委得丧、捐去伪、习独存、真醇师，所至以缃缥饿十九施人而十一，自御必避，炫服而求粗，不又一重公案乎！无伪衣桑门，桂蠹施襯不绝，合受则受，受矣则食！人讶其甘鲜而师不屑也。无伪食评骘、山川抵掌，八代六合之内，九州以外，云梯相次，金汤酬往，何所不斐亹而独不能簧，口鼓舌犯，绮语之戒无伪言，师与之谑浪而谑浪，与之选胜而选胜，与之观歌舞而歌舞。事至不推，事去无恋。至其团焦内照，炯然自如，二六时，不啻瞿昙对面无伪，动师亦曾受部大臣请修金陵报恩寺塔，不逾岁而塔成。不私一镪，至使人亦不私一镪。无伪募师於龙函贝藏，无乎不洞彻，而实不钻，故昏不

---

① 栴檀：疑即"栴檀"。檀香。

堕言,筌不落第。二义其讲,法华圆觉,楞严楞伽,涅槃诸经率敷衍白文发明了义义尽而止,亦复不立坛场,设高座烦币帛要人膜拜跪请,一茗一炉,据梧谈论而已,不伪而说法,夫众人皆伪,而师独真其真也。非踽踽而凉、胶胶而固、侗侗而蒙也。不甘不苦,不疾不徐,不离不即,直以天地为篷庐,四序为逆旅,人事为刍狗,七尺为寄幻,人非人等为眷属不知,师者,以为狂也,燥也,我慢也。多习气以导其生徒也,而师不知也。知师者以为真实也,解脱也,朗畅也,自然而然,无所矫揉也,而师亦不知也。一时与师并竖法幢者,有莲池师。人或左祖莲池,右祖雪浪。或朝崇雪浪,夕贬莲池,而师亦若不知也。乃其双目重瞳,高额广颡,肌理如玉,则有如来大人相。弱龄治诗,老而不息。五花不律,久且竟吐,所为韵语,出清江灵彻数等则有道林材致,日逭口张皇有所不惬於当路,师一瓢一笠,孑然南下,隐猎人以避其锋,则有六祖智慧。师於望亭,结茅饭僧,不烦诏戒而畚锸云兴、斧斤麕至,四方刍粟动以泽量,则有空生福德,师又不徒逍遥,摆脱迥然,自在而已,师素无疾,一日腹泻,谓其徒曰:"日而行,夕而息。未有夕而不息者,吾其息乎!吾其息乎!饭僧大事,汝等勉之!"遂坐化於望亭之草庵。遗命葬归雪浪,徒孙修因以予与师有支许之契,具状请铭。师生於嘉靖乙巳九月九日,圆寂於万历戊申十一月十五日。报龄六十有四。僧腊五十有一。铭曰:茫茫三界,谁为缚之。秩秩坦涂,谁为碍之?自碍自缚,大道以漓。惟我法师,超迈等伦。挥斥区域,陶铸洪钧。执炬不迷,游刃无痕。吁嗟沙门,习於浇浮。家宝不觅,衣珠失求。狂猿傲象,以嬉以游。惟我法师,秉德勿渝。华符于实,表洞其里。贝多瑶帙,探玄握瀡。莲池西汇,雪浪高簸。左右其祖,人言多多。师罔闻知,我自为我。尸祝在门,雌黄在道。调达之口,如来莫保。师罔闻知,一笑绝倒。我师登席,大法乃兴。非搏沙黍,不打葛藤。憎憎长夜,爰有慧灯。我师委化,道不可即。忍草潜辉,双树变色。勒之贞珉,诏祀万亿。时在万历三十六年月日。

《明广东参将陈南塘墓坊》（在土桥镇北）

"明广东参将南塘陈公之墓"（额正书）
"一代人豪"。

殿撰朱之蕃书。按,南塘名忠,金陵人。夫人沈氏。居仓巷中。夫偶他往,有盗数十人劈门入,将登楼,沈持铁枪守楼门,盗不敢登。乃放火烧楼。沈见其逼,从后窗挟枪投邻家,得免。人谓智勇不逊其夫云。见吕纂《府志》（坊额无年月,按墓碑,万历时立）。

《敕建宝华山护国圣化隆昌寺观音菩萨铜殿碑》（正书今存,文见《乾隆志》）

万历乙卯仲冬翰林院修撰焦竑撰。

宝华山隆昌寺铜殿碑阴（正书今存）:

妙峰、南宗二师造观音金殿于华山,即以碑文见托,俛仰十余载,前诺未践,而妙峰、南宗业生西方矣。顷乙卯之冬,余友黄礼部徵甫游华山寺,南宗高足喜公以缘事始末请徵甫记之,而并以金殿记趣余。令人既感且愧,乃搦管成之。时周旋其间,成此最胜缘者,乃喜公之力也。特书于此,以识不忘云尔。澹翁竑。

又题:

焦太史《赞宝华山金殿记》,乞予篆额。为最胜缘,故无能辞。闻之金殿庄严,妙丽殊绝。惜乎无缘一往瞻礼,意有缺然。妙峰发愿倡首,南宗坚心协助,云山乞文立石,三公功业优劣难分,岂非总是普贤行愿中人耶?乌程沈淮漫题。

伐材建刹,其刹庄严。镕金作像,其像妙好。依稀七满八平,仿佛宝山珠藏,内帑捐资,掖廷赐额,不称希有事乎?而焦太史者,舒此兔毫,纪彼鸿烈。栴檀海檐,蒥林若加而雄,金精发珠,火眉若增而丽。更成无上,义不作第二观矣!曾得谓建造是小果语,令非至道耶!南宗上首喜公出坚固心,成广大果,其为功德当亦不在妙峰、南宗二师下。梁溪增上居士邹迪光题。

余髫龄则已闻华山有铜殿矣!时来白下,奔走名场,弗获入山瞻礼,此焦太史碑文,撰于神庙乙卯,岁自神宗、后为光宗、次熹宗、至我毅宗先帝朝，历三十余载。殿宇寖敝，南都檀护合词请先师三昧大和尚鼎新旧业，焕然一新于中，结社宏律，号曰千华，名遍海内。余以甲申感先帝鼎湖之变，遂哭庙焚书，走华山，从师剃落，因得时时顶礼。金殿精工奇特，实为希有，顾显以髫年事佛便闻此殿，而卒顶礼於出家之日，斯亦异矣！今先师已逝，金殿俨然。焦太史文亦仰对如新，但得为后人者精勤三学、成就栋梁，足以揩拄末法，将见物因人，重金殿光明，照耀无极矣！愿与上中下座勉之。戊午六月曝经日娄东弟子戒显和尚识。

《宝华山护国隆昌寺碑》（正书今存，文见《旧志》）

敕建华山护国圣化隆昌寺碑，万历乙卯礼部郎中黄汝亨撰。

宝华山护国隆昌寺碑阴（正书今存）：

华山隆昌寺新创大殿，以移驻铜殿而兼成之妙峰、南宗、天空，兹山三大功臣也。南宗上足喜公不惜身命，南北蒸途冰道，往复乞文勒碑，圆成最后功业，建立法幢，乃业林之幖帜也，并为识之，庶不与幻影作逝耳。若云文章之无穷，则有焦太史。在时丙辰立夏日，寓生黄汝亨题。

同年黄徵甫氏为华山隆昌寺碑，所谓以北统之笔锋契南宗之心印者，云山喜公发大精进，不数年，神工辐辏，两碑树立，永镇山门，以垂不朽，可续华山慧燄耳！江宁顾起元书于归鸿馆。

予友妙峰大师蚤从法界观人道，故生平建立皆依普贤行，愿法界心中流出，无论一生，功德即铜殿，因缘可见矣！以峨眉、普陀、五台三山，乃三大士，菩提为真丹利生最胜处，师愿各范铜殿一座，以奉尊像，其南海偶以缘阻，遂置金陵之华山，盖赖圣祖宠灵，故感圣母圣上洪慈，为布金檀越，得与三山并缘，亦希有其庄严妙丽，殿堂广博，予以业力迁讹未遑瞻礼，适於焦太史、黄仪部二大宰官碑文毫端，三昧具见一毛，端头现宝王刹，讵不信哉？三灾弥沦而行业湛然，盖愿力所持当与法界等矣！妙峰迁化，相续南宗、天空二公，亦往付嘱，南宗上座惟喜，续其绪业，勤求诸大宰官，碑文立石，永镇禅林，不亚灵山佛法，付嘱有在。丁巳四月五日憨山德清题于毗陵舟中。

隆昌宝刹以铜殿兴。至怀宗中，法嗣凋零，殿宇尘尘。适先师三昧大和阻风龙潭，进山随喜，慨然鼎兴，准形家言，移旧向而新之。不五载，梵宫壮丽，俨若金城，实万世不朽业也！今慈颜虽逝，殿阁峨然，简读前碑，又增一段奇缘矣！娄东弟子戒显敬书。时戊子夏六月六日。

《丁公生祠记》（正书今存）

丁公生祠记（文见《乾隆志》）

翰林院侍读学士、江宁顾起元撰。翰林院检讨、邑人孔贞时[①]书。

翰林院侍读学士、邑人王祚远篆额。万历丙辰仲秋月。

《丁公生祠记》碑阴（正书今存）。

《常司训先生去思碑》（正书今存）

敬之常先生去思碑（文见《乾隆志》）。

翰林院检讨孔贞时撰，翰林院侍读王祚远书，知句容县事罗廷光立。

---

① 孔贞时：据清朝陈作霖《明代金陵人物志》："孔贞时，字中甫，句容人。万历丙午举人。癸丑进士。官检讨。有《在鲁斋集》《诏书堂类稿》。崇祀乡贤。"

《茅山郁冈重建乾元观记》（正书今存）

茅山郁冈重建乾元观记

赐进士及第、中顺大夫、詹事府詹事兼翰林院侍读学士、江宁顾起元撰文并书

茅山之东北有望若负釜而立者，曰郁冈。山下有乾元观。宋观妙真人朱自英景德中为真宗祈胤应而敕建者也。岁久废坠，荒途灌莽，旁午蒙翳。向之遗构，杳无可寻。第余幽光显扬一碑，岿然独存而已。荛夫牧竖复掊而碎之，仆於地。一夕而风雨霆雷交作，其上仿佛有神工为之呵护者，比霁，而人往视之，则碑之碎者已复完而屹峙如故矣！於是闻且见者知仙灵之窟宅为大力者，为夜□之藏即此石，且比於金检玉函，不使其与断础残甋霾削於野火燎原之内，乃万历丙戌中道人阎希言自武当来胥宇而善之，一时之卿大夫慕道向风者相与协力，归其侵地，拘静室以赡羽流之四辏者，其徒江本寔又薙山之荆棘，杂植松柏桃杏以万计，於是郁冈之胜顿还旧观，而门殿固尚未创也。阎希言逝，而李彻度者来，其道行颇与希言埒。公卿大夫以问真修，往还者益盛於希言时。於是谋举观之旧址一为之新，其事遂传闻禁中，天子为给赐《道藏》全部，俾供奉於观。於是命其徒李教顺者主营建。工甫集，而彻度飘然去游吴越间已，转而入歙，将终隐於三天子都，不复至，於是教顺毅然身荷其事，奔走南北公卿大夫各中贵人之门，庀材鸠工，手足胼胝，不敢告休，教顺道行高妙，人所钦服。凡有募建，辐辏如归。戊申春，余一履其地，大殿甫讫。无何，而山门及廊庑之属咸燦然有成功。乃至像中设涂垩之事，亦既无复遗力矣！嗟乎！自有乾元观以来，五百有余岁矣！福地之灵爽自如，而迎仙之馆、礼斗之台已交灭於烟岚浩渺中而不可问。又况於隐君之斋室与元静之五亭乎？即欲指其遗迹而从而撰之，亦如萝封之字，不再□而已失矣！希言彻度，继以□力振之，仅拘其端而不能竟，教顺独以一人肩之，遂底乃绩，自非志宏法广力阐元气不□世才崇教惟善，孰能与於此哉？固知丰碑之断而复合者，神先告之，非弔诡之论也。昔陆敬游处於华阳□□馆□营□□域堂坛宏敞楼□□□官行私止，并有栖憩缮筑之劳，莫非伊力隐居赖之开已连石、方诸教顺，何以当兹，矧其真心内固，德行外彰，又不徒以筋力殚於栋宇者哉！余幸斯观之废而复兴，而教顺之功固不可没也。遂因其请，不辞而为之记。以告后五百年之主斯山者。万历四十有四年丙辰夏五月吉日立。

《道人江文谷碑》（正书在茅山，今存）

道人江文谷传

余不谈外道，而外道中矢真心能苦行者未□□□□乐与之恶，吾儒巧饰夸毗者多，而俗学日伪，反不若外道之守真也。恶吾儒竞华逐利者多，而士风日偷，反不若外道之茹苦也。道人江文谷，蓟州玉田人，早岁弃家学道於阎希言，希言者，余尝见其矫健而嬉嬉也，见其遨游而落落也，见其心似已灰之木而身不系之舟也。以三茅为栖真之地，以乾元为脱骨之场，其□□繁，而死之日以观事授之江，知其必能以真心了首缘也，必能以苦行摄众心也。今阎之去十有四年，而观宇深□，门徒甚众，四方焚修者日不下数十人，精诚之感上彻慈宫比者。钦颁《道藏》，表镇山门，为圣天子祝延万寿，所以界内山广百亩，势颇辽旷，经理为□本植桃李以万，松竹以区，培之则靡尽靡□□□□□如盖如林，荒土已为沃土，莽野顿成奥樊，盖不知历几风霜以讫□而道场而率为华阳冠已非之志□□□□之灵若有相於江者乎，岁晚为观化之丘，题曰"活死人墓"，夫人生未尝无死，形骸为有尽也。人生未尝无生，□□□未尽也。死而不死，生而不生，非释氏轮回之说，乃老氏炼形守气之珍也。道人其达此哉。嗟乎！道人吐纳於翠微苍霭间，而今之沈锢世纲者弗如道人，胼胝於菑圃灌畦事，而今之趦趄□墦者弗如，道人广缘普度於悬鹑戴笠之辈，而今之纤啬死守於钱神金穴之累者弗如，问其人，则颓然而长者，躯乎尪然而鳖者貌乎，蓬其首乎，轩其齿乎，累然历寒暑而不解者，百纳之衣乎若其虔□□虚守静之旨，娓娓於修真□行之严

即啮蘖茹荼，未足喻其苦，榷①金破铁，未足喻其坚也。总之是观之兴未替也。□前有阁，后有江，而继江者又属之王合心也。余之为是传以志江也。亦以惕王也。万历四十六年戊午、金沙景素于孔兼撰。嗣教李教顺书丹。

《新建华阳书院记》（正书今存）

新建句容县华阳书院记（文见《乾隆志》）

《经筵实录》总裁、邑人李春芳撰文。提督福建学政、丹阳姜宝书丹。提山东学政吴门袁洪愈篆额。今已断缺。

《重建圣祠寝室记》（天启二年。孔贞运撰，余合书，郑三益篆额，今存）

《重建归善庵碑》（天启六年正月王祚远撰，许胤岳书，杨应举施石，今存）

按，上二碑俱漶漫不可录。

《永禁开窑穿凿碑》（正书在县治东十五里锁山街东二里许大路。今存）

陵山察勘、总督京营戎政、左柱国、太傅、成国公朱
中军都督府少傅。新乐侯刘
礼部尚书兼翰林学士

为遵奉钦依禁约事，照得汉口塘南北行龙东西分水至泥水冈坤艮行龙巽乾分水，繇百钱冈、谢培、长巷上交掘河止，皆系真正龙脊，永禁开窑穿凿，如犯者，以"故违禁旨"参拿如律究拟。其谢村铺、竹堂头，神子冈俱近龙身，亦不许开洩取罪。

崇祯十五年二月日立锁山村大路（茅山乾元观前有明崇祯间《禁山碑》）。

《华阳洞杨一清诗刻题名》（今存）

杨一清华阳洞题壁五绝一章（诗见《乾隆志》）

《雪浪大师塔铭》（正书今存）

雪浪大师塔铭

昔梁肃之论荆溪，以为明道若昧焕然中兴圣人不作其间，必有命世者出焉。我明正嘉之际，讲律独盛於北方。无极和尚起自淮阴，传法於通泰。二公具得贤首，慈恩性相，宗旨归而演法南都，而其门有雪浪恩公、憨山清公出焉。一车两轮，掖无极之道以济度群有，而法道焕然中兴，向非命世而出，则何以臻此。谨按憨师所撰雪浪大师传而序之，曰："师讳洪恩，姓黄氏，金陵民家子，为儿时虽随戏弄，遇佛礼之。塾师以句读课之，颔之而已。极师讲法华规矩於报恩寺，师年十三，从父往听，倾耳会心，留十日不肯去，母使父趣归，师袖剪刀，礼元奘大师发塔，自剪顶发。"手提向父曰："以此遗母！"父恸哭，师噎视而已。为小沙弥，颀然具大人相。一日设斋，踞第一座，首座呵之。"师曰："此座谁坐得？"座曰："通佛法者坐得。"师曰："如是则我当坐。"座曰："汝通何佛法？"师曰："请问！"座举座上讲语，师信口肆应，无不了了。一众惊异。曰："此郎再来人也！"憨师少师一岁。并得度於西林长老，同参极师。比肩握手，如连珠珏玉。见者以为无著天亲也。师年十八，分座副讲。佛法淹通，乃留心义学，听极师演《华严大疏》、

---

① 榷：即"榷"。击。

五地圣人。於后得智中起世俗念学世间技芸涉俗利生。尝言："不读万卷书，不知佛法博。"综外典，旁及唐诗、晋字，研朱益丹，帏灯画被，不知者以为滞淫谛中也。憨师从云谷和尚缚禅天界寺，师见其枯坐可以听讲，曰："用如三家村土地作麼？"憨曰："古德有言：自性宗通回观文字，如开门落臼耳！"师曰："果如此，则我兄也！"憨师苦南方软暖，决计北游。师苦留之。憨绐师入城办严，冒大雪，携一瓢长往，师还寺，痛哭久之。游嵩少，入伏牛，抵京师，上五台，觅憨师於冰雪堆中，腰包鼉饭，誓共生死。憨谓之曰："人各有志，亦各有缘。兄之缘在宏法以续慧，命不当终老枯寂。江南法道久湮，当上承本师法席，荷担嘱累，为人天眼目，庶不负出世因缘也！"师然之。相与郑重而别。极师宏法以来，三演大疏，七讲元谈，师尽得华严法界圆融无碍之旨。本师迁化，次补其处。游泳藏海，囊括川注，单提本文，尽扫训诂称性而谈标旨言外，恒教学人以理观为入法之门，先是讲肆纠缠，教义如抱椿摇橹，略无超脱，及师出世焰遮双显总别交光摩尼四现一雨普霑学者耳。目错互心志移夺如法雷之破蛰，如东风之泮冻。说法三十年，黑白众日以万计。闲游杖锡，四众围绕。编山水为妙声，化树林为宝纲。东南法席未有盛於此者也！嘉靖四十五年，报恩毁於雷火，师与憨师三日哭，誓以兴复相肩荷。憨虽在台山东海，未尝顷刻忘报恩也。憨罹难赴南海，师见浮屠露槃欹倾，沿门持钵行乞都市高门县薄金钱云。委凡三年而竣事。塔高二百五十尺，安三轮处高七十尺，架半倍之，枢木从空而下，如芥投针，不差絫黍。当塔心未下，师呕血数升，块然趣定，风铃彫角，如有鬼神护持，万众惊叹，咸以为愿力冥感也。晚年接海众於望亭草庵，日则斋饭，晚则澡沐，夜则说法。二利并施，四众歆集。未几，示微疾，集众告别，弟子乞师垂示，师曰："中空如花，本无所有。说过甚麼？"问灭后用龛用棺，师曰："坐死，龛子；卧死，棺材。相锡打瓶，且莫安排沐浴更衣。"端坐而逝。万历戊申十一月十五日也。俗寿六十四，法腊五十一。弟子奉全身还葬於雪浪山。师高颡朗目，方颐大口，肌理如玉。讲演撤座，方丈单床，默修壁观。尝於长城山中正定二日，林木屋宇，皆为震动。心下如地，坦无邱陵。不立崖岸，不避讥嫌。论诗度曲，见闻随喜。鲜衣美食，取次供养。已而饭惟羹豆，卧则蒭秆。舍茶则担水出汲，饭僧则斧薪执具。人以为閟现少异，而不知其行已有常也。尝驻嘉兴楞严寺，爱其池木清嘉，作精舍三楹，经营浃月，手自涂墍。落成三日，飘然而去。终身不再至焉。其逍遥摆脱皆此类也。紫柏可公精持毗尼，心颇易师。憨师以出家因缘告之，可公悚然曰："殆窥基后身也！余自毁齿即获侍瓶锡。丁未偕李长衡扣师望亭，瞻向之馀，心骨清莹，始悔向者知师之浅也。"传法弟子耶法宗、三明、归空、格空、瑞林、光逝、觉法。终隐匡山。殁后，讲演者巢松浸一雨润在三吴蕴璞、愚在都下，若昧智在江西，碧空湛在建业，心光敏在淮南，南北法席师匠皆出师门，信乎中兴之盛也。苍雪法师彻公润公之法子，阐法吴下者也。追惟祖德，请余为塔上之文。余何敢辞，系之铭曰："法道下衰，如世中否。谁其振之，命世蔚起。极师南来，记荊俨然。贤首慈恩，二灯并传。有两驹齿，化为龙马。拿攫碧落，蹴踏天下。憨往曹溪，经星南流。浪驻江表，斗炳斯昭。智炬高明，德瓶云偩。经江论海，逢源会委。帝纲金相，刹海鉴光。华严法界，涌现堵墙。讲树敷花，谈业落实。舍利腹贮，狻猊口出。以其绪余，庄严相轮。雀离浮图，示见蠱云。歌楼酒坊，禅灯法席。三车一乘，鸿爪牛迹。大布而衣，一床而居。霜降水落，白月空虚。禅律对待，经论繁兴。密师四战，人无得名。法幢岿然，义天尝朗。窥基非来，雪浪不往。

《陈凤梧诗碣》（大茅峰龙王殿嵌壁。今存）

登大茅山　　陈凤梧

丹崖翠壁紫云巅，恍惚元文诵五千。白昼风雷生殿外，中宵星斗落峰前。试看喜客泉头月，别是华阳洞里天。习静工夫如有得，何须物外觅神仙。

《晋冯少君碑》（在白土镇西关帝庙中。今存）

按，事载《乾隆志》"轶事"中

以上均据今存者著录，苦心搜剔，颇获遗珠，第非金石专家，体例未善，疏谬实多，识者谅之。

续纂句容县志卷十七上终

补 遗

《重修社公庙碑记》（行书在琅琊乡胄寨村。今存）

粤稽古圣王创建社稷，所以报礼於土谷也。盖土谷切於民生。其神之司若事者，厥公伟矣。故不特天子举禋祀之典、府郡重坛壝之设，下比於乡党，亦必有一乡一里之庙享焉。兹固天地间正气灵爽，民物攸赖，虽极其崇奉，殆非诸凡淫祠拟也。吾乡胄寨村创有社公祠，旧传肇自晋唐，始迹旷远，盖不可考矣！大都宋元以来，拘葺匪一，其规模雄丽，固以甲於群乡，第於岁月风霜率多倾圮。候值隆庆间，里中彦士王、周、吕数人等合志兴修，倡义纠举，乡人均感神功，莫不倾心应募而乐趋厥事。捷於枹鼓，或输财谷，或致木石，群工济济，晨夜展力。於是朽蠹尽彻，而颓敝顿完，复即隙地增立退寝以厚其所，附於庙基之北焉。经始於庚午仲春之吉，告成於壬申之秋，则见殿宇峥嵘，环墉耸固，廊楹户牖焕然一新，不啻旧观已也。噫！庙貌尊严，神灵侑妥，水旱疾疫，咸资捍御，吾乡民庶尚其永绥於祜哉！余家世党人也。先考贾於山东之清平，遂占籍焉。适承简命，分职南郡，耆长以庙成征记。余不敏，直叙其事之颠末云。

惟神降鉴，庙食兹地。亿万斯年，佑我苗裔。缔造维艰，创始弗易。革故鼎新，前功之继。岩岩磐固，高墉峻宇。社稷灵长，山河带砺。佑我后人，世继其美。奕奕重光，有隆无替。皇明万历元年岁在癸酉季春吉日立。

赐进士第、南京户部四川司主事、里人高一登撰文。南京锦衣卫镇抚司镇抚、里人王在篆额。湖广袁州学正、里人王辂书丹。①

---

① 《贻安堂集》卷二《忆昔行送王近山解官还句曲》："忆昔同学金陵时，呴呴朝暮如连枝。壮心共拟榑霄汉，苦志自愿甘盐虀。相依未竟青甋兴，嗟予忽抱文园病。分飞越鸟两凄凄，孤荣夜洽蓬莱境。人生聚散如飘蓬，淮之南兮江之东。十年转盼各已壮，落落名途成骯髒。吁嗟！世俗不贵人不钦，相看冷淡徒伤心。杜门抱膝祗是笑，论交岂若黄金深。顾予燕石亦足齿，怜君抱璞终已矣！追思少年相颉颃，岂谓屈伸乃如此。君有白发在高堂，膝前儿女分两行。骨肉相保亦足乐，丈夫何必腰间黄。我有庐兮三茅畔，十亩榛芜松菊乱。何时一报圣朝恩，与君仍作林皋伴！"《王岩潭年丈过访（茅）山中，即席奉赠》："总角抢魁众所夸，秣陵携手笑看花。而今忽讶霜侵鬓，莫惜金尊对月华。"《贻安堂集》卷九《祭伯男尚宝丞》："……兹卜闰月六日厝汝官庄明农轩中。睇此村室，固汝生平意兴所属，且亡孙在焉。绿禾满畴，红药满阶。风物既别，父子相依，谅可妥汝矣！"

崇祯丙子华阳孔贞运《句容李氏家谱·序》："……今李氏之修家谱，独以海一翁为鼻祖，文定公为本支……人品文章允为当代第一。"乾隆十九年陈祖范《重修句容李氏谱·序》："余凤闻兴化李为淮南世家第一，及余与芷林同年游，知句容、兴化皆出前明相国文定公后……"

《明穆宗实录》五十七卷："（隆庆五年五月壬戌朔）戊寅。少师兼太子太师吏部尚书中极殿大学士李春芳致仕。春芳乞休疏凡五上，上察其诚恳，乃许之。优诏褒美，特赐驰驿，遣行人曹铣护行。命有司月给米六石，岁给人夫八名。仍赐敕奖谕，曰：卿以诚心笃行，渊学宏才，蚤擢廷魁，致身侍从，雅望久孚于士论，芳声丕振于词林，遂授简先皇，荐登纶阁。凤夜秉在，公之节谟猷阐，入告之勤，迨朕嗣服之初尤切倚毗之重眷，惟耆德晋首台垣，卿乃志切协，恭诚存体国不动声色，量休休而有容，矢竭股肱，心翼翼而匪懈，启沃之忱弥笃，忠实之念弗愈，朕方赖平章共图治理，顷以亲老微疾累疏乞闲，慰谕虽频，情词益恳，特从所请，用遂雅怀，兹赐卿驰传，遣官护行，有司岁给舆隶八人，月馈官廪六石，以副朕优眷辅臣之意。於戏！由状元为执政，冯京不愧乎科目；以宰相而养亲，王溥见荣于当世。古称盛事，今乃兼之。卿其勉加餐食，调护精神，展至乐于家庭，发英华于著述，俾国人皆有所矜式，而天下系以为重轻，岂惟卿垂无疆之闻而国家亦永有光哉！"

《淮安府志》（乾隆十三年版本）二十二卷载："吴承恩，字汝忠，山阳人。嘉靖中岁贡生。官长兴县丞。英敏博洽，一

续纂句容县志卷十七下　　邑人　张瀛　分纂

金石下

督学简公《重建句容县学明伦堂碑记》

　　学校教育人才，风化所出。圣道洋洋，日月经天，江河沛地，美教化而叙彝伦，一道德而同风俗，功垂万世矣！皇清绥定以来，崇文庙，右师儒，彰志贞教，彬彬麟麟之姿，焕然蔚起当代，作人不既薪樵著美耶！句邑建学始于唐，迁于宋，修于元，屡修于明。历考碑志，由来旧哉！往者论秀书升其间三事九列，济济钜公伟业，文章足光天壤。近因兵燹岁饥，泽宫茂草，明伦大厦，风雨摧剥，凛凛有崩折之惧，而科名亦复稍逊。前此青乌家言"句曲属金陵左臂"，稽其形胜，揖茅岭，控长江，居吴会建康之冲。六代遗风，景物光华，蕴隆彪炳而树帜文坛者，每每南辕北辙，谓之何哉？华阳乃文衡驻节之区，南平简公以天部行检之玉尺秉欧阳校士之冰衡，通省皆沐恩膏。吾容特蒙垂注，谒庙登堂，目击榛芜，怃然动念，即发养廉之锱若干缗，倡始振兴，更嘱有司教属子衿共襄厥事。邑令周君，贤侯也。亦捐俸若干为助。学博许君砥行修文，楷模多士量力捐输。诸绅各捐助有差。许君更率俊彦数辈，劝募弟子员之急公与素封之好义者共得若干缗。由是庀材鸠工以经始，丹之艧之以图终，峻宇巍然，诸废具举。自堂而降。如两庑，如道义门，以及棂星门、戟门外至泮水左右宫墙，靡不修葺坚好。登降进退，称诗说礼，幸有其地。非直为观美也！昔文翁修建学宫，士习之化至比邹鲁，《汉史》称之。今日之事，雅化不媲美乎！公才不世出，开诚布公，取士明允，群空伯乐，茅茹汇征，十四郡两沾化雨，江南北淬励倾心，虽其才之独优，实其学之粹美，历览《试牍正音》，程朱孔孟，针芥相符，韩斗藜光，士林仰止。猗欤盛哉，句邑诸生蒙公加意、乐育科举，额外有增，江宁府属入泮数独减，相沿已久，公适代觐比例特请郡县，咸得增额。吾容游泮者拨府又多一名，且月课切劘、丹黄甲乙，士之沐泽深且渥矣！惜乡举寥寥、

时金石碑版蝦祝赠送之词多出其手。家甚贫又老而无子。遗稿多散逸失传。承恩谓：文自六经以后惟汉魏为近古，诗自三百篇以后惟唐人为近古，近时作者徒谢朝华而不知畜多识，去陈言而不知漱芳润，即欲敷文陈诗难矣。官长兴，时与徐子与善，沔阳陈玉叔守淮安，子与过淮，三人呼酒韩侯祠内，酒酣谕诗，终日不倦。时又有吴万山者，善诗及草书，玉叔皆折节交之，得婆罗树旧拓本於承恩家，即属万山双钩刻诸石。子与常与玉叔书云：二吴高士咄咄，仲举设榻待之可也。万山名从道，沭阳人，世居山阳。"《淮安府志》（光绪十年版本）二十八卷载："吴承恩，字汝忠，号射阳山人。工书。嘉靖中岁贡生。官长兴县丞。英敏博洽，为世所推。一时金石之文多出其手。家贫无子。遗稿多散失。邑人邱正纲收拾残缺，分为四卷，刊布於世。太守陈文烛为之序，名曰《射阳存稿》，又续稿一卷。盖存其十一云。"《明诗综》五十三卷载："承恩，字汝忠，淮安山阳人，长兴县丞，有《射阳先生存稿》。（陈玉叔云：'汝忠缘情体物，其辞微而显，其旨博而深，淮自张文潜以后一人而已。'李本宁云：'汝忠与徐子舆最善，往还倡和。今按其集，独不类七子。率自胸臆出之。以彼其才，仅为县丞以老，一意独行，无所扳援附丽，岂不贤於人哉！'）（《诗话》：'汝忠论诗谓：近时学者徒欲谢朝华之已披，而不知漱六艺之芳润，纵诗溢缥囊难矣。'故其所作，习气悉除，一时殆鲜其匹。）

不满公望，窃念句曲科名甲于他邑，如孔相国之及第，曹大参、孔内翰、张公榜之乡会抡魁，未可一二更仆数。且元灯炳煜，昔之首胪唱者李文定也，冠南宫者先严君也，弁冕贤书者本朝甲午之朱子献醇也。巍名在前继美，岂曰无人乎？公之惓惓于修举，盖欲操缦鼓箧之英，春弦夏诵，辉耀先达也。造就深心，宁在一时已哉！公尤以利济为怀，疫疠则设药局，以疗民疾，饥馑则捐资以救民生。爱民如此，爱士更切。因思至诚能动培养，所及必有天时人事之符应。我公乐育之化，凡百衿珮咏歌斯堂、出入斯门者，圣贤是法，先民是程。诚其所存，端其所学，高山以勤，景行养正，以成圣功。天道彰明，旂常著绩，又不第掇巍名为青紫地而已！学宫永赖，公实望之。馨俎豆、洽舆情，公之明德远矣！邑侯、学博均藉是以施不朽也。周君业已迁擢，林君相继绾符，龚黄接武，会逢落成，随睹采芹而色喜，行将次第整施，其振兴乎黉序者盖未有已矣！堂之修举，始于己酉之冬，阅一载告成。《诗》曰："新庙奕奕。"《记》曰："美奂美轮。"亶其然乎！学博许君就而与谋，备述始末以勒诸石。余乐观盛事，逊谢不获，乃忘固陋，敬为之记。康熙十一年岁次壬子九月榖旦。

赐进士出身、文林郎、前湖广长沙府知醴陵县事、邑人杨元勋撰文。赐进士出身、文林郎、前湖广衡州府知常宁县事、丁酉楚闱同考试官、邑人张芳书丹并篆额。原任句容县知县、升云南姚州知州周历长、句容县知县林最、县丞高自谦、典史曹戢定、儒学教谕举人许庠、绅士江五岳、黄暹士、张凫、王家擢、杨延炤、张玉珩、刘宏科、胡嶙及耆民张大治等同建。

《句容县学尊经阁碑记》

汉儒匡衡尝言："六经乃圣人所以统天下之心、指善恶之归、明吉凶之分、通人道之正、使不悖于本性者也。"故审六艺之旨，则天人之理、可得而知草木昆虫、可得而育我国家、稽古右文、重熙累洽。圣祖仁皇帝纂辑群经，折衷至当，剖疑析奥，炳若日星。皇上缵承圣绪，天纵多能，抉三礼之菁英，搜四库之奇秘，文渊储蓄、超越前朝，复以御纂诸经及子史百家有关典要者颁赐天下学校，于是尊敬之阁不为虚设，而茅檐下士咸得枕馈寝食于其中。典至隆也。恩至渥也。容邑学宫创始于唐，历宋、元、明至我朝，而规模大备，制度弥宏，惟是岁久失修，而尊经一阁尤为颓坏可举。于甲寅孟冬莅任，谒庙，徘徊阁下者久之，念非革故鼎新不可。时往龙潭仓署，未及举行。至春，漕务甫毕，即就商于冯、成两广文及阖邑绅士。有王君周南、裴君于东慨然以为己任，爰即择吉兴工，克期趋事，存旧料者十之二。庇新材者十之八，制不加高而栋宇辉煌，俨立霞表，事不滋扰而丹漆炳曜，顿改旧观。既而大成殿东西两庑明伦堂并阁前之敬一亭、阁左右之启圣殿、忠孝祠亦皆次第整葺，莫不巩固完美。举工将及半载，计费白金一千五百两有奇。公捐不足则王、裴二君输己财以足之。夫以余之凉德薄行一念甫动而从而和之者如响斯应。苟非诸君子平日履仁蹈义、见善必为、沐浴于圣朝之雅化者深，岂能成之易而且速有若是哉？则继自今邑中士跄跄而来者，释菜释奠，习礼观射之余，登斯阁也，瞻眺旁皇，顾名绎义定必奋志穷经，束身修行，上不负累朝教育之恩，下亦不虚科目。得人之盛，则余与诸君子所拭目而俟之者也。余虽不文，敢不援笔记之以为后来者！券知句容县事、庚午科举人、古申任可举撰文。句容县儒学训导、云间冯金伯书丹。训导成文燦、县丞鲁宗泰、典史邱南林及本邑诸绅士同立。

大清乾隆六十年岁次乙卯仲冬榖旦。

《重修句容县学记》

圣朝重道崇儒，振学校以化民成俗，虽在遐方僻壤，罔不横经鼓箧，奉至圣为依归。矧江南文献之邦，密迩省垣，冠盖所萃，顾可坐视泮宫陊隳而弗图修起乎？句容县学昉自唐开元，而改建於有宋元丰二年，自后屡坏屡修。乾隆末曾加缮葺。历年已久，日就倾圮。道光十四年秋，震泽张君履司谕兹土，慨然以劝捐重修为己任，既得请於府，遂与训导陈君广钺及督事等遍劝士民醵费约得三千金。经始於十六年四月，历三年之久，次第竣事。自夫子庙堂以及崇圣、忠孝、乡贤、名宦诸祠，明伦堂东西斋舍，魁星阁，泮池石栏、石坊，一律完固，丹彩焕然。张君丐余记其事，以谂多士。予惟孟子言：庠序学校，皆所以明人伦。《礼记》言："大学之道，在明明德。"盖顺先王诗书礼乐以使谨循乎父子、君臣、夫妇、长幼、朋友之节，而意以诚焉、心以正焉、身以修焉。由洒扫应对进退之末，上达乎尽性至命之原，古之学者如是，今之学由古之学也。造士之要不外乎诵习经书，讲明义理，务在身体力行而不徒为口耳之学，则学之道得已。张君经明行修，其教士也，勤勤恳恳，著学箴六首，曰抗志、曰植心、曰砥行、曰稽经、曰练务、曰属文。本末兼赅，内外具备，士子悦服。淳厚之俗以光赞圣天子一道同风之盛治，其为功岂浅鲜哉？故乐为之记。道光十九年岁在屠维大渊献孟夏之月。

诰授光禄大夫、经筵讲官、协办大学士、吏部尚书、国史馆副总裁、教习庶吉士、萧山汤金钊撰文并书。

《重修华阳书院碑记》

知县事邓炬撰

长沙张祖翼书

句邑旧有华阳书院，为明万历中华阳宋公讲学处，距今三百年。盖倏废倏修，而风教屡易矣。方其肇建也，讲阳明良知之学，一时校官弟子蒸蒸观德，称盛事焉。夫阳明之学，尊朱子者以为异说，要其立身，自有本末，功业轩天地，忠孝感金石，虽其再传而有流失，在阳明固无可议也。况良知本於孟子，其原固甚正乎，士自早岁授经，出应科举，苟即所学发为文章，以翼经传，其所诵服者圣人之典籍，考言则行自修齐以迄治平视乎其进之在不离其宗而已。今廷臣疆吏上封事於朝，人士议於下，欲举天下书院，因其学而兼泰西之学易大传曰：变通者，趋时者也。史公称有法无因，时为业。故曰："圣人不朽，时变是守。"倘所谓与时迁移、应物变化者耶！而其序君臣父子之伦，列夫妇长幼之别，物有本末，事有终始。圣人之道必莫与易也。自明张居正毁天下书院为公廨，院改为学使院。国朝雍正十年，学使驻省会，知县宋楚望始复其旧。咸、同以来，毁於粤寇，乃购城西民宅为之，观兹院之废修迁徙，则人材盛衰、学术升降可知也。大乱戡定，奄有三纪。官斯土者休养生息，日不暇给，今忝长是邦，以为文教不兴士气不振有司责也。於是修讲学之堂，横经之舍，俾士之秀良有志者遂其慕学奋兴之愿，庶几砥廉隅、立风义，学有经术，通知时务以企前贤兴学之遗意焉。是为记。光绪二十有三岁次丁酉春仲既望立石。

按，本朝石刻不下数十种，除见前志及散见各门外，均甄录。全文俚鄙及残缺者概不阑入。华山塔铭数种，文长不能备录，有专志可考也。

《章宪里碑引》

许汝敬先生讳彦忠，以名甲第秉宪睢陈、湖东、粤西三省，政声赫然，当国者方拟大用，先生即拂衣归里，鳏贫恤困，只字不入公门，爰是崇祀乡贤，俎豆百世。曩时先生绣衣坊为民居回禄株连焚毁。兹众建闸门，先生旧坊基也。不及今表章之恐就湮没，明熙附居，同里景仰先哲，敢敬题闸门曰"章宪里"，以表章宪节志不朽云。顺治己亥孟夏吉旦立。后学张明熙拜手书。

《广西桂林营守备李君墓志铭》

呜呼，孰能无死？鸿毛之死为轻，必得其名。马革之名尤重，若李君者可谓不为其轻而得其重者矣！君讳廷扬，字步墀，江苏句容县人也。父春元公，娴习武略，起家孝廉，北平鼎胄，万户之侯未封，忠武华宗，三代之师莫及。君生有异禀，长承义方，然诺不轻，任侠自熹，克缵弓冶之业，益究韬钤之秘，凡蒲苴弋篇，王围肘法，轩辕营阵，太公阴符，靡不心会囊籥、神行肯綮。关养繇基之弩，七札洞穿，耳甘兴霸之铃，万人辟易。年二十五举於乡，中道光戊戌进士，为京提塘官。君既仕都会，遍结时贤。骑射之余，留意往籍，垂青择交，敦尚气节，研朱判史，雅慕忠孝，或於孤臣孽子蒙难家国，则陨涕交颐；或於金壬群小窃弄威福，则怒发上指；或於大帅寄命戎马杀贼，则拔剑起舞；或於豪隽负气佗傺失时，则废卷叹息。品藻群伦，纠抉幽隐，必循名以责实，亦略迹而原心，盖君子驰驱卫国之初已矢慷慨成仁之志矣！道光二十五年，以任满除广西桂林营守备，银刀领队，尊於千夫之长，牙璋治兵，翕然七萃之士。材官击技，皆训之如子弟，农隙讲事，复敦之以诗书。组练既严，踶跔无惹，见重上游，行当大用。二十七年奏调怀融，未及之任，会楚匪雷再浩之变，土匪李世德应之，窃据西延。跳梁弗靖，乌合之徒蜂起甚夥，节度使郑公稔知君才，檄往侦之。君不惮崄巇，直逼巢穴，帅三百鹅鹳之卒，略数万貔貅之众，於是朔风啸野，淡月丽天，木落不声，山瘦有骨。行至梅溪，溪水湍急，危桥一木，不绝如发。悬崖千仞，峭崟对面。征伆者欲退，通倪者欲逃。君大声疾呼，策众并进。既达彼岸，猝与贼遇。轻骑当先，短兵相接，九上九下，以少胜多，再接再厉，有前无却。无何，贼众大至，我兵不支，犹复奋典韦临危之戟，须髯尽张，抽光弼陷阵之刀，神色不变，洎乎卧彪之群，既尽纸鸢之信，复沓身受数创，手刃数贼，力竭气穷，坠崖以死。呜呼哀哉！夫志足以勤王室，不以事之成败论也，身足以为国殇，不以秩之崇卑论也。或谓君年不过强仕，职不过偏裨，毕命小丑，赍恨重壤，既昧盲左量力之旨，且悖邹峄伤勇之训，不知明哲保身，懦夫之所藉口，见危授命，烈士之所殉名。彼夫夷吾就缚频首请囚，于禁被禽崩角乞命，琐琐者流，卑卑勿道，若君之含玉不蒄，蹈刃如饴，始则免胄以进等赴难之叶公，继则孤立无援，类殉节之周处，一军覆没，非若赵括将兵之多，空拳格斗，不踵李陵降虏之辱，推其志早决易水不还之志，誓其心何减睢阳为厉之心，而目论之儒、指测之士且斤斤焉。置喙之弗衰，不亦重可悲哉。初君之之任广西也。或尼之曰："提塘朣仕，守备瘠缺也。辞隆就窳，趋苦避甘，以计揆之，毋乃左甚！"君笑曰："昔齐女讽义於怀安，豫州伤心於髀肉。吾之此行，正幸得尺寸之柄以报犬马之效耳。呜呼，君之志又岂可与一二俗人言哉！"君既死之，逾月贼平，於崖下得君尸，面目一如生时。嗟乎！膏涂战垒，幸归先轸之元，血渍荒原，不灭芶宏之迹，铁杖讨寇，先预黄衫，成买赴仇，遑恤赭户。节度使郑公哀之。同君死是役者，外委彭文志、马端春、麻学谦等三人，皆以上闻如例议恤。君生於某年月日，死於道光二十七年十月十二日，得年四十，子某以某年月日卜葬於某原，君之友周孝廉挥禅以君之事实绘为图册，遍征诗文，吾友溆浦舒焘为之传若记，周君不以予为不文，委以铭基之役。呜呼！黄封宣祭，碧葬招魂白骨，一抔青山，千古坡前风落。痛哭将军，柱上鹤鸣。归来故国，黯黯石头。城郭近邻，谢太傅之墩；茫茫京口，波涛遥配卞忠贞之墓。为之铭曰："默默守戎，而已身赴忠也，生为人杰，而死为鬼雄也。高峰峨峨，溪水淙淙。捕贼於此，退足以守而进足以攻也。淙淙溪水，峩峩高峰。援绝於此，未展其志而竟殒其躬也。我为挥泪，铭此幽宫。俾后之男子而而得守戎之风也。桐城许奉恩撰。时道光某年月日。

《曲靖知府陈君墓志铭》

皇清诰授中宪大夫、候选道、曲靖府陈君墓志

宝应刘恭冕撰文

蕲水郭阶书丹

君讳立，字卓人，又字默斋，江苏句容人。家世服田，潜德弗燿。父启瑞，国学生。本生父辅，邑诸生，绩学乐善，教子有法。君幼颖异，读书能求是。道光甲午乡试，以经学淹博中试本省举人。辛丑会试成进士。授庶吉士。改刑部主事。累官授云南曲靖府知府。时以道梗，不克之任。流转东归。所至宾礼，先后受事皆刑名至重，君处以详慎，於丧服变除宗法淆异多能折衷，协於礼律，少所受学皆名师。江都梅先生植之授君诗文词，得其义法。江都凌先生曙、仪征刘先生文淇授君《公羊春秋》《许氏说文》《郑氏礼》。君兼通之，而於《公羊》用力尤深，钩稽贯穿，成《公羊疏》七十六卷。又他著作，已成者有《尔雅旧注》《白虎通疏证》《说文谐声孳生述》《句溪杂著》各若干卷。君学为通人，位为大夫，而起居节俭同於寒素，语言谦朴，疑於不文，忘贤与势，於君见之。乌乎！如君者，岂易及哉？君生嘉庆己巳五月二十一日，卒同治己巳十月二十二日，得年六十有一。娶任氏，再娶徐氏，皆先君卒。侧室李氏。子一，汝恭，县学生。女一，适同邑兵部员外郎赵淦。汝恭以君卒之明年卜葬君县东孝义乡孙塘头之原。述遗行，来征文。君久居於外，汝恭又生晚。故君行事多不能详，因最其政学之略为之志，且铭之曰："志未遂兮学则存，行已佚兮名则尊。故人多宿草兮，予怀壹郁以谁言。"同治年月日陈鉴勒石。

《三茅元符万宁宫免征香印银碑》

江南江苏松常镇淮扬七府徐州一州承宣布政使司布政使加二级佟彭年撰。

闻之山有灵异，仙侣安宅焉。事有利济，后人规随焉。古圣王立国必表其山川之在封域者，载诸祀典，岁时玉帛，必虔以其福於民，故食报於无疆也。予自癸卯夏分藩吴会发郡邑志，读之乃知江南幅员数千里，所谓名山大川者无限，而栖真羽化代有灵迹，则莫如句曲茅君，暨诸真之灼著於道书者也。其间宫观殿阁弥山埋谷、不可指数，而元符万宁宫实为有宋以来祝厘地，宝篆珪剑颁之御府，隶在秩宗。环山数百里间，白叟黄童持香币请福泽，奔走恐后。主者藉其所入，岁以二十六金上之祠部，名曰香印银，此旧例也。祠部纪其数於籍，而返其银於山，曰以助焚修，亦旧例也。皇清御宇，督师内院洪公咨访故事，以为安用是往返徒劳，遂达祠部免征，永为定例，立案不移。内院洪公之有造於兹山，甚盛举也。黄冠未知本末，有舞文之书，因而窃之是不特洪公之德意，宜亦神灵之所不容也。己酉秋予提调省闱，道经句曲，集道士周承文、袁本廉、谢敬恩等谕以免征之由，乃得奸吏窃银状承文等因。请勒石，垂之永久。遂书以付之。君子谓予推洪公之意以介延景福，以资名山之利养，以绝吏胥之觊觎。予庶几告无罪於山灵云。康熙八年十月吉立。属吏江宁府句容县知县周历长立。郁冈道人笪重光书。

《重修崇明寺大圣塔记》

周穆王时游大夏，佛告以彼土古塔在镐京之东南，是秦汉以前中国已有经塔矣。如来化身以舍利，分散弟子及诸□□阿育王缘是达於□□寺属中土者，洛下齐丹阳、会稽各有阿育王塔焉。晋僧惠达望长干气色，因就礼拜掘地得银函，盛三舍利。句容灵山福地，密迩长干。自西晋咸宁司徒督舍宅为寺，迄今千四百年。宋太宗太平兴国中竖立木塔，安奉僧伽法像。元祐癸酉改建石塔。塔耸七层，巍峨钜丽，高出云表，直逼诸天。西瞰秣陵，咫尺相望。金碧交辉，与长干浮屠光彩掩映，洵人天之标表，有情之所共皈依也。塔据圣地，诸佛护持，神力显现，屡著灵异。每值兴修，即大方光明，如紫烟、如火焰从各门出，团结塔顶，冲射云霄，久而弗灭。又或宾兴之岁，邑中得隽多人，亦放宝光，证验不爽，非佛舍利安贮其中，安能现兹瑞相不一而足乎？建塔以来，岁历五百。遇损加修，难可殚纪。余髫年见大中丞开府吾容，牙兵数百人，每夜饮博塔中，探取鸠鸽，遗火不戒，楼板扶栏榱桷等尽遭焚毁。万历甲辰，头陀许合中，有道士也。劝募增修，未四十年风雨凋残，复就圮坏。七级之东南角崩坠，而相轮摧蚀，金顶无光。最可危者，柱木枯朽，无力撑持，以致塔顶欹斜，渐就倾跌，而塔前之香花殿亦几废焉。崇祯辛巳元旦，千佛院僧可袩、居士赵真金慨然发心，谋之宿儒江君砥亟图鼎新，广行劝募。万众忻忻踊跃，乐助捐赀者、襁负趋事者子来。於是落相轮、拔顶木。铁则拘洪炉而冶铸之，木则择坚好而更易之。顶益加高，轮益加厚，镕铁数万斤，用木数千章。金顶旧重六十八斤者，增其重百有八斤。镀黄金二十两，香花店彻底盖造，旁复置僧寮数间以居焚修之苦行者，百废具兴，纤悉备举，则始於崇祯癸未五月，洎大清顺治丙戌六月讫工。丁亥二月十九起建道场。四月八日满散以落成焉。费金钱以若干计，其他委积及余利钱谷，江君详志之，无烦缕缕。是役也，倡始者可袩、赵真金也。领袖大众，始终总其成者，江君砥也。司钱谷出入兼行督工者，乡耆刘奕扬、王敷政、□□成、张大信、王希贤、张学义、王士章等也。主领其化募及司饮食出入者，瑞相院僧德庆、经藏院僧绍赞、北观音院僧继浩、东禅堂本心等也。捐输者乡绅少宰王公祚远、中翰杨公琼芳也，不肖熙亦同事焉。己亥首春，江君无为返棹谒余而言曰："夫大圣一塔，由宋迄清，历世之久远也，若彼佛光法照表异而著灵也。又若此，今兹之举开通邑之具瞻、百千年之胜事，不有记也将恐久而漫灭，谁复知今日起事之根因、落成之岁月暨好义任劳之宰官居士比邱优婆塞等辈乎？大书而永勒之，是在长者矣。余曰："唯唯，熙不佞，言虽无文，敢不质言其事以资后人考镜焉？"是为记。

赐进士、中宪大夫、福建按察使司副使、兴泉兵巡道加太仆寺少卿、前浙江粮储道副使、广东分守岭南道参议、吏部稽勋、清吏司员外郎、邑人张明熙薰沐拜手稽首谨书。顺治六年岁在屠维大渊献夹钟月哉生魄吉旦，邑绅前吏部右侍郎王祚远、前内阁中书杨琼芳[①]、乡耆江砥刘奕杨等同立。

---

① 杨琼芳：据清朝陈作霖《明代金陵人物志》："杨琼芳，原名宏道，字蕊仙，一字斗山，句容人。父得春，字守道。泉性孝好施，多阴德。斗山笃厚，人称杨夫子，中天启元年举人，崇祯庚辰会元，官中书舍人。册立江藩，辞厚馈，未几复命，

《敕建宝华山隆昌寺戒坛铭》

绍南山宗继兴第三代住华山苾刍读体制

佛弟子梁溪何以庄书

若稽戒坛由致，佛在舍卫国，住祇园中，时比丘楼至，请佛立坛，为比丘受戒佛听。於园外院东南置一戒坛，为僧受具，公所法敕既颁十六国境诸僧伽蓝遵奉随建，斯乃发起之缘，自后登坛僧法界三一一如律，苟有乖违则受者不得戒，临坛人犯罪。厥言出金口，文载龙藏，凡圣同轨，更无异辙，此土肇始南山宣祖於唐高宗麟德二年在净业寺建石戒坛，依律授受如制宏化撰制《图经》，后义净律师目观西域之盛事，杖锡东埵，以效行译百一，羯磨云："五天坛场安在？寺中间处时诸学司景阳南山，崇秉芳归，或国王赐以帑金，或檀越布其净施，在处建坛受戒，礼度未敢弛废，宋代以来莫不皆然，迨至明初永乐间，我鹅头神祖於燕京西山建坛开戒化导。未久，仍返竺乾，遂因内监以猥媟为所施，遗玷法门，故尔封闭。今临安昭庆寺、仙灵寺及姑苏开元寺咸先德所建戒坛，至今古迹犹存，奈何律席后嗣无继，致使圣制颓毁、羯磨失宗，体质产滇隅，禀赋正信，自万里乞求近圆二持勉攻数载，誓扶斯道，寤寐不忘，既承师命，委嘱以宏传宁不躬行而匡正，始於国朝顺治四年岁次丁亥四月三日，与护鹅珍之嘉士同守系草之英，贤结界立坛仿古，更今每逢夏际安居坐草则迦絺庆赏，凡遘因缘放戒，登坛入室，盈筹严训，五篇不落，三过厥止，作之模范。由是复兴於中怀之初志，今遂乎半，又於康熙二年岁在癸卯三月十六日鸣椎共议，择院外东南间处解旧结新，界相无紊，石坛层级上下分明。於是月廿日初夜分阴雨晦暝，山岚迷障，倏然坛殿交光五色，直冲云霄，峰崚显翠，万松环抱群楼，朗如白昼，经时始散，一众瞻欣，同声赞善，毗尼久住，瑞兆若斯，诚五浊之希有也。愿同住诸子钦四依而进道，远五邪以资形，虚往实归，绍隆弗替，庶乎桑田屡改，长存立石之基，沙界时迁，无爽布金之地，恐迷斯结辰，乃为铭曰："羯磨法在，圣教不沦。式传金口，是敬是遵。於戏中废，司宏乏绳。我祖我父，乘愿续兴。孤掌磊石，坛建华峰。宗绍南山，振起颓风。冀后贤而追迹，略刊纪乎斯文。

时康熙二年十一月望日。

依学戒弟子等同勒石

《建造大宝华山护国隆昌寺妙峰、三昧、见月三大师行略之碑铭》

维我迦文，百千万劫日奔走涂泥妙选端环异旧之行以建胜法幢，而山川刹宇乃因以益著於人间，维华山之灵曰："帝师启居佛，诏我此地，大弘波罗提木义示制。"则后及衰以兴，赫然而隆，曰护国圣化隆昌寺，繇圣天子之至孝，奉皇太后之深慈，捐帑遴材，赐名著额，始於妙峰大师，得三昧大师而盛，得今见月大师而他山无不仰首。宝华如月出空，如石壁陡直复绝道径，如竖麈悬牙车盖抑止。帝不与敕赏之权，梵光勃窣，大江南会，合山川之气归诸兹山。先是朝俞妙师之请，冶铜为殿，得未曾有，金交辉聚，宝地妙严，顶踵覆载以坚林土木，休闲於退位，窗户几筵间仙禽涌水、异畜呈花。於是诸方钦紫磨之轮，并睹千佛现黄云之宅矣！三殿鼎立，独普门补陀未果，卜送移迎月智行信，其安居悲慈逾夫本境，亶有然欤！慈圣太后、神宗皇帝各赐大藏一部，渗金塔一座，衣钵称是妙峰大师者，戒光旭起，定水宵澄，历诸行如欢喜园花亲群生等菴摩勒果避虫代鸽入兽随鸥，是谓僧龙遂称国宝。赐紫之典再及三昧大师，乃受四众之饭，爱结千华之社，幢盖钟鼓盈谷弥山。师，古心律祖之嗣子也。先是毗尼久淹古和尚中兴，至师益广，王逸少有云："暂废虚远之怀，以救倒悬之急。"我如来盖曰："必领戒标哉！且无辱吾法令。夫律者，尺寸之事，布帛菽粟之业也。律不显光，修士起怠，空螳梁黍，拓灭岁华，令人惋怛，不须臾忘嘅，任其事者将辞千古之责谴乎？昧公入灭，在侧不少龙象，独以衣钵付见月大师，取铣於金，择瑶於玉，昆竹既著，凤音乃彰。上中下座昔所未精方便劝进至安居自姿之法。晦失六百余载，如法躬行古模廷立俎豆，斯不又羯磨布萨因误袭讹，逐时授而违藏教，深用惜悯，考轨辨微。金曰："耿耿制止，其不可诬。

辛。子元勋，顺治己丑进士，醴陵知县。"

师炎暑穷寒昼夜戒袦，从不知枕被何物。"午停熄炊，时丁荒歉，粥弗克饘。且过充满，经旬坐留。又山下寠窭①提抱就食，师皆欢颜分济不问。次朝之饥，宁自刻减，日间得一粥而训讲膜拜之余，众务同并，行德震播。即衣食两事已若古大士示化垂踪。维有放废懈弛、万几之，仿佛其声影独愤起立，有去伪适真、颉颃龙蛇之怀。乃迄市悍荒危，妇人孺子鲜不咨嗟太息，以为当吾世一人，群尊通信，知戒子之不烦，攒单丐费，知丛林养老病，不得入金求也，知方丈室不应蓄一食用长物，众乃循循共住革别，同堂食饭，毋敢私取食，毋割方以处也。知后续主持不异亲疏，惟德是司，不得有云仍孙子踞窃随大雄万众而废之命也。先是，有惮其严，诡图巧崇，激衰老曾为师尊证者覆面载手，骋情破坏，师貌愈和。曰："吾面可唾，鸡肋可拳，不可众衲杖钵祖道之容、一人衣食齐民之适，不可共座尊严下阶陶纵也，不可法等跅说而师无异乎木主也！"久之，横泪有加，遂谢去之宛陵。余夕闻宵驰登山安众恶，始畏避次之，凌晨肩舆走宛，凡十日，请师以归。内关之疾既痊，神明肃清。余求忏师前曰："此护持过，非他人咎！"师为破颜。师载修般舟三昧九十日，不卧不坐，惟此三昧一名佛立诗云："仰止援往，兴来即表说宣师，昔行犹足风起，岂现世之光，严不若殊代之俯仰，以故闻与传闻遥域勇赴如渴兢泉，遂亦如师初年茧足万里求大戒时攀睿化而升堂，奉鸿规以入室，生平累身匡徒痛法运在易之大过，贩舌膏唇以口诣道终欲以不言愧之而已。而势子援阔为佛孤子，师犹曰："吾与妙老人吾先师为山始事，不敢谓后无人也。师文如、支远二公可以文名。画佛有吴道玄之遗，不以画名。寺初创，连阁四周凡五十三楹，用表南询。铜殿配位，二石殿表。慈悲所在，智行兼融，工皆未毕。大殿粗朴，不数十年哆圮沾落。三昧大师下荆蜀之材，尽础柱之用，选吉迁向，征费僦工，殿阁群寮舒光耀彩。师益完旧增新，架縿栭於山巅，缀云楣於林表，宝方庆成而祗明，器界之深，因弗誉桂兰之绮构，修圮名刹，度兴曷胜数记，古今第以人重且久耳，文不周行，讥诃千载，为可深惧。妙师讳福登，晋之蒲州人。昧师讳寂光，扬之瓜州人。师讳读体，滇之楚雄人。铭曰：天子大孝，梵相乃弘。乃治其铜，以为梵宫。谁实启之？大师妙峰。爰有昧公，为律之宗。为人中龙，以是有终。匪惧匪绵，匪孤立弗严。怀霜握冰，竭命以前。惟我见师，寒月在天。应器方服，接馁蔽形。佛立三昧，湛思深冥。数千年来，爰正律经。以返先型，勤义安下。惕智处寡，急忠鞭马。虚稼死野，弗毅弗独。鬼罾其假，调御曰嘻。依於宝华，有严其师。高峰巍巍，示度规之。惕士之门，尽气穷时。共永道祺，命我蒙士。暴厥孤子，行若此。匪有终与始，闻可洗耳。言足砺齿，今日之祷。剪爪及肌，维兹行危。无时不悲，请以我词为尸。笔腾於碑！

崇祯十七年岁在甲申春正月上澣癸未，进士、原任河南道监察御史、石城、学人陈丹衷涉以氏拜撰。
大清顺治十八年岁次辛丑秋八月吉日勒石。原任浙江案察使、莱阳宋琬荔裳氏篆额。
康熙三十年岁次辛未仲夏穀旦。宝华第三代定庵德基率众重立。绣水学人王概安节氏敬书。

《重修铜殿香亭石台记》

重修石台者，先师老人之愿也。庄严铜殿者，为戒子大莖，而殿主省白之佐也，绘山水於阑干者，白下之巨来、支来二戒子笔也。工用之费、资粮之助者，十方檀护欢喜而发心也。落成而纪其事、载其功、传其人以示后世者，定庵基也。昔基於戊子季冬随侍老人，礼大士毕，老人俯仰而叹曰："嗟乎！《诗》云：寿无金石，固其固者，尚不足恃耶！胡为乎铜殿亦韬光而石台渐剥落也。夫有形者必坏，信斯语矣！"乃顾基而言曰："吾欲新之，惜老矣，年弗待也！"未几老人入灭，基谬继师席，谨佩斯言不忘夙夜。庚申冬戒子大莖闻之进曰："殿而铜固美其质矣！曷文焉！某请募金而饰之。"於是勤劳五载而功克就，宝气飞腾，金容照耀，增日月之光华，益烟霞之彩色，颇成胜地，因造香亭而供之，广其台而茸之，作为阑干而围绕之，石皆白色，润如玉。巨来伯仲龚子半千门人也，深得其师意。绘之阑干，笔墨灵动，叠嶂清流，俨然环列。登斯台也，近观重美备具遥视，万壑盘旋，莫不稽首，皈依肃然，尊仰信可乐也。自经始及今告竣，历十有二哉。先老人之愿遂矣！诸子之劳著矣！檀护之施永供於大士前而弗朽矣！予不愧芜词而纪之，深冀夫后之登览者观感兴起、共保前人之功常令金光射日、香篆飞空、宝殿亭台庄严

---

① 寠窭（cāng lóu）：贫穷。

端丽与吾戒珠并燦烂於天地间而无穷尽也。其庶几乎！

康熙三十年岁次辛未季夏穀旦，宝华第三代定庵基撰。

《奉旨重修宝华山慧居寺碑记》赵洪恩

宝华山在江宁府属之句容，相传为梁宝志公道场。世远颓废。明万历间妙峰禅师安奉大士像，寻奉敕建铜殿，号圣化隆昌寺。国朝顺治二年，律师见月为三昧法嗣，建受戒石坛。康熙癸未，圣祖仁皇帝南巡，敕赐"慧居寺"额。丁亥复巡幸，赐"莲界云"额於铜殿、"精持梵戒"额於戒坛。盖兹刹之冠於东南百四十余年矣！雍正十二年冬，不戒於火，延烧堂屋六十余间。余节制兹土，奉旨兴修。於是捐资率属鸠工庀材，既具既戒，百工踊跃。从事无敢后先，经始於雍正十三年六月朔日，历半载而告竣。重建楼房六十九，创建楼房亭廊五十四，修饰大殿戒坛左厢一百九十二，崇楼杰阁，修廊曲房，宏敞严邃，有加前观。第见岭树川云顿呈光彩，金姿宝相，愈显庄严，从此宏开法会，永奠山灵，皆托圣天子之洪福也。恭惟圣祖仁皇帝暨世宗宪皇帝育义正，整万民於万几之暇，留心释典，阐发禅机，真臻微妙，乃我皇上绍述休明，觐光扬烈而於僧众独严戒律，凡以使缁素者流不藉圆通为方便之门，不假义疏为讲说之地，真实力行务登彼岸，搬材运水，立见如来，所以体道明教护持法戒者殆历千百亿世而未有艾也！又岂徒琳宫之巍焕为足照耀不朽哉！至一切工费计白镪一万余两。又置买香火洲田及常住器皿计白镪二千两。时捐俸出资，余与前盐院高公及司道等官。总其成者，前布政司使李兰。督修为江宁知府张华年。承办为原兴化令艾元复等。例得并书，缘僚属请勒石以垂永久，故为之记。时乾隆元年岁次丙辰仲秋月。

《华山定水庵记》薛正平（更生）

定水庵者，妙老人华山之下院也。妙老人者，台上妙峰禅师神庙，呼为真正佛子者也。老人开山，以铜殿供普门大士，遂与白华相望。一日，老人经行江上，见民居数椽，背山临流，下临龙潭，有古杏扶苏拂云，花时缤纷如百鸟衔来天女散掷，怪石峙其旁，扳缘而上，可跌坐眺望。老人乐之。曰："衲子之南北来往者，必经於此，或疾风甚雨、日之夕矣，无所置足，拘得之，拟诘旦过。"老人北归，遂复不果。楚玺禅友，老人之孙，解院务，退居焉。玺公年少时，英敏出群，自下山键户焚弃笔研，如愚若讷，似不识一字者，然名公高士过之，必缱绻不忍去，抑又何耶？昧大师礼老人像，发愿竭力，鼎新焕然，改观四方，衲子依提木义而往者，不远数千里重趼而至，为四天下戒坛第一。玺公喜曰："某甲无他长，以一念精诚，感动大师，入山瓦砾化为宝宫，差不负老人之嘱累耳。囊者，老人植杖怪石，谓某甲：异日有肉身菩萨住山，为余完此未了公案，今某甲老矣，公为我识之石。"余曰："山中堂头和尚非昧大师之南岳青原耶！"老人之言遂成谶云。遂力疾口占，命逢儿书之：楚公名某，生缘某地某氏子，年几依老人剃度，少余十岁，为余慧命昆季戒月妙老庵。时顺治十三年丙申仲春，年八十有二。

《宝华山圣性大师塔铭》（有序）

二品顶戴、江苏淮扬海兵备道署江南盐巡道、翰林院编修谢元福撰并书。

大师讳印宗，字圣性，号朗圆，宝华山十五派法嗣也。本姓刘氏，如皋人。幼怀贞敏，长益神奇，夙悟通灵，归依正觉。年十九祝发於定慧寺，割欲求道，茹苦持坚。爱净三循，力索妙门之赜行，苞四忍深，穷奥业之原，宝华敏公鉴彼真诚，为授具戒，赞其坚固，密付法宗，心摄冥机。头陀苦行，以为空谈法海未晰智津，於是问道花台，求真兰若，遍历峨眉、终南、普陀、五台、九华诸名胜，云门雪窦，讨顿渐於两宗，火宅化成，讲菩提於三藐，禅心真契，游不滞方，法供随缘，食无过午。或会话於无影树下，或安生於没囊袋中，薄憩糜台，旋经虎阜，祇园檀越，留锡布金，法侣阇黎，钣心饶足。大师三年，常住一盏。遘征言往京师，广阅大藏，古锥七百探消息於虚空，灵漤三千洞光明於上下。湘乡曾文正公早於京邸知其派出宝华，岁在上章三江作督，遂给谕贴，延请住持。大师丕振宗风，阐扬法箓，启四大众讲无上乘，三教贯通，九旬说法，妙辩天逸，奥旨河悬，道貌森严，致难者污流知悱戒禅阴护、登堂者冥发尔兴。於是泽雉听经，山精请戒，阎浮皆存佛性，顽石亦知点头。宝华山者，七佛道场，十方梵住。红羊闰劫，白马飞灰，大师矢愿，勹金发心，托钵集千花於一器，宝乞龙宫，写满月之真容，描烦鸾手，於是银绳密界，璇镜重悬，白鹤盘空，疑惊旧锡丹雷映晓，高挂新旛，寮开青豆之房，厨熟伊蒲之饭，腰包踵接，来瞻身毒之威仪，挂搭游方，共享华严之富贵，或偶撄欷岁，不藉口停，单寄半果，以研磨浆，分阿育，望高门而募化，粟供如来，弗敢堕旧规、违祖训。寺有藏经毁於兵燹。大师以为心灯罢照，难寻觉后之田，意树终迷，畴识西来之道，乃胼手胝足，谒圣主於丹墀，负表褰裳，返灵文於金地，拳伸宝藏，特留忉利之神书，手建层楼用皮毘尼之秘笈。於是僧徒祇服，逶迤来归，选佛传衣，燔顶受戒，讵道高魔大德至妖生，恃罗刹以欺人，波兴弱水，赖鸠摩之护法，冤雪戴盆，月因晕而常明，镜以磨而愈皎，时当疆圉合肥传相特谕兼住持浮槎山甘露寺，大师广长不烂，规矩维严，入逍遥园，随开讲席，聚盂兰盏，普度群生，因以道里云遥有难兼顾乃命，高徒接往，仍返旧居，法雨慈云，溯清猷而远畅，飞轮御宝，缅峻业而暇昭，悟澈真如，心通无碍，尝广集大众，预示幽期，又属诸弟子云，昔於终南见布袋和尚，空中示予，当生内院，数十年来惟此为心，末后一事，尔等虔心诵佛经，以助吾愿，觉形骸之非实，早示涅槃，知来去之有因，不忘本相，以光绪十七年四月十九日坐化，灵城偃色，梵宇欇辉，素侣悲缠，缁徒协结，即以本年十二月十二日塔於本山龙冈之阳，背未面丑，青树已列，白林自凋，追送千人，衔哀四部，下官有惭慧业，曾识维摩仰教肆之慈悲，得无生之清忍，弟子浩净等思陈盛美属写胜因以为祇，洹慧基神，返毗城之国，定林超辨，文存刘协之碑，乃撰斯铭，昭兹来许，其词曰："缅哉佛性，皇矣能仁。尘根永谢，贝树长春。有大法师，厥惟开士。穆穆风仪，堂堂容止。来缘宿缔，妙悟圆慈。华年未冠，梵偈先持。饮水闻香，如荼如芽。仁不让师，识究名理。餐烟宿雨，戴月披风。舟寻六度，筏访三空。炼杵为针，磨砖成镜。秘密声闻，菩提果证。白足行乞，黄面称癯。披金圣迹，杖锡名区。鹫岭微文，猴江粹典。源探地轴，粤穷天辩。庵希花窟，庐结华山。高悬宝鉴，益阐旃檀。地构红巾，寺余赤烬。飞革新图，法铙重震。元装愿笃，罗什经翻。长留佛藏，永镇山门。翼教江南，蛩声皖北。道俗趋尘，王侯凭试。然灯示兆，遍吉依禅。波罗离日，兜率生天。阳燧辉晨，慈缸炳夜。狂象承规，毒龙式化。七华妙觉，三慧倭傀。崇山遽陨，梁木先摧。绣础常存，瑂碑不朽。懿范英猷，天长地久。光绪十九年月日建。①

续纂句容县志卷十七下终

---

① 李按：据李东阳《怀麓堂集》九十卷有《句容知县刘生德机墓志铭》。
据马世俊《匡庵文集》五卷有《唐陵倪氏族谱序》《戴氏族谱序》，七卷有《古隍朱氏祭田记》《茅山记》，八卷有《茅山万寿宫重建文昌阁募缘疏》。
《茅山记》：茅山一名句曲山，一名三秀山。传闻汉茅盈兄弟修炼飞昇於此。故茅山独著其崇饰仙像以为后人瞻拜之地者，宫凡九，庙凡三，观凡十有八，祠凡二，庵凡百二十八，倚崖而基者一，据石而亭者十有一，三坛九台，跨水而桥者十。古志有云：塔一。余无从识之。至于径之幽，磴之曲，余又无从遍悉之也。其山中自然之美峰凡十有三，洞凡六。三溪四峪，为峡者一，为坛者三，为岩者七。洞之窈窕者二十有七，泉之清冽者十有九。古志有云：湖一、海一。余无从识之。至於石之奇，树之古，余又无从遍悉之也。余按志游览，宫以崇禧、九霄胜，观以玉晨、乾元、白云胜，亭以巧石胜，台以九层胜，峰以三秀胜，洞以曲水胜，洞以华阳、青龙、良常胜，泉以百子胜。窃意江南名山众矣，游屐所聚，或非神明栖息之区，至于萧岑寂寞之处，则都人士又未必过而问矣。若茅山既枕金陵而兼以仙都列於国志，宜其秀甲江南也欤。余素不信修炼飞昇事，大概名山之著者，必古有耽情丘壑之士，选胜结庐於此而有终焉之志，后世遂因而神其说耳。若严光於富春，卢鸿於太室，司马承祯於天台，李泌於衡，陈搏於华，天下望之如神仙中人。彼茅盈兄弟倘亦其流欤？今观於茅山，林壑苍郁，汉唐以来隐君子自有慕仰高风而俯仰栖迟不去者，岂必惑於清虚玄诞之教，而谓山以仙名也哉。余既览诸胜而并考汉唐诸贤觞咏之遗，因记此语以告天下之游山者。
据《宝华山志》（释德基）七卷有：《华山游记》（李维桢），《游宝华山小记》（盛时泰），《华山游记》（陆求可），《游宝华山记略》（鲍鳞宗），《华山定水庵记》（薛正平），《建悦心轩记》（释读体），《环翠楼记》（释读体），《千华社缘起》（释寂光）。

续纂句容县志卷十八上　　邑人　张瀛　分纂

艺文（书目）

吾邑箸述家抱朴而外，唐许则笺经释传，殷樊则飞翰摛辞，虽有明以来汩於制义而张榜之冈罗百籍、宣颖之述作专家，莫不登诸秘府、藏之名山而阅世既深、流风渐沫。况经劫火焚余，残编毁尽，畴藏井底，畴建冢中，孔壁无闻，梅窖安在？良足慨矣！然经籍纵恨销沈，篇目犹堪指数，除旧志甄录外，搜遗摭轶，尚获三百余种，虽空目徒张，不免见嗤於大雅，而斯文如在，尚冀兴起於后来，若夫鸿篇钜制、掌故攸关、小引短章风教是赖者，别为中下二卷。作续艺文志。

吴唐固《春秋古今盟会地图》一卷（见《汉书》经籍志）。

宋颜延之《逆降》一卷（见《隋唐经籍志注》）、《礼论降义》三卷（见在《旧唐书》经籍志）、《诂幼》二卷（见《隋书》经籍志）、《纂要》六卷（见《旧唐书》经籍志）。

梁陶宏景《尚书注》一卷、《郑元〈三礼目录〉注》一卷（见《新唐书》艺文志）。

明王心纯《周易详辨二论详说》（见采访）。

张范《洪范本义》《孝经童训》（见《张氏家传》）。

国朝谭孔训《易经解》（见采访）。

俞穆祖《诗经解》二卷（见采访）。

朱孩敬《檀弓解》二卷（见采访）。

樊明徵《大易发挥》四十六卷、《尚书大政》《诗乐谱》《雅言录》《六书形衍》《仓十二书》《反切指南》（见《樊氏家传》）。

栾培《四书大全》（见采访）。

陈立《公羊义疏》七十六卷、《尔雅旧注》二卷、《白虎通义疏证》十一卷、《说文谐声孳生述》三卷（见《续府志》）。

杨一苍《书传古文》百七十篇（见《杨氏家乘》）。

田志莲《读书条辨》（见《续府志》）。

杨骧《十三经精义》二十卷、《经解唾余》六卷（见《杨氏家乘》）。

杨乃霖《尔雅余义》（见本书）。

以上经类。

晋葛洪《史记钞》十四卷、《后汉书钞》三十卷（见《新唐书》艺文志）、《列仙传》十卷（见《隋书》经籍志）。

梁陶宏景《帝王年历》五卷（见《旧唐书》经籍志、《宋史》）《三国志讚述》一卷、《世语阙字》二卷、《续世说》二卷、《养性传》一卷、《草堂法师传》一卷、《周氏冥通记》一卷、《古今州郡志》

一卷（见同上）。

　　唐许嵩《建康实录》二十卷、《六朝宫苑记》（见《宋史》志）。

　　许儒《史记注》（见《旧唐书》儒林传）。

　　明蒋主忠《金陵纪胜》（见《吕府志》）。

　　蒋谊《续宋论》（见《江南通志》）。

　　张问仁《国朝名臣履历琐碎缀录》《张氏家乘年谱》（见《旧志》本传）。

　　胡瑀《景泰句容县志稿》（见《旧志》本传）。

　　王韶《宏志句容县志稿》（见《旧志》本传）。

　　王裕《万历句容县志稿》（见《旧志》本传）。

　　江永年《重修茅山志》十七卷（见《茅山志》序）。

　　笪继良《铅山县志》《汀州府志》（见《茅山志》序）。

　　张范《六谕衍讲》（见《张氏家乘》）。

　　李清《南渡录》《三垣奏疏笔记》《澹宁斋史论杂著》《正史外史摘奇》《女世说》《三余琐录》《南北史、南唐书合注》《诸史同异》《历代不知姓名录》（见《李氏家乘》及《金陵诗征》）。

　　张骏业《京都游览记》（见《旧志》本传）。

　　孔尚豫《六朝章奏》（见《旧志》附传）。

　　笪志清《崇明寺来游记》（见《旧志》本传）。

　　国朝胡岳《顺治句容县志稿》（见《顺治志》）。

　　笪重光《茅山志》十四卷（见《茅山志》）

　　樊明徵《乾隆句容县志稿》《续古堂日钞》《金石钩华》（见《樊氏家乘》及《吕府志》）。

　　葛震《四言史征》（见《四库存目》）。

　　尚徵俨《读史劄记》二十卷（见《续府志》）。

　　骆岐《读史管见》（见《骆氏家乘》）。

　　孔传薪《行唐纪政》（见《孔氏家乘》）。

　　朱垣《朱氏家乘》二卷（见《朱氏家乘》）。

　　邹近鲁《邹氏族谱》（见《邹氏家乘》）。

　　王履升《日记笔记》（见《王氏家乘》）。

　　周梦南《节孝兰谱记》（见《续府志》）。

　　魏应昇《东阳闲笔》（见《续府志》）。

　　张道正《圣驾南巡颁迎銮曲》（见《张氏家乘》）。

　　尚昌庐《南巡万言颂》（见《迎□□□恩记》）。

　　尚德明《迎恩记》（见《本记》）。

　　李峦《淮南金石考》（见《李氏家乘》）。

　　田志莲《隐香子年谱》（见《续府志》）。

　　杨一苍《读书鉴》四卷（见《杨氏家乘》）。

　　杨骧《读史余论》（见《杨氏家乘》）。

　　俞宗洛《经济待问录》（见采访）。

　　骆临吉《金石辨是编》六卷（见《骆氏家乘》）。

　　石泉《赤山湖志》四卷（见《续府志》）。

　　孔昭秉《孝逆炯鉴》（见本书。《续府志》作《孝鉴》）。

　　夏肇生《琅琊兵事记》一卷（见本记）。

　　以上史类。

晋葛洪《抱朴子》八卷、《抱朴君书》一卷、《周易杂占》十卷、《肘后备急方》[1]八卷、《神仙服食药方》十卷（以上见《隋书》经籍记），《老子道德经序诀》二卷、《太清神仙服食经》五卷又一卷、《三元遁甲图》三卷、《遁甲囊中经》一卷（以上见《旧唐书》经籍志），《抱朴子养生论》一卷、《太清玉碑子》一卷（以上见《宋史》艺文志），《枕中书》一卷（四库书目云伪托）。

梁陶宏景《天仪说要》一卷、《历象》一卷、《括星诗》一卷、《七曜新旧术易髓》三卷、《五行运气》一卷、《周易林》一卷、《易林体》三卷、《景疏占候图象集要学苑》一百卷、《黄庭集诀》一卷、《达灵经》一卷、《真诰》二十卷、《周真人传》一卷、《炼化杂术》一卷、《神仙药食经》一卷、《神仙服食药方》十卷、《服玉法并禁忌》一卷、《太清玉石丹药集要》三卷、《老子注》四卷、《鬼谷子注卜筮要略》一卷、《抱朴子注》二十卷、《梦记》一卷、《玉匮记导引图》一卷、《三命立成算经》一卷、《灵奇秘奥》一卷、《消除三尸诸要法》一卷、《三命钞略》一卷、《三命杀历》一卷、《服云母诸石方》一卷、《真灵位业图》一卷（以上见《隋书》经籍志、《旧唐书》经籍志、《宋史》艺文志及《汉书》艺文志。考证《江南通志》《四库书目》）。

唐许淹《文选音》十卷。（见《旧唐书》曹宪传）。

宋陈序《类书》（见《太仓稊米集》）。

元僧聚禅《雪村语录》。（见《旧志》仙释）。

明蒋主忠《诗法钧元》（见《江南通志》）。

蒋谊《憨翁新录》《纪行录》《经纬文衡》《吹唤余音》（见《江南通志》）。

李春芳《贻书堂类稿》[2]（见《旧志》本传）。[3]

李思聪《堪舆十二种》（见《金陵诗征》）。

曹可遵[4]《亡羊续语》（见《旧志》本传）。

张骏业《四灵考》（见《旧志》本传）。

国朝宣芸《周程张朱五子集解》（见《金陵诗征》）。

汪沂《致曲斋困勉录》（见《旧志》本传）。

张晨《壬戌杂著》（见《张氏家乘》）。

宣颖《悦庵遗书》（见《旧志》艺文）。

张玉珩《辑略随书》八卷（见《张氏家乘》）。

潘遂先《声音发源图解》（见《四库存目》）。

李元祺《佩文广韵汇编》（见《李氏家乘》）。

王履升《病中琐言》（见《王氏家乘》）。

---

[1] 《肘后备急方》：中国第一部临床急救手册，在治疗、方药、针灸、外治等方面都具有开创之功。《肘后备急方》（卷三）治寒热诸疟方第十六有"治疟病方。鼠妇、豆豉二七枚，合捣令相和，未发时服二九，欲发时服一九；又方，青蒿一握，以水二升渍，绞取汁，尽服之；又方，用独父蒜于白炭上烧之，末，服方寸匕……"的治疗疟疾记载。约1700多年后的2015年12月10日，中国科学家屠呦呦因开创性地从中草药中分离出青蒿素应用于疟疾治疗，被授予诺贝尔生理学或医学奖获奖证书。

[2] 《贻书堂类稿》：据《乾隆句容县志》卷末，"李春芳：《宗藩条例》《先正训蒙》。孔贞时：《在鲁斋集》《诒书堂类稿》。"李春芳有《贻安堂集》存世。

[3] 李按：李春芳，号石麓，一号华阳洞天主人。现存最早的《西游记》版本为《新刻出像官板大字西游记》（明万历二十年金陵世德堂梓行），华阳洞天主人校。《西游记》九十五回有李春芳《藏名诗》（见《句容古诗词赋三千首（校点注释）》李春芳《藏名诗》"（李）秀"条注释）。清初江宁（今江苏南京）人黄虞稷《千顷堂书目》八卷"地理类"有"吴承恩《西游记》"。

[4] 曹可遵：据清朝陈作霖《明代金陵人物志》："曹可遵，字晴远，句容人。崇祯辛未副贡。当涂教谕。与弟可建俱竭力事母。积学工诗，有《亡羊续语》《荆吟集》。族兄可明，字懋德，自号羊鞡。天启壬戌进士。广西按察副使，以廉正称。"

释怀远《经诵随笔》（见《樊氏家乘》）。
樊明徵《双尼粃论》（见同上）。
戴溁《地理易简集》《罗线真正解》（见采访）。
周履琨《舆地指南》（见同上）。
俞之堃《地理裁伪》（见同上）
俞茂鲲《痘科集解》（见同上）。
俞显祖《心学录》（见《吕府志》）
杨一苍《遗后录》二卷（见《杨氏族谱》）。
杨骧《天文汇考》二卷、《理气粹言》二卷、《封溪琴谱》一卷、《嬾人癖谈》四卷（见《杨氏家乘》）。
王模《正教录》（见采访）。
纪丛筠《瘟病辨》（见采访）。
赵友芳《舌苔辨症》（见同上）。
倪信预《汤头歌集要》（见同上）。
倪德扬《杏林集验》《保赤新编》（见同上）。
以上子类。①

宋颜延之《集》二十五卷（见《隋书》经籍志）、《逸集》一卷（见《隋书》经籍志注）。
颜峻《集》十三卷、《妇人诗集》二卷、《诗集》一百卷、《诗例录》二卷（见《旧唐书》经籍志）。
梁陶宏景《陶先生文集》三十卷、《内集》十五卷、《隐居集》一卷（见《吕府志》及《茅山志》）。
唐刘三复《文集》十三卷（见《旧唐书》刘邺传）。
刘邺《甘棠集》三十卷（见同上）。
宋温德成《东蒙集》（见采访）。
张纲《华阳集》四十卷（见《宋史》本传）
陈序《碧岩集》（见《金陵诗征》）。
元梁大柱《山中吟集》（见《旧志》及《金陵诗征》）。
孔杓《东征集》（见《金陵诗征》）
笪兆麟《东轩诗集》（见《笪氏家乘》）
明孙炎《孙左司集》四卷（见《金陵诗征》）。
朱纯《东溪诗文稿》（见《朱氏家乘》）。
笪铉《怡轩稿》（见《笪氏家乘》）。
高志《味道诗文稿》（见《高氏家乘》）。
高谔《士杰诗稿》（见《高氏家乘》）。
朱镌《愚斋诗集》（见《朱氏家乘》）。
朱远《山樵稿》（见《朱氏家乘》）。
王蒙吉《止斋诗集》（见《王氏家乘》）。
张诏《村居吟》《怡云集》《记游稿》（见《张氏家乘》）
王韶《容山钟秀集》六卷（见《金陵诗征》）。
周祚《白溪诗集》（见采访）。
许尧咨《闲居乐》二卷（见《旧志》本传）。
蒋用文《龙潭十景诗稿》（见《旧志》）、《静学斋集》（见《金陵诗征》）。
蒋主孝《务斋诗樵林摘稿》（见《金陵诗征》）。

---

① 李注：据清朝陈作霖《明代金陵人物志》："李盎，字小有，一字根大，句容人。著《金汤十二筹》。"

蒋主忠《慎斋稿》四卷、《续貂小稿》（见同上）。
蒋谊《石屋闲钞》（见《吕府志》及《金陵诗征》）。
胡瑀《云窝稿》（见《吕府志》及《金陵诗征》）。
胡璇《云麓稿》（见同上）。
胡礼《月滩诗集》（见同上）。
胡涟《松巢集》（见同上）。
戴仁《白溪遗稿》（见家藏本）。
李春芳《贻安堂集》十二卷（见《明史》本传及家乘）。
李瑛《名山百咏》（见王韶序及《金陵诗征》）。
李茂功《依绿园集》（见《李氏家传》）。
李思聪《沮修集诗文》十二卷（见同上）。
李思训①《晚好斋诗存》（见《金陵诗征》）。
张问仁《五者轩文集》（见《旧志》本传）。
王裕《万卷山房诗文集》（见《金陵诗征》）、《肖全集》（见《王氏家乘》）。
严𬘡《石岩集》《三体诗》（见《金陵诗征》）。
周刚《草窗集》（见《金陵诗征》）。
王肯堂《肯堂集》（见《金陵诗征》）。
王谅《竹溪集》（见《金陵诗征》）。
张骏业②《北游集》《且园鹿革囊集》（见《旧志》本传）。
张珂《忍斋集》（见《旧志》及《金陵诗征》）。
张文进《东泉遗稿》（见《张氏家乘》）。
胡樽《侗斋集》（见《吕府志》）。
笪继良《经畲堂诗集》（见《旧志》）。
王祚远《香雪居诗文集》（见《王氏家乘》）
张范《代杜集》《千日酒醅集》《千家诗和稿》（见《张氏家乘》）。
曹可暹《别吟集》（见《旧志》及《金陵诗征》）。
王恂《偶存稿》《约庵集》（见《王氏家乘》）。
闵龄《山居诗稿》（见《金陵诗征》）。
王㤉《墨庄诗集》（见《王氏家乘》）。
国朝张效龄《雁字吟梅花吟近月吟稿》（见《旧志》本传及《张氏家乘》）。
王祚明③《澹思斋诗集》（见《王氏家乘》）。
王士宏《来赋草》（见《王氏家乘》）。
王自新《仍斋诗文集》（见《王氏家乘》）。
李淦《红研斋砺园集》（见《李氏家乘》）。
李沂④《鸢啸堂诗集》二卷（见同上）。

---

① 李思训：据清朝陈作霖《明代金陵人物志》："李思训，字于庭，句容人。"
② 张骏业：据清朝陈作霖《明代金陵人物志》："张骏业，字参伯，句容人。崇祯乙亥贡，镇江教授。为乡贤伯安之裔。明亡，弃官归。著《北游》《且园》二集。又有《鹿革囊》《四灵考》《京都游览志》诸书。句容上容乡周子华者，立义学，搆楼三间，日与文士啸咏。又有葛应祯，字瑞屿。官荔浦典史。民建祠祀之。飘然归隐，不交外人。"
③ 王祚明：据清朝陈作霖《明代金陵人物志》："王祚明，句容人。父嘉士，字春野。治家有法。兄夔明，万历四十一年进士。官至吏部左侍郎。祚明与之齐名。"
④ 李沂：据清朝陈作霖《明代金陵人物志》："李沂，字壶公，一字艾山。幼孤，事母孝。不求进取。性和平坦易，独

李潜《叶闻斋稿》（见《金陵诗征》）。
李沛①《平庵诗集》（见同上）。
李瀚②《严庵诗集》（见同上）。
王士俟《金陵四十景诗稿》（见《王氏家乘》）。
王忏《竹里馆诗集》（见《王氏家乘》）。
王复宗《扪霞集》（见同上）。
王蔚宗《黔中吟诗集》（见同上）。
朱献醅《亮工文稿》一卷、《家训》一卷（见《朱氏家乘》）。
朱景成③《四平山偶吟稿》（见《金陵诗征》）。
沈豹《五备堂集》（见《乘风居闻见录》）。
李滢《敦好堂诗钞》（见《金陵诗征》）。
李润《芝嵋集》（见同上）。
李柟《药圃集》（见同上）。
李栋《楚游草》（见同上）。
王辂《苍霞集》十卷（见同上）。
李国宋《螺隐居集》（见同上）。
赵继葵《南崖集》（见《赵氏家乘》）。
赵应恕《燕贻编》（见同上）。
李蕴广《神楼集》（见《旧志》本传）。
王康佐《求是斋文集》（见《王氏家乘》）。
潘应龙《寻乐窝草》（见《金陵诗征》）。
王昌学《漫游草》（见同上）。
周桢《存青阁文集、诗稿》（见《旧志》本传、《周氏家乘》及《金陵诗征》）。
朱复《南湖集》（见采访）。
夏畴《叠玉亭俪体集》（见《金陵诗征》）。
骆鸣骀《廷飏诗赋稿》十二卷、《文集》一卷、《词钞》一卷（见《骆氏家乘》及《金陵诗征》）。
倪锦《娄东庼草》（见采访）。
王道复《十三经赋稿》（见《家传》及《金陵诗征》）。
胡其韬《迈干诗集》（见采访）。
高世杰《焦山遗笔》《注释石鼓诗百首》《梅花诗集》《唐诗浪游草》（见《旧志》本传及《金陵诗征》）。
李晋垿《真想斋诗稿》（见《李氏家乘》）。
朱石庵《诗集》（见《朱氏家乘》）。
宣芸《芹涧堂文集》（见《旧志》本传及《金陵诗征》）。
樊明徵《轸亭诗集》《轸亭文集》《花屿轩四六》《斗草亭古艺》（见《樊氏家乘》）。
王履升《夷白诗草》（见《王氏家乘》）。
王周南《安钝吟稿》（见同上）。

於名义不少假。晚好神仙。有《鸾啸堂集》。"
① 李沛：据清朝陈作霖《明代金陵人物志》："李沛，字平子，句容人。诸生。负才尚志，以忠义自许。与弟滢，从弟沂，交相唱和。有《平庵诗集》。音节高亢，侘傺无聊之气具于诗见之。"
② 李瀚：据清朝陈作霖《明代金陵人物志》："李瀚，字士翔，一字籍史。句容人。明亡为僧。子国宋，亦善诗文。"
③ 朱景成：据清朝陈作霖《明代金陵人物志》："朱景成，字一真，句容人。自号四平居士。不求闻达。教子孙以耕读。饮酒微曛辄歌咏自娱。徜徉四平山以终。见《北山诗话》。"

王朝良《立斋文集》（见《金陵诗征》）。
魏应昇《诗稿》（见采访）。
骆维宁《偶然草》（见《骆氏家乘》）。
张嗣翰《就正稿四卷》（见《张氏家乘》）。
骆琚《觉梦楼稿》二卷、《蓝谷诗草》二十四卷、《怀人集》（见《骆氏家乘》及《金陵诗征》）。
周继翰《柳崖杂著》（见《周氏家乘》）。
王运昂《舒啸轩诗草》（见采访）。
吴观《遗文稿》（见采访）。
石鐦《莲心堂文集》一卷、《系心堂诗集》一卷（见同上）。
华之荣《漱芳楼诗集》（见同上）。
俞茂鲲《东山诗草》（见同上）。
俞怀祖《膑余稿》（见同上）。
俞宗洛《古文蔚》《今文蔚》（见同上）。
胡新法《蕉园宝集》（见同上）。
张存拙《无之集》（见同上）。
骆重恒《爱吾庐诗集》（见《续府志》）。
倪良珍《奕余集》（见同上）。
孙世泰《映雪堂集》（见同上）。
孙守勋《霞山集》（见同上）。
魏子嵩《虚车集》《雪亭诗文稿》（见采访）。
孔传薪《梦松居士诗稿》（见《孔氏家乘》）。
裴鐄《活泼泼地稿》《活水轩稿》（见《续府志》及采访）。
芮濑《北匏瓜集》十四卷（见《续府志》）。
纪丛筠《蔬香斋诗稿》（见《续府志》）。
张庆闱《易知文范》《诗林集腋》（见采访）。
唐治《鲁泉先生集》（见《续府志》）。
田志莲《绿满窗诗草》（见《续府志》）。
吴祖新《信口吟》（见《续府志》）。
唐澍《石野山房稿》（见采访）。
陈立《勾溪杂著》五卷、《续编》一卷（见《续府志》）。
尚永瑞《寄园集》《蚪岩集》（见《续府志》）。
王颐《芝轩诗稿》（见同上）。
束椿瑞《桐阴轩诗草》（见同上）。
骆崇禧《雨香馆诗草》四卷（见《续府志》及本集）。
曹政修《梅生遗稿》一卷（见本集）。
杨骧《怀玉山房文集》八卷、《诗集》二卷、《四六诗赋》四卷、《杂文》二卷（见《杨氏家乘》）。
李萼《花楼遗稿》一卷（见本稿）。
尚兆山《仰止诗稿》（见《金陵续诗征》）。
杨列之《村居杂景诗》一卷（见采访）。
袁襴华《绿阴山房稿》（见采访）。
王模《竹轩集》（见采访）。
张源《涤川剩稿》（见采访）。
杨骥《金陵咏古诗稿》（见《杨氏家乘》）。

以上集类。

隋无名氏《江乘记》。
宋陈倩《茅山记》一卷。
曾洵《句曲山记》七卷。
傅霄《重修茅山旧记》。
无名氏《茅山记》一卷。
无名氏《茅山新记》一卷。
元刘大彬《茅山志》十五卷。
明王僖《宏治句容县志》。
丁宾《万历句容县志》。
杜槃《句容县志》。
周仕《句容县志》（以上见《吕府志》）。
许令典《乾元观记》一卷（见本集）。
国朝葛翙宸《顺治句容县志》①。
曹袭先《乾隆句容县志》十二卷。
释德基《宝华山志》②十二卷（以上见《吕府志》）。
释福聚《宝华山志余》（见《华山志》）。
刘名芳《宝华山志》十六卷（见本志）。
以上志乘类

李淦妻徐氏《幼荣遗草》。
尚祚涑妻裴氏《青玕集》《历溪琐语》《西村晚霞集》（见《续府志》）。
葛季英《澹香楼集》（见《金陵诗征》）。
骆绮兰《听秋轩诗集》（见《续府志》）。
雍氏《亦政堂诗集》一卷（见同上）。
顾仁贵妻骆氏《苦相篇诗稿》（见采访）。
赵启铦妻陶素心《輓夫吟稿》（见采访）。
以上闺秀集。

汉茅盈《金藏经》二卷。
晋魏华存《清虚真人王君内传》一卷。
苏元明《授茅君歌》一卷。
李遵许《远游传》一卷。
宋陆修静《道德经杂说》一卷、《昇元步虚草》一卷、《灵宝经目序》一卷、《服御引元精经》一卷、《灵宝步虚词》一卷、《步虚洞章》一卷、《斋法仪范》一百卷。
陈马枢《道觉论》。
唐王远知《易总》十卷（以上见《茅山志》）。
吴筠《宗元先生集》十卷（见《金陵诗征》）。

---

① 《顺治句容县志》：据句容市档案局《顺治句容县志》孤本，"知句容县事上虞葛翙宸、文登丛大为同修"。
② 释德基《宝华山志》：据《四库全书存目丛书》"史部"第236册，"莆阳释德基定菴辑，秣陵张惚南邨编，西陵赵时揖晴原较"。

司马承祯《修真秘旨》十二篇、《坐忘论》一卷、《天隐子》八篇、《修真秘旨事目历》一卷、《修真养气诀》一卷、《灵宝五岳名山朝仪经》一卷。

李含光《周易义略》三篇、《老庄学记》三篇、《内学记》二篇、《本草音义》二卷、《三元异同论》《道学传》二十卷（见《茅山志》）。

元张羽《贞居集》《三世集》三卷、《碧岩元会箓》二卷（见《金陵诗征》）。

明江文谷《华阳真海》（见《茅山志》）。

寂光《梵纲直解》四卷、《十六观经忏仪》。

国朝读体《毗尼止持》十六卷、《毗尼作持》十五卷、《三坛正范》四卷、《大乘元义》《黑白布萨》《僧行轨则》。

德基《毗尼关要》十六卷、《羯磨会释》十四卷、《比邱尼戒本会义》十二卷。

福聚《南山宗统》《瑜伽补注》《施食仪观》（以上见《华山志》）。

以上方外集。

补 遗

元邹孚《愚庵集》。明张文学《四书梦谈》。国朝邹发《家范》《要议矾论》。张德永《养吾草》《寝言草》。张美传《自鸣草》七集。张琳《旦园初稿》六卷。

元吴全节《看云集》。朱象先《关尹子笺释》。明白云霁①《道藏目录详注》四卷。释洪恩②《雪浪集》。释法果《雪山集》八卷。释通润《秋水庵集》。③

续纂句容县志卷十八上终

---

① 白云霁：据清朝陈作霖《明代金陵人物志》："白云霁，字明之，自号在虚子，上元人。茅山道士。著有《道藏目录详注》四卷。"

② 释洪恩：据《宝华山志》（释德基）十卷和《宝华山志》（刘明芳）十五卷载，有释洪恩《华山除夜》诗："城郭元非意，云山迹颇宜。百年同有尽，万事无期。松火聊成俗，茶香莫负时。藏舟容易逝，昧者岂能知。"据《宝华山志》（释德基）十卷载，有释洪恩《元旦》诗："灯火连宵旦，居林不夜天。梅花骄白雪，峰影落青莲。捣练闻何断，观河见不迁。定中往理乱，徒自说周旋。"据《宝华山志》（释德基）十卷，有释洪恩《华山》诗："石径崎岖入翠微，山楼高踞看云飞。宝华千片霞光起，天际斜阳散落晖。"《宝华山志》（刘明芳）十五卷载，有释洪恩《华山》诗："石径崎岖入翠微，山楼高踞看云飞。宝华未敛霞千片，东岭斜阳散落晖。"

③ 李按：据陈鹏年《道荣堂文集》四卷有《句容王氏重修谱序》《孔氏分谱序》。

据姚鼐《惜抱轩文后集》一卷有《句容裴氏族谱序》。

据曹学诗《香学文钞》八卷有《募修茅山玉晨观疏》。

据尤侗《西堂文集·西堂杂组》八卷有《茅山崇禧宫募疏》。

据王樵《方麓集》四卷有《华阳雅颂引》，七卷有《游茅山记》。

据彭定求《南畇文稿》四卷有《茅山游记》。

据顾璘《息园存稿》六卷有《茅山重修玉宸观碑》。

据《重编琼台稿》（丘濬撰，丘尔谷编）十七卷有《茅山复古堂记》。

据王直《抑庵文集》七卷有《三茅山崇禧万寿宫重修三清殿碑》。

据杨士奇《东里文集》八卷有《龙潭十景序》，《东里续集》二十一卷有《茅山崇禧万寿宫碑》。

据钱大昕《潜研堂文集》二十卷有《游茅山记》。

续纂句容县志卷十八中　　邑人　张瀛　分纂

艺文（诗）

北宅秘园　　（宋）颜延之（延年）

夕天霁晚气，轻霞澄暮阴。
微风清幽幌，余日照青林。
收光渐衰歇，穷园自荒深。
绿池翻素景，秋槐响冬音。
伊人倘同爱，弦酒共栖寻。

答颜延年[①]　　王僧达[②]

长卿冠华阳，仲连擅海阴。
珪璋既文府，精理亦道心。
君子耸高驾，尘轨实为林。
崇情符远迹，清气溢素襟。
浩游略年谊，笃愿弃浮沈。
寒荣共偃曝，春醓时献斟。
聿来岁序暄，轻云出东岑。
麦陇多秀色，杨园流好音。
欢此乘日暇，忽忘逝景侵。
幽衷何用慰，翰墨久谣吟。
栖凤难为条，淑贶非所临。
诵以永（一作咏）周旋，匪以代兼金。

---

① 答颜延年：据《艺文类聚》三十一卷，颜延之《赠王太常僧达》：玉水记方流，璇源载圆折。蓄宝每希声，虽秘犹彰徹。聆龙瞭九渊，闻凤窥丹穴。历听岂多士，岿然觏时哲。舒文广国华，敷言远朝列。德辉灼邦懋，芳风被乡壆。侧同幽人居，郊扉常昼闭。林间时晏开，亟回长者辙。庭昏见野阴，山明望松雪。静惟浃群化，徂生入穷节。豫往诚欢歇，悲来非乐阕。属美谢繁翰，遥怀具短札。

② 王僧达：《建康实录》十四卷："王僧达，琅琊临沂人。太保弘之少子。"

诏问山中何所有赋诗以答（答齐高帝诏）① （梁）陶宏景（通明）

山中何所有？岭上多白云。
只可自怡悦，不堪持赠②君。

华阳诵十五首③　　前人

何篇征往册？孔记昭昔名。三宿丽天序，两金标地英。（枢域）
宅无乃生有，在有则还空。灵构不待匠，虚影自成功。（质象）
纪神列三府，分除交五偏。阴辉迎后皙，晨精望晓悬。（形位）
南峰秀元鼎，北岭横秦璧。表里玉沙津，周迴隐轮迹。（标贯）
左带柳汧水，右浚阳谷川。土怀北邙色，井洌凤门泉。（区别）
郭干跱留岸，姜巴亘远踪。鹤庙忽闻响，别宅乃恒恭。（迹号）
吴居非知地，越家讵隐迁。树盖徒低荫，石灶未尝烟。（类附）
果林郁余柰，蔬圃蔓遗辛。荧芝可烛夜，田泉常濯尘。（物轨）
降辔龟山客，解驾清华童。寝宴含贞馆，高会萧闲宫。（游集）
清歌翔羽集，长啸归云翻。子弦有逸调，空谈无与言。（才英）
标含雷平下，立静连石阴。上道已冲念，飞华当轸心。（学禀）
济神既有在，去留从所宜。心迹何用显，冥途自相知。（业运）
方隅游琼刃，华阳栖隐居。重离傥或似，七元乃扶胥。（挺契）
号期行当满，亥数未终丁。迨及唐承世，将宾来圣庭。（机萌）
刊石元窗上，显诚曲阶门。动静顾矜炼，不负保举恩。（诚期）

友人山亭　　（唐）殷遥（邑人）

故人虽（一作"从"）薄宦，往往涉清溪。
凿牖对山月，褰裳拂涧霓。
游鱼逆水上，宿鸟向风栖。
一见桃花发，能令秦汉迷。

送友人下第归省　　殷遥

君此卜行日，高堂应梦归。
莫将和氏泪，滴著老莱衣。
岳雨连河细，田禽出麦飞。
到家调膳后，吟好送斜晖。

---

① 诏问山中何所有赋诗以答（答齐高帝诏）：另见《弘治句容县志》八卷、《道藏·华阳陶隐居集》上卷、《太平广记》三百零二卷、刘大彬《茅山志》二十八卷。
② 赠：《弘治句容县志》八卷、《道藏·华阳陶隐居集》上卷作"寄"。
③ 华阳诵十五首：见《道藏·茅山志》二十八卷、《道藏·华阳陶隐居集》上卷、《茅山志》（笪重光）十二卷。

哭殷遥① 　　王维（摩诘）

送君返葬石楼山，松柏苍苍病驭还。
埋骨白云长已矣，空余流水向人间。

按，石楼山在政仁乡，今名石楼冈。

南中感怀 　　樊晃（邑人）

南路蹉跎客未回，常嗟物候暗相催。
四时不变江头草，十月先开岭上梅。

状江南仲夏 　　樊珣（邑人）

江南仲夏天，时雨下如川。
卢橘垂金弹，甘蔗吐白莲。②

送高遂赴举（遂，句容人） 　　祝元膺（邑人）

句曲旧真宅，自产日月英。
既涵岳渎气，安无神仙名？
松桂逦迤色，与君相送情。③

大茅岭新居忆亡子④从真 　　（寓贤）顾况（逋翁）

谷鸟犹呼儿，山人夕霑襟。
怀哉隔生死，怅矣徒登临。
东门忧不入，西河遇亦深。
古来失中道，偶向经中寻。

---

① 哭殷遥：王维《哭殷遥》共有两首。另一首："人生能几何，毕竟归无形。念君等为死，万事伤人情。慈母未及葬，一女才十龄。泱漭寒郊外，萧条闻哭声。浮云为苍茫，飞鸟不能鸣。行人何寂寞，白日自凄清。忆昔君在时，问我学无生。劝君苦不早，令君无所成。故人各有赠，又不及生平。负尔非一途，恸哭返柴荆。"

② 李注：据《永乐大典》一百一十五册一一三一三卷三页《句容志》，李嘉祐《句容县东青阳馆作》："句曲千峰暮，归人向远烟。风摇近水叶，云护欲晴天。夕照留山馆，秋光落草田。征途傍斜日，一骑独翩翩。"（四库本《御定全唐诗》二〇六卷："'晴'一作'霜'"，"'草'一作'野'"。"李嘉祐：字从一，赵州人，天宝七年擢第授秘书正字，坐事谪鄱江令，调江阴入为中台郎，上元中出为台州刺史，大历中复为袁州刺史，与严维、刘长卿、冷朝阳诸人友善，为诗丽婉，有《齐梁风集》一卷，今编诗二卷。"）

③ 李注：祝元膺《寄道友》："两领凝清霜，玉炉焚天香。为我延岁华，得入不死乡。"

④ 亡子：据《全唐诗》（清·彭定求）二六四卷顾况《伤子》："老夫哭爱子，日暮千行血。声逐断猿悲，迹随飞鸟灭。老夫已七十，不作多时别。"

大象无停轮，倏忽成古今。
其殀非不幸，炼形由太阴。
凡欲攀云阶，譬如火铸金。
虚言留旧札，洞房掩闲琴。
泉源登方诸，上有空青林。
仿佛通瘖寐，萧寥邈徽音。
软草被汀洲，鲜云落浮沈。
颓景宣叠丽，绀波响飘淋。
石窟含云巢，迢迢耿南岑。
悲恨自此断，情尘讵能侵？
真静一时变，坐起唯从心。①

送李道士归桃花崦　　顾况

人境年虚掷，仙源日未斜。
羡君乘竹杖，辞我隐桃花。
鸟去宁知路，云飞似忆家。
莫愁容发改，自有紫荷车。

题茅山李尊师山居　　（寓贤）秦系（公绪）

天师百岁少如童，不到山中竟不逢。
洗药每临新瀑水，步虚时上最高峰。②

下第后寄高山人　　（寓贤）顾非熊

我家堂屋前，仰视大茅巅。
潭静鸟声异，地寒松色鲜。
人眠瓮牖月，鹿饮竹门泉。
多愧邻高隐，无成又一年。③

送顾非熊及第归茅山　　（上元）项斯

吟诗三十载，成此一名难。
自有恩门入，全无帝里欢。
湖光愁里碧，岩景梦中寒。
到后松杉月，向人共晓看。

---

① 李注：顾况相关句容诗作，参见《句容古诗词赋三千首（校点注释）》"顾况（21首）"。
② 李注：秦系相关句容诗作，参见《句容古诗词赋三千首（校点注释）》"秦系（12首）"。
③ 李注：顾非熊相关句容诗作，参见《句容古诗词赋三千首（校点注释）》"顾非熊（5首）"。

赠茅山高拾遗　　（润州）许浑（丁卯）

谏猎归来绮季歌，大茅峰影薄秋波。
山斋留客扫红叶，野艇送僧披绿莎。
长覆旧图棋势尽，遍添新品药名多。
云中黄鹤日千里，自宿自飞无纲罗。①

送顾非熊至茅山　　王建

江城柳色海门烟，欲到茅山始下船。
知道君家当瀑布，菖蒲潭在草堂前。

稚川山水　　（金坛）戴叔伦（玉屏）

松下茅亭五月凉，沙汀云树晚苍苍。
行人无限秋风思，隔水青山似故乡。②

酬龚美先见寄原韵　　（寓贤）张贲（润卿）

寻疑天意丧斯文，故选茅峰寄白云。
酒后只留沧海客，香前惟见紫阳君。
近来已绝诗书癖，今日兼将笔砚焚。
为有此身犹患苦，不知何者是元纁。

宿茅山寄舍弟③　　（南唐）徐铉（东海）

茅许禀灵气，一家同上宾。
仙山空有庙，举世更无人。
独往诚违俗，浮生亦累真。
当年各自勉，云洞镇长春。④

题紫阳观　　徐铉（鼎臣）

南朝名士富仙才，追步东乡遂不回。
丹井自深桐暗老，祠宫长在鹤频来。
岩边桂树攀仍倚，洞口桃花落复开。
惆怅霓裳太平事，一函真迹琐昭台。

---

① 李注：许浑相关句容诗作，参见《句容古诗词赋三千首（校点注释）》"许浑（10首）"。
② 李注：据《全唐诗》，戴叔伦《送秦系》："五都来往无旧业，一代公卿尽故人。不肯低头受羁束，远师溪上拂缨尘。"
③ 宿茅山寄舍弟：另见《道藏·茅山志》二十八卷、《茅山志》（笪重光）十二卷。《徐文恭集》四卷题作《宿茅山寄舍弟》。
④ 李注：徐铉相关句容诗作，参见《句容古诗词赋三千首（校点注释）》"徐铉（17首）"。

赠奚道士（含象）　　　徐铉

奚生曾有洞天期，犹傍天坛摘紫芝。
处世自能心混沌，全真谁见德支离？
玉霄尘闭人长在，金鼎功成俗未知。
他日飚轮谒茅许，愿同鸡犬去相随。

送许处士坚往茅山　　　（幽州）潘佑

天坛云似雪，玉洞水若琴。
白云与流水，千载清人心。
君携布囊去，路长风满林。
一入华阳洞，千秋那可寻。

为茅山崇禧主人景驾岩赞王肖岩所写喜容①　　　（寓贤）张侃（直夫）（邑令）

虬髯如云眼如月，胸次毫端一泓雪。
政恐儒冠或误身，尚友虚无老壮列。
松阴泉影绿悠悠，此时此意如何说。
三真跨鹤夜相从，长啸一声山谷裂。

茅山书院　　　（宋）侯遗②（仲遗）（邑人）

精舍依岩壑，萧条自卜居。
山花红踯躅，庭树绿栟榈。
荷插朝芸陇，分镫夜读书。
浮云苍狗幻，一笑不关余。

华阳山堂落成　　　（寓贤）诸葛舜臣（用中）

小筑菟裘石磴闻，登临极望意苍然。
三更栗叶中峰雨，四月桃花一洞天。
时听茅君归碧落，恍惚玉女炼丹铅。
江湖万里尘埃远，留得深山一道泉。

---

① 为茅峰崇禧主人景架岩赞王肖岩所写喜容：又见宋朝陈起《江湖后集》八卷，作者为"张榘"。
② 侯遗：字仲遗（《金陵诗征》五卷、《至顺镇江志》一卷作"仲逸"），句容人。隐居茅山，创书院，教授生徒。明《弘治句容县志》六卷有传。

闲居　　（邑人）张谘

兀兀浮生水上萍，百年那得眼长青。
醉中但爱杯呼月，镜里惊看鬓易星。
瓶胆插花时过蝶，石拳栽草也留萤。
瑶琴到手知音少，默对南华一卷经。

题归喜亭①（行状云：筑亭池上，名曰归喜，自号华阳老人，日与亲旧游其间，又作诗以叙喜归之情，一时名士赓和盈轴）　　（邑人）张纲②（彦正）

君恩赐我老菟裘，旋筑池亭野趣幽。
地势曲连青嶂饶，波光环匝翠烟浮。
兴来尊酒随时办，客散琴书尽日留。
为问标题意何在，一生心足是归休。③

归乡④　　张纲

穷巷归来已白头，结茅何必膀休休。
好山当户碧云晚，明月满溪寒苇秋。
诗社纵添新句法，醉乡难觅旧交游。
平生幸自无机械，一棹夷由去狎鸥。

庚午三月十日游茅山⑤　　张纲

雨余沙径净无泥，策杖何妨过竹溪。
迎客野花随处笑，劝沽幽鸟向人啼。
峰峦路转攀萝倦，楼观烟深望眼迷。
疑是武陵仙地隔，坐来遐想旧桃蹊。

---

① 题喜归亭：见《华阳集》三十七卷。
② 张纲：（1083—1166），字彦正，润州金坛茅山（今属江苏省镇江市句容市茅山镇）人。一生仕历徽宗、钦宗、高宗三朝，官至参知政事，赠左光禄大夫，谥号"章简"，是宋代名臣。绍兴二十八年致仕，退居茅山。号华阳老人。《宋史》三百九十卷·列传一百九十四载："入太学，以上舍及第。释褐，徽宗知纲三中首选，特除太学正，迁博士，除校书郎。""论事与蔡京不相合，挤之去，主管玉局观。久之还故官，兼修《国朝会要》、校正御前文字。迁著作佐郎、屯田司勋郎。""除给事中。侍御史魏矼劾纲，提举太平观。进徽猷阁待制，引年致仕。秦桧用事久，纲卧家二十年绝不与通问。桧死，召为吏部侍郎兼侍读。""告老，以资政殿学士知婺州，寻致仕。高宗幸建康，纲朝行宫。孝宗登极，召纲陪祀南郊，以老辞不至，诏嘉之，命所在州郡恒存问，仍赐羊酒，卒，年八十四。"著有《华阳集》四十卷。
③ 李注：张纲相关句容诗作，参见《句容古诗词赋三千首（校点注释）》"张纲（50首）"。
④ 归乡：见《华阳集》三十五卷。
⑤ 庚午三月十日游茅山：见《华阳集》三十六卷。

见华阳旧题石刻有感① 张纲

旧句入贞珉,新题亦已陈。
光阴如许速,谁是百年人。

题华阳南窗② 张纲

扰扰何年断俗缘,从今便合老山间。
曾将碧涧洗心净,坐看白云终日间。

茅山书院谒侯处士像 （邑人）巫伋③（思庸）

斋粮资讲舍,遗像拜山中。
不尚神仙术,特存儒者风。
斯文真未丧,吾道岂终穷?
为亿皋比拥,庭前古木丛。

唐孝子张常洧义台 （邑人）苗昌言（禹俞）

义台屹立尚千秋,褒诏曾宣李邺侯。
古迹不教苍藓蚀,高原惟见夕阳流。
耕夫锄自将芝护,野客衣还伴鹤游。
一样荒坟偏起敬,孝思耿耿至今留。

送麻仲德提点三茅观 （溧水）吴锬（子彦）

麻姑连峰秀,仙人昔游盘。
三子禀请淑,皎然冰雪颜。
羁贯慕冲素,从师造天关。
朝采碧珠华,夕骖白云鸾。
嘉命被恩宠,飘飘暂南还。
七宝得真境,三茅邻仙班。
送别相与期,行当一登攀。
愿乘冷风御,翱翔五云端。

寄赠华阳洞隐居 （江宁）李榹（子才）

句容郭里望三峰,绿翠芙蓉杳霭中。

---

① 见华阳旧题石刻有感：见《华阳集》三十七卷。
② 题华阳南窗：见《华阳集》三十六卷。
③ 吴伋：字思庸,句容人。高宗绍兴八年（1138）进士。十四年,由御史台检法官守监察御史。十七年,为右正言兼崇政殿说书。官至签书枢密院事兼权参知政事。二十二年,罢,提举江州太平兴国宫。

安得与君骑两鹿？碧岩深处听松风。

天上神仙白玉扉，春云谁绣六铢衣。
人间传得新诗句，为有高僧到紫微。

送王止善归茅山　　（六合）成廷珪（原常）

句曲仙人止善君，乱离何处避尘氛。
独乘一苇凌沧海，谁共三茅管白云。
丹井洗瓢分骨髓，宝函封检秘天文。
他年定有方壶约①，几夜苏台候鹤群。

南华阳洞②　　（建康）周文璞（晋仙）

稽首游名③山，驾言入华阳。
南洞检秘怪，松华泉水香。
曲几妙隶画，残碣刊金章。
俛首试一阕，冷风袭绡裳。
守庵敬爱客，暖我紫尤汤。
遗我鹅眼钱，云是洞所藏。
往有寻幽徒，入见黄金墙。
侈念或已起，几受奇鬼戕。
身倘获会遇，敢恨飞蓬霜。
更丐一片土，小筑安闲房。
朝披神芝图，暮试飤饭方。

鹤庙松（闻采茯苓者伤其根，遂枯其半）　　（邑人）张坚④（子固）

谁种飞仙百尺梯，风摧雨折昔人非。
凭谁寄语杨员外，留取孙枝待令威。

游茅山和诸侄　　（邑人）陈序（彦育）

山南细路半青霄，人昔⑤同游非俗交。
浮玉故乡惊上国，埋丹清梦记中茅。

---

① 壶约：神话传说中的山名。
② 南华阳洞：《方泉诗集》一卷、《道藏·茅山志》二十九卷、《茅山志》（笪重光）十二卷题作《华阳南洞》。
③ 名：《方泉诗集》一卷、《道藏·茅山志》二十九卷、《茅山志》（笪重光）十二卷题作"灵"。
④ 张坚：字子固，句容人。宋高宗绍兴二十四年（1154）进士。历太常寺簿，通判建康府、常州，提举福建市舶，知泉州，江南路转运判官。官终户部郎中、四川总领。事见《京口耆旧传》七卷。
⑤ 人昔：《曲阿诗综》七卷作"今日"。

峰头仙客归黄鹄，石面灵根走翠蛟。
见说西园浑草莽，手栽寸柏已胜巢。

邑人张孝友，亲殁，庐墓六年，有五色鸟集墓陇。邑大夫张公侣旌其庐，名其乡曰"移风乡" （邑人）徐洪（德远）

孝友闻张仲，贻谋直到今。
六年枯血泪，五色集祥禽。
表此励颓俗，来兹生孝心。
移风名不泯，茂宰意良深。

玉蝶泉 （邑人）张珪

仙人修炼地，玉井著神功。
日月双轮见，阴阳两窍通。
可堪清彻底，那更施无穷。
尚冀丹砂力，当浇尘念空。[1]

水亭 （邑人）江万里（子远）

结亭临水似舟中，夜雨潇潇乱打蓬。
荷叶晓看原不湿，却疑误听五更风。

绝句 江万里

草际春回残雪消，强扶衰病傍溪桥。
东风不管闲花落，自酿新黄染柳条。

渔樵诗 （邑人）侯蕃（仲宣）

渔樵结伴住山溪，蓑笠生涯路不迷。
洞口桃花春水满，峰头槲叶夕阳低。
故人莫遣寻严濑，太守何须说会稽。
换得酒来歌得曲，大家不惜醉如泥。

栖白庵 （邑人）吕江

门外竹千个，崖巅两径分。
奔泉流碎月，高树碍竹云。

---

[1] 李注：张珪相关句容诗作，参见《句容古诗词赋三千首（校点注释）》"张珪（5首）"。

游客倦欲卧，道人言少文。
但言秦学士，曾此遇茅君。

宗坛秋夕① （方外）褚环中②

疏绮平云彻夜开，月明峰顶见楼台。
璚璈声里天灯近，知是三真谒帝回。

莫忘吟 （元）（邑人）孔杓（端卿）

岁纪重光大荒落，舟师东征赫且濯。
泊向竹凫更月龠，其日甲子仲秋朔。
夜未昏雨风色恶，昧爽白浪摧山岳。
阳侯海若纷拿攫，艨艟巨舰相躏轹。
樯摧缆断如斧斫，千生万命鱼为椁。
百舟一二著山角，跳踯争岸折腰脚。
依然魂爽归辽邈，幸者登山走如臬（敕各切）。
躯命虽存神已索，有舟独在冀可说。
传令缚舻为渡籰，海岂棹渡真戏谑。
大将为谁何醒醒，起蓬自去尔为乐。
忍闻孤屿哭呷喔，何辜乌鸢死者啄。
将军归来浑不怍，宴衎相处作音乐。
　　我获生还莫忘却。

句容赵汉章松涧堂 （方外）张羽（贞居）

谁展虚空坐翠寒？纵横图史有余宽。
树枝曾阅嘉平腊，石甃犹含抱朴丹。
静士心源如白水，老人年发比苍官。
清流荫映芝兰秀，我欲相处赋考槃。

---

① 宗坛秋夕：见《茅山志》（刘大彬）十五卷、《道藏·茅山志》三十一卷和《茅山志》（笪重光）十二卷。《全宋诗》（北京大学古文献研究所）据《光绪续纂句容县志》此处录褚环中一首诗作《宗坛秋夕》。《宗坛秋夕》共有两首，另一首为："山绕天坛桂月凉，斗牛斜挂曲阑傍。清吟未彻金钟奏，催上朝元午夜香。"
② 褚环中：据《茅山志》（刘大彬）十五卷、《道藏·茅山志》三十一卷和《茅山志》（笪重光）十二卷，收录其三首诗，判其为元人。另有《山中春日》："向阳松下雪泥干，野簌催春上客盘。一勺红泉人换骨，春风莫作旧年看。"

游茅山① 卢挚

马上微风散薄阴，玉笙吹客过华林。
山中宰相杳何许？日暮碧峰鸡犬音。②

题双瑞图（录双歧麦一首）③　　（邑人）樊渊（浩翁）

鲤湖莲干双，涵德芝茎九。
古来天地间，嘉瑞亦云有。
芝连信异美，未必可粮糗。
何如贻麰麦，行哺悦众口。
不见春秋时，笔削若鲁叟。
有瑞皆不书，无麦乃深咎。
麦登已足喜，何况两歧秀。
富媪出秘珍，夫此事岂偶。
何来瑞渔阳，歌咏铿宇宙。
自从音响寂，何人继其后。
句容本山邑，田少草木茂。
去岁罹旱灾，民食炊剑首。
冬雪兆宜麦，大嚼睨田亩。
今年春雨多，尚恐雷车骤。
岂意渔阳歌，复歌千载后。
此歌贤令尹，彼歌贤太守。
固知天人应，政出造化手。
令尹不为功，益以谨自守。
但云麦虽瑞，未必禾瑞否。

---

① 游茅山：据《道藏·茅山志》三十卷、《茅山志》（笪重光）十二卷和《元诗选·疏斋集》（四库本），题为《游茅山五首并序》。序为："闻句曲山旧矣，乃至元戊子春，由宣部行郡溧阳省俗，其墟距山麓一舍而近，凡隆阜胜川曰洞天福地、登诸祀秩者，部使者至焉，礼也。予于是有三茅之行，至所谓崇禧观。崇禧主人邹姓，以心远自命，宾予精舍。规构若相第燕室，邃洁藻绚。过之，亭翼然水、树、竹、石间，为此山丽玮胜绝。吾二人彷徉相与，不觉日之夕也。远师衣冠褎然，清辩有奇趣，又多艺，能托意绘素以几物化，出所画鹤，工致诣极，虽古之善史，略无见逾，而神韵超拔则又得诸方外者，如此因举觞为疏翁寿。羽流之宇于上峰者，曰元符万宁宫，亦曰宗坛。宗坛师许君翼日肃予为神明之观，挥杯倚空，引睇无极，恨昔之隐居者，不获，仍丹丘以从予游也。下探华阳洞穴，玉膏泓渟，石发纷绀，涓流赴壑，浮花与俱。过喜客泉，泉方井如澂鉴，如承以石砥，如广袤丈许深衰寻之半，缭以四甍，固以扁镢，辟阓唯谨。罍齐豆簠，于以揭虔以祗其泉，客至，客喜，泉则喜，沸沫渝溱，若跃蚌胎而贯龙髯者，殆不可称，数谓之泉笑，否则否，异哉。予何以见笑，归复憩远师所。留山间者既信宿矣，主人睠客殊未艾也，予诵乐不可极，为解赋诗为别，序以贻之。"另四首诗为："洞边瑶草洞中花，细水流春带碧沙。昨夜山瓢酒初熟，道人不暇读南华。""竹杪飞亭枕石泉，松坛香雾趁茶烟。鸟声记得夜来雨，鹿梦惊回别有天。""辽天有客访髯龙，好事仙人画者侬。笑卷云烟收拾去，长教函丈在三峰。""山君满意为山留，故遣清泉笑不休。万斛珠玑三尺玉，要随诗句过宣州。"
② 李注：卢挚相关句容诗作，参见《句容古诗词赋三千首（校点注释）》"卢挚（12首）"。
③ 题双瑞图（录双歧麦一首）：据《弘治句容县志》八卷，另有诗一首："和气能臻瑞应嘉，天人想与本无差。渔阳旧有两歧麦，句曲今闻并蒂瓜。歌颂归功新尹政，山林曾董野人家。老农老圃交相贺，稻载污邪又满车。"

民间病已多，一瑞未足救。
愿言推君仁，溥作八荒寿。
舜风妙长养，传霖泽枯朽。
丰年多黍稌，三四钱米斗。
饱饭山中人，黄鸡酌白酒。

哭钱浩翁（句容人）[1]　　樊渊

云黯龙冈泪木枯，孝心炼得鹤形癯。
青灯俎豆三生话，淡墨衣冠九老图。
雷动花城闻荐牍，月明蓬海忆还珠。
祇应身后香名在，好种梅花绕墓庐。

花碌山村　　（邑人）夏畴（君范）

始信山居乐，茅檐抱麓斜。
潺湲双涧水，窈窕一村花。
翁醉开颜笑，童歌拍手哗。
蘧然蕉鹿醒，十亩足生涯。

石涧吟　　（邑人）阴元圭（君锡）

涧古绝人迹，岩栖深复深。
牵牛时就饮，逐鹿远相寻。
世路有清浊，空山无古今。
涓涓流不断，漱石作高吟。

赠茅山道士赵希微　　（邑人）赵嚞（景先）

葆真养性愜天根，鲁国灵光喜独存。
遥望三峰若图画，苍烟映带白云根。

姜石山　　赵嚞

花外提壶柳外莺，杖藜扶我向山行。
春风更助骚人兴，杜碧蘅红一路生。

---

[1] 哭钱浩翁（句容人）：又见《弘治句容县志》八卷。

归隐　　　　（邑人）王德甫（体仁）

挂冠匆促制荷衣，回首浮云始觉非。
昨日梦从今日醒，出山心与在山违。
百年眠食归蓬颗，万里关河怅夕晖。
新署头衔为菊叟，青峰拥我读书帏。

夜宿茅山①　　　　（邑人）居仁（仁恕）

华阳一入远尘氛，便觉仙凡两地分。
聚散烟云随处变，疾徐钟磬隔林闻。
猿来洞口啼残月，鹤到松梢踏破云。
扫石焚香寻羽士，夜深相伴礼茅君。

登三峰②　　　　（方外）智圆（金陵）

茅氏初成子，三分地肺颠。
丹芝光隐见，石径送盘旋。
墨虎啸清月，班龙驭紫烟。
陶公如可作，欲问普通年。

初发金陵夜泊龙湾寄茅山道士李方外　　　　（方外）大䜣（笑隐）

人生不必行万里，亦不愿读万卷书。
愿为茅山十日客，山僧坐列群仙图。
大风扬旗出天阙，小峰万里争奔趋。
俄倾波涛忽破碎，木末飞上金碧逋。
青书昼持坛宝静，玉鞭夜击闻传呼。
去年独宿丹井下，天风拂地迎麻姑。
今年许入玉柱洞，谁知旅食随樯乌。
怀人弔古夜寂寞，寒江落月号猩鼯。
祖龙埋金王气歇，梁宫晋苑沈烟芜。
想见云龙映朝日，山中宰相非迂儒。

陶隐居像　　　　大䜣

元运抚八极，万化同其根。
委佩天池月，晞发扶桑暾。
仙佛皆幻迹，著书亦寓言。

---

① 夜宿茅山：又见《弘治句容县志》八卷和《乾隆句容县志》十卷。
② 登三峰：又见《道藏·茅山志》三十一卷和《茅山志》（笪重光）十二卷。

神交千载上，一洗浊世昏。

赠竹山句　　（京口）俞希鲁（用中）

平生潇洒候，居止多在山。
以兹碧檀栾，荫彼青孱颜。
翩翩隐居子，意趣相与间。
永结岁寒交，三径常往还。
风声静肃肃，月影清班班。
氛尘一点无，自谓非人间。
下视名利场，嚣諠隘尘寰。
对面九嶷隔，拟步蜀道难。
嗟予家近市，清事分颇悭。
俗气倘可医，愿言相追攀。

神凤操　　（明）高帝

钧天奏兮列丹墀，俄翩翩兮凤凰仪。
敛翱翔兮栖梧枝，欲观德兮直为我辞！

迎日词　　（邑人）孙炎（伯融）

凤炙兮麟脯，瑶席兮桂俎。
乐万舞兮如云，吹笙竽兮龙女。
干子子兮载以舆，驾苍虬兮历天衢。
云霈霈兮夜未艾，执长綍兮久相待。①

龙湾城　　孙炎

龙湾城，壮如铁。
城下是长江，城头有明月。
明月照人心不移，江水长流无尽时。

奉使还途中闻东征捷音　　孙炎

闻来万里净边尘，衔璧归朝尽大臣。
城上玉绳浮婺女，帐前银甲拥天人。
出师已略扶桑国，奉使须通析木津。

---

① 李注：据《明诗综》三卷，另有孙炎《赠黄炼师》："留侯弟子有初平，九岁从师往玉京。天与数书皆鸟迹，家传一剑是龙精。瑶池桃核无消息，海水桑田又清浅。我为紫芝歌一曲，夜深相答洞箫声。"

遂有江黄慕中夏，可无书檄谕全闽。

哀孙炎　　（上元）夏煜（允仲）

垂老戎马间，相知复何有。
幼与孙炎交，于今俱白首。
炎也雅好诗，落拓惟耽酒。
醉中有神助，不放持杯手。
才豪不受羁，高骨事田亩。
精勤脱颖出，盘错迎刀剖。
浪迹帝王州，结交英侠薮。
喈喈朝阳桐，濯濯新春柳。
南北暗兵尘，妖星下天狗。
我皇入金陵，一见颜色厚。
高谈天下计，响若洪钟叩。
即拜丞相掾，奉身事明后。
再分太守符，兼绾都官绶。
括苍实重地，豺狼白日吼。
皇曰汝孙炎，其往总制某。
再拜谢不敏，宠命敢虚受。
一年风俗淳，二年民物阜。
三年远人归，上表请官守。
文章曹刘亚，政事龚黄右。
旧游过金华，与炎适相偶。
寒灯半夜花，春盘雪中酒。
终宴竟忘疲，落月斜半卣。
临别各上马，揽舆复立久。
为言有小女，离家方褓负。
今来已五周，见父能认否。
未必到家期，封书附姑舅。
置书箧笥间，才隔二月后。
墨色尚未干，语音犹在口。
胡为内变生，失我平生友。
复恐是梦中，仰天当户牖。
斗柄昏建辰，月魄夕在酉。
今知真死矣，恸哭吞声呕。
后闻遇害时，扞刀落双肘。
奋怒发冲冠，大骂血漂臼。
维时东南天，彗出芒如帚。
淫淫苦雨愁，煜煜惊电走。
魂兮早归来，空山不可狃。
我过孰与规，我病谁云灸。
春酒酿蔷薇，奠子坟山缶。

西京七叶貂，零落脱草莽。
既有千载名，焉用百年寿！
峨峨冯公岩，与子同不朽。

水德妇季氏节行　　（邑人）孔克让

水家贞妇蕙兰姿？甘载孀居节自持。
陶女矢歌黄鹄操，共姜誓死柏舟诗。
感时顾影临鸾镜，举案伤心对繐帏。
只恨同生未同穴，九原无路不胜悲。

山居①和茅山张外史韵　　（昆山）史谨

长松阴处藓斑斑，松下柴门画不关。
一片山光来鸟背，数声渔唱隔溪湾。
洞天不雨云常湿，阆苑无书鹤自闲。
忆访茅君骑虎去，紫箫吹月过前山。②

句容同林景和、县尹子尚规登僧伽塔赋③　　（古田）张以宁（志道）

嵯峨崇明塔，拔地一千丈。
我攀青云梯，倏到飞鸟上。
微风韵金铎，初日丽银榜。
维时十月交，叶脱天宇旷。
群山东南奔，平川叠波浪。
云间三茅峰，环立俨相向。
碧瓦浮鳞鳞，兹邑亦云壮。
鸡鸣四关开，攘攘异得丧。
塔中宴坐仙，怜汝在尘坱。
古时登临人，今者亦何往？
俯观世蜉蝣，仰叹彼龙象。
乃知昆仑巅，可以小穹壤。
同游皆俊英，迢遥寄心赏。

---

① 山居和茅山张外史韵：又见《独醉亭集》卷中。
② 李注：据史谨《独醉亭集》卷中，有《游王羽士山房》：句曲山中外史家，清幽聊可试芒鞋。炉烧翠竹烹春茗，盘钉黄精作午斋。老鹤如童当户立，群峰似剑隔江排。此中自有长生路，不学刘玲死便埋。另有《题王羽士山房壁》：夹道松隐晓正浓，松间倚杖立春风。静观天地元无我，不怕羲和善御龙。万壑暗云芝草绿，一帘春雨杏花红。与君就觅陶弘景，知在三茅第几峰。据史谨《独醉亭集》卷下，有《龙潭八景·华麓寻真》：两峰苍翠接三茅，路入云深去转遥。惆怅茅君不可见，却从樵子问王乔。
③ 句容同林景和、县尹子尚归登僧伽塔赋：另见《翠屏集》一卷。《御选明诗》十六卷题作《游句容同林景和县尹子尚归登僧伽塔赋》。

霜飚天际来，毛发竦森爽。
太白去千年，吾何独惆怅。①

白华诗赠本邑张孝子　　朱纯（邑人）

白华如雪，在林之樾。
彼贞者子，守身以洁。
靡玷其行，靡渝其节。
奉其亲之悦，匪肴羞之设。

白华如玉，在陵之麓。
有粹之子，守身以肃。
出言举足，洞洞属属。
不虺不辱，以报其鞠育。

皎皎白华，于春载葩。
烝烝孝子，其洁靡瑕。
白华芳止，春日阳止。
庭闱康止，陟彼堂止。

君子事亲，爱之敬之。
爱逾敬矣，君子病之。
克敬克爱，温以清之。
凡百有亲，慎而听之。

白都山　　朱纯（子一）

石壁青苍削玉肤，荒祠叠鼓醉村巫。
野篱编槿六七里，古磴盘松千百株。
落日飞鸿下平楚，西风走马踏残芜。
升沈莫问尘寰事，愿访仙人白仲都。

访陈泽瑜雪厓不遇因题其壁　　（邑人）汤景贤（思齐）

君已扶筇侵晓出，我来结伴稍嫌迟。
案头一纸淋漓墨，读是游山昨日诗。

---

① 李注：据《翠屏集》二卷，张以宁《送李叔成游茅山》："山头丹光涌日红，不尽幡幢来碧空。李白独骑一赤鲤，茅君导汝双青童。纤云上衣槲叶雨，坠雪扑帽松花风。仙人笑指海水落，相约蓬莱之上宫。"

送王得斋　　（邑人）曹义（默庵）

容山有高士，术业岐黄技。
几年客京师，清名满人耳。
卖药不论钱，宋清良可比。
于今谢老归，琴书足行李。
夜来宿雨余，缘涨官河水。
去去棹轻桡，凌风势如駛。
故乡渺何方，三茅白云里。

题林堂书屋图送王得安　　曹义（子宜）

君家住近三茅西，书屋卜筑临黄陂。
黄陂岸上多佳木，疏阴密密涵清漪。
地偏自喜景殊绝，来往浑无车马客。
先生乐此非逃名，穷年兀兀探遗经。
红尘一点飞不到，白鸥数个恒为盟。
兴来浪迹事登眺，不跨蹇驴不乘轿。
独携白鹤杖藜筇，行傍孤松发长啸。
长啸一声山谷空，琪花瑶草生香风。
仙家琳馆白云外，棋枰茶灶丹霞中。
有时携筐采芝术，炼药烧丹疗人疾。
已闻医国称妙手，更说针龙试神术。
昔来蓟北成壮游，於今华发不胜秋。
九重优诏许归老，一叶扁舟还故邱。
披图题诗送君去，思入华阳隔仙路。
红亭绿酒对斜阳，从此相思怅云树。①

山居十首之四　　（邑人）高志（味道）

幽居日无事，泉石自怡颜。
绿螘瓮头酒，白云门外山。
鸟啼知梦醒，花落报春闲。

---

① 李注：据《弘治句容县志》八卷，曹义有《送二尹刘侯考绩》："佐邑三年政治平，清勤恺悌著能声。寸心坚守冰霜操，一念常怀哺煦情。夜月花村无犬吠，春风郊野有天去。于今秋满朝天去，得最应知荷宠荣。"另有《送道士王一初归茅山》："三茅羽客王一初，风标秋水芙蕖。方瞳绀发绿玉杖，星冠宝剑青霞裾。几年栖息泉水间，猿鹤为友云为居。有时带雨劚灵药，有时枕石看道书。有时呼童煮白石，有时乘月歌步虚。朝真屡谒茅君宅，借榻几宿许史庐。自从学得壶公术，六丁六甲随招呼。一朝膺荐来帝阙，拜官喜沐恩宠殊。晓辞丹陛出南陌，都亭别我还踟蹰。北来始见跨独鹤，南归又见飞双凫。凫凫杳杳向何处，遥望华阳深处去。华阳洞古闲白云，茅山高霭晴雾。我家住近三茅峰，几见春风长琪树。书楼高构面崔嵬，翠色浮岚足清趣。宦游蓟北几经年，烟水微茫隔仙路。有时清梦落江南，乔木琳宫宛如故。一尊此日送君行，客怀感慨题长句。他年优诏许归田，来扣松关话衷愫。"另见本志卷末曹义《题张真人枯木竹石》。

抚景多清兴，诗成不用删。

潇洒衡门启，间中兴味长。
棋敲松下石，易点竹间房。
蜜熟黄蜂静，雏成紫燕忙。
南窗高卧久，销尽博山香。

门掩千峰静，尘无半点侵。
菊繁金满径，枫落锦翻林。
云碓春香稻，风松响玉琴。
鹤书应不到，山似鹿门深。

茅屋疏篱绕，溪桥独水横。
种松留仄径，刳竹引泉清。
采药逢晴晒，烧余待暖耕。
安居贫亦足，莫笑拙谋生。①

春江送别图为高郎中味道赋　　（溧水）许聪②（邑令）

玉壶酒尽彻骊歌，匹马朝天意若何？
万里晓云迷翠岫，一江春水漾沧波。
论交每惜交情厚，送别无如别恨多。
此去漫期他日会，凤凰台上共鸣珂。

前题　　□□□

春满龙潭宿雨收，送君还上帝皇州。
殷勤别意知多少，应似长江日夜流。

乡贡进士、句曲高士杰偶不利於春闱，还家，率其同门友周得贤求言，赠之赋此塞责

（广阳）赵昂

碧桃红杏自纷纷，且向三茅卧白云。
讲席朋簪何日合，邮亭客袂此时分。

---

① 李注：据《弘治句容县志》八卷，有高志《登茅峰三首》："峰头宫殿路遥通，杖屦高凌香霭中。指点云山问仙迹，半空笑语落天风。（大茅峰）""石路登登倦复跻，行来不觉白云低。仙家多在烟霞里，楼阁参差望欲迷。（二茅峰）""杖屦闲来看远山，白云迢递隔尘寰。分明一段仙家景，都在凭栏指顾间。（三茅峰）"据《乾隆句容县志》十卷，有高志《送人归句容》："才喜逢君又送君，乡心十倍惜离群。归期正及冰初泮，别路俄经日已曛。渺渺风波迎客棹，依依江树阁春云。家山到日应相见，黄鸟东风处处闻。"

② 许聪：据《乾隆句容县志》七卷载："许聪，河南南阳人。宣德二年为句容令，临民简易，处事果决，均平赋役，作兴学校，后升浙江盐运使通判。"

东风有力终嘘物，北雁无情亦叫群。
大器晚成君莫叹，未应昭代有刘蕡。

大茅峰看雪　　（邑人）笪昕（拨云山人）

一夜高云四幕凝，西风吹雪雪如崩。
花飞福地三千里，人在瑶峰十二层。

下茅山　　笪昕

一峰回首一峰横，雪照疏林思更清。
惆怅不堪归路永，碧桃花里又吹笙。

别茅山　　笪昕

回首华阳别隐君，寒云野树晓阴阴。
风尘此去情何限，山路逶迤春雪晴。

重游茅山　　（邑人）张铭（士功）

碧涧流通洗药泉，重来却忆十年前。
自从茅许飞昇后，笙鹤萧条隔暮烟。①

春日同友人游茅山②　　（邑人）朱珉（德润）

自别华阳三十载，偶逢知己又登临。
重寻路入仙源远，依旧云封洞府深。
翠霭落花春寂寂，绿阴啼鸟昼沈沈。
穷幽览胜多清兴，一度停骖一度吟。

陶贞白像　　（邑人）张谏（孟弼）

不将图谶博公卿，楼上松风入耳清。
太息踏空儿作佛，青丝白马到台城。

---

① 李注：据《弘治句容县志》八卷，有张铭《重游茅山》："游遍华阳洞里天，重来却忆十年前。白云还锁烧丹灶，碧涧犹通洗药泉。宦路山川频跋涉，仙家日月只依然。自从茅许飞昇后，笙鹤萧条隔暮烟。"
② 春日同友人游茅山：《弘治句容县志》八卷共有两首，另一首为："凤城佳士谒玄关，远上华阳第一山。锦绣林峦频入望，烟萝石磴谩跻攀。仙韶隐约青云表，琳宇参差翠霭间。羽客未归春昼永，满庭芳草落花闲。"

游茅山白云观　　（邑人）张绅（仲书）

白云终日覆茅山，楼观参差杳霭间。
知我老来无著处，时来相伴道人闲。①

颂王侯祈雨有感（长兴王侯涖政时，又有嘉禾五穗、红榴并蒂之瑞

（邑人）王韶（思舜）

圣皇御极文运开，浙东自古多贤才。
况是三槐旧门第，天私雨露新栽培。
尊甫登科耀金紫，政举彰彰播人耳。
家学渊源信有才，接武云霄誇令子。
铜章荣绾来句容，覃敷惠泽苏疲癃。
恺悌慈祥政平易，光明正大心谦冲。
承流宣化布君德，奉法循理尽臣职。
爱人节用惠已周，正本清源尤警惕。
四扁高题当县门，匪徒观美誇吾民。
正欲常常接乎目，此心此念恒操存。
抚字勤劳罔敢逸，咸愿群黎安衽席。
何期旱魃苦经旬，顿使琴堂动忧戚。
三时正尔农务兴，田畴入望烟尘生。
老稚彷徨更何诉，高低焦灼难为耕。
躬谒云坛沥诚恳，此心自许通幽隐。
阿香晴昼轰雷车，顷刻烟云迷远近。
滂沱百里谁之休，精虔一念侯之谋。
莫高匪天德可动，既沃惟壤金何酬。
三农渴望顿苏息，四野呻吟转怡怿。
桔槔户户获潜踪，耒耜人人堪致力。
洒空素练水如川，匝地绿茵秧满田。
喜听蛙声卜喜兆，毋劳鸡骨占丰年。
老我归闲无负郭，尚有尘襟资澣濯。
追陪弗克效勤劬，忻忭胡为徒踊跃。
吾民欲报何所安，多收田谷先输官。
酒酿新篘祝侯福，室家方庆无饥寒。
君不见唐有真卿职风纪，平原辨狱隆甘雨。
吾侯仁政格天心，他日勋名堪并拟。
又不见晋有束晳通神明，请天三日甘雨倾。
吾侯感应亦神速，同期宇宙垂芳声。②

---

① 李注：张绅相关句容诗作，参见《句容古诗词赋三千首（校点注释）》"张绅（8首）"。
② 李注：王韶相关句容诗作，参见《句容古诗词赋三千首（校点注释）》"王韶（17首）"。

竹里山　　　　　　（邑人）曹景（延璋）

巉岩石笋怒如抽，说到翻车我亦愁。
鲍照吟余空岘晚，寄奴战罢野场秋。
北来山势连京口，西下潮声到石头。
羡煞龙潭垂钓客，不关风雨住扁舟。①

秋江晚眺图为曹副宪廷璋题　　　　（上元）童轩（士昂）

金门画史小李徒，何年写此秋江图？
斜阳杳杳下林杪，隔岸几点青山孤。
时当深秋八九月，红叶似锦烟中铺。
清霜肃肃悴高柳。浅水猎猎涵疏蒲。
茅亭一个傍山麓，人迹不到堆寒芜。
就中岂无高尚者？皓皓甘作林泉枯。
江头二客久不去，气岸颇似黄与苏。
抱琴何处觅知己？矫首眺望何踟躇。
矶边舴艋差可渡，似欲放浪为欢娱。
水清沙白秋正肃，佳趣仿佛君山隅。
断霞留影带残雨，连雁欲下相惊呼。
前村有酒可剩酤，亦有巨口松江鲈。
江山若此不一醉，岁月几何空负吾。
望中疑是尚书宅，青红楼阁相萦纡。
书声隐隐起林壑，剑气煜煜腾天衢。
年登百顷刈云子，岁晚千头收木奴。
地灵岂徒富物产，人才项背无时无。
凤池乌府相照耀，山川钟秀信不诬。
君家事业有如此，辋川赤壁焉能逾。
何时许我载轻舸，与君汗漫登蓬壶。②

游柳汧　　　　　　（邑人）曹冕（廷瑞）

山势中茅接，风光爱柳汧。
云深难辨树，谷静自鸣泉。
白鹿思闲适，苍龙认蜿蜒。
披沙吾未暇，小饮藉莎眠。

---

① 李注：曹景相关句容诗作，参见《句容古诗词赋三千首（校点注释）》"曹景（3首）"。
② 李注：据《清风亭稿》八卷，童轩另有《送蒋道士还茅山》："黄冠野服列仙曹，天上朝元羽盖高。铁笛一声秋月白，又骑黄鹤下三茅。"

送道会经永常归青元　　前人

一尊相对酒频赊，疏柳长亭日易斜。
天上恩光新雨露，山中风景旧烟霞。
去登白鹭洲边棹，归看元都观里花。
我欲寻师问丹诀，肯将消息说河车。①

輓葛节润　　（上元）倪谦（静存）

予与句容葛节润、节文兄弟交非一日矣，皆文雅笃行谊。节文商於江湖，客死陕右。予哭之。前年，予过句容，尝主节润。今别甫二载，其子来京，始知其已於去岁卒矣！又得不哭之恸乎？故赋以寄予情之哀。

君家兄弟玉连枝，何事风霜数见欺。
客路旧怜归榇晚，乡关今病讣音迟。
一朝永诀成千古，两地相违仅二期。
有酒莫浇原上土，凤毛相对不胜悲。②

咏高节妇谭氏诗③　　钱溥

自恨良人没，嫠居五十年。
秋风孤冢上，夜雨一灯前。
守死心如铁，褒生笔似椽。
名成身亦老，无愧到重泉。

前题　　倪谦

嫠居当早岁，辛苦阅春秋。
两泪啼红颊，霜花映白头。
已成儿女计，能慰舅姑忧。
千载共姜德，何惭继柏舟。

登茅峰　　（上元）邢一凤（羽伯）

暮春三茅风日清，飞飞白鹤天际鸣。
野人偶来得至道，老翁何处鉏山精。
华阳洞口青松古，锦石峰头新月明。

---

① 李注：曹冕相关句容诗作，参见《句容古诗词赋三千首（校点注释）》"曹冕（4首）"。
② 李注：据《倪文僖集》七卷，有《送曹子琛还句曲（弟义，吏部员外郎）》："在原常诵鹡鸰篇，视弟亲劳到日边。叙话夜床欣对雨，思归秋笛远冲烟。家邻弘景烧丹灶，地接茅君种玉田。莫厌西风霜入鬓，刀圭好乞驻流年。"倪谦相关句容诗作，参见《句容古诗词赋三千首（校点注释）》"倪谦（5首）"。
③ 咏高节妇谭氏诗：又见《弘治句容县志》八卷。

仰天倚剑发长啸，不知身世发蓬瀛。①

龙池　　（上元）顾璘（东桥）

蛟龙宅大海，山岰非所藏。
吾疑螟蜓种，野语谁张皇。
祷祠兴云雷，历代纪祯祥。
神物变乃尔，化理焉能详。

华阳洞　　前人

穷厓积铁古，下嵌仙人宫。
流睹洞天记，渺与林屋通。
把火惊石燕，吹箫动潭龙。
微茫失归路，返照秋林红。

巧石　　前人

三茅奠神皋，灵概萃兹谷。
怪石非一状，蛟虎争起伏。
苔花烂如绣，藤根走相束。
残醉吾未醒，曲肱枕云宿。

隐居墓　　前人

薄俗昧上善，高贤葆清真。
图牛怛为牺，古墓今犹珍。
松风有余德，草露无长春。
徒使轻举士，依稀慕芳尘。②

鹤台涧　　（邑人）胡瑀（廷珍）

涧水潺湲响，山花寂寞容。
茅君骑白鹤，何日下三峰？

---

① 李注：据《茅山志》（笪重光）十三卷，邢一凤《送袁一斋赞教归茅山》："昔年书剑访真仙，信宿华阳古洞天。妙道只今闻紫极，好将法号注云诠。"
② 李注：顾璘相关句容诗作，参见《句容古诗词赋三千首（校点注释）》"顾璘（22首）"。

达奚将军庙① （邑人）胡璇（云簾）

懔懔宜当百万雄，江东黎庶藉神功。
草涵甲胄空阶绿，枫撼旌旗旧垒红。
国史一时遗武略，居民千载醉英风。
贤侯独秉春秋笔，洒泪题诗意莫穷。②

青元丹井③ （邑人）胡汉（朝宗）

云锁瑶台骨已仙，千年灵迹世犹传。
丹砂内养涵金润，石瓮中虚抱玉圆。
洗药不殊句漏水，煮茶绝胜惠山泉。
何当酿作长生酒，去献君王玳瑁筵。④

江亭送别诗赠太常博士戴白轩 （邑人）张恢（志宏）

有美人中彦，金门著令誉。
风仪唐李白，文采汉相如。
千里趋朝日，三年读礼余。
到时应沐宠，莫遣奏章疏。

前题 （邑人）许湙

己山孕秀钟豪杰，济济群英推卓越。
早登黄甲出太常，修举典礼无遗缺。
三年绩最超等伦，勅命褒封焕奎璧。
秋风忽殒北堂萱，抱恨终天泪呜咽。
以兹上表乞终丧，岁月如流今服阕。
行当起服觐贤主，重整踽踽双珮玦。
斯文出饯向河梁，我亦追陪苦留别。
念君与我旧同袍，早岁儒林同笔札。
君今接武九天上，我志未伸甘守拙。
升沈迥隔似云泥，始信才命有优劣。
酌酒劝君君莫辞，有怀愿言难结舌。
好将忠孝佐唐虞，事业还期追稷契。
凉飚萧飒柳条疏，玉宇无尘雨初歇。
酒阑歌罢马蹄轻，万里都门望中切。

---

① 达奚将军庙：又见《弘治句容县志》八卷。
② 李注：据《弘治句容县志》八卷，胡璇有《绛岭樵歌》："绛湖之水清且寒，上有岩岫如涂丹。归侨俯仰自适意，歌放一声天地宽。行行山路竟无险，野人合处聊成欢。从来仙家异日月，逢棋不必闲相看。"
③ 青元丹井：又见《弘治句容县志》八卷。
④ 李注：胡汉相关句容诗作，参见《句容古诗词赋三千首（校点注释）》"胡汉（5首）"。

悠悠此后日相思，渭北江东共明月。

前题　　（邑人）周祚（白溪）

君马黄，我马白，并辔嘶风出郊谷。
江亭祖道供张开，停鞭暂驻黄金勒。
殷勤尽我杯中酒，漫折黄花当杨柳。
人生会少多别离，无限情怀积山斗。
念君早岁官神京，缙绅硕士皆知名。
双亲堂上椿萱秀，龙章降敕来恩荣。
一朝霜重萱花老，终丧恳上陈情表。
兹当服阕远朝天，忠孝兼能众称好。
君马驰，我马缓，千里飞腾似君罕。
功名他日铭鼎彝，壮志男儿愿方满。①

荣寿诗为戴雪溪先生作　　（鄞县）杨守随

雪溪老仙嗜文学，才思沈雄气淳朴。
遗经逸史细穷索，霁月光风恣吟噱。
浪游湖海闻见博，不受人间利名缚。
青囊秘术参互错，巧发奇中呼可愕。
义方教子日磨琢，大对彤庭敷礼乐。
太常列职膺峻擢，龙诰褒封如子爵。
子持绣斧峨豸角，威慑鬼神动山岳。
激扬清浊笔在握，望望孤云欲何若。
维时十月稻已获，酿成旨酒倾凿落。
彩衣介寿无绰约，钟鼓踆踆间笙龠。
老仙矍铄谈且酌，绿鬓青瞳面丹渥。
自言平生甘澹泊，年届古稀无愧怍。
满堂子姓相唯诺，诗礼箕裘良有托。
醉听一曲南飞鹤，掀髯大笑振寥廓。
人生如此胡不乐？

前题　　（莆田）陈言

天下洞天三十六，华阳第八称句曲。

---

① 李注：据《弘治句容县志》八卷，另有周祚三首诗。《爱山亭诗为南华徐侯赋》："亭因爱山结，看山坐亭中。山色固云好，万物情皆同。推施亦有序，一理相流通。贤哉我侯彦，参补造化工。分符宰吾邑，作我民物东。坐里运此心，仁爱无终穷。随在即有发，所急先疲癃。信能撤亭界，一扫藩篱空。笃近方举远，会彼充拓功。小试幸有地，道眼观民风。"《喜客泉》："我为观泉喜，泉还喜我来。乾坤谁党与？人物本同裁。何处非吾道，而今莫浪猜。百川东起障，亦此共徘徊。"《善桥夕照》："我为观泉喜，泉还喜我来。乾坤谁党与？人物本同裁。何处非吾道，而今莫浪猜。百川东起障，亦此共徘徊。"

分明异境隔人寰，突起三峰高矗矗。
世传昔日三茅君，翩然鹤背乘白云。
来占三峰最高顶，至今草木留余芬。
年来复有雪溪翁，苍眉萧飒颜犹童。
扁舟独把寒波钓，江湖往往生清风。
手中善步羲和历，床头更贮归藏易。
等闲占事便知来，半仙雅号谁能得？
阿郎入侍玉皇家，太常侍御称才华。
雨露恩深颁锦勅，满簪华发笼乌纱。
华诞知翁初度辰，恰逢十月小阳春。
萱荚初舒十三叶，满堂冠珮来嘉宾。
阿郎千里驰遥贺，云骈忽讶群仙过。
童子偷窥玉检文，天锡遐龄匪人作。
群仙共飞九霞觞，青天歌动声琅琅。
为翁载祝南山寿，洞天福地同绵长。①

前题　　（昆山）秦瓛

雪溪老人名半仙，丹霞映脸霜垂肩。
闲居书史堆满屋，日夕展玩无余编。
壮游湖海博闻见，块视五岳蠡百川。
清风高义重天下，遂令薄俗知变迁。
吉凶消长悟真诀，遗经远续尧夫传。
方塘半亩湛寒影，草色满庭含翠烟。
孕秀储祥见雏凤，飞鸣直向扶桑颠。
顷啣青诏出双阙，皇恩炫赫椿庭前。
维时十月庆初度，瑞霭缊绲开寿筵。
天光日华照歌舞，乌纱锦服何新鲜！
冰盘细擘玉麟脯，银筝谩鼓朱丝弦。
凤毛大显文明治，孤云回首徒拳拳。
愿将长绳系白日，西驰请却羲和②鞭。

归山　　（邑人）戴仁（白轩）

吾家本自住临泉，更近华阳洞里天。
九万鹏程浑一梦，采苓误我劚松烟。

利镊名缰顿解休，赐归恩重复何求？
计程千里家非远，橘绿橙黄正暮秋。

---

① 李注：据《茅山志》（笪重光）十三卷，陈言《游峰》："行过一层还一层，俯临虚谷心屏营。危巢可探鹳鹊鷇，险路欲与猿猱争。笔河桧杉立缥缈，跨空枥栱飞伶侟。烟霞清风吸满腹，便欲凌风吹鹤笙。"

② 羲和：神话传说中为太阳驾车的人。《广雅·释天》：日御谓之羲和，月御谓之望舒。

从今宦辙脱红尘，书剑还归积庆门。
载酒题诗何处是？桃花坞与杏花村。

归休朱紫白云端，手拄青藜当笏看。
馆阁山中有文伯，宁无屈宋作衙官。

崇明古塔① 戴仁

盘旋石磴护雕栏，七级巍巍力可攀。
西北仰瞻高九陛，东南俯视小诸山。
循环日月檐楹外，缥缈烟云窗外间。
忆昔题名曾借此，叫开阊阖叩天关。②

九曲清流 （邑人）陈钺（良弼）

浅碧泛泛绕绿杨，也宜骚客此流觞。
惠风和畅春三月，绝胜兰亭与曲江。③

栢庄村南山处士张民瞻墓 （邑人）凌傅（汝弼）

吁嗟张处士，埋骨上容乡。
逸趣留黄卷，荒邱植白杨。
姓名终寂寞，山水自悠长。
欲掬寒泉荐，高风不可忘。④

游茅山 （邑人）汤鼐（铁翁）

坐看瀑布似垂虹，洗尽尘心眼界空。
欲访茅君问消息，惟闻钟磬出云中。⑤

---

① 崇明古塔：又见《弘治句容县志》八卷。
② 李注：据《弘治句容县志》八卷，戴仁《循良六咏诗为西华李侯赋之义阡仁德》："花封沛泽每如膏，父母斯民不惮劳。久养一腔仁德厚，新开四郭义阡高。青山祇有人称颂，白昼应无鬼哭号。善政如公跨独步，会看天上玺书褒。"
③ 李注：据《弘治句容县志》八卷，陈钺《九曲清流》："一道清渠回九折，野原映带似羊肠。激湍细细穿芳草，浅碧泛泛绕绿杨。偏称游人来濯足，也宜骚客去流觞。惠风和畅为乐，绝胜兰亭与曲江。"
④ 李注：据《弘治句容县志》八卷，凌傅《题茅山》："三山遥自合，盘曲势穹窿。云石分泉出，烟霞有路通。指从斜磴北，行过小桥东。旧是飞仙处，洞门野草风。"《九曲清流》："澄泓波泼写晴沟，宛转如肠亘古流。可是川渠通谷口，好疑洙泗出溪头。天源何日曾跑虎，活水今朝许饮牛。盛世合从清澈底，不须洗耳到巢由。"
⑤ 李注：据《弘治句容县志》八卷，汤鼐《游茅山》："好风吹我上茅峰，拂尽尘襟眼界空。行见烟霞生洞口，坐闻钟磬出云中。石屏曲眷低蹲虎，瀑布垂头倒挂虹。欲访茅君问消息，蓬莱有路几时通。"据《乾隆句容县志》十卷，汤鼐《同县尹李公登塔》："宝塔崚嶒倚碧空，偶来登眺寄行踪。万家闾巷周回内，百里山河咫尺中。静爱清虚喧铁马，忽惊幽僻

义台秋月　　　（邑人）张憓（志仁）

句曲城南有遗迹，张氏当年旌义德。
丛筠泣露秋草荒，穹碑冒雨苔痕蚀。
时闻灏气散天香，顷见冰轮碾空碧。
徘徊不觉夜已阑，绕树啼乌声正急。①

赠戎孝子（名宪，句容人）　　　（邑人）徐钦

去古日远，吾道日沦。
茫茫天地，鲜笃天伦。
一临利害，辄私其身。
卓哉孝子，割股疗亲。
夙夜无忝，取义存仁。
乡里传播，风俗回醇。②

善桥　　　（邑人）华昂

鲁地曾闻说义姑，阿姨千载行相符。
树傍古碣新芜暗，惆怅寒烟日已晡。③

九曲清流　　　（邑人）王道

一泓如带出岩阿，九曲萦迴胜概多。
香泛落花浮素练，影涵明月漾金波。
武夷仙景应堪并，沂水风光不啻过。

起苍龙。乘风绝顶应须到，不为留题兴自浓。""登尽浮图已在空，此身疑是蹑仙踪。上方天阙栏杆外，下界人家烟雾中。绝顶孤危无鹳雀，中心蟠屈有蛟龙。嫦娥讶我来何暮，赐得金茎一滴浓。"

① 李注：据《弘治句容县志》八卷，张憓《比体十绝为长兴王侯赋之九曲修篁比劲节不屈》："终岁青青傲雪霜，不随红紫斗春光，生如曲处直如矢，心自虚号节自刚。"《比体十绝为长兴王侯赋之三冬爱日比民心亲戴》："冬日经檐暖似烘，老翁曝背乐无穷。贤侯仁惠何殊此，万姓咸归爱戴中。"

② 李注：据《弘治句容县志》八卷，徐钦《赠戎孝子》："去古既已远，我道日益沦。茫茫天地间，鲜能念君亲。稍稍临利害，辄自私其身。况望济危急，舍生顾天伦。句容戎宪氏，家世旧齐民。割股疗亲疾，此心何胒胒。忠孝乃天性，宪也实斯人。汩没固如彼，吁嗟难重陈。圣明今在上，风俗喜回淳。"《与凌钝斋游观音庵》："我欲飘然拂世尘，算来还是蜩蛆身。若无天上金玉界，信有人间百万邻。此道未应清世绝，辈流谁复钝斋（凌象山号）真。净师（菴主号子沼）不用通名姓，来往茅菴过百春。"《题王二守朴庵卷》："刻削牺尊忍作材，千年风气几时开。定山士屋依然是（定山有"公看土屋休"相哦之句），二守朴庵谁与来。贤者漫言都俗化，此翁今见尚婴孩。小生也有茅亭子，只少光风霁月怀。"

③ 李注：据《弘治句容县志》八卷，华昂《善桥夕照》："鲁地曾闻说义姑，阿姨千载行相符。兵戈自誓存犹子，志节谁期格武夫。陌上断桥遗旧迹，树旁古碣暗新芜。轮蹄过处增惆怅，衰草寒烟日已晡。"《比体十绝为长兴王侯赋之善桥碣石比德久不磨》："感格强梁节义全，石桥古碣尚依然。贤侯亦有安民德，拟勒悍碑与世传。"

记得赏春游玩日，羽觞飞递谩讴歌。①

义台秋月为西华李侯赋② 　　（邑人）曹洵（文泽）

台空人往藓花残，惟有秋来月一般。
宛似君侯方寸地，绮罗不照照饥寒。③

赠东泉别号俚句 　　（余姚）俞文俊（宾虞）

句曲山形如回抱，南都之佳丽地也。邑东北三十里许有骊山，峰峦叠起，盘薄如蛟龙状。而其下乃东泉翁卜居焉。公，句容之世家，乔木森列，林麓环拱，汇陂塘，开斥莽，构多景楼於山隈，俯仰远近，引眺以自娱。少补邑庠。游太学，拜深州判。未几，以养亲归。朝夕定省外，辄纶巾杖屦，屏去嚣鞅，与造物者游。此则清时渊涵之趣，独得其真，殆克称东泉别号者也。余以僝菲承温遇而挹公之逸韵，不能揄扬，谨成俚言，用展区区之万一云耳。

骊山山势伊嶙峋，丹崖石窟藏霞氛。
洪源濆洞吸昆仑，涟漪一派来何垠。
银蟾绰约荡群玉，条风萦汇漾珠谷。
凭轩长啸纵遐观，谁似胸中涵万斛。
我公源流厚且深，余波济济承簪缨。
蜚英泮水迈芳躅，联名胄监人所钦。
授判深州沛膏泽，清白家声殚厥职。
仁恩灌洽无津涯，百姓陶陶喜颜色。
有怀耿切在慈帏，飘然解组言旋归。
萱庭昼永春似海，手持寿酒舞彩衣。
细缊瑞气阳和旱，涓涓流出滋华藻。
隔溪为报东泉翁，刚道东泉泉正好。
濯缨拂袖身如仙，试携绿绮临溪边。
三弄清商落水底，游鱼出听离潜渊。
有时趋步缘涧谷，扫石徘徊话樵客。
有时忘机伴仙禽，乐意相关语朝夕。
我歌东泉歌已长，流云染翰琼葩香。
英发数派彻澄洁，恩波浩浩来宸章。

---

① 李注：据《弘治句容县志》八卷，王道《比体十绝为长兴王侯赋之句容钟鸣比为政有声》："风送鲸音出梵宫，晨兴昏寝万家同。贤侯为政多嘉绩，亦有声闻籖甸中。"《比体十绝为长兴王侯赋之百和风比治化兴行》："绕邑弦歌治道隆，融融万物被和风。贤侯坐喜民淳厚，均在光天化日中。"
② 义台秋月为西华李侯赋：《弘治句容县志》八卷题作《比体十绝为长兴王侯赋之义台秋月比明能烛理》。
③ 李注：据《弘治句容县志》八卷，曹洵《比体十绝为长兴王侯赋之句容钟鸣比为政有声》："百八钟鸣报候时，侵晨入夜万家知。正如贤令行仁义，美誉芳声到处驰。"

题多景亭赠东泉高公　　（广陵）王鑛（西斋）

东泉先生宦游京邸，邀予寄题其故园之多京亭，东泉文雅出尘，宦况甚薄，时有归隐之意，固知斯亭之系心耳。余维扬人，与亭相隔一江。他日愿寻盟亭上，指点诸山，相与高吟，故作诗以订之。

亭题多景寄闲情，白下三茅野望平。
一径叠云通后坞，两山飞翠落前楹。
樵人向晚长过岭，地主经旬不到城。
他日政成归此地，我应来结旧诗盟。

燕洞宫　　（邑人）李瑛（璞庵）

壶天曾是女仙家，姊妹登真岁月赊。
门外不多闲草木，宫中空锁旧烟霞。
泥融乳燕犹寻垒，春老啼莺自落花。
石室尚遗仙履迹，阿谁辛苦炼丹砂。

下泊宫　　李瑛

宫树沈沈绿荫门，我来茶话午将分。
松坛日正龙蟠影，竹圃风清凤舞群。
绕砌紫芝呈瑞景，浮空丹气结祥云。
太元三素从迎后，因憩棠阴忆隐君。

阴晴石　　李瑛

巨灵斧劈自鸿荒，壁立巉岩鸟道傍。
晴雨古今分左右，神仙造化合阴阳。
暖凝玉窦钟奇乳，润发琪花吐异香。
想是补天遗燥湿，游人到此说非常。

飚轮峰天市坛　　李瑛

坛高天市逼星辰，面面窗虚瞰白云。
异石飞来自安息，奇峰接处即飚轮。
吟眸下视虫沙境，笑语上惊天界人。
万国车书今混一，八方无事沐恩纶。①

---

① 李注：据《弘治句容县志》八卷，李瑛《善桥夕照》："兵戈谁料格渠戎，自是良心感易通。鲁地昔推高义少，容城今喜令名同。秋风古道遗残碣，落日晴波浴断虹。人世已非陈迹在，不堪惆怅思无穷。"（又见《乾隆句容县志》十卷）《循良六咏诗为西华李侯赋之柏台旌义》："已把声华奏九重，更行劝典励清风。一端采币褒嘉政，百里欢情庆茂功。枫陛丝

漫书华阳洞壁　　（邑人）江永年（柳汧）

古洞阴阴昼亦寒，岩花落落鸟关关。
飞泉喷壑珠零乱，莫是神龙作雨还。①

溧阳伯纪僖顺公墓（名广，后军右都督，镇守万全。景泰四年卒，葬纪家边）

（邑人）华矩（君范）

爵谥褒崇显，酬功殁后多。
一坏藏剑履，百战老山河。
慷慨胸中气，悲凉塞上歌。
却嗤曹石辈，跋扈竟如何？

青元观　　（邑人）柏纯（斯文）

投书海岛憩兰风，丹灶销沈井水空。
信是谷神能不死，墓碑犹署左仙公。

玉蝶泉　　（邑人）王祚远（夐明）

飚轮峰上阴阳井，冬夏涓涓不改清。
冷暖俱非尘世味，几人饮此悟长生。

麻姑山祈雨（麻姑，在郁冈山西）　　（邑人）李乔（松轩）

祈雨祠前朝复朝，喜逢今日雨初飘。
登丰好慰乡农望，应许维鱼入梦招。

仙韭山　　（邑人）孔尚蒙（圣初）

人生谁不死？仙者讬而逃。

纶音欲召，柏台绣斧信先通。迩来况复朝天去，可奈台臣夺我公。"《比体十绝为长兴王侯赋之三茅古桧比操守不移》："参天古柏荫仙台，堪拟贤侯出众材。有守有为心不易，任他冰雪敝蒿莱。"《比体十绝为长兴王侯赋之义台秋月比明能烛理》："桂魄宵从海上来，天空秋霁独层台。一经明府登临后，分得余光被草莱。"

① 李注：据《茅山志》（笪重光）十三卷，江永年《游茅山》："峰峦鼎峙大江南，草树参差上下庵。天为幽人贻胜概，地於灵处注晴岚。纵横宝翰昭神检，今古真风快客谈。却把苓通付荣愿，枕泉高卧候鸾骖。"据《句容张氏族谱（张眕楼等纂修）》一卷有："《张氏重修族谱序》：柳汧外史张永年撰。大明嘉靖三十五年岁次丙辰上元日。"

或因功名盛，或以乱世遭。
糠秕视富贵，云路思翔翱。
服食求翀举，毋乃太劳劳。

游玉宸观　　（邑人）张琏①（世庸）

雷平山北地长春，展上公曾此练真。
始悟茅君犹近代，山人传自古高辛。

茅山怀古②　　（邑人）笪金镜③（长人）

春来崦里落桃花，流到罗浮路更赊。
桐柏先生留赤鼎，玉清道士吸青霞。
于今饷客芝为馔，自昔吹笙鹤是家。
早晚从君何所事？蓬壶洞口说丹砂。

元符宫④　　笪金镜

元松周上谷，黄鸟咏中阿。
乍失钟山雨，微疑灞水波。
云餐分玉粒，天翠湿衣罗。
方外吾将老，翛然逸思多。⑤

守城作（《北山诗话》："李吾斯从桂王於粤东，誓守和平。两月而破。招其次子泓远、三子淑远至营，俱死署中。一老诸生杨姓者，见信死，曰：吾亦江东文学也，忍独生乎？亦死。时在顺治丁亥年。"按，《李氏家乘》："信家子澍远，早卒。妇黄随信任所。城将陷，携二幼孤别信曰：儿先死，免大人忧。信曰：汝能如是，不愧吾媳！遂与二孤先信死。次媳夏，三媳高，见翁夫俱殉国难，遂各抱一子曰和、曰平投水死。)

（邑人）李信⑥（吾斯）

蹈海既未得，洒血孤城中。

---

① 张琏：据清朝陈作霖《明代金陵人物志》："张琏，字世庸，句容诸生。能诗作字。隐居课徒。矩矱可法。世称南嵩先生。"
② 茅山怀古：又见《茅山志》（笪重光）十三卷。
③ 笪金镜：据《顺治句容县志》六卷："笪金镜，字长人。事母以孝闻。工诗赋，善临池。甲申后屏迹杜门，自号□□农，有陶靖节之风。"据清朝陈作霖《明代金陵人物志》："笪金镜，字长人，自称实阙农，句容人。事母以孝闻。工诗赋，善书。以隐终。"
④ 元符宫：又见《茅山志》（笪重光）十三卷。
⑤ 李注：据《茅山志》（笪重光）十三卷，笪金镜《山中口占》诗："华阳东望尽春晖，多少真栖事已非。白鹤只今乘不去，时时独向翠微飞。"据《茅山志》（笪重光）十三卷和《乾隆句容县志》十二卷，笪金镜有《游茅山赋》。
⑥ 李信：据清朝陈作霖《明代金陵人物志》："李信，字吾斯，句容人，春芳曾孙，崇祯甲申贡生。桂王时，为广东和平县知县。城破，招其儿子至营，俱死。署中一老诸生，杨姓者，见之曰：'吾亦江东文学也，忍独生乎？'亦死。时顺治丁亥年。"

兵戈气缠绕，天地色溟濛。
志决无他策，名完不辱躬。
男儿死报国，南八①是英雄。

阙题（按《乾隆志》云：士楷，邑诸生。明亡，七日不食死）

（邑人）许士楷②（节斋）

惆怅虞渊暗夕晖，新亭风景泪沾衣。
桃源不是无舟到，耻向春山抱蕨薇。

咸康花砖歌（义台）张明弼（琴牧）

我祖壮武公，典午著忠良。
违时逢闇主，天掩中台铓。
子父三殉国，青编流殊香。
厥孙公安公，从马化龙骧。
袭祖旧封爵，选地奉蒸尝。
初栖句曲林，旋卜戴亭乡。
群峰效青色，茅君荐玉光。
流泉纷上下，阡陌横莽苍。
爰筑爽垲宅，近彼千秋塘。
埏埴以为砖，花纹组两旁。
砖额勒四字，四年丁咸康。
梁宇几颓换，榱轩无复详。
惟此锓年甓，零落百余方。
子孙不珍惜，杂砌墉与廊。
晋气犹未沬，祖恩炯相望。
我来展旧里，猛然觌遗芳。
似开三千乘，壁端览缥缃。
又似太古色，漂佚寄屋梁。
算共历年所，一千三百霜。
石马久已泐，牺牛亦遂荒。
赤乌屡化白，苍天数让黄。
晋后复遇晋，唐余更值唐。
东岱失金鸡，西华走玉羊。
悠悠千祀外，中原积梦场。

---

① 南八：唐朝名将南霁云。因行八，故称。后代指视死如归威武不屈的人或精神。唐韩愈《张中丞传后序》："城陷，贼以刃胁降巡（张巡），巡不屈，即牵去，将斩之。又降霁云，云未应，巡呼云曰：'南八，男儿死耳，不可为不义屈！'云笑曰：'欲将以有为也。公有言，云敢不死？'即不屈。"

② 许士楷：据清朝陈作霖《明代金陵人物志》："许士楷，字节斋，句容诸生。明亡，七日不食死。"

胡为此一砖，不改晋时装。
不喜砖不改，喜留我祖堂。
不喜砖不改，喜遗我孙房。
不喜砖不改，见祖实在墙。
不喜砖不改，寒宗诚永昌。
唐年推卢郑，晋代重裴王。
淮水有时竭，王裔竟沦亡。
杜陵有时凿，杜姓亦彫伤。
谁家过千载？能见旧宗祊。
谁家过千载？能守鼻祖疆。
朝市从他变，村居只似常。
轩盖或时少，诗书气自苍。
只今一里人，淳朴似上皇。
服属虽已远，相见即通肠。
我宗自云公，始徙金沙庄。
暨余才十世，族久称冠裳。
此由吾祖筑，滋荫原深庞。
兼之孝友笃，受天气正强。
始知泥土质，载德亦能长。
江南求旧族，畴似载亭张。

浮山　　　（溧水）杨公翰（培庵）

宦海归来两鬓霜，浮山风景未荒凉。
春风自爱朝阳洞，懒向仙翁觅禁方。

万卷山房放歌　　　（国朝）（邑人）王士宏（任甫）

君不见男儿堕地七尺躯，往往偃盖一笠茅斋里。
拥书万卷轻百城，如椽不数龙门史。
古天余石琢金星，日月之行出其底。
白蛟蜿蜿划银钩，天眼折花惊电起。
泼墨横云万里云，吮毫半竭天河水。
仙掌荧荧五色珠，苔华烂烂玻璃紫。
百神啾啾诉帝阍，尼父删余毋太哆。
跌荡乾坤醉不休，帝遣苍梧凭玉几。
失足倾翻东海波，手搠鲲鲸看鳞尾。
小臣诞说非天纪，五行生杀何时已。
贰负之山梏余手，不知天酒零其口。
落笔如飞几千首，墨雨嘤空喷一斗。
此才跳逸竟不收，钧天之奏今何有。
　　　　吁嗟乎！奚有此？

昆仑首高五岳趾，神锷莫施五丁死。
一笔轻移海天去，拔山举鼎毫芒尔。
醉来自咏无声诗，缥缈青空蔚蓝纸。

寄笪蒙衍（昌龄） （邑人）杨元勋（圣调）

兵戈纷扰日，抚字政为先。
莫使抛妻子，还教守井田。
琴堂勤决狱，讲舍贵兴贤。
寄远非谀美，循声自必传（君宰万年县）。

甲子山中纪盛① （邑人）笪重光（在辛）

湖平风正日初升，宝级宸游最上层。
南北六师同虎伏，江天一览见龙腾。
味余泉脉颁群从，书就心经赐老僧。
更道皇情欢未已，恩波浩浩动渔罾。

华山② 笪重光（江上）

江岛无多地，平开选佛场。
宝坊标绀宇，翠柏隐云堂。
慧日朝迎海，晨钟夜渡霜。
应知双大士，常傍法中王。③

宿白水驿 （邑人）李淦（季子）

烟雨迷离白水河，三年来往此经过。
溪声带月催渔舫，岚气侵窗湿薜萝。
飞瀑层层垂碧磴，寒云片片落青波。
韶华客路惊新眼，梦入春风故里多。

读《幼荣遗草》寄季子诗（李季子淦妻徐氏，字幼荣，能诗，早逝）

（新城）王士祯（渔洋）

自来学得谢公棋，博士风流幼妇辞。

---

① 甲子山中纪盛：见《江上诗集》九卷。
② 华山：见《宝华山志》（刘明芳）十五卷。《宝华山志》（释德基）十卷题作《赠定庵和尚》，笪重光（再新）。
③ 李注：笪重光相关句容诗作，参见《句容古诗词赋三千首（校点注释）》"笪重光（100首）"

未免有情看不得，渭南荀令断肠诗。①（七岁能与父对弈）

早春山行　　（邑人）江砥（秋水）

出山入山转山隙，一蹇从客懒鞭策。
将开未开烟杏红，欲遍不遍芳草碧。
荒陂野水流成溪，深谷长松花为石。
村老途纡客到稀，惊人小犬吠柴扉。
世间甲子不足记，但见春来蝶便飞。

玦山庵题壁　　江砥

一庵帀象山，到来不忍去。
坐久未见僧，松篁作人语。②

过笪江上松子阁　　（邑人）戎正中（应侯）

郁冈风景尚依然，手种盆松过屋椽。
溪水烟峦留画稿，阁中人已作仙游。

纪思远墓　　（邑人）经大经（立诚）

王敦煽乱兵，京师危莫保。
维公护六军，力疾申天讨。
茂宏持两端，首鼠何足道。
仗兹忠亮心，天步回再造。
丹阳古治村，按籍犹可考。
丰碑寻已芜，蘋蘩荐行潦。

---

① 李注：据《精华录》二卷，王士祯《龙潭登舟，栖霞僧相送》："昨朝山中雨，惆怅中锋别。回望上方人，云岚但明灭。龙潭复相送，江晚潮如雪。浏浏岩际风，皎皎波间月。世外本忘情，幽怀无断绝。终卜僧绍邻，长兹味禅悦。"据《精华录》六卷，王士祯《淳化关道中望茅山》："解组初辞郡，离群欲上浮。怀仙来句曲，采药到茅州。东望朱阳馆，常思许远游。何当饵南烛，颓景驻千秋。《雨宿山家二首》："郁冈山下雨潇潇，山店寒更断丽谯。遥忆青溪杨柳岸，一篙新绿涨江潮。""方诸玉具碧云间，也拟游仙驾鹤还。一夜潺湲秣陵雨，白羊门外失茅山。"《华山道中即事》："万山堆里看云松，曲崦幽溪复几重。为爱泉深过林去，不知烟寺远闻钟。"（又见《宝华山志》十五卷）据《宝华山志》（释德基）十卷和《宝华山志》（刘明芳）十四卷《谒志公像观碑记》："早读神僧传，缅希志公迹。剑水踪已遥，钟山事成昔。岂知常白峰，留此千年石。鸟爪带铜绿，镜面莹藓碧。磨灭开元碑，虫鸟纷难译。披萝究遗文，剔苔理残画。断缺发闻见，樵牧增叹息。陆铭圮寒冢，王牌委荒僻。庐陵傲珠犀，东武比博奕。沧弃多名珍，何惮穷钩索。一勺醴泉水，供此风雨夕。"

② 李注：据《乾隆句容县志》十卷，江砥《井铭诗》："句曲山城茅山下，城根古井甓古瓦。石栏有字类二王，前人未识谁书者。眼昏石老点画蚀，口诵意惟指空写。前存'天监十三年'，后存'茅山道士作亭'也。中间数行不成句，反复玩味不能舍。细观酷以陶贞白，较《瘗鹤铭》同潇洒。世间伪本锦为囊，好事竞传充典雅。可怜遗此荒城根，岁岁频增风雨痕。相看不觉声欲吞，千秋金石谁能存？"

竹溪书屋　　（邑人）经大绶（北溪）

清斋息耳目，对竹常闭关。
何必五车富，聊成一日闲。
江声環几席，鸟语萃溪山。
喜有同心侣，都忘生计艰。

访扫叶楼怀笪江上先生　　（邑人）王辂（大席）

道士住幽谷，欣然汗漫游。
陡岩悬老树，横水障虚舟。
细草分残照，孤松立素秋。
桂花香冷处，知是读书楼。

乙卯荐饥　　前人

不见饥寒子，焉知天地恩。
茅檐槐叶麪，金屋乳花豚。
愧我一匙饭，招他半菽魂。
流离如可绘，还想郑监门。

义台中秋夜吟　　（邑人）张琳（玉林）

小集中庭共举觞，满筵飞度木樨香。
不堪回首居庐日，一片清光照墓凉。

芝草凋残鹤影无，空廊还剩柏千株。
即今能屈使君贵，来拜蓬头孝子图。

读罢花砖一曲歌，咸康故物重摩挲。
谁教铜雀无余瓦，百劫恒河照泪多。

南郭宵登酒半醺，一天风静碧无云。
遥知百万人家月，犹是容山顶上分。

宿句容　　（上元）方文①（尔止）

茅店将归客，思乡梦不成。
候鸡窥曙色，饲马辨人声。
微雨路边滑，残星天外明。
江城严启闭，况复未休兵。②

宝华山游　　（上元）黄琮（元质）

竭来登宝华，迢递涉涧水。
长风溯涧冈，瘴雨迷荒垒。
山腰带一径，去去如盘蚁。
天低云缀衣，路阻石碍趾。
俛怀仆夫勤，棕笠压双耳。

---

① 方文：据清朝陈作霖《明代金陵人物志》："方文，字尔止。一名耒，字明农。又字淮西。又字忍冬。晚号嵞山。上元人。桐城籍。诸生。"

② 李注：据《宝华山志》（释德基）十卷和《宝华山志》（刘明芳）十四卷有方文《同王阮亭祠部宿摄山再宿华山纪游六十韵》诗：

往岁游摄山，皆在苦寒时。同行者促迫，未尽兹山奇。今年夏五月，我友王君来。相约为胜游，虽热曷敢辞。侵晨出北郭，阴云蔽炎曦。道里三十余，舆夫疾如驰。携入入山门，先阅唐宋碑。我闻唐以前，更有江总持。诸碑取次阅，然后瞻仁祠。古杏数百年，交柯立阶墀。东偏舍利塔，隋帝之所治。兵燹缺其角，塔身尚未亏。天界浪杖人，藏蜕亦在兹。塔院与并峙，信美非阿私。徐观品外泉，涓涓出深池。接览入禅堂，可以供众炊。巍巍三石佛，雕镂自梁隋。佛身逾四丈，光采何陆离。因上千佛顶，大小皆毗尼。中间明月台，平广如埠墡。昔贤明征君，舍宅为寺基。屡召不出山，千古高风垂。今为白云庵，竹树犹繁滋。白鹿与白乳，二泉皆得窥。独惜无高阁，为君表风规。振衣上中峰，钜石何累累。蜿蜒行石上，一步一倾欹。晚入般若庵，饭蔬聊充饥。君爱西涧好，临流张其帷。向夕雷雨作，飒飒凉风吹。昧爽雨色霁，东方吐微曦。鼓勇匝山腹，石径多险巇。道经天开岩，禹篆锓者谁。徐锴诸题名，埋没无人知。既乃造绝顶，仿佛升云逵。西南见钟阜，东北见瓜仪。俯看黄天荡，烟波浩无涯。当时韩蕲王，此地陈军麾。兀术乃大困，脱身窜山坡。成败各有天，怀古令人悲。日中下山去，顿忘筋力疲。重登紫峰阁，纤毫不肯遗。门外六期松，夭矫虬龙姿。造船几斩伐，保全荷佛慈。栖隐合归此，驱车又何之。遥指宝华山，言访大律师。说戒最精严，为人复屏夷。是夜宿其庐，话言同针磝。晓起谒铜殿，圣母之所贻。山顶有龙湫，龙子形委蛇。试以手搦取，驯扰了不疑。古者蔡龙氏，想亦类于斯。日中又欲别，相送江之湄。君舟去淮甸，我马返茅茨。浮云各千里，引领长相思。回念金陵游，累日得追随。南北凡五峰，寻访惬幽期。观君作游记，序次如列眉。持以赠同心，不异琼树枝。我何以为报，倚棹吟此诗。

据《宝华山志》（刘明芳）十四卷，有方文《金陵五峰行送王阮亭祠部北上》诗：

阮亭先生官扬州，江淮山水无不搜。最爱旧京多古迹，公余辄作金陵游。燕子矶边每停棹，凤凰台上几登眺。雨花木末恣扶筇，桃叶青溪仍垂钓。城南牛首与献花，城北摄山复宝华。皆因僻远不曾到，见人惆怅还咨嗟。今年五月迁官去，重访金陵旧游处。拾遗补阙谐素心，扪葛攀萝何足虑。先寻佛窟次幽栖，遥我同行路不迷。晓瞻双阙云生岫，夜卧层楼月满溪。明日驱车帝城北，摄山幽秀宵难测。独向深林探石泉，更上危峰望京国。逶迤便入宝华山，言访律师叩禅关。此山古迹虽鲜少，手搦龙湫亦动颜。五日之间五峰遍，君始回舟返江县。江干相送惜分手，重约新秋至淮甸。七月凉飚抗去旌，我来折柳难为情。知君厌听俗人语，为赋金陵五峰行。

据《嵞山续集》三卷、《宝华山志》（释德基）十卷和《宝华山志》（刘明芳）十五卷有方文《宝华山访见月师》诗：

乱山回合处，中有律师存。授戒不期悟，勤修岂待言。先朝铜作殿，终古法为门。古刹多荒落，惟兹报佛恩。

惧此游豫会，而悖清净地。
山门候双旌，茗果助欢喜。
萧条钟磬存，剥落丹青毁。
神僧去何之，白鹿空岩死。
惟余千尺松，日暮风雷起。
石炉柏子烟，金灶松花泚。
解衣坐狼藉，拼取一醉已。
归旆指闉阇①，前躯戒弧矢。
聊将方寸心，志此亿万里。

华山② 邓旭

入谷不知暑，松风生昼凉。
雨先铜殿绿，花拥石床香。
龙樻前朝赐，鹰巢古德藏。
此中严戒律，不敢蹈清狂。

过宝华山③ 周邦光

向晚寺门寂，到来一径斜。
亭空含暝色，松老抱藤花。
短策迴秋草，疏钟散夕鸦。
山僧因语旧，随意具茶瓜。

宝华山寺④ （上元）李磊（三石）

不惮崎岖路，来参楮树林。
宝公常现化，梁帝每招寻。
桂月辉金殿，松风调玉琴。
直须频到此，静沼涤烦襟。

春日龙潭庵对雨 （释）如愚（蕴璞）

苔藓空门外，烟萝夹径阴。
春流一径急，寒雨数峰深。
鸟倦还山翼，云迟过客心。

---

① 闉阇：城门。
② 华山：见《宝华山志》（释德基）十卷。
③ 过宝华山：见《宝华山志》（刘明芳）十五卷。
④ 宝华山寺：《宝华山志》（刘明芳）十五卷题作《咏华山寺》。另有一首："胜迹游难再，浮生仅一探。遥山联地肺，近水接龙潭。揽最诸生肃，凭虚万象涵。导师容假榻，日启宝华函。"

望中灯火起，人语出遥岑。①

再过茅山　　（邑人）王蕡（少由）

松篁夹涧水如琴，树底晴光荡素襟。
荒草蛩声斜日路，旧诗浑似梦中吟。

访笪在辛夜话松子阁　　（邑人）骆维持（盘如）

老去知交剩有君，评诗把酒坐宵分。
松风四响月如昼，惊起华阳鸾鹤群。

筑堤谣　　（邑人）李勅（天叙）

岁筑堤筑堤，苦止二更作五更。
十人餬粥一人煮，刻期会食时用午。
河冻冰冽凿冰行，取泥贱命而贵土。
寒云漠漠天雨霜，督工长官髭须黄。
烹羊宰牛持大觞，威如狼！

履冰行　　李勅

履冰行，堕冰死，前人虽堕后不止。
嗟彼小民，憨不畏死？
匪不畏死，家有妇子。

葛稚川墓　　（邑人）赵昌祚（孚苍）

荒草蔓平原，森森露石笋。
丛墓乱无名，春雨犁作畛。
或云稚川翁，古垄迹未泯。
公少志功名，一战破陈敏。
侯印弃不顾，霞举思远引。

---

① 李注：据《宝华山志》（释德基）十卷，有释如愚《登华山》诗："极目莲峰远，冲寒雪后寻。石桥横冻树，山阁闭云岑。每共诸天食，恒参七佛心。最宜疏旷者，岩穴寄幽深。"
据《宝华山志》（释德基）十卷和《宝华山志》（刘明芳）十四卷，有释如愚《妙峰大师造铜殿三座，大士三尊，奉五台、峨眉、宝华三山常住赋赠》诗：震旦三山西域传，深在海中高在天。清凉洛伽我曾住，峨眉未到心歉然。妙峰和尚真世尊，蚕膺圣母亲王恩。庄严殿像偏南北，栋梁佛法撑乾坤。一砖一瓦犹难办，动费金银数十万。可笑当年梁武皇，犹不能造三大士。给孤长者布黄金，何如此殿坚梁柱。忉利天王一茎草，何如此像称相好。问师那得大威德，广长舌相叹莫测。今生植此胜因缘，当来分身千百亿。师曰此皆圣人在陶铸，功於我区区何有功。

句漏觅丹砂，富贵慨朝菌。
九转绛雪灵，至道契元牝。
拔宅未飞昇，尸解神不陨。
抱朴内外篇，精液当研吮。
低徊触我怀，天外斜阳尽。

白石山寻潘处士　　（邑人）纪嘉孚（尹口）

白石山翁白发披，白云深处结茅茨。
村前蔬圃两三亩，门外梅花四五枝。
性懒不撄当世事，身闲惟乐太平时。
韦编闭户经年久，滴露研朱更有诗。

赤山湖玩月　　（上元）王孟瑛（吉修）

凉风吹菰蒲，月出赤山顶。
一水白到天，不见全湖影。
上下混相连，清光摇万顷。
老渔静不眠，孤雁终宵警。
茅屋幽人吟，证入空明境。

赤山湖櫂歌　　（邑人）李扶（枝大）

苍厓忽裂石门通，日日鱼虾鬻短蓬。
湖熟市头烟火密，居人鳞次似城中。

前题　　（邑人）巫拱（价人）

绿水春来似掌铺，三茅西望雨模糊。
年年打浆潮迎送，一曲神弦湖孰姑。（乐府神弦有"湖孰姑"，或作"湖龙"，或作"湖孰"，以形近而异）

前题　　（邑人）孙远（无近）

侬家生长在湖边，食计全凭一亩烟。
晓起绛岩山戴帽，今朝有雨洒秧田。

前题　　（邑人）徐楷（圣木）

新蒲初长笋芽抽，春水桃花渺十洲。
为想当年狂太白，振衣瓦屋豁吟眸。

前题　　（邑人）许遴（次宫）

江南烟水望迢迢，瓦屋浮山百里遥。
但得此中常住世，菱租鱼税十分饶。

前题　　（邑人）姚孔鉴（落如）

丹阳乡里鹭鸶飞，白米围田稻穟肥。
下葛庵喧秋赛鼓，豚蹄分胙醉人归。

前题　　（邑人）戴元镳（霖生）

葛村茅屋接金村，夕雾朝烟锁石门。
羡杀渔家终岁乐，不须更觅武陵源。

前题　　（邑人）张廷超（文跃）

簇簇新秧绣罫栽，石门中劈讶天开。
赤山顶上浓云起，湖熟镇头飞雨来。

家大人生圹之傍有隙地一畦，辟为小圃，栽梧种竹，莆田余曼翁首倡二律，贤窃不自揣，效颦其后

（邑人）胡其贤（斌庵）

梧桐小圃绿溪边，两岸菰芦隐钓船。
云去月来闲散地，鸟啼花落艳阳天。
萍生池面晴还雨，竹乱茶烟断复连。
却喜老亲能矍铄，逍遥杖履每忘眠。

凤羽叔父桐圃　　（邑人）胡其性（秉功）

闲心已被白云留，为爱名山足畅游。
桐圃花香当盛夏，皂溪水碧向高秋。
半窗蕉雨宵吟静，满榻松风午梦幽。
鼓腹掀髯多逸兴，常随杖履上高邱。

桐圃　　（邑人）胡谔（迈干）

为耽林壑胜，卜筑任栖迟。
树密深垂荫，溪流曲抱奇。
石门康乐屐，辋水右丞诗。
不谓千年事，清幽并在兹。

胡凤羽先生桐圃寿藏　　（邑人）仲艺（叙公）

卜筑临溪水，居然小洞天。
竹看三径翠，花爱四时妍。
挈伴常携酒，征诗屡擘笺。
茧窝相傍置，达吏并前贤。

过张桥　　（邑人）王朝良（瞿士）

风起萧萧槲叶鸣，雨来活活涧泉声。
湿云忽漏残阳影，驴背青山稳载行。

驹骊山吊诸葛恪（恪猎此山，见一小儿，众莫识，恪引《白泽图》曰：两山间，其精如小儿，名曰係囊。山在句容东北三十五里）

（邑人）周桢（鹿厓）

两山间辨係囊趋，博物才高旷代无。
亮弱未能成夹辅，竣奸翻使累刑诛。
曾闻老树烹元绪，终见追兵蹋白都。
我到驹骊游猎处，不胜怀古发长吁！

唐岑君德政碑　　（邑人）葛震（星岩）

菱津桃迳遍讴歌，祷雨兴苗惠爱多。
千古岑君名在耳，祗缘抚字不催科。

仙韭山　　（邑人）潘遂先（景初）

闻说仙人姜叔茂，曾将辛菜换丹砂。
至今坡上多遗种，几亩葱花杂韭花。

张子驹自粤东迎其母陈恭人柩及其配胡孺人柩回里（恭人陈氏，吾乡太仆

张公明熙妻。孺人胡氏，乃其子士骊妇也。太仆官粤东，后移闽，留家於广。遭兵乱，姑媳投井中死。时最烈）

（邑人）朱埱（芝山）

烽烟迷粤峤，消息隔闽关。
古井沈双魄，清风振百蛮。
姑嫜泉下侍，儿女梦中还。
万里扶归榇，良常泪共潸。

东田远眺　　（邑人）李东檈（芷林）

隐侯厌华簪，瞻此山林乐。
青松冠层巅，流云挂高阁。
解带赋希夷，披襟咏冲漠。
朝飡石髓滋，夕漱灵泉落。
安知征粟余，隐几投东郭。

题赠书巢学长先生　有序　　（会稽）周长发

句曲望族，首推骆氏。书巢先生胚胎前绪，仰绍弓裘，孝友睦姻，绩学敦品，里党咸奉为祭酒。雍正乙卯，家葆山师由庶常出宰是邑。余适应词科北上，来谒吾师，遂造访焉。接其言论丰采，更知先生为光明磊落君子也。乾隆丁卯，余典试江南，缮疏省母，道经容山，复主其家。癸酉甲戌，余主教钟山，又命子从游，统计已二十年矣！交最久，情日益笃。濒行，出清照索题，不敢以不文辞，因书拙句以志不忘云。

三茅访异迹，迢递入名山。
为听琴声暇，因寻处士间。
孝廉船未远，中散调难攀。
人在羲皇上，家居廉让间。
亭台何窅寙①，溪磵更潺湲。
朗抱多清啸，忘机对老颜。
图书缃帙满，子姓竹梧斑。
得句追黄鹤，垂纶友白鹇。
百年春酒熟，三径藋蓬删。
他日来西爽，丹炉炼九还。

玉棋洞　　（邑人）潘应龙（云公）

洞府玲玲小有天，石床容我枕肱眠。
等闲了却神仙梦，尘世谁争一著先。

---

① 窅寙：窈窕。

品洞　　（邑人）李嘉宾

何代神人①府，裁成品字形？
三台星上映，留取验钟灵。

悬纛桥　　（邑人）汪沂（绍周）

江左英姿人寂寥，野风吹苇响萧萧。
醇醪犹醉周公瑾，山店新开悬纛桥。

仑山　　（邑人）王弼（熙亮）

奇峰耸入天，白云幕其半。
乖龙怒不飞，化石如虹断。
喷薄作泉吼，稻田资溉灌。
流入绛岩湖，复起望洋叹。
我来登其巅，夕照鸦飞乱。
仙人伍达灵，相期游汗漫。

遣兴和俞挹林　　（邑人）王道复（御冬）

春风入穷巷，节候一番更。
砚暖书尤润，琴温调易成。
山岚当户湿，野荠上阶生。
触目皆欣赏，怡然百虑清。

登鸟翅冈　　（邑人）王吉士（蔼廷）

春尽余寒峭，窗开积雪收。
竹长时入户，花发欲明楼。
望远怀今雨，披缄感昔游。
华阳山色好，偏映小池头。

芝山　　（邑人）张天鸿

突兀嶙峋造化工，洞分七十路潜通。
丹湖西漾横飞白，旭日东曛直染红。
望去游龙如破浪，飞来石燕不因风。
仙家未识今何往，棋局空留幻境中。

---

① 神人：《宝华山志》（刘明芳）二卷作"神仙"。

倩山阁即事　　　　（邑人）骆琚（徵怀）

梅雨初晴日，清风拂面来。
一帘依绿水，半榻上苍苔。
旧业殊堪忆，新诗正可裁。
退休因老病，抚景独徘徊。

饮骆徵怀园花下　　　　（邑人）葛丹孙（笏书）

夙昔耽幽趣，因过小隐家。
童除三径草，客玩四时花。
阁道飞明月，纱窗射晚霞。
每来留一醉，归路不嫌赊。

廿四叔秋捷　　　　（邑人）笪会芳

科第绵延缘世泽，吾家四世冠裳集。
一经垂训启后人，第宅萧萧书万帙。
丙辰恩诏下求贤，东省贤书荐弟粥。
叔氏三载滞都门，际会风云思献策。
连篇累牍一万言，果尔高科中甲乙。
邮书远自日边来，一时欢声动乡国。
童稚阶前笑语喧，双亲堂上怡颜色。
宾朋执挚开贺筵，咨嗟叹慕声啧啧。
燕山五桂由义方，王氏三槐实阴骘。
司马家声六十年，忠厚相传今如昔。
我闻此语心惕然，碌碌无能谁之责？
析薪负荷古有训，长歌一阕思祖德。

题朱闇斋《集雁图》①　　　　（长洲）沈德潜（归愚）

下士竞声华，哲人敦孝友。
门内行苟虧，勋业复何有？
卓哉闇斋君，天性禀醇厚。
旅馆闻亲疾，昏夜脱骑走。
匍匐抵里门，含涕执父手。
承训笃天亲，斯干诵在口。
式好无相尤，自幼至白首。
出入必与偕，砚磨常相守。
疴癢情剧关，存没心无负。
夜雨感对床，矜恤及子妇。

---

① 题朱闇斋《集雁图》：又见《归愚诗钞》十二卷。

推恩遍本支，敦睦期永久。
谁欤绘此图？至行一一剖。
青檐一展玩，悲风起户牖。
如读蓼莪篇，哀哀思父母。
如对鹡鸰原，急难惟恐后。
縈余鲜兄弟，久作独行叟。
披图慕高义，点笔类敝帚。
表微举数端，大书铭座右。①

前题　　（钱唐）袁枚（简斋）

驱车向金陵，薄暮宿华阳。
闻有朱季子，风义重一方。
爰停仆夫驾，言升君子堂。
主人貌何古，两鬓垂秋霜。
为我置酒宴，握手谈家常。
大儿肯堂构，二儿列膠庠。
三珠及四凤，各各耀琳琅。
感此积庆流，早知善者昌。
果然出图画，宝气腾金箱。
写君事亲诚，啮指趋匡床。
写君爱兄志，雝雝鸣雁行。
或自洁潊瀡，长跪奉烝尝。
或课貌诸孤，诗礼继芸香。
百行都已备，十幅讵能详。
今夕复何夕？寒灯明书窗。
如登高阳里，如入郑公乡。
特取白华篇，为君歌侑觞。
更取角弓诗，为君歌数行。
感人以天性，耿耿难具忘。

---

① 李注：据《归愚诗钞》十二卷，沈德潜《游良常山》："斋心游地肺，高步蹑云关。尘迹不能到，仙真时往还。风雷生绝壑，猿鸟响空山。百折丹台水，潺湲出世间。""茅君餐术处，古洞号华阳。天际云軿下，林端白鹤翔。烟霞封石灶，龙虎卧丹房。更渡桃花崦，松风硼𥔀凉。""我来朱阳馆，不见陶通明。想象碧桃下，悠然吹玉笙。琅函藏虎峪，遗蜕记雷平。是处堪怡悦，白云无限情。"据《归愚诗钞》十五卷，沈德潜《句曲招鹤楼同朱恭季作》："高栋平临苍翠间，春风与客共跻攀。浮空影动龙江水，入座云兮地肺山。把酒晴窗官舍静，抄书永日小胥闲。疏帘清簟无人到，万里寥天一鹤还。"
据《归愚诗钞》十二卷，沈德潜《游崇禧观赠詹律师》："排空铁锁入高旻，鸡犬无声隔世尘。古屋云深藏剑鸟，平坛月上礼星辰。金羊石虎阶前兽，琪草神芝洞口春。徐甲不须求去切，故应御出关人。"
据《归愚诗钞余集》一卷，沈德潜《丹阳赴句容途中口占》："丹阳郭外赴晨征，一路田间庆阜成。霜雪平铺辨荞麦，蛇蛟互结认香秔。名山巳字云中见，古邑勾形马首迎（茅山似勾漏，故邑名句曲。人误认章句之句）。忆得往年频过此，负书盈箧不胜情。"据《归愚诗钞》四卷，沈德潜《龙潭探梅》："江干仿佛孤山路，香雪丛中暂停步。存得广平铁石心，何妨重作梅花赋。"

起视屋角外，星月来争光。①

辛卯先太史偕门人王民表会试都中，今捐馆已三载，民表复於明春北上感而作此

（邑人）吴祖新（翘西）

闻君复向长安道，匹马只输料慨然。
独看渡江杨柳色，共谁居邸杏花天。
欲歌梁木空弹泪，且步青云稳著鞭。
忆友我愁兼忆父，常将魂梦绕燕然。

阅侄孙女佩香四十感怀诗　　（邑人）骆石云

长把诗书教子孙，剧怜弱女傲诸昆。
才华咏絮天生早，喜向风诗论法门。
甘苦年来已备尝，可怜夫婿似中郎。
好将独断频频语，季女蘋蘩咏未央。

长相思　　（邑人）笪立枢（绳齐）

长相思，在塞北，朔风凛凛寒彻骨。
　深闺户不开，寒风透骨来。
　况在阴山外，红旗半夜催。
梦魂摇摇向君去，江水浩荡不知处。
纵君有梦欲还家，积雪塞断梦中路。

赠朱君彦孝子诗　　（阳湖）洪亮吉（稚存）

尘劳十年三驻车，华阳冈南孝子家。
　伊谁孝子家？松苍柏尤古。
　茅堂敞三间，全家读书处。
我识孝子昆孝子事父兄，事事求诸身。

---

① 李注：据《小仓山房诗集》六卷，袁枚《宿白土不寐》："野店卧秋夜，满床如水生。万重心事集，半点壁灯清。欲起虑惊众，无聊且数更。一层窗纸白，第五次鸡鸣。"据《小仓山房诗集》十四卷，袁枚《陶弘景》："楼上三层道气浓，永明求禄柱匆匆。先生绿鬓方瞠意，可在乌纱骨相中。"据《小仓山房诗集》三十一卷，袁枚《宝华山》："山门一路松，直上宝华峰。铜殿风霜古，经台草树封。律□□□静，香散佛云浓。群鼠都持戒，来听午后钟。（华山，鼠不避人，昼行夜伏）"据《小仓山房诗集·补遗》一卷，袁枚《雨夜宿白土》："凉雨接路生，天地如新浴。征夫走旅店，波涛逐两足。怒潮语败沟，荒灯闪茅屋。饥蚊鸣若麻，展卷不能读。炙鸡得半醇，起自理枕褥。秋冷从天来，先到空床宿。美人各一方，此味非吾独。白土抵秣陵，百里犹屈曲。路近心转纡，五更呼童仆。添驴两三头，加鞭一百束。尽日走江城，夕阳看修竹。"

钦其善气蒸一门，百鸟就树欣春温。
妻孥不忧仆夫乐，鸡犬未识君家贫。
东门柳条三易春，我重来游送广文。
是时孝子忧父病，对我戚戚忘朝昏。
俄焉一刻惊死生，骨肉至痛肌肤轻。
抽刀挥股股肉零，何言孝子非好名！
讳此一割如讳刑，创钜至死无呻吟。
　　茫茫华阳冈，哭声一何苦！
麻衣唁君忆三度，我归哭母君哭父。
　　我犹能生君竟死，呜呼朱孝子！①

两世节孝建坊歌（西城族祖母赵太孺人暨媳许孺人）

（邑人）张道正

吾家淑气锡苍穹，盘结郁积江之东。
诞生纯孝撑唐室，旌义台高寰海中。
嘉祥叠发延皇宋，累累世孝移风乡。
瑞征奇应动天地，黄纶丹诰恩何隆。
此气盈溢惊旁达，奔放支流不可遏。
闺中名教振纲维，金坚石确天难夺。
两世嫠居数亦奇，一怀遗腹一婴儿。
孀姑曲折千迴苦，孤鸿雏凤命如丝。
鞠育辛勤泪未干，有子成人意稍安。
奠夫醮子悲交喜，盼望百年枝连理。
何期甫及十余年，少妇又复丧所天。
堂上膝下痛欲绝，四壁无依真可怜。
卓哉树立千秋志，愿补吾夫未了事。
养亲育子十指间，声声纬络泪斑斑。
华发红颜破镜余，二人相弔影俱孱。
矢志终身茹水蘗，五十春秋各甘节。
惟节孝成通神明，闺阁腾光光烈烈。
欣逢盛世发幽光，潜德人间尽表扬。
特锡温纶趋日下，巍峨高建瑾瑜坊。
精诚感格亦奇确，星寒月冷弥芬芳。
一家至性乾坤固，后先辉映殊煌煌。

潘烈妇诗　　程仕

藐尔王家妇，纲常身独仔。

---

① 李注：洪亮吉相关句容诗作，参见《句容古诗词赋三千首（校点注释）》"洪亮吉（65首）"

九年蝴蝶梦，一首柏舟诗。
冰雪心逾净，山陵志不移。
祇因亲已老，此意重迟迟。

不道而今决，情余酒一瓯。
翁姑惭久侍，夫子喜同游。
名在月还皎，骨香风自流。
须眉多少士，得似阿娘不？

题赠周朴斋聘妻尚贞女诗　　（高邮）孙祖诒

三茅郁嵯峨，浩气涤渣滓。
遥遥数千年，灵毓在女子。
女子生谁家？名门有尚氏。
许字属何人？刘巷周郎是。
少小联葭莩，世亲结桑梓。
如何生不辰，未嫁良人死。
一痛摧心肝，靡他行自矢。
劝者莫置辞，悲者无尽期。
妾心古井水，视死甘如饴。
空房灯寂寂，帘幙风飔飔。
素丝二三尺，是妾毕命资。
翁姥觉有异，仓促惊相持。
儿固未成妇，儿意何太痴。
儿如三春花，舍苞正及时。
阿女谓阿父，儿岂徒自苦。
人生天地间，失足讵堪补。
忆昔儿垂髫，侧闻大人语。
纳粟龙潭仓，虚堂避风雨。
争传贞女祠，庙貌越千古。
彼亦犹人耳，纲常独扶树。
磐石已动摇，儿心已尘土。
阿父闻女言，唯诺心悲怜。
旁观竞称异，彼心何贞坚。
谆谆一相试，试言某某贤。
家资累巨万，玉斗采蓝田。
周家事中落，澹泊非所便。
慷慨在旦夕，岁月良绵绵。
女闻长叹息，多谢君殷拳。
周家丰裕日，犹望终始全。
况今已寒薄，奈何将弃捐。
世无再婚女，家法已同然。
冬夜及夏日，百岁同黄泉。

翁姥不我强，我心殊自广。
我有红罗襦，艳冶明珠幌。
我有凌波袜，鸳鸯绣其上。
我有金雀翘，双双弄嚬吭。
姊娣任取携，从此事儜伈。
十月天气凉，素车停东厢。
长跪谢翁姥，鞠育恩难偿。
儿又逢百忧，萦回断亲肠。
儿今决意去，愿亲无相望。
翁姥执手送，歌泣感道旁。
啧啧问姓字，齿颊流馨香。
梅蕊绽寒雪，菊英开繁霜。
磨笄与断臂，久已相颉颃。
阿女得闻之，抚怀增凄怆。
我行心所安，犹愧身未亡。
入门谒灵座，不见夫容光。
含泪欲痛哭，还恐舅姑伤。
舅姑感妇意，从容谋续嗣。
嗣以宁馨儿，峥嵘大成器。
於今四五春，恩养极周至。
妯娌无反唇，操作不少避。
始知松柏心，终古无改翠。
吾闻节孝裔，厥后必昌炽。
况此贞凉风，彤管仰高谊。
可以耻无良，可以羞变志。
可以光门闾，可以垂载记。
吁嗟川岳英，笃生良不易。
寄语诸名公，潜德一标志。

茅山道中　　（邑人）裴鉴（静涵）

欲踏茅峰去，先过折柳冈。
寺孤僧亦古，村小树能藏。
残雪犹堆瓦，寒冰正满塘。
梅花寻不见，风送几回香。

乾元观　　（邑人）裴鐄（竹膋）

四围竹树绿周遭，满耳泉声满目蒿。
万壑号风山寺古，一峰耸翠石门高。
云垂洞口晨飞雨，月挂松梢夜作涛。
欲叩隐居何处是？三层阁上想云璈。

浮山　　裴鏄

山色晚烟痕，柴扉半掩门。
小桥横古涧，红树隐孤村。

华阳洞　　（邑闺秀）骆绮兰（佩香）

地僻红尘远，窗虚白昼闲。
寒松深磵月，芳草夕阳山。
采药云披袖，焚香鹤闭关。
桃花与流水，一路送人还。

玉宸观　　前人

地肺开金阙，天文应玉宸。
灵风宵步斗，旭日晓朝真。
阶净松能扫，门闲鹤自巡。
碑应镌碧绿，路已隔红尘。
紫诰云边下，黄庭案上陈。
山中陶宰相，世外魏夫人。
果熟猿知采，丹成虎亦驯。
华阳仙洞里，好领四时春。①

游茅山宿元符宫　　（阳湖）孙星衍（渊如）

琳宫镇山坳，高下飞轩楹。
征鞍上盘盘，日暝客始停。
遵途百劳忘，寻异千念盈。
径微已三折，屋暗仍重扃。
独上怯曳衣，孤行危建瓴。
道士然炬来，开门遵前行。
静觉鼠啮松，微闻鸟梳翎。
林空虎气逼，草滑蛇涎腥。
山头白濛濛，寒气生夜明。
犹被露华凉，远听风笛横。
悄然步初还，游侣见自惊。
幽房感仙踪，客梦冷易醒。

---

① 李注：骆绮兰相关句容诗作，参见《句容古诗词赋三千首（校点注释）》"骆绮兰（29首）"

上大茅峰　　孙星衍

晨策登危峰，峰危屏鞍骑。
岩阿气候变，仆从神色异。
目流衣边云，足滑厓上翠。
陷知仙踪深，断若鬼斧利。
回峦隐泉响，暗谷聚风势。
蚁行信委蛇，猿升亦凌厉。
倒视白日悬，仰干黄云蔽。
寒空四垂光，积气浮厚地。
惟闻天鸡鸣，不见井蛙沸。
静怀鸿荒始，远觉身世细。
谁能逐轻尘？扰扰此中寄。

入蓬壶洞　　孙星衍

一途走山腰，一径入地腹。
华阳已参阻，玉柱复洄洑。
兹游稍通人，所历亦娱目。
奇峰讶孤竖，密理看斜蠹。
冬温蒸厚地，溜响滴虚谷。
初惊石粼粼，始见沙漉漉。
扪踪走妖怪，穴窍散蝙蝠。
垂乳甘可餐，流膏滑难触。
心疑转仙径，旷荡见平陆。
居氓杂羲皇，村舍散花竹。
道人见才讶，谓此足蛇腹。
微微湿氛腥，惨惨毒雾蓄。
朋行勇蹴蹋，我心耻瑟缩。
惜哉万丈窟，不断一寸烛。
山灵厌搜览，居客怪剿剧。
莫附杞人忧，将贻谢公辱。

入茅山　　孙星衍

松梢浮烟暮霞薄，槲叶无人自相逐。
山根草死闻枯香，碎石马蹄声促促。
回厓千盘失徒侣，日入山空响樵斧。
双溪石发伏暗泉，十月山禽作春语。

偕句容朱文学（镛）及王公子出游得梁井阑题字作　　　孙星衍

出门一锸随一丁，错认乘醉埋刘伶。
井床古字待我发，城根徒步来玲珑。
诛鉏草土辨摹刻，如读怪牒搜仙经。
文云天监丙申岁，作亭与井因书铭。
萧梁天子初佞佛，冀以方便延千龄。
是年淮堰起复坏，饥鸿四野哀飘零。
岂知皇帝愍渴乏，欲借一勺诒生灵。
周田八家共一井，汉制十里置一亭。
济人兴废有司事，何用天语烦丁宁。
黄河之润泰山雨，泽及天下由朝廷。
杨枝甘露讵足恃，金仙入梦呼不醒。
异时临渴更谁愍？荷荷口苦无人听。
悲歌吊古亦多事，但援照影波清泠。
千年万口汲不竭，知有地脉通沧溟。
摩挲苔藓剔圭角，急印墨本悬中庭。
此文埋没分终古，日近汲绠堆长瓶。
其前牧马肆蹢躅，行客纵至谁留停？
欿然遇我自天幸，若获知己双眸青。
王郎朱子好风调（予见是井文以王荫可言，见《葛府君碑》，以朱筠谷言），告我如试终军艇。
归途把臂又欲醉，便恐一别如辰星。

纪事诗四十韵　　　（震泽）张履（邑教谕）

去秋蝗过境，遗种盈千塍。
贤侯割廉俸，搜拍如丘陵。
惜以贼名起（时有东乡民滋事之案），未使余蟗清。
今夏适伤旱，蠢尔遂相乘。
初生仅似蚁，稍长乃若蝇。
未可辨王字（陆佃云：蝗首腹尾皆有王字），已自得横名（演春秋繁露云："俗呼横虫"）。
从类齐趯趯（《诗》：喓喓草虫，趯趯阜螽。郑云：鸣跃之相应，其天性也。阜螽即蝗），为奸异冥冥（《尔雅》：食苗心，螟。李巡云，言其奸冥冥难知也）。
余岂捕蝗使，代侯一郊行。
盥沐假田舍，焚扑劝耕氓。
竭日冀少杀，越宿又繁兴。
侯谓人力屈，应乞雨师灵。
结坛集法侣，斋心讽道经。
拂拂旛影动，霭霭香烟凝。
徒步同僚属，拜跪肃阶庭。
雨未下涓滴，蝗已将飞腾。

蔽天势可虑，害稼祸不胜。
急拟召粮长，非钱难使令。
捐廉更首倡，乐输赖众擎。
论斤先给价（每斤十钱），计亩还责成。
区画计已定，吁祷心仍倾。
我观鲁麟史，纪螽及蝝生。
贪虐洵所戒，乞贷亦非应。（《汉书·五行志》：刘歆以为贪虐取民则蠚，刘向以为哀用田赋比三螽，虐取於民之效也。师古注：蠚即阜螽。又董仲舒、刘向以为螽蝗始生也，宣初税亩乱先王制而为贪利，故应是而蝝生。《尔雅》：食苗叶蟘，"蟘"通作"螣蝗"也。许慎云：吏乞贷则生螣）
又考汉循吏，卓卓著奇徵。
中牟既不入，密县界独宁。
昔侯官山左，治与恭茂衡。
今侯来句曲，重得仁廉称。
蝗岂随斾至（或讥王荆公诗云：惟有飞蝗感盛德，又随均斾过江东）？患适下车丁。
苍昊监匪爽，感格理可凭。
始觉炎曦隐，旋见阴云升。
池波乱激午，檐溜直县绳。
蝗性闻属火，乃本阳气嬴。（郑康成云：螟螣之属盛，阳气嬴则生）
既伏晨露重，尤畏蜀雨零。
溃腹有同病，烂翅无群翡①。
四野尽荡涤，百物方滋荣。
犹念旬日来，待泽各屏营。
侯固焦劳至，余亦忧闷并。
求润础屡验，望气台常登。
中夜或起视，似闻风雨声。（余有耳鸣疾，或如风雨）
天灾幸既弭，人祸良当平。
聊成五字咏，喜志一时情。②

----

① 翡：疑"蔧"之讹字。
② 李注：据《积石诗存》四卷，张履《泊舟龙潭》："向午畏长道，联舟样水涯。坐阴争就树，醒暑各浮瓜。石气紫薰日，江流黄拥沙。睡龙谁唤起，甘澍应时加（时方苦旱）。"《自龙潭登陆至朝阳门》："二更江月明，舍舟恣登赏。空苍四山合，修白一途朗。凄清风露中，神思惬孤爽。迤逦得候馆，稍憩复前往。去路折渐低，来径觉仰。矗地古碑穹，就陵遗殿敞。嵯峨望钟阜，未得叩烟幌。圆光晓欲微，我勷行亦强。重门豁然开，顾见晨暾上。"《重九日由句曲赴金陵途中遇雨寄友人》："共此登高节，劳劳独客游。飒然天际雨，相送白门秋。断雁投寒渚，饥鸟上戍楼。乡心兼别梦，何处不含愁。"《鸿水行》："句容圩乡本窊下，日日淫雨兼江潮。我承郡檄来下蜀（地名），要看水势须凭高。凭高极目江天远，新河两岸似绳断。夹河万顷尽洪流，坐使千家失腴产。兹乡自昔人民蕃，炊烟处处成庄村。登场禾黍鸟雀噪，比邻笑语声相闻。前年水卒淹田宅，今年水几平屋脊。扶老携幼欲翻盆（圩中无舟，为大木盆以渡）。圩埂结棚共栖息，棚栖草草夏及秋。矮檐尚向波心浮，朝朝莫莫苦遥望。几日牖户重绸缪，那知黑夜怒风吼。疾卷棚茅逐波走，耶娘妻子索牵连。漂流直出大江口，鱼鳞屋已荡然净。前庄后村何处认，拍拍但见水禽飞。几株疏柳空相映，亦有高阜或平原。以席为舍葭为门，草根树皮餐食尽。嗷嗷哀雁常酸辛，清河明宰下车始。力请抚恤缓民死，区区官钱复何济。冠盖几辈驰乡里，已饥已溺乌能忘。接笔为赋鸿水行，常平积粟待红腐。手乏寸柄徒旁皇。"《纪灾》："有妇漂尸数十里，三岁婴儿尚怀里。乌乎奈汝母子何，令我归来食不美。""圩堤一决奔如鹜，抱儿置盆置树。向夕渡水来视儿，群蛇张口儿骨露。""浮棺逐波任翻覆，骸骨倒乱不相续。有时触石破无知，连夜啾啾闻鬼哭。""四十八家同一村，唯有六家今尚存。炊烟已断胜悬釜，仰天哀叫愁云昏。"

悼石子厓（名泉，句容廪生，癸丑三月病卒於家）　（江宁）端木埰（子畴）

罡风猎猎满春城，吹去人间老曼卿。
生有同心慕忠武，死犹遗憾为编氓。
常因谩骂知肠热，不免饥寒信骨清。
地下高阳呼欲起，好为厉鬼逐枭鸣。

梦石子厓（时泊舟三江营）　　端木埰

荒江独夜泊，风涛撼天地。
忽梦同心人，眷眷复相值。
死别三四年，未尝入梦寐。
九地不可呼，自谓永余弃。
安知魂魄通，宛若平生意。
岂翳新鬼多，泉下复悲恚。
又将游人间，落拓访同志。
不然悯穷途，谓余极憔悴。
谒来相劳苦，箴言远相遗。
忆昨癸丑春，乡间贼氛炽。
君如稍缓死，唱和共声气。
东鄙十万家，守望饬戒备。
声威互相藉，可以佐将帅。
今已失良时，师老财亦匮。
四乡多创夷，田间半破碎。
梦中互扼腕，咨嗟掩涕泪。
痛深倏复觉，孤檠冷布被。

《登戎山谒沈忠武公像（公名庆之，刘宋时人）》："仗册登戎山，秋树响骚屑。上有沈公祠，英灵瞻像设。公昔处乱朝，光岳正分裂。目虽不知书，平蛮著奇烈。方今全盛时，文武中外列。奈何惠岛夷，并海至流血。哀兹蹈难徒，念彼济时杰。安得更有公，快剪妖鳄灭。"《游宝华山晤寺僧体乾率成》："千丈莲花上（山以似莲花得名），招提结构安。云蒸铜殿润，风扫石坛寒。法鼓殷秋晚，禅灯语夜阑。斋梁僧尚足（纯庙御题云僧富足斋粮），哀雁满江干。"《邻花禅院后看竹》："青竹萧萧十万竿，一湾流水数峰峦。此间容我独清啸，忘却晓风吹面寒。"

《赴下蜀振灾即事》："隆冬十一月，风雪连荒村。冲寒赴下蜀，重与灾民亲。是时军兴际，供亿良苦繁。振钱曾有几，饿者纷阗门。忍纵胥吏辈，馋吻同狼吞。委任邀诸士，立誓要明神。务期私弊绝，庶令惠泽均。延息度晚岁，转眼又来春。岂遂能汝活，愧称官长仁。江潮时泛滥，田亩易沉沦。溃堤不亟筑，患害可胜言。借帑得万贯，日可役千人。斯诚今至计，愿为当涂陈。"《大雪》："平地雪三尺，群山尽皑皑。山乡岂为瑞，江乡更为灾。江乡水未涸，棚舍依林隈。烟火望已绝，冱寒凛相催。旦晚多僵仆，积日无人薶。谁非出怀抱，宜蒙父母哀。父母今何在，令我心颜摧。"《振饥叹》："赤子瘠，长官肥。长官何由肥？大府檄振饥，振银四万六，一万饱官腹。鸠鹄无数填沟壑，天道良好还。君不见，白头坐墨，荷戈北出居庸关。"《哀圩乡》："句曲地势何重沓，高低旱潦不相涉。山田丰穫满篝车，那救圩乡无一粒。南圩北圩分八乡，千村万舍波茫茫。石米五千奈空手，老幼行乞纷提筐。莫道山多圩独少，官钱千万未够灾黎一月饱。""去年水淹圩乡田，圩中之屋犹多存。今年水毁圩中屋，屋材齐向街头鬻。去年二麦歉，屑之可疗饥。今夏无麦何所资，相逢丁壮形如鹄，迨及冬寒半沟壑。"

春星浴寒流，斜月耿欲坠。
惆怅仰天宇，伤哉身世事。

题李步墀守戎殉节事　　　端木埰

太白星沈海波黑，天雾地雾士气熄。
五百年来复有人，一姓峥嵘更生色。
将军按剑发指冠，梅溪夜渡秋风酸。
援枹并辔向死所，誓监贼脑传朝餐。
孤军援绝斗弥健，下马步战一敌万。
杖节掀髯死若饴，真酬马革生平愿。
功虽未就气已吞，蚍蜉咋舌真将军。
归元赫赫有生气，想见血战排妖氛。
吁嗟人生谁不死？将军得死千秋矣！
世上英雄好自为，莫须诧作奇男子。
吁嗟乎！莫教独作奇男子。

前题　　　谢钺

妖星一夜扫欃枪，猎猎旌旗早列营。
马上几人能杀贼，心期报国竟捐生。
云屯黑月魂为厉，血化青燐死有名。
依旧戍楼烽火熄，尚留忠节壮边城。

铁衣寒染桂林霜，塞黑林青夜设防。
敢战几曾轻小寇，善终毕竟是沙场。
灵旗风闪魂如在，大树秋高色正苍。
北望梅溪天不远，将星一点吐雄芒。

前题　　　邹裔淑

山连楚粤聚么魔，独领偏师险峻过。
督战先登亲矢石，竟将热血饱长戈。

如公真不愧须眉，肝脑何曾报国私。
独惜大材供小用，伤心李广未封时。

前题　　　（邑人）孔毓汸

提刀怒发便冲冠，不灭红巾死不安。
竹径斜通山势险，梅溪酣战水声寒。
气吞余贼生擒易，身入重围杀退难。

莫以英雄成败论，须知铁胆与忠肝。

前题　　（邑人）孔毓瀛

英姿飒爽气如雷，生不为荣死不哀。
仗有龙泉摧敌去，拼将马革裹尸回。
未歼厥首成遗恨，小试其端识将才。
读史尝怀忠烈志，此番应觉笑颜开。

前题　　李思霖

将星睒睒半空落，阴云暗淡日色薄。
瘴雾蛮烟捲不开，泉咽寒声生巨壑。
峨峨西延山，轰轰响战鼓。
泯泯梅溪水，碧血溅如雨。
桓桓李将军，射虎石没羽。
神勇向无前，独骑冲贼垒。
手刃十余人，余勇犹可贾。
将军气概一何豪！
腰脚顽铁铸，肝胆忠义包。
一朝矢亡救不得，裹创犹自整戈茅。
悬崖勒马勒不住，匹马和人坠将去。
魄兮归地魂上天，浩气冲霄薄云雾。
自古精忠日月光，长俾勋名留竹素。

题李步墀守戎梅溪殉节图　　（邑人）纪丛筠（竹伍）

李君廷扬，字步墀，句容人。负奇气，喜读史，慷慨好义，以武科由京提塘出为广西桂林守备，会楚匪雷再浩煽乱，窜入延西，抚军檄廷扬率三百兵往侦御。与贼遇於梅溪，奋击之，身被重创，力尽无援，投溪厓死。事平，恤世职。

谁能不死？谁能得死？惟我李君是奇男子。（一解）
纠纠武夫而善读书，观史鉴事识忠义字。（二解）
守备桂林，伍律严森，恩威互用，感士卒心。（三解）
西延乱作，贼氛剧恶，大府檄君，慷慨踊跃。（四解）
不知有身，只知有国。率三百人灭此朝食。（五解）
梅溪茫茫，地险贼狂。力尽身创，创重身亡。丈夫愿偿，梅溪水香。（六解）
事定入告，飞来凤诏。不替恩荣，九原含笑。（七解）
我胪君状，告世战将。我亦有光，与君同乡。（八解）

瑞瓜图歌

宋宝庆丙戌，邢城张君令句容。其时，麦双歧，荷连理，竹同苞，芝两苗，瓜并蒂，五瑞并见。绍定己丑，漫唐刘公绘图题句，刻石於学宫戟门外，纪盛事也。道光年间，震泽张渊甫先生任学博。丁未岁，篋室有挛生之喜。先生取图中并蒂瓜倩画家写为《瑞瓜图》，征诗属余作歌。

磨礲五瑞宫墙碑，中有瓜飚青离离。
人瑞应运两朝后，绛帷钟毓生英奇。
句容学博张夫子，文章道德今宗师。
满庭佳气郁玉树，余庆喜更盈金闺。
岁在丁未月建戌，寝床忽报双麟儿。

在昔兰陵作先达，鼎元预兆宫衣绯。（阳湖孙渊如观察旧诞此署，发甲后，尊人书屏，先生以"鼎元先路"四字榜於堂）

横舍发祥旧传说，兹复一乳征熊罴。
陆氏机云陈元季，苏之轼辙宋郊祁。
欣看二难并挺秀，翩翩棣萼联光辉。
一时歌咏遍文苑，绘手更用丹青挥。
两瓜写奇绵绵意，茎叶茂密交葳蕤。
我知此瓜种有法，心田艺圃勤鉏犂。
须荄滋润时雨渥，藤蔓委迤春风吹。
得天独厚发自异，嗶嗶纠结连理枝。
凤闻哈密岁充贡，上荐陵庙同馨粢。
此瓜迥殊东陵隐，必承筐篚登枫墀。

他日书名纪事更泐一片石，会与五瑞贞珉永永千禩垂！

次舒伯鲁元韵　　（邑人）唐治（鲁泉）

浮生大半醒槐安，欲话升沈兴已阑。
乞米何须充佛衲，读书祇合老儒冠。
青衫有泪酬知己，白发无方避长官。
已是此身难报称，羲娥勤与弄双丸。

楮冠藜杖不嫌贫，苦为浮名系此身。
衣钵未能传古佛，堂皇何以对斯人。
明知害马除宜亟，却恐灵犀照未真。

嘘拂春风今廿载，敢忘前哲釜生尘。（伯鲁尊人苏樵太守，予壬午乡荐房师也）

题唐鲁泉明府墨迹（并序）　　（桐城）朱道文（鲁岑）

明府名治，句容人。宰桐城，有惠政。待予最厚。其后殉节祁门。先是，明府有赠其门人甘愚亭（绍盘）诗云：一望江头百尺涛，与谁挥手策灵鳌。君乡忠毅坟前木，好作人间水上篙。愚亭属题其手墨，因书其后。

晓日红翻碧海涛，烟波独钓戴山鳌。
乘槎直上归何处？云汉迢迢不用篙。

昔唐明府鲁泉送其门人甘愚亭返桐城，赠诗曰：一望江头百尺涛，与谁挥手策灵鳌。君乡忠毅坟前木，好作人间水上篙。愚亭示我，感而赋之。

（桐城）方潜

水上篙，撑铁骨，请看一世文字雄。短衣击柝甘被役，甘被役，羞文章。何如唐君廿八字，字字能争日月光。

水上篙，撑铁背，请看巍巍大缙绅。蠖屈穷乡白发被，白发被，辱堂皇。何如唐君七品耳，慷慨成仁姓字香。

水上篙，撑铁脚，请看诸将拥雄兵。仓皇一退惊风鹤，惊风鹤，弃疆场。何如唐君死片土，八字立跟担纲常。

题唐鲁泉明府遗稿　　王治覃

孤臣力竭势艰辛，浩气凌虚叹绝伦。
断舌几人能骂贼，杀身一念为成仁。
循良异代推翁邑，壮烈同时泣远巡。
最怪浮言纷起处，尸还马革凛如神。

前题　　（桐城）徐宗亮（椒岑）

仗节如公古所钦，至今遗烈溯江浔。
早知尚论推前辈，不待临危见此心。
万里中流思砥柱，百年后死感人琴。
寻仇我更伤怀切，把卷相看涕泪深。

忆唐鲁泉治明府　　（江宁）汪士铎（梅村）

从容骂贼山城外，一纸家书并就焚。
幸有韩阶营毅魄（君殉难祁门河中。乱定，尸多不可辨。君客钱唐许益斋以君元缎裤辨之），更逢李汉（甘君愚亭）录遗文。
催科抚字无全考，易义元言识旧闻。
大鸟临危输小雀，申屠慷慨定呼君。

过华阳山中　　（江宁）杨长年（朴庵）

山深路古乱云堆，寂寂僧扉昼不开。
峭壁摩天松拔地，四围青压佛头来。

徐烈妇行（曹茂材政修妻咸丰十年殉难）　　（邑人）骆崇禧（雨香）

金沙动地来鼙鼓，大茅山前遍豺虎。

多少男儿就义难，峨眉一死真千古。
卓哉余乡徐孺人，誓志愿死不愿生。
求生匪难死不易，求死不得生非贞。
故撄其怒杀其身，厉声骂贼动贼嗔。
果然有志事竟成，求仁毕竟能得仁。
刀光飞红血喷碧，为报良人从此别。
殉母有儿腹中绝，再拜慈姑妾命毕。
　妾命毕，妾心一死不辱身完妾节。
花月消残珠玉沈，巾帼英雄闺阁杰。
或谓孺人计何迂！以身易名徒捐躯。
山中当时贼未犯，死可不死毋乃愚。
我闻斯语发狂叫，是何言也真庸奴。
纲常名教若辈坏，天下坐是少完儒。
人生幸值承平世，舍生就死胡为乎？
不幸流离遇寇变，草间苟活非丈夫。
守贞况复女子分，此时荣辱争须臾。
若待贼犯死已晚，万金白璧瑕掩瑜。
独得死法逢彼怒，不特勇绝智亦殊。
千载凛凛有生气，贵儿朱氏无时无。
伤心触我思畴昔，山妻亦号闺中烈。
往岁沈渊纵再生，今年苦海成长诀。
镜破钗分少信音，香消玉碎谁传说？
拈毫附载孺人诗，悲风落纸声呜咽。
曹君曹君尔莫悲，虎泪勿为儿女垂。
加餐努力且自爱，有妻如此光门楣。
呜呼！上寿不过百年止。死苟得所死不死。
彰彰大节荣桑梓，乃出金闺一女子。

登宝华山歌　　　骆崇禧

宝华山高高插天，近天笑拍洪崖肩。
登山一览众山小，齐州九点如浮烟。
石莲拥地开胜迹，巍峨铜殿辉金碧。
说法坛高天雨花，拜经台古云垂石。
黄叶湾，绕禅关，苍苍扑面蒋王山。
乌龙洞，漆如瓮，当年曾记宫中梦。
相传下葬古诸侯，蕲王坟墓西风愁。
老鹳河边呜咽水，至今犹作怒涛头。
松柏千章四围绿，净土空王真乐国。
水月澄清印月池，烟云深锁留云阁。
箭机不解证菩提，扶筇直上闻天鸡。
罡风吹衣不敢立，碧落倒影斜阳低。
吁嗟乎！青山依旧青如许，佞佛萧梁无寸土。

四百八十南朝寺，多少楼台护烟雨！

纪事二首　　骆崇禧

男儿重任寄封疆，欲报君恩为国殇。
节钺一朝无地建，东南半壁是谁亡？
缓刑岂贷熊文燦，败绩终诛马幼常。
泉下有知应亦悔，何如早日死沙场。

高牙大纛位崇班，仗尔西瓯靖百蛮。
辱国哥舒甘虏屈，负恩均坰愧生还。
汉家自有三章约，唐法难宽六等奸。
地下若逢张许在，只愁相对亦羞颜。

百培山吊李小平（鸿勋）都督（山在邑东南二十里）

（邑人）曹政修（梅生）

匹马经过五丈原，书生有泪哭忠魂。
悲生甲帐三军泪，血渍靴刀一死尊。
遗恨黑山犹有贼，伤心白狄不归元。
东南保障功非细，多少苍生感旧恩。

茅山晓行　　曹政修

仙境真清绝，全无鸟雀哗。
山铺云作海，车碾石成砂。
湿雾千峰暝，疏林一径斜。
何时三亩宅，此地竟移家。

句曲杂感　　曹政修

严城日暮起悲笳，往事凄凉足叹嗟。
榆柳洲边新鬼火，蒿莱径里旧人家。
珝戈阻滞怀乡里，铜狄摩挲感物华。
重过昔时游宴地，只余枯树闹栖鸦。

人事升沈几变迁？此心总被利名牵。
可怜沧海横流日，仍是邯郸梦里天。
起陆龙蛇开劫运，舐铛鸡犬尽神仙。
书生痛哭原多事，不独长沙一少年。

一经冀野马群空，伯乐於今未易逢。
不舞几同羊氏鹤，有人雅好叶公龙。
处堂谁识倾巢祸，调鼎终虞覆𫗧凶。
别有十州三岛客，可怜尘世转难容。

冲繁小县叹彫残，底事医疮肉竟剜。
鉴物可知焚象齿，累人何苦恋猪肝。
亦知凤泊鸾飘苦，其奈鸡群鹤立难。
太息家山留不得，天涯回首路漫漫。

王介亭刲股歌（名履信，邑人） （南昌）唐梦庚

咸丰初元遭阳九，妖星夜出射南斗。
金田贼氛从此兴，大者封狼小臊狗。
是时宇内久无事，将士逍遥甲兵朽。
蔓延数省如无人，金城汤池不能守。
匪徒未灭盐枭张，长蛇睒睗踵其后。
生灵肝脑涂中原，下民脂膏竭荒薮。
介亭先生本儒裔，天性纯孝古希有。
三龄失怙称孤儿，育子恩勤赖贤母。
爰在弱岁复遭乱，负母流离四方走。
可怜满地皆干戈，投笔从戎符许剖。
身居帐下心高堂，甘旨时时供左右。
悍酋来逼东阳镇，覆军戮将肆哮吼。
母被掠散情孔棘，突围救亲甘获咎。
东阳出后新丰困，再接再厉势雄赳。
恶氛暂熄幸无恙，母子生还脱虎口。
后来战功更奇伟，楚吴齐鲁涤腥垢。
叙功奏上帝恩渥，赏以翎枝加绿绶。
功成身退为孝养，归去来兮官不受。
母疾刲股至再三，窃冀萱花百年寿。
奈何八旬竟长别，泣血椎胸势俱踣。
缅维儿女尚孱弱，身后无依势难久。
嗣续若斩先人恫，九泉相见亦惭忸。
勉节哀痛襄大事，孺慕情长要白首。
先生旧研紫书奥，海上仙方悬在肘。
活人多矣囊无钱，非道非义不轻取。
贱子南宫报罢回，奇行传来由我友。
乍惊珠玉辉山川，又讶麟凤游郊棷。
迩来习俗日偷薄，孝子仁人见非偶。
愧无杜陵诗史笔，大发幽潜抉蒙蔀。
且书盛事志钦仰，副以长歌忘拙丑。

寿昌弃官通乎神，蔡顺遇贼援以手。
古来孝感都如此，史籍彰彰未辜负。
安得輶轩达九重，特恩旌表示倪耆。
闻风兴起千万人，民德从今必归厚。

喜官军收复句容 （石埭）徐士怡（棣友）

听说贪狼灭，孤城建节旄。
将军天上下，蝼蚁穴中逃。
喜色分明镜，归心指大刀。
诸君须努力，群盗尚如毛。

自东沟还句容 徐士怡

盼到归期急束装，扁舟风送返华阳。
漫云建德非吾土，直把并州作故乡。
逆旅三年增感慨，孤城百战阅沧桑。
凭将漂泊重回首，只算春宵梦一场。

句容杂感 徐士怡

风送蒲帆挂雨归，沧桑变后怅何依。
三间老屋迷衰草，一种闲愁弔夕晖。
门外黄蒿拦径入，年来紫燕傍谁飞。
不须化作丁仙鹤，城郭人民已半非。

遥指临溪有数椽，此中侭可枕书眠。
便教我借桥西宅，犹胜人牵岸上船。
瓜蔓日生春雨后，秧针风送夕阳天。
是乡毕竟非吾土，才赋归来便惘然。

送曹梅生回茅山 徐士怡

送子茅峰去，还家上翠微。
门当青嶂启，风送白云归。
相像栖迟味，清闲与俗违。
只怜予寂寞，独自掩荆扉。

无计留君住，离亭一黯然。
那堪分手际，偏在早春天。
草色遮官道，莺声送祖筵。
知君离别我，且为驻吟鞭。

才名夸七步，潇洒况多姿。
乱后离群苦，归来见面迟。
琴樽朝把酒，风雨夜谈诗。
此境休回首，依依系梦思。

句容复失，夜避兵余家山　　　徐士怡

几年劳战伐，变起又匆匆。
烽火惊相逼，干戈劫未终。
车行残月里，人在乱山中。
回首华阳路，宵飞一炬红。

癸酉暮秋自京南旋山行即景　　　（邑人）李萼（花楼）

四时风景最宜秋，况是齐烟九点浮。
枫叶满林天欲暮，夕阳红上酒家楼。

盘盘曲曲路崎岖，行尽崎岖四日余。
最苦五更眠未足，籨衣扶梦上征车。

不辨仙源何处寻？遥听飞瀑响浔浔。
在山泉已清如许，流到人间便作霖。

手把芙蓉欲自栽，罡风几度阻瑶台。
行踪应被山灵笑，又向长安道上来。①

续纂句容县志卷十八中终

---

① 李注：据蒯德模《带耕堂遗诗》三卷《旅店（句容）》载：月掩柴门小，风吹戍鼓残。村醪难酿梦，野菜佐加餐。破壁留题断，孤灯照影寒。明朝须早发，咫尺秣陵看。
据蒯德模《带耕堂遗诗》三卷《龙潭道上》载：（一）晓发龙潭道，苍茫树色间。迂回三十里，包裹万重山。松韵敲风细，泉声下涧潺。美他高卧者，镇日掩柴关。（二）秋色来新雁，铃声控短驴。山河多废垒，城郭半荒墟。西北方多事（夷回未靖），东南莫逸居。稻粱欣遍野，民气渐能舒。
据孙文川《读雪斋诗集》二卷有《句容劝捐作》《金陵官军退守丹阳，贼遂陷东南诸乡至於句容，叔弟砚农自杨柳村奉母挈眷闲道赴上海，季弟斗垣（文光）亦自东乡出走遇诸途》《纪异》《观音粉歌（句容丹阳旱蝗山下产观音粉，饥民掘之，与米麦同煮，食其粉，乃涂泥耳！昔刘守光围沧州，城中杂食堇块，句容之观音粉其即此乎！孙子悯之，故作是歌）》《喜闻官军克服溧水句容直抵金陵二首》等。
相关句容之诗作，另参考《句容古诗词赋三千首（校点、注释）》。

续纂句容县志卷十八下　　邑人　张瀛　分纂

艺文（文）

解官表　　（梁）陶宏景①（通明）

臣闻尧风冲天，颖阳振饮河之谈；汉德括地，商阴峻餐芝之气。臣栖迟早日，簪带久年，仕岂留荣，学非待禄，恒思县缨②象阙③，孤耕垄下，席月涧阿，横琴云际，始奉中恩，得遂邱壑。今便灭影桂庭，神交松友。一出东关，故乡④就望。睠言兴念，临歧⑤泻泪，臣舟棹已遄，无缘躬诣，不任⑥攀恋之诚，谨奉表以闻。

授门弟子陆敬游十赍文　　陶宏景

隐居先生遣总事弟子戴垣、秉策执简膝授前学弟子吴郡陆敬游建连石之邑。为栖静处士策文曰：

咨尔敬游：昔我纡绶帝闱，持笏梁席，虽迹混教涂而心标逸境芝田之想，无忘晓夜濠颖之志。岁月已深，至德有邻，风云相会，尔之来也，爰移两春。於是褫带青埤、挂冠朱阙，携手东驱，刱居兹岭。疏涧通水，徙石开基。登崖断干，越垄负卉。筋力尽於登筑，气血疲乎趋走。肌色憔悴，不以暴露为苦；心魂空慊，宁顾饥寒之弊？栋宇既立，载罹霜暑。於时七稔经始甫迄今日之安，尔有勤焉！君子不独居其荣，仁人必与物同泰。是用邑尔，长阿比阪积金山连石之乡，方七十步，涧水属焉。茂尔嘉业，永为华阳上宾，尔其蕴之（其一）。

尔以诚悫为性，恬澹为情，质直居本，沈重树志，不邀世才，高谢接俗。权谋诡诵，非意所欲，今故赍尔，为栖静处士，可谓因德立号、克终斯美（其二）。

尔基架馆境，营划援域，堂坛宏敞，栖路通严，官私行止，并有栖憩缮筑之劳，莫匪尔力。今故赍尔，四雷飞轩，厢廊侧屋，可以安身静卧、显祇遐福（其三）。

尔奉上惟勤，接下以惠，稼穑艰难，备尝劳苦。货殖之宜，允赡粮服，手足胼胝，未获告休，栉风沐雨，

---

① 陶宏景：即"陶弘景"。避"弘历"讳，"弘"改"宏"。
② 县缨：挂冠。县：通"悬"。
③ 象阙：悬挂法令与告示的高大宫门。
④ 故乡：陶弘景，字通明。丹阳秣陵（今南京）人。后隐居茅山。
⑤ 临歧：相送至歧路而分别。
⑥ 不任：不堪。

於焉尤切。今故赍尔，苍头一人，厥名多益，可以传代薪水、省息勌剧（其四）。

尔族惟旧绪，身乃邦闻，道虽一贯，事望宜分。今故赍尔，钢铁如意，可以挥对宾僚，即名立事（其五）。

尔崇教惟善，法无偏执。器服表用，爰寄玩习。今故赍尔，笻竹锡杖，可以振动三界、精祇悻响（其六）。

尔期诚元契，遐想灵风，至怀所诣，因心则通。今故赍尔，香炉一枚，熏陆副之，可以腾烟紫阁、昭感上司（其七）。

尔澡形洁脏，肴粮既去，宣导松术，实资芳醇。今故赍尔，杯盘一具，可以夕把桂桨，朝承菊露（其八）。

尔敬事经诰，遵尚楷模，翰墨之用，於是乎在。今故赍尔，大砚一面，纸笔副之，可以临文写字，对真受言（其九）。

尔贞心内固，清行外彰，涤荡纷秽，表里雪霜。今故赍尔，鍮石澡灌，手巾为副，可以登斋朝拜、出入盥漱（其十）。

今赍尔十事，事准前史，可以对扬嘉策，循言求理。无或骄惰，以骞斯旨。援笔申怀，敢告处士。①

——————
① 李注：据《道藏·华阳陶隐居集》上卷，陶弘景《寻山志（年十五作）》："倦世情之易挠，乃杖策而寻山。既沿幽以达峻，实穷阻而备艰。眇游心其未已，方际夕乎云根。欣夫得志者忘形，遗形者神存。于是散发解带，盘旋其上。心容旷眼，气宇条畅。玄虽远其必存。累无大而不忘。害马之弊既去，解牛之刀乃王。物我之情，虽均因已济，吾之所尚也。若夫飞声西岳，邀利东陵。楚湘之吃，吴江之矜。轻死重气，名贵於身。迷真晦道，余所弗丞。袭衣缝掖，端委章甫。徘徊廊庙，趋翔庭宇。傅氏百王，流芳世绪。负德叨荣，吾未敢许。尔乃，荆门昼掩，蓬户夜开。室迷夏草，径惑春苔。庭虚月映，琴响风哀。夕鸟依檐，暮兽争来。时复历近，垄寻远壑。坐盘石，望平原。日负嶂以共隐，月披云而出山。风下松而含曲，泉濑石而生文，草萋萋以拂露，鹿飒飒而来群。扪虚萝以入谷，傍洪泽而比清。照石壁以端色，攀桂枝而齐贞。亟扈兰而佩蕙，及春鴃之未鸣。且含怀以屏燕，待惠风而舒情。乃乘兴而遐往，遵岩路以远游。伫天维而漂思，憿悦惚而莫求。眺回江之淼漫，眩叠嶂之相稠。日斜云而色黛，风过水而安流。触嶬岩而起巇，值阔堻而成洲。石孤耸而独绝，岸悬天而似浮。绿蹬道其过半，魂眇眇而无忧。悟伯昏之条岩，蹑千仞而神休。遂乃凌岩峭，至松门。背通林，面长源。右联山而无际，左凭海而齐天。竹汯汯以垂露，柳依依而迎蝉。鸥双双而赴水，鹭轩轩而归田。赴水兮泛滥，归田兮翱翔。此翔滥之足乐，意斯龄之不长。悼菌蟪之危促，美灵椿兮未央。虽鹏鷃之异类，托逍遥乎一方。愿敷衽以远诉，思松朝而陈辞。至赤城兮一憩，遇王子而宿之。仰彭涓兮弗远，必长年兮可期。及榆光之未暮，将寻山而采芝。去采芝兮入深涧，深涧幽兮路窈窕。窈窕路兮终无曙，深涧深兮未曾晓。高松上兮巫停云，低萝下兮屡迷鸟。鸟迷罗兮缤纷，云停松兮欲纷纷。停云游兮安泊，离鸟栖兮索群。嗟！群泊其无所。思参差而谁闻，既穷目以无阅（先生去世后，久无人编录文集。至陈武帝贞明二年，敕令侍中尚书令江总，始撰文集。先生以梁大同二年解驾，至是五十三载矣。文章颇多散落）。问渔人以前路，指示余以蓬莱。曰：果尔以寻山之志，馆尔以招仙之台。就瀍水以通怀，谓万感其已会。亦千念而必谐，竟莫知其所跻。反无形於寂寞，长超忽乎尘埃。"
据《道藏·华阳陶隐居集》上卷，陶弘景《水仙赋》："淼漫八海，泓泊九河。中天起浪，分地泻波。东卷长桑日窟，西斡龙筑月阿。乃者潼关不壅，石门已开。导江出汉，浮济达淮。漳渠水府，包山洞台。娀英之所游往，琴冯是焉去来。或穷发逸鹏，咸池浴日。随云灌金浆之沂，追霞采建木之实。弄珠於渊客之庭，卷绡乎鲛人之室。此真矣矣。至於碧岩无雾，绿水不风。飞轩绋凤，游鞶驾鸿。上朝紫殿，还观青宫。进麾八老，顾拂四童。拊洞阴之磬，张玄圃之墩。酌丹穴之酎，荐麟洲之肴。安期奉枣，王母送桃。锦袿丽日，羽衣拂霄。又其英矣。及秋水方至，层涛架山。各巡封陬，来赍王言。选奇于河侯之府，出宝于骊龙之川。夜光烛月，洪贝充辕。亦其环矣。若夫层城瑶馆，缙云琼阁。黄帝所以觞百神池，淦山石帐，天后翠幕；夏禹所以集群臣也。岷嶓交错，上贯井络，穷汉硐磳，横带玉绳。浸汤泉于桂渚，涌沸壑于金陵。崩沙转石，惊湍走沫。绝壁飞流，万丈悬濑。奔激芒砀之间，驰骛壶口之外。逮乎璇纲运极，九六数翻。用谋西汉，受事龙门。少周蚁後，初会蚠前。平阴钜鹿，再化为渊。清河渤海，三成桑田。抚二仪以恻怆，哀万兆以流涟。金自安於蟒䗩，缅无美於鹄年。皆松下之一物，又奚足以语仙。嗟乎！循有生之造物，固莫灵于在人。宁不踵武于象帝，入妙门而自宾。苟沦形于无晓，与蝼蚁而为尘。亦有先觉之秀。独往之英，窥若士于蒙谷，求吕梁于石城。从务光于砥柱，索龙咸于洞庭。迎九玄于金阙，

谒三素于玉清。更天地而弥固，终逍遥以长生。"

据《道藏·华阳陶隐居集》，陶弘景《答谢中书书》："山川之美，古来共谈。高峰入云，清流见底。两岸石壁，立色交辉。青林翠竹，四时俱备。晓雾将歇，猿鸟乱鸣。夕日欲颓，沈鳞竞跃。实是欲界之仙都！自康乐以来，未复有能与其奇者。"

据《道藏·华阳陶隐居集》，陶弘景《答虞中书书》："栖玄翱於荆枝，望绮云于青汉者，有日于兹矣；而春华来被，草石开鲜，辞动情端，志交衿曲。信知邻德之谈，无虚往楮。夫子虽迹躔朱阁，而心期岱岭，岂但散发乎高岫，以将飞霜于绝谷，良为钦哉？野人幸得托形崇阜，息影长林，每对月流叹，临风轸慨，徒事累可豁，而发容难待，自非齐生死于一致者，能不心热者乎？举世悠悠，孰云同此？傥遇知己，相与共忧。遏来虞公，兹焉可迈，何为栖栖，空劳鼓缶，迨及暇日，有事还童，不亦皎洁当年而无怃前修也。"

据《道藏·华阳陶隐居集》，陶弘景《答赵英才书》："子架学区中，飞才甸外，不宜扫门觅仕，复懒弹铗求通，故偃蹇园巷，从容郊邑，昔所谓忧宾者，此其是乎！岩下鄙人，守一介之志，非敢蔑荣嗤俗，自致云霞，盖任性灵而直往，保无用以得闲，垄薪井汲，乐有馀欢，切松煮术，此外何务。然亦以天地栋宇，万物同於一化，死生善恶，未之能闻。"

据《道藏·华阳陶隐居集》，陶弘景《云上之仙风赋》："缥缈遥裔，亘碧海而扬朝霞，凌青烟而溥天际。出龙门而激水，度葱关以飞雪。於是汉区动御，月轨惊文。浮虚入景，登空泛云。一举万里，曾不浃辰。此列子有待之风也。若乃绵括宇宙，包络天维。周流八极，回环四时。气值节而动律，位涉巽而离箕。徒见去来之绪，莫测终始之期。此大虚无为之风也。"

据《道藏·华阳陶隐居集》，陶弘景《答朝士访仙佛两法体相书》："某等白，尝窃观仙书，辄嗟欣忘倦，徒美其文，莫测其理。寻七尺之体，既同禀太始，俱服五常，以何因缘，独超青云而弊金石者乎？先生领袖玄门，学穷仙苑，必有以竭其川岸，请略闻雅说。隐居答曰：至哉嘉讯！岂蒙生所辨。虽然，试言之。若直推竹柏之匹桐柳者，此本性有殊，非今日所论；若引庖刀汤稼从养溉之功，此又止其所从，终无永固之期。夫得仙者，并有异乎？此但斯族复有数种，今且谈其正体。凡质象所结，不过形神，形神合时，则是人是物，形神若离，则是灵是鬼，其非离非合，佛法所摄，亦离亦合，仙道所依。今问以何能而致此仙，是铸炼之事极，感变之理通也。当埏埴以为器之时，是土而异於土，虽燥未烧，遇湿犹坏，烧而未熟，不久尚毁，火力既足，表里坚固，河山可尽，此形无灭。假令为仙者，以药石炼其形，以精灵莹其神，以和气濯其质，以善德解其缠，众法共通，无碍无滞，欲合则乘云驾龙，欲离则尸解化质，不离不合，则或存或亡，於是各随所业，修道进学，渐阶无穷，教功令满，亦毕竟寂灭矣。"

据《道藏·华阳陶隐居集》上卷、《太平广记》十五卷，陶弘景《题所居壁》："夷甫任散诞，平叔坐谈空。不言昭阳殿，忽作单于宫。"

据《道藏·华阳陶隐居集》上卷，陶弘景《寒夜愁》："夜云生，夜鸿惊，妻切嚓咬伤夜情，空山霜满高烟平。铅华沉照帐，孤明寒月微。寒风紧，愁心绝，愁泪尽人情。不胜怨，思来谁能忍。"《胡笳曲》："自庚飞天历，与夸徒纷纭。百年四五代，终是甲辰君。"《本草序》："隐居在於茅山岩岭之上，以吐纳馀暇，颇游意方技，览本草药性，以为尽圣人之心，故撰而论之。旧说皆称神农本经，余以为信然。昔神农氏之王天下也，画八卦以通鬼神之情，造耕种以省杀生之弊，宣药疗疾，以拯夭伤之命，此三道者，历众圣而弥彰，文王孔子，象象击辞，幽赞人天；后稷伊尹，播厥百谷，惠被群生；岐黄彭扁，振扬辅导，恩流含气；并岁逾三千，民到於今赖之。但轩辕以前，文字未传，如六爻指垂画象，稼穑即事成迹，至於药性所主，当以识识相因，不尔，何由得闻？至於桐雷，乃著在於编简，此书应与《素问》同类，但後多更修饰之尔。秦皇所焚，医方卜术不预，故犹得全录，而遭汉献迁徙，晋怀奔迸，文籍焚靡，十不遗一。今之所存，有此四卷，是其本经，所出郡县，乃後汉时制，疑仲景、元化等所记。又云，有《桐君采药录》，说其花叶形色药对四卷，论其佐使相须，魏、晋以来，吴普、李当之等，更复损益，或五百九十五，或四百四十一，或三百一十九，或三品混糅，冷热舛错，草石不分，虫兽无辨，且所主治，互有得失，医家不能备见，则识智有浅深；今辄苞综诸经，研括烦省，以神农本经三品今三百六十五为主，又进名医副品亦三百六十五，合七百三十种，精粗皆取，无复遗落，分别例条，区畛物类，兼注名时用土地所出，及仙经道术所须，并此序录，合为七卷，虽未足追踵前良，盖亦一家撰制，吾去世之後，可贻诸知音耳。"

据《道藏·茅山志》二十卷和《乾隆句容县志》四卷，陶弘景《茅山曲林馆铭》："层岭外峙，遼宫内映。仄穴旁通，萦泉远镜。尚德依仁，祈生翊命。且天且地，若凡若圣。连甍比栋，各谓知道。参差经术，跌宕辞藻。孰如曲林，独为劲好。掩迹韬功，守兹偕老。"

据《道藏·茅山志》三十三卷，陶弘景《请雨词》："华阳隐居陶弘景、道士周子良词。窃寻下民之命，粒食为本，农工

上隐居书　　　　沈约（休文）

先生糠秕流俗，超然独远，领袖霓羽，总辔云霞。方当名书绛阙，身游元关。凭星夕卧，望日朝餐，而至理深微，曖然难睹，虽欲下风问道，未知厥路。若夫栖迟闲远，咀嚼瑶芝，出入清都，师友灵圣，循崖返迹，无缺惟心。①

谢隐居赉术煎启　　　　庾肩吾

窃以绿叶抽条，生於首峰之侧，紫花缥色，出自郑岩之下。山精见书，华神在篆。术荣人谢，尽采撷之难；启丹移申，穷的沥之剂。故能竞爽云珠，争奇水玉，百邪外御，六府内充。自非身疲掌砚、役倦攀桃，岂可立致遐年？坐生羽翼、临沅丹井，方觉可捐鄞县、菊泉无劳。复汲庶得遨游海岸，追涓子之尘，驰骛霍山，共陈王为侣。淫俗轻施，尚日难酬，出世鸿恩，宁知上报。

宝公赞②　　　　（唐）李白（太白）

水中之月，了不可取。
虚空其心，寥廓无主。
锦幪鸟爪，独行绝侣。
刀齐尺梁，扇迷陈语。
丹青圣容，何住何所。③

所资，在於润泽。顷亢旱积旬，苗稼焦涸，远近嗷嗷，瞻天雀息，百姓祈请，永无感降。伏闻雨水之任，有所司存，愿哀悯黔首，需垂沾渥，呵风召云，肤寸而合，使洪潦溢川，水陆咸济，则白鹤之咏，复兴於今，共伸至诚，稽颡词情，谨词，天监十四年太岁乙未六月二十日词，诣句曲华阳洞天张理禁赵丞前。"

据《陶隐居集》《道藏·茅山志》二十八卷、《诗记》八十九卷，陶弘景《告游篇》："性灵昔既肇，缘业久相因。即化非冥灭，在理澹悲欣。冠剑空衣影，镳辔乃仙身。去此昭轩侣，结彼瀛台宾。倘能踵留辙，为子道玄津。"

① 李注：据《弘治句容县志》八卷、《道藏·茅山志》二十八卷和《茅山志》（笪重光）十二卷，沈约《酬华阳陶先生》："三清未可观，一气且空存。所愿回光景，拯难拔危魂。若蒙九丹赠，岂惧六龙奔。"

据《道藏·茅山志》二十八卷和《茅山志》（笪重光）十二卷，沈约《还园宅奉酬华阳陶先生》："早欲寻名山，期待婚嫁毕。二事虽云已，此外复非一。忽闻龙图至，仍睹荣光溢。副朝首八元，开壤赋千室。冠缨曾弗露，风雨未尝栉。鸣玉响洞门，金蝉映朝日。惭无小人报，徒叨令尹秩。岂忘平生怀，靡监不遑恤。"

据《道藏·茅山志》二十八卷和《茅山志》（笪重光）十二卷，沈约《华阳先生登楼不下赠呈》："侧闻上士说，尺木乃腾霄。云軿不展地，仙居多丽谯。卧待三芝秀，坐对百神朝。衔书必青鸟，嘉客信龙镳。非止灵桃实，方见大椿凋。"

据《道藏·茅山志》二十八卷和《茅山志》（笪重光）十二卷，沈约《奉华阳王外兵》："玉驻年龄，吞霞返容质。眇识青丘树，回见榑桑日。烂熳叠云舒，嶔崟山海出。"

② 宝公赞：又见《宝华山志》（刘明芳）十三卷。

③ 李注：据《全唐诗》（清·彭定求）一八四卷，李白《自溧水道哭王炎三首》："白杨双行行，白马悲路傍。晨兴见晓月，更似发云阳。溧水通吴关，逝川去未央。故人万化尽，闭骨茅山冈。""天上坠玉棺，泉中掩龙章。名飞日月上，义与风云翔。逸气竟莫展，英图俄天伤。楚国一老人，来嗟龚胜亡。有言不可道，雪泣忆兰芳。""王公希代宝，弃世一何早。吊死不及哀，殡宫已秋草。悲来欲脱剑，挂向何枝好。哭向茅山虽未摧，一生泪尽丹阳道。""王家碧瑶树，一树忽先摧。海内故人泣，天涯吊鹤来。未成霖雨用，先失济川材。一罢广陵散，鸣琴更不开。"

宝公赞① 僧皎然

大地之动，我安其中。
高景无氛，灵鹤在空。
出生死海，随物有终。
劈形骇俗，借绘开蒙。
尝携刀尺，精意谁通。②

生芝草表 李含光（元静）

臣含光言：窃见紫阳观东隐居先生旧合丹所、忽生芝草八十一茎，形状瓌奇，光采秀丽，根凭松石，气郁兰荃。斯实旷代希有，当今罕见。伏惟陛下推诚洞府，展敬无虧，睠言紫阳，载兴修葺，是以神物繁殖，

据《乾隆句容县志》三卷，李白《游溧阳北，望湖瓦屋山怀古，赠同旅（则谓孟浩然）》："朝登北湖亭，遥望瓦屋山。天清白露下，始觉秋风还。游子托主人，仰观眉睫间。目色送飞鸿，邈然不可攀。长吁相劝勉，何事来吴关。闻有贞义女，振穷溧水湾。清光了在眼，白日如披颜。高坟五六墩，崒兀栖猛虎。遗迹翳九泉，芳名动千古。子胥昔乞食，此女倾壶浆。运开展宿愤，入楚鞭平王。凛冽天地间，闻名若怀霜。壮夫或未达，十步九太行。与君拂衣去，万里同翱翔。"

据《乾隆句容县志》十卷和《全唐诗》（清·彭定求）一七三卷，李白《自金陵溯流过白璧山玩月达天门，寄句容王主簿》："沧江溯流归，白璧见秋月。秋月照白璧，皓如山阴雪。幽人停宵征，贾客忘早发。进帆天门山，回首牛渚没。川长信风来，日出宿雾歇。故人在咫尺，新赏成胡越。寄君青兰花，惠好庶不绝。"

据《道藏·茅山志》二十四卷，陇西李白撰《唐汉东紫阳先生碑铭》："呜呼，紫阳竟天，其志以默化，不昭然白日而升九天乎？或将潜宾皇王，非世所测，□□□□□挺列仙明，拔之英姿，明堂平白，长耳广颡，挥手振骨，百关有声，殊毛秀采，居然逸异，□□□□□而直达，何龟鹤早世，蟪蛄延秋！元命乎？遭命乎？余长息三日，憺于变化之理。先生姓胡氏，□□□□□族也。代业黄老，门清儒素，皆龙脱世网，鸿冥高云，但贵天爵，何征阀阅？始八岁，经仙城山，□□□□□有清都紫微之遐想。九岁出家，十二休粮，二十游衡山，云寻洞府，水涉溟壑。神王□□□□□召为威仪及天下采经使。因遇诸真人，嗳赤丹阳精、石景水母，故常吸飞根，吞日魂，密而修之，□□□□□所居苦竹院，置餐霞之楼，手植双桂，栖迟其下，闻金陵之墟，道始盛于三茅，波乎四许。华阳□□□□□陶隐居传昇玄子，昇玄子传体玄，体玄传贞一先生，贞一先生传天师李含光，李含光合契乎紫阳、□□□□□於神农之里，南抵朱陵，北越白水，禀训门下者，三千余人。邻境牧守，移风问道，忽遇先生之宴坐，□□□□□隐机雁行而前，为时见重，多此类也。天宝初，威仪元丹丘、道门龙凤，厚礼致屈，传箓于嵩山东京大唐□□宫、三请固辞偃卧，未几而诏书下责，不得已而行。入宫一革轨仪，大变都邑。然海鸟愁臧文之享，猨狙裂周公之衣，志往迹留，称疾辞帝，克期离阙。临别自祭，其文曰：神将厌余，余非世物。乃顾命姪道士胡齐物，具平肩舆，归骨旧土。王公卿士，送及龙门。次王乔之祠，目若有睹，泊然而化。天香引道，尸轻空衣。及本郡太守裴公以幡华郊迎，举郭雷动，□□□□开颜如生，观者日万，群议骇俗。至其年十月二十三日，葬于郭东之新松山，春秋六十有二。先生含弘光大，不修小节；书不尽妙，郁有崩云之势；文非凤工，时动雕龙之作。存也宇宙而无光，殁也浪化而蝉蜕。岂□□□□□乎！有乡僧贞倩，雅仗才气，请余为铭。余与紫阳神交，饱餐素论，十得其九。弟子元丹丘等咸思鸾凤之仪羽，想珠玉之云气，洒扫松月，载扬仙风，篆石颂德，与兹山不朽。词曰：

贤哉仙士，六十而化。光光紫阳，善与时而为龙蛇，固亦以生死为昼夜。有力者挈之而趋劫运，颓落终归于无。惟元神不灭，湛然清都，延陵既殁，仲尼呜呼。青青松柏，离离山隅。篆石颂德，名扬八区。

右二碑附录体玄潘宗师、复有碑在嵩山。雍州司功王适撰，弟子司马子微书，大周圣历二年所建。"

① 宝公赞：又见《宝华山志》（刘明芳）十三卷。
② 李注：僧皎然相关句容之诗作，参阅《句容古诗词赋三千首（校点注释）》"皎然（6首）"

用表吉祥。凡与知闻，金云圣德所感，莫不喜悦，臣不胜欣跃之至，谨遣杨慎奢先奉表以闻，今图写芝形，委曲详辨。事毕之日，别差使上闻。天宝七载五月二十日。

降甘露表　　前人

前所奏请紫阳观东郁冈山右奉修齐醮，自六月二十七日起首行道，至今月七日冬至，日初出时，缘是斋人及中使齐令诜等，咸见斋坛四远松树悉有甘露，其色白，其气香，其味甘。其松去坛渐远者而甘露亦渐少。计今凡降甘露松树都有二百三十株。谨案《道德经》称：天地相合，以降甘露。人莫之令而自均焉。元圣著经以为嘉瑞，斋醮遇此，又为吉祥，敢不以闻？谨奉表供进甘露二合。天宝十一载十一月。

绛岩湖记　　（邑人）樊珣（县令）

句容西南三十三里曰赤山。天宝中改为绛岩山。以文变质也。山外周流，厥有湖塘，旧址考於前志，则曰吴人创之、梁人通之矣。洎金火有变，积为习坎灌莽之所。我唐麟德岁，邑宰杨嘉延亦纂前服，利农为名，虽迹於传闻而事斯茫昧。杨氏之后，今余百年。实滋菰蒲，莫植粳稻。剥极则贲，俟能而伸。大历十二祀，县大夫兼大理司直太原王公昕能苏罢劳（一作人），且易弊俗，临湖而叹，以欲从人吟使臣之清风，酌良牧之高谊，将图永逸，匪顾暂劳。因察其地形，访以舆诵，谋始作则，庀徒撰工，月在休农，云其荷锸，周匝百顷（一作里），蓄为湖塘，置两斗门，用以为节。旱暵则决而全注，霖潦则潴而不流。收功济时，道甚明远。开田万顷，瞻户九乡。洎成奥区，颇无凶岁。鱼稻之盛，公实为之。昔叔敖芍陂能张楚国，史起漳水，竞富魏邦。秦称郑白，汉歌邵杜。皆谓是也。每商羊起舞，龙见而零，比屋有忧於销铄，连阡莫睹於耘耨。我则黛波斋沧，白鸟飞灭，下洞庭之凫雁，泳中流之鳣鲔，横圹之右，构为新亭，芬其芰荷，树以杞柳。杨楚江岭，憧憧是途，行李实获於荫麻，咏歌或藉於观览。懿乎哉！君子之用心也，孰愈崇其岛榭，侈以林堂，此而莫文翰墨奚述！大历十二年十月三日记。

建康实录序　　（邑人）许嵩

司马子长①善叙事，古称良史，然班固嫌其疏略，是非颇谬於圣人，言论数篇，以为所蔽。嵩述而不作，窃思好古，今质正传，旁采遗文，始自吴起汉兴平元年，终於陈末祯明三年。而吴黄龙以前虽引汉历二十余年，其实吴之首事，及晋平吴太康之后三十余载，复涉西晋之年，洎②琅琊东迁，太兴即位元年，始为东晋首年。东晋十一帝一百二年而禅③於宋；宋八帝六十年而禅於齐；齐七帝二十四年而禅於梁；梁五帝五十六年而入於陈；陈五帝三十三年止隋开皇元年。陈建首号，梁之末年；梁称元年，齐之季年；齐初即位，宋之余年，则四家终始共用三年，而吴四帝五十九年。南朝六代四十帝三百三十一年，并吴首事之年，总四百年间。著东夏④之事，勒成二十卷，名曰《建康实录》。具六朝君臣行事，事有详简，文有机要，不必备举。若土地山川，城池宫苑，当时制置，或互兴毁，各明处所，用存古迹，其有异事别闻，辞不相属，则皆注记，以益见知。使周览而不烦，约⑤而无失者也。

---
① 司马子长：司马迁（前145—前86？），字子长，汉夏阳人。
② 洎：到，及。
③ 禅：禅位。
④ 东夏：中国的东部。此指建康。夏：中国的古称。
⑤ 约：简约。

虞部员外郎、史馆修撰张纬可句容令　　（南唐广陵）徐铉（鼎臣）

敕：为政之要，在乎安民；长人之吏，在乎慎选。故吾用古道，择尚书郎而命之。某官张纬，学问该通①，辞艺精绝。自东朝②载笔，石室③抽文④，朝论蔼然，以为名士。矧又洞识理体，周知物情，是为通才⑤。何适不可？王畿大邑，既庶而富。藉尔敏慧，为吾教之。仍假⑥台郎，以申朝奖。苟闻报政⑦，岂悋⑧加恩？可⑨！

送张佖、郭贲二先辈序　　徐铉

君子所以章灼⑩当时、焜燿⑪来裔者，必曰进士擢第、畿尉释褐。斯道也，中道令法，虽百王不移者也。自圣历中兴，百度渐贞，能兴此美者，今始见张、郭二生矣，则知九仞之势、千里之行，凝云逐日，未可量也。铉也不佞，生於先贤之后，进在二子之前，此美不兼可以叹息，然有事同而时异，请试论之，噫！词场陵废五十年矣。故老之言议殆绝，后生之视听懵然。今百辟⑫有司，达於郡国，吏徒见趋，走公府中一尉耳，焉知其余哉？而二君子调高才逸，年少气盛，将以俊造之业自重，责人以既废之礼。又将以尧舜之道为用，议政於俗吏之间，如是将与时大乖矣。呜呼，彼众我寡，难以胜乎君子之道，无施不可，舒之弥四海，卷之在掌握，日磾见奇於牧马，元扬知名於水磑，彼二人即公辅大器也。岂以耻辱为累哉！愚愿二君子反已正声，开怀戢燿，无望人以不知，无强人以不能，如斯而已矣！今天子重文好古，诸生怀才待用，所以苍生未蒙福者，上下之势殊，中有间尔，大易之义，物不终否，否极必泰，泰之时在上者，其道下降，在下者，其道上行。君臣相合，然后事业远矣。吾以为斯道之复不远，吾子其勉之。句曲仙乡，广陵胜地，多难将弭，春物将华，琴棋诗酒，足以为适，赠言之旨，尽於斯焉。

进茅山元符观颂表　　（宋）鲍慎辞⑬（邑令）

右臣所领邑居茅山之下元符观实隶焉。经营之际，得以职事自效於斤筑之末，因获究见朝廷所以制作之本意。臣愚不佞，恭惟皇帝陛下，天神天明，经纬万事，文德既畅，武功亦昭，上自京师，下逮海表，胜衣之子，知研经术，弦诵之音，如昔邹鲁⑭，偏师西指，辟国万里。名王贵人，俘献两观，治功巍巍，旷代未有。至於怀柔百神，尽诚备物，灵贶昭答，臣庶颂叹。维元符之建，实绍先志，不惑於飞举灵化之说，无取於黄治变幻之事，清净无为，深达道妙，载营斋馆，以格真驭，尊异高行，风厉四方，历选

---

① 该通：广博通达。
② 东朝：太子。
③ 石室：古代藏书的地方。
④ 抽文：引文。抽：《广韵·尤韵》："抽，引也。"
⑤ 通才：学识广博，兼具多种才能的人。
⑥ 假：权，代理。
⑦ 报政：陈报政绩。
⑧ 悋：吝。
⑨ 可：同意。
⑩ 章灼：显耀。
⑪ 焜燿：昭显。
⑫ 百辟：诸侯。
⑬ 艶慎辞：即"鲍慎辞"。
⑭ 邹鲁：孔子为鲁人，孟子为邹人，故称文教鼎盛的地方为"邹鲁"。

列辟，郭如今兹，固宜仙圣睠怀，蒙福无极，瑞鹤翔集，以示民信。闻之邑人，华阳自崇宁以来，庆云醴泉，紫芝瑶草，盖多有之。然可闻而不可见，可见而不可致。惟是瑞鹤之应，上薄九霄，万目所瞻，不得而掩。臣前与部使者已具列上，景命之符，莫此验白，窃意群公庶尹、礼官博士，因符瑞之既富，则六艺之可考，抗章而请，有事於泰山梁父，以继七十二君之绝业，以扬我祖宗之休功，则兹山之灵，实兆厥祥。臣观古帝王既有殊尤特绝之绩，必有非常能言之士，铺张本木，比次律吕，勒之金石，著在简册，以光明於本朝。臣游泳太平，拭目盛事而惜未闻声诗流播，乃择日斋戒沐浴，撰成《茅山元符观颂》一首，词义鄙浅，无足简录，而臣之区区厥有攸在，倘蒙万机之暇，俯赐乙览①，以狂斐诛死，臣所荣幸，所有元符观一本谨随状上进，干冒宸严。臣无任②陨越③，兢惭踢踢④，俟命之至，谨录闻，伏候勑旨。

巫伋进讲尚书制　　王洋（东牟）

某官某：讲筵高三侍之选，藏壁出四代之文。尧舜之治垂衣裳，亶其稽古；文武之政在方策，可以验今。厥维儒宗宜备，延访以尔，多见守约，资深逢源。宪台持纠察之公，谏省有弥缝之益。入侍经幄，详问起辞。谅学术之该通，尤典谟之淹贯。於五十八篇之定，举大义以敷陈；若十余万言之繁，鉴空文之无补。庶裨圣治，日盼英猷。

送卫汝积归句曲诗序　　（金坛）刘宰（平国）

汝积归路过独楼冈，入亭子谷，二处相去里许，而下瞰数百里，邱陵川泽如错绣然。谷中萦纡峭险，下有流泉，疑有幽人胜士。尝建楼冈上，以极临眺。著亭谷中，以贮幽胜。以其亭多而楼独，故曰独楼。柳子厚所谓：游之道二，旷如也，奥如也。此盖两得之。岁久，楼倾亭废，而名尚传，若铁垆步。然山居皆樵苏⑤之人，无能解其义者，遂意独楼为髑髅，而以谷为孔，是又与小姑嫁彭郎同意⑥，吁可叹也。因汝积路出其间，为辨证以刷是冈之耻。

《茅山志》自序　　（元）刘大彬（元应）

句曲有记尚矣。宋绍兴二十年，南丰曾恂孚仲、昭台道士傅霄子昂修《山记》四卷，所书山水祠宇，粗录名号而已，考古述事则犹略焉。大彬登坛一纪⑦，始克修证，传宗经录，又五载而成。是书凡十二篇十五卷，题曰《茅山志》。载惟兹山禀灵，异於开辟之初，应帝王於虚无之表。夏禹巡幸，秦始登崇。汉元寿二年，太帝九锡茅君白日神仙，其名益大显於天下。及晋宋经道之兴，梁唐尊尚之笃，真人道士代为帝者师，龙文凤札，积如云霞。慨乎年世旷邈，玺书罕存。追录见闻百余一二，暨我皇元混一区宇，世祖圣德神功文武帝首降明诏，召嗣师蒋君宗瑛诣阙，繇是累朝大护其教，乃延祐三载，加号三君，改观三峰，光掩前古。圣人以神道设教有自来矣！作诰副墨第一。加封明诏若曰：兹山之灵，以氏为号。

---

① 乙览：乙，指乙夜，二更时候，约为晚上十点。乙览谓於乙夜观看文书。语本唐·苏鹗《杜阳杂编·卷中》："文宗皇帝尚贤乐善，罕有伦比。……谓左右曰：'若不甲夜视事，乙夜观书，何以为人君耶！'"后以乙览指皇帝阅读文书。
② 无任：无能，不能胜任。
③ 陨越：失职。
④ 踢踢：恐惧紧张。
⑤ 樵苏：采薪与取草。
⑥ 同意：同样的意思。
⑦ 一纪：十二年。

茅君真迹，盍先传焉。按登真隐诀真传例，列圣道君称纪，余真称传。夫以三茅秦汉道君，今日下士仰述圣迹，何得称传？作三神纪第二。金坛华阳洞天，金陵地肺福地，桐柏真人所谓"养真之福境，成神之灵墟"，虽百世可知也。集诸山水洞穴，作括神区第三。观方平海中扬尘之论，令威华表去家之语，是知仙圣按行民间，亦尝咄咄古今之异，元踪所在，不与陵谷迁变者几希。作稽古迹第四。上清经法下教出世，始晋兴宁二年，紫虚魏元君降神琅琊王公府舍人杨君，作隶字写出，以传护军长史许君父子。其图录秘奥，非盟跪不传。今疏篇目，使学真之子略见晓焉。书论附名其左。作道山册第五。初元始七传而至紫虚，自紫虚积於今四十五代。苟非其人，道不虚行，河东柳识故云：道门华阳，亦儒门洙泗。作上清品第六。刘向云：天有神司，仙人充之。洞宫官僚，自《真诰》《元通记》传出。时运变易，应有迁补。譬如周礼汉仪，不复相同。神道幽远，非世所知。作仙曹署第七。山势曲而有容，高尚求志之士栖遁其间，不可殚纪，所采古今卓行之著明者。若夫深晦无为，潜升晨景，则曷得而名，作采真游第八。魏晋六朝，馆宇散居林麓。唐宋始敕改宫，观之盛，奉祠祝厘，此其地也。作数观部第九。丹砂宝气，金玉华津，人服之而引年易质。其渍润积久，发於芝英草木，神异而灵长，信物理之固然。作灵检第十。碑铭书刻，载道之舟车也。真人手泽，犹得模楷。而立德立功立言者，文亦在兹乎？作录金石第十一。古人采诗，盖有关名教，山中赋咏，散逸既多，此皆绝妙好辞，足丽於飞空谣歌之末。作金薤编第十二终焉。是志之作，不间今昔，一行一言，录其至善。其或传事伪谬，撰辞芜恶（如指桓记之属）一无所取，非脱遗也。於戏！太史公称天下名山，南华称博大真人。若句曲兼二者，盖千数百年纂懿流光，未有若斯之盛者也！后之学士无狭其所居，无厌其所生，无小无大。壹是皆以清净为本，尚有征於斯文哉。大元天历元年岁在戊辰十二月二日，嗣上清经箓四十五代宗师洞观微妙元应真人刘真人序。

朱竹山卷序　　　　（成都）青阳翼（君辅）

竹之有闻，於古尚矣！轩辕氏始制律，夏后氏作贡。象於《易》，歌於《诗》，记於经史传记。制器比德於斯为盛。后世司马迁、东方朔、班固、蒋诩、王徽之暨晋七贤、唐六逸辈，资焉以丰其业，玩焉以适其趣。其所称道，或异於古。惟反诸身而喻之德，士君子观物知要，斯当务所急也。淇澳之诗，即其始生柔弱美盛而称之曰猗猗，其坚刚茂盛而称之曰青青，及其盛极而比密也，则曰如箦，由柔而刚，以及其至。其盛有渐，其美无斁，实有进德之象。於是继之以切嗟琢磨、学问自修之功，喻之以金锡圭璧、精纯温润之美，以免夫人之进而要之成象德之义，於是为备。传曰：竹箭之有筠也，贯四时而不改柯易叶。人之有德也，释回增美，质措则正而施则行，古君子之才取於竹若是。容山朱俊民氏其有志於是者乎，夫俊民甫以竹自命而系之以山，竹固君子所比德，而山亦仁者之所乐。好事者图焉而咏歌之，其有得於俊民甫之志哉。呜呼！山之竹秀如封愈崇，竹之山茂如植愈盛。交相为益，有其象焉！德以是立，器以是成，古道其有在矣！敢序其端，以谂执事。

从事钱塘赠行序　　　　青阳翼

儒吏之选严矣！昔周人建官，必有史掌官书以赞治，而后世因之以刀笔。筐箧从事未必以儒举也。延祐中，仁皇帝诏天下诸邑吏儒生，以簿书期会。一切趋办吏，无所不可者，何乃以儒生为？盖将以古之儒术正今之吏习，以去其弊，於以修政图治，加惠斯民甚厚，圣谟明远，甚至夫何有司所举用名实行能足以仰副明诏者盖鲜，而或者以儒相诟病，儒之用诚有待其人哉！容山朱昇可以儒吏举钱塘，以赠言请余。观昇可以弓冶名族，才识峻茂，试吏部府集庆路，而随牒从事钱塘。其必有异於众者，亦惟本之诗书礼乐，行之法制禁令如斯而已耳。钱塘繁会要冲，丞相廉使，治所百司，交政繁剧，宛然米盐根节治丝而棼仕者多言其难，然相府政法之本，廉使宪法之守，幸获朝夕趋走於下，执事仰瞻光仪，俯听命式，岂不有以继长增高而玉汝於成者乎！且政务吾有请也，而无所於沮谋，献吾有陈也，而无所於敝仕焉者，诚能廉勤公正、明慎无阙以获乎上，则举夫人之所难，而吾有以图其易矣。上以报称乎圣天子用儒之盛意，下以奉承乎贤公卿大夫政化之所成。异日蜚声扬光，阶序通显，荣绣衣之归，盛采服之乐，其有在於斯乎！生行矣，其勉之哉！

飘醳文稿跋　　（明）赵权（邑人，仲衡）

右《训子飘醳诗》，外大父东溪朱翁之所作也。朱氏繇润州徙句容，因家焉。世业儒。至公，学益邃，行益笃，补太学弟子员，孝於亲，友於昆弟，待乡党有义，周其匮乏而恤其患难焉。宋亡，兵乱，公被执，兵士以公儒者也，不忍害而舍之。事既定，遂隐於田园，日以树畜为乐，卒以完富甲乡里。然恂恂退让，未尝以气加於人，人信其言若衡石①，服其训如父师，则以其真知实践有以孚於人也。平居书卷不释手，尤以延师训子为先务。兄弟三人，同居食指数百②，庭不闻闲言。享年七十有三。公之殁，金坛王公直溪志其墓，吴兴集贤赵公实书在石。是诗之作，自叙其建树之难，经涉之陷。如此，岂非欲其子孙知其成之之不易、而保之之不可忽欤？於乎！远矣！盖不特其子若孙之龟鉴，举夫人皆足法也。公娶曾氏，亦诗书家。曾夫人之兄贯道善战场屋，诗赋有声。六子。长曰荣祖，善作赋，自幼已然。人以为似舅，惜蚤世。仲曰善翁，历长宁税务使。叔号玉山，历宣政院使。公二女，长适张氏，次则先母氏也。长宁公生曲峰，敦重有文，好从儒先、长者游，如菊存张先生、山村仇先生，皆尝以诗相赠答。公府辟焉，调天台儒学教谕。二子曰持敬、曰克裕，皆读书能缵其家学。宣使公别居元林。仲明、季明，其子也。孝友睦姻，无愧於古，延名师训二幼弟尤笃，至权所辱以中表，故与授教者也，非公之贻训而能然乎！公平生有诗一卷，京口响林陈先生序其端，而先辈题识称赞者唯是篇，盖所言规儆尤谆切云。克裕一出其卷，俾赘其末，权窃念生晚，不逮事公亲炙训诲，然幸霑被遗泽，而又获诵公之诗，妄意比拟前代眉山苏内翰③、新安朱夫子④。记其外大夫遗事，遂考其家传，征诸所闻，窃附末简，以见公之所言皆实行，所行皆实学，而非空言之托而已。因并及其子孙之贤，又以见灵承先训为无愧而垂后昆者为有本也。於乎！朱氏之子孙世世其毋忘之哉！

前题　　（庐陵）康缙

予尝读《宋史》至《吕氏家传》，未尝不废书而起敬起慕也。吕氏自文穆公四世而至荣公，自荣公五世而至东莱先生，其间以相业文学名於世者，累累若焉。是皆由祖父训导之严笃，子孙服行之谨恪尔，故观《吕氏杂训》《童蒙训》《家塾记》等书，犹可想其家法，宜其照耀，后世赫赫若当日事。吁，盛哉！予宦游平阴四年矣！句容朱克裕亦捧檄判簿於兹邑，相与者凡三年。克裕力学而善诗，律己以守职。与朋友恂恂然敦於信义。知克裕必有贤祖父之教也。暇日，克裕出一编示予，乃其曾大父东溪公训子诗。其告诫训诲之辞，丁宁⑤恳至，纤悉备具，无非切於世用者，向之所观《吕氏家乘》，吾何先后焉。予然后知克裕之学其来远矣。予虽不及识东溪翁，然咏其诗、友其孙子，则东溪公之贤不言可知也。善乎！吕荣公之言曰：人内无贤父兄，外无良师友，而能成其德者盖鲜。予於朱克裕氏益信。克裕勉之！行见朱氏之盛，不专美於宋矣！

---

① 衡石：秤和秤锤。比喻准则，法则。

② 食指数百：食指，指家庭或家族人口。

③ 眉山苏内翰：苏轼（1036—1101），宋眉州眉山人。嘉祐二年进士。宋哲宗时为翰林学士，端明殿侍读学士。内翰：唐宋为翰林学士之别称。

④ 新安朱夫子：朱柏庐（1617—1688），名用纯，字致一，自号柏庐、明末江苏昆山县人。明末生员，入清隐居不仕。著有《新安文公朱夫子家训》。

⑤ 丁宁：嘱咐。

代送许德甫序　　　（邑人）朱纯（于一）

亦尝观夫舟楫之济大川乎！舟楫者，取材以时，既坚既良。斤削之工，既准既绳。刳焉剡焉，完且固焉。树焉者樯，悬焉者帆。进以栌，奋以櫂，击以榜，纚以索。百用咸具，乃凌大河，涉长江，泛溟渤，出入荡突乎汹涌澎湃之中，超越轩轾乎蛟螭鼋鼍之域，腾趡飘扬乎迅飚惊波之内，坦然若履康庄，傲几席以恬以愉，是固由乎材良工美而用备，然尤系乎篙师之儆戒、烝徒之协心，左顾右视，前瞻后瞩，兢惕勤勤，瞬息不息，濡袽致戒，思患预防。夫然后可以逾绝险而登於岸也。今夫世之抱俊才、负奇能，膺烦剧米盐之职，虽所优为，然必昼戒宵儆，恪恭厥心，惧以临事，洁以持己，居安思危，系亡苞桑，长虑却顾，思免於怼，夫然后可树勋绩，著名誉致远大，亦犹济大川之舟，虽材良工美，用备不可不致慎於操维之功也。予与曲沃许德甫来京师，同受命筮，征商於句曲。予以不敏忝居其长，德甫辱为之佐事，集赋充会计，维当德甫功也。今以秩满代去，入觐京邑，振策言迈，予与同署，而仕於是，盖期月而嬴矣。是同舟而济者也。乌得无情哉！德甫才优而有为，智优而有虑，其释钱谷而跻膴仕，是犹长风驾巨浪，顺滔滔之安流直进而无阻也。然尤必述所喻，谆谆告者送人以言僚友之义也。

题张氏所藏祖宗墨迹　　　朱纯

张克禋瓒尝从予学县庠，既中第春官登辟雍，后辞归乡里。洪武辛酉夏，持其先世手泽来学中示予，予究厥源委，则其八世祖之墨迹，其孙东谷公得之祖妣王氏，家归室藏之，且别纸为训语示后嗣。迨五世孙明善甫复饰新之为卷轴，诸公为跋语其后。予览之，有以见吾乡先辈故老仪型焉。张氏自宋庆历居西城，迄今盖三百四十载，族既蕃衍，又克世其先业，观此帖之能保守，可以知其奕叶子孙之有人矣！昔晋未易姓，而栾却胥原已降在皂隶，今张氏自宋迄元而明，历代且三，时异事殊，子孙相继，不坠前人遗迹，保守百数十年若新。其视无恤袖简殆过之，诚可嘉已。虽然张氏子孙克保其前人墨迹，可不思其前人之训诫之语而遵之哉？有前人训诫之语，可不思益慎守其持心操己之术以绵其泽於无穷哉！

奉大父并父亲书　　　（邑人）高志（味道）

大父暨父亲并阖家尊长前：近闻人自乡里来者，皆云自我为官后、屡於家中取讨盘缠、家中早晚甚不乐，询问其故，皆云人家为官者常送钱物於家、我家为官者年年要送盘缠，以此之故，亲戚乡里闻之莫不掩口而笑。愚孙不敏，闲尝读古圣贤之书，粗知礼义，心窃怪之。反覆沈潜，第恐传之者之误也。且孙闻唐崔元暐母卢氏尝戒元暐曰："吾见姨兄屯田郎中辛元驭曰：儿子从宦者，有人来云贫乏不能存，此是好消息，若闻资货充足，衣马轻肥，此是恶消息。"吾尝以为确论。比见亲表中仕宦者将钱物上其父母，但知喜悦，竟不问此物从何而来，必是奉禄余资，诚亦善事，如其非礼所得，此与盗贼何别，纵无大咎，独不内愧於心。元暐远奉教戒，以清谨见称，此事载之《小学》，人皆得诵。众人虽不知，大父必知此也。又安有此事欤？其亦传之者之误乎？使其苟欲吾之取财利也，则幼当命吾为商贾，不当命我以读书也。古人云：士农工商各一其业，吾自幼读书乃士也。为士者，但知读书谈道、致君泽民，以垂功名於不朽耳，财利非其所知也，况吾以十一入邑庠，二十领荐楷书，二十三膺乡贡入太学，二十七射策金门，登名黄榜，三十为部官。通籍清班，其用心非一朝，其积累非一日也。范文正公云：祖宗积德百年而始发於吾，吾岂可以不自重以忘祖宗积累之难哉！彼区区小人者，一旦起於闾阎，侥倖一官，肆然自以为足，其於礼义廉耻固无所知，唯务贪图贿赂以肥身家，故虽受人唾骂，佯为不知，被人凌辱，佯为不觉，甚至於杀身亡家有所不顾，岂仁人君子之所为哉？范鲁公云："虽得市童怜还为识者鄙，岂不然欤？抑吾闻刻众成家，岂有久长富贵？彼为官者之财利，皆下民之脂膏也，小民典儿卖女以供官府，为官者枉法害民以取财利，财利未得而嗟怨之声满野，欲无败露，岂可得乎？故往往家破身亡、妻妾财物尽为他人所有，无足怪也！下为小民唾骂，上受朝廷诛戮，父母兄弟悲啼满道，妻妾财物为人所有。临此之时，悔何及哉！然则贿赂之无益於身家，昭然可知矣！孔子云：人无远虑，必有近忧。故杨震之畏四知，刘宠之受一钱。羊续之悬鱼，时苗之留犊。彼数君子者，岂无所见而然哉！关西夫子云：使后世称为清白吏，子孙其所遗不亦厚乎！疏太傅云："顾吾家自有旧田庐，令子孙勤力其中，足以供衣食，与凡人齐。"古人之所虑此者深矣！故吾所以宁受淡泊而甘心於清苦者，其志固将上不负朝廷、下不负所学，而期以显亲扬名以张大高氏之门也。岂若彼区区贱大夫得之易失之易者之所为哉！古人云："朝华之草，夕而零落。松柏之茂，隆冬不衰。"又云："灼灼园中花，早发还先萎。迟迟涧畔松，郁郁含晚翠。"朝华之与松柏，小人之与君子，岂可同日而语哉！有识者必有见於此，且人家之生子者，其本分而务生理者，莫不以为家门之庆也。其奸盗而诈伪者莫不以为家门之不幸也。为官而守法奉公者，犹子孙之务本分生理也。为官而贪赃坏德者，犹子孙之为奸盗诈伪也。况事一败露，至於杀身亡家，其祸尤有甚於奸盗诈伪者乎？家有贤父兄而使子弟为奸盗诈伪者，吾未之信也。方其幼时，恐其不能成人，及其成人也，恐其不得为官。今既成人矣、为官矣、光显门闾矣！乃欲望其贪图贿赂而为杀身亡家之计，是何不思之甚也。且孙尝幼时，闻大父云："你若做得八句诗，衣服盘缠便有！"当此之时，以文章劝我，是欲使我为善也。今既试三场，以文章成名，则非特八句诗之比矣！乃欲以财利诱我而使我为恶乎？始也恐其不为善，今也恐其不为恶，想必无是理也！不然，是何曩时爱之之切而今乃恶之之深欤？骨肉至亲不敢避悖逆之嫌，谨顿首百拜奉状伏乞尊照不宣。永乐十八年月日孙志载拜。

送高郎中省亲序　　　（安成）李时勉

营缮郎中句容高君味道其有劳於国也久，遂获膺受保宠之荣，又推恩封其父母如其秩。今年夏得告归省，吾友翰林编修曹子宜征予文赠之营缮。冬官之剧司也，自国朝建立北京，是司之务为尤剧，苟非宏通清慎而有才者居之，往往慢政而废事，故常精择其人，不轻任也。若味道者，岂非其人欤？味道颖敏有学问，年少为名进士。初授营缮主事，及满，升今职，在官以廉能称，人多重之。尤好吟诗，虽烦剧不废，是以声闻益张。嗟夫！今之举进士者，其始也，莫不极意於诗书文章之务，及其授以一官、任之以事，则拘拘於簿书期会，而翰墨文辞斩焉不以经虑，其学之不足者，无足怪也。英伟秀特之士亦委靡而不振者，何哉？由其心汨於利欲，膠扰蔽锢汲汲焉不少置，是所谓屈於万物之下者，乌能有所为耶？味道独不以烦扰混其意、滞其志，而从容於应变酬酢之间，以其余力发为歌吟咏叹，有足观者。岂有他道哉？其中无所慕而其外无能诱，若澄潭止水挠之而不混，故能尔也。然则味道之取重於人也，岂无所自哉？凡士而仕者，将以尽心於报国而志於禄养者，每以得及其亲存之日以为幸。然不获遂其志者多矣！味道仕为大夫，当圣朝大施恩诰之日，而二亲在堂，康强无恙，得以享夫安荣之福，其庆幸为何如！味道之归，吾知乡邻子弟争相迎候，慕想其丰裁，以为孝子事亲之法则。味道之所为，非惟有益於国家，将所以感於人者，尤众也，岂不贤乎哉？且吾闻味道之所居得山川之胜处，而其先世多读书为宦，今又有如味道之贤能继承厥后，其有光於先世而增辉於山川也甚矣！因其行并序以赠之。宣德三年四月十二日。

赠郎中高君归省诗序　　　（豫章）周忱

永乐乙未[①]，太宗文皇帝初於北京临轩策士，当时对大庭登黄甲者三百五十人，以为北京之初科也，荣赉特加於常例。进士得人，是科为最盛。士之出於其间者，文学治能皆表表异常，岂非人才之出有关於国家气运之盛者乎？若今工部郎中高君味道，盖是科之表表者也。高君聪明特达，早游於乡校，歌鹿

---

① 永乐乙未：永乐十三年（1415年）。

鸣①而来，既登第即拜工部主事。时方营建北京宫宇，取石材於范阳之怀玉山，往来之众以数十万计，内外文武之职董工於此者，独以高君一人总之，高君能廉以守己、公以率人，得劳徕抚绥之道，事集而民不知勤，廉能之誉遂由此而彰矣！圣天子嗣位纪元宣德之初，超拜今职，膺受封诰，二亲俱得褒封，如其所秩。今年春，以亲老陈乞归省，诏许其去，复给道里之费，人咸以为荣，而同寅郎中莫公子朴实能诗者赋以送，属予为序。昔郑乔以进士及第，譬之登云梯；倪若水以班生入京，为无意登仙。以此知古之仕者，以发身科甲为贵，而尤以内任为喜。且尝闻赵康靖遇郊祀，尝进阶乞褒封於其亲；王逢原居官作《思归赋》以寓意，以此又知古之为人子者以显於亲存日为幸，尤必以及时归省为荣也。是四者，盖难得而兼焉。高君既为名进士，而又得为京朝清望之官，且褒封之荣得及二亲康强之日，而又得归故乡，以展其觐省之诚。四者可谓兼得之矣！其荣幸为何如哉！高君尚当自思曰：凡所以得此者，皆圣天子仁恩厚德之所锡也。盍图报称於万一哉！《经》曰："立身行道，以显父母，孝之终也。"此固高君之所自能，亦其所当勉者。高君慎毋久恋桑梓②焉！宣德三年岁在戊申四月甲子。

佥宪高君挽诗序　　（钱塘）于谦（忠肃）

　　山西佥宪高君以疾卒於官，同寅③暨藩阃④诸公与晋阳士大夫咸为诗以哀挽之。属⑤予序其首。余惟高君行纯才赡，外圆内方，操履设施，有大过人者。文章特余事耳。初，以名进士起家，授冬官⑥主事，转郎中。居官以廉能称。寻以疾请退休於家。圣天子嗣大服，历诏求学行纯备之士授以佥宪，俾提督海内学校，遂用少保大司空吴公荐，起授今职。下车伊始，即以敦厚风俗、作兴人才为己任，巡行郡邑，虽隆冬盛暑有所不惮，与师儒讲论经史，谆谆不倦，或至废寝食。勤劳积久，而故疾复作。遂以弗起。讣闻，远迩哀之。初，君之任晋阳也，廨舍⑦与余行部相迩⑧，过从甚密，遇事辄相与筹度。益予为多暇，则倡和文辞以为乐。或一日不聚首则怅然无以为乐。既而，余以议事还朝。复至晋阳，惟恐见君之晚，而君已长往矣！呜呼！思谈论而言犹在耳，睹词翰而遗墨如新。茫茫九原⑨，斯人莫作，其哀伤宁有既耶？因书此以识意。正统二年腊月八日。

此君亭记　　（邑人）戴仁（以德）

　　成化庚子夏四月四日，余陛辞领勅往巡浙省，督理盐榷。六月十一日至杭，以事於杭日多，故寓於杭。日久，而杭之行台久不葺理，堂屋、廊庑俱敝漏，而堂之东西厢各两厦不支风雨，益甚寖归於陵夷腐朽矣！而堂之左后有园一所，有竹数百竿伍於荆棘之丛然，处於蒿莱之杂然，为凡卉之汨没而无所区别，久矣！余乃相彼园所而可以剪其繁芜，瞻彼绿竹而可以培其潇洒，爰命园丁斩其荆棘，芟其蒿莱，庶几斯竹可以少伸其直，遂之气矣！视彼东西二厢，虽将朽腐，而置之无用之地，犹可材也。妻栋宇榱桷犹可存也。九月朔旦，余因出巡，遂案令有司葺尔行台，补尔敝漏，因之俾毁尔二厢，移置竹所，少假木工，斫而新之，段而小之，为轩三间於其后，为亭一区於其中，复置小门於其前。迨十月既望，余返杭，而此亭落成矣！

---

① 鹿鸣：《诗经·小雅》中的篇名。
② 桑梓：故乡。
③ 同寅：同僚。
④ 藩阃：地方担任要职的人。
⑤ 属：通"嘱"。
⑥ 冬官：上古设置官职，以四季命名。据《周礼》周代设置六官，司空称为冬官，掌管工程制作。后世以冬官为工部的通称。
⑦ 廨舍：官署。
⑧ 迩：近。
⑨ 九原：本为山名，在今山西新绛县北。相传春秋时晋国卿大夫的墓地在此，后世因称墓地为九原。

原堂之西南有芭蕉数本，僻处墙一隅，若遗佚之状，又堂之正南有木樨二本，压於乔木之下，若屈下之状，亦命园丁移置於轩之前、亭之后，左右各两两相对，而植其亭之左方竹过而前，右方竹不及而后，於是举左方之过补右方之不及，欲相称而适均。时园丁亦乐为之赴。工携其家所种葵数十本，有野人芹献之诚，彼虽不知葵之取尚倾阳之义，余实阴喜其有助於斯竹而为类，亦命植於亭阶之两旁。园中空隙地，疏而为畦，种以嘉蔬。亭外旧有桃数株，置而勿问，任彼自繁华尔。夫然有斯竹得此亭以为倚凭，而凡植物之移置於其间者，各以奇卉为类，相得而有合也。阅明年辛丑春二月，余乃名其亭曰"此君"，轩曰"清风劲节"，门曰"行台清趣"，曰轩曰门，皆为斯亭而设，而皆为此君之闲卫也。余然后暇则日一至焉。又暇则时一至焉。或坐於轩，或立於亭，或凭阑久之，或直造"此君"深处，或共吾侪小酌於其间，对境忘心，怡神悦目，可以解吾案牍之劳，可以息吾绣斧之倦。虚白其心，足以养吾仁；劲直其节，足以养吾义；低昂揖逊，足以叙吾礼；金声玉振，足以和吾乐；清风不污，足以介吾廉；冰霜凛冽，足以肃吾宪。其利济於人，器周於用。足以扩吾政事之材而不匮。其翠雪苍云，龙吟凤舞，又足以启吾诗文之光华、声响以自娱乐也。虽然此亭之成也，随事而处事，因物而付物，弗损而有益，不费而成功，抑又有数存焉。其始之翦繁芜以培潇洒也，吾於是而得去小人安君子之义焉。移腐朽以就有用，吾於是而得天下无弃材之义焉。移芭蕉得举拔遗逸之义。移木樨得引伸屈下之义。举过补不及，又得哀多益寡之义。他若植葵若种蔬，即义之类聚而得朋也。若桃之任，彼自繁华又何莫非义之有容而得众也耶！嘻！一亭之小成而义理无穷若是，则此君之助益於吾也多矣！此亭之所以名也，此亭之所以志之以示不忘此君也。志之且以告将来者之登此亭对此君而知此亭之所由成，非敢为妄费设也。凡吾侪来游者，尚亦留题咏以永此亭之增光，此君之不磨者乎！

恩荣重庆堂记　　　　　（淳安）商辂（文毅）

堂以恩荣重庆名者，纪盛也。恩荣，君所赐也。重庆，天所畀也。二者，在人岂易致哉。有能得其一，已为幸矣。矧有兼得之者，则仲书以英妙之年登名甲第，而大父母、父母俱在，於是以恩荣重庆名其堂，一以侈君上之恩，一以昭庆泽之远，而乐夫己之所遇者盛也。以子同年间请记之。窃惟国家以进士为取士第一途，故当春官贡举之日，天子亲被衮冕，设卤簿列百郡而进之，锡之以冠带，宴之以琼林，镌名有石，登科有录，其慎重之意何其至哉！然得预是选者一科仅百五十人，而百五十人之中，具庆者才三四十人，而重庆者不过数人而已。是能显扬其亲於生前者恒少，而追思感慕於既往者甚多也。张君以甲第之荣为重闱之喜，其所得於君与天者何独盛耶？堂以恩荣重庆名，得非有所感激而云耶！由是而跻美官、享厚禄尚竭忠效诚图惟报称建功立业以底远大，则推恩之典将指日而及，於重庆而龙章焕耀益足为是堂之光矣。请以是为记而俟之。

赠太常博士戴白轩江亭送别诗序　　　　　（三山）徐轸（教谕）

太常博士戴公白轩邑文章起家，登甲第，历官考满，克恭厥事，上沐哀宠及於其亲，既而以内艰家居，服终三载，官以制断。时当趋朝，且南恋松楸，北瞻辰极，不能已夫哀戚之怀，乃言曰："儒者之行莫要於忠孝，而文章政事特其所施耳！昔权德舆、李古甫辈俱以博士登相位，今公以忠孝为心，遭际承平，文章政事为时推重，此心此政推之行之，终始弗渝，则大用有日，使夫道德愈彰，名闻洋溢，人将指而言曰：父某母某所生之子不亦忠孝之大者乎！和其言者，同出一致。公嘿然以思，若有所得，遂涓日戒行，事告行於斯文所常往来者，季秋之望，予偕同寅，率诸生饯於江浒，时致政太仆丞潘公、大参张公、上舍张宗美、陈良弼、张志宏与焉酒行，觥筹交错，丝竹并奏，有倡斯和，适有以岑嘉州所作《送郑侍御》诗而歌者。歌既，太仆公起而言曰："今者新酒正熟，博士公文旌北上，此日时令之正，人事之美，景物之状，与岑郑二公之事之时之作得无似之乎？人有古今，事同一轨，况斯文离索，义不容嘿，以是诗为韵，分诸同事者歌以为赠，可乎？"予应之曰："可！"金谓："予辈忝司邑教，以前三韵让焉！"予因得"江"字；次司训方得"亭"字，潘得"酒"字；又次太仆、大参，得"瓮"字、"香"字。上舍则於诸生以长幼为序，共分四十韵。或诗或歌，以此而成。及巳，大参公起而执爵，请於予曰："诗不已就乎？吾党今日继岑、郑二公之事之盛，又讵知后人不以今日为盛事而继之如我之於二公者乎？子当序以继之！"予谓："博士公之忠孝养於内也，有素形於外也可验，况今日之作景物之摹写，离别之情思，颂祷之切，期望之殷，咸可讽咏，足以继二公之盛而传之於后耳！予又何言，遂不辞执笔，录前后之言为序。工画者作《江亭送别图》於前，而诸作则次第录之於后，集为一册，以为博士公行赠，而拙作僭於前。时成化十二年岁次丙申秋九月中澣之吉。

此君卷叙　　　（仁和）夏时正（余留）

昔王猷之爱竹而尊称之曰"君"。爱而亲之，则曰："何可一日而无此君！"猷亡千载，孤风遐邈，继者谁哉？巡按浙江、御史、句容戴公之爱竹，不减猷也。其视政之堂之后有竹百竿伍群草木久矣。公来，谓："不可使终汩焉不为之所也！"乃为披荆棘，辟草莱，发其藏焉，而复构亭於其中。公暇则坐亭上，相与咏清风、延皓月，消涤烦懑而发挥其高明也。若清严畏慎之中获此三益，其亦奇也。既而喟曰："古诸侯有分国，国人得君称之；卿大夫有分邑，邑人亦称之为君。竹以草木之植者，挺其特立，不附也。苍其抱素，含贞也。凝其一节，靡移也。诸侯卿大夫以爵，竹以德，德何歉乎爵哉？猷既君之，吾固不能易而他有所称已，自是有称动曰"此君此君"云焉。他日顾其亭曰："由有君而后有亭，君其亭，亭其君乎？"是用大书"此君"二字揭之亭眉，而为文以记，记成示余，因获卒业焉。烂然吐其腴敷也；翘然揭其菁华也；厘然明其义类也！信乎，其能言矣！间又过余，属书其卷之端。余老矣，不能文，曷赞一辞哉？惟君始也，挺乎特立而不附，苍乎抱素以含贞，凝乎一节而靡移，其本然也。然自其始以迄今，兹不知几经岁矣！自其始之者以至公，不知历几人矣。中之汩於荆棘而翳草莱过之者，曾若不之见也，而其挺然苍然凝然者如一日，曾不以人之不见而加少也！逮今获所遇矣，其挺然苍然凝然者曷加多乎？猷在当时以介称也，乃独於君谐，合有所孚契者焉。是亦所云声应气求者乎？惟公抱有通经学古之高、据有雄俊显荣之地，猷其异矣！猷於君也，爱而尊之亲之，公於猷也，实同之焉。君之本然挺乎特立而不附也，苍乎抱素以含贞也，凝乎一节而靡移也，遇不加多违不加少也。既以之而得猷，无所异於得公，则公之於君，独非如彼声应气求者耶？比皆赘言，庸申以告来者，亦惟所以同於猷而无所异於公焉。是必宜於君，宜於君则君与亭也，庶几其永永如今日哉！是为序。时成化辛丑端阳日。

雪溪公荣寿诗序　　　（新安）程政敏

雪溪公荣寿诗若干篇，缙绅大夫所作以寿雪溪先生戴公汝明者也。先生家世句容之临泉，别号雪溪，性淳雅，喜学问，涉猎经史百家而尤邃於《易》，占事知来，人或以为神用是。其子仁奉庭训，力学举进士，历监察御史。先受勅封。先生为文林郎太常博士，乌帽白首，于于徐徐，日徜徉乎句曲山水之间，其荣如此。先生素充养有道，而又与物无竞，发粟赈饥，诏旌为义门。同堂合爨者七世，子姓二千百余指无间言。老而弥乐，以故逾七十春秋而神观不衰，饮食加健，若古仙人之流，其寿如此。且荣出於君，寿出於天，皆人所愿欲而不可必，或幸其一获而不可兼者也，非德则何以致之？而先生有焉。是岂可无颂祷之什哉？夫发粟活民，可以知先生之仁；睦族同居，可以知先生之义；穷经教子，可以知先生之慈。善积於躬而持之不矜；理明於心而养之不昧。比荣寿之得於天，与庸众人不同，而缙绅大夫之言不容已也。邹孟氏以爵、齿、德三者具，而后称天下之达尊，求其人於一乡若先生，是已矧御史君存心制行，一以先生为法。清才雅望，籍籍动人，其名位益升，则先生之寿益隆而齿益尊、德益邵，诸君子之言益有征矣！先生始生之辰，在岁之十月望，前二日高堂绮筵、风日清美、佳宾在坐，珠玉灿然，羿舞童调而歌之，以侑梅花之觞，使仁人长者有乐乎其子之养，不亦快哉！由是观之，岁一为之可也。余不佞，与御史君同榜，友善又同出於南畿，辄序其诗以致向往之意。成化十五年岁次己亥秋八月上澣。

重修《茅山志》自序　　（邑人）江永年（寿卿）

吾容居万山中，三茅为之冠。昔为神仙所都。汉齐梁唐宋元之君玺书宠临，天光下烛，灵贶毕臻，以永厘运，以福生民。水旱灾祥，有祷斯应。名人硕士，栖遁吟眺，懋①增厥胜。古山经地志曰洞天、曰福地、曰金陵地肺，良有以也。矧灵气瀜郁，拱揖留都，启佑我明，肇基王迹，衍庆无疆。虽古漆沮亦不是过。旧志编自前元宗师刘大彬，传於翰林承旨赵孟頫，赞於大学士虞集，书於华阳外史张伯雨，世称"四绝"。元季板罹兵燹，我朝三刻三毁，漫无纪载。今真人府赞教玉晨张全恩得旧本，募工重刻。本山灵官戴绍资、任绍绩、金玄礼，赞教元符袁继礼、陈应符，请余诠次并书国朝懿典於前，修建诸文及群公登览诗作於后，计不可无述，僭著其概於首简，尚图改证以成全，志兹弗赘云。嘉靖辛亥端阳日。

游宝华小记　　（上元）盛时泰（仲交）

万历戊寅三月，前蕲水令倪公甫邀予及归安吴元兆为栖霞之游，信信宿宿而讲师征节，盛称华山，邀同清柏往观其孙新创圆通精舍。山在句容县，自栖霞三十余里即至所谓精舍者。舍之上不数十步有庵，曰白石。僧闻予来，具浴请宿。夜寒多风几雨而霁。晓起，与清柏望山巅而步，未数里，至一庵，曰回龙。其地多流水，新篁蒙密，又饶药草，僧煮笋啜茶，同行至出水庵。由出水而上曰葡萄。葡萄者，蒲塘之讹也。僧方写经补衲、筑园伐树以自给，而坡傍一石，特方正，可坐。予乃题三大字曰"葡萄岩"，并纪岁月、姓名。以出，自此登巅，路曲折，可数百级。方至，有庵曰志公。其下里许，大小洞六七处。曰黄花，僧言山之得名以此，乃志公悟道之处。按，传志公生东阳，去此山不甚远，然洞地卑隘，似不足以栖僧，又言山前东谢西谢者，乃志公受记之家，其族犹盛，所生女多不茹荤，则其或在此抑，又有不可知者。庵之上有茅茨，僧古清居之。清亦讲师之孙，设午饭。为供饭毕，复之精舍，薄暮同还栖霞，再宿於寺，而二十七日乃始还家。呜呼！予嘉靖丁未始游摄山，闻人谈华山之邃，即有志游之，不果。后买山大城，大城二十里至汤水，汤水即近华山，谓可一游也，而不知山之势甚大。汤水特山之西南隅尔。由汤水入山，由山至精舍，各且十又余里，则是山诚不易游，而游亦难遍。今之游，止在山之西，其他未至者尚多，但山中可游者虽多，而其巅则以志公庵为胜，巅又以洞为胜。洞之外长江在目，烟树杳霭，望之令人有褰裳之想，则是游虽未至者三，而所得亦以多矣。

千家诗和引　　（邑人）曹孝柔（坤凝）

张先生思醽公为造化小儿所牢络，一觞一咏，睥睨千古，即貌不逾中人，而叩其藏蓄，盖铮铮有声者，不佞柔从先生后有日矣。每望先生怡怡于于，矢口下笔数千言立就。吾容以诗名家者，遇先生而赭汗流，涌退三舍。至千家诗和则，犹在人口吻间。不佞柔盥手披诵，如登明堂、入清庙、听黄钟大雅之奏，蛙吹蛮韵，固宜失响，乃千家诗各出一奇，先生则如大将登坛，虚虚实实，正正奇奇，谈笑指挥，均之可以弭敌人之锋而夺之气，良工真苦心哉！"惟有青皇忘贵贱，磁瓯瓦钵一般春。"何等识见也！"色即是空花上露，无中生有耳边风。"何等胸襟也！"生平自有看花者，不在吾人梦想中。"何等安闲也！"便是草疏堪饱暖，不须求马自轻肥。"何等素位也！"雪里漫论调鼎事，暂於茅舍共芳樽。"何等抱负也！"对事一函无剩语，章中字字尽葵花。"何等忠烈也！隋珠和璧，烂熳寸衷。蜀锦越罗，笥箱满目。不佞柔踽踽，

---

① 懋："懋"之讹字。笪重光《茅山志》作"懋"。

愁城中诗魔未炼，不识鸡坛左右。能余一丸地，令鳅生置足否？嗟嗟，不佞柔惧矣！是何足以云先生哉！尼父辙迹遍天下，不获一售。始退删《诗》《书》，定《礼》订《乐》，赞《周易》，修《春秋》。万古不长夜而万世且为宗矣！先生学仲尼者也，大抱宏积，止欠蛩声，肉眼林林，谁称知己。先生不得已而洩之吟弄，倘所谓调羹未论、暂共芳樽者耶！不佞柔质之先生，先生哑然笑曰："有是哉？丰干饶舌！"既而曰："丈夫相知，贵相知心。子其引之！"不佞柔踧踖曰："唯先生命！"万历庚寅孟秋吉日。

文林郎云南临安府推官许公敏所行状　　（上元）许天叙

公讳尧咨，字君畴，别号敏所。先世自大理公而下，数传至海一公。海一公生镇二公。镇二生东三公。东山生苣斋公，成进士，历官至少参，卒祀乡贤，以户部员外郎满考赠父如其官。苣斋生蛟湖公，积学弗仕，拜儒官，配夏氏孺人，生二子：伯毅所公，先卒；公，其仲也。初，孺人妊公将娩，若有雀鸣於床下者，三夕而公生，举家以为异。公生而颖秀不凡，三四岁即解句读，少参公见而奇之，曰："书种子在是，异日绍箕裘者，必此儿也！"幼时多病，少参公每与共饮食，公举止端重，类老成，人绝不好戏弄。五岁出就外傅，日授数百言，过目成诵。方十龄，时蛟湖暨毅所公同试南都，公即能走笔作家报成尺牍。十五出试，补博士弟子员，与毅所公共笔研攻文史，夜以继日，祁寒暑而无间。丙子食廪饩，是时阳山宋公抚江南，驻句曲，雅负文望，拘华阳书院，择博士弟子有声誉者肄业其中，公之伯仲与焉。大司空改丁公令句曲，亦相器重。是岁秋试不第，二公深惜之。己卯年甫二十一，遂领乡荐，两上春官。乙酉冬，居蛟湖公丧，柴毁骨立，悲号彻中外，绝而复苏者数四。丁亥，少参公寿终，继襄大事，复有婚嫁之累，家日增落，虽屡困公车，志不少衰。戊戌夏，孺人继逝，公哀毁一如丧蛟湖公。读《礼》之余，日下帷功苦，作济河焚舟计。辛丑服阕，赴京入闱试，文宏博粹美，咸期公大魁，乃亦竟不售。公投笔起曰："与吾白首穷经，何如宰一方，得自竖乎？"遂谒选得星子令。星子，为江右最瘠邑，民贫讼减，公行其所无事，适有编审之役，秉公稽覆清查田粮之诡寄、丁夫之隐匿，为贫民开豁，不失原额，而户口均，吏胥不得上下其手。星民大称便，谓二百年来未有者。邻邑之都昌，咸愿借公往，会有二守署事，遂不果。尝亢旱，徒行烈日中，祷毕，甘雨如注。一夕，民舍火延及仓廒，公具衣冠往拜，未毕，风忽旋，赖以亡恙。人谓至诚格天，有刘江陵风。他如革白役以清衙蠹，慎征收以省民财，裁总书以防奸弊，禁差票以除驿骚，勤考课以励士林，饬乡约以振风化，宽积逋以苏民困，平衡量以祛宿弊，诸所规画，凿凿可为星子百世利者甚夥。凡治星两载，抚字积劳，道府皆署上考，顾性木强，不能曲事上官，竟挂吏议，识者皆为称屈，比不及例镌级降补，公内自省无怨，后直指史公按江右，追谕方伯某某子经南康，公不为礼，因而中伤，事始得白云。公不欲为五斗折腰，即欲拂衣归，会乡人之任都门者力为劝止，复需次燕台，得补蜀幕，以道远不便，携家单车往焉。至则不欲为人代庖，委署郡邑不就，力请於堂，乞一差归，乃檄治办科场一切琐务，公必殚力以经营之，触暑往来，心身劳瘁，夙夜匪懈，寝室俱忘，行至夷陵，遘疾几死，亟请骸骨，会得转临安司理，报而寻亦病，愈遂从蜀至滇，公理郡谳狱多所平反，有疑狱久不能决者，辄以片言折之，靡不心服。所伸理冤抑最多，其大者如论沐挥使乳妇，如法白、李明经通夷冤狱，滇人称神明焉。会阿克之乱，全省震动，当道以议剿飞檄召之，星驰诣省，至则檄公从军纪功，仅提兵六十名往，时武定新破，庐舍灰烬，人烟几绝，公驻一古庙中，风雨不蔽，躬自临戎督率验首级，戒毋妄杀，遇掳掠妇女者，立置诸法，即召其家人归之，室家相保者甚众。一夕方偕某州佐议事，贼忽薄城，火光烛天，报贼且至，军中汹汹，州佐逡巡欲遁去，公正色斥之曰："吾侪食君之禄，当为国讨贼，不则死而已，将安之，且贼之来为子女金帛，今空城，彼何所利，但为我固守保无虞。遂解衣酣寝达旦，贼果不至。人谓公不惟大节凛然，即胆识亦过人远矣。会有献伪阿克首者，公方持疑不决，司道参兵俱趣公申报，时督抚方涉议惧罪，急欲奏功，遂以大捷疏入，而真克固在也。寻复猖獗。直指以勘首虏功不实论，司道暨公以脱已，众咸为公危之，乃圣天子仁明，仅夺公三职，报闻临安。士民仓皇如失慈母，欷歔泣下者载道，公怡然曰："居官如傀儡场，宁有不了之局，无论奉先人遗体，投荒万里外，今得返初服，足矣！惟是服官以来兢兢不失尺寸，竟未得满一考，征恩纶以光泉壤为恨耳！"归途赋诗有"青眼几人怜失路，黑头此日遂悬车"之句。比抵家，行李萧然。居乡绝口不谈时事，偕髦年友六七人为真率会，登山临水，日与尽欢，於吴越诸名胜游览殆遍，兴至则为诗歌纪之，奚囊几满，或请付剞劂，则笑曰："聊寄吾兴耳！何灾木为？"其谦退若此。诗文清远韶秀，有陶韦风。生平不知樗蒲无益之戏，惟喜读书，晚年弥笃，遇会心语辄录出，粘壁间，四壁皆满。居恒清白自处，不言阿堵，里中有牙角者求为居间，辄峻拒之，无片刺入公府，有司亦雅重敦请乡饮者屡矣，卒谢不往。自公谒外，罕识其面，公本无疾。丙辰夏忽患中滞，历四月愈而复作，虽久病未尝废盥栉，易簀之际，举止无异平时，疾革，无一语及家事，倏然而逝。距生嘉靖戊午十二月二十二日，卒於万历丙辰十二月十八日，阅岁五十有九。公配王氏，大司徒克斋公子饶州别驾泽山公女，生子四：长兆麒，国子生，室武参军横野公女，继室陈氏；次兆麟，邑庠生，室武方伯秦川公女，继室王太保襄敏公子顺州守怀公女；次兆熊，邑庠生，室李太师文定公子山东运长纳斋公女；次兆罴，邑庠生，出嗣毅所公，室某太学生玉壶公女。女一，适溧水庠生武光彝。孙男九。岳甫、岳申、岳胤，麒出；岳林、岳麓，麟出。林聘府学崾岩赵君女。岳申聘溧水庠生调卿武君女。岳嵩、岳衡，熊出；岳华、岳英，罴出。孙女四。长字董方伯里蒙公孙某，余幼未字，俱熊出。公孝友仁厚，本自天性。事蛟湖公终身若孺子慕。其事兄毅所公若父。毅所公性刚直，公每柔和下之，事无钜细，悉听兄，为政毫不敢自私，至终身未尝萌析箸之念，尤所难也。处室家相敬如宾，白头举案，抚诸子慈有义方。居恒语子辈云："若等功名富贵自有定数，吾了无妄冀，但敦睦不异前人，即吾目可瞑矣！"与人无疏戚少长，悉输诚相接，人有缓急辄损资赈之，贷而不能偿，即为折券，好施之心自少至老无倦。诗文若干卷，未行於世，可谓彬彬古之君子矣！余与公弱冠同举於乡，同荐上公车不售，先后谒选，先后谢病，归居则接壤，旅则同舍，四十年昆弟之谊称笃至。公今已矣！不觉雪涕潸然。其伯子以状见属，某奚敢以不文辞，因述其生平实行而诠次之，以竢立言君子采择焉。奉直大夫、知河南南阳府裕州事、年宗、弟天叙顿首谨状。

容山张君瑞鞠叙　　　　（上元）朱之蕃（兰嵎）

水陆草木之花，如芝房蒉荚，异於凡卉者多为人瑞，有开必先微直谢庭然也。句曲，高皇帝先汤沐，间气郁勃，当有畸人，元辅石麓①公以相业特闻，其潜德未耀，无如思冶张先生。先生嗜古笃行君子也。长公充吾文学，继武胶序。先生每读书，暇则抱瓮荷锄，翛然世外，永矢弗谖。尤好莳菊，每秋晚恍若身游陶圃也。壬寅九月，有白本紫花之异，诗歌以纪其事者甚繁。余尝按《月令》，菊独言黄者谓其金。方仍土九月，斗柄在戌，又为中央，花得金土之正，故百卉俱腓，凌霜特秀，较春和兰蕙韵节更饶。白本紫花，稽之五行方色，白则金之正色，紫则剂南北而兼之，和气致祥，其为人瑞固矣！先生于是年再举一孙，今年且十九矣，亭亭秀出，无逊谢家玉树，博学强记，落笔惊人，拾青紫应如捋芥，异日和不流如菊之敷荣，中不倚如菊之耐岁。翊我明中兴之运，意斯人与？意斯人与？张氏之家瑞行为国瑞，菊实为之兆云。友生范光宸语余甚详，先生餐菊实已仙逝，余不及一睹其为人，高山景行，秉彝是好。因述其概如此。

坐月楼记　　　　（国朝）张元（义台）

月则人所同有之月，则坐亦人所同得之坐。於以名斯楼，不亦疏乎？而是楼之月，惟吾先人所独有之月，是楼之坐非吾后人所独得之月矣！月则是，而人则非。有感於中，是以名斯楼为月楼也。况吾先人所有之月实秋之月，吾后人所得坐之月遂并春与夏与冬之月，人已非而月亦非，愈有感於中，是以名斯楼为坐月楼也。吾向者往来义台，未得久居是楼，今以谱事与族兄质人朝斯夕斯，岁且再更矣。考孝祖之传曰：唐司户公既没，茔於容山，孝祖巨川庐墓近三十六年中，秋夕阴晦，惟墓道月色皎如，兼以

---

① 石麓：即"石鹿"之讹。李春芳，号石鹿，又号华阳洞天主人。

白鹤紫芝之祥。当事疏闻，勅旌义台，及今即於树义台碑处立为公祠，而以孝祖为主，凡各支之共祖咸附焉。故后人名其左侧为秋月馆，而是楼实当其后云。楼之地稍平，东不悬窗，三面山峰，回环兆文、赤甲诸山，出西南隅，隐隐有茅氏隐君子驾鹤参鸾於东南之侧，洮湖、濑阳诸水约可指其处，惟山月之出入必经是楼，而吾与质兄坐焉，与诸尊偕坐焉，春夏之月雍和，秋冬之月严肃。上弦下弦，不胜圆缺之感，天象有升沈，人事有聚散，惟吾先人之月独有，千古不与天道为屈伸，不因人事为离合，岂不伟欤？先人往矣！吾愿后之登是楼者共慨然於先人之所以独有是月，即憭然於后人所以不独有是月，且奋然於后人之亦可独有是月。焉知月无私照先人，既私之於已往后人，不私之於将来也？人与月常悬，孙与祖常在，则幸甚！於是乎书。

《重修顺治志》序　　（邑人）胡岳（五公）

顺治十有二年岁在乙未，督学李公较士江左，而修辑郡县志之檄下焉。盖统一区夏、经纪舆图，绍周官外史掌四方之志、小史掌邦国之志，正经界，征文献，稽吏治，观民风，务成一代信史[①]，以备万祀监观，用副新天子经纪睿虑，加惠南国，甚盛心也。因首以其事属之县，县以其事属之学，学以其事属之岳与同事江子五岳。爰稽其时，句容县志修於先朝万历初年，倭数之盖六十年於兹矣。是役也，宗师叙首简，两父师副之，两庠师又副之，而岳谬膺编辑之任，采摭经营几一载余，幸成全书。应以数言续貂，倘所谓附骥尾而行益显者耶！窃惟句容在先朝称漆沮旧地，明太祖於此开天焉。比兴朝而豫王之下江南也，首取道句曲，前歌后舞而入建康，是句容又我朝开天之邑，且为南省首邑，宁可以无志！又宁可以不首为之志！夫志者，志也，志若事也。自班孟坚变司马子长八书为十志，而志乃属史之列，顾志不可以概史，而实备史之一端。世或不乏史才，而率病於用才之过，博而靡当，藻而不情，不足备监观於来祀，则用才者之过耳！孔子曰："质胜文则野，文胜质则史。"又曰："吾犹及史之阙文。"《春秋》之书夏五阙文也。设文不阙而胜乎质，则用才乌得不任其过，其甚焉者在援引先进往迹，若江左子弟矜门望，则其过在牵饰，若齐谐洞冥十洲，则其过在谲诡，若胡人见布而疑麻、越人见麖而骇毳，则其过在固陋，若春秋事关门户、子弟私改，则其过在畏嫌，若千金市骏骨请从隗始，则其过在标榜，若二王当国、公羊无愬，则其过在私憾，若司马德操每言辄佳，则其过在务为浑厚，若直不疑盗嫂第五伦搋妇翁，则其过在闻声吠影，若诸葛丰之於堪猛前誉后毁，则其过在中苦而言甘。洵若是，斯亦无庸贵志矣！窃稽先代所传，身为史官，具良史才而为志。其州若县者，若康愳涵之武功，童士畴之沔阳，郭美命之江夏，允称鼎足。然武功、沔阳非都会地，自无庸它有所攀附，江夏则自汉为郡，入明为都会，声名文物千余年不可胜纪，而美命曰：吾志县耳，县之外吾弗志焉。故宁任寂寥而不任广肆，若表、传之并为志，山川、胜迹之并为方域，秩官、宦绩之并为官师，世代、沿革、城隍、公署、坊里、津梁、坛宇、寺观之并为营建，侯王、先民、荐辟、选举、潜德、女贞、艺事、仙释之不为虚美，洵卓有识，第艺文之概不收也，当无遗议焉者，从来忠孝不泯，节义常新，率藉纪传以垂不朽，万世之伦常、风化赖焉。即骚人墨客借景矢韵，铲石流声，亦多令山川生色、潜德发光，类有神巡方采风者之掇拾而固可概抹不录乎？句容，故南省首邑，洵当以邑志之，而不必溢於邑之外。若郭美命之於江夏，无事比拟而攀饰焉。斯得之矣，於是详核旧载而删其繁芜，密订今裁而补其缺略，总其大凡计十有三而随类分目之，一切天文、分野、疆域、形胜、山川、古迹、名宦、乡贤、丘墓、户口、赋役、兵防，其已经纪载、已经品骘者，或夸浮而靡当则务实，或疏漏而遗佚则务详，或信耳而失真则务核，或徇意而鲜公则务确。诸凡昔缺而今补、昔逸而今收、昔无而今增设者，罔不矢慎矢公，咸正无缺焉。用仰副宗师加惠地方之至意，因以副天子经纪舆图之睿思。县学主者咸一乃心、力共期成一代之书，以俟异时编《大一统志》者之采摭。天道六十年而一转，容志六十年而一修。即今待后，庶乎其无所苟焉，宣识今时开天之邑与先朝若符节券，帝从此出，王从此经，可以一邑而首乎方域，可以方域而从乎一邑，所谓外史掌四方之志、小史掌邦国之志，正经界，

---

① 信史：记事详实、不用曲笔的史书。

征文献，稽吏治，观民风，务成一代信史，以备万祀监观者。意在斯乎，意在斯乎！因濡笔而识诸首简之末。至长男虞胤亦相与拮据从事者一载，例得并书。

《重编茅山志》序　　（邑人）笪重光（江上）

或异余之山栖十载而志是山也，曰心之所之而结言焉之谓志（"誌"字从"虫"从"心"从"言"。"虫"，古"之"字）。子之先祖治铅则志铅，治汀则志汀，盖心之其土地、人民，则不禁於①其古今巨细，咸结言而垂之也。今吾子而志茅山，是心之於山林，谓先人何？余曰：窃受於先祖而心之焉者《易》也。廊庙山林其可典要耶？向筮仕②得"噬嗑③"，心之於爰书④，未当也。迨观民於豫章，心庶几获所之，已而大过，遂归。⑤憬然见"艮止⑥"之象，心乃之於山，山之余近而可宗者莫如茅，茅之山初名句曲，静镇而有容，曲折而空洞⑦，宣气东南，散生灵格，非虚寂而无用者可埒也。昔茅三君得是山之理，静镇以适身心。⑧有容以畜民物，曲折以致精义，空洞以妙众籁，变通幽赞，辉光遐迩，而山遂以茅名矣！人钟厥灵而安宅，仁寿者有焉，休休大度⑨者有焉，委蛇育德者有焉，虚受敌应者有焉⑩，物感其精可服以缮性颐年者有焉⑪。是以心之於静适之情者居之，心之於容畜之⑫德者往之，心之於曲致之用者游之，心之於空妙之应者企之，心之於服养之资者求之，於是有"福地洞天"之谓矣！古之君子先得我心者，散志於群书⑬，其言虽略，而句曲之形、三茅之胜可循而考也。寖假而滞乎物逐乎名，竞取人与境之浮华而詹詹是心之所之渐远於山，虽弋群书之言而结之，顾伦义支离，错杂衍复，或后⑭本而先末，或渔伪而混真，或无涉形理而漫载，或不殊名实而紊编记胜，概若市僧⑮之簿叙高真及挂籍之流，甚且自跻於上清之品，是心之於妄而言结於诬矣！嗣是琐委拿鄙日增弋於群书者，曰讹舛剥落，俾广袤经距之形且不可问，况成言之理哉！窃为山灵憾焉！於是遝考遗文，周陟山径，写其静镇有容曲折空洞之形，既俨然若峙，乃於配是山而赞其神者，钟是山而呈其才者，景是山而修其业者，殖是山而结其灵者，凡得是山一宗⑯之

---

① 於：光绪丁丑仲冬懒云草堂重刊笪重光《茅山志·笪序》"於"字皆作"于"。笪重光《江上诗集》十卷此处"於"字作"于"，全篇"於""于"两字杂用。

② 筮仕：古人将做官时必先占卜问吉凶。后称刚做官为"筮仕"。

③ 噬嗑：《易经》六十四卦第二十一卦。笪重光《江上诗集》十卷误作"噬嗌"。

④ 爰书：审问犯人考实的判词，定罪的判决书。

⑤ "迨"句：据《丹徒县志》二十二卷，笪重光为顺治九年壬辰科（1652年）"二甲十八名"进士，"句容籍"。顺治十二年七月考选湖广道监察御史，巡按江西。因弹劾贪酷吏湖东道佥事李嘉猷，顺治十三年七月反遭诬陷罢官。王先谦《东华录·顺治二十九》："秋七月甲辰，朝鲜来贡。刑部覆拟革职巡抚御史笪重光故出入人罪，应减等杖徒，准赎，永不叙用。从之。"笪重光《江上诗集》十卷，此句无"心"字。

⑥ 艮止：《易·艮》："《象》曰：艮，止也。时止则止，时行则行，动静不失其时，其道光明。艮其止，止其所也"。

⑦ 曲折而空洞：笪重光认为，句容得名由来即为此，"句"为"曲折"，"容"为"空洞"。句曲茅山华阳洞天，自古有华阳洞、仙人洞、玉柱洞等洞穴名世。

⑧ "昔"句：笪重光《江上诗集》十卷，此句作："昔茅山君得是之理，静镇以避身心。"

⑨ 度：光绪丁丑仲冬懒云草堂重刊笪重光《茅山志·笪序》和笪重光《江上诗集》十卷皆作"庭"。

⑩ 虚受敌应者有焉：笪重光《江上诗集》十卷作"灵受敌者有焉"。

⑪ 物感其精可服以缮性颐年者有焉：笪重光《江上诗集》十卷皆作"物载其精可服以缮性顾年者有焉"。

⑫ 之：笪重光《江上诗集》十卷遗漏此字。

⑬ 群书：此处和后句共三处中"群书"，笪重光《江上诗集》十卷皆作"郡书"。

⑭ 或后：笪重光《江上诗集》十卷无此二字。

⑮ 概若市僧：笪重光《江上诗集》十卷作"概茗市侩"。僧：光绪丁丑仲冬懒云草堂重刊笪重光《茅山志·笪序》作"侩"。

⑯ 凡得是山一宗：笪重光《江上诗集》十卷作"凡是山一察"。宗：光绪丁丑仲冬懒云草堂重刊笪重光《茅山志·笪序》作"察"。

理而可施於日用动静者，兼采而汇列焉，若夫文绘乎是山，偶①寄乎是山者，亦胪而附焉，诬者鄙者删焉，秩之以伦而不收、辨之以义而不协者正焉，此余言山之略也，而心之於山亦寓是已。虽不能玩艮之占尽山之理，动静②不失其时，然心不敢妄有所之，言不敢妄有所结，聊因人境之偏而昭时止之义，庶几无轶於先世《易》学也③。岂心之於虚寂而结无用之言也哉！④

祀田记　　（邑人）张芳（鹿床）

华阳东郊四十里有独行君子和宇朱公，少驰神誉，能贯百氏言，既且不得志，乃出其素所蕴积，综理家人，业以故殖，产稍裕，生七子，皆克自卓立，诸孙并巍然可观，而子若孙之列於黉宫者若干人，食饩为弟子之冠者二人，公教子若孙以孝行为本，既析所植之产，授其子而常以祖宗劳苦涕泣谆谕，欲存祀田若干以祭於寝庙，次嗣元祉君体公遗命，勿敢忘，择田之美者二十亩、地四亩奉春秋岁时之享而以俎豆之余为子孙膏火助，元祉君之弟亮工从余游，及其侄第来、云章以其事祈予作记。余尝考古者，量民授田而报本反始之教即寓乎其中，故诸侯有藉田，大夫有圭田，皆在常禄之外，而士无祭田，则君子伤其卑贱，至於民家，夫授百亩，计其所入，必先享祀妥侑而后及於妇子饔饩宾朋牢醴之用。余诵《楚茨》《大田》诸篇，必於祭祀详言之，不诚重祭哉！古人於田有定限，其於祭田不得以意为之，而重祭如此。今人於田无限，其於祭田得以意为之矣！而余未见祭之重也。拮据作家者，田连阡陌以贻其后，而不肖者或以为画船宝马曼声冶色之资，间有能者，不过为强豪并兼之，业已夸大得志而或且侮及祖父，为无闻知。呜呼！古今之盛衰，夫人之贤不肖，相去亦大概可观矣。若和宇公之贻后，元祉君之承先，岂不进乎古哉。祀田之设，使其子若孙念田所由来而思祖父勤劳之苦，使其子若孙念祭所由重而为后人光大之渐。书曰：若稽田既勤敷菑惟其陈修为厥疆亩，和宇公教子若孙以孝行为本，宜其有元祉、亮工为之子，而且有第来、云章为之孙矣哉！

《南华经解》序　　张芳（菊人）

盖自孔子没而微言绝，七十子丧而大义乖，尧桀之诽誉与儒墨之是非，至今而未有以明也。尧之誉以便憸人，桀之诽以骄处士，儒之是变而为墨，墨之是寖附於孔。是四者以眩瞀天下之聪明，与其议论，虽有命世圣哲述宣《六经》《语》《孟》以统一道术莫之能定。孟子之世有蒙庄者，独著一书，其言曰知止其所不知，言止其所不言，至矣！苟为明於不知之知、不言之言，而当世诽誉是非之情，斯有所止。吾独惜庄与孟同时而不相知也。当是时，儒之嫡传有子思、子夏，周之传出於子夏之门人，轲之传出於子思之门人，孟犹之嫡传，而庄其别传也。庄之书言孔氏七十子，盛矣而不及孟。孟辩杨、墨，未之及庄，毋乃子舆率其徒以游诸侯，行类墨翟，而庄周未尝持其说以干列国，守似杨朱，斯二子之所以不相知欤？顾吾尝平衡而论天下之言儒者众矣！儒以仁义正天下俗，儒徒名其仁义而行之伪，儒且利其仁义而窃之，吾安知儒者之果不为世祸也。是故舜禹以后，誉尧者非不众也，有所矫而为伊周，即有所窃而为之哙，为莽操最者下为冯道，而憸人之术工矣。幽历以降，是儒者非不众也，有所持而为孔孟，即有所窃而为杨墨，为荀韩，最下为殷浩、王安石，而处士之势横矣！至於处士，势横人心流极，由是后世一变而竞趋於空无之学，空无曷可为人道也，惟蒙庄者独与天地精神往来而不傲睨於万物，有以见儒者一宗，萧邈希微常行於人伦物则之际，而孔孟之嫡传宛然其未亡，然则庄子之传非别子，固大宗也。今

① 偶：光绪丁丑仲冬懒云草堂重刊笪重光《茅山志·笪序》和笪重光《江上诗集》十卷皆作"倘"。
② 动静：笪重光《江上诗集》十卷作"动"。
③ 庶几无轶於先世之《易》学也：笪重光《江上诗集》十卷作："庶几无轶於先世之《易》学而觊于三茅之神理也"。
④ 全篇：据光绪丁丑仲冬懒云草堂重刊笪重光《茅山志·笪序》和笪重光《江上诗集》十卷，后面遗漏："大清康熙八年己酉八月既望，郁岗真隐笪蟾光撰。"

所定著二十九篇，非内非外，非醇非杂，亦有言，亦无言，亦可以有知知，亦可以无知知，注庄子者苟知无言之言，无知之知，斯得之濠上矣。而晋宋以来，注家粘缚，空有徒远，求之老释而近失之漆园，不亦悲乎？茂公宣子好学深思，探賾是书有年，折衷诸家为之笺解，划其萧砾，发其清微，是书那复须注，既妙悟於象先而得其解者，且暮遇之又豁如，於言下譬则画史盘礴，庖丁奏刀，又譬则龙宫宝纲，光界重重，一为无量，无量为一快矣哉！不可以文句穷，不可以智意尽也。世之学者读《六经》《语》《孟》深思而有得焉。然后从而读庄子之书。苟读《庄子》，深思而有得焉，然后从而读《宣子》之解。我知涣然冰释，怡然理顺，彼尧桀之诽誉，儒墨之是非，斯默然其自止矣！是书之行，其有功於孔孟甚大，曷可少哉？是康熙六十年岁次辛丑长至日，书於青元观。

唐幼公玉屏戴先生诗序　　　　（邑人）谢宁（求泰）

古人有以诗传，有不仅以诗传者。闲读《唐诗选辑》诸本，载《幼公遗编》，坊肆流传，历久类多残缺，采其一二，窃谓此仙品，非食烟火人能道只字，复私恨未窥全豹，心志殊不满足。会与先生后裔赞皇子善文礼诸君等往来勤恳，因见谱其尊亲，重纂世系，凡先生蕴其所有而吐之於中者多，喜自放於山巅水涯，爱虫鱼草木风云鸟兽之状类，往往探其奇怪，内有天机游衍自在之趣，诗以传神，神以传诗，非雕琢金玉太璞不完其词之发露也。先生岂以诗传耶？先生通六经仁义之说，精天人性命之奥举。贞元，进士，官抚州刺史，多惠政，作均水法，民便之。寻授容管经略使，声振夷落。休兵革养，天下以无事者益久远，德威之政并勒爵禄之报，两崇功业，著竹帛，而后超然於流俗尘埃之外，既不肯酣豢於富贵，而又诘蹈磊落不羁者之辙耶！然而天性高旷豁如也。饮酒赠答，尝与孟冬野、耿少府并李杜万丈光焰，高下其手，以此尽其余年。及卒，葬金沙南门外。阅五百岁，遭水冲决，其墓值巡检得其石碣自题，摩挲其文，记其身后遇灾有归我河东之语。先生於数百年前早知数定，於先不爽毫发，至今编入谱牒。奇人奇事，相传於口者益熟。先生固诗伯也，而实诗仙也。今若先生后裔济济多贤，指不胜屈，如余所素契赞皇等，乡党所称豪俊，睹其笔墨，驰骋文章，赡逸之能类皆道扬祖德显微阐幽，不减苏氏之族谱引欧阳公之《泷冈阡表》也，而先生全集其精气，光怪陆离业已常自发见，为天下后世人文学士家主焉。余愧一辞莫赞，幸先生神游无极，在天之灵，爽悉收而宝之，家乘不致弃掷埋没而有遗失之憾，且得备悉其生平。先生不以诗传可，即以诗传可。时康熙五十三年岁次甲午嘉平月。

孝廉勉斋骆先生传　　　　（溧阳）狄亿（立人）

勉斋先生者，唐初宾王后裔，句邑乡饮宾磐如骆公季子也。其先世自义乌迁吴，复自吴迁句曲，数传至乡饮公，行义文章称善乡国。勉斋生而岐嶷，得所学於张公鹿床，名冠诸生右。居尝悒悒，同列多怪之，勉斋喟然叹曰："先天下之忧而忧，后天下之乐而乐！文正公为秀才时志此，士既读书怀古，奈何猥琐龌龊徒事咕哗之末务乎？"因屏绝世事，键关长干，半峰僧舍，取古今圣贤之富寝室之。学成，应丁卯乡试，受知於侍讲米紫来师，同列者六十三人，亿亦与焉。遂得晤於金陵邸舍，其雄俊闳辨之概，迄今数十余年犹栩栩在目也。戊辰春，公车北上。时过寓舍，为欢极厚。当是时，文华殿学士太仓王公为侍讲太和殿学士，华亭王公为司徒，武英殿学士昆山徐公为中丞，三公者，当世伟人。徐公尤掺知人鉴，海内名士无不趋走其左右，一经品题，遂足摩九霄，俯四海夸耀於后人。余与勉斋以通家子弟例得进谒，勉斋极蒙赏识，退就子弟列，处之淡如也。盖其学问之所从来远矣，就试归，益励志经世之学，陶情诗赋，与余酬答往来者有年岁。辛未，余与王苍石、王徽士获售，勉斋以限於额数未第。继甲戌，继丁丑，继庚辰，徐师鲁、徐道积、张天门俱先后成进士，勉斋屡以同考争魁，终遭点额。至癸未，公车已五试矣！於是喟然叹曰："大丈夫居仁由义，不得行於国，独不可措之家乎？且孔子不尝称曰：惟孝友於兄弟，施于有政也。而又奚自仆仆者为？"乃屏迹家居，偕伯兄右赤、仲兄子上、叔兄子羽承欢磐如公侧，睦姻任恤，亲党咸被其德。后十有余年，余黜而归里，过句邑，访之，见容庑奎阁高峙，乡之人曰："勉斋修葺也！"试院门户聿新，乡之人曰："勉斋助资也！"入其家，规矩萧然，而童仆稚子俱有自得之乐，然后知其刑于之化果深且远也。先皇帝临御之五十六年，诏搜天下奇士未赴选者，两以才能征，未及应，年六十有五，以疾卒。其四上公车也，岁在庚辰，山左旱，民大饥，男妇狼藉道路。勉斋闻而悯之。豫挟重资往随地捐输，活其饥饿之将毙者，完其夫妇之散离者，赈其幼稚之无告者。比至都囊具萧然而途路俶离遂赖以济。先是，丙子秋，大司马张公试士句邑。邑多山，数有暴水患，其年尤盛，蛟起张公院署后，漂没者数十里。众绅士悚惧。会议仓皇无计。勉斋毅然曰："救灾恤邻，在此时也！何议乎？"捐重资募救。试士居民全活无算。其尸无主者，悉买棺殓。是二事者，人尤乐道之。太史氏曰："余读《洪范传》，曰：人之有猷有为有守，皇则念之！"勉斋非其人乎？当其年少登科，淡於干进，可谓有守矣！及观其救灾拯难，猷为亦时见焉。向使勉斋与世委蛇，岂不足以早见於天下，乃义不苟就，甫膺帝念，遽尔疾撄。才不见於世，道不行於时也，岂非命乎？然回念六十三人中其幸而见知、知而不适於用，以故落落如余辈者，则又何说。而勉斋修於家，贻於孙，子行谊文章裕如也。然则人欲急於仕进覆其𫗧，而以负乘称者以视勉斋，其得失又当何如也！

庶侯骆公暨德配王孺人合传　　（丹徒）欧阳荔

庶侯骆公讳思锡，号天予。圣友公冢子也。生而简重，比长知书，益以古人自期许，步履端严，言笑不苟，人望而敬畏之，抑抑威仪，维德之隅，公其庶几乎？为举子业，吮毫濡墨，皆循循有法度。又以余力学为诗歌，裁伪体而规风雅，同时唱和者罕能造其藩篱。顾数奇不偶，频困於有司，且以两弟尚在冲年，不忍独以家事贻父母忧。遂弃举业，督童仆，治田园，为孝养之需。王孺人亦中馈修洁，克相夫子，得舅姑之欢心，公方谓天伦之乐事无涯矣，何图行年三十有六，遽婴疾长逝。圣友公亦以是郁郁成疾，阅四月遂即世。自春徂夏，孺人再遭大故，亦至不幸矣！当庶侯公将易篑时，长君甫十二，仲氏甫七龄，俱侍侧，公指而谓孺人曰："吾季弟乾行贤且智，必能抚吾儿使成立，但须卿善视之，毋俾失所恃耳！"孺人泣对曰："夫子即不言，妾得谢其责耶？"适乾行翁至，公切嘱之。乾行翁敬诺，孺人即命二子泥首谢焉。天予公既殁，孺人事姑一如庶侯公事母，端居闺阁，嚬笑不苟，未尝有一疾言谑语。待娣姒以和，御侍婢以宽。凡有家事及延师课子，咸以咨於乾行翁。外人亦以乾行翁故，无敢蔑视孤儿寡母者。二子内则赖孺人之恩，外则藉叔父之力，砥行学文，日见竿头进步。待调君屡踬童子试，无怨色，授徒乡里间。敦紫君早游邑庠，荔尝与剧谈者浃旬，其於古今成败得失瞭如指掌，足征夙学，此皆孺人暨乾行翁有以成就之也。乾行翁抚其犹子如己子，谊甚高。而孺人孀居几五十年，贞明执操，卒能庇厥藐孤，尤为恒情所难。古诗云："瑶台古冰雪，为妾作心肝。死者倘复生，剖与良人看！"若孺人者，真能冰霜其心。死者复生，生者不愧其言矣！先是，孺人年七十，蒙仁皇帝恩赐帛米，邑令复旌以匾而颜之曰"柏操松龄"。孺人之节，虽未扬於史馆，而匾额煌煌已堪不朽。兹岁乙卯，敦素君佐其叔父纂修《家乘》。余忘其固陋而为之传，聊以申钦仰之忱，且令骆氏后世子孙有所考焉！

《南华经解》自序　　（邑人）笪颖（茂公）

呜呼！天地开辟以来，世愈积而事愈增，至於绸缪繁饰而无遗者，皆非人之所能为也。大道之精蕴，不至於畅发不止者也。譬之果木由一仁而发两荄，由两荄上达而千枝万叶生焉。此千枝万叶岂非皆一仁之中之所全蕴而不发不止者乎！特寓之於无而见之於有，人自不克知耳。夫世自鸿蒙以迄周盛，则由根荄而枝叶毕具者也。枝叶蔽芾不可复翦，人胥悦其灿然，其有世道之责者，亦就灿然者相为维持，此圣人之不得已也。夫圣人欲尽以精蕴示人，势必有所不能，而先翦其枝叶，则是率天下而兽也。心尤有所不忍，故姑就灿然者为维持，而以其精蕴俟之上智一贯之才而不敢轻为示，此圣人之体大而思深，为爱天下之至也。后有上智之才出焉，能自窥乎其精蕴，窥之而学未及圣人之大且深也，则不复能有所俟。於是日取而津津道之，道之不已，而笔为之书，而反侧摹画之，此庄子所为作也。向使以庄子之才而得亲炙，孔子其领悟当不在颜子下，而磨礲浸润以浑融，其笔锋舌巧又恶知其出不违如愚之下哉！不幸而圣人没，微言绝，百家并噪，无异禽鸟斗鸣。庄子於是不能自禁而发为高论绮言，以删叶寻本，披枝见心，此又庄子之不得已也。后人读之，乃得徜徉其驰荡之姿、浩瀚之势。空灵幻化，殊诡清越之趣，此则庄子之不幸而后人之幸也。呜呼！庄子之文真，千古一人也。少时读《史记》，谓其言汪洋自恣以适已，及览《李太白集》，称之曰南华老仙，发天机於漆园，予私心向往，取而读之，茫然不测其端倪也。乃旁搜名公宿儒之评注，不下数十家，而未尝不茫然也。即郭子元以此擅胜名家，又未尝不茫然也。则意子长太白所称即此茫然无端，任意滑稽者是乎？窃疑其必不然也，吟讽之下，渐有所解，屏去诸本，独与相对，则涣然释然，众妙毕出，寻之有故而洄之无垠，真自恣也，真仙才也，真一派天机也。乃知古今能读庄子者惟子长、太白耳！诸家但摘其数句之工、一字之巧，遂谓能读庄子，甚且字句之间大半强作解事，譬之主人觌面而旁猜张李，其支离可笑有不胜言者。噫！庄子之难读如是乎？予此本不敢於庄子有加，但循其窾会细为标解而不以我与焉！庶几庄子本来面目复见於天下，不致觌面旁猜而已，若其元风妙旨，则鹿门茅氏尝曰："太史公於庄子之学未必知，夫以太史公能赏其文，尚未必知其学，况於予乎？然每一披卷文理既畅神怡，意适之际跃如有见，则夫去圣既远而为学人津筏有不可诬者。夫庄子既不避圣人，罕言之戒而於圣人之不欲冀者冀之，圣人之不轻示者示之，此庄子所以维末流之穷而一出於忍俊不禁，一出於苦心致觉者也。后世分别九流，乃以异端目之。予谓庄子之书与《中庸》相表里。特其言用处少而又多过於取快之文，固所谓养之未至，锋芒透露。惜不及亲炙乎！圣人者若具区冯氏谓为佛氏之先驱。呜呼！庄子岂佛氏之先驱哉？康熙六十年仲秋月。

朱亮工文稿叙　　宣颖（懋功）

处邑里而欲邮致四方之业，既有山川阻修之感，而志行与文章又未必其远近齐轨也。曲山枕大江，通吴会，其为声气所奔走者，輶轩相属，而余邑诸子皆晏处环堵，论交结契，不越数十里而衿佩相接，质难朝夕间至。其敦尚古谊，风雨不渝，则余辈所盟之此心者也。余与家昆季暨严子用求、戴子霖生辈，皆环已山而处，行相随，倡相和，数十里之外不过数人，自朱子亮工以经学倡始，而同人翕然从之，析疑赏奇，抽思揣志以驰骤於古今之间，师资一室有余乐焉。然当其空山寂寥，寄兴杯酒，致慨於怀才未究而骚首问天，不禁於邑，唯亮工宕往不羁，卓然以学行自信，稍为起色。今亮工果首捷，而余辈抑可用以相慰矣！西汉两夏侯治《尚书》，两疏治《诗》，在沛两唐，在楚两龚，其讲肆之处，未尝越乡国而名动於天子、公卿，亦云盛哉。迨其季，三君之流声名倾四海，郭有道，尤擅人伦之誉，而党锢之患不旋踵，以是知舍乡国而奔走天下者未必尽获声气之益也。亮工犹子，第来、云章，声誉藉藉而志念自下，同余辈於寒溪瘦石间，抱遗经，究终始，斯其渊源远矣。独亮工先得气去，可谓稽古之报，而亮工犹为诸子抱不遇之憾，然亮工遇犹余辈遇，今梓其藏稿，从诸子朝夕质难中发筐箧之书，为国门之字，沈苦苍深飞动浑脱，拘体不一，至其支蔓毕删，根极性命，好道不倦，素心永矢，盖亦有可接於篇章之外者。余辈期亮工岂独科名之冠哉！

孔怀记　　（金坛）李玉

人谓古今人不相及，当其有之？今亦不异於古所云！以句曲朱泗山之与余为师弟交。在年未及冠时，凡四载复为诸侄延致者，五年后虽辞去，然经岁雅相过从未甚至契阔也。迄今回首几席倏二十余稔。余既年老，疲癃不堪，指数泗山，曩日年少，亦丝丝两鬓，然不意此二十余稔之中，泗山遂历尽艰辛，备尝荼苦，至今责愈重而心弥瘁也。泗山之见背於尊府君也，年十九，终天抱恨，诸兄所同，而泗山以方肄业别墅不及视汤药尤痛（是年为乙酉乡试，解元公命垣随诸兄肄，别墅距家四十里，公以六月下痢，病剧，两腕僵战，犹手书诫诸子勿省视，更嘱曰："断勿命垣来，我不日当强起。"迨泗山心动，亟归，而公已不复语言矣）。逾年，而静山抱不起症，养疴迁庽无常所。泗山百事屏弃，匍匐随之（每内热腹痛，躬承拊摩，日夜不息，长辞绝笔，泗山宝而藏之，每展卷辄恸）。壬辰，何太君辞世，哀毁弥至，凡所以遵母命、事诸兄者，纤悉靡遗泗山。乙未，举一子。自以诸兄弟皆有子矣。独长兄未也。堪寂寂以久待耶。又不忍明言，乃密劝余太君以景兄幼子镒为嗣，体会入微类如此。丁酉，秀山取高魁，芝山已先得背疾。初发便有不可为之象。泗山曰："吾长兄性情体格无不寿法，患吾心有不尽耳！"远近延医，百方图救，参药必亲煮，洗濯必亲劳，每剂费十数金不顾。泗山又素不信祷赛，至此则茹素礼斗，每夜衣冠拜祝，似竟可以身代者，病者痛苦不能进食，泗山遍求珍异，监视精造之，预忧其不能食也。含泪不可禁，及承奉时则又欢颜可掬。芝山觉其情，亦强食之。无何，而两人忽执手涕泣，泗山复强忍以劝进。一日，夜间颜面都不知凡几更也。至十月廿五，芝山卒不起。泗山之目不交睫、衣不解带者已越四旬，乃一恸几绝焉。既勉治丧事，以每夜号泣，披衣起坐，家人惊觉。当风凄月冷、佳节良辰，则设遗衣於坐，悲号呼叫若颠若狂。堂兄仪二知之，深夜拉高年诸侄相劝谏，曰："情迫矣，如弟之任大，何且积劳之后而酸楚至此，恐非所以善承先业也！"先是，芝山病笃时，秀山既以新举孝廉事奔走不暇，景山又适为人评告羁省中，故宾客填门而泗山辛苦更万倍。丧毕，即治二兄北上事。虽悲哀之中，赀发安妥，故诸老实怜爱之。已乃出兄窗艺，与余商榷，择百篇付梓，庶几死而不死云。余既习泗山久，知其至性过人，然亦不知其颠倒淋漓一至此也。此阨既过，秀山望再捷，景山善理财，泗山又每拔帜文坛，吾方幸其意气复鼓舞也，乃於甲辰迁居入城。甫逾年，而又罹景山之变，时景山病，以腹中气痛，初若迁缓，旁人未之危也，泗山遂若临不测，挤欲坠，昼夜调护，辛苦不异於前，而危惧又过之矣！且曰："曩昔事或悮在任医未当，今则吾必不使有万一之失也！"而终亦无救。嗟乎！泗山至此宁不悲哉？前此仪二兄固曰："弟任重，宜自爱矣！"维泗山亦曰："嫂之寡，侄之孤，身命两集於我矣！"时镒有小疾，虽夜半常起，视数四，或劝使人往，而益展转卧不安，今则环侍周庐之内，寡者孤者，寡而病者，孤而未立者，幼未聘者，将授室者，当延师授业者，侄女待嫁者，仆婢傭作当讥察警策者，无不举而归诸一人之身。吾但约指其凡，头已岑岑痛也。身其任者，何以堪之，泗山则一片精神，所归注者在勤於教侄，虽百宂，日必检视其窗课，一动静，一交接，必防其流失，而制以常归，有不率教者，委屈开导之，咨嗟耸动之，至再至三，不喻则垂涕挞之，曰："吾他日得见先人及汝父於地下者，总视汝辈之成败也，可但已乎？"其恳恻如此。故诸孤皆无父而有父。兹吾闻其大嫂又下世焉。镒向以叔氏为父，今并以婶氏为母矣！妇人能视侄为子，视侧室子如己出，内助赵女亦贤乎哉！盖泗山乙未所生子早逝，今侧室管氏乃举丈夫子，而樛屈下逮，弥为欢舞。其他佐夫子以推恩广爱者，皆此类云。泗山四十初度在丙午冬，愿以优人佐觞，祝者遍姻娅也。泗山曰："是何言哉？吾鲜民而既鳏矣！鹡鸰之惨连遭，今又亡我景兄，彼则偃卧棺中，而吾笙歌是乐，苟有人心当不出此。"闻者惨然。后不得已为清宴答宾，然犹见其终席皆泪眼盈盈与灯光映也。新例举优行，吾谓泗山其选也。俄而邑令、学博果交口推之，将具文申送矣！泗山蹙然曰："此学行兼优之选也！吾何敢当，且予上有寡嫂，下有孤侄，若以此北上，将何所托？不但已也，吾前以诸先人丧未举，卧不安，食不咽，经营有年所，乃使吾府君何太君大三两兄获一坏之安，而桑太君、余太君仍未有定所，今景兄又在殡矣，皆吾竭蹶不遑事也。吾其能远行乎哉？"遂力辞之，知者谓其行益高，而时会亦可惜云。治家於田山，典务四户，所需米盐凌杂、日用酬酢轻重，皆簿记之清晰。曰："非好劳也，不如此，子孙无所考据为法守。"其御物宽惠而精神复能纠察，故知人善任，家众无不凛凛，而经纪任事，人无不守法如初。每事宁先时，毋失时，当行未行者，皆笔之。已行者，削之，故事无遗，忽得古人粉盘圆木意也。生平见义必为，闻善乐赴，如直陈余学院误召幕客、兴理明伦堂。辛丑壬寅岁祲，出所储谷分给族党，为本族高节妇、吴节妇请邑主立传制额，为王门潘节妇请表建坊，皆能独举其大、卓然可纪。兹又与族人纂修家乘，承先启后，备极苦心，盖又一盛举焉。吾固不难泗山之能为诸事，而难於当泗山之门户，宂应蝟毛，而又肯为诸事也，然泗山静如止水，动若发机，精明自沈静中出，故游刃有余。戊戌春，忽讹传寇至，乡城惊窜，下阳居无人矣！泗山恬不动，祇令家人敛户守，次日晏然，归者见之有惭色。有三、仪二诸长者咸服焉。谓有唐李石陈君之识度也。年来烦且剧矣，隙则一编在手，故试则伸纸捷书，无不前列，人咸骇其繁冗之不退才思而不知其读书无闲时也。又虚怀好集益，得一良友辄倾倒，见一佳文辄庄写爱玩。尝自言好精洁、爱整齐。寻常入其书室中，卷帙无一倒置，户牖皆无点尘也。然与诸兄及余同试，入寓所则让高明爽垲处不居，而自择偏侧卑陋之地。去之日，必整齐其器皿，拂拭几席如始至焉。此又叔孙昭子之风，亦世君子百行之一也。泗山，平生阅历之大概如此，吾之所见闻於泗山者如此，尝欲於古人中求之，且择善书者制一联以跻其壁曰："与儿孙好样，留天地真情。"作平等语耳！至为颂祷称之词非吾所加於泗山也。然吾有所惜於泗山者，泗山具清旷绝俗之姿、超妙入神之笔，啸歌觞咏，是其素志。今仍使之屑屑於持筹握算、酬应凌杂，虽扰之不浊，超旷自存，顾二三知己，花辰月夕，把臂赏心而隐隐眉睫间别见一种伤人怀抱，处此何为者也。然而泗山宜自爱也。忆其先君曾告予曰："是儿体弱多恙，十一岁甫就塾，仍伴余寝，不甚望以读书也。然观其作事，颇有经纬，成始终。稍与讲解古圣贤行事，辄通晓大义，则又不能不作远大期矣！故以垣名。"噫！垣之为垣，所为周庐环衙者，其责固如是乎！抑大邦大师倚以为维屏维翰者，尚有在乎，是为撮其大略，曰《孔怀记》，以见其满腹精神、八面受敌者，皆自至性中来也。书二册，一以付吾子存观摩，一以贻其诸侄志辛苦云。时雍正戊申之八月也。

曹集芬赞　　（邑人）王康佐（安亭）

曹以昇，字其音，号集芬，邑廪膳生。膺雍正乙卯正贡。丙辰恩贡，例选儒学教谕，娶狄氏柔顺节俭，勤事舅姑，赴汤蹈火所弗辞。尝秽涤污所弗恤。邑太史王康佐为之赞曰："集芬先生，古貌古心。嗜欲则浅，天机乃深。出门同人，不设城府。倾吐肺肝，足蹈手舞。家庭宗党，和煦为春。笃於孝友，切於睦姻。家无余财，告急则应。岂曰哀多，惟意之称。不露圭角，与物油油。威利所在，介不与谋。行任其天，学探乎颐。矻矻劬书，剧於嗜炙。文规先正，诗写性情。不雕不饰，时俊知名。赋诗课文，死而后已。易箦之晨，兴不自止。积学种德，竟老其材。明经皓首，此志不灰。绵绵绳绳，后贤克类。培之逾长，俾昌而炽。

高节妇传　　（闽县）施廷瓒（邑令）

节妇高氏年十七，适儒童朱之骦为妻。翁姑早逝。氏二十二岁，而夫遂亡。生一子，名兆瓒，始三岁，生女方周，夫亡。仅遗田四亩，屋数椽。家计萧条，零仃孤苦。氏清心守节，百折不回，享年六十七岁以寿终。其后，瓒生一子，不数年，父子相继而殂。节妇竟至无后。呜呼！天之报施节妇者将何在也？恨不飞步太虚而问之。虽然凡事必欲责报於天，天固冥冥不可得，而诘自古至今，修身洁行之士，宜膺厚眷、享多福，而穷饿以死子孙不获蒙其庇者何可胜道？士之为善於乡者，亦卒不以祸福贰其心。然则有后与无后，虽不为节妇计可也。惟是民不兴行久矣。圣天子更化维风，命有司急求优异卓越一切义夫贞妇之行而表彰之，今是妇生死於穷山僻壤而又无后，人以为之请，其不至穷於天而复没於人者有几乎！是则可悼也，然氏归於朱，朱固大族，其族孝廉公埴、其弟垣，皆端方正直、乐善不倦士也。每述其事为予言，予欲转请於朝而未能，姑为之传而旌以额，曰寒山片石使为风教准焉。

赠华礼存往盱眙序　　袁延吉

余有①华阳，客有言华子礼存贤者曰："华子少孤，鞠於母氏。华子之事母也孝，其为人慷慨磊落，喜与士君子游。客於盱眙，时之人莫不知有华子也。"余心识之。辛巳秋，相遇於居停主人处，道殷勤，通款曲，如旧相识。既又邀余饮於其家，至则宾朋济济，列座俱满。华子周旋揖让，惟恐不逮。已而觥筹交错，座客皆靡，华子油然洒然不愈仪度，其言论风采信有如曩所闻者！华子之言曰："吾少失怙，赖有偏亲奔走四方以奉晨夕。数十年来阅人，多幸不为诸君子所弃。"其有怀才艺、负幹济者，吾得而交之；其有殷拳周至和光拂尘者，吾得而交之；其有质直而任事患难不避者，吾得而交之；其有砥志廉隅然诺必信取与不苟者，吾得而交之；其有抱道德、慕仁义、急人之急、赈人之穷者，吾得而交之。若夫脂韦涊涊标榜排挤，此所谓龌龊之士，非吾所敢知也。余闻而异之。嗟呼！交道之敝也久矣！今华子所交皆吾所倾慕而不可得者也。所不欲交，皆吾所去之，若浼者也。华子其信然乎？持此术以往，虽交满天下可也！然则曩者所闻犹未足以尽华子也。会华子复游盱眙，将行，属余为文以送之。余闻古之贤士行役於外，作歌来谂不忘其亲。他日过都梁，瞻大别，登高望远，涉屺之思，得母悄然而生乎？昔庐江毛义以孝行著於汉时，而太和范滂以名节显於世，识者推论其母之贤，今其故里犹在，皆华子游迹之所经也，为问其地有若义与滂其人者乎？苟能得之，则华子之交且自此益进矣！遂书以赠其行。

文学尚星瞻诔辞（有序）　　（常州）杨伟

句曲文学尚祚奎，字星瞻，世居邑南之西地村。幼勤於学。渠尊人、绣书公教以举业，即蔚然可观，然非志之所嗜，兀坐一斋，博参经史，谓人当以实学为重也。识者知为远到之器。弱冠而孤，居丧葬祭无不如礼，以哀毁过甚，竟成积疴，年十八而殁。举丈夫子一，卒后甫生，其夫人周氏奉姑教子，犹君志也，以节孝闻。乾隆四十二年旌表建坊，懋锟周君佩丰，其内弟也。余与友善，尝为余言，因私为之诔辞曰："伊君之生，异质天挺。维君之死，情殷定省。克缵前修，慎而思永。孝乎维孝，百行斯整。於戏哀哉！人孰无生？生无足幸。人孰无死？死无足敬。妇也而节，子也而孝。其生固荣，死尤闷闷。於戏哀哉！郑惟夫子，深心名教。幼而岐嶷，天资颖妙。洽见博闻，登堂入奥。谓宜子孙，永锡难老。於戏哀哉！川迅东流，景遭北陆。白杨萧萧，青松郁郁。穹昊难湛，碑铭易剥。藉此光尘，载扬芳躅。於戏哀哉！

恒斋像赞　　（邑人）骆存智（介亭）

恒斋二弟，生平为人精明浑厚，予与诸昆季中素所推重，其综理家政，井井有条，而教养诸侄俱各成立，有非末俗所能及者。犹忆三十年前，予馆红薇阁时，方其二兄亦为恒斋弟训诲诸侄，每於课诵余暇时相过，从弟必为设酒馔，谈笑竟夕，如是者三载，后方其兄以病返摄山，其身后事皆弟为经理。鸣呼！亦足见敦睦之谊厚矣！自是以往，予旅食京口，不获常谋聚首，然每念弟目疾家居，犹辛勤教育。心窃韪之。今年夏，因有潜山之行，特来容城，与诸弟别，方冀握手言欢，而恒斋弟已下世。为呜咽者久之，适见遗像，宛然如睹生面，因述其略而为之赞，曰："古称不朽，立德立功。克孝克友，睦族敦宗。矜孤恤寡，施惠困穷。予弟之德，奕祀所崇。子侄一视，惟秉至公。以育以教，中养厥中。如兰之殖，如玉之攻。箕裘克绍，为冶为弓。予弟之功，孰与比隆。自我不见，倏焉以终。瞻言遗像，实怆予衷。爰述其概，为斯世风。

---

① 有：疑"游"字。

乾隆戊申清和月中澣。

中翰骆先生传　　（闽）林光照（县令）

先生姓骆氏，名琚，字徵怀，号蓝谷。世为句容甲族。曾祖、祖代有隐居。父五修公笃孝，友爱无间，推多取约，仪式乡党。母龚太安人，慈俭戒杀，终身茹素。余庆之符，征於先生而后信为善之必有报也。先生美须眉，顾然玉立，望而知为伟人。幼敏慧，五修公奇爱之。遇失意事辄呼先生侍侧。即顾之而忘其忧。吾闽郑鱼门先生督学江左，号知人，亟称赏。先生既补博士弟子，益刻苦为词章，从邑刘先生读书郭东精舍，寒暑不辍。刘先生文学冠通邑，书法尤工，先生事之诚敬，迨刘先生既殁，先生亦谢举子业，策名中朝矣！犹岁时问遗，朔旦令节必诣刘先生柩前，拂尘四拜，风雪严寒亦然数十年不变。卒出橐金赞刘先生子卜吉壤而厝焉。邑人至今以为美谈也。先生於文不为急言激论，冲和醇雅，其词蔼如，诗宗香山剑南，一唱三叹，得风人温柔敦厚之旨，顾朋试必高等，锁闱试即不售，后督学某公以文行兼优荐於朝，旋邀睿鉴，钦授内阁中书，寓京邸无投刺扫门之事，公余唯闭户赋诗而已。一充会试，同考即乞假归，有留行者则谢曰："不佞之来以吾亲生前潜德未耀，今荷圣天子殊恩，纶綍褒嘉荣施泉壤，即予小子志愿毕矣！宦海浮沉，岂予之志哉！"闻者无不人人愧服。先是荐绅先达虽解组犹通声气，尚结纳或用以牟荣利，先生归则於所读书处构小楼居之。守吏就见，率辞谢。栽花种竹，焚香宴坐，不异诸生，时末俗忘身徇外，至於濡首灭顶，或反笑先生为砭砭，而先生浩然自得也。孝友纯笃。女兄一人，早孀，依倚孤甥，皆赖先生成立。顾性伉直，策励后进，不惮苦口畏忌者，稍稍引去，先生无所介於心，忧喜弗形於色，始终如一辙。敬宗收族。宗祠去所居二十里而遥，春秋祭奠必躬亲，未尝以有故辞，值岁歉，捐谷赡族，不浮慕高名，而人沾实德，在官所积禄赐，旋里即召通族分之。教忠锡类，用意微远，犹欿然曰："吾不能遍邻里乡党矣！临财廉而不欲，以已形物故辞受，悉具微旨，虽久与处莫能测其深，有分内千金贮之以作公费。骆氏自宋南渡迁石桥，先茔在焉。风水形势系桥者甚钜，先生捐修两次，复圮，拟俟来春纠工谋所以永固者。先於长至日会族众，谂以生聚繁衍，惧岁久难稽，愿拨所贮数百金择贤能董编辑之役，将俾谱成而桥亦举，夫此皆非先生一人之私也。楗金囊帛，亦不独於先生屈一指也。是可以观先生矣，然先生又非戋戋私其族之人而已，睦姻任恤，慈惠周至，悼外家中微音，书通问，不胜渭阳之情，外祖父母暨舅氏窀穸多营自先生者，里中寒士，岁暮必有馈待以举火者众焉。型家以礼，与黄安人白首相庄，内外井井。子一人，允观，邑庠生，候补詹事府主簿克继先生志事。孙三人，正本、正奇、正宗，咸醇谨称其家。子弟云论曰："予承乏句邑，获交其贤士大夫，私窃叹先生以为不可及，先生弟伴尊先生馆，予署介特，少许可，顾暇则为予言先生，且述族人之请，丐予传梗概以信异日夫，予固愿交先生而恐不得者也。尝因公事出东门，见所谓觉梦楼者耸出於苍烟翠树之表，即想像先生高致，邈然在霄汉间，今日写仰止之怀，浣风尘之虑，是亦予之幸也夫。

骆来亭公传　　（江宁）汪濬川（石城）

公姓骆氏，讳凤诏，字丹书，号来亭，世句容之石桥人。曾祖、祖父累代积善，详载家乘。公幼失母，事继母尽孝，得其欢心，同母兄弟四人，异母又三人，友爱无间，公物为昆季取用，即千金勿问，私物亦然，性坦易，遇无顺逆，安而忘之，微特腥膻之境未或濡足，即分所自有，亦不屑促促封殖。曾祖由石桥迁河口，父由河口迁会城，逮公复归石桥，而家益落，食指浩繁，石桥山水阻深，而公特喜静坐，炉烟茗椀，终日怡怡，以故租税所入随手告罄，家徒壁立，人不堪忧，而公静坐自若也。少习举业，至老尤爱诵四唐诗，歌声常出金石间。暇课子为抉摘，时文利病，丝发不苟，顾不为疾言厉色，三子亦循循奉教，户以内薰然成和气，生平不弋取虚名，而周规折矩自无失德，与人交有终始，未尝见人之过或设机械相欺，给公知之，第微笑，而事过辄忘，每谓苦於我固无他也，究之欺给之徒，亦溺於一时之惯技，已而天良触发，无不感公至诚，推为长者，盖背面相语，往往有太息至於泣下者，洵可谓纯笃之君子矣！公体强少疾，壬戌初春，年七十有二，忽谓家人曰："吾今冬当谢世矣！"闻者骇愕，然其时方无恙，及仲冬晦，偶示疾，越数日遂笃，易箦之晨，命扶掖起坐，盥濯，正衣冠，顾视窗外日影曰："吾逝当以申刻，此尚非其时？"戒儿辈勿哭，进粥啜茗，扬扬如平昔，果交申刻而殁。公不尚機祥，不谈命数，每夕薄醉就枕，魂魄安和，亦无梦寐，不知何以了然生死之际若此，此非涵养冲粹志气清和而能如是乎？吾家与骆氏世姻，吾妇为公堂妹，而吾伯姊归公，故知公特深。伯姊贤明，悉大义，於家事尤能佐公不逮，故公益得优游以遂其高云。论曰："吾姻党中不乏驰骤风云骏雄伟博之士，来亭公仅系籍国学，粥粥若无所能，而先君子亟称之。晚年卜筑石桥，欲相依以终老。夫岂无见而然欤？人莫不自负材力，然身为物役终不能有所觊，乃并百年之内之得以自享者，亦罔罔惛惛而坐失之，则其性命之趣，所与存者几何哉？庄生论《逍遥游》，笑二虫何知，至谓知效一官者流，自视亦若是，而独以乘天地、御六气、游无穷而恶乎待者为极至，是又岂夫人所知耶？呜乎！若来亭公者，其知之矣！

荩臣曹君传　　　（邑人）胡敬敷

余世居后沛，与大村曹里居相望，幼时闻父老称其地有笃行君子曰曹君荩臣。予心仪之。稍长，得见曹君其人，如古柏乔松，觥觥岳立，知其硕德耆年、见钦於乡里久矣！嗣君敬先以传属予，予自维谫陋，何足以阐扬君之大德，顾君以乡邻重望，予又与敬先莫逆交契，然则以君之鸿声令誉而不文之笔，或藉君以传，亦予所私幸也。谨按，君讳忠，字荩臣，世居句邑之大村，宋明及今，代有显达。父惠行公，生丈夫子四，君其长也。甫弱冠，惠行公不禄，君以家政殷繁，遂弃儒业。惟时三四，两弟尚在襁褓，君以一身肩重任，上奉太孺人，旁抚诸弟，家庭之际，恩义周至，卒能眡意承旨，以孝友著於乡，昆弟间辞隆就窳，润寡分多，次弟早世，君抚孤侄如己出，扶翼嫠霜，以全名节。二弟两侄之所以能成立者，君之力也。嗟乎！仁义不行，鹿鸣兴刺，今之人往往於分析之际，兄弟勃蹊者，比比也。闻君之义心清尚，其亦知愧乎否耶？君於善之所在，如水赴壑，趋人之急，除苛解娆，凡所张弛，一以提躬泽物为务，以故乡里慹服，虽儇子戾夫靡不襒席侧行。师承父事，古所称陈仲弓、王彦方可为乡邻矜式者，君其人乎？君卒，时年五十九。娶王孺人，能和顺谦谨，以相夫子。子一人，四旬外所生，即予友敬先也。克勤克俭，卒成钜业。抑强扶弱，济困持危，仁义之声动远近，德门多余庆，不洵然乎？孙曾林立，玉茁兰芬，行见光前烈而大门闾，未可量也。

赠望山先生说　　　失名

余见望山子，问之曰："君之所望者，何山也？"望山子曰："吾始也，以仇山面吾之前，每出必瞻仰之，见其春容秋色，往来其上者，不知其几变。朝晴暮阴，浓淡其上者，不知其几迁？冬风夏日，淡凉其上者，不知其几易，若将有击目感心因物察则之者敬，遂以望山自谓，而人遂以望山谓敬矣！然而望其粗而未得其精也。既而升之，尽其高，入之尽其深，观之尽其微，穷神剜鬼刻之功，会天造地设之趣，觑形雕色绘之妙，又若有得心而忘象，得意而忘言者，敬遂以为独见此山而人莫知，夫敬矣，然而尚滞其形，未究其蕴也。久之而觉其变者、一迁者、定易者，穷而镇静有常者、独露高者、夷深者、平微者、化而重厚不迁者自如，又若有山，不在形而在所以形，物不在外而在形乎外，敬益以为是山也。人所不见而敬所望而独见之矣！今则又若见其可以引伸，可以类长变而通之。睹五岳於撮土神而化之，消大块於腻粉，凡天下所有之山，敬皆得而望见之矣。或者如今而后假以岁月，消吾渣滓，黜吾聪明，殆山之与望，同为太虚，形之与理，会归无极而可以呼牛应牛、呼马应马矣！"余闻而叹曰："善。先生之望山，其山之望先生也！"

《漱芳楼诗集》序　　（如皋）石渠

句邑地肺山为三茅真君得道地。其势蜿蜒磅礴，秀甲东南。产其地者多雄伟非常之士。我师惠山先生其杰出者也。先生於今春署理如邑学博，诸生循例往谒，即谆谆以敦行力学相懋勉，虽年逾花甲而精神矍铄，与诸生商榷古今，赏奇晰疑，娓娓不倦。如之士人，咸恨得先生之晚，犹忆先生下车时，邑有兄弟不相洽互讼学署者，先生委曲开导，动以至情至性，其人感悟，至於泣下。先生既早负文名，而屡试南闱辄不售。晚年始受知於砚农学使，甫食饩，即援例入广文。人争为先生惜，而先生乐天知命，无几微不豫。暇则偕二三知己，寻冒徵君（名辟疆）水绘园故址，游徐司马霁峰园林，览胜赋诗，洒然自得，从游者惟恐瓜期遽及也。会余选《同人诗钞》，辱先生殷殷垂问，越日枉顾，比接见，相视莫逆，出所著《漱芳楼诗集》示余，其诗不事涂饰而崇写性灵，而《军戍》《悯荒》诸作尤感慨淋漓，蔼然仁者之言溢於行间，甚有裨於人心风俗。余亟请付梓，先生谦让未遑，爰择其新旧近体若干首登诸集内，非惟以片语昭示来兹，亦以申绛帐春风之意云尔。嘉庆年月日

万松丙舍记（句容县治北三十里胄山下）　　（上元）马沅（湘帆）

镇茅州之巨邑，冠花碌之群峰，爰有葆山，实为吉壤。宫保制府方恪敏公以袁安访葬之区，兼杜预表营之地者也。昔恪敏公力宣四岳，心在一邱，命种树於京兆长阡，拟诛茅於宜阳大道，未觅北芒之槚，时怀西麋之松，故其山盘如马，树化疑龙，接三茅之仙都，郁万松之胜境，固已情隆枌榾、爱永查梨矣！然而归思白首，早慕东坡，礼备黄肠，方辞北阙。赵武之九原，虽从先世谢公之一宅，未傍佳城。嘉庆十八年冬，葆岩尚书葬吴太夫人於是山也。免居庐於五月，既准诸侯誓守墓於三年，藉伸遗令，於是援既葬泥庐之制为行丧墓，次之居虽度巨先葬母之规，实循晏子嗣先之意，庶几封树，向免迷庚，即准墓田舍同居丙颜，曰"万松丙舍"，命某曰"先生志也，为我识也。"此虽扬雄家牒，已号祠茔，安世祠堂亦邻冢地，未闻以构堂之作述为邱墓之瞻，依传为美谈，靡得而议者矣！抑尤有进焉者，当尚书庐墓之时，值朝廷军旅之事，天子简翰藩之重望，抚首善之要区，盖墨衰发命、晋子策勋，金革无嫌，鲁侯效绩，爰以直隶总督起公礼也，且夫有边事而行丧，则忠衰田况迁吏部而夺礼则孝薄山涛，即张华摄以参军已嫌从利，惟闵子经而服事不异无官，公於是请赴颜行急呼门之义，表辞领职伸未练之情，斯是也，少别松峤俨辞子舍，即持苫寝将入军门，盖慷慨乎！今情难依回於本志矣，岂知陈词方入，吉语先闻，天子念解宏不以丧事辞军，谓富弼可以时平终制，遂有丝纶之降，并宽弁冕之行，然则非明公有权有节无以协变，礼於折衷，非圣主克类克明无以鉴诚，愿於望外，彼蔡邕居场，兔驯其侧，夏方守冢，虎扰其庐，虽谊笃於天亲，非势兼乎家国，岂有遭遇殊施，克全至行如我公今日者乎！其攀留风树，凄恻山庭，益以感盛德於无穷，非徒毕先生之宿志也。伏思歌双柏之庙，则知同德之君臣，纪三槐之堂，则思济美之父子，古有作者，今实兼之，某辄不辞固陋，略志始终，庶紫芝白雀，不侈杨炎，庐畔之祥，孝子忠臣，如读鲁峻墓前之记云尔。

王夷白先生传　　（江宁）周开麒（石生）

夷白先生者，贵阳人。名宿也。其先世自省一公卜居句容，为句邑华胄。越六世，叔名公以谪戍入黔，遂於黔家焉。后嗣自玺公发解，若嶙公及用贤公、用臣公、天爵公、绍先公、奉先公、嘉宾公相继登贤书者九人，至十四世祚远公登前明万历癸丑进士，官至少宰，王氏之在黔可谓盛矣！及遭流贼之变，族人尽罹於难，幸少宰公供职京师，获奉尊，甫春野公一支仍归句邑，传次至先生，生而颖异，早岁即能文章、工词赋，尤善书，稍长，奉母氏金太夫人命往黔省墓，时已邅句庠焉。抵黔后，以祖籍在黔，且为累叶发祥之所，复就试贵筑，试辄冠军，补博士弟子员，嗣以婚归，娶缪氏，生子一，无何，抱漆园痛，子亦继殇，太夫人仍念念不忘黔之庐墓，复促先生归黔，先生依依不忍违侍。太夫人曰："人生

忠孝耳，汝兄弟三人，长兄虽早逝，汝仲兄颇能奉侍左右，汝忍令黔之邱墓、断碣荒凉、松楸冷落欤？况黔本吾家故桑梓耳！"先生不忍重违慈命，泣辞膝下，复归於黔。先生学博行优，黔人多从之游。晚年掌教习安书院，以经明行修课士。一时黔之以科第显者多出门下，惟自为时艺高古，不谐於俗，屡踬棘闱，然其文终不可磨灭。先生著有《日记笔记》《夷白诗钞》《病中琐言》诸书。后有耳先生之名而不获见先生者，观此可窥见一斑矣！抑闻之先生有古大儒风，居家不苟言笑，子妇皆秩然有礼，治家何其肃也。先生每岁暮辄作十日游，偏览黔中诸名胜。山人古衲争延之以求得书法为幸，先生何其暇也。又尝安砚贵祝县崇明府幕中，有钱某者，少孤家贫，欲择主觅食，先生异其行止，熟询之，知其尝读书史、能文章，先生恻然使理旧业，明府亦感先生高谊，月给钱米赡其家，后某果获乡荐，补授河南偃师县令，先生之造就人才何其无方也？夫乃叹先生之为人，固不当於富贵功名中求之，而当於圣贤学问中遇之，则先生不仅为贵阳之山斗也，先生伯仲，今皆著籍句容，大族王骆并峙，拟朱陈焉。开麒妻骆氏与王氏亦忝葭谊，得悉先生本末。先生讳履升，并讳本立，字卓如，号夷白，贵筑县岁进士。元配氏缪生子一殇。继配氏许生子三：长从谷，筑庠生；次从曾；季从度。孙一名，德贞，从度出，筑庠生。兹王氏纂修家乘，德贞由黔南来，具述先大父之行迹於予。与予向所窃闻而景慕之者不啻符节之合焉。德贞请传於予，予因质言而为之传。

皋亭骆公传　　周开麒

公讳鹤年，字翔千，号皋亭。先世本素封，公承先启后，齿德兼尊。先伯父午堂公，属在葭莩之末，仰公之丰仪，志公之行谊，尝向麒述之曰："骆公皋亭，秉性朴诚，行端表正，卓然古君子也！"麒心焉识之。己巳岁，麒忝附侄曾孙婿列，公之生平行事，复向岳父慰劭公求之，爰知公之德行，更仆难详，而其大端则孝友慈爱廉让，历历可稽焉。公天性过人，幼而温情之余，顺承倍焉。长而苫块之次，哭泣极哀，厥后又以佳城逆卜悲痛时深，忧伤之情抑郁成疾，可不谓孝乎？公行二长兄早逝，季弟最幼，惟公勤家政，迪前光，善继长兄之志，曲体幼弟之心，友恭之谊，宗族乡党无间言。无何，季弟亦遭疾弃世，公益深悲悼死丧之威，兄弟孔怀，可不谓友乎？至於志笃抚孤长兄之子，保惠教诲，俾克成立季弟之子，亦情殷顾复慈爱有焉！迨季弟之子弱冠早夭，季弟无后，而长兄止有一子，不能出继，亲族中皆欲以公之次子立为嗣，而公慨然曰："於人情自合，於我心不安，不若以长兄之孙立为季弟之孙，有以对长兄於地下，而季弟之子有后，即季弟亦不抱痛於九泉矣！厥后，侄孙等皆能自立，遂将家政分而为三，侄孙等咸云罔极之恩无以报，欲为提庄田数十亩益公颐养之资，聊酬恩於万一，而公却之不受，廉让有焉，公生於康熙丙申年，卒於乾隆己酉年，享寿七十有二，德佩王太孺人，淑慎徽音，能职妇道。生子二，长晴原太伯岳，次蔗田太伯岳，联翩庠序，克振家声。生女四，皆适巨族。厥孙四人：菊溪伯岳，守愚伯岳，钦哉叔岳，听泉叔岳。德成名立，亲族皆器重之。而且曾元竞爽，济美一门，公之业日以大象日以昌，非公有盛德能垂裕於无穷以庇荫其后嗣哉？麒不敏，固陋之词无足揄扬，他日光大门闾，表彰潜德，当勒之贞石以垂不朽。

处士云台骆公传　　（邑人）笪立枢（绳斋）

处士云台骆公者，予姊丈也。幼孤，事母以孝闻，事兄抚弟，皆友爱无间言。性敦厚，与人言呐呐若不出诸口，岁僮仆亦无疾言遽色，望而知为长者。幼习举子业，屡不得志於有司，遂绝意进取。自太翁丹楹公早逝，家道中落，及公更无长物，公处之泊如也。且其克己甚严，无论分所，不当得者介然不取，即分所应得者亦未尝少争，布衣疏食，没齿竟无怨言。呜呼！泌水衡门，风人高致，求之斯世，未见其人，乃公独始终一节，卓然不移，非所谓安贫乐道不陨获於贫贱者乎？独是福善祸淫者，天道也，乃天之报施善人若仅表白一二人以诱生人未死之心，而旋即不如人意，是天之未可凭也。如谓不获报於其身，必获报於其子孙，则公之无子，又何说焉，然而公虽无子，嗣子即子也。吾将於其嗣子有厚望焉！

骆晴岚公传　　（邑人）朱淮

骆晴岚公讳缵先，字绍庭，质性醇厚，天姿英迈，事尊甫赓庵公以孝闻，与仲叔处友爱无间，少负经纬之才，读书观大意，不屑屑於章句之末，常谓儒者以民物为怀，宜出其身为世用，奈何效怗毕小儒於故纸中求生活哉？乃弃举子业，援例贡入成均，就职兵部武选司主事，时当强仕之年，廉干精明，克称其职，当路咸器重之，谓他日黼黻朝廷必能丕焕鸿猷，效国家股肱之报，行将以大用，为公卜乃公以殚心厥职，夙夜勤劳，竟得疾不瘳，享年四十有九，终於京邸官署，奉旨驰驿，扶柩入城，道旁观者皆啧啧称叹，谓大丈夫劳於王事，得邀旷典，为宗党乡闾光宠，未尝不以是为公荣，而怀抱济世之略，不克竟其施以殁，设令天假之以年，其所建树当有不止於是者，又未尝不以是为公惜也！德配朱安人，淮姑母也，幼娴闺训，归公后，相敬如宾，事翁姑克尽妇道，公赴任之初，以忠勤相勗勉，公殁后，持家有法度，训诲诸子皆克成立，性好施予，闻有匮乏者必周恤之，族党中胥蒙惠爱焉。享寿八十有一，孙曾饶膝，含笑以终。

竹溪骆先生传　　（江宁）陈步瀛（勤斋）

竹溪先生者，句容之隐君子也。徙自义乌，凡三十余世。幼颖异，至性孝友。长嗜诗书，尤敦实行。年未冠，失所怙恃，依其祖谧如公左右，就养无方，务博公之欢心。谧如公即世，更依仲叔帝然公，事之一如事谧如公礼，帝然公深嘉之，勉以进取，曰："尔为博士弟子，佳子弟也。昌黎四举艰於所遇，曼卿一官何妨勉就，且尔兄殿邦，余亦勉其尽瘁，王家兄弟连镳，我先人其含笑於九京乎！"先生愀然念两先人未遂首坵，不忍远出，因与伯兄梅村谋，"叔父春秋方盛，兄曷不为显扬计？若虑色养无人，弟犹子也。"用是，梅村先生谒选都门，分符江右，得以优游仕路者，以先生代为之子也。迨梅村先生丁艰旋里，暮年兄弟友於弥笃，花晨月夕，埙篪叶应，终先生之世，阅数十载未尝一言析居事。夫贫窭之子，相信无他，或数世同居者有之。至殷富之家，争多较寡，薄俗不免，先生席丰履厚，两世同居，绝无闲言，此非孝友不能也！如相国高安朱公赠云："烟火神仙千日酒，草茅富贵百城书。多君不袭张家忍，孝友根心积庆余。"岂虚誉哉？且其孝行又有可纪者，右超公慕范氏义庄之举志焉未逮，先生继其志，捐义田入祠，以赒宗党，每春祭即用所出，百世烝尝，永永勿替。范氏以义称先生，则兼以孝成矣。北平黄君监司兹土，访罗旧德，梓之邑志，有自来矣！至若倡修文庙，尤为学校功臣，他如育婴施榇、悯孤恤贫，力所能为，自幼至老，亹亹不倦，此则宅心仁厚，懿行之昭昭，人耳目者也。夫以先生之德之才拜爵於朝，其所敷布宁能量其所至，乃隐而不仕，仅仅一明经进士终其身，吾故曰句容之隐君子也！先生讳殿飏，字基誉，竹溪其别号云。论曰：士有百行，孝友为先。余与骆氏谊属姻娅，昔馆於其家，课我诸甥，即先生之孙备闻遗事，余珥笔艺林，显微阐幽，又其专责如先生者，其亦可以风矣！

骆芷坪公传　　（江宁）邓廷桢（嶰筠）

公讳锡堂，字兰庭，号鱼山，一号芷坪，学山公仲子也。为人宽厚和平，喜怒不形，无疾言遽色，尤笃於孝友。乾隆甲申，学山公卒，时公年尚幼，适抱病，强起侍左右，日夜号泣，几不欲生。弱冠后，从名宿汤梦桥先生游，笃志力学，为文禀经酌雅，尤工於诗赋。受知於督学使者景介冈先生与胞弟茗柯、堂弟紫封两公，同列胶庠，为邑中知名士。因母汪太孺人体弱多病，亲侍汤药，寝室俱废，遂弃举子业，专究心於岐黄之学。甲辰，太孺人病革，每夜必往青元观吁天醮斗、祈以身代，其居丧哀毁骨立，无异於丧考时也。太孺人既殁，与同怀兄弟四人，同居相爱数十年如一日。不得已析箸，犹依依欲泣。乡党以为田姜之风於兹再见焉。公性仁爱，好施济。丙午岁，阖境疫疠大行，求治者踵接，公不惮风雨寒暑，奔走调剂，日无宁晷，遇贫者必周以药饵之资，并合"辟瘟丹"以应募夜之求。邑中赖以起死而回生者不可胜计。嘉庆甲戌，又值旱且疫，东平于君稽山来宰句邑，重公品谊，兼慕公术，延入署内，胗治之暇，谘以救荒良策，公劝其急粜官米以平市价，禁暴安良，详请蠲赈，查赈则逐户验名，胥吏无侵渔之弊，给赈则以银易钱，饥民免剥削之忧。于君善其言而行之。是岁，灾重於邻邑，而民沾实惠，无道殣之伤者，皆公襄赞之力也！然则公虽未尝拜爵於朝，出应民祉以大展其设施，而父母之邦赖以生全安辑阴受其福而不知者，岂浅鲜哉？公享年七十有六，德配欧阳孺人，为润州右族，禀承家教，克俭克勤，并以贤孝著，享年六十有六。生子四：锡麒、化麟，以读书世其家；瑞麒、重彝，出继胞弟堂弟为嗣。诸孙林立，崭然见头角者已黉序有声。人咸谓公厚德之报正未有艾云。论曰："余与公忝属姻娅，闻公易箦前一夕，梦身化为白鹤冲霄而去。"故自作挽联有云"已了前因，此去愿为三岛鹤"之句。因事涉梦幻，未便撺入传中。然公抱恙时，谈笑不异平昔，绝无呻吟哀苦状，非夙根清净学养兼优焉能若此？且圣贤仁民爱物，道家亦以利民济物为功。公秉孝友之性，婆世以心，活人於手，殆所谓神仙而儒术者欤？

节孝王母骆孺人传　　（江都）史致俨

节母骆孺人，中翰琚公之第三女，詹事允观之妹也。幼承家训，习诗书，识大义，年十八归王氏——乾隆辛酉副车道复公之长子太学生寿南。寿南赋性聪颖，禀质孱弱，以下帷攻苦得疾不瘳，越一载而殁，孺人号泣呼天，誓与同穴，继念奉侍嫠姑，仲叔皆未成立，乃节哀进饘粥，勉承堂上欢。道复公三子，长寿南，次理问斗南，次海州学正吉士斗南，亦娶骆氏，即孺人从堂妹也。孺人与妹晨昏定省於姑前，姑抚其妹而言："愿汝早生子，俾我嫠居孝媳有嗣也！"及斗南生次子汝恂未弥月而继嗣焉。恂幼多疾，孺人多方调护，珍爱綦笃，年八龄，生父教读，施夏楚，孺人於屏后闻之，掩泣心痛之，而未肯乞恕以免其责也。其望子成立之心可谓爱而知劳者矣！以视古之和丸画荻何多让与？孺人自失所天，终身茹素，钗珥不饰，和於娣姒，御下以宽，事姑谢太安人极孝。姑年逾六旬，得偏枯之疾，孺人朝夕扶持，亲奉汤药，历三载无倦容，每逢月之七日，礼斗默祷，愿以身代。及太安人即世，孺人哀毁过节，由此抱恙亦郁郁以终。是诚情之真、性之挚、孝之笃者乎？迨其子汝恂补弟子员，据四十三年苦节呈请旌表，荷蒙恩奖给"清标彤管"匾额，崇祀节孝祠。孺人茹冰蘖於生前，飨馨香於身后，其食报岂偶然哉？俨与学正蔼亭夫子有师生谊，蔼亭司铎江都，俨固门下士也。今年秋，俨乞假旋里，汝恂世长，因家修族谱，述其先孺人之节，乞余为之传。余与世长通家世交，知之甚悉，爰序其大略而表扬之。道光九年岁在己丑仲秋仲澣之吉。

蔬香斋遗稿序　　（邑人）裴鉴（静涵）

国初纪伯紫先生以诗名江左，与新城尚书往来唱和，感旧集选载诸篇，脍炙人口，至先生所著之《檗堂集》，诗家奉为圭臬，固已久矣！即追而溯诸梁之少瑜、唐之唐夫，吾知其弗多让也。纪君竹伍为伯紫先生族孙，性颖敏，於学无不贯通，而善自韬晦，即与之交者，率不知其能诗，或山水流连，友朋赠答，偶一成咏，时之以诗鸣者罔不为之压倒而让伏焉。余尝与语曰："子殆蓄宝希声，故秘其奇以玩世欤？抑不欲炫雅矜奇以诗自见欤？"竹伍第笑而不语，有所作辄随手散佚，不自存稿。余索之再，始检得七十余篇，受而读之，或则吐言天拔兴象深微，或则沈博绝丽议论飚举，上溯汉魏六朝，近则有明七子，体格无不具备，不必有意求合於古人，而自无不合。始叹其胎息者深，而非卤莽浅尝者所可同日语也。虽然是固有性情焉，而又非徒寝馈於篇什者之所能得也。夫紫伯先生以诗鸣，而其名著竹伍不以诗名，而其诗工、家学相承，其亦渊源有自矣！余特为之序，以质诸世之知竹伍者，当必不以余言为谬也！

文学王殖庭传略　　（邑人）骆燕贻

殖庭王公讳垲，字旋百。文学卓斋公冢嗣也。天性纯笃，颖悟过人。弱冠补弟子员，读书敦行外，无他嗜好，其祇服两尊人，能以色养，兼能以善养而友爱，仲弟尤属轻利重义，怡怡然无些子闲言，诚古君子人与？公世业素封，而居身淳朴，不尚浮饰，至任恤睦姻则又好行其德，无少吝惜。嘉庆甲戌，岁大祲，公解囊捐重金为倡首，偕邑绅耆筹画赈济之方，所全活者不可数计。其尤有功於句邑者，邑之西郊旧有三台阁，建自前明，为兴起文风之兆，倾废已百余年矣！前辈屡议重建，卒以工程浩繁中沮。公独倡首捐金，毅然以兴复自任，协同志四出募捐，督成巨举。於是登甲榜、入词馆者有人，为数十年所仅见，公之培植而肇造之者，厥功伟矣！他如书院之设，则独捐几案以供肄业，其曲成从学而诱掖将来者至深且远矣！若持己以恭，接人以礼，容无失色，口无失言，非又公之为坊为表足为乡人士所矜式者，与公享寿五十有九，嗣君应镠克荷家传，英年入泮，恂恂有儒者之度。公为予从姑丈。应镠尝受业於予。己丑春，伊族议修宗谱。应镠谨述公之概，嘱予为之传。予忝附姻娅之末，未敢以不文辞，论曰："士君子处则观其有守，出则观其有为而不尽也！"公抱经世之略，伏处而不出，虽未显於当世，而迹其生平所创建，皆大有造於一邑者，异日者当载之邑乘以垂不朽，为邑人士所观法，则纪其实以备采录者，固家乘所不可不详也。呜呼！如公之有守而有为，求之今世，亦曷可多觏也哉？道光九年岁在己丑仲秋仲澣之吉。

文学鸿轩王公传略　　（邑人）骆重恒（芷余）

今有苍颜鹤发、黄耇骀背之叟，则莫不钦而奉之，其貌古也。今有道先朝之掌故，述高曾之规矩，则莫不敬而听之，其言古也。况卓然有古君子之行者乎？所称为古君子者，敦本於伦常之地，饬躬於乡党之间，其品方正而不阿其言，伉直而无隐，求之近世，往往难之。今於鸿轩王公见之矣！公讳墭，字步庭，文学卓斋公之次子，殖庭公之仲弟也。公事父以孝闻，事兄以弟闻。持家以礼，御下有法。平居为子侄辈述先人之训，谆谆诲迪。稍有过举，必督责无少贷。赋性伉爽，接物以诚，笃交游，重然诺，尽朋友切偲之义。见善则喜，有过必规。以故老成硕德重其谊而乐与之游。后进之士薰其德，而善良者盖不乏人焉。公读书得大意，少入邑庠，不屑屑於章句记诵之学，扩圣贤成已成物之量，以培植人材为己任。吾邑旧有华阳书院，倾废已久，自邑侯重建，公偕邑人士筹画奖赏之需，悉心经理，规条尽善，自是肄业者甚众，士之争自琢磨而蒸蒸日上者，皆公之鼓舞而振起之也！呜呼！世之依违狥俗者曾不足齿数，而绳趋尺步，斤斤自守之士又不足与有为如公之古道照人，而生平之事业毅然可见诸设施者，岂多觏哉？公享年六十，子三人，皆承公之训，克闲於法度者，恒忝姻娅之末，夙慕公之行谊，今因王氏修族谱，谨序其略而为之传，曾不足尽公之万一云。

伯祖介亭公传　　骆重恒

伯祖介亭公，讳存智，字缜斋。幼聪慧，读书过目辄了了。年未弱冠，自十三经外，旁涉子史，无不朗朗成诵。文根柢於汉魏及唐宋八大家，时艺溯源於归胡，下迄方储诸名手，得其髓而不袭其貌，别出之以安和恬雅之音，诗赋歌词，罔不有律度。入泮后，试辄前列。文山公，其堂弟也，与之肄业钟山书院，见器於尹望山相国及院长杨公叔、周石帆两先生，声振白下，一时籍籍，必称华阳二骆，迨游学京江、广陵，知名之士莫不望风倾想，以一见颜色为幸。归授经於红薇阁，邑之翘楚及族之俊秀皆出其门下。恒幼习童子业，即耳公名，窃心艳之。后入棘闱，於大江南北之士咸称贵族中有介亭先生者，此道中巨手也。公屡困矮屋，以名经秉铎潜山，寿近八旬，登乾隆己酉科乡魁，庚戌钦赐翰林院检讨，论者以是为公荣，谓公一生积学获报於垂暮之年，而恒谓不然。圣门贤如颜子，犹不幸短命，公亦幸而得寿，设早殁於十数年以前，安知不以明经终老。公即不售，亦无损於公，且区区一科名又何足为公重。夫争利者於市，争名者於朝，读书欲上进，不过思显名於当时耳，计公之蹶於场屋也，凡十数次。此十数次之中列名金榜者以万人计，迄今震人耳目有可称道者，未易一二数，而公之名犹著於大江南北间，假令公早掇巍科，而名不得传於身后，以彼易此，当亦公所不愿，古之人谓造物忌名，则知天之所以报公者在此不在彼也。

学箴六首并序　　　（震泽）张履（教谕）

蒙自授句容教事浃月於兹矣，诸生来见者皆恂恂有循谨之风，顾率数语而退，叩其所学，则逡巡不言，岂谦让弗自居与？抑讲习此者或少也，夫身为师长而不能恢宏道术导扬斯文为国家成乐育之化者，校官之陋也！安於简略，致吾邑文物闇而弗光，无能与他邦争衡，亦尔有多士之耻也，爰不揣固鄙，采择昔贤遗恉为学箴六，惟诸生其观省焉。语曰："以身教者从，以言教者讼。"蒙岂欲为此喋喋哉？诚有不能自已云尔。诸生其有意乎？其箴曰：

先哲有言，志存高远。跻圣轶贤，夫孰能限。奈何吾徒，而安卑近。淹忽此生，草木同尽。试念及之，蹶然而兴。绝潢是弃，道岸斯登。何穷何通，何得何丧。独有千秋，斯志必抗。

右伉志

天之赋命，乃在汝心。厥心不心，匪人而禽。所以君子，植心为本。心亦多端，邪正是辨。胸中诚正，泰然天地。苟或怀邪，俯怍扬愧。惟邪惟正，所动在几。凛之於此，危乎其危。

右植心

士之守身，如在室子。苟有疵瑕，见弃乡里。又如赵璧，庭设九宾。一朝失手，屏而弗陈。世士不悟，苟且其为。及其既败，虽悔何追。厉尔介节，复尔明性。粹然莹然，是曰砥行。

右砥行

圣人之道，备於六经。不稽於经，譬彼冥行。稽经之要，实事求是。门户不分，争端奚起。惟经惟子，惟史惟集。循序致精，道不欲杂。逮其久之，原流毕贯。盛德大业，为群儒冠。

右稽经

坐谭理高，行之事阙。儒效迂疏，曷以宰物。在昔圣门，兵农礼乐。因时之用，具於风俗。亦有湖州，治事名斋。济济诸子，为国储材。所愿英贤，时务之练。勿以豫章，而同樗散。

右练务

号为文人，恐艺是囿。不能属文，亦儒之陋。文有能事，取经贵多。元本经术，镕式百家。以陈大法，以阐要义。是乃至文，载道之器。叹彼八代，总杂而卑。不有韩子，孰起其衰。

右属文

华阳学舍讲经会序　　　张履（渊甫）

夫学之不讲，圣人所忧。博士倚席，不讲前史。所叹汉时讲经之书存於今者，可考已隋之文中。子讲道河汾，一时名臣硕辅多出其门，学者称盛焉。自唐迄五季之乱，闃焉无闻。迨宋濂、洛诸大儒出，阐天人明性道已抉发闳奥以示人，沿及明季，几於人拥皋比家设坛坫，遂至门户立而攀附多，泾渭分而嫌釁起。然革命之际，其捐躯报国者多当年讲会中人，而论者乃谓明社之亡由於讲学，岂不谬哉！国初，诸老讲会未息，而亭林顾氏独治经济考证，不为讲师。自考证之途开，学者祖许郑、宗孔贾，以汉学相高，就其善者，确能推究遗经，有当於实事求是之旨，及陋者为之，则攈摭细微，勦袭陈说，以炫其博而已。然一二为宋学者，犹率为所掩，稠人广坐之中，往往不能一发其口，而讲道之风由是遂绝。要而论之学必宗经，求义理於宋，求考证於汉，此不易之方也。谈义理者多空虚，攻考证者涉烦碎，此偏诣之失也。以义理为主而本於躬行，心得以考证为辅，而治其典礼之大，则精粗贯而道器一矣！义理无穷，精於宋而尚有未发之蕴，考证至难，极於今而犹多未定之说，非得好学深思之士互相推勘，曷以得所至当哉？今约与诸生五日一会，以讲明经训，务集汉宋儒之长，不苟为门户同异，庶於修身经世之道有所依据云。

释争　　张履

凡物有欲则必争，鸟以啄，兽以噬，蚑行蠕动之属相持相挈，民之有欲甚於物，其并有争心也，亦奚怪？虽然此凡民耳，宜不在士，士之所争，志行学问。与一世争，与千载争，其争也，反求诸其身而已，不此之务而谯谯屑屑，乃或出於锥刀之末，籩豆之微，乌乎！由光薄天下，夷齐轻千乘，降至后世，犹朝有让爵、家有推产，而今日士之所争乃尔，不诚陋与？夫陋，非独士之过也，教官之咎也。终岁尸禄素餐，未尝一为诸士明，廉隅讲礼让，俾士至於此，士纵不自耻，教官能无耻乎？抑为之明廉隅讲礼让而德未孚於士，士亦若不闻教官之耻，不滋甚乎？闻之古息争之道，有使人望庐而还者，有以田解其忿者，有为说易讼卦之义者，今教官不德，既不能使不言而喻，又恐言之不从，惟自引耻以释之。作释争。

蚕桑要法序　　张履

凡种植之宜，视乎土。宜桑则无不宜。《禹贡》之言桑，如兖如青，而徐、扬、荆、豫贡篚所充皆非蚕桑不办，其不见者，惟冀、梁、雍三州。考之於诗，唐魏在冀，豳周秦在雍，其地皆宜桑。《豳风》其尤著也。夫冀以帝都不言贡，雍有蚕桑之饶而贡不以其物，岂非其利自周家开之而前此则未有兴？后世史传所称循吏如龚遂之於渤海，黄霸之於颍川，茨充之於桂阳，张堪之於渔阳，王景之於庐江，无不劝课蚕桑、为民兴利。句容，扬地也。其邻县如溧阳、上元育蚕之盛几与浙中、吴下等，独兹邑民多惰窳、妇女习於游观、荒原旷土往往而是而不知所用。余方以为念，会海城刘侯以名进士来令於斯，锐意更化，谓民生之匮乏，非有以裕之，则教无所施也。特手录种桑养蚕法以示余，余以蚕桑之法，元司农《农桑辑要》祥矣，而《蚕桑杂记》一卷为德清陈白云先生所以课合肥者，事由亲历，为说简明，因取以贻侯，而侯复属余重加编次，俾览者易知，乃即事之先后分合移置，节附侯所录数条，为种桑之法九，养蚕之法二十一，总名为《蚕桑要法》，以复於侯梓而行之。呜呼！愚民可与乐成，难与图始，行之以果力，要之以久道，使他日征土宜者谓句容之有蚕桑自刘侯始也。是则邑民之大幸也夫！

捕蝗记　　张履

道光十有七年夏，句容东北二乡蝗虫滋生，初细如蝇，已能跃。邑令刘侯与余迭赴乡勘视，令村民扑之，不尽。或谓蝗生於旱，得雨可灭。侯即结坛以祷。久之，乃雨。又连日大雨如注，而蝗日繁衍，向之能跃者且长翅而飞。方未得雨时，侯已捐廉以倡，又集盐典商劝助钱数百缗，先召各图粮长人给钱数缗，俾之购补。旋议令民应输平粮一斗者出钱二十，能捕蝗二斤者免。若所捕赢於令，则官论斤给钱。至是遂於北乡之仓头镇、东乡之陈武庄各设公局。两校官主之。又於城中设一局，典史主之。而侯与丞往来巡视。时余主东乡局，襄事者为陈生辅、怀珍煊、裔生光祖。先累甓置一大镬，有以蝗至则煮而埋之。东乡民素刁悍，或抗不应令，或取已埋之蝗已充数，臭秽不可向迩。又或囊其蝗攙以泥土，发而视之，则蝗乱发，跃不可捕。余乃或诃之，或拘而罚之。其如令者嘉奖之，计二十余日，凡收蝗几六万斤，合诸北乡及城中二局所收，约十余万斤，而句容之蝗尽矣！余观前史备载蝗患，其甚也，至群飞蔽天，草木皆尽。今句容之蝗赖刘侯以灭，讵非斯民之幸与？而刁悍之民犹复尔，为有司者不其难与？先是，去秋飞蝗过境，不害稼，独遗子而去。侯初至，即捐廉俸钱七百缗，於龙潭司及余学署设局，收买蝗子至一百余石。今夏蝗犹繁衍如此，向使留此一百余石之蝗子於土，至今化而为蝗，其为祸可胜道哉？然则刘侯买蝗子之功，视捕蝗为尤钜，余既欲乡民不忘刘侯之功，而襄事诸生之不辞劳瘁，功亦不可没，且欲后来者之有所法也。遂为之记。

记李步墀死贼事　　（上元）梅曾亮（伯言）

道光二十七年十月，湖南贼起新宁，扰广西界。巡抚郑公檄守备李君往觇贼。至麻溪口时，贼已连土贼据西延，势张甚，而君卒仅三百人。或曰："君奉檄觇贼耳，宜视可否进退。"君不顾，进战死。君所杀贼独多，贼创君殊甚。未几，官军合贼平，而君卒三百人竟无脱死者。郑公为诗哭之，甚痛。呜乎！小敌之坚，大敌之禽也。使郑公知君必能死偿节者，必多与军，或使合他军进，必不死，且歼贼而以英烈之夫为鼠子饵也。此郑公所以为悲伤太息者也。君名廷扬，字步墀，句容人，先以武进士官提塘京师。余与同郡数喜过之，独见其重然诺、恤贫交，守身廉俭而已。安知其终若此哉！悲夫悲夫！贤豪不遇事而能见者，乃自古难之矣！

祭李步墀文　　（邑人）唐治（鲁泉）

大清道光二十有八年岁次戊申正月二十四日，署桐城县知县唐治谨具楮帛酒脯哭奠亡友广西桂林营守备李君步墀於棕阳江上曰："乌乎！步墀而竟然耶！"尔能然，吾何悲，尔为国家出死力杀贼，转斗溪峒，被重创以死，尔获死所，尔死而所属与俱死，忠魂烈魄为大兵先驱，使群贼如狐兔嚎窜率就歼灭。事闻天子与祠祀，一时忠义奋厉而临难蹙缩幸免者咸愧死也。尔功在粤西而风起天下，尔能然，吾何悲！吾之所悲者，两人生同里，常相过从，於京师十余年间若相知若不相知，而相责之深、相期之厚，乃迟至两人之官分襜时也。甲辰之春，君以提塘官报满，待选守备，吾亦以大挑用知县，知县亲民，守备亲兵，今之兵不可治而民不可得而恤也。君毅然曰："吾辈勉为之！"命乳者奉周晬儿置余膝，曰："以是为君婿！"余诺。其秋，余来皖需次。君以次年赴桂林守备，任道过皖，谓余曰："守备官禄薄，不能赡妻孥、畜仆从！大儿保龄年十四，携往，令习劳营卒。"见吾课子严当易练，语次询余忠宣殉难始末，即往谒其墓。读其碑，俯而泣，仰而笑，酒半论时事。余曰："时事苦积重，吾辈居下位，当於循分中去弊之太甚者耳，毋激也！"君遽起立，大声曰："事按时势办，人可按时势做乎！"目努出张，短鬓如戟指状。余仆辟易手，酒盏堕地，此乙巳正月十九日事也。今几目耳，尔颜色在吾目，声音在吾耳，而尔已完此生以去。余犹以土木雕塑之身靦然坐堂皇称民牧，何裨人世，悲哉，辈哉！余未能不负尔所期，不能不起尔而一哭也。枞阳之江，桂林之水。灵旗往来，瞬息间耳！浊酒一壶，麦饭一盂。老友泪血，与之模糊。步墀步墀，或不吐诸，乌乎哀哉！尚飨！

城陷一日前上伯母书　　唐治

伯母膝下：逆贼已入祁界，渐逼县城。治数十年呕尽心血，苦为地方，祇因人情不好，都以防御为非，以致土匪勾结外贼。孟子云："地利不如人和！"祁门有险，而人自不守，或亦劫运使然乎？治身任地方，贻羞君父，罪无可逃，明知徒死无益，然除却一死，更无他着也。所恨先父母生治一人，不能为育孙儿以延血食，死有余憾，前以五弟佑之幼子之植为后，自是一定情理，惟治服官十年，毫无余积，未免累此子日后受苦。如天之福，早见清平，宜饬五弟佑将此子交与伊嫂邰氏抚养教导，治在九泉之下，保护此儿。大孙女阿姊，小孙女联儿之事，都在五弟佑及桐侄、桓侄身上，他们稍知道理，必不教他两妹失所。刘姬随我二十余年，年已四十，自无他适之理。王氏年少，勒令守制，大非人情，可代他择一年纪相若之人，做并头夫妇，断断不可悮了他。我家世代读书，子孙仍以读书为主，处家先讲孝弟，持身力从节俭，待人务要宽恕。祖坟宜常到，国课必早完，本家当照应，邻里须爱护。得这个道理，子孙必然昌盛。治死於祁门，将来搬尸骨到家，葬於先父母足下，不可破圹。大约距圹五六尺许，另筑一冢，碑书"清故唐治之墓",不书官,不书字,不书先考,以明正其生平之罪,此系治绝笔,重以禀明伯母,教吾家世世子孙知治之死有余憾也。十年於外,未能一见伯母,不能到各处祖坟叩头,谨望东泣血心叩而已。治心无杂念,一切摆脱,惟祝伯母百年常如今日耳!侄儿治泣禀。时维咸丰四年正月二十二日四更也。

书祁门令唐君殉节事　　（桐城）苏惇元（厚子）

唐君讳治,号鲁泉,句容人也。以道光乙酉乡举大挑知县,分发安徽候补,始权宿松,继权桐城,为人朴实仁慈、勤政爱民。值戊申、己酉大水,极力请帑募捐赈之,较从前赈加数倍,故活甚众。桐人德之。庚戌补祁门,亦苦心图治。多善政。咸丰癸丑,粤贼寇安徽,郡县多陷,祁在徽州山中,君招绅士谋募捐团练,防御隘口,而绅士谓山县偏僻、毋庸设备。又请兵於徽守,亦不许。甲寅正月,县之奸民钩引粤贼突至,君率乡勇守城西,分防千总守城南,县丞、典史守东北。二十三日,贼至城下,君登陴燃炮,毙数十贼。俄千总兵溃,贼已入城,君趋学宫,投於泮池。其仆从援之起,已不省人事。负出城西四里许而苏,张目问曰:"此何地?吾为何至此?"欲复入城。其仆曰:"贼踞城,不可入矣!"君曰:"吾即死於此!"见仆腰间有刀,将拔之自刎,仆奔避之。少顷,贼至,遂拥入城。见贼帅,令之跪。君曰:"我乃大清守土之官,尔何物?狗贼,我跪於尔耶?"贼令之降,乃大骂之,且曰:"汝速杀我!"贼素知君循良,不肯杀。时贼中有黄姓者,亦欲全之。乃引至一室,婉言劝之,欲更其湿衣而令之遁。君不许,闭目兀坐榻上。黄曰:"公毋以我为贼,我乃黄梅人,父为江西某营武弁。黄梅陷,吾被掳。欲逃而无间耳!"君曰:"汝如此,宜速遁。我为守土官,非尔比。"居三日,黄又告曰:"明日将往攻黟县,公可乘间遁去。"亦不应。又数日,黄复来,告以陷黟事。君曰:"黟令何如?"曰:"弃城遁矣!"君起立顿足,大骂其令。越二日,有贼白曰:"文书至,今乃公正命之日!"君欣然应之。将缚之。君厉声曰:"唐某死尚须缚耶?"又令之跪。曰:"我义不受辱,杀则杀耳!"仍坐榻上。遂被害。君自泮池救出,即不食。至死凡八日。贼退,其从子寻获君首,舟载行二三十里,泊某地,有物撞舟,捞获之,即君尸,遂合其首,棺殓之而归於其乡焉。先是二十一日,贼始入境,君即知城不能守,其夜四鼓,乃作书与其伯母五百余言,自期以死殉,一一处分后事。属从弟佑以幼子之植为嗣,令子孙以读书孝弟节俭宽厚为本。君殉节始末,余闻之吾友文钟甫汉光。钟甫前佐君治祁,闻君殉难,乃徧征其事实。其在贼中事,则黄姓随贼过桐,为桐人详言之。皆信而有征者。嗟乎!道教陵夷,士风颓靡,居官者往往不知君臣民社之大义。自粤贼猖獗,所陷郡县守令多闻风而遁,间有死者亦不过仓卒遇害,如君之从容取义,岂可多见哉!君令桐时,余观君之性情心术,非同俗吏,初闻祁门陷。余曰:"唐君素有气节,当必殉难!"既而詗知果然。余未悉其生平行迹,姑书其殉节事焉!

鲁泉唐君手书题后　　（江宁）汪士铎（梅村）

此吾友句曲唐君遗笔也!咸丰四年,余客授徒绩溪,得君死事状。其明年,闻有钱塘许某者,尝从事君募中,急从问君逸事,则曰:"君廉直自憙,尝於廨后葺小屋自居,署曰:牵箩聊当家山补,运甓深为世道忧。又署其门曰:媿胭脂膏营此屋,好留清白对先民。君平居好著元缎皮绔。其后,达太守觅君骨不可辨,卒以此得之云。於戏!学问至乾嘉以来凌厉百代,然善著书而略行义。君群居呐呐,无异於众人,一旦临事变,从容镇定。读所作家书乃绝刚正,处分当理,以视世之多文辞者,何如也?

祁门令唐君传　　（桐城）戴钧衡（存庄）

唐君名治,字鲁泉,江苏句容人也。以举人大挑知县来安徽。先令桐城。值道光戊申、己酉连年大水,救灾恤民,发鬓尽白,移任祁门,循声倍起。盖君德优於才务,躬行实践之学能以人心布惠政,而治烦理剧非所长也。当贼犯湖北,桐人议守城,求贤令尹不得,群思君回桐,将请於上官,以祁门士民坚留不可得。咸丰三年春，安庆失守。君以祁门为徽郡六邑门户，乃倡议合六邑通筹防堵，议不果行。君遂独任其事。行之一年，声闻於浙。浙抚某公寄书奖之。四年正月二十二日，贼自榉根岭犯祁门。守岭者逃。君闻警，作家书付仆。呼同城文武议守城，多以迎击请者，君曰："诸公为逃计乎？"乃不敢言。越日，贼大至。君自率勇登西门以当贼冲。发炮毙数贼。贼以大队南趋，守南门把总李某逃，贼遂登城。君闻之，拔佩刀自刎，随侍力士夺之去。强拥君下城，过文庙，投丹池。水浅不死。力士数人复扛出城。行数里，望贼至，启民家，厝室纳之。君大呼曰："我祁门知县唐某也！"众贼舁入城强易湿衣，灌以汤。劝降不答，日夜以数人守君。有黄某者，时对君私泣，君讶问故，曰："吾湖北黄州某官子，被掳逃不得，对先生思吾父也！"越日，黄某随贼入黟县。去数日，复来视君。君问黟事，曰："官已逃，阴劝民纳贡矣！"君大骂，曰："为国家臣子，乃如此乎？为我告贼首，速杀我，毋久困老夫也！"二月五日，贼将去祁门，乃杀君，投尸於河。后数日，网得首。又数日，乃得其身。论曰："力士不知大义，欲以不死为爱君，非君死志坚，几为天下笑矣！"桐人知君深，闻祁陷决，君必死。后闻有出城栖厝室事，心窃疑之，及见君家书，乃知死志早决，且戒墓碣勿书祁门知县，以示不能保城之罪。呜呼！君之志，日月争光矣！桐城有任生者，城破日始自君署出，为言先死不得之由。其被执后事，则陷贼之黄某过桐城，与伪职某言者也。乃合书之，以为君传。

君以力士强扛出城。贼退后，太守某至祁门，疑君未死，而幕友讳言其事，乃以登城被执报闻，太守愈疑之。后於河中网得君首，又君从子出示家书，太守乃知其殉难，而其被执以后事，则莫有知者。黄某之过桐者，天使之以显君者，人特患无实行耳，实则未有终湮者也！初予於桐城陷后，检各友书信，无足存者，悉焚之。至君书，则置之汤雨生将军、吕鹤田侍郎，一例心窃计曰："贼若至祁门，此君必死节也！"越数日而果然。又闻何子贞编修（绍基）自湖南入都，由湖北、江西、安徽诸州县历数所见，仅取三人，一吾乡徐观察丰玉，一鄱阳令沈衍庆，一则君，谓此三人患难足恃厥后。三人皆先后殉难，何公可谓知人矣！而益以见君之非仓卒遇害者也。因作君传附记之。

戴君所记道州何子贞太史，由湖北、江西、安徽诸州县入都，所取徐、沈、唐三人，乃咸丰二三年间事也。穆於同治壬申秋游吴门时，何公亦寓居此。访谈终日，偶及唐君公，尚赞叹不置。又唐君与吾乡文斗垣征君（汉光）交尤密。殉节后，文君亦有诗文纪事。今其集一时未得，他时访出，当补录之。光绪辛丑春三月，桐城萧穆附识。

新修句容县学宫记　　（嘉兴）钱仪吉

前咸安宫教习张君之教谕句容也，始至，谒学，稽典礼，正神位，春秋执事有窓，敬信既乎，而学宫之筑自乾隆，至今历年多，榱桷之敝宜易新，垣埔之陊宜复故。仰怵俯惟时不可后，於是偕训导陈君广铖劝财庀事，县大夫相与董率之。邑人宗人府主事裴鉴，岁贡生朱淮等勇义偕来。始事於道光十五年乙未，迄戊戌夏告成，张君书谓仪吉曰："履愧无师资之郊，幸兹事之集，子其为推原朝廷建学立教，与夫古昔圣贤为学之恉，后世学术弊坏之由，切言之以为多士赐。书词郑重，未敢遽应。虽然日月经天，谓不知所以推行可也。照临之光，谓吾目无睹焉不可也。故圣人之道不可见，见之於其言与其迹，六艺之文备焉，尤莫显於《论语》洙泗之间，夫子与门弟子所问答，大较曰仁、曰孝、曰士、曰君子、曰成人、曰善人之道，言至庸也。其及於政也，曰爱人、曰举贤、曰无倦。至於足兵食、兴礼乐，术至平也。使仕而不仕，子说之；未可仕而使仕，子恶之。鸣鼓攻聚敛也，将命抑速成也，进退及门皆以言行，然则圣人为学校之意不可见乎？盖性道之精不易窥也。始於仁孝神圣之诣不可几也。归於成人治平之方以待用也，济之於礼让，由是察其言行如斯以为教，勉其言行如斯以为学，其诸孔氏之家法然与？学校者，讲道论德之地也，严事圣人，赫然临乎其上，将诵其言服其教也。不仁孝之求，不士君子之修，不能免於言行之尤悔，而急求表见，以为用末流之无失也几希，夫导百川而注之必归其壑，射之中也，赴其的。今之为学者，尚训诂、竞文辞，以为才美也。吾谓训诂所从入於圣贤之遗籍者也。文辞则有见於圣言而出焉者也。其能者或且有以羽翼乎六艺之文矣，而退自考验修身践言，其人亦多不同於流俗宜也。不善学者，徇末而忘本,汩其聪明增其矜肆,徒驰务於闻见之博,不暇求理义之悦心,观其言行与其所记诵,判然为二事,则於学问之道果何益乎?嗟乎!自道之不明,汉唐以来沈溺二氏者无论,即儒者之涂亦多且歧矣!士大夫心思好尚,又古今递变而或至相反相攻诘,然必有其终不可变者,君子所以贵择善也,吾闻张君在官严礼教,作箴戒,甚且张文告於城中,不避迂阔之讥,不辞身心之瘁,范约诸生必以言行为之的,即圣道之精微广大,自始至终举将不外於此乎!是役也,师长倡之,多士从之,积时累工者三四岁而不怠,邑人士之勇於趋善又可知也。充是心也,教有以行,学有以成,而道亦有以明矣!窃书所见以复张君,并质於邑中之英俊共商榷焉。时道光十八年月日谨识。

《容山教事录》书后　　（江宁）陈宗彝（雪峰）

吾闽侯官谢退谷先生《教谕语》四卷,海内文宗,咸以为教士良规,浙江、江右、陕西、粤西皆刊行。去冬,太守李公举其书以示江宁王邑侯,侯称善,许为重刊。寻摄他州去,未遑及。《容山教事录》,震泽张渊甫先生所箸也。彝曩在京师素闻先生名,去冬,因太守读是书,乃知秉铎句容,近在吾郡有年矣!今秋以试事来省垣,亲炙之,则蔼然粹然醇儒也。尤邃三礼之学,箸述甚富,近纂《宗法通考稿》尚未竟事毕归。适嘉兴钱小山大命任县事,大令前摄江浦,有贤声。兹任句容,下车与学博率士民筹积贮,并捐刊是书,委为校字,以彝老大无成,实愧斯役。大令汲汲吏事,首务教养之政,固其家传治谱,而学博之书将与谢先生并传。他日士习端而民风醇,化刁顽为谨愿,斯刻之功岂小补哉?爰乐为书其后。戊戌九月廿六日甲子识於独抱庐。

《容山教事录》跋　　（嘉庆）钱燕桂（小山,邑令）

学博张渊甫先生《教事录》一书,皆本《大学》以为言,其间如"讲经要诸修身""谕讼期诸无讼""禁淫盗诸剧即正心之的也""止妇女游观即齐家之准也"。杂说数条,首重廉耻,即慎独之功。利民要务,讲及蚕桑即生财之道也。他如《捕蝗记》《义仓议》数则,推其作用,能佐治平;区区尽秉铎之职云尔哉!昔宋儒《大学衍义》一书,本其条目,列以时事,谓有裨於身心实学,足为千古求治者金鉴。学博更以切要之事为庸近之言,俾愚夫愚妇亦得共循大义,则教泽之涵濡者正不独为一邑士子大其裁成已也。今天下不率教者,往往以儒为戏矣!而独怪身列庠序之中者,亦或诬其师长,谓教官之职无关民社所尽者,不过曰教耳,教耳不知教者,治之所由出也。亦以救治之所不及也。余以承乏斯邑,未谙治理,深幸先生之有以教我,尤愿此邦人共受其教,良者自爱,莠者自愧。薰其德而乐其成,则斯录也,不将与西山所著并传哉!

石孝子传　　（邑人）石泉（紫厓）

孝子孝於嫂也,曷以子称?孝子以嫂抚之如子,故以子自居也。孝子四岁即丧母,六岁即丧父,曷以孝传?其族孙泉以其孝於嫂而不背其亲,故以孝著其实也。曷著其实?著其孝之实也。孝子之嫂,节妇也。节妇为孝子也。孝子无节妇则死,死则孝子之父母血食斩也。孝子赖节妇,故幼不饥寒也。长能读书,壮能授室以生子也,是父母之心所急欲为孝子谋而不得者,节妇尽身任之也。故孝子尽以孝於父母者孝其嫂也。或曰:"此节妇所以为孝子也,孝子曷孝乎嫂?"曰:"出必告,反必面。家政必禀而后行也。嫂怒则侍立听责也。姻族会宴,有异味则怀以归奉也。妇来归而使事嫂如母也。嫂奉佛而因之以放生也,嫂多病而因之精医,嫂乐善而因之以活人也。嫂爱其子,而已不敢责也。嫂尝病而愿以身代也,其事嫂若此,不谓之孝不得也。或曰:"他人不谓之孝,而子谓之孝,何也?"曰:"孝子貌质而言戆者也,以其貌质而言戆,人不称之也。人不称之而吾称之。著实也。"其实谓何?孝於嫂而不背其亲也。孝子为谁?

吾之叔祖。世嘉其讳,而从先其字也。

箬帽园记　　　（邑人）陈立（卓人）

余所居东南隅有邱焉,高不盈二丈,广仅亩。土人呼曰箬帽山。山之西有池,曰箬帽塘。池之南有场曰箬帽场。皆因山得名。曰箬帽者,谓其狭小如箬帽尔。山之北有隙地焉,与余厅事平,修广可十寻,缭以短垣,拘屋三楹,其中右楹蓄书万卷,左楹为子弟课读。许飞檐三尺,围之以槛,药炉茶铛悉具。屋之前种四时花木,三面皆短樱。屋后树文竹数百竿,冬可曝日。炎夏高卧,风竹相击,春秋鸟语花香,时二三友人谈啸其下,不知人世理乱事,乐何如焉?荷蓑笠而麋肱,望彼都之缁,撮服畴食,德愿子子孙孙善守之可也!

业师骆芷余先生传　　　（邑人）田志莲（隐香）

先生讳重恒,字子占,号芷余。句邑望族。骆氏父讳燕诒,名诸生,诗赋文章为一邑冠。纯庙时文尚闳阔,公根极理,要词新颖,不为陈腐,故所试辄不合,生五子,皆知名。三即先生,其最著也。先生幼颖异,读书寓目成诵,即已通大义。弱冠能文,文清华,诗赋雅秀,一应童子试遂获隽,益肆力於学,为文原本六经,出入两汉、唐宋八大家中,其才极敏捷,每拘一作,研墨片时,呎毫满,振笔疾书,如风驰电掣,峡倒水流,酣畅淋漓,投之所向,无不如志。历岁科十五试,九冠其曹,余皆优等前列。两与选拔,皆见夺於有力者。学使者辛云谷先生尝面语之曰:"吾久耳生名,今阅生作,信不虚顾,何犹郁郁居此?"既曰:"剑气珠光,不终没也。生勉之!"又自言曰:"真好秀才,其为大人、先生所器重如此。江宁为天下才薮,纵横文坛者人无虑数百,咸以先生为难能,尝论作家为文诗赋往往如宴客然,或大宾在座,玉敦朱盘,珍肴罗列,一日作仓卒,主人需三四五簋,或茫无以应,大抵一日之短长不容强也,先生则欲之斯至,无不如宿拘者,洵乎其不可及已。其为文人才士所推服又如此,而十五试入乡闱卒不售,竟以明经终。人鲜不为先生惜者!而先生视之泊如也。尝谓余曰:"士子以文取科第,究之科第之得不得仅系乎文,为文抑非专为取科第也!"或议才如先生,乃以困穷老,殆命也。夫抑亦别有遗行欤?余在先生门最久,知先生亦最深,请更言其概:先生少负盛名,从学者日益众,每学使按临句容,额取进二十五名,出先生之门者居其半,积二十余年列宫庠者,先生之弟子盖十六七也。先生於生徒修脯未尝计厚薄,或贫不能读则饮以膏火,教之益力,尝慨慕古人讲论之风,谓足以恢宏道德,蓄养经纶,然独不喜魏晋间人物及明季东林诸君子。生平不妄交,郡邑长吏至,知先生名,造门请见先生,一报谒辄退,绝不涉一私语,有愿交先生者至,谈笑竟日,虽极欢,无戏谑言,亦不及他人长短。先生貌端严,居恒衣冠朴素,不轻出户庭,每日定省外,即趋书舍中,与诸生讲习,父兄偶至则起,垂手侍,去约数十步始就坐,皆余所亲见者。震泽张鼎甫先生,经师道学人也,游京都,在公卿间恒丕能当一顾。来司句容铎,独与先生时往还。余亦因是订交焉。先生殁,为诗痛悼之。先生卒时,年仅五十一。箸有《爱吾庐试帖》行世,文赋哀集,谋付梓未果。子一名,道胙,邑庠生,从余学,姿才亮特,惜乎年不永也!女一,许字上元焦姓,亦宦族,未嫁而夫夭,守贞三十余年。咸丰六年,贼陷句容,赴水殉。宜附书。论曰:先生之貌庄矣!先生之品贵矣!先生之学优矣!先生之才肆矣!先生之遇何其艰也!先生之年又何其啬也!使先生遇於时,其发名成业必大有所设施,即天假之年,其箸述宏富,尤足以沾溉后人,而先生卒,不一得当人谓先生之不幸,吾谓斯世之不幸,而不能得先生其人也,可慨也哉!

王君梅生哀词　　　陈立

君王氏名振修,字梅生,原名振纲,句容人。弱冠补诸生。中表有官於都者往依焉,遂隶大兴籍。

中顺天辛卯科举人，屡试不售，性孤介，辄与世忤，以故不理於口而遇益啬，不屑不洁，泊如也。戊戌春，余与君俶寓京邸，恒曰："吾若博一餔粥，产以养亲，赡家人，获免冻馁足矣！进取所不计也！"榜发复黜，时君出游久且乏嗣，因与乡人怂其归，归未及门而知君尊甫已逝，抚棺擗踊，痛不欲生。未几而君妻龚又以非命殁。盖君未归时，家屡空，龚凤贤且孝，私贷邻妪以供菽水，冀君之归而偿之也。三年，蓬梗落魄，依然一囊之余身无长物，龚亦雅不欲以俗累重君忧，而又赧於责者，遂投缳焉。君廉知之，痛悔欲绝。未几而君之母又殁。文章憎命时，数厄人惨痛。洊遭几成灭，户斯亦生人。极哀也已。嗣闻馆於其戚裴，得颠疾辞而游於常。予忆其困衡之遭抑郁而成久之，或当自念而不虞，竟赍恨以终也。悲夫！君善属文，亦不为流俗所可，故哀而阐之：翳兮王君淑厥躬，遘兹百罹胡不庸。君之先叶累厥德，洎后必昌惟君特。有集惟鹏乃身丁，桐櫰逆旅蒿里营。殃庆余兮曰弗爽，信欤否欤天胡罔。

《建康实录》跋　　（上元）朱绪曾（述之）

　　唐许嵩《建康实录》二十卷，为考金陵六朝事最古之书。与陈寿、房乔等，沈约、萧子显、姚思廉、李延寿诸人相表里。首有许嵩自序。南朝四十帝，三百三十一年，通西晋革吴之年，并吴首事之年，共四百年。具六朝君臣行事，若土地、山川、城池、宫苑，当时制置或互兴毁，各明处所，用存古迹，其有异事别闻则皆注说，以益见知，是嵩自注也。许氏为丹阳句容旧姓。晋有许迈，唐有许淹，多识广闻。许叔牙，弘文馆直学士，《献诗纂义》十篇。嵩，岂其族人乎？是书用编年体。吴晋诸臣，某年某人，卒其传即附宋、齐、梁、陈，则帝纪终，其诸臣另叙，各成体例。宋书用裴子野并载其论，子野书赖此以传。余初得张海鹏照旷阁本，尾有宋衔名。一页"吴后主分豫章庐陵长沙"下、"奔走兵势"下、"宋文帝元嘉九年"下、"齐明帝十一男遥光"下，俱有阙文。后借钞文澜阁本，阙亦同。后见汪氏士锺宋刊本亦有脱页，即张海鹏所从出也。唐时去六朝不远，许嵩多据古书证以目见，故一一确指其所在，如"某年某人建某寺"，注"去城若干里"是其足迹所涉而知也。自南唐、宋、元迄明代，城郭变迁，青溪潮沟遂成聚讼。后之修志者载六朝古迹，依据《建康实录》，全录其文，勿加臆断，不得以古迹既淹而轻削之，亦不得如牙人量地界徒滋口舌，则通人之识也。

赠涂朗轩观察之任上海序　　（邑人）陈立

　　直省之设巡道，临察府州，当古外台御史之职，政繁责重，非威德素彰、非该通政要者鲜克胜任。江苏巡道缺四，而常镇通海苏松太两道综理海关，怀柔远人，尤难治。近例两缺，皆奉旨简授，其积资迁转随流平进者不获与慎其选也。岁之春，苏松太道应公升苏臬，而六安涂公由江宁太守被命膺斯缺，盖今上廉公清勤正直，循声懋著，故有是擢。公之守宁五年矣，初涖时，兵燹之余，公私扫地赤立，万目睽睽不相保，公辟草莱、兴学校、惩奢侈、禁游惰、辑盗贼、清讼狱，以恻怛之意行以果毅之才，纲目恢张，百废俱举，衽席沟壑，民乐更生，公盖忘其劳，事事身先民也。湘乡相国合肥协揆今制府马公皆嘉公行，近古循吏，先后上闻，故公声施为列郡冠，今公观察海陬，镇外靖内，寮寀皆为公荣，而公顾恤然，若不足迹公之心，岂以班秩高责界重谓非江宁之政所能理，盖苏松太之民犹江宁之民也。开诚布公，正身率下，所以绥怀抚驭，一以江宁之政涖之。弛张阖辟，精神四周，推之陈臬开藩，秉节圻疆，犹是游刃有余也。兹行也，宣国声灵，负荷艰巨，展樽俎折冲之策，寓藜藿不采之威，所以励官守酬，主知者其视在宁，时更未有艾，江宁人士感公之德，惜公之去，作为歌诗，以荣公行，立为公部民。前勾管劝农事，与公共事久，悉公之政尤详，谨推朝廷为官择人之意，并公抑畏宠命之忱，将以望公远大者广公意焉。

《重刻宝华山志》序　　（上元）温葆深（明叔）

葆深，於道光壬寅之冬，由任闽学婴疾告归金陵。逾年，甘耆壬大令同年以所刊《灵谷寺志》见赠，盖耆壬有清修之性，此其出钱忏佛为董刻者，言山水处令人神怡，言佛幻处令人目眩，洵杰品矣！越四十年，葆深掌教维扬之安定。一日，慧居寺僧圣性持《宝华山志》并耆壬之弟建侯孝廉暨深亲家朱崇峄明经书来晤，方欲重刊《宝华山志》，属葆深为之序。谓深固邑人，游钓之所而年辈已逾八十，同人咸相让，不欲先也。深因恭读卷首，仁庙、纯庙、翠华临幸、两朝御制，龙纶凤藻，焕若星辰。又铺观及图绘及有寺以来诗章题记，实与灵谷之志后先辉映，而深窃念家本负郭，自童子时，每从师陟钟山巅之白云寺及佛国、黄花诸寺，村酒茶酌，带月方还。越数年，仲兄农部师授读城中之陶氏。深往从读，馆於深柳堂。高梧花竹，下映轩牖，陶氏有别墅，筑清凉山半。题余霞阁。时作谈谦。会雨夜阻留山中，客有高歌朗吟者，声传林木。其明年，深授读句曲之裴氏，裴氏凡四五村，皆有园有池，循溪五里，春之时红杏碧柳相间，导人前去，次第游遍祉亭，翁之见山楼藏书最富，邃如幽寺。住经年，归应试，得厕庠序，中甲乙科，入词馆，居京师，邂逅五十年，不恒家居，而金陵名蓝旧刹如宝华山、如灵谷、如牛首草堂嘉善辈何啻数十，不获一至，栖霞则与熊民怀梅伯言暨先仲兄曾信宿三日，今读《宝华图志》，若斯之盛何超然令人意远也。葆深行年八十，蒙恩许与琼林之宴，因感目疾不能阅文，已解安定，将还钟山老屋，而适有《宝华山志》序文之役，觍缕如右，非敢拟《洛阳伽蓝》之丑篇，意附骥尾以志深年之犹健，他日朅来山中，尚可日到春山三两峰也。

尚仰止传　　汪士铎

尚兆山，字仰止，句容廪膳生，世为农田於宝应，遂家焉。君馆於省垣，就试钟山惜阴书院，每掇优等。省中知名士甘建候（元焕）、陈雨生（作霖）、翁铁梅（长森）及金坛冯梦华（煦）、仪征刘城甫（显曾）皆称道之，以为耆古力学，不苟取，不近名。暗修君子，当於古人中求位置，非近世所易遘也。尝佐余纂郡志，所采句曲兵事，纤悉毕备。於昔年战地，营垒地形，㓦①离险易，若聚米画地，两目亲睹焉。惟余以军事用表以齐七邑，必有剪裁，不能悉载君语尔。余与君虽借书籍碑版者，数往还而良晤裁，一归即摹余小照相赠，神形栩栩，亦足征君之多艺矣！君笃嗜金石，或典衣服以购之，若《校官国山天发神谶》之属，皆旧拓。余所仅见者，君甚宝贵之，不轻视人也。顾君子朋云云君数数裹粮走乱山中，堑岩深壑，扪葛剔薜，虽蛇蝎渤蚀②所余，苟成字，必椎揭归，以饷同好。富贵者虽兼金求易，不与也。君娶宝应刘氏，生一女而卒，无子。年甫四十九，所撰著"金石""舆地"之类几二十种。皆未成。其弟卷之去，度归，覆酱瓿耳，惜哉！君馆金陵张氏，病革时，诸君往视，时已展转床簀间，犹手一编，或劝以节精神。君掉头曰："乐此，故不楚也！"翁君知其不成归也，助以金，始买舟归。归甫七日而没。时光绪九年九月朔云。论曰："合浦隶廉州，大海中非有翼焉，而珠至中国，勃律昆坚，今为和阗，非有胫焉！而玉至中国，吴绫越纨，东南货也，不藉口舌而充轫於四夷，由好之者众也。君所治非曹好也，翁覃溪、刘燕庭、王述庵、孙渊如、黄小松辈皆以显宦而旁求於此，故易备物，君以寒儒营之，若嗜欲至於境地患难，疾病皆不恤，其性情岂易及哉！劬学而以身殉之不悔。余昔闻其语。今於君见其人矣。

续纂句容县志卷十八下终

---

① 㓦（kuā）：歪斜，不正。
② 渤蚀：同"蛀蚀"。

续纂句容县志卷十九上　　　邑人　张瀛　分纂

祥异（自乾隆二十五年起。以上见前志）

句曲良常、宝华诸山，环拱如带，氤氲旁礴，灵贶毕臻。山志所载，不可殚述。然犹方外之迹也。唐张巨川庐墓，鹤翔芝挺。宋张明府莅邑，五瑞绘图。有明迄今，瑞麦嘉瓜，屡见邑乘。猗欤盛矣！然洪范五行，休行咎并纪，故采乾嘉以来彗孛星流、旱乾水溢，以及昆虫草木之变，备载一门，以资省惕。作续祥异志。

乾隆二十年，有螟，饥。
二十一年，旱疫。
二十二年，水。
二十三年，饥。
二十六年，旱。
二十九年，小旱，五月二十八日未时地震。
三十二年，大水。
三十三年，旱。
三十四年，饥。冬十二月戊寅卯时地震。
三十五年春正月二十九日，地震。夏疫。
三十八年，岁大祲。
四十年，秋旱。
四十一年，岁大稔。
四十五年，大荒。
四十九年，旱。
五十年，大旱。
五十一年春，大疫、旱。
五十二年，水。
五十三年，旱。

嘉庆七年，秋旱。
八年，大雨雪。
十六年，秋大水。
十九年，大旱，秋无禾。

二十年，大疫。
二十三年，小旱。
二十五年，小旱。

道光元年，旱。
三年，水。
四年，水疫。
五年，小水。
六年春螟，无麦。
八年春，阴雨无麦。
十一年，大水。八月地震，彗星见。
十三年，水。秋疫。
十四年春雨，无麦。
十五年，大旱。
十六年，蝗过境，不为灾。
十七年，东北二乡捕蝻。
十八年，水。
十九年，水。
二十年，大水。
二十一年水。地生毛。
二十二年水。六月日食既。
二十四年，水。
二十五年，水。
二十八年，大水。
二十九年，大水。居民荡析离居，斗米千钱。蛟出宝华。诸山圩尽溃。

咸丰二年，彗星见西方。地小震，地生白毛。
三年春正月，地震，彗星见。
五年，水无故自溢。
六年大旱。飞蝗蔽天。斗米千钱。雨豆如人面。有大星西南流，坠东北。光芒数丈，有声。
七年春，有蝗。四月蟓生如蚁，得雨而绝。
十年，荧惑有芒，鼠渡江而北。
十一年，彗星长竟天。

同治元年，大疫。
二年，蝗。
三年，鼠渡江而南。
四年，水。
六年正月，彗星见。旱，水涸。
七年，旱。
八年，大水。
九年，岁大稔。民间讹言奸拐迷人。十月，北乡野豕害稼。
十年秋七月，夜空中有声如虫飞。旬日乃止。

十一年五月五日，雨雹。

十三年五月，彗星见西北。光长数丈。

光绪元年，蝗不为灾。

二年，有星昼见。

三年，旱。捕蝗。

四年，蝗不害稼。掘蝗子。

六年，岁大稔。秋疫。

七年春，大雪连旬。十二年，大雪。

十三年六月，地震。

十四年旱，地生猪毛。中街火，焚毙十人。

十五年正月，望仙乡青山醴泉出，饮愈痼疾。五月，复堙塞。圩乡水。

十六年夏，麦秀三歧。

十八年，旱。捕蝗。

二十年秋八月黄昏时，有声。

二十一年四月初二日，南乡朱家庄有虎，黄质黑章，乡民击毙。九月，雨雪。

二十二年九月，小虫两翼，夹稻而飞。

二十三年五月十三日，湖河塘坝水涨二尺，浪激有声，逾时复故。

二十四年正月朔，日食。北乡磨盘山民人罗德建妻一产三男。

二十五年三月，李生王瓜。八月夜，有声稔。

二十六日夏，蝗不为灾。

二十七年二月朔日，江水清弥月。十五十六等日，黄沙蔽天。五月二十三日至六月初五等日，大水。圩田尽淹。据皖江老人云："此水在道光己酉年水次，戊申年水上。"

续纂句容县志卷十九上终

续纂句容县志卷十九下　　　邑人　张瀛　分纂

咸丰三年以来兵事月日表

东南大局，既误於沔阳暗事失机，复坏於昆明全身误国。即向、张能军，而东鹜西驰，根本已虚。锐气又竭。仓卒溃裂，遂不可问。吾邑逼近都会，受祸尤深。白兔、土桥为吾前后门户，苏常晋省所必由。右则茅山、天王寺、郭庄庙，系溧水、金坛诸县入境之要隘。左则沿江一带宁镇大道，龙潭、下蜀适当其冲。贼盘踞既久，出没其间，焚掠惨酷，而大军叠次鹏剿①，与吾义民结团扼要，纵横百数十里，尽作战场。呜呼惨矣！迄乎湘乡②秉钺③，戡定④东南，民出水火。岁阅三纪，凭眺空山，废垒求指，贤将烈士，截胫剖心，处荒草离离已不可辨，习安忘危，窃滋惧已。谨考国史钞传（如向、张二公传忠录）、私家撰述（如《平定粤匪纪略》《曾文正大事记》《吴中平寇记》《瓮牖余谈》《金陵兵事汇略》诸书）与里人之笔记（夏氏《琅琊记》、倪氏《竹里经兵纪略》、葛氏《兵事见闻录》）。故老之口谭有系吾邑兵事者。溯自咸丰癸丑⑤，迄於同治甲子⑥，撮其大凡，揭诸月日，略志颠末，分纪於下，用备监观，不仅居安思危之义也。作兵事表。

咸丰三年，昭阳赤奋若之岁。

正月甲子，贼陷安庆，两江总督陆建瀛自东西梁山遁回省城。先是道光三十年，逆民洪秀全倡乱广西桂平之金田村，势甚猖獗。咸丰二年，自广西窜湖南北，裹胁数十万众，掠舟万余，水陆并下。十月，皇上命两江总督陆建瀛督兵防江皖。是年正月，兵溃，弃辎重，遁回金陵。

癸丑，贼攻聚宝门。县城戒严。

贼自江宁镇转攻聚宝门，吾邑闻警，民心惶惧，避居山野。五城门出罝数十具，甲戌乙亥屡惊。贼至，邑民迁徙一空。

二月乙酉，省城陷。庚寅贼分股沿江东下。

贼连日环攻仪凤门。地雷发，城遂陷。吾邑死事者把总俞正鼎巷战死、贡生李受淇击贼死，均阖门殉。监生骆道醇计脱其友朱兴仁眷属，被戕死。骆道中馆何庄，师弟骂贼死。庚寅，林凤翔诸贼沿江东下，谋窜镇江、扬州。

辛卯，贼至龙潭，遍据老鹳河等要隘，分掠县北濒江各乡。

---

① 鹏剿：雕剿，剿除。
② 湘乡：指曾国藩。
③ 秉钺：喻执掌兵权。
④ 戡定：平定，征服。
⑤ 咸丰癸丑：咸丰三年（1853）
⑥ 同治甲子：同治三年（1864）。

句容之龙潭、下蜀，自古为兵冲。由江宁东北姚坊门至栖霞石埠桥（江滨地，古江乘县境）。又东北龙潭，在昔大江，今为宜昌洲。洲南便民河。河尾在镇江之炭渚，首向上元（句容北山之水所会），形如弦，江如弧，而洲中红旗港为之矢。河南大山，迤逦而东宝华、胄山、空青、武岐、仑山、驹骊，以接镇江之九华。自东阳以次龙潭、仓头、下蜀、桥头，达於炭渚、高资，皆傍山濒河。官道宁镇之通衢也。贼自上元乌龙山东石埠桥、老鹳河、龙潭圩、下蜀街、高资、金山，各据要隘立营。又於北岸瓜洲、仪征、沙漫洲、泗源沟立营，为声援。濒江焚掠。

丙申，钦差大臣向荣以军至，驻营淳化镇。是日，贼陷镇江。戊戌，陷扬州。向公奏留龙潭仓谷饷军。

向荣以广西提督为钦差大臣，尾贼东下至淳化镇，是为南军。初，林贼等欲掠龙潭仓谷，闻向军将至，尽东趋，连陷镇江、扬州。扬州於是年冬十一月退出。向军以牛车运谷至大营。

三月庚戌、乙卯等日，向军叠破贼垒，移营近城。贼不敢出县城。解严。

大营既立，孝陵卫贼惧，不敢东向。吾邑虽距数十里，安如磐石。百姓以次遣归。淳化镇为军民互市之所。咸至城中贩运。兼郡人多避居於城。街衢闐溢，市肆繁盛。

四月，地屡震。

旬日之间，大震数次。屋宇播摇，居民恐怖。有夜出露处者。

五月，知县赵廷铭始谋城守，治乡团。

初奉札治团，未办。至是，大营既立。江宁府赵德辙饬属兴办。廷铭始谕董练丁本城，设局四贤祠。东则茅庄、白兔、光里；南则王庄、天王寺、郭庄庙、散岔；西则土桥；北则五镇。次第设卡，盘获贼谍，送县正法。讯无实据者释之。

镇江贼回窜高资，练董笪熙团结九十六村，练丁防堵。

初，笪熙管秣陵关某典务。省城陷，贼伪谕商民纳贡。他典皆遵，熙独抗议。募力士数十人捍卫。未几，贼酋拥数十骑闯入某典，横索金钱。司事某以首承栿跪进银饰。贼怒叱之，踢栿翻地。某震怖无人色，口嗫嚅不能对。贼大咆哮，欲加刃，正惶急间，笪熙率数十力士挝门入，閽者以实告，劝勿进。熙笑曰："吾何畏彼？第入，彼必以火枪击我。俟其出而歼之！"閽入告贼，果出，被力士砍毙。连砍数贼，贼酋惧。匿空室中，尽搜杀之。由是远近皆知熙能杀贼。熙遂劝各典出资募勇制械以御贼。适向公蹑贼东下，壁於孝陵卫。熙扣门献策，且输刀械三千件。向公檄领勇团练。至是，贼窜高资，与县境接壤。熙返里，约族举人笪佐尧、文生张孝友、施廷瓒等连结九十六村，捐办团练，并延金陵汪汝桂、湖北朱熊飞、族人笪于贵教习战阵技勇。司事邑诸生纪丛筠劝结团启曰："国有常刑，王法无不伸之理，人思自奋，匹夫有必报之雠。逆酋洪杨等枭獍蔑伦、豺狼肆毒，乱萌肇自粤西，虐焰擂於江左，戕害我长官，屠戮我众庶，凭陵我城邑，倾覆我室家，为帝王化外之民，作天地不容之孽，书其罪恶，罄竹难穷。衔此冤雠，糜尸莫快，仰维我朝胞与九有，衽席八荒。圣圣相承二百载，深膏渥泽，元元共戴。亿万姓践土食毛，久庆平成，忽惊扰攘，非关我国有疵，实乃下民作慝，各大帅钦承巽命，占协师贞，释北辰宵旰之忧；用殄蠢类，解南国倒悬之苦。无犯秋毫，本拟灭此朝食，迅奏肤功，无如一江险堑，藉以釜游百雉，坚城倚为崛负，致我兵迄未止戈，而元恶尚稽授首，昨者高资地方被贼窜踞数十村，烽火烛天，几千人肝脑涂地，鉴彼摧残，增我痛愤，是用约结同袍剿除狂寇。呜呼！黄巢虽悍，终丧瑕邱；李闯纵凶，卒歼野庙。我朝廷声罪扬威，自必殄厥渠，而夷厥族，俾亿兆痛心切齿，会当食其肉而寝其皮。此启。

六月，设难民局於西郊祠山庙。

金陵避难男妇络绎不绝，绅士筹款设局於西关之西庙，收留信宿，给资遣行。

七月，向军总兵和春等剿濒江之贼至镇江观音山，贼大溃。二月后，流贼出没江上，圩乡一带蹂躏殆遍。团董杨振声、薛如松等联络抵御。奸民时至太平、神策等门鬻贩通贼，又煽惑乡愚乘间窃发，叠经局董计惩首恶，解散胁从。适和春督师过境，群贼溃退，厥乱始定。

八月，总兵和春调援皖北。

濒江上下，时有贼踪。

咸丰四年，阏逢摄提格之岁。

二月丁亥，贼大股犯龙潭。练董文生杨振声死之。练首薛如松等败贼於龙潭之河北。逾日，又败贼於带子洲，擒斩贼酋。

庚午朔连阴，至是日始霁。贼由瓜洲潜入邑境，振声集大士阁民团拒贼於蟠龙山下，被重创死。如松奋力抵御，适所请大营官军至，合攻贼於龙潭河北，斩获无算。贼衔如松甚，逾日，多扮负贩窥探局卡，以图暗袭如松。伏勇带子洲河边，计擒其前队悍贼十八人，内有贼酋三人，俱斩之。贼溃遁，并搜斩贼牒，防堵甚严。

三月癸亥，江宁内应事泄，邑人俞秉镛、俞秉仁死之。

江宁廪生张继庚谋内应，向公令把总俞秉镛、千总俞秉仁随继庚入城，事泄，秉镛戕死，秉仁辗死。

五月，地震，地生黑毛。

自三年至今，屡见地震，并地生黑毛如猪鬣，长数寸。

六月，彗星见。光长亘天。

彗星见东南方，光芒直射西北，长数十丈，有时四方皆见。

闰七月，钦差大臣、都统琦善薨，江宁将军讬明阿接统北军。初，琦善率直隶提督陈金绶、内阁学士胜保先后抵扬州，号江北大营。至是薨於军，讬明阿为钦差大臣，接办扬州军务。

九月，扬州军副将李德麟、参将张攀龙以艇师断贼沿江铁鎍。又檄营员姚文、蔡应龙毁仓头等处桥梁。

时攻镇江，防宁贼来援也。镇江踞贼吴如孝被围，窘甚，日於金山举火求援，金陵贼因东龙路梗，救之不得，亦日於栖霞山举火应之。

向军总兵德安败贼於桥头，与提督余万清合剿溃贼，尽歼。

贼大股由观音门冲出，扑栖霞一带，向公令德安乘夜追剿，战於桥头，至高资汛渡河，与艇师夹击，戮贼渠杨正潮，贼大溃，由马步桥登山窜逸。余万清方赴高资迎剿，与贼遇，战败之，贼遁新开河渡口。又败之於夹江。会德安由马步桥追及合战，贼溃，追戮殆尽。

辛卯，向军都司长某合练丁败贼於东阳。

贼自太平门出，由陆路援镇江，衔枚疾走，为大营侦知，拦截痛剿，追窜至东阳，剩千余人。官军与团勇夹击，斩馘无算。

咸丰五年，旃蒙单阏之岁。

正月丁卯，向军总兵德安、提督余万清剿贼於下戍，壁於东门桥。

贼由太平门窜龙潭、下戍、西堰冈、龙王庙，连营十余里。向公令德安、余万清於下戍迎剿，筑垒东门桥。

二月辛丑，镇江贼犯桥头，练目柯二等死之。向军总兵虎嵩林等迎剿，贼溃遁。

镇江贼由西门沿江犯桥头，柯二与侄长松、长林等力战阵亡。贼犯下戍，虎嵩林与德安迎战，却之。癸丑，贼遁。

瓜洲贼分股窜高资，牵制官兵，扰及县境。向公率师毁其土垒。瓜洲之贼由鲇鱼套夹江窜至高资，沿江筑垒，我军毁其营二座。贼由夹江驶出，木簰接应，我军截击。贼走吾邑高家边。向公率德安等败之於山冈，歼其目。贼狂奔，复破之於东门桥。余万清从旁剿袭，德安设伏诱之。贼自相践踏，溃至河岸，溺杀七百余人。邑北一带贼垒悉平。

壬戌，镇江贼复扰县境，向公遣虎嵩林等击沈贼艇。

贼由江面至，帆樯林立，炮声隆隆，虎嵩林等奋力轰沈其船，获艨艟七，小艇百余。

六月壬辰，贼再掠桥头。

是月，江南诸军调攻太平、芜湖等城。贼乘间出扰桥头，焚掠村堡。

九月辛未，贼至东阳。向军副将秦如虎、都司长某与贼力战数日。甲戌，参将张玉良、翼长德安先后以援师至，大败之。

金陵贼酋聚议，欲由东阳、龙潭援镇江。向公侦知，先令黄冈营都司长某带千人至东阳老鼠山，扎营防堵。继令副将秦如虎统军驻山下。未几，贼果来犯，力攻老鼠山营，数日夜不克，遂啸聚於河北张杨村。向公又令参将张玉良、都司向奎扎龙潭、马鞍山，又调翼长德安、参将王某带黑龙江马兵驻观修庵，玉良又分兵驻金姑庵相犄角。甲戌渡河，痛剿，斩获甚众。

十一月，向军总兵张国樑败贼於东阳。

乙亥，龙膊子等处贼大股出窜，图援瓜镇。经张国樑分兵由仙鹤门、甘家巷一带进攻，贼以二三千人来扑，国樑从后路兜剿，纵横肆击，贼大败。其分窜东阳之贼仍在栖霞街焚掠。国樑绕至牌头庵，合军分路进攻，行至东阳，令马队越涧奋击，毙贼八百余，冲毙乘轿贼首一名，伪丞相周少魁等四十名。追至石埠桥江边。戊寅，复会副将秦如虎败之於观音门。又毙贼二千余人。余贼逃归省城。

江苏巡抚吉尔杭阿统镇江陆师，提督余万清副之。

吉军驻九华山，余军驻京岘山。

十二月甲寅夜，贼围老鼠山大营。丙辰，贼攻龙潭大营。戊午夜，贼由龙潭圩渡河攻龙潭、东阳大营，均被民团钞击惊遁。

甲寅，贼夜出队五百余，过河围攻东阳老鼠山营，火枪、火箭，光如繁星。大营几溃，练董夏树勋、倪金元、薛如松、姚凤池等令乡团四处举火，呼战为声援，各领精壮钞袭，贼惊遁。丙辰，攻龙潭、马鞍山营。不克，败去。除夕，有贼千余，渡河分攻东阳、龙潭各营。又几破。练董等举号火，丁壮齐集，夹击之。呼声振山谷。向明，贼始溃去。

咸丰六年，柔兆执徐之岁。

正月癸亥，贼渡河攻东阳营。不克。官军出击。大败之。

张杨村踞贼渡河索战，官军坚壁不出。贼退，官军追击。颇有斩获。贼凫水遁。

贼沿河东窜，提督邓绍良自高资迎击，贼大败，遁回。

贼自张杨村至高山庙，沿河步步为营，以图窜扰。绍良迎击。败回老巢。

甲戌夜，贼渡河，盗东阳营马，被团丁夺回。遁去。

是夜，漏二下，有贼五十余至东阳观修庵营盗马。官军闭垒燃枪，民团齐出击贼，夺回马数匹。贼由老鼠山下遁去。

邑民修城浚濠。

奉府札也。

镇江贼沿江犯桥头、下戌，提督余万清等迎剿。贼锋锐甚，总兵张国樑来援，败贼於仓头。寻由仓头窥伺龙潭。我军环攻，大败之。

贼由水面扰桥头、下戌等处。余万清自山南迎剿至下戌。千总张朝广由淳化镇至，败贼於上山冈。贼死咋不已。向公令张国樑赴剿，战於仓头。始败溃。复由仓头欲犯龙潭大营，我军奋力环攻，破韩家村贼垒，又败之於施家村，追奔数里，斩馘无算。

金陵贼纠合皖贼，由陆路啸聚仓头。余万清、虎嵩林不能遏。张国樑奋锐摧其中坚，贼首尾不能相顾。俘斩数千，始遁去。

东逆杨秀清勾结皖贼数万，窜入杨家坝、陈庄一带筑垒。向公令余万清、虎嵩林等御之。贼由上游绕出仓头大路，分扑我营。又令张国樑扼於丁家边，与各营争先掩杀。贼败溃。复拨兵於仓头街后，两面纵击，亲督大军，分队冲突，尽毁傍山濒河一带贼垒。

二月，贼屡出江上焚掠。练首巫良雍等来助战。壁於下戌。

上山冈练首巫良雍、巫良珠，南宫练首余应龙，洛神庙练首谢曙初，李相庙练首高世珍，均来助剿。筑垒於下戌，一夕成营垒五。

镇江贼窜扰濒江各乡，邓绍良、虎嵩林、余万清击却之。

向公令邓绍良击沿江窜贼，败之於营房口。又姚冈等处贼分股犯下戌，欲袭大营。虎嵩林设伏败之。余万清夹击，焚其积聚三十余所，兵乃进营何家圩，逼攻严港，歼贼渠。贼奔窜。大兵进攻张冈、顾家坝，焚其垒。贼遁刘家庄，乘夜袭便民河。我兵击却之。

贼由三汊河分窜江滨一带，张国樑、德安会剿於东阳，大败之。

向公令张国樑、德安驰赴东阳，会剿贼。由上游马桥口屯英隆湖，大兵叠击，逼溺无算。进攻仓头，破贼垒二。贼遁。另股犯龙潭，亦经我军击败。

金陵大股贼蔓延桥头、下戍。张国樑等击退之。贼垒悉平。

张国樑等会剿焚贼踞村落五处。贼犯下戍，对山筑垒，分扑大营。国樑统军进剿。副将秦如虎等扼之东西堰。我军夜袭顾家坝，焚贼垒。分攻下戍，破贼垒三。又破东西堰贼垒二。焚下戍诸要隘。贼卡毁平。新筑贼垒十余所，贼另股来援，我军击之，连破太平桥大小贼垒。贼溃奔三思庄，我军进偪。会巡抚吉尔杭阿由东西堰驰至，合力进攻，焚贼船数十。下戍炭堵一带悉平。

三月戊午，张国樑败贼於下戍，邓绍良追贼於东阳，贼焚营遁。

张国樑探知贼潜窜下戍，与余万清设伏剿截，贼惊逸，伏兵四起，夹攻歼贼数百。万清破磨盘山、蜈蚣山贼营五座，贼败至石埠桥。邓绍良、秦如虎等攻毁柴圩老巢，追剿至东阳。驻军北斗、青龙诸山。会诸将督兵过河，划平张杨村诸贼垒。贼焚积聚，遁回金陵。火经日不熄。

镇江瓜洲贼合陷扬州，庚午复之。

讬明阿革职。代以都统德兴阿。

四月，吉尔杭阿巡抚攻贼高资垒，死之（谥勇烈）。

吉尔杭阿谓攻坚不如断粮、野战不如扼要。故於高资烟墩山以扼之。金陵贼大恐，出贼数万，由句容与北来贼合攻吉。公中炮死。

麦大熟。

斗麦七八十钱。

五月辛未，张国樑败贼於小茅山，贼窜东阳。张玉良扼之於傅家桥。

贼犯京岘山大营，张国樑驰至，焚丁卯桥贼垒。贼窜县境。又败之於小茅山。贼由东阳窜甘家营，张玉良扼之于傅家桥。贼惊惧，遁回省城。

乙亥，江南大营溃。张国樑翼余军由淳化镇至句容，旋退保丹阳。

初，高资搏战时，皖南贼已陷溧水，遂会大小金柱关、黄麻渡等处贼，旁出冲扰。镇江贼自东来，金陵贼复出通济门，会龙膊子群贼直扑七瓮桥大营，官军四出援剿，兵力过单，虽奋力截杀，而贼至益重。甲戌夜，大营火起，张国樑始脱围，翼向公冲锋出。乙亥，由淳化镇至县城，驻葛仙庵。知县赵廷铭偕邑绅乞留保境。向公以县城四面受敌，不若丹阳咽喉可扼。令撤防，随营以图规复。丙子，遂退守丹阳。

辛巳县城陷。

大营既溃，贼遣伪丞相等率众贼陷城。赵廷铭退驻仁信乡秀峰庵，士民死难甚众，且多阖门殉节者。

城守把总蔡锦元战死锁山。

城既陷，贼众下窜丹阳。锦元遇贼於锁山，力战死之。外委曹国洪同殉。

六月，贼出伪示安民，设伪乡官，勒派供役，不应者罪之。

贼踞城，杀掠数日，始出伪示安民。各乡立伪乡官，勒民献财物、派丁应工作。违者，杀掠毋禁。

城贼四出焚掠，各乡练董设卡守隘。贼不敢犯。

邑南北要隘最多。北要隘曰上山冈，迤东东西岘冈，迤西十六村。再西，东西郭砦，其卡在上山冈，险而可守。上山冈为头卡，下山冈为二卡（自竹里庙至县城大路）。於是高山庙（在下戍）、竹里庙为邑北之蔽，终贼之始末未有自北犯邑者，民卡力也。南要隘曰天王寺，当溧水乌山之冲，故大小十八战，较他乡为重。次则郭庄庙，为溧水入境之咽喉。而常宁镇又金坛、溧阳窥伺之门户也。三处民屯最为扼要腹地，河道重叠，东连茅岭，西接绛湖，沿河自芦矼桥、义成桥、崇福桥以至散岔、青城埠，是为堂奥。设卡堵御，贼不能逞。是时贼踞城后，四出焚掠，民不聊生。绅董王锡蕃、赵珍、王焱、笪熙、高世珍、张余伸、章玉霖、解文毓、夏树勋等皆据险扼塞，以挫贼锋。

向大臣疏荐张国樑为江南大营总统。

向公忧愤成疾，军心涣散，因请张国樑总统南北诸军。

贼窥丹阳，总统张国樑等击走之。

张国樑集诸将谋曰："贼以主帅病笃必懈，急击之必大克。"乃与张玉良、虎坤元骤出扑贼。斩数千人。

丹阳城外贼垒悉平。

七月，向大臣薨。以总督怡良署驻常州。

向公疾革，以军事付张国樑，曰："汝才足办贼，吾死何憾！所愧者负朝廷恩！"一恸而绝（谥忠武）。江左绅民咸尸祝焉。

南乡练董王锡蕃等诣丹阳大营，乞师助剿。总统张国樑分兵与之。

王锡蕃与李庆连等以民团不足抵御，诣大营请兵。张国樑令巡检张耜、把总周玉钦领一营以助之。

王锡蕃以勇丁守淤乡。贼不得逞。

贼至，锡蕃以兵勇、团丁守淤乡河口，相持半月，俾居民得迁徙。贼无所掠。

贼酋吴如孝执练首徐崇凤，杀之。

徐崇凤翼赵廷铭出。为吴贼所衔，执而戕之。

大旱，飞蝗蔽天。贼肆掠，民不得食，多死。

自六月以来，四十五日无雨。井枯田坼，飞蝗蔽天，斗粟七八百钱。贼焚掠益酷，民饥甚，富者食豆饼糠覈，贫则剥榆皮、掘草根、挖观音粉为食。饿死甚众。

八月癸卯，练董笪熙率民团三千人剿贼於虎耳山。贼并立猛攻，团稍挫。会官军至，两路痛击。贼大败，遁回。

初，笪熙谕充东乡九十六村团总，屡剿贼，贼势炽甚，因诣丹阳，乞师张国樑令营弁王义章领一军赴援。未至，熙击贼於虎耳山，屡败之。忽出悍贼数千猛扑。熙被围，中创几堕。适义章驰至，势如风雨。张两翼以蹙之，殪贼无算。大败遁回。

乙巳，总统张国樑率师拔茅庄，追贼至太平庄。扎营。

张国樑整兵大举，既克宝堰，伪丞相等贼恨笪熙，出大股攻破茅庄。国樑闻警，移师来援，酣战良久，呼声震十余里。贼败退。遂拔茅庄。追剿至太平庄。驻军。

丙辰，总统张国樑复会诸军，直捣枝尧里贼巢，遂移营逼县城。

茅庄既拔，由太平庄直捣枝尧里（俗名朱窑里）贼巢。贼分三路抗拒。张国樑派张玉良、戴文英、冯子材、马金达等迎剿，直冲东门外茶亭。贼由南北二门分出包抄，诸军鏖战逾时，大败之。遂移营，逼县城。时句、溧二城均悍贼踞守。与江宁贼势成犄角。我军扎营张家庄。贼筑垒小南门外、红土冈、鲫鱼塘、笪家边、白羊门等处死守。

九月乙卯，总统张国樑分路进攻。败贼於急流村，追至东门大桥。

乙卯，分路进攻，诱贼至急流庙山冈，四面兜击，大破之，斩获极多。追至东桥，贼逃窜，进南门固守（急流，俗名吉利）。

乙亥，练董笪熙、张孝友剿贼於柘溪，大败之。

贼犯柘溪，熙与孝友率团御之，杀贼数十，获马三匹，贼大败遁。

丁巳，贼犯义成桥卡，民团斩伪检点。癸未，民团挫溃，练董李庆连等死之。

南乡沿河一带，以义成桥为总口，其南为崇福桥，再迤东南为淤乡桥。正南为芦港桥，而散岔、青城埠则在义成桥西。若阙巷、冈子、南堧、西城、闸头诸村，则又四面旋绕。团卡林立，乃筑坚垒於义成、崇福之间。贼南窜之路中断，屡犯屡挫。丁巳，伪检点、伪监军拥贼千人猛扑义成桥，各团奋力抵御，贼大败，死伤无算。伪检点被擒，磔死。贼啣刺骨。勾结溧水、溧阳、金陵诸贼并丹阳败贼。癸未城贼，伪丞相率贼数千与诸路贼四围环攻，散岔、阙巷卡先溃，青城埠继之。贼由赤山湖绕袭军后，义成、崇福营亦溃，而芦港、淤乡不能首尾顾。暨冈子、南堧、西城、闸头同时俱溃，计六月以来，抵御凡四阅月。丁巳以后，死守凡二十六日。死难者：练首李庆连等十数人，团丁数百人，士民妇女数千人。尸浮河曲，肢解路旁，惨不忍睹。

总兵李鸿勋追贼於百培山，死之。（谥壮愍）

时张国樑会总兵傅振邦、参将虎坤元攻溧水，令李鸿勋自金坛驰句容防剿，适淤乡团溃，鸿勋力战，阵亡於百培山。

张孝友剖贼心祭弟。

张孝友弟某被贼戕，乃亲缚杀弟之贼，剖心以祭。

十月，钦差大臣和春接统南军，驻治东各村。

和公字皖北至，驻军於蔡家、曹家、包家等村。德安领马队四营驻史家边。

总统张国樑率马步队移营前进，城贼益困。

张国樑令戴文英驻朱家山、明安泰驻三培冈、陶茂森驻柿树村、朱锦山驻纪庄、张玉良驻丁家巷，自统大营移驻野鸡山、望子培、急流山，贼势愈蹙。

十一月戊午，练首高世珍御贼於李祥村，大败之。

张国樑令高世珍带团勇守神塘山，贼欲由李祥村袭大营，世珍奋击之，贼败遁。

己未，游击李窗战殁於小杆桥。

李窗拔小杆桥贼垒，驻之。率兵直抵城下，贼困斗，出南北二门夹击之，窗收军回营，至桥上，被贼矛刺，坠水死。

十二月丁亥，张玉良剿贼於斜桥湾。己亥，败贼於望子培。辛丑直捣北关而回。

是月，剿贼数十次。屡有斩获，而贼踞城死守。卒未易拔。

咸丰七年，彊圉大荒落之岁。

正月己卯，总统张国樑击贼於五里冈下，大败之。

时城贼屡出，窥伺大营。己卯、庚辰等日，复纠大股出小南门，由五里冈抄急流庙后，图劫粮饷。国樑调集各营，四路合攻，亲率精锐，间道直抵城下，焚毁贼垒，贼惊溃，自相践踏，斩黄衣贼酋一名，毙贼千余，生擒七人，贼始惧，不敢出。

练首高世珍移屯剿贼，擒斩无算。

贼窜下荫桥，世珍移屯朱家山以扼之。贼败退，乃弃下荫，攻大祝庙，世珍驰击之，贼遁。

二月，贼伪十二检点筑垒於王家山。和军总兵周天培击败之。

贼自秣陵连营七十余里，包句容、溧水之境，势悍甚，官军屡挫。天培合诸军奋击，始败退。

和军副将虎坤元败贼於溧水，贼窜至高阳桥。

高阳桥一带，蹂躏极惨。

丁酉，总兵傅振邦击贼於郭庄庙。

溧水败贼合皖贼犯郭庄庙，振邦驰击之，与贼相持十余日。

三月癸丑，总统张国樑赴援，大败贼，痛歼之。贼南遁。

国樑以郭庄庙贼未退，亲率劲旅来援，前后夹击，杀贼数万。贼遁回溧水。官军进剿於大仁山、陈家桥（近溧水界）驻营。贼筑垒於豆饼凹，被官军划平。

蛹生。

民间忧惧，不死於贼，即死於岁。

贼掠民间米谷，运至金陵。

上年冬月，贼砍伐邑北诸山树木，运金陵。今又搜括米谷，盖以官军日攻县城，逼近省会，贼惧，乃为屯粟，困守计也。饥黎无食，死者益众。

贼犯桥头，民团屡击败之。

时余万清驻九华，贼潜袭桥头，民团屡战败贼。

张军游击陶茂森等击贼於小圩桥，贼败遁入石垒。

贼在北门外筑坚大石垒，对峙於大道旁，遏官兵西北进剿之路。张国樑派茂森等攻之，由五里墩至小圩桥，遇贼奋击，贼败入垒，官军围之，贼闭垒不出，另纠大股出东门，直扑大营。茂森等遂撤队回剿。

四月，总统张国樑击贼於西关，痛歼之。

督诸军合攻於西门外，诱贼出，痛剿之，追至南桥，执黄衣贼酋，磔之。

麦熟，蝗不为灾。

民饥始免。

壬辰，贼扑东门外大营。总统张国樑奋击，大败之。

贼从西北两门拥出千余来扑，国樑领步队从左拦截，贼大溃。

和军屡剿贼於杨塘冈（治东北五里）。

和公领广西提标营勇攻贼於此。先后数十战，互有胜负。

五月，练首高世珍御贼於包家窑。总统张国樑来援。贼却退。

高世珍移屯蔽西北，贼不敢过，啣之，纠众攻治北包家窑，国樑督兵援之。贼溃遁。

大雨。

阴雨连日，蝗尽死。

甲戌，虎坤元、傅振邦驻军郭庄庙。乙亥，进壁新昌桥。丙子，攻湖熟，拔之。

虎坤元、傅振邦既克溧水。甲戌，由乌山进攻句容。驻於郭庄庙。翌日，进壁新昌桥（距湖熟八里，在临泉乡）。乡人张延亨进计曰："贼大股麇集湖熟镇，若出一军拊其背，出贼不意，必大克。"是夜子刻，延亨为向导，引傅军由间道逾河，假贼军装，攻贼后路，黎旦，将抵卡，贼犹疑援至，不为备。卡既破，贼惶骇乱窜，而虎军已由新昌桥大路攻入，前后夹击，死者以万计。淮水断流，俘百数十人，尽戮於郭庄庙之石台山。（均邻近陷贼中者，无人取保，故戮之）

闰五月辛巳，和军以总兵虎嵩林驻於彭山。（山在西南，距城七里）

溧水、湖熟既复，堵金陵、皖南援贼之要口，而城贼已为槛中兽矣！嵩林驻於此山，防贼溃出冲突。（《续府志》"彭山"误作"盘山"）

甲辰，副将虎坤元壁於兆文山（在西南二里），贼宵遁。乙巳，和军会诸将收复县城。

虎坤元以屡胜之师近逼县城，筑营於兆文山巅，俯瞰城中。架炮轰击，贼酋胆落。夜启北门向汤水遁去。翌日，遂收复县城。

总统张国樑追贼於汤水，歼其众，遂移营高资。

前夕，张国樑见城中火起，知贼已遁，恐侵轶为患，急遣张玉良、陶茂森由间道抄出贼前，自督大队蹑之。贼窜，抵汤水，未向晨，遇张、陶二军拦头痛剿，贼惊溃。适国樑追至，夹击，贼大败。刺杀黄衣贼酋一名，红巾悍贼数名。斩级千余。伪丞相屠逆逾岭跳免。国樑遂由汤水驻军高资，规复镇江。

六月，和军进营土桥镇，留翼长提督明安泰驻守县城。知县赵廷铭回任，招集流亡，筹办善后。

县城既复，四乡士民争相贺。一夕，发尽薙，结义以应官军。惟濒江乡镇，官军不及徇。贼又出没肆掠。灾黎穷蹙，弃家远遁。至是，招抚安辑，渐次来归。

复设团练局於四贤祠，劝民助饷。

监生张金鑾捐助二千六百缗。（城乡绅民所捐甚夥。惟此咸丰七年照会尚存）

练首解文毓等败贼於东西堰冈。

镇江贼扑至山北诸村。文毓与兄文礼、弟文章、侄朝左、朝桢、朝右率民团固守冈口，相持数月，贼不敢逾，目其地为天锁冈。

七月，副将虎坤、参将张玉良、陶茂森、戴文英击贼於下戍，破之。

和公以镇江未克，北五镇时有贼踪，故步步为营，进扎淳化镇。而金陵贼常啸聚东阳、下戍间，遂派虎坤元等合兵雕剿。连战皆捷，贼负创遁。及官军撤队，又纠死党蜂拥至，筑垒挖濠，以图久踞。

八月甲戌，贼犯龙潭及下戍，筑营於高山庙。丙子，虎坤元会练首解文约等击败之，划破贼垒三座，贼惊逸。

金陵贼酋汪永隆东窜至太平桥，造浮梁抵下蜀东门桥，在裡外圩、杨家庄筑垒，时虎坤元驻军亭子村，与上山冈民卡为唇齿。坤元剿贼，文约等助官军，并力攻焚贼营，杀贼甚众。

九月，贼纠大股西窜。总统张国樑堵截河北，水陆齐攻，贼势大蹙。

国樑侦知贼将西窜。於运河之北潜筑营垒，遣兵痛剿，亲督各军由陆路进攻，力战六昼夜，斩馘千余。复以水师乘风轰击，贼大败，东奔。

壬寅，贼犯太平桥，连营二十里。癸卯，虎坤元出师奋击，鏖战至甲辰。会总统张国樑诸将并力齐攻，焚毁贼垒数十座。

镇江被围，金陵贼率悍党来援。由石埠桥至洪泽桥沿河一带，贼垒密布，并勾结捻逆赖汶洸等，麇聚江滨。壬寅，犯太平桥。癸卯，坤元由亭子村出师剿贼，鏖战三日，大雾四塞，会诸军奋击，破贼垒数十座。贼溃遁。

十月庚午，总统张国樑至。自镇江督虎坤元剿贼下戍，斩伪安王洪仁，贼来援，又败之於仓头。

国樑与坤元等连夺下戍贼营七座，阵战首逆洪秀全侄、伪安王洪仁，又追援贼於仓头，败之。

癸酉，贼掠桥头等处。总统张国樑会上山冈、西堰冈诸练首败之。

镇江金山瓜洲败贼掠桥头、下戍、下坋、红旗桥等处，张军会练首巫良雍、解文约、蔡清华等分路迎击，设伏杀贼，大败，夜遁。

十一月戊子，贼集大股出援镇江。己丑，犯竹里。虎坤元出剿贼营。庚辰，鏖战於上山冈。练目陈世万死之。辛巳，总统张国樑来援，合剿於竹里庙。贼大败，奔还。

此第四次贼援镇江也。己丑，犯竹里，虎坤元力御之。翌日，战於上山冈。贼大股猛扑。陈世万中炮死。时镇江已克。吴如孝突围西窜，国樑督张玉良来追，合战於竹里庙。毁贼垒数十。杀贼万人。追剿至东阳石埠桥。贼败，入金陵。

副将陶茂森驻军汤山。民团设卡於翻车岘，堵截往来，溃贼不敢南窜。

茂森自九月移驻至，於是月屡击金陵援贼、皖北捻匪及镇江溃贼於东阳镇。民团继之，擒斩无算。而大小翻车岘（俗名大小赤堰）、拖石冈诸隘口，又令民团设卡堵截。贼不能南窜一步。是时，瓜洲、镇江均复。句界肃清。金陵之围复合。

十二月，总兵虎坤元战殁秣陵关（谥忠壮），合邑绅民设位以哭。

初，坤元克服县城，即移驻亭子村，设卡於上山冈、下坋冈、西堰冈要隘，俾团丁屯之。练局在金粟庵、洛神庙、云塘庙、李相庙等处。军民联络一气，贼不敢犯。山以南幸免於难。且军令严肃，闾阎安堵。至是阵亡秣陵，城乡各局设位祀之。

咸丰八年，著雍敦牂之岁。

正月，议开长濠，征民夫浚之。

时和军在孝陵，各军驰守之。江宁知府郑济美驻淳化镇，明翼长自句城移驻，凡军兴以来各营浚濠增垒皆役民夫，设卡屯团又赖民力。练丁筹饟，复出於民。至是又议浚长濠，疮痍之众竭蹶赴工，数月始成。

五月，团练、官绅，奖叙有差。

两江总督何桂清、江苏巡抚赵德辙会奏请奖，是月十二日，奉上谕：何桂清、赵德辙奏，查明团练、官绅尤为出力，开单请奖一摺，江苏句容县知县赵廷铭会同绅董办理团练，自咸丰三年以来，遇有犯境贼匪，均经随时击退，六年五月，被陷该官绅等随同官兵克服县城，屡次随同拦截窜匪、筑营挖濠、善后各事宜。民夫亦不劳而集，实属深明大义，督率有方，自应先沛恩施，以昭激劝。候补知府留署句容县知县赵廷铭，著赏戴花翎，以知府仍留江苏；不论烦简，遇缺即补尽先选用知县，句容县教谕唐沂著以知县；原班不论双单月，遇缺先选，典史徐钧著开缺以县丞用；候选县丞汪汝桂著赏戴蓝翎，指发江苏；从九品荀淦俟到省后，以本班遇缺即补，并赏戴蓝翎；举人笪尧佐以知县归部，不论双单月，即选；廪生施贞文著以县丞，归部即选；候选训导王锡蕃著以复设教谕，归部不论双单月即选；文生赵晋、张余伸均著以训导；归部不论双单月即选八品衔笪熙；著以从九品，归部即选并赏戴蓝翎，安徽试用从九品张耜，著以本班遇缺即补从九品衔孙丙；监生陈绍祖、赵映斗均著以从九品；归部不论双单月即选俊秀高世珍；著以未入流，归部不论双单月即选武举邰宗凯；著赏戴蓝翎武生高魁；练丁周锐、罗正兴，均著赏戴蓝翎，并赏给六品顶戴，该部知道。单并发，钦此。

六月，彗星见。

彗星见於四方，光芒直射，或大或小，经月不灭。

七月，长濠成。

长濠之役，派民到铁心桥，五日一更，代濠成，役犹不免，乡民环求，知府始宽其役。

八月壬申，俞士永被贼辗死。

士永陷贼中。贼定计攻六合，士永奔告大营，被贼逻得，辗死。

九月，江浦、六合难民数万避居东阳、龙潭，抽捐入广福局。（《续府志》误作"广宁"）

时江浦、六合继陷，避难来句者男女数万，散处各乡，肩摩趾错，闤闠喧阗，过於城市。先是东阳团练设广福局，至是复收铺捐入局以供费。又有候补县吴复诚诈称奉谕办团，需索难民。

皖贼窜竹里庙，余万清驰剿，平贼营三座。

陈逆玉成既陷江北诸县，分股扰江上，至竹里，筑三垒，令孙寡妇（即四眼狗妻）死守。余万清自镇江来剿，营於窑冈，连战数日，贼不稍挫，乃设伏诱贼，大败之。焚其垒，潜遁。

十月，火药局焚，轰毙民勇数十名。

时溧水再陷，吾邑戒严，调集四乡团丁守城，弹药储於登瀛门堞楼，偶失慎，轰死民团数十人。

十一月，皖贼又窜竹里。余万清会练首高世珍等击败之。

贼再掠下戍、南北山头、御河口、竹里庙等处。万清会高世珍、谢曙初等堵截各隘口，奋力夹攻，杀贼数千人。

咸丰九年，屠维协洽之岁。

四月，江宁将军福兴修建宝华山慧居寺佛殿。

六年，城陷，殿被毁。至是福公重修肖像，派民夫搬运木石，民大嗟怨。

六月，贼掠靖安厂，孝子刘本韶救父被戕。

刘本韶父荣，被掳。本韶与贼争，贼杀本韶。荣乃得脱。邑中子死父，妇死姑，妻死夫者甚夥，俱见忠义贞烈传。

七月，贼屡掠桥头、下戍间。练首巫良珠等击却之。

贼出没沿江官道，焚掠桥头、下戍间，巫氏民屯奋击走之。

十月，免地丁钱粮。

以民修长濠功也。

十二月丁卯。总兵冯子材剿杀沿河流贼。

御河一带时有流贼焚掠村堡。张国樑令子材督兵扫荡北五镇贼巢。

咸丰十年，尚章涒滩之岁。

二月，提督张玉良统军援浙。

金陵贼被困，告急於江北、皖南诸巨酋——陈玉成、李世贤、杨辅清、李秀成等。秀成最狡黠，欲披官军之势，与其党谋曰："官军精锐悉萃金陵，其饷源在苏杭，今金陵城外长濠已成，官军内围外御，张国樑又嘐嗻善战，攻之难得志，不如轻兵从间道疾捣杭州，杭州危，苏州亦必震动，金陵大营惧我绝其饷源，必分师奔命以救之，我瞷大营虚弱，还军急击，躙破大营，则苏杭皆我有也。计定，遂袭浙西，张玉良分大营兵五千人以援之。

三月，伪忠王李秀成自溧阳犯赤山湖，县城戒严。

己卯，大营又遣总兵熊天喜、曾秉忠率水陆军复长兴，贼诇知大营留兵愈单，由浙境风驰而西，秀成与陈、杨诸酋会於东坝。乙酉陷之，进陷溧阳，由溧阳犯赤山湖，复会於淳化镇，以窥大营。县境震动。

贼犯天王寺，王锡蕃击败之。

初，贼屡由溧水来犯，锡蕃等先后十数战，力御之。卒因贼大至，民团始溃。

闰三月丁酉，伪侍王李世贤由溧水陷县城。

初闻贼犯赤山湖，人心惶惧。既而溧水陷，居民纷纷迁徙，守城兵勇、团丁不下四百名，保卫局遣人侦探，是日辰初犹报溧水贼已退出，城乡各董方相庆慰。至未刻，骤惊贼至，众相错愕，急登城瞭望，贼队已排列山冈，蜂屯蚁赴。知县及城守等易服遁，独启北关，俾人逃命，拥挤践死者甚众，嚎哭之声甚惨。贼初望城上旂帜林立，未敢轻进，继见百姓争窜，帜乱旂靡，鼓角无声，乃整队入，搜刮焚杀倍酷於前矣！

甲辰，李世贤留贼踞城，自率大股犯东阳、龙潭，进扑大营。

侍逆率三千余贼，扮官军状，由新塘、坟头、桦墅至东阳、龙潭，焚掠百余里，残骸满野，哭声干霄，毁屋万余间，戕难民数万。

戊申，甚雨雷电以风，大雪厚尺余。己酉长濠溃。

先是，大营饷项皆取给於总督何桂清，至浙江失陷，苏常震动，饷遂减给，各营哗噪。桂清又留张玉良等守常州大营，屡次羽书告援，皆不遣。群贼瞷多空垒，环攻横突，死咋不退。是日，大雷雨雹，雪深尺余，寒甚，人多僵冻。己酉夜，各营火起，遂溃。邑人死是役者：蓝翎都司韩邦盛，蓝翎千总施贞武，六品军功陕西提标营外委朱在麟。

庚戌，和大臣、总统张国樑由东阳、龙潭退保丹阳。

县城既陷，大营后路已断，国樑由东阳、龙潭抵镇江，分万二千人使冯子材守之。自驰丹阳扼守。

癸丑，和军总兵熊天喜殉节於白兔镇（谥勤勇）。

和公先至丹阳，遣天喜进营白兔。是日，军溃，自杀。

癸亥，总统张国樑军溃丹阳，投河殉节（谥忠武）。

张公退至丹阳，贼伏溃卒中狙击，创甚。投尹公桥下殉节。自是而东南糜烂，金陵无围师者期年。

四月，踞城贼复出伪示安民，设伪乡官，苛派税敛。悍贼四出，为害闾阎。

贼虽出示安民，而焚掠村墅，民不聊生。向之距城较远处未经搜括者，亦咸及於难。其预先挈眷渡江奔裏下河者，百才五六，余则贼氛四面猝至，欲逃无路，全家尽节、阖村殉难者不知凡几。蹂躏之惨，千百年未尝有焉。

贼搜杀四乡民团，屠戮殆尽。

六年，城陷，后四乡结团堵御，若天王寺、王庄、散岔、郭庄庙、何庄庙、淤乡、白土、茅庄、赵庄、光里庙以及北五镇等处，均能助军杀贼，赴义死绥，至若西乡迤南北一带几於户皆团练，人尽为兵。贼三五入村，诱至曲巷中，堵其间，击毙之。贼麇至，则设伏以歼，故贼痛心切齿，此次陷城，日肆搜杀，又无官军堵截，故屠戮殆遍，惨不忍言。

五月，贼毁句曲山宫观。

茅山自西汉迄今数千年，灵贶照耀寰宇。六年，贼至，头沈沈不能上，至是前数夕如《溧水志》所谓"琛岭神灯者，排列千百，冉冉向东北去。贼遂将山上下宫观数十区投诸一炬。

六月癸酉，两江总督曾国藩督办江南军务，驻节祁门。

总督曾国藩由安庆至。

己卯，江宁将军巴栋阿败贼於桥头、炭渚。

贼自镇江窜桥头，增设卡垒，分扰泥山、汤冈等处。巴栋阿饬副将冯日坤由中路炭渚进，副将陶茂森由南路山梁进，副将赖镇海驾炮艇扼桥险要，水陆军刻期会攻。又令总兵冯子材督劲旅为诸军策应。庚辰，合兵鏖战，自寅至午，斩逆目二名，擒获极多，桥头、炭渚诸逆垒一律毁平，追杀七十余里。

八月，总兵冯子材剿贼於下戍。

悍贼孙花子犯下戍，筑垒於夏家边。子材、茂森合军击之，贼窜丹阳。

荆州将军都兴阿督办江北，军驻扬州。

李若珠患病，都兴阿接统。至自湖北，仍隶南军，而北军屹然为淮扬重镇。

九月，总兵冯子材规复县城。未克。

冯子材、陶茂森在治东十八亩山、唐家后山等处筑垒，规复县城，剿贼於戴家边村西。鏖战数十次，不克。始收军回镇。

十月，贼毁宝华山铜殿，并折各殿宇梁栋运至金陵。

铜殿，明万历时李太后建，费帑数十万金。至是为贼毁，并折各殿榱栋与砍伐山中古木运至金陵，累月不缀。

十一月，官军剿贼，筑营於徐家村。

营官刘岐山在徐家村扎营，与城贼伪守王方海宗交绥山下。

贼筑垒屯粮於宝堰。

贼筑坚大石垒於宝堰，运苏州之粮，屯储垒中，以济上江之贼。

咸丰十一年，重光作噩之岁。

二月，贼踞唐陵，史光才结团攻之，不克。

光才在东太阳村团练，结有二千余人，欲攻唐陵贼巢。计定，为村妇漏洩。贼有备，遂大败回。

三月，诸生曹瑞义不受辱，饿死山中。

瑞子被掳，受伪职，迎养其父。瑞大骂，不认其子。走遁山中，不食死。

四月，护贼陈坤书自扬州败回，屯聚南乡，焚掠几尽。

陈坤书自常州出，欲犯扬州，因镇江道梗，遂走丹阳。经县境，沿途掳胁，号称百万，横亘百里。上抵金陵，由九洑洲渡江，越六合，攻扬州，将军都兴阿击败之，复从原路奔回。丁亥，窜踞南乡数百村民舍度夏，悍贼时出淫掠，大村妇女数十百口匿废院中而培其户，贼初过之不觉，继闻啼声呱呱，破窦入，无一得脱。贼横掠，不遂则反缚倒悬、搒掠炮烙甚至支解、轘裂、剖腹、裔心、裹绵灌油缚树上焚之，谓之点天灯，贼盘踞数月，男妇罹此惨者不下万人。比拔队去，所掠男女尽使负担。护贼一过而民靡有孑遗矣！

五月，踞城贼伪昭天义①[1]掠桥头，提督冯子材击败之。

伪昭天义方某纠悍贼数万攻镇江，冯子材击走之，贼回窜桥头，子材追剿，痛歼贼，溃奔入城。

练目张才先御贼於河湾，中炮死。

才先结团保卫，屡却贼。伪昭天义率卒来扑，力战於河湾，飞炮洞胸死。

护贼过境肆掠，练首张庆生御贼，死之。一团尽歼。

庆生闻护贼扰境，督团出红冈迎剿，杀贼数十人，追击於汤水，颇有斩获。护贼率大股至，攻破之，执庆生等脔割死，并毁其村。

六月，贼队扰下山地村，陈正达率三十六人杀贼，死之。

陈坤书焚掠至下山地村，正达结丁壮三十六人御於村口，所杀过当，贼大至，被执三十六人尽支解死。

七月，贼掠桥头、下戌，民团溃，多溺死。

溺红旗桥死者凡数千人。

八月，桥头民与贼夜战於下坋冈。

贼筑垒欲久踞桥头，民夜袭之，鏖战於下坋冈至平旦，互有夷伤。

九月，贼掠桥头、下戌，提督冯子材败贼於汤冈。

贼掠桥头、下戌，子材令营弁田宗扬、哨弁史光才剿贼於汤冈，擒斩无算。

民团攻城，不克。

桥头、下戌一带，常被贼扰。民团结千余人，夜攻县城，不克而还。

十一月，皖军提督李世忠（即李昭寿）驻军石埠桥，骚扰龙潭、东阳。

世忠渡江，攻克石埠桥贼垒，即驻军设卡於东阳镇。凡民间日用饮食一律抽厘，搜刮既尽则折毁民房运贩江北。忆乙卯、丙辰间，东阳防营间有与贼对河袭击，并不交绥，坐老鼠山下，曝阳捉虱，随声呼噪，甚至被贼入营盗马，平时樵牧渔猎、蹂践场圃，民间已嫌其扰，不若豫胜营兵之凶恶，较贼尤甚也。

同治元年，元黓阉茂之岁。

正月，贼掠桥头。

江北溃，贼窜扰江南至桥头、下戌等处，极肆焚掠。

四月，江南布政使曾国荃乘胜东下，驻江宁镇。南军再立。

国荃自湘募勇，乘胜东下，势如破竹。庚辰，大军进驻江宁镇之板桥。

---

① 昭天义：《国朝金陵通记》四卷作"赵天义"。

贼窜踞茅山、唐陵等处。

此皖南溃贼麕集於此，图援金陵。

五月，茅山乡练首吴延珍、僧开宝攻贼不克，死之。

唐陵踞贼肆掠，延珍、开宝结团攻之。已入贼垒，后队不济，遂被执。廷珍砍死，开宝骂贼剖腹死。

癸未，布政使曾国荃直逼雨花台，驻军苏常，贼图援金陵，过境滋扰。

国荃悬军直入雨花台贼营，遂驻军。陈坤书、黄文金等来援，盘踞句、溧一带，我句自上年被护贼往来蹂躏，百里上下几断炊烟，此番贼至，无粮可掳，见贼卡有粮，众争劫夺卡，贼竟无如何，且相率逃避矣！

高世珍应募结团东北，两乡皆应。

辛卯，团丁剿贼於小太平庄（距治东十里），杀贼三，获黑旂一。壬辰剿贼於张巷村（距治东十二里），杀贼二，获黄旂一。辛丑，游贼犯赵家村，团丁御之，歼其一。十年，城陷后，世珍隐武岐、空青间。至是江宁府杨钟琛访得之，今治乡团，以图恢复。

六月旱，蝗，大饥。

民间宿麦尽被贼掠，饥死相枕藉，人相食。

辛酉，民团攻贼於圣铁村（距城二十里）。己巳，杀贼於光里庙（距城十里）。

护贼四出掠米，团丁遇贼於圣铁村，击败之。己巳，贼纠众犯光里庙，团丁扼之於大桥旁，击败之。杀贼十二名，夺彩旂二十八手。

七月，大江以南疫疠流行。

句容遗民，死者殆尽。

庚寅，团丁丁得明等剿贼，大溃，死之。壬辰，败贼於横塘村。

周家村团丁（治东十五里）为护逆攻溃，丁得明、段顺江、张余豪均阵亡。谢益斌中弹异归。越二日，贼复攻横塘村，团丁奋力抵御，贼挫遁。

壬寅，民团御贼於下荫村。击却之。

伪幼西王率队过下荫村（治北二十里），纵贼杀掠，民团拦截痛剿，贼不得逞。

八月辛亥，贼纠大股攻民团，团稍挫，转战至炼神冈，各团来援，前后夹击，杀贼二百余名。

伪幼西王既经挫辱后，遂率大股来扑，民团将溃。经各局来援，贼遂大败於炼神冈（在治东北）。

伪忠王李秀成纠合十三伪王援金陵，屯踞县境数月。

贼众号六十万屯踞丹阳、句容一带，围攻曾营阅四十六日始败退，仍踞县境，人烟断绝，鬼火流空。

阅八月，贼掠唐陵等处，执乡民八百余口，纵火焚之。

乙酉，史义亭（即广才）率民勇数百至唐陵一带剿贼，贼奔溧阳，途遇援，金陵贼乃纠大股回窜唐陵，而义亭民团已退，贼大肆杀掠，近唐陵数十村无一完全，所获乡民老幼悉驱入场屋中，纵火焚之，约八百余口，时人谓之火烧园。贼退，合园中骿骨及左右塘浮出之尸总理一所，名为千人骿骨墓。

九月，镇江败贼回窜，提督冯子材追及汤冈，毁贼垒九。

城贼伪念王方某率悍贼数千攻镇江，子材击退之。贼於汤冈筑垒，图再犯。子材又追至，划平九垒，贼遁回城。

同治二年，昭阳大渊献之岁。

二月，伪怀王周贼纠众窜至县城外，会合丹阳伪效天义陈贼图犯镇江，提督冯子材分路迎击，大破之，追至薛村而回。

贼众麕聚东北，乡团由镇江窜扰江北各处，冀分金陵大营兵力。子材派军分路迎击，阵斩为^①效天义陈贼，即英贼叔也。贼众溃，追至薛村乃旋。

三月，练首庄其良，其志率乡勇次第划毁贼营贼馆十余所。

---

① 为：伪。

丁未，破管庄贼馆。戊申，破行香贼馆。庚戌，破侯庄贼馆。癸丑，攻克丹徒小丁庄土营数座。

四月，贼犯土祥村。张延洪带团迎击，稍挫。

戴村张延洪督团在土祥村与贼战败，勇丁阵亡二名，延洪中创退回。

五月，官军攻克九洑洲，庄其良、庄其志阵亡。

初，其良兄弟划平贼营贼馆也，势如破竹，提督杨岳斌赏异之，调攻金陵沿江贼垒，至是同中炮死。

七月，练首高世珍谋结内应复城，事泄，死之。

世珍联结八社七总十六村民团复诣金陵大营，请兵助剿，乃入城谋内应，期定，先数日单骑至石墓，贼侦知之，伏於道旁，世珍至，猝出，执之。大骂被戕。

十一月，苏州军克无锡金匮，进克常州城外贼垒及句容援贼。参将唐道华阵亡。

唐道华，仁信乡人。随巡抚李鸿章复苏州，连克无锡、金匮，围攻常州，鏖战阵亡。句容踞贼伪守王方海宗往援，经苏州军击，败退回。

丁卯，镇江军歼城贼伪冈天义黄逆。

伪忠逆之子勾结句容悍贼伪冈天义黄逆，率贼二三万分道扑犯镇江甘棠桥官军营垒，势甚凶悍。冯子材督诸军分股设伏迎剿，逆众数十骑诱敌，官军屹不少动，黄逆率洋枪队直扑阵前，副将杨青山整队以待，见贼逼近，开旗排枪，连环轰击，子密如雨，逆势不支，纷纷倒地，冈天义黄逆中枪坠马，经马步军冲入阵中，割取首级，余贼奔溃，官军分路抄击，逆众仍遁回句城。

十二月，霆军力扼东坝，徐图进取。

前奉谕旨，鲍超全军驻扎东坝，此时溧水已复，自应进取句容，以断忠贼救援金陵之路，钦此。曾大臣奏言，忠逆近由金陵退窜句容，潜入溧阳，与侍贼合股，意在外援溧水、建平，夺我东坝一关，以图上窜，为三省关键。鲍超正以全力争此要区，暂不能进取句容，以合金陵之围。自句容而外论者，又谓宜急取广德，肃清全皖，扼贼上犯之路。臣以广德易取而不易守，鲍超既力扼东坝，更无他军可当广德一路，句容、广德之不能早争，实由限於兵力难以兼顾云云。

奏入又奉寄谕，苏常一带军情正在得手，贼势趋重，丹句金陵意图夺围上窜，冯子材兵力苦单，急盼鲍超之军合攻句容，而鲍照力扼东坝，既不能与之会攻，又不能分攻广德，祇是相持局面，日久终虑变生，该大臣仍当於慎重之中力求出奇制胜之策，方为妥善。钦此。

提督杨岳斌平桥头沿江贼垒。

贼屡掠桥头，沿江一带尚有贼垒。杨岳斌以水军驻江上，次第焚毁，俱尽。

同治三年，阏逢困敦之岁。

正月辛酉，总兵朱洪章击退运粮之贼。

是夜，忠贼之子伪二殿下率党自句容护粮进太平门，经朱洪章等截击，斩七百余级，执二百余人。弃粮狼藉道左。

二月，曾大臣檄霆军进规句容。

曾公国藩以金陵围师不满五万，偪困数十万死命之贼，深恐穷寇冲突，致蹈和营覆辙，既留杨岳斌仍驻江上，以断水路接济，而霆军驻扼东坝，群贼望风远避，久无战事，因檄鲍超分营进取句容，备剿援贼，寻又致书云："近闻伪忠王以血书求援於湖州贼目侍堵等逆，许以三月间来援金陵，舍弟所部分扎百余里汛地太广，围城贼有余，截援贼不足，如侍堵果来，务望阁下妥善御之，如句容已克，即请阁下亲驻句容，一以防侍堵来援，一以防克城后之冲突，句容最为扼要之区，侍堵来援，无句、溧两处驻足，断无能久之理，阁下不打援贼而舍弟军已受福矣！若句容未克，贵军仍需回驻东坝，侍堵来时，应请阁下带行队至溧水等处，俟贼扑舍弟营之后，阁下即抄贼之后，亦如在高祖山时出行队打泾县也。敝处著万方伯为贵军办米万石，阁下可派员至彼处，催以期迅速。

贼约金陵、宝堰贼助守县城。

踞贼伪守王方海宗闻霆军将至，纠合金坛、宝堰贼伪翰王项大英、伪列王方成宗两大股同守句容。

三月乙巳，霆军破散岔贼卡。丙午，会诸军直抵城下。

乙巳，鲍超冒雨疾驰，攻破散岔镇贼卡，又以一军驰抵水南村，镇江军会剿驻东昌街。丙午，各军同抵五里冈、周家冈等处。正拟筑垒，城内突出贼众三四万，密布山冈，舍死猛扑，我军三路迎击，奋勇荡决，贼败，反奔，乘势掩杀，直抵城下，将城外贼垒一鼓扫平。

丁未，贼目徐邦本结内应，夜举火，贼启华阳门逃，大兵追歼之，遂收县城。

徐邦本等欲内应，恐两广老贼不从。计在城两广人约万余，而两江、湖广有四五万人，遂并力搜杀两广老贼，格斗於东南隅云龙冈一带，至四更时，大军见城内火起①，知贼内乱，急引兵东向，贼启小南门（即华阳门）逃窜，诸将分路剿杀，擒获二酋。俄见邦本等七人叩马通报，指二酋曰："此即伪翰、列二王也！"遂复县城。将所擒二伪王槛送安庆省城正法，生降五万余众，悉数遣散。

贼遁至宝堰。己酉提督鲍照败之，夺垒五。

伪守王方海宗遁至宝堰，与伪显王袁得厚合兵拒守。鲍军於己酉日率队急攻，五路齐进，万枪并发，各军负草填濠，争跃入垒。一垒破，诸垒尽溃。贼争逃冲出，官兵掩杀，偪投入河者无算，守、显二逆遁走金陵、丹阳。夺获大炮二十一尊，炮船、旗帜多件。鲍公分兵驻守，自回句容城驻扎。

庚申，败贼於茅山。

壬子，鲍超自率大队迳取金坛。大军逼城下，忽接镇营提督冯子材来书，以丹阳贼势綦重，请移师助剿。超乃派娄云庆、周有胜等率马部七营留扎金坛城外，自统十四营回。句容、金坛踞贼出扑我营，云庆力战，却之。超回句容，接子材催剿书，又奉曾督部檄，饬令力保东坝。己未，随飞马传知，金坛各营尽撤回句容，以备分援二处之急，传令甫毕，继念金坛撤营，贼必袭我之后，乃亲率各营偃旗息鼓，折回西洋村，在三茅峰一带面面设伏，而以娄云庆等马队佐之。庚申，金坛逆酋胡明友闻官兵撤营，果纠垒贼二万余众悉力穷追我后，正向田陇村落迤逦而进，超挥令诸军突出，中路贼惊，以洋枪小队蜂拥来迎，张遇春於炮子如雨中冲入贼阵，贼众披靡，超催动号鼓，伏兵四起，旌旗布满山谷。黄海清、刘得胜骤马入阵，截贼数段。娄云庆、熊高望等亦从山后抄出，横断归路，贼众仓皇失措，弃械而逃，各军追杀五十余里，直逼金坛城下，遂收县城。

奖叙鲍军诸将战功，赠恤有差。

自句容收复，曾督部奏捷，言句容一城与金坛、丹阳鼎足而三，实为金陵左辅，鲍超率师进剿，一战克之，并执二伪王，毁五贼垒。金陵已有日孤之势。裨益全局，厥功甚伟。奏入。奉上谕，贼匪踞守句容县城，负隅抗拒，提督鲍超督兵进剿，立将句容县城克服，其宝堰贼垒复经鲍超率队攻破剿办，甚属得手，所有尤为出力之总兵谭胜达、唐仁廉均著交军机处记名，遇有提督缺出，请旨简放。周有胜、易昌焕、李文益均著赏加提督衔；王衍庆、刘顺隆、张玉田均著交军机处存记，遇有总兵缺出，尽先提奏参将；黄海清著以副将，仍留安徽，尽先补用并赏给"彦勇巴图鲁"名号；副将孙开华著赏给总兵衔，并赏给"耀勇巴图鲁"名号；陈永康、罗运昌均著无论四川推题副将缺出，先行补授，罗运昌并赏加总兵衔；参将唐得胜著以副将尽先补用，并赏加总兵衔；游击洪容海著以参将尽先补用，并赏加副将衔。其余在事出力员弁准其查明汇案保奖。阵亡知府田芬，参将汤茂泰，都司易新胜、黄昌、陈光谟，守备向忠国，均著从优议恤。降人徐邦本、张宏发、杨文明、龚福全、张明道、张士宽、童得胜均著赏给守备虚衔。钦此。

四月戊寅，伪显王、伪玕王②由天王寺回窜大山头，犯东坝、高淳。

甲申，总兵谭胜达、邓训诰败之，贼窜广德。

句容、金坛既复，鲍超自驻句容城，而以部将谭胜达等分统东坝各防营。时提督冯子材、总兵詹启纶攻克丹阳。败贼数万由天王寺、大山头一带图犯东坝、高淳。谭胜达、邓训诰诸军并力兜击至三十里外，毙贼近万。内有伪王七人。余众向广德窜去。

---

① 城内火起：据《国朝金陵通记》四卷："（同治三年）二月，句容贼约金坛、宝堰诸酋助守县城。三月乙巳提督鲍超克三盆，丙午克塔冈。追至句容，贼目徐邦本约内应。丁未夜举火城东，贼开南门遁。遂收句容。余贼东窜宝堰。己酉鲍军追败之。夺垒五。庚申又败之於茅山。"

② 玕王：据《国朝金陵通记》："同治三年夏四月戊寅，句容败贼伪玕王洪仁玕等由天王寺回窜大山头，图犯溧水，窥东坝。"

五月，提督鲍超拔队西行。

数月以来，苏浙各郡县叠次克服。两省败贼先后由徽宁上窜江西，计缓金陵之围。曾督部奏调鲍超①军率师上援，咨调巡抚李鸿章接防东坝。句容鲍超统率全部由句容拔队西行。

六月乙酉，浙江巡抚曾国荃克江宁省城，擒逆酋李秀成等。曾督部入城安抚，江宁全境肃清。

先是，攻克钟山，伪天保城占取龙膊子山，是日，由太平门地道轰城入，乘胜猛攻，全城皆破，杀贼数万。三更，伪王府火发，夺获伪玉玺及金印。四更，悍贼千余人由地道阙口窜出，首逆洪秀全已於上月丙辰服毒死。后在伪宫掘出逆尸，戮焚之。复於方山下搜出逆酋李秀成，并擒伪王次兄洪仁达，均极刑处死。江宁全府肃清。

丙戌，逆子洪福瑱自省城逃出，窜至郭庄庙镇。丁亥，由甲山口奔溧水东境逸去。

贼由缺口冲出，官军追至湖熟镇。时前队三百余人已挟洪福瑱窜至句容南乡郭庄镇，日暮途穷，遂暂匿於此。有乡人见之者云：福瑱年约十五六，极瘦弱，有与其年貌服色相同者凡十一人，独祖臂时内有一著珍珠衫者与同侪环坐饮食，旁列悍贼数人，皆黑面圜目，戟髯绕颊，持刀紧随不离咫尺。翌旦，出甲山口南遁。午后，官军马队追之弗及。以热毙马二，军士亦有中暑者，乃撤队回。贼遂由溧水东境逸去。至九月，按察使席宝田於石城荒谷中擒获。伏法。粤逆遂平。

署句容县知县依勒通阿设善后、抚恤、幼幼等局。绅民渐归来复城。时县丞杜泰恺代理县事，至是布政使委依勒通阿署篆，始议设善后局，办善后事宜，设抚恤局以济被难穷黎，因贼中逸出幼童甚多，议设幼幼局留养。其有家可归者即由县递送回籍，余则设法安置，不使漂流失所。句容自同治元年以来孑遗已尽，少壮之人均逃避江北佣工，老病孱弱胥为饿莩，此次县城既克，无不欢呼踊跃，复我家邦而荒榛满地，白骨撑天，所余一二破屋中尸骸枕藉，白昼鬼声呜呜於颓垣断甓间，夜分狼嗥，酷类儿啼。忽闻衢巷人马嘈杂，以梃击壁，阁阁作声，启户视之，竿灯握炬，捲旆荷戈，步骑数万，络绎不绝。久之寂然。盖阴兵也。市上运用泉刀，小於榆荚鹅眼（俗名庐州府钱），百物腾贵，庐舍既毁，民无栖止，田园久荒，力难耕耘。逾年，曾督部奏设招垦局，并借给牛种，自是遗黎始有生机矣！

附录

暴骨冢（四城门外皆有，多乱后霾焉）

千人殡骨墓（在唐陵，见前表注）

霾骨冢（六安刘启发总兵聚龙潭、仓头、下成、桥头、高资等处阵亡者，就其间掩霾，大冢殡骨千一百余，小冢千九百余）

火烧祠堂（在前柏墅，即姚氏宗祠。咸丰时，贼驱乡民於祠中，纵火焚死，约五六百口，故名少烧祠堂）

火烧园（在唐陵俞巷东，见前表注）

续纂句容县志卷十九下终

---

① 鲍超：据《国朝金陵通记》："同治三年夏四月，杨岳斌。鲍超二军奉檄援江西，乃以苏军提督刘铭传屯句容，郑国魁屯东坝。"

续纂句容县志卷二十　　邑人　张瀛　分纂

拾补

周应合纂《景定建康志》，有拾遗一卷，今仿其例，将前志所未收者补苴掇拾，汇纂卷末，虽蜃蛤珠玑难与夜光并耀，然使长遗沧海，沈泯无闻，冥默无知，能无以粗疏浅陋见鄙耶？作拾补志。

宋颜延之①，字延年，琅玡临沂人。仕至金紫光禄大夫。《南史》有传。

颜师伯②，字长渌，竣族兄也。累迁吏部尚书，转左仆射。《南史》有传。

颜竣，字士逊，延之长子，累迁吏部尚书。谏诤恳切，下狱赐死。《南史》有传。

颜继祖，移风乡人。为本邑令。昇明二年（大泉寺碑误作开明，今据《金陵诗征》改正）舍宅为大泉寺（唐僧惠诚即颜氏十三代孙。见《大泉寺碑记》）

按，颜氏世居句容来苏乡后颜村。宋王遂《颜鲁公祠记》云：县《图经》载后颜村有颜尚书冢，九坟十八墓。《吕府志》云："考鲁公上世多葬金陵，延之与子竣皆历尚书。或是二人之墓，不知延之即鲁公十一世祖也。见朱绪曾《金陵诗征》。

唐樊珣，来苏乡人。大历丁巳为本邑令，兼大理司直。太原王昕修赤山湖，珣为之记。文见周应合《景定建康志》。今采入艺文。

许嵩，邑人③，著《建康实录》，见朱绪曾跋。

周元范（一作光范），邑人。张为《诗人主客图序》云：广大教化，主白居易及门句曲周元范、祝天膺。

祝天膺（一作元膺），邑人。有《送高遂赴举诗》。遂，亦邑人。

唐尧臣，邑人。有《金陵怀古诗》。

张琭，孝子常洧之从孙。以经学著称。少游太学，垂十年。有贞介之行，见知当道。仕真宁县主簿。政声卓著，媲美武城，秩满归经先人之旧庐，怀盛事之未树，喟然叹息，霈然流涕，乃鬻琴书车马，芟荆榛，葺廊庑，取孝子旌表敕书而勒诸石。当时咸谓上宣君命，下扬祖德，为尽善尽美云。

宋张识、张谘，同登庆历二年进士第，见《旧志》正科表。《吕府志》误作江宁人。苗昌言，字禹俞，邑人。绍兴二年进士。《金陵诗征》亦误作江宁人。

张纲，字彦正，邑人。原籍润州丹阳县。曾祖俊，自金坛徙句容。祖祺。父翱。政和二年，纲试内舍第一。明年癸巳，上舍第一。试崇正殿，复赐第一。好事者绘三魁图。累官资政殿学士，知婺州。致仕。卒年八十四。谥文定。改谥章简。有《华阳集》四十卷。《宋史》有传。长子堂，次坚。孙釜镃、鉴镐。

---

① 颜延之：《建康实录》十四卷："颜延之，字延年，琅玡临沂人。曾祖含。父顕。"
② 颜师伯：《建康实录》十四卷："颜师伯，字长渊，琅琊临沂人。东杨州刺史竣族兄也。父邵以谢晦败服药死。"《南史》三十四卷："颜师伯，字长深。竣族兄也。"
③ 邑人：《建康实录》，许嵩自署"高阳（郡望）"。

巫伋，字思庸，琅玡乡黄墅人。绍兴戊午进士。正言兼说书。二十年，自给事中迁端明殿学士，除签书枢密院事兼权参知政事。二十二年，劾罢。奉外祠，遂落职。隆兴二年，诏赴行在，以臣僚言罢。《文献通考》云："正言兼说书，自端明巫伋始。伋浑厚端谨，不附权贵。秦桧居上元桦墅村，与伋里接壤。一日，相遇朝堂，桧问曰：'近时有自乡里来者，得知新闻否？'伋曰：'有一人至，颇精星命！'桧色变，诘曰：'公曾推算何时拜相？'伋默然而退。桧遂嗾言官劾伋有阴谋。由是削籍放归家居。时有仙鹿为猎人所逐，匿伋床下，伋脱其难，鹿遂啣牡丹以报。至今花犹繁盛。

张坚，字子固。纲次子。绍兴甲戌进士。官户部郎中，宝文阁学士。

陈序，字彦育。官和州文学终。删定有《碧岩集》。彦育从苏庠学诗。受知於浙漕向伯恭，邀与同行，妻以爱姬。姬，寇莱公元女孙也。伯恭闻於朝，授官。序博洽多闻，作类书若干卷。自言今二十年矣！如荔支一门，犹有一百二十余事。见周紫芝《太仓稊米集》。

骆适正，能诗，尝至建康，赴张德共西园会饮，即席赋诗云："花留春尽觅无痕，尚绩余欢侑酒尊。一曲未终人已去，西园灯火欲黄昏。"见周辉《清波杂志》。

张釜，字君量。纲之孙。以荫入官。主管江东安抚司机宜文字，通判饶州。再登淳熙戊戌进士，知广安军、池州、广州。累迁殿中侍御史，谏议大夫，兵、礼、吏部尚书，端明殿学士，签书枢密院事。尝刻其祖文定《华阳集》於池州（广州九曜石刻有釜庆元乙卯季冬题名）。

戴昌，笃信好古，力学慎行。其文辞制作高迈宏伟，有古人风味。绍熙间举制科，授凤翔府金判，下车之初，修德行政，崇尚儒教，制祭服，定礼仪。岁时大比，设文会以严课试，生徒多所造就。邑民为之感化，行将荐之上秩，昌以老告归，隐华阳洞天之别墅，优游自乐，吟咏不辍。卒年八十有六。子九成、紘。

戴九成，生於隆兴中，岐嶷有大志，不与群儿嬉。童稚时，惟耽於学，读书必欲寻究义理。年十二，补弟子员，举绍兴某年进士，授江夏县主簿，德政廉明，刑罚省约。侍御史赵光祖疏其迹，升本县知县。未几，奸革弊除，民化刑措，日惟与儒生谈道论学而已。由是令闻益著。吏部尚书赵汝愚荐起居郎兼讲官，每进讲皆本乎圣贤之旨，根於性命之原。著书励学，大有补於士习。遂历官至国子祭酒。及庆元时，会韩侂胄作相，谋出赵汝愚於福州，斥李祥、杨简守知外郡。九成曰："正人诬以党锢，我辈可见几！"遂解冠归隐华阳之别墅。卒年七十三，子昉梦举。

高功，字以大。先世居豫章之吉水。晦迹闾里，不求闻达。宋孝宗隆兴癸未，以金人乱，徙籍维扬。至淳熙戊申，金复南侵，遂以田产舍扬城清水寺。寺址亦所施，遂渡江至句容骊山，见山水盘郁，卜居於此。为燕翼计，以子实贵诰封光禄大夫，享寿九十有五。

高实，字有节。登宋孝宗乾道八年壬辰科武进。至淳熙二年乙未科，复试文，进士登第。宁宗庆元五年己未进右丞相兼知枢密院事，加太保、光禄大夫、左柱国，以亲老致仕。卒於嘉定甲申。卒年七十有九。没后，为神显灵於六安州之茶山，至今庙宇尚存。子评，荫承直郎。

戴紘，资禀粹厚，度量宏伟，事母孝。及长，慨然提笔植生理，广田园，由是财用日饶，甲於县南。然能轻财乐施，不以富骄人也。嘉定乙巳，县官讲行荒政，委请上户勘实，令见紘之正直无他，一力委之。紘乃家至户到，所济皆被实惠，人赖以全活者，虽巧术不能算也，有贷其赀者，亦未尝锱铢计息。贫不能偿，亦不与较。每有催科之责，人多宛转规避，紘独为一乡之倡，以身任之。凡穷陬僻壤，孤寒无以为计者，紘首为代输，不责其偿。乡曲义之。紘笃意家塾，延礼名儒，日无虚席。凡乡里子弟有可教者必饮食於家，以教戒之。暇日，训饬其子弟。尝曰："吾先世族大，衣儒衣、冠儒冠者十室而九，有联预荐书以文墨，称者非一人，汝曹不可不勉！"乡人有旧与紘不愜，其家偶为小人所诬，人皆谓紘必挤之。紘乃急往营救，遂全其家。以德报怨，於紘见之。后有潘姓者，亦为邻媪之死不能自明，紘亦与之解纷，遂寝其事。其他亲旧宗党事有掣肘，凡出力营救、晨夜奔走、不以为劳者，不可缕数。

戴昉，字德明。昉失怙时，与叔父紘、弟梦举侍祖母王，孝行有加。及丧，祗奉丧事，哀毁过情。继与叔若弟异居，历久无间言。昉自幼至壮，笃志问学，延师教弟以续箕裘。岁旱，不惮劳瘁，兴水利，灌溉田亩，得大熟。乡人获其利。每遇正旦，必计邻里之贫乏者，时遗粟。丧不能举者，亦赒之。己丑，岁饥，官议赈济，县委以提督之职，昉以己财补其不及，赈济之利得以平均。由是县官嘉叹达名於州。未几卒。

吕江，居四平山。自号四平翁。吟咏适趣，有《栖白庵诗》。

戴衷然，字德五。性明敏好学，善属文，因而见知於福王府，奏选宣议郎，授本府记室。衷然为人襟怀潇洒，应事敏捷，为缙绅间推重。咸以远大期之。不幸早逝。

元高仁，字敏一。太保实之孙。登宋理宗景定壬戌科武进士。初任湖南昭勇将军。至端宗景炎丁丑，升置制大使。帝昺祥兴己卯，因宋亡，遂匿迹骊山，为元人所迫，拜总霸提领大使。征交阯。有功。封平南侯，不受，遂归田里。

孔枃，字端卿。宋末随父官浙，遂至永嘉。辛巳六月，从军发四明，自神箭山放洋三日，至耽罗。又三日至日本，泊竹岛。八月朔，夜雨，遇飓风，舟师歼焉。枃独不死。附破舟，登合浦，过高丽、平壤，涉辽阳。历胡女真、契丹境，由平滦州、孤燕山得南归，仍家句容。有《东征集》。

张文盛，字彬之。自称巽隐翁。曾祖、慧祖、仲父端行文盛，性颖悟，自立於学，诗书通大义，工草隶，尤邃於医。蓄方药以济人。卓荦有康世志。至元乙亥，元兵南渡，破建业，守者宵遁，兵四散掠旁邑，文盛与兄文浩侍母谷氏疾，守死不去。先锋至，叱曰："何敢然？"欲兵之。文盛与兄泣告曰："母病，不良於行。请以身代！"帅义之。曰："孝子也！"遂去之，且戒麾下勿扰其里。又予之檄，使招集流散，复为计然之术致富。晚好吟咏，意致清嘉。客游淮南，与名士唱酬往来，卒葬黄塘原。江阴陆文圭为墓志。

戴君瑞，字奇之。别号云壑。资性颖敏，笃嗜学问。所为诗文能追配古人。有豪迈不可及者。元贞间，奉檄授句容郡王殿下管户提领。然素志不乐仕进，喜吟咏，好施与。凡乡曲有假贷者，未尝归其息。不能偿者，亦未尝促其入，以故族里罔不德之。

戴应龙，字云卿。少有大志。负经世之才，不求闻达。当道知其才可整众，欲寄大任。应龙恳辞，乃授以句容管户提领，遂受命，因而语人曰："句容，吾父母之邑也！且位卑禄薄，不失吾为贫而仕之义！"应龙深知民情土俗，训练有法，调用以时。上嘉其能而下服其德。暇即偕高尚之士徜徉於山水之间，假诗酒以自娱。至老如一日。卒之日，闾里士大夫罔不哀之。

笪兆麟，字东轩，博学能文，尤善於诗。著有《东轩集》。未及刊行而终。

笪铉，字怡轩。生而明敏，善吟咏。著有《怡轩稿》。

朱彦，字昇可。号拙庵，任浙江杭州钱唐从事。献《政治八策》，其略曰："窃闻国以民为本，民以食为天。盖民得所养则国势安，国无弊政，则民生厚。是以治国者必以养民为至要，为政者必以去弊为先务。其养民去弊之道，其目有八。曰：慎风宪，曰遴守令，曰广盐法，曰复鼓铸，曰汰僧道，曰均赋役，曰恤荒政，曰修武备。"洋洋千余言，切中时弊。著有《拙庵集》。

朱君实，字曲峰，敦重有文，好从儒先长者游，如张菊存、仇山村二耆宿，皆尝以诗相赠答。公府辟焉。调天台儒学教谕。弟士林，字桂芳。性孝友。年甫壮，妻钱氏殁，义重伉俪，弗忍再娶终其身。子绰。

胡泽民，字宗伊，号莘隐，坊郭人。登大德元年进士第。曾祖元震。祖南。父廷桂，宋咸淳七年进士，世有隐德。泽民性孝友，家藏书甚富。邑士求书者必之胡氏，而其操守俭约，布衣终身。明窗净几，湛如也。子体仁，字长卿。由荐举任本学教谕。卒祀名宦。见前志。

王翥，字元翬。能诗。《咏靳门晋侍中顾荣墓》七古一章，脍炙人口。同时会稽亦有王翥，字元翬。俱见《谢应芳怀古录》

舒廸，字道原，自号华阳山人。亦元季诗人。

明陈勉有《送子从征》诗，盖陈友谅围南昌，明太祖亲征之时作。王韶采入《容山钟秀集》。时有孔克让《咏水德妇李氏节行》诗。克让与克仁，兄弟行也（克仁见《旧志》"政治"中）。

胡熟，字善养。洪武中由儒士为本学训导。胡照，字善明。天性颖悟，同游皆推让之。出入衣冠肃然，虽燕居无惰容。永乐四年，县尹李济以人才举於南京。照力辞不就。隐居咏乐以终其身。见《北山诗话》。

戴德，字彦和。洪武初，兵事甫平。德以富户充万石长，连充二十四年，凡邻里亲族有兑不足者，德悉为赔偿。初不较其入，因见重於邑侯韩思孝。十一年，尝会董砌通邑官街。凡工食有不足者，德亦发己财以补之。十三年，为远族宋祭酒九成置祭田六十余亩、地十余亩、山二十余亩，以义子二人守其墓。

周斌，字艺全，号茅麓，仪状魁梧，学问该博，修德行义，远近称之。洪武初，以人才入仕。迁湖广汉阳令。政修而化成，刑宽而民爱。当道交荐之。然性宽恕，以恤民为先，催科为后。时天下僭伪未除、兵戈未息，而钱粮督责，使者相望於道。斌以运解失期，上怒而杖之，舁归至中途而卒。

朱维，字持敬。生而颖异。幼时即见重於长老。比长，乐与贤士大夫游，博雅好古，与弟绰以翰墨相师友，为诗不习凡近，胸怀洒落，自放田间，号黄原耕者。独修曾大夫朱南强乡贤墓祠。求方外士居以守之。为文告诸族，捐己田赡之，为悠久之计。及卒，邑进士赵权铭其墓。

朱绰，字克裕，由儒学任平阴主簿（见前志"荐辟"）。同寅庐陵康缙称其力学善诗，律己守职，与人交恂恂然，敦信义。后归隐，自号下隍山樵。宣城贡颖之作记云："克裕以学淑其乡，子弟以及其后嗣，闭门授受，户屦常满。暇则腰镰背斧，群从队逐。不登茅君之仙阶，则访宏景之遗迹，浩歌长啸，出没乎烟萝月树间，悠然有世外之乐。"又云："博学好古，精篆籀八法。多著述。今存《山樵诗稿》若干首。子邃，字孟舒，征授登仕郎。才宏学博，膺岁贡，授山西壶关教谕。考绩试翰林，命作欹器铭，选优等。登进士，擢行人，遣监石灰山草，久而失苫盖，谪戍宝应驿。监巡方以"过轻罚重"闻，而邃卒矣！遂藁葬驿旁。时洪武丙辰年也。

高志，字味道，一字淡然。聪明特达，年十一补博士弟子员。二十食饩。二十三领乡荐。二十七登永乐乙未进士，授工部主事。时方营建北京宫宇，取名材於范阳之怀玉山，往来之众以数十万计，内外文武之职董工於此者，独以志一人总之。志廉以守己，公以率人。得劳徕抚绥之道，事集而民不知勤，廉能之誉遂由是起矣！宣德初，升营缮司郎中，旋以亲老告归，优游林下十数年。正德改元，以少保工部尚书吴公荐，授山西按察佥事，提督学校。下车伊始，即以敦厚风俗、作兴人才为己任，巡行郡邑，虽隆寒盛暑有所不惮，与师儒讲论经史，谆谆不倦，或至忘寝食，乃以劳撄疾，卒於任。同寅暨藩阃诸人与晋阳士大夫咸哀輓之。志之涖晋阳，与于忠肃公谦抚署相迩。过从甚密，遇事辄相与筹度。于公称其行纯才赡、外圆内方，操履设施有大过人者。洵不诬云。

高谔，字士杰。景泰癸酉举人，任四川温江县知县，谔以德行仁政不事烦刑。凡民之疾苦者赈恤之，顽梗者训化之。日坐堂皇敷恩，惠缠去思，剖竹垂仁，式歌来暮，更於民间分毫无染。宦囊萧然，蜀中有饮水万口碑。未几，以积劳卒於官。邑人士争作祠以祀之。著有《士杰遗稿》。张绅铭其墓。

高溱，字东泉。山西督学志之曾孙。性至孝。父殁，哀毁尽礼。游太学，例期当选，以母老欲承欢膝下，无意於行。母张举亲老禄仕之语反覆温谕，不得已，遂奉母命，拜深州州判。肩舆迎养，张遗书慰之，曰："汝当廉明清慎，毋旷乃职，足为存殁之荣。吾不能远来也！"溱在深岁余，怏怏不乐曰："吾有老母不能养，而恋此五斗，胡为哉？"遂解绶归。归构多景亭於骊山之麓，奉母以终。

周良，字德贤。景泰间以恩贡选嘉善县丞。任满当迁，民不忍其去，诣抚按留之。年四十终於任所。小民哀悼若丧考妣。远近士大夫咸以诗文吊焉。邑人张绅、戴仁均为之作赞。

周祚，字天庆。别号白溪。幼颖悟，一目十行。年十三入邑庠第一，试辄优等。屡困场屋，乃退而教授。四方之士慕其道德而从游者，不远千里。於是邑之知府夏克义、知州鲁钺、桐城鸿胪寺丞钱元鼎、豫章祭酒王材皆其所成就者。平生善吟咏，有感辄赋诗。正德丙寅，以选贡授北直易州知州。未赴任卒。著有《白溪诗集》。朱珉，字德润。宣德丙午举人。沂州学正，升荆门州知州。德润绰有学行，善教生徒。少傅扬溥荐之。

蒋主孝，字宗伦，一字务本。院判用文三子。以儒医鸣。凡抱奇疾莫能识者，睒视无不愈。急於救人，虽雪夜炎天，有求必赴。疏内经以示学者，或劝之仕，曰："医可济人，奚必仕？"喜吟咏，与弟主忠及王贞庆诸人结诗社，后与贺存心、张友兰倡和。爱临古帖，精鉴古，襟度洒落，於月夕必焚香鼓琴，作文弄楚歌之曲，自制有樵林操，人多传习之。笃於友爱，理家尚质，婚嫁悉有定规，葬祭无不周备，房帏无华饰，曰："我等不耕蚕而得饱暖，可不与天地节无益之费乎？"遇孤贫则睏恤无所惜。妻史氏，独醉先生瑾女也。长子论，次子谊。谊举进士，授杭州府推官，戒之曰："不俭则不能廉，试看贪官皆由不俭故也。"谊居官有廉能名（见《旧志》），主孝成化壬辰卒，年七十六，葬郡城南乡祖茔。著述见艺文。

蒋主忠，字存恕，一字慎斋。院判用文四子。与兄主孝皆有诗名。当时所称"景泰十才子"者：吴下镏溥、中都汤允勋、昆山沈愚、海昌苏平、苏正、蜀晏铎、四明王淮，主忠兄弟，戚里王贞庆也。著述见"艺文"。

苏润，字廷玉，景泰丙子举人，安岳知县。同里张昂，字公频，景泰甲戌贡，四川南溪知县。均有文名。

曹鍾，字时范。正德戊辰进士。监察御史升广西按察佥事。有《曲林诗》。顾东桥曲林祠堂云："曲林者，陶隐居之故栖也。曹子抗霞外之志，方赫赫为御史时，即怀引退。睹中馆遗墟，萃三茅之胜概而有之。曹子事孝、武二宗。今寿考，居于曲林。"

曹濛，正德丁卯举人。官缙云知县。旧役亩数多寡不均，濛不畏强御，悉为均之。至今称便。见《缙云县志》。

杨纪，字文实，号朴轩，临泉乡人。天性孝友。年八岁即善文辞。读书过目成诵，生平得力犹在《朱子近思录》一书。尝曰："人之为学，当于圣贤切要处用功。昔我伯起公能懍四字于暮夜，故能传诵至今。若以世俗浮名羁绊一生，非圣贤为学之心也。明正德时，屏迹不入场屋，栖隐于三山二水间，赋诗饮酒以自娱云。"

许暠，字宗黄，成化乙未进士，贵溪知县，为事勇敢有为，不畏权贵。

张瑾，字仲玙。宏志戊申贡。志甘恬退，不乐仕进。选部高其义，授以嘉兴府经历。归乐田园。

李瑛，字廷玉，一字璞庵。诸生。有《名山百咏》。王韶序云："璞庵为人，性度坦夷，学行老成。初，提学天台陈公按临建兴社学，择师范，考公居首卷，深为邑令太原张侯所器重。后以衰老辞。西华李侯慕其隐德，敦请泮宫乡饮。"

邹昊，字东溪，世居来苏乡之邹林。曾祖云，洪武中送妻父江都马长受戍宁夏，道远难归，遂居焉，皆以马为姓。昊生长边陲，雄健骁捷，善骑射，为文不竞章句，而英气逼人。弘治八年，登贤书。十二年，成进士。为行人升监察御史，弹劾不避权贵，当路者不堪，擢按察佥事，虽陟之，实外之也。然以刚直，故当路犹憾之不已。谪真定推官，昊怡然就道。及履任，不以左迁介意。郡当孔道，多盗贼，昊教吏士，习射法，复多布鉤指，民间有劫盗亡命辄擒之，郡民安堵，当事者忌之，复媒蘖其为御史时短，谪判开州，吏士服阙上书者数千人，言自昊至任，雀符无警，民不复惊，诚一郡保障，愿借昊一年以为万姓。命诏许之。久之，蜀盗蓝鄢反，侵掠郡县，朝廷合四方兵讨之，久无成功，铨部上言昊才长于治兵，可作按察佥事，佐蜀帅。上俞允。昊按部，阅所属，笑曰："将不知兵，兵不知将，战何由胜。乃择骁勇千人，分四队，对各立长。教以军法。会贼逼城，昊夜出百骑击之。城中举炮为应。贼乱，自相蹈藉，昊纵兵乘之，斩首四千级，军中皆喜，以为出师以来奇捷也。昊曰："此尚未见大敌，何足喜？宜及其锐用之。"遂前薄贼，贼阵左，伏兵于右，昊觇知之，以正兵当左，身率百骑直捣右。右惊溃，趋左，左师亦溃。纵兵夹击，大破之。火其栅，斩其将。降万人。迁副使，治兵川东。贼势尚张。都御史高崇熙与副使张思齐谋招谕贼。贼降，仍乞驻临清市，昊曰："临清，蜀之襟喉，上达重叙，下连湘湖，地势沃衍，何可委贼自困？"独益饬兵募豪杰，贼因不敢东伏汉州平镇。未几，果反。众至二十万，官兵遇之皆败绩。贼围中江，谋向成都。昊以五千骑驰赴中江，贼惊走，穷追之。与总督彭泽夹击，大破之。斩贼酋廖麻子，进右金都御史，巡抚于蜀。廖麻子死，其党尚数万，窜于东乡，推喻老人为帅。昊请于彭泽，曰："山险，不便骑射。深入，贼为主，或失便。愿发步卒三万，据出入要道，贼必自饿死。"泽如昊言。贼穷，果缚喻老人请降。而他贼在遂宁、渠县者皆以次平。进副都御史。昊功名既盛，追念原始，谓西方治，定当锦衣东归。具情上闻。乞复邹姓。诏许之。以时方多难，未允东还。自是，奏疏文移咸称都御史邹某焉。逾岁，房亦不剌自西北犯松潘，蜀大震。昊招土番为间道夜掩房，房惊溃，获马驼衣械无数。事闻，加俸一级。高琪筠、燹人普法恶倡诸夷部立寨，僭号，肆攻略。昊率兵大破之，捣其巢，降者万人，独青山寨未下。昊周行视山，曰："此虽高，绝水道，可下也。"遣兵据泉口，摄南方围。待之两日，贼渴甚，觇南围稍薄，夜遁。兵从后追之，斩房万余人。执普法恶诛之。进右都御史，予一子锦衣千户。昊后以讨房不克坐免。嘉靖初，胡世宁盛言于朝，"昊，名将，可用也！"为时宰所扼，不克究其用。惜哉！昊既谢事家居，因追念前疏，驰驿还乡，作文以祀先祖，念西夏边防，恐一旦兵兴，宗祧中绝，乃决意居故乡，大买田宅，命长子梦鹤留焉。昊居乡逾岁，日夕置酒，悉召宗族父老子弟饮。曰："予百岁后，魂魄犹依故乡也！"诸父老子弟咸称觞旅酬，尽欢而散。

李茂功，字季成，号健斋。文定季子也。幼负隽才，游国学。试辄第一。以父荫中书舍人。奉命封衡，藩却馈遗，迁户部郎。榷北新关，汰冗税，罢羡金，吏弊以清。擢守福建兴化府。葺学宫。拘讲院。一时莆阳多彬彬文学士，首拔者皆取高第，为名公卿。出俸金筑木兰陂，不费民财。堤成，民获灌溉利。祀理学名臣八人，表节孝士女三十人。天久旱，毁服步祷。乃大澍。三祷皆如之。平反疑狱数十事。以简静治。有少年群不逞，啐而过市，或目之曰将曰虎曰地煞。邑令喜，知非茂公所欲，私告变台使者，捕其党数百人。系狱。檄茂功案状，茂功曰："嘻！屠沽儿醉饱得过，岂足治乎？"遣成一人，杖责数人。郡民大安。六年报绩，乞休归。祀闽中名宦，生平谦厚，无贵介容。有缓急不惜施与。里人重之。祀乡贤祠。著有《依绿园集》。

李思诚，字次卿，一字碧海。文定孙。万历二十六年进士。选庶吉士。授编修。出为福建屯盐道。榷珰高寀暴横，激民变。思诚挺身谕众，乱乃定。迁浙江温处道，计擒海中剧贼。武弁某欲叙军功、迁参戎，纳千金海错中立。麾却之进。江西按察使刘忠烈綎死封疆。子吉幼，其弟行金直指，谋以子代袭。思诚不可。卒子吉转浙江右布政使，寻内召为太仆卿。累官至礼部尚书加太子太保。魏忠贤方用事，建三殿，忠贤出省工，思诚不与言。殿成，设宴，又用旧制，不列忠贤坐。时都城多火灾，枢臣王永光请归票，拟於内阁，以弭天变。思诚疏称永光有大臣敢言气。忠贤惭恨。会怀来兵备邱志充，以三千金属崔呈秀，营转京卿。迹露。下东厂。忠贤计脱呈秀，乃移赃於思诚。命许显纯杂治之。显纯，故驸马子，家富。信王择妃，周后与显纯女俱在选。显纯遍贿内外，事几就。思诚以故事无戚里重姻者，力请册周后。显纯衔之。至是，锻炼成狱。忠贤矫旨夺职追赃。中外冤之。崇祯初，御史吴尚默等交章奏雪。有旨起用。未几，卒。祀温州名宦祠。附《明史》李春芳传。

王心纯，字用贤。邑诸生。幼劬读，不间寒暑。左《国》、秦汉而下咸熟诵焉。家贫，事亲孝。父性刚厉，稍不怿即膝行而前，俟解颐乃起。居丧，哀毁尽礼，至不忍启遗金以襄事。生平无他务，惟日教授门徒，陈说经义，其不能领略者必反覆讲解。子化振，闱事毕回，有倖心。叱曰："多少英雄被此屈煞，汝甫应试，何能妄觊？即中式亦分内事耳！"比捷，又曰："从此虚心乃受益！"其严重类如此。著有二论，《详说周易》《详训》。

王广，任易州判。初为全椒刑掾。岁大饥，盗贼填狱。令患之。意重处罪者，广谓其妻曰："狱中人迫於不得已，吾何忍置之死？"妻即为糜粥食囚。语之故。且曰："拼我两命，任汝辈为之！"囚感泣，相誓靡他。所赖全活甚众。长子安，中宏治己酉举人；次子宁，任广东巡司；三子定，岁贡生，任松阳簿，初入来安籍。

王汝弼，字荙廷，为铁石矶（矶在清流县）巡司。三载，安辑劳来，民怀盗息。去官，黄童白叟依依攀留，为之请勒《去思遗碑》。

王嘉宾，字国贤。万历己卯举人。癸未进士。放榜，闻外艰，跣归。丙戌，补殿试，初授浙江定海县令。定海，故置帅，军饷储县帑。嘉宾验册唱名给之。帅及监军使不得羡。龉龁嘉宾，遂解组自劾。诸台使廉其贤，会疏调诸暨令。时以计擒大盗。寻丁内艰。服阕，擢海宁牧。濒海时有漂没之患。嘉宾为筑海塘铜鞮数十里。民用安堵。是岁免嘉宾觐，以最闻。天子为锡褒金焉。乙未，征书下时，监军使尚在浙右，故勒追积逋，滞嘉宾行。百姓德嘉宾，输纳如流，得诣阙。拜福建道监察御史。巡视西城卒。

倪伯楼，字邻竹。万历时，官新宁尉。伯楼少业儒，究心文艺。已而攻令甲，习刑章。邑侯辟为掾后，仕新宁。新宁处山谷间，窃盗甚多。伯楼为设禁。甫数月，盗即止。衙役有为民蠹者，悉罢斥之。一时贤声藉甚。

王大富，字新楼，充兵部车驾司官。万历时，福王奉命出藩河南，上批司礼监太监李守恩总理清平河道，大富为前站，力拿东宫假太监，颇称智勇。

王化振，字宇春。万历乙酉①举人。初任长州教谕，升国子监助教，转户部司务，升户部主事。孝友

---

① 万历乙酉：万历十三年（1585年）。

端方。教诸弟,学有本源,两贡於廷,犹侍讲席。课诸子以身示范,声振膠序①。遇里中利弊,则慷慨剖决。事继母孝,年九十余,侍膳候寝,倍加恳至。

戴文锋,字弢之。才略敏赡,下笔数千言。又极其谦退歛晦。弱冠,入学。崇祯壬午②,领乡荐,以《葆光居制义》问世。文锋少与陈百史、芮岩尹为友。百史贫,尝解衣推食,不异昆季。每爱宋赵清献旦书所为夜必告天之事,著《知非录》以自省。甲申③之冬,天下方多故,文锋为贫而仕,俛就和州教职。明年五月,贼将刘广昌以兵数万奄至城下。守道石、总镇范、知州郭皆先期遁去。文锋属耆老而告之曰:"吾能为若守,若辈第相助,毋恐。"众喻,乃闭门。申令署士民而什伍之,以瓦石为矢,竹木为戈矛,昼夜巡警,凡十有一日而外兵解。州人安堵。未几,豫王南渡不听,文锋归,复领学事。当时陈百史方遭遇新朝贵显用事,知文锋负伟略,屡荐於上,以资大用。而文锋退让,愿与和州之士民相终始而已。其节操之坚贞,於此可见。子元镶。

王怿,字尹谐。为剑川州牧之孙明经元台之仲子,赋性颖异,喜读书,过目即能记忆,且恢扩有大志,不屑屑守绳墨,遇事设施若不经意而无弗曲,当其伯父少宰复明公为当代名卿,赫赫江左,於怿幼时即有加爱。延名宿为之传。暇时又自提命之。怿承家训,兼具夙慧。是以胸罗二酉,有睥睨一切之概。弱冠,补弟子员。初试南闱,郁郁不得志。值流寇弄氛,迂儒辄戒仕进。少宰公勉之,曰:"乘时而出效力,公家正志士所为,宁必拘牵制科耶?"怿乃以明经筮仕。初任江西抚州别驾,其地士习民风狃於褊陋,不知先王礼教,怿乃以正风俗、敦伦化为首务,且捐俸设义馆於广文署中,教之读书。月朔,申讲孝弟忠信之道。不数月,陋习潜消,文风丕变,駸駸乎成礼让之俗。寻转云南曲靖府南宁县令莅任。未几,值秦晋等四王扶幼主永历入滇,路经曲靖。当兵兴孔道,军装载运,送往迎来,支应之繁,丁夫厮马之累,人病财乏,又值岁凶,饥民相聚劫夺,长吏莫能禁。怿乃不顾身家,亲谒将军侯伯,疏达宸聪,乞贷帑银十万两。上应供亿,下济饥寒,地方赖以安妥。上闻之,嘉其才略,济变有功,特简任宾川州事。所借银两准行蠲免。宾川甫任一月,值上发价籴民粟以充军饷。即令鬻米者自赍运赴京城,命下,民间汹汹,闭籴则恐罹法,出籴则运费数倍於所值。鬻子女者比户皆然,号泣之声不绝於耳。怿恻然悯之,不避严威,赍本上达。绘监门之图,告民间疾苦,痛哭陈情。既详且悉,朝廷准奏,撤回原银。宾川百姓户户全生,欢声载道。方庆晏安,突有土司张如叛兵,自铁锁桥出,欲犯京畿,假道宾川,一路居民剽掠不堪。怿闻报,随谕境内居民悉挈家入城,飞牒请救邻封,约日接应,又具本上闻,乞发大兵进剿。会贼众至城下,怿选精锐自将出奇击贼。值邻兵四应,贼众大溃,斩首数百级。适大将军兵亦至,贼益逃散。怿追至贼巢。生擒张如并家口数十人,解赴京师。土司遂灭。寻以功升武定大尹。武定当兵马蹂躏之余,土地凋残,人民罢惫。怿亲访民间疾苦,劝课有方,民歌乐只。岁余,奉旨诏对,询及曲靖、南宁、宾川等事,天颜甚霁,深嘉御乱。长才面谕,自当大用,姑擢洱海兵备道,抚恤凋敝地方。怿应简命,益以清慎勤敏自励。遇所属绅士,恩礼有加,抚军民惠泽无斩。政声振於滇黔。上每遇国家要务,多勅使咨访,不意以揆度机务、治事过劳,遂撄疾。殁於官所。论者谓:使天假之年,毕展其才,拨乱反正,事未可知。乃以伟绩丰功当国运既去之余,徒劳无益,诚可惋惜已。生平事迹,湘潭陈公鹏年曾为之传。

孔太衡,平居研求经学,涉利之事未尝过而问焉。游宦淹困,家以日落不自恤也。由荫监选授曹州同知。州有盐政分司属,同守虑无不藉以充橐者。太衡至,吏以金进,怒责而斥之。

曹某,逸其名。明季为和平县典史。城陷,不降。窜匿民田间,不食死(时同邑李信为和平令,蒙谥节愍。曹因逸,名失载)。

朱绎,有幹才。时值军兴,募民纳赀拜爵。绎伯父昱出缗钱二万,命绎曰:"入钱助饷,受爵非吾志也!且汝父以劳佐吾起家,而不食其报。汝其往受爵!"绎遂授茅山巡检。

戴学旻,壮游京师,援例入兵部。后任太平司狱,狱卒每肆虐囚徒,学旻朝检暮察,扭械不使妄施。

---

① 膠序:学校。
② 崇祯壬午:崇祯十五年(1642年)。
③ 甲申:崇祯十七年(1644年)。

酷暑严冬，汤水务以时给，囚粮不继，捐俸供赡，抚戢兼施，崔苻克靖。民感之，为立生祠。

王大宸，字少溪。精法律，遂以三考任福建福宁州卫经历，克称其职。

王承诩，精刀笔。天启三年，於吏部考工司效力，选定州税课大使。

张范，字子楷。幼颖悟，受学於柏鸣山先生。与思韦陈榛、凤池张问仁同门，因家贫不能具束修。学举子，见诸等辈，窃仿为之。鸣山一见，大奇之。尝语人曰："是子，与陈某不相上下，皆未易才也！第其所课之文互相甲乙。"厥后，思韦登庚寅甲榜，凤池亦由岁荐作广文，独范落落诸生，仅一试於按。君得首录而雠仇以莫须有贿权书而中伤之，都人士咸不平。范曰："芝兰之芳，难免霜雪。玷玉在人，修德在我。"乃一意行善，以贻长久。朴斋齐璿，题句有曰："纸上龙蛇，胸中珠玉，隆冬不殒。"其操大难能正其心，可谓知范矣！嗜韩柳、李杜所作诗古文词。名曰《代杜》。又有《千日酒醖》《孝经童训》《六论衍讲》《洪范本义》。未行於世。而最得意乃在《千家诗和》。今稿已失，仅见於坤凝曹孝柔叙云："惟有青皇忘贵贱，磁瓯瓦钵一般春。"何等识见也！"色即是空花上露，无中生有耳边风。"何等胸襟也！"生平自有看花癖，不在时人梦想中。"何等安闲也！"便是草蔬堪饱暖，不须裘马自轻肥。"何等素位也！"雪里漫论调鼎事，暂於茅舍共芳樽。"何等抱负也！"对事一函无剩语，章中字字尽葵花。"何等忠烈也！作菊诗千言，今存手泽三十首。年六十九岁终。嘉靖时人。

张大来，字履吉。九歌，其别号也。万历时人。少颖敏，笃於学。闭门谢事，终岁不出户限。为文闳肆古奥。义乌骆公方玺见而奇之。遂冠一军。与溧阳陈百史为束发交，以科甲相期许。溧阳登一甲，而大来犹困诸生，尝从京师以书相慰云："科举不废，自当立致青云也！"性至孝。不有私财，得馆谷必以奉父。父有疾，不脱衣冠以侍。殁之时，水浆不入於口者三日。治丧一秉家礼。乡党至今称之。母在堂，值岁饥，举家藜藿不充，必求精糈以奉。深以凶年饥馁失养为痛。女弟二，疾痛相关，较在室有加。大来虽功名淹蹇，晚年益以学自励，寒暑弗辍。六经而外，如《左国》《庄》《骚》、《史记》《文选》，皆手自校雠。年六十二岁卒。子玉珩，恩贡生。

吴国聘，郡庠生。字仲玉。著有《先后天图说》《河图洛书解》《日永修短解录》。有《朱子正纲目》十卷，数十万言。前篇四卷，四百六十三页。后编宋元两朝四部十数万言。《皇明典要录》八卷，数十万言，计五本。其余天人性命、地理险要，嘉言懿行，杂说箴规甚夥。时年七十而精神爽健，欲读《易经》以精其义。初买妾，不知其有夫也。既觉，立使其夫携去。又有山在社桥东。一日晨往，见树上挂一囊。取视之，内有银四十余两。曰："此必行人遗也！"因坐树下。静侯良久，一人仓皇而来，寻觅不获，曰："吾命休矣！"询之，始知为上干人也。因有讼事，变产得金，入城点缀。至此大便，不料忘取。中途始觉。"今失之，吾命休矣！"国聘即以原物与之，其人请留十金为谢。笑曰："吾欲此，尽留之矣！十金何为？"其人泣谢而去。

朱镌志，慕恬淡，不规势利，日以诗酒自放。因以愚名斋。翰林金华郑叔美记之。哀诗成卷。武夷丘锡序之。

朱远，意度闲，雅吟咏，饶格调。所著有《山樵槁》。

赵钘，字济川。性慈惠好施。家素封。客有以称息为钘谋者，对曰："余家自有旧田园，无虞冻馁，必竭尔心计，致求赢余，为子孙长其骄傲，非吾意也！与人相见，粥粥若无所能，有缓急辄走告无不应。尝诏其子曰："济人之困，如救焚拯溺，然因吾心之所不安，尽吾力之所可办，何暇斟酌、何忍瞻顾哉？少缓须臾则计较之，私起而悭吝之，情胜虽勉强周恤，非仁人君子之用心矣！"年饥穷民无所聊赖，嗷嗷待哺者枕相藉焉，为之恻然，会发赈不继，钘慨然捐谷以资。当事高其义，闻於上，恩赐义官。

胡镇，字惟安。父瓒为名诸生。镇生七岁，尚不能言，人皆疑其有负父志。年十四，出见白鹤舞其前，心爱之，不能得。遂熟睡。既觉，即洞达阴阳造化之机。凡人间吉凶休咎无不先知。人咸称为奠邦先生。

赵惟印，字见寰。事亲最孝。父心有所欲，不待征色发声，惟印早如其意而为之。父死，惟印废贾，归事母。或劝之曰："君昆季多贤，足侍堂上。以时归省可耳！"惟印曰："我之念母，恐母之念我。暮年之精神有限，与其浪迹他乡，致老母忧思，何如日仕庭帏，俾老母无他顾虑乎！虽家赀坐耗所不恤也！"

王九霞，为人孝而好义。邻村有负债鬻妻者，代偿之而完其妻。有以子质钱者，询之，旧戚属也。即赎归。

族有死而无棺者，既助其棺，又助其葬。王庄后大路泥淖陷人，捐石甃之，为坦道。精岐黄，博济穷民。虽严寒酷暑，奔驰不倦。

王倬，字碧峰。明万历间人。少时，以所得遗产尽让兄子，而徒手立业。乐善好施，乡党称为长者。暮年尝病膈，恍惚见宅西边皆化为巨浸，一白衣道士浮水来，投一药丸，曰："愈汝病！"吞之，惊喜而梦觉。明日曳杖於门外，果有道士从西至，遽持之，告以病。道士探怀中，出药如梦中所吞状。服之，病遂愈。

王嘉锡，字子遇。邑庠生。少从缪昌期游。通程朱之学，兄为族长，宗祠有积蓄若干，贷人取息。岁大祲，人不能偿，遂逃去。无赖者诬其乾没，陷其子，系之狱。嘉锡度不能与较，乃鬻己产二十余亩偿所负。事解。无赖者尚未快。居数月，风波复起。嘉锡罄其田，悉输入祠，不与校。常诵古语曰："元气养得固，疾魔那能侵！"其刻意励行如此。缪师罹魏珰祸，被逮。嘉锡追而送之，见其备受毒刑。痛忠臣义士末路至此。遂绝意进取。子汝澜。

李长倩，字维曼，号瞻麓。文定曾孙。崇祯七年进士。性伉爽，以忠义自许。喜周人急，亲知间求无不应。初知归安县。中书王某毒害民至私刑馘耳，恃姻党援结有司，横里中，乡人莫敢谁何。长倩廉得其实，立捕之，权贵请乞书盈案，不启视。巡按御史欲释不得，卒抵法。在任五年，多善政。举卓异第一，行取至京，当权者以前事积憾，乃迁礼部主事。教习驸马都尉巩永固。后永固合门殉节，人以为禀长倩之教。转员外郎，擢江西按察司佥事，提督学政，以母病未抵任，归丁内艰。国变，不与福王南渡。服阕，赴觐，授福建提学副使。南都不守，黄道周拥唐王入闽，将僭号，长倩曰："殿下监国则可，神京未复，而改元则甚不可。"时群情苟安，谓海滨可恃。长倩独苦谏王。王嘉纳其策而不果行。诸臣谄附郑芝龙，阴阻大计，惟道周、长倩不阿郑氏。道周请自往江西募兵。长倩首倡，捐俸赠行，大僚乃各欸助，军饷赖以给。唐王昧大义，不救鲁藩，宗室有才望者悉羁縻翦灭，长倩伏地痛陈，以纵斧斨其为戒，皆闽臣所不能知不敢言者，后奉命督饷，抵建宁，大兵已逾仙霞岭，知事不可为，仰药卒。累官至都察院右都御史、太子太保、户部尚书。子淦。

李清①，字心水，一字映碧。思诚孙。崇祯四年进士，授宁波司理，多所平反，擢刑科给事中，谪浙幕，旋起吏科，转工部，俄出封淮府。国变，得不与。福王立，进工科都给事中，迁大理丞。南都失守，方奉使祭南岳，复不与。归隐邑之枣园四十年，不窥户。蔡中丞士英、徐相国元文先后特荐，皆不起。清居言路中立，无依傍於封疆门户，刑狱数数争之。始入刑垣，上言熊文灿剿寇不宜抚，又以大司寇甄淑多入少出，疏驳之谪外，起吏科，上言诸臣持门户於内，不若奠封疆於外，封疆固，门户亦固矣！又言门户之斗两败之道。宋洛、蜀朔可鉴，宜量惩一二人以静论议。不报。南渡初，屡疏通主德，协同僚，言多愤切。先是，崇祯中，清请定开国靖难及正德天启诸戮臣赠谥。不果行。至是，复疏请。而李善长等十四人、方孝孺等七十八人、陆震等十四人、左光斗等九人，有追谥者，有赠官追谥者。又惠宗子弟贬爵无谥，清更为疏请。於是允熥、允熞、允熙暨太子少子或复爵或补封，皆予谥焉。自居枣园，手不离帙，史学最专，勤著述，书千余卷。国初修《明史》，命徵清书。子枬以《南渡》《三垣》诸录记上之。圣祖南巡垂问，御书"多识畜德"额表其闾。枬别有传。②

李沂，字子化，号艾山。幼孤而事母孝。少补庠生。鼎革后，遂谢去，而隐於阳山海子池侧。与从兄沛、瀚以诗歌自娱，深入盛唐之室。江淮南北言诗派者，以阳山为正，而阳山之诗醇，雅典则以沂为依归。沂和平坦易，遇物无所凝滞，独於名义不少假。王文简士正司理扬州，步行至邑，固辞不见。王益以为重，不强其见。人两贤之。晚好神仙，闻芒砀山有道士，不远千里，跨一驴往寻之。道士曰："予李艾山耶，

---

① 李清：据清朝陈作霖《明代金陵人物志》："李清，字映碧，一字心水。春芳元孙。天启辛酉举人。崇祯辛未进士。"据《重修兴化县志》七卷·选举表载："尹志：《兴化人题名碑》作'句容籍、兴化人'，又崇祯戊辰会试副榜，见列传。"据《明史》卷一百九十三·列传第八十一·李春芳载，"思诚孙清，字映碧。崇祯三年进士。由宁波推官擢刑科给事中。熊文灿扶张献忠，清论其失策。以久旱请宽刑，忤旨，贬浙江按察司照磨。未赴，忧归。起吏科给事中。俄出封淮府，国变得不与。福王时，请追谥开国名臣及武、熹两朝忠谏诸臣，于是李善长等十四人，陆震等十四人，左光斗等九人，并得谥。"

② 李按：此处"李清传"见《句容李氏（李春芳）家谱》十三卷（录自《兴化县志》）。

子家有火警！"沂平日不轻去母侧，闻而大惊，即归，道士以幻术授沂，谢曰："某为道来，非为术来也！"归，果有火警，而母无恙。语人曰："非老母，吾不返矣！"著《鸾啸堂诗集》二卷。沛字平子，诸生。崇祯末，举贤良方正，不就。负才尚志，工书翰。从事诗文，究汉魏三唐之旨。瀚，字籀史。明末贡士。后弃贴括，杜门诵读。百家之书靡不淹贯。沛著《平庵诗集》，瀚著《严庵诗集》。瀚子国宋，字汤孙，号大村。康熙甲子举人。有《螺隐居集》。

　　王尹，字莘野。生而聪颖，幼而岐嶷，读书一目数行，英年游庠，文誉出侪辈。久困棘闱，闭户读书，不谈外事。著有《文集》并《识字引》两卷。

　　杨最，字汝为，号绍泉。临泉乡人。少具夙慧，英敏过人。一目十行下。十三补弟子员。能以程朱之理运班杨之文。尝读《孟子》至《大人不失其赤子之心》数章，叹曰："周子《太极通书》、张子《西铭正蒙》，其原於此乎！"郡邑仰其名者，望之如山斗，其《易簧》诗曰："七十七年痴梦久，向时碌碌此时休。功名富贵朝晞露，妻女儿曹水上沤。保得性真归大梦，获全肤体正荒邱。承家孝友兼清白，翼子贻孙式谷谋。"可想见其为人。

　　姚贞泰，凤坛乡人。明季士。寇之乱，闭门自缢。

　　国朝沈豹，字恒文，坊郭人。明季为武弁，在督师史可法帐下供役。入国朝，为吴松副将，晋衔都督。以事逮诏狱，得释，遂露顶披缁而有妻妾，人称沈和尚。时报恩寺大殿自嘉靖中被毁，织造周天成重建，以豹董其事，后卒於雨花台，有《五备堂集》，见《乘风居闻见录》。瞾城王砚存云："恒文诗风流秀善、缨带欲飞！"其为名流，鉴赏如此。

　　高一新，字春吾。少负英姿，不可一日。目击时势之坏，不惜屈身曹掾。然明历垂衰，赋烦役重，每以议论忤当事之旨，顾身屈矣！而建立多所未逮，乃弃去，薄游陪京，睹宫阙之壮丽、江山之雄胜，壮心勃勃，不能自禁，遂入籍课政，思效一得，且以酬数年寥落之感，不以其试之小而鄙夷之也。於是疏通壅滞，汰涤烦宂，课府积弊为之一扫。凡水部之以课政稽能否者，莫不顾一新，称善不置。迨清兴而东南烦苦，尤借筋以疏汰八九，倘所谓补救之多方非耶！至於敦笃友爱，敬礼贤士，济人之急，扶人之危，至今人犹啧啧称之。

　　朱霖，字用梅，诸生。性豪迈，喜诵游侠诸传。遇有不平者，辄慷慨直言利害，一无所顾。吾邑旧例，乡图轮办催科，邑用里递，漕用仓夫，总书、旗卫相比附，借名科索，溪壑无厌。霖奋然陈情当事，俾有惮不敢肆，故阴受其利者众，至今乡人犹歌思在口，惓惓不能忘。

　　朱家桢，字立夫。父敬轩。殁时，家桢甫九龄。母钱氏早励贞操，备历艰辛，始克成立。顺治间，由岁贡授巢县司训，整饬师道，历任六年。殁巢之日，绅佩衔感，祀入名宦。家桢学行见重於溧阳陈百史、同里张鹿床。百史过邑，常问起居。鹿床称其抱道植义，好贤乐善，有闻於明季云。

　　张芳，字菊人，一字鹿床，又字澹翁，又号械庵拙叟。顺治辛卯举人，壬辰进士，历官常宁、宜江知县，以宽简为治，旋引疾归，筑园亭於县治东南，竹树池塘，密迩城隅，有紫绵书屋、镫喜楼诸胜。偕邑中耆宿觞咏其中，精神矍铄，望之若仙。诗古文辞直造古人堂奥。远近纂修邑志、家乘，辄走书币延聘，求指义法，如《巢县志》《古隍朱氏家乘》，皆其鉴定弁首。著述甚富。无子。多散佚。朱徵君垣称其"风疏云上，一世逸才"。又称笔墨谨严，齿牙非易，借今於志乘谱牒中得见吉光片羽，洋洋洒洒，沛若江河，真名手也。

　　宣颖，字懋功，一字茂公。崇德乡古逊村人。性至孝，有逸才。少与诸昆季及严用求、戴霖生辈砥砺问学，有声庠序。既长，偕朱亮工从溧阳马章民讲艺於三茅峰下。马公钦其德器，及亮工获解去，章民又大魁天下。颖谨以拔萃科贡入成均，章民寓书慰之曰："大器晚成，行当以衣钵传生也！"已而终不遇。乃键户著述，罔罗群籍，淹贯宏通。时人称为学海。晚年假馆邑之青元观，葛仙公炼丹处也（丹井犹存）。著《南华经解》。张菊人序而梓之。至今风行海内。颖不乐仕进，授读养亲。亲殁，庐墓三年。没世之日，遗书数十种，乱后尽佚。

　　胡岳，字秋宗，一字五公。明季诸生。博览群籍，为文渊懿朴茂，有古大家风。工吟咏，与同里少宰王无近、冏卿张圮上结社联句，旗鼓相当。崇祯间，督学金公创建三台阁，募诸绅珮。岳之力居多。《顺治县志》，岳主纂辑，体例谨严，迥异近时面目。子虞胤，亦诸生。能诗，佐岳校勘邑志。女为张圮上冢媳、士骊妻。与姑陈氏殉顺治丙戌广州难。

江五岳，字己山，一字逊之。明季诸生。布衣江秋水兄也（秋水名砥，见前志）。诗文洒落有致，嗜金石，留心文献。宋绍兴《修学宫碑》为五岳远祖宾王手笔。岁久失趺，仆於荒榛。五岳伐石重立。顺治壬辰，重修县志。与胡岳同肩其任。子慎修，亦诸生。与邑乘校雠事。女继张士骊室。

王明道，字有功。生而仁孝性成，资尤英敏。弱冠即登庠序，试辄前茅。顺治九年壬辰，以恩拔膺首选。十三年丙申，选授浙江常山县知县。常山地瘠民贫，积逋累累，百姓多避催科、为盗贼。明道至之日，集绅士耆老於庭而谓之曰："吾奉天子命宰是邑，邑民皆吾赤子也。世有父母见子弟之难而不顾之者乎？民之为盗，一困於征徭，再困於冻馁，岂得已哉？吾与尔民约，历年积逋吾为尔请蠲，现年条粮吾为尔请缓，尔能反盗为良，前之所为弗尔较也！"於是民皆感化，各安其业。明道又念治化必先学校，因捐俸资首倡，重兴黉序，鼎建明伦堂。朔望必集士子而课试之。於是士习文风翕然丕变。嗣以内艰去任，复於康熙五年补授广西融县知县。履任之始，值饥馑洊臻，为民请命。设法赈饥，全活无算。粤俗民疾竞尚巫祝，当疫疠大行，明道於楚中延名医，开局施药，回生起死，功亦伟焉！自是粤民始知有医药云。致仕归里，足迹不履尘嚣。晚年谓诸子以正心诚意为学，於宋儒周、程、张、朱之书多所发明。惜编未成而殁。康熙三十七年戊寅，崇祀乡贤。

李滢，字镜月，一字镜远，又字镜石。李文定元孙。顺治乙酉举人。淡於名利，遍游名山大川，足迹所至，诗文盈箧，尤邃於经学，参互考订，多所发明。子儒琛，字邺如，康熙丁巳举人（"丁巳"，《李谱》作"己酉"）。

李淦，字若金，一字季子，自称沧浪水樵。顺治丁酉进士。博学好古，少负才名，纵横今古，悬河注泻。好山水游，穷极幽险。虽破衣食之资，触寒暑而不辍，所作游记最多，有《红研斋砺园集》，妻徐氏，字幼荣，能诗，早逝。王渔洋《读幼荣遗草寄季子》诗载入艺文。同族李润，字朗玉，有《芝嵋集》；李漳，字卢生，亦能诗。

李栋，字吉四，一字松岚。柟之从弟。有《楚游草》。李介石云："栋父滚，早殁。母吴，苦节，教其二子栋、栻皆成名。同族李绮木，字芝山。李骑，字西骏。同里李勅，字天叙。李汝俭，字子固，贡生。又有李特，俱工诗。

高勅，字觐之。生明神宗乙酉。幼端凝。既就外傅，不甚敏捷。然嗜学出於天性。弱冠，访四方名士，不惜负笈以从。故学日进，而文词整静、不事藻绘。有先正风味。甫壮，更名。登第补弟子员，即志存匡时，不为温饱计。籍有声誉，宾兴适举，竟屈场屋。再试失利，乃以诵读余阴稍权生计。不十年，遂累家数千金。逮光宗甲子以后，老成凋谢，邪佞充廷，酿成一不痛不痒世界。勅虽侧身草泽而伤国脉不振，遂慨然奋笔，上述祖宗德泽以感发都人士忠义，下指陈方来祸患以鼓励在廷诸贤志气。梓刷其篇以遍传海内，希君之一悟。诸当事之交相儆动也。嗣是而寇起关洛，难发幽燕，悉如所料。辰、巳、午数年水旱洊饥，人将相食。勅太息以为天之警我下土如此，而人情日趋於残薄，因焚香自誓，茹素三载。勅虑一家之积无以及远，而所居聚庐不下数百。凡来资升斗者，减其值十之三，更不自给者，朝夕为糜赡之。天寿之变，勅闻之飞驰，奔走悲号，恨不赴汤蹈火殉之。又以所居来龙发迹，西沿冈之原，近山数十村俱托命焉。频年为射利辈凿石烧灰，受伤不浅。勅捐重资购得之。其害乃止。又虑继嗣志操不一一落人手，事复难知。於是立契，明著利害，捐入宗祠，与宗人共守之，以垂久远。顺治己丑秋，勅病故。

窦宗泗，字长源。临泉乡人。明季诸生。读书过目不忘，善属文，洋洋千余言。陶经酿史，光采炳蔚，识者以伟器目之。国朝定鼎，遂不应试。徜徉於绛岩山水间。啜茗赋诗，成就后学。足迹不入城市者数十年。

高邦彦，字君求，以孝友闻。博学通敏，忠信为基，绳尺是守。爰举贤良不就，遂高尚其志，倾身交游，冠盖过从，殆无虚日。岁饥赈济，乐义好施，捐资建桥，往来颂德。邑金宪王自新称其"赋性纯悫、仁孝惇行之士，为当世所难得"云。同族斯誉亦以能文名。邑令钱公举贤良，固辞不就。人尤服其高。父明寰殁，哀毁几死。

杨元勋，字圣调。明会元琼芳子。顺治戊子举人。壬辰进士。醴陵知县，以能文名。

赵昌祚，字孚苍。康熙庚申举人。丙子进士。蒲圻知县。文章政事，震播远近。

方嵩年，字继溪。方曰岱，字秩宗，一字慕斋。方硕，字俟士，诸生。俱隐居，耽吟咏。

李扶，字枝大。康熙己卯贡生。巫拱，字价人。孙远，字无近。徐楷，字圣木。许遴，字次宫。姚孔鉴，字藻如。均工诗。同咏赤山湖櫂歌。载艺文。

周肇吉，少有壮志，磊落不羁。为不得於父，流落江湖间。及三藩僭叛。慷慨仗剑，从郎制府於军。历职有差。继又从靖海将军施琅荡平台湾，以功进左都督。未赴，疾作。告给於家。尝慨然曰："我昔时志壮气盛，今且发种种矣！驰骤於金戈铁马间垂二十年，而一阶未就，命也夫。"遂欷歔泣下。未几，以积劳病卒。

戴英，字尧章。顺治戊戌会试，钦点同考。初任北城兵马司副指挥，管理街道。理烦治剧。调任詹事府掌印主簿。出任江西抚州府清军粮捕通判，剔弊除奸，卒於官。百姓莫不饮泣。拟为建祠。子永佐、永佑。永佐，府庠生，官训导，改授主簿。永佑，朝考县丞。临雍跪迎。赐克食砚银。

赵一蒙，字养正。邑庠生。与溧阳马世俊同学。不为风气所惑。发为文章，多粹然见道之言。暮年则拘小斋三两间，坐卧其中，读书焚香，消遣世虑。马世俊赠以诗曰："柏雨梅风翠影齐，名花灼烁曲栏西。小亭祇许流莺入，新箔何妨乳燕栖。得句有时惟击竹，摊书无夜不烧藜。潇湘好景凭谁赋，宅傍潺湲水一溪。"诗词清丽，写一蒙高致如画。

孔霖，字传岩。文忠公孙。中翰尚萃子。孝友好学。孔兴晋，字振声。康熙辛亥拔贡。亦文忠孙。孔衍霍，字崧南。均工诗文。

戎正中，字应侯。康熙丙午举人。王辇，字少由，辂弟。经大经，字立诚。康熙辛亥贡生。弟大绥，字北溪。黄耀，字子癸，焯弟。（王辂、黄焯，俱见前志）

刘诠，字二乘。李长闻，字又耳。均以诗鸣句曲。

李柟，原名叶。字木庵。清子。康熙十二年进士。由检讨历官内阁学士，进工部右侍郎。三十六年，视学浙江。在道闻母丧，奔归。明年，即家起工部左侍郎。疏乞终丧。三十八年正月，翠华南巡。柟迎於宿迁，飞舸召登御舟。特蒙圣祖亲阅河工，柟扈从归仁堤，上询堤水原委，奏对称旨。服阕，赴职，转户部。三十九年，主会试。擢左都御史。疏凡数十上。其言河务如挑新河以通清口、联木筏沈铁釜以杀水势、塞颜家庄决口、使黄河循行北岸、毁云梯关北坝、使下水畅流入海、又宜乘时深浚河底不致堤势日高民居日下等语。皆先后俞允。复撰治河策上之。其他如论督抚覆奏不当诋毁言官、巡抚察吏安民当许出境咨访、藩司宜停迁本省巡抚以杜亏空、兵饷就近支放以便兵民、拨粮储海运以急拯东省饥民、遴刑部司属以慎重命案，俱关国计民生之大者，又言报灾率於六七月，及旨下全蠲，而征敛已过半，势不复还之。民至来春农器牛种方在百难，又重以催科，臣恐穷民难沐天恩，请嗣后遇灾，本年所征停至来冬，奏销预蠲其次年额赋，则弊除矣！柟性严明，任户、工二部，值大兴作，夙夜勾稽杂事，秉宪五年，持大体，务平恕，於刑狱尤矜慎。福建徐氏坐碟，柟揭十五可疑，白其冤。上谕诸臣当以为法。又守备杨明、扬州张瑞生、泰州李开之等皆坐大辟，贵州陈氏坐凌迟，罪情未协，排众议出之。四十三年冬，以疾乞休。未几，卒於家。赐祭葬。五十二年，奉旨入祀乡贤祠。载《国史》汉名臣传。

王泰晋，事亲孝。亲疾，医治不效，则割股以进。夜祷於天，愿以身代。与弟泰时同爨二十余年无间言。泰时，字天与。初，泰时二子与兄一子同时出痘，兄子甚危，泰时祷於神，愿以己子代。已而果然，患者叫号自言其事。康熙癸巳，泰时子兆麟举於乡，出宰咸阳，凡寄家书必以爱民慎刑为戒。

王兆麟，字在郊。性颖慧，读书一过即成诵。事亲至孝，亲稍有不悦，即降阶跪而请命。许之乃起。路过苏州，见有孀妇弃其子而他适者，询之，曰："年歉乏食耳！"兆麟即驰归，与叔泰廷共捐银十两、谷十石以保全之。康熙癸巳，举於乡。世宗登极，考授内廷教习第八，引见赐元宝二，克食八，发往陕西承办军需。大将军出具考语，居官循分，办事勤敏。初任咸阳，后调神木。是县与额尔都司接壤，有台吉王子宿於旅，次报称盗刼金珠千有余金，意在图诈，兆麟刑讯其家人，具得其实。后因公诖误，降调泰安府经历，屡署肥城等县。兆麟以刚正不能谐俗，故历仕未显。

王恂，字约庵。明少宰祚远从子也。幼随少宰归句容。越数年，以父命扫墓黔中，遂就试普安，饩府庠。

康熙壬子①，奉诏选贡。督学洪属意於恂，恂不屑就。甲寅②，吴逆③之变，阻滞黔南，音问俱绝。父在句，为聘葛氏。恂在黔已娶贾氏生二子矣。恂殉贼难，讣至，葛闻有遗孤，请往抚之。贾亦於黔携二子归，与葛同守。郡守陈鹏年详请旌表。恂著有《约庵诗集》。

王忬，字慧人，邑诸生。少宰祚远侄。康熙间，纂修家乘，表章遗佚，语多精核，作传略二十七篇，简而有法。罔罗遗书，订为专集。王氏文献赖以不坠。著有《竹里馆诗集》，惜乱后散轶。

王复宗，字元一，号扪霞，为少宰复明之侄孙。洱海道尹谐之次子。母蒋氏，感异梦而生。秉姿韶秀，颖异轶伦，一目十行下。为儿时，五经史传辄成诵。十岁能文，十四岁应学使者试，即补弟子员。越岁，擢高等。食饩。胶庠能文之声溢於乡国，诗赋词章援笔立就。著作之富，卷帙盈笥，次第付梓，为世所传珍秘甚夥。康熙己酉登贤书，朝廷需才孔亟，未捷南宫即授楚之天柱令。当莅任初，值吴逆甫平，王师蔽江而下，船舻供亿之烦，民不堪命。天柱以弹丸邑、又系逆氛蹂躏之余，悉索敝赋，无以支应。人心汹汹，复宗不避上台震怒，为民痛哭陈情，乞纾疲惫。书凡十上，而开府韩公方允所请，民力赖以少苏。嗣因征解楠木，水脚之费几半於正供，复为民详请减免，致拂楚督徐公之威，亦弗之顾。民复邀惠实多，且於兵农钱谷之外辄加意於造士。天柱屡遭兵燹，无学宫，乃捐俸修建。簿书之暇，时召多士课文讲学，一时士气文风蔚然以起。又因天柱褊邑，补弟子员者旧额八名，立为详请，增广二名，逮今歌诵不衰，在任八载，善政之多，深入民隐者未易悉数。开府丁公特器重之，欲行力荐，会疏於徐总制，而徐以私索未遂，意寝其事。复宗处之淡如也。以勤民过瘁，撄疾於任，赍志以殁。李枬撰传。

王鹏，字培清，天柱令。元一子也。生而颖异，聪慧轶伦，随父任所，笃好诗书，无宦家气习。登康熙甲子科亚元，授山东蓬莱令。其邑地瘠，鲜知礼教。鹏为之劝农桑、兴学校、勤抚字、缓催科，以实心行实政。未三载而民风丕变，黔黎感戴，深入骨髓，颂声载道。抚军陛见，皇上询邑令优劣，抚军以鹏对，遂行取入都，擢户部河南司主事，乙酉典江西乡试，一时豫章名士搜罗殆尽，得人之盛蔑以过之。榜后，便道请假省墓。覆命后，转本部清吏司员外郎，外迁福建福州府知府。下车之始，谕所属县令以清廉爱民为主。上宪核其文章政治加器重。不一载，坐庇护属员罢职，士民爱戴，醵千金为赆，固却之，垂橐归里，时门人魏定国承宣山左，延至藩署。未几以疾卒。魏定国撰传。

赵一鉴，字耀甫。爱闲静，乐琴书，不慕荣利，与人诚一，久要无二。虽聪明绝世而望之浑然如愚人。暇时角巾藜杖，散步平原旷野间，听樵夫牧竖歌吟上下，陶然自乐。或以仕宦利禄为一鉴言。一鉴曰：“吾但饱餐麦饭，稳卧烟霞，吾愿已足，轩冕珠玉，任有福之人取之，非吾分也。

张玉珩，字黝衡，坊郭人。六龄。随父口授毛诗，历历成诵。舞勺应童子试，见赏宗工，屡试棘闱，荐而不售。康熙丙辰恩贡，廷试以知县用。吴逆之乱，军兴旁午，加纳者先用。玉珩无赀，补官降授广文，不能即得，仍以舌耕为业，删集诸家讲义，汇为一卷，名曰《辑略》。又取昔年所阅所钞，合成八卷，名曰《随书》。纂成家乘四卷，自铭其墓。

胡惟新，字子贤。读书游京师。由内阁中书出为广西桂林府经历，转永宁州知州。卒於官。永宁民风强薄，惟新之任，即与士大夫商所以挽救之术，尽革其俗之颓敝者。

胡惟贵，字凤羽。始祖宋侍郎则，字予正，五世孙世昌避居句曲。五世祖琛，字朝献，号耕隐。博学能文，闭户著书。高祖镒，字陵庵。曾祖济。字大用。号竹泉。祖柱，字良擎，号西塘。蔚为儒宗。父文烛，号思塘，传家孝友。惟贵举康熙庚子大宾。长子其良，次子其贤，均能诗，见尤侗《寿藏铭序》。又有胡其性，字秉初。皆知名士。

张明际，字际可。天资秀异，锋芒四出，勖读不勒。少年征逐之习淡如也。应童子试，即啧啧有声。寻补邑庠。益厚自爱。闭户授徒，日与二三同志讲习讨论，非婚丧庆弔不出。制艺外兼肆力於古学。其

---

① 康熙壬子：康熙十一年（1672年）。

② 甲寅：康熙十三年（1674年）。

③ 吴逆：指吴三桂。康熙十二年（1673年），吴三桂举兵叛乱，自称周王。十七年在衡州（治今湖南衡阳市）称帝。国号大周，建元昭武。不久病死。其孙吴世璠继位，旋为清所灭。

文辞制作高华瑰丽，有前人风味。乃为数所扼，未能遂志。食饩三十余年，序贡赴都，考授训导。谒选无期，遂以明经终。为人旷怀高致，奕画皆臻第一，最善属对，精工多出人意表。邃於易学。四方问奇字者踵相接。时人称其笃学好古，至老弗衰云。族弟明校，字监夏。重伦笃义。妻邹氏殁，思其贤，终身不续娶。

张明煜，字季昭。明际弟。性颖慧，从伯仲二兄治举子业。既因不得志去。学萧曹为刀笔吏。未匝月，值县试，令明煜唱题，因私与所亲识童子讲解。邑令李联芳，名进士也。见而异之。召询家世，并叩其素抱，因大骇奇，谓之曰："此地不足以辱子，子亦不应妄自菲薄以堕乃家声。倘忧贫乏，吾佐子以膏火。"明煜受命而退。於是感奋，益用攻苦。越明年，遂补弟子员。未几，新学使者按临。明煜入场而病，两真未完，昏愦莫省。及案发名，反巍然前列。阅卷时，见点次皆及其草，盖衡文者爱莫能释。故有此格外之赏拔。既而食饩，邑令周公尤寄其文。尝季试，拔置冠军。谓其学醇养粹，可拭目以俟高飞。乃九战棘闱，不获一售。岁壬戌，循资出贡。廷试授训导，迨授六安广文而撄疾卒。生平著作甚富，尝订《张氏家乘》。族孙廷超为之序。尤精数学，卜事奇中，为时人所称。同时杨廷照旭初、刘谊子正、刘觐梧冈、杨登云履青、郭先春梅先，皆与明煜驰骋文坛。有声句曲。

邹发，邑廪生。字遁庵。通九经，治《周易》《三礼》。著述十余种。皆以维持人心、风俗为急。《家范》《要议》《矾论》，尤用意文也。惜不遇，郁郁死。

葛震，字星岩。淹贯史学，於历代帝王各以四言韵语括其始末。起自盘古，讫於有明，为《诗史》十二卷。同邑曹荃为之注释。故名《四言史征》，俱录入《四库存目》。

潘遂先，字景初。著《声音发源图解》一卷。其《子命世续》录入《四库存目》，分四声为六声，曰初平、次平、终平、初仄、次仄、终仄，专以牙一音定宫商角徵羽，以十二舌音定平仄六声。分配十二律、七十二侯，不用古法。立说颇异。

李东榰，字兴耜，东檴（见前志）弟，能诗。李昌允，字耀先，昌鲁（见前志）弟，诸生。哭父，一目失明。人称其孝，与昌鲁不愧为难弟难兄云。又有李璧，字云和，工诗。《乌栖曲》，沈归愚尚书选入《别裁集》。李应梅，字梦卿。李嘉宾，亦长於吟咏。

王吉士，字蔼廷。朝良，字瞿士。祚巩，字授玉。世兴，字卜三。皆邑中知名士。（朝良以下，皆琅玡望旌）

笪江龙，字农庵，御史重光（见前志）族孙，能世其家学，工诗善画。笪立彩，字凤初，亦以能诗名。

蒋成所，戴圩村人。少敦行谊。康熙四十七年，江南北遭水患，成所游六合，见一夫妇号泣甚哀，成所问之，曰："家有二老，年近八旬，数日不饱，不得已，将妻鬻於王姓，感结发情，相叙仅片刻，是以悲耳！"问所鬻几何？以二十余金对。成所赠银如数，俾赎妇归。其人拜谢去。成所不闻其姓氏。其乐善好施类如是。

戴杰，字立斋，邑庠生。国初，仍前朝流弊。十年，轮充里长。又有百余年，轮充值区头。若当此役，未有不荡产者。康熙庚戌，正值轮区，众皆忧惧，而杰特毅然仔肩其任，於十七乡中举二三同事，凡征解钱粮，俱亲赍上司，既无差押需索之扰，复无克扣侵蚀之虞，众皆免累。厥后，呈请上宪，永革此役。杰之力也。又本乡与上、江、溧邑接壤，奸匪不法之徒往往厕身其间，私宰耕牛，窝藏盗贼，四方农民每受其害，杰特倡首严禁驱剔，民沾其惠。

邹绪，字绍衣，秉文子。秉文为知名士，凡所著作，虽片楮只字莫不脍炙人口，而绪以奇特之姿崛起其后，好读书，具论世识，其制行尝以古人为法，遇事辄慷慨激烈。某岁乡邑被灾，饥民坐困，绪以赴义急公为宵人媒蘖，流离困顿，几不获免，卒能直节端行，不为所屈。邑侯宋公有国士之目。

胡承昭，字协万。家素封。承昭生而状貌魁梧，言词慷慨，人多以奇器目之。而又仗义疏财，挥霍不吝。居吴下，有夥某赔累千金，人皆欲严究其夥，承昭置若罔闻，其度如此。

戴元镳，字霖生，文锋子。少颖异，嗜学。诸子百家无不览，为文古岸不群。又喜谈黄老之术。尝师事溧阳芮岩隐、马章民，能得其衣钵。霖生淡於仕进，虽工举子业，每屏迹不入棘闱，曰吾读书明理而已。居家设义田、立条约。合族咸奉为楷模。

赵国藺,字栋明,善文章。妙年著声太学。识马章民於未遇时,延以为师,课诸子。未几,马君大魁。时人服其藻鉴。晚年隐於酒歌,云:"从此到终身,尽为闲日月!"因以醉吟自号焉。

张琳,字原璐。郡庠生。性明敏有识,文宗韩流,尤工诗。著《旦园初稿》六卷。同族张明觉,字睿先。工书善画,尤长於诗词。著《燕游》二集。寿八十五。张夏,字草庵。恩贡生。资禀不凡。所著有《星香草》《乐水轩集唐诗》。张琪、张延莪、延成,俱工画。莪,字竹屿,善写兰竹。皆孝子常洧裔。雍乾时人。

王遇隆,字南村。邑诸生。孝友性成,讲关闽之学,精华内蕴,终日端坐,不妄发一语。於纲常伦理、商酌古今,又未尝不侃侃言也。尝集子弟告之曰:"人无淡泊宁静之学,虽出处得正,而嗜欲名誉足扰其心,则器不远大,将来措置设施必有坐受其病而不自知者。"尝以不及事亲为憾。人或道其先人,辄泪随声咽,语不能续。当讳日祭,虽涤盏封楮必身亲之。曰:"聊以尽吾心耳!报称奚与焉?"一日与仲兄方授论时事,微不合,语触兄,兄不觉也。次日昧爽,长跪於仲兄寝门外。仲兄急问故,相抱而泣。抚伯兄之子如子、孙如孙,待其成立,克家而后已。治家严肃,内外秩然。凡一切饮食、嗜好、服饰、起居,有人所不堪者,遇隆甘之。及遇岁祲,不惜千金赈济,而隐其名於他人。亲族乡党,待以举火者数十家。今知之,当其时不知也。好行隐德,不自沽名,本实心行实事如此。子道复,辛酉副榜。

骆子上,孝廉鸣驺兄也。由诸生考授州佐。少受学邑名进士张芳,以能文著。稍长,补博士弟子。胆略幹济,不类呫哔迂阔士。康熙中,逆藩初定,诸军校矜功势横,扰害居民。有总戎某者,尤不戢下,纵其子无赖,吏不得问。鲜衣怒马,丐取於市,不嗛则奋击。一日直入子上质库中,箕踞慢骂。子上命左右批其颊,捽出之市中。皆咋舌。谓祸不旋踵。总戎果大怒,诡其词,咨总督三省军门王公,将廷鞫之。子上闻,不俟命,具冠带往谒军门。被欧者率健卒数百列辕外,将击之。子上曰:"我军门正犯,岂若辈所能鱼肉乎?速偕我见军门。"众不敢逼,子上直入军门。阶下揖王公,数之曰:"我朝新定天下,勘平逆蕃,以江南为滨海屏障,命总戎镇此地,所以定黎元、禁暴客、戢士民、安商贾也。今纵子为暴,暴横都邑,无乃非朝廷设兵意乎?且公督三省兵民,一草木皆受庇焉。乃以私护将门子而草菅百姓,更非所望於明公也!"为历言军校不法事。王公首肯者,久之喃喃语左右罢其事。盖总戎私致意於王公,而王公正直不听也。嗣后,诸当事严立诸军,禁约将校,稍稍敛迹焉。方子上赴辕时,诸亲朋间里知其事者,不无为之惴惧。子上处之从容正词,免难节钺为之霁威。昔柳柳州状段太尉逸事,上之史馆,纪其戢暴卒,谒军门,责郭尚书语,千载有生气。今子上以书生抗颜制府,抑总戎子暴横,商贾赖以无虞,子上其庶几焉。

俞茂兆,字来元,邑庠生。母胡故,茂兆哀毁骨立,附身附棺,咸尽其礼。事继母如生母。弟茂龙少负儁才,爱之弥甚。延名师教之。每值课期,茂兆即命仆持小几坐塾外,俟其稿成,阅而退,如严师然。夜置酒於室,招茂龙偕饮,饮必尽兴,欢呼谈笑,视阅文时,如出两人。继母问其故,曰:"吾弟为文劳苦,饮之酒以酬之,然家庭之乐则亦无逾乎此矣!"父为仇家谋陷,茂兆只身匍匐,艰苦备尝。白其事於抚宪,冤乃得伸。

王杰,字万先,工书法,善篆刻,事亲数十年,承欢就养,子职恪供,年四十余,依依孺慕。父嗣昌,寿八十二,无疾卒。杰犹哀毁成疾。不数年殁。时乾隆癸酉年也。乡鄘咸以孝称之。

高作梅,字和羹。乾隆间诸生。性孝友耿介。第三侄幼孤多疾,须以背负之,则痛始减。其疾一年数发,作梅每彻夜不眠。子烈欲进谏,作梅曰:"吾先人之视诸孙一也!"第五侄生三龄而失怙恃,痘毒缠延,越四年而后愈。作梅夫妇尽心抚育,同於所生。始得以至今日。此即其侄对人语也。长养侄女以至於嫁,卒年八十有二。闻者皆叹息,咸称其慈爱云。子烈,恩贡生。

张有义,字宇淑,英奇倜傥,智谋过人。乾隆间,官本省提塘,有能声。晚年家居,值岁旱,奉檄劝赈,首捐数十金为绅富倡,而巨贳立集,购米平粜,一乡赖以无饥。邑令赠额奖之,曰"谊周桑梓"。

裴宗藩,字维屏。性谨厚,精疡科,为人治病辄有奇效,不受酬。传子德滋而业益精。有人目中生菌,俗名螺蛳,旋德滋以刃刮之,遂愈。

高溶,邑诸生。世居仑山侧。天性纯笃,事父近修孝养无违,在兄前尤极恂谨。艰大事辄身任之。析产时,让腴取瘠,悉惟兄命。幼从同里邹竹溪游,家贫力学,虽凌寒溽暑不少懈,故於经史皆淹贯,为文纵横排奡，笔力雄奇，不入寻常窠臼，奈运蹇，屡试风檐不遇。溶叹曰："得失命也，死而后已！志也，半途而废，吾何甘！"由是穷且益坚。迟至年四十六始博一衿，尝语外孙邹恺曰："学不患无成，特患无志耳！今予老矣，不克自奋，尔辈妙年，及时发愤，勿自暴弃！"又曰："业患不能精，无患有司之不明。昌黎之言岂欺我哉？"生平谊敦古处，貌朴言蔼，与笪文炳、丁学洙辈为文字交，至则把酒论文，信宿乃去，居崇俭约，戒奢华，终身未尝衣裘帛，其於乡党也，排难解纷，是非崭然，言不阿狥，事有不平者，一经排解无不服。晚年安於恬退。不义富贵，视若浮云。惟放怀於酒，每遇良辰，邀朋载酒，临水看山，乘兴而往，提壶引酌，带醉而归，盖适其情，则心常乐。老子曰："知足常乐，若溶者，可谓得之矣！"

戴溱，字九川，邑庠生。精堪舆。著有《地理易简集》《罗线真正解》。今皆亡。

王湘，字江亭。业岐黄，得《青囊秘授》。有求诊者，虽剧忙，即出以应。不受一钱，或既诊而三五日不至，辄自造其门，曰："汝疾良已乎？何不就诊也？"诊脉极细，判生死，其应如响。有人疾革久，误听庸医，投虎狼剂，湘力争，至以身任，其人卒赖以瘥。

郑怀珍，字锦山。武生。东阳镇人。应嘉庆癸酉科武乡试，留堂有某县生舞刀力竭，几遭不测。怀珍挺身出接，舞自若。主试百菊溪制府谕之曰："今科中彼不中汝，渠虽落架，幸遇尔救。殆渠先世有隐德，尔技勇固佳，其如额满何？"怀珍既下第，改业岐黄，尤专精於疡科，凡异症，一奏刀即愈。自制膏丹，皆珍品，疗贫拯困，不受馈。尤人所难。

裴錡，字受堂。鉴从弟（鉴载"先正"）。监生。官中书科中书。弟錩，字安船，俱工诗。同邑骆杰、骆石云亦工诗。又有许超，字轶才。仲艺，字叙公。皆乾嘉时诗人。

谢万世，字芳林。诸生。幼聪颖。读书过目不忘。及长，丰神秀朗，文名籍甚。教读严而有法。弟子著录者甚众，性沈静寡欲，足迹不轻至城市。道光间谢氏以财雄北乡，诸昆季行竞尚奢靡，按谱求食，倍极精巧。万世深以为忧。尝咏《方恪敏嘉荫庵牡丹》诗云："富贵不曾遭浩劫，只因闲散在山中。"又云："若非太傅栽培力，看到子孙恐亦难！"其蓄意深矣！

严名棻，字树芳。岁贡生。性廉静，授徒里中。勉后进以立品为先。妻死，棻年三十余，遂不续娶。

俞辅廷，字儒珮。曾祖大悦，操计然术，贸易於宿州。祖、父皆继之。辅廷幼颖敏。从同里戴生游，尝以远大期许。嗣因家事改承祖业。咸丰三年，捻匪围宿州，辅廷醵金助官军练勇击退之，追粤逆寇陷金陵，乃返里。奉母避难於如皋之岔河，旋以僦居湫隘，分寓於扬州之兴化，遂家焉。辅廷事寡母以孝闻。母病，亲尝汤药，不离昕夕。事兄亦恭敬。与群从怡怡白首，终无间言。性拘俭律己至严，於亲族中子弟不率教者，必恳切开导，多方激厉，俟其自化。雅爱收藏书籍字画，护惜倍至。学易二十余年，用力致深。兼善占验，绝不轻筮，虽援例就职，而淡於仕进。殆精於易而为嘉遁则吉者也。子守仁，字静山，亦以孝友称云。

倪莹，字致和。诸生赋性朴厚，邃於易。咸丰间，粤匪入境，莹避难渡江，即以卜供菽水。承平后归里，不预外事。课徒之余，嗜笃《堪舆家言》，登山寻穴，不辞跋涉。里党有贫不能葬亲者，尝为择地，不受其谢。著有《选择捷览稿》一卷、《风水经眼记》一卷。自志云："示子孙，备不虞，幸勿妄以问世。"

张延富，字锦海。性孝友好施。父德周，估於外，六龄就读邻村。母鲍多病，每自塾归，至母前问安。母食亦食，母疾呻吟则依依膝下。移时，含泪而出。饭已熟，不忍啜也。待两弟极友爱。粤逆之乱，流转负贩，辛苦万状。肃清后，始启肆仓头，使两弟家居课耕，米盐之计不以相累。既弟妇失和，议析箸。阻之不能，则以手置产悉让於弟，所有积负独任之。曰："吾弟不惯操劳，一饱之外无所得偿负也。会立析券，延富以治家无状，忽捶胸大哭，两弟亦哭。诸子皆环泣莫能仰视。戚友无不欷歔太息。书券者笔为之阁。异时兄弟欢好如初，里党啧啧羡之。寻以负重积劳成疾而卒。卒之日，有老妪伛偻入哭，甚哀。子姓莫识谁何。或询其故，始知其夫为赵姓，宝应人，因歉岁挈眷南来，不数年，家室完全，皆延富欣助之力。其慷慨嗜义多此类也。

曹施龙，字云侯。早年失怙，辍耕就贾，稍获赢余，即嗜义若渴。不琐琐为利计。尝有鬻妻偿债者，幼子分离，夫妇生别，不胜凄楚，施龙踵其室，廉知其情，遂焚其券。复捐资代还别主，令其家室完聚。

曹政益，字谦受。为客云阳。道光辛卯，高、宝、兴、泰等州县被水灾，黎过云阳，日计千数，政益困，设局散给口粮，赈济饥民，议叙八品。

王民华，字鉴衡。年十六，粤寇之乱。适父疾笃，昼夜侍汤药不倦。母以贼兵逼近，留其兄侍疾，使率诸弟避去。民华痛父之病，留连不忍。母责之曰："汝欲与父并命耶？果尔，是不孝也！"民华乃涕泣拜母出，至半途闻父殁，一恸几绝。寄其弟於戚某家，归而治丧。葬毕，挈弟至东台。不数年，见任居停，稍稍得事抚资。比弟长，又为完娶。民华为人勤俭谨慎，外柔内刚，临事有决，同辈无不推服。居停丰於财，好行善举，民华多赞成之。弟民康、民泰皆蚤卒。抚养其孤，俾完弟妇之节，人以是益重之。平居好读史，鉴古今兴废、人物得失，了了於胸。虽儒者不能难也。年六十二，无病而终。

　　韩晋镛，字纯甫。诸生。南巷人。咸丰十年，粤逆再陷句容，村里为墟。有族弟某贾樊川，饶於财。晋镛携其子往投之，某拒不纳。私商其母，请以田质。许之。券书六十千，实予其半。不一年，资用耗竭，止余钱五百。时岁将暮，售春贴度日，晋镛素工书，至是无过问者。天大雨雪，绝食旅舍。子甫六龄，顾之曰："予忍死跋涉至此者，为儿计也。今偃蹇若是，天殆不欲存韩氏后矣？"语毕而泣，其子亦泣。不得已，就食粥厂，某绅心异其为人，敛钱以赠，镛不受。欲投河者屡矣！适同乡朱姓者操贱业，哀其穷，代谋一村塾，去樊川五里，由是父子得栖身所。同治初年，江南平。父子返里。而族弟某田产在本邑者，公私皆仰赖族人，人谓晋镛盍报之，镛谢曰："彼贾人，不识大义。予寻其隙，使彼倾其家，我心诚快，何以见祖宗於地下？"卒待之如初。

　　陈桂芳，字筱山。陈巷人。诸生。性方严，取与不苟。陈氏在北乡称巨族，公款颇钜，经理数十年，丝毫无染。设条约以戒同族，力禁浮惰，见鲜衣游手者必面斥之，俗为之变，尤敦风义，某妇不得姑欢，生子三日，姑逐之。其夫仓卒不知所为。桂芳赁屋以居，方为区处，卒至室家完聚。其善全人骨肉多此类。

　　汪四，名某，启肆於城中，闻邻衖喧嚷哭泣声，汪出视，系江北妇因夫病负债，售身以偿，且备后事。妇不忍离，故哭泣。众惧反覆，故喧嚷，汪恻然问所欺若干，并医治需若干，以六七千对。汪如数给之，慰勉再三，事遂寝。数月调养，病良已，渡江返。阅三年，汪得咳血症，腹胀欲死，适渠夫妇南来视汪，惊曰："何得此症，恐非吉。然某有秘方可活！"因在野寻草数茎，服之立愈。又三年，症复发，遂卒。而汪之昏嫁毕矣。

　　刘长恒，字北山。号霁岚。邑廪生。幼失怙，与兄长晋育於母李氏，各授一经。稍长，始就外傅。既食饩，就塾於赤山，得馆谷奉母，时聚族议建祠，母谓恒曰："君子营宫室以宗庙为先，盍以所积助之乎？"在赤山时，见圩埂两旁所停柩漂没暴露，出资令人瘗之。咸丰六年，遇贼不屈，被刃。以篑抵之，得无恙。七年，城复，谕办团练，积劳外奖五品花翎。虎忠壮公阵亡秣陵，重建四贤祠，设位以报功焉。十年，城陷，避居如皋，遂卒。

　　孔广元，字俊昌。幼失怙。侍父读书。天资颖悟。家素贫，遂弃儒为商。父有疾，广元急归，亲奉汤药，历寒暑不倦。及卒，哀毁骨立。服阕，益自勤苦。列肆於扬州之邵伯埭。兵乱，携眷以避。里党往依者甚众。散谷赈金，绝无德色。乱定，归里。见遗骸遍野，出赀掩埋。遗黎无告，悉为资给。建祠复祀，收族敬宗，一时称义士焉。

　　赵贡廷，诸生。东郭壖人。能文工诗，游广东某学使幕。著有《墨缘集》。子五人。次德恭，咸丰十年殉难栖霞山。同里童生吴太恩，亦以耿介饿死。

　　诸老道者，马文毅公仆也。名兆元，江南句容人。老而蔬食，喜佞佛，故称老道云。文毅公抚桂林，遭变拘贼中。四年，抗节不屈，语具公《家传》及新都朱昉所为《殉难纪略》。方贼遣骑收公时，并缚其仆，次及老道。贼以其老，纵之去。老道大呼，曰："吾得从主人地下，甚幸！岂效鼠辈判主以图富贵贻千古骂名耶？"奋然随公行。公至，箕踞大骂，老道亦詢詈不绝口。公遇害，贼亦竟杀老道。或曰："老道，仆也！於法不应铭！"邵某曰："呜呼！老道之死烈矣！所称杀身成仁者，非耶！吾见今世士大夫訾謷人辄詈曰奴侪。呜呼！奴侪乃有是，是宜铭。铭曰："生也主从，死也主依。其遗骨窆於斯！"（见毘陵邵长蘅《青门文集》）

　　《明察院题名碑》，万历四年，巡抚宋仪望重立於句容。乱后，访得之，共七十四人。而乡贯可辨者仅十三人，其中次第悉依原碑著录。识者谅之。

　　蹇义（字宜人，四川重庆府巴县人。洪武乙丑进士。八年，以吏部尚书任）

熊概
刑宥
周忱
李敏
邹来学
陈泰（字时亨，福建县人）
李秉
崔恭
刘孜
宋杰
滕昭
毕亨
牟俸
王恕
彭韶
李嗣
王克复
□钟
何鉴
朱瑄
彭礼
魏绅
艾璞
罗鉴
张凤
王缜
邓庠（字宗周，湖广宜漳县人。成化壬辰进士。正统九年，以都察院左副都御史任。历升南京户部尚书）
张津
李充嗣
吴廷举
陈祥
毛恩义
陈凤梧（江西庐陵人。嘉靖四年，以都察院右都御史总理粮储兼任）
陈轼
侯位
陈克宅
欧阳铎
夏邦谟
喻茂坚
丁汝夔
欧阳必进
周延
张恒

彭黯
陈洙
屠大山
周琉
曹邦辅
张景贤
赵忻
周如斗
朱大器
宋仪望（字望之，江西永丰县人。嘉靖丁未进士。万历二年，以都察院右佥都御史任。明年，以功晋副都御史）
胡执礼（陕西永昌卫人。嘉靖己未进士。万历五年，以都察院右副都御史任。升户部右侍郎，起户部左侍郎，赠户部尚书）
孙光祐（山西□州人。嘉靖壬午进士。万历八年，以都察院右佥都御史任。历升南京工部右侍郎）
郭思极（直隶魏人，隆庆戊辰进士。万历十年，以佥都御史任）
余立（广西马平县人。嘉靖壬戌进士。万历十四年，以副都御史任。升大理卿，起兵部左侍郎）
周继（山东历城县人。嘉靖乙丑进士。万历十六年，以副都御史升任南京户部右侍郎）
李泳（江西雩都□人，隆庆辛未进士。万历十八年，以佥都御史任）
刘应麟（江西鄱阳□人，隆庆戊辰进士。万历二十年，以佥都御史任）
朱鸿谟（山东□□县人。隆庆辛未进士。万历二十一年，以副都御史任。升刑部右侍郎，赠刑部尚书）
陈锭
谢登之
陈道基
赵可怀
翁大立
林润
张佳胤
陈惟芝
方廉
海瑞
王元敬
周孔教
（此碑尚存。应列金石中。因字迹漶漫，续采补录於此）

《明学院题名记》，万历丁酉焦竑撰（见《旧志》"艺文"）。今碑已佚。按，正统元年始置提学官，而考棚移句容实始於万历乙未，至雍正甲寅仍移省会。今据上、江志及散见旧志中者补录於后。

彭勖（字祖期，永丰人）
孙鼎（字直镛，庐陵人）（以上正统）
叶峦（字峻甫。莆田人）
严泾（字宗源，兴化人）（以上天顺）
陈选（字士贤，天台人）
薛纲（字之纲，山阴人）
戴珊（字廷珍，浮梁人）
娄谦（字克让，上饶人）

司马望（字通伯，山阴人）（以上成化）
王鉴之（字明仲，山阴人）
林塘（字廷玉。侯官人）
方志（字信之，鄞县人）
陈琳（字玉畴。莆田人）（以上宏治）
刘玉（字成栗。万安人）
黎凤（字乾兆，新喻人）
黄如金（字希武，莆田人）
张璿（字仲斋，晋州人）
张鳌山（字汝立，安福人）
林有孚（字以吉，莆田人）
萧鸣凤（字子雕，山阴人）（以上正德）
陈伯谅（字执之，福清人）
卢焕（字尧文，光山人）
刘隅（字叔正，东阿人）
章衮（字汝明，临川人）
邱养浩（字以义，晋江人）
张相（字子良，临清人）
闻人铨（字邦正，余姚人）
冯天驭（字应房，蕲州人）
杨宜（字伯时，衡水人）
冯天驭（再任）
胡植（字立之，南昌人）
黄洪昆（字协泰，莆田人）
赵镗（字仲声，江山人）
吴遵（字公路，海宁人）
周如斗（字允文，余姚人）
吴遵（再任）
周斯寿（字子才，宁州人）
耿定向（字楚侗，应城人）
周宏祖（字元寿，麻城人）
钟继英（字心瞿，东莞人）
周禧（字以吉，蕲州人）（以上嘉靖）
谢廷杰（字宗圣，新建人）
李辅（字子卿，进贤人）
褚铗（字民威，榆次人）
郭庄（字子苞，甘肃人）
李学诗（字子兴，安阳人）
李时成（字惟仲，蕲水人）
王国宝（字伯桢，耀州人）
房寰（字仲伯，德清人）
詹事讲（字明甫，乐安人）
柯梴（字以拔。海澄人）

曾象乾（字体良，泰和人）
饶位（字立之，进贤人）
陈子贞（字怀云，南昌人）
碑立於万历二十五年。此碑之后录至雍正十二年止。
赵之翰（邠州人）
杨宏科（余姚人）
黄升（睢州人）
杨廷筠（字仲坚，仁和人）
史学迁（字惟良，翼城人）
徐鉴（见《旧志》）
熊廷弼（字飞伯，江夏人）
王以宁（字祯甫，山阴人）
骆骎曾（字象先，武康人）
过庭训（字成山，见《旧志》）（以上万历）
易应昌（临川人，见《旧志》）
毛一鹭（字序卿，遂安人。泰昌元年）
孙之益（（字思谦，邛州人）
周邦璟（字柱明，麻城人）
陈保泰（字自公，东安人）
贾继春（见《旧志》）（以上天启）
李懋芳（字国华，上虞人）
甘学阔（字用广，邻水人）
倪元珙（字赋汝，上虞人）
示玮（字还浦，潍县人）
杨希旦（见《旧志》）
张凤翮（字六健）
宗敦一（字凌霄，南昌人）
金兰（会稽人。见《旧志》）
陈起龙（《上江志》）（以上崇祯）
国朝顺治二年，督学分上下江两员。康熙元年，合为一员。雍正三年，仍分二员。
陈昌言（字道庄，潭州人）
苏铨（字次公，交河人）
李荫岜（字莪屏，永城人）
杨羲（字崑岳，洪洞人）
石申（字仲生，澡州人）
蓝润（山东人，见《旧志》）
张能麟（字瑞庵，大兴人）
胡在恪（字念嵩，江陵人）（以上顺治）
孙荫骥（字清溪，南安人）
梁儒（字宗洙，汉军）
简上（字文选，巴县人）
虞二球（字天玉，定海人）
解几贞（字兰石，韩城人）

邵嘉（字令儒，富阳人）
刘果（字木赍，诸城人）
田文（字纶霞，德州人）
赵仑（字阆仙，莱阳人）
李振裕（字维饶，吉水人）
高裔（字素侯，宛平人）
许汝霖（字时庵，海宁人）
邵嗣尧（字九缄，猗氏人）
魏学诚（字齐礼，蔚州人）
杨中端（字子大，磁州人）
张泰交（字伯谷，阳城人）
张廷枢（字思园，韩城人）
魏学翱（字运青，遂宁人）
张溶讷（字崮木，海宁人）
张元臣（字懋斋，铜仁人）
胡润（字京蒙，通山人）
余正健（字惕斋，古田人）
林之濬（字象潮，惠安人）
谢履厚（字坤侯，昆明人）
郑任鑰（子维启，侯官人）（以上康熙）
法海（字渊茗，满洲人）
俞兆晟（字叔音，海盐人）
邓钟岳（字东长，东昌人）
张廷璐（字宝臣，桐城人）

晋县令周札（《晋书》有传。见《吕志》）

刘宋县令颜继祖（见《大泉寺碑》，并见《景定志》）

唐县令樊珣（邑人。见《金陵诗征》）、李越成（见《茅山志》李含光表）、县丞魏煊、主簿承璨（见《张孝子碑》）、崔子佺、县尉李芬、张隐朝、章仇、章嘉晸（以上并见《唐县令岑君德政碑》）

杨吴县令黄鸾（太和间任。见《十国春秋》）

南唐县令李哲、查文直（以上均见《景定志》。《旧志》作"查文"，恐误）、张纬（见徐铉《文集》），县尉张知白（《景定志》）

宋知县杜绍（绍圣中）、滕及（崇宁元年）、董苹（宣和五年。《旧志》作"董率"，恐误）、鲍慎辞（大观间任）、赵希麦（嘉定十年。《旧志》作"希亮"）、丁宗魏（绍定二年）、吴淇（三年。《旧志》作"吴琪"）、赵熙（六年）、丰云昭（端平三年）、王之经（嘉熙元年）、蔡蕡（三年）、丁塤（淳祐二年）、赵汝挛（八年）、吴衍（十一年）、惠昌（宝祐元年）、赵孟铣（二年）、奚季虎（三年）、赵汝档（六年）、史十之（开庆元年）、朱显达（景定二年）（以上均见《景定志》），县丞万俟传（宣议。淳熙三年），主簿钱公瑾（登仕郎，嘉祐四年，见《建康实录》）、郑安平（熙宁）、蒋棣（迪功，淳熙三年）、刘博（光世子，见《旧志》），县尉陆元常（熙宁中）、郑兵常、李用昌（迪功，淳熙三年。以上均见宋碑文）、陆绛（庆历间任，见《茅山志》），儒学江千里（见宋《五瑞碑》）

元县尹谢润（至大间任，见《吕府志》）、殷贞（至顺间任）、田郁（大德间任）、成天瑞（延祐间任）、林中节（至正间任。以上俱见元碑）、张士贵（见《至正重修学记》并《旧府志》）、范都蛮（至正间署。见《重修社稷坛碑》），教谕刘元明（泰定间任。见《乡贤祠记》）、孔逢吉（邑人，见《旧志》艺文）、许良知（至顺间任），训导江闻震（泰定间任，见《乡贤祠记》）、汤困（后至元间任。见元碑阴）、

谢瑛（至正间署。见《重修学记》），主簿张薄、张琛（后至元间任。均见元碑阴）

按，《顺治志·元秩官表》不列县尹，第於丞下或注"至正间尹"，即赵靖、程恭、李允中、李溥、张士贵、孙正六人也。《乾隆志》乃揭出列於县尹，又误士贵为承务，不知承务郎乃士贵阶耳。《旧志》丞中注承事、承务者，皆县尹。不然，有元九十年中仅六尹耶？且六尹皆至正间耶？

（按：赵靖，至大间任；程恭，泰定间任；李允中，后至元间任；李溥、孙正，乃至正间任也。俱见元碑）

明知县汪宗之（贵溪人）、周宜邵（乌程人）、张梦斗（以上皆嘉靖间由府佐署。甫蒞任，即修学宫。见《乾隆志》碑文），丞张士林（正统间署。见明碑），主簿先处良（见旧碑）、傅珪（正统间署。见明碑）

唐进士刘三复（会昌乙丑。见《金陵诗征》）、沈如筠①（大中间。见《唐诗注》）、刘邺（咸通间。见《续乾坤正气集》，乡贡姚薏（见《大泉寺碑》）

宋进士张纲（政和癸巳）、许定宗（宣和间，见许谱）、戴九成（绍兴间，见《戴谱》）、高实（淳熙乙未进士。拜丞相，加太保、光禄大夫，见《顺治志》）、张釜（淳熙戊戌）、江万里（宝庆丙戌）、高元龟（见《景定志·颜鲁公祠堂记》），举人胡世昌（大观戊子解元）、许乾（解元）、许赓虞（咸湻庚午解元。以上皆采《家谱》及墓表），博学鸿词许万寿（真州教授。采《家谱》）

元举人胡芳叔（见元碑文），贡士王恤（字明六，任金沙令。采家乘）

明进士邹昊（《宏治十二年。官右都御史》）、张明弼（崇祯十年，见《太学题名碑》），举人周礼（永乐十二年）、邹昊（宏治八年，陕西榜）、王安（宏治乙酉）、周介（嘉靖己卯，陕西榜解元）、吴渊（万历辛卯），副榜李茂材（万历辛卯）、李思谟（万历癸酉）、李长盛②（崇祯戊午）、李长似（崇祯壬午。兵部职方司主事。以上均采《家乘》）

国朝举人李滢（顺治乙酉。高淳籍）、李为霖、李汴（俱顺治戊子）、李叶（改名枡）、高锡范、高锡旬（俱康熙己酉）、李儒琛（康熙己酉）、李国宋（康熙甲子）、李炳石（康熙丁卯。北榜。曲靖同知）、李栋（康熙壬午）、李蒸（康熙乙酉）、赵国铨（康熙乙酉）、李鱓（康熙辛卯）、李基宏（康熙癸巳。古田知县）、李玉台（雍正乙卯）、李光国（乾隆甲子）。副榜李汉（顺治辛卯）、李长炜（顺治甲午。青田知县）、李国宋（康熙壬子）、李国相（康熙癸酉。以上均采《家乘》）

《复三茅禁山记》：华阳洞天，金陵福地。群仙之所都会，景福之所兴作。故其坛馆之盛、荐享之殷、修奉之严、樵牧之禁冠於天下。其所由来旧矣！圣历中微，官兵共守，望拜之地多所荒芜，若乃真灵翔集、玄况肸蚃、兴复之迹必假异人。天佑丁丑岁，贞素先生王栖霞始来此山，恭佩上法，徘徊地肺，偃息朱阳，永怀旧规，期在必复。先生潜德，内映符彩，外融名士，通人道，契冥会。凡缟纻之赠、贶信之资，悉奉山门以成凤志。於是由良常洞至雷平山十里而近入於隶者，尽□赎之，禁刍荛不得辄至，墟墓不得杂处。艺树蔽野，植松为门，川梁必通，榛秽必薙。建方坛於雷平之上，造高亭於良常之前。朝修有致诚之地，游居有税驾之所。姜巴古陌③，秦望旧封。肃然清光，复如开元、天宝之岁矣！先是紫阳之右有灵宝院焉，真台故基，鞠为茂草。先生殚罄资用，克□殿堂，有开必先，无远弗届。都督、武陵康王奉钱百万，梁王造殿一区，有道之徒咸助厥事。曾未周岁，惟新旧宫，皆先生之力也。昔大隗致襄城之驾，庚桑化畏垒之人，是知道心惟微，其应如响，时则有若道士，经若虚协规同志，是摄是赞，干事以恪，感物以诚。绩用不愆，斯实攸赖先生以保大。壬子岁夏四月，悉书夫屋之数、疆畔所经，请命於京师，申禁於郡县，以授茅山都监邓君栖一。能事既毕，数日而化，期命玄应，昧者不知。夫仙阶感召谅非一揆，若乃神清气灵，骨箓标映，受之於天地。心虚器冲，玄德充蔚，基之於性也；昭真垂教，启焕灵迹，行之於勤也。故策名紫素，飞步黄庭，流功储庆，必参相合。然则先生之道，其殆庶乎？虽歘驾不留、冥升日远，而高风可述、遗范在人，进而纪之，翰墨之职也。邓君企慕前躅、见讬直书。己未岁秋八月，东海徐铉记。

---

① 沈如筠：《四库全书·御定全唐诗》一百十四卷："沈如筠：句容人，横阳主簿，诗四首。"

② 李长盛：据清朝陈作霖《明代金陵人物志》："李长盛，字傅叔，句容人，诸暨知县。国亡，隐居教授。"

③ 姜巴古陌：《景定建康志》十六卷："姜巴路，在小茅山后。通延陵。（考证《真诰》：秦时有周大宾及巴陵侯姜叔茂者，来住句曲山下。秦孝王时，封侯，故以姜巴名其路。）"

《重建学记》：奉议郎、古栝吴君淇来宰句容，当军事方殷、军须旁午之时，内事拊摩以不失圣天子爱养元元之心，外谨供亿以不违贤方伯绥靖边方之略，既内外两尽、上下交孚，田里晏然，弦歌有裕，深惟观民设教、王政所先、化民成俗，令长之事。而是邑也，厥田惟下，厥赋中，以下田供中赋，故其民勤、其用俭，惟勤惟俭，不见异物而迁焉。故其俗最近古，易以入德。而望是邑者，三茅之山峰峦回环、竹树深密，有泉石之胜而无岩崖溪谷之险，隐君子之所宜居。相传以为秦之乱，茅氏兄弟实居之，若武陵源然，其居之安，遂往而不返，而诞者乘之，以为於此升仙焉。使闻者遐想、至者企慕，庶乎辽东之去，有时而归，缑山之会，有时而复，幸旦暮遇之，则九醖之觞可得而饮，五百岁之桃可得而食，驾鹤骖鸾，可胜跃而上也。而理卒无是，则始愧其诞、忧其穷，窃取屈平《九歌》《司命》名篇之意，以名其山之隐君子，以为仙驾虽不可望而死生祸福之在人，容有可得而转移者，盖俟吾山之隐君子在天之灵，实司之使。世之贪生而畏死、惧祸而徼福者争趋之，以庶乎久生而无祸，而理复无是，则又窘於说之穷，愧其诞之觉，并缘传记所载，吾夫子问礼老聃之事，肖土木像二，名其倨傲鲜腆者为老聃，而以其谦以自牧者为夫子，曰："老聃，吾师也。孔子，吾师之弟也。庶几夫知敬吾夫子者，必知敬其师，知敬其师者，必知信其徒之说，不知老聃以清净冲默为道，岂诞者所能师？夫子既圣不居，不耻下问，倘以所尝问为师，则问官名於郯子，问每事於太庙，彼夷狄之长骏奔、长执豆笾之人皆师乎？故为前之二说，则自诬其山之隐君子为后之说，则不惟厚诬吾夫子，并与其所自以为师之老聃，诬之其诞可胜诛乎？虽然为是说者，东西南北之人非吾邑之人也，彼其以诞承诞、以愚诈愚，而吾邑之俗近古，而易以入德者自若也，然则兴学以道之以正人心、息邪说，闲先圣之道非贤令长事乎？君於是搏县费之浮计，学廪之羡，益之以邑人之愿、助市材之美，诹工之良，涓日之吉，撤旧宇一新之，殿陛邃严，俨王者之制，堂庑广修，仿侯泮之规，宸章有殿，先哲有祠，而士知所尊，校文有厅，肄业有斋，而士知所勉。下至庖湢积贮之所、仆隶之舍，各称其宜。总之为屋六十，而墙之袤丈者百。经始於绍定庚寅季秋之朔，阅十有六月乃成。计米以石，厥费凡四百有五十，钱以缗凡三千八百有四十，工以日凡万有一千二百，而公不告匮。盖以均节有道，私不告劳，盖以劳来有方。既成，属宰记其事，宰惟君之此举所关者大，不但为子衿城阙而已。方绪次颠末，君复以书来，言古之学者必至大学而后成，大学之道在明明德。余故以明德名堂，而手书以揭之。子盍为我申言其义，宰惟明德，天所均赋，惟先明己之有是，而后能明人之德，故明德必自致知始，夫苟致其知矣，则是非明辨，而异端可得惑乎？知至而后意诚，心正则无妄念、无邪思，而凭虚御风等说可得入乎？由是而身修，则视听言动罔不由礼，安有自放於礼法之外？由是而家齐，则家人妇子各尽其道，安有自绝於伦类之间。又由是而推之以治国平天下，则尧舜禹汤文武所以为先明其德，反是则周穆秦皇汉武所以为耄荒而不可救药也。君曰："然此固吾党之士不待告而知者，虽然是道也，岂吾党所得私哉？当刻之石以正诞者之罪，为愚者砭云。岁壬辰阳复日丹阳刘宰记并书，敷原王遂题额。

《句容县均豁和买记》：有一言可以怀天下，曰平而已。平之义，圣者莫能易也。我国家於民役和买之制，豫给缗钱，责偿於后，实利之云。故贷以春，输以夏秋。补於其不足，敛於其有余。熙陵仁风动荡，有截蜀范忠文公尝笔，此举於《东斋记》中，历祥符、熙宁，法浸以立，繇锱而及镒，镒亡而额自若，殆失初意，顾罔不受命，则有平之义存焉耳。邑隶建邺者五合一府，所应输均之五邑宜也。有为绍兴时相乡曲地者，指上元、江宁为寇攘，焚荡之余，无所从出，遂并抑之。溧阳、溧水、句容三邑蔓延，迄今邑不以告固有待焉。溧阳、溧水源源搏裁，弊久未除，莫句容若民之戴白者，相与言吾属供赋夥，将奚辞不容，已吾言者偏耳，虽然利害著谨毋言，当有为吾平之者。淳熙庚子，郡丞张君蜒果尝有请，於去郡调守零陵之日，事虽中止，其说不诬。逮庆元六年，少保吴公琚以重臣居留，喜任所部兴利除害之责，又邑令赵君时侃雅意为民，亟疏颠末，累数千百言，一再白公，公慨然动心，即日露章乞岁捐郡，计以宽民力。天子既从公请，乃召观察推官刘君叔向而语之曰："句容增赋之弊，吾欲断自今始。"出州家万三千缗为之代输，朝奏九重而暮拜曰："俞之诏，然则奉行，德意之盛可无其人，子其为我条均豁之要。"刘君於是赞美不暇，毕智幕府，稽实簿书。家有廛征，户有亩税，一金以上等杀秩，秩不使黠胥并绿肆欺，民受虚赐，凡均豁之目，绢匹二千十九，绵两万一百六十，不平之赋削於一朝，概之旁邑平矣。顾其事未及示民而吴公疾病，致为臣而归，适太府卿王公补之，将指饷军，就摄帅事，乐成前人之志，复得刘君力，右其说，荐形刻奏，图功收终。时赵君去令已久，齐君砺来继之，奉命益虔计等均豁，浓墨大字揭诸通衢，稚耋聚观曰："此吾赵令君权舆之齐令君续成之，吾党何能报耶？"君谦不自居，方与民欢咏。天子之德之闳，二帅之请之力，旧令之虑之远，府寮之画之精。此其归美之忠，推行之善，岂为一日计哉？沉居宣，宣隶建邺，视句容为一道，从往来者得君句容之政，廉以律己，明以决讼，惠以养民，威以戢吏。邑自常赋外，一毫不妄取予，而学宫社坛、犴狱逵路与夫董征之廨，铢累羡财，缮治一新，知所先后，类非苟於应县课者所能及也。当路诸公列上政绩，行为时用矣，有如均豁一事，虽倡自赵君而委曲推行无复遗恨，则君之有功是邑尤多。夫以天子之加惠、二帅之将顺、赵君之建谋、刘君之叶赞，必得当世名能为文词者垂之永久，而远以属沉，失所择矣！沉去年秋仲解贵池县章。回视三年，抚字催科，仅不乏事，莫能大有建立动人耳目，故重违君请，且以自愧云尔。君世为青社人，今家锡山，实淳熙名臣次对华文公之子，治县有声。不问可知。沉独取其大者书焉。盖革弊为难而三，数君子相承，一心拔本塞源，损上益下，难之尤者。自春及冬，君法当代，可无以告后之人，俾知革弊之难，相与谨守，庶乎称物平施之意，偕宋无极，为斯民者何其幸欤！嘉泰四年三月三日，奉议郎、提辖行在榷货务都茶场、颍川韩沉记并书。

赵时侃《申豁和买役钱状》：照对时侃所领县在使府属邑最为僻陋壤地，硗瘠赋重，民贫无问，岁之凶丰，动辄转徙。时侃窃尝循流遡源而考求其故，本县元额和买绢八千四十九匹，绵三万八千九十两，后因江宁、上元两县房廊营运店业之家荡然於兵火之余，人户多是流寓，遂权将在城人户合纳和买绢一万余匹，绵一万一百六十两，敷下外，三县抱纳，本县添起和买绢二千一十九匹，已是重困，而和买绵一万一百六十两，不及溧阳、溧水两县，乃独尽令句容一县抱认！绍兴间，宋侍郎知建康日，申请除减诸县前项续增和买绢，不幸句容一县独无。时相产土於时观望，却出榜晓示，谓句容逐年催驱税赋数足，只将溧阳、溧水县元抱认城下两邑捐数除免外，而句容例增之绢独认之绵不与焉，犹以为未也。则又以句容县合减绢二千一十九匹之数再行均减。在其余四县，则是将句容县合减额外增添税赋，却与上元、江宁、溧阳、溧水四县再於额内除减，自是民始不堪矣！至淳熙七年，本府通判张朝奉任满，差知永州，上殿尝以句容租税过重为请，得旨行下，蒙上司委宁国府赵通判前来取会，而邑民贫困无力，相继陈雪，未奉施行。时侃请言坊郭所科和买之不均在城，江宁、上元两县有房廊之家少者，日掠钱三二十千，及开解库店业之人家计有数十万缗者，营运本钱，动是万数，并无分寸和买。句容县有房廊及开解库店业之家富者，家计不过五七千缗而止，营运本钱不过三二千缗而止，其日掠房钱一百五十六文足者，即乘纳和买绢一匹，开解库店业之家营运业钱，每一贯文足即纳和买二寸二厘八毫，各家岁纳和买绢不下五七匹，则府城之人何其幸而县郭之人何其不幸耶？此特坊郭之不均耳！时侃请言乡村所科和买之不均，且上元与句容境壤相接，阡陌相邻，句容县上等人户每田一亩起纳和买绢一尺六寸二分六厘三毫、和买绵五分五厘五丝。上元县上等人户每田一亩只起纳和买绢三寸一分、和买绵二分二厘。则上元之村民何其幸而句容之村民何其重不幸也？均是属邑也，均是赤子也，其税赋大不侔如此。其他诸县：如江宁，每亩止科和买绢六寸；如溧阳、溧水，虽等则细算不同，亦无有重如句容者，夫减免之恩既不能例霑，而合放之数又均在他县人户，日贫而税赋日增，斯民有转徙而已，痛哉！榜文数语之祸也。噫！其忍言之哉？时侃职在字民，访求利害，无大於此，重以催科抚字之责丛於一身，政拙心劳，不敢偏废，虽催理之际，究心尽力，不敢辄违使府。比较期限，以上劳督责，而此身如据针毡，而坐未尝一日敢安也。苟於是时，不能激切而详言之，岂惟无以纾邑人郁郁不获伸之志，亦将上辜使府布宣宽大勤恤民隐之意矣！时侃区区之意，欲乞钧慈於比较诸县催科之时，念邑民困於税赋之重其来已久，摘出句容一县，别赐宽假，以苏民力，不胜大愿，仍乞断自钧慈，特赐敷奏，将本县例认之绢二千一十九匹，独忍之绵一万一百六十两拨还，上元、江宁两县在城人户名下仍旧均纳施行，庶使一邑之民共戴天地父母无穷之恩。

《大卿李公（大束）蠲和买榜契》：勘本府近准转运使台牒，据管属句容县市户朱裕等状，本县系山邑，不通舟楫，坊郭之内多是贫民下户，应干货卖物色，并是入府城打发下县所得甚微，每遇官司推排，却有一项虚椿营运钱六十五贯一百七文，计买绢八十六匹三丈，官折钱四百三十三贯七百五十文，白乾敷诏於编户名下，陈乞比附江宁一体除免。本府并江东运司遂委本县丞薄尉同共讲求利病，本职照得本县每岁於田产店库上已均敷和买绢八千二百四十余匹，坊郭房廊赁钱上已均敷二百二十余匹，却又白敷坊郭市户八十六匹有奇，谓之虚增营运钱，每遇推排，别置一局深扃固鐍、关防备至，凡邑之民次第高下，号十等户，虽负贩小夫，下至植蔬鬻饼之徒，稍能经营皆在焉。内择一人董其局事，令自相纠决，铢较寸量，哗然争竞，甚於仇敌。虽民力有限，虚额常存，必欲抱认八十六匹而后已，遂使诈力者以多为寡，弱者宜寡而多结局，未几词诉蠭起，其弊非一日矣！本职以虚增八十六匹计之，为钱仅四百二十余缗，缘事关州郡经赋，申府施行。奉知府安抚留守制置殿撰大卿台判，上件绢科之本县坊郭民户递年推排，扰害不一，不止攒科追扰而已。案帖县自九年为始，与蠲除本州自行抱认，仍具申转运司本府已贴句容县遵从自嘉定九年为始蠲免，本府自行抱认，仍具申转运司照会了当，合行晓示，永远为照，除已出版榜句容县门悬挂，晓示民户知悉。如本县不遵，使府已行蠲免妄作名色催理，许被扰人具状经府陈诉，切待追捉县吏典押送狱根究，从条施行。

《华阳宫记略》曰：句曲山之华阳，陶隐居之上馆也。陶以上馆自居，以中馆处弟子，以下馆延四方高士，累功修德，上馆居多，是以引珠泉以炼大还，修本草以和名饵，设太慈於官，而向道者心化，置灵符於井，而饮水者患愈，功成事遂，而馆名遽立於天监之时，真积力久而华阳始建於天宝之际。惜乎！尔后干戈蘖聚於中原，烈焰炽延於深谷，天后便阙，啸聚者屈之清虚，东窗兵刃，则藏之三峰，鹤驭远九转丹炉，隳垣圮神，居迹屏上士，暨至我朝海内清肃，祥符天圣，真风振兴。皇祐以来，乃有冲隐大师、道正庄慎质者，天才超颖，德操迈逸，心恬渊静，身乐清虚，侍从师资，安养斯馆，爰及政和三年，已逾六十六载，橺漏弗填，畏倾弗支，於是起役山岩，鸠工云集，征材薮谷，挥刃摩天。昔惟茅茨，今且革之。昔惟土阶，今且甃之。（按，宋政和中，宣德郎敦衡记）

《集仙桥记》：知县游冠卿题县之南桥，作於元丰之三年，元祐改元之秋岁，适大水，舆梁为之辄坏，往来病涉，愁叹满道，乃请於府而新之，购财董役，未逾月而功就。而桥素无题榜，因其路入三茅，遂以集仙名之，且为小诗以记岁月兴废云。"南桥颓废旦官羞，新作川梁代济舟。上应星文横北极，下飞虹影落中流。惭无子产乘舆惠，漫绝襄公茀道忧。路指蓬山仙世界，品题今为邑人留。"予旧岁过集仙桥，得石上段於平易堂墙南角。惜其不全好。今年六月十六日风雨终夕，又得石下段於堂之西破墙底，因粘缀成文，并以畴年筑地所得龟趺坐此石，然隐伏显露虽各以时，向使予不先得之，顾今断石将安用焉？特不过础柱砧衣耳！桥屋七间，工役浩大，而舆梁之复未知何日。观是诗者可以知邑之事力视昔不侔云。又四日志。

纪瞻墓：周应合考证《晋书》，穆侯讳瞻，有宅，在乌衣巷，今有古碑在县圃易并堂。碑字磨灭，仅辨其额云"晋故仆射散骑常侍大将军开府仪同三司纪穆侯"之铭，后有胡克充跋，未详何代人。字漫不可辨。知县山阳真元弼题云：纪思远之碑。自东晋明帝时逮今元丰癸亥岁仅千余年，可谓远也。已然风霜剥裂，字皆漫灭，惟题存焉。其石亦断而为二，僵仆於道旁，几为农夫野老所坏，故置之县宇之东轩屋壁间，盖以其古物可贵。尔后之好事愿常护之，勿使毁也。知县邠城张偘题云：元丰癸亥邑令山阳真公元弼取纪穆侯碑陷东轩壁间，且识岁月后百三十四年宝庆丙戌邠城张偘得之邑后圃榛荆中，拂尘而观，题额尚存，因诵"古物可贵，护使勿毁"之语。益信前辈所谓风霜湮沦磨灭散弃於山崖虚莽，未尝收拾，良可惜也！初，明帝引瞻侯於广室，论社稷之臣，屈指君便其一班班史册，观此则铭章颂美，又下一等，遂买石作趺，移置於易并堂左。

资善管元善墓，白时中撰志铭，铭曰：管以国氏，世远而分。龙泉著姓，自公有闻。公姿粹秀，浑然德器。种学绩文，川流岳峙。暨于从政，激浊扬清。有施有守，伟其休声。济是显融，持橐珥笔。献替丝纶，左右密勿。出殿方面，入跻庙堂。谋猷来告，憨恻有章。惟其令名，诏於后裔。勒兹坚珉，幽宫永閟。

赵总管士旰墓，周应合考证墓志云："士旰字岩老，太宗皇帝第八子。周恭肃王之四世孙也。靖康丙午八月生于睦亲宅。丁未之变，公在襁褓，养于乳母李氏。李适梅氏，相与保毓甚谨。晦其姓氏。绍兴己未，虏请和公，始得同亲王居广徕。归年已十四矣。追念父母，泯迹朔荒，呜咽流涕，殆不能生。聪明长厚，以近属赐名授官。及冠。奉衡山祠禄。于金陵揽形势之雄壮，叹中州之榛芜，谓兹土裹江表，淮王罴所聚，且距河南地近恢复之本，当道於此指日疆土，还职方之旧，则归父母邦不远矣。故乐与军师游，谭兵家事，以资异时执戈卫社稷。计於焉，谋居盖有待尔，始则卜筑南郭外，咫尺城闉，且有清胜之趣，乡贵大夫慕公高洁，竞与论交。车辙阗门，殆无虚日。公虽天性节俭，然雅好宾客，有解貂换酒之风。居既安，不事荣进。朝廷尝以公行尊属，近欲命袭爵主禩。公闻之，巽谢甚力。时议高之。故凡奉祠者六，食员外监征之禄者三，而公处之裕如。淳熙辛丑，有以公之节行升闻，上深嘉叹，特命进秩积阶至武经大夫。（以上均见《建康志》）

《重修建康府句容县南庙记》：直邑之南，陆走无半舍，地方南钤，有正顺忠祐灵济昭烈王祠庙。土人呼为南庙。地势宽闲，风气和会。平岗长陆，虎踞龙走，盖天造地设，所以宅灵气而显异迹。庙旁有碑，委仆於荆榛草莽之间，残缺漫灭，字不可识，图志不载，莫知云何。故庙之废兴亦莫详其所自，然制度未广，卑陋褊迫，不足以称王之休功盛德，且岁久土木力尽。乾道壬辰，众议出缗钱大而新之。邑士许恭、李立等倡其事，众应如响，犹未敢遽兴工。前此，民病无井可汲，屡穿不得泉。远近之人，岁以王之诞日集祠下，至於酌陂水而饮。及是，乃与致祷，愿以凿井得泉为验。既而凿，未及深，飞泉溢涌，日渐澄澈随盈。众心鼓舞，即日诸役毕举。居人尽力，工人尽艺，相励趋事，曾未阅久，绩用告成，殿寝翼然，堂陛肃若，夹以修廊，周以层垣，雪脊朱扉，交错相映。百用具修，无一或缺。於是壮而不侈，华而不奢。过之者撤盖止呵，舆马不敢及门，咸低徊踧踖，改容振服而后去。淳熙丙申中秋之吉，善言被命试邑。始至三日，祇谒祠下，於是磬折而入，载拜於庭，瞻仰俯视，威灵如在。未几，交代朱君光谓善言曰："王之德此一方也，其来久矣！水旱必祷，痛疾必呼，是皆感於精神，发於梦寐，曰雨曰旸，如操左券。今庙之北有张墓，广袤数百亩，经界法行，官龠常赋，民亦不敢佃。据东有石柱，前有陂池，相传为王牧马饮所。又有前光、后光二废寺，孝宅、砚池悉近王庙，谓为王之故居。遗址甚多，先是邑尉郑兵常传上封事，经久未报，心疑致祷。方焚香而香炉动摇，旋转不已，众皆股栗。尉且拜祝曰："为祸耶？为福耶？祸则动而不已，福则动且告止。"居亡何，有诏趣封。计香炉动时，实诏下之日。居民有张姓者，将捐巨木助营缮。是夜，有木自仆平地如截，民惧，尽施其余，人愈敬信。如是灵异盖不可一二数。光久欲记其事，因循未能。今将去，此奈何？子盍为我次第而勒之石？"善言曰："公言不诬，事有考据，其何敢以文陋辞！"因念是邑土瘠而民贫。故往往短於财、啬於施。今庙之兴也，所费彖钜万，而民贫争舍，乐赴如影随形，非王有大功德於是邦之人，其何能尔？於戏！礼有祭，典有祀，皆谓有德於人、有功於社稷，自昔然，不可废也。今王精爽，千载不昧，其呼吸风云、化灾为祥，振耀阴兵、助顺讨逆，尊爵美号，华於一门。祠宇之盛，偏於天下，矧是役也，为显迹之地，邑人事王如事父母，则血食於此也宜矣！按祠之记及诸家说，王实吴兴乌程人，生於前汉。又曰："其先今武陵龙阳州人也。"然则今之墓田岂王未葬此乎？抑生於吴兴、显於句容、殁而葬於是乎？并书之，以俟识者。至於王之灵迹著验，盖天下所共知，载於祠山诸碑，既已详矣，兹不复云。姑摭是邦之人耳闻目见者而为记之。淳熙四年苍龙丁酉七月既望，奉议郎知句容县事赵善言谨记并书。宣议郎丞万俟传、迪功郎簿蒋棣、迪功郎尉季用昌始终。都会首许恭、副会首李立同立石。（南宫古乘）

《赠总霸高公碑铭》：高氏自吉安徙扬城，复徙句曲者，其地於今为句容之骊山。骊山之高，其称益久。自公复大著。公讳仁行敏一，宋理宗景定壬戌科武进士，初授湖南昭勇将军。宋端宗景炎丁丑岁，迁制置大使，帝昺祥兴，己卯年因国变隐居，为元人所逼，拜总霸提领大使，征交趾，有功。进封平南侯。固辞不受。乞归田里。铭曰："烈烈丈夫，逢时之颠。忘家许国，摧刚挫坚。仁智信勇，所向无前。去逆效顺，战胜陲边。既明且哲，不屈於元。功成告退，理所宜然。斲文於石，后嗣永传。元至元廿九年九月九日右赞善大夫刘因撰。

《元故处士南山张公墓志铭》：戴亭张民瞻，讳云霓，世居句曲。曾大父邦显，大父日昇，父思恭，俱隐不仕。公年十一，父殁。母杨氏守节，教养诸子习科第业。乙亥岁，时事变迁，公奉母避地，天兵四临，麾城撕邑，公亦被获，哀恳主帅，以有母闻，因叹其孝而释之。险阻备尝，俭勤自励。生理日益，於其定省温凊一无虧。母八十有四，以寿终。哀毁逾礼，遐迩传慕。公处家以睦，待人以宽。公总同爨，堂宇萧森。尝书"公艺白忍"於屏，为所守法。以"好学、知务、修德"三语为座右铭。公兄既丧，以恩义抚其侄天麒犹子，而天麒亦以道事公也。雍雍一门，举无闲言，公弟早世，每痛悼之。欲继其嗣弗果，而以邑南黄堰田入崇明寺罗汉院。立祠祀之，用永香火。邑进士胡芳叔多其义而纪以文，乡里有怀谲渫恶之民，忿争辨讼，公往谕以义理，则皆靡然服从，莫不称美。有古人风。晚年脱去世械，属家子侄葺园筑亭，豆觞为娱，若将终身焉。一日谓其子曰："余年九十，人生三乐之一也。然所念者，父母之劬劳耳。吾父寿止三十有一，岂不痛哉！况桑榆晚景，岁月几何。为吾祀先远、会宾亲以尽余意。诸子承志维谨，置祭肆，筵姻友，宴聚乡邻，至者几千人。诗文称是。又四稔，戊辰冬，诸子在列，忽曰："吾谢斯世，汝曹勉旃。"越信宿后，复曰："己所不欲，勿施於人！"言之者再。及明而终。享年九十有四。生於宋理宗端平乙未十一月二十有八日。昆仲三人，公居其次。家句曲南山，因自号南山处士。子昂学士扁其庐。娶李氏，先公廿六年卒。子三人，长天麟，年六十有六，先公三月卒。次天锡。次天福。女一人。适条事。蔡公之子孙男六人：文宝、文昌、文圭、文明、文昱、文远。孙女六人。曾孙四人：琛、瑜、瓒、玹。公殁於元明宗天历元年十月十五日。是年十二月初八日丙申安厝於家西南柏庄之原。附先垄治命也。里戚倪咨夔状其行，请铭於余。铭曰："身润非富，维德之新。家齐有道，维天之抡。勤俭自立，孝养慈亲。道义为守，化诱乡邻。孰咎孰勋，克谨克纯。显显赫赫，传於后人。天历元年十二月，饶州路儒学教授秦元高撰。

《句容县戴亭里张公奉祀田记》，前乡贡进士里人胡芳叔撰。慎终追远，民德归厚矣！先哲此言，盖惧世道日降，民心弗古，而厚德之化有所不行也！当时去先王之世为不远，遗风流俗未泯，而犹以是虑焉。况数千载之下，习尚浇漓，有人於此能佩圣贤之训，反淳古之风，是可尚也已。若吾邑云翼张公则其人也。公世居邑之移风乡戴亭里，为士族之望，其先君九三居士素号长者。妣杨氏有子四人，公其一也。居士年三十有一而逝。杨方盛年，誓不他适。俭勤雍肃，抚育诸孤。故公兄弟咸克树立，内教之力也！年八十四而卒。季弟友义，殁於至元乙亥之兵。时三月二十有七日也。幼弟生八月而孤。及长，继嗣他族，讳云龙。惟仲弟云霓与兄同居事母，孝友纯笃，人无间言。一日公语云霓曰："吾兄弟凤罹闵凶，亲不待养，罔极之恩何以报之？惟谨祭祀致其如在之诚而已。虽家有庙，岁时有祭，吾心常若歉焉。吾将假昙瞿之事以寓吾无穷之孝，可乎？"云霓曰："诺！"遂更拘祠於崇明寺之罗汉院，浃旬而成。供设糇饰，一切完美。奉其先神主而以友义祔焉。因以腴田之在通德乡黄堰东者，为亩四十有畸，授寺之魁衲心月及其徒宝璋执券主之。岁资其入，以奉祀事。岁时致祭，晨夕香灯。朔望忌日，设伊蒲修佛事以资冥福，咸取给焉。其所赢则归之於寺，悉无所覆，循为定规。於是亡者之享祀既得与常住相始终，而存者之孝思，又得以摅其素蕴报本之道，可谓厚矣。古之所谓君子，盖若是也。今年春，心月状其事、请记於余。余既同里闻，又素重公昆季之为人，因谓之曰："远者，人之所易忘也。二公能追之，岂惟先世有怿於后人哉！子孙观之，皆归於厚矣。岂惟一家有及於古人哉？远近闻风亦归於厚矣。乡以移风为名，二公有移风之实，使观风者见之，宁不表扬以励薄俗哉？盖诚之不可揜如此，固非有意於令名，亦非深泥於因果而为之也。居士讳思恭，字叔敬。公讳云翼，字鹏举。公弟讳云霓，字民瞻。

《望远楼记》：望远楼者何？句曲张君通甫所居也。曷为以望远楼名？即其景之所及也。其所及之景何？面浮山而背容岫，左茅峰，而右绛湖也。然则何远乎？四山环立，两溪交注，烟云之吐吞，日月之出没，一举目而宛在几席间也。通甫之所造乎张也，张氏始居戴亭，次居浮山。庆历辛巳，复迁西城，瓜瓞绵绵，久而益盛，居室湫隘，殆无以容。於是建大厦十余所，而正卿翁遂作斯楼於其室之东南，盖淳祐辛丑之所造也。传历许久，震风凌雨，木腐瓦脱，通甫念伯祖之遗迹，兵燹之余，葺而新之，年已七十矣！故欲笔其始末以示后人，俾无忘先世之基构也。嗟夫，盛衰迭更，陵谷变迁，城郭是而人民非者多矣！朱甍画栋化为灰砾，结组彰缨降在皂隶。岁月几何，江山不可复识矣！而张氏斯楼独岿然若灵光者，其故何哉？其不以乃祖父种德於冥冥中，而造物者嘿为之呵护耶！夫非楼不足以望远，非人不足以传远。通甫年弥邵，睦於宗族，周於乡党，好贤乐善，老而不衰。曾孙满前，芝兰竞秀，此天之所以寿仁人而昌其后也，其於传远也何疑，若夫凭栏倚柱，吟风眺月，览一境之胜概，写四时之芳景，吾知正卿之意亦不专在是也。吾且欲与通甫登斯楼之上，廻觌远岑，频窥倒景，试呼陈玄、毛颖而一凭吊之。京口俞希鲁用中记。

《元故西岩处士朱公墓志铭》：公讳士林，字桂芳，其先润丹徒人。曾大父安福徙江郡之句容，居古隍。大父崇,生三子,长南强,宋补贡进士公。进士公之子以仲父南野之无子也,命公为之子,继乃有子士毅,三岁而父母殁,公友爱笃至,怡然同居,始终无间。宗兄荣祖蚤世,进士公将取诸孙以为后,而未果立,慊然中怀。一日寝疾,感发梦寐。公闻恻然,以子承命,进士公大喜,自慰而疾良愈,娶钱氏,早卒。公方盛年,义重伉俪,弗忍再娶终身。公由襁褓为后,仲父谨实致孝矣,而进士公之即世也,执丧以心礼同情,至仲子见善为后,宗兄亦异居以承祀矣!而抚育视诸子,资於公以室,其子二人,其秉心立行类此。公自幼侍进士公,持身治家事有所法,克佐厥成,其处昆弟艰瘁俭约,乐以自任,视游侠侈靡,漠然若无见者,且毫发无所私,其睦族姻,虽疏远贫婆必谨无弛。乡党故旧不以贫富盛衰有所易训,饬后进,勖之勤家,谋疑发蒙,终告无隐,与人虽厚,怨未尝谋所以报,至性持重,无或戏慢,衣冠俨然,恪守常度,其言论非以诲人不妄发,其有所为,一视礼义何如,利怵害迫,无所顾虑,故观德者咸有取焉。公四子:长君美;次君善,出继於宗兄;次君义、君羲。孙男六人:紘、绅、绶皆壮,有室;弥孙、嗣即、善庆,尚幼。孙女一人,适陈元善。曾孙女二人。公自号西岩,澹然有拔俗出尘之意。以至顺二年正月二十七日终於家,年六十九。其冬十月十三日葬於大培之原。先事其孤状行实,使其子绅乞铭於予如右。古者三物之教,其行实必本诸孝友,而德行、道艺、敬敏、任恤、睦姻及有学者,有州闾族闾月书岁考,申之以乡大夫宾兴之礼,教育选举以实而无遐弃。当是时,以公之笃行,其必在所举乎。夫铭以称美孝子之志,君子乐道人之善,况公之成就若是哉,乃谨叙而铭之曰:"惟古教令,本於里闾。德行道艺,敦笃以书。教也其诚,举以具实。贤能长治,成人有德。我视於公,孰云无人。於流遡源,孝友睦姻。孰玩於华,而泯其实。悠悠古风,谁因谁极。似续持守,晶哉有成。潜德幽光,於墓尔铭。儒学教授、古润郭畀撰并书篆。

《元故儒士朱公仲明墓志铭》:公讳昱,子仲明。其先润丹徒人。七世祖墓在焉。高大父讳崇。大父讳南强,宋太学生,自号东溪,文行为乡里推服。考讳士昌,号玉山,又徙元林,因家焉。公其长子也。幼颖悟绝人,韶龄与群从兄弟肄业家塾,师命题课其徒,公诗恒魁众作。年十六,求师於外,时响林陈先生登父以经学教授京口,公从之游。卓荦通敏。同舍生皆下之。义山郭先生元德职教润庠,以公名荐儒司。公弗屑也。以侍亲辞。后玉山既丧,啣哀茹诚,内营外御,与弟晟竭力治丧事。甫葬,晟感疾,久不瘥。或告曰:"是葬殆不利后嗣,盍改卜乎?"公曰:"葬为先人,非子孙计也。今欲改以求利,果改,复不利,奈何?若然,则必试其可乃葬耶?"言者语塞。乃重贲购名医师疗之愈。众乃服。晟学业尤精励,与公协心同力,克裕厥家,事母尽孝养,甘旨之宜,温清之礼。晨昏未尝少懈,每晨坐斋阁,所讲说皆修身治生、为子弟楷式者,如是积数十年亡易,乡邑以经明行修举之者再。先公五年卒。始二弟昇、昺皆幼,延师训迪,闻成都青阳君辅学博而文粹,厚币招之,并馆其家。十余载敬礼不衰。二弟学既成,择配皆名族。友于之义蔼如也。故乡闾称文行之能世其家者必公兄弟焉。公於姑氏失业来归,厚赒其匮乏,且训其学,一视诸弟。女兄适同邑张氏家,亦索,岁时致馈,络绎不绝。男婚,女归聘,遇如己子。祖母曾氏先茔为人所得,出帑赎归之。岁为拜扫古隍故庐,族人居而有之,弗较也。先业有山植木蕃茂,家求分异,公惟取祖茔旁者培养之,余悉不计。天历己巳,岁大祲,有司劝分钜室。闻者咸避。公慨然出粟五万斛以济贫者。至正壬辰秋,军兴,募民纳赀。公出缗钱二万,命从子绎曰:"拜爵,非吾志。汝父以劳助吾起家而不食其报。汝其往受爵!"绎遂受茅山巡检。公素封,无骄色,行事一视义,何如义?当为必勇往无惮。於利未尝屑屑计毫发,遇事果敢。议或未决,从容一语,无不得其要领。尤善容忍,人或侵侮,不实怀抱,其至性类此。娶储氏,生子三:纤、绚、绘。女三:长适蔡润,夫妇俱早丧;次适张珵;幼未行。孙男六:穆、秩、和、稔、秉、乘。孙女一。生以元贞元年乙未之三月十二日,卒以至正十三年癸巳之二月十六日。春秋五十有九,葬束庄先茔墓侧。治命也。先事,其子纤状其行来请曰:"惟先君子自少勤勖,克承基绪,以迄於兹,终之日,泣涕曰:吾死不为夭,但老母年九十在堂,弗克终养,吾抱恨九泉矣!言讫而逝。呜呼,痛哉!不肖孤忍死,将以明年甲午月日营葬事,愿乞铭以掩诸幽。"予与公姻家也。谊不获辞,谨叙其世次行实,事如右,且为之铭曰:"文身之华,德行之实。华浮则史,实胜斯质。惟公卓然,文行俱懿。雍雍诗书,宪宪孝悌。不尚於仕,而业其家。伯仲芊芊,德音靡瑕。种不求获,其实有待。猗嗟后人,嗣庆勿怠。松江同知京口俞希鲁撰文。琼州教授嘉定杨如山书并篆。

《朱君黄原墓志铭》：持敬讳维曾大父南强，宋太学上舍生，乡里称东溪先生。大父天祥。父君实，质厚有文。持敬生而颖异，学未得师而攻书茸文。不肯碌碌居人下。伟躯干，善言笑。方弱时，虽其大父行及其宗人耆老无不异之。比长，好接纳，一时缙绅士咸乐与之游，性倜傥且博雅嗜古，坐一室，潇然置图书几格间，暇时则披卷讴吟为乐，与弟绰日以文相师友。为诗不习凡近，偶有所得，人或与之酬和，亹亹不倦。与论事之可否，人之是非得失不诡随、不苟异，视其才诚足以表见，一时亡欤也而弗如，其心以诗自放田里间，号黄原耕者。良使圩，其曾大夫墓在焉。乏守冢之人，祠屋日就颓圮，乃力为兴理，求方外士居以守之。为文告於族，捐其田赡之，为悠久计，其立事不苟简类，此得肺疾，由冬及春，日益加甚，恒戒令母知。一日，独泣，谓其弟及子曰："吾老矣，但母年八旬，吾年五十，而不能尽人子大事，死而有知，其能瞑目耶？吾死，慎勿亟葬，以明我不终养之罪。"又曰："若得文如赵仲衡叔者铭我，我无恨！"言讫而逝。权遭罹大祸，居衰绖中，闻其丧，亟往哭，其弟若子俱以其言云。呜呼！持敬与予为中表至谊，生又与予同年。文字交游辱相知非一日，临绝之言又谆切若是，岂可以文学疏薄为解而忍不铭之耶？持敬生延祐甲寅五月十八日，至今癸卯，得年五十。其卒之日二月三日也。娶张氏，子男三人——远、近、逊。女一人。孙男二人。其子不忍用其贻命，将以明年月日葬於先人之茔礼也。呜呼，自予挈家而西，俛仰数十年，故家文物零落殆尽。求能以学业世其家，若吾持敬者，岂易偻其指哉？充其志，概未易量也，而止於此命也。观其临终，戒其子以缓葬，其志岂不悲夫？铭曰："彬彬行能天所赋乎？天既赋之，天何妒乎！抑人之所嘉天所恶乎？何夭而贱者必贤而不肖者寿且富乎？殆与若人，兹其亡悟乎？亦曷知其故乎？赵权撰。

《石楼冈建祠堂碑记》：宗族之有祠堂，以义起者也。《礼》曰：庶人祭於寝。盖先王之制，自天子至官师皆有庙。惟庶人则无庙。此非独限於分，亦势有未逮耳。自嬴秦尊君抑臣，天下无敢营宗庙者。至汉时始建祠堂於墓所。祠堂之制所由来也！夫三代盛时，人人亲其亲、长其长，虽在庶人，亦畴忍弁髦其祖宗，而秦越其族人者，后世人心风俗渐即於偷。祖免而下，伯叔昆弟，视若路人。不有祠堂，何以尽仁孝、敦礼让、基德化、联九族为一体哉？我张氏自九七公徙居石楼冈，历十余世，子孙繁衍，虽蒸尝有事而合飨无所。余致政归、谋之族众，卜地於赵冈园之东南，特建三楹，众咸踊跃从事。不逾年而祠事告成。呜呼幸矣！祖祠既建，始迁之主妥焉，支属之祖祔而不祧焉，人各尊其所自出，可以观孝矣。祭饮於斯，合族於斯，尊卑咸喻，老幼欢忻，可以观仁矣！周丰曰："宗庙之中未施敬於民，而民敬，盖春秋祀享，序事以贤，序次以分，袭封之贵，靡不肃共，玩觑之夫於焉惕息礼让，於是敦也，聚九族於一堂，对几筵而时省，好丑互形，贤者修而不率者，儆德化於是基也，此非仰宗祖之灵而佑启无穷者乎，抑余又有虑焉者，尝见世有负贵席势鞁𫐎周亲托宗规以逞其私者，余衰老薄德，罔能率众，今特为其所当为，至泽远年湮、积怠生玩，得毋有傲僻自恣阳假宗祠以示尊阴视宗祠如赘疣者乎，此又与於不孝不仁而灭德弃礼之尤者矣！余故於祠事之成、谨志其义、以勒诸石，俾我族世世子孙升斯堂也，惟祖宗是念，无坠厥家声，斯幸矣。至於祠墓前有隙地、后有余址，后之贤者能修葺而广大之，此则余之所厚望焉夫。张文焴记。（按：文焴，明初人）

《明故镇守万全总兵、官镇朔将军、特进荣禄大夫、后军都督府右都督、赠溧阳伯、谥僖顺、纪公神道碑铭》，嘉议大夫、太常寺卿、前翰林院修撰、同修国史、东鲁许彬撰。通议大夫、都察院右副都御史、五羊罗亨信书。光禄大夫、少傅兼太子太师、礼部尚书、毗陵胡濙篆额。景泰四年正月二十八日，镇守万全总兵官、镇朔将军、特进荣禄大夫、后军都督府右都督纪公以疾卒於官。讣闻，上为之震悼，辍视朝一日，追封溧阳伯、赐谥僖顺。复为文谕祭，诏有司治丧葬。自万全舁榇还京。其弟胜将以明年日月归葬句容之长岭山先茔之次。国家著令都督之葬法，当树神道碑，胜来乞铭。按状，公讳广，字声远，其先应天府句容县白土镇人。祖移居茅山乡住。上世多积德力善，代有显者，以谱逸莫考也。大父讳圆八，旧隶戎籍。洪武癸亥，以老疾命子双僧代之。双僧骁勇，善骑射，从太宗皇帝起义靖难，累以功授营州右护卫副千户。公之伯父也，岁壬午卒於小河战。永乐丙戌，弟旺袭之，以双僧战殁功越级升隆庆右卫指挥佥事。公之父也既卒，公袭官。公自少杰特，有大志。累从征迤北，多树劳绩。宣德纪元之初，庶人高煦反，宣庙亲征，命公与诸将为前锋。先围其城。罪人既得，而能声益著。庚戌冬，命公总操中军马步。乙卯春，诏在廷文武大臣阅武将台以校优劣，而公之骑射筹策无出其右者，升都指挥佥事。正统壬戌秋，镇守万全，偏裨员缺，诏举才智出众者充右参将。太子太师、成国公朱勇以公应命。既至，日与总戎训谏士马，筹画边务，罔不尽心。在镇数年，烽尘清而兵民安堵。公之功居多。岁乙巳秋，虏酋也先悉众寇边临大同。太上皇帝亲帅问罪之师，公护跸以行，抵大同而还。八月十日，驻跸沙岭，召对称旨，升都督佥事。仍守万全。越八日，虏众大肆剽掠，公率轻骑出战城南，擒获贼将猛秃儿等数辈，得其人畜器械，其年冬十一月，今上皇帝嗣位，念公饱历风霜、边功夙著，升都督同知充参将，赐白金文绮。景泰元年六月，虏酋入寇，截我粮道。公率众逆击於南坡，自辰至晡，转战益力，贼悉北遁。捷报，加公今官，赐赉甚厚。明年夏，公率铁骑二千巡逻万全左右，遇虏寇数千掠我边陲，乃挥兵大战，擒杀名将也先秃儿等辈，余不能支，悉弃其甲胄，追奔逐北，奏凯而还。五月八日，贼复攻围万全，公督将追至闵子口，虏潜伏两山，山险路狭，我军未及成阵，而贼夹攻之。他皆危惧。公麾众曰："此正大丈夫遇盘根错节别利器之时也！"下令军中抬营而行，随其所遇，地势广狭，毋废纪律，有不用命者必斩以徇。由是将校贾勇前驱，莫不以一当百，麾旗呐喊，声震山谷。如是者三昼夜，全军而还。辛未春，议徙保安卫於雷家站，众皆难之。公独身任其责，再阅月而城成，人不告劳多，公区画有方也。三月，命充副总兵。冬十一月，佩镇朔将军印充总兵官。公性凝重，器识宏远。虽已身富贵、手握重兵，未尝恃势傲物，故在镇十有余年而罔有过举。人皆谓其有古名将风。初，公之大父以子贵赠明威将军、指挥佥事；祖妣周氏赠恭人；考以公贵加赠昭勇将军、都指挥佥事；母何氏封淑人。至是以其官秩追赠三代。公生洪武乙亥十月四日，距卒之年得寿五十有九。配朱氏，有贤行，克勤内助。子一，曰顺宁，甫二龄，侧室张所出。女五：长适河南都指挥李贵子文；次适长陵卫指挥陶广；次适锦衣卫百户马升。皆朱所出。余二在室，侧室刘所出也。观公平生，奉母惟恐或怠，为将智勇兼备，率交游一代之巨公，祗事列圣，涉历久，用志笃。故能建功国家，流光史册，致身富贵，垂裕后昆。岂非古名将之流？而今之不可多见者欤？铭曰：明圣之兴，有命自天。必有辅翼，名臣之贤。气机禽会，云龙风虎。有勋有烈，左文右武。桓桓纪公，勇盖万夫。畴克当之，拉朽摧枯。边境以安，功书册府。帝嘉公能，股肱心膂。公於事上，一诚不贰。智竭臣职，鞠躬尽瘁。公於驭众，有纪有纲。抚如春和，令如秋霜。殁有褒封，丹书铁券。公之冥灵，服膺宠眷。我作铭诗，垂示后昆。后有考者，请视斯文。景泰四年岁次癸酉九月九日，宣议郎、工部营缮所、吴郡杨春镌。

《高母张孺人墓志铭》，赐进士及第、翰林院侍读、吴郡瞿景淳撰文，赐进士第、南京大理寺少卿、滇南杨廷相书丹，福建按察司经历、邑人陈诏篆盖。孺人姓张氏，京兆尹守约公之季女。骊山高君讳寿字邵德之妻，金宪淡然公之孙妇也。孺人性质温厚，夙娴女训，虽生长富贵而雅好恬淡。在室时即以庄慧称。年十七归於高君，益婉顺而将之以勤俭。林隐公及配汤氏，孺人之舅姑也。端方严毅，孺人朝夕视膳羞惟谨，终罔失衷。相夫子以敬，处妯娌姻族和而有礼，御婢媵奴仆肃而有恩，居常寡言笑，非有故足不及中门之外。邵德为邑庠生，笃志好学，以家之内政界之孺人，黾勉相须，主中馈，工纂纫，宾祭问遗，斟酌惟式，菑播耕作，谨之以时，综治赞成，无少废误。侄渭幼失怙恃，孺人抚育备至。后夫妇相继沦没，遗孤七岁，又曲加存恤，务在安全。更舅姑丧，於所当为尤必竭其心力。邵德君之卒年五十有七，时孺人年五十有一，贞静自闲，哀思过礼，暨服除，衣惟青素，愈执劳鞅，以匡庇厥家。仲子溙游太学，例期当选，承欢膝下，无志於远宦。孺人举亲老禄仕之语反覆温谕，不得已遂奉母命拜深州判。肩舆迎养，孺人遗书慰之，曰："汝但廉清慎、毋旷乃职，足为存殁之荣，吾不能远来也！"仲子在深，岁余，怏怏不乐，曰："吾老母不能养，而恋此五斗红腐何为者哉？"解绶而归。所余常俸悉以奉母。孺人曰："此朝廷养贤之嘉惠也，汝兄弟三人均受焉！噫！孺人纲维於内，井井不忒，而兄弟之间蔼然承顺，亦庶几於柏舟之雅、棠棣之风者矣！自邵德之卒，至孺人之卒，又三十二年，中间婚娶资给，为费甚殷。孺人剂量有方，皆得丰啬。每遇岁时，大集子妇孙曾列于一堂，启诲谆切，所言无非织红、耕读事，词气从容，听者感服。故家之长幼闾阎中外秩秩，莫不畏孺人之义而乐孺人之仁，且约三令子至於卓立，而诸孙亦彬彬然有矩度，家声日益宏大，若孺人者，其始终全德，复何愧哉？卒之日嘉靖癸丑二月一日，距其生成化庚寅七月十日，享寿八十有四。男三人：曰潜，娶陈继张；曰溙，深州判，娶汤；曰涬，娶笪继许。孙男十四人：曰錞，娶徐继居；曰釪，娶傅继杨；曰鎕，娶曹；曰錸，邑庠生，娶刘；曰鐍，娶张；曰镶，娶居；曰鋌，聘何；曰鉏，聘徐；曰铓，娶张；曰偏，娶傅；曰镦；曰十五、十六、十七，俱未聘。重孙八人：曰懋；曰段；曰杰；曰重三；重四；重五；重六；重七；重八尚在襁褓。重孙女二：曰重女；曰俸女，亦幼。卜是年冬十二月廿五日归葬於张坟西山之次，前期仲子溱遣子捧状乞余铭墓，余曰："唯！"往年有文为孺人八十寿，稔知孺人之令德者，况重以请，义何可辞？因志其略而铭之。铭曰：家有懿范，惟内之由。吁嗟孺人，厥德允修。温恭肃雍，京兆之裔。吁嗟孺人，高门之纪。安富而寿，福亦孔殷。维子及孙，蛰蛰彬彬。蒸尝四海，子心之恻。栖楼千年，尚存口泽。西山之窆，体魄是藏。铭辞耿耿，永闼玄堂。

《颜坟庵碑记》：余里闬距颜鲁公墓约五里许。六世祖竹安府君慨仰丹衷，虑或匮祀，悉以所近祠山田一顷八十余亩外、山地百廿余亩永入供奉府君。因归窆是山之麓，若愿葬首阳山者。然世有燃指焚身舍宅入寺者矣，然士林耻谈，以其志徼福利也，如我祖慕义激忠，倾赀而无所觊觎者，岂流俗所有哉？设身历夷险，稍关节义，其不愧隐衷，所慕亦明矣。方安史拘乱，奸宄效尤，唐室屡颠，一木难任，乃颜氏独任，孤忠奇烈仅见，幸而遗墟未泯、庙貌如生，君臣之义无所逃於天地之间，诚所谓旷世景仰者也。乃或见殿宇荒凉，俎豆寥落，且非典常血食，遂忽之为疑冢，不知二公精诚贯霄壤，即错认颜标亦不失表忠至意，矧县籍昭垂，夫岂无稽而志，予每登眺林麓，谒庙思忠，扫墓思孝，怅望颜公所捐躯者，何为吾祖所捐产者，何事不胜，天理人心不可磨灭之，感於是，谨为撰述，金询同宗。勒之墓侧。万历二十四年仲冬吉日，元孙宗光谨撰。（按，宗光姓朱氏，见《乾隆志》）

《敕旌朱氏义民坊记》正统九年旱甚，岂惟民俗嗷嗷，边境脱巾呼噪者尤急於时。一箪一命，一粒一金，孰不自封？孰宁自舍，我祖碧潭公名不列搜粟，职不与军需，好施活迹民者不知凡几，且躬赍二千余粮远为之赈，此非科征、额解，督率致然也。起於恻然，悯时艰之一念。圣天子发优诏以旌其闾。岁久而栋挠榱朽。叔祖仰居公恐君赐隐，则先德替引为己责，殚绵力以新之。费觉更倍。夫碧潭公富非甲一邑也，而捐廪不惜，仰居公富非甲一族也，而捐廪又不惜。此见田地间义举悉由心生，匪由外强。使关军国事皆共济，若此何臣非忠？使关祖功事皆独任，若此何子非孝？顾隐衷岂为博忠孝名，第观我宋乡贤东溪公祖训，奕叶昭垂大都，为人臣言依於忠，为人子言依於孝，以故世服心钦，乐为义所当为，一齐民佩祖训尚复能尔，使当年博经生义谅所遵述，益多落成，而刻石以纪，讵止旌吾闾？倘遇吾闾，谁非臣子？况有不费可效之君亲者，因事因时，油然兴比屋可封意。万历二十三年孟春之吉，元孙宗光薰沐顿首撰书。

《前光寺重修大殿碑记》（寺在张庙东）：闻之缵前业者，功同於开创，况从而张之乎！夫以数千年遗刹方颓废是惧，而规模益大，轮奂益振，顾不伟欤？前光寺自晋太康以迄本朝顺治，历加整葺，具详补建碑中矣。康熙五年周君本时偕众善信扩天王殿而广之。至十五年，大殿之材以岁久不支。周君本时复偕许君兆贞学闵为倡首，而周君木运邦鼎等又竞劝其事，众大姓皆踊跃输金重修，然后易其朽材，固其垣宇，风雨既除，庄严特盛，而古刹焕然更新矣！夫佛自拂衣双树薪尽火传，岂在迹相？而象教之设，精微斯寓，故飞锡建基、吐金开铸，法门龙象，往往措心，但诸君子以居家长者而屡振宗风，尤为奇特耳，若寺僧之董其事者，有法师辈高节苦心，非惟效勤并竭囊橐，则又马鸣龙树之流振颓纲而维绝姐者欤？呜呼！帝戏方石，天开深池，祥河辍水，宝树低枝，尊神百物，犹时时呵护，况人心之向善者乎？则愈叹佛力之感通矣！康熙二十二年岁次癸亥，邑发弟子宣颖薰沐拜撰。

《重修张大帝庙、建设万年灯碑记》：护国维神，妥神维庙。而其有为轮为奂，历千万祀而聿新者，非人为之，神为之也。祠山大帝幽明挺秀，山泽钟灵，诞自汉时，生有盛德，风云同其飚发，日月等其照临，屡代加封，兆人悚仄，是以庀材鸠工，宏兹栋宇，翚飞鸟革，挹彼高华，巍然焕然，其由来远矣！昔狄梁公巡抚江南，奏毁淫祠千七百余所，而帝庙传之愈久愈加崇焉！盖凉德不足以佑民，微劳不足以定国。譬诸春花同夫海枣，岂若帝之声灵赫濯亘古弥光乎！我朝鼎兴以来，雨旸时若，灾疹不闻，属籍容山，共钦明赐。峻德无以克酬，鸿功不能为报，爰葺庙貌以展夙心，时在康熙十有六年。许子兆贞捐资以为倡首，张子邦任拮据以勷厥成。因之士庶同心，畴人戮力，用搴栋隆之材遽易榱崩之势，苞茂克成，无忧雀鼠。坱恶克举，不废涂丹。呜呼！梴闲既告而后生安，曼硕有歌而万民若奚斯作劳。张老献颂验之囊哲，金有同心，岂世事独至於今，而人情不如夫古。前光寺僧智集慨然念前功之不易，而叹伟业之难忘，请余一言,用垂不朽。余嘉绩之有成,乃援笔而为之记。迨至乙亥之岁,许子兆贞,张子邦任、邦统辈议设万年灯於帝座前,盖以帝照耀人心而灯亦与为照耀,帝方昭垂千古而灯亦永与昭垂,是真帝德同天而灯同日月也。帝庙传之愈久而愈加崇,灯亦传之愈久而愈不替矣!声灵赫濯,亘古弥光。夫岂诬哉?因并为之志其末云。康熙二十四年岁次乙亥仲冬之吉,赐进士及第、翰林院日讲官、世居润州欧阳旭撰。邑弟子、庠生李杜书丹。

杨氏世盛藏有汉铜洗一,高二寸,口径五寸。

按,篆文①似尊非洗,录之以质好古者。

又藏一魏造象,高四寸三分,厚一寸四分,宽三寸四分。

象背文②:"妙因難尋,沖源罕惻。佛弟子馬恩躰憤苦空心玄水鏡為日父母造象壹區,願法界眾生同發菩提。天保十一年正月十二日。"

两旁文③:"佛弟子馬難陁,佛弟子馬阿升,清信女牛賤妃。"

汉砖。阳文。长八寸五分,博四寸,席纹中有莫字六,盖隧道砖也。曹方玮得之。④

义台花砖久佚,丁酉得一砖,是咸和九年篆字。阳文。两面皆焦。文与"咸和四年"不合。非义台故物。

句容花砖极多,颓垣败甓间往往见之有晶文、有埾文、有蕉叶文、有水浪文、有半钱幂文、有车轮文。又有富字,似富贵砖。文有潘字,曹字,璋字,朱少字,皆正文,杨珊祖式皆反文,似陶者姓名,其为汉?为晋?为城?为仓?不敢臆断,录之以质诸博雅者。

近年葛仙庵后土中掘出花砖千余,有长八寸、博四寸者,有方广八寸者,顶头及旁皆有万字纹,东乡亦掘得砖数十,皆万字袤纹,长广厚重,较胜前砖。按《旧志》,葛仙庵后即葛仙翁元墓,砖砌土中,如墙。岂其仙翁之隧道耶!

---

① 篆文:以上篆文为"厘作宝,冀其万年,永宝用。"
② 象背文:妙因难寻,冲源罕恻。佛弟子马恩体愤苦空心玄水镜为日父母造象壹区,愿法界众生同发菩提。天保十一年正月十二日。
③ 两旁文:佛弟子马难陁,佛弟子马阿升,清信女牛贱妃。
④ 李按:汉建安元年八月制作。

郭庄庙圆教寺有古钟一，高五尺。天顺五年，南京孙明铸造。乱后尚存。白马庄西万寿庵有成化十八年钟。今存。

接引庵古磬，大如盆。盉铁铸"正德"二字，余不可辨。兵燹时，寺僧置诸塘。乱后取出。击之余音袅袅。庵在福祚乡。

百培山，明初张斗南以富户分筑南京城垣自洪武门至通济门，乃置百窑於此，其运砖但以手传之，七日毕集所分筑处。此山窑余砖甚多，盖时不复敢他用也。

佛说四十二章经短碣，行书，三石。一嵌崇明寺壁，二存东门张氏家，不书年月，下署"句曲在家佛弟子某某沐手敬书"，姓氏漶漫难辨，未署沈氏镌。

又存重刻禊帖一石，跋语模糊，似云前明从井中出，不书姓氏年月，跋署名处亦漶漫难辨。

七万庙有天顺五年碑记，庙距治南四十里，又都包圩之南有《王祚远重建后白桥记》，今均存。

《周尚书墓志》，明天启壬戌周命新撰。尚书名仲武，字安世，生五季时，仕宋，历官兵部尚书，父敬直，官侍郎，因谏议违时，隐居句容，子孙至今繁盛。墓在后黄庄村。

按："流寓"，如汉许光、杜契，晋李整、鲍靓，六朝薛彪之、韦载，唐吴筠、秦系、顾况、刘商、张贲等。方外更夥。志局克期告成，竢续补。①

续纂句容县志卷二十终

---

① 李按：据《永乐大典》之《句容县志·山川》（一百三十四册一三〇七四卷二页）载："石屋洞：在直隶应天府句容县烟霞石坞南山大仁院。洞极高，状似屋，周回镌罗五百十六身，中间凿释迦佛诸菩萨像，直下洞极底有泉。（详见大仁院）"据《句容李氏家谱（李正谨等纂修）》二卷有："《汉太尉固公之像》：人生自古谁无死，留取丹心照汗青。关西杨震。""句曲始迁祖丙四公像。""《丙四公》：句曲乡中肇迹，若履拇之生人。安乐窝内长眠，寔开山之鼻祖。魂飞故国，依依梦绕。西江福庇后昆，世世声腾南国。秦大士题。"四卷有"《丙四公传》：青田刘基拜撰。"

据《句容张氏族谱（张昹楼等纂修）》一卷有："《张氏纂修族谱序》：文登丛大为撰（句容令）。大清顺治戊戌秋八月上澣之吉。"二卷有："义台。壮武公子题，随晋元帝南迁，居句容戴亭。晋魏相传，以迄於今。""华，字茂先，晋司空，谥壮武，以博物著名。娶刘氏。题。""题，散骑常侍，随帝南迁，居江左句容戴亭。时晋成帝咸康四年也。是为初祖。""常淮。常泗。常溱。常洧（庐墓产芝，事闻旌表，载在县志。义台即墓地，在今城南街）。"

据《戴氏家乘（戴本立主修）》之《戴氏重修族谱序》："郁冈西南十余里有村名谷城，周显德年间戴氏卜居於此，迄今近千年矣。戴君沛苍穀儒林郎奉封君本立家法循循，和辑孝友，睦姻任恤，乡党咸推重焉。余以里居邻近常相过从，既悉其聚族之久而尤美封君年登耄耋，颐养天和，子孙振振，兴起未艾，谓非积累数十百年培固根干未易臻此。己亥仲夏，戴氏重修族谱，问序於予……道光十九年，岁次己亥仲夏上澣，赐进士出身、教授承德郡、宗人府汉堂主事、壬午科钦命湖南副考官、辛卯科顺天乡试同考官、前翰林院庶吉士、加三级、纪录五次、印川裴鉴谨撰并书。"

据《鲁氏宗谱（鲁振官等纂修）》一卷："《鲁 续修宗谱序》：从来国有史，家有谱。谱者所以正宗派，别亲疏，序长幼，使人知其所由来与其所自出，而尊匕亲匕之道流传于奕祀也。是故士大夫之家莫不有谱，而孝子慈孙莫重於修此续修之举所由不容懈且缓也。吾邑鲁氏由本姬姓自周封伯禽於鲁，以鲁为氏，至三国时而有子敬公出焉，为公严毅正直，史册昭然，传三十六世至道茂公，始迁于句邑之鲁墓村，则道茂公诚为鲁氏本支始迁之祖。嘉庆十八年，宜元公慨然倡修其间……道光十九年岁次己亥八月上澣之吉，蒲溪邑庠生王炳文顿首拜撰。"

据张履《积石文稿》六卷有《句容巫氏重修族谱序》《古隍樊氏重修族谱序》《句容朱氏分修谱序》。

续纂句容县志卷末　　　　邑人　张瀛　分纂

志余杂俎

新志纂成，卷帙过于旧乘，识者见之，难免贪多务广之讥。第罔罗山野，充牣厨下，以待良庖。昔人云："史迁於酒肆帐簿无不可点化，琐琐记载，独无与同，纂辑之余，剩炙遗羹，弃之可惜，随笔箸录以续杂志，附诸简末。

明朱国桢《涌幢小品》云："高皇系出句容，历世墓皆在朱家巷，既迁江北，熙祖葬泗州，为祖陵，仁祖葬钟离，为皇陵。上都金陵之癸卯，追封立石句容，上自为文，题曰《朱氏世德之碑》，实宋龙凤九年事。既即大位，刻石于临濠之陵，并祭四代祖考，既得泗州图帖，立为祖陵，则并祭德祖、懿祖，而句容碑墓俱停。至嘉靖十一年，县人都御史王暐上言其地祖迹明载《天潢玉牒》《圣祖碑文》中，乞加崇封，遂命南京礼部侍郎崔铣、巡抚都御史夏邦谟、巡按御史刘良卿、提学御史冯天驭勘上。自句容县西门出行十一里，过二小山，地名通德乡，有一土穴，树根在内，原系栎木，四枝屈曲向上，枝头各有五指，乡人异之，呼为龙爪，今枯朽，惟有穴西田一段，各众称即朱家巷故址。量丈尺得地五亩，见今民杨春为业。自巷基西行一百五丈斜坡土瘠一段，株木一颗，木下一穿，故老相传朱皇帝家坟，量丈尺，得地三亩，遍生荆棘，并无邱垅石碑，西北古庙一所，壁画神像，并书"句容朱安"八字。样石香炉上刻"朱乡社二十八户置"。凡七十六字。总是一片荒坡，上曰："既无实迹，且罢！"

礼亲王昭梿《啸亭杂录》云："笪侍御重光，句容人，居官有直声①，常劾明珠②、余国柱二相国，弃官而去，不知所终。有吾邑金氏子随其舅氏之官甘肃，遇道士於汉龙山，年九十余，作江南语，状貌伟然，颇善书法。自云曾为谏职，以劾权相去官。然自称绣发真人，不言姓字、居里。金氏子屡叩之，不告也。后金氏子归，告诸士大夫，皆云其状仿佛侍御。然终无左证也。

俞樾《茶香室三钞》、梁陶宏景《真诰》云：山形似"巳"，故以句曲为名。注云：今登中茅峰巅前后望，以大茅为首，东行北转，又折西行北转，又折东北行至大横，反复南北，状如左书"巳"字之形。

《真诰》又云：良常北垂洞宫口有秦始皇埋藏白璧两双，入地七尺，有小磐石在岭上以覆埳处。李斯刻书璧，其文曰："始皇圣德，平章山河。巡狩苍川，勒铭素璧。"若掘即可得。始皇所履山川，皆祀以玉璧，不但句曲而已。按，此则李斯之篆，天下颇多矣！惜无人掘而出之。

明李日华《六砚斋笔记》云："唐自天宝年相沿至南唐时，俱于昇州句容县立官场铸造上古鼎彝壶

---

① 居官有直声：顺治十二年七月考选湖广道监察御史，巡按江西。因弹劾贪酷吏湖东道佥事李嘉猷，顺治十三年七月反遭诬陷罢官。王先谦《东华录·顺治二十九》："秋七月甲辰，朝鲜来贡。刑部覆拟革职巡抚御史笪重光故出入人罪，应减等杖徒，准赎，永不叙用。从之。"

② 常劾明珠：《清史稿·卷二百八十九·列传六十九》亦称"笪重光与明珠忤，罢归"，与史实不符。明珠任大学士在康熙十六年至二十七年（1677—1688年），二人未曾同朝为官，故不可能有"忤明珠"之事。

濯之类，款识精整，岁久间亦有青绿者，然不足贵也。按，此说未知果否，如其果然，则近世所得古器可疑矣！

朝阳洞在浮山脊南，里人张隐樵兄弟尝栖息其内，深入数丈，有泉甚冽。即古仙人。每客至，流出精米，为侍者窃凿之而化糠。处前拘庵，毁后复建。

《六砚斋笔记》云：宋元祐中有中贵罗淳一学道华阳，意隐居之藏有丹砂异书。一日穴墓，惟铁绳县①一空棺，其圹甓环绕，相次成文，曰："华阳隐居幽馆，胜力菩萨舍身释迦佛陀弟子、太上道君之臣修上乘之六道。□□□之三真憩灵岳以透迤、游太空以栖神。"书迹神妙，是隐居手书。墓既开，遂摹此文以传。元祐六年林希子中所传如此。迹未得见。

宋周应合《景定建康志》云："唐世置盐铁转运使王扬，宋都大发运使在真州，皆於江南岸置仓转运。今下蜀镇北有仓城基并盐仓遗址，后有河入大江里，俗呼曰官港，即古漕河也。韩子苍尝居下蜀集中，有《与曾宏甫同行下蜀》诗："下蜀追随日，欢言一散愁。篮舆随坂路，小檥渡潮沟。"

《景定志》云：句容郝澄以丹青自乐，周文规能画鬼神、冕服、车器、人物。昇元中命图《南庄》最为精绝。《乾隆志》误为明人。

宋绍兴二十四年，秦熺给告还建康省祖墓。游茅山，因留诗华阳观，有"家山福地古之魁，一日三峰秀气回"之句。留守宋贶即镌板揭於梁间，有和其韵，题於牌侧曰：富贵而骄是罪魁，朱颜鬓发几时回。时秦氏权震天下，谁敢讥之。熺诘其所自来。不可得。贶与道流皆惧祸。

江浦郑鹿苹选卜地于句曲北乡石墨村之君山，以为生圹。刘检讨岩志之。其略云："句曲山多而最胜，鹿苹所为生圹者，其山自仑山而来，有空青、武岐、芙蓉、东华、石龙、天王诸峰，回环于百里之内，山故产小石，黑如墨，故云石墨村。而君山独巍然冠於冈陇之上，与诸峰遥相揖，其中有泉甘可饮、有林木可憩、有洞谷可栖云云。

赤岸村，《景定志》载宋时"湖条"云：其湖南至赤岸。王右丞诗②"帆影丹阳郡，枫攒赤岸村"，在赤山芦藤亭右。

《金陵诗征录》云：朱元介拘别墅於龙潭，见《顾文庄集》。

涵碧楼，秦殿撰大士和董文敏、陈糜公诗，龙潭魏某为之勒石。

沈豹既落职，遂披缁衣。有妻妾数人。为织造周以成董修报恩寺大殿，费逾十万，工匠感焉，建华屋於其家。

桂枝庵，为明总兵谢登云遇难处，事见孙守勋《霞山集》。朱述之云集中如摄山张汉杰墓，正统十三年碑漳桥谢将军登云墓。

《黄、孟、班、倪姓》《张祥生三孝子传》及《节妇五人传》，曹君成传，皆佳。

明万历时，上元盛时泰游句曲，醉挝御史张肖甫，戟门大鼓。张曰："此狂生，必仲交也！"邀入痛饮达旦而别，见《北山诗话》。

明俞彦，字仲茅，江宁人，万历辛丑进士。曾祖表，冒李氏。母祷茅山而生，登第后，疏复姓。见《金陵诗征》。

朱绪曾《建康实录·跋》云：首有许嵩《自序》。许氏为丹阳句容旧姓。晋有许迈。唐有许淹。多识广闻。许叔牙，宏文馆直学士，献《诗纂义》十篇。嵩，岂其族人乎？

《随园诗话》云：诗人陈制锦，字组云，居南门外。与报恩寺塔相近。樊明徵秀才赠诗云："南郊风物是谁真？不在山颠与水滨。仰首陆离低首诵，长干一塔一诗人。"陈嫌不佳。余曰："渠用意极妙，惜未醒耳！若改'仰首欲攀低首拜'，则精神全出。"仅易三字耳，陈为雀跃。樊博学好古，尤精篆隶之学。余所得金石两汉文字，皆所赠也。卒后，余挽联云：地下又添高士伴，生前原当古人看。

---

① 县：悬。
② 王右丞诗：据《王右丞集笺注》八卷王维《送封太守》："忽解羊头削，聊驰熊首幡。扬舲发夏口，按节向吴门。帆映丹阳郭，枫攒赤岸村。百城多候吏，露冕一何尊。"

《金陵待征录》云:"仓圣庙,旧在府治西。后移雨花山。傅制军祠祀之。祠成,樊明徵求古乐,率弟子肄习之,以妥以侑。"

宋绍兴十八年戊辰科《题名录》:四甲一百五名。江宾王,字彦济,改作朝翁。小名佛保,小字季说。年五十三。曾祖讃。祖仲文。父述道。本贯建康府句容县坊正乡南阳里。是科,建康府五人。按,仲文仕本府助教。见《崇明寺塔碣》。因与朱子同科。此录乾嘉间犹存。邝忠肃公埜(字孟质,明湖广宜章人),性至孝。父子辅为句容教官。教埜甚严。埜为陕西按察副使,在任久思一见父,乃谋聘父为乡试考官。父怒曰:"子居宪司,而父为考官,何以防闲?"驰书责之。埜又尝寄父褐。复贻书责曰:"汝掌刑名,当洗冤释滞以无忝任,使何从得褐,乃以污我?"封还之。埜奉书跪诵,泣受教。

陈忠愍公选(字士贤,号克庵,明浙江临海人),督学南畿,颁冠昏祭射仪於学宫,令诸生以时肄之,作《小学集注》以教诸生。按部常止宿学官,夜巡两庑,察诸生诵读。除试牍糊名之陋,曰:"己不自信,何以信於人。扃试各属生员为师范生,拔句容李瑛冠其曹。

句曲山房造熟水法。以沈香钉插入林禽中,置瓶内,沃以沸汤,密封瓶口,久之乃饮。其妙莫量。见元建康路教授孔克斋诗云:"等闲一勺笑相尝,未识仙人有禁方。泉挹柳汧调熟水,火分丹灶试新汤。雪山空忆频婆果,炎海争思笃耨香。何似华阳来小饮,花甆酌罢洞天长。"

毕著,字韬文,歙县人。金陵布衣王圣开室。年未二十,随父官蓟邱,父与流贼战死,尸为贼掳,韬文率精锐劫贼营,手刃其渠。与父尸还,葬金陵之龙潭。于归后,夫妇偕隐。沈来远序其诗稿有:"梨花枪,万人无敌。铁胎弓,五石能开。"又云:"室中椎髻,何殊孺仲①之妻。陇上携锄,可并庞公②之偶。"惜不传其父名,还葬金陵龙潭。盖终隐於句曲者也。其纪事诗云:"吾父矢报国,战死於蓟邱。父马为贼乘,父尸为贼收。父仇不能报,有愧秦女休。乘贼不及防,夜进千貔貅。杀贼血漉漉,手握仇人头。贼众自相杀,尸积满坑沟。父尸与橇归,薄葬荒山陬。相期智勇士,慨然赋同仇。蚁贼一扫净,国家固金瓯。""村居云席门,闲傍水云涯。夫婿安贫不作家。明日断炊何暇问,且携鸦嘴种梅花。"

明江宁顾文庄公起元《金陵名贤咏》六十首,均有评语。末为雪浪大师洪恩。洪恩,上元人,出家报恩寺,后住持宝华雪浪山,故称雪浪大师云。文庄评语云:"风期俊爽,议论亹亹动人。诗字有晋唐风流。"诗云:"恩公实散圣,俊气迈寥廓。当其独任时,肯受梵纲缚?游戏衍三车,矫若云中鹤。肉眼多所谋,徒为智人谑。"

明余大成《登宝华山》诗:"松子落何年?纤枝长水边。斫开新礀雪,移出远林烟。带月啼幽鸟,兼花灌冷泉。微风动竹籁,清韵自天然。"此山志③所载也。《金陵诗征》微异。"纤枝长水边"作"虬枝出水边"。二联作"涧深犹积雪,林远抹轻烟"。三联对句作"烹茶汲野泉"。不知何人所改。似较胜。异时修山志者当补注於下。两存之。

《金陵新志》云:许坚嗜鱼,炙火上,不去鳞肠食。每和巾带入溪涧浴,坐乾风日中,衣服黧气,人恶之。多梦中吟诗,太虚观有坚放鱼池。旧传,坚放食鱼全骨化生鱼去。按,坚字介石,江左人。见南唐李氏不遇,拂衣归隐茅山,仙去。南唐中书舍人潘佑有《送许处士坚往茅山》诗,采入"艺文"。

宋周文璞,字晋仙,侨居建康。尝往来姑苏、武林,多句曲之咏。陆剑南寄以诗云:"信哉天下有奇作,久矣名家多异才。"

宋张正卿居崇德乡之西城。淳祐辛丑,拘望远楼数楹,高出云表,四方轩盖。过者莫不登览而啸咏。一日,或铭之曰:"西城之阳,山盘水迂。彼美君子,维此楼居。爰登斯楼,聊以送目。绛霄一握,沧溟一粟。"不书姓字。其后邹阳祖续二十八句成三十六句,颇乖前旨,故不全录。

唐顾况,字逋翁。至德丙申进士。尝为韩滉判官。隐句曲茅山,自号"华阳真逸"。工画山水,素善於李泌,得其服气之法,能终日不食。全家居茅山,炼金拜斗,身轻如羽。暮年一子即亡,追悼哀切。其年又生一子,名非熊,三岁始言。在冥漠中闻父吟苦不忍,乃复来生。非熊后及第。自长安归庆,已

---

① 孺仲:东汉王霸,字孺仲。
② 庞公:庞德公,东汉末年高士。
③ 山志:见《宝华山志》(释德基)十卷和《宝华山志》(刘明芳)十五卷。

不知况所在，或云得长生诀仙去矣！

辛文房《唐才子传》云："会昌五年，谏议大夫陈商放榜。初上习闻非熊诗价，至是怪其不第。勑有司进所试文章，追榜放令及第，授盱眙主簿。不乐拜迎，更厌鞭挞，因弃官归隐。王司马建作诗送之，一时饯别吟赠俱名流。不知所终。或传住茅山十余年。一旦遇异人，相随入深谷，不复出矣！

唐《语林》云："李瞻汉三子，有文学气。貌淳古。非其人，虽富贵不交也。屡迁司封郎中，归隐茅山，征拜给事中，不就。两京乱，竟不罹其祸。

《北山诗话》云："凌汝弼，宰象山。修学宫，筑岳头、陈嵓① 二塘田四千顷，民赖之。多善政，以劳瘁卒於官。民奉祀象山名宦。立碑建祠。按，汝弼名傅，崇德乡人。成化辛卯举人。《乾隆句容县志》未详事实。补录於此。

明王珉，字宗润，一字竹坪。平居克尽孝友。亲丧，竭力营葬，一遵家礼。弟璿，令萍乡，每以清慎勤属之。处乡里，是非不白者，必以理喻，无不信服。尤笃於学问，好吟咏。於地理、星命之术亦究心焉。年八十膺冠带以终。按，王璿，承仙乡人。成化元年举人。正科表误作"濬"。珉载耆年，叙述未详。今以《金陵诗征》小传补之。

严紘，正科表作"鋐"。明宏治八年举人，十五年进士。而《吕府志》作"江浦人"。《金陵诗征》亦作"江浦人"。官左布政，则皆同。考《吕志》，宋进士张识、张谞、杨之道、巫钺、江适道、徐时昇、巫孝立均误作"江宁人"。江、巫二姓，宋时科甲最盛，不应误列他邑。《吕志》之误不可枚举。尝阅《同治上江志》，并将句容宋明科甲纂入过半，又不止严紘一人而已。今因采严紘诗入《句曲英灵集》，故并及之。

宋黄山谷跋荆公书陶隐居墓中文云：熙宁中，金陵丹阳之间有盗发冢，得隐起砖於冢中，识者买得之，其书盖山中宰相隐居墓也。其文尤高妙。王荆公常诵之，因书於金陵天庆观斋房壁间。黄冠遂以入石。

宋《咸淳毗陵志》：张存，句容人，自称"三茅山人"。题横山诗有云："当时不葬曹横墓，千古犹存芳茂山。"句容旧志失载。

《金陵诗征》云：元笪元德，金陵人，官教谕。按，茅庄笪氏聚族而处，子姓繁衍。金陵、京口皆系句容迁出，今录其诗以俟考证。《琴趣》云：枯桐浑不理朱丝，古调高弹识者稀。风荡杨花春去远，窗横梅影月来迟。闲中不尽登临意，妙处深涵动静机。千载渊明应冷笑，无弦清咏少人知。

《金陵诗征》云："句容张绰，字时裕。成化壬寅贡，仪封训导，好学善书，乐於教育。与施伦同咏《崇明古塔》诗。

《南史》云："宏景妙解术数，逆知梁祚覆没。预制诗秘在箧里。化后，门人方稍出之。大同末，士人竞谈元理，不习武事。后侯景篡，果居昭阳殿。诗云：夷甫任散诞，平叔坐谈空。不信昭阳殿，化作单于宫。"

《唐书·艺文志》：句容有王府参军殷遥、碛石主簿樊晃、横阳主簿沈如筠，江宁有右拾遗孙处元、处士徐延寿，皆有诗名，殷璠汇为《丹阳集》。殷遥与王维结交，同慕禅悦，志趣高尚，多云岫之想，而苦家贫，死不能葬。一女才十岁，日哀号，亲爱怜之者赠赠，埋骨石楼山中。工诗，词采不群而最多警句。杜甫常称许之。有诗传於今。（《王维哭殷遥诗》载"艺文"中）

梁宝志法师尝於台城对武帝吃鲙，昭明诸王子皆侍侧，帝曰："朕不知其味二十余年，师何尔？"师乃吐出小鱼，依依鳞尾。帝深异之。今秣陵尚有鲙残鱼。

宋太宗太平兴国七年，舒州民柯萼遇老僧，率诣万岁山取宝，以杖指松下，令掘之，得石。上有篆文，乃志公所记运祚兴废之数，朝廷宝之。

宋敏求《东京记》：太平兴国七年，志公降见城市。

李维桢，《华山记》云："小坎号龙池，有蜥蜴，祷雨辄应。拜经台东址复有龙沼，视西池稍狭，亦有蜥蜴，乡人祷雨较西池更验。

---

① 嵓：疑"岳"之讹字。

又云，华山尝掘地（即今戒公池）得棺，广六尺，长十有二尺，发视之，惟一罏。归之中贵人。

《庐山纪事》：远公临灭时，诫其堂曰："白莲重开，吾当再来！"后三昧和尚入山，白莲池中莲花盛开。一时江州传昧公为远公后身。

昔阿育王造文殊金像，泛海至汉，江州刺史陶侃欲迎供寒溪寺，舟沈失像，远公住东林，像自聪明泉涌出。远公寂后，藏像锦绣谷，复失所在。一日，三昧和尚礼远公下方塔，塔旁数十土木像中，见一像耳门放光，数蜂出入，引手拂开，金容烂然。视之其款，即陶侃所失文殊金像也。遂以石建瑞相阁供像。一日，建塔殿，触址迸土得远公遗鼎，益传昧公为远公再来。

唐李德裕镇浙西，中使赍诏书赐德裕，谓书记刘三复曰："子为我草表，能立拘否？"三复曰："文贵中，不贵速。"德裕以为然。三复又请曰："中外皆传公文，请得以文集观之。"德裕出数轴，三复乃体而为表。德裕尤喜，遣谒京师。三复，句容人。会昌乙丑进士。仕至刑部侍郎，宏文馆学士。有集十三卷。事详《旧唐书》刘邺传中。

《宋宰相编年录》：绍兴十八年正月乙未，殿中侍御史余尧弼、右正言巫伋论"参知政事段拂天资阴邪，何以蹑居政府"。

宋周煇《清波杂志》云：煇忆年及冠，从父执陈彦育序游钟山，陈题四诗於八功德水庵之壁，止记其二。陈素与先人友善，先人尝次其韵。"雄压吴头控楚腰，千峰环拱冶城桥。黄旗紫盖旋归汉，古刹凄凉尚号萧。""北岳经行匪滥巾，相陪来现隐沦身。春萝秋桂还吾辈，白浪红尘付若人。"皆书於壁，二十年后再过之，皆不存矣！按，原唱云："寒骑瘦马度山腰，目断青溪第一桥。尽是帝王陵墓处，野风荒草暝萧萧。""十年尘土暗衣巾，乱走江乡一病身。西邸将军成底事，北朝开府是何人？"彦育作类书自言今二十年矣！如荔支一门，犹有一百二十余事，其博洽可知。

《清波杂志》又云：煇居建康，晚赴张德，共会於西园，呼数辈为侑，酒酣，忽有传府命呼其人。时张安国开府方两日，其人临去求自解之说，众谓但以实告，况社中二客不至，必留铃斋。翌日，询之，如所料。初，歌者既去，坐客骆适正即席赋。煇尝赓和不记也。适正，句容人。

明张景贤封翁孔社村人，宅后有芦溪田数顷，自号耕叟。春祈秋赛，每与田氓野老歌康衢以适其趣。薛文清公瑄赠之诗曰："溪山自昔喜追游，八十霜华未满头。黄鸟鸣时春簌树，白鸥飞出水平畴。清闲行谊真堪乐，寿域光阴自可留。鸾诰浩恩身未老，有孙持节按西州。"

《酉阳杂俎》云："句容县赤山湖鲤鱼食丹砂，鳞尾皆赤，烹食味美。"

《列朝诗序》：丹阳孙炎，字伯融。长六尺，一足偏跛，长於歌诗。至正中天台丁复、同郡夏煜皆以诗名，日夜相切劘。下笔快扫百纸可立尽，常与煜对饮赋诗，务出奇相胜，每得一隽语，搥案大呼哗，声撼四邻。尝见刘诚意以宝剑遗伯融，伯融作诗以为："剑当献天子，人臣不敢私封。"还之。其诗曰："宝剑光耿耿，佩之可以当一龙。只是阴山太古雪，为谁结此青芙蓉？明珠为宝锦为带，三尺枯蛟出冰海。自从虎革裹干戈，飞入芒砀有光彩。青田刘郎汉诸孙，传家惟有神物存。匣里千年睡不醒，白帝血染桃花痕。山童神全眼如日，时见蜿蜒走虚室。我逢龙精不敢弹，正气直贯青天寒。还君持之献明主，若岁大旱为霖雨。"

明曹义，字子直，一字默庵，句容人。永乐辛卯举人，乙未进士，选庶吉士，转礼部员外、吏部郎中，拜吏部侍郎，终南京吏部尚书。崇祀乡贤，有《默庵集》。永乐中，姑苏陈嗣初为翰林五经博士，阁老以下多以诗文质之。默庵《题张真人枯木竹石》绝句云："一声霹雳堕天星，惊起潜蛟出海溟。烟雨满林秋漠漠，竟从何处吊湘灵。"陈以为非唐人意，后更不效此体，一意唐人为法从。从子云南佥事景，字廷璋，中书舍人；冕，字廷瑞。梓其诗凡五卷。华亭曹安为之序《默庵集》。余得其梓本。和平蕴藉，一洗元季纤体之习。明《诗综》未采，盖未见也。曹氏簪缨，为句曲盛族。备载邑志"科贡表"。李石麓相国之先世为其佃户云。

曹冕，字廷瑞，句容人。义之子。以能书选入四夷馆习字，授鸿胪寺序班内除办事，升中书舍人，有《可斋稿》。高谷《送中书舍人曹冕省亲》诗："英英五采立朝端，因拜西清最好官。通志已书曾被宠，封章遽上得承欢。春辉宝树亲颜悦，诰捧金花御制宽。归到庭闱称庆罢，还将五字向人看。"

明倪文僖公云："蒋安中，魏州人。金国子助教，以道谏不听，弃官隐居扬之仪真，明医道，一传为垫山处士，又传为静隐公元扬州路医学教授，又传为伯雒元进士，入国朝用荐为翰林修撰，辞以疾，出为兰阳丞，又传为用文，徙居句容龙潭，以文学德行历事三朝，遂家南京。生四子：主善，太医院使；主敏；主孝；主忠。

明《诗传》云："用文六岁赋《万年松》诗，师为避席，事献陵於东宫，即位后，特赐谥寓居南京全节坊，夫人像纱帽宫装，仁宗所赐宫女也。长子主善，继父医，亦赐宫人庄氏、李氏宫女二人。王金莲之变，世宗危甚，乃用药下血而愈，加宫保衔，亦金陵医家最显者也。

明江永年，自称柳汧外史，元刘大彬《茅山志》久而板烂，柳汧重梓。首冠历朝诰敕，附后志一卷，皆明人碑记诗也。镂刻不及元本之精，然篇次无所改易。迨笪蟾光重修，面目尽非矣。刘志仿《真诰》体例，古雅绝伦。张天雨手书，楷法浑劲，原本尚有存者，若好事者摹印以传，并掇江、笪二志及近事，依原目以续之，则善矣。《北山诗话》云：柳汧远祖宾王，与朱子同年，家有当时试录。又有宋刻《句容县志》①。少时，与祝京兆倡和。盛仲交《元牍记》云：句容隐士若江君者，可谓难得矣！

明李瑛《名山百咏》自序云："宏治己未春，里中老友二守王公思舜致仕，训科戎世安偕孙上勉、王孟德、张世安、黄贯之、许廷节、许本泽诸君作茅山之游，凡所至，仙宫古迹靡不形之歌咏，勉步唐诗韵者三十余首，并历览形胜，各赋近体一律，名曰《名山百咏》。又有里人胡汉、张绅序。

元张雨②，字伯雨，一字天雨，原名泽。浙之海昌人（《乾隆志》误作"钱塘人"）。弃家为茅山道士，名嗣真，自号真居，又号句曲外史，有《真居集》。雨父逢源，字渊甫，本九成之后。宋末为漳州签判，有月泉精舍。吴人周大静为许宗师弟子，得杨许遗书。雨师事之。入开元宫从真人王寿衍为道士，赵松雪见其字劲健，赠以云麾碑。令师法之，书果超越。饮酣伸纸，作大草尤妙，小楷变率更家数世，称"二绝"。尝入京师，名振一时。寿衍复偕入朝，被玺书赐驿传，欲官之。非其志也。即自誓不更出，因居三茅。所著《出世集》三卷、《碧老元会录》二卷、《寻山志》十五卷。

唐李渤《少室仙伯王君碑》云："王法主讳远知。年七岁，日识万言。宅华阳，师事陶宏景，精融道教弛张化机。贞观间解化。年一百二十六。追赠大中大夫，谥昇真。先生弟子王轨能嗣其宗法。

《金陵诗征》：灵宝，读书负奇气。鬅髻跣足，坐大茅山顶。三十年不出山。赵善香帅金陵，访山中高道。一见奇之。淳祐五年秋，大旱。召赴阙祷雨。曰："雨不须祷。"上曰："亢旱，奈何？"对曰："臣闻：民者，天之赤子；陛下忧民若此，雨当旋至。臣行不能格天，臣心有足知天。"是夕，果雨。上大悦，民举手曰："汤仙雨也！"召住太乙宫。力辞还山。宝祐六年正月三日说偈，有云：笑入寥天外。乃一笑而逝。按，灵宝姓汤，名志道，茅山三十七代宗师，赐号灵宝先生。

张之翰《西岩集》《梁尘外山中吟序》云：道士梁尘外中砥，余旧识於茅山，多作诗。乐与吾曹游，尝赠余古律数篇，使人读之不置，盖一二之杰出者。近携《山中吟稿》来京师，观者无不称叹。按，梁尘外，名大柱，句容人，茅山道士。

刘邺，唐之忠臣也。伤李德裕以朋党抱诬死海上，乃申直其冤，追赠官爵，时论高之。僖宗广明元年，黄巢入长安，帝西狩。邺时为左仆射，追乘舆不及。与崔沆、豆卢瑑匿将军张直方家。贼捕急，三人不肯臣，俱被戕。元泰定间，邺入句容乡贤祠，而纲鉴以邺附於韦路（韦保衡路岩），共短刘瞻。瞻复相，邺惧，延瞻置酒。瞻归而薨。人以为邺鸩之也。呜呼！岂有鸩人刘汉藩哉？既能鸩瞻，则当此危乱之时，何难行背逆以图富，若贵尚肯不屈於贼，截胫洞胸一瞑弗视耶？况前直德裕，世高其义，今反戕害贤辅为世诟病？吾知其必不尔也！以暗昧之事诬忠良而证诸人言，实秉笔者之过。呜呼！德裕抱屈一时而邺能伸之。

---

① 宋刻《句容县志》：《景定建康志》四十二卷有引用《句容县志》记载。
② 张雨：《茅山逢故人·句曲道中送友》（张雨）：山下寒林平楚。山外云帆烟渚。不饮如何，吾生如梦，鬓毛如许。能消几度相逢，遮莫而今归去。壮士黄金，昔人黄鹤，美人黄土。见《御定词谱》七卷（调见元人《叶儿乐府》，张雨《句曲道中送友》，自制词也）。另见《句容古诗词赋三千首》张雨（71首）。李按：据吴绮《艺香词钞》和《林蕙堂全集》二十三卷有《茅山逢故人·醉题》：满目乱山无数，一片寒潮来去。故业何存，故人何在，故乡何处？离骚一卷长怀，莫向西风空诉。才子无时，美人无对，英雄无路！

邺含冤千载而谁能白之耶？

吴增能《改斋漫录》云："王子真，有道之士。富郑公尝客之於门。元丰中神宗赐号冲熙处士。元符三年，游茅山，受上清箓。先是茅山中峰石洞忽开，其地乃《真诰》所谓华阳洞天便门也。自左元放仙去，即闭阅千岁矣！至是复开。又前朝累日甘露浃降，道士刘混康曰："似此必有异！"无何，先生至，受箓之夕，仙乐闻於空浮之上。山中刻石为记其事，而给事中袭深之亦为之诗曰："华阳新报洞门开，应为高人受箓来。试问玉门沙远近，未饶元放是仙才。按，子真，名筌，茅山道士。

唐张辞，咸通中下第。游江淮间，有道术。尝养气绝粒，好奕耽酒。尝游盐城，匪类乘其醉，相与竞力。令见而系之。既醒，为《述德》《陈情》二律以献，令释之。今存《述德》一首。云："闻风尝有蕙兰馨，鼎族家传霸国名。容貌静悬秋月彩，文章高振海涛声。讼堂无事调琴轸，郡阁何妨醉玉觥。今日东渐桥下水，一条从此镇常清。"后入茅山为道士，仙去。

洪迈《华阳集序》：嗣子坚锐意搜拾论次，将刊镂垂世，未克而没。后二十三年，慈孙池州使君釜乃出捐家赀寘郡学。坚有跋云："己酉金师南渡，所过焚掠。先君方待浙宪，居金坛，仓皇挈家奔句曲之西，馆戴氏。一夕，兵卒至，家人仅以身免，去未一里，烈焰烛天，数十年手泽悉为煨烬。

戴惠明，句容柳桥人。南宋末，官舍人，慨宋室之不振，有怀庞老遗安、陶公归去之义，弃官归隐六合之竺塘里。

三圣庙，宋人以祀仓圣，引罗泌路史谓籀箑开聪建，号为三圣。语嫌附会。今金陵建仓圣祠，以史籀、许慎、程邈、王次仲、史游配食，实合崇报之义。吾句容建庙当遵其制（按《句容三圣庙碑》非祀仓圣）。

秘书郎庙，其灵异载旧志轶事中，而未详其始，初疑生为是，官殁而庙食，及阅《张庙南宫乘》，唐天宝间祈雨立应，勅赠水部员外郎。宋乾宁二年，赠司农少卿兼礼部尚书、广惠侯、赐金紫。乾道元年，加仆射，始知唐宋以朝职勅封於神矣！

《金陵待征录》云："胄山以形象，名讹为纣，遂立妲己庙。淫祀何所蔑有？此本於旧志之俗说也。蒙疑乡人讹谬不至若是，及登胄山，见庙额曰达奚将军（达奚庙有二，一在此山，一在甲城，有元碑尚存，见旧志），始信俗说之讹。

归善庵。《旧志》云："黄巢至此归善，殁后，肖像祀之。此沿俗说之讹也。俗说并讹铃塘为剑塘，谓黄巢投剑於塘而归善。岂知巢寇并未至句容，后为李克用所戮，亦未归善。

张王庙。《旧志》云：俗称祠山大帝，佐禹治水有功，葬句邑。及阅庙谱云："帝讳渤，前汉吴兴乌程人。或云武陵人。"则俗说之误可知。

句容登瀛门正门闭塞，改建稍偏，实因向离多火灾，自移植后，邑中无延烧患，而俗传为刘青田所制，以压王气，顾无可辨证，姑听之。一日，徘徊南郭外，见旧门影中建一小庵，高六尺许。窦盈尺有咫，谛视内有石碣，好事者镂刻大士像碣，旁隐署万历四年字。始知门为万历时所闭，而像则近人所增饰者也。今见《乾隆志》载"巡抚宋仪望移建"，而碑文失收。

晋潘公墓，在治北四十五里芙蓉山下，圹茔久夷，人无知者。村人采樵见墁甓，疑为窖藏。启之，空无所有。惟一镈，垒土满其中。古钱虽多，率锈敝无用，所出砖间有完整。文见金石志中。按《旧志》失载，想为古之宦族沈埋。千数百年而始见，或者灵爽不泯欤？留心风教者当重修其垄而树石也。

句容，旧为大邑，古墓最多。城南乌翅冈下有塘数亩，捉鳝者手探其穴，得古钱数百文。曰五铢。再探得古镜一，光莹可鉴，知有异。以桔槔车水涸，见朱椁二，一和已破，一尚完整，急取土封之。塘底土皆五色，惜镜久售去，此亦近事。（邑人王吉士有《登乌翅冈》诗，见艺文中）

句容治西十数里，地名石狮圩。二石狮高丈余，长亦如之。对峙田间，形状雄古，石色黵闇①。将雨，润汗欲滴。近二千年物也。石柱二，高二丈余。正书"梁故侍中、中军将军、开府仪同三司、南康蔺王之神道"，字甚明显。村居多侯姓，遂误传为侯景墓。一何可笑！按，王名绩，高祖第四子。七岁能察洗改解书之弊。居母董淑仪丧，哀毁过甚。二十五而卒。《旧志》"南康"误作"南唐"，列徐铉墓前。

---

① 黵闇（dǎn àn）：不明白的样子。

后汉许光，字少张。中平二年，由汝南徙居句容都乡之吉阳里①，后仕吴为光禄勋。识宇亮拔，奕叶才明。子尚，字元甫。有文章机见②，吴中书郎。孙副，字仲先，器度渊通，风格清简，晋剡令、宁朔将军、下邳太守、西城侯。曾孙，即护军长史谧也，迁给事中，散骑常侍。谧兄迈嘉遁不返。谧亦更名穆，专静山庐以修上道。卒葬邑西大墓。按，大墓为许氏世茔。《旧志》误列副墓於梁，列光与尚墓於唐矣。

戍山③沈襄王庙，祀刘宋建威将军沈庆之④。每年三月朔日出行，神灵显赫。咸丰四年，粤匪⑤窜扰下戍⑥，宫宇尽毁。总统忠武张公国樑督师至此，突於二月二十五日夜梦神示，以王驾出行之日出师必捷。於是传檄戒严，届时会剿，诸军神勇百倍。贼尽披靡，斩馘⑦无算。忠武感神冥助面谕，绅士俟削平祸乱入奏加封、重新庙貌，会公殉节，事不果行。呜呼！遭时不偶，神亦无异於人矣！

赤山湖，始於萧梁。唐天宝中改名绛岩。见《樊珣记》。宋修《景定志》则详列湖条，备言贮水捡水之义。又於芦蘼亭北刻水则，为瀦泄之准，并见察柱，以便磨刻。叶龙图又置石柱以示定矩，盖秦淮发源茅山，瀦为此湖。湖淤则下流皆受其弊。兴金陵水利，去会城水患，不从此施力，皆妄动也。但不易办耳！

近湖白水圩，樊珣所谓溉田万亩，赡户九乡⑧，利良普矣！故明道先生治之，修埂捍患，端赖有人，不然金陵其可虞哉！

或谓水涨由於发蛟，非人力能制。按，陈榕门先生《伐蛟记》言：蛟之征验，其地冬雪不存，夏苗不长，乌雀不集，土色赤，有气朝黄暮黑，上冲於霄卵，既成形，闻雷声，自泉间起而上，其地之色亦自显，而明未起三月前远鸣似秋蝉闷在手中，又如醉人声，此时蛟能动不能飞，可以掘伐，又蛟畏金鼓及火，山中久雨，立高竿挂一灯，可以辟蛟。夏月，田间作金鼓声以督农，则蛟不起。即起而作波叠，鼓鸣钲，多发火光以拒之，水势必退。

《顺治志》云：按，泾阳吕公柟、溪田马公理修《全陕通志》有曰："民之初生，一夫一妇而已。再叶⑨之后，其裔滋多。至於十叶，则一人之裔可以百计。自古迄今，悉民之生不知几千叶矣，乃户口反不若古昔之盛，岂皆民之避役而隐漏之也。抑养之者之未尽其道也。盖天下之民，赖上天之养，养失其道，则户口日以耗养。得其道，则户口日以增，譬之池宽则鱼鳖集，林宽则禽鸟集也。姑以巴蜀言之，蜀民主户一，而客户数十，一户应役，而数十户辅之，故役虽烦，而民不知疲，犹夫池林宽而禽鸟集也。吾雍则异於是，里无遗户，户无遗丁。死亡在於期月之间，册籍缮於十年之后，故人虽死而其丁犹存，户虽耗而其役不免，无惑乎？雍民之日困而户口之日耗也。牧人者诚损其户数，稽其存亡，宁为保障之计？不仅存茧丝之心如尹铎之宽，又从而膏泽之如，召伯怀保之如文王，则国家之本当固如磐石矣。嗟乎！，二公之议，非独为雍之民也。天下郡邑或可通行。

周仕《旧志》马政议曰："句容额设群长八人，督众养马五百匹，鬻卖以备草料，数极不敷。自宏治⑩七年复为宝应代养马四百五拾匹，增群长十九人，草料之备，价征之累，水深火热。使民命促迫不亦可哀矣乎！隆庆以来，马鬻其半，容之民视昔已少苏矣！嘉靖时，巡抚都御史曹奏请尽卖郡邑种马，岁征备用草料银若干两解京，大司马谓问国之富数马以对，遂沮其议。今卖马之半，岁征草料银解府者，

---

① 吉阳里：在临泉乡（县西南五十里）。
② 机见：见识，谋略。
③ 戍山：《乾隆句容县志》卷三作"戍山"。
④ 沈庆之：（386—465），字弘先，吴兴武康人，南朝宋名将。早年曾抵抗孙恩起义。许嵩《建康实录》卷十四有"沈庆之传"。
⑤ 粤匪：太平天国军。
⑥ 下戍：即"下蜀"。
⑦ 斩馘（guó）：斩杀敌人。
⑧ 九乡：临泉、通德、湖熟、崇德、丹阳、临淮、福祚、甘棠、上容。
⑨ 叶：世，代。
⑩ 宏治：弘治。

师其遗意也。仁人之言，其利溥谅哉！（按，旧志有"马政"，仅录一条以存其迹）

邑解元朱献醇治家格言：

凡人一生最不可令此心一时放下，此心一放，作事便有舛错，立言必多乖违，甚至嗜欲之念乘之而起，骄奢淫佚，无不丛生，皆为此心之放故也。曾子之慎独，孟子之求放心。孔圣之不违仁至造次颠沛，可想见圣贤存心之密。宋儒主静主敬，亦皆身体力行，实落体认处。

常想人一生富贵，功名莫非天数，亦止修其在我者而已，每见阀阅之家，子孙竟至冻馁，又有少壮时，或功名得意，或席先人成业，坐拥富饶，习於奢纵。於人世勤苦饥寒之事绝无闻知。久之恣睢败度，日习非为，豪侈折福，纵欲戕生。有寿命夭促者，有衰老衣食不足冻饿而死者，由此观之，非天与之不厚也，自作其孽，於天乎何？尤人能常以此等监观，便知所儆惧。

常想人在世，无一事不当谙练，无一事可露锋颖。每见少年新进之辈，见人则举止骄矜，遇事则敢言敢作，多至放肆，以是取人之怒，招人之忌，往往有之，是皆没受用处，盖从来大富大贵之人必有沈重浑朴之气，胸中含蓄无穷，外面绝不露分毫色相，此乃气量宏远、志气沈潜自能重载，非与诡谲险诈中怀不测者比。大约立心忠厚不可浇漓、举动端严不可浮躁，乃立身之大本也。

常想我立心浮浅，气体轻躁，或与人言也，则尽露生平，或摘人短也，则过加贬责，偶尔得意，则喜形於色，偶尔失意，则忧见於容，或为己之事则不暇顾人，或为人之事未能彻终始，凡此皆无大受用处，亟宜速改者也。

有一友言人一生不贪不淫不骄不吝，便是大学问大受用，此言可敬。

李文定公一生忠厚，含容不肯报怨，其封翁永怀公①微时曾为人所侮，至受大辱。文定公常以父仇有欲报之意，含容不发者数十年，竟迟至拜相时。适仇人病死，文定公大喜曰："天报之矣！免增我一番嫌怨也！"如此度量，如此立心，谁人能之？

常想我每起一念时，意之所发多不能制，即如或要拜一客、或要往一处游览、或要买一物、或要做一衣、或要与人说话、或思吃饮食、或怒而责罚一人，诸如此类不可殚纪，但凡意念一动，即不能制，便立刻要去做，及事后每追悔前时之误。至后念起时依然如前不能自禁，总由浮躁之根未除，遂至一发而不可抑。当於此时勉强收敛，加意检束，使浮动之念遏而不行，即此便是大学问，且有大便宜，当时时儆惕。

人一生胸中有大主脑，执守不移，然后随时随事依傍而行，方不至有大出入处。功名富贵听之於天，不可强也，亦有安享一生，不费困苦而自得者，此必荷苍苍之眷注、膺祖宗之积累，其人根器非常，实能承载，吾羡之慕之而不敢望之。若夫持身一节，此实可以自必圣贤理道体认无穷已，何能力行其一二，惟是於应事接物之间立心忠厚，矢意宽和锲刻之意一毫不萌，此即是积德之本、作善之基，所当永矢而勿替者也。人之富贵贫贱亦何尽之有，贵不至极品不止，富不至陶朱不止，彼长材宿学偃蹇②一生者非人乎？褞褐③不完、半菽不饱者非人乎？亦有因求贵而取杀身之祸、因求富而罹非常之害者，此又目前之彰明较著者也。且工於求富求贵之人，心术叵测，举动奸险，即富贵偶得，或及身而蒙祸，或子孙而覆没，皇天之应，昭昭④不爽，何如安分循理听其自来，不致壤⑤乃心术之为得也多矣！

人之遭时得志、良非偶然？而穷蹇不舒，亦当自寻安身立命之地，胸中渊博，於诗古文词落笔浩浩，俱能成家，真草字法，实得古人精妙，威仪举止，安雅可法，能如是，吾一身中即有所以不朽者，名山之藏其人之传，岂伊异事，又何必浮慕乎显荣，且可免俗人之疵议，夫岂不善？

教训子弟必先从心术始，心术既正，后及威仪⑥，威仪有方，后及世务，必使内外无愧，经权合宜，

---

① 永怀公：李镗，李春芳之父，号永怀公。封柱国、太师。在县北琅琊乡龙潭西新街口，有李镗墓。

② 偃蹇：困顿。

③ 褞褐：粗布衣服。

④ 昭昭：明白显著。

⑤ 壤：通"攘"。

⑥ 威仪：庄重的仪容仪表。

方为承家之子，至於刚克柔克又因人而利导之。

凡遇人当有春风和气，使人可亲可爱，不论贵贱贤愚，总不可加以矜骄轻忽之气，胸中要有分量，一毫不可见於颜面，非礼之色切不可动念，无益於己，徒损阴骘，立心要逐日在好一边去做，思天地付托之厚，祖宗积累之艰，诸凡败行，亟宜猛省，倘或不德，日积月渐，咎恶满盈，致干天谴，恐受罚匪於其身，将及子孙矣！念之。

常想我与人同坐，久之倦怠，遂自图安息，此亦是不敬处，亦宜改之。

凡居家以宽和含忍为主，若有一事至因不能顺序而行，必至使气，其人若以逆来，彼此奋激，反至偾事①，不若宽以待之，婉以教之，人虽至顽，若到情理极至，亦自有开悟之处。

凡人遇横逆之人，从容喻之以理，彼自能听受；遇暗昧之人，明白晓之以理，彼自能悔悟，若於其时，彼既狂悖②乱常，我复气象浮躁、言语震怒，非惟不入愈至相争，势必偾事。子舆氏云：贤、不肖之相去，其间不能以寸，正如是也，须是平日委婉开导，临时含容曲喻，即下愚之人，亦渐为陶镕③，且己於其间，有无穷便宜处，宜审思而熟处之。

居心宽而静，接物谦而敬，立言谨而诚，处事明而慎。

《中庸》曰："君子素其位而行。"素字内有安於分所当然，尽於己所宜然之意，盖一生有一生之素，一年有一年之素，一月有一月之素，一日有一日之素，一时有一时之素，一事有一事之素，守得素字，乐天知命，随遇而安，有无穷受用在内，惟识者思之。

予每见李莱驭待人不论贵贱，上下俱有温柔和蕴之气，谦恭退逊，谨厚端庄，不妄发一言，绝不轻举躁动，总由心静意闲自然举止安泰，居身节省俭约，见人美衣甘食不为心羡，诸凡做一事发一言，无不慎重顾虑，好胜好名之念全无一毫萌於胸中，真可师可法可亲可敬之人也。又见他饮食衣服，饥饱寒燠，时时自为调理，无不合宜。有一友曾问云："李年翁真善为保养者！"李应曰："予先天极弱，遂时时谨慎，不肯将精神妄费耳！"又云："若闲居无事，每日将《通鉴》古书定课看多少页数，既可检束身心不至放荡，又可资以博学，不至将时日虚度。"诚至言也！

予向来好言人短，此予之大病也。人有过恶，人必忌讳，我於当前直揭其私，或於他人前明暴其短，或无事闲谈，将某人生平过端一一告之於人，不惟人之闻之，干其大怒，且败德损行，莫甚於此，君子隐恶而扬善，圣贤教人立心於厚，每每如此，又况讦发隐恶，其人必成雠怨，祸将有不测者。孟子曰："言人不善，当如后患！"何已明为告之矣！总之，沈静谨言，自不致招尤取咎，念兹在兹。

予作事常有错误，立言或不当言而言至不觉察。触人忌讳，或紊乱无序，总皆心中不定不静故也。观於《大学》，定而静，静而安，安而虑，虑而得，至於得则言行未有不合宜者，可以思矣。

人之立身，他勿具论，但能孝於父母、友於兄弟、和於妻子，於此三者中有真挚莫可解之意，有欢忻不容己之情，即此便是积善之本，且一堂雍熙，朝夕晤对，天伦之乐无逾於是，况和气致祥无穷，好事又有因之而至者乎！

大凡自家要做一事，必先胸中思量一番，或与有见识人商议斟酌，再或博谋广问，则此事之失者鲜矣。先贤云："愚者千虑，必有一得。"盖言人不可不虑也。

韩魏公一生包荒，故能成相业。

吴遣二名士使蜀，武侯甚伟之。后二人伏诛。武侯云："此二人只是黑白太分明，黑白宜在心，不宜在口。"

器虚则贮之，满则覆之。木小则培之，大则伐之。故可虚也，不可满也。可小也，不可大也。

气忌盛，心忌满，才忌露。

兖州刺史王昶为人谨厚，名其兄子曰默曰沈，己子曰浑曰深，戒之曰："吾欲使汝曹顾名思义，不敢违越也！夫物速成则疾亡，晚就则善终，朝华之草，夕而零落，松柏之茂，隆冬不衰，是以君子戒於

---

① 偾事：败事。
② 狂悖：放诞而违背人情事理。
③ 陶镕：陶冶镕铸。

阙党也。夫能屈以为伸，弱以为强，鲜不遂矣！夫毁誉者爱恶之原，祸福之机也。人或毁已当退而求之於身，若已有可毁之行，则其言当矣，若已无可毁之行，则其言妄矣！当则无怨於彼，妄则无怨於身，又何反报焉！谚曰："御寒莫如重裘，止谤莫如自修。斯言信矣！

兄弟同居，忍便安。莫因毫末起争端。眼前生子，又兄弟留与儿孙作样看。昔张公艺九世同居，只一忍字，斯言深当玩味！

唐尧戒战战慄慄，日谨一日，人莫蹶於山而蹶於垤。谨字。当时时在心。

《武王盥盘铭》曰："与其溺於人也，宁溺於渊；溺於渊犹可游也，溺於人不可救也。"溺字只是自家不觉，得宜时时自省。

立身不高一步，如尘里振衣、泥中濯足，如何超达？处身不退一分，如飞蛾扑烛，羝羊触藩，如何安乐？

磨砺当如百炼之金急就者，无邃养施为，宜似千钧之弩，轻发者无宏功。

事以密成，语以泄败。

众善之门曰虚，百福之基曰慈，万事之干曰决。能言不能言之谓默，能进不能进之谓止，能胜不能胜之谓让。默有余辩，止有余荣，让有余勇。

醇今五十矣，前此日思进步，后此日思退步，名利色声，一齐收束，进念休矣。退於何极？退者何惟检点一心而已矣！此心不存，险刻不蒙，希冀不起，骄矜不敢，放逸皆退也。嘻！难言也，若得此身完完全全，此心干干净净，全而归之，胜於拖金曳紫多多矣！

句容县教谕张履《杂说》示诸生：

夫子论士曰："行己有耻，！"告鲁君曰："知耻近乎勇！"《记》曰："物耻足以振之，故学者不可以不明耻！"

耻莫甚於干谒，伺候公卿之门，奔走形势之途，足将进而趑趄，口将言而嗫嚅，旁观且为之惭汗，谓其人不自知，则羞恶之良安在？谓其人固自知，亦何忍为此态邪？

一介之取，万钟之受，苟其非义，皆属可耻，以其失本心，同也一介而苟即能矫於万钟，亦所谓好名之人能让千乘而见色於箪食豆羹者也，岂能逃识者之鉴！

程子谓居间得贿，甚於寡妇嫁人，寡妇嫁人，今人皆以为耻，至居闲得贿相习为常事矣！而程子之言乃尔其故可思也。

衣冠之士，蒲服公庭，与人争讼，纵理直得申，已为辱父母遗体，况其不直谴责，是加其为耻，可胜言乎，故苟事非至不得已，断不宜轻讼。（前权守李公与各属士子约，今府尊沈公戒讼说并剀切言之）

士子科场作弊，获罪甚重。纵或倖免而置身罪地，与被罪何异。余尝有句云：制行固多端，存心贵知耻。充彼穿窬类，动念干不齿。天刑岂遽加，已觉四支毁。一动念且然，况身犯之乎！

韩昌黎云："唯古於词必已出降，而不能乃剽贼，今之为时艺者，乃或句摹字仿以弋科第充其类，与穿窬何异，断而绝之，亦养廉耻之一端也。

夫子告原宪以"邦有道，谷；邦无道，谷，为耻"。孟子以立朝而道不行为耻。今逢有道之世，不预求可达之道，而徒从事於庸烂之时，艺一旦置身朝列，果何所持以自效，以此思之，且加以十年学问可也，何汲汲应举为哉？

服物不如人，庐舍不如人，禄位不如人，皆非耻也。唯学问不如人乃真可耻，如今人易，如古人难，能耻不如古，则其过人也必远矣！

居官以公罪削职犹可言也，独至以赃败其耻，乃历劫难洗。汉岑晊父豫为南郡太守，以贪叨诛死。晊年少，未知名，往候同郡宗慈，慈以晊非良家子，拒而不见，是并累及子孙矣！可不惧哉！

独寝不愧衾，独行不愧影。耻之工夫，如此其密也，蘧伯玉耻独为君子，伊尹耻其君不为尧舜，耻之境界又如此其大也。真能知耻者尠矣。

古人耻独为君子，而今乃或不耻独为小人。古人耻其君不为尧舜，而今乃或不自耻其身为桀跖，相去何其辽哉！

不知命无以为君子，命不可知也，知其为必有命，则其知命也至矣。假推测而知非知命也。此康节之所以不舍横渠而慈湖之所以诮西山也。

有谋焉而得亦有不谋焉，而得有不谋焉，而失亦有谋焉，而失要之得失皆命，而谋不谋无与焉者也。然则君子将废人事乎？曰："乌乎，废守正而已矣！"

知穷通得失莫非定命，何营营者为？

夫子言君子固穷，小人穷斯滥，凡人欲为君子，当先办一饿死之志，饿死亦何容易，欲坚饿死之操，又当先立一必为君子之志，夫不为君子，即为小人，孰是士也，而甘为小人之归乎！

程子言：饿死事小，失节事大。张思叔得志士不忘沟壑二语。而为学之志愈坚，知此者可以言固穷矣！

徐孺子饥不可得而食、寒不可得而衣，学者能矢此一念，清风亮节，便有壁立千仞气象。

刑赏或不明於上，而清议行於下，是则是，非则非，为善者犹有所劝，为恶者犹有所惧，至清议亡而人心风俗不可为矣！今士子有守正而穷者，则人目之为无用焉，有趋邪而利者，则人目之为有能焉，又何怪守正者之寡而趋邪者之众也。然守正之士其身虽困，而心则无虧，要可独立於世，彼趋於邪者下流之归，卒为君子所不齿，果孰为得失邪！

能重义轻利而后风俗美、人情厚。此地风俗邑志谓其利析秋毫。祇此一语，是人情浇薄之根子，盖喻利已是小人，至於析秋毫，则其心其目唯利是注，虽父子兄弟间亦以计较而生异心，而仁义礼让之说遂扞格而不相入矣。有志之士宜深以为戒，不可囿於俗而不自知也。

义以动君子，利以劝小人，以小人之道待人，在施之者已为不厚而受之者反为得计，亦大可哀矣！

衣冠而有市井之容，士大夫而有商贾之行，今世已相习成风，若鲁仲连之谈笑而挥千金，亦岂非振古之杰乎？

此邑士习之坏莫甚於粘贴匿名文词，在律投隐匿姓名文书告言人罪者绞，被告虽实不坐。又在例捏造，寻常谬妄言词，亦依律绞候。国家立法，所以深恶诡谲而塞颠倒是非之源也，凡为此者，於人无毫发之损，而於己负邱山之罪，纵幸而得免而为鬼为蜮，此心已化为异类，亦何颜与天日相对。（见府尊沈公出示严禁）

闻乡间延馆师者，多以城中士子为戒，谓狙诈讦讼之习，甚恐身被其累也。乌乎！诸士子思之，吾辈立身行已何至不为人所慕而为人所畏恶，如此则其糊口无所，困苦疾病而莫之见恤人也，非天也，不自咎而又谁咎？

凡人欲为一事，必当辨其理之是非，是则行，非则止，行所当行，虽通国沮之而不为却也；止所当止，虽通国挽之而不为前也。如此方为有识力，今或是非之不辨，一有呼朋引类辄随众而动，甚至猖狂妄行，相率而入於邪僻，此直无知愚人之所为，非所望於诸士子也。

学莫善於改过，而人每惮改者，其意以为我过迹已著矣！忽改而为善，亦不为人所信，适足贻笑耳！不知今日为桀跖即是桀跖，明日为尧舜即是尧舜，果诚心悔过迁善，在有道之君子必亟舍其旧恶而许其自新。世俗之信不信又何足计！若不早痛改，因循而陷於大恶，则自取灭顶之凶，后虽悔之，亦何及矣！

孟子言谨庠序之教，申之以孝悌之义，诚以孝悌为人生存心制行之大本，此处一有欠阙，则文章事业皆无足观矣！

夫子答子游问孝，曰："敬！"答子夏问孝曰："色难！"盖各因其所不足而教之。要必兼此二者乃可谓之孝，又必以《孟子》所谓守身为大，《孝经》所谓立身行道，扬名於后，世以显父母者为孝，若何曾荀颙之徒已失其身而辱父母矣！世以为孝君子，不谓之孝也。

孟子言：养生不足以当大事，惟送死可以当大事。此邑人士往往惑於风水之说，停棺不葬，此不孝之大者也。案魏晋之制，祖父未葬，不得赴试服官。今律载，惑於风水邪说及托故停柩在家经年暴露不葬者，杖八十。国家立法未尝不严，然不破其风水之惑，则皆相遁於法，法终有所不行，今且举旧说之最明晓者别为揭示，唯诸士子览之。

瞿相之延射，与为人后者，与偾军之将、亡国之大夫同屏。今人小有田宅，死而乏嗣，同族之人即争为之后，甚或结讼公庭，嗜利背亲，至於如此，直谓之无人道可也。

《中庸》九经尊贤在亲亲之先。子夏言事父母竭力，亦先举贤。贤易色，盖孝悌虽天性，而所禀有厚薄，无教之子，又往往自失其本心，惟日与贤者居，相与讲切於义理，则心地渐明，而天性自然透露矣！

夫妻胖合也，昆弟四体也，而夫妻之情易於厚，昆弟之情易於薄，於其易薄者勉而从厚，犹恐有所不足，若更漠然不加之意，甚至听妇言而乖同气，此岂士子所宜有哉？

昆弟之间祇存一不忍之意，又时时开导妻子，俾咸能喻我所以不忍之故，则乖离之隙自无由而开，若乃怀嫌在心，仅仅匿而不发，则外亲而中疏，以之处人，且不可，况於骨肉至亲同我一体者乎！

昆弟同气而分形，至昆弟之子则又分矣，然皆本於吾之父，以吾父视之，则皆子也，皆孙也，何彼此之殊焉，非直此也，推之而从父昆弟、从祖昆弟、族昆弟与其子若孙，以吾高曾祖视之犹是也。虽五服之外疏矣，而以同出之远祖视之犹是也（朱子云：如今老人不能得见个孙子，今若见时，便是十世孙时也，惜毕竟是自家骨肉。案此说甚妙，念远祖之爱惜子孙，则子孙自当追思远祖，能不以远祖之心为心为敦睦其族也）。譬之木焉，千枝万叶皆从一本而生，此古人所以重收族之道，而大小宗法之立为治天下之大本，今宗法虽废，而敦睦之意则安可一日不讲也！

曲礼庶人曰死，孔冲远疏云："生无令誉，死绝余芳，精气一去，身名俱尽。故曰死。"痛哉！言乎如何而不死，曰："勉为君子！"顽然食息之躯，有置之一家而如无有者矣，一家有是人，置之一乡而无有也，一乡有是人，置之一国而无有也，一国有是人，置之天下而无有也，何也？德量有广狭，行能有小大也。士君子立志要当为天下，不可无之。人何暇於流俗中较高下乎？

朝廷命学使者考取童子入学，置之师儒之官而教之，盖欲使之修身立本，穷经致用，异日举之乡会试，而任以内外之职，以助成国家化理万物之功，是故天下之事皆秀才分内之事，为秀才者诚不宜自小。今之秀才，其不肖者无论己，即安分之士亦不过循谨自守，不为乡里所患苦而已，未见有杰然才德出众可以成天下之务济生民之艰者，是岂不负朝廷所以建学立教之意，而教者、学者当分任其咎哉！

今世庸陋，父师以子弟入学为读书成功，此甚可笑。古者十五而入大学，今之郡县学即大学也。入此者方将教以修己治人有体有用之学，以蕲至於成也。此之不务，即为举人、成进士、入词垣以至位登卿相，而碌碌无所建白，直谓之不读书可也，何一衿之足云。

士子识见固陋，恃时艺为弋取科第之资，而以劝之多读书为迂阔而无用。然余所交当世能多读书人，其遇者十率七八，而凡专攻时艺者反多不得焉。其故何也？盖读书以明理以广才，理明而才广，则文章议论笔力必能出众，宜其遇之易也，反是则理不明、才不广，其所为文庸劣肤浅，无一过人语，如何而免见屏然，则读书固不为科名要，亦何负於科名，而专攻时艺者曷亦知所变计哉！

贫士力不能购书，至四书五经类，皆童而习之，然不明其理，与不读何异？今且宜从此入手，五经不能遽通，四书之理尤先当寻究。寻究四书理者，非徒知其说而已，必以圣贤之言反之我心我身，以我之所知所行证之，圣贤之言其有不合也。则精思力践以求其必合，如是久之，则四书之理在我，而五经自易通明体达，用之学具於此矣！

古人虽在拘囚之地，不废学问。如文王之演《易》羑里，尚矣；至汉之黄霸在狱，从夏侯胜受《尚书》；崔瑗在狱，从狱掾问《礼》说，明孙嘉绩在狱，从黄石斋受《易》，又如金问与黄淮、杨溥讲经，王阳明与林省吾讲《易》，杨爵与钱德洪等讲学，并身系囹圄，其於学也，如饥食渴，饮之不可一日去，故危难迫躬而有所不顾也，今士子虽多贫困，然未有死亡在旦夕之忧，而不知自奋於学，是虚过此生也。岂不可惜。

朱子云："为学之道莫先於穷理，穷理之要必在於读书，读书之法莫贵乎循序而致精，而致精之本则又在於居敬而持志，循序致精四字已於学箴中举之，今更备述之以为学者法。

凡读书有所得有所疑，宜随时纪录，积久庶能触类旁通，且遇通士硕儒即以为质问底本，若无所纪录，经历岁时，漫不省忆，则以往工力都成虚费矣！

治经之法，如兄弟数人同学，可以分而习之，如汉之冯野王兄弟各占一经，野王《诗》逸《易》，立《春秋》，参《书》。邓禹有子十三人，使各守一艺。晋刘殷有七子，五子各授一经，一子授太史公，一子授《汉书》，一门之内七业俱兴。明项子京有六子，亦各授一经。是也微特兄弟，即朋友相聚亦可如是，盖分习则精，仍可互相讲贯以免墨守之陋，诸生中诚能有此经术必盛於他邦矣！

胡安定主湖州学使，学者各治一事，如边事、河事之类，各居一斋，日夕讲究，其后从学者多为时用，亦分习之法。或问苏子瞻读书之法，苏云："读书如钱谷兵农及诸事物之类，每一事作一次理，会可以终身不忘，是又一人而分时习之，皆为学之门径也。

诗以言志，文以载道，此所以为诗为文之本也，舍是则无贵为诗文矣！然为之而不工则诗文不传，并与其志与道而没之。故修词之道实不可苟且，诸生愿习此者，以绩学为根柢，寻求古作者义法，心摹而手追之，即一时未能成章，积以岁月，必有炳然可观者，若乃专事举业，试帖诗，此外毫无所知解，虽一旦幸第、厕迹朝绅间，能无愧颜邪！

王制：作淫声杀；诗人为艳体以鼓惑后进，亦诛绝之罪也。诸生中有工於词翰者，断不可涉笔，其向日所为，亦即宜从毁。

整顿农务浅说：

句容县正堂黄为整顿农务择要传谕事，照得本县承乏此间已将二载，四乡农田水利略已目睹而心识之，窃见句容地方丰腴，较吾乡远胜，而一岁两熟，反不及吾乡一熟之丰，则人事之未能尽勤，而专恃天时地力以及此也。今思为吾民兴利除弊，姑择其简便易行成效可决为通邑农民告焉，本县生长乡间，习知农事，乡民果能笃信遵照，每年收获必可渐次增多，近世东西洋讲求农政，助以机器、化学，上腴增收六倍，下田犹可倍收，加一分之功，即得一分之益，但念农民朴拙，不能遽求精深，故但举其浅近易明者聊为先路之导，每年多收谷麦，即田少亦免於饥寒，若不能努力加勤而徒徼幸天时希冀丰厚，何如自尽人事，非大旱不至歉收之为愈耶！兹将应改应行之事厘为八条，尚冀绅董生童之明理者照此讲说指陈，转相劝谕，本县於此有厚望焉！

计 开

一、水利宜急修也。本邑山田每忧干旱，若不乘雨多时设法畜水，何以供久晴灌溉之资，是必於秋收后闲暇之时将塘中淤泥尽力挑掘，挑深一尺，即可多畜一尺之水，如系公塘即宜合力挑挖，若佃种他人之田，而工费太巨，须雇人相助者，应由田主帮给工资，其有水沟之处，则须修坝畜水法，乘冬令干涸时，於沟底砌碎石为基，次用木柱二根，中凿一槽套闸板数块（每块直长只六七寸，下面近底加长亦可），至比两岸低四五寸为度，春夏大雨时，将板套好，远者百丈，近或五六十丈，便作一坝，所费无几，而溉田甚多，但遇雨太大时，便须将最上闸板抽去一块，以免涨溢。雨止流缓，仍行闸好。免至雨过随空、一晴便无可车沃，若塘沟太少之处，便应於田旁余地开塘开沟，倘平时不肯预谋，设遇干旱，悔之晚矣！

一、野草宜去尽也。本县秋间赴乡，每见田塍野草长满，直与田中之禾相连，不知谷由地力而生，野草最佔地力，草多佔一分，则谷少收一分，吾乡田塍草必铲尽，若将草连根铲入水中泥内沤至腐烂，并可增肥，必宜加意为之，不可懒惰，又每见将割之禾，其中稗子较禾更高数寸，必须及早薅（音蒿）扯以保良苗，须知多结一合稗子，不止少收一合谷，亦因佔去地力故耳，吾乡农人颇勤於薅禾去草，但向湖南北客民问之，自得其详。

一、犁田宜加深也。凡种稻，纯恃地力，生长必须犁松几寸乃能吸地力几寸，此间田土轻松，深犁亦不大费力，西洋用机器犁田，深至尺余，此固人力所难能，但能较常加深二三寸，收获必当远胜，此确有明效之事。试办一年，自知其益，惟种麦不宜犁深。须知酌量分别。

一、肥粪宜预畜也。吾乡田不种麦，秋收后即於田中取田泥围成粪池（靠岸作池亦可，田太大，则作於田中），随时将粪秽烂草、牛羊猪骨鸡毛等（各骨捣碎泡化，最为肥田上品），又细糠蟹壳，鸟粪极好，此类零星加入，以水泡之，酿成熟粪，大约每田十亩，必以二亩作池，俟将插秧时，取粪散布田中，犁之使均，并将池沿犁去，或插秧后月余再洒捣碎之石灰，既可加肥煖土，并可杀虫，但不可太多耳！至麦田之粪，则以牛马粪溺为最佳（牛马棚内腐秽之草亦宜於麦）

一、插秧忌太密也。稻田插秧必须横直成行，则株大穗长谷可多结。若插秧太密，则禾根拥挤不能畅发，稻株必小，谷穗必短，结谷必不甚多，盖田中祇此地力，合则见多，分则见少，与其密插，而二三四株仅抵一株，不如稀插，而一株可抵三四株。本县生长乡间，见闻甚确，愿各乡农民照此栽插，以期收获加丰。

一、获豆宜递换也。凡地种豆一年，不宜连种二年，须以粟麦谷类递换输种，可望年年丰收，惟种豆之土宜於深犁，其肥粪则以腐烂之植物、各种骨类及草木灰。石灰石膏为最合用，但多少须酌量耳。惟细沙土不宜种豆。

一、谷种宜选晒也。谷种宜於收获时，择其颗粒肥大坚实光润饱满者，月储於干洁之处以备用，若在田中选好留著，迟割迟收则元气充足，得益更大。近年洋人精选谷种，有加收三五倍者，其明验也。选好后，每谷种一斗，用谷糠一斗拌匀，日日摊晒。夜间收入布袋中，冬天须用干稻草厚铺置袋其上，再用草盖之，切忌潮湿，并直晒至临下种时，方能大得其力，如间三五日一晒，则初收月余及临种之前一月必须日日晒之为要。

一、种子宜雪浸也。农书云："雪为五谷之精，遇冬雪须多收化水，封存至下种时，先将雪水浸种一日，夜每次浸一炷香久捞起，滴干了些又浸，又捞，如此多次，种子吃雪水既饱，将来禾能耐寒，腊月雪最好，如是年无雪，即於腊八日五更取井花水，或六月六日午时及八月六日所取井水均可用，若两六日遇雨，收之以代雪水，更胜井水。（案，六月六日午时及八月六日所收井水以浸麦种，甚为合用）

案，近年东西洋讲求农务新法，日出日多，惟机器价贵，化学理精，中国农民一时断难仿效，兹但取其切中积弊，简便易行者厘为八条，分发乡间，士绅转相讲解劝谕，果能实力遵办，秋成岁增一岁，自可无荒歉之忧，积之数年，贫者渐富，若更广种树木，不独将来成材利大，即以目前论，树多则易於致雨，其根可以引泉，其叶收吸浊气，可以免病养人，若并堤上种之，则根蟠可以固堤，阴浓可以避暑，略言大概，其益无穷。容俟另立章程，再行遍谕。美法两国极富，皆由广种树木发端，东西洋各国皆视为第一生财之法，并先附及之，以为农民劝焉。

续附新法一条：

西人农学新法，经费钜而条理繁，惟电灯助长一法简便易行，所费少而获益大。昔美人有业圃者，附近设有电灯，凡电光照列之处，菜蔬生长倍速，叶肥大而茎高，其不被电光者，成熟恒迟二三旬，茎叶恒短三五寸，由此推之五谷，凡百日成熟者，只须六十日内，外每亩收五石者可收至七石上下，计每电灯一盏合四围核算，可照六七十亩，灯稍大可照至百余亩，若公醵三四十元树一电灯於田亩正中，每亩增收二石，可较常多百余石，即只一石零，亦可多六七十石，况合以上八条诸法，努力加工，所增尚不止於此乎，乡间士绅田产稍多者，何不姑试一年，得有成效，则农民必纷纷仿照，若能使四乡遍设、一律光明如昼，不独麦稻速成多获，兼可防盗贼而便行人，其裨益并有在农务外者。有力有田之家尚勉为之。

上清真人许长史旧馆坛碑

悠哉旷矣，宇宙之灵也，固非言象所传、文迹可记，默然则后人奚闻乎？含吐万有，化育群生，本其所由，义归冥昧，至於形域区分，性用殊品，事限观听理穷数识者，倘或可论山之高、海之广，夫何故以其有容焉，大天之内，复有小天三十六所，并拓寓地空、亘涂水脉，阚闿风岫、通气云巘。此山本号句曲，其下是第八洞宫，名曰金坛华阳之天，周回一百五十里，分置三府。前汉元帝世有咸阳三茅君得道来掌此任，故称茅山。具详传记。至晋太和元年，句容许长史在斯营宅，厥迹犹存。宋初，长沙景王就其地之东起道士精舍。梁天监十三年，勅贸此精舍，立为朱阳馆，将远符先征定祥火历於馆西。更筑隐居。住止十四年，别创郁岗斋室，追玄洲之踪。十七年乃缮。勒碑坛，仰述真轨。

真人姓许，讳穆，世名谧，字思元。本汝南平舆人。后汉灵帝中平二年，六世祖光，字少张，避许相谀佞乃来，过江居丹阳句容都乡之吉阳里，后仕吴为光禄勋，识宇亮，拔奕叶才明。祖尚，字元甫。有文章机见吴中书郎。父副，字仲先，器度淹通，风格清简，晋剡令、宁朔将军，下邳太守，西城侯长史。副第五子也，正生，少知名。简文在藩，世表之交，起家太学博士，朝纲礼肆，儒论所宗，出为余姚令，勤恤民隐，惠被邻邑，征入凯闱，纳言帝侧。昇平末，除护军长史，本邑中正，外督戎章，内诠茂序，遐邦肃律，乡采砥行。太和中迁给事中，散骑常侍，蝉冕辉华，事归尚德。简文践极，方优国老，修值晏驾，於焉告退。专静山庐，以修上道。君虽摺绂朝班、讽议庠塾，而心标象外、志结霞门。第四兄远游，永和四年，嘉遁不反，君尚想幽奇，岁月弥轸，恒与杨君深神明之契。兴宁中众真降，杨备令宣谕，龙书云篆，金然偏该灵模，奥旨於兹，必究年涉悬车，遵行愈笃。太元元年解驾，遗世春秋七十有二。子侄礼窆虚柩於县西大墓，京陵之踪未远，飞剑之坰在焉。谨按《真诰》：君挺命所基，缘业已久。周武王世九宫上相，长里薛公之弟也。兼许肇遗功，复应垂祉后胤，故乘运托生，因资成道，玉札所授，为上清真人，爵登侯伯，位编卿司，理仙抚治，佐圣牧明矣！真传未显於世，莫能具述（杨君讳义，事具《真诰》）。长史第三子讳玉斧，世名翙，字道翔，正生。母陶威女，先亡。已得在洞府易迁宫中，君清颖莹洁，特绝世伦，郡举上计掾，不赴，粃糠尘务，研精上业，即宏景元中之真师也。恒居此宅，缮修经法。杨君数相从就，函通真感。太和五年於兹告逝。时年三十。《真诰》云："后十六年，当度东华为上相青童君之侍。帝晨受书为上清仙公，与谷希子并职（帝晨之任比此侍中）。君长兄撵，世名䎒。次兄虎牙，世名联并，亦得道。撵今有元孙，灵真在山，勒立嗣真馆以褒远祖之德。皇上乘宏誓本力来君此土煮育苍祇范铸群品导法开俗，随缘启教，以隐居积蕴，三真经诰，久栖华阳，宜还旧宅，供养修理，乃勒工匠建兹堂构，即仰祇帝则兼阐大猷，东位青坛，西表素塔，坛塔之间通是基址，埋瓴揵瓦，投插便值，紫烟白雾，缠徊荫盖。宅南一井，即长史所穿。井南大塘，乃郭朝遗制。源出田公之泉，路通姜巴之轨，旁枕雷平，前瞰下泊，东际连冈，北横长岭。柳汧阳谷，俱会西垂，四域之内皆谓之金陵地肺者也。长史所居尤为标胜，方将驷云虬而高骋，驱奔鹤以追风，望洪涛之浩汗，睇故都以浸远。古人有言，匪作奚传，敢刊石颂，永属来贤。

浑枢鸷气，方祇吐灵。依性分境，传识赋形。化通八寓，功浃四溟。巡迹电灭，测体渊渟。旋区岳立，亘海云舒。搏风泳水，蹠实凭虚。亦有幽匠，开石架庐。情高身远，天府地居。荣峦已曲，画壤肺浮。五闱面启，九涂环周。长隰旁岭，交汧比流。乃称龙伏，实谓金邱。昔在西汉，三茅来宾。爰暨东晋，二许怀真。裁基浚井，栖道接神。允膺辅圣，锡兹侍宸。参差年代，缊缊名世。书诰具宣，精华未弭。甄甃将沦，沈阶已毁。拱树霜摧，修庭草委。肇馆华阳，岁缠二纪。永观前猷，聿遵洪轨。帝曰棫哉，尔焉斯止。经之营之，轮乎奂乎。胜殿密响，泻瓶扬芬。瑶宫碧简，绚采垂文。璚函玉检，绮幕绣巾。兰缸迥耀，金鑪扬熏。桐柏双教，方诸兼学。并证心清，俱漏身浊。离有离无，且华且朴。结号虚皇，筌法正觉。药征质莹，禅感慧通。飞行欻悦，扪景带虹。振苦排鄣，还明反聪。物言是力，我见无功。纷纭今古，汗漫两仪。三相幻惑，舟壑自移。缘来则应，不虑不为。式题龟录，人天鉴知。

弟子华阳隐居丹阳陶宏景谨造（隐居手书）。

碑阴记

华阳隐居陶宏景，丹阳秣陵西乡下里人。宋孝建三年丙申岁夏至之日未晓时生。仕齐高武世诸王侍读，奉朝请。永明十年壬申岁，投绂栖山，住中茅岭上，立为华阳馆。至梁天监四年，移居积金东涧。七年，往永嘉楠江青嶂山。十年，涉海诣霍山。十一年夏，还木溜屿。其年十月，奉勅迎还旧山。十三年正月，在茅山入住东涧。十四年冬，徙来此馆。十五年，移郁岗斋室静斋。

此碑梁晋通三年太岁壬寅金石刊。至唐大历十三年太岁戊午凡二百六十有六，文字将湮，中山刘明素，字暎微，重加洗刻。

华阳隐居墓铭碑

维大同二年龙集景辰克明三月壬寅朔十二日癸丑巳时，华阳洞陶先生蝉蜕於茅山朱阳馆。先生讳宏景①，字通明，春秋八十有一，屈伸如恒，颜色不变，有制赠以中散大夫，谥曰贞白先生，遣舍人主书监

---

① 宏景：弘景。

护丧事。十四日，窆①於雷平之山。若夫真以归空为美，道以无形为贵，不知悦生大德所以为生，不知恶死谷神所以不死。妙矣哉！隐显变化，物莫之测。既而岫开析石，天坠玉棺，银书息简，流珠罢灶，九节丽於中天，千和焚於地下，仙官有得朋之喜，受学振空谷之悲。余昔在粉壤[3]，早逢圯上之术[4]，今簜元良屡禀浮邱之教，握留符而恻怆，思化杖而酸辛，乃为铭曰：

无名曰道，不死为仙。亦有元放，兼称稚川。逃形解化，自昔同然。猗欤夫子，受箓归元。梨传宛吏，书因贾船。虎车煦景，蜺拂凌烟。余花灼烁，春涧潺湲。郁郁茅岭，悠悠洞天。三仙白鹤，何时复旋。

昭明太子撰

贞白先生碑阴记

大哉道元，万灵资孕。其自然也，忽恍不测；其生成也，氤氲可知。若夫禀习经法，精思感通。调运丹液，形神炼化。归同一致，举异三清。自古所得，罕能尽善。兼而聚之、鉴而辨之、静而居之、勤而行之者，实惟贞白先生欤？盖特禀灵气胎息、见龙昇之梦，卓秀神仪，骨录表鹤仙之状，心若明镜，洞鉴无遗。器犹洪钟，虚受必应。是以天经真传，备集於昭台，奥义微言，咸诀於灵府，纂类篇简，悉成记帙。广金书之凤篆，益琅函之龙章。阐幽前秘，击蒙后学，若诸真之下教，为百代之名师焉！睹先生写貌之像，则道存目击，览先生著述之义，则情见乎辞，纵逾千载，亦可得之一朝矣！至於思神密感之妙，炼形化度之术，非我不知，理难详据，敬以修身德业，受书道备，按夫科格，固超真阶，命分殊途，显默异轨。应从解景，不事登晨，冥昇上清，不得而测识者矣！然隐几云化，虚室仍存，代剑未飞，阴邱尚闭，道尊德贵，终古不渝。披文相质，乃今无睹。朝代累革，山世转瞬。永怀仙烈，反增诚慨。子微将归衡岳，蹔憩茅山，与诸法义，聚谋刻石，邵陵撰制，美具当年。今以书勒，言念往行，因运拙笔，聊述真猷，纪於碑阴，式昭年世。

大唐开元十二年甲子九月十三日己巳，天台华峰白云道士、河内司马道隐子微述并书。

开元乙亥四月壬子，时白云先生在王屋山。侄延陵县主簿绰禀命亲视镌勒（邵陵撰碑，文长未录）

玄静先生广陵李君碑

先生姓李讳含光，广陵江都人，本姓宏，以孝敬皇帝庙讳改焉。二十一代祖宏，江夏太守，避王莽徙居晋陵，遂为郡人。高祖文嶷，陈桂阳王国侍郎。曾祖荣，皇朝雷州司马。祖师龛，隐居以求其志，徙於江都。父孝威，博学好古，雅修彭聃之道，与天台司马炼师子微为方外友。尤以笃慎著於州里。考行议谥曰正隐。先生母琅琊王氏，贤明有德行。先生提孩则有殊异。晬日，独取《孝经》如捧读焉。髫卯好静处，习诵坟典。年十八，志求道妙，遂师事同邑李先生，游艺数年，神龙初，以清行度为道士。居龙兴观，尤精老庄周易之深趣。执丧过哀，口不尝甘旨之味，食惟穅麦而已。封植膳羞，皆出其手，号毁骨立，亲族莫不伤之。开元十七年，从司马炼师於王屋山传授大法灵文金记，一览无遗，综核古今，该明奥旨。元宗知先生遍得子微之道，乃诏先生居王屋山阳台观以继之。岁余，请归茅山纂修经法，频征皆谢病不出。天宝四载冬，乃命中官赍玺书征之。既至，延入禁中，每欲咨禀必先斋沐。他日请传道法，先生辞以足病，不任科仪者数焉。元宗知不可强而止。先生尝以茅山灵迹翦焉将坠，真经秘箓亦多散落，请归修葺，乃特诏於杨许旧居紫阳以宅之，仍赐绢二百匹、法衣两副、香炉一具，御制诗及序以饯之。又禁於山侧采捕渔猎，食荤血者不得辄入。公私祈祷，咸绝牲牢。先生以六载秋到山。是岁，诏书三至，渥泽频繁，辉映崖谷。初，山中有上清真人许长史、杨君、陶隐居自写经法。历代传宝，时遭丧乱，散逸无遗，先生奉诏搜求，悉备其迹而进上之。先时，元宗将求大法，请先生为师，竟执谦冲辞疾而退。洎七载春，元宗又欲受三洞真经。以其春之三月，中官赍玺书云其月十八日剋受经诰。是日於大同殿洁修其事，遂遥礼先生为度师，并赐衣一袭，以申师资之礼，因以元静为先生之嘉号焉。仍诏刻石华阳洞宫以志之。是岁夏五月，隐居合丹之所有芝草八十一茎，散生松石之间。诏俾先生与中官启告灵仙缄封

---

① 窆：下葬。

表进。夏又诏以紫阳观侧近二百户，太平、崇元两观各一百户，并免其官徭，以供香火。秋七月，又征先生。既至，请居道观以养疾。九载春，辞归旧山。其年夏六月，前生灵芝之所又产三百余茎，煌煌秀异，人所莫睹。先生又图而奏之。是岁冬，又征先生，於紫阳别院馆之。十载秋，先生又恳辞告老。御制序诗以饯之。十有一载，先生奉诏与门人韦景昭等於紫阳之东郁冈山别建斋院，立心诚肃。是夜，仙坛林间遍生甘露。因以上闻。特诏嘉异。初，隐居先生以三洞真经传昇元先生，昇元付体元先生，体元付正一先生，正一付先生。自先生距於隐居凡五叶矣！皆总袭妙门大正真法，所以茅山为天下学道之所宗矣！於戏！是非可齐也。物我均焉，生死可忘也。觉梦同焉。如此者何域心於变化之际哉？先生以大历己酉岁冬十一月十有四日遁化於紫阳之别院，春秋八十有七，其十二月八日，门人赴丧，而至者凡数千人，号奉冠舄迁窆於雷平山之西陲。遗命以松棺、竹杖、木几、水瓶、香奁、香鑪置於藏内，门弟子等仰奉嘉猷，克遵俭德，先生识思真淳，业行高古，道穷性命之本，学冠天人之际，所以优游句曲，郁为王者之师，出入明庭，特宠肩舆之贵。是以顺风而问昔，称於皇帝；望山而请今，见於元宗矣！又博览群书，长於撰著，尝以本草之书精明药物，事关性命，难用因循，著《音义》两卷，又以老庄周易为洁静之书，著《学记义略》各三篇，《内学记》二篇，以续仙家之遗事，皆名实无遗，词旨该博。初，先生幼年颇工篆籀，而隶书尤妙，客或赏之云："贤於其父！"因投笔不书。元宗诏山人王收强请，先生楷书上经一十三纸，以补杨许之阙。先生能於阴阳术数之道，而不以艺业为能极，於转炼服食之事而不以寿养为极，但冥怀素朴，妙味元津，非夫博大之至人，孰能尽於此。真卿乾元二年以昇州刺史充浙江西节度，钦承至德，结慕元微，遂专使致书茅山以抒诚恳。先生特令韦炼师景昭，复书真卿，恩眷绸缪，足励超然之志，然宗师可仰，望紫府而非遥，王事不遑，寄白云而悠远。洎大历六年，真卿罢刺临川，旋舟建业，将宅心小岭，长庇高踪而转刺吴兴，事乖夙愿，徘徊郡邑，空怀尊道之心，瞻望林峦，永负借山之记，而景昭洎郭闳等以先生茂烈芳猷，愿铭金石，乃邀道士刘明素求托斯文，真卿与先生门人中林子殷淑遗名子韦渠牟尝接采真之游，绪闻含一之德，敢强名於巷党，曷足辨於鸿蒙！其词曰：

抱一混茫，人之纪纲。先生以之，气王神强。乃启元旨，元门以彰。乃为帝师，帝道惟康。甘露呈瑞，灵芝发祥。上士云感，高风载扬。鹤返仙庙，云辞帝乡。退归而老，妙识行藏。德本无累，道心有常。实曰形解，孰与坐忘。伐石表墓，勒石传芳。谷变陵迁，厥迹弥光。

金紫光禄大夫、行湖州刺史、上柱国、鲁郡开国公颜真卿撰并书。

大历十二年夏五月建。渤海吴崇休镌。①

---

① 李按：据《汉书·地理志（上）》载，"句容、泾、丹阳，楚之先熊绎所封。""周成王时，封文、武先师鬻熊之曾孙熊绎于荆蛮，为楚子，居丹阳。后十余世至熊达，是为武王，浸以强大。后五世至严王，总帅诸侯，观兵周室。并吞江、汉之间，内灭陈、鲁之国。"

据《金陵通记》一卷载："（大兴三年）冬十月，以刘超补句容令。"

据《晋书》五十八卷·列传第二十八载："周札，字宣季。出补句容令。"

据《景定建康志》卷二十七载，句容知县有"颜继祖，宋人"。《乾隆句容县志》卷十《唐开成大泉寺碑记》有"刘宋开明二年，有邑令颜继祖"。

据《永乐大典方志辑佚》："唐章元八，睦州桐庐人，大历六年进士，贞元中，调句容主簿，有诗名。（一百五四册一四六〇卷一页）"

据《景定建康志》四十七卷载："南唐：张知白，句容尉。"

据《景定建康志》二十七卷，句容知县有：丁宗魏（绍定二年六月十八日到任），赵熙（绍定六年六月二十七日到任，端平三年十月初十日满），丰云昭（端平三年十月十一日到任，嘉熙元年四月十三日，两易上元知县），王之经（嘉熙元年四月十四日到任），蔡謩（嘉熙三年九月二十二日到任，淳熙二年正月初八日满），丁埴（淳祐二年正月初九日到任），赵汝宁（淳祐八年二月十二日到任，十一年三月初八日任满），吴衍（淳祐十一年三月初九日到任），惠昌（宝祐元年六月十一日到任），赵孟铣（宝祐二年四月二十八日到任，三年正月初三日除大理评事），奚李虎（宝祐三年四月十七日到任），赵汝档（宣教郎，宝祐六年六月十五日到任），史十之（通直郎，开庆元年四月初九日到任），朱颖达（迪功郎，景定二

续纂句容县志卷末终

年四月十五日到任）。
据许嵩《建康实录》卷末，嘉祐三年，有"登仕郎守江宁府句容县主簿钱公瑾"。
据元刘大彬《茅山志》十五卷载："嘉祐中，陈倩知句容县，校修《句曲山记》，近岁士人曾恂重述。"
据《同治宜都县志》卷三载："明知县：丁容，句容人，举人，正德年任。"
据《同治万年县志》卷四载："笪共济，原讳昌龄，字蒙衍。江南句容籍。丹徒人。明经。顺治四年任（知县）。有传。"
据《金陵通记》卷一：笪祖龄，顺治五年举人；笪重光，顺治八年举人。笪重光《江上诗集》之《重修家谱自序》有："（祖龄）与光同荐江南乡试，授凤阳府教授。"《光绪丹徒县志》卷二十二：笪祖龄（句容籍）、笪重光（句容籍）为顺治八年举人。

跋

兵革之兴，祸及文字，而一姓之谱、一邑之志尤难保全，盖谱志乃专书单版，非如通行书籍失者易得、缺者易完也。幸而书在版亡，或书存而版缺，则掇拾补苴、合邑士绅之责也。若因此而累及长官，心滋歉矣！然留心文献之贤父母，每欣欣然乐为之。句容邑志修於乾隆初年，嗣后几二百年未经再续，幸赖前邑侯桐城张公、邑绅骆桐君先生等於光绪甲戌乙亥间创义兴修，殚虑竭诚，得成巨制。版藏诸泽宫。未及十载，兵事又起。旅学宫之兵士，始以书版作枕，继乃用以代薪。累月经旬，缺毁版如千片。桐君旋下世，其哲嗣象山怒然忧之，拟劝募刊补，闻於邑侯永康应公①，侯曰："此区区者，吾能办之。不足以烦吾民，乃捐廉召工於七年十月初旬开雕，历两月而竣事。失者复得，缺者复完。邑人咸感之。然侯非丰於财者也，下邳之累至今未清。句容又系调署之缺，非真除而可以久处者也。侯乃屏除一切，甫到任，即尽心荒政，修筑圩堤。凡民间应兴应革之事，皆次第整顿而出以从容。今既三年，政平讼理矣！而又留心文献如此，古所谓视公事若家事、视民事若己事，舍侯其谁？桐城张公不能专美於前矣！邑人士纫侯之德而无以报也。属鸣庆叙其实於简末，鸣庆年差长，不敢以不文辞，因叙其颠末於右云。

中华民国七年十二月，邑人蒋鸣庆谨跋。

---

① 邑侯永康应公：句容县知事、永康人应祖锡。

后 记

句容古县，历史久远。县南茅山雷平之北，世称"福地"，高辛时人展上公得道于此，句曲福地文明就此肇启。周时有雷氏豢龙于伏龙山东（雷平山西），又有郭四朝得道于此。始皇一统，寻仙句曲，登北垂，埋白璧，会飨群臣，咏叹良常。汉元继有三茅君学仙传道于此，故世传道教茅山"秦汉神仙府，梁唐宰相家"。茅山古谓"仙都"载之国史，历代相传，至今犹有"第一福地，第八洞天"之称誉。县北有释教宝华，"律宗第一名山"。"句容去金陵不百里，山川文物甲江左，往来冠盖，咸出其途。"

句容福地，有志久矣。《句容县志》最早见南宋周应合《景定建康志》已有确切引用记载，明朝秣陵人盛时泰《苍润轩碑跋》又有"宋刻《句容县志》"见载。元明清三朝，今皆有山志或县志传世。句容最后两本古县志《乾隆句容县志》和《光绪续纂句容县志》实为姊妹篇，是句容四千多年历史和文化之汇编，是句容古志书之双圭合璧。

县之有志，犹国之有史。2016年11月，苏州大学出版社出版了由我繁体简化、校点和注释的《乾隆句容县志》。该书由句容市史志办公室出资出版。《光绪续纂句容县志校注》与《乾隆句容县志（校点、注释）》等实同期完成。然而县志中有些汉字古今工具书中未曾收录，有些文字漫灭标点常常无从下手，有些记载竟和其它史志相龃龉。故研究查证，兀兀穷年。数年以来犹迟迟不敢轻言出版。

史志，民族之魂，家国纽带。在两本句容县志校注中，得到原江苏大学文学院书记兼院长笪远毅教授、江苏大学文学院书记赵永源教授亲临句容指导。《乾隆句容县志（校点、注释）》经责任编辑苏州大学金振华教授审定后已出版。《光绪续纂句容县志校注》也得到二十四史编纂委员会委员、《宋书》修订主持人、盐城师范学院丁福林教授和苏州大学文学博士、江苏大学李金坤教授的热情指导和帮助。

句容，文物众多，诗歌璀璨。然太平天国兵燹之后，句容生灵涂炭，菁华一炬，句容知县曹袭先纂修《乾隆句容县志》及历代其它志书毁于兵火殆尽。天道无常，人道有恒。光绪年间，句容人杨世沅辗转浙江文澜阁，请人抄录《乾隆句容县志》之后，即又私人出资再刊《乾隆句容县志》，又掇拾句容历代碑刻三百余篇，著成《句容金石记》，以补县志"金石篇"之不全。随后句容知县张绍棠又倡首捐金续纂此部县志，使句容古县志得以接续传承。

双璧弥珍，偶有微瑕。《乾隆句容县志》和《光绪续纂句容县志》所收相关句容之诗歌犹有遗漏。故余将平时掇拾相关句容之诗词赋3600余首再编成集，以补县志缺憾。2018年2月《句容古诗词赋三千首（校点、注释）》私人出版发行之后，句容市历史文化研究会郭道贵会长、倪定胜副会长、王平副会长和句容市宣传部查兆娣部长、市委办欧红卫主任等同志对此书积极宣传和大力支持。江苏省委副秘书长尹卫东同志（句容市委原书记）对《句容古诗词赋三千首（校点、注释）》和《光绪续纂句容县志校注》先后出版一直牵挂关心。《光绪续纂句容县志校注》出版之前，句容市委书记潘群同志和其他领导同志也高度重视。茅山道院杨世华住持（江苏省道教协会会长兼省政协常委）对《光绪续纂句容县志校注》也给予了帮助和支持。接力赓续，例得记载。

光昭先德，模范后昆。是书封面由清华大学研究员、中国艺协常务理事、中央文化管理干部学院蔡丹教授题写书名。

句曲容泽，山高水长。《光绪续纂句容县志校注》先于《句容古诗词赋三千首（校点、注释）》诞生而后出版，故排版之际，径将《句容古诗词赋三千首（校点、注释）》之《序言》再编拙作前页。后又得江南大学太湖学院原院长祝诚教授一序。两位文学院院长海内耆宿，名馨四方，犹情钟国学，福种后世。句容之幸，福泽多矣。

福甲天下，文运是昌。县志纵贯句容数千年历史长河。然人物繁多，内容驳杂，又兼文字古老、词语玄奥、通篇无标点，岁月流逝，句容风徽节烈渐已尘封湮没。昭信垂远，继往开来，而今人又几已不复周知句容昔日之辉煌灿烂且误会传讹颇多。故教书之余，吾考证研究句容志书不辍，弹指已二十余年。今一年之间又勉力复将此作出版，公诸同好，冀能有助中华地方文明传承光大。然学问疏漏，拙作繁体简化、校点和注释错误难免，诚请四海博雅不吝指教，以便将来再版修正。

　　句曲文明，倾动天下。今值句容文化诜诜未艾之际，拙作典数根源抛砖引玉，诚能一引四方大雅君子同声相应，共襄我中华福地数千年文明不朽之盛举，此又岂诗礼之邦风雅句容之独独幸事。

　　句容流芳，百世馨香。嘉言孔彰，盛世其昌。

李洪文
2019.3.18